0484

CONSTITUIÇÃO TRIBUTÁRIA INTERPRETADA

Dados Internacionais de Catalogação na Publicação (CIP)

V441c Velloso, Andrei Pitten.

Constituição tributária interpretada / Andrei Pitten Velloso. – 3. ed., rev. e atual. – Porto Alegre : Livraria do Advogado Editora, 2016.

630 p.; 25 cm.

Inclui bibliografia.

ISBN 978-85-69538-38-7

1. Direito tributário - Brasil. 2. Direito constitucional - Brasil. 3. Impostos. 4. Justiça tributária. 5. Brasil. Supremo Tribunal Federal. 6. Brasil. Superior Tribunal de Justiça. I. Título.

CDU 34:336.2

CDD 341.39

Índice para catálogo sistemático:

1. Direito tributário 34:336.2

(Bibliotecária responsável: Sabrina Leal Araujo – CRB 10/1507)

Andrei Pitten Velloso

Juiz Federal da 4ª Região. Professor de Direito Tributário da Universidade Federal do Rio Grande do Sul - UFRGS. Doutor em Direitos e Garantias do Contribuinte pela Universidade de Salamanca (Espanha). Mestre em Direito Tributário pela UFRGS. Integrante do Comitê de Acompanhamento, Avaliação e Seleção de Conselheiros (CSC) do Conselho Administrativo de Recursos Fiscais - CARF (Representante Suplente da Sociedade Civil). Coordenador e Professor da Especialização em Direito Tributário da Fundação Escola Superior de Direito Tributário - FESDT -, Escola Superior da Magistratura Federal no Rio Grande do Sul (ESMAFE) e Universidade de Caxias do Sul - UCS. Professor de Direito Tributário nas Especializações em Direito Tributário da UFRGS e da PUC/RS e na ESMAFE. Já atuou como Juiz Auxiliar do STF (2012-2013) e como Procurador da República (1999-2001). Autor dos livros "O princípio da isonomia tributária" (2010); "Contribuições: Teoria Geral – Contribuições em espécie" (2015) em coautoria com Leandro Paulsen e "Conceitos e competências tributárias" (2005). Colunista do Jornal "Carta Forense".

CONSTITUIÇÃO TRIBUTÁRIA INTERPRETADA

3ª EDIÇÃO
Revista e Atualizada

livraria DO ADVOGADO editora

Porto Alegre, 2016

Capa, projeto gráfico e diagramação
Livraria do Advogado Editora

Imagem da capa
pixabay.com

Revisão
Rosane Marques Borba

Direitos desta edição reservados por
Livraria do Advogado Editora Ltda.
Rua Riachuelo, 1300
90010-273 Porto Alegre RS
Fone: 0800-51-7522
editora@livrariadoadvogado.com.br
www.doadvogado.com.br

Impresso no Brasil / Printed in Brazil

À Marta, pelo carinho, pelo companheirismo e pelo apoio.

Ao pequeno Christian, alegria de nossos dias.

Nota do autor

Neste livro, pretendemos fornecer uma visão clara e abrangente do conteúdo da Constituição Tributária, mediante a análise rigorosa e crítica de cada um dos seus dispositivos. Seguimos, para tanto, a ordem do texto constitucional, sem abdicar de uma investigação teórica mais aprofundada, de modo a explicitar os aspectos fundamentais do sistema constitucional tributário.

A concretização que o intérprete maior e guardião da Constituição da República conferiu-lhe ao longo de décadas não poderia, de forma alguma, ser descurada, já que é decisiva para sua aplicação prática. Conjugamos, pois, a abordagem doutrinária com a detida análise da jurisprudência do Supremo Tribunal Federal, notadamente no que diz com precedentes cujos fundamentos tenham transcendência para julgamentos futuros.

Empregamos um formato que permite o acesso direto às principais decisões do Supremo Tribunal Federal e do Superior Tribunal de Justiça, sem prejudicar a leitura do texto: ao final de cada tópico, transcrevemos as ementas dos precedentes citados no texto, sempre que elas colaborem para elucidar a questão constitucional correlata. Indicamos tais precedentes ao longo do texto, grifando o seu número em itálico na própria nota dc rodapé, nestes moldes: STF, 1ª Turma, *RE 449.233 AgR*, rel. Min. Ricardo Lewandowski, 2.2011. Ao ver a referência em itálico, o leitor saberá que a ementa está transcrita no final do tópico, dentre os "precedentes citados". Além dos precedentes mencionados no texto, transcrevemos outros julgados de relevo, pertinentes a questões específicas ou conexas às enfrentadas, sob o título: "Questões específicas".

As súmulas relativas aos temas abordados também são transcritas em destaque.

Esperamos, com isso, ter avançado rumo ao escopo desta obra: propiciar aos operadores do direito uma ferramenta acessível e prática para o conhecimento e a correta aplicação do *Direito Constitucional Tributário*, sempre à luz dos princípios estruturantes do Estado de Direito e dos postulados da Justiça Tributária.

Índice

A Constituição Tributária

A Constituição é um todo – e deve ser interpretada como tal.

Não obstante, é válido aludir, para *fins didáticos*, à Constituição Tributária (assim como se faz referência à Constituição Financeira, à Constituição Econômica etc.),[1] a fim de delimitar adequadamente o nosso objeto de estudo, que vai além dos preceitos que integram o "Sistema Tributário Nacional".

A *Constituição Tributária* é o complexo normativo a partir do qual se forma o Direito Constitucional Tributário, cuja expressiva relevância decorre do fato de fornecer os contornos básicos do Direito Tributário.

Apesar de a Constituição Tributária ser composta por todos os dispositivos pertinentes ao referido ramo jurídico, que se entrelaçam para moldar o sistema constitucional tributário, serão transcritos e comentados apenas os preceitos que lhe são imediatamente relacionados, de modo a simplificar a exposição.

Far-se-á referência, quando necessário, aos dispositivos que não são propriamente tributários, mas repercutem na seara impositiva, como é o caso dos artigos que consagram direitos fundamentais, que estabelecem regras de Direito Financeiro etc.

Note-se que *a maior parte dos dispositivos constitucionais tributários está situada nas cinco primeiras seções do Título VI, Capítulo I* ("Do Sistema Tributário Nacional"), da Constituição da República: a Seção I ("Dos Princípios Gerais") é composta pelos arts. 145 a 149, abrangendo a grande maioria das regras atributivas de competência para a instituição de tributos, à exceção dos impostos; a Seção II ("Das Limitações do Poder de Tributar"), pelos arts. 150 a 152, veiculando os mais relevantes princípios tributários e as imunidades genéricas à instituição de impostos; e as Seções III, IV e V são dedicadas, respectivamente, aos impostos federais, estaduais, distritais e municipais, sendo compostas pelos arts. 153 a 156.

Para elucidar a organização do texto constitucional, cabe transcrevê-la:

TÍTULO VI: DA TRIBUTAÇÃO E DO ORÇAMENTO

CAPÍTULO I: DO SISTEMA TRIBUTÁRIO NACIONAL

Seção I: DOS PRINCÍPIOS GERAIS [Arts. 145-149]

Seção II: DAS LIMITAÇÕES DO PODER DE TRIBUTAR [Arts. 150-152]

Seção III: DOS IMPOSTOS DA UNIÃO [Arts. 153-154]

---

[1] Conferir, entre muitos outros: VOGEL; WALDHOFF. *Grundlagen des Finanzverfassungsrechts: Sonderausgabe des Bonner Kommentars zum Grundgesetz (Vorbemerkungen zu Art. 104a bis 115 GG)*, p. 1 *et seq*.; STERN. *Das Staatsrecht der Bundesrepublik Deutschland.* v. II, p. 1.049 *et seq*.; VON MÜNCH; KUNIG (Coord.). *Grundgesetz-Kommentar.* v. III, p. 815 *et seq*.; STANG. *Auswirkungen der Rechtsprechung des Bundesverfassungsgerichts auf die Besteuerung.* p. 93-95; ARNDT. *Grundzüge des allgemeinen Steuerrechts*. p. 47 *et seq*.; SERRANO. *Tratado de Derecho Financiero y Tributario Constitucional.* t. I, p. 98 *et seq*.; TORRES. *Sistemas constitucionais tributários;* GRAU. *A ordem econômica na Constituição de 1988.* 7ª ed., p. 68 *et seq.*

Seção IV: DOS IMPOSTOS DOS ESTADOS E DO DISTRITO FEDERAL [Art. 155]

Seção V: DOS IMPOSTOS DOS MUNICÍPIOS [Art. 156]

Há preceitos relevantes que, por atecnia do constituinte, estão *dispersos* em outros títulos da Constituição. É o que ocorre com o art. 195, que, inserido dentro do Título VIII ("Da Ordem Social"), trata das contribuições securitárias e previdenciárias; bem como os arts. 239 e 240, que, integrando o Título IX ("Das Disposições Constitucionais Gerais"), tratam, respectivamente, das contribuições para o PIS/PASEP e para o SESC, SENAC, SESI e SENAI.

Primeira Parte

Do Sistema Tributário Nacional

TÍTULO VI
DA TRIBUTAÇÃO E DO ORÇAMENTO
Capítulo I
DO SISTEMA TRIBUTÁRIO NACIONAL
Seção I
DOS PRINCÍPIOS GERAIS

Art. 145. A União, os Estados, o Distrito Federal e os Municípios poderão instituir os seguintes tributos:
I - impostos;
II - taxas, em razão do exercício do poder de polícia ou pela utilização, efetiva ou potencial, de serviços públicos específicos e divisíveis, prestados ao contribuinte ou postos a sua disposição;
III - contribuição de melhoria, decorrente de obras públicas.

---

1. Peculiaridades do sistema tributário brasileiro e impossibilidade de recepção cega da doutrina estrangeira

É uma *peculiaridade* marcante da nossa Constituição Federal dedicar um *capítulo específico* à matéria tributária, em cujo bojo se regula minuciosamente a estrutura de todo o sistema impositivo brasileiro.[2]

Trata-se de tradição iniciada pela EC 18/65 à Constituição de 1946 (emenda esta composta por 27 artigos, organizados em seis capítulos e dedicados exclusivamente à atividade impositiva estatal) e seguida pelas Constituições de 1967, 1969 e 1988.

Essa peculiaridade do nosso sistema constitucional tributário *obstaculiza a recepção cega de doutrinas estrangeiras*, construídas à luz de sistemas constitucionais completamente diversos do brasileiro.

---

[2] Embora se identifiquem, em certas cartas constitucionais, seções ou capítulos destinados a regular especificamente a matéria tributária, como ocorre com a Constituição venezuelana de 2000 (arts. 316 e 317), nenhuma outra constituição é tão minuciosa no trato da matéria tributária como a brasileira. Nos sistemas que mais fortemente influenciaram o nosso Direito Tributário, isto é, nos sistemas italiano, alemão e espanhol, o trato constitucional da matéria tributária é extremamente sucinto. A Constituição italiana de 1947 dedica somente um artigo à regulação da imposição, no qual estabelece o princípio da capacidade contributiva e determina que o sistema tributário será informado por critérios de progressividade (art. 53). A Lei Fundamental de Bonn, apesar de destinar diversos preceitos à matéria financeira e tributária (arts. 104A e ss.), centra-se na divisão de competências, sem estabelecer expressamente limitações constitucionais ao poder de tributar: os princípios da isonomia tributária e da capacidade contributiva, *v.g.*, são extraídos do princípio geral de igualdade (art. 3.1 GG) pela jurisprudência do BVerfG. E a Constituição espanhola de 1978 dedica dois artigos à matéria tributária: estabelece, no art. 31, os princípios da capacidade contributiva, da isonomia tributária, do não confisco, da progressividade e da legalidade; e no art. 133, confere ao Estado a competência originária para estabelecer tributos, facultando às leis a delegação de competência às Comunidades Autônomas e às Corporações Locais.

Ainda sob a égide da Constituição de 1946, Geraldo Ataliba expunha que os sistemas constitucionais tributários norte-americano, alemão, francês, argentino e mexicano, diversamente do brasileiro, se restringem a enunciar "princípios genéricos da maior singeleza, não criando, na verdade, algo que se possa chamar de 'sistema'", razão pela qual relegam ao legislador ordinário a tarefa de modelar os sistemas impositivos, imprimindo-lhes as feições que repute conveniente.[3]

Com base em tais fundamentos, Ataliba já admoestava a que a doutrina estrangeira fosse recepcionada com extrema cautela, ao indicar a "inapelável inviabilidade do imediato aproveitamento de doutrina estrangeira para a solução de problemas emergentes da atuação do nosso mecanismo".[4]

2. Caráter nacional do sistema

O sistema tributário é, em sua essência, nacional, aplicando-se a todos os membros da federação: União, Estados, Distrito Federal e Municípios.

Dizemos "em sua essência" porque há preceitos voltados exclusivamente à União, aos Estados, ao Distrito Federal e aos Municípios.

Porém, *a regulação da estrutura fundamental do sistema tributário é nacional*, mormente no que concerne às limitações constitucionais ao poder de tributar: os princípios da legalidade, da igualdade, da capacidade contributiva, do não confisco, da irretroatividade, da anterioridade, entre outros, aplicam-se aos três níveis federativos, assim como as imunidades à instituição de impostos.

A unidade do sistema tributário nacional é garantida, outrossim, pela reserva do estabelecimento das "normas gerais em matéria de legislação tributária" à lei complementar (art. 146, III), a qual, apesar de ser editada pelos órgãos legislativos da União, apresenta caráter nacional, aplicando-se a todos os entes federativos.

---

[3] ATALIBA. *Sistema Constitucional Tributário Brasileiro.* p. 87-88.

[4] *Ibidem,* p. 39. Nessa linha, Sacha Calmon, após expor a forma sucinta com que o Direito Tributário é tratado nas constituições estrangeiras, assevera: "O Brasil, ao contrário, inundou a Constituição com princípios e regras atinentes ao Direito Tributário. Somos, indubitavelmente, o país cuja Constituição é mais extensa e minuciosa em tema de tributação", fato que o leva a advertir: "as doutrinas forâneas devem ser recebidas com cautela, tendo em vista as diversidades constitucionais" (COÊLHO. *Comentários à Constituição de 1988. Sistema Tributário.* p. 1-2.).

Capítulo I: Princípios gerais

Art. 145, I a III: Competências tributárias genéricas, impostos, taxas e contribuições de melhoria

1. Conceito constitucional de tributo

Apesar de o conceito constitucional de tributo ser de fundamental importância para o Direito Tributário, raramente é objeto de atenções doutrinárias.

Em geral, *reputa-se ser a definição de tributo do art. 3º do Código Tributário Nacional plenamente compatível com a Constituição*, o que tornariam despiciendas digressões acerca de um conceito constitucional específico.[5] Eis o seu texto:

> Art. 3º Tributo é toda prestação pecuniária compulsória, em moeda ou cujo valor nela se possa exprimir, que não constitua sanção de ato ilícito, instituída em lei e cobrada mediante atividade administrativa plenamente vinculada.

Entretanto, o *Supremo Tribunal Federal repeliu*, em diversas oportunidades, *o caráter tributário de exações que se enquadravam perfeitamente na definição do art. 3º do CTN*, fato que evidencia pressupor um *conceito diverso de tributo,* o qual pode ser construído indutivamente.

É salutar, pois, analisar o tema à luz das mais relevantes decisões da Corte Suprema, abordando os elucidativos precedentes relativos às contribuições sociais, à contribuição ao FGTS e ao empréstimo compulsório.

Reconheceu-se que, após o advento da EC 8/77, as *contribuições sociais* foram excluídas da categoria dos tributos,[6] embora se amoldassem ao conceito do art. 3º do CTN. Teria havido, à luz desse posicionamento, uma mutação do conceito constitucional de tributo, que deixou de abranger as contribuições sociais, sem que qualquer alteração fosse feita no CTN. Nova mutação ocorreu com a promulgação da CF/88, quando, segundo a jurisprudência do STF, as contribuições sociais readquiriram natureza tributária, apesar de novamente não ter havido qualquer alteração no CTN.

---

[5] Esta lição de Geraldo Ataliba, trazida à colação pelo Ministro Carlos Velloso em mais de um julgamento, é elucidativa de tal concepção: "Os tributos, nas suas diversas espécies, compõem o Sistema Constitucional Tributário, que a Constituição inscreve nos seus arts. 145 a 162. Tributo, sabemos, encontra definição no art. 3º do C.T.N., definição que se resume, em termos jurídicos, no constituir ele uma obrigação, que a lei impõe às pessoas, de entregar uma certa importância em dinheiro ao Estado. As obrigações são voluntárias ou legais. As primeiras, decorrem da vontade das partes, assim do contrato; as legais resultam da lei, por isso são denominadas obrigação *ex lege* e podem ser encontradas tanto no direito público quanto no direito privado. A obrigação tributária, obrigação *ex lege*, a mais importante do direito público, nasce de um fato qualquer da vida concreta, que antes havia sido qualificado pela lei como apto a determinar o seu nascimento" (Geraldo Ataliba, Hermenêutica e Sistema Constitucional Tributário, *in Diritto e Pratica Tributaria*, volume L, Padova, Cedam, 1979) (STF, Pleno, RE 138.284, rel. Min. Carlos Velloso, 7.1992; ADI 447, rel. Min. Octávio Gallotti, 6.1991).

[6] STF, Pleno, *RE 100.790*, rel. Min. Francisco Rezek, 8.1984.

Em 1987, refutou-se a natureza tributária da *contribuição ao FGTS*, que também se adequava a esse conceito, por não se tratar de receita pública, mas de prestação correlata a um direito social dos trabalhadores.[7]

Também pela inadequação ao conceito (doutrinário) de receita pública, o STF firmou, sob a égide da Constituição de 1946, sua jurisprudência no sentido de que o *empréstimo compulsório* não seria um tributo, mas um contrato coativo.[8]

Essa jurisprudência se cristalizou com a edição da Súmula 418,[9] mas atualmente está superada, sendo reconhecida pacificamente a natureza tributária do empréstimo compulsório.

Se o empréstimo compulsório é considerado tributo, conclui-se que a inadequação ao estreito conceito doutrinário de receita pública não pode embasar a refutação do caráter tributário de exações instituídas pelo Poder Público.

O que se pode reter do precedente atinente à contribuição ao FGTS é, de conseguinte, a consideração da razão de ser da exação, o que se afigura consentâneo com a definição de tributo veiculada pelo art. 13 do Modelo de Código Tributário para a América Latina (MCTAL) nestes termos: "Tributos são prestações em dinheiro, que o Estado, no exercício de seu poder de império, exige com o objetivo de obter recursos para o cumprimento de seus fins".[10]

Por outro lado, a *característica da instituição por lei* compõe o conceito de tributo do CTN, o que, embora tenha respaldo na maciça doutrina brasileira, não se afigura correto, por se tratar de um requisito de validade dos tributos.

Trata-se, a nosso juízo, de um dos incorretos "fundamentos óbvios" a que A. A. Becker se referia em seu clássico "Teoria Geral do Direito Tributário": tão "óbvio" e aceito quanto equivocado.[11]

O equívoco decorre da *confusão entre elementos definitórios e requisitos de validade*, verificada corriqueiramente na construção de conceitos doutrinários e legislativos. Como bem nota Gaspare Falsitta, os requisitos de validade não devem integrar o conceito de tributo, sob pena de se chegar ao paradoxo de um "tributo" inconstitucional que, justamente por violar a Constituição Tributária, não se amolda ao conceito de tributo e, por

---

[7] STF, Pleno, *RE 100.249*, rel. p/ ac. Min. Néri da Silveira, 12.1987.

[8] STF, Pleno, RMS 11.252, rel. Min. Antonio Martins Vilas Boas, 3.1964.

[9] Súmula 418 do STF: "O empréstimo compulsório não é tributo, e sua arrecadação não está sujeita a exigência constitucional da prévia autorização orçamentária".

[10] Vale consignar que a característica relativa à finalidade de custeio das despesas públicas não colide com o caráter acentuadamente extrafiscal de certos tributos. A respeito, há vasta produção doutrinária na Alemanha e na Espanha, em virtude das definições de tributo adotadas por suas codificações tributárias. Na Alemanha, a persecução de fins extrafiscais era incompatível com o conceito de imposto adotado pela Codificação Tributária do Império de 1919, que só se referia à finalidade fiscal (*Reichsabgabenordnung* – RAO, § 1). A Codificação Tributária de 1977 objetivou chancelar a adoção de impostos extrafiscais, mas manteve a exigência de que a finalidade fiscal exista (*Abgabenordnung* – AO 1977, § 3, 1), limitando-se a admitir que esta seja um fim secundário (*Nebenzweck*). Vide, por todos: VOGEL; WALDHOFF. *Grundlagen des Finanzverfassungsrechts: Sonderausgabe des Bonner Kommentars zum Grundgesetz (Vorbemerkungen zu Art. 104a bis 115 GG)*. p. 254 *et seq*. Na Espanha, tanto a *Ley General Tributaria* de 1963 (art. 4) como a de 2003 (art. 2.1) exigem a busca do fim fiscal, inclusive no caso de tributos extrafiscais. Rovira i Mola expressa com clareza a razão dessa exigência: "pese a la existencia de tributos con *finalidad extrafiscal*, lo cierto es que el objetivo genérico, basilar, de los tributos, es el de proporcionar un ingreso o medio dinerario destinado a la financiación de las necesidades públicas. No se puede concebir un tributo sin ese destino, que a fin de cuentas lo justifica. Objetivo que, en algunos tributos (notoriamente, la contribución especial), se singulariza mediante la *afectación especial,* por ley, del producto recaudatorio a fines determinados" (ROVIRA I MOLA. "Clasificación de los tributos: contribuciones especiales". p. 412).

[11] Segundo o tributarista gaúcho, os fundamentos óbvios são aqueles "que costumam ser aceitos como demasiado óbvios para merecerem a análise crítica" (BECKER. *Teoria geral do direito tributário*. p. 11).

isso, não pode ser inconstitucional, já que a essa exação não se aplica o regime jurídico--tributário.[12]

Um tributo que, por exemplo, não observasse o princípio da anterioridade nonagesimal do art. 150, III, *c,* da CF teria violado um requisito de validade e, por conseguinte, não poderia ser qualificado como tributo, se firmada a premissa de que os requisitos de validade devem integrar tal conceito.

Da mesma forma, um *tributo instituído por decreto*, justamente pelo fato de ter sido instituído por tal instrumento normativo, não poderia ser qualificado como tributo e, consequentemente, não poderia ser declarado inconstitucional por ofensa ao princípio da legalidade tributária, que somente se aplica aos tributos.[13]

Esse fato, de manifesta obviedade, foi reconhecido expressamente pelo Supremo Tribunal Federal, num lapidar voto da lavra do Ministro Ricardo Lewandowski, assentado na doutrina de Leandro Paulsen:

> [...] a exigência de previsão legal constitui requisito de validade e não de existência de um tributo. Em outras palavras, a previsão legal, por si só, não confere natureza tributária a uma obrigação, assim como a sua ausência não lhe retira tal caráter. Apenas invalida a cobrança, caso desatendido o princípio da legalidade, se tributo for.[14]

De fato, *os Tribunais nunca consideraram que o desrespeito ao princípio da legalidade tributária suprimisse o caráter tributário da exação*: reputam que esse vício implica a inconstitucionalidade do tributo, sem levar à sua desqualificação como tal.

À guisa de exemplo, é válido rememorar que certas *taxas instituídas por portarias* foram declaradas inconstitucionais pelo STF, por violação aos arts. 145, II, e 150, I, da Constituição,[15] quando é certo que, se fosse considerado o requisito da instituição por lei para qualificá-las como tributos, seria inviável reconhecer tal violação, pois os preceitos referidos integram o Sistema Tributário Nacional.

Portanto, a instituição por lei não é uma nota do conceito constitucional de tributo, havendo de ser substituída pela *instituição por ato normativo emanado do Estado no*

---

[12] FALSITTA. *Manuale di Diritto Tributario. Parte Generale*. p. 12-13. Observe-se que o autor analisa a questão da inclusão do respeito à capacidade contributiva como nota do conceito de tributo, reputando que a característica da instituição por lei efetivamente o compõe. Lorenzon extrai mais consequências de suas premissas, ao afirmar, com base no pensamento de Manzoni, que nenhum princípio jurídico deve ser considerado elemento integrante do conceito de tributo, sob pena de chegar-se à "inevitável conclusão de que é tributo apenas aquela particular prestação que corresponde exatamente aos requisitos estabelecidos pela Constituição, com a consequência de que, quando isso não ocorresse, não se poderia nem mesmo colocar o problema de uma eventual ilegitimidade constitucional do tributo" (LORENZON. "Ambito oggetivo di applicazione". In: MOSCHETTI (org.). *La capacità contributiva,* p. 56). Nessa linha, Tipke e Lang asseveram que um imposto (*Steuer*) não deixará de sê-lo conceitualmente se violar as exigências de igualdade e legalidade (*Gesetzmäβigkeit*). Como assinalam, a legalidade e a igualdade são protegidas pela Lei Fundamental, e não pelo conceito de imposto (TIPKE; LANG. *Steuerrecht. Ein systematischer Grundriβ*, 12ª ed. p. 73-74). Baseiam-se, nesse ponto, na lição de Kruse, exposta em seu "Manual de Direito dos Impostos" e reiterada em trabalhos posteriores (cfr. KRUSE, "Über die Gleichmäβigkeit der Besteuerung", p. 322). Igualmente, Giannini, seguindo Blumenstein, afirmava que a inobservância da igualdade não levaria à descaracterização do imposto como tal: implicaria apenas a sua inconstitucionalidade (GIANNINI. *I concetti fondamentali del Diritto Tributario*. p. 76). Na mesma linha, vide: A. BERLIRI. *Principi di Diritto Tributario*, v. I, p. 250-251; FERREIRO LAPATZA. *Ensayos sobre metodologia y técnica jurídica en el Derecho Financiero y Tributario,* p. 44. No Brasil, Leandro Paulsen sustenta essa posição diferenciando entre requisitos de existência e de validade do tributo: a instituição por lei é um requisito de validade; e a compulsoriedade, um requisito de existência do tributo (*Curso de Direito Tributário*. p. 27-28). Sua distinção foi acolhida pelo Min. Ricardo Lewandowski, num relevante julgado do Pleno do STF (*RE 541.511*), em passagem que transcrevemos no bojo do texto.

[13] É certo que tal exação poderia ter sua inconstitucionalidade declarada por ofensa ao princípio geral da legalidade (art. 5º, II, da CF), mas o afastamento do preceito específico do art. 150, I, da CF se revela claramente inadequado.

[14] STF, Pleno, *RE 541.511*, rel. Min. Ricardo Lewandowski, 4.2009.

[15] A saber, a taxa de polícia instituída pelo IBAMA por intermédio das Portarias 31/99 e 33/99 e a taxa criada pela Portaria 62/2000 do Ministério do Meio Ambiente para ser cobrada pelo IBAMA, cuja inconstitucionalidade foi declarada nestes precedentes, respectivamente: STF, Pleno, ADI 1.982 MC, rel. Min. Maurício Corrêa, 4.1999; *ADI 2.247 MC*, rel. Min. Ilmar Galvão, 9.2000.

exercício do seu poder de império, a qual basta à configuração da compulsoriedade ínsita à categoria dos tributos.

Por outro lado, ao conceito de tributo do CTN deve-se, para amoldá-lo à jurisprudência do Supremo Tribunal Federal, agregar a finalidade, mediata ou imediata, de obtenção de recursos para que os entes estatais ou paraestatais (nestes incluídos os serviços sociais autônomos) desempenhem as atividades que lhes são inerentes.

Postas tais considerações, pode-se apresentar uma *definição de tributo à luz da jurisprudência do STF*, nestes termos: "Tributo é toda prestação pecuniária instituída por ato normativo emanado do Estado no exercício do seu poder de império, visando, imediata ou mediatamente, à obtenção de recursos para os entes estatais ou paraestatais, contanto que não constitua sanção de ato ilícito".[16]

• Súmulas

Súmula 418 do STF: "O empréstimo compulsório não é tributo, e sua arrecadação não está sujeita a exigência constitucional da prévia autorização orçamentária"

A súmula está claramente superada quanto à natureza tributária do empréstimo compulsório, como indicamos no texto e, com mais atenção, nos comentários ao art. 148.

Súmula 353 do STJ: "As disposições do Código Tributário Nacional não se aplicam às contribuições para o FGTS"

Essa súmula se assenta justamente na premissa de que as contribuições para o FGTS (excluídas as instituídas pela LC 110/01) não têm caráter tributário.

• Precedentes citados

Taxa instituída por portaria. Inconstitucionalidade por ofensa ao princípio da estrita legalidade tributária: AÇÃO DIRETA DE INCONSTITUCIONALIDADE. ITEM 5.4 DO ANEXO I DA PORTARIA Nº 62, DE 20.03.2000, DO MINISTÉRIO DO MEIO AMBIENTE. MEDIDA CAUTELAR DEFERIDA. Dispositivo por meio do qual o Ministério do Meio Ambiente, sem lei que o autorizasse, instituiu taxa para inspeção de importações e exportações de produtos da indústria pesqueira, a ser cobrada pelo Instituto Brasileiro do Meio ambiente e dos Recursos Naturais Renováveis – IBAMA, com ofensa ao princípio da legalidade estrita, que disciplina o Direito Tributário. Plausibilidade das alegações de inconstitucionalidade. Medida cautelar deferida. (STF, Pleno, **ADI 2.247 MC**, rel. Min. Ilmar Galvão, 9.2000)

FGTS. Caráter não tributário: FUNDO DE GARANTIA POR TEMPO DE SERVIÇO. SUA NATUREZA JURÍDICA. CONSTITUIÇÃO, ART. 165, XIII. LEI N. 5.107, DE 13.9.1966. As contribuições para o FGTS não se caracterizam como crédito tributário ou contribuições a tributo equiparáveis. Sua sede está no art. 165, XIII, da Constituição. Assegura-se ao trabalhador estabilidade, ou fundo de garantia equivalente. Dessa garantia, de índole social, promana, assim, a exigibilidade pelo trabalhador do pagamento do FGTS, quando despedido, na forma prevista em lei. Cuida-se de um direito do trabalhador. Dá-lhe o Estado garantia desse pagamento. A contribuição pelo empregador, no caso, deflui do fato de ser ele o sujeito passivo da obrigação, de natureza trabalhista e social, que encontra, na regra constitucional aludida, sua fonte. A atuação do Estado, ou de órgão da administração pública, em prol do recolhimento da contribuição do FGTS, não implica torná-lo titular do direito à contribuição, mas, apenas, decorre do cumprimento, pelo poder público, de obrigação de fiscalizar e tutelar a garantia assegurada ao empregado optante pelo FGTS. Não exige o Estado, quando aciona o empregador, valores a serem recolhidos ao erário, como receita pública. Não há, daí, contribuição de natureza fiscal ou parafiscal. Os depósitos do FGTS pressupõem vínculo jurídico, com disciplina no direito do trabalho. Não se aplica às contribuições do FGTS o disposto nos arts. 173 e 174, do CTN. Recurso extraordinário conhecido, por ofensa ao art. 165, XIII, da Constituição, e provido, para afastar a prescrição quinquenal da ação. (STF, Pleno, **RE 100.249**, rel. p/ ac. Min. Néri da Silveira, 12.1987)

---

[16] Tal conceito se aproxima, em sua essência, do adotado no MCTAL e, ainda, daquele formulado por A. D. Giannini, segundo o qual os tributos se caracterizam por: a) serem devidos a um ente público; b) encontrarem fundamento jurídico no poder de império do Estado; e c) serem destinados a suprir as necessidades financeiras do Estado (GIANNINI. *I concetti fondamentali del diritto tributario.* p. 58). Nessa linha é a definição do constitucionalista Ferreira Filho: "Trata-se de receita derivada que o Estado percebe em virtude do poder de império, a fim de manter sua organização e executar suas finalidades. No cerne do tributo está exatamente a imposição (= exigência inafastável) em razão do *ius imperii* do Estado" (*Comentários à Constituição brasileira de 1988,* v. 2, p. 97). Seguindo Giannini e Ferreira Filho, poder-se-ia até mesmo excluir da definição proposta a característica negativa atinente à não-caracterização como sanção de ato ilícito, visto que a instituição de sanções não pode ter por finalidade a arrecadação de recursos, objetivando necessariamente assegurar o cumprimento de deveres e obrigações jurídicas. Contudo, seria possível vislumbrar uma finalidade fiscal (de arrecadação de recursos) acessória nas sanções tributárias, razão pela qual a consagração da referida nota é válida para excluir divergências interpretativas.

PIS. Caráter não tributário no regime da EC 8/77: Programa de Integração Social – PIS. Imposto único sobre combustíveis e lubrificantes. A regra da exclusividade do imposto único sobre combustíveis e lubrificantes não constitui obstáculo à incidência e à exigibilidade de contribuição como a do PIS, que não tem natureza tributária. (STF, Pleno, **RE 100.790**, rel. Min. Francisco Rezek, 8.1984)

Encargos de capacidade emergencial. Caráter não tributário: [...] I – Os encargos de capacidade emergencial, de aquisição de energia elétrica emergencial e de energia livre adquirida no MAE, instituídos pela Lei 10.438/02, não possuem natureza tributária. II – Encargos destituídos de compulsoriedade, razão pela qual correspondem a tarifas ou preços públicos. III – Verbas que constituem receita originária e privada, destinada a remunerar concessionárias, permissionárias e autorizadas pelos custos do serviço, incluindo sua manutenção, melhora e expansão, e medidas para prevenir momentos de escassez. IV – O art. 175, III, da CF autoriza a subordinação dos referidos encargos à política tarifária governamental. V – Inocorrência de afronta aos princípios da legalidade, da não-afetação, da moralidade, da isonomia, da proporcionalidade e da razoabilidade. IV – Recurso extraordinário conhecido, ao qual se nega provimento. (STF, Pleno, **RE 541.511**, rel. Min. Ricardo Lewandowski, 4.2009)

• Questões específicas

"Solo criado": RECURSO EXTRAORDINÁRIO. LEI N. 3.338/89 DO MUNICÍPIO DE FLORIANÓPOLIS/SC. SOLO CRIADO. NÃO CONFIGURAÇÃO COMO TRIBUTO. OUTORGA ONEROSA DO DIREITO DE CRIAR SOLO. DISTINÇÃO ENTRE ÔNUS, DEVER E OBRIGAÇÃO. FUNÇÃO SOCIAL DA PROPRIEDADE. ARTIGOS 182 E 170, III DA CONSTITUIÇÃO DO BRASIL. 1. SOLO CRIADO Solo criado é o solo artificialmente criado pelo homem [sobre ou sob o solo natural], resultado da construção praticada em volume superior ao permitido nos limites de um coeficiente único de aproveitamento. 2. OUTORGA ONEROSA DO DIREITO DE CRIAR SOLO. PRESTAÇÃO DE DAR CUJA SATISFAÇÃO AFASTA OBSTÁCULO AO EXERCÍCIO, POR QUEM A PRESTA, DE DETERMINADA FACULDADE. ATO NECESSÁRIO. ÔNUS. Não há, na hipótese, obrigação. Não se trata de tributo. Não se trata de imposto. Faculdade atribuível ao proprietário de imóvel, mercê da qual se lhe permite o exercício do direito de construir acima do coeficiente único de aproveitamento adotado em determinada área, desde que satisfeita prestação de dar que consubstancia ônus. Onde não há obrigação não pode haver tributo. Distinção entre ônus, dever e obrigação e entre ato devido e ato necessário. 3. ÔNUS DO PROPRIETÁRIO DE IMÓVEL URBANO. Instrumento próprio à política de desenvolvimento urbano, cuja execução incumbe ao Poder Público municipal, nos termos do disposto no artigo 182 da Constituição do Brasil. Instrumento voltado à correção de distorções que o crescimento urbano desordenado acarreta, à promoção do pleno desenvolvimento das funções da cidade e a dar concreção ao princípio da função social da propriedade [art. 170, III da CB]. 4. Recurso extraordinário conhecido, mas não provido. (STF, Pleno, **RE 387.047**, rel. Min. Eros Grau, 3.2008)

No mesmo sentido: STF, 1ª Turma, **RE 226.942**, rel. Min. Menezes Direito, 10.2008.

Contraprestação pela exploração de recursos minerais: CONSTITUCIONAL. TRIBUTÁRIO: TAXA: CONCEITO. CÓDIGO DE MINERAÇÃO. Lei 9.314, de 14.11.96: REMUNERAÇÃO PELA EXPLORAÇÃO DE RECURSOS MINERAIS: PREÇO PÚBLICO. I – As taxas decorrem do poder de polícia do Estado, ou são de serviço, resultantes da utilização efetiva ou potencial, de serviços públicos específicos e divisíveis, prestados ao contribuinte ou postos a sua disposição (C.F., art. 145, II). O poder de polícia está conceituado no art. 78, CTN. II – Lei 9.314, de 14.11.96, art. 20, II e § 1º, inciso II do § 3º: não se tem, no caso, taxa, no seu exato sentido jurídico, mas preço público decorrente da exploração, pelo particular, de um bem da União (C.F., art. 20, IX, art. 175 e §§). III – ADIn julgada improcedente. (STF, Pleno, **ADI 2.586**, rel. Min. Carlos Velloso, 5.2002)

Lê-se no voto do relator: "O que se tem, no caso, é a exploração, pelo particular, de um bem da União (C.F., art. 20, IX; art. 176 e §§), mediante o pagamento de um preço estabelecido pela lei. Não se tem, no caso, portanto, um tributo, no seu exato conceito jurídico, mas um preço público que o particular paga à União pela exploração de um bem do domínio desta".

2. Competências tributárias

2.1. Competência legislativa tributária, competência tributária e capacidade tributária ativa

2.1.1. Competência legislativa em matéria tributária

A competência legislativa em matéria tributária é *concorrente*, de acordo com o art. 24, I, c/c o art. 30, II e III, da CF.

Tratando-se de competência concorrente, cabe à União não só instituir os seus tributos, mas também estabelecer normas gerais (art. 24, § 1º), que poderão ser suplementadas pelos Estados e pelos Municípios (art. 24, § 2º, e art. 30, II).

Se não houver lei federal (*rectius*: lei nacional) sobre normas gerais, os Estados podem exercer a competência legislativa plena, mas as leis estaduais versando sobre normas gerais terão sua eficácia suspensa no caso de superveniência de lei federal (art. 24, §§ 3º e 4º).

2.1.2. Competência tributária

2.1.2.1. Noção

Não obstante a competência legislativa em matéria tributária seja concorrente, quando se emprega a expressão "competência tributária" usualmente se adota outra acepção, mais restrita, que abrange apenas a *competência legislativa para instituir, modificar e extinguir tributos*. Esta competência não é propriamente concorrente: cabe ao titular do tributo.[17]

Como se trata de espécie de competência legislativa, os *titulares* da competência tributária somente podem ser aqueles entes aptos a legislar, ou seja, as pessoas políticas: União, Estados, Distrito Federal e Municípios.

As competências tributárias são determinadas pelas *regras de competência*, as quais se dividem em *duas espécies*:

i) as regras atributivas de competência; e

ii) as regras que consagram imunidades, sendo estas regras de "incompetência tributária", na dicção de Paulo de Barros Carvalho.[18]

As *regras atributivas de competência tributária* conferem ao legislador o poder de editar normas impositivas, ordenando comportamentos devidos pelos sujeitos passivos, consubstanciados na satisfação do crédito tributário, o qual decorre da concretização, no plano dos fatos, da hipótese de incidência.

Por outro lado, as *imunidades*, consagradas em *regras de incompetência tributária*, vedam o estabelecimento de regras de incidência sobre determinadas materialidades ou pessoas.

Destarte, *a competência resulta da conjugação* da norma atributiva de competência com a norma de incompetência (imunidade), ou seja: "A competência é um conjunto que resulta da seguinte subtração: norma de atribuição de poder – norma denegatória de poder (imunidade)".[19]

Competência = Atribuição – negação de competência

Perante uma regra atributiva de competência, o legislador está numa situação de potestade; e os cidadãos, num estado de sujeição. Perante uma regra de imunidade (de competência negativa), o legislador encontra-se num estado de impotência (não competência), e os particulares, numa situação de imunidade (não sujeição).[20]

---

[17] Cfr. STF, Pleno, RE 573.540, rel. Min. Gilmar Mendes, 4.2010.

[18] CARVALHO. *Curso de Direito Tributário*. p. 181. Pontes de Miranda indica com precisão a natureza e os efeitos das regras de imunidade: "A *regra jurídica de imunidade* é regra jurídica no plano das regras jurídicas de competência dos podêres públicos – obsta à atividade legislativa impositiva, retira ao corpo, que cria impostos, qualquer competência para os pôr, *na espécie*. Há qualidade da pessoa, ou do bem, que se erige *versus* Estado" (*Comentários à Constituição de 1967; com a Emenda n. 1 de 1969*. p. 407). Prossegue: "As regras jurídicas que vedam às entidades políticas edictarem leis de imposição que apanham determinadas pessoas, ou determinados bens, são *regras jurídicas negativas de competência*" (ob. cit., p. 414).

[19] DERZI. *Notas* ao livro *Direito Tributário Brasileiro,* de Aliomar Baleeiro. p. 118.

[20] A. VELLOSO. *Conceitos e competências tributárias*. p. 164-165. A esse estado de imunidade e à própria imunidade corresponde um "direito do *status negativus*, como o são os direitos de liberdade (cf. Ernst Rudolf Huber, *Wirtschaftsverwaltungsrecht*, I, 2ª ed., 67 e 691). A pretensão é à imunidade, pretensão, portanto, à liberdade, à incolumidade, em frente à imposição fiscal" (PONTES DE MIRANDA. *Comentários à Constituição de 1967; com a Emenda n. 1 de 1969*. p. 413).

Este quadro elucida as distintas *posições do legislador e dos cidadãos frente às regras de competência*:

	Regra atributiva de competência	Imunidade
Legislador	Posição de potestade	Posição de impotência
Cidadãos	Situação de sujeição	Situação de imunidade

• **Precedente citado**

Competência legislativa não se confunde com competência impositiva. Contribuição estadual para custeio de serviços de saúde. Inconstitucionalidade por ausência de competência impositiva: CONTRIBUIÇÃO PARA O CUSTEIO DOS SERVIÇOS DE ASSISTÊNCIA MÉDICA, HOSPITALAR, ODONTOLÓGICA E FARMACEÚTICA. ART. 85 DA LEI COMPLEMENTAR Nº 62/2002, DO ESTADO DE MINAS GERAIS. NATUREZA TRIBUTÁRIA. COMPULSORIEDADE. DISTRIBUIÇÃO DE COMPETÊNCIAS TRIBUTÁRIAS. ROL TAXATIVO. INCOMPETÊNCIA DO ESTADO-MEMBRO. INCONSTITUCIONALIDADE. RECURSO EXTRAORDINÁRIO NÃO PROVIDO. I – É nítida a natureza tributária da contribuição instituída pelo art. 85 da Lei Complementar nº 64/2002, do Estado de Minas Gerais, haja vista a compulsoriedade de sua cobrança. II – O art. 149, *caput*, da Constituição atribui à União a competência exclusiva para a instituição de contribuições sociais, de intervenção no domínio econômico e de interesse das categorias profissionais e econômicas. Essa regra contempla duas exceções, contidas no arts. 149, § 1º, e 149-A da Constituição. À exceção desses dois casos, aos Estados-membros não foi atribuída competência para a instituição de contribuição, seja qual for a sua finalidade. III – A competência, privativa ou concorrente, para legislar sobre determinada matéria não implica automaticamente a competência para a instituição de tributos. Os entes federativos somente podem instituir os impostos e as contribuições que lhes foram expressamente outorgados pela Constituição. IV – Os Estados-membros podem instituir apenas contribuição que tenha por finalidade o custeio do regime de previdência de seus servidores. A expressão "regime previdenciário" não abrange a prestação de serviços médicos, hospitalares, odontológicos e farmacêuticos. (STF, Pleno, **RE 573.540**, rel. Min. Gilmar Mendes, 4.2010)

2.1.2.2. Poderes ínsitos à competência tributária

O ente político que é titular da competência impositiva detém o poder de *instituir, modificar e extinguir tributos*.

Detém, ainda, o poder de regular a sua cobrança e fiscalização, instituir deveres instrumentais,[21] sanções tributárias, isenções, remissões, anistias, reduções de base de cálculo, alíquotas zero etc.[22]

É-lhe facultado, ademais, revogar tais benefícios[23] e até mesmo conferir-lhes efeito retroativo, pois a garantia da irretroatividade não obsta que leis editadas pelo titular da competência tributária retroajam em benefício do contribuinte.[24]

• **Súmulas**

Súmula 654 do STF: "A garantia da irretroatividade da lei, prevista no art. 5º, XXXVI, da Constituição da República, não é invocável pela entidade estatal que a tenha editado".

• **Precedentes citados**

Supremo Tribunal Federal:

Competência para dispor sobre suspensão e exclusão do crédito tributário: AÇÃO DIRETA DE INCONSTITUCIONALIDADE – LEI N. 8.200/91 (ARTS. 3. E 4.) – CORREÇÃO MONETÁRIA DAS DEMONSTRAÇÕES FINANCEIRAS DAS PESSOAS JURÍDICAS – REFLEXO SOBRE A CARGA TRIBUTARIA

---

[21] STJ, 1ª Seção, *REsp 1.116.792*, rel. Min. Luiz Fux, 11.2010.

[22] CARRAZZA. *Curso de Direito Constitucional Tributário.* 18ª ed. p. 441 e 738. Arvorado nessa concepção, o Supremo Tribunal Federal anulou, por violação à competência tributária municipal, sentença que extinguira execução fiscal ajuizada por Município, aplicando por analogia lei estadual que autorizava o Poder Executivo a não executar débitos fiscais de pequeno valor (STF, Pleno, *RE 591.033*, rel. Min. Ellen Gracie, 11.2010).

[23] Sobre a revogabilidade das isenções concedidas por prazo indeterminado, cfr. STJ, 2ª Turma, *REsp 575.806*, rel. Min. Herman Benjamin, 9.2007.

[24] STF, Pleno, ADI 712 MC, rel. Min. Celso de Mello, 10.1992. Esse entendimento foi consolidado pela Súmula 654 do STF: "A garantia da irretroatividade da lei, prevista no art. 5º, XXXVI, da Constituição da República, não é invocável pela entidade estatal que a tenha editado". Vide os comentários ao art. 150, III, *a*.

SOFRIDA PELAS EMPRESAS EM EXERCÍCIOS ANTERIORES [...] A competência tributária da pessoa estatal investida do poder de instituir espécies de natureza fiscal abrange, na latitude dessa prerrogativa jurídica, a possibilidade de fazer editar normas legais que, beneficiando o contribuinte, disponham sobre a suspensão ou, até mesmo sobre a própria exclusão do crédito tributário. – Controvérsia jurídica em torno do tema delineada nas informações prestadas pela Presidência da República. (STF, Pleno, **ADI 712 MC**, rel. Min. Celso de Mello, 10.1992).

Aplicação de lei estadual para extinguir execução de tributo municipal. Impossibilidade: [...] 1. O Município é ente federado detentor de autonomia tributária, com competência legislativa plena tanto para a instituição do tributo, observado o art. 150, I, da Constituição, como para eventuais desonerações, nos termos do art. 150, § 6º, da Constituição. 2. As normas comuns a todas as esferas restringem-se aos princípios constitucionais tributários, às limitações ao poder de tributar e às normas gerais de direito tributário estabelecidas por lei complementar. 3. A Lei nº 4.468/84 do Estado de São Paulo – que autoriza a não-inscrição em dívida ativa e o não-ajuizamento de débitos de pequeno valor – não pode ser aplicada a Município, não servindo de fundamento para a extinção das execuções fiscais que promova, sob pena de violação à sua competência tributária. 4. Não é dado aos entes políticos valerem-se de sanções políticas contra os contribuintes inadimplentes, cabendo-lhes, isto sim, proceder ao lançamento, inscrição e cobrança judicial de seus créditos, de modo que o interesse processual para o ajuizamento de execução está presente. 5. Negar ao Município a possibilidade de executar seus créditos de pequeno valor sob o fundamento da falta de interesse econômico viola o direito de acesso à justiça. 6. Sentença de extinção anulada. 7. Orientação a ser aplicada aos recursos idênticos, conforme o disposto no art. 543-B, § 3º, do CPC. (STF, Pleno, **RE 591.033**, rel. Min. Ellen Gracie, 11.2010).

Superior Tribunal de Justiça:

Revogação de isenção concedida por prazo indeterminado. Legitimidade: [...] 2. A irrevogabilidade da isenção concedida, nos termos do art. 178, do CTN, só ocorrerá se atendidos, cumulativamente, os requisitos de prazo certo e condições determinadas. Precedentes. Situação não configurada nos autos. 3. Admitir-se a irrevogabilidade de uma isenção concedida por prazo indeterminado é aceitar que o legislador de 1945 pudesse suprimir a competência legislativa de todas as legislaturas futuras com relação à matéria o que, a toda evidência, infringe princípios básicos da Democracia Representativa e do Estado Republicano. [...] (STJ, 2ª Turma, **REsp 575.806**, rel. Min. Herman Benjamin, 9.2007)

Obrigação acessória instituída pelo ente titular da competência e cobrada em situação que não configura fato imponível do imposto. Legitimidade: [...] OPERAÇÃO INTERESTADUAL DE DESLOCAMENTO DE BENS DO ATIVO PERMANENTE OU DE USO E CONSUMO ENTRE ESTABELECIMENTOS DA MESMA INSTITUIÇÃO FINANCEIRA. HIGIDEZ DA OBRIGAÇÃO ACESSÓRIA CONSISTENTE NA EXIGÊNCIA DE NOTA FISCAL DOS BENS. IRRELEVÂNCIA INEXISTÊNCIA, EM TESE, DE OBRIGAÇÃO PRINCIPAL (NÃO INCIDÊNCIA DE ICMS). FATOR VIABILIZADOR DA FISCALIZAÇÃO TRIBUTÁRIA. ARTIGOS 175, PARÁGRAFO ÚNICO, E 194, DO CTN. ACÓRDÃO FUNDADO EM LEI LOCAL. CONHECIMENTO PARCIAL DO RECURSO ESPECIAL. 1. O ente federado legiferante pode instituir dever instrumental a ser observado pelas pessoas físicas ou jurídicas, a fim de viabilizar o exercício do poder-dever fiscalizador da Administração Tributária, ainda que o sujeito passivo da aludida "obrigação acessória" não seja contribuinte do tributo ou que inexistente, em tese, hipótese de incidência tributária, desde que observados os princípios da razoabilidade e da proporcionalidade ínsitos no ordenamento jurídico. 2. A relação jurídica tributária refere-se não só à obrigação tributária *stricto sensu* (obrigação tributária principal), como ao conjunto de deveres instrumentais (desprovidos do timbre da patrimonialidade), que a viabilizam. 3. Com efeito, é cediço que, em prol do interesse público da arrecadação e da fiscalização tributária, ao ente federado legiferante atribui-se o direito de instituir obrigações que tenham por objeto prestações, positivas ou negativas, que visem guarnecer o fisco do maior número de informações possíveis acerca do universo das atividades desenvolvidas pelos administrados, o que se depreende da leitura do artigo 113, do CTN [...] 5. Os deveres instrumentais, previstos na legislação tributária, ostentam caráter autônomo em relação à regra matriz de incidência do tributo, uma vez que vinculam, inclusive, as pessoas físicas ou jurídicas que gozem de imunidade ou outro benefício fiscal, ex vi dos artigos 175, parágrafo único, e 194, parágrafo único, do CTN [...]" (STJ, 1ª Seção, **REsp 1.116.792**, rel. Min. Luiz Fux, 11.2010 , *representativo de controvérsia*)

2.1.2.3. Competência tributária x capacidade tributária ativa

A competência tributária não se confunde com a capacidade tributária ativa.

Na sua acepção tradicional, a *competência tributária* consiste no poder de criar, modificar e extinguir tributos. Trata-se de uma *espécie de competência legislativa*, razão pela qual é *indelegável*, consoante estabelece a parte inicial do art. 7º do CTN:

> Art. 7º *A competência tributária é indelegável*, salvo atribuição das funções de arrecadar ou fiscalizar tributos, ou de executar leis, serviços, atos ou decisões administrativas em matéria tributária, conferida por uma pessoa jurídica de direito público a outra, nos termos do § 3º do artigo 18 da Constituição.

Por outro lado, a *capacidade tributária ativa é a aptidão para figurar no polo ativo da relação jurídico-tributária*, abrangendo as funções a que se refere a parte final do preceito transcrito, a saber, as "funções de arrecadar ou fiscalizar tributos, ou de executar leis, serviços, atos ou decisões administrativas em matéria tributária". Por se tratar de *competência administrativa*, é passível de delegação.

2.2. Características das competências tributárias

No sistema constitucional brasileiro, podem ser identificadas *seis características* das competências tributárias, descritas por Roque Antonio Carrazza[25] nestes termos:

i) a *privatividade*, configurada pela exclusividade da titularidade da competência, a qual, ao ser outorgada a um ente político, é concomitantemente rejeitada aos demais;[26]

ii) a *indelegabilidade*, diante da impossibilidade de o ente político transferir a sua competência, diversamente do que ocorre com a capacidade tributária ativa, que é delegável (art. 7º do CTN);

iii) a *incaducabilidade*, caracterizada pela subsistência da competência mesmo que haja omissão contínua e prolongada no seu exercício (art. 8º do CTN);

iv) a *inalterabilidade*, porquanto o legislador não pode modificar as competências: sendo consagradas na Constituição, apenas o poder constituinte, originário ou derivado, pode alterá-las (art. 110 do CTN);

v) a *irrenunciabilidade*, que é um corolário da inalterabilidade; e

vi) a *facultatividade* do seu exercício.

Algumas dessas características estão intimamente ligadas à estrutura federativa brasileira, vinculando-se a um dos princípios basilares das federações: o princípio da autonomia, à luz do qual os entes federativos devem editar, com base na Constituição Federal, suas próprias constituições, leis, atos normativos infralegais etc.[27]

Se as competências legislativo-tributárias são *conferidas pela Constituição da República*, é evidente que *não podem ser alteradas* por leis, por atos infralegais (características da inalterabilidade, da indelegabilidade e da irrenunciabilidade) e tampouco pela inércia legislativa dos entes federativos (incaducabilidade). Pelo mesmo fundamento, tais entes são livres para exercer ou não a sua competência tributária (facultatividade), salvo se a Constituição Federal impuser o seu exercício.

E, pelo fato de as competências serem *repartidas pela Constituição Federal*, elas qualificar-se-ão, em princípio, como privativas: somente não o serão se a Lei Maior permitir a superposição de tributos instituídos por pessoas constitucionais distintas (bitributação).

As características da indelegabilidade, da incaducabilidade, da inalterabilidade e da irrenunciabilidade não ensejam questionamentos teóricos significativos.

Critica-se a característica da privatividade, em razão de a União deter competência para instituir impostos extraordinários sobre fatos cuja tributação é reservada, em regra, a outros entes políticos (art. 154, II).

---

25 CARRAZZA. *Curso de Direito Constitucional Tributário*, p. 445-591.

26 Segundo Carrazza, as normas atributivas de competências tributárias veiculam um duplo comando: "1) habilitam a pessoa política contemplada – e somente ela – a criar, querendo, um dado tributo; e 2) proíbem as demais de virem a instituí-lo" (*Curso de Direito Constitucional Tributário*. 18ª ed. p. 447).

27 A distribuição *constitucional* de competências legislativo-tributárias é uma nota inerente e necessária às federações: caso as competências impositivas não sejam distribuídas pela Constituição, mas pelas leis, o Estado qualificar-se-á como um Estado Unitário Descentralizado, e não como um Estado Federal. Cfr. HAMON; TROPER. *Droit Constitutionnel*. p. 83-84.

Porém, a competência dos Estados, do Distrito Federal e dos Municípios é privativa para a instituição de impostos *ordinários*: a União somente pode instituir impostos *extraordinários* sobre as materialidades reservadas aos outros entes políticos. Por exemplo, a União pode instituir, no exercício da competência do art. 154, II, um ICMS federal e extraordinário, mas nunca um ICMS federal e ordinário. Não reputamos, portanto, que a competência outorgada pelo art. 154, II, constitua uma exceção à característica da privatividade das competências tributárias.

Por outro lado, *a característica da facultatividade é realmente questionável*, diante da existência de certas *exceções*. Como indica Paulo de Barros Carvalho: os Estados são obrigados a instituir o ICMS, diante de sua índole eminentemente nacional.[28] Também é impositivo o exercício, por todos os entes políticos, da competência para a criação da contribuição previdenciária a cargo de seus servidores (art. 40, *caput*, e § 18, e art. 149, § 1º, na redação dada pela EC 41/03).

Essas exceções à característica da facultatividade das competências tributárias, no entanto, não impedem que ela seja reconhecida como uma *regra geral*, que caracteriza a expressiva maioria das competências tributárias, e não como uma nota necessária de toda e qualquer competência impositiva.

Ainda no que diz respeito à privatividade, cabe expor que essa característica *não conflita com a competência comum* da União, dos Estados, do Distrito Federal e dos Municípios para instituírem taxas e contribuições de melhoria (art. 145, II e III, da CF).

Há, de fato, competências comuns, *mas não para a criação das mesmas* taxas e contribuições de melhoria.

Não colide com a afirmação de que tanto a União quanto os Estados, o Distrito Federal e os Municípios podem instituir taxas (gênero) a de que, v.g., apenas a União pode instituir taxa pela inspeção do trabalho (espécie). Por isso, é correto afirmar que a competência da União para instituir taxa pela inspeção do trabalho é privativa, embora outros entes também possam instituir taxas.

2.3. Competências outorgadas pelo art. 145

O art. 145 da Constituição Federal confere competência à União, aos Estados, ao Distrito Federal e aos Municípios para instituírem *impostos, taxas e contribuições de melhoria.*

Embora a abrangência da sua redação dê a entender que são conferidas competências irrestritas para a criação dessas exações, uma análise mais profunda do sistema constitucional tributário leva a conclusão diversa, pois significativas restrições decorrem de outros preceitos constitucionais.

Para compreender adequadamente o significado do art. 145 da CF, o intérprete há de conjugá-lo com os dispositivos que especificam o alcance das competências tributárias.

2.3.1. Impostos

Não são arroladas no art. 145 as materialidades sujeitas à incidência de impostos.

Para os impostos, *a competência indicada pelo art. 145 é especificada no bojo do próprio Sistema Tributário Nacional*, a saber, nos arts. 153 (impostos federais), 154 (impostos residuais e extraordinários, também de competência federal), 155 (impostos estaduais) e 156 (impostos municipais).

---

[28] CARVALHO. *Curso de Direito Tributário*. p. 219-225.

Logo, *o art. 145 da CF não autoriza, por si só, a instituição de impostos*. São os arts. 153 a 156 que outorgam aos entes políticos competências específicas para instituí-los. E tais competências devem ser exercidas rigorosamente dentro dos seus limites, sob pena de inconstitucionalidade do tributo criado.

2.3.2. Taxas e contribuições de melhoria

O art. 145 indica as *atividades genéricas* que ensejam a instituição das taxas de polícia e de serviço (exercício do poder de polícia e utilização, efetiva ou potencial, de serviços públicos específicos e divisíveis) e das contribuições de melhoria (realização de obras públicas que importem em valorização imobiliária).

Pelo fato de tais atividades poderem ser desempenhadas por todas e quaisquer pessoas políticas, fala-se em *competência comum* para a instituição das taxas e contribuições de melhoria. E, em decorrência de não terem sido especificadas as atividades que viabilizam a instituição das taxas e contribuições de melhoria, qualificam-se as competências correlatas como *numerus apertus* (número aberto).[29]

Todavia, a Constituição não deixou de delimitar as competências de cada pessoa política para instituir taxas ou contribuições de melhoria, pois elas são *especificadas pelas competências político-administrativas* conferidas pelos arts. 21 (União), 23 (competência concorrente de todos os entes políticos), 25 (Estados), 29 e 30 (Municípios).

O titular da competência para instituir taxas e contribuições de melhoria é aquele ente *que possui a competência administrativa* para desempenhar a atividade pública financiada. Como observa Sacha Calmon, "a competência administrativa *precede a tributária* e a determina"[30].

Esse, aliás, é o teor do art. 80 do CTN, que trata da competência para a instituição e cobrança de taxas:

> Art. 80. Para efeito de instituição e cobrança de taxas, consideram-se compreendidas no âmbito das atribuições da União, dos Estados, do Distrito Federal ou dos Municípios, aquelas que, segundo a Constituição Federal, as Constituições dos Estados, as Leis Orgânicas do Distrito Federal e dos Municípios e a legislação com elas compatível, competem a cada uma dessas pessoas de direito público.

Quanto às contribuições de melhoria, o CTN não é tão explícito, mas esclarece que elas somente poderão ser instituídas pelas pessoas políticas "no âmbito de suas respectivas atribuições" (art. 81, *caput*).

Há de se ter em mente que a referência à competência *comum* para a criação de taxas e contribuições de melhoria não significa que todos os entes políticos podem instituir as *mesmas* taxas e contribuições de melhoria, como acertadamente expõe Roque Carrazza:

> A doutrina tradicional tem sustentado que, em matéria de *taxas* e *contribuição de melhoria (tributos vinculados)*, a competência tributária é *comum* às pessoas políticas. Esta colocação, porém, só pode ser aceita se lhe emprestarmos o sentido de que tanto a União quanto os Estados, os Municípios e o Distrito Federal podem criar taxas e contribuição de melhoria. *Só que* – damo-nos pressa em explicar – *não as mesmas taxas, nem a mesma contribuição de melhoria.*[31]

Portanto, a *diferença* estabelecida por alguns autores *entre competência comum e competência privativa* reside primordialmente no fato de que aquela é atribuída, na seara

[29] COÊLHO. *Comentários à Constituição de 1988*. p. 29.

[30] COÊLHO, op. cit., p. 31.

[31] CARRAZZA. *Curso de Direito Constitucional Tributário*. 18ª ed. p. 561-562.

do *Direito Tributário*, de forma genérica a todos os entes políticos, enquanto esta lhes é atribuída, nessa seara, de forma específica.[32]

Considerando-se também o Direito Administrativo, que regula as competências político-administrativas, não seria viável estabelecer, de forma segura, uma distinção entre competências comuns e privativas: a rigor, todas as competências se qualificam pela nota da privatividade.

2.4. Competência para instituir tributos nominados: a vinculação do legislador aos conceitos constitucionais

Tributos "nominados" são aqueles cuja cobrança é autorizada pela Constituição da República mediante a indicação dos *fatos que podem ser tributados*.

Os *impostos nominados* são previstos em seções específicas do sistema tributário nacional: a seção III (art. 153) regula os impostos federais; a seção IV (art. 155), os impostos estaduais; e a seção V (art. 156), os impostos municipais.

Nessas seções, a Constituição atribui competências tributárias às pessoas políticas por meio de uma *técnica específica*, consistente na indicação das materialidades sujeitas à tributação (e.g., "renda e proventos de qualquer natureza").

Com isso, *desenha o arquétipo* do aspecto material e da base de cálculo *das possíveis regras-matrizes de incidência*. Vincula o legislador à eleição de hipóteses de incidência que indiquem determinadas ações do contribuinte (e.g., auferir renda e proventos de qualquer natureza) e, demais disso, à previsão de bases de cálculo que representem, total ou parcialmente, o conteúdo econômico de tais ações (a renda e os proventos auferidos, no exemplo dado).[33]

A União, por exemplo, está autorizada a instituir impostos com hipóteses de incidência que indiquem as ações de "importar produtos estrangeiros", "exportar, para o exterior, produtos nacionais ou nacionalizados", "auferir renda ou proventos de qualquer natureza", "industrializar produtos", "importar ou arrematar produtos industrializados", "realizar operações de crédito, câmbio e seguro, ou relativas a títulos ou valores mobiliários", "ser proprietário de bem imóvel rural" ou "possuir grandes fortunas" (art. 153, I a VII, da CF).

Uma das principais tarefas do intérprete, quando da abordagem do regime constitucional dos impostos nominados, é a de elucidar o teor das regras-matrizes de incidência que o legislador pode instituir. Para tanto, haverá de *expor o conteúdo dos conceitos empregados pela Constituição para outorgar competências*, pois eles determinam o conteúdo e os limites das competências tributárias.[34]

Tomando novamente como exemplo o *Imposto de Renda*, pode-se afirmar que, diante do fato de a Constituição conferir à União competência tributária através do emprego da

---

[32] É possível, porém, que surjam conflitos de competência na criação de taxas, primordialmente nas taxas de polícia decorrentes do desempenho de competências político-administrativas concorrentes (ex.: fiscalização ambiental). Enfocando essa questão, Luiz Emygdio sustenta, com supedâneo na lição de Hely Lopes Meireles, que se as taxas forem coincidentes, a instituída pela entidade superior prevalece sobre a da entidade inferior (exemplo: taxas instituídas pela União e por algum Estado), o que é denominado por Meireles de "ação concorrente excludente". Luiz Emygdio, porém, não descarta a possibilidade de superposição de taxas de polícia, já que as atividades fiscalizatórias são distintas, na linha do que defende Bernardo Ribeiro de Moraes (ROSA JÚNIOR. *Manual de direito financeiro e de direito tributário*. p. 419-420).

[33] A propósito, Carrazza sustenta que a Constituição cuidou "pormenorizadamente da tributação, traçando, inclusive, a *norma-padrão de incidência* de cada uma das exações que poderão ser criadas pela União, pelos Estados, pelos Municípios e pelo Distrito Federal" e apontou "*a hipótese de incidência possível, o sujeito ativo possível, o sujeito passivo possível, a base de cálculo possível e a alíquota possível,* das várias espécies e subespécies tributárias" (*Curso de Direito Constitucional Tributário*. 18ª ed. p. 439 e 442).

[34] Sobre o tema, vide A. VELLOSO. *Conceitos e competências tributárias*.

expressão "renda e proventos de qualquer natureza", *o âmbito de tal competência somente abarca a tributação do que se entenda por renda ou proventos* de qualquer natureza ou, em outros termos, dos fatos que se amoldam aos conceitos de renda ou proventos de qualquer natureza. As manifestações de riqueza que não constituam renda ou proventos de qualquer natureza não podem sujeitar-se à incidência do IR. Não há competência para tanto.

As *premissas de tais assertivas* merecem ser explicitadas.

Como expomos nos comentários ao art. 150, não há um "poder de tributar" na acepção de um poder pré-constitucional e ilimitado. Somente se pode falar em "poder de tributar" numa acepção mais restrita, correspondente ao conjunto das competências tributárias, pois o poder que o legislador detém para instituir e modificar tributos decorre, única e exclusivamente, das regras atributivas de competências.

Por isso, *o legislador somente pode atuar dentro dos parâmetros das competências que lhe são conferidas*: sem supedâneo em competências tributárias outorgadas constitucionalmente, ou em desacordo com os seus limites, é inviável instituir legitimamente qualquer tributo. Sempre que o legislador atuar além dos lindes das competências que lhe são conferidas, estará operando no plano da inconstitucionalidade; estará vilipendiando a Carta Maior.

Por conseguinte, quando a atribuição de competências ocorrer por intermédio de conceitos que indicam as materialidades sujeitas à tributação (como ocorre nos impostos nominados), o tributo não apenas deverá fundar-se em tais conceitos, mas também haverá de respeitar os seus limites semânticos.[35]

Percebe-se que *o legislador está vinculado aos conceitos constitucionais* que integram as normas atributivas de competências tributárias.

E obviamente *não pode esquivar-se dessa vinculação mediante o ardil de alterá-los*, com o escopo de ampliar o alcance de sua competência impositiva.[36] Impede-o a supremacia da Constituição, que fundamenta a vedação do art. 110 do CTN:

> Art. 110. A lei tributária não pode alterar a definição, o conteúdo e o alcance de institutos, conceitos e formas de direito privado, utilizados, expressa ou implicitamente, pela Constituição Federal, pelas Constituições dos Estados, ou pelas Leis Orgânicas do Distrito Federal ou dos Municípios, para definir ou limitar competências tributárias.

Quanto a esse ponto, vale rememorar a lúcida ponderação do Ministro Luiz Gallotti no sentido de que "... se a lei pudesse chamar de compra o que não é compra, de importação o que não é importação, de exportação o que não é exportação, de renda o que não é renda, ruiria todo o sistema tributário inscrito na Constituição".[37]

---

[35] Em razão do caráter vinculante dos conceitos constitucionais tributários, a remansosa jurisprudência do STF reconhece ser viável a instauração do controle de constitucionalidade com vistas a aferir se determinados fatos são abrangidos pelos conceitos empregados nas normas atributivas de competência. A decisão proferida no julgamento do RE 176.626 é elucidativa desse entendimento. Ao pronunciar a impossibilidade de o ICMS incidir sobre as operações de licenciamento ou cessão do direito de uso de programas de computador, o Ministro Sepúlveda Pertence externou que a controvérsia era "insolúvel sem a precisão do conceito de 'mercadoria', contido no art. 155, II, CF, e essencial à demarcação do âmbito constitucional de incidência possível do ICMS, incluído por aquele dispositivo na competência do Estado" (excerto do seu voto), razão pela qual: "Sendo a mercadoria o objeto material da norma de competência dos Estados para tributar-lhe a circulação, a controvérsia sobre se determinado bem constitui mercadoria é questão constitucional em que se pode fundar o recurso extraordinário" (STF, 1ª Turma, *RE 176.626*, rel. Min. Sepúlveda Pertence, 11.1998, excerto da ementa).

[36] Como preleciona Pontes de Miranda: "Os conceitos que correspondem às diferentes espécies de impostos, se constam da Constituição, são *conceitos de direito constitucional*, e não *de legislação ordinária*. O legislador ordinário somente pode trabalhar com as *variáveis* que determinam o valor do impôsto, ou de algum dos elementos do suporte fáctico (*e. g., tantos* por cento, se a renda excede de *x*); não pode alterar, de modo nenhum, o conceito do impôsto. Impôsto de transmissão de propriedade imobiliária, como impôsto sôbre circulação de mercadorias, é o que se considera tal na Constituição: a revelação do que êle é entra na classe das questões de interpretação da Constituição [...] Tem-se de desenvolver, completamente, o pensamento que nela se exprimiu, porque aí está o conceito, de que a Constituição precisou, para a elaboração das regras constitucionais sôbre competência, ou sôbre direitos fundamentais, ou outras regras jurídicas da Constituição. Sôbre êsses conceitos é que se edifica o direito tributário" (*Comentários à Constituição de 1967; com a Emenda n. 1 de 1969*. p. 365).

[37] STF, Pleno, RE 71.758, rel. Min. Thompson Flores, 6.1972. Acerca das teses legalistas de renda e da vinculação do legislador aos conceitos constitucionais, vide A. VELLOSO. *Conceitos e competências tributárias*. p. 19-31.

Com base nessas premissas, o Plenário do Supremo Tribunal Federal declarou, por unanimidade, a inconstitucionalidade do adicional ao IRPJ sobre lucros distribuídos. Como asseverou o relator, Ministro Carlos Velloso, apesar das divergências acerca do conceito de renda, é inviável tributar um fato que não caracterize acréscimo patrimonial, sendo vedado ao legislador, diante dos termos da competência que lhe foi conferida, "estabelecer, como renda, uma ficção legal".[38]

Idênticas ponderações se aplicam às *contribuições especiais nominadas*, tais como as previstas no art. 195 da Constituição da República, que se destinam a financiar o custeio da seguridade social.

Ao instituí-las, o legislador não está obrigado somente a buscar a sua finalidade própria, mas também a gravar apenas as materialidades expressamente indicadas pela Lei Maior, como os rendimentos do trabalho, a receita bruta, o lucro etc.

Caso desconsidere essa limitação material posta à sua competência tributária, onerando outras manifestações de riqueza, produzirá ato normativo inválido, por manifesta ofensa à Constituição.

- **Precedentes citados**

Deturpação do conceito de renda pelo legislador. Impossibilidade: CONSTITUCIONAL. TRIBUTÁRIO. IMPOSTO DE RENDA. RENDA – CONCEITO. Lei n. 4.506, de 30.XI.64, art. 38, C.F./46, art. 15, IV; CF/67, art. 22, IV; EC 1/69, art. 21, IV. CTN, art. 43. I. – Rendas e proventos de qualquer natureza: o conceito implica reconhecer a existência de receita, lucro, proveito, ganho, acréscimo patrimonial que ocorrem mediante o ingresso ou o auferimento de algo, a título oneroso. C.F., 1946, art. 15, IV; CF/67, art. 22, IV; EC 1/69, art. 21, IV. CTN, art. 43. II. – Inconstitucionalidade do art. 38 da Lei 4.506/64, que institui adicional de 7% de imposto de renda sobre lucros distribuídos. III. – R.E. conhecido e provido. (STF, Pleno, **RE 117.887**, rel. Min. Carlos Velloso, 2.1993).

Interposição de recurso para questionar o significado de conceitos constitucionais utilizados nas regras atributivas de competência tributária. Possibilidade: I. Recurso extraordinário: prequestionamento mediante embargos de declaração (Súm. 356). [...] II. RE: questão constitucional: âmbito de incidência possível dos impostos previstos na Constituição: ICMS e mercadoria. Sendo a mercadoria o objeto material da norma de competência dos Estados para tributar-lhe a circulação, a controvérsia sobre se determinado bem constitui mercadoria é questão constitucional em que se pode fundar o recurso extraordinário. III. Programa de computador (*software*): tratamento tributário: distinção necessária. Não tendo por objeto uma mercadoria, mas um bem incorpóreo, sobre as operações de "licenciamento ou cessão do direito de uso de programas de computador" " matéria exclusiva da lide ", efetivamente não podem os Estados instituir ICMS: dessa impossibilidade, entretanto, não resulta que, de logo, se esteja também a subtrair do campo constitucional de incidência do ICMS a circulação de cópias ou exemplares dos programas de computador produzidos em série e comercializados no varejo – como a do chamado "software de prateleira" (off the shelf) – os quais, materializando o corpus mechanicum da criação intelectual do programa, constituem mercadorias postas no comércio. (STF, 1ª Turma, **RE 176.626**, rel. Min. Sepúlveda Pertence, 11.1998)

3. Espécies de tributos

A doutrina diverge substancialmente quanto às espécies de tributos. Há classificações bipartidas (apenas duas espécies),[39] tripartidas, quadripartidas e quinquipartidas.

As classificações mais relevantes atualmente são a tripartida (defendida por Geraldo Ataliba, Paulo de Barros Carvalho, Roque Antonio Carrazza, Sacha Calmon Navarro Coêlho, entre outros) e a quinquipartida (Marco Aurélio Greco, Ives Gandra etc.).

---

[38] STF, Pleno, *RE 117.887*, rel. Min. Carlos Velloso, 2.1993.

[39] Um notável expoente da classificação dicotômica ou bipartida é Alfredo Augusto Becker, que assevera de forma categórica: "*No plano jurídico, todo e qualquer tributo pertencerá a uma destas duas categorias: imposto ou taxa*" (*Teoria Geral do Direito Tributário*, p. 381). A. A. Becker reconduz os empréstimos compulsórios à categoria de imposto; e as contribuições "parafiscais", bem como as contribuições de melhoria, às categorias de imposto ou taxa, conforme a base de cálculo seja composta por serviços ou bens estatais (ibidem, p. 380-395). Nessa linha é a lição de Pontes de Miranda: "Rigorosamente, a dicotomia "taxa, impôsto" é exaustiva. Todo tributo pecuniário ou é impôsto ou é taxa". As contribuições seriam uma "terceira forma, não pura, de imposição pública" (*Comentários à Constituição de 1967; com a Emenda n. 1 de 1969.* p. 362). Mais adiante, qualifica as contribuições de melhoria como "taxas obrigatórias" (ob. cit., p. 371).

O *ponto central da divergência* entre essas correntes diz respeito *ao reconhecimento dos empréstimos compulsórios e das contribuições especiais como espécies tributárias autônomas*: para os defensores da classificação tripartida, os empréstimos compulsórios são impostos restituíveis, ao passo que as contribuições especiais são taxas ou impostos afetados a finalidades específicas; para os defensores da classificação quinquipartida, são espécies tributárias autônomas.

Os expoentes das *classificações tripartidas* baseiam-se na análise da hipótese de incidência (fato gerador abstrato): se consistir numa atividade alheia à estatal, será um tributo não vinculado, ou seja, um imposto; se, por outro lado, consistir numa atividade estatal ou numa repercussão dela, será um tributo vinculado, ou seja, uma taxa ou contribuição de melhoria.

Seu *fundamento teórico* é a tese defendida por Geraldo Ataliba, no sentido de que "o critério jurídico de classificação dos tributos está na consistência do aspecto material da hipótese de incidência".[40]

Seus principais *fundamentos jurídico-positivos* são:

i) os dispositivos do art. 145 da CF e do art. 5º do CTN,[41] que se reportam apenas aos impostos, às taxas e às contribuições de melhoria e são tomados, pelos defensores da classificação tripartida, como definições denotativas (que indicam as espécies) e taxativas das espécies tributárias; e

ii) o art. 4º, II, do CTN, que estabelece ser irrelevante, à determinação da espécie tributária, a destinação legal do produto da arrecadação.[42] Portanto, seriam irrelevantes para a classificação dos tributos a obrigação de restituição do *quantum* recolhido ao Erário (no caso dos empréstimos compulsórios) e a afetação dos recursos a uma finalidade específica (no caso das contribuições especiais).

A *classificação tripartida funda-se numa dicotomia* entre tributos vinculados e tributos não vinculados. Dentro dos tributos vinculados, é formada uma subdivisão (na realidade, uma nova dicotomia), dando ensejo ao reconhecimento das três espécies tributárias.

Elucidativa é a classificação elaborada por Sacha Calmon, que, apesar de basear-se numa dicotomia, apresenta três espécies tributárias (impostos, taxas e contribuições), enquadrando os empréstimos compulsórios e as contribuições especiais como espécies de impostos (impostos restituíveis e finalísticos, respectivamente):

a) tributos não vinculados:
  a-1) impostos gerais;
  a-2) impostos restituíveis;
  a-3) impostos especiais, afetados, finalísticos;
b) tributos vinculados:
  b-1) taxas:
    b-1.1) de polícia;
    b-1.2) de serviços;
  b-2) contribuições:
    b-2.1) de melhoria;
    b-2.2) previdenciárias.[43]

---

[40] ATALIBA. *Hipótese de incidência tributária.* p. 115. Note-se que Geraldo Ataliba, diversamente da maioria dos defensores da classificação tricotômica, reputava que a terceira espécie seria composta pelas contribuições, espécie da qual a contribuição de melhoria seria uma subespécie. Ademais, em sua tese de concurso apresentada junto à PUC/SP e elaborada à luz da EC 18/65, Ataliba defendia a existência de quatro espécies tributárias, a saber, os impostos, as taxas, as contribuições de melhoria e as contribuições previdenciárias (ATALIBA. *Sistema constitucional tributário brasileiro.* p. 136-138).

[41] "Art. 5º Os tributos são impostos, taxas e contribuições de melhoria".

[42] "Art. 4º A natureza jurídica específica do tributo é determinada pelo fato gerador da respectiva obrigação, sendo irrelevantes para qualificá-la: [...] II – a destinação legal do produto da sua arrecadação".

[43] COÊLHO. *Comentários à Constituição de 1988.* p. 37.

Não obstante, também é possível reconhecer subdivisões dentro dos tributos não vinculados, outorgando-se autonomia aos empréstimos compulsórios ("impostos restituíveis") e às contribuições especiais ("impostos finalísticos").

Esta posição, que leva à *classificação quinquipartida*, está baseada em dois argumentos principais, relativos à interpretação da Constituição de 1988.

Em primeiro lugar, o art. 145 da CF não traz uma definição denotativa taxativa. Noutros termos, não se destina a arrolar, de forma exaustiva, as espécies tributárias:[44] objetiva apenas indicar as espécies tributárias que *todos* os entes políticos podem instituir. Não poderiam ser indicados os empréstimos compulsórios e tampouco as contribuições especiais, que são de competência exclusiva da União.[45]

Em segundo lugar, no sistema da Constituição de 1988, a finalidade do tributo (que tem por corolário a afetação do produto da sua arrecadação) é de extrema relevância para a determinação do regime jurídico-tributário aplicável, vez que as contribuições especiais estão sujeitas a condicionamentos específicos, o que foi ressaltado com maestria por Marco Aurélio Greco.[46]

Demais disso, o *Supremo Tribunal Federal*, já à luz da Constituição decaída, reconheceu a autonomia das contribuições especiais, rechaçando o argumento de que constituiriam mera espécie do gênero "imposto".[47] E, sob a égide da Constituição de 1988, *sempre considerou os empréstimos compulsórios e as contribuições especiais como categorias tributárias específicas*, distintas dos impostos.

Nesse sentido, cabe referir a seguinte observação do Ministro Moreira Alves:

> De efeito, a par das três modalidades de tributos (os impostos, as taxas e as contribuições de melhoria) a que se refere o artigo 145 para declarar que são competentes para instituí-los a União, os Estados, o Distrito Federal e os Municípios, os artigos 148 e 149 aludem a duas outras modalidades tributárias, para cuja instituição só a União é competente: o empréstimo compulsório e as contribuições sociais, inclusive as de intervenção no domínio econômico e de interesse das categorias profissionais ou econômicas.[48]

---

[44] Essa parece ser a premissa de que Pontes de Miranda partiu para criticar o art. 18 da CF/69, correspondente ao art. 145 da CF/88. Sua crítica, porém, é relevante por indicar que já a Constituição decaída consagrava espécies tributárias diversas dos impostos, taxas e contribuições de melhoria: "O texto da Constituição de 1967, ao falar da composição do sistema tributário nacional, foi infeliz nas menções contenutísticas. Se houvesse dito que êle se compõe de impostos, taxas e contribuições, não seria perfeita a definição ou a referência aos elementos componentes, porém não pecaria pela desarrazoada diminuição da última espécie. Contribuição de melhoria é apenas subespécie. A própria Constituição de 1967 supõe outras contribuições, como a do art. 163, parágrafo único, que de modo nenhum é contribuição de melhoria" (*Comentários à Constituição de 1967; com a Emenda n. 1 de 1969.* p. 361). Digno de referência é o fato de Pontes de Miranda ser um expoente da classificação dicotômica dos tributos, como exposto na nota 39.

[45] Ressalvadas apenas a contribuição previdenciária dos servidores e a nova contribuição de iluminação pública (arts. 149, § 1º, e 149-A, respectivamente).

[46] "A meu ver, há alguns conceitos constitucionais que permitem dar um instrumental para o aplicador concluir pela constitucionalidade, ou não, das exigências. Um deles é o destino da arrecadação. Nem se diga, citando o CTN, que o destino da arrecadação é irrelevante. O critério do artigo 4º do CTN pode ser adequado para os impostos, mas, para as contribuições, é ao contrário. Para as contribuições, o destino da arrecadação é um elemento essencial à definição da figura. Se a razão de ser da contribuição é existir uma finalidade e um determinado grupo, e a exigência do pagamento é feita em solidariedade ao grupo à luz da finalidade, o destino da arrecadação deve ser a favor desse mesmo grupo, na busca da finalidade. [...] Se não há arrecadação vinculada ao grupo e à finalidade, aquilo não é contribuição. É outra coisa" (GRECO. *Contribuições: (uma figura "sui generis").* p. 239-240).

[47] Fê-lo ao declarar que o Adicional ao Frete para Renovação da Marinha Mercante (AFRMM) não era alcançado pela imunidade do art. 19, III, *d*, da Constituição de 1969, por não constituir um imposto, senão uma contribuição especial, de intervenção no domínio econômico (STF, Pleno, *RE 75.972*, rel. Min. Thompson Flores, 10.1973). No precedente, o Ministro Rodrigues Alckmin recorda decisão proferida ainda sob a vigência da Constituição de 1946, em que se havia declarado a legitimidade da exigência, por se tratar de uma contribuição e esta, de um *tertium genus*, "inconfundível com o imposto e a taxa".

[48] STF, Pleno, RE 146.733, rel. Min. Moreira Alves, 6.1992, excerto do seu voto. Outra conhecida classificação (esta quadripartida) foi exposta pelo Ministro Carlos Velloso no julgamento do RE 138.284: a) impostos (CF, arts. 145, I, 153, 154, 155 e 156); b) taxas (CF, art. 145, II); c) contribuições: c.1. de melhoria (CF, art. 145, III); c.2. parafiscais (CF, art. 149):

Do exposto, conclui-se que o art. 4º do CTN não pode ser interpretado como um preceito absoluto: há de ser relativizado, de modo a se harmonizar com as espécies tributárias que foram reconhecidas posteriormente ao seu advento (as contribuições especiais e os empréstimos compulsórios). Da mesma forma, o art. 5º do CTN (o qual representa uma concretização legislativa da classificação tripartida) está superado: somente será válido se receber interpretação conforme à Constituição, no sentido de que a enumeração das espécies tributárias que veicula é exemplificativa, e não taxativa.

Afigura-se mais acertada, via de consequência, a *classificação quinquipartida*, em que são reconhecidas as seguintes espécies de tributo:

1. Impostos
2. Taxas
3. Contribuições de melhoria
4. Contribuições especiais
5. Empréstimos compulsórios

A nosso ver, tal classificação deve basear-se em *quatro notas características*:

i) presença, na hipótese de incidência, de uma *atuação estatal*, que é própria das taxas (tributos "vinculados a uma atuação estatal");

ii) presença, na hipótese de incidência, da *valorização imobiliária decorrente de obra pública*, que é peculiar às contribuições de melhoria;

iii) *afetação a finalidades ou despesas específicas*, que não se verifica apenas nos impostos e nas contribuições de melhoria;[49] e

iv) *obrigatoriedade de restituição do produto da arrecadação*, que é inerente aos empréstimos compulsórios, tributos restituíveis por excelência.

Esquematicamente, estas são as características que singularizam cada uma das cinco espécies tributárias:

	Impostos	**Taxas**	**Contribuições de melhoria**	**Contribuições especiais**	**Empréstimos compulsórios**
Vinculação direta a uma atuação estatal	Não	Sim	Não	Não	Não
Vinculação à valorização imobiliária decorrente de obra pública	Não	Não	Sim	Não	Não
Afetação a finalidades ou despesas específicas	Não	Sim	Não	Sim	Sim
Obrigatoriedade de restituição	Não	Não	Não	Não	Sim

c.2.1. sociais; c.2.1.1. de seguridade social (CF, art. 195, I, II, III); c.2.1.2. outras de seguridade social (CF, art. 195, § 4º); c.2.1.3. sociais gerais (o FGTS, o salário-educação, CF, art. 212, § 5º, contribuições para o SESI, SENAI, SESC, SENAC, CF, art. 240); c.3. especiais: c.3.1. de intervenção no domínio econômico (CF, art. 149); c.3.2. corporativas (CF, art. 149); d. empréstimos compulsórios (STF, Pleno, *RE 138.284*, rel. Min. Carlos Velloso, 7.1992).

[49] Quanto às contribuições de melhoria, o que existe é vinculação a uma despesa passada (que leva à limitação do valor total cobrado com a exação à despesa realizada, consoante o art. 81, *caput*, do CTN), e não a afetação a uma despesa futura ou contínua.

Considerando-se as subespécies tributárias, a classificação torna-se mais abrangente:

1. Impostos
   1.1. nominados (ordinários)
      1.1.1. federais (art. 153)
      1.1.2. estaduais (art. 155)
      1.1.3. municipais (art. 156)
   1.2. extraordinários (art. 154, II)
   1.3. residuais (art. 154, I)
2. Taxas
   2.1. de poder de polícia (art. 145, II, primeira parte)
   2.2. de serviços públicos específicos e divisíveis (art. 145, II, segunda parte)
   2.3. de uso de vias conservadas pelo Poder Público (pedágio, art. 150, V, *in fine*)[50]
3. Contribuições de melhoria (art. 145, III)
4. Contribuições especiais
   4.1. sociais
      4.1.1. gerais (art. 149, *caput* c/c § 2º, III, *a* e *b*)
      4.1.2. de seguridade social (art. 195)
         4.1.2.1. nominadas (art. 195, I, *b* e *c,* III e IV e § 8º)
         4.1.2.2. residuais (art. 195, § 4º)
      4.1.3. previdenciárias
         4.1.3.1. do regime geral de previdência (art. 195, I, *a*, e II, c/c art. 167, XI)
         4.1.3.2. do regime estatutário (arts. 40 e 149, § 1º)
      4.1.4. constitucionalizadas
         4.1.4.1. do salário-educação (art. 212, § 5º)
         4.1.4.2. ao PIS/PASEP (art. 239)
         4.1.4.3. ao SESC, SENAC, SESI e SENAI (art. 240)
   4.2. de intervenção no domínio econômico
      4.2.1. gerais (art. 149, *caput* c/c § 2º, III, *a* e *b*)
      4.2.2. nominadas (art. 149, § 2º, II, e 177, § 4º)
   4.3. corporativas (art. 149, *caput*)
      4.3.1. de interesse de categorias profissionais
      4.3.2. de interesse de categorias econômicas
5. Empréstimos compulsórios (art. 148)
   5.1. emergenciais (art. 148, I)
   5.2. de investimento (art. 148, II)

Exposta a classificação das espécies tributárias,[51] impende analisar com atenção aquelas referidas pelo art. 145, a saber, os impostos, as taxas e as contribuições de melhoria.

• Precedentes citados

Autonomia das contribuições especiais. Qualificação do AFRMM como contribuição interventiva: ADICIONAL AO FRETE PARA RENOVAÇÃO DA MARINHA MERCANTE. II. Não constitui taxa, nem imposto, com destinação especial. É ele uma contribuição parafiscal, tendo em vista a intervenção no domínio econômico, nos termos do art. 21, § 2, *i*, c.c. o art. 163 e seu parágrafo único, da Constituição (Emenda n. 1/69) e decorre da Lei n. 3.381/58 e Decretos-leis ns. 362/68, 432 e 799/69. III. Legal, pois, a exigência desta contribuição, a qual, porque não constitui imposto, pode ser cobrada mesmo daqueles que gozam da imunidade a que se refere o art. 19, III, *d*, da carta citada, onde se inclui a recorrida. IV. Recurso extraordinário conhecido e provido, para cassar a segurança. (STF, Pleno, **RE 75.972**, rel. Min. Thompson Flores, 10.1973)

Classificação e autonomia das contribuições sociais. Legitimidade da CSLL: CONSTITUCIONAL. TRIBUTÁRIO. CONTRIBUIÇÕES SOCIAIS. CONTRIBUIÇÕES INCIDENTES SOBRE O LUCRO DAS PESSOAS

[50] A respeito da qualificação do pedágio como taxa, vide os comentários ao art. 150, V.

[51] Optamos por não incluir na classificação a "contribuição de iluminação pública", cujo enquadramento doutrinário ainda não está bem consolidado. Trata-se de um tributo *sui generis,* que não se confunde com as contribuições especiais e tampouco com as taxas. A propósito, vide os comentários ao art. 149-A.

JURÍDICAS. Lei n. 7.689, de 15.12.88. I. – Contribuições parafiscais: contribuições sociais, contribuições de intervenção e contribuições corporativas. C.F., art. 149. Contribuições sociais de seguridade social. C.F., arts. 149 e 195. As diversas espécies de contribuições sociais. II. – A contribuição da Lei 7.689, de 15.12.88, é uma contribuição social instituida com base no art. 195, I, da Constituição. As contribuições do art. 195, I, II, III, da Constituição, não exigem, para a sua instituição, lei complementar. Apenas a contribuição do parag. 4. do mesmo art. 195 é que exige, para a sua instituição, lei complementar, dado que essa instituição devera observar a tecnica da competência residual da União (C.F., art. 195, parag. 4.; C.F., art. 154, I). Posto estarem sujeitas à lei complementar do art. 146, III, da Constituição, porque não são impostos, não há necessidade de que a lei complementar defina o seu fato gerador, base de cálculo e contribuintes (C.F., art. 146, III, "a"). III. – Adicional ao imposto de renda: classificação desarrazoada. IV. – Irrelevância do fato de a receita integrar o orcamento fiscal da União. O que importa é que ela se destina ao financiamento da seguridade social (Lei 7.689/88, art. 1.). V. – Inconstitucionalidade do art. 8., da Lei 7.689/88, por ofender o princípio da irretroatividade (C.F., art, 150, III, "a") qualificado pela inexigibilidade da contribuição dentro no prazo de noventa dias da publicação da lei (C.F., art. 195, parag. 6). Vigência e eficácia da lei: distinção. VI. – Recurso Extraordinário conhecido, mas improvido, declarada a inconstitucionalidade apenas do artigo 8. da Lei 7.689, de 1988. (STF, Pleno, **RE 138.284**, rel. Min. Carlos Velloso, 7.1992)

3.1. Impostos

O Código Tributário Nacional fornece uma *definição de imposto* que, em seus aspectos essenciais, é plenamente compatível com a Constituição: "Imposto é o tributo cuja obrigação tem por fato gerador uma situação independente de qualquer atividade estatal específica, relativa ao contribuinte" (art. 16).

Nessa definição, adotou-se, com certas *nuances*, a clássica tese defendida por Geraldo Ataliba, no sentido de que a distinção entre as espécies tributárias deve basear-se na *materialidade da hipótese de incidência,* ou seja, no fato de o aspecto material da hipótese consistir, ou não, numa atividade do Poder Público ou numa repercussão desta.[52]

Se o aspecto material consistir numa atividade do Poder Público, a exação será qualificada como taxa. Caso consista numa repercussão de tal atividade (mais especificamente, na valorização imobiliária causada por obra pública), tratar-se-á de uma contribuição de melhoria. E, se se tratar de situação alheia à atividade estatal, ter-se-á um imposto.

Contudo, *para estremar os impostos das contribuições especiais*, é necessário agregar um novo elemento à definição, a saber, um elemento negativo consubstanciado na *inexistência de vinculação a uma finalidade específica.*[53] Caso haja tal vinculação, o tributo "cuja obrigação tem por fato gerador uma situação independente de qualquer atividade estatal específica" não será um imposto, mas uma contribuição, tal como ocorre com a COFINS.[54]

E *para diferenciar os impostos dos empréstimos compulsórios*, deve-se adicionar um segundo elemento negativo à definição: a *inexistência de previsão legal de sua restituição.*

À luz do exposto, uma *definição de imposto construída com base no texto constitucional* poderia ter a seguinte formulação: "Imposto é o tributo cuja hipótese de incidência é desvinculada de qualquer atividade estatal relativa ao contribuinte e que não é restituí-

---

[52] ATALIBA. *Hipótese de incidência tributária.* p. 115.

[53] O STF foi expresso nesse sentido ao tratar, no julgamento da contribuição dos inativos após a EC 41/03, da distinção entre contribuições sociais e impostos: "A identificação conceptual de cada tributo dá-se, em regra, à vista do *fato gerador* e da *base de cálculo*, mas, em relação às contribuições, devem [*sic*] ponderados também os fatores discretivos constitucionais da *finalidade da instituição* e da *destinação das receitas*. O fato gerador e a base de cálculo não bastam para identificar e discernir as contribuições, as quais, como já acentuamos, *ex vi* das regras conformadoras do regime constitucional próprio, inscritas nos arts. 149 e 195, caracterizam-se sobretudo pela *finalidade* e *destinação específicas*" (STF, Pleno, ADI 3.128, rel. p/ ac. Min. Cezar Peluso, 8.2004, excerto do seu voto, constante à fl. 537 dos autos).

[54] Diversamente de Pontes de Miranda (*Comentários à Constituição de 1967; com a Emenda n. 1 de 1969.* p. 367) e de todos aqueles que negam a autonomia das contribuições especiais, não incluímos os denominados *Zwecksteuern* (impostos com fim) na categoria imposto.

vel e tampouco afetado a uma finalidade determinada". Essa definição é composta por elementos negativos, mas permite estremar com segurança o imposto das demais espécies tributárias.

Observe-se que tal definição não conflita com os *impostos extrafiscais*, pois os recursos angariados com a sua cobrança não são afetados às finalidades não fiscais. Estas são apenas metas políticas, sociais ou econômicas perseguidas com a sua cobrança.

3.2. Taxas

Em seu art. 145, II, a Constituição indica *duas espécies* de taxas:

a) as taxas devidas em razão do exercício do poder de polícia (taxas de polícia); e

b) as taxas devidas pela "utilização, efetiva ou potencial, de serviços públicos específicos e divisíveis, prestados ao contribuinte ou postos a sua disposição" (taxas de serviços específicos e divisíveis).

Como exemplos centrais de taxas de polícia, podem ser indicadas a taxa de localização e funcionamento de estabelecimentos, cobrada pelos Municípios; a taxa de fiscalização ambiental, instituída pela Lei 9.960/2000; e a taxa da Comissão de Valores Mobiliários (CVM), criada pela Lei 7.940/1989. E, como exemplos de taxas de serviço, podem ser referidas as custas judiciárias, os emolumentos, e a taxa de coleta domiciliar de lixo.

Controverso exemplo de taxa de polícia é a exigência de ressarcimento dos custos relativos ao selo especial do IPI, que deve ser aposto em determinados produtos no interesse da fiscalização tributária. A selagem constitui um dever instrumental (obrigação acessória); e a remuneração pelo fornecimento do selo, uma taxa, que deve ser fixada por lei.[55]

Questiona-se se existiriam outras espécies de taxas. A nosso ver, a resposta a tal indagação há de ser afirmativa, diante das características do *pedágio* (taxa de utilização de vias públicas conservadas pelo Poder Público).[56]

Ressalvando-se a exceção do pedágio, revela-se consentânea com a Constituição a previsão do Código Tributário Nacional no sentido de que:

> Art. 77. As taxas cobradas pela União, pelos Estados, pelo Distrito Federal ou pelos Municípios, no âmbito de suas respectivas atribuições, têm como fato gerador o exercício regular do poder de polícia, ou a utilização, efetiva ou potencial, de serviço público específico e divisível, prestado ao contribuinte ou posto à sua disposição.

Essa definição, tal como a de imposto do art. 16 do CTN, decorre da aplicação do critério da materialidade da hipótese de incidência, tão bem teorizado por Geraldo Ataliba e Paulo de Barros Carvalho.

É *inerente às taxas*, portanto, a característica de serem devidas em razão do desempenho de uma *atividade do Poder Público*, aspecto em que se diferenciam, com clareza, dos impostos.

Taxas decorrentes de atividades desempenhadas por particulares são taxas apenas na denominação: constituem *pseudotaxas*, que nunca poderão se qualificar ou se legitimar como veras taxas. Se o legislador, a pretexto de criar uma taxa, instituir um tributo cuja hipótese não seja constituída, direta ou indiretamente, por uma atividade estatal, terá criado um imposto ou uma contribuição, jamais uma taxa.[57] Essa exação haverá de ser

---

[55] STF, Pleno, RE 662.113, rel. Min. Marco Aurélio, 2.2014.

[56] Vide a classificação dos tributos supraexposta e, ainda, os comentários ao art. 150, V.

[57] Poderá, até mesmo, tratar-se de um preço público, caso não se enquadre no conceito de tributo. Nessa linha, o STF declarou a natureza não tributária da "taxa" cobrada pela exploração de recursos minerais da União, concebendo que se tratava de um preço público, por não decorrer de atividade estatal e por não ser compulsória (STF, Pleno, *ADI 2.586*, rel. Min. Carlos Velloso, 5.2002).

qualificada como imposto ou contribuição – e deverá ser submetida ao exame de constitucionalidade como tal.

Foi o que decidiu o STF ao declarar a inconstitucionalidade:

a) da "Taxa de Fiscalização Ambiental" (TFA) instituída pela Lei 9.960/2000, que era devida por atividade exercida pelo contribuinte;[58] e

b) da "Taxa de Conservação e Manutenção de Vias Públicas", que, a seu ver, era um imposto dissimulado.[59]

Idêntico fundamento se aplica aos *adicionais desvinculados do serviço prestado*, que em regra serão caracterizados como impostos, tal qual ocorreu com o inconstitucional adicional sobre custas e emolumentos.[60]

• Precedentes citados

Adicional desvinculado do serviço prestado. Exação sobre negócios notariais. Inconstitucionalidade: CONSTITUCIONAL. INCONSTITUCIONALIDADE DOS ARTS. 35, 36 E 37 DA LEI MINEIRA Nº 12.727/97. SERVIÇOS CARTORÁRIOS. CUSTAS E EMOLUMENTOS. ACRÉSCIMO DE PERCENTUAL INTITULADO "RECEITA ADICIONAL". Ausência de relação com o exercício do poder de polícia ou a utilização efetiva ou potencial de serviço público específico e divisível. Incompetência dos estados da federação para instituir impostos sobre os negócios notariais. Espécie que não configura taxa nem imposto. Liminar deferida. (STF, Pleno, **ADI 1.778 MC**, rel. Min. Nelson Jobim, 9.1999).

A despeito da referência na ementa, o voto do relator não desqualifica claramente a "receita adicional" como imposto. Parece vê-la como um imposto inconstitucional.

Taxa com fato gerador de imposto. Taxa de fiscalização ambiental criada pela Lei 9.960/2000. Inconstitucionalidade: AÇÃO DIRETA DE INCONSTITUCIONALIDADE. ARTIGO 8º DA LEI Nº 9.960, DE 28.01.2000, QUE INTRODUZIU NOVOS ARTIGOS NA LEI Nº 6.938/81, CRIANDO A TAXA DE FISCALIZAÇÃO AMBIENTAL (TFA). ALEGADA INCOMPATIBILIDADE COM OS ARTIGOS 145, II; 167, IV; 154, I; E 150, III, *B*, DA CONSTITUIÇÃO FEDERAL. Dispositivos insuscetíveis de instituir, validamente, o novel tributo, por haverem definido, como fato gerador, não o serviço prestado ou posto à disposição do contribuinte, pelo ente público, no exercício do poder de polícia, como previsto no art. 145, II, da Carta Magna, mas a atividade por esses exercida; e como contribuintes pessoas físicas ou jurídicas que exercem atividades potencialmente poluidoras ou utilizadoras de recursos ambientais, não especificadas em lei. E, ainda, por não haver indicado as respectivas alíquotas ou o critério a ser utilizado para o cálculo do valor devido, tendo-se limitado a estipular , *a forfait*, valores uniformes por classe de contribuintes, com flagrante desobediência ao princípio da isonomia, consistente, no caso, na dispensa do mesmo tratamento tributário a contribuintes de expressão econômica extremamente variada. Plausibilidade da tese da inconstitucionalidade, aliada à conveniência de pronta suspensão da eficácia dos dispositivos instituidores da TFA. Medida cautelar deferida. (STF, Pleno, **ADI 2.178 MC**, rel. Min. Ilmar Galvão, 3.2000)

A taxa foi instituída novamente pela Lei 10.165/04, com a correção dos vícios apontados pelo STF, o que levou ao reconhecimento da sua legitimidade constitucional: CONSTITUCIONAL. TRIBUTÁRIO. IBAMA: TAXA DE FISCALIZAÇÃO. Lei 6.938/81, com a redação da Lei 10.165/2000, artigos 17-B, 17-C, 17-D, 17-G. C.F., art. 145, II. I. – Taxa de Controle e Fiscalização Ambiental – TCFA – do IBAMA: Lei 6.938, com a redação da Lei 10.165/2000: constitucionalidade. II. – R.E. conhecido, em parte, e não provido. (STF, Pleno, **RE 416.601**, rel. Min. Carlos Velloso, 8.2005)

"Taxa" cobrada pela exploração de recursos minerais da União. Qualificação como preço público: CONSTITUCIONAL. TRIBUTÁRIO: TAXA: CONCEITO. CÓDIGO DE MINERAÇÃO. Lei 9.314, de 14.11.96: REMUNERAÇÃO PELA EXPLORAÇÃO DE RECURSOS MINERAIS: PREÇO PÚBLICO. I. – As taxas decorrem do poder de polícia do Estado, ou são de serviço, resultantes da utilização efetiva ou potencial, de serviços públicos específicos e divisíveis, prestados ao contribuinte ou postos a sua disposição (C.F., art. 145, II). O poder de polícia está conceituado no art. 78, CTN. II. – Lei 9.314, de 14.11.96, art. 20, II e § 1º, inciso II do § 3º: não se tem, no caso, taxa, no seu exato sentido jurídico, mas preço público decorrente da exploração, pelo particular, de um bem da União (C.F., art. 20, IX, art. 175 e §§). III. – ADIn julgada improcedente. (STF, Pleno, **ADI 2.586**, rel. Min. Carlos Velloso, 5.2002)

Imposto dissimulado de taxa. "Taxa de Conservação e Manutenção de Vias Públicas". Ilegitimidade: Taxa de construção, conservação e melhoramento de estrada de rodagem. Artigos 212 a 215 da Lei nº 1.942/83 do Município de Votuporanga. Inconstitucionalidade. – Base de cálculo que é própria de imposto e não de taxa por

---

[58] STF, Pleno, ADI 2.178 MC, rel. Min. Ilmar Galvão, 3.2000.

[59] STF, Pleno, RE 121.617, rel. Min. Moreira Alves, 2.1996.

[60] STF, Pleno, ADI 1.778 MC, rel. Min. Nelson Jobim, 9.1999.

serviços específicos e divisíveis postos à disposição do seu contribuinte. – Não tendo o município – uma vez que, em matéria de impostos, a competência implícita é da União – competência para criar tributos outros que não os que a Constituição lhe atribui, o imposto dissimulado pela taxa é inconstitucional. Recurso extraordinário conhecido e provido, declarando-se a inconstitucionalidade dos artigos 212 a 215 da Lei nº 1.942, de 22.12 .83, do Município de Votuporanga (SP). (STF, Pleno, **RE 121.617**, rel. Min. Moreira Alves, 2.1996)

3.2.1. Distinção perante os preços públicos

Costuma-se discutir se os valores cobrados em decorrência da prestação de serviços públicos constituem taxas ou preços públicos, pois ambos decorrem de atividades estatais voltadas ao particular.

Quanto aos atos praticados com base no poder de polícia, é evidente que rendem ensejo à cobrança de taxas (*taxas de polícia*), uma vez que somente podem ser praticados pelo Estado e podem sê-lo até mesmo contra a vontade do particular, fato que torna cristalina a sua compulsoriedade, nota característica dos tributos. Daí a conclusão do Supremo Tribunal Federal, no sentido de que:

> A distinção entre preço público e a taxa tem lugar quando em discussão a contraprestação pelo usufruto de serviços públicos – até mesmo porque os primeiros são marcados pela voluntariedade, isso é, pela necessidade de que o usuário aquiesça com o pagamento –, não quando em causa o exercício de poder de polícia, sempre remunerado por taxa.[61]

De fato, em relação às *taxas de serviço*, a distinção é mais tênue e problemática, sobretudo porque não há consenso quanto ao critério a ser empregado para o estabelecimento da diferenciação, o que rende ensejo a infindáveis divergências na doutrina e na jurisprudência.[62]

Em virtude de a taxa, diversamente do preço público, ser uma espécie tributária, reputamos que o *critério jurídico* para a solução da querela somente pode ser encontrado no próprio *conceito de tributo.*

A taxa apresenta uma característica própria dos tributos: consiste numa prestação pecuniária criada de forma *heterônoma*, ou seja, pelo poder de império estatal. Diversamente, o preço público representa uma prestação pecuniária criada de forma *autônoma*, isto é, pela vontade das partes. Noutros termos, as taxas, ao contrário dos preços públicos, são compulsórias.

Eis o *critério distintivo: a compulsoriedade.* Se a prestação exigida pelo Poder Público não for heterônoma, mas autônoma, não poderá ser qualificada como tributária e, consequentemente, não se poderá falar em taxa. Tratar-se-á de preço público.[63]

O critério da compulsoriedade predominou no STF, dando origem à edição da *Súmula 545*, redigida nestes termos: "Preços de serviços públicos e taxas não se confundem, porque estas, diferentemente daqueles, são compulsórias e têm sua cobrança condicionada a prévia autorização orçamentária, em relação à lei que as instituiu".

Essa súmula considera o princípio da anualidade, que não vigora entre nós desde o advento da Constituição de 1969 (EC nº 1),[64] porém a sua parte inicial continua vigente,

---

[61] STF, Pleno, RE 662.113, rel. Min. Marco Aurélio, 2.2014 - trecho do voto do relator. O precedente versa sobre o ressarcimento dos custos do selo especial do IPI (qualificado como uma taxa de polícia), mais especificamente sobre a constitucionalidade da sua fixação por atos infralegais, rechaçada pela Corte.

[62] Como anota Ricardo Lobo Torres: "A distinção entre preço público e taxa é um dos assuntos mais tormentosos do Direito Constitucional Tributário" (*Curso de Direito Financeiro e Tributário.* 10ª ed., p. 169).

[63] Rechaçamos, pois, a categoria das "taxas facultativas", identificada por Pontes de Miranda (*Comentários à Constituição de 1967; com a Emenda n. 1 de 1969.* p. 371).

[64] Vide os comentários ao art. 150, III, *b*.

indicando o critério central da distinção entre taxas e preços públicos: a compulsoriedade do serviço financiado.[65]

• **Súmulas**

Súmula 545 do STF: "Preços de serviços públicos e taxas não se confundem, porque estas, diferentemente daqueles, são compulsórias e têm sua cobrança condicionada a prévia autorização orçamentária, em relação à lei que as instituiu".

Como referido no texto, essa súmula considera o princípio da anualidade, que não vigora entre nós desde o advento da Constituição de 1969 (EC nº 1), porém a sua parte inicial continua vigente.

• **Precedente citado**

Critério distintivo entre taxas e preços públicos: a compulsoriedade do serviço prestado. Caráter tributário das exações pagas à SUFRAMA: EMENTA: RECURSO EXTRAORDINÁRIO. EXAÇÕES PAGAS À SUPERINTENDÊNCIA DA ZONA FRANCA DE MANAUS – SUFRAMA. NATUREZA JURÍDICA DE TAXA. INSTITUIÇÃO POR MEIO DE PORTARIA. OFENSA AO PRINCÍPIO DA LEGALIDADE. PARÁGRAFO ÚNICO DO ART. 24 DO DECRETO-LEI N. 288/1967 NÃO RECEPCIONADO. 1. Taxa e preço público diferem quanto à compulsoriedade de seu pagamento. A taxa é cobrada em razão de uma obrigação legal enquanto o preço público é de pagamento facultativo por quem pretende se beneficiar de um serviço prestado. 2. A Superintendência da Zona Franca de Manaus – Suframa exerce atividade afeta ao Estado em razão do disposto no art. 10 do Decreto-Lei n. 288/1967, e as exações por ela cobradas são de pagamento compulsório por quem pretende se beneficiar dos incentivos oferecidos pelo Decreto-Lei n. 288/1967, tendo, assim, natureza de taxa. 3. O parágrafo único do art. 24 do Decreto-Lei n. 288/1967, que autoriza a Superintendência da Zona Franca de Manaus – Suframa a instituir taxas por meio de portaria contraria o princípio da legalidade e, portanto, não foi recepcionado pela Constituição da República de 1988. (STF, Pleno, **RE 556.854**, rel. Min. Cármen Lúcia, 6.2011)

3.2.1.1. Noção de compulsoriedade

O *significado da compulsoriedade* foi captado com precisão neste voto do Ministro Ricardo Lewandowski, ao vinculá-lo com a existência de alternativa que afaste a incidência do tributo:

> A compulsoriedade de um tributo decorre do fato de que é juridicamente irrelevante o elemento volitivo para que a obrigação de pagar se mostre exigível. [...]
>
> É dizer, se for possível, a partir apenas da vontade própria, por meios legítimos, e independentemente de qualquer exceção normativa – tais como a não-incidência, a imunidade ou a isenção –, realizar o núcleo de uma conduta, em tese, sujeita a determinado encargo, mas de forma diversa daquela que dá ensejo ao nascimento da obrigação de pagar, inexiste a compulsoriedade inerente aos tributos.
>
> Em outras palavras, se a alguém é dado optar por certo comportamento dentre vários outros igualmente possíveis, e estando um ou mais deles liberados do pagamento de determinada obrigação pecuniária, a submissão ao ônus passa a ter caráter voluntário, o que não se coaduna com o conceito de tributo.
>
> Se, por outro lado, todos os meios legítimos de realização desse mesmo comportamento levarem ao pagamento compulsório da obrigação, o ônus, por não depender da vontade do responsável, apresentará inequívoca natureza tributária.[66]

Uma nítida indicação de compulsoriedade encontra-se no próprio art. 145, II, da CF, ao outorgar competência para a cobrança de taxas por serviços que são, tão só, *postos à disposição do contribuinte.*

O contribuinte pode não utilizá-los e recusar-se a remunerá-los. Entretanto, é *obrigado* a financiá-los, em virtude de o serviço ter se tornado compulsório por lei.

Como estabelece o CTN, os serviços públicos remunerados mediante taxa consideram-se utilizados potencialmente pelo contribuinte "quando, sendo de utilização *compulsória*, sejam postos à sua disposição mediante atividade administrativa em efetivo funcionamento" (art. 79, I, *b* – grifamos).

---

[65] STF, Pleno, *RE 556.854*, rel. Min. Cármen Lúcia, 6.2011. Lê-se na ementa "Taxa e preço público diferem quanto à compulsoriedade de seu pagamento. A taxa é cobrada em razão de uma obrigação legal enquanto o preço público é de pagamento facultativo por quem pretende se beneficiar de um serviço prestado".

[66] STF, Pleno, *RE 541.511*, rel. Min. Ricardo Lewandowski, 4.2009.

O *significado e as repercussões da opção estatal por um sistema compulsório* de financiamento dos serviços públicos específicos e divisíveis foram expostos com precisão por Sacha Calmon:

> A realidade está em que os *serviços públicos de utilidade, específicos e divisíveis*, podem ser remunerados por preços (regime contratual) ou por taxas (regime de Direito Público). O dilema resolve-se pela opção do legislador. Se escolher o regime tributário das taxas, ganha a compulsoriedade do tributo, inclusive pela mera disponibilidade do serviço, se prevista a sua utilização compulsória (CTN, art. 79, I, "b"), mas fica manietado pelas regras de contenção do poder de tributar. A fixação e o aumento da taxa só podem ser feitos por lei e só têm eficácia para o ano seguinte. Se escolher o regime contratual, perde a compulsoriedade da paga pela mera disponibilidade do serviço, mas ganha elasticidade e imediatez na fixação das tarifas [...] Ao jurista cabe apenas indagar qual o regime jurídico que o legislador adotou. Se for o regime jurídico-tributário, temos taxas. Se for o regime contratual, temos preço público.[67]

Noutros termos, se o Poder Público optar por remunerar os serviços públicos específicos e divisíveis de forma compulsória, mediante exação heterônoma, terá decidido criar uma taxa – e, para tanto, deverá respeitar todas as limitações gerais que a Constituição da República estabelece ao poder de tributar.

Vislumbramos, contudo, haver serviços públicos que *somente* podem ser remunerados por taxas (ou por recursos gerais do orçamento), jamais por preços públicos. Trata-se de serviços eminentemente compulsórios, por estarem sujeitos ao *monopólio estatal.*

Fundamentamos e esclarecemos essa conclusão no tópico seguinte.

- **Precedente citado**

Sobretarifa a preços públicos. Encargos de capacidadade emergencial. Qualificação como preço público: [...] I – Os encargos de capacidade emergencial, de aquisição de energia elétrica emergencial e de energia livre adquirida no MAE, instituídos pela Lei 10.438/02, não possuem natureza tributária. II – Encargos destituídos de compulsoriedade, razão pela qual correspondem a tarifas ou preços públicos. III – Verbas que constituem receita originária e privada, destinada a remunerar concessionárias, permissionárias e autorizadas pelos custos do serviço, incluindo sua manutenção, melhora e expansão, e medidas para prevenir momentos de escassez. IV – O art. 175, III, da CF autoriza a subordinação dos referidos encargos à política tarifária governamental. V – Inocorrência de afronta aos princípios da legalidade, da não-afetação, da moralidade, da isonomia, da proporcionalidade e da razoabilidade. IV – Recurso extraordinário conhecido, ao qual se nega provimento. (STF, Pleno, **RE 541.511**, rel. Min. Ricardo Lewandowski, 4.2009).

3.2.1.2. Compulsoriedade e natureza do serviço

Em geral, *os autores que repudiam o critério da compulsoriedade também rejeitam a liberdade do legislador para escolher o regime de financiamento do serviço público, mediante a cobrança de taxas (que geram obrigações heterônomas) ou de preços públicos* (dando ensejo à criação de obrigações autônomas). Para Geraldo Ataliba, que esposa o entendimento de Marco Aurélio Greco e Hamilton Dias de Souza, todos os serviços públicos específicos e divisíveis têm de ser remunerados por taxa: o legislador somente teria liberdade para cobrar, ou não, pelo serviço; se optar por remunerá-lo, haveria de instituir taxa, sendo inadmissível a cobrança de preço público.[68] Este somente poderia ser cobrado pela exploração de atividade econômica.

[67] COÊLHO. *Curso de Direito Tributário Brasileiro*. p. 415. Essa posição também encontra respaldo no direito comparado. Vide, por exemplo, a lição de Gaspare Falsitta, segundo a qual, à definição de taxa, é: "irrilevante la natura della prestazione resa dall'ente pubblico (funzione o servizio) e debba darsi importanza esclusiva alla fonte e/o alla disciplina giuridica del rapporto. Da sempre la tassa è accostata all'imposta in quanto entrambe ricadenti nell'area dei tributi. Ma perché la tassa possegga il carattere del tributo occorre che si presenti, nella sua disciplina di diritto positivo, come prestazione «coattiva" (FALSITTA. *Manuale di Diritto Tributario*. p. 22).

[68] ATALIBA. *Hipótese de incidência tributária*. p. 141. Ives Gandra acolhe essa orientação, na linha do entendimento que prevaleceu no X Simpósio de Direito Tributário (MARTINS. "O Direito Tributário em transição", p. 153; ——, *O sistema tributário na Constituição*. 6ª ed. p. 92). O fato de a prevalência ter ocorrido por apenas um voto (39 votos contra 38) evidencia a atualidade da polêmica sobre a distinção entre taxas e preços públicos.

Segundo tal concepção, o critério distintivo entre as taxas e os preços públicos não é a compulsoriedade, mas a *natureza do serviço* prestado pelo Poder Público.

Concebemos que é viável – e necessário – conciliar o critério da compulsoriedade com o da natureza do serviço prestado pelo Poder Público.

As divergências entre essas teses decorrem principalmente do emprego do termo "compulsoriedade" num sentido restrito, aplicável apenas à compulsoriedade caracterizada pela exigência de remuneração pelo serviço meramente disponibilizado ao particular, independentemente de sua vontade.[69]

No entanto, *o termo "compulsoriedade" comporta uma acepção mais ampla*, abarcando também a obrigatoriedade de o Poder Público prestar determinados serviços e de os particulares se sujeitarem à sua prestação pelo Poder Público, caso pretendam usufruí-los, diante do *monopólio estatal* estabelecido sobre tais serviços.[70]

É o que ocorre com as *taxas judiciárias*: almejando o reconhecimento e a satisfação forçada do seu direito, o particular deverá postular a prestação jurisdicional e, em consequência, pagar as taxas judiciárias. Neste caso, *há compulsoriedade, mas não aquela a que se refere o art. 79, I, b, do CTN.*

A taxa judiciária nunca poderá ser cobrada pela mera disponibilização do serviço judicial aos particulares. A compulsoriedade reside, no caso, na sujeição dos particulares à prestação do serviço (prestação jurisdicional) pelo Poder Público, em decorrência do monopólio da atividade judicial.

Com base nessa acepção ampla de compulsoriedade, podemos afirmar que *certos serviços têm de ser prestados exclusivamente pelo Poder Público* (em regime de monopólio) *e, portanto, devem ser remunerados mediante taxas.*

É o que ocorre com os *serviços propriamente estatais*, que não podem ser delegados. Nesses, a compulsoriedade não se situa na sua remuneração pela mera disponibilização, mas na sujeição dos particulares à prestação dos serviços pelo Poder Público, se quiserem tê-los prestados.

---

[69] De acordo com o notável voto proferido pelo Ministro Moreira Alves no RE 89.876, a Súmula 545 somente seria aplicável aos casos de compulsoriedade consubstanciada pela cobrança por serviços meramente disponibilizados ao particular. Vale referir as suas ponderações: "... a súmula 545 se aplica, como critério distintivo, nos casos em que o legislador ordinário estabeleceu que a contrapartida devida pelo particular em virtude da prestação do serviço pública é exigida, ainda que não use do serviço, pelo simples fato de este estar colocado à sua disposição". Em seguida, refere que "pode haver taxa sem tal obrigatoriedade (a de pagamento só pelo serviço estar colocado à disposição)", nos casos em que o serviço seja devido pelo Poder Público, o que caracteriza uma segunda espécie de compulsoriedade: "Note-se que essa obrigatoriedade não é à que alude a súmula 545 (a de o Poder Público exigir o pagamento pelo simples fato de o serviço ser colocado à disposição do particular), mas, sim, a que decorre do fato de que, se o serviço é propriamente público, pela circunstância de ele, por sua natureza mesma, ser obrigatório para o Poder Público (e, portanto, para o particular, já que está em jogo, em primeiro plano, o interesse de toda a coletividade), este não pode, ainda que queira, dispensar dele o particular, e só pode exigir, como contrapartida de sua prestação, a taxa".

[70] Essa espécie de compulsoriedade é levada em consideração na Espanha, para estabelecer a distinção entre taxas e preços públicos. Vide, a propósito, o art. 2.2.a, da Ley General Tributaria (Ley 58/2003) e a Sentença 185/1995 do Tribunal Constitucional, atinente à Ley de Tasas y Precios Públicos (LTPP) (Ley 8/1989), que criou a figura do preço público, distinguindo-o das taxas em virtude da "nota de coactividad propia del tributo". Como exposto no precedente, "debe precisarse que la libertad o la espontaneidad exigida en la realización del hecho imponible y en la decisión de obligarse debe ser real y efectiva [...] deben considerarse coactivamente impuestas las prestaciones pecuniarias que derivan de la utilización de bienes, servicios o actividades prestadas o realizadas por los entes públicos en posición de monopolio de hecho o de derecho. Aunque el nivel de coactividad que deriva del monopolio público sea ciertamente menor que el que resulta del carácter imprescindible de los bienes, servicios y actividades que generan la prestación, no por ello puede considerarse irrelevante, ni subsumirse en este requisito, pues, aunque los servicios o las actividades no sean obligatorias, ni imprescindibles, lo cierto es que si sólo son los Entes públicos quienes los prestan, los particulares se ven obligados a optar entre no recibirlos o constituir necesariamente la obligación de pago de la prestación. La libertad de contratar o no contratar, la posibilidad de abstenerse de utilizar el bien, el servicio o la actividad no es a estos efectos una libertad real y efectiva".

Certos serviços são prestados à coletividade de forma compulsória em virtude de o interesse público exigir que sejam disponibilizados a todos. São os *serviços públicos essenciais*.

Já os *serviços públicos não essenciais* podem ser remunerados tanto por taxas quanto por preços públicos, de acordo com o regime jurídico escolhido pelo legislador.

Essas considerações se baseiam no brilhante voto proferido pelo Ministro Carlos Velloso na ADI 447. Desse voto, destacamos a seguinte passagem:

> Concedo que há serviços públicos que somente podem ser remunerados mediante taxa. Do acórdão do RE nº 89.876-RJ, relatado pelo eminente Ministro MOREIRA ALVES (RTJ 98/230) e da conferência que S. Exa. proferiu no "X Simpósio Nacional de Direito Tributário", subordinado ao tema: "Taxa e Preço Público", realizado em São Paulo, em 19.10.85 [...] penso que podemos extrair as seguintes conclusões, com pequenas alterações em relação ao pensamento do eminente Ministro Moreira Alves: os serviços públicos poderiam ser classificados assim: 1) serviços públicos propriamente estatais, em cuja prestação o Estado atue no exercício de sua soberania, visualizada esta sob o ponto de vista interno e externo: esses serviços são indelegáveis, porque somente o Estado pode prestá-los. São remunerados, por isso mesmo, mediante taxa, mas o particular pode, de regra, optar por sua utilização ou não. Exemplo: o serviço judiciário, o de emissão de passaportes. Esses serviços, não custa repetir, por sua natureza, são remunerados mediante taxa e a sua cobrança somente ocorrerá em razão da utilização do serviço, não sendo possível a cobrança pela mera potencialidade de sua utilização. Vale no ponto, a lição de Geraldo Ataliba, no sentido de que não é possível instituir taxas por serviços não efetivamente prestados [...] 2) Serviços públicos essenciais ao interesse público: são serviços prestados no interesse da comunidade. São remunerados mediante taxa. E porque é essencial ao interesse público, porque essencial à comunidade ou à coletividade, a taxa incidirá sobre a utilização efetiva ou potencial do serviço. É necessário que a lei – para cuja edição será observado o princípio da razoabilidade, mesmo porque, como bem lembrou o Ministro Moreira Alves, citando Jèze, a noção de serviços essenciais é de certo modo relativa, porque varia de Estado para Estado e de época (RTJ 98/238) – estabeleça a cobrança sobre a prestação potencial, ou admita essa cobrança por razão de interesse público. Como exemplo, podemos mencionar o serviço de distribuição de água, de coleta de lixo, de esgoto, de sepultamento. No mencionado RE nº 89.876-RJ, o Supremo Tribunal decidiu que, "sendo compulsória a utilização do serviço público de remoção de lixo – o que resulta, inclusive, de sua disciplina como serviço essencial à saúde pública – a tarifa de lixo instituída pelo Decreto nº 196, de 12 de novembro de 1975, do Poder Executivo do Município do Rio de Janeiro, é, em verdade, taxa." (RTJ 98/230). 3) Serviços públicos não essenciais e que, não utilizados, disso não resulta dano ou prejuízo para a comunidade ou para o interesse público. Esses serviços são, de regra, delegáveis, vale dizer, podem ser concedidos e podem ser remunerados mediante preço público. Exemplo: o serviço postal, os serviços telefônicos, telegráficos, de distribuição de energia elétrica, de gás etc.[71]

Feitas essas ponderações, deve-se assinalar que, como exposto no voto do Ministro Carlos Velloso, certos serviços públicos tidos por não essenciais e que não são remunerados pela mera disponibilidade podem ser financiados mediante preços públicos.

É o que ocorre com o serviço público de fornecimento de energia elétrica[72] – e, para a jurisprudência atual, também com o serviço de esgoto[73] e com o fornecimento de água, que é custeado através do pagamento de preço público, seja por tarifa[74] ou sobretarifa.[75]

---

[71] STF, Pleno, ADI 447, rel. Min. Octavio Gallotti, 6.1991. Neste precedente, o Ministro Carlos Velloso acolheu o entendimento externado pelo Ministro Moreira Alves no julgamento do RE 89.876, *in verbis*: "Tem-se afirmado, por vezes, que o legislador ordinário pode, por decisão política que é de sua competência privativa, estabelecer que a contrapartida devida por uma prestação de serviço público essencial, específico e divisível se faça, indiferentemente, sob a forma de taxa ou de preço público. Essa assertiva, diante do sistema constitucional vigente em nosso país, não é exata, quando, pela natureza do serviço público prestado, a essa prestação pode o Poder Público exigir o pagamento de uma taxa. Com efeito, sendo a taxa uma das modalidades de tributo, está ela sujeita às restrições constitucionais ao poder de tributar [...] Como o Poder Público não pode fugir a essas restrições de seu poder de tributar, é evidente que, nos casos em que é devida taxa, não pode ele – sob pena de fraude às limitações constitucionais – esquivar-se destas, impondo, ao invés de taxa, preço público".

[72] STF, Pleno, *ADC 9*, rel. p/ ac. Min. Ellen Gracie, 12.2001.

[73] STJ, 1ª Turma, AgRg no AG 819.677, rel. Min. Denise Arruda, 5.2007; 2ª Turma, REsp 149.654, rel. Min. Francisco Peçanha Martins, 9.2005.

[74] STF, 2ª Turma, *RE 77.162*, rel. Min. Leitão de Abreu, 5.1977; STJ, 1ª Turma, AgRg no AG 819.677, rel. Min. Denise Arruda, 5.2007; 2ª Turma, REsp 149.654, rel. Min. Francisco Peçanha Martins, 9.2005. A Súmula 412 do STJ assenta-se nesse entendimento para determinar a aplicação do prazo prescricional da codificação civil à ação de repetição de indébito das tarifas de água e esgoto.

[75] STF, 1ª Turma, *RE 201.630 AgR*, rel. Min. Ellen Gracie, 6.2002.

De qualquer modo, *a possibilidade de serem cobradas tarifas por atividades desempenhadas pelo Poder Público é indicada pela própria Constituição.* No art. 150, § 3º, é consagrada, de modo implícito, a faculdade de as pessoas constitucionais e as suas autarquias terem suas atividades remuneradas por tarifas (o que, como preceitua, implica o afastamento da imunidade tributária recíproca), e no art. 175, parágrafo único, III, é consagrada a legitimidade da previsão da "política tarifária" para a remuneração dos serviços públicos prestados mediante concessão ou permissão.[76]

É fácil perceber que, nesta situação, é plenamente aplicável o entendimento de que o Poder Público tem discricionariedade para eleger o regime jurídico da prestação do serviço e, consequentemente, remunerá-lo mediante a cobrança de taxa ou de tarifa.[77]

Em síntese:

i) a *compulsoriedade,* que caracteriza as taxas, pode decorrer:

a) da *cobrança pela mera disponibilização* do serviço público;

b) da prestação de determinada atividade pelo Poder Público em *regime de monopólio*;

ii) os *serviços propriamente estatais* são compulsórios porque somente podem ser prestados pelo Poder Público, em regime de monopólio;

iii) os *serviços essenciais* são compulsórios porque o interesse público exige a sua oferta a toda a sociedade e, portanto, a sua cobrança pela mera disponibilização;

iv) os *serviços não essenciais* podem ser compulsórios ou não, conforme o regime jurídico estabelecido pelo Poder Público.

• Precedentes citados

Sobretarifa a preço público. Energia elétrica. Ausência de compulsoriedade. Caráter não-tributário: AÇÃO DECLARATÓRIA DE CONSTITUCIONALIDADE. MEDIDA PROVISÓRIA nº 2.152-2, DE 1º DE JUNHO DE 2001, E POSTERIORES REEDIÇÕES. ARTIGOS 14 A 18. GESTÃO DA CRISE DE ENERGIA ELÉTRICA. FIXAÇÃO DE METAS DE CONSUMO E DE UM REGIME ESPECIAL DE TARIFAÇÃO. 1. O valor arrecadado como tarifa especial ou sobretarifa imposta ao consumo de energia elétrica acima das metas estabelecidas pela Medida Provisória em exame será utilizado para custear despesas adicionais, decorrentes da implementação do próprio plano de racionamento, além de beneficiar os consumidores mais poupadores, que serão merecedores de bônus. Este acréscimo não descaracteriza a tarifa como tal, tratando-se de um mecanismo que permite a continuidade da prestação do serviço, com a captação de recursos que têm como destinatários os fornecedores/concessionários do serviço. Implementação, em momento de escassez da oferta de serviço, de política tarifária, por meio de regras com força de lei, conforme previsto no artigo 175, III da Constituição Federal. 2. Atendimento aos princípios da proporcionalidade e da razoabilidade, tendo em vista a preocupação com os direitos dos consumidores em geral, na adoção de medidas que permitam que todos continuem a utilizar-se, mo-

---

[76] Nesse sentido, concebendo que a remuneração da prestação de serviços (no caso, fornecimento de água e sistema de esgoto) por concessionários consubstancia preço público, vide este precedente, no qual é referida remansosa jurisprudência do STF: 1ª Turma, RE 447.536 ED, rel. Min. Carlos Velloso, 6.2005. Há precedentes do STJ no sentido de que, à determinação da natureza jurídica da exação, é irrelevante o fato de o serviço ser prestado por concessionárias, devendo ser considerada, unicamente, a atividade desenvolvida (STJ, 1ª Turma, REsp 782.270, rel. Min. Teori Albino Zavascki, 10.2005). Como se expôs neste julgado: "Prevalência no ordenamento jurídico das conclusões do X Simpósio Nacional de Direito Tributário, no sentido de que "a natureza jurídica da remuneração decorre da essência da atividade realizadora, não sendo afetada pela existência da concessão. O concessionário recebe remuneração da mesma natureza daquela que o Poder Concedente receberia, se prestasse diretamente o serviço" (RF, julho a setembro. 1987, ano 1897, v.299, p. 40)" (STJ, 1ª Turma, REsp 167.489, rel. Min. José Delgado, 6.1998, excerto da ementa).

[77] Esse contexto foi bem exposto no RE 218.061, relatado pelo Ministro Carlos Velloso. Após referir o precedente da ADI 447, asseverou, tratando do Adicional de Tarifa Portuária – ATP: "Afirmamos, linhas atrás, que, tratando-se de atividade própria do Estado – CF, art. 175 – o serviço público será, de regra, remunerado pela taxa; todavia, se a atividade inserir-se no campo da atividade econômica – CF. art. 173 – ter-se-á o preço. No caso, a atividade é própria do Estado (C.F., art. 21, XII, *d* e *f*; art. 175), incluindo-se, porém, entre aquelas que podem ser remuneradas pela taxa ou pelo preço (tarifa), conforme se depreende do art. 175, da Constituição. A decisão, portanto, é do legislador ordinário" (STF, Pleno, RE 218.061, rel. Min. Carlos Velloso, 3.1999). Seu voto, porém, restou vencido no fundamento. Prevaleceu a corrente que qualificava o ATP como contribuição interventiva.

deradamente, de uma energia que se apresenta incontestavelmente escassa. 3. Reconhecimento da necessidade de imposição de medidas como a suspensão do fornecimento de energia elétrica aos consumidores que se mostrarem insensíveis à necessidade do exercício da solidariedade social mínima, assegurada a notificação prévia (art. 14, § 4º, II) e a apreciação de casos excepcionais (art. 15, § 5º). 4. Ação declaratória de constitucionalidade cujo pedido se julga procedente. (STF, Pleno, **ADC 9**, rel. p/ ac. Min. Ellen Gracie, 12.2001)

Sobretarifa destinada a reduzir o consumo. Caráter não-tributário: Serviço de fornecimento de água. Adicional de tarifa. Legitimidade. Mostra-se coerente com a jurisprudência do Supremo Tribunal o despacho agravado, ao apontar que o ajuste de carga de natureza sazonal, aplicável aos fornecimentos de àgua pela CAESB, criado para fins de redução de consumo, tem caráter de contraprestação de serviço e não de tributo. Precedentes: ERE 54.491, RE 85.268, RE 77.77.162 e ADC 09. Agravo regimental desprovido. (STF, 1ª Turma, **RE 201.630 AgR**, rel. Min. Ellen Gracie, 6.2002)

Fornecimento de água. Caráter não-compulsório. Remuneração por preço público: Preço público. Essa a natureza jurídica da tarifa cobrada pelo fornecimento de água. Não incidência, na hipótese, da Lei 4.591/64, artigo 11, porquanto aí se estabelece regra a observar para efeito tributário, não para efeito de preço público. Recurso extraordinário não conhecido. (STF, 2ª Turma, **RE 77.162**, rel. Min. Leitão de Abreu, 5.1977)

3.2.1.3. Consequências da distinção entre taxa e preço público

Da distinção entre taxa e preço público decorrem vultosas *consequências práticas*.

Caso a exação seja qualificada como taxa (espécie do gênero tributo), estará sujeita às *limitações constitucionais ao poder de tributar*, como bem exposto pelo Ministro Celso de Mello, "quer no que concerne à sua instituição e majoração, quer no que se refere à sua exigibilidade, ao regime jurídico-constitucional pertinente a essa especial modalidade de tributo vinculado, notadamente aos princípios fundamentais que proclamam, dentre outras, as garantias essenciais (a) da reserva de competência impositiva, (b) da legalidade, (c) da isonomia e (d) da anterioridade".[78]

Consequentemente, *será inviável a delegação legislativa* ao Executivo do poder de fixar o seu valor, procedimento que já se verificou com os emolumentos, cuja majoração por resolução foi declarada inconstitucional pelo Pretório Excelso.[79]

E, obviamente, a sua instituição não poderá ocorrer por decreto, com base no art. 84, VI, da CF, como se permite em relação aos preços públicos.[80]

Mas não é só a aplicação das regras e dos princípios constitucionais tributários que está em jogo. A qualificação de uma exação como taxa implica a sua *sujeição a todas as normas gerais em matéria tributária* e, assim, aos ditames do Código Tributário Nacional.

Isso repercute até mesmo no prazo decadencial para a constituição do crédito e no prazo prescricional estabelecido para a sua cobrança.[81]

- **Súmulas**

Súmula 353 do STJ: "As disposições do Código Tributário Nacional não se aplicam às contribuições para o FGTS".

Súmula 412 do STJ: "A ação de repetição de indébito de tarifas de água e esgoto sujeita-se ao prazo prescricional estabelecido no Código Civil".

- **Precedentes citados**

Supremo Tribunal Federal:

Pedágio. Inaplicabilidade do princípio da legalidade, por não se tratar de taxa: TRIBUTÁRIO E CONSTITUCIONAL. PEDÁGIO. NATUREZA JURÍDICA DE PREÇO PÚBLICO. DECRETO 34.417/92, DO ESTA-

[78] STF, Pleno, *ADI 1.378 MC*, rel. Min. Celso de Mello, 11.1995.

[79] STF, Pleno, *ADI 1.444*, rel. Min. Sydney Sanches, 2.2003.

[80] STF, Pleno, *ADI 800*, rel. Min. Teori Zavascki, 6.2014.

[81] STJ, 2ª Turma, *REsp 149.654*, rel. Min. Francisco Peçanha Martins, 9.2005. Esse foi um dos precedentes da Súmula 412 do STJ, que se assenta no caráter não-tributário das tarifas de água e esgoto para afastar a aplicação do prazo prescricional do CTN. Eis a sua redação: "A ação de repetição de indébito de tarifas de água e esgoto sujeita-se ao prazo prescricional estabelecido no Código Civil".

DO DO RIO GRANDE DO SUL. CONSTITUCIONALIDADE. 1. O pedágio cobrado pela efetiva utilização de rodovias conservadas pelo Poder Público, cuja cobrança está autorizada pelo inciso V, parte final, do art. 150 da Constituição de 1988, não tem natureza jurídica de taxa, mas sim de preço público, não estando a sua instituição, consequentemente, sujeita ao princípio da legalidade estrita. 2. Ação direta de inconstitucionalidade julgada improcedente. (STF, Pleno, **ADI 800**, rel. Min. Teori Zavascki, 6.2014)

Sobre a natureza jurídica do pedágio, vide os comentários ao art. 150, V, da CF.

Sujeição das custas judiciais ao regime jurídico-tributário das taxas: AÇÃO DIRETA DE INCONSTITUCIONALIDADE – CUSTAS JUDICIAIS E EMOLUMENTOS EXTRAJUDICIAIS – NATUREZA TRIBUTÁRIA (TAXA) – DESTINAÇÃO PARCIAL DOS RECURSOS ORIUNDOS DA ARRECADAÇÃO DESSES VALORES A INSTITUIÇÕES PRIVADAS – INADMISSIBILIDADE – VINCULAÇÃO DESSES MESMOS RECURSOS AO CUSTEIO DE ATIVIDADES DIVERSAS DAQUELAS CUJO EXERCÍCIO JUSTIFICOU A INSTITUIÇÃO DAS ESPÉCIES TRIBUTÁRIAS EM REFERÊNCIA – DESCARACTERIZAÇÃO DA FUNÇÃO CONSTITUCIONAL DA TAXA – RELEVÂNCIA JURÍDICA DO PEDIDO – MEDIDA LIMINAR DEFERIDA. NATUREZA JURÍDICA DAS CUSTAS JUDICIAIS E DOS EMOLUMENTOS EXTRAJUDICIAIS. – A jurisprudência do Supremo Tribunal Federal firmou orientação no sentido de que as custas judiciais e os emolumentos concernentes aos serviços notariais e registrais possuem natureza tributária, qualificando-se como taxas remuneratórias de serviços públicos, sujeitando-se, em conseqüência, quer no que concerne à sua instituição e majoração, quer no que se refere à sua exigibilidade, ao regime jurídico-constitucional pertinente a essa especial modalidade de tributo vinculado, notadamente aos princípios fundamentais que proclamam, dentre outras, as garantias essenciais (a) da reserva de competência impositiva, (b) da legalidade, (c) da isonomia e (d) da anterioridade. Precedentes. Doutrina.[...] (STF, Pleno, **ADI 1.378 MC**, rel. Min. Celso de Mello, 11.1995)

Custas e emolumentos. Qualificação como taxas. Aumento por resolução. Ilegitimidade: DIREITO CONSTITUCIONAL E TRIBUTÁRIO. CUSTAS E EMOLUMENTOS: SERVENTIAS JUDICIAIS E EXTRAJUDICIAIS. AÇÃO DIRETA DE INCONSTITUCIONALIDADE DA RESOLUÇÃO Nº 7, DE 30 DE JUNHO DE 1995, DO TRIBUNAL DE JUSTIÇA DO ESTADO DO PARANÁ: ATO NORMATIVO. 1. Já ao tempo da Emenda Constitucional nº 1/69, julgando a Representação nº 1.094-SP, o Plenário do Supremo Tribunal Federal firmou entendimento no sentido de que "as custas e os emolumentos judiciais ou extrajudiciais", por não serem preços públicos, "mas, sim, taxas, não podem ter seus valores fixados por decreto, sujeitos que estão ao princípio constitucional da legalidade (parágrafo 29 do artigo 153 da Emenda Constitucional nº 1/69), garantia essa que não pode ser ladeada mediante delegação legislativa" (RTJ 141/430, julgamento ocorrido a 08/08/1984). 2. Orientação que reiterou, a 20/04/1990, no julgamento do RE nº 116.208-MG. 3. Esse entendimento persiste, sob a vigência da Constituição atual (de 1988), cujo art. 24 estabelece a competência concorrente da União, dos Estados e do Distrito Federal, para legislar sobre custas dos serviços forenses (inciso IV) e cujo art. 150, no inciso I, veda à União, aos Estados, ao Distrito Federal e aos municípios, a exigência ou aumento de tributo, sem lei que o estabeleça. 4. O art. 145 admite a cobrança de "taxas, em razão do exercício do poder de polícia ou pela utilização, efetiva ou potencial, de serviços públicos específicos e divisíveis, prestados ao contribuinte ou postos a sua disposição". Tal conceito abrange não só as custas judiciais, mas, também, as extrajudiciais (emolumentos), pois estas resultam, igualmente, de serviço público, ainda que prestado em caráter particular (art. 236). Mas sempre fixadas por lei. No caso presente, a majoração de custas judiciais e extrajudiciais resultou de Resolução – do Tribunal de Justiça – e não de Lei formal, como exigido pela Constituição Federal. 5. Aqui não se trata de "simples correção monetária dos valores anteriormente fixados", mas de aumento do valor de custas judiciais e extrajudiciais, sem lei a respeito. 6. Ação Direta julgada procedente, para declaração de inconstitucionalidade da Resolução nº 07, de 30 de junho de 1995, do Tribunal de Justiça do Estado do Paraná. (STF, Pleno, **ADI 1.444**, rel. Min. Sydney Sanches, 2.2003).

Superior Tribunal de Justiça:

Fornecimento de água e esgoto. Caráter não compulsório. Prescrição vintenária: [...] – Os serviços públicos de fornecimento de água e esgoto, essenciais à cidadania, se caracterizam pela facultatividade e não pela compulsoriedade, prestado diretamente pelo Estado ou por terceiro, mediante concessão, submetendo-se à fiscalização, princípios e regras condicionadores impostos pelo ente público, e por isso remunerados por tarifas ou preços públicos, regendo-se pelas normas de direito privado. – Competência da Primeira Seção do STJ. – A prescrição da ação para cobrança de preços públicos rege-se pelo art. 177, *caput*, do Código Civil de 1916, sendo portanto vintenária. – Precedentes do STJ. – Recurso especial conhecido, mas desprovido. (STJ, 2ª Turma, **REsp 149.654**, rel. Min. Francisco Peçanha Martins, 9.2005)

3.2.2. Requisitos para sua instituição

3.2.2.1. Proporcionalidade ao custo: caráter sinalagmático das taxas

A taxa deve ser proporcional ao custo estimado do serviço ou da atividade de fiscalização, respeitando-se, assim, o *princípio da equivalência.*

Tal princípio não é previsto expressamente na Constituição da República e tampouco no CTN, mas integra o nosso sistema tributário: trata-se de um princípio constitucional *implícito*, que decorre diretamente das características inerentes às taxas.[82]

Neste precedente, relatado pelo Ministro Celso de Mello, o STF reconheceu-o como tal, indicando como seu fundamento de validade o princípio do não confisco:

> A taxa, enquanto contraprestação a uma atividade do Poder Público, não pode superar a relação de razoável equivalência que deve existir entre o custo real da atuação estatal referida ao contribuinte e o valor que o Estado pode exigir de cada contribuinte, considerados, para esse efeito, os elementos pertinentes às alíquotas e à base de cálculo fixadas em lei. Se o valor da taxa, no entanto, ultrapassar o custo do serviço prestado ou posto à disposição do contribuinte, dando causa, assim, a uma situação de onerosidade excessiva, que descaracterize essa relação de equivalência entre os fatores referidos (o custo real do serviço, de um lado, e o valor exigido do contribuinte, de outro), configurar-se-á, então, quanto a essa modalidade de tributo, hipótese de ofensa à cláusula vedatória inscrita no art. 150, IV, da Constituição da República.[83]

Em geral, *não é factível estabelecer uma equivalência rígida* entre o custo do serviço e o valor da taxa, razão pela qual a decisão transcrita faz referência à exigência de uma "razoável equivalência", refletindo a jurisprudência assente da Corte.

Na RP 1.077, o Ministro Moreira Alves já destacara que o limite constituído pelo custo da atividade estatal dirigida ao contribuinte "é relativo, dada a dificuldade de se saber, exatamente, o custo dos serviços a que corresponde tal contraprestação. O que é certo, porém, é que não pode taxa dessa natureza ultrapassar uma equivalência razoável entre o custo real dos serviços e o montante a que pode ser compelido o contribuinte a pagar".[84]

Destarte, *se o serviço público for superavitário de maneira expressiva e constante*, restará nítida a violação ao imprescindível caráter sinalagmático das taxas e, por consequência, a ilegitimidade da exação.[85]

Revelar-se-á inconstitucional, outrossim, a taxa se, com a sua cobrança, se almejar o ressarcimento não apenas das despesas relativas à atividade estatal, mas também dos custos de instalação dos serviços: tais custos devem ser financiados com recursos provenientes de impostos ou por outras receitas públicas, distintas daquelas resultantes da arrecadação das taxas.

---

[82] Na Espanha, o princípio é consagrado expressamente pela *Ley de Tasas y Precios Públicos* (Lei 8/1989), em seu art. 7º.

[83] STF, Pleno, *ADI 2.551 MC-QO*, rel. Min. Celso de Mello, 4.2003. O excerto transcrito foi extraído da ementa do acórdão, que versava sobre taxa de expediente no valor de R$ 10,00, instituída pela Lei 13.430/99 do Estado de Minas Gerais e exigida de entidades seguradoras beneficiadas pelo DPVAT. Corresponde à fundamentação da decisão monocrática do Ministro Celso de Mello, que foi confirmada pelo Plenário quanto à matéria de fundo. Nesta, também se indicou como fundamento da exigência de equivalência o princípio da proporcionalidade, extraído do art. 5º, LIV, da CF.

[84] STF, Pleno, *RP 1.077*, rel. Min. Moreira Alves, 3.1984. Nesse sentido, vide estes arestos, que, assim como a RP 1.077, foram referidos na decisão proferida na ADI 2.551 MC: STF, Pleno, ADI 948, 11.1995; ADI 1.772 MC, 4.1998. As dificuldades de estabelecer-se uma equivalência rígida entre o custo do serviço e o valor da taxa foram bem expostas por Sacha Calmon, em parecer acolhido pelo Ministro Carlos Velloso ao julgar a constitucionalidade da nova taxa de fiscalização do IBAMA, instituída pela Lei 10.165/2000: "Não se pode ignorar, contudo, a virtual impossibilidade de aferição matemática direta do custo de cada atuação do Estado [...] O cálculo exigiria chinesices como a pesquisa do tempo gasto para a confecção de cada passaporte, e a sua correlação com o salário-minuto dos funcionários encarregados e o valor do aluguel mensal do prédio da Polícia Federal onde o documento foi emitido, entre outras variáveis intangíveis, de modo a colher o custo da emissão de cada passaporte, para a exigência da taxa correspectiva" (STF, Pleno, RE 416.601, rel. Min. Carlos Velloso, 8.2005).

[85] Pontes de Miranda sustentava uma posição mais branda, no sentido de que apenas o excesso extorsivo deturpa a taxa, transformando-a parcialmente em imposto: "O excesso que seja não-extorsivo não a deturpa; o excesso extorsivo transforma-a, parcialmente, em impôsto, e tem-se de indagar se a unidade política poderia decretar o impôsto, na base em que o decretou" (*Comentários à Constituição de 1967; com a Emenda n. 1 de 1969*. p. 371). De qualquer forma, essa concepção, de que o excesso extorsivo transforma a taxa em imposto, não pode ser compartilhada, pois o excesso não concerne à hipótese de incidência e tampouco à base de cálculo da taxa, mas simplesmente à sua alíquota. A taxa extorsiva permanece sendo uma taxa, mas o valor excedente aos custos é inexigível e tem de ser ressarcido aos contribuintes.

É extremamente importante analisar a *estimativa do custo dos serviços*, levando-se em consideração: a) o custo total do serviço; e b) a representatividade do serviço prestado especificamente ao contribuinte perante a universalidade dos serviços remunerados mediante a taxa.

Com isso, é viável obter o custo estimado do serviço prestado especificamente ao contribuinte. Relativamente a este custo, contudo, não se exige a mesma proporcionalidade que há de estar presente quanto ao custo total. Isso porque *a aplicação do princípio da capacidade contributiva às taxas legitima certas diferenciações*, tal como ocorre quando se concede, a determinados cidadãos, imunidades ou isenções, cujo ônus econômico terá de ser suportado pelos contribuintes da taxa – ou dos impostos.

Da necessária proporcionalidade da taxa ao custo estimado do serviço infere-se *outra exigência*: a *correlação entre tal custo e sua base de cálculo*.

Será legítima a cobrança de taxa de polícia que tenha por base de cálculo o "custo estimado do serviço de fiscalização",[86] desde que, é claro, a estimativa seja adequada.

Todavia, se for eleita uma base de cálculo que não apresente qualquer relação com o custo do serviço público, a taxa revelar-se-á nitidamente inconstitucional: embora não se exija que a base de cálculo expresse perfeitamente o custo do serviço, é imprescindível que possua uma correlação adequada com este.

Um caso paradigmático é o da taxa de localização e funcionamento de estabelecimento comercial e industrial cujo valor era fixado em função do número de empregados.[87]

O *STF*, no entanto, *desconsiderou tal exigência* em importantes precedentes. Além de ter declarado constitucional a taxa da CVM (que varia em função do patrimônio líquido da empresa), chancelou custas judiciais (taxas) que têm por base de cálculo o valor da causa ou da condenação, os quais, à evidência, não apresentam qualquer correlação com o custo do serviço prestado.[88]

Em certas hipóteses, a determinação do valor das taxas suscita questionamentos por envolver elementos que integram a base de cálculo de impostos, em aparente contradição com a vedação do art. 145, § 2º, da CF. É o que ocorre com a taxa de fiscalização de obras, que pode variar em razão da extensão da obra, sem que nisso se vislumbre qualquer violação ao referido preceito constitucional.[89]

• Súmulas

Súmula 667 do STF: "Viola a garantia constitucional de acesso à jurisdição a taxa judiciária calculada sem limite sobre o valor da causa".

• Precedentes citados

Taxa judiciária excessiva. Ilegitimidade: TAXA JUDICIÁRIA. Taxa judiciária é tributo da espécie taxa. Essa natureza jurídica não foi alterada com a edição da Emenda Constitucional n. 7/77. Se a taxa judiciária, por exces-

---

[86] Foi o que decidiu o STF ao declarar a constitucionalidade da Taxa Florestal instituída pela Lei 7.163/77 (STF, 1ª Turma, *RE 239.397*, rel. Min. Ilmar Galvão, 3.2000).

[87] STF, Pleno, RE 88.327, rel. Min. Décio Miranda, 9.1979; 2ª Turma, *RE 202.393*, rel. Min. Marco Aurélio, 9.1997; 1ª Turma, RE 554.951, rel. Min. Dias Toffoli, 10.2013.

[88] STF, Pleno, *ADI 2.040*, rel. Min. Maurício Corrêa, 12.1999. A Corte Suprema ressalva, contudo, a necessidade de haver: (i) um teto razoável ao valor da taxa, para não se inviabilizar o acesso à Justiça; e (ii) correlação entre o valor da taxa e o custo da atividade por ela financiada (STF, Pleno, *ADI 3.826*, rel. Min. Eros Grau, 5.2010). Súmula 667 do STF: "Viola a garantia constitucional de acesso à jurisdição a taxa judiciária calculada sem limite sobre o valor da causa". Sobre a taxa judiciária, vide ainda os comentários ao art. 145, II, nos quais é exposta a impossibilidade de esta taxa ter base de cálculo idêntica à do ITCD.

[89] STF, 1ª Turma, *RE 214.569*, rel. Min. Ilmar Galvão, 4.1999. Sobre a questão, conferir os comentários ao art. 145, § 2º.

siva, criar obstáculo capaz de impossibilitar a muitos a obtenção de prestação jurisdicional, é ela inconstitucional, por ofensa ao disposto na parte inicial do par-4. do artigo 153 da Constituição [garantia da inafastabilidade do controle judicial]. [...] (STF, Pleno, **RP 1.077**, rel. Min. Moreira Alves, 3.1984)

Taxa judiciária calculada com base no valor da causa ou da condenação. Legitimidade – Cobrança com base no monte-mor. Inconstitucionalidade: [...] 2. A jurisprudência da Corte é tranqüila no sentido de que é constitucional a cobrança da taxa judiciária que toma por base de cálculo o valor da causa ou da condenação, observando-se o princípio da razoabilidade (ADI nº 1.926-PE, Pertence, DJ de 10.09.99; AGRAG nº 170.271-SP, Ilmar Galvão, DJ de 01 12. 95). 3. A escolha do valor do monte-mor como base de cálculo da taxa judiciária encontra óbice no artigo 145, § 2º, da Constituição Federal, visto que o monte-mor que contenha bens imóveis é também base de cálculo do imposto de transmissão causa mortis e inter vivos (CTN, artigo 33). Precedentes. [...] (STF, Pleno, **ADI 2.040**, rel. Min. Maurício Corrêa, 12.1999).

Taxa desproporcional e confiscatória. Inconstitucionalidade: [...] A GARANTIA CONSTITUCIONAL DA NÃO-CONFISCATORIEDADE. – O ordenamento constitucional brasileiro, ao definir o estatuto dos contribuintes, instituiu, em favor dos sujeitos passivos que sofrem a ação fiscal dos entes estatais, expressiva garantia de ordem jurídica que limita, de modo significativo, o poder de tributar de que o Estado se acha investido. Dentre as garantias constitucionais que protegem o contribuinte, destaca-se, em face de seu caráter eminente, aquela que proíbe a utilização do tributo – de qualquer tributo – com efeito confiscatório (CF, art. 150, IV). – A Constituição da República, ao consagrar o postulado da não-confiscatoriedade, vedou qualquer medida, que, adotada pelo Estado, possa conduzir, no campo da fiscalidade, à injusta apropriação estatal do patrimônio ou dos rendimentos dos contribuintes, comprometendo-lhes, em função da insuportabilidade da carga tributária, o exercício a uma existência digna, ou a prática de atividade profissional lícita, ou, ainda, a regular satisfação de suas necessidades vitais (educação, saúde e habitação, p. ex.). – Conceito de tributação confiscatória: jurisprudência constitucional do Supremo Tribunal Federal (ADI 2.010-MC/DF, Rel. Min. CELSO DE MELLO, v.g.) e o magistério da doutrina. A questão da insuportabilidade da carga tributária. TAXA: CORRESPONDÊNCIA ENTRE O VALOR EXIGIDO E O CUSTO DA ATIVIDADE ESTATAL. – A taxa, enquanto contraprestação a uma atividade do Poder Público, não pode superar a relação de razoável equivalência que deve existir entre o custo real da atuação estatal referida ao contribuinte e o valor que o Estado pode exigir de cada contribuinte, considerados, para esse efeito, os elementos pertinentes às alíquotas e à base de cálculo fixadas em lei. – Se o valor da taxa, no entanto, ultrapassar o custo do serviço prestado ou posto à disposição do contribuinte, dando causa, assim, a uma situação de onerosidade excessiva, que descaracterize essa relação de equivalência entre os fatores referidos (o custo real do serviço, de um lado, e o valor exigido do contribuinte, de outro), configurar-se-á, então, quanto a essa modalidade de tributo, hipótese de ofensa à cláusula vedatória inscrita no art. 150, IV, da Constituição da República. Jurisprudência. Doutrina. TRIBUTAÇÃO E OFENSA AO PRINCÍPIO DA PROPORCIONALIDADE. – O Poder Público, especialmente em sede de tributação, não pode agir imoderadamente, pois a atividade estatal acha-se essencialmente condicionada pelo princípio da razoabilidade, que traduz limitação material à ação normativa do Poder Legislativo. – O Estado não pode legislar abusivamente. A atividade legislativa está necessariamente sujeita à rígida observância de diretriz fundamental, que, encontrando suporte teórico no princípio da proporcionalidade, veda os excessos normativos e as prescrições irrazoáveis do Poder Público. O princípio da proporcionalidade, nesse contexto, acha-se vocacionado a inibir e a neutralizar os abusos do Poder Público no exercício de suas funções, qualificando-se como parâmetro de aferição da própria constitucionalidade material dos atos estatais. – A prerrogativa institucional de tributar, que o ordenamento positivo reconhece ao Estado, não lhe outorga o poder de suprimir (ou de inviabilizar) direitos de caráter fundamental constitucionalmente assegurados ao contribuinte. É que este dispõe, nos termos da própria Carta Política, de um sistema de proteção destinado a ampará-lo contra eventuais excessos cometidos pelo poder tributante ou, ainda, contra exigências irrazoáveis veiculadas em diplomas normativos editados pelo Estado. (STF, Pleno, **ADI 2.551 MC-QO**, rel. Min. Celso de Mello, 4.2003)

Custas judiciais. Cálculo com base no valor da causa. Legitimidade, se mantida a correlação com o custo da atividade prestada: [...] 1. Esta Corte tem admitido o cálculo das custas com base no valor do proveito pretendido pelo contribuinte desde que seja fixado um teto para o quantum devido a título de custas ou taxas judiciais. Precedentes. 2. O ato normativo atacado não indica o valor da causa ou do bem ou negócio objeto dos atos judiciais e extrajudiciais como base de cálculo da taxa --- esses valores consubstanciam apenas critérios para o cálculo. As tabelas apresentam limites mínimo e máximo. 3. Alegação de "excesso desproporcional e desarrazoado". 4. Controle da proporcionalidade e razoabilidade das leis pelo Supremo Tribunal Federal. 5. Limites funcionais da jurisdição constitucional. Não cabe ao órgão fiscalizador da inconstitucionalidade valorar se a lei cumpre bem ou mal os fins por ela estabelecidos. 6. A fundamentação da decisão judicial não pode assentar em "vícios" produzidos no âmbito da liberdade de conformação ou no exercício do poder discricionário do Poder Constituinte. 7. É admissível o cálculo das custas judiciais com base no valor da causa, desde que mantida correlação com o custo da atividade prestada, desde que haja a definição de valores mínimo e máximo. [...] 9. Ação Direta de Inconstitucionalidade julgada improcedente. (STF, Pleno, **ADI 3.826**, rel. Min. Eros Grau, 5.2010)

Taxa desvinculada do custo da atividade pública. Inconstitucionalidade: TAXA – LOCALIZAÇÃO E FUNCIONAMENTO DE ESTABELECIMENTO INDUSTRIAL E COMERCIAL – BASE DE CÁLCULO – NÚMERO DE EMPREGADOS. Não se coaduna com a natureza do tributo o cálculo a partir do número de empregados – Precedente: Recurso Extraordinário nº 88.327, relatado pelo Ministro Décio Miranda, perante o Tribunal Pleno, tendo sido publicado na Revista Trimestral de Jurisprudência nº 91/967 (STF, 2ª Turma, **RE 202.393**, rel. Min. Marco Aurélio, 9.1997)

Taxa calculada a partir de elementos considerados na base de cálculo de imposto. Legitimidade: TRIBUTÁRIO. TAXA DE FISCALIZAÇÃO DE OBRAS. MUNICÍPIO DE BELO HORIZONTE. LEI Nº 5.641, DE 22.12.89, ART. 25 E CORRESPONDENTE TABELA I. PRETENSA INCOMPATIBILIDADE COM O ART. 145, § 2º, DA CONSTITUIÇÃO FEDERAL. Tributo que, na conformidade dos dispositivos impugnados, é calculado em razão da extensão da obra, dado perfeitamente compatível com a exigência de divisibilidade do serviço público de fiscalização por ele remunerado, sem qualquer identidade com a base de cálculo do imposto predial. Recurso não conhecido. (STF, 1ª Turma, **RE 214.569**, rel. Min. Ilmar Galvão, 4.1999).

Taxa calculada com base no custo estimado do serviço. Redução com finalidade extrafiscal. Legitimidade: TRIBUTÁRIO. ESTADO DE MINAS GERAIS. TAXA FLORESTAL. LEI N. 7.163/77. ALEGADA OFENSA AOS ARTS. 5º, *CAPUT*; 145, II E § 2º; 150, I E IV; E 152, TODOS DA CONSTITUIÇÃO FEDERAL. Exação fiscal que serve de contrapartida ao exercício do poder de polícia, cujos elementos básicos se encontram definidos em lei, possuindo base de cálculo distinta da de outros impostos, qual seja, o custo estimado do serviço de fiscalização. Efeito confiscatório insuscetível de ser apreciado pelo STF, em recurso extraordinário, em face da necessidade de reexame de prova. Súmula 279 do STF. Descabimento da alegação de ofensa ao princípio da isonomia, por razões óbvias, diante do incentivo fiscal, em forma de redução do tributo, previsto para as indústrias que comprovarem a realização de reflorestamento proporcional ao seu consumo de carvão vegetal. Recurso não conhecido. (STF, 1ª Turma, **RE 239.397**, rel. Min. Ilmar Galvão, 3.2000)

3.2.2.2. Vinculação dos recursos

Pela própria natureza das taxas, *os recursos arrecadados têm de estar atrelados ao custeio do serviço* correspondente.[90]

A vinculação dos recursos deve verificar-se perante despesas *diretamente* relacionadas ao serviço remunerado, mas nada impede que se estabeleça perante custos que tenham evidente *liame instrumental*.[91]

Se os recursos não forem destinados ao custeio do serviço prestado, a exação será inconstitucional. Como já decidiu o STF: "A vinculação das taxas judiciárias e dos emolumentos a entidades privadas ou mesmo a serviços públicos diversos daqueles a que tais recursos se destinam subverte a finalidade institucional do tributo".[92]

O Pretório Excelso, porém, vem admitindo que tais recursos sejam destinados a entidades que exerçam *atividades meramente relacionadas ao serviço*,[93] o que acaba por tornar demasiadamente débil a exigência da vinculação dos recursos ao custeio da atividade pública.

---

[90] Essa afetação era rechaçada pela Constituição de 1969, que vedava "a vinculação do produto da arrecadação de qualquer tributo a determinado órgão, fundo ou despesa" (art. 62, § 2º). E ainda há quem a considere inadequada, como Ricardo Lobo Torres, que, após referir a permissão da vinculação das receitas das taxas no regime constitucional vigente, afirma que, com isso, "se volta a antigas práticas financeiras, que tanto mal fizeram à administração pública" ("O princípio constitucional orçamentário da não-afetação", p. 230).

[91] Foi o que o STF afirmou ao chancelar a destinação de custas judiciais para financiar o treinamento de pessoal da Justiça (Pleno, *ADI 1.926 MC*, rel. Min. Sepúlveda Pertence, 4.1999).

[92] STF, Pleno, *ADI 2.040*, rel. Min. Maurício Corrêa, 12.1999, excerto da ementa. No caso, as custas eram destinadas a carteiras de previdência complementar dos servidores. Também se declarou a inconstitucionalidade da destinação a instituições privadas, como Associações de Magistrados ou Caixas de Assistência dos Advogados (STF, Pleno, *ADI 1.378 MC*, rel. Min. Celso de Mello, 11.1995).

[93] O STF chancelou a destinação parcial de taxas cobradas pelas serventias extrajudiciais e cartórios a fundos voltados ao reaparelhamento do Poder Judiciário, com base no fundamento de que o Poder Judiciário detém competência constitucional para fiscalizar a atividade notarial, ou seja, de que há uma ligação entre tais atividades (Pleno, *ADIs 2.059* e 2.129, rel. Min. Eros Grau, 4.2006). Também declarou constitucional a destinação dos recursos cobrados pelos serviços notariais e de registro, qualificados como taxas de polícia, a fundos de reaparalhamento do Ministério Público, por se tratar de órgão estatal essencial à função jurisdicional (Pleno, *ADI 3.028*, rel. p/ ac. Min. Ayres Britto, 5.2010). Na mesma linha, pronunciou, em ação direta ajuizada pela própria Associação dos Notários e Registradores do Brasil – ANOREG, a constitucionalidade de lei que vinculou 5% das receitas auferidas com essas taxas a um fundo especial da Defensoria Pública, ante a afetação dos recursos "à estrutura e ao funcionamento de órgão estatal essencial à função jurisdicional (CF, art. 134), que efetiva o valor da universalização da justiça" (STF, Pleno, *ADI 3.643*, rel. Min. Carlos Britto, 11.2006). Indeferiu, outrossim, a medida liminar postulada na ADI 1.707, na qual se impugnava taxa judiciária parcialmente destinada à OAB. Considerou que, em virtude de essa autarquia exercer serviço público ligado à prestação jurisdicional, tal destinação seria legítima (STF, Pleno, *ADI 1.707 MC*, rel. Min. Moreira Alves, 7.1998).

Felizmente, essa posição foi superada, no que diz respeito às custas judiciais e aos emolumentos, com o advento da EC 45/04, a qual passou a impor que sejam "destinados exclusivamente ao custeio dos serviços afetos às atividades específicas da Justiça" (art. 98, § 2º, da CF, incluído pela emenda referida).[94]

- **Precedentes citados**

Custas judiciais e emolumentos extrajudiciais. Destinação a instituições privadas (Associação de Magistrados e Caixa de Assistência dos Advogados). Inconstitucionalidade: [...] DESTINAÇÃO DE CUSTAS E EMOLUMENTOS A FINALIDADES INCOMPATÍVEIS COM A SUA NATUREZA TRIBUTÁRIA. – Qualificando-se as custas judiciais e os emolumentos extrajudiciais como taxas (RTJ 141/430), nada pode justificar seja o produto de sua arrecadação afetado ao custeio de serviços públicos diversos daqueles a cuja remuneração tais valores se destinam especificamente (pois, nessa hipótese, a função constitucional da taxa – que é tributo vinculado – restaria descaracterizada) ou, então, à satisfação das necessidades financeiras ou à realização dos objetivos sociais de entidades meramente privadas. É que, em tal situação, subverter-se-ia a própria finalidade institucional do tributo, sem se mencionar o fato de que esse privilegiado (e inaceitável) tratamento dispensado a simples instituições particulares (Associação de Magistrados e Caixa de Assistência dos Advogados) importaria em evidente transgressão estatal ao postulado constitucional da igualdade. Precedentes. (STF, Pleno, **ADI 1.378 MC**, rel. Min. Celso de Mello, 11.1995)

Custas judiciais. Destinação à OAB. Constitucionalidade: Ação direta de inconstitucionalidade. Lei nº 5.607, de 31 de maio de 1990, do Estado de Mato Grosso que atribui em favor da OAB, Seção daquele Estado, parcela de custas processuais. – Exercendo a OAB, federal ou estadual, serviço público, por se tratar de pessoa jurídica de direito público (autarquia), e serviço esse que está ligado à prestação jurisdicional pela fiscalização da profissão de advogado que, segundo a parte inicial do artigo 133 da Constituição, é indispensável à administração da justiça, não tem relevância, de plano, a fundamentação jurídica da argüição de inconstitucionalidade da lei em causa no sentido de que o serviço por ela prestado não se vincula à prestação jurisdicional, desvirtuando-se, assim, a finalidade das custas judiciais, como taxa que são. – Ausência, também, do *periculum in mora* ou da conveniência em suspender-se, liminarmente, a eficácia dessa Lei estadual. Pedido de liminar indeferido. (STF, Pleno, **ADI 1.707 MC**, rel. Min. Moreira Alves, 7.1998)

Custas judiciais. Vinculação a despesas com treinamento de pessoal da Justiça. Constitucionalidade: [...] V. Custas judiciais são taxas, do que resulta – ao contrário do que sucede aos impostos (CF, art. 167, IV) – a alocação do produto de sua arrecadação ao Poder Judiciário, cuja atividade remunera; e nada impede a afetação dos recursos correspondentes a determinado tipo de despesas – no caso, as de capital, investimento e treinamento de pessoal da Justiça – cuja finalidade tem inequívoco liame instrumental com o serviço judiciário. (STF, Pleno, **ADI 1.926 MC**, rel. Min. Sepúlveda Pertence, 4.1999)

Custas judiciais e emolumentos. Vinculação a serviços públicos diversos do financiado (previdência complementar dos servidores). Inconstitucionalidade: [...] VINCULAÇÃO DAS CUSTAS E EMOLUMENTOS À CARTEIRA DE PREVIDÊNCIA COMPLEMENTAR DOS SERVIDORES DO PODER JUDICIÁRIO. [...] 4. A vinculação das taxas judiciárias e dos emolumentos a entidades privadas ou mesmo a serviços públicos diversos daqueles a que tais recursos se destinam subverte a finalidade institucional do tributo. (STF, Pleno, **ADI 2.040**, rel. Min. Maurício Corrêa, 12.1999).

Emolumentos. Destinação a fundos de reaparelhamento do Poder Judiciário. Constitucionalidade: [...] EMOLUMENTOS. SERVENTIAS EXTRAJUDICIAIS. DESTINAÇÃO DE RECURSOS A FUNDO ESPECIAL CRIADO PARA PROMOVER REEQUIPAMENTO DO PODER JUDICIÁRIO. VIOLAÇÃO DO DISPOSTO NO ART. 167, INCISO V, DA CONSTITUIÇÃO DO BRASIL. NÃO OCORRÊNCIA. 1. Preceito contido em lei paranaense, que destina 0,2% [zero vírgula dois por cento] sobre o valor do título do imóvel ou da obrigação, nos atos praticados pelos cartórios de protestos e títulos, registros de imóveis, títulos e documentos e tabelionatos, ao Fundo de Reequipamento do Poder Judiciário --- FUNREJUS não ofende o art. 167, inciso V, da Constituição do Brasil. Precedentes. 2. A norma constitucional veda a vinculação da receita dos impostos, inexistindo, na Constituição, preceito análogo pertinente às taxas. Pedido julgado improcedente. (STF, Pleno, **ADI 2.059**, rel. Min. Eros Grau, 4.2006)

Taxa de polícia sobre atividades notariais e de registro. Destinação a fundos de reaparelhamento do Ministério Público. Constitucionalidade: [...] 2. O inciso V do art. 28 da Lei Complementar 166/99 do Estado do Rio Grande do Norte criou taxa em razão do poder de polícia. Pelo que não incide a vedação do inciso IV do art. 167 da Carta Magna, que recai apenas sobre os impostos. 3. O produto da arrecadação de taxa de polícia sobre as atividades notariais e de registro não está restrito ao reaparelhamento do Poder Judiciário, mas ao aperfeiçoamento da jurisdição. E o Ministério Público é aparelho genuinamente estatal ou de existência necessária, unidade de serviço que se inscreve no rol daquelas que desempenham função essencial à jurisdição (art. 127, *caput*, da CF/88). Logo, bem aparelhar o Ministério Público é servir ao desígnio constitucional de aperfeiçoar a própria

[94] Eis a redação do preceito citado: "Art. 98. A União, no Distrito Federal e nos Territórios, e os Estados criarão: I – juizados especiais [...]; II – justiça de paz, remunerada [...] § 2º As custas e emolumentos serão destinados exclusivamente ao custeio dos serviços afetos às atividades específicas da Justiça". (Parágrafo incluído pela Emenda Constitucional nº 45, de 2004).

jurisdição como atividade básica do Estado e função específica do Poder Judiciário. 4. Ação direta que se julga improcedente. (STF, Pleno, **ADI 3.028**, rel. p/ ac. Min. Ayres Britto, 5.2010)

Taxa de polícia sobre atividades notariais e de registro. Destinação a fundo especial da Defensoria Pública. Constitucionalidade: [...] TAXA INSTITUÍDA SOBRE AS ATIVIDADES NOTARIAIS E DE REGISTRO. PRODUTO DA ARRECADAÇÃO DESTINADO AO FUNDO ESPECIAL DA DEFENSORIA PÚBLICA DO ESTADO DO RIO DE JANEIRO. É constitucional a destinação do produto da arrecadação da taxa de polícia sobre as atividades notariais e de registro, ora para tonificar a musculatura econômica desse ou daquele órgão do Poder Judiciário, ora para aportar recursos financeiros para a jurisdição em si mesma. O inciso IV do art. 167 da Constituição passa ao largo do instituto da taxa, recaindo, isto sim, sobre qualquer modalidade de imposto. [...] Ação direta improcedente. (STF, Pleno, **ADI 3.643**, rel. Min. Carlos Britto, 11.2006)

3.2.3. Imunidades frente a taxas

A Constituição não consagra imunidades à instituição de taxas no capítulo intitulado "Sistema Tributário Nacional". Consagra-as em incisos do art. 5º, que preveem imunidades relativamente ao exercício dos *direitos fundamentais*:

a) *de petição e de obtenção de certidões* em repartições públicas, para defesa de direitos e esclarecimento de situações de interesse pessoal (inc. XXXIV);[95]

b) dos carentes, *à assistência jurídica estatal* (inc. LXXIV);

c) *ao registro civil de nascimento e à certidão de óbito*, aos reconhecidamente pobres (inc. LXXVI);[96]

d) *ao ajuizamento das ações de habeas corpus e habeas data* e *aos atos necessários à promoção da cidadania* (inc. LXXVII).[97]

O fato de tais imunidades tributárias serem previstas no capítulo intitulado "Dos Direitos e Garantias Fundamentais" evidencia constituírem projeções, no Direito Tributário, de direitos fundamentais dos cidadãos brasileiros.[98]

- **Precedentes citados**

Isenção que amplia o alcance de imunidade concedida a cidadãos carentes. Legitimidade: CONSTITUCIONAL. ATIVIDADE NOTARIAL. NATUREZA. LEI 9.534/97. REGISTROS PÚBLICOS. ATOS RELACIONADOS AO EXERCÍCIO DA CIDADANIA. GRATUIDADE. PRINCÍPIO DA PROPORCIONALIDADE. VIOLAÇÃO NÃO OBSERVADA. PRECEDENTES. IMPROCEDÊNCIA DA AÇÃO. I – A atividade desenvolvida pelos titulares das serventias de notas e registros, embora seja análoga à atividade empresarial, sujeita-se a um regime de direito público. II – Não ofende o princípio da proporcionalidade lei que isenta os "reconhecidamente pobres" do pagamento dos emolumentos devidos pela expedição de registro civil de nascimento e de óbito, bem como a primeira certidão respectiva. III – Precedentes. IV – Ação julgada improcedente. (STF, Pleno, **ADI 1.800**, rel. p/ o ac. Min. Ricardo Lewandowski, 6.2007)

---

[95] Por violação a essa imunidade, o Supremo declarou a inconstitucionalidade de "taxa de segurança pública" cobrada para o fornecimento de certidões em repartições públicas (STF, Pleno, *ADI 2.969*, rel. Min. Carlos Britto, 3.2007).

[96] É digno de nota que a imunidade somente se estende aos "reconhecidamente pobres". Segundo o STF, ela estabelece apenas uma desoneração mínima a ser observada pelo legislador e não obsta que se isentem os demais cidadãos. Com base nesses fundamentos, o Alto Tribunal julgou improcedente ação direta ajuizada pela Associação dos Notários e Registradores do Brasil contra preceitos do art. 1º da Lei 9.534/97 que estabeleciam: i) de forma geral, a gratuidade do registro civil de nascimento, do assento de óbito e da primeira certidão respectiva; ii) a isenção do pagamento de emolumentos pelas demais certidões aos reconhecidamente pobres (STF, Pleno, *ADI 1.800*, rel. p/ ac. Min. Ricardo Lewandowski e ADC 5, rel. Min. Nelson Jobim, 6.2007). Eis a redação do art. 1º da Lei 9.534/97: "Art. 1º O art. 30 da Lei nº 6.015, de 31 de dezembro de 1973, alterada pela Lei nº 7.844, de 18 de outubro de 1989, passa a vigorar com a seguinte redação: 'Art. 30. Não serão cobrados emolumentos pelo registro civil de nascimento e pelo assento de óbito, bem como pela primeira certidão respectiva. § 1º Os reconhecidamente pobres estão isentos de pagamento de emolumentos pelas demais certidões extraídas pelo cartório de registro civil. [...]'". Nesses julgados, o STF considerou que tais dispositivos, além de não afetarem o equilíbrio econômico-financeiro do serviço delegado, buscavam "igualar ricos e pobres em dois momentos cruciais da vida". Sem embargo, a nosso juízo tal equiparação vai de encontro ao princípio da igualdade tributária, que, no âmbito das taxas, exige a cobrança de taxas iguais para serviços iguais e somente admite a desoneração daqueles que efetivamente carecem de capacidade contributiva.

[97] Esse rol é indicado por José Eduardo Soares de Melo (*Curso de Direito Tributário*. p. 137).

[98] A propósito da vinculação das imunidades com direitos fundamentais, vide os comentários ao art. 150, VI.

Taxa sobre atos imunes. Obtenção de certidões. Inconstitucionalidade: AÇÃO DIRETA DE INCONSTITUCIONALIDADE. ARTIGO 178 DA LEI COMPLEMENTAR Nº 19, DE 29 DE DEZEMBRO DE 1997, DO ESTADO DO AMAZONAS. Extração de certidões, em repartições públicas, condicionada ao recolhimento da "taxa de segurança pública". Violação à alínea "b" do inciso XXXIV do 5º da Constituição Federal. Ação julgada procedente. (STF, Pleno, **ADI 2.969**, rel. Min. Carlos Britto, 3.2007)

3.2.4. Espécies de taxas do art. 145

Como referimos acima, podem ser reconhecidas três espécies de taxas: de polícia, de serviços públicos, e de utilização de vias conservadas pelo Poder Público. Todas decorrem, direta ou indiretamente, de uma atividade desempenhada pelo Poder Público e dirigida ao contribuinte.

No que segue, analisaremos as taxas tradicionais, previstas no art. 145, II, da CF, abordando o pedágio nos comentários ao art. 150, V.

3.2.4.1. Taxas de polícia

Ao conferir competência para a instituição de taxas de polícia, *a Constituição* não define expressamente o que se entende por "poder de polícia", *pressupondo o conceito oriundo do Direito Administrativo*, que foi acolhido, há longa data, pelo Direito Tributário. Portanto, esse conceito tem *status jurídico-constitucional, impondo-se ao legislador*.

O CTN veicula uma definição de poder de polícia consentânea com a Constituição Federal e, em suas linhas gerais, com as lições dos administrativistas:

> Art. 78. Considera-se poder de polícia atividade da administração pública que, limitando ou disciplinando direito, interêsse ou liberdade, regula a prática de ato ou abstenção de fato, em razão de interesse público concernente à segurança, à higiene, à ordem, aos costumes, à disciplina da produção e do mercado, ao exercício de atividades econômicas dependentes de concessão ou autorização do Poder Público, à tranqüilidade pública ou ao respeito à propriedade e aos direitos individuais ou coletivos.

Embora a Constituição não o diga de forma expressa, *o exercício do poder de polícia somente renderá ensejo à cobrança de taxa se for regular*, legítimo.

Isso é óbvio e não necessitaria ser dito pela Constituição, haja vista que uma atividade ilícita do Poder Público jamais poderia redundar na criação de obrigações jurídico-tributárias para os particulares.

No entanto, os autores do CTN, conscientes dos desmandos do legislador ordinário, houveram por bem prever expressamente que a hipótese de incidência das taxas de polícia é caracterizada pelo "exercício *regular* do poder de polícia" (art. 77, *caput*), concebido como tal o exercício pelo órgão competente e nos "limites da lei aplicável, com observância do processo legal e, tratando-se de atividade que a lei tenha como discricionária, sem abuso ou desvio de poder" (art. 78, parágrafo único).

Um exemplo nítido de exercício irregular do poder de polícia está presente nas hipóteses em que é levado a cabo por entidades privadas, manifestamente incompetentes para tanto. Nem mesmo delegação legislativa expressa pode legitimá-las a tanto, tendo em vista que *o poder de polícia*, atividade típica de Estado, *não pode ser delegado a entidades privadas*, como decidiu o STF ao declarar a inconstitucionalidade do art. 58 da Lei 9.649/98, que alterava a natureza jurídica dos Conselhos de Fiscalização Profissional, transformando-os, de autarquias, em pessoas jurídicas de direito privado.[99]

[99] Como se registrou na ementa do precedente: "a interpretação conjugada dos artigos 5°, XIII, 22, XVI, 21, XXIV, 70, parágrafo único, 149 e 175 da Constituição Federal, leva à conclusão, no sentido da indelegabilidade, a uma entidade privada, de atividade típica de Estado, que abrange até poder de polícia, de tributar e de punir, no que concerne ao exercício de atividades profissionais regulamentadas" (STF, Pleno, ADI 1.717, rel. Min. Sydney Sanches, 11.2002).

Da mesma forma que o exercício irregular do poder de polícia, o seu não exercício desautoriza a instituição e a cobrança da taxa correlata.

Nas taxas de polícia, é *mister que haja efetivo desempenho da atividade fiscalizatória*. Porém, *não é necessária a fiscalização presencial* (*in loco*) de cada contribuinte.[100] Consequentemente, revela-se despicienda a visita mensal da fiscalização aos contribuintes para que seja exigida a taxa de polícia.[101]

A existência de órgão administrativo dotado de aparato necessário ao regular desempenho da atividade pública financiada não é um pressuposto inarredável ao reconhecimento da constitucionalidade da taxa, mas constitui um elemento que permite inferir o efetivo exercício do poder de polícia.[102] Nessa senda, o STF já reconheceu a inconstitucionalidade da cobrança de taxa de licença de localização em relação à qual não foi comprovada sequer a existência de órgão encarregado de exercer o poder de polícia.[103]

- **Precedentes citados**

Falta de comprovação da existência de órgão encarregado de desempenhar o poder de polícia. Inconstitucionalidade da taxa correspondente: TAXA DE LICENÇA DE LOCALIZAÇÃO, FUNCIONAMENTO E INSTALAÇÃO. COBRANÇA PELA MUNICIPALIDADE. O aresto recorrido, à falta de comprovação da existência de órgão específico encarregado de exercer o poder de polícia no município recorrente, afastou a cobrança anual da taxa questionada. Incabível discutir, em sede extraordinária, se houve a efetiva atuação dos órgãos fiscalizadores da Administração Pública Municipal. [...] (STF, 1ª Turma, **AI 258.907** AgR, rel. Min. Ilmar Galvão, 6.2000)

Condições de legitimidade das taxas de polícia. Necessidade de prova do efetivo desempenho da atividade fiscalizatória: CONSTITUCIONAL. TRIBUTÁRIO. TAXA DE LOCALIZAÇÃO E FUNCIONAMENTO. HIPÓTESE DE INCIDÊNCIA. EFETIVO EXERCÍCIO DE PODER DE POLÍCIA. AUSÊNCIA EVENTUAL DE FISCALIZAÇÃO PRESENCIAL. IRRELEVÂNCIA. PROCESSUAL CIVIL. AGRAVO REGIMENTAL. 1. A incidência de taxa pelo exercício de poder de polícia pressupõe ao menos (1) competência para fiscalizar a atividade e (2) a existência de órgão ou aparato aptos a exercer a fiscalização. 2. O exercício do poder de polícia não é necessariamente presencial, pois pode ocorrer a partir de local remoto, com o auxílio de instrumentos e técnicas que permitam à administração examinar a conduta do agente fiscalizado (cf., por semelhança, o RE 416.601, rel. Min. Carlos Velloso, Pleno, DJ de 30.09.2005). Matéria debatida no RE 588.332-RG (rel. min. Gilmar Mendes, Pleno, julgado em 16.06.2010. Cf. Informativo STF 591/STF). 3. Dizer que a incidência do tributo prescinde de "fiscalização porta a porta" (*in loco*) não implica reconhecer que o Estado pode permanecer inerte no seu dever de adequar a atividade pública e a privada às balizas estabelecidas pelo sistema jurídico. Pelo contrário, apenas reforça sua responsabilidade e a de seus agentes. 4. Peculiaridades do caso. Necessidade de abertura de instrução probatória. Súmula 279/STF. Agravo regimental ao qual se nega provimento. (STF, 2ª Turma, **RE 361.009 AgR**, rel. Min. Joaquim Barbosa, 8.2010)

Existência de órgão dotado de aparato necessário ao regular desempenho do poder de polícia. Presunção de exercício da atividade pública financiada. Legitimidade da taxa correspondente: Recurso Extraordinário 1. Repercussão geral reconhecida. 2. Alegação de inconstitucionalidade da taxa de renovação de localização e de funcionamento do Município de Porto Velho. 3. Suposta violação ao artigo 145, inciso II, da Constituição, ao fundamento de não existir comprovação do efetivo exercício do poder de polícia. 4. O texto constitucional diferencia as taxas decorrentes do exercício do poder de polícia daquelas de utilização de serviços específicos e divisíveis, facultando apenas a estas a prestação potencial do serviço público. 5. A regularidade do exercício do poder de polícia é imprescindível para a cobrança da taxa de localização e fiscalização. 6. À luz da jurisprudência deste Supremo Tribunal Federal, a existência do órgão administrativo não é condição para o reconhecimento da

[100] STF, 2ª Turma, *RE 361.009 AgR*, rel. Min. Joaquim Barbosa, 8.2010.

[101] STF, Pleno, RE 416.601, rel. Min. Carlos Velloso, 8.2005. O precedente tratava da taxa de fiscalização do IBAMA instituída pela Lei 10.165/2000. Lê-se no voto do relator: "Não há invocar o argumento no sentido de que a taxa decorrente do poder de polícia fica 'restrita aos contribuintes cujos estabelecimentos tivessem sido efetivamente visitados pela fiscalização', por isso que, registra Sacha Calmon – parecer, fl. 377 – essa questão 'já foi resolvida, pela negativa, pelo Supremo Tribunal Federal, que deixou assentada em diversos julgados a suficiência da manutenção, pelo sujeito ativo, de órgão de controle em funcionamento (cf., *inter plures,* RE 116.518 e RE 230.973). Andou bem a Suprema Corte brasileira em não aferrar-se ao método antiquado da vistoria porta a porta, abrindo as portas do Direito às inovações tecnológicas que caracterizam a nossa era'. Destarte, os que exercem atividades de impacto ambiental tipificadas na lei sujeitam-se à fiscalização do IBAMA, pelo que são contribuintes da taxa decorrente dessa fiscalização, fiscalização que consubstancia, vale repetir, o poder de polícia estatal".

[102] STF, Pleno, *RE 588.322*, rel. Min. Gilmar Mendes, 6.2010 – Tema nº 217 da Repercussão Geral.

[103] STF, 1ª Turma, *AI 258.907 AgR*, rel. Min. Ilmar Galvão, 6.2000.

constitucionalidade da cobrança da taxa de localização e fiscalização, mas constitui um dos elementos admitidos para se inferir o efetivo exercício do poder de polícia, exigido constitucionalmente. Precedentes. 7. O Tribunal de Justiça de Rondônia assentou que o Município de Porto Velho, que criou a taxa objeto do litígio, é dotado de aparato fiscal necessário ao exercício do poder de polícia. 8. Configurada a existência de instrumentos necessários e do efetivo exercício do poder de polícia. 9. É constitucional taxa de renovação de funcionamento e localização municipal, desde que efetivo o exercício do poder de polícia, demonstrado pela existência de órgão e estrutura competentes para o respectivo exercício, tal como verificado na espécie quanto ao Município de Porto Velho/RO 10. Recurso extraordinário ao qual se nega provimento. (STF, Pleno, **RE 588.322**, rel. Min. Gilmar Mendes, 6.2010 – Tema nº 217 da Repercussão Geral: "Comprovação do poder de polícia para cobrança de taxa de localização e funcionamento").

3.2.4.2. Taxas de serviços públicos

Segundo a dicção do art. 145, II, as taxas de serviços públicos específicos e divisíveis poderão ser cobradas pela sua utilização, efetiva ou potencial.

A referência à *utilização potencial* constava na EC 18/65 (art. 18) e, por tal razão, restou estampada no bojo da codificação tributária, editada sob a sua égide (art. 77, *caput*, do CTN). *É pertinente apenas às taxas de serviço público*, e não às taxas de polícia, pois a cobrança destas carece do efetivo desempenho do poder de polícia. E, mesmo no que diz respeito às taxas de serviço, aplica-se unicamente aos serviços de "*utilização compulsória*". Se o contribuinte não utilizá-los e não estiver obrigado a tanto, nunca poderá sujeitar-se à sua remuneração.

A "utilização compulsória" é definida pelo art. 79, I, *b*, do CTN, nestes termos:

> Art. 79. Os serviços públicos a que se refere o artigo 77 consideram-se:
>
> I – utilizados pelo contribuinte:
>
> a) efetivamente, quando por ele usufruídos a qualquer título;
>
> b) potencialmente, quando, sendo de utilização compulsória, sejam postos à sua disposição mediante atividade administrativa em efetivo funcionamento

É válido notar que na "utilização potencial" não se verifica qualquer forma de fruição do serviço: há mera possibilidade de utilização, ou seja, disponibilização do serviço. A rigor, *não se cobra pela utilização do serviço, mas pela sua oferta.*

Logo, mesmo que o contribuinte não utilize o serviço que lhe é disponibilizado, estará sujeito ao pagamento da taxa. Não adianta provar que não o utilizou, pois a não utilização é irrelevante à incidência da taxa em comento. O contribuinte somente se eximirá do pagamento da exação se o serviço público não lhe for disponibilizado.

Destarte, há de se indagar, nas taxas cobradas por *serviços compulsórios*, acerca do oferecimento de serviço público em *"efetivo funcionamento"*, e não da sua utilização pelo contribuinte.

Resta escancarado, assim, o caráter compulsório que é inerente às taxas (e às demais espécies tributárias), resultante, na hipótese, da conjugação da compulsoriedade da utilização à ficção de utilização: torna-se obrigatória a utilização de um serviço público e, mesmo que não seja fruído pelo contribuinte, este haverá de remunerá-lo. Sua vontade, da mesma forma que a utilização do serviço, é irrelevante à incidência da taxa. O resultado prático é que se remunera a disponibilização do serviço, e não a sua utilização.

No entanto, *não é qualquer serviço público disponibilizado ao contribuinte que enseja a cobrança de taxas.*

As taxas de serviço referidas pelo art. 145, II, são restritas à remuneração de serviços qualificados pelas notas da *especificidade e da divisibilidade* (serviços públicos *uti singuli*), consoante expressa previsão constitucional, que restringe a competência impositiva dos entes políticos à instituição de taxas "pela utilização, efetiva ou potencial, de serviços públicos *específicos e divisíveis*".

A propósito das características da especificidade e da divisibilidade dos serviços públicos, o Código Tributário Nacional fornece uma valiosa definição, declarando-os "específicos, quando possam ser destacados em unidades autônomas de intervenção, de unidade (*sic*), ou de necessidades públicas" e "divisíveis, quando suscetíveis de utilização, separadamente, por parte de cada um dos seus usuários", *in verbis*:

> Art. 79. Os serviços públicos a que se refere o artigo 77 consideram-se:
>
> [...]
>
> II – específicos, quando possam ser destacados em unidades autônomas de intervenção, de unidade, ou de necessidades públicas;
>
> III – divisíveis, quando suscetíveis de utilização, separadamente, por parte de cada um dos seus usuários.

Quanto a esse ponto, vale transcrever elucidativo voto do Ministro Carlos Velloso, assentado na doutrina de Roque Carrazza e Aliomar Baleeiro:

> As taxas de polícia, conforme mencionamos, decorrem do exercício do poder de polícia, conceituado este no art. 78 do CTN, e as de serviço, de um serviço público prestado ao contribuinte, serviço público específico e divisível (CF, art. 145, II). Os serviços públicos, ensina Roque Carrazza, "se dividem em gerais e específicos", certo que os primeiros, ou gerais, "são os prestados uti universi, isto é, indistintamente a todos os cidadãos", alcançando "a comunidade, como um todo considerada, beneficiando número indeterminado (ou, pelo menos, indeterminável) de pessoas." (Ob. cit., p. 243). Esses serviços não constituem fato gerador de taxa, não podem, portanto, ser custeados por meio de taxa, mas pelos impostos. "Já os serviços específicos", acrescenta Carrazza, "são os prestados *uti singuli*. Referem-se a uma pessoa ou a um número determinado (ou, pelo menos, determinável, de pessoas). São de utilização individual e mensurável. Gozam, portanto, de divisibilidade, é dizer, da possibilidade de avaliar-se a utilização efetiva ou potencial, individualmente considerada." (Ob. e loc. cits.).
>
> Noutras palavras, o serviço "é específico quando possa ser separado em unidades autônomas de intervenção da autoridade, ou de sua utilidade, ou de necessidade pública, que o justificou: p. ex., a existência do corpo de bombeiros para o risco potencial de fogo"; e "é divisível quando possa funcionar em condições tais que se apure a utilização individual pelo usuário: a expedição de certidões, a concessão de porte de armas, a aferição dos pesos e medidas, etc." (Aliomar Baleeiro, "Direito Trib. Brasileiro", Forense, 10ª ed., págs. 353/354).[104]

Pela *inobservância dos requisitos da especificidade e da divisibilidade do serviço público*, o STF já declarou a *inconstitucionalidade* de inúmeras taxas. Dentre essas decisões, cabe recordar as que declararam a ilegitimidade constitucional:

a) das *taxas de iluminação pública*, com base no entendimento de que o serviço de iluminação pública deveria ser custeado com os recursos oriundos da arrecadação de impostos;[105]

b) da *taxa de conservação e manutenção de vias públicas* (limpeza pública), cobrada apenas por este serviço[106] ou também pelo serviço de coleta de lixo,[107] o qual, isoladamente, é reputado específico e divisível.[108]

---

[104] STF, Pleno, *ADI 2.586*, rel. Min. Carlos Velloso, 5.2002. Nesse excerto é transcrito o seu voto proferido na ADI 447, RTJ 145/37-38.

[105] STF, Pleno, *RE 233.332*, rel. Min. Ilmar Galvão, 3.1999. Esse entendimento foi cristalizado com a edição da Súmula 670 do STF: "O serviço de iluminação pública não pode ser remunerado mediante taxa". O STF atribuiu caráter vinculante a esta orientação jurisprudencial, mediante a aprovação da Súmula Vinculante nº 41, de idêntica redação. Acabou, porém, sendo criada uma competência específica para a instituição de "contribuição para o custeio do serviço de iluminação pública" (art. 149-A, introduzido pela EC 39/02). Sobre a contribuição de iluminação pública, conferir os comentários ao art. 149-A.

[106] STF, Pleno, *RE 121.617*, rel. Min. Moreira Alves, 2.1996; *RE 259.889*, rel. Min. Ilmar Galvão, 3.2002.

[107] STF, Pleno, *RE 256.588 ED-EDv*, rel. Min. Ellen Gracie, 2.2003. Aplicando este entendimento em sede de repercussão geral, cfr. STF, Pleno, RE 576.321 QO-RG, rel. Min. Ricardo Lewandowski, 12.2008.

[108] STF, 2ª Turma, *RE 256.588 ED*, rel. Min. Carlos Velloso, 10.2001. Cristalizando esse entendimento, o STF editou a Súmula Vinculante nº 19: "A taxa cobrada exclusivamente em razão dos serviços públicos de coleta, remoção e tratamento ou destinação de lixo ou resíduos provenientes de imóveis, não viola o artigo 145, II, da Constituição Federal".

Tampouco podem ser custeados mediante taxas *serviços* públicos específicos e divisíveis *que deveriam ser disponibilizados a todos de forma gratuita* e, por conseguinte, custeados mediante impostos, a exemplo do que ocorre com a segurança pública.[109]

• Súmulas

Súmula Vinculante nº 19: "A taxa cobrada exclusivamente em razão dos serviços públicos de coleta, remoção e tratamento ou destinação de lixo ou resíduos provenientes de imóveis, não viola o artigo 145, II, da Constituição Federal."

Súmula Vinculante nº 41: "O serviço de iluminação pública não pode ser remunerado mediante taxa".

• Precedentes citados

Taxa de segurança pública. Inconstitucionalidade: Ação direta de inconstitucionalidade. Art. 2º e Tabela V, ambos da Lei 6.010, de 27 de dezembro de 1996, do Estado do Pará. Medida Liminar. – Em face do artigo 144, *caput*, inciso V e parágrafo 5º, da Constituição, sendo a segurança pública, dever do Estado e direito de todos, exercida para a preservação da ordem pública e da incolumidade das pessoas e do patrimônio, através, entre outras, da polícia militar, essa atividade do Estado só pode ser sustentada pelos impostos, e não por taxa, se for solicitada por particular para a sua segurança ou para a de terceiros, a título preventivo, ainda quando essa necessidade decorra de evento aberto ao público. – Ademais, o fato gerador da taxa em questão não caracteriza sequer taxa em razão do exercício do poder de polícia, mas taxa pela utilização, efetiva ou potencial, de serviços públicos específicos e divisíveis, o que, em exame compatível com pedido de liminar, não é admissível em se tratando de segurança pública. – Ocorrência do requisito da conveniência para a concessão da liminar. Pedido de liminar deferido, para suspender a eficácia *ex nunc* e até final julgamento da presente ação, da expressão "serviço ou atividade policial-militar, inclusive policiamento preventivo" do artigo 2º, bem como da Tabela V, ambos da Lei 6.010, de 27 de dezembro de 1996, do Estado do Pará. (STF, Pleno, **ADI 1.942 MC**, rel. Min. Moreira Alves, 5.1999)

No mesmo sentido: Ação Direta de Inconstitucionalidade. 2. Lei nº 13.084, de 29.12.2000, do Estado do Ceará. Instituição de taxa de serviços prestados por órgãos de Segurança Pública. 3. Atividade que somente pode ser sustentada por impostos. Precedentes. 4. Ação julgada procedente (STF, Pleno, ADI 2.424, rel. Min. Gilmar Mendes, 4.2004)

Serviço de iluminação pública. Indivisibilidade e inespecificidade. Financiamento por taxa. Impossibilidade: TRIBUTÁRIO. MUNICÍPIO DE NITERÓI. TAXA DE ILUMINAÇÃO PÚBLICA. ARTS. 176 E 179 DA LEI MUNICIPAL Nº 480, DE 24.11.83, COM A REDAÇÃO DADA PELA LEI Nº 1.244, DE 20.12.93. Tributo de exação inviável, posto ter por fato gerador serviço inespecífico, não mensurável, indivisível e insuscetível de ser referido a determinado contribuinte, a ser custeado por meio do produto da arrecadação dos impostos gerais. Recurso não conhecido, com declaração de inconstitucionalidade dos dispositivos sob epígrafe, que instituíram a taxa no município. (STF, Pleno, **RE 233.332**, rel. Min. Ilmar Galvão, 3.1999)

Serviço de coleta de lixo. Especificidade e divisibilidade. Legitimidade da taxa correspondente: CONSTITUCIONAL. TRIBUTÁRIO. TAXA DE COLETA DE LIXO. CF, art. 145, II. I. Taxa de Coleta de Lixo: especificidade e divisibilidade do serviço. CF, art. 145, II: inocorrência de ofensa. II. Embargos de declaração acolhidos para o fim de suprir omissão, mantido o acórdão embargado. (STF, 2ª Turma, **RE 256.588 ED**, rel. Min. Carlos Velloso, 10.2001)

Taxa destinada a financiar serviços mistos, específicos e divisíveis (coleta de lixo) e inespecíficos e indivisíveis (limpeza pública). Ilegitimidade: SERVIÇO DE LIMPEZA DE LOGRADOUROS PÚBLICOS E DE COLETA DOMICILIAR DE LIXO. UNIVERSALIDADE. COBRANÇA DE TAXA. IMPOSSIBILIDADE. Tratando-se de taxa vinculada não somente à coleta domiciliar de lixo, mas, também, à limpeza de logradouros publicos, que é serviço de caráter universal e indivisível, é de se reconhecer a inviabilidade de sua cobrança. Precedente: RE 206.777. Embargos de divergência conhecidos e providos. (STF, Pleno, **RE 256.588 ED-EDv**, rel. Min. Ellen Gracie, 2.2003).

Serviço de conservação de estradas de rodagem. Indivisibilidade e inespecificidade. Financiamento por taxa cobrada apenas de parcela dos beneficiados. Impossibilidade: TRIBUTÁRIO. TAXA DE CONSERVAÇÃO E SERVIÇOS DE ESTRADAS DE RODAGEM. ARTIGOS 3º, 4º, 5º e 6º DA LEI N.º 3.133/89, DO MUNICÍPIO DE ARAÇATUBA/SP. INCONSTITUCIONALIDADE. ARTIGO 145, II, e § 2º, DA CARTA MAGNA. Não se tratando de serviço público específico e divisível, referido apenas aos contribuintes lindeiros que utilizam efetiva ou potencialmente as estradas, não pode ser remunerado por meio de taxa, cuja base de cálculo, ademais, identifica-se com a de imposto, incidindo em flagrante inconstitucionalidade, conforme precedentes da Corte. Recurso extraordinário conhecido e provido, declarando-se a inconstitucionalidade dos artigos 3º, 4º, 5º e 6º da Lei nº 3.133, de 27/06/89, do Município de Araçatuba/SP. (STF, Pleno, **RE 259.889**, rel. Min. Ilmar Galvão, 3.2002).

---

[109] STF, Pleno, *ADI 1.942 MC*, rel. Min. Moreira Alves, 5.1999.

3.3. Contribuições de melhoria

O *fundamento político e social* da contribuição de melhoria reside no enriquecimento do contribuinte em decorrência de obras realizadas com dinheiro público, o que justifica o *ressarcimento* das despesas pelo beneficiado, mediante a cobrança do referido tributo, até o limite do benefício econômico verificado pelo particular.

Logo, a contribuição de melhoria deve ser orientada por um *critério específico de graduação*: o *enriquecimento* verificado pelo particular, em decorrência da realização de obras públicas.[110]

Segundo o CTN, a contribuição de melhoria há de ser instituída para "fazer face ao custo de obras públicas de que decorra valorização imobiliária" (art. 81, *caput*), razão pela qual os seus *limites total e individual* são, respectivamente, a "*despesa realizada*" e o "*acréscimo de valor* que da obra resultar para cada imóvel beneficiado" (art. 81, *caput, in fine*).

Cada um desses limites tem uma justificação específica: *o limite individual está baseado no critério do benefício econômico*, que é verificado pelo particular com a realização da obra; e *o limite total, no critério da equivalência*, aplicado frente ao custo total da obra, exigindo que o valor global do tributo não supere o dispêndio do Poder Público.

Por serem limites imanentes à contribuição de melhoria,[111] o silêncio da Constituição da República a respeito não implica a sua inexistência: caracteriza, tão somente, o emprego da melhor técnica legislativo-constitucional, que repudia o emprego de expressões prescindíveis no texto da Lei Maior.[112]

A *hipótese de incidência* da contribuição de melhoria consiste na *valorização imobiliária* decorrente de *obra pública*,[113] como já decidiu o STF ao declarar a inconstitucionalidade de contribuição de melhoria criada para o custeio de recapeamento asfáltico, que

---

[110] Cfr. BERLIRI. *La giusta imposta*. p. 36.

[111] Vide PONTES DE MIRANDA. *Comentários à Constituição de 1967; com a Emenda n. 1 de 1969*. p. 384.

[112] Por isso, entendemos que a supressão da referência aos limites individual e total, que existia na Constituição de 1969 (art. 18, II), não implicou qualquer alteração no regime constitucional da contribuição de melhoria. Da mesma forma que modificação não houve quando a Constituição de 1967 (art. 19, III) omitiu a referência feita pela EC 18/65 (art. 19) e quando a Emenda Passos Porto (EC 23/83) suprimiu a referência ao limite individual. Quanto à necessidade de limitar a cobrança à valorização imobiliária, o STF extraiu-a, mesmo no regime da EC 23/83, das próprias feições da contribuição de melhoria: "Não obstante alterada a redação do inciso II do art. 18 pela Emenda Constitucional n. 23/83, a valorização imobiliaria decorrente de obra pública – requisito ínsito à contribuição de melhoria – persiste como fato gerador dessa espécie tributária" (2ª Turma, *RE 116.147*, rel. Min. Célio Borja, 10.1991), excerto da ementa). No mesmo sentido: "Sem valorização imobiliária, decorrente de obra pública, não há contribuição de melhoria, porque a hipótese de incidência desta é a valorização e a sua base é a diferença entre dois momentos: o anterior e o posterior à obra pública, vale dizer, o *quantum* da valorização imobiliária" (STF, 2ª Turma, RE 114.069, rel. Min. Carlos Velloso, 4.1994, excerto da ementa). Conferir ainda a decisão monocrática proferida, em maio de 2003, pelo Ministro Carlos Velloso no julgamento do RE 352.535, na qual se expõe detidamente a posição doutrinária a respeito, a começar pela referência à abalizada posição de Geraldo Ataliba, Aires Barreto e Cléber Giardino, *in verbis*: "Geraldo Ataliba, Aires F. Barreto e Cléber Giardino, em trabalho que escreveram sobre a reforma tributária advinda com a EC nº 23/83, deixaram expresso que a contribuição de melhoria manteve-se intacta, 'como da tradição do nosso direito constitucional, em coerência com a melhor doutrina'. E acrescentaram: "Sabidamente, o «limite individual» para a cobrança de contribuição correspondia, tão-só, à indicação constitucional explícita da sua base de cálculo. Ora, recaindo o tributo – como ainda recai – sobre o acréscimo de valor de bens imóveis por força de obras públicas, sua base de cálculo, mesmo sem a citada explicitação constitucional, permanece imodificada a expressão econômica desse «acréscimo de valor». Assim, a exemplo do que ocorre com todos os demais tributos referidos na Constituição, também a base de cálculo da contribuição de melhoria passa a ser aludida apenas implicitamente. Por conseqüência, o limite «total» da despesa realizada (com a obra pública) persiste atuando como mero parâmetro externo da arrecadação, isto é, sem prejuízo do limite individual implícito. Este, à sua vez, corresponde em nível, ou grau, de «benefício» que, para os imóveis, objetivamente considerados, advém da obra pública realizada". (Geraldo Ataliba, Aires F. Barreto e Cléber Giardino, 'Reforma Tributária (EC nº 23, de 1-12-83)", em Rev. de Inf. Legislativa, 81/385)". Sustentando a persistência da limitação ao custo da obra como um "princípio implícito" na Constituição de 1988, vide: MARTINS. *O sistema tributário na Constituição*. 6ª ed. p. 103.

[113] E, no entendimento do STJ, de obra pública *acabada* (STJ, 2ª Turma, *REsp 647.134*, rel. Min. Luiz Fux, 10.2006).

não é obra pública, mas simples serviço de manutenção e conservação que não acarreta valorização imobiliária.[114]

Por consequência, a *base de cálculo* da contribuição de melhoria tem de ser o *incremento de valor imobiliário* ou uma dimensão de tal incremento, jamais a riqueza preexistente à obra ou resultante de causas diversas da obra pública. A eleição de outra base de cálculo caracterizará a inconstitucionalidade da contribuição de melhoria – ou a descaracterizará como tal.[115]

Por se tratar de tributo sujeito a lançamento de ofício, incumbe ao Poder Público aferir o *quantum* da valorização imobiliária, com base nos fatores individuais de valorização estabelecidos por lei (art. 82, § 1º, do CTN). É facultado ao contribuinte comprovar que a valorização foi inferior – ou que inexistiu.[116]

Do princípio constitucional da irretroatividade das leis tributárias (art. 150, III, *a*) e do fato de a hipótese de incidência da contribuição de melhoria ser constituída pela valorização imobiliária, decorre que *a instituição do tributo deve anteceder a realização da obra*. Se a contribuição de melhoria for criada posteriormente à conclusão da obra, será nitidamente retroativa e, consequentemente, inconstitucional, haja vista que a valorização imobiliária resulta diretamente da realização da obra pública.[117]

Além da antecedência perante a realização da obra e do respeito aos limites total e individual, a lei que vier a instituir a contribuição de melhoria haverá de respeitar *inúmeros outros requisitos*. Tais requisitos estão arrolados no art. 82 do CTN[118] e tornam particularmente complexa a criação de contribuições de melhoria, o que constitui a razão da omissão generalizada das pessoas políticas em instituí-las.

Por vezes, instituem-se contribuições de melhoria flagrantemente inconstitucionais, contando-se com a passividade dos contribuintes. Raras são as hipóteses de contribuições de melhoria regularmente instituídas.

Já se verificou a *tentativa de burla aos rígidos requisitos* exigidos para a instituição da contribuição de melhoria, dissimulando-a sob a veste de taxa. Denominaram-se

---

[114] STF, Pleno, *RE 140.779*, rel. Min. Ilmar Galvão, 8.1995. Este precedente versava sobre contribuição de melhoria nominada "Taxa de Pavimentação Asfáltica", cuja verdadeira natureza era evidenciada pelo fato de ter por hipótese de incidência benefício resultante de obra pública, e não a utilização, pelo contribuinte, de serviço público específico e divisível. Situação similar já havia sido identificada pelo STF, ao analisar a legitimidade de "Taxa de Construção e Pavimentação", quando reconheceu que a exação encobria hipótese de incidência de contribuição de melhoria e que, consequentemente, era inconstitucional, por inobservância dos requisitos impostos para a instituição de tal espécie tributária (STF, Pleno, *RE 71.010*, rel. Min. Thompson Flores, 3.1972). Sobre a questão, vide ainda estes precedentes: STF, Pleno, *RE 74.467*, rel. Min. Luiz Gallotti, 9.1972; RE 89.749, rel. Min. Soares Muñoz, 3.1979.

[115] Para elucidar esse fato, Pontes de Miranda recorreu ao exemplo das obras de eletrificação, afirmando que: "Se o tributo é decretado para as obras de eletrificação e recai sôbre o consumo de energia elétrica, trata-se de taxa, e não de contribuição. Contribuição há, se se prevê que a eletrificação da estrada de ferro aumente o valor das terras e se tributa o incremento de valor" (*Comentários à Constituição de 1967; com a Emenda n. 1 de 1969.* p. 363).

[116] STJ, 1ª Turma, *REsp 1.076.948*, rel. Min. Luiz Fux, 11.2010.

[117] STF, Pleno, *RE 74.467*, rel. Min. Luiz Gallotti, 9.1972.

[118] "Art. 82. A lei relativa à contribuição de melhoria observará os seguintes requisitos mínimos: I – publicação prévia dos seguintes elementos: a) memorial descritivo do projeto; b) orçamento do custo da obra; c) determinação da parcela do custo da obra a ser financiada pela contribuição; d) delimitação da zona beneficiada; e) determinação do fator de absorção do benefício da valorização para toda a zona ou para cada uma das áreas diferenciadas, nela contidas; II – fixação de prazo não inferior a 30 (trinta) dias, para impugnação pelos interessados, de qualquer dos elementos referidos no inciso anterior; III – regulamentação do processo administrativo de instrução e julgamento da impugnação a que se refere o inciso anterior, sem prejuízo da sua apreciação judicial. § 1º A contribuição relativa a cada imóvel será determinada pelo rateio da parcela do custo da obra a que se refere a alínea c, do inciso I, pelos imóveis situados na zona beneficiada em função dos respectivos fatores individuais de valorização. § 2º Por ocasião do respectivo lançamento, cada contribuinte deverá ser notificado do montante da contribuição, da forma e dos prazos de seu pagamento e dos elementos que integram o respectivo cálculo".

"taxas" verdadeiras contribuições de melhoria, criando-se "taxas" para remunerar obras públicas que implicam valorização imobiliária ao sujeito passivo. Mais atento aos caracteres jurídicos do que à errônea nomenclatura, o STF, na esteira do preconizado pelo art. 4º, I, do CTN, rechaçou a ilegítima prática, justamente pela inobservância dos arts. 81 e 82 do CTN.[119]

Portanto, caso o Poder Público queira se ressarcir das despesas com obras públicas que impliquem valorização imobiliária para os particulares mediante uma exação tributária específica, estará obrigado a instituir uma contribuição de melhoria, respeitando todos os requisitos exigidos para tanto. *Não possui a faculdade de instituir taxas* em seu lugar, pois elas evidentemente não se prestam para o custeio de obras públicas.[120]

- **Precedentes citados**

Supremo Tribunal Federal:

Contribuição de melhoria dissimulada de taxa. Inconstitucionalidade: TAXA DE CONSTRUÇÃO E PAVIMENTAÇÃO (LEI Nº 2 337, DE 5.12.63, DO MUNICÍPIO DE CURITIBA, PARANÁ). LANÇAMENTO. NULIDADE. II. Encobrindo a taxa em questão, por seus pressupostos, o fato gerador da contribuição de melhoria, regulado pela Lei Federal nº 854/49, não pode prevalecer o lançamento impugnado, por não contravir às exigências desue (*sic*) art. 3º. Recurso extraordinário provido. (STF, Pleno, **RE 71.010**, rel. Min. Thompson Flores, 3.1972).

Contribuição de melhoria retroativa dissimulada de taxa. Inconstitucionalidade: TAXA. CONTRIBUIÇÃO DE MELHORIA. DIVERSIDADE DE CONCEITOS. Inconstitucionalidade da lei de Caçapava, n. 1.340 de 07.11.1969, que retroativamente mandou cobrar, como taxas de pavimentação e assentamento de guias, a contribuição de melhoria correspondente a obras iniciadas ou concluídas nos exercícios de 1967 a 1969. Recurso extraordinário conhecido e provido. (STF, Pleno, **RE 74.467**, rel. Min. Luiz Gallotti, 9.1972)

Cobrança de taxa quando cabível contribuição de melhoria (obras de água e esgoto). Impossibilidade: CONTRIBUIÇÃO DE MELHORIA. Nos casos em que cabe a imposição desse tributo, não tem o poder público a opção de instituir, alternativamente, taxa remuneratória. Ilegitimidade da "taxa de execução de obras de água e esgoto" do Município de São Caetano do Sul. Recurso não conhecido. (STF, Pleno, **RE 87.604**, rel. Min. Xavier de Albuquerque, 2.1979)

Nessa linha, considerando obra de pavimentação asfáltica: TRIBUTÁRIO. MUNICÍPIO DE SANTO ANDRE/SP. TAXA DE PAVIMENTAÇÃO ASFÁLTICA. LEI N. 3.999/72, ART. 244. INCONSTITUCIONALIDADE. Tributo que tem por fato gerador beneficio resultante de obra pública, próprio de contribuição de melhoria, e não a utilização, pelo contribuinte, de serviço público especifico e divisivel, prestado ao contribuinte ou posto a sua disposição. Impossibilidade de sua cobrança como contribuição, por inobservância das formalidades legais que constituem o pressuposto do lançamento dessa espécie tributária. Inocorrência da alegada afronta ao art. 18, II, da EC 01/69. Inconstitucionalidade, que se declara, do art. 276 da Lei n. 3.999, de 29 de dezembro de 1972, do Município de Santo André/SP. Recurso não conhecido. (STF, Pleno, **RE 140.779**, rel. Min. Ilmar Galvão, 8.1995)

Valorização imobiliária. Requisito inafastável à cobrança da contribuição de melhoria: RECURSO EXTRAORDINÁRIO. Constitucional. Tributário. Contribuição de melhoria. Art. 18, II, CF/67, com a redação dada pela EC n. 23/83. Não obstante alterada a redação do inciso II do art. 18 pela Emenda Constitucional n. 23/83, a valorização imobiliaria decorrente de obra pública – requisito ínsito à contribuição de melhoria – persiste como fato gerador dessa espécie tributária. RE conhecido e provido. (STF, 2ª Turma, **RE 116.147**, rel. Min. Célio Borja, 10.1991)

Superior Tribunal de Justiça:

Obra inacabada. Impossibilidade de cobrança da contribuição de melhoria: [...] 1. Controvérsia que gravita sobre se a obra pública não finalizada dá ensejo à cobrança de contribuição de melhoria. [...] 3. A base de cálculo da contribuição de melhoria é a diferença entre o valor do imóvel antes da obra ser iniciada e após a sua conclusão

[119] STF, Pleno, *RE 140.779*, rel. Min. Ilmar Galvão, 8.1995.

[120] STF, Pleno, *RE 87.604*, rel. Min. Xavier de Albuquerque, 2.1979; 1ª Turma, RE 91.373, 8.1979; 2ª Turma, RE 92.341, 3.1982. Essas decisões evidenciam a superação da tese da alternatividade entre a contribuição de melhoria e a taxa, segundo a qual o Poder Público poderia custear obra pública mediante a cobrança desta ou daquela, ao seu alvedrio. Geraldo Ataliba defendia-a claramente, sustentando que, havendo valorização imobiliária, o legislador sempre teria a faculdade de instituir taxa ou contribuição de melhoria para custear a obra pública, pois só o "que requer o nosso sistema constitucional é que, no caso, se opte por uma ou outra, pena de configuração do *bis in idem*" (*Sistema constitucional tributário brasileiro*. p. 279-280). Esta tese chegou a ser cristalizada mediante a edição da revogada Súmula 129 do STF: "Na conformidade da legislação local, é legítima a cobrança de taxa de calçamento". No entanto, essa tese ainda encontra partidários de relevo: "O certo é que uma obra pública pode ser remunerada por taxa ou por contribuição de melhoria, sendo que esta apenas é admissível se tiver havido efetiva valorização do imóvel" (MARTINS. *O sistema tributário na Constituição*. 6ª ed. p. 100).

(Precedentes do STJ: ...) 4. Isto porque a hipótese de incidência da contribuição de melhoria pressupõe o binômio valorização do imóvel e realização da obra pública sendo indispensável o nexo de causalidade entre os dois para sua instituição e cobrança. 5. Consectariamente, o fato gerador de contribuição de melhoria se perfaz somente após a conclusão a obra que lhe deu origem e quando for possível aferir a valorização do bem imóvel beneficiado pelo empreendimento estatal. [...] 7. Revela-se, portanto, evidente o direito de a empresa que pagou indevidamente a contribuição de melhoria, uma vez que incontroversa a não efetivação da valorização do imóvel, haja vista que a obra pública que deu origem à exação não foi concluída, obter, nos termos do art. 165, do CTN, a repetição do indébito tributário. 8. Precedentes: [...] (STJ, 2ª Turma, **REsp 647.134**, rel. Min. Luiz Fux, 10.2006).

Base de cálculo da contribuição de melhoria. Ilegitimidade da cobrança que considera apenas o custo da obra: [...] 1. A base de cálculo da contribuição de melhoria é a efetiva valorização imobiliária, a qual é aferida mediante a diferença entre o valor do imóvel antes da obra ser iniciada e após a sua conclusão, inadmitindo-se a sua cobrança com base tão-somente no custo da obra realizada. (Precedentes: ...) 2. "A entidade tributante, ao exigir o pagamento de contribuição de melhoria, tem de demonstrar o amparo das seguintes circunstâncias: a) a exigência fiscal decorre de despesas decorrentes de obra pública realizada; b) a obra pública provocou a valorização do imóvel; c) a base de cálculo é a diferença entre dois momentos: o primeiro, o valor do imóvel antes da obra ser iniciada; o segundo, o valor do imóvel após a conclusão da obra." (Precedente: ...) 3. *In casu*, a cobrança da contribuição de melhoria, instituída em decorrência da pavimentação asfáltica de via pública, levou em conta, tão-somente o valor total da obra, calculado à proporção da área beneficiada, sem atentar para a valorização imobiliária, consoante consignado no voto vencido do Relator, *in verbis*: [...] 4. Deveras, o contribuinte, acaso discorde da base de cálculo indicada pela Municipalidade, tem o ônus de comprovar que o valor da valorização imobiliária é diverso, ou que a mesma não ocorreu. Não obstante, cabe ao Município, prioritariamente, demonstrá-la nos moldes legais, dando azo à eventual impugnação por parte do proprietário. 5. Recurso especial provido. (STJ, 1ª Turma, **REsp 1.076.948**, rel. Min. Luiz Fux, 11.2010)

O recorrente era o contribuinte. Considerou-se que o Município não se desincumbiu do seu ônus probatório.

---

§ 1º Sempre que possível, os impostos terão caráter pessoal e serão graduados segundo a capacidade econômica do contribuinte, facultado à administração tributária, especialmente para conferir efetividade a esses objetivos, identificar, respeitados os direitos individuais e nos termos da lei, o patrimônio, os rendimentos e as atividades econômicas do contribuinte.

Art. 145, § 1º: Princípio da capacidade contributiva, progressividade e direitos dos fiscalizados

1. Princípio da capacidade contributiva

Ao fazer menção à "capacidade econômica" do contribuinte, o art. 145, § 1º, da CF incorre, consoante denuncia Ives Gandra, em atecnia: *aludiu à capacidade econômica quando quis se referir à capacidade contributiva.*[121]

A *capacidade contributiva consiste na disponibilidade de meios econômicos para arcar com a tributação* e, desse modo, concorrer ao custeio das despesas públicas.[122] Não se confunde com a capacidade econômica (mera disponibilidade de meios econômicos), pois a pressupõe e exige um *plus*.[123]

Quem detém meios econômicos suficientes apenas para prover a sua subsistência e a da sua família possui capacidade econômica, mas é contributivamente incapaz. De fato,

---

[121] MARTINS. *Comentários à Constituição do Brasil.* 6º Vol. – Tomo I. p. 57-58.

[122] Cfr. BERLIRI, A. *Corso Istituzionale di Diritto Tributario*. p. 117.

[123] Misabel Derzi tem concepção diversa acerca da capacidade contributiva. Diferencia-a da capacidade econômica e da capacidade econômico contributiva. Assevera que a razão da referência do art. 145, § 1º, à capacidade econômica consiste na refutação de "criações jurisprudenciais, administrativas ou legais que, baseadas em presunções, ficções e falseamentos, buscassem atingir fatos que não estivessem assentados em realidades econômicas", concluindo que "capacidade econômica contributiva, então, somente se pode medir por meio das verdadeiras forças econômicas do contribuinte" (DERZI. *Notas* ao livro *Limitações Constitucionais ao Poder de Tributar,* de Aliomar Baleeiro. p. 690). A nosso ver, a capacidade contributiva não está desvinculada da capacidade econômica: equivale precisamente à "capacidade econômica contributiva".

o mínimo vital evidencia capacidade econômica, mas *é absolutamente intributável*, por não denotar capacidade contributiva.[124]

Este quadro elucida o exposto, demonstrando que a capacidade contributiva, âmbito em que a tributação é viável, somente está presente quando a capacidade econômica ultrapassa o mínimo existencial:

Níveis de capacidade econômica	Viabilidade da tributação
Capacidade contributiva	Viável
Mínimo existencial	Inviável

Percebe-se que a capacidade econômica é relevante para a conformação dos tributos; porém, o influxo dos princípios constitucionais (dignidade da pessoa humana, proteção à propriedade, à família, à liberdade econômica etc.) exige que a imposição tributária se guie por um critério que efetivamente denote a capacidade do contribuinte de suportar a tributação, ou seja, pelo critério da capacidade contributiva.

Feitas essas precisões, impende analisar o conteúdo do princípio constitucional da capacidade contributiva, consagrado implicitamente no preceito em comento.

1.1. Âmbito de aplicação

Seria inapropriado analisar, neste livro, todas as nuances das teorias sobre o âmbito de aplicação do princípio da capacidade contributiva. Portanto, enfocaremos apenas os principais pontos de controvérsia doutrinária.[125]

Reconhece-se, de forma pacífica, que o princípio da capacidade contributiva constitui o critério fundamental de graduação dos impostos.[126] No entanto, *as divergências quanto ao seu âmbito de aplicação são significativas*, estendendo-se até mesmo à seara dos impostos, notadamente aos impostos extrafiscais. Questiona-se, ainda, a sua aplicação às taxas e às contribuições de melhoria.

Relativamente aos *impostos extrafiscais*, existem relevantes manifestações no sentido da inaplicabilidade do princípio da capacidade contributiva, esposadas inclusive por Klaus Tipke, expoente da tese de que tal princípio é o critério basilar de justiça dos impostos.[127]

Tipke afirma que, para as normas extrafiscais, não se deve aplicar o princípio da capacidade contributiva, mas outros critérios de comparação, como o princípio da necessidade, do mérito ou algum outro princípio adequado.[128]

---

[124] Cfr. BERLIRI, A. *Corso Istituzionale di Diritto Tributario*. p. 117; GIARDINA. *Le basi teoriche del principio della capacità contributiva,* p. 54 e 447 et seq.

[125] A respeito das teorias sobre o âmbito de aplicação do princípio da capacidade contributiva, cfr. LORENZON. "Ambito oggetivo di applicazione". In: MOSCHETTI (org.). *La capacità contributiva,* p. 53-67. Cfr. CASADO OLLERO. "El principio de capacidad y el control constitucional de la imposición indirecta (II). El contenido constitucional de la capacidad econômica", p. 218 *et seq*.

[126] Sobre o tema, existem excelentes trabalhos monográficos. Vide BIRK. *Das Leistungsfähigkeitsprinzip als Maßstab der Steuernormen*; HERRERA MOLINA. *Capacidad económica y sistema fiscal. Análisis del ordenamiento español a la luz del Derecho Alemán*. Esse aspecto é fundamental em toda a obra de Tipke, sendo objeto de detida análise no primeiro volume do seu *Steuerrechtsordnung* (2ª ed., p. 285 *et seq*).

[127] TIPKE. *Die Steuerrechtsordnung*, 2ª ed., v. 1, p. 340. Na obra atualizada por Lang, sem embargo, é exposto que o princípio da capacidade contributiva também deve ser considerado para os impostos extrafiscais (TIPKE; LANG, *Steuerrecht. Ein systematischer Grundriß*, 18ª ed., p. 85).

[128] TIPKE. *Die Steuerrechtsordnung*, 2ª ed., v. 1, p. 340.

A incongruência dessa posição pode ser evidenciada pela análise da própria obra do tributarista alemão, já que, na segunda edição do seu *Steuerrechtsordnung*, afirma que as normas extrafiscais somente serão legítimas se a finalidade que perseguem tiver um peso superior ao do princípio da igualdade tributária, concretizado através da capacidade contributiva.[129] Ao expressar tal condição de legitimidade, parece olvidar que a ponderação proposta pressupõe justamente a aplicação do princípio da capacidade contributiva às normas extrafiscais.

Portanto, o princípio da capacidade contributiva *deve ser aplicado aos impostos com fins extrafiscais*. Não se pode aplicá-lo como o único critério de graduação de tais impostos, mas ele sempre deve ser considerado para tal escopo e, inclusive, como um pressuposto para a tributação, já que é inviável instituir impostos sobre fatos que não denotam capacidade contributiva, seja de forma direta ou indireta.

O princípio da capacidade contributiva também se aplica às *taxas* e às *contribuições de melhoria*, como um *pressuposto à incidência tributária*, e não como um critério de graduação (já que a graduação de tais tributos deve basear-se nos critérios da equivalência e do benefício).[130] Pressuposto *subjetivo*, que afasta a possibilidade de os indivíduos carentes de capacidade contributiva serem submetidos à tributação.[131]

Especificamente quanto ao sistema constitucional brasileiro, apesar de não haver consenso doutrinário quanto a este ponto, afirmamos com segurança que *o princípio da capacidade contributiva é aplicável a todos os tributos*.[132]

Tal fato era nítido no regime da Constituição de 1946, cujo dispositivo correspondente ao art. 145, § 1º, primeira parte, da CF/88 apresentava a seguinte redação:

> Art. 202. Os tributos terão caráter pessoal, sempre que isso for possível, e serão graduados conforme a capacidade econômica do contribuinte.

Esta regra, suprimida com o advento da EC 18/65, somente voltou a ser consagrada constitucionalmente em 1988, no preceito em comento, que, todavia, substituiu o termo "tributos" por "impostos". Fê-lo, a nosso juízo, para restringir a obrigatoriedade da atribuição de caráter pessoal aos impostos, e não para mutilar o âmbito de abrangência do princípio da capacidade contributiva, limitando-o à função de critério de graduação dos impostos pessoais.[133] Trata-se de um *princípio basilar do Direito Tributário*, que o permeia *integralmente*.

---

[129] TIPKE, *Die Steuerrechtsordnung*, 2ª ed., v. 1, p. 345-346.

[130] Tipke refere que o princípio da capacidade contributiva pode ser aplicado unicamente aos impostos (*Steuern*). Não seria adequado aplicá-lo às taxas (*Gebühren*) ou às contribuições (*Beiträgen*) ("Sollten Leistungsfähigkeitsprinzip und Steuergrenzen in die Verfassung aufgenommen werden?", p. 59). Conferir GAFFURI. *L"attitudine alla contribuzione*, p. 37-41; NEUMARK. *Principios de la imposición*, p. 137-138; GONZÁLEZ GARCÍA; GONZÁLEZ. *Derecho Tributario*, v. I, p. 63; CASADO OLLERO. "El principio constitucional y el control constitucional de la imposición indirecta (II). El contenido constitucional de la capacidad econômica", p. 231-232. Casado Ollero ressalta, todavia, que o legislador é livre para estruturar outras figuras tributárias em função da capacidade contributiva (ob. cit., p. 232).

[131] Cfr. MANZONI. *Il principio della capacità contributiva nell"ordinamento costituzionale italiano*, p. 13; MOSCHETTI. *La capacità contributiva*, p. 35 *et seq*.

[132] Diversos autores, no Brasil e no exterior, preconizam que o alcance do princípio da capacidade contributiva é restrito aos impostos (cfr. DERZI. *Notas* ao livro *Limitações Constitucionais ao Poder de Tributar*, de Aliomar Baleeiro. P. 695; CARRAZZA. *Curso de Direito Constitucional Tributário*. 18ª ed. p. 74). Destaque-se que, para Carrazza, o princípio da capacidade contributiva é restrito aos impostos, mas não há óbices à sua aplicação a outras espécies tributárias. Teria o legislador, quanto a esse ponto, plena discricionariedade. Outros sustentam a posição que esposamos (COÊLHO. *Curso de Direito Tributário Brasileiro*. p. 83; CONTI. *Princípios da capacidade contributiva e da progressividade*. p. 65).

[133] Essa posição é exposta, dentre outros, por Ferreira Filho, para quem somente em relação aos impostos de caráter pessoal "é que é possível a graduação segundo a capacidade contributiva" (*Comentários à Constituição brasileira de 1988*. v. 2. p. 99).

Embora seja aplicável a todos os tributos, *apresenta nuances em função da espécie tributária de que se trate*: por ser um princípio, não é aplicável da mesma forma em toda e qualquer situação.[134]

Para certos tributos embasa, conjuntamente com previsões constitucionais específicas, *a progressividade tributária*. *Para outros, fundamenta a proporcionalidade*, caracterizada pela variação do montante do tributo de modo diretamente proporcional à do conteúdo econômico da base de cálculo.[135] *Para todo e qualquer tributo, impede que se tributem indivíduos carentes de capacidade contributiva.*[136]

Atua como o *primordial critério para a aplicação do princípio da isonomia no Direito Tributário*, como exposto nos comentários ao art. 150, II. E, além disso, desempenha uma *função interpretativa*, pesando a favor da exegese que melhor promova a capacidade contributiva.[137]

- **Precedentes citados**

Taxa de fiscalização ambiental com valores uniformes por classe de contribuintes. Inobservância do princípio da capacidade contributiva. Inconstitucionalidade: AÇÃO DIRETA DE INCONSTITUCIONALIDADE. ARTIGO 8º DA LEI Nº 9.960, DE 28.01.2000, QUE INTRODUZIU NOVOS ARTIGOS NA LEI Nº 6.938/81, CRIANDO A TAXA DE FISCALIZAÇÃO AMBIENTAL (TFA). ALEGADA INCOMPATIBILIDADE COM OS ARTIGOS 145, II; 167, IV; 154, I; E 150, III, B, DA CONSTITUIÇÃO FEDERAL. Dispositivos insuscetíveis de instituir, validamente, o novel tributo, por haverem definido, como fato gerador, não o serviço prestado

---

[134] Nesse sentido, Casado Ollero desenvolve uma abordagem rigorosa da questão, diferenciando entre os âmbitos objetivo e subjetivo de atuação do princípio da capacidade contributiva, que variam em função da sua aplicação como pressuposto e/ou como critério da tributação ("El principio de capacidad y el control constitucional de la imposición indirecta (II). El contenido constitucional de la capacidad econômica", p. 218 *et seq.*).

[135] Essa distinção pode ser identificada em certos votos proferidos no STF, como o do Ministro Carlos Velloso em precedente que versava sobre a progressividade do ITBI: consignou-se no seu voto e na ementa do acórdão que a Constituição não autoriza a progressividade desse imposto, "realizando-se o princípio da capacidade contributiva proporcionalmente ao preço da venda" (STF, Pleno, *RE 234.105*, rel. Min. Carlos Velloso, 4.1999). Sua conclusão, porém, foi acolhida pelos demais Ministros com base na incorreta concepção de que o princípio da capacidade contributiva não se aplica aos impostos reais, concepção essa que confunde os princípios da capacidade contributiva e da progressividade.

[136] A propósito, Sacha Calmon, após expor que nos "impostos, mais que nas taxas e contribuições de melhoria, está o campo de eleição da capacidade contributiva", destaca a aplicação do princípio a estas exações, que, a seu ver, se opera "negativamente, pela *incapacidade contributiva*, fato que *tecnicamente* gera remissões e *reduções subjetivas* do montante a pagar imputado ao sujeito passivo sem capacidade econômica real" (COÊLHO. *Curso de Direito Tributário Brasileiro*. p. 83).

[137] Por tais fundamentos, não comungamos do entendimento externado pelo Ministro Moreira Alves no julgamento do *RE 153.771*, quando asseverou que a capacidade contributiva somente há de ser levada em consideração para os impostos pessoais com finalidade fiscal (STF, Pleno, rel. p/ ac. Min. Moreira Alves, 11.1996). Nem mesmo a jurisprudência do STF é plenamente consentânea com tal concepção, visto que admite, com certos matizes, a aplicação do princípio da capacidade contributiva às taxas. Já se declarou a legitimidade da isenção de taxa de concurso público a pessoas carentes de meios econômicos, considerando-se o princípio da isonomia, concretizado com base na capacidade contributiva (STF, Pleno, ADI 2.672, rel. p/ ac. Min. Carlos Britto, 6.2006). E, com certos vacilos quantos aos fundamentos, o STF já se manifestou pela legitimidade da graduação de taxas em função da capacidade contributiva dos sujeitos passivos. Cfr. STF, Pleno, RE 177.835, rel. Min. Carlos Velloso, 4.1999; Pleno, *ADI 2.178 MC*, rel. Min. Ilmar Galvão, 3.2000; 2ª Turma, *RE 216.259 AgR*, rel. Min. Celso de Mello, 5.2000. Sobre o tema, ainda indefinido na jurisprudência do STF, vide as notas n. 180 (relativa ao RE 177.835 e ao RE 216.259 AgR) e 184 (concernente à ADI 2.178 MC). Aqui, cabe esclarecer que o precursor da posição segundo a qual o princípio da capacidade contribuitva pode aplicar-se à graduação das taxas foi o Ministro Carlos Velloso e este, em precedente posterior aos suprarreferidos, relativiza suas ponderações iniciais, destacando a regra de que as taxas devem ser graduadas em função da intensidade da fruição dos serviços públicos: "não obstante a capacidade contributiva do § 1º do art. 145 dizer respeito aos impostos, nada impede que seja aplicada à taxa, principalmente se se tratar de taxa fixa, caso em que o princípio da capacidade contributiva poderia ser observado no tocante à base de cálculo da taxa. E foi o que ocorreu. Esclareça-se, entretanto, que o princípio da capacidade contributiva, relativamente às taxas, realiza-se, esta é a regra, no fato de o contribuinte consumir ou utilizar-se de serviços em quantidade maior ou menor. É dizer, de regra, relativamente às taxas, o princípio da capacidade contributiva efetiva-se – a lição é do saudoso e insuperável Geraldo Ataliba – no fato de o contribuinte utilizar-se mais ou menos dos serviços públicos. Por exemplo: tratando-se de taxa de água, paga mais quem consome mais" (STF, Pleno, ADI 2.010 MC, rel. Min. Celso de Mello, 9.1999, excerto do voto do Ministro Carlos Velloso). Em que pese a autoridade desses juristas, temos de advertir o leitor de que a graduação das taxas de acordo com o grau de utilização dos serviços públicos não possui qualquer relação direta com a capacidade contributiva do sujeito passivo: a utilização de serviços públicos não é um fato-signo presuntivo de capacidade contributiva.

ou posto à disposição do contribuinte, pelo ente público, no exercício do poder de polícia, como previsto no art. 145, II, da Carta Magna, mas a atividade por esses exercida; e como contribuintes pessoas físicas ou jurídicas que exercem atividades potencialmente poluidoras ou utilizadoras de recursos ambientais, não especificadas em lei. E, ainda, por não haver indicado as respectivas alíquotas ou o critério a ser utilizado para o cálculo do valor devido, tendo-se limitado a estipular, a forfait, valores uniformes por classe de contribuintes, com flagrante desobediência ao princípio da isonomia, consistente, no caso, na dispensa do mesmo tratamento tributário a contribuintes de expressão econômica extremamente variada. Plausibilidade da tese da inconstitucionalidade, aliada à conveniência de pronta suspensão da eficácia dos dispositivos instituidores da TFA. Medida cautelar deferida. (STF, Pleno, **ADI 2.178 MC**, rel. Min. Ilmar Galvão, 3.2000)

Impostos reais. Progressividade em função da capacidade econômica. Inconstitucionalidade: IPTU. Progressividade. – No sistema tributário nacional é o IPTU inequivocamente um imposto real. – Sob o império da atual Constituição, não é admitida a progressividade fiscal do IPTU, quer com base exclusivamente no seu artigo 145, § 1º, porque esse imposto tem caráter real que é incompatível com a progressividade decorrente da capacidade econômica do contribuinte, quer com arrimo na conjugação desse dispositivo constitucional (genérico) com o artigo 156, § 1º (específico). – A interpretação sistemática da Constituição conduz inequivocamente à conclusão de que o IPTU com finalidade extrafiscal a que alude o inciso II do § 4º do artigo 182 é a explicitação especificada, inclusive com limitação temporal, do IPTU com finalidade extrafiscal aludido no artigo 156, I, § 1º. – Portanto, é inconstitucional qualquer progressividade, em se tratando de IPTU, que não atenda exclusivamente ao disposto no artigo 156, § 1º, aplicado com as limitações expressamente constantes dos §§ 2º e 4º do artigo 182, ambos da Constituição Federal. Recurso extraordinário conhecido e provido, declarando-se inconstitucional o sub-item 2.2.3 do setor II da Tabela III da Lei 5.641, de 22.12.89, no município de Belo Horizonte. (STF, Pleno, **RE 153.771**, rel. p/ ac. Min. Moreira Alves, 11.1996)

Taxa que oscila em função da capacidade econômica. Constitucionalidade: TAXA DE FISCALIZAÇÃO DOS MERCADOS DE TÍTULOS E VALORES MOBILIÁRIOS – COMISSÃO DE VALORES MOBILIÁRIOS – LEI Nº 7.940/89 – LEGITIMIDADE CONSTITUCIONAL – [...] – A taxa de fiscalização da CVM, instituída pela Lei nº 7.940/89, qualifica-se como espécie tributária cujo fato gerador reside no exercício do Poder de polícia legalmente atribuído à Comissão de Valores Mobiliários. A base de cálculo dessa típica taxa de polícia não se identifica com o patrimônio líquido das empresas, inocorrendo, em conseqüência, qualquer situação de ofensa à cláusula vedatória inscrita no art. 145, § 2º, da Constituição da República. O critério adotado pelo legislador para a cobrança dessa taxa de polícia busca realizar o princípio constitucional da capacidade contributiva, também aplicável a essa modalidade de tributo, notadamente quando a taxa tem, como fato gerador, o exercício do poder de polícia. Precedentes. [...] (STF, 2ª Turma, **RE 216.259 AgR**, rel. Min. Celso de Mello, 5.2000)

Impostos reais. Princípio da capacidade contributiva só legitima a tributação proporcional, não a progressiva: CONSTITUCIONAL. TRIBUTÁRIO. IMPOSTO DE TRANSMISSÃO DE IMÓVEIS, INTER VIVOS – ITBI. ALÍQUOTAS PROGRESSIVAS. C.F., art. 156, II, § 2º. Lei nº 11.154, de 30.12.91, do Município de São Paulo, SP. I. – Imposto de transmissão de imóveis, inter vivos – ITBI: alíquotas progressivas: a Constituição Federal não autoriza a progressividade das alíquotas, realizando-se o princípio da capacidade contributiva proporcionalmente ao preço da venda. II. – R.E. conhecido e provido. (STF, Pleno, **RE 234.105**, rel. Min. Carlos Velloso, 4.1999)

1.2. Dimensões e funções da capacidade contributiva

Embora apenas se trate de funções diferenciadas de um mesmo princípio, distingue-se, para fins didáticos, a capacidade contributiva objetiva (ou absoluta) da subjetiva (ou relativa):

i) a *capacidade contributiva objetiva ou absoluta* serve primordialmente para nortear a construção, pelo legislador, das hipóteses de incidência (capacidade contributiva como *pressuposto objetivo*);

ii) a *capacidade contributiva subjetiva ou relativa* atua como critério de graduação dos tributos (capacidade contributiva como *parâmetro*) e, consequentemente, como limite à tributação (capacidade contributiva como *limite máximo*).[138]

[138] O tema da capacidade contributiva é objeto de atenta consideração dos tributaristas italianos, pois os dois únicos dispositivos constitucionais diretamente ligados à matéria tributária (os dois parágrafos do art. 53) lhe dizem respeito. Cfr. GIARDINA. *Le basi teoriche del principio della capacità contributiva,* p. 53 *et. seq*; MANZONI. *Il principio della capacità contributiva nell"ordinamento costituzionale italiano,* p. 12 *et seq*.; MOSCHETTI. *La capacità contributiva,* p. 8; FALSITTA. *Manuale di Diritto Tributario. Parte Generale*. p. 137. Sobre o tema, vide também: CASADO OLLERO. "El principio de capacidad y el control constitucional de la imposición indirecta (II). El contenido constitucional de la capacidad econômica", p. 190 *et seq*.; COSTA. *Princípio da capacidade contributiva*. p. 29.

Quanto à *criação das hipóteses de incidência*, o princípio da capacidade contributiva obsta que o legislador tribute fatos que não evidenciem a capacidade de o sujeito passivo arcar com o ônus tributário.[139]

Essa é a função primordial da capacidade contributiva em seu viés objetivo, cuja relevância prática, contudo, é restrita, pois as materialidades que podem sujeitar-se à tributação são, via de regra, indicadas pela Constituição da República quando da outorga de competências às pessoas políticas (excepcionam-se, no que diz respeito aos impostos, os extraordinários e os residuais, previstos no art. 154; e, no que concerne às contribuições de seguridade social, as residuais do art. 195, § 4º).

Também em seu viés objetivo, o princípio da capacidade contributiva impõe, relativamente à *tributação da renda e do patrimônio*, que o legislador autorize a *dedução de* "*todas as despesas* operacionais e financeiras necessárias à produção da renda e à conservação do patrimônio, afetado à exploração", bem como o "abatimento dos gastos destinados ao exercício do trabalho, da ocupação profissional como fonte, de onde promanam os rendimentos".[140] Isso porque, como leciona Misabel Derzi, na esteira de Tipke e Lang, a capacidade contributiva "somente se inicia após a dedução dos gastos à aquisição, produção, exploração e manutenção da renda e do patrimônio".[141]

Em seu *viés subjetivo*, a capacidade contributiva atua como *parâmetro à tributação*, tanto para nortear a sua graduação quanto para indicar os seus limites.

A exigência de que a *tributação seja graduada em função da capacidade contributiva* é explícita na Constituição italiana, ao preconizar que: "Todos devem contribuir para as despesas públicas em função da sua capacidade contributiva" (art. 53, § 1º).[142]

O conteúdo central desse preceito pode ser extraído facilmente do sistema da nossa Constituição, visto que, como expusemos acima, o princípio da capacidade contributiva norteia toda a atividade tributária estatal, não se limitando à instituição e à cobrança dos impostos. O que há são *nuances*, e não exceções, à sua aplicação.

O princípio da capacidade contributiva também é aplicável no direito brasileiro enquanto delimitador dos patamares da tributação.

Ao indicar o *patamar inaugural de legitimidade da tributação*, restringe-a à capacidade econômica que extrapole o mínimo vital, ou seja, à tributação da capacidade contributiva do sujeito passivo. É especificado, nesse ponto, pela *proibição da tributação do mínimo vital*, que também encontra assento no princípio da dignidade da pessoa humana (art. 1º, III, da CF).

Quanto ao *patamar máximo da imposição tributária*, obsta a tributação que extrapole a capacidade contributiva do sujeito passivo. Encontra especificação, em tal aspecto, na *vedação da utilização de tributos com efeito de confisco* (art. 150, IV, da CF).

---

139 A Corte Constitucional italiana reconhece há longa data a função de pressuposto objetivo desempenhada pelo princípio da capacidade contributiva, como expresso na Sentença 30 de 1964 (*Corte Costituzionale*, Sentença de 2 de abril de 1964, nº 30). A função de critério de graduação somente entra em questão após a análise do respeito à função de pressuposto, como se lê em sentença de 1968: "a capacidade contributiva constitui pressuposto de imposição legítima (*presupposto di legittima imposizione*) e, apenas onde esteja presente, se torna parâmetro (*metro*) de determinação da quantidade do imposto devido" (*Corte Costituzionale*, Sentença de 10 de julho de 1968, nº 97). Cfr. GIARDINA. *Le basi teoriche del principio della capacità contributiva,* p. 439; MAFFEZZONI. *Il principio di capacità contributiva nel diritto finanziario*. p. 56 *et seq*.; MOSCHETTI. *La capacità contributiva,* p. 30 *et seq.*

140 DERZI. *Notas* ao livro *Limitações Constitucionais ao Poder de Tributar,* de Aliomar Baleeiro. p. 693.

141 DERZI, op. cit., p. 692.

142 No original: "Tutti sono tenuti a concorrere alle spese pubbliche in ragione della loro capacità contributiva".

Infere-se que o princípio da capacidade contributiva, em seu viés subjetivo, impõe que a tributação atinja apenas a efetiva capacidade do contribuinte de arcar com o ônus impositivo, sob pena de incidir em manifesta inconstitucionalidade.

Este quadro sintetiza o que foi dito:

Níveis de capacidade econômica	Viabilidade da tributação	Intensidade da tributação	Atuação dos princípios
Capacidade contributiva	Viável	Demasiado gravosa: Confisco	Capacidade contributiva como limite à tributação e princípio do não confisco
		De moderada a acentuada: tributação proporcional ou progressiva	Capacidade contributiva como critério de graduação
Mínimo existencial	Inviável	Inexistente: desoneração	Capacidade contributiva como pressuposto subjetivo, dignidade da pessoa humana e não confisco

Percebe-se que a *capacidade econômica tem níveis*, que vão do mínimo existencial até a efetiva capacidade contributiva (de pagar tributos).

Quando a capacidade econômica se limita ao mínimo existencial, a tributação é inviável, pois capacidade contributiva não há.

A *existência de capacidade contributiva é um pressuposto de validade da tributação. Mas não basta para legitimá-la*, haja vista a possibilidade de a intensidade da carga tributária mostrar-se demasiado intensa, levando à produção de efeitos confiscatórios, o que termina por violar o próprio princípio da capacidade contributiva.

- **Questões específicas**

Violação ao princípio da capacidade contributiva no Imposto de Renda. Necessidade de análise da situação específica de cada contribuinte. Atualização judicial da Tabela do IR. Impossibilidade: RECURSO EXTRAORDINÁRIO. DIREITO CONSTITUCIONAL E ECONÔMICO. CORREÇÃO MONETÁRIA DAS TABELAS DO IMPOSTO DE RENDA. LEI N. 9.250/1995. NECESSIDADE DE LEI COMPLEMENTAR E CONTRARIEDADE AOS PRINCÍPIOS DA CAPACIDADE CONTRIBUTIVA E DO NÃO CONFISCO. RECURSO CONHECIDO EM PARTE E, NA PARTE CONHECIDA, A ELE NEGADO PROVIMENTO. [...] 2. A vedação constitucional de tributo confiscatório e a necessidade de se observar o princípio da capacidade contributiva são questões cuja análise dependem [*sic*] da situação individual do contribuinte, principalmente em razão da possibilidade de se proceder a deduções fiscais, como se dá no imposto sobre a renda. Precedentes. 3. Conforme jurisprudência reiterada deste Supremo Tribunal Federal, não cabe ao Poder Judiciário autorizar a correção monetária da tabela progressiva do imposto de renda na ausência de previsão legal nesse sentido. Entendimento cujo fundamento é o uso regular do poder estatal de organizar a vida econômica e financeira do país no espaço próprio das competências dos Poderes Executivo e Legislativo. 4. Recurso extraordinário conhecido em parte e, na parte conhecida, a ele negado provimento. (STF, Pleno, **RE 388.312**, rel. Min. Marco Aurélio, rel. p/ Acórdão Min. Cármen Lúcia, 8.2011)

Ficou vencido – e isolado – o relator, Ministro Marco Aurélio, que defendia o reconhecimento judicial do direito dos contribuintes à atualização automática da tabela do Imposto de Renda, com fulcro em princípios constitucionais tributários: "Cabe, iniludivelmente, a menos que se possa tomar a Constituição Federal como um documento lírico, norteado pela atuação do legislador ordinário, a providência jurisdicional [...] Os princípios da legalidade, da capacidade contributiva e do não-confisco direcionam, a mais não poder, à atualização monetária da tabela decorrente da lei em comento –nº 9.250/95 –, mantendo-a com a mesma força normativa que tinha em 1995".

Importante ressalva constou no voto da Ministra Ellen Gracie, que, apesar de acompanhar a divergência inaugurada pela Min. Cármen Lúcia, assinalou a possibilidade de reconhecer-se a violação em abstrato do princípio da capacidade contributiva: "Certo é que a análise da violação ao princípio da capacidade contributiva e do efeito confiscatório não depende, sempre, da verificação da situação de cada contribuinte. Tanto que esta Corte, por ocasião do julgamento da ADI 2.010, entendeu que o aumento de contribuição previdenciária que, somada ao imposto de renda, resultaria numa tributação direta da renda com ônus de cerca de 50% implicava confisco. Fez isso em razão das grandezas em discussão e das regras de experiência, não considerando as circunstâncias pessoas de cada contribuinte".

1.3. Capacidade contributiva e disponibilidade econômica da manifestação de riqueza tributada

Embora o princípio da capacidade contributiva inviabilize a eleição de fatos imponíveis que não denotam a existência de meios econômicos para arcar com o ônus tributário, ele *não obsta que os tributos incidam e sejam cobrados antes de o contribuinte dispor da contraprestação devida pelos fatos tributados*.

Por exemplo, a cobrança do ISS, cuja hipótese de incidência é constituída pela prestação do serviço, não está condicionada ao recebimento do pagamento correspondente. À incidência e à cobrança do imposto basta a prestação onerosa de serviços, fato-signo de capacidade contributiva. Como exposto pelo Ministro Sepúlveda Pertence:

> A repercussão do ônus financeiro do tributo é fenômeno de natureza econômica, incapaz de interferir na obrigação do sujeito passivo da obrigação tributária, que é o contribuinte, prestador dos serviços. Por outro lado, antes de ser absurdo, o fato de o contribuinte ser obrigado a entregar ao fisco "uma parcela do seu patrimônio", constitui a própria essência da tributação.[143]

De fato, a incidência e a cobrança de tributos não pressupõem a disponibilidade econômico-financeira, mas apenas a *escolha legislativa de fatos que expressem capacidade contributiva*.

Quanto a esse aspecto, vale recordar a clássica lição de A. A. Becker, no sentido de que, embora a tributação se volte de forma mediata à renda e ao capital, os sistemas de tributação evoluíram no sentido de elegerem fatos-signos presuntivos da renda e do capital para sofrerem a incidência tributária.[144]

É o que ocorre nos tributos que recaem sobre a prestação de serviços, a comercialização de mercadorias, a receita bruta, a industrialização de produtos etc.: tributam-se fatos que evidenciam capacidade contributiva, sem se perquirir sobre a efetiva capacidade de os sujeitos passivos arcarem com a carga tributária que lhes é imposta.

Se o fato tributado for um signo presuntivo da renda e do capital, estará respeitado o princípio da capacidade contributiva, em seu viés objetivo.

Poder-se-á, numa situação específica, comprovar-se a total ausência de capacidade contributiva subjetiva, mas tal fato nunca poderá ser presumido pelos aplicadores do Direito. Pelo contrário, *com a ocorrência do fato gerador concreto, presume-se que o contribuinte é capaz de suportar o ônus tributário que lhe é imposto*.

- **Precedente citado**

Exigência do tributo antes da disponibilidade econômica. Legitimidade: ISS: exigibilidade. A exigibilidade do ISS, uma vez ocorrido o fato gerador – que é a prestação do serviço –, não está condicionada ao adimplemento da obrigação de pagar-lhe o preço, assumida pelo tomador dele: a conformidade da legislação tributária com os princípios constitucionais da isonomia e da capacidade contributiva não pode depender do prazo de pagamento concedido pelo contribuinte a sua clientela. (STF, 1ª Turma, **AI 228.337 AgR**, rel. Min. Sepúlveda Pertence, 12.1999).

2. Postulado da pessoalidade dos impostos

2.1. Impostos reais e pessoais

De acordo com o art. 145, § 1º, da CF, sempre que possível os impostos "terão caráter pessoal".

---

[143] STF, 1ª Turma, *AI 228.337 AgR*, rel. Min. Sepúlveda Pertence, 12.1999, trecho do seu voto.

[144] Em suas palavras: "O que deve ser gradativamente substituído é o método da avaliação direta da renda e do capital, pelo da avaliação indireta, isto é, pelo sistema de tributação de fatos que sejam verdadeiros *signos presuntivos* de renda ou capital, porque racionalmente escolhidos à luz de critério científico" (BECKER. *Teoria geral do direito tributário*. p. 504).

À luz da tradicional jurisprudência do STF, tal referência evidencia a *acolhida da clássica dicotomia entre impostos pessoais e reais*:

> Desse dispositivo decorre que a Constituição, adotando a distinção clássica segundo a qual os impostos podem ter caráter pessoal ou caráter real (é a classificação que distingue os impostos em pessoais e reais), visa a que os impostos, sempre que isso seja possível, tenham o caráter pessoal, caso em que serão graduados – e um dos critérios de graduação poderá ser a progressividade – segundo a capacidade econômica do contribuinte.[145]

Essa dicotomia se baseia na *relevância das condições pessoais do contribuinte para a determinação do valor do tributo*. Reais são os tributos "lançados em função do valor da matéria tributável, mas sem atender às condições pessoais do contribuinte; e pessoais aqueles cujo lançamento também é feito na base do valor da matéria tributável, porém atendendo às condições pessoais do contribuinte".[146]

Exemplo clássico de tributo pessoal é o Imposto de Renda, para cuja determinação são relevantes todos os acréscimos patrimoniais tributáveis e despesas dedutíveis relacionados ao contribuinte. Não se considera apenas a riqueza que rende ensejo à tributação, mas a situação específica do contribuinte.

Não se pode olvidar, contudo, que a *distinção é relativa* e há diversas formas de *subjetivação de impostos reais* e de *objetivação de impostos pessoais*, como sucede quando se concedem isenções pessoais frente ao IPTU e se estabelecem regimes de tributação exclusiva no âmbito do IR.[147]

2.2. Determinação constitucional

A Constituição não confere ao legislador discricionariedade para atribuir, ou não, caráter pessoal aos impostos. *Sujeita-o a promover a pessoalidade dos impostos, sempre que for possível.*

É verdade que certos tributos não podem revestir-se de caráter pessoal, a exemplo do ITR, do IPTU e do IPVA, *tributos eminentemente reais*. Porém, o legislador pode – e deve – dar-lhes *traços de pessoalidade*, mediante a *desoneração dos cidadãos carentes* de meios econômicos para arcar com a tributação, o que realiza tanto a pessoalidade dos impostos quanto o princípio da capacidade contributiva, na sua função de pressuposto subjetivo.

Também há óbice à atribuição de caráter pessoal aos *impostos indiretos*, em virtude da translação do ônus econômico ao contribuinte de fato, que, em princípio, torna irrelevante a situação pessoal do contribuinte de direito. E a situação pessoal daquele não pode ser levada em consideração, pois é alheio à relação jurídico-tributária.

Como não é possível promover a capacidade contributiva pela impressão de caráter pessoal aos impostos indiretos, a solução é *substituir a pessoalidade pela seletividade*, o que encontra previsão constitucional expressa no que diz respeito ao IPI e ao ICMS (arts. 153, § 3º, I, e 155, § 2º, III).

---

[145] STF, Pleno, RE 153.771, rel. p/ ac. Min. Moreira Alves, 11.1996, excerto do seu voto. Lê-se na ementa: "No sistema tributário nacional é o IPTU inequivocamente um imposto real." Em sentido contrário, Ives Gandra concebe que todos os tributos diretos são pessoais, inclusive aqueles incidentes sobre a propriedade: "Os tributos diretos, como os impostos sobre o patrimônio e sobre a renda, têm caráter pessoal, visto que recaem sobre a renda ou sobre o patrimônio dos contribuintes" (MARTINS. *O sistema tributário na Constituição*. 6ª ed. p. 108).

[146] SOUSA. *Compêndio de legislação tributária*. p. 172.

[147] A Ministra Ellen Grace evidenciou esse fato, com argúcia, no seu voto acerca da constitucionalidade da progressividade do ITCD (STF, Pleno, RE 562.045, rel. p/ Acórdão Min. Cármen Lúcia, 2.2013). Para uma análise detida do precedente, vide *infra*, o tópico atinente à progressividade dos tributos reais.

Para tanto, o legislador haverá de estar consciente de que "a capacidade econômica demonstrada por quem tem aptidão para o consumo, somente estará disponível para o pagamento dos tributos, em se tratando de consumo de gêneros e produtos de necessidade média, de luxo ou supérfluos".[148] *A aquisição de gêneros e produtos essenciais à subsistência digna não evidencia capacidade contributiva; logo, não pode ser tributada.*

3. Progressividade

3.1. Noção

Considerando-se as alíquotas adotadas, *classificam-se os tributos em*:

a) *fixos*, cujas alíquotas são estabelecidas em quantidade certa de dinheiro, variável apenas em função de unidades de medida relativas ao objeto (número de bens, peso, tamanho etc.), e não do seu valor – tais alíquotas são denominadas, pela Constituição, "alíquotas específicas";

b) *proporcionais,* cujas alíquotas são fixadas em porcentagens constantes e invariáveis, havendo oscilação do ônus tributário apenas em função do conteúdo econômico da base de cálculo (o ICMS à alíquota de 17%, por exemplo); e

c) *progressivos*, cujas alíquotas aumentam em função do incremento da base de cálculo (como é o caso do IRPF).[149]

Destarte, enquanto nos tributos proporcionais há uma invariável relação matemática entre o seu valor e o da base imponível, nos *tributos progressivos* tal relação se altera em função da expressão econômica do fato imponível:[150] as manifestações de capacidade contributiva mais expressivas estão sujeitas a *alíquotas superiores* ou a bases de cálculo mais amplas e, consequentemente, a uma tributação *proporcionalmente mais gravosa.*

Dentre as múltiplas *justificativas da progressividade* tributária, destaca-se a *promoção da igualdade*, que ocorre quando a progressividade é adequadamente implementada. Como pondera Seligman, a concretização da igualdade pressupõe que, em certos casos, se desvie do modelo da tributação proporcional, haja vista que:

> Un impuesto estrictamente proporcional no puede admitir exención del mínimo de subsistencia. Será gravamen más pesado para el pobre medio tipo que para el rico medio tipo. Será sentido con rigor relativamente mayor por el hombre medio que sólo tiene un pequeno excedente sobre los gastos sociales necesarios, que por el hombre medio que tenga proporcionalmente mayor excedente.[151]

Tendo em vista que o princípio da capacidade contributiva exige a desoneração do mínimo vital, é evidente que *a capacidade contributiva não cresce de forma estritamente proporcional à capacidade econômica* e, consequentemente, demanda que a tributação seja, em alguma medida, progressiva.

---

[148] DERZI. *Notas* ao livro *Limitações Constitucionais ao Poder de Tributar,* de Aliomar Baleeiro. p. 694.

[149] É importante registrar que, embora normalmente se pense apenas na progressividade decorrente do estabelecimento de alíquotas diferenciadas, é viável que ela seja implementada mediante isenções parciais (STF, Pleno, *RE 355.046,* rel. Min. Ellen Gracie, 8.2011) e também por meio da eleição de bases de cálculo distintas (v.g., percentuais diferenciados do conteúdo econômico do fato imponível), com a adoção de uma única alíquota (Cfr. STF, 2ª Turma, *RE 466.312 AgR*, rel. Min. Joaquim Barbosa, 3.2011). Note-se, outrossim, que os impostos progressivos também são proporcionais: a progressividade, como anota Seligman, é uma forma de proporção, embora não envolva uma proporcionalidade direta. Daí o autor distinguir entre proporção regular e proporção progressiva (*El Impuesto Progresivo en la Teoría y en la Práctica.* p. 3-4). Ademais, no Brasil existe uma forma peculiar de progressividade, que é a progressividade no tempo, prevista para o IPTU no art. 182, § 4º, II, da CF; sua aplicação, no entanto, é limitada a este imposto.

[150] SELIGMAN. *El Impuesto Progresivo en la Teoría y en la Práctica.* p. 4.

[151] SELIGMAN. *El Impuesto Progresivo en la Teoría y en la Práctica.* p. 342-343.

Acentuando-se a progressividade, *pode-se transformá-la de técnica de promoção da isonomia tributária em meio de concretização da isonomia real*, mediante a redistribuição de riqueza. Neste caso, a imposição tributária extrapolará a medida exigida pelo princípio da capacidade contributiva, onerando o contribuinte mais abastado de forma significativamente mais gravosa.

Com isso, entra-se num campo extremamente delicado, em que a progressividade, se inadequadamente promovida, *poderá afetar garantias constitucionais* e, ademais, ter o nocivo efeito de desestimular a poupança, o investimento e, até mesmo, o labor altamente qualificado.[152]

- **Precedentes citados**

Progressividade mediante o escalonamento da base de cálculo: TRIBUTÁRIO. IPTU. PROGRESSIVIDADE. CARACTERIZAÇÃO DO ESCALONAMENTO DA CARGA TRIBUTÁRIA DE ACORDO COM A DESTINAÇÃO DADA AO IMÓVEL. [...] Esta Corte interpretou os arts. 145, § 1º, 156, § 1º e 182, §§ 2º e 4º da Constituição, na redação anterior à Emenda Constitucional 29/2000, para fixar que a utilização da técnica de tributação progressiva para o Imposto sobre a Propriedade Territorial e Urbana – IPTU somente era cabível para assegurar a eficácia da função social da propriedade, atendidos os requisitos estabelecidos em Plano Diretor compatível com lei federal [...] 2. O efeito extrafiscal ou a calibração do valor do tributo de acordo com a capacidade contributiva não são obtidos apenas pela modulação da alíquota. O escalonamento da base de cálculo pode ter o mesmo efeito. [...] (STF, 2ª Turma, **RE 466.312 AgR**, rel. Min. Joaquim Barbosa, 3.2011).

Progressividade mediante isenções parciais: DIREITO TRIBUTÁRIO. IPTU. PROGRESSIVIDADE ANTES DA EC 29/00. IMPOSSIBILIDADE, AINDA QUE PELA VIA OBLÍQUOTA DE ISENÇÕES GRADUAIS. 1. O legislador Municipal não poderia, no período anterior a tal emenda constitucional, ter estabelecido graduação progressiva do montante devido pelos contribuintes a título de IPTU, tendo como critério o valor do imóvel. 2. A utilização do instituto da isenção como instrumento de graduação de alíquotas, com aplicação à generalidade dos contribuintes, não corresponde à sua natureza jurídica. Nesse caso, a isenção deixa de atuar como benefício fiscal. De norma de exceção que é, passa a compor o aspecto quantitativo da norma tributária impositiva, modelando toda a tabela de alíquotas e tendo como efeito a vedada progressividade. 3. Aplicação da Súmula 668 do STF. (STF, Pleno, **RE 355.046**, rel. Min. Ellen Gracie, 8.2011)

3.2. Progressividade nos tributos reais

3.2.1. Jurisprudência do STF

O STF *inicialmente* firmou a sua orientação no sentido de que, salvo disposição constitucional expressa em sentido contrário, *o caráter real dos tributos é "incompatível com a progressividade* decorrente da capacidade econômica do contribuinte", entendimento que foi externado em erudito voto do Ministro Moreira Alves.[153]

Por isso, nos impostos reais, como é o caso do ITBI, o princípio da capacidade contributiva deveria ser realizado "proporcionalmente ao preço da venda",[154] e não pelo emprego da técnica da progressividade.

A progressividade nos impostos reais não seria admitida nem mesmo sob o ardiloso procedimento de fixar uma alíquota única e conceder "isenções parciais" ou "descontos" proporcionais. Tal sistemática corresponderia justamente ao estabelecimento da tributação progressiva.[155]

Baseado nessas premissas, o STF declarou a inconstitucionalidade de qualquer forma de progressividade:

---

[152] Sobre a tributação redistributiva, cfr. NEUMARK. *Principios de la Imposición.* 1ª ed., p. 232 ss.

[153] STF, Pleno, *RE 153.771*, rel. p/ ac. Min. Moreira Alves, 11.1996. Nesse sentido, cfr. STF, Pleno, RE 204.827, rel. Min. Ilmar Galvão, 12.1996.

[154] STF, Pleno, *RE 234.105*, rel. Min. Carlos Velloso, 4.1999.

[155] STF, Pleno, *RE 355.046,* rel. Min. Ellen Gracie, 8.2011.

a) do IPTU fora da hipótese prevista no art. 182, § 4º, II, da CF, relativa ao descumprimento da função social da propriedade urbana;[156]

b) do ITBI em função do valor venal do imóvel.[157]

Essa orientação jurisprudencial se elasteceu, assentando-se no sentido de que *a progressividade cabe apenas nas hipóteses expressamente previstas na Constituição*. O legislador não teria espaço algum para inovar nesta matéria: poderia, apenas, instituir a progressividade naquelas situações indicadas de forma exaustiva pela Carta da República.[158]

Portanto, a progressividade somente seria legítima para o IR (art. 153, § 2º, I), o ITR (art. 153, § 4º, I) e o IPTU (arts. 156, § 1º, e 182, § 4º).

Houve, no entanto, uma *reviravolta nessa orientação jurisprudencial*, especificamente quando a Corte declarou a *constitucionalidade da progressividade do ITCD,* [159] desviando-se, com clareza solar, da tese da taxatividade constitucional das hipóteses de progressividade tributária, haja vista que nenhum preceito constitucional autoriza expressamente a progressividade do ITCD. A Constituição silencia a respeito.

Certos votos sinalizaram até mesmo a superação da doutrina acerca da inconstitucionalidade da progressividade nos tributos reais, ao afirmarem que o princípio da capacidade contributiva também se aplica a estes e, por consequência, a sua incidência progressiva não ofende a Carta Constitucional.

Essa linha argumentativa baralha, contudo, duas questões inter-relacionadas, mas inquestionavelmente distintas: a aplicabilidade do princípio da capacidade contributiva e a legitimidade da tributação progressiva. É inegável que o princípio da capacidade contributiva requer uma tributação mais severa dos cidadãos mais abastados frente aos demais e, assim, uma carga tributária mais gravosa sobre as manifestações mais expressivas de capacidade contributiva. Porém, essa fácil constatação não implica a constitucionalidade da progressividade de todo e qualquer tributo. Isso porque a proporcionalidade, decorrente da adoção de alíquotas fixas, também leva a uma tributação mais intensa dos ricos frente aos menos abastados. Já a progressividade vai além. Não requer apenas que os ricos paguem mais, exige que paguem proporcionalmente mais.

Ademais, a Corte não propôs, em momento algum, a revogação das Súmulas 656 e 668, atinentes à progressividade do IPTU e do ITBI.

Destarte, deve-se priorizar uma interpretação conciliatória, que não vislumbra na pronúncia da constitucionalidade da incidência progressiva do ITCD uma radical modificação jurisprudencial, mas uma evolução, com a introdução de distinções e nuances até então não consideradas pelo STF.

Essa ótica foi expressa com singular clareza no voto exarado pela Ministra Ellen Gracie, lastreado não apenas em abalizado entendimento doutrinário, mas também na análise do Direito Comparado. Nele, denunciou-se a relatividade da distinção entre impostos reais e pessoais, diante da possibilidade de os impostos tradicionalmente vistos como pessoais (tal como o Imposto de Renda) serem objetivados - e de os impostos usualmente classificados como reais (tal qual o IPTU) serem subjetivados. Assinalou-se

---

[156] Súmula 668 do STF: "É inconstitucional a lei municipal que tenha estabelecido, antes da Emenda Constitucional 29/2000, alíquotas progressivas para o IPTU, salvo se destinada a assegurar o cumprimento da função social da propriedade urbana".

[157] Súmula 656 do STF: "É inconstitucional a lei que estabelece alíquotas progressivas para o imposto de transmissão *inter vivos* de bens imóveis – ITBI com base no valor venal do imóvel".

[158] STF, Pleno, *ADI 2.010 MC*, rel. Min. Celso de Mello, 9.1999, excerto da ementa. Nesse julgamento foi proclamada a inconstitucionalidade da progressividade da contribuição dos servidores públicos federais, estabelecida pela Lei 9.783/1999.

[159] STF, Pleno, *RE 562.045*, rel. p/ Acórdão Min. Cármen Lúcia, 2.2013 – Tema nº 21 da Repercussão Geral.

o fato de o ITCD implicar acréscimo patrimonial, haja vista incidir sobre transferências de bens e direitos a título gratuito, o que o aproxima do Imposto de Renda e o diferencia do ITBI. Dessa forma, defendeu-se a progressividade do ITCD sem prejuízo da manutenção da Súmula 656, que a repudia no que diz com o ITBI, tributo incidente sobre as transmissões de imóveis a título oneroso. Sustentou-se, por fim, ser o ITCD um imposto vocacionado à incidência progressiva, a exemplo do que sucede na Espanha, na Itália, na Alemanha, etc.

A despeito dos divergentes fundamentos dos votos vencedores, parece-nos ser essa linha argumentativa que melhor expressa a visão da Corte. A progressividade do ITCD é constitucional por se tratar de tributo que alcança transferências de bens e direitos a título gratuito, que invariavelmente implicam acréscimo patrimonial, razão pela qual se aproxima mais do Imposto de Renda do que do ITBI e do IPTU. Consectariamente, *subsistem as Súmulas 656 e 668 do STF*.

• Súmulas

Súmula 656 do STF: "É inconstitucional a lei que estabelece alíquotas progressivas para o imposto de transmissão *inter vivos* de bens imóveis – ITBI com base no valor venal do imóvel".

Súmula 668 do STF: "É inconstitucional a lei municipal que tenha estabelecido, antes da Emenda Constitucional 29/2000, alíquotas progressivas para o IPTU, salvo se destinada a assegurar o cumprimento da função social da propriedade urbana".

• Precedentes citados

Progressividade só é viável quando há autorização constitucional expressa: [...] CONTRIBUIÇÃO DE SEGURIDADE SOCIAL – SERVIDORES EM ATIVIDADE – ESTRUTURA PROGRESSIVA DAS ALÍQUOTAS: A PROGRESSIVIDADE EM MATÉRIA TRIBUTÁRIA SUPÕE EXPRESSA AUTORIZAÇÃO CONSTITUCIONAL. RELEVO JURÍDICO DA TESE. – Relevo jurídico da tese segundo a qual o legislador comum, fora das hipóteses taxativamente indicadas no texto da Carta Política, não pode valer-se da progressividade na definição das alíquotas pertinentes à contribuição de seguridade social devida por servidores públicos em atividade. Tratando-se de matéria sujeita a estrita previsão constitucional – CF, art. 153, § 2º, I; art. 153, § 4º; art. 156, § 1º; art. 182, § 4º, II; art. 195, § 9º (contribuição social devida pelo empregador) – inexiste espaço de liberdade decisória para o Congresso Nacional, em tema de progressividade tributária, instituir alíquotas progressivas em situações não autorizadas pelo texto da Constituição. [...] (STF, Pleno, **ADI 2.010 MC**, rel. Min. Celso de Mello, 9.1999)

Tributos reais. Ilegitimidade da progressividade, salvo autorização constitucional específica: IPTU. Progressividade. – No sistema tributário nacional é o IPTU inequivocamente um imposto real. – Sob o império da atual Constituição, não é admitida a progressividade fiscal do IPTU, quer com base exclusivamente no seu artigo 145, § 1º, porque esse imposto tem caráter real que é incompatível com a progressividade decorrente da capacidade econômica do contribuinte, quer com arrimo na conjugação desse dispositivo constitucional (genérico) com o artigo 156, § 1º (específico). A interpretação sistemática da Constituição conduz inequivocamente à conclusão de que o IPTU com finalidade extrafiscal a que alude o inciso II do § 4º do artigo 182 é a explicitação especificada, inclusive com limitação temporal, do IPTU com finalidade extrafiscal aludido no artigo 156, I, § 1º. – Portanto, é inconstitucional qualquer progressividade, em se tratando de IPTU, que não atenda exclusivamente ao disposto no artigo 156, § 1º, aplicado com as limitações expressamente constantes dos §§ 2º e 4º do artigo 182, ambos da Constituição Federal. [...] (STF, Pleno, **RE 153.771**, rel. p/ ac. Min. Moreira Alves, 11.1996)

ITBI. Inconstitucionalidade da progressividade: CONSTITUCIONAL. TRIBUTÁRIO. IMPOSTO DE TRANSMISSÃO DE IMÓVEIS, INTER VIVOS – ITBI. ALÍQUOTAS PROGRESSIVAS. C.F., art. 156, II, § 2º. Lei nº 11.154, de 30.12.91, do Município de São Paulo, SP. I. – Imposto de transmissão de imóveis, inter vivos – ITBI: alíquotas progressivas: a Constituição Federal não autoriza a progressividade das alíquotas, realizando-se o princípio da capacidade contributiva proporcionalmente ao preço da venda. II. – R.E. conhecido e provido. (STF, Pleno, **RE 234.105**, rel. Min. Carlos Velloso, 4.1999)

ITCD. Constitucionalidade da progressividade: EMENTA: RECURSO EXTRAORDINÁRIO. CONSTITUCIONAL. TRIBUTÁRIO. LEI ESTADUAL: PROGRESSIVIDADE DE ALÍQUOTA DE IMPOSTO SOBRE TRANSMISSÃO CAUSA MORTIS E DOAÇÃO DE BENS E DIREITOS. CONSTITUCIONALIDADE. ART. 145, § 1º, DA CONSTITUIÇÃO DA REPÚBLICA. PRINCÍPIO DA IGUALDADE MATERIAL TRIBUTÁRIA. OBSERVÂNCIA DA CAPACIDADE CONTRIBUTIVA. RECURSO EXTRAORDINÁRIO PROVIDO. (STF, Pleno, **RE 562.045**, rel. p/ Acórdão Min. Cármen Lúcia, 2.2013 – Tema nº 21 da Repercussão Geral: "Fixação de alíquota progressiva para o imposto sobre transmissão causa mortis e doação").

3.2.2. Superação constitucional quanto ao IPTU

O entendimento relativo ao IPTU foi *superado pelo poder constituinte derivado*, que autorizou a progressividade em função do valor do imóvel, conjuntamente com a adoção de alíquotas diferenciadas de acordo com a localização e o uso do imóvel (art. 156, § 1º, na redação dada pela EC 29/2000).[160]

Questionou-se a legitimidade dessa modificação constitucional, sob a *alegação de violação a cláusulas pétreas*, pois os princípios da igualdade tributária e da capacidade contributiva constituem direitos individuais dos contribuintes, imunes até mesmo a violações oriundas do poder constituinte derivado, por força do art. 60, § 4º, IV, da CF.

Ao se deparar com a questão, o Supremo Tribunal Federal tinha duas alternativas plausíveis:

i) sustentar que, apesar de decorrer dos princípios da isonomia tributária e da capacidade contributiva, a vedação de progressividade nos impostos reais não constituía cláusula pétrea; ou

ii) acolher a posição contrária e, consequentemente, declarar a inconstitucionalidade da alteração implementada pelo art. 3º da EC 29/2000.

No entanto, nenhuma dessas alternativas foi adotada pelo Alto Tribunal, que optou por uma terceira via: revisar a sua tradicional jurisprudência.

O relator do precedente, Ministro Marco Aurélio, aplicou o seu entendimento pessoal, vencido na Corte, no sentido de que jamais existiu uma proibição constitucional de progressividade nos impostos reais, de modo que:

> Eis a questão que se coloca à Corte: é possível dizer-se que a Emenda Constitucional nº 29/2000 veio a afastar cláusula pétrea? [...] Ora, a Emenda Constitucional nº 29/2000 não afastou direito ou garantia individual. E não o fez porquanto [*sic*] texto primitivo da Carta já versava a progressividade dos impostos, a consideração da capacidade econômica do contribuinte, não se cuidando, portanto, de inovação a afastar algo que pudesse ser tido como integrado a patrimônio. [...]
>
> Em síntese, esses dados não vieram a implicar o afastamento do que se pode ter como cláusula pétrea, mas simplesmente dar o real significado ao que disposto anteriormente sobre a graduação dos tributos.[161]

Para a surpresa de todos, tal concepção foi perfilhada pelos seus pares, levando ao provimento do recurso interposto pelo Poder Público. Isso implicaria a revogação de duas súmulas, que pronunciam a inconstitucionalidade da progressividade fiscal do IPTU no período anterior à EC 29/2000 (Súmula 668) e do ITBI (Súmula 656).

Felizmente, o Supremo Tribunal Federal não demorou para reafirmar a sua jurisprudência, reiterando a inconstitucionalidade da progressividade fiscal do IPTU frente à redação original da Constituição de 1988.[162]

Logo, *permanece incólume a Súmula 668 do STF.*

---

[160] Note-se que essa previsão de alíquotas diferenciadas não constitui uma forma de progressividade, mas de seletividade, que era admitida pelo STF antes mesmo da EC 29/2000 (STF, 1ª Turma, RE 229.233, 3.1999). Lê-se na ementa: "Simples duplicidade de alíquotas, em razão de encontrar-se, ou não, edificado o imóvel urbano, que não se confunde com a progressividade do tributo, que o STF tem por inconstitucional quando não atendido o disposto no art. 156, § 1º, aplicado com as limitações expressamente constantes dos §§ 2º e 4º do art. 182 da Carta de 1988".

[161] STF, Pleno, *RE 423.768*, rel. Min. Marco Aurélio, 12.2010, excerto do voto do relator. A conclusão desse julgamento *unânime* foi expressamente corroborada em outros votos, como o proferido pela Ministra Cármen Lúcia: "Não entendo, porém, que, do § 1º do art. 145, possa-se inferir uma proibição à implementação da capacidade contributiva a impostos reais, ao contrário do que sustenta o acórdão recorrido. A Constituição apenas proclama a sua preferência pela criação de impostos pessoais, que, com certeza, são os instrumentos que mais facilmente realizam a isonomia tributária". No mesmo sentido foi a manifestação do Ministro Ayres Britto: "Vê-se, portanto, que, mesmo antes da edição da EC 29, era doutrinariamente sustentável a progressividade fiscal do IPTU".

[162] STF, Pleno, *RE 355.046,* rel. Min. Ellen Gracie, 8.2011. A ementa foi transcrita no tópico precedente.

- **Precedente citado**

Progressividade do IPTU após a EC 29/2000. Legitimidade: IMPOSTO PREDIAL E TERRITORIAL URBANO – PROGRESSIVIDADE – FUNÇÃO SOCIAL DA PROPRIEDADE – EMENDA CONSTITUCIONAL Nº 29/2000 – LEI POSTERIOR. Surge legítima, sob o ângulo constitucional, lei a prever alíquotas diversas presentes imóveis residenciais e comerciais, uma vez editada após a Emenda Constitucional nº 29/2000. (STF, Pleno, **RE 423.768**, rel. Min. Marco Aurélio, 12.2010)

O inteiro teor do acórdão evidencia que também se decidiu sobre a progressividade em função do valor venal do imóvel.

4. Oposição dos direitos individuais dos contribuintes à fiscalização tributária

4.1. Significado do art. 145, § 1º, *in fine*

O art. 145, § 1º, *in fine,* da CF autoriza à administração tributária que, com o escopo de proceder à graduação dos impostos segundo a capacidade contributiva, identifique o patrimônio, os rendimentos e as atividades econômicas dos contribuintes.

Eis a sua redação:

> § 1º – Sempre que possível, os impostos terão caráter pessoal e serão graduados segundo a capacidade econômica do contribuinte, facultado à administração tributária, especialmente para conferir efetividade a esses objetivos, identificar, respeitados os direitos individuais e nos termos da lei, o patrimônio, os rendimentos e as atividades econômicas do contribuinte.

É evidente que se o imposto incidir, v.g., sobre a circulação de mercadorias, poderá a administração tributária identificá-la para efetuar o lançamento do seu crédito, não estando vinculada às declarações apresentadas pelo contribuinte. Para proceder a tal identificação, seria completamente dispensável qualquer previsão constitucional, pois *a identificação dos fatos gravados, com respeito aos direitos e garantias individuais, é inerente à atividade tributária.*

Por essa razão, Sacha Calmon assevera que a identificação aludida pela Constituição da República não diz respeito à fiscalização, mas ao *estudo prévio à estruturação do sistema tributário*:

> O Constituinte desejou *obrigar a Administração a cumprir, a realizar, o princípio da capacidade contributiva,* autorizando-a a investigar a realidade e, consequentemente os contribuintes, sem *intuito fiscalizatório,* senão preparatório, com vistas a estabelecer um sistema efetivo e justo de tributação.[163]

Embora seja acertada essa conclusão quanto ao estudo pré-legislativo, parece-nos que o art. 145, § 1º, *in fine,* da Constituição *diz mais*, autorizando e condicionando expressamente a atividade fiscalizatória tributária. E *a sua relevância reside mais na restrição que estabelece do que na autorização* que outorga.

Isso porque o preceito, além de autorizar o óbvio, *reforça a aplicação dos direitos fundamentais no âmbito tributário*, ressaltando a necessidade de observância dos direitos individuais, que são consagrados no Título II ("Dos Direitos e Garantias Fundamentais"), Capítulo I ("Dos Direitos e Deveres Individuais e Coletivos"), da Constituição, composto por seu artigo 5º.

Portanto, além de condicionar de forma expressa toda a atividade de fiscalização tributária à preeminência e aos termos da lei, *o art. 145, § 1º, da CF impõe que todos os direitos fundamentais do art. 5º sejam respeitados pela administração tributária.* Subordina-a aos princípios e garantias fundamentais da Carta Política, dentre os quais sobressaem os princípios da igualdade (inc. I) e da legalidade (inc. II), as interdições de tratamento degradante (inc. III) ou atentatório à moral (inc. V), as garantias da inviolabilidade

[163] COÊLHO. *Comentários à Constituição de 1988.* p. 56.

da intimidade, da vida privada, da honra, da imagem (inc. X), do domicílio, do sigilo da correspondência e das comunicações (incs. XI e XII) e, ainda, as garantias da liberdade de exercício de qualquer trabalho, ofício ou profissão (inc. XIII) e da ilegitimidade do uso de provas obtidas por meios ilícitos (inc. LVI).

Essa *insistência da Carta da República em garantir e reforçar os direitos fundamentais dos contribuintes* é fruto dos abusos praticados pelo Poder Público, que não raro desconsidera os direitos e as garantias fundamentais dos fiscalizados.[164]

É o que se verifica, por exemplo, quando agentes do Fisco invadem, sem ordem judicial, o domicílio do contribuinte ou dos profissionais a ele ligados, prática que, obviamente, é rechaçada pelo Pretório Excelso.

A propósito, colhe-se lapidar voto do Ministro Celso de Mello, atinente às garantias aludidas pelo art. 145, § 1º, da CF:

> Não são absolutos os poderes de que se acham investidos os órgãos e agentes da administração tributária, pois o Estado, em tema de tributação, inclusive em matéria de fiscalização tributária, está sujeito à observância de um complexo de direitos e prerrogativas que assistem, constitucionalmente, aos contribuintes e aos cidadãos em geral. Na realidade, os poderes do Estado encontram, nos direitos e garantias individuais, limites intransponíveis, cujo esrespeito pode caracterizar ilícito constitucional.
>
> A administração tributária, por isso mesmo, embora podendo muito, não pode tudo. É que, ao Estado, é somente lícito atuar, "respeitados os direitos individuais e nos termos da lei" (CF, art. 145, § 1º), consideradas, sobretudo, e para esse específico efeito, as limitações jurídicas ecorrentes do próprio sistema instituído pela Lei Fundamental, cuja eficácia – que prepondera sobre todos os órgãos e agentes fazendários – restringe-lhes o alcance do poder de que se acham investidos, especialmente quando exercido em face do contribuinte e dos cidadãos da República, que são titulares de garantias impregnadas de estatura constitucional e que, por tal razão, não podem ser transgredidas por aqueles que exercem a autoridade em nome do Estado.[165]

Desse precedente, extrai-se, ainda, a relevante precisão de que o "atributo da autoexecutoriedade dos atos administrativos, que traduz expressão concretizadora do *privilège du preálable*, não prevalece sobre a garantia constitucional da inviolabilidade domiciliar, ainda que se cuide de atividade exercida pelo Poder Público em sede de fiscalização tributária". Isso porque:

> A circunstância de a administração estatal achar-se investida de poderes excepcionais que lhe permitem exercer a fiscalização em sede tributária não a exonera do dever de observar, para efeito do legítimo desempenho de tais prerrogativas, os limites impostos pela Constituição e pelas leis da República, sob pena de os órgãos governamentais incidirem em frontal desrespeito às garantias constitucionalmente asseguradas aos cidadãos em geral e aos contribuintes em particular. – Os procedimentos dos agentes da administração tributária que contrariem os postulados consagrados pela Constituição da República revelam-se inaceitáveis e não podem ser corroborados pelo Supremo Tribunal Federal, sob pena de inadmissível subversão dos postulados constitucionais que definem, de modo estrito, os limites – inultrapassáveis – que restringem os poderes do Estado em suas relações com os contribuintes e com terceiros. [166]

As valiosas ponderações do Ministro Celso de Mello explicitam a importância do preceito do art. 145, § 1º, da CF no que concerne à expressa oposição das garantias individuais dos contribuintes à atividade de fiscalização tributária.

- **Precedente citado**

Direitos fundamentais. Garantia da inviolabilidade do domicílio. Oponibilidade à fiscalização tributária: FISCALIZAÇÃO TRIBUTÁRIA – APREENSÃO DE LIVROS CONTÁBEIS E DOCUMENTOS FISCAIS REALIZADA, EM ESCRITÓRIO DE CONTABILIDADE, POR AGENTES FAZENDÁRIOS E POLICIAIS

[164] Como exposto pelo Ministro Maurício Corrêa, em voto relativo à garantia individual do sigilo bancário: a Constituição, após consagrá-lo em seu art. 5º, "voltou ao assunto para impor, pleonasticamente, o respeito aos direitos individuais em geral – mas em especial o direito à privacidade –, fazendo-o numa passagem especialmente dedicada à ação típica de pesquisa dos órgãos fiscalizadores fazendários, como que lembrando fatos que há 1.000 anos levaram à elaboração da primeira Constituição que a História registra" (STF, Pleno, MS 21.729, rel. p/ ac. Min. Néri da Silveira, 10.1995). O Ministro Maurício Corrêa ficou vencido no julgado, ao lado de quatro outros integrantes da Corte.

[165] STF, 2ª Turma, *HC 82.788*, rel. Min. Celso de Mello, 4.2005, excerto da ementa.

[166] Idem.

FEDERAIS, SEM MANDADO JUDICIAL – INADMISSIBILIDADE – ESPAÇO PRIVADO, NÃO ABERTO AO PÚBLICO, SUJEITO À PROTEÇÃO CONSTITUCIONAL DA INVIOLABILIDADE DOMICILIAR (CF, ART. 5º, XI) – SUBSUNÇÃO AO CONCEITO NORMATIVO DE "CASA" – NECESSIDADE DE ORDEM JUDICIAL – ADMINISTRAÇÃO PÚBLICA E FISCALIZAÇÃO TRIBUTÁRIA – DEVER DE OBSERVÂNCIA, POR PARTE DE SEUS ÓRGÃOS E AGENTES, DOS LIMITES JURÍDICOS IMPOSTOS PELA CONSTITUIÇÃO E PELAS LEIS DA REPÚBLICA – IMPOSSIBILIDADE DE UTILIZAÇÃO, PELO MINISTÉRIO PÚBLICO, DE PROVA OBTIDA EM TRANSGRESSÃO À GARANTIA DA INVIOLABILIDADE DOMICILIAR – PROVA ILÍCITA – INIDONEIDADE JURÍDICA – *HABEAS CORPUS* DEFERIDO. ADMINISTRAÇÃO TRIBUTÁRIA – FISCALIZAÇÃO – PODERES – NECESSÁRIO RESPEITO AOS DIREITOS E GARANTIAS INDIVIDUAIS DOS CONTRIBUINTES E DE TERCEIROS. – Não são absolutos os poderes de que se acham investidos os órgãos e agentes da administração tributária, pois o Estado, em tema de tributação, inclusive em matéria de fiscalização tributária, está sujeito à observância de um complexo de direitos e prerrogativas que assistem, constitucionalmente, aos contribuintes e aos cidadãos em geral. Na realidade, os poderes do Estado encontram, nos direitos e garantias individuais, limites intransponíveis, cujo desrespeito pode caracterizar ilícito constitucional. – A administração tributária, por isso mesmo, embora podendo muito, não pode tudo. É que, ao Estado, é somente lícito atuar, "respeitados os direitos individuais e nos termos da lei" (CF, art. 145, § 1º), consideradas, sobretudo, e para esse específico efeito, as limitações jurídicas decorrentes do próprio sistema instituído pela Lei Fundamental, cuja eficácia – que prepondera sobre todos os órgãos e agentes fazendários – restringe-lhes o alcance do poder de que se acham investidos, especialmente quando exercido em face do contribuinte e dos cidadãos da República, que são titulares de garantias impregnadas de estatura constitucional e que, por tal razão, não podem ser transgredidas por aqueles que exercem a autoridade em nome do Estado. A GARANTIA DA INVIOLABILIDADE DOMICILIAR COMO LIMITAÇÃO CONSTITUCIONAL AO PODER DO ESTADO EM TEMA DE FISCALIZAÇÃO TRIBUTÁRIA – CONCEITO DE "CASA" PARA EFEITO DE PROTEÇÃO CONSTITUCIONAL – AMPLITUDE DESSA NOÇÃO CONCEITUAL, QUE TAMBÉM COMPREENDE OS ESPAÇOS PRIVADOS NÃO ABERTOS AO PÚBLICO, ONDE ALGUÉM EXERCE ATIVIDADE PROFISSIONAL: NECESSIDADE, EM TAL HIPÓTESE, DE MANDADO JUDICIAL (CF, ART. 5º, XI). – Para os fins da proteção jurídica a que se refere o art. 5º, XI, da Constituição da República, o conceito normativo de "casa" revela-se abrangente e, por estender-se a qualquer compartimento privado não aberto ao público, onde alguém exerce profissão ou atividade (CP, art. 150, § 4º, III), compreende, observada essa específica limitação espacial (área interna não acessível ao público), os escritórios profissionais, inclusive os de contabilidade, "embora sem conexão com a casa de moradia propriamente dita" (NELSON HUNGRIA). Doutrina. Precedentes. – Sem que ocorra qualquer das situações excepcionais taxativamente previstas no texto constitucional (art. 5º, XI), nenhum agente público, ainda que vinculado à administração tributária do Estado, poderá, contra a vontade de quem de direito ("invito domino"), ingressar, durante o dia, sem mandado judicial, em espaço privado não aberto ao público, onde alguém exerce sua atividade profissional, sob pena de a prova resultante da diligência de busca e apreensão assim executada reputar-se inadmissível, porque impregnada de ilicitude material. Doutrina. Precedentes específicos, em tema de fiscalização tributária, a propósito de escritórios de contabilidade (STF). – O atributo da auto-executoriedade dos atos administrativos, que traduz expressão concretizadora do *privilège du preálable*, não prevalece sobre a garantia constitucional da inviolabilidade domiciliar, ainda que se cuide de atividade exercida pelo Poder Público em sede de fiscalização tributária. Doutrina. Precedentes. [...] (STF, 2ª Turma, **HC 82.788**, rel. Min. Celso de Mello, 4.2005)

No mesmo sentido: STF, 2ª Turma, HC 93.050, rel. Min. Celso de Mello, 6.2008.

4.2. Sigilo bancário

O acesso da Receita Federal a dados protegidos pelo sigilo bancário é autorizado pelos arts. 5º e 6º da Lei Complementar 105/2001, que obrigam as instituições financeiras a fornecer-lhe informações acerca das "operações financeiras efetuadas pelos usuários dos seus serviços" (art. 5º, *caput*), limitadas à identificação dos titulares das operações e montantes globais mensalmente movimentados (art. 5º, § 2º).

Recebidas as informações, as autoridades tributárias estão obrigadas a manter sigilo fiscal (art. 5º, § 5º), abstendo-se de repassá-las a terceiros.

Questionou-se a constitucionalidade desses preceitos em sede de controle concentrado, bem como em controle difuso.Após um período de indefinição, no qual predominava o entendimento de que haveria reserva de jurisdição,[167] a Corte proclamou a constitucionalidade dos dispositivos impugnados e, assim, a possibilidade de o Fisco ter acesso a dados bancários dos contribuintes sem autorização judicial.[168]

[167] STF, Pleno, RE 389.808, rel. Min. Marco Aurélio, 12.2010.

[168] STF, Pleno, ADIs 2390, 2386, 2397 e 2859, rel. Min. Dias Toffoli, e RE 601.314, rel. Min. Eduardo Fachin, 2.2016.

- **Questões específicas**

Quebra de sigilo bancário sem autorização judicial. Aplicação da LC 105/2001 para lançar tributos relativos a fatos passados. Legitimidade: PROCESSO CIVIL. RECURSO ESPECIAL REPRESENTATIVO DE CONTROVÉRSIA. ARTIGO 543-C, DO CPC. TRIBUTÁRIO. QUEBRA DO SIGILO BANCÁRIO SEM AUTORIZAÇÃO JUDICIAL. CONSTITUIÇÃO DE CRÉDITOS TRIBUTÁRIOS REFERENTES A FATOS IMPONÍVEIS ANTERIORES À VIGÊNCIA DA LEI COMPLEMENTAR 105/2001. APLICAÇÃO IMEDIATA. ARTIGO 144, § 1º, DO CTN. EXCEÇÃO AO PRINCÍPIO DA IRRETROATIVIDADE. 1. A quebra do sigilo bancário sem prévia autorização judicial, para fins de constituição de crédito tributário não extinto, é autorizada pela Lei 8.021/90 e pela Lei Complementar 105/2001, normas procedimentais, cuja aplicação é imediata, à luz do disposto no artigo 144, § 1º, do CTN. 2. O § 1º, do artigo 38, da Lei 4.595/64 (revogado pela Lei Complementar 105/2001), autorizava a quebra de sigilo bancário, desde que em virtude de determinação judicial, sendo certo que o acesso às informações e esclarecimentos, prestados pelo Banco Central ou pelas instituições financeiras, restringir-se-iam às partes legítimas na causa e para os fins nela delineados. 3. A Lei 8.021/90 (que dispôs sobre a identificação dos contribuintes para fins fiscais), em seu artigo 8º, estabeleceu que, iniciado o procedimento fiscal para o lançamento tributário de ofício (nos casos em que constatado sinal exterior de riqueza, vale dizer, gastos incompatíveis com a renda disponível do contribuinte), a autoridade fiscal poderia solicitar informações sobre operações realizadas pelo contribuinte em instituições financeiras, inclusive extratos de contas bancárias, não se aplicando, nesta hipótese, o disposto no artigo 38, da Lei 4.595/64. 4. O § 3º, do artigo 11, da Lei 9.311/96, com a redação dada pela Lei 10.174, de 9 de janeiro de 2001, determinou que a Secretaria da Receita Federal era obrigada a resguardar o sigilo das informações financeiras relativas à CPMF, facultando sua utilização para instaurar procedimento administrativo tendente a verificar a existência de crédito tributário relativo a impostos e contribuições e para lançamento, no âmbito do procedimento fiscal, do crédito tributário porventura existente. 5. A Lei Complementar 105, de 10 de janeiro de 2001, revogou o artigo 38, da Lei 4.595/64, e passou a regular o sigilo das operações de instituições financeiras, preceituando que não constitui violação do dever de sigilo a prestação de informações, à Secretaria da Receita Federal, sobre as operações financeiras efetuadas pelos usuários dos serviços (artigo 1º, § 3º, inciso VI, c/c o artigo 5º, *caput*, da aludida lei complementar, e 1º, do Decreto 4.489/2002). 6. As informações prestadas pelas instituições financeiras (ou equiparadas) restringem-se a informes relacionados com a identificação dos titulares das operações e os montantes globais mensalmente movimentados, vedada a inserção de qualquer elemento que permita identificar a sua origem ou a natureza dos gastos a partir deles efetuados (artigo 5º, § 2º, da Lei Complementar 105/2001). [...] 8. O lançamento tributário, em regra, reporta-se à data da ocorrência do fato ensejador da tributação, regendo-se pela lei então vigente, ainda que posteriormente modificada ou revogada (artigo 144, *caput*, do CTN). 9. O artigo 144, § 1º, do Codex Tributário, dispõe que se aplica imediatamente ao lançamento tributário a legislação que, após a ocorrência do fato imponível, tenha instituído novos critérios de apuração ou processos de fiscalização, ampliado os poderes de investigação das autoridades administrativas, ou outorgado ao crédito maiores garantias ou privilégios, exceto, neste último caso, para o efeito de atribuir responsabilidade tributária a terceiros. 10. Conseqüentemente, as leis tributárias procedimentais ou formais, conducentes à constituição do crédito tributário não alcançado pela decadência, são aplicáveis a fatos pretéritos, razão pela qual a Lei 8.021/90 e a Lei Complementar 105/2001, por envergarem essa natureza, legitimam a atuação fiscalizatória/investigativa da Administração Tributária, ainda que os fatos imponíveis a serem apurados lhes sejam anteriores (Precedentes da Primeira Seção: ...). 11. A razoabilidade restaria violada com a adoção de tese inversa conducente à conclusão de que Administração Tributária, ciente de possível sonegação fiscal, encontrar-se-ia impedida de apurá-la. 12. A Constituição da República Federativa do Brasil de 1988 facultou à Administração Tributária, nos termos da lei, a criação de instrumentos/mecanismos que lhe possibilitassem identificar o patrimônio, os rendimentos e as atividades econômicas do contribuinte, respeitados os direitos individuais, especialmente com o escopo de conferir efetividade aos princípios da pessoalidade e da capacidade contributiva (artigo 145, § 1º). 13. Destarte, o sigilo bancário, como cediço, não tem caráter absoluto, devendo ceder ao princípio da moralidade aplicável de forma absoluta às relações de direito público e privado, devendo ser mitigado nas hipóteses em que as transações bancárias são denotadoras de ilicitude, porquanto não pode o cidadão, sob o alegado manto de garantias fundamentais, cometer ilícitos. Isto porque, conquanto o sigilo bancário seja garantido pela Constituição Federal como direito fundamental, não o é para preservar a intimidade das pessoas no afã de encobrir ilícitos. 14. O suposto direito adquirido de obstar a fiscalização tributária não subsiste frente ao dever vinculativo de a autoridade fiscal proceder ao lançamento de crédito tributário não extinto. 15. *In casu*, a autoridade fiscal pretende utilizar-se de dados da CPMF para apuração do imposto de renda relativo ao ano de 1998, tendo sido instaurado procedimento administrativo, razão pela qual merece reforma o acórdão regional. [...] 20. Recurso especial da Fazenda Nacional provido. Acórdão submetido ao regime do artigo 543-C, do CPC, e da Resolução STJ 08/2008. (STJ, 1ª Seção, **REsp 1.134.665**, rel. Min. Luiz Fux, 11.2009, *representativo de controvérsia*)

4.3. Sigilo profissional perante a fiscalização tributária

Dentre as restrições oponíveis ao Fisco em sua atividade fiscalizatória, destaca-se o *dever de sigilo* dos profissionais ligados aos sujeitos passivos e/ou aos fatos tributados.

O dever de sigilo *prevalece sobre os deveres genéricos de informação tributária*, como previsto no CTN, que, após consagrar os deveres de informação tributária impostos a determinados profissionais, ressalva as informações sigilosas.[169]

Na seara tributária, possui especial relevância o dever de sigilo imposto aos contabilistas e advogados contratados pelos sujeitos passivos, que lhes impede de fornecer ao Fisco informações que possam prejudicar seus clientes.

Não é viável, v.g., impor aos contabilistas deveres instrumentais de informar à Administração Tributária a mora dos seus clientes no pagamento dos tributos[170] e tampouco irregularidades eventualmente cometidas por eles.[171]

- **Precedentes citados**

Supremo Tribunal Federal:

Sigilo profissional. Contabilista. Oponibilidade ao Fisco: CONTABILISTA. SIGILO PROFISSIONAL. Inadmissibilidade de pretendida obrigação tributária acessória, de o contabilista informar ao Fisco os atrasos de seus clientes no recolhimento do imposto. Irrelevância do fato de haverem os interessados desobrigado o profissional. Ilegitimidade da autuação e da imposição de penalidade. Segurança concedida. Recurso extraordinário conhecido e provido. (STF, 1ª Turma, **RE 86.420**, rel. Min. Xavier de Albuquerque, 5.1978).

Superior Tribunal de Justiça:

Sigilo profissional. Contabilista. Oponibilidade em juízo: PROCESSUAL CIVIL. SIGILO PROFISSIONAL RESGUARDADO. O sigilo profissional é exigência fundamental da vida social que se deve ser respeitado como princípio de ordem pública, por isso mesmo que o Poder Judiciário não dispõe de força cogente para impor a sua revelação, salvo na hipótese de existir específica norma de lei formal autorizando a possibilidade de sua quebra, o que não se verifica na espécie. O interesse público do sigilo profissional decorre do fato de se constituir em um elemento essencial à existência e à dignidade de certas categorias, e à necessidade de se tutelar a confiança nelas depositada, sem o que seria inviável o desempenho de suas funções, bem como por se revelar em uma exigência da vida e da paz social. Hipótese em que se exigiu da recorrente ela que tem notória especialização em serviços contábeis e de auditoria e não é parte na causa – a revelação de segredos profissionais obtidos quando anteriormente prestou serviços à ré da ação. Recurso provido, com a concessão da segurança. (STJ, 4ª Turma, **RMS 9.612**, rel. Min. Cesar Asfor Rocha, 9.1998).

4.4. Deveres acessórios

Tema estreitamente relacionado ao art. 145, § 1º, *in fine*, da CF é o dos deveres acessórios, sobretudo dos que envolvem a obrigação, imposta aos contribuintes e responsáveis, de fornecer ao Fisco informações acerca do seu patrimônio, rendimentos e atividades econômicas e de, caso requerido, apresentar os documentos que conferem supedâneo às informações prestadas, de modo a propiciar que os fiscais constatem a sua veracidade.

Esses deveres têm de ser instituídos e fiscalizados com estrita observância dos direitos fundamentais dos obrigados tributários. Os direitos fundamentais, no entanto, não podem ser utilizados como trunfos contra o exercício legítimo da atividade fiscalizatória.

Nesse ponto, art. 145, § 1º, *in fine*, da CF *confere suporte constitucional ao poder-dever das autoridades fazendárias de fiscalizar a idoneidade das informações prestadas pelos sujeitos passivos* quanto ao seu patrimônio, rendimentos e atividades econômicas,

---

[169] "Art. 197. Mediante intimação escrita, são obrigados a prestar à autoridade administrativa todas as informações de que disponham com relação aos bens, negócios ou atividades de terceiros: I – os tabeliães, escrivães e demais serventuários de ofício; II – os bancos, casas bancárias, Caixas Econômicas e demais instituições financeiras; III – as empresas de administração de bens; IV – os corretores, leiloeiros e despachantes oficiais; V – os inventariantes; VI – os síndicos, comissários e liquidatários; VII – quaisquer outras entidades ou pessoas que a lei designe, em razão de seu cargo, ofício, função, ministério, atividade ou profissão. Parágrafo único. A obrigação prevista neste artigo não abrange a prestação de informações quanto a fatos sobre os quais o informante esteja legalmente obrigado a observar segredo em razão de cargo, ofício, função, ministério, atividade ou profissão".

[170] STF, 1ª Turma, *RE 86.420*, rel. Min. Xavier de Albuquerque, 5.1978.

[171] STJ, 4ª Turma, *RMS 9.612*, rel. Min. Cesar Asfor Rocha, 9.1998.

utilizando-se de todos os meios idôneos para tanto, desde que não violem direitos ou garantias fundamentais, como os princípios da legalidade, da razoabilidade e da proporcionalidade.

• Questões específicas

Obrigação de transmissão eletrônica de dados. Legitimidade frente aos princípios da legalidade e da razoabilidade, bem como ao direito ao sigilo fiscal: TRIBUTÁRIO. ICMS. OBRIGAÇÃO ACESSÓRIA. TRANSMISSÃO ELETRÔNICA DE DADOS. LEGALIDADE. RAZOABILIDADE. VIOLAÇÃO DO SIGILO FISCAL NÃO-COMPROVADA. BENEFÍCIO FISCAL CONCEDIDO A ATACADISTAS. ISONOMIA. INEXISTÊNCIA DE VIOLAÇÃO. 1. Hipótese em que a impetrante, associação que congrega supermercados, impugna a exigência de transferência eletrônica de dados relativos ao ICMS para o Fisco. Argumenta que houve ofensa aos Princípios da Legalidade e da Razoabilidade, além de possibilidade de violação do sigilo fiscal. Ademais, impugna benefício fiscal concedido apenas a empresas preponderantemente atacadistas, o que seria antiisonômico. 2. O dever de registrar e prestar informações ao Fisco, relativas às operações comerciais tributadas pelo Estado, é previsto expressamente pela Lei Estadual 12.670/1996, que delegou ao regulamento a forma e o meio para sua realização. 3. O Decreto 24.569/1997 (com a redação dada pelo Decreto 25.562/1999) simplesmente esclareceu como a escrita fiscal seria apresentada ao Fisco (transferência eletrônica). 4. Inexiste ofensa ao Princípio da Legalidade. 5. O Regulamento deixa claro que a obrigação de transferir dados eletronicamente aplica-se apenas ao contribuinte "que emitir documentos fiscais ou escriturar livros fiscais em equipamento que utilize ou tenha condição de utilizar arquivo magnético ou equivalente" (art. 285, § 1º, do Decreto 24.569/1997). Assim, o pequeno estabelecimento varejista que, à época, não utilizava computadores para escriturar sua movimentação mercantil não seria compelido a cumprir a norma impugnada. 6. O envio de dados eletronicamente, mediante programas de computador fornecidos pelo próprio Fisco, é muito mais célere e menos oneroso que a entrega de livros e documentos em papel. Eventuais dificuldades na utilização do programa pelos contribuintes, noticiadas genericamente pela impetrante, não podem ser aferidas no âmbito do Mandado de Segurança, pois é impossível dilação probatória. 7. A normatização observa o Princípio da Razoabilidade. 8. O direito ao sigilo fiscal deve ser sempre garantido, qualquer que seja o meio pelo qual os dados fiscais são fornecidos pelo contribuinte (em papel ou por meio eletrônico). Ausência de relação entre a forma de entrega das informações e o direito invocado. 9. A impetrante não aponta caso concreto de violação do sigilo, apenas especula que "é do conhecimento geral da população que a transmissão eletrônica de dados é algo extremamente fácil de ser violado". Inexiste prova de que o direito ao sigilo fiscal tenha sido desrespeitado. [...] 15. Recurso Ordinário não provido. (STJ, 2ª Turma, **RMS 15.597**, rel. Min. Herman Benjamin, 3.2009)

---

§ 2º As taxas não poderão ter base de cálculo própria de impostos.

Art. 145, § 2º: Vedação da instituição de taxas com base de cálculo de impostos

A vedação em epígrafe não é novidade trazida pela Constituição de 1988. Já era consagrada pela EC 18/65 e pelas Cartas de 1967 e 1969. Aquela proibia que as taxas tivessem "base de cálculo idêntica à que corresponda a impôsto referido nesta Emenda",[172] e estas estabeleciam que, para a instituição de taxas, "não se poderá tomar como base de cálculo a que tenha servido para a incidência dos impostos".[173]

Interpretados *a contrario sensu*, tais preceitos permitiriam a instituição de taxas com base de cálculo de impostos, desde que não se utilizassem bases idênticas às dos impostos previstos no bojo da EC 18/65 (no seu regime) ou às de impostos instituídos (no regime das Constituições de 1967 e 1969). Essa exegese literal, no entanto, seria manifestamente incorreta, pois tais pseudotaxas constituiriam, na realidade, impostos.

---

[172] "As taxas não terão base de cálculo idêntica à que corresponda a impôsto referido nesta Emenda" (art. 18, parágrafo único, da EC 18/65).

[173] Eis as suas quase idênticas redações: "Para cobrança das taxas não se poderá tomar como base de cálculo a que tenha servido para a incidência dos impostos" (art. 19, § 2º, da CF 1967); "Para cobrança de taxas não se poderá tomar como base de cálculo a que tenha servido para a incidência dos impostos" (art. 18, § 2º, da CF 1969).

O que esses preceitos *objetivavam afastar* era *a criação de impostos dissimulados de taxas* e, assim, a burla às competências impositivas e aos requisitos constitucionais correlatos.

Por isso, a redação atual do preceito em foco é, sem dúvida alguma, tecnicamente superior à daqueles que o antecederam, pois proíbe a criação de taxas com "base de cálculo *própria* de impostos", explicitando que não objetiva evitar tão somente a superposição de impostos e taxas, mas fundamentalmente a criação de impostos travestidos de taxas, como se esclarecerá nos tópicos que seguem.

1. Importância da base de cálculo para a diferenciação das espécies tributárias

A *base de cálculo* é a "perspectiva dimensível do aspecto material",[174] consistindo num "padrão, critério ou referência para medir um fato tributário" ou, em outros termos, na "descrição legal de um padrão ou unidade de referência que possibilite a quantificação da grandeza financeira do fato tributário".[175] É, enfim, uma *grandeza ínsita à hipótese de incidência,*[176] razão pela qual está indissociavelmente ligada a esta.

A base de cálculo possui as *funções de confirmar, afirmar ou infirmar o aspecto material da hipótese de incidência*:[177] harmonizando-se com o aspecto material, confirma-o; omitindo-se a lei quanto ao aspecto material, afirma-o, indicando a ação da qual é uma grandeza; e divergindo do aspecto material, infirma-o, afirmando um aspecto material diverso daquele previsto expressamente no diploma legislativo, qual seja, aquele do qual é uma grandeza.

Por exemplo, *se uma lei prever um tributo com hipótese de incidência de taxa* (por exemplo, a coleta de lixo) *e base de cálculo de imposto* (como a renda), *a base de cálculo prevalecerá*, afirmando a hipótese de incidência da qual é uma grandeza; consequentemente, a exação qualificar-se-á como imposto (no exemplo dado, como um imposto sobre a renda) e enquanto tal haverá de sujeitar-se ao controle de constitucionalidade.

2. Comandos específicos do art. 145, § 2º: vedação da adoção de b.c. própria da espécie tributária imposto e de b.c. dos impostos nominados na Constituição

Do preceito do art. 145, § 2º, da CF *podem ser extraídos dois comandos, um mais geral e o outro mais específico*:

a) as taxas não podem ter base de cálculo própria da *espécie tributária imposto*; e

b) as taxas não podem ter base de cálculo idêntica à dos *impostos nominados* na Constituição.

---

[174] ATALIBA. *Hipótese de incidência tributária.* p. 97.

[175] BARRETO. *Base de cálculo, alíquota e princípios constitucionais*. p. 50-51.

[176] ATALIBA. *Hipótese de incidência tributária.* p. 97. A seguinte passagem de Ataliba é esclarecedora: "Juridicamente, a base imponível é um atributo do aspecto material da h.i., dimensível de algum modo: é o conceito de peso, volume, comprimento, largura, altura, valor, preço, custo, perímetro, capacidade, superfície, grossura ou qualquer outro atributo de tamanho ou grandeza mensuráveis do próprio aspecto da h.i. 43.4 Por isso, Amílcar Falcão qualifica a base imponível como 'verdadeira e autêntica expressão econômica' da hipótese de incidência" (*Fato gerador...*, cit., p. 138) (ibidem, loc. cit.).

[177] CARVALHO. *Curso de Direito Tributário*. p. 330-332.

A *primeira vedação*, de suma importância, *é destinada a impedir a criação de novos impostos dissimulados*.[178]

Se se admitisse a instituição de taxas com base de cálculo própria da espécie tributária imposto, estar-se-ia chancelando a instituição de impostos dissimulados, de impostos travestidos de taxas, legitimando-se que, por via oblíqua, fossem burlados os limites às competências outorgadas pela Constituição da República para a instituição de impostos.[179]

E o imposto criado sob a veste de taxa será, em regra, inconstitucional, pela falta de competência tributária ou pela inobservância dos requisitos exigidos para a sua instituição.

Foi o que ocorreu, por exemplo, com "taxas" municipais de construção, conservação e melhoramento de estradas de rodagem que adotaram como base de cálculo fatos que "são de todo estranhos ao fato gerador da taxa por serviço específico e divisível".[180] Situação análoga se verificou com taxas de polícia calculadas em função do número de empregados, e não do custo da atividade fiscalizatória.[181]

A *segunda vedação destina-se a coibir a instituição dissimulada de impostos já existentes*, por outro ou até pelo mesmo ente político.

Pela identidade com a base de cálculo:

a) do *ITCD*, declarou-se a inconstitucionalidade da taxa judiciária que incidia sobre o valor do monte-mor;[182]

b) do *ITR*, declarou-se a inconstitucionalidade de taxas municipais de conservação de estradas de rodagem;[183]

c) do *I.I.*, declarou-se a inconstitucionalidade de taxa de licenciamento de importação cuja base de cálculo era o valor da mercadoria;[184] e

d) do *IPTU*, declarou-se a inconstitucionalidade de taxa de serviços urbanos calculada a partir de elementos que se identificavam, em seus aspectos essenciais, com o conteúdo da base de cálculo do imposto.[185]

---

178 A finalidade e as origens dessa vedação são indicadas por Ferreira Filho nestes termos: "Este preceito visa impedir abuso que se generalizara no período anterior à Emenda n. 18/65. Para ampliar disfarçadamente (embora inconstitucionalmente) sua renda tributária, Estados e Municípios usavam de base de cálculo de impostos, que lhes pertenciam ou não, para criar 'taxas' próprias" (*Comentários à Constituição brasileira de 1988*. v. 2. p. 100).

179 A respeito, é lapidar a lição de Pontes de Miranda: "Se o Estado estabelece impôsto sob o nome de taxa, é como impôsto que se há de tratar a tributação, e não como taxa; inclusive a observância dos princípios constitucionais tem-lhe de ser exigida como impôsto, pois que impôsto é" (*Comentários à Constituição de 1967; com a Emenda n. 1 de 1969*. p. 364). E acrescenta, em outra passagem: "Na atribuição de fixar taxas não se permite que os Municípios, a pretexto de taxar, cobrem impostos que pertencem aos Estados-membros ou à União. O que importa não é o *nomen iuris*, mas o conteúdo do tributo que se decreta e se pretende cobrar, ou já se está a cobrar, ou já se cobrou" (ob. cit., p. 466).

180 STF, Pleno, *RE 121.617*, rel. Min. Moreira Alves, 2.1996, excerto do seu voto.

181 STF, Pleno, RE 88.327, rel. Min. Décio Miranda, 9.1979; 1ª Turma, *RE 614.246 AgR*, rel. Min. Dias Toffoli, 2.2012; 2ª Turma, *RE 100.201*, rel. Min. Carlos Madeira, 10.1985. Todos os precedentes dizem respeito a taxas de localização e funcionamento.

182 STF, Pleno, *ADI 2.040*, rel. Min. Maurício Corrêa, 12.1999.

183 Súmula 595 do STF: "É inconstitucional a taxa municipal de conservação de estradas de rodagem cuja base de cálculo seja idêntica à do imposto territorial rural".

184 STF, Pleno, *RE 167.992*, rel. Min. Ilmar Galvão, 11.1994.

185 STF, 1ª Turma, RE 120.811, rel. p/ ac. Min. Celso de Mello, 3.1993. A ementa é transcrita no tópico seguinte, onde enfrentamos a questão da identidade essencial.

• Súmulas

Súmula 595 do STF: "É inconstitucional a taxa municipal de conservação de estradas de rodagem cuja base de cálculo seja idêntica à do imposto territorial rural".

• Precedentes citados

Taxas judiciárias e emolumentos. Cálculo sobre o monte-mor. Inconstitucionalidade: [...] 2. A jurisprudência da Corte é tranqüila no sentido de que é constitucional a cobrança da taxa judiciária que toma por base de cálculo o valor da causa ou da condenação, observando-se o princípio da razoabilidade (ADI nº 1.926-PE, Pertence, DJ de 10.09.99; AGRAG nº 170.271-SP, Ilmar Galvão, DJ de 01 12. 95). 3. A escolha do valor do monte-mor como base de cálculo da taxa judiciária encontra óbice no artigo 145, § 2º, da Constituição Federal, visto que o monte-mor que contenha bens imóveis é também base de cálculo do imposto de transmissão causa mortis e inter vivos (CTN, artigo 33). Precedentes. [...] (STF, Pleno, **ADI 2.040**, rel. Min. Maurício Corrêa, 12.1999).

Taxa cuja base de cálculo não corresponde ao custo da atividade estatal. Inconstitucionalidade: Tributário. Taxa de Localização e Funcionamento. Sendo a taxa uma contraprestação da atividade estatal desenvolvida genericamente em prol do contribuinte, seu fato gerador é essa atividade, a este devendo corresponder a base de cálculo. A taxa de licença não pode ter por base de cálculo o valor do patrimônio, a renda, o volume da produção, o número de empregados ou outros elementos que não dizem respeito ao custo da atividade estatal, no exercício do poder de polícia. (STF, 2ª Turma, **RE 100.201**, rel. Min. Carlos Madeira, 10.1985)

Imposto dissimulado de taxa. Inconstitucionalidade: Taxa de construção, conservação e melhoramento de estrada de rodagem. Artigos 212 a 215 da Lei nº 1.942/83 do Município de Votuporanga. Inconstitucionalidade. – Base de cálculo que é própria de imposto e não de taxa por serviços específicos e divisíveis postos à disposição do seu contribuinte. – Não tendo o município – uma vez que, em matéria de impostos, a competência implícita é da União – competência para criar tributos outros que não os que a Constituição lhe atribui, o imposto dissimulado pela taxa é inconstitucional. Recurso extraordinário conhecido e provido, declarando-se a inconstitucionalidade dos artigos 212 a 215 da Lei nº 1.942, de 22.12 .83, do Município de Votuporanga (SP). (STF, Pleno, **RE 121.617**, rel. Min. Moreira Alves, 2.1996)

Taxa. Incidência sobre o valor da mercadoria importada. Inconstitucionalidade: TRIBUTÁRIO. TAXA DE LICENCIAMENTO DE IMPORTAÇÃO. ART. 10 DA LEI 2.145/53, REDAÇÃO DADA PELO ART. 1. DA LEI N. 7.690/88. Tributo cuja base de cálculo coincide com a que corresponde ao imposto de importação, ou seja, o valor da mercadoria importada. Inconstitucionalidade que se declara do dispositivo legal em referência, em face da norma do art. 145, § 2º, da Constituição Federal de 1988. Recurso não conhecido. (STF, Pleno, **RE 167.992**, rel. Min. Ilmar Galvão, 11.1994)

Taxa de Licença de Localização e de Funcionamento. Cálculo em função do número de empregados. Inconstitucionalidade: Agravo regimental no recurso extraordinário. Taxa de Licença de Localização e de Funcionamento. Base de cálculo. Número de empregados. Inconstitucionalidade. Precedentes. 1. A Corte adota entendimento no sentido da inconstitucionalidade da cobrança da Taxa de Licença de Localização e de Funcionamento pelos municípios quando utilizado como base de cálculo o número de empregados. Precedentes. 2. Os fundamentos do agravante, insuficientes para modificar a decisão ora agravada, demonstram apenas inconformismo e resistência em pôr termo ao processo, em detrimento da eficiente prestação jurisdicional. 3. Agravo regimental não provido. (STF, 1ª Turma, **RE 614.246 AgR**, rel. Min. Dias Toffoli, 2.2012)

2.1. Identidade em aspectos essenciais ou não essenciais

Veda-se a identidade das bases de cálculo das taxas com as dos impostos.

A identidade total é evidentemente afastada pela Constituição.

Ocorre que há casos com dessemelhanças sutis, verificando-se identidade nos aspectos essenciais da base de cálculo. E, em outros casos, também há identidade parcial da base de cálculo (superposição), mas em aspectos acessórios.

Concebemos que *a vedação do art. 145, § 2º, da CF/88 se aplica à identidade em aspectos essenciais da base de cálculo*, mas não à identidade em aspectos não essenciais.

A propósito, o STF já declarou a inconstitucionalidade de taxa de serviços urbanos cuja base de cálculo não se confundia com a do IPTU, mas possuía elementos (localização, área e dimensões do imóvel) que se identificavam, "em seus aspectos essenciais, com o conteúdo da base imponível pertinente ao Imposto sobre a Propriedade Predial e Territorial Urbana (IPTU)".[186]

A *Súmula Vinculante nº 29*, no entanto, aparenta chancelar toda e qualquer taxa cuja base de cálculo contenha elementos da base de cálculo de impostos, desde que não haja identidade total entre elas:

> É constitucional a adoção, no cálculo do valor de taxa, de um ou mais elementos da base de cálculo própria de determinado imposto, desde que não haja integral identidade entre uma base e outra.

Em que pese a redação da súmula, *os debates que a originaram evidenciam o reconhecimento da possibilidade de a identidade em aspectos essenciais levar à inconstitucionalidade da taxa.*[187]

Por outro lado, caso a identidade se verifique em aspectos não essenciais, não haverá violação ao segundo comando introduzido pelo art. 145, § 2º, da CF (identidade de base de cálculo relativamente às dos impostos nominados na Constituição), mas provavelmente restará configurada ofensa ao primeiro comando veiculado por esse preceito, qual seja, o de que as taxas não podem ter base de cálculo própria da espécie tributária imposto.

- **Súmulas**

Súmula Vinculante nº 29: "É constitucional a adoção, no cálculo do valor de taxa, de um ou mais elementos da base de cálculo própria de determinado imposto, desde que não haja integral identidade entre uma base e outra".

- **Precedentes citados**

Taxa. Base de cálculo identificada, em aspectos essenciais, à do IPTU. Inconstitucionalidade: TRIBUTÁRIO – TAXA DE SERVIÇOS URBANOS – LEI N. 5.386/83 (ART. 126) DO MUNICÍPIO DE CAMPINAS/SP – BASE DE CALCULO IDENTIFICAVEL COM A DO IPTU – DESCARACTERIZAÇÃO JURÍDICA DA TAXA – VEDAÇÃO CONSTITUCIONAL (CF/69, ART. 18, § 2º; CF/88, ART. 145, § 2º) – RE CONHECIDO E PROVIDO. A coincidência de bases imponiveis referentes a exações tributárias diversas afeta a validade jurídico-constitucional do tributo instituído. Não se revela exigível, em consequência, porque infringente da vedação estabelecida pelo ordenamento constitucional (CF/69, art. 18, § 2º; CF/88, ART.154, § 2º), a taxa de serviços urbanos cuja base de cálculo repouse em elementos – localização, área e dimensões do imóvel – que se identifiquem, em seus aspectos essenciais, com o conteúdo da base imponível pertinente ao imposto sobre a propriedade predial e territorial urbana (IPTU). (STF, 1ª Turma, **RE 120.811**, rel. p/ ac. Min. Celso de Mello, 3.1993).

Taxa calculada em função da área fiscalizada. Constitucionalidade: MUNICÍPIO DE BELO HORIZONTE. TAXA DE FISCALIZAÇÃO, LOCALIZAÇÃO E FUNCIONAMENTO. ALEGADA OFENSA AO ART. 145, § 2º, DA CONSTITUIÇÃO. Exação fiscal cobrada como contrapartida ao exercício do poder de polícia, sendo calculada em razão da área fiscalizada, dado adequadamente utilizado como critério de aferição da intensidade e da extensão do serviço prestado, não podendo ser confundido com qualquer dos fatores que entram na composição da base de cálculo do IPTU, razão pela qual não se pode ter por ofensivo ao dispositivo constitucional em referência, que veda a bitributação. Serviço que, no caso, justamente em razão do mencionado critério pode ser referido a cada contribuinte em particular, e de modo divisível, porque em ordem a permitir uma medida tanto quanto possível justa, em termos de contraprestação. Recurso não conhecido. (STF, Pleno, **RE 220.316**, rel. Min. Ilmar Galvão, 8.1999)

Taxa cuja alíquota é determinada com base em elemento integrante da base de cálculo do IPTU. Constitucionalidade: CONSTITUCIONAL. TRIBUTÁRIO. TAXA DE COLETA DE LIXO: BASE DE CÁLCULO.

---

[186] STF, 1ª Turma, *RE 120.811*, rel. p/ ac. Min. Celso de Mello, 3.1993. Reputaram-se legítimas, contudo, taxa de fiscalização e localização variável em função da área fiscalizada (STF, Pleno, *RE 220.316*, rel. Min. Ilmar Galvão, 8.1999) e taxa de lixo domiciliar variável de acordo com a área construída do imóvel (STF, Pleno, *RE 232.393*, rel. Min. Carlos Velloso, 8.1999), em virtude de levarem em consideração apenas um dentre os elementos que compõem a base de cálculo do IPTU, que é o valor venal do imóvel.

[187] A Ministra Ellen Gracie, que sugeriu a redação acolhida, sustentou que ela "é inclusive mais favorável ao contribuinte. Desde que algum dos elementos de formação da base de cálculo tenha uma marca de igualdade com aquela de tributo [leia-se: 'imposto'], afasta-se a constitucionalidade da taxa)". Observe-se que, na proposta de edição da súmula vinculante, foi rejeitada a redação alternativa proposta pelo Ministro Cezar Peluso, que abrangia apenas a identidade total ("É inconstitucional a taxa que tenha base de cálculo integralmente idêntica à de imposto") e, se interpretada a *contrario sensu,* levaria à conclusão de que seriam constitucionais todas as taxas com bases de cálculo parcialmente diversas daquelas adotadas nos impostos. Apesar desse debate, a redação aprovada também suscita dúvidas.

IPTU. MUNICÍPIO DE SÃO CARLOS, S.P. I. – O fato de um dos elementos utilizados na fixação da base de cálculo do IPTU – a metragem da área construída do imóvel – que é o valor do imóvel (CTN, art. 33), ser tomado em linha de conta na determinação da alíquota da taxa de coleta de lixo, não quer dizer que teria essa taxa base de cálculo igual à do IPTU: o custo do serviço constitui a base imponível da taxa. Todavia, para o fim de aferir, em cada caso concreto, a alíquota, utiliza-se a metragem da área construída do imóvel, certo que a alíquota não se confunde com a base imponível do tributo. Tem-se, com isto, também, forma de realização da isonomia tributária e do princípio da capacidade contributiva: C.F., artigos 150, II, 145, § 1º. II. – R.E. não conhecido. (STF, Pleno, **RE 232.393**, rel. Min. Carlos Velloso, 8.1999).

2.2. Taxas "fixas e variáveis" em função da base de cálculo dos impostos

Não obstante a vedação do art. 145, § 2º, da CF, *o STF reputa legítimas as taxas que são estipuladas em valores determinados e variáveis*, de forma não diretamente proporcional, em função de grandezas pertinentes aos contribuintes, *mesmo que essas grandezas sejam adotadas como base de cálculo dos impostos.*

Trata-se de exações que, apesar de terem sido qualificadas como *fixas, variam* em função de elementos alheios ao custo do serviço. A *contradição é flagrante*: as taxas fixas não podem variar em função do conteúdo econômico da base de cálculo e tampouco de elementos correlatos a tal conteúdo, mas apenas em razão da quantidade do objeto ou de outros elementos ligados diretamente ao custo do serviço.[188]

Tal entendimento pode ser elucidado a partir da análise de alguns precedentes do STF em que foi aplicado. Versavam sobre *taxas fixadas em valores determinados, mas variáveis em função*:

a) *do patrimônio líquido* da empresa (taxa de polícia da CVM instituída pela Lei 7.940/89);[189]

b) *do faturamento* da empresa (Taxa de Fiscalização e Controle dos Serviços Públicos Delegados);[190]

c) *do valor do imóvel* (emolumentos relativos aos atos praticados pelos serviços notariais e de registro);[191] e

d) de certos *critérios considerados na base de cálculo do IPVA*, ou seja, o ano de fabricação e o tipo do veículo (selo-pedágio instituído pela Lei 7.712/88).[192]

---

[188] Sobre a noção de tributos fixos, vide a seção atinente à progressividade, nos comentários ao art. 145, § 1º.

[189] STF, Pleno, *RE 177.835*, rel. Min. Carlos Velloso, 4.1999. Esse entendimento acabou por ser sumulado: "É constitucional a taxa de fiscalização dos mercados de títulos e valores mobiliários instituída pela Lei 7940/1989" (Súmula 665 do STF). O relator do precedente, Ministro Carlos Velloso, chancelou a referida sistemática em virtude de promover o princípio da capacidade contributiva: "O que a lei procura realizar, com a variação da taxa em função do patrimônio líquido das empresas, é o princípio da capacidade contributiva – C.F., art. 145, § 1º. Esse dispositivo constitucional diz respeito aos impostos, é certo. Não há impedimento, entretanto, na tentativa de aplicá-lo relativamente às taxas, principalmente quando se tem taxa de polícia, isto é, taxa que tem como fato gerador o poder de polícia" (excerto do seu voto). Contudo, os pronunciamentos majoritários no RE 177.835 consideraram, para reconhecer a constitucionalidade da taxa, não a aplicação do princípio da capacidade contributiva, mas a legitimidade da presunção de que quanto maior o patrimônio líquido, mais intensa será a atuação estatal dirigida especificamente ao contribuinte (vide os votos dos Ministros Nelson Jobim, Ilmar Galvão, Moreira Alves e Sepúlveda Pertence). Na linha do fundamento do Ministro Carlos Velloso, restou estampado na ementa do *RE 216.259 AgR* que a taxa de fiscalização da CVM é legítima em virtude de o critério adotado buscar "realizar o princípio constitucional da capacidade contributiva, também aplicável a essa modalidade de tributo, notadamente quando a taxa tem, como fato gerador, o exercício do poder de polícia" (STF, 2ª Turma, *RE 216.259 AgR*, rel. Min. Celso de Mello, 5.2000). Vide também: STF, Pleno, *ADI 453*, rel. Min. Gilmar Mendes, 8.2006. Observe-se, por fim, que o próprio Ministro Carlos Velloso ressalta o fato de que as taxas devem ser graduadas, em regra, segundo o grau de utilização dos serviços públicos, e não (ou ao menos não diretamente) segundo a riqueza dos contribuintes. A respeito, vide a nota n. 131, na p. 70.

[190] STF, Pleno, *ADI 1.948*, rel. Min. Gilmar Mendes, 9.2002. Nesse precedente, verifica-se, quanto à divergência de fundamentos que embasam a posição prevalente da Corte, quadro similar ao do RE 177.835, analisado na nota n. 180.

[191] STF, Pleno, *ADI 3.887*, rel. Min. Menezes Direito, 10.2008.

[192] STF, 2ª Turma, RE 181.475, rel. Min. Carlos Velloso, 5.1999.

Considerou-se que se tratava de *taxas fixas* e que *a variação em função dessas materialidades não se confundia com a incidência sobre as mesmas*. Além disso, como restou consignado nos precedentes atinentes à taxa de polícia da CVM e à Taxa de Fiscalização e Controle, reputou-se que a variação em função de tais grandezas *ou manteria uma razoável proporção com a intensidade do serviço* (fundamento majoritário) *ou promoveria o princípio constitucional da capacidade contributiva* (voto do Ministro Carlos Velloso).[193]

No que concerne ao fato de as bases de cálculo de tais taxas não serem idênticas às dos impostos, não há como questionar a conclusão do Pretório Excelso. Porém, é inviável qualificá-las como taxas fixas, pois variam em função de grandezas pertinentes aos contribuintes, e não ao custo do serviço prestado. Não é possível sequer qualificá-las como verdadeiras taxas. Trata-se de *exações heterogêneas,* situadas numa zona gris entre os impostos e as taxas. São um *engenhoso artifício para burlar a vedação do art. 145, § 2º, da CF*, que, lamentavelmente, foi bem sucedido, pois o STF chancelou a sub-reptícia violação da Lei Maior.

Por outro lado, *embora o princípio da capacidade contributiva seja aplicável às taxas, tal aplicação*, como expusemos, *é limitada à função de pressuposto subjetivo* de incidência: não pode estender-se à graduação das taxas, sob pena de deturpar as suas notas características básicas.

Ao inviabilizar a cobrança de taxas de indivíduos carentes de capacidade contributiva, o princípio correlato impõe uma singela desproporção entre o valor da contraprestação exigida dos contribuintes e o custo do serviço que lhes é diretamente relacionado, de modo a compensar financeiramente a desoneração dos indivíduos contributivamente incapazes, mas não legitima, de forma alguma, a adoção de taxas proporcionais a grandezas ligadas ao contribuinte e muito menos de "taxas progressivas".[194]

• Súmulas

Súmula 665 do STF: "É constitucional a taxa de fiscalização dos mercados de títulos e valores mobiliários instituída pela Lei 7940/1989".

• Precedentes citados

Taxa estabelecida em valores específicos, fixados segundo a capacidade econômica dos contribuintes. Constitucionalidade: Ação Direta de Inconstitucionalidade. 2. Art. 3º, da Lei nº 7.940, de 20.12.1989, que considerou os auditores independentes como contribuintes da taxa de fiscalização dos mercados de títulos e valores mobiliários. 3. Ausência de violação ao princípio da isonomia, haja vista o diploma legal em tela ter estabelecido valores específicos para cada faixa de contribuintes, sendo estes fixados segundo a capacidade contributiva de cada profissional. 4. Taxa que corresponde ao poder de polícia exercido pela Comissão de Valores Mobiliários, nos termos da Lei nº 5.172, de 1966 – Código Tributário Nacional. 5. Ação Direta de Inconstitucionalidade que se julga improcedente. (STF, Pleno, **ADI 453**, rel. Min. Gilmar Mendes, 8.2006)

Taxa fixa, mas variável em função do faturamento das empresas fiscalizadas. Constitucionalidade: [...] (3) Alegada violação aos arts. 145, II e 145, § 2º, da Constituição. (4) Taxa de Fiscalização e Controle de Serviços Públicos Delegados, instituída em favor da Agência Estadual de Regulação dos Serviços Públicos Delegados do Rio Grande do Sul – AGERGS, autarquia estadual. (5) O faturamento, no caso, é apenas critério para incidência da taxa, não havendo incidência sobre o faturamento. Precedente (RE 177.835, Rel. Min. Carlos Velloso) (6) Improcedência da ação direta quanto aos dispositivos legais e não conhecimento quanto ao Decreto nº 39.228, de 1988. (STF, Pleno, **ADI 1.948**, rel. Min. Gilmar Mendes, 9.2002).

---

[193] Note-se que, relativamente à Taxa de Fiscalização Ambiental (TFA) criada pela Lei 9.960/2000, o Tribunal declarou a sua inconstitucionalidade por, dentre outros aspectos, desconsiderar a capacidade contributiva do sujeito passivo. Consignou-se na ementa que a taxa seria ilegítima em virtude de ter-se limitado a estipular "valores uniformes por classe de contribuintes, com flagrante desobediência ao princípio da isonomia, consistente, no caso, na dispensa do mesmo tratamento tributário a contribuintes de expressão econômica extremamente variada" (STF, Pleno, *ADI 2.178 MC*, rel. Min. Ilmar Galvão, 3.2000). Essa passagem foi extraída literalmente do voto do relator, Ministro Ilmar Galvão.

[194] Cfr. COÊLHO. *Curso de Direito Tributário Brasileiro.* p. 148-149.

Taxa que não oscila em função da capacidade econômica. Inconstitucionalidade: AÇÃO DIRETA DE INCONSTITUCIONALIDADE. ARTIGO 8º DA LEI Nº 9.960, DE 28.01.2000, QUE INTRODUZIU NOVOS ARTIGOS NA LEI Nº 6.938/81, CRIANDO A TAXA DE FISCALIZAÇÃO AMBIENTAL (TFA). ALEGADA INCOMPATIBILIDADE COM OS ARTIGOS 145, II; 167, IV; 154, I; E 150, III, B, DA CONSTITUIÇÃO FEDERAL. Dispositivos insuscetíveis de instituir, validamente, o novel tributo, por haverem definido, como fato gerador, não o serviço prestado ou posto à disposição do contribuinte, pelo ente público, no exercício do poder de polícia, como previsto no art. 145, II, da Carta Magna, mas a atividade por esses exercida; e como contribuintes pessoas físicas ou jurídicas que exercem atividades potencialmente poluidoras ou utilizadoras de recursos ambientais, não especificadas em lei. E, ainda, por não haver indicado as respectivas alíquotas ou o critério a ser utilizado para o cálculo do valor devido, tendo-se limitado a estipular, *a forfait*, valores uniformes por classe de contribuintes, com flagrante desobediência ao princípio da isonomia, consistente, no caso, na dispensa do mesmo tratamento tributário a contribuintes de expressão econômica extremamente variada. Plausibilidade da tese da inconstitucionalidade, aliada à conveniência de pronta suspensão da eficácia dos dispositivos instituidores da TFA. Medida cautelar deferida. (STF, Pleno, **ADI 2.178 MC**, rel. Min. Ilmar Galvão, 3.2000)

Taxa fixa, mas variável em função do valor do imóvel: Emolumentos. Serviços notariais e de registro. Art. 145, § 2º, da Constituição Federal. 1. Não há inconstitucionalidade quando a regra impugnada utiliza, pura e simplesmente, parâmetros que não provocam a identidade vedada pelo art. 145, § 2º, da Constituição Federal. No caso, os valores são utilizados apenas como padrão para determinar o valor dos emolumentos. 2. Ação direta de inconstitucionalidade julgada improcedente. (STF, Pleno, **ADI 3.887**, rel. Min. Menezes Direito, 10.2008).

Variação em função do patrimônio não desqualifica a taxa como fixa: CONSTITUCIONAL. TRIBUTÁRIO. TAXA DE FISCALIZAÇÃO DOS MERCADOS DE TÍTULOS E VALORES MOBILIÁRIOS – TAXA DA CVM. Lei nº 7.940, de 20.12.89. FATO GERADOR. CONSTITUCIONALIDADE. I. – A taxa de fiscalização da CVM tem por fato gerador o exercício do poder de polícia atribuído à Comissão de Valores Mobiliários – CVM. Lei 7.940/89, art. 2º. A sua variação, em função do patrimônio líquido da empresa, não significa seja dito patrimônio a sua base de cálculo, mesmo porque tem-se, no caso, um tributo fixo. Sua constitucionalidade. II. – R.E. não conhecido. (STF, Pleno, **RE 177.835**, rel. Min. Carlos Velloso, 4.1999)

Taxa fixa, mas variável em função do patrimônio das empresas. Legitimidade em razão do princípio da capacidade contributiva: TAXA DE FISCALIZAÇÃO DOS MERCADOS DE TÍTULOS E VALORES MOBILIÁRIOS – COMISSÃO DE VALORES MOBILIÁRIOS – LEI Nº 7.940/89 – LEGITIMIDADE CONSTITUCIONAL – [...]- A taxa de fiscalização da CVM, instituída pela Lei nº 7.940/89, qualifica-se como espécie tributária cujo fato gerador reside no exercício do Poder de polícia legalmente atribuído à Comissão de Valores Mobiliários. A base de cálculo dessa típica taxa de polícia não se identifica com o patrimônio líquido das empresas, inocorrendo, em conseqüência, qualquer situação de ofensa à cláusula vedatória inscrita no art. 145, § 2º, da Constituição da República. O critério adotado pelo legislador para a cobrança dessa taxa de polícia busca realizar o princípio constitucional da capacidade contributiva, também aplicável a essa modalidade de tributo, notadamente quando a taxa tem, como fato gerador, o exercício do poder de polícia. Precedentes. [...] (STF, 2ª Turma, **RE 216.259 AgR**, rel. Min. Celso de Mello, 5.2000)

Art. 146. Cabe à lei complementar:
I – dispor sobre conflitos de competência, em matéria tributária, entre a União, os Estados, o Distrito Federal e os Municípios;
II – regular as limitações constitucionais ao poder de tributar;
III – estabelecer normas gerais em matéria de legislação tributária, especialmente sobre:
a) definição de tributos e de suas espécies, bem como, em relação aos impostos discriminados nesta Constituição, a dos respectivos fatos geradores, bases de cálculo e contribuintes;
b) obrigação, lançamento, crédito, prescrição e decadência tributários;
c) adequado tratamento tributário ao ato cooperativo praticado pelas sociedades cooperativas;
d) definição de tratamento diferenciado e favorecido para as microempresas e para as empresas de pequeno porte, inclusive regimes especiais ou simplificados no caso do imposto previsto no art. 155, II, das contribuições previstas no art. 195, I e §§ 12 e 13, e da contribuição a que se refere o art. 239. (Alínea incluída pela Emenda Constitucional nº 42, de 19.12.2003)
Parágrafo único. A lei complementar de que trata o inciso III, d, também poderá instituir um regime único de arrecadação dos impostos e contribuições da União, dos Estados, do Distrito Federal e dos Municípios, observado que:
I – será opcional para o contribuinte;
II – poderão ser estabelecidas condições de enquadramento diferenciadas por Estado;
III – o recolhimento será unificado e centralizado e a distribuição da parcela de recursos pertencentes aos respectivos entes federados será imediata, vedada qualquer retenção ou condicionamento;
IV – a arrecadação, a fiscalização e a cobrança poderão ser compartilhadas pelos entes federados, adotado cadastro nacional único de contribuintes. (Parágrafo incluído pela Emenda Constitucional nº 42, de 19.12.2003)

Art. 146: Lei complementar tributária

No Brasil, a lei complementar foi prevista originalmente pela EC 4/1961, que instituiu o sistema parlamentar de governo, facultando a complementação do sistema por "leis votadas, nas duas Casas do Congresso Nacional, pela maioria absoluta dos seus membros" (art. 22). Porém, dada a reduzida vigência de tal regime, nenhuma lei foi editada para especificá-lo.[195]

A EC 18/65 fez alusão à lei complementar, exigindo-a para regular diversas matérias tributárias, mas se omitiu acerca do quórum exigido para sua aprovação. Omissão que foi suprida pela *Constituição de 1967, estabelecendo* o quórum de maioria absoluta (art. 53) e, ainda, *a reserva de lei complementar para veicular normas gerais de direito tributário*, dispor sobre os conflitos de competência tributária e regular as limitações constitucionais do poder tributário (art. 19, § 1º).

A Constituição de 1969 seguiu essa regulação, que veio a ser pormenorizada, em matéria tributária, pelo art. 146 da Constituição Federal de 1988.

1. Natureza específica da lei complementar

Para uma lei ser qualificada como complementar, é imprescindível que:

a) *tenha o nomen juris de lei complementar*, devendo originar-se de um *projeto de lei complementar,* pois projetos de lei ordinária jamais podem originar leis complementares, nem mesmo se aprovados por maioria absoluta;

b) o projeto de lei complementar tenha sido aprovado por *maioria absoluta*, respeitando, assim, o quórum qualificado do art. 69 da CF;

c) *disponha sobre matéria de lei complementar.*

Aqueles são *requisitos formais*; e este, *um requisito material.*[196]

Se faltar *qualquer* um dos requisitos, não haverá lei complementar *stricto sensu.*

Se não for observado o requisito "a", ter-se-á uma lei ordinária; e, caso o requisito "c" esteja presente nesta hipótese (ou seja, a matéria seja reservada à lei complementar), a lei ordinária será inconstitucional.

Se não for preenchido o requisito "b", o projeto de lei complementar terá sido rejeitado.

Por fim, se não estiver presente o requisito "c" (requisito material), a lei será válida (salvo se invadir a competência legislativa de outro ente político) e poderá ser denominada "lei complementar", mas em sentido impróprio, pois não terá *status* jurídico de lei complementar. Será uma lei *formalmente complementar* e *materialmente ordinária.* Destarte, gozará do *status* de lei ordinária e *poderá ser revogada por lei ordinária.*[197] Tal entendimento se firmou no STF, como se denota deste voto do Ministro Moreira Alves:

---

[195] Cfr. C. VELLOSO. "Lei complementar tributária", p. 118-119.

[196] Nessa linha, Paulo de Barros Carvalho leciona: "lei complementar é aquela que, dispondo sobre matéria, expressa ou implicitamente, prevista na redação constitucional, está submetida ao *quorum* qualificado do art. 69 (CF) [...] Desse conceito jurídico-positivo sobressaem dois traços identificadores: a) matéria expressa ou implicitamente indicada na Constituição; e b) o *quorum* especial do art. 69 (CF). Ao primeiro, denominamos pressuposto material ou ontológico. Ao segundo, requisito formal. Daí o afirmar-se que a lei complementar reveste-se de natureza ontológico-formal" (CARVALHO. *Curso de Direito Tributário*. p. 205).

[197] BORGES. *Lei complementar tributária*. p. 26. Cabe reproduzir a clássica lição de Souto Maior Borges: "Se a lei complementar (a) invadir o âmbito material de validade da legislação ordinária da União, valerá tanto quanto uma lei ordinária federal. Sobre esse ponto não há discrepância doutrinária. A lei complementar fora do seu campo específico, cujos limites estão fixados na Constituição, é simples lei ordinária" (ibidem, p. 26).

> A jurisprudência desta Corte, sob o império da Emenda Constitucional nº 1/69 – e a Constituição atual não alterou esse sistema –, se firmou no sentido de que só se exige lei complementar para as matérias para cuja disciplina a Constituição expressamente faz tal exigência, e, se porventura a matéria, disciplinada por lei cujo processo legislativo observado tenha sido o da lei complementar, não seja daquelas para que a Carta Magna exige essa modalidade legislativa, os dispositivos que tratam dela se têm como dispositivos de lei ordinária.[198]

Em vista dos requisitos necessários à caracterização da lei complementar, resta claro que elas *não se confundem com as leis que concretizam e complementam os ditames constitucionais*. Aquelas são uma espécie destas.

As *leis complementares caracterizam-se, fundamentalmente, pela concorrência dos três requisitos supramencionados*, e não pelo mero fato de integrarem, complementarem a Lei Maior.[199]

2. Posição hierárquica no ordenamento jurídico

2.1. Abordagem teórica

Das ponderações expostas no tópico precedente, resta nítido o nosso posicionamento no sentido de que *não há*, em princípio, *hierarquia entre lei complementar e lei ordinária*: a Constituição reserva determinadas matérias à lei complementar e outras à lei ordinária, razão pela qual "os campos da lei complementar e da lei ordinária em princípio não se interpenetram, numa decorrência da técnica constitucional de distribuição *ratione materie* de competências legislativas".[200]

Em certas matérias, porém, existe um efetivo escalonamento normativo, com a interposição da lei complementar entre a Constituição e a lei ordinária, situação em que aquela fundamenta a validade jurídica desta, material ou formalmente.[201] Estando a lei ordinária vinculada à regulação estabelecida pela lei complementar, é evidente a existência de uma relação de hierarquia jurídico-normativa, que poderá ser de índole formal e/ou material.[202]

Em outros termos, *reconhecemos a possibilidade de haver hierarquia normativa entre a lei complementar e a lei ordinária*, mas *apenas quando se verifica um efetivo escalonamento normativo*, através da imposição constitucional à lei complementar da tarefa de estabelecer parâmetros formais ou materiais para a regulação veiculada pela lei ordinária.

---

198 STF, Pleno, ADC 1, rel. Min. Moreira Alves, 12.1993, excerto do seu voto. Cfr. STF, Pleno, AR 1264, rel. Min. Néri da Silveira, 4.2002. Lê-se na ementa do precedente, atinente a matéria administrativa: "O conteúdo da lei complementar não é arbitrário, mas a própria Lei Maior prevê as hipóteses em que a disciplina se dará por essa via legislativa".

199 Essa é a lição do Ministro Celso de Mello: "As leis complementares, assim qualificadas em função da expressa denominação formal estabelecida pela Constituição, traduzem espécies normativas típicas ou nominadas, cuja designação jurídica emerge, sempre, do próprio texto constitucional. Rege-as, portanto, um princípio de índole constitucional: o da tipicidade positiva, que só considera leis complementares aquelas que ostentam, no plano da Constituição, esse *nomen juris*. A Carta Federal, na realidade, prestigiou o conceito formal ou jurídico-positivo de lei complementar, para, com isso, distingui-las das demais leis integrativas de normas constitucionais de eficácia limitada (GERALDO ATALIBA, "Lei Complementar na Constituição", p. 30, 1971, RT; JOSÉ SOUTO MAIOR BORGES, "Lei Complementar Tributária", p. 34/35, 1975, RT/EDUC; CELSO BASTOS, "Lei Complementar", p. 16/17, 1985, Saraiva)" (STF, Pleno, ADI 2.010 MC, rel. Min. Celso de Mello, 9.1999, excerto do seu voto).

200 BORGES. *Lei complementar tributária*. p. 25.

201 À lei complementar que regula tais matérias, é plenamente aplicável a ponderação de Pontes de Miranda: "Não se trata de lei de tributação, mas sim de lei sôbre leis de tributação" (*Comentários à Constituição de 1967; com a Emenda n. 1 de 1969*. p. 383).

202 Em sentido contrário, negando qualquer forma de hierarquia entre lei complementar e lei ordinária, vide BASTOS. "A inexistência de hierarquia entre a lei complementar e as leis ordinárias". p. 11-20.

Essa tese foi elaborada por Souto Maior Borges em seu clássico "Lei Complementar Tributária", recebendo ampla aceitação doutrinária.[203] A relevância das suas ponderações levou a que o próprio Geraldo Ataliba, que defendera a tese da invariável superioridade hierárquica da lei complementar em obra publicada em 1971 sob o título "Lei Complementar na Constituição", reconsiderasse a sua posição, adotando o entendimento do tributarista pernambucano.[204]

Uma *hipótese clara de hierarquia formal* consiste na regulação, por lei complementar, da elaboração, redação, alteração e consolidação das leis, imposta pelo art. 59, parágrafo único, da CF/88.[205] Se a lei complementar deve dispor sobre a elaboração, redação, alteração e consolidação das leis e não pode ser alterada por leis ordinárias, é evidente que estas devem obedecer ao regramento daquela, sob pena de invalidade.

Entretanto, a LC 95/98, que dispôs sobre tal matéria, previu expressamente que a violação dos seus ditames não levaria à invalidade da lei irregularmente editada.[206] E embora tal disposição seja nitidamente conflitante com a hierarquia estabelecida implicitamente pela Lei Maior, ela não foi rechaçada pelos Tribunais.

2.2. Jurisprudência do STF

A *hierarquia material não é reconhecida* em todas as suas dimensões pelo STF, que não vislumbra, na situação de incompatibilidade entre lei ordinária e lei complementar, hipótese de ilegalidade (que decorreria do conflito entre normas infraconstitucionais), mas de inconstitucionalidade.

Para sustentar esse entendimento, o Alto Tribunal parte da premissa de que haveria, no caso, *invasão, pela lei ordinária, de competência reservada à lei complementar* e, assim, inconstitucionalidade: "Não pode lei [...] ordinária, sob pena de inconstitucionalidade por invasão de competência, ingressar na esfera de competência da lei complementar para derrogá-la".[207]

Quanto à situação em que *lei complementar versa sobre matéria de lei ordinária*, o STF atribui-lhe *status* de mera *lei ordinária* e, por consequência, não reconhece vício algum na modificação ou na revogação dos seus ditames por tal instrumento legislativo.[208]

• Precedentes citados

Conflito entre o CTN e ato com força de lei. Inconstitucionalidade, por invasão de matéria reservada à LC: IMPOSTO SOBRE SERVIÇOS DE TRANSPORTE (ISTR). DECRETO-LEI 1438/75, ARTIGO 3., III, COM A REDAÇÃO DADA PELO DECRETO-LEI 1582/77. Incompatibilidade entre o C.T.N. e o inciso III do artigo 3º acima referido, a caracterizar invasão de competência que acarreta inconstitucionalidade. Não se trata de imposto novo criado com base na competência residual da União no terreno tributário, tendo em vista que o fato gerador dele e a base de cálculo correspondem aos de outros impostos, ocorrendo, assim, a vedação constante do § 5º do artigo 18 e do § 1º do artigo 21, ambos da Constituição Federal. Recurso extraordinário não conhecido, declarada

[203] CARVALHO. *Curso de Direito Tributário*. p. 206-209; C. VELLOSO. "Lei complementar tributária", p. 119-121; ÁVILA. *Sistema constitucional tributário*, p. 131-133.

[204] Cfr. C. VELLOSO. "Lei complementar tributária", p. 119.

[205] Eis a redação do parágrafo único do art. 59 da CF: "Lei complementar disporá sobre a elaboração, redação, alteração e consolidação das leis".

[206] "Art. 18. Eventual inexatidão formal de norma elaborada mediante processo legislativo regular não constitui escusa válida para o seu descumprimento".

[207] STF, Pleno, MS 20.382, rel. Min. Moreira Alves, 2.1984, excerto da ementa. Especificamente quanto à incompatibilidade entre a legislação tributária (na hipótese, decreto-lei) e o CTN, cfr. STF, Pleno, *RE 101.339*, rel. Min. Moreira Alves, 3.1984, em cuja ementa se lê: "Incompatibilidade entre o C.T.N. e o inciso III do artigo 3. acima referido [do Decreto-Lei 1.438/75], a caracterizar invasão de competência que acarreta inconstitucionalidade". No mesmo sentido: STF, 2ª Turma, RE 101.083, rel. Min. Aldir Passarinho, 4.1984.

[208] STF, Pleno, *RE 377.457*, rel. Min. Gilmar Mendes, 9.2008.

a inconstitucionalidade do inciso III do artigo 3º do Decreto-lei 1438/75, na redação que lhe deu o Decreto-lei 1582/77 (STF, Pleno, **RE 101.339**, rel. Min. Moreira Alves, 3.1984)

Este excerto do voto do Ministro Moreira Alves, relator do acórdão, é elucidativo acerca do reconhecimento de uma "hierarquia" entre o CTN e o decreto-lei e da caracterização do vício resultante de sua inobservância como inconstitucionalidade, não por violar a norma com *status* de lei complementar (o que caracterizaria hipótese de ilegalidade), mas a divisão constitucional de competências: "Há, pois, inegável choque, a esse propósito, entre o preceituado no C.T.N. – que se apresenta como Lei Complementar – e o dispositivo em causa que integra Lei Ordinária. E, quando isso ocorre, tem esta Corte entendido que o preceito da legislação ordinária é inconstitucional por invasão de competência".

Inexistência de hieraquia entre lei complementar e ordinária. Lei ordinária que revoga preceito de LC, relativo a matéria não sujeita à lei complementar. Legitimidade: "Contribuição social sobre o faturamento – COFINS (CF, art. 195, I). 2. Revogação pelo art. 56 da Lei 9.430/96 da isenção concedida às sociedades civis de profissão regulamentada pelo art. 6º, II, da Lei Complementar 70/91. Legitimidade. 3. Inexistência de relação hierárquica entre lei ordinária e lei complementar. Questão exclusivamente constitucional, relacionada à distribuição material entre as espécies legais. Precedentes. 4. A LC 70/91 é apenas formalmente complementar, mas materialmente ordinária, com relação aos dispositivos concernentes à contribuição social por ela instituída. ADC 1, Rel. Moreira Alves, RTJ 156/721. 5. Recurso extraordinário conhecido mas negado provimento" (STF, Pleno, **RE 377.457**, rel. Min. Gilmar Mendes, 9.2008).

2.3. Tese da superioridade hierárquica da LC: defesa doutrinária, acolhida pelo STJ e refutação pelo STF

A tese da invariável superioridade hierárquico-normativa das leis complementares perante as leis ordinárias, independente da matéria regulada, ganhou força recentemente, capitaneada por Hugo de Brito Machado.[209]

Com supedâneo nos argumentos de que a tese acolhida pelo STF gera insegurança jurídica e de que não há um requisito material para a caracterização da lei complementar como tal, preconiza-se uma invariável prevalência hierárquica das leis complementares em relação às leis ordinárias: *nenhuma matéria regulada por lei complementar poderia ser objeto de regulação por lei ordinária*, sob pena de esta incidir em vício de *ilegalidade*. O fato de a matéria não ser reservada pela Constituição da República à lei complementar seria completamente irrelevante.

Reputamos que, além de não corresponder à melhor exegese do sistema jurídico-constitucional, a tese da invariável superioridade hierárquica das leis complementares perante as leis ordinárias *peca por levar a resultados insólitos*: haveria uma progressiva e inexorável redução do campo reservado à lei ordinária, que poderia culminar na total e definitiva extirpação da lei ordinária do nosso sistema jurídico-positivo e, por consequência, gerar uma grave crise no Poder Legislativo, destituído da prerrogativa jurídico-constitucional de aprovar leis por maioria simples.

Demais disso, essa tese *é inconciliável com a teoria da recepção que vem sendo adotada*, de forma remansosa, no Brasil, segundo a qual para tal fim importa apenas o viés material, e não o formal. Se uma lei complementar anterior à Constituição regulava matéria que, de acordo com esta, é de lei ordinária, terá força de lei ordinária e por ato normativo desta espécie poderá ser derrogada ou ab-rogada. *O pressuposto material é imprescindível à caracterização da lei complementar como tal.*

A tese da superioridade das leis complementares perante as ordinárias *foi acolhida pelo STJ contra a orientação assente do STF, até que este Tribunal* repisou sua competência para julgar a questão e *impôs a sua jurisprudência sobre a matéria*, firme no sentido da "inexistência de hierarquia constitucional entre lei complementar e lei ordiná-

[209] MACHADO. "A identidade específica da lei complementar". p. 51-69. Esposando essa posição, Ives Gandra assevera: "É, portanto, a lei complementar norma de integração entre os princípios gerais da Constituição e os comandos de aplicação da legislação ordinária, razão pela qual, na hierarquia das leis, posta-se acima destes e abaixo daqueles" (MARTINS. *O sistema tributário na Constituição*. 6ª ed. p. 124).

ria, espécies normativas formalmente distintas exclusivamente tendo em vista a matéria eventualmente reservada àquela (lei complementar) pela própria Carta".[210]

• **Súmula**

Súmula 508 do STJ: "A isenção da Cofins concedida pelo art. 6º, II, da LC n. 70/1991 às sociedades civis de prestação de serviços profissionais foi revogada pelo art. 56 da Lei n. 9.430/1996.".

3. Reserva de lei complementar expressa e implícita

Somente existe reserva de lei complementar nos casos expressamente indicados na Constituição da República. Não há como extrair, pela exegese constitucional, reservas implícitas de lei complementar. A jurisprudência do STF é remansosa nesse sentido: "Não se presume a necessidade de edição de lei complementar, pois esta é somente exigível nos casos expressamente previstos na Constituição".[211]

O acolhimento dessa tese, porém, *não implica que nunca haja reserva de lei complementar nas hipóteses em que a Constituição se refere simplesmente à "lei"*, sem a qualificar como complementar. Há preceitos de ampla abrangência que reservam matérias à lei complementar, dispensando que, em preceitos mais específicos, seja qualificada expressamente a "lei" como complementar.

Voltaremos ao tema ao tratar do art. 146, II.[212]

4. Funções das leis complementares no Direito Tributário

No regime da Constituição de 1969, era previsto que a lei complementar deveria estabelecer normas gerais de direito tributário, dispor sobre os conflitos de competência em matéria tributária e regular as limitações constitucionais do poder de tributar (art. 18, § 1º).[213]

Como a redação desse dispositivo era dúbia, formaram-se duas correntes doutrinárias a respeito do alcance da reserva de lei complementar: a corrente dicotômica e a tricotômica.

Para a *corrente dicotômica*, as normas gerais reservadas à lei complementar eram apenas aquelas atinentes aos conflitos de competência em matéria tributária e à regulação das limitações constitucionais ao poder de tributar. Diversamente, para a *corrente trico-*

---

[210] STF, Pleno, RE 377.457, rel. Min. Gilmar Mendes, 9.2008, excerto do voto do relator. A ementa foi transcrita no tópico antecedente. Vale registrar que a divergência gravitava sobre a legitimidade da revogação, por lei ordinária, de isenção da COFINS concedida pela LC 70/91. Segundo o STJ, leis ordinárias seriam inaptas para derrogar, em qualquer hipótese, leis complementares, sob pena de violação à superioridade hierárquica desta espécie normativa. Vide, entre muitos outros: STJ, 1ª Seção, EREsp 497.284, rel. Min. José Delgado, 6.2004. O STF, ao apreciar recursos interpostos contra tais acórdãos, reformou-os, sublinhando que o "princípio da hierarquia das leis" exige que "seja observado o âmbito material reservado às espécies normativas previstas na Constituição Federal". Consequentemente, determinou ao STJ que apreciasse a questão unicamente à luz de questões efetivamente infraconstitucionais (STF, 1ª Turma, RE 451.988 AgR, 2.2006; RE 419.629, 5.2006). Este Tribunal, portanto, passou a respeitar a orientação do STF, abstendo-se de conhecer da matéria (STJ, 1ª Seção, REsp 728.754 AgR, rel. Min. Eliana Calmon, 4.2006). Com base em idênticas premissas, o STF declarou a constitucionalidade da majoração, por lei ordinária, de alíquota da COFINS prevista em lei complementar com *status* de lei ordinária. Cfr, por todos, STF, 1ª Turma, RE 407.112 AgR, rel. Min. Ricardo Lewandowski, 6.2006. Por fim, o STJ editou a Súmula 508, aplicando o entendimento do STF: "A isenção da Cofins concedida pelo art. 6º, II, da LC n. 70/1991 às sociedades civis de prestação de serviços profissionais foi revogada pelo art. 56 da Lei n. 9.430/1996".

[211] STF, Pleno, ADI 2.010 MC, rel. Min. Celso de Mello, 9.1999, excerto da ementa.

[212] Para uma abordagem mais detida da questão, vide os comentários ao art. 150, VI, *c*, onde é analisada a reserva de lei complementar para regular as imunidades que esse preceito consagra.

[213] Eis a sua redação: "§ 1º Lei complementar estabelecerá normas gerais de direito tributário, disporá sôbre os conflitos de competência nesta matéria entre a União, os Estados, o Distrito Federal e os Municípios, e regulará as limitações constitucionais do poder de tributar.".

tômica, a reserva de lei complementar abrangia, além dessas matérias, toda e qualquer norma geral em matéria tributária.

Essa divergência somente foi superada com a promulgação da Constituição de 1988, que *positivou, de forma clara, o entendimento da corrente tricotômica*, procedendo inclusive à enumeração exemplificativa de matérias que constituem normas gerais tributárias (art. 146, III).

Mesmo diante da clareza do texto constitucional e do pacífico acolhimento da corrente tricotômica pela jurisprudência, há doutrinadores de renome que continuam esposando a corrente dicotômica, interpretando o inciso III do art. 146 à luz do princípio federativo, de modo a restringir o seu alcance às normas gerais destinadas a regular os conflitos de competência e as limitações constitucionais ao poder de tributar.[214]

4.1. Inciso I: regulação dos conflitos de competência

É a Constituição da República que, com exclusividade, *outorga e rejeita competências* tributárias às pessoas constitucionais. *O legislador* recebe a sua competência da Constituição e, portanto, *não pode ampliá-la* ou restringi-la: pode, tão somente, exercê-la ou não. Ao legislador não é dado nem mesmo transferir ou renunciar à sua competência tributária.

No entanto, diante da imprecisão que é inerente à linguagem, da riqueza de *nuances* da realidade fática e da ânsia arrecadatória dos entes públicos, *podem ocorrer pretensões conflitantes* em matéria tributária, embasadas em competências impositivas diversas, a caracterizar um suposto "conflito de competência".

Trata-se, na realidade, de um *pseudoconflito*: não há competências conflitantes, mas *invasão de competência*, a qual está invariavelmente ligada à mácula de inconstitucionalidade.[215]

Por exemplo, não há conflito entre a competência dos Estados para instituir o ICMS sobre as operações relativas à circulação de mercadorias e a competência dos Municípios para instituir o ISS sobre os serviços prestados; no entanto, em situações específicas pode-se verificar a ilegítima instituição, pelos Estados, do ICMS sobre a prestação de serviços reservados aos Municípios ou, pelos Municípios, do ISS sobre valores atinentes à venda de mercadorias.

Essas pretensões conflitantes podem decorrer de *situações limítrofes*, em que, v.g., não se tem certeza acerca da natureza da operação (se prestação de serviços ou circulação de mercadorias, no exemplo dado)[216] ou, ainda, da conjugação desses fatos de tal forma que resta extremamente complexa a tarefa de cada ente político tributar apenas a dimensão da operação que está inserida dentro da sua competência.[217]

A respeito, a melhor doutrina assevera, com inteira correção, que *não cabe à lei complementar inovar* em matéria de competências tributárias. Cabe-lhe *dispor sobre os limites* das competências dos entes políticos, *declarando-os e especificando-os*, *sem ja-*

---

214 CARVALHO. *Curso de Direito Tributário*. p. 209-212; CARRAZZA. *Curso de Direito Constitucional Tributário*. 18ª ed. p. 791-813.

215 MORAES. *Curso de direito tributário: sistema tributário da Constituição de 1969*. p. 510. Cabe registrar que, para o autor, a invasão de competência é uma espécie de conflito de competência, ao lado da bitributação e do *bis in idem*.

216 É o caso das transações envolvendo *softwares*, referidas nos comentários ao art. 155, II.

217 Um exemplo elucidativo é o do fornecimento de mercadorias com simultânea prestação de serviços em bares, restaurantes e estabelecimentos similares, objeto da Súmula 163 do STJ. Segundo a súmula, seria viável a incidência do ICMS sobre o valor total da operação, mesmo que não se trate, como efetivamente não se trata, de serviços sujeitos à competência impositiva dos Estados. A propósito, vide os comentários ao art. 155, IX, *b*.

mais modificá-los: "tal lei complementar só pode explicitar o que está implícito na Constituição. *Não pode inovar, mas, apenas, declarar*. Para além destas angustas fronteiras, o legislador complementar estará arrogando-se atribuições que não lhe pertencem".[218]

• **Súmulas**

Súmula 163 do STJ: "O fornecimento de mercadorias com a simultânea prestação de serviços em bares, restaurantes e estabelecimentos similares constitui fato gerador do ICMS a incidir sobre o valor total da operação".

4.2. Inciso II: regulação das limitações constitucionais ao poder de tributar

De acordo com o inciso II do art. 146 da CF, a regulação das "limitações constitucionais ao poder de tributar" é matéria reservada à lei complementar.

A expressão consolidou-se e popularizou-se após Aliomar Baleeiro comentá-las sob a égide da Constituição de 1946, na sua clássica obra intitulada justamente "Limitações Constitucionais ao Poder de Tributar". Como expôs Geraldo Ataliba ao prefaciar tal obra: "O prestígio da lição – decorrente de sua flagrante utilidade científica e praticidade pedagógica – ampliou-se a ponto de decidir o próprio constituinte de 1988 reunir a matéria exposta por Baleeiro numa seção autônoma do Texto Constitucional, assim explicitamente designada"[219] (Título VI, Capítulo I, Seção II, "Das Limitações do Poder de Tributar", composta pelos arts. 150 a 152).

Segundo Aliomar Baleeiro, "a defesa do sistema tributário e do próprio regime político do país processa-se por um conjunto de limitações ao poder ativo de tributar",[220] as quais, em sua maioria, possuiriam índole política:

> A legalidade do imposto, conquanto pareça postulado jurídico é, historicamente, originária e indissociável das instituições representativas modernas. As demais regras intimamente aparentadas com princípios políticos constitucionais, inerentes ao regime democrático – como a liberdade de manifestação do pensamento, do culto ou da vida partidária, a necessidade de assegurar-se o mercado interno como um todo homogêneo aos vários Estados, ou de eliminar-se o atrito entre as três competências autônomas dentro do regime federal –, também obedecem a objetivos reputados de alta relevância social e política.[221]

Se a Constituição da República determina expressamente que a regulação das limitações constitucionais ao poder de tributar é matéria reservada à lei complementar, resta evidente que não se pode exigir, para o reconhecimento de tal reserva, que a Carta Política acrescente a qualificação "complementar" em cada dispositivo que verse sobre limitações constitucionais ao poder de tributar e aluda à "lei".

Noutros termos, o art. 146, II, da CF impõe que *as referências à "lei",* contidas nos dispositivos constitucionais que estabelecem limitações ao poder de tributar, *sejam entendidas como relativas à lei complementar*, e não à lei ordinária.

As *imunidades do art. 150*, por exemplo, além de estarem previstas no primeiro dos três artigos que compõem a seção intitulada "Das Limitações do Poder de Tributar", são casos clássicos de limitações ao poder de tributar. Infere-se facilmente que elas somente podem ser reguladas por lei complementar, por força do art. 146, II.[222]

Por outro lado, há *casos nebulosos*, em que o dispositivo regulado não integra a seção atinente às limitações constitucionais ao poder de tributar (Seção II do "Sistema Tributário Nacional") e deixa dúvidas quanto à efetiva regulação de tal matéria. Nestas

---

218 CARRAZZA. *Curso de Direito Constitucional Tributário*. 18ª ed. p. 793.

219 *In* BALEEIRO. *Limitações Constitucionais ao Poder de Tributar*. p. XIII.

220 BALEEIRO. *Limitações Constitucionais ao Poder de Tributar*. p. 2.

221 BALEEIRO, op. cit., p. 21-22.

222 Sobre o tema, ainda não decidido definitivamente no STF, vide os comentários ao art. 150, VI, *c*.

hipóteses, é possível que, dissipando-se a vagueza constitucional, reconheça-se ou refute-se a reserva de lei complementar. Trata-se de um problema interpretativo, que não pode ser solucionado *a priori*.[223]

No que concerne ao *papel da lei complementar*, é indubitável que esta deve *explicitar e pormenorizar* o conteúdo das limitações constitucionais ao poder de tributar.

Não pode ampliá-las, pois carece de *status* constitucional e, por consequência, as limitações que instituísse qualificar-se-iam como *legislativas*, jamais como limitações constitucionais ao poder de tributar.[224] Tais limitações legislativas poderiam até mesmo ser *in*constitucionais, caso violassem alguma disposição da Lei Maior, como a autonomia tributária dos Estados, do Distrito Federal e dos Municípios.[225]

Por outro lado, é claro que a lei complementar *não pode restringir as limitações constitucionais* ao poder de tributar, pois é um instrumento com *status* normativo inferior ao do diploma que consagra tais limitações. Uma lei que, a pretexto de regulá-las, terminasse por restringi-las estaria inexoravelmente acoimada do vício de inconstitucionalidade.

- **Precedente citado**

Só há reserva expressa de lei complementar. Regulação de ressalva a limitação ao poder de tributar não está sujeita à reserva de LC: CONSTITUCIONAL. TRIBUTÁRIO. IMPORTAÇÃO: ALÍQUOTAS: MAJORAÇÃO POR ATO DO EXECUTIVO. MOTIVAÇÃO. ATO. IMPOSTO DE IMPORTAÇÃO: FATO GERADOR. C.F., art. 150, III, a e art. 153, § 1º. I. – Imposto de importação: alteração das alíquotas, por ato do Executivo, atendidas as condições e os limites estabelecidos em lei: C.F., art. 153, § 1º. A lei de condições e de limites é lei ordinária, dado que a lei complementar somente será exigida se a Constituição, expressamente, assim determinar. No ponto, a Constituição excepcionou a regra inscrita no art. 146, II. [...] (STF, Pleno, **RE 225.602**, rel. Min. Carlos Velloso, 11.1998)

4.3. Inciso III: edição de normas gerais tributárias

4.3.1. Noção de normas gerais em matéria de legislação tributária

Antes de ingressar na sua análise, cabe trazer à colação o texto do art. 146, III, da Constituição da República:

> Art. 146. Cabe à lei complementar:
>
> [...]
>
> III – estabelecer normas gerais em matéria de legislação tributária, especialmente sobre:
>
> a) definição de tributos e de suas espécies, bem como, em relação aos impostos discriminados nesta Constituição, a dos respectivos fatos geradores, bases de cálculo e contribuintes;
>
> b) obrigação, lançamento, crédito, prescrição e decadência tributários;

[223] É o que ocorre com o estabelecimento de condições e limites à alteração, pelo Poder Executivo, das alíquotas do Imposto de Importação, que o art. 153, § 1º, reserva à "lei". Diz respeito à regulação de uma restrição ao princípio da legalidade tributária, que, sem dúvida, consiste numa vultosa limitação ao poder de tributar. Contudo, a restrição citada não é uma limitação ao poder de tributar num sentido mais estrito, razão pela qual poderia ser afastada a aplicação do art. 146, II, da CF. Foi o que concluiu o STF ao se deparar com a questão, empregando, no entanto, uma fundamentação que reputamos questionável, no sentido de que o art. 153, § 1º, teria *excepcionado* a regra do art. 146, II, e relegado o estabelecimento das condições e dos limites à lei ordinária (STF, Pleno, *RE 225.602*, rel. Min. Carlos Velloso, 11.1998). Cfr. C. VELLOSO. "Lei complementar tributária", p. 127 *et seq.*

[224] Nesse sentido, é lapidar o ensinamento de Pontes de Miranda: "Mesmo quando o art. 18, § 1º, diz que pode constar de lei complementar a regulação das "limitações constitucionais do poder tributário", com isso não abriu portas a limitações pela União no tocante à tributação: o que se permitiu foi *regularem-se* as "limitações constitucionais do poder de tributar", isto é, limitações que constem da Constituição, e não *estabelecerem-se* limitações extraconstitucionais. Regular limitação constitucional não é criar limitações, porque, aí, seria o legislador, e não o Congresso Constituinte, que limitaria" (*Comentários à Constituição de 1967; com a Emenda n. 1 de 1969.* p. 384).

[225] Ressaltamos que tais limitações *podem* ser inconstitucionais, mas nem sempre o serão. Divergimos, portanto, da posição de Pontes de Miranda, que rechaça a possibilidade de a lei complementar estabelecer limitações ao poder de tributar: "Lei complementar pode regular limitações constitucionais; não *criar* limitações. Lei que cria limitações não está a regular limitações constitucionais, está a limitar. As limitações seriam suas, e a Constituição de 1967 não as permitiu" (*Comentários à Constituição de 1967; com a Emenda n. 1 de 1969.* p. 385).

c) adequado tratamento tributário ao ato cooperativo praticado pelas sociedades cooperativas.

d) definição de tratamento diferenciado e favorecido para as microempresas e para as empresas de pequeno porte, inclusive regimes especiais ou simplificados no caso do imposto previsto no art. 155, II, das contribuições previstas no art. 195, I e §§ 12 e 13, e da contribuição a que se refere o art. 239. (Incluído pela Emenda Constitucional nº 42, de 19.12.2003)

Esse dispositivo tem uma abrangência amplíssima: reserva à lei complementar o estabelecimento de *todas as normas gerais* em matéria de legislação tributária.

O problema de sua interpretação decorre do fato de a expressão "normas gerais" ser significativamente vaga. Há inúmeras normas que se situam numa *zona de penumbra* quanto à sua qualificação, ou não, como normas gerais.

Consciente desse fato e objetivando afastar o questionamento acerca de determinadas normas especialmente relevantes, o constituinte enumerou certas matérias nas alíneas do art. 146, III.

Trata-se, contudo, de *enumeração meramente exemplificativa*, que não exclui o reconhecimento de outras normas gerais em matéria tributária, igualmente sujeitas à reserva de lei complementar.[226] Essa conclusão é corroborada pelo advérbio "especialmente", utilizado pelo constituinte com o nítido propósito de afastar dúvidas que poderiam surgir quanto ao caráter exemplificativo do rol veiculado nas alíneas do art. 146, III.[227]

Antes de analisar os exemplos referidos pela Constituição, é mister proceder a uma primeira aproximação ao gênero "normas gerais em matéria de legislação tributária".

O que se entende por essa expressão? Que normas tributárias se qualificam como gerais, para fins da reserva do art. 146, III?

Concebemos que uma adequada resposta a tais indagações deve basear-se na *função harmonizadora* das leis complementares, pelas razões que passamos a expor.

As normas legislativas caracterizam-se justamente pela sua generalidade, pois são destinadas a reger uma multiplicidade de situações fáticas. Normas legislativas individuais e concretas são exceções,[228] que não entram em questão na exegese do art. 146, III, da CF.

Portanto, não há como entender que as "normas gerais" referidas por esse preceito consistam na espécie normativa contraposta às "normas concretas" ou "individuais". Constituem, indiscutivelmente, uma *espécie do gênero "normas gerais", compreendido no sentido de normas dotadas de generalidade.*[229] Mas qual espécie?

---

[226] STF, Pleno, *RE 407.190*, rel. Min. Marco Aurélio, 10.2004. Nesse sentido, vide: C. VELLOSO. "Lei complementar tributária", p. 126.

[227] A respeito da origem do termo, nada mais esclarecedor do que a declaração de Ives Gandra, responsável por sua introdução no projeto constitucional: "Esta relação de hipótese seria taxativa, nos termos do primeiro texto da Sub-comissão, se, em longa conversa com o deputado Dornelles e com seu assessor, Dr. Accioly Patury, não tivéssemos escolhido o advérbio *especialmente* para tornar a lista de taxativa em exemplificativa. O argumento de que me utilizei para sensibilizá-los foi o de que há normas gerais que são estruturalmente normas gerais, mas que poderiam estar afastadas de veiculação por lei complementar, se a doutrina e a jurisprudência optassem por entender que o elenco seria um *numerus clausus*" (MARTINS. "O Direito Tributário em transição", p. 157).

[228] Cfr. GUASTINI. *Le fonti del diritto e l"interpretazione*, p. 8.

[229] Não comungamos, pois, da posição de Ives Gandra, quando defende haver normas gerais que o são tão somente por serem inseridas no sistema através de lei complementar: "há normas gerais que assim o são, estruturalmente, e outras que têm o perfil delas, porque são veiculadas por lei complementar, como há normas constitucionais que só ganham tal delineamento porque surgem no Texto Constitucional" (MARTINS. *O sistema tributário na Constituição*. 6ª ed. p. 137). A generalidade da norma é um atributo do seu conteúdo, e não do veículo que a introduz no ordenamento jurídico. E uma norma concreta não se torna geral pelo simples fato de ter sido consagrada no bojo de uma lei complementar. Em outra passagem, o ilustre Professor Emérito das Universidades Mackenzie e Paulista define as normas gerais como especificações de princípios: "as normas gerais são princípios explicitados em nível de complementação de sua enunciação geral" (ob. cit., p. 138). Parece-nos, contudo, que inexiste uma vinculação necessária das normas gerais com os princípios, o que resulta evidente quando se considera a indicação constitucional, segundo a qual até mesmo as definições das bases de cálculo dos impostos são normas gerais em matéria tributária.

A nosso juízo, *são aquelas normas que regulam os aspectos fundamentais da "Parte Geral" do Direito Tributário* e que, por isso, *devem aplicar-se a todas as leis tributárias*, de todos os entes políticos.

Somente há de existir, no Brasil, um único conceito de tributo, um único conceito de imposto, de taxa, de contribuição de melhoria etc., e não múltiplos conceitos, estipulados livremente por cada um dos entes políticos, sob pena de se instaurar um verdadeiro caos tributário, um estado de insuportável insegurança jurídica.[230]

Nessa senda, a Ministra Ellen Gracie já teve a oportunidade de expor, em importante precedente do Supremo Tribunal Federal, que: "As normas gerais são aquelas que orientam o exercício da tributação, sendo passíveis de aplicação por todos os entes tributantes".[231]

Pode-se afirmar, portanto, que o art. 146, III, da CF reserva à lei complementar o papel de concretizar um *Direito Tributário brasileiro único em seus aspectos fundamentais*, a ser respeitado por todas as pessoas políticas,[232] cuja liberdade de conformação há de centrar-se na "Parte Especial" do Direito Tributário, ou seja, nos tributos em espécie.

Postas essas considerações preliminares, podemos avançar um pouco na definição das normas gerais tributárias. Elas constituem o que Sainz de Bujanda denominou de "base permanente apta para la codificación", entendida não como uma base imune a mutações, mas como uma *base comum do fenômeno tributário*, que impõe a unidade da sua regulamentação jurídica.[233]

Essa base comum é composta não só pelos *conceitos de tributo e das suas espécies*, mas também pelos *princípios gerais tributários*, pelos *institutos fundamentais* do Direito Tributário (lançamento, decadência, prescrição, responsabilidade etc.) e por todos os aspectos gerais relacionados à incidência tributária, à constituição e às vicissitudes da *relação obrigacional tributária*, às *garantias* dos sujeitos ativos e passivos e aos *procedimentos tributários*.

O texto constitucional corrobora essas afirmações, ao exemplificar com normas gerais de amplo alcance (alíneas *a* e *b*) e, ainda, de alcance mais restrito (alíneas *c* e *d*).

Como é consabido, existe uma codificação tributária brasileira, que veicula, em larga medida, normas gerais tributárias, constituindo a lei complementar básica do nosso sistema tributário: o *Código Tributário Nacional*.[234]

---

[230] Cabe registrar que, como leciona Ferreiro Lapatza, a adoção de uma "parte geral" do Direito Tributário promove, além da segurança jurídica, a igualdade de todos os contribuintes, pois "sólo el uso común de términos y conceptos puede servir para comparar las distintas situaciones en que el ordenamiento tributario puede colocar a los diferentes ciudadanos para concluir si este ordenamiento, en su conjunto, sin imponer una rígida uniformidad, preserva tal igualdad" (*Ensayos sobre metodologia y técnica jurídica en el Derecho Financiero y Tributario,* p. 40).

[231] STF, Pleno, RE 562.276, rel. Min. Ellen Gracie, 11.2010, excerto do seu voto, que assim prossegue: "O Egrégio Tribunal Regional Federal da 4ª Região, nos autos do AIAC 1998.04.01.020236-0, bem definiu como normas gerais 'aquelas que, simultaneamente, estabelecem os princípios, os fundamentos, as diretrizes, os critérios básicos, conformadores das leis que completarão a regência da matéria e que possam ser aplicadas uniformemente em todo o País, indiferentemente de regiões ou localidades'". A íntegra da ementa é citada nos comentários à alínea *b* do art. 146, III.

[232] A respeito, Ives Gandra observa que a lei complementar é uma "garantia de estabilidade do sistema, não permitindo que cinco mil Municípios, vinte e seis Estados e a União tenham sistemas próprios, assim como do pagador de tributos, que na Federação pode livremente viajar ou alterar seu domicílio, à luz dos mesmos princípios gerais que regem o sistema" (MARTINS. *O sistema tributário na Constituição*. 6ª ed. p. 126).

[233] SAINZ DE BUJANDA. *Hacienda y Derecho*, v. I, p. 56-57.

[234] Nessa linha, o Ministro Carlos Velloso, após transcrever o art. 146 da CF, asseverou, em *obiter dictum*, que: "A lei complementar referida no art. 146 da Constituição, acima transcrito, é, basicamente, o Código Tributário Nacional. Certos tributos, especialmente os criados após o C.T.N., têm as suas leis complementares próprias, que se conjugam, nas suas linhas maiores, com a lei complementar básica, que é o C.T.N." (STF, Pleno, ADI 1.600, rel. p/ ac. Min. Nelson Jobim, 11.2001).

Criado sob a forma de lei ordinária (Lei 5.172/66), o CTN possui *status* de lei complementar na parte em que veicula normas gerais, por força do art. 146, III, da CF. Seus preceitos de alcance geral foram alçados ao *status* próprio dos dispositivos de lei complementar já pela Constituição de 1967 (art. 19, § 1º), no que foi seguida pela Carta de 1969 (art. 18, § 1º).

O CTN, contudo, padece de certa assistematicidade. O livro destinado às "Normas Gerais de Direito Tributário" é o segundo, e não o primeiro. E o primeiro livro, intitulado "Sistema Tributário Nacional", veicula, como a sua própria denominação indicia, normas gerais de Direito Tributário. Melhor teria sido dividi-lo em uma parte geral e em outra especial, a exemplo do Código Civil, com a parte geral, obviamente, antecedendo a especial.

- **Precedente citado**

Caráter exemplificativo do rol das normas gerais em matéria tributária. Regulação dos parâmetros da aplicação de multas tributárias. Reserva de LC: TRIBUTO – REGÊNCIA – ARTIGO 146, INCISO III, DA CONSTITUIÇÃO FEDERAL – NATUREZA. O princípio revelado no inciso III do artigo 146 da Constituição Federal há de ser considerado em face da natureza exemplificativa do texto, na referência a certas matérias. MULTA – TRIBUTO – DISCIPLINA. Cumpre à legislação complementar dispor sobre os parâmetros da aplicação da multa, tal como ocorre no artigo 106 do Código Tributário Nacional. MULTA – CONTRIBUIÇÃO SOCIAL – RESTRIÇÃO TEMPORAL – ARTIGO 35 DA LEI Nº 8.212/91. Conflita com a Carta da República -artigo 146, inciso III – a expressão "para os fatos geradores ocorridos a partir de 1º de abril de 1997", constante do artigo 35 da Lei nº 8.212/91, com a redação decorrente da Lei nº 9.528/97, ante o envolvimento de matéria cuja disciplina é reservada à lei complementar. (STF, Pleno, **RE 407.190**, rel. Min. Marco Aurélio, 10.2004).

4.3.2. Matérias indicadas expressamente pela Constituição

4.3.2.1. Alínea a, primeira parte: definição de tributos e de suas espécies

A alínea *a,* primeira parte, do art. 146, III, da CF reserva à lei complementar a "definição de tributos e de suas espécies".

Na realidade, esse preceito reserva à lei complementar a definição de *tributo* e das *espécies de tributo* que sejam relevantes à uniformização da aplicação do Direito Tributário e à distribuição das competências tributárias.

Atualmente, a definição de tributo é veiculada pelo art. 3º do CTN,[235] enquanto a indicação das espécies tributárias consta do art. 5º do CTN.[236]

Nos termos do art. 146, III, *a*, da CF, ambos os preceitos têm, atualmente, *status* de lei complementar.

4.3.2.2. Alínea a, in fine: definição dos fatos geradores, bases de cálculo e contribuintes dos impostos discriminados na Constituição

As normas que definem as hipóteses de incidência (fatos geradores abstratos), bases de cálculo e contribuintes dos impostos são normas gerais em matéria tributária. Por isso, somente podem ser veiculadas por lei complementar ou por lei com *status* de lei complementar (como o CTN).

É o que estabelece a parte final do art. 146, III, *a*, da CF:

---

[235] "Art. 3º Tributo é toda prestação pecuniária compulsória, em moeda ou cujo valor nela se possa exprimir, que não constitua sanção de ato ilícito, instituída em lei e cobrada mediante atividade administrativa plenamente vinculada". Sobre o conceito de tributo, vide os comentários ao art. 145.

[236] "Art. 5º Os tributos são impostos, taxas e contribuições de melhoria". Essa definição é, a nosso ver, nitidamente insuficiente, por olvidar as contribuições especiais e os empréstimos compulsórios. A respeito do tema, conferir os comentários ao art. 145.

> Art. 146. Cabe à lei complementar:
>
> [...]
>
> III – estabelecer normas gerais em matéria de legislação tributária, especialmente sobre:
>
> a) definição de tributos e de suas espécies, *bem como, em relação aos impostos discriminados nesta Constituição, a dos respectivos fatos geradores, bases de cálculo e contribuintes*;

Essa reserva de lei complementar torna nítido que, para a regulação dos impostos discriminados na Constituição, *devem existir*, em princípio, *três níveis de normas*:

a) o *constitucional*, no qual são outorgadas as competências impositivas;

b) o da *lei complementar*, no qual devem estar previstos tais elementos; e

c) o da *lei ordinária*, onde deve encontrar-se a regulação minuciosa do imposto,[237] com rigorosa observância dos ditames da lei complementar.[238]

Sem a existência desses três níveis normativos, a cobrança de impostos será, via de regra, *inconstitucional.*

Excetuam-se notadamente os impostos que devem ser *regulados exclusivamente por lei complementar* (art. 154, I) e aqueles que não necessitem, mas venham a sê-lo, pois nada impede que lei complementar disponha sobre matéria de lei ordinária.

Quanto aos *impostos previstos no CTN*, não há maiores questionamentos, tendo em vista que, quando do advento da Constituição de 1988, já havia a definição de suas hipóteses de incidência, bases de cálculo e contribuintes.

No que concerne aos *impostos que não eram regulados pelo CTN*, a sua instituição pressupõe a edição de dois diplomas legislativos: lei complementar, definindo o seu fato gerador, base de cálculo e contribuintes; e lei ordinária, regulando os pormenores do tributo. Isso se aplica sobretudo aos impostos federais.

Quanto aos *impostos estaduais e municipais*, será imprescindível a interposição de lei complementar se houver possibilidade de ocorrerem *conflitos de competência*, tal como se verificou com o Adicional do Imposto de Renda instituído pelos Estados de Rio de Janeiro e São Paulo com base na competência que era atribuída pelo art. 155, III, da CF. Esse adicional foi declarado inconstitucional por falta da lei complementar exigida pelo art. 146, I.[239]

Se não houver tal possibilidade, os impostos estaduais e municipais poderão ser instituídos sem a prévia edição de lei complementar, pois *a falta da lei complementar* exigida pelo art. 146, III, *a, não obsta que os Estados e os Municípios instituam os seus impostos* com base no art. 24, § 3º, da CF e no art. 34, § 3º, do ADCT,[240] como se verificou com o IPVA[241] e com o extinto imposto sobre vendas a varejo de combustíveis (I.V.V.).[242]

---

[237] Note-se que a Constituição não institui tributos, restringindo-se à outorga de competências, à previsão de imunidades e à regulação dos requisitos necessários a tal desiderato. Como exposto pelo Ministro Ilmar Galvão: "Na verdade, a Carta Magna não institui tributo. O tributo é instituído por lei ordinária da entidade jurídica competente, salvo a hipótese do imposto extraordinário, do art. 154, I, da referida Carta" (STF, Pleno, RE 232.467, rel. Min. Ilmar Galvão, 9.1999).

[238] A lei ordinária não pode, por exemplo, agregar novos elementos à base de cálculo estabelecida por lei complementar (STF, Pleno, *RE 567.935*, rel. Min. Marco Aurélio, 9.2014 – Tema nº 84 da Repercussão Geral).

[239] STF, Pleno, RE 136.215, rel. Min. Octavio Gallotti, 2.1993; *RE 149.955*, rel. Min. Celso de Mello, 8.1993.

[240] Eis a redação dos preceitos referidos: "Art. 24. Compete à União, aos Estados e ao Distrito Federal legislar concorrentemente sobre: I – direito tributário, financeiro, penitenciário, econômico e urbanístico; [...] § 3º – Inexistindo lei federal sobre normas gerais, os Estados exercerão a competência legislativa plena, para atender a suas peculiaridades"; "Art. 34. O sistema tributário nacional entrará em vigor a partir do primeiro dia do quinto mês seguinte ao da promulgação da Constituição, mantido, até então, o da Constituição de 1967, com a redação dada pela Emenda nº 1, de 1969, e pelas posteriores. [...] § 3º – Promulgada a Constituição, a União, os Estados, o Distrito Federal e os Municípios poderão editar as leis necessárias à aplicação do sistema tributário nacional nela previsto". Contra a possibilidade referida, por conceber que o § 3º do art. 24

- **Precedentes citados**

Instituição de adicional estadual ao IR. Necessidade de prévia edição de lei complementar para dirimir conflitos de competência: TRIBUTÁRIO – ADICIONAL AO IMPOSTO DE RENDA (LEI N. 6.352/88, DO ESTADO DE SÃO PAULO) – INCONSTITUCIONALIDADE DE SUA INSTITUIÇÃO – AUSÊNCIA DE LEI COMPLEMENTAR NACIONAL (CF, ART. 146) – IMPOSSIBILIDADE DO EXERCÍCIO, PELO ESTADO-MEMBRO, DA COMPETÊNCIA LEGISLATIVA PLENA – RECURSO EXTRAORDINÁRIO CONHECIDO E PROVIDO. – É inconstitucional a Lei n. 6.352, de 29/12/88, que, editada pelo Estado de São Paulo, instituiu o adicional ao imposto de renda no âmbito daquela unidade da Federação. – Os Estados-Membros não podem instituir, mediante ato legislativo próprio, o tributo a que se refere o art. 155, II, da Constituição (Adicional ao Imposto de Renda) enquanto não for editada, pela União Federal, a lei complementar nacional prevista no art. 146 da Lei Fundamental da República. A existência desse *vacuum legis* não confere aos Estados-Membros a possibilidade de exercerem, com base nas regras inscritas no art. 24, § 3º da Constituição e no art. 34, § 3º do ADCT/88, competência legislativa plena, eis que as recíprocas interferências que se estabelecerão, obrigatoriamente, entre o imposto de renda, sujeito à competência legislativa da União, e o adicional ao imposto de renda, incluído na esfera de competência impositiva dos Estados-Membros, reclamam a edição de lei complementar nacional que indique soluções normativas necessárias à superação de possíveis conflitos de competência entre essas entidades politicas. – O poder de tributar deferido às pessoas estatais investidas de capacidade política não deve ser exercido com desrespeito aos direitos públicos subjetivos dos contribuintes ou com ofensa às limitações constitucionais que restringem o desempenho, pelas entidades tributantes, de sua competência impositiva (STF, Pleno, **RE 149.955**, rel. Min. Celso de Mello, 8.1993).

Instituição do IPVA sem prévia edição de LC. Exercício da competência legislativa plena pelos Estados. Legitimidade: RECURSO – AGRAVO DE INSTRUMENTO – COMPETÊNCIA. [...] IMPOSTO SOBRE PROPRIEDADE DE VEÍCULOS AUTOMOTORES – DISCIPLINA. Mostra-se constitucional a disciplina do Imposto sobre Propriedade de Veículos Automotores mediante norma local. Deixando a União de editar normas gerais, exerce a unidade da federação a competência legislativa plena – § 3º do artigo 24, do corpo permanente da Carta de 1988 –, sendo que, com a entrada em vigor do sistema tributário nacional, abriu-se à União, aos Estados, ao Distrito Federal e aos Municípios, a via da edição de leis necessárias à respectiva aplicação – § 3º do artigo 34 do Ato das Disposições Constitucionais Transitórias da Carta de 1988. (STF, 2ª Turma, **AI 167.777 AgR**, rel. Min. Marco Aurélio, 3.1997)

Impossibilidade de lei ordinária determinar a inclusão de novos elementos na base de cálculo de imposto: IMPOSTO SOBRE PRODUTOS INDUSTRIALIZADOS – VALORES DE DESCONTOS INCONDICIONAIS – BASE DE CÁLCULO – INCLUSÃO – ARTIGO 15 DA LEI Nº 7.798/89 – INCONSTITUCIONALIDADE FORMAL – LEI COMPLEMENTAR – EXIGIBILIDADE. Viola o artigo 146, inciso III, alínea "a", da Carta Federal norma ordinária segundo a qual hão de ser incluídos, na base de cálculo do Imposto sobre Produtos Industrializados – IPI, os valores relativos a descontos incondicionais concedidos quando das operações de saída de produtos, prevalecendo o disposto na alínea "a" do inciso II do artigo 47 do Código Tributário Nacional. (STF, Pleno, **RE 567.935**, rel. Min. Marco Aurélio, 9.2014 – Tema nº 84 da Repercussão Geral)

4.3.2.2.1. Definição dos fatos geradores, bases de cálculo e contribuintes das contribuições sociais discriminadas na Constituição

Tal como as normas que definem as hipóteses de incidência, bases de cálculo e contribuintes dos impostos discriminados na Constituição, as normas que definem esses elementos das contribuições sociais discriminadas na Constituição qualificam-se como "normas gerais" nos termos do art. 146, III.

O *STF*, porém, numa interpretação fortemente apegada à letra da CF, considerou que, em virtude de o art. 146, III, *a*, ter referido apenas os impostos, a previsão de tais elementos das contribuições seria *matéria de lei ordinária*, e não de lei complementar. Procedeu, assim, a uma interpretação *a contrario sensu* da alínea "a" do art. 146, III, sem levar em devida consideração a redação do próprio inciso.

---

não trata de lei complementar, mas sim "daquelas normas gerais veiculáveis por lei ordinária federal", vide MARTINS. *O sistema tributário na Constituição*. 6ª ed. p. 143.

[241] STF, 2ª Turma, *AI 167.777 AgR*, rel. Min. Marco Aurélio, 3.1997.

[242] STF, 2ª Turma, RE 205.165, rel. Min. Maurício Corrêa, 8.1999.

Esse entendimento foi externado quando do julgamento do RE 146.733, em que se discutia a constitucionalidade formal da lei ordinária que havia instituído a CSLL sem a interposição de lei complementar.[243]

Logo após, reapreciando a matéria, o STF reiterou tal posicionamento, em esclarecedor voto do Ministro Carlos Velloso:

> A contribuição da Lei 7.689, de 15.12.88, é uma contribuição social instituída com base no art. 195, I, da Constituição. As contribuições do art. 195, I, II, III, da Constituição, não exigem, para a sua instituição, lei complementar. Apenas a contribuição do parag. 4. do mesmo art. 195 é que exige, para a sua instituição, lei complementar, dado que essa instituição deverá observar a técnica da competência residual da União (C.F., art. 195, parag. 4.; C.F., art. 154, I). Posto estarem sujeitas à lei complementar do art. 146, III, da Constituição, porque não são impostos, não há necessidade de que a lei complementar defina o seu fato gerador, base de cálculo e contribuintes (C.F., art. 146, III, "a").[244]

Esse precedente levou à formação de remansosa jurisprudência do Pretório Excelso sobre a matéria, reiterada em inúmeros outros arestos.[245]

4.3.2.3. Alínea b: regulação da obrigação, do lançamento, do crédito, da prescrição e da decadência tributários

É reservada à lei complementar a regulação dos *institutos* e dos *aspectos gerais da obrigação, do lançamento, do crédito, da prescrição e da decadência tributários.*

O CTN regula-os de forma detida, no seu "Livro Segundo", intitulado "Normas Gerais de Direito Tributário" (arts. 96 e seguintes). Dedica o segundo e o terceiro títulos desse livro à obrigação e ao crédito tributários, regulando, dentro do terceiro título, o lançamento tributário e suas modalidades, bem como a prescrição e a decadência, enquanto modalidades de extinção do crédito tributário.

Eis os títulos referidos:

> LIVRO SEGUNDO – NORMAS GERAIS DE DIREITO TRIBUTÁRIO
>
> TÍTULO I – Legislação Tributária [...]
>
> TÍTULO II – Obrigação Tributária; CAPÍTULO I – Disposições Gerais; CAPÍTULO II – Fato Gerador; CAPÍTULO III – Sujeito Ativo; CAPÍTULO IV – Sujeito Passivo; CAPÍTULO V – Responsabilidade Tributária
>
> TÍTULO III – Crédito Tributário; CAPÍTULO I – Disposições Gerais; CAPÍTULO II – Constituição de Crédito Tributário; CAPÍTULO III – Suspensão do Crédito Tributário; CAPÍTULO IV – Extinção do Crédito Tributário

Nesses aspectos, *a codificação tributária goza*, inquestionavelmente, *do status de lei complementar*, somente podendo ser modificada por tal espécie normativa.

O alcance dessa reserva de lei complementar, todavia, é controverso, como veremos a seguir.

4.3.2.3.1. Responsabilidade tributária

As *normas gerais sobre responsabilidade tributária estão*, sem dúvida alguma, *sob reserva de lei complementar*, seja por força do inciso III do art. 146, pois são "normas gerais em matéria tributária", seja por força da alínea *b* desse inciso, pois dizem respeito à obrigação tributária.

---

[243] STF, Pleno, RE 146.733, rel. Min. Moreira Alves, 6.1992.

[244] STF, Pleno, RE 138.284, rel. Min. Carlos Velloso, 7.1992, excerto da ementa.

[245] Vide, exemplificativamente, este precedente: "As contribuições de seguridade social – inclusive aquelas que incidem sobre os servidores públicos federais em atividade –, embora sujeitas, como qualquer tributo, às normas gerais estabelecidas na lei complementar a que se refere o art. 146, III, da Constituição, não dependem, para o específico efeito de sua instituição, da edição de nova lei complementar, eis que, precisamente por não se qualificarem como impostos, torna-se inexigível, quanto a elas, a utilização dessa espécie normativa para os fins a que alude o art. 146, III, a, segunda parte, da Carta Política, vale dizer, para a definição dos respectivos fatos geradores, bases de cálculo e contribuintes" (STF, Pleno, ADI 2.010 MC, rel. Min. Celso de Mello, 9.1999, excerto da ementa).

Esse fato é evidenciado pela própria estrutura do Código Tributário Nacional, que, ao regular a obrigação tributária (Título II do Livro Segundo), dedica um capítulo específico à responsabilidade tributária (Capítulo V), onde estabelece um arquétipo geral a ser observado pelo legislador ordinário (art. 128) e trata da responsabilidade dos sucessores (arts. 129 a 133), dos "terceiros" (arts. 134 e 135) e por infrações (arts. 136 a 138).

Todos esses preceitos têm *status* de lei complementar, como reconhecido pelo Supremo Tribunal Federal:

> A definição dos traços essenciais da figura da responsabilidade tributária, como o de exigir previsão legal específica e, necessariamente, vínculo do terceiro com o fato gerador do tributo, enquadra-se, sim, no rol das normas gerais de direito tributário que orientam todos os entes políticos.
>
> Do mesmo modo, a previsão de regras matrizes de responsabilidade tributária aplicáveis à generalidade dos tributos também se encontra no âmbito das normas gerais, assegurando uniformidade de tratamento dos terceiros perante o Fisco nas diversas esferas: federal, estadual, distrital ou municipal.
>
> Assim, afigura-se adequado que se confira caráter de normas gerais com nível de lei complementar aos dispositivos do CTN que cuidam da responsabilidade tributária, sem prejuízo da permissão, constante do art. 128 do CTN, de que o legislador estabeleça outros casos específicos de responsabilidade.[246]

Destarte, *caso a legislação ordinária desconsidere o arquétipo do art. 128 do CTN ou os requisitos consagrados nas hipóteses gerais de responsabilidade* dos sucessores, terceiros e por infrações, regulando a mesma matéria de modo diverso, *incorrerá em inconstitucionalidade*, por invasão de matéria reservada à lei complementar.

Foi o que decidiu o Supremo Tribunal Federal ao pronunciar a inconstitucionalidade de preceito de lei ordinária (art. 13 da Lei 8.620/93) que estabelecera hipótese de responsabilidade solidária dos sócios em dissonância da moldura instituída pelo art. 135, III, do CTN.[247]

- **Precedente citado**

Responsabilidade tributária. Desrespeito, pelo legislador ordinário, às regras gerais estabelecidas pelo CTN. Inconstitucionalidade: DIREITO TRIBUTÁRIO. RESPONSABILIDADE TRIBUTÁRIA. NORMAS GERAIS DE DIREITO TRIBUTÁRIO. ART 146, III, DA CF. ART. 135, III, DO CTN. SÓCIOS DE SOCIEDADE LIMITADA. ART. 13 DA LEI 8.620/93. INCONSTITUCIONALIDADES FORMAL E MATERIAL. REPERCUSSÃO GERAL. APLICAÇÃO DA DECISÃO PELOS DEMAIS TRIBUNAIS. 1.Todas as espécies tributárias, entre as quais as contribuições de seguridade social, estão sujeitas às normas gerais de direito tributário. 2.O Código Tributário Nacional estabelece algumas regras matrizes de responsabilidade tributária, como a do art. 135, III, bem como diretrizes para que o legislador de cada ente político estabeleça outras regras específicas de responsabilidade tributária relativamente aos tributos da sua competência, conforme seu art. 128. [...] 6.O art. 13 da Lei 8.620/93 não se limitou a repetir ou detalhar a regra de responsabilidade constante do art. 135 do CTN, tampouco cuidou de uma nova hipótese específica e distinta. Ao vincular à simples condição de sócio a obrigação de responder solidariamente pelos débitos da sociedade limitada perante a Seguridade Social, tratou a mesma situação genérica regulada pelo art. 135, III, do CTN, mas de modo diverso, incorrendo em inconstitucionalidade por violação ao art. 146, III, da CF. [...] (STF, Pleno, **RE 562.276**, rel. Min. Ellen Gracie, 11.2010).

4.3.2.3.2. Definição das modalidades de extinção do crédito tributário

As normas relativas às formas de extinção dos créditos tributários também se qualificam como normas gerais em matéria tributária.[248]

Por essa razão, *os dispositivos do CTN que versam sobre o pagamento (arts. 157 e ss) têm status de lei complementar*, como já decidiu o STF ao declarar a inconstitucionalidade da criação, por lei ordinária, de nova hipótese de extinção do crédito tributário (dação em pagamento).[249]

---

[246] STF, Pleno, *RE 562.276*, rel. Min. Ellen Gracie, 11.2010, excerto do seu voto.

[247] STF, Pleno, *RE 562.276*, rel. Min. Ellen Gracie, 11.2010.

[248] MARTINS. *O sistema tributário na Constituição*. 6ª ed. p. 145.

[249] STF, Pleno, *ADI 1.917 MC*, rel. Min. Marco Aurélio, 12.1998.

Cumpre registrar que o Tribunal modificou esse entendimento, passando a considerar que os Estados podem estabelecer regras específicas de quitação dos seus créditos tributários,[250] e posteriormente reafirmou-o, ao declarar a inconstitucionalidade de lei distrital que autorizava o pagamento de débitos tributários mediante dação em pagamento.[251] Porém, neste último julgado certos Ministros vislumbraram ofensa apenas ao princípio da licitação, não à reserva de lei complementar. Isso *deixa a questão em aberto* para as demais modalidades de extinção do crédito tributário.

- **Precedentes citados**

Autorização de quitação dos débitos tributários mediante dação em pagamento. Ofensa ao princípio da licitação: AÇÃO DIRETA DE INCONSTITUICIONALIDADE. OFENSA AO PRINCÍPIO DA LICITAÇÃO (CF, ART. 37, XXI). I – Lei ordinária distrital – pagamento de débitos tributários por meio de dação em pagamento. II – Hipótese de criação de nova causa de extinção do crédito tributário. III – Ofensa ao princípio da licitação na aquisição de materiais pela administração pública. IV – Confirmação do julgamento cautelar em que se declarou a inconstitucionalidade da lei ordinária distrital 1.624/1997. (STF, Pleno, **ADI 1.917**, rel. Min. Ricardo Lewandowski, 4.2007)

A medida cautelar não fora deferida por ofensa ao princípio da licitação, mas à reserva de lei complementar, consoante se infere da ementa: CRÉDITO TRIBUTÁRIO – EXTINÇÃO. As formas de extinção do crédito tributário estão previstas no Código Tributário Nacional, recepcionado pela Carta de 1988 como lei complementar. Surge a relevância de pedido formulado em ação direta de inconstitucionalidade considerada lei local prevendo nova forma de extinção do crédito tributário na modalidade civilista da dação em pagamento. Suspensão de eficácia da Lei Ordinária do Distrito Federal de nº 1.624/97. (STF, Pleno, ADI 1.917 MC, rel. Min. Marco Aurélio, 12.1998)

No sentido de que não há reserva de lei complementar para se autorizar a extinção do crédito tributário por dação em pagamento: Ação direta de inconstitucionalidade: medida cautelar: L. estadual (RS) 11.475, de 28 de abril de 2000, que introduz alterações em leis estaduais (6.537/73 e 9.298/91) que regulam o procedimento fiscal administrativo do Estado e a cobrança judicial de créditos inscritos em dívida ativa da fazenda pública estadual, bem como prevê a dação em pagamento como modalidade de extinção de crédito tributário. I – Extinção de crédito tributário criação de nova modalidade (dação em pagamento) por lei estadual: possibilidade do Estado-Membro estabelecer regras específicas de quitação de seus próprios créditos tributários. Alteração do entendimento firmado na ADInMC 1917-DF, 18.12.98, Marco Aurélio, DJ 19.09.2003: conseqüente ausência de plausibilidade da alegação de ofensa ao art. 146, III, b, da Constituição Federal, que reserva à lei complementar o estabelecimento de normas gerais reguladoras dos modos de extinção e suspensão da exigibilidade de crédito tributário. [...] VI – Licitação (CF, art. 37, XXI) – não ofende o dispositivo constitucional o art. 129 da L. 6.537/73 c/ a red. L. 11.475/00 – que autoriza a alienação dos bens objetos de dação por valor nunca inferior ao que foi recebido e prevê a aquisição de tais bens por município, mediante o pagamento em prestações a serem descontadas das quotas de participação do ICMS. VII – Demais dispositivos cuja suspensão cautelar foi indeferida. (STF, Pleno, ADI 2.405 MC, rel. Min. Carlos Britto, 11.2002)

4.3.2.3.3. Decadência e prescrição: estabelecimento de prazos e das hipóteses de interrupção ou suspensão

As normas que regulam a decadência e a prescrição tributárias são, indubitavelmente, normas gerais em matéria tributária, razão pela qual *somente podem ser introduzidas no ordenamento por meio de lei complementar.*

Consciente desse fato, o constituinte, cauteloso, dispôs, na alínea *b* do art. 146, III, que dentre as normas gerais em matéria tributária estão inseridas aquelas pertinentes à "prescrição e decadência" tributárias. Restaram dissipadas, pois, quaisquer dúvidas que pudessem pairar a respeito.

Quanto à prescrição e à decadência, *uma das principais tarefas da lei complementar é estabelecer os seus prazos*, de modo a uniformizar a legislação tributária no País, simplificando-a.

O Direito Tributário representaria um verdadeiro tormento para os contribuintes se fosse permitida a criação de prazos de decadência e prescrição diferenciados em cada um

[250] STF, Pleno, *ADI 2.405 MC*, rel. Min. Carlos Britto, 11.2002.

[251] STF, Pleno, *ADI 1.917*, rel. Min. Ricardo Lewandowski, 4.2007.

dos Estados e dos Municípios, visto que há mais de cinco mil entes federados. Por isso, "não podem [...] as leis ordinárias federais ou estaduais alterar os prazos de decadência ou de prescrição e nem tampouco o rol de causas suspensivas ou interruptivas".[252]

Como exposto pelo Ministro Carlos Velloso:

> A questão da prescrição e da decadência, entretanto, parece-me pacificada. É que tais institutos são próprios da lei complementar de normas gerais (art. 146, III, *b*). Quer dizer, os prazos de decadência e de prescrição inscritos na lei complementar de normas gerais (CTN) são aplicáveis, agora, por expressa previsão constitucional, às contribuições parafiscais (C.F., art. 146, III, *b*; art. 149).[253]

A despeito da clara redação constitucional, a matéria atinente à prescrição e à decadência tributárias foi regulada por meio de lei ordinária.

Pelos arts. 45 e 46 da Lei 8.212/91, foram *duplicados*, em relação à seguridade social, *os prazos previstos nos arts. 173 e 174 do CTN*, em flagrante *violação à Constituição*.[254]

Quadro similar verificou-se com a *Lei de Execuções Fiscais* (Lei 6.830/80), segundo a qual:

a) a inscrição do débito em dívida ativa suspende o curso da prescrição até a distribuição da execução fiscal, limitada a suspensão a 180 dias (art. 2º, § 3º); e

b) o despacho que ordena a citação interrompe a prescrição (art. 8, § 2º).

À evidência, tais preceitos não podem ser aplicados em matéria tributária, eis que *lei ordinária não pode estabelecer hipóteses de suspensão do curso da prescrição e tampouco derrogar o marco interruptivo consagrado pelo CTN*, que consistia na efetivação da citação (art. 174, parágrafo único, I).[255]

• Súmulas

Súmula Vinculante nº 8: "São inconstitucionais o parágrafo único do artigo 5º do Decreto-Lei nº 1.569/1977 e os artigos 45 e 46 da Lei nº 8.212/1991, que tratam de prescrição e decadência do crédito tributário".

• Precedentes citados

Supremo Tribunal Federal:

Prazos de decadência e prescrição tributárias. Matéria reservada à LC: PRESCRIÇÃO E DECADÊNCIA TRIBUTÁRIAS. MATÉRIAS RESERVADAS A LEI COMPLEMENTAR. DISCIPLINA NO CÓDIGO TRIBUTÁRIO NACIONAL. NATUREZA TRIBUTÁRIA DAS CONTRIBUIÇÕES PARA A SEGURIDADE SOCIAL. INCONSTITUCIONALIDADE DOS ARTS. 45 E 46 DA LEI 8.212/91 E DO PARÁGRAFO ÚNICO DO ART. 5º DO DECRETO-LEI 1.569/77. [...] As normas relativas à prescrição e à decadência tributárias têm natureza de normas gerais de direito tributário, cuja disciplina é reservada a lei complementar, tanto sob a Constituição pretérita (art. 18, § 1º, da CF de 1967/69) quanto sob a Constituição atual (art. 146, *b*, III, da CF de 1988). Interpretação que preserva a força normativa da Constituição, que prevê disciplina homogênea, em âmbito nacional, da prescrição, decadência, obrigação e crédito tributários. Permitir regulação distinta sobre esses temas, pelos

[252] DERZI. *Notas* ao livro *Direito Tributário Brasileiro,* de Aliomar Baleeiro. p. 911.

[253] STF, Pleno, RE 138.284, rel. Min. Carlos Velloso, 7.1992, excerto do seu voto. Trata-se, contudo, de mera assertiva do relator, não de fundamento que sustentou a conclusão do julgado.

[254] Súmula Vinculante nº 8 do STF: "São inconstitucionais o parágrafo único do artigo 5º do Decreto-Lei nº 1.569/1977 e os artigos 45 e 46 da Lei nº 8.212/1991, que tratam de prescrição e decadência do crédito tributário". Este o *leading case* que deu origem à súmula: STF, Pleno, *RE 556.664*, rel. Min. Gilmar Mendes, 6.2008. Vale notar que essa posição já havia sido adotada pela Corte Especial do STJ, ao acolher incidente de arguição de inconstitucionalidade do art. 45 da Lei 8.212/91 (AI no REsp 616.348, rel. Min. Teori Zavascki, 8.2007).

[255] No sentido da ilegitimidade da causa interruptiva da LEF, vide, entre muitos outros: STJ, 1ª Seção, EREsp 85.144, rel. Min. José Delgado, 2.2001. Quanto à ilegitimidade da causa de suspensão, cfr. STJ, 2ª Turma, REsp 673.162, rel. Min. Castro Meira, 3.2005. Levada a questão à Corte Especial, o STJ pronunciou a inconstitucionalidade parcial dos arts. 2º, § 3º, e 8º, § 2º, da LEF, sem redução de texto, pois esses preceitos podem aplicar-se a créditos não-tributários: STJ, Corte Especial, *AI no Ag 1.037.765*, rel. Min. Teori Albino Zavascki, 3.2011. Não se pode olvidar que, em 2005, o Código Tributário Nacional foi modificado de forma legítima pela Lei Complementar 118/05, a qual estabeleceu como marco interruptivo da prescrição o despacho do juiz que ordenar a citação em execução fiscal.

diversos entes da federação, implicaria prejuízo à vedação de tratamento desigual entre contribuintes em situação equivalente e à segurança jurídica. II. DISCIPLINA PREVISTA NO CÓDIGO TRIBUTÁRIO NACIONAL. O Código Tributário Nacional (Lei 5.172/1966), promulgado como lei ordinária e recebido como lei complementar pelas Constituições de 1967/69 e 1988, disciplina a prescrição e a decadência tributárias. [...] IV. RECURSO EXTRAORDINÁRIO NÃO PROVIDO. Inconstitucionalidade dos arts. 45 e 46 da Lei 8.212/91, por violação do art. 146, III, *b*, da Constituição de 1988, e do parágrafo único do art. 5º do Decreto-lei 1.569/77, em face do § 1º do art. 18 da Constituição de 1967/69. [...] (STF, Pleno, **RE 556.664**, rel. Min. Gilmar Mendes, 6.2008).

Superior Tribunal de Justiça:

Hipóteses de suspensão e de interrupção do prazo prescricional previstas nos arts. 2º, § 3º, e 8º, § 2º, da LEF. Ilegitimidade: CONSTITUCIONAL. TRIBUTÁRIO. INCIDENTE DE INCONSTITUCIONALIDADE DOS ARTIGOS 2º, § 3º, E 8º, § 2º, DA LEI 6.830/80. PRESCRIÇÃO. RESERVA DE LEI COMPLEMENTAR. 1. Tanto no regime constitucional atual (CF/88, art. 146, III, b), quanto no regime constitucional anterior (art. 18, § 1º da EC 01/69), as normas sobre prescrição e decadência de crédito tributário estão sob reserva de lei complementar. Precedentes do STF e do STJ. 2. Assim, são ilegítimas, em relação aos créditos tributários, as normas estabelecidas no § 2º, do art. 8º e do § 3º do art. 2º da Lei 6.830/80, que, por decorrerem de lei ordinária, não podiam dispor em contrário às disposições anteriores, previstas em lei complementar. 3. Incidente acolhido. (STJ, Corte Especial, **AI no Ag 1.037.765**, rel. Min. Teori Albino Zavascki, 3.2011)

- **Questões específicas**

Norma estadual que estabelece hipótese de extinção do crédito tributário pela inércia administrativa. Inconstitucionalidade: CONSTITUCIONAL. TRIBUTÁRIO. NORMA DO ESTADO DE SANTA CATARINA QUE ESTABELECE HIPÓTESE DE EXTINÇÃO DO CRÉDITO TRIBUTÁRIO POR TRANSCURSO DE PRAZO PARA APRECIAÇÃO DE RECURSO ADMINISTRATIVO FISCAL. [...] O lançamento tributário não pode durar indefinidamente, sob risco de violação da segurança jurídica, mas a Constituição de 1988 reserva à lei complementar federal aptidão para dispor sobre decadência em matéria tributária. Viola o art. 146, III, b, da Constituição federal norma que estabelece hipótese de decadência do crédito tributário não prevista em lei complementar federal. Ação direta de inconstitucionalidade conhecida e julgada procedente. (STF, Pleno, **ADI 124**, rel. Min. Joaquim Barbosa, 8.2008)

4.3.2.4. Alínea c: outorga de adequado tratamento tributário ao ato cooperativo

A Constituição da República reserva à lei complementar a determinação de "adequado tratamento tributário ao ato cooperativo", cujo alcance é questionado, dada a sua significativa vagueza.

Não se pode conceber que a Carta Política se limita a impor o respeito às peculiaridades do ato cooperativo, pois essa interpretação tornaria inócuo o dispositivo constitucional: é prescindível a existência de qualquer regra para que as peculiaridades juridicamente relevantes sejam levadas em consideração pelo legislador. Por isso, é evidente que tal dispositivo versa sobre o ônus tributário das cooperativas, com vista aos atos específicos que praticam, ou seja, os atos cooperativos.

A nosso ver, esses *atos cooperativos devem ter a sua tributação favorecida, como um todo*. Tal conclusão decorre da interpretação do art. 146, III, *c*, conjugado com o art. 174, § 2º, da CF, que impõe o apoio e o estímulo ao cooperativismo: "A lei apoiará e estimulará o cooperativismo e outras formas de associativismo". Para que o cooperativismo seja apoiado e estimulado no âmbito tributário, é mister que os atos cooperativos tenham uma tributação favorecida.[256]

---

[256] Em sentido contrário, Ferreira Filho assume postura cética quanto ao significado jurídico dessa previsão constitucional: "ao prometer 'adequado' tratamento ao ato cooperativo, o constituinte nada concedeu" (*Comentários à Constituição brasileira de 1988*. v. 2. p. 102). Nesta toada, há precedente da 1ª Turma do STF concedendo liberdade ao legislador para dar às cooperativas o tratamento que julgar adequado, uma vez que "tratamento adequado não significa necessariamente tratamento privilegiado" (*RE 141.800*, rel. Min. Moreira Alves, 4.1997, excerto da ementa). Não comungamos do entendimento externado nesse precedente no que diz respeito à liberdade absoluta que parece ter concedido ao legislador ordinário. Em primeiro lugar, não há como conceber que a Constituição seja destituída de sentido ou de força vinculante: seus comandos possuem conteúdos que, inquestionavelmente, vinculam o legislador, o qual nunca será detentor de uma liberdade absoluta (sobre o tema, vide A. VELLOSO. *Conceitos e competências tributárias*, p. 19-31). Em segundo lugar, a Constituição impõe, como já exposto, a outorga de tratamento *favorecido* aos atos cooperativos, veiculando uma determinação que não pode ser olvidada pelo legislador.

Não há necessidade, contudo, *de que tenham privilégios em relação a todas as espécies tributárias. Tampouco são imunes* à tributação.[257]

Frente a essas ponderações, poder-se-ia concluir que o dispositivo constitucional carece de força jurídica para efetivamente tutelar as cooperativas. Assiste-lhe, porém, uma *eficácia jurídica mínima*, já reconhecida pelo STF, de *inibir eventual tributação mais gravosa ao ato cooperativo*.[258]

Em relação ao *alcance da reserva de lei complementar*, limita-se à *questão do ato cooperativo*, e não à integralidade da tributação das cooperativas.[259] Como anota Ives Gandra, "a regulação será apenas do ato cooperativo, de tal forma que as demais obrigações tributárias, relacionadas com as sociedades cooperativas como um todo, fogem ao regramento complementar".[260]

Inexistindo lei complementar que regule o tratamento tributário das cooperativas, *não há*, segundo a jurisprudência do STF, *óbice a que os Estados disponham sobre a matéria*, no exercício da competência legislativa concorrente prevista no art. 24, § 3º, da CF.[261]

• Súmulas

Súmula 262 do STJ: "Incide o imposto de renda sobre o resultado das aplicações financeiras realizadas pelas cooperativas".

• Precedentes citados

Regulação tributária do ato cooperativo pelos Estados. Ausência de lei complementar nacional. Legitimidade: [...] 4. O art. 146, III, "c", da CRFB/88 determina que lei complementar estabeleça normas gerais sobre matéria tributária e, em especial, quanto ao adequado tratamento tributário a ser conferido ao ato cooperativo praticado pelas sociedades cooperativas. 5. Não há a alegada inconstitucionalidade da Constituição estadual, porquanto a competência para legislar sobre direito tributário é concorrente, cabendo à União estabelecer normas gerais, aos Estados-membros e o Distrito Federal suplementar as lacunas da lei federal sobre normas gerais, afim de afeiçoá-las às particularidades locais, por isso que inexistindo lei federal de normas gerais, acerca das matérias enunciadas no citado artigo constitucional, os Estados podem exercer a competência legislativa plena (§ 3º, do art. 24 da CRFB/88). 6. Consectariamente, o § 1º do artigo 192 da Constituição cearense que estabelece que "o ato cooperativo, praticado entre o associado e sua cooperativa, não implica em operação de mercado", não é inconstitucional. 7. É que a Suprema Corte, ao apreciar situação análoga, assentou que, enquanto não promulgada a lei complementar a que se refere o art. 146, III, "c", da CRFB/88, não se pode pretender que, com base na legislação local, não possa o Estado-membro, que tem competência concorrente em se tratando de direito tributário (artigo 24, I e § 3º, da Carta Magna), dê às cooperativas o tratamento que julgar adequado, até porque tratamento adequado não significa necessariamente tratamento privilegiado [...] (STF, Pleno, **ADI 429**, rel. Min. Luiz Fux, 8.2014)

Inexistência de imunidade para as cooperativas. Adequado tratamento não significa tratamento favorecido: ICMS. Cooperativas de consumo. [...] Inexiste, no caso, ofensa ao artigo 146, III, "c", da Constituição, porquanto esse dispositivo constitucional não concedeu às cooperativas imunidade tributária, razão por que, enquanto não for promulgada a lei complementar a que ele alude, não se pode pretender que, com base na legislação local mencionada no aresto recorrido, não possa o Estado-membro, que tem competência concorrente em se tratando de direito tributário (artigo 24, I e § 3º, da Carta Magna), dar às Cooperativas o tratamento que julgar adequado, até porque tratamento adequado não significa necessariamente tratamento privilegiado. Recurso extraordinário não conhecido. (STF, 1ª Turma, **RE 141.800**, rel. Min. Moreira Alves, 4.1997)

Inexistência de imunidade. Incidência da contribuição ao PIS sobre a receita das cooperativas de trabalho: EMENTA Recurso extraordinário. Repercussão geral. Artigo 146, III, c, da Constituição Federal. Adequa-

---

[257] STF, Pleno, *RE 599.362*, rel. Min. Dias Toffoli, 11.2014 – Tema nº 323 da Repercussão Geral. STF, 1ª Turma, *RE 141.800*, rel. Min. Moreira Alves, 4.1997. Nessa linha, cabe referir o teor da Súmula 262 do STJ: "Incide o imposto de renda sobre o resultado das aplicações financeiras realizadas pelas cooperativas". Vide também MARTINS. *O sistema tributário na Constituição*. 6ª ed. p. 155.

[258] STF, Pleno, *RE 599.362*, rel. Min. Dias Toffoli, 11.2014 – Tema nº 323 da Repercussão Geral.

[259] STF, Pleno, *RE 599.362*, rel. Min. Dias Toffoli, 11.2014 – Tema nº 323 da Repercussão Geral.

[260] MARTINS. *Comentários à Constituição do Brasil*. 6º Vol. – Tomo I. p. 98; idem. *O sistema tributário na Constituição*. 6ª ed. p. 154.

[261] STF, Pleno, *ADI 429*, rel. Min. Luiz Fux, 8.2014.

do tratamento tributário. Inexistência de imunidade ou de não incidência com relação ao ato cooperativo. Lei nº 5.764/71. Recepção como lei ordinária. PIS/PASEP. Incidência. MP nº 2.158-35/2001. Afronta ao princípio da isonomia. Inexistência. 1. O adequado tratamento tributário referido no art. 146, III, *c*, CF é dirigido ao ato cooperativo. A norma constitucional concerne à tributação do ato cooperativo, e não aos tributos dos quais as cooperativas possam vir a ser contribuintes. 2. O art. 146, III, *c*, CF pressupõe a possibilidade de tributação do ato cooperativo ao dispor que a lei complementar estabelecerá a forma adequada para tanto. O texto constitucional a ele não garante imunidade ou mesmo não incidência de tributos, tampouco decorre diretamente da Constituição direito subjetivo das cooperativas à isenção. 3. A definição do adequado tratamento tributário ao ato cooperativo se insere na órbita da opção política do legislador. Até que sobrevenha a lei complementar que definirá esse adequado tratamento, a legislação ordinária relativa a cada espécie tributária deve, com relação a ele, garantir a neutralidade e a transparência, evitando tratamento gravoso ou prejudicial ao ato cooperativo e respeitando, ademais, as peculiaridades das cooperativas com relação às demais sociedades de pessoas e de capitais. 4. A Lei nº 5.764/71 foi recepcionada pela Constituição de 1988 com natureza de lei ordinária e o seu art. 79 apenas define o que é ato cooperativo, sem nada referir quanto ao regime de tributação. Se essa definição repercutirá ou não na materialidade de cada espécie tributária, só a análise da subsunção do fato na norma de incidência específica, em cada caso concreto, dirá. 5. Na hipótese dos autos, a cooperativa de trabalho, na operação com terceiros – contratação de serviços ou vendas de produtos - não surge como mera intermediária de trabalhadores autônomos, mas, sim, como entidade autônoma, com personalidade jurídica própria, distinta da dos trabalhadores associados. 6. Cooperativa é pessoa jurídica que, nas suas relações com terceiros, tem faturamento, constituindo seus resultados positivos receita tributável. 7. Não se pode inferir, no que tange ao financiamento da seguridade social, que tinha o constituinte a intenção de conferir às cooperativas de trabalho tratamento tributário privilegiado, uma vez que está expressamente consignado na Constituição que a seguridade social "será financiada por toda a sociedade, de forma direta e indireta, nos termos da lei" (art. 195, *caput*, da CF/88). [...] 9. É possível, senão necessário, estabelecerem-se diferenciações entre as cooperativas, de acordo com as características de cada segmento do cooperativismo e com a maior ou a menor necessidade de fomento dessa ou daquela atividade econômica. O que não se admite são as diferenciações arbitrárias, o que não ocorreu no caso concreto. 10. Recurso extraordinário ao qual o Supremo Tribunal Federal dá provimento para declarar a incidência da contribuição ao PIS/PASEP sobre os atos (negócios jurídicos) praticados pela impetrante com terceiros tomadores de serviço, objeto da impetração. (STF, Pleno, **RE 599.362**, rel. Min. Dias Toffoli, 11.2014 – Tema nº 323 da Repercussão Geral: "Incidência do PIS sobre os atos cooperativos próprios")

Na mesma sessão, foi julgado, pelo Plenário, o RE 598.085, de relatoria do Min. Luiz Fux, versando sobre o Tema nº 177 da Repercussão Geral: "Revogação, por medida provisória, da isenção da contribuição para o PIS e para a COFINS concedida às sociedades cooperativas." Pronunciou-se a legitimidade da revogação e, consequentemente, a incidência da COFINS sobre a receita advinda dos negócios jurídicos praticados pelas cooperativas com terceiros tomadores de serviços.

4.3.2.5. Alínea d: princípio do tratamento favorecido às micro e pequenas empresas

A alínea *d* do art. 146, III, introduzida pela EC 42/03, não sofre da intensa vagueza que acomete a alínea *c*. É explícita ao dispor que *o tratamento tributário das micro e pequenas empresas será diferenciado, simplificado e favorecido*, no que se coaduna com os preceitos dos arts. 170, IX, e 179 da CF:

> Art. 170. A ordem econômica, fundada na valorização do trabalho humano e na livre iniciativa, tem por fim assegurar a todos existência digna, conforme os ditames da justiça social, observados os seguintes princípios:
>
> [...]
>
> IX – tratamento favorecido para as empresas de pequeno porte constituídas sob as leis brasileiras e que tenham sua sede e administração no País.
>
> Art. 179. A União, os Estados, o Distrito Federal e os Municípios dispensarão às microempresas e às empresas de pequeno porte, assim definidas em lei, tratamento jurídico diferenciado, visando a incentivá-las pela simplificação de suas obrigações administrativas, tributárias, previdenciárias e creditícias, ou pela eliminação ou redução destas por meio de lei.

O art. 146, III, *d*, especifica o comando desses dispositivos, ao consagrar o *princípio do tratamento tributário favorecido* às micro e pequenas empresas (que fundamentou a criação do "Simples" e, posteriormente, do "Simples Nacional") e autorizar a criação de regimes especiais e simplificados para certos tributos.

O princípio do tratamento tributário favorecido tem *força jurídica vinculante*, hábil a fundamentar o reconhecimento de direitos públicos subjetivos e a repercutir na conformação de sistemas específicos de tributação.[262]

O influxo desse princípio na interpretação da legislação tributária foi enfatizado pelo Supremo Tribunal Federal, em relevante precedente:

> O fomento da micro e da pequena empresa foi elevado à condição de princípio constitucional, de modo a orientar todos os entes federados a conferir tratamento favorecido aos empreendedores que contam com menos recursos para fazer frente à concorrência. Por tal motivo, a literalidade da complexa legislação tributária deve ceder à interpretação mais adequada e harmônica com a finalidade de assegurar equivalência de condições para as empresas de menor porte.[263]

A autorização para a criação de regimes especiais de tributação, veiculada pelo art. 146, III, *d*, diz respeito ao ICMS, às contribuições securitárias patronais (CPP, COFINS e CSL) e ao PIS/PASEP, mas, por óbvio, não obsta a instituição do regime único de tributação aludido pelo parágrafo único do art. 146 ou até mesmo de isenções específicas.[264]

- **Precedente citado**

Princípio do tratamento favorecido às micro e pequenas empresas. Isenção de contribuição sindical. Legitimidade: [...] 1. Ação direta de inconstitucionalidade ajuizada contra o art. 13, § 3º, da LC 123/2006, que isentou as microempresas e empresas de pequeno porte optantes pelo Regime Especial Unificado de Arrecadação de Tributos e Contribuições devidos pelas Microempresas e Empresas de Pequeno Porte – Simples Nacional ("Supersimples"). [...] 3.1. O fomento da micro e da pequena empresa foi elevado à condição de princípio constitucional, de modo a orientar todos os entes federados a conferir tratamento favorecido aos empreendedores que contam com menos recursos para fazer frente à concorrência. Por tal motivo, a literalidade da complexa legislação tributária deve ceder à interpretação mais adequada e harmônica com a finalidade de assegurar equivalência de condições para as empresas de menor porte. [...] 6. Ação direta de inconstitucionalidade conhecida, mas julgada improcedente. (STF, Pleno, **ADI 4.033**, rel. Min. Joaquim Barbosa, 9.2010)

4.4. Parágrafo único: regime unificado de tributação – Simples Nacional

4.4.1. Previsão e criação do Simples Nacional

O parágrafo único do art. 146 faculta que se opte pela instituição de um *regime único* de arrecadação de impostos e contribuições, destinado a substituir o antigo "Simples Federal" (instituído pela Lei 9.317/96) e os demais regimes especiais de tributação para micro e pequenas empresas criados pelos Estados, pelo Distrito Federal ou pelos Municípios, como previsto expressamente no art. 94 do ADCT:

> Art. 94. Os regimes especiais de tributação para microempresas e empresas de pequeno porte próprios da União, dos Estados, do Distrito Federal e dos Municípios cessarão a partir da entrada em vigor do regime previsto no art. 146, III, d, da Constituição. (Incluído pela EC 42/03)

O *novo sistema foi instituído pela Lei Complementar 123/06*. Em virtude de englobar impostos e contribuições de todos os entes políticos, foi apelidado de "*Simples Nacional*". Entrou em vigor em 1º de julho de 2007, data em que foi extinto o antigo "Simples Federal".

O Simples Nacional *abrange impostos e contribuições especiais diretamente relacionados às atividades empresariais*, como o IRPJ, o IPI, o ICMS e o ISS, bem como as contribuições patronais destinadas à seguridade social: COFINS, CSLL, PIS/Pasep e Contribuição Patronal Previdenciária – CPP –, incidente sobre os rendimentos do trabalho.

---

[262] Cfr. *infra* os tópicos atinentes à inclusão de empresas com débitos no Simples Nacional e ao parcelamento dos débitos oriundos de tal sistema.

[263] STF, Pleno, *ADI 4.033*, rel. Min. Joaquim Barbosa, 9.2010, trecho da ementa.

[264] STF, Pleno, *ADI 4.033*, rel. Min. Joaquim Barbosa, 9.2010.

Não engloba as taxas e as contribuições de melhoria, que são tributos vinculados a atividades estatais. Tampouco alcança os impostos incidentes sobre a propriedade (ITR, IPVA e IPTU) e a transmissão de bens (ITBI e ITCD), que não dizem respeito à rotina tributária das empresas e, por essa razão, não devem ser incluídos em regimes simplificados de tributação.

Com o ingresso no sistema, a empresa recolhe de forma unificada os tributos nele incluídos, sendo a receita imediatamente distribuída aos entes políticos, sem a possibilidade de retenção ou condicionamento a que alude o art. 160 da CF.

4.4.2. Obrigatoriedade de adesão dos entes políticos

No regime da Lei 9.317/96, facultava-se aos Estados e aos Municípios aderir ao Simples, mediante a inclusão, nesse programa, do ICMS e do ISS.

Já no Simples Nacional, *a adesão é obrigatória para os entes políticos.*

É *pouco provável que* o caráter obrigatório da adesão *seja rechaçado* pelo STF, pois o sistema já vige há vários anos.

Sem embargo, isso não nos impede de denunciar a *duvidosa constitucionalidade do preceito*, haja vista retirar a competência dos Estados, do Distrito Federal e dos Municípios para regular a imposição tributária sobre a quase totalidade dos contribuintes pessoas jurídicas, composta pelas micro e pequenas empresas. Com isso, afeta significativamente a autonomia tributária e financeira desses entes federativos e, consequentemente, a cláusula pétrea do art. 60, § 4º, I, da CF ("forma federativa de Estado").[265]

Poder-se-ia atenuar a violação à autonomia estadual e municipal mediante uma interpretação conforme à Constituição da faculdade do estabelecimento de condições diferenciadas de enquadramento por Estado e da regra do art. 94 do ADCT.

Assim, atendendo-se às peculiaridades econômicas, os Estados poderiam estabelecer requisitos diferenciados para o enquadramento no "Simples Nacional", inclusive no que diz respeito ao valor máximo da receita bruta (que atualmente é considerado para a definição das micro e pequenas empresas). As empresas excluídas poderiam aproveitar os regimes especiais de tributação estaduais e municipais porventura existentes, que somente cessariam para as empresas abrangidas pelo "Simples Nacional". Conceber-se-ia, pois, o art. 94 do ADCT como impeditivo unicamente da concorrência de regimes especiais de tributação para as mesmas faixas de empresas.

Ainda assim, a legitimidade do regime único dependeria de uma adequada divisão dos recursos destinados aos Estados, ao Distrito Federal e aos Municípios, para que a sua autonomia financeira não seja afetada por reduções de receita decorrentes dos critérios estabelecidos pela lei nacional.

4.4.3. Exclusão das empresas com débitos fiscais

O art. 17, V, da Lei Complementar 123/06 *veda o ingresso, no Simples Nacional, de empresas com débitos* perante o INSS e/ou as Fazendas Públicas Federal, Estadual ou Municipal.

---

[265] No sentido da inconstitucionalidade da inovação da EC 42/03, vide o artigo do Procurador do Município de São Paulo Robinson Sakyiama Barreirinhas intitulado "Inconstitucionalidade do Super Simples" (RDDT 126, março de 2006, p. 44-53), no qual analisa profundamente a questão, expondo inclusive que, se adotado o valor de R$ 2.400.000,00 (valor limite para o SIMPLES, de acordo com a Lei 11.196/2005) como limite para o enquadramento, 99% dos contribuintes do maior Município do País ficariam sujeitos ao "Super Simples".

Na realidade, não se veda apenas o ingresso. Proíbe-se até mesmo a permanência, no Simples Nacional, das empresas que venham a ter débitos com o INSS ou com alguma das Fazendas Públicas. Apurada a existência de débito exigível, a empresa será excluída do regime especial de tributação, com efeitos a partir do ano-calendário subsequente ao da ciência da comunicação de exclusão (art. 31, IV). Sua permanência somente será assegurada caso regularize o seu débito em até 30 dias, contados a partir da ciência da referida comunicação de exclusão (art. 30, § 2°).

Essas regras têm uma finalidade louvável: estimular o regular adimplemento das obrigações tributárias. Porém, a medida adotada para alcançá-la nos parece ser inconstitucional, haja vista violar o direito das microempresas e das empresas de pequeno porte a um sistema tributário simplificado e favorecido, que decorre de um dos princípios basilares da ordem econômica. Aludimos ao direito dessas empresas, pois o Simples Nacional não é fruto de mera discricionariedade legislativa: a Constituição da República determina que se outorgue "tratamento favorecido" para as empresas de pequeno porte (art. 146, III, *d*, incluído pela EC 42/03).

Esse não foi, contudo, o entendimento perfilhado pelo Supremo Tribunal Federal, que pronunciou a *constitucionalidade da regra que veda o ingresso e a permanência, no Simples Nacional, de empresas com débitos tributários exigíveis*, ou seja, do art. 17, V, da LC 123/2006.[266]

- **Precedente citado**

Exclusão do Simples Nacional pela existência de débitos tributários exigíveis: EMENTA Recurso extraordinário. Repercussão geral reconhecida. Microempresa e empresa de pequeno porte. Tratamento diferenciado. Simples Nacional. Adesão. Débitos fiscais pendentes. Lei Complementar nº 123/06. Constitucionalidade. Recurso não provido. 1. O Simples Nacional surgiu da premente necessidade de se fazer com que o sistema tributário nacional concretizasse as diretrizes constitucionais do favorecimento às microempresas e às empresas de pequeno porte. A Lei Complementar nº 123, de 14 de dezembro de 2006, em consonância com as diretrizes traçadas pelos arts. 146, III, d, e parágrafo único; 170, IX; e 179 da Constituição Federal, visa à simplificação e à redução das obrigações dessas empresas, conferindo a elas um tratamento jurídico diferenciado, o qual guarda, ainda, perfeita consonância com os princípios da capacidade contributiva e da isonomia. 2. Ausência de afronta ao princípio da isonomia tributária. O regime foi criado para diferenciar, em iguais condições, os empreendedores com menor capacidade contributiva e menor poder econômico, sendo desarrazoado que, nesse universo de contribuintes, se favoreçam aqueles em débito com os fiscos pertinentes, os quais participariam do mercado com uma vantagem competitiva em relação àqueles que cumprem pontualmente com suas obrigações. 3. A condicionante do inciso V do art. 17 da LC 123/06 não se caracteriza, *a priori*, como fator de desequilíbrio concorrencial, pois se constitui em exigência imposta a todas as pequenas e as microempresas (MPE), bem como a todos os microempreendedores individuais (MEI), devendo ser contextualizada, por representar também, forma indireta de se reprovar a infração das leis fiscais e de se garantir a neutralidade, com enfoque na livre concorrência. 4. A presente hipótese não se confunde com aquelas fixadas nas Súmulas 70, 323 e 547 do STF, porquanto a espécie não se caracteriza como meio ilícito de coação a pagamento de tributo, nem como restrição desproporcional e desarrazoada ao exercício da atividade econômica. Não se trata, na espécie, de forma de cobrança indireta de tributo, mas de requisito para fins de fruição a regime tributário diferenciado e facultativo. 5. Recurso extraordinário não provido. (STF, Pleno, **RE 627.543**, rel. Min. Dias Toffoli, 10.2013 – Tema nº 363 da Repercussão Geral)

5. Outras matérias reservadas à lei complementar

À lei complementar também são expressamente reservadas, no Direito Tributário:

I) *a instituição*: a) dos *empréstimos compulsórios* (art. 148, *caput*); e b) dos *tributos de competência residual* da União (arts. 154, I, e 195, § 4º);

II) *a definição da expressão "grandes fortunas"*, para fins da instituição do imposto incidente sobre tal materialidade (art. 153, VII);

---

[266] STF, Pleno, *RE 627.543*, rel. Min. Dias Toffoli, 10.2013 – Tema nº 363 da Repercussão Geral.

III) o estabelecimento de critérios especiais de tributação para prevenir *desequilíbrios de concorrência* (art. 146-A);

IV) a regulação de aspectos específicos do *ITCD* (art. 155, § 1º), do *ICMS* (art. 155, § 2º) e do *ISS* (art. 155, III e § 3º), entre outras matérias de menor expressão.

A lei complementar assume uma posição de destaque sobretudo no âmbito do ICMS e do ISS. Diversos aspectos do ICMS devem ser regulados por lei complementar, de modo que seja estabelecida uma regulação nacionalmente uniforme. E a lista de serviços do ISS, veiculada por lei complementar, desempenha a vultosa tarefa de especificar os fatos que podem sujeitar-se à tributação pelos Municípios, conferindo, com isso, maior segurança jurídica aos contribuintes.

Art. 146-A. Lei complementar poderá estabelecer critérios especiais de tributação, com o objetivo de prevenir desequilíbrios da concorrência, sem prejuízo da competência de a União, por lei, estabelecer normas de igual objetivo. (Artigo incluído pela Emenda Constitucional nº 42, de 19.12.2003)

Art. 146-A: Prevenção de desequilíbrios da concorrência, por distorções tributárias ou econômicas

1. Neutralidade tributária e tutela do equilíbrio concorrencial

O art. 146-A, introduzido pela EC 42/03, é *nebuloso e confuso*. Não especifica a natureza dos desequilíbrios da concorrência que devem ser prevenidos. Tampouco fornece diretrizes para se determinarem os "critérios especiais de tributação" que haverão de ser adotados para tal fim. E, sem delimitar os seus âmbitos de aplicação, faculta à União adotar tanto lei complementar como lei ordinária para esse objetivo.

Concebemos que *a concretização do significado normativo do art. 146-A há de partir da análise da causa dos desequilíbrios de concorrência que o dispositivo almeja evitar*. Trata-se de desequilíbrios oriundos de causas tributárias ou econômicas? Ou de ambas?

A melhor exegese do preceito é no sentido de que *versa, precipuamente, sobre desequilíbrios de concorrência ocasionados pelo Direito Tributário*: pelos efeitos econômicos da tributação cumulativa, pela concessão de benefícios fiscais a determinada parcela de empresas de um setor econômico, pela impunidade da sonegação fiscal que chegue a afetar sensivelmente a concorrência etc.

Com efeito, *a tributação não deve acarretar desequilíbrios de concorrência*, sob pena de afrontar os princípios da isonomia (arts. 5º, I, e 150, II, da CF) e da livre concorrência (art. 170, IV, da CF), além de colidir com a imposição constitucional de que a lei reprima o abuso do poder econômico que vise à dominação dos mercados ou à eliminação da concorrência (art. 173, § 4º, da CF).[267]

Diante da unidade sistemática da Constituição, é inviável conceber que a tributação possa, legitimamente, implicar desequilíbrios significativos de concorrência: o exercício

[267] Eis o texto do art. 173, § 4º, da CF: "§ 4º – A lei reprimirá o abuso do poder econômico que vise à dominação dos mercados, à eliminação da concorrência e ao aumento arbitrário dos lucros". Atendendo à determinação constitucional, foi editada a Lei 8.884/94, que dispõe sobre a prevenção e a repressão às infrações contra a ordem econômica.

das competências impositivas deve observar o sistema constitucional como um todo, e não apenas os ditames que integram o subsistema constitucional tributário.

Há de buscar-se, pois, uma tributação que seja neutra relativamente ao equilíbrio da concorrência, na máxima medida possível.[268]

Não se trata de propugnar a adoção do clássico princípio econômico da neutralidade da tributação, infenso à intervenção estatal na economia. Princípio que se caracteriza teoricamente pela repulsa a qualquer forma de pressão ao contribuinte para praticar ações ou omitir-se de praticá-las, assim como a repercussões tributárias na economia e no domínio social, estabelecendo um ideal utópico de neutralidade que nunca pode ser atingido em sua plenitude.[269] Atualmente, essa concepção está amplamente superada, com o reconhecimento da legitimidade e da necessidade do manejo do Direito Tributário para fins extrafiscais, notadamente para a regulação do domínio econômico – fim para o qual, aliás, a Constituição consagra uma espécie particular de contribuição especial (art. 149).

Trata-se, sim, de defender a necessária neutralidade da tributação perante o equilíbrio da concorrência econômica, que não conflita com a intervenção estatal na economia através da imposição tributária, quando haja anomalias nessa seara.[270]

Nesta acepção específica, correspondente à "neutralidade da imposição corretamente interpretada" a que se refere Neumark, o princípio da neutralidade da tributação seria expresso com mais precisão pela denominação "*princípio da vedação de consequências fiscais indesejadas sobre a concorrência*". Revela-se legítimo e veicula um comando necessário, determinando que a imposição não interfira na concorrência econômica em situação de equilíbrio e que produza resultados harmônicos com os princípios constitucionais.[271]

Por outro lado, *também é possível reconhecer no art. 146-A uma autorização específica para a adoção de critérios especiais* de tributação voltados não à neutralidade da tributação, mas à finalidade oposta: à intervenção tributária na economia. Critérios *que haverão de nortear a atuação estatal no domínio econômico*, de modo a impedir a ocorrência de desequilíbrios ilegítimos de concorrência e, especialmente, corrigir os desequilíbrios já existentes.[272]

De conseguinte, *os critérios consagrados pelo art. 146-A podem ser destinados tanto à neutralidade tributária quanto à intervenção no domínio econômico*. Para evitar desequilíbrios de concorrência oriundos de fatores tributários, dever-se-iam adotar os primeiros critérios. E, para prevenir desequilíbrios de concorrência de origem econômica, dever-se-iam consagrar os critérios concernentes à intervenção no domínio econômico.

---

[268] Nessa linha, Misabel Derzi afirma que o art. 146-A introduziu "o princípio da neutralidade, ou seja, a prevenção do desequilíbrio de concorrência em razão de tributo" ("Emenda constitucional nº 42 no sistema tributário", p. 147). Ives Gandra ressalta a impossibilidade de a lei tributária gerar descompassos competitivos, sob pena de violar os princípios da isonomia, da capacidade contributiva e da vedação de confisco (MARTINS. "O desequilíbrio da concorrência, por distorções tributárias e a Emenda Constitucional nº 42/2003", p. 974 *et seq.*).

[269] Cfr. DUVERGER. *Finances Publiques,* p. 111 et seq. Aplicado à política distributiva, o princípio da neutralidade tributária é expresso pela *leave-them-as-you-find-them-rule of taxation,* também chamada de regra de Edimburgo. Essa regra, geralmente atribuída a J. Stuart Mill, remonta à época do liberalismo econômico, determinando que a tributação não modifique a situação econômico-financeira relativa dos contribuintes (NEUMARK. *Principios de la imposición.* 2ª ed., p. 42), ou seja, que se adote uma tributação proporcional, e não progressiva.

[270] Vide NEUMARK. *Principios de la imposición.* 2ª ed., p. 281.

[271] NEUMARK. *Principios de la imposición.* 2ª ed., p. 281.

[272] Esta é a única autorização que Humberto Ávila vislumbra no preceito (*Sistema constitucional tributário*, p. 141).

Vale registrar que não há incompatibilidade lógica entre tais critérios, tendo em vista que mecanismos de neutralidade tributária contínua podem conviver perfeitamente com medidas pontuais de intervenção no domínio econômico, voltadas a sanear desequilíbrios específicos de concorrência.

Pelo contrário, esses critérios se harmonizam perfeitamente, já *que são vocacionados à persecução do mesmo escopo: a tutela do equilíbrio da concorrência.*

A propósito dos critérios de intervenção no domínio econômico, não se pode olvidar que a intervenção tributária do Estado nesse domínio deve, em regra, ser promovida mediante a instituição e a cobrança de *contribuições interventivas*, com base na competência outorgada pelo art. 149. Se se utilizarem outras exações para tal desiderato, deverão ser respeitados os limites das correlatas regras atributivas de competências, haja vista que *o art. 146-A não autoriza a criação de novas espécies tributárias.*

Outrossim, há de se ter em mente que o art. 146-A legitima a intervenção no domínio econômico, mediante o manejo do Direito Tributário, com uma finalidade bem específica: a *tutela da concorrência.* A faculdade outorgada pelo preceito, portanto, é voltada à promoção de um dos princípios basilares da ordem econômica constitucional, qual seja, o princípio da livre concorrência (art. 170, IV, da CF).

Obviamente, o legislador complementar haverá de atentar para todos os demais princípios da ordem econômica e, ainda, para os seus fundamentos. Não poderá, de forma alguma, estabelecer critérios que, para prevenir supostos desequilíbrios de concorrência, afrontem a livre iniciativa (fundamento da ordem econômica, de acordo com o art. 170, *caput*) ou a propriedade privada (princípio fundamental da ordem econômica, consoante preconizado no art. 170, II). Tampouco lhe é facultado desconsiderar princípios constitucionais tributários, como os da isonomia, da capacidade contributiva e do não confisco.

Vale consignar que a adoção de critérios especiais de tributação para prevenir desequilíbrios da concorrência, se não procedida com cautelas extremadas, poderá vilipendiar ditames fundamentais das ordens econômica e tributária. Sob o pretexto de obstar um hipotético desequilíbrio econômico, graves lesões à isonomia, à liberdade de iniciativa, à propriedade privada e até mesmo à própria livre concorrência podem ser perpetradas. E não há como se reputar que lesões a direitos e garantias dos cidadãos-contribuintes sejam justificadas com base no preceito do art. 146-A, por se tratar de cláusulas pétreas (art. 60, § 4º, IV, da CF), imunes à ação do poder constituinte derivado.

2. Âmbito da reserva de lei complementar

Em respeito à boa técnica legislativo-constitucional, o art. 146-A não deveria ser um artigo específico. Deveria ter sido inserido no bojo do art. 146, que trata da reserva de lei complementar em matéria tributária, a exemplo do que ocorreu com a alínea *d* do inciso III (também incluída pela EC 42/03).

Mas essa não foi a única atecnia cometida pelo constituinte derivado. A redação do art. 146-A também pode suscitar questionamentos no que diz respeito ao âmbito da reserva que veicula, porquanto dá margem tanto à interpretação de que a reserva de lei complementar é restrita aos âmbitos estadual, distrital e municipal quanto à interpretação no sentido de que a reserva é plena, atingindo os três planos federativos, sem prejuízo de a União, por lei ordinária, especificar os critérios contidos na lei complementar de âmbito nacional.

Consideramos que *o preceito reserva a matéria à lei complementar nacional, aplicável às três esferas federativas*, cabendo tanto à União quanto aos Estados, ao Distrito

Federal e aos Municípios pormenorizar, por lei ordinária, os critérios previstos na lei complementar, para aplicação dentro dos seus âmbitos de competência.

Essa interpretação se harmoniza com o princípio federativo e com o seu subprincípio da isonomia jurídica entre as pessoas constitucionais, que seria lesado caso: (a) se conferisse à União ampla liberdade na regulação da matéria por lei ordinária, enquanto os Estados, o Distrito Federal e os Municípios estariam jungidos aos critérios estabelecidos pela lei complementar; e/ou (b) se admitisse que a lei ordinária federal vinculasse os demais entes constitucionais, quando estes também detêm competência legislativa em matéria tributária e econômica (art. 24, I, da CF).[273]

A eficácia jurídica das leis ordinárias, porém, será pouco expressiva, diante do fato de os critérios estabelecidos deverem ser respeitados, em geral, por ato de idêntico *status* normativo (a lei que regular o tributo utilizado para evitar ou remediar desequilíbrios de concorrência). Caso desrespeitados, seria difícil defender a configuração de um vício normativo, pois a regra que vige é a de que o ato normativo posterior revoga o anterior.

Art. 147. Competem à União, em Território Federal, os impostos estaduais e, se o Território não for dividido em Municípios, cumulativamente, os impostos municipais; ao Distrito Federal cabem os impostos municipais.

Art. 147: Competência tributária da União nos Territórios e do Distrito Federal

O art. 147 da CF veicula *duas regras de competência*, uma atinente aos Territórios e outra ao Distrito Federal.

A finalidade precípua dessas regras é *manter a tributação das três esferas federativas naquelas hipóteses em que elas não coexistam numa mesma área territorial.* Como leciona Ives Gandra:

> Os dois comandos do art. 147 são, pois, reflexos da regra pela qual os contribuintes não deixarão de pagar tributos para as três esferas impositivas, ainda que uma delas não tenha conformação definida ou não exista. Os impostos serão cobrados em função da hipótese indicada pela lei complementar, independentemente de existir ou não a pessoa jurídica pretendida. Os impostos municipais serão, pois, recolhidos, mesmo inexistindo município.[274]

Destarte, os tributos federais, estaduais e municipais serão devidos mesmo que o âmbito territorial não esteja abrangidos por um Estado ou por um Município.

1. Territórios

Os *Territórios são meras descentralizações administrativo-territoriais* da União (art. 18, § 2º, da CF), e não entes federativos autônomos.[275] Não possuem Poder Legislativo próprio e, consequentemente, *carecem de competência tributária*, a qual é reservada

[273] Defendendo posição contrária, Ives Gandra afirma que, se a lei ordinária federal fosse editada antes da complementar, poderia vincular os Estados, o Distrito Federal e os Municípios, desde que se limitasse a prever princípios gerais e preservasse a sua competência impositiva. Embasa sua assertiva no art. 173, § 4º, da CF ("O desequilíbrio da concorrência, por distorções tributárias e a Emenda Constitucional nº 42/2003", p. 972).

[274] MARTINS. *Comentários à Constituição do Brasil.* 6º Vol. – Tomo I. p. 106; ——. *O sistema tributário na Constituição.* 6ª ed. p. 166.

[275] A República Federativa do Brasil é composta unicamente pela União, pelos Estados, pelo Distrito Federal e pelos Municípios (art. 18, *caput*, da CF). Os Territórios somente passarão a ser entes federativos autônomos se deixarem de ser Territórios, transformando-se em Estados, como se verificou com os antigos Territórios Federais de Roraima e do Amapá (art. 14 do ADCT).

apenas às pessoas constitucionais. Por isso, são atribuídos à União, em seu âmbito territorial, os impostos estaduais.

Os Territórios, diversamente do Distrito Federal, *podem ser divididos em Municípios*, hipótese em que estes entes federativos (isto é, os Municípios integrantes dos Territórios) possuirão competência tributária plena, tal como os demais Municípios. *Se não o forem, os impostos municipais também serão de competência da União dentro da área geográfica dos Territórios*, cumulativamente com os impostos estaduais. Exercerá a União uma anômala competência tributária concernente às três esferas federativas.

	Territórios não divididos em Municípios	**Territórios divididos em Municípios**
Tributos estaduais	Competem à União	Competem à União
Tributos municipais	Competem à União	Competem aos Municípios

Atualmente, contudo, o preceito carece de relevância prática: *não há Territórios Federais*. Os antigos Territórios Federais de Roraima, do Amapá e de Fernando de Noronha foram extintos. Aqueles pela transformação em Estados e este pela sua reincorporação ao Estado de Pernambuco (art. 15 do ADCT).

2. Distrito Federal

O Distrito Federal é um ente federativo específico e autônomo.

Não se confunde com os Estados-Membros e tampouco com os Municípios; porém, goza das competências legislativas que lhes são reservadas (art. 32, § 1º, da CF), haja vista que, além de ser usualmente equiparado a um Estado, não pode ser dividido em Municípios (art. 32, *caput*, da CF).[276]

Em razão de as competências legislativo-tributárias serem uma espécie do gênero competência legislativa, *o Distrito Federal detém competência para instituir tributos estaduais e municipais no seu território* (arts. 32, § 1º, 147, *in fine*, e 155 da CF).[277]

	Território do DF
Tributos estaduais	Competem ao DF
Tributos municipais	Competem ao DF

3. Tributos abrangidos

O art. 147 da Constituição *somente alude à espécie tributária imposto*. Não trata de taxas, contribuições de melhoria, contribuições especiais e tampouco de empréstimos compulsórios.

Essa *restrição* é perfeitamente compreensível com respeito aos tributos que são de competência exclusiva da União: empréstimos compulsórios (art. 148) e contribuições especiais (art. 149, *caput*). Porém, *é incompatível com a distribuição de competências*

[276] Sobre o Distrito Federal, vide as excelentes considerações tecidas por Roque Carrazza (*Curso de Direito Constitucional Tributário*. 18ª ed. p. 163-166).

[277] Como leciona Carrazza, "a competência tributária do Distrito Federal é o *somatório* das competências tributárias dos Estados-membros e dos Municípios" (*Curso de Direito Constitucional Tributário*. 18ª ed. p. 166).

para a instituição de taxas, de contribuições de melhoria, da contribuição previdenciária dos servidores públicos (art. 149, § 1º) e da *contribuição de iluminação pública* (art. 149-A).

Como expusemos nos comentários ao art. 145, a Constituição outorga competências para a instituição de taxas e contribuições de melhoria de forma genérica a todas as pessoas constitucionais (art. 145, II e III), delimitando-as e repartindo-as mediante a distribuição das competências político-administrativas.

Portanto, como os Territórios possuem competências administrativas, mas não tributárias (porque, recorde-se, carecem de poder legislativo), *poderão ser instituídas taxas e contribuições de melhoria* em seu âmbito territorial, mas quem deverá fazê-lo é a União, à luz da *ratio* do art. 147. O mesmo ocorre com as *contribuições previdenciárias* (estatutárias) e *de iluminação pública.*

Quanto ao Distrito Federal, que não pode ser dividido em Municípios, não se coloca qualquer problema: as atividades de competência municipal em seu território são desempenhadas pelo próprio Distrito Federal, o que lhe atribui automaticamente a competência tributária correlata, sem que seja necessário aplicar o artigo em foco.

Art. 148. A União, mediante lei complementar, poderá instituir empréstimos compulsórios:
I – para atender a despesas extraordinárias, decorrentes de calamidade pública, de guerra externa ou sua iminência;
II – no caso de investimento público de caráter urgente e de relevante interesse nacional, observado o disposto no art. 150, III, "b".
Parágrafo único. A aplicação dos recursos provenientes de empréstimo compulsório será vinculada à despesa que fundamentou sua instituição.

Art. 148: Empréstimos compulsórios

1. Natureza tributária

Sob a égide da CF/46, o STF não vislumbrou natureza tributária no empréstimo compulsório, diante do fato de os recursos arrecadados mediante a sua instituição não se amoldarem ao conceito doutrinário de receita pública. Tratar-se-ia de um mero contrato coativo.[278]

O Pretório Excelso firmou jurisprudência nesse sentido, que restou cristalizada com a edição da Súmula 418:

> O empréstimo compulsório não é tributo, e sua arrecadação não está sujeita a exigência constitucional da prévia autorização orçamentária.

As premissas desse entendimento foram alteradas pela EC 18/65, que incluiu o empréstimo compulsório no Sistema Tributário Nacional (art. 4º), no que foi seguida pelas Constituições de 1967 (art. 19, § 4º), 1969 (arts. 18, § 3º, e 21, § 2º, II)[279] e de 1988.

---

[278] STF, Pleno, RMS 11.252, rel. Min. Antonio Martins Vilas Boas, 3.1964.

[279] Embora os dois preceitos da CF/69 atinentes ao empréstimo compulsório estivessem previstos no bojo do capítulo intitulado "Do Sistema Tributário", havia quem diferenciasse categorias de tal espécie tributária, defendendo que somente uma delas tinha caráter tributário. Isso porque o art. 21, § 2º, II, determinava expressamente a observância das normas gerais tributárias, no que não era seguido pelo art. 18, § 3º. Fazia-o nos seguintes termos: "§ 2º A União pode instituir: [...] II – empréstimos compulsórios, nos casos especiais definidos em lei complementar, aos quais se aplicarão as disposições constitucionais relativas aos tributos e às normas gerais do direito tributário". Destarte, apenas os empréstimos compulsórios "especiais" teriam tal natureza, e não os "excepcionais" previstos no art. 18, § 3º: "Sòmente a União, nos casos excepcionais

Com isso, tornou-se *evidente a sua natureza tributária*, que atualmente é reconhecida de forma pacífica.

A Súmula 418 do STF está superada há muito tempo.[280]

• **Precedente citado**

Natureza tributária do empréstimo compulsório. Revogação da Súmula 418: EMPRÉSTIMO COMPULSÓRIO – DEC. – LEI 2.047, DE 20/7/1983. SÚMULA 418. A Súmula 418 perdeu validade em face do art. 21, parágrafo 2°, II, da Constituição Federal (redação da Emenda Constitucional 1/69). [...] (STF, Pleno, **RE 111.954**, rel. Min. Oscar Corrêa, 6.1988)

2. Obrigação de restituição em pecúnia

O empréstimo compulsório singulariza-se por ser um *tributo restituível*. Na realidade, é um tributo cujo objeto é restituível: o tributo (prestação pecuniária) não se confunde com o seu objeto (pecúnia).

Sendo da sua essência a restituição do montante pago, o empréstimo compulsório *leva à formação de duas relações obrigacionais*:

(i) uma *obrigação tributária tradicional*, em que o contribuinte figura no polo passivo e o Poder Público no polo ativo; e

(ii) uma *obrigação tributária específica*, na qual *os polos da relação obrigacional são invertidos*, passando o contribuinte a figurar no polo ativo, como credor do Fisco.

Esta nasce após a extinção daquela, mediante o pagamento, pelo contribuinte, do montante exigido a título de empréstimo compulsório.

Firmada a premissa de que o objeto do tributo há de ser restituído, coloca-se a indagação atinente à *forma de restituição*: o montante pago deve ser devolvido em pecúnia ou se admite outra modalidade de restituição?

A resposta a tal indagação se encontra no próprio conceito de empréstimo compulsório.

Empréstimo compulsório, na terminologia que adotamos, é um conceito autônomo, por não se identificar àqueles previamente formados em outros ramos jurídicos. Dentro da categoria dos conceitos autônomos, qualifica-se como um conceito modificado (ou derivado), eis que é formado a partir de um conceito preexistente (o conceito de empréstimo do Direito Privado).[281]

Embora não se identifique com este (singulariza-se pela sua compulsoriedade),[282] mantém as suas características básicas, dentre as quais se destaca a necessária identidade do objeto das prestações recíprocas.

É justamente tal necessidade que impõe ao Poder Público a obrigação de proceder à *restituição em pecúnia* do montante pago.

Caso a lei que institua o empréstimo compulsório preveja outra modalidade de restituição, será inconstitucional, por ofensa ao próprio conceito constitucional de empréstimo compulsório.

---

definidos em lei complementar, poderá instituir empréstimo compulsório". Essa posição chegou a ser sustentada por José Souto Maior Borges, mas foi rechaçada pelo STF (Pleno, *RE 111.954*, rel. Min. Oscar Corrêa, 6.1988).

[280] STF, Pleno, *RE 111.954*, rel. Min. Oscar Corrêa, 6.1988.

[281] A respeito da classificação referida, vide A. VELLOSO. *Conceitos e competências tributárias*. p. 260-263.

[282] Como Pontes de Miranda observa, no empréstimo compulsório: "Há, em verdade, coerção a emprestar" , o que leva a um "negócio jurídico compulsório, ou *ex lege*" (*Comentários à Constituição de 1967; com a Emenda n. 1 de 1969.* p. 381).

A jurisprudência do STF é assente nesse sentido:

"*Empréstimo compulsório, ainda que compulsório, continua empréstimo*" (Victor Nunes Leal): utilizando-se, para definir o instituto de Direito Público, do termo empréstimo, posto que compulsório – obrigação *ex lege* e não contratual –, a Constituição vinculou o legislador à essencialidade da restituição na mesma espécie, seja por força do princípio explícito do art. 110 do Código Tributário Nacional, seja porque a identidade do objeto das prestações recíprocas é indissociável da significação jurídica e vulgar do vocábulo empregado. Portanto, não é empréstimo compulsório, mas tributo, a imposição de prestação pecuniária para receber, no futuro, quotas do Fundo Nacional do Desenvolvimento: conclusão unânime a respeito.[283]

Nessa hipótese, o contribuinte deverá postular a repetição do indébito, caso a forma de restituição prevista lhe seja mais gravosa, como usualmente ocorre. Por outro lado, se a lei que instituir o empréstimo compulsório prever a restituição em pecúnia, e a restituição não ocorrer por omissão, cabível será a ação de cobrança.

A única exceção em que se permitiu outra modalidade de restituição foi no caso do empréstimo compulsório em favor da Eletrobrás, instituído pela Lei 4.156/62, tendo em vista que foi recepcionado expressamente pelo Ato das Disposições Constitucionais Transitórias da Constituição de 1988.[284]

- **Precedentes citados**

"Empréstimo compulsório". Instituto derivado do empréstimo do Direito Privado. Necessidade de restituição em pecúnia. Inconstitucionalidade que afeta o próprio tributo: "Empréstimo compulsório". (Dl. 2.288/86, art. 10): incidência na aquisição de automóveis de passeio, com resgate em quotas do Fundo Nacional de Desenvolvimento: inconstitucionalidade. 1. "Empréstimo compulsório, ainda que compulsório, continua empréstimo" (Victor Nunes Leal): utilizando-se, para definir o instituto de Direito Público, do termo empréstimo, posto que compulsório – obrigação *ex lege* e não contratual –, a Constituição vinculou o legislador à essencialidade da restituição na mesma espécie, seja por força do princípio explícito do art. 110 Código Tributário Nacional, seja porque a identidade do objeto das prestações recíprocas é indissociável da significação jurídica e vulgar do vocábulo empregado. Portanto, não é empréstimo compulsório, mas tributo, a imposição de prestação pecuniária para receber, no futuro, quotas do Fundo Nacional de Desenvolvimento: conclusão unânime a respeito. [...] (STF, Pleno, **RE 121.336**, rel. Min. Sepúlveda Pertence, 10.1990).

Recepção expressa do empréstimo compulsório em favor da Eletrobrás. Irrelevância da forma de restituição: [...] O Supremo Tribunal Federal, no julgamento do RE 146.615-4, reconheceu que o empréstimo compulsório, instituído pela Lei n. 7.181/83, cobrado dos consumidores de energia elétrica, foi recepcionado pela nova Constituição Federal, na forma do art. 34, § 12, do ADCT. Se a Corte concluiu que a referida disposição transitória preservou a exigibilidade do empréstimo compulsório com toda a legislação que o regia, no momento da entrada em vigor da Carta Federal, evidentemente também acolheu a forma de devolução relativa a esse empréstimo compulsório imposta pela legislação acolhida, que a agravante insiste em afirmar ser inconstitucional. Agravo regimental improvido. (STF, 1ª Turma, **RE 193.798 AgR**, rel. Min. Ilmar Galvão, 12.1995)

3. Vinculação à sua finalidade própria

O empréstimo compulsório, assim como as contribuições especiais, é um *tributo finalístico*: somente pode ser criado para atingir determinadas finalidades.

Por estar intrinsecamente vinculado à finalidade que autorizou a sua instituição, *os recursos angariados deverão ser aplicados exclusivamente na sua promoção*. É o que preceitua o art. 148, parágrafo único, da Constituição: "A aplicação dos recursos provenientes de empréstimo compulsório será vinculada à despesa que fundamentou sua instituição".

---

[283] STF, Pleno, *RE 121.336*, rel. Min. Sepúlveda Pertence, 10.1990, excerto da ementa. O precedente tratava do empréstimo compulsório incidente na aquisição de *veículos*, instituído pelo art. 10, parágrafo único, do Decreto-Lei 2.288/86. Também se declarou inconstitucional o empréstimo compulsório sobre a aquisição de *combustíveis*, determinada pelo mesmo preceito legislativo (STF, Pleno, RE 175.385, rel. Min. Marco Aurélio, 12.1994).

[284] Eis a redação do art. 34, § 12, do ADCT: "A urgência prevista no art. 148, II, não prejudica a cobrança do empréstimo compulsório instituído, em benefício das Centrais Elétricas Brasileiras S.A. (Eletrobrás), pela Lei nº 4.156, de 28 de novembro de 1962, com as alterações posteriores". Em vista da recepção constitucional expressa, o STF declarou a exigibilidade do empréstimo compulsório instituído pela Lei 4.156/62 (Pleno, RE 146.615, rel. p/ ac. Min. Maurício Corrêa, 4.1995). Em seguida, reiterou essa decisão e expôs que, no caso, a forma de restituição prevista não obstava a sua recepção (STF, 1ª Turma, *RE 193.798 AgR*, rel. Min. Ilmar Galvão, 12.1995).

Se a lei que o instituir não vincular, explícita ou implicitamente, os recursos a serem arrecadados à despesa que legitimou a sua criação, o tributo será nitidamente inconstitucional, por violação ao art. 148, parágrafo único, da CF. Será viável a sua subsistência apenas se for enquadrado em outra espécie tributária (imposto ou contribuição especial), hipótese em que deverá respeitar os requisitos relativos ao tributo efetivamente instituído.

4. Reserva de lei complementar, condições e titularidade da competência impositiva

A instituição, a modificação e a extinção de empréstimos compulsórios são *matérias reservadas à lei complementar*, por força do art. 148, *caput*, da CF.

A lei complementar deve dispor sobre todos os aspectos da hipótese de incidência (material, temporal e espacial) e do consequente (pessoal e quantitativo), não podendo limitar-se a definir a hipótese de incidência, os contribuintes e a base de cálculo, relegando a fixação da alíquota à lei ordinária, como se faculta em relação aos impostos nominados (art. 146, III, *a*, *a contrario sensu*).

Caso a lei complementar não estipule a alíquota, tal omissão não poderá ser saneada por meio de lei ordinária e tampouco por atos infralegais, inviabilizando, assim, a incidência e a cobrança do tributo.

A reserva de lei complementar, no entanto, não se exaure na criação da regra-matriz de incidência: a lei complementar deve prever, ainda, *todos os aspectos relevantes à cobrança do tributo*, tais como os deveres instrumentais, as sanções e as eventuais isenções.[285]

A lei complementar que venha a instituir o empréstimo compulsório *somente poderá ser editada quando configuradas as situações autorizadoras,* mencionadas na Constituição da República. *Nunca poderá ser editada antes* da sua ocorrência. Caso lhes anteceda, o legislador terá instituído tributo sem possuir competência para tanto, visto que essas situações integram a hipótese da norma atributiva de competência para a instituição de empréstimos compulsórios.

Por serem um *prius* em relação à competência, as situações autorizadoras não poderão integrar a norma impositiva (regra-matriz de incidência). Não seria legítima, v.g., a edição de uma lei que, num contexto de normalidade, instituísse um empréstimo compulsório condicionando a sua incidência à ocorrência de uma das situações autorizadoras.[286]

Ademais, sendo vinculada a tais situações, *a competência* para a instituição do empréstimo compulsório *exaurir-se-á tão logo cesse a necessidade* de efetivação da despesa ou do investimento público. É inadmissível a continuidade da cobrança do tributo após a dissipação do contexto que autorizou a sua instituição.

Mesmo que configuradas tais situações autorizadoras, apenas um ente político poderá vir a instituir empréstimos compulsórios: a União.

---

285 Cfr. DERZI. *Notas* ao livro *Direito Tributário Brasileiro,* de Aliomar Baleeiro. p. 186.

286 Nessa linha, Carrazza afirma que tais situações são *pressupostos* à instituição de empréstimos compulsórios: "... as despesas extraordinárias [...] e os casos de investimentos públicos [...] não podem tipificar a *hipótese de incidência* de qualquer empréstimo compulsório. São, sim, os pressupostos necessários à criação ou aumento, por meio de lei complementar, deste tributo. Assim, por exemplo, a ocorrência de calamidade pública não é, nem pode vir a ser, a hipótese de incidência de qualquer empréstimo compulsório. Apenas autoriza o Congresso Nacional a, *dentro do campo privativo da União*, criar ou aumentar um empréstimo compulsório" (*Curso de Direito Constitucional Tributário.* 18ª ed. p. 499). Vide também DERZI. *Notas* ao livro *Direito Tributário Brasileiro,* de Aliomar Baleeiro. p. 186.

Os Estados, o Distrito Federal e os Municípios carecem de competência para tanto. Caso instituam empréstimos compulsórios, incorrerão no vício de inconstitucionalidade, malferindo o sistema constitucional de competências tributárias.

Porém, não é raro que estes entes políticos, conscientes de tal impossibilidade e decididos a burlá-la por artifícios sub-reptícios, instituam empréstimos compulsórios mascarados, que hão de contar com a inexorável repulsa do Poder Judiciário.[287]

Foi, aliás, o que sucedeu com diversas tentativas de bloqueio parcial e temporário de vencimentos de servidores públicos.[288]

- **Precedente citado**

Empréstimo compulsório dissimulado. Instituição por lei estadual. Inconstitucionalidade: I.C.M. CRÉDITOS REDUZIDOS POR LEI LOCAL. Viola o princípio constitucional da não cumulatividade do I.C.M.. a lei do Estado que limita a 80% o crédito pela saída de mercadorias em certo período, criando destarte, obliquamente empréstimo compulsório estranho à competência estadual (C.F., art. 24, § 5º, C.T.N., D.- lei n. 405). Declarada a inconstitucionalidade do art. 25, da Lei n. 3.985/67, de Santa Catarina. (STF, Pleno, **RE 70.204**, rel. Min. Aliomar Baleeiro, 3.1971)

5. Espécies

A Constituição prevê duas espécies de empréstimos compulsórios:

a) o *emergencial*, que pode ser instituído unicamente "para atender a despesas extraordinárias, decorrentes de calamidade pública, de guerra externa ou sua iminência" (art. 148, I); e

b) o de *investimento*, que somente pode ser instituído para a realização de "investimento público de caráter urgente e de relevante interesse nacional" (art. 148, II).

Como dito, *a configuração dessas situações autorizadoras é um pressuposto à instituição* dos empréstimos compulsórios. Se não houver guerra externa (iminente, ocorrente ou finda) ou calamidade pública (ocorrente ou finda) que demandem a realização de despesas extraordinárias, será inviável instituir o empréstimo compulsório emergencial. E, se não estiver configurada uma peculiar conjuntura socioeconômica que demande a realização de "investimento público de caráter urgente e de relevante interesse nacional", não será possível criar o empréstimo compulsório de investimento.[289] Não haverá competência impositiva para tanto.

Na *regulação pretérita* das situações autorizadoras da instituição de empréstimos compulsórios, *veiculada pelo CTN*, não era referida a hipótese de "investimento público de caráter urgente e de relevante interesse nacional" (que atualmente consta no art. 148,

[287] Cfr. STF, Pleno, *RE 70.204*, rel. Min. Aliomar Baleeiro, 3.1971.

[288] STF, Pleno, ADI 2.022, rel. Min. Ilmar Galvão, 12.1999. Esta ação tratava de lei estadual que autorizava o Poder Executivo a reter, por até doze meses, 20% dos vencimentos dos servidores públicos a ele vinculados, tendo sido externado no voto do relator, Ministro Ilmar Galvão, que tal medida configuraria um verdadeiro empréstimo compulsório. Medidas similares foram declaradas inconstitucionais pelo Supremo Tribunal Federal, mas com fundamento precípuo no princípio da irredutibilidade dos vencimentos: STF, Pleno, ADI 482 MC, rel. Min. Néri da Silveira, 4.1991; ADI 1.392 MC, rel. Min. Néri da Silveira, 2.1996; ADI 1.410 MC, rel. Min. Ilmar Galvão, 2.1996.

[289] Cabe registrar que os requisitos da urgência do investimento e da relevância do interesse nacional são *cumulativos*. A respeito, Ives Gandra assinala que: "O texto da Comissão de Sistematização não continha o requisito da urgência em sua criação. Hamilton Dias de Souza e eu mesmo, quando chamados pelo grupo liderado por Roberto Cardoso Alves, José Lourenço, Bonifácio Andrade e José Lins a preparar um anteprojeto substitutivo, acrescentamos a segunda condição para evitar obras públicas consideradas relevantes politicamente, mas sem caráter de urgência. Tal acréscimo, felizmente, foi mantido no plenário, com o que se reduziu o espectro negativo da medida, capaz de tornar inútil todo o sistema, na medida em que, sempre que as demais imposições fiscais fossem insuficientes, o caminho do empréstimo compulsório seria uma válvula de escape ilimitada" (MARTINS. O sistema tributário na Constituição. 6ª ed. p. 178).

II, da CF), mas se facultava a criação de empréstimo compulsório em "conjuntura que exija a *absorção temporária de poder aquisitivo*" (art. 15, III).[290]

Ocorre que esta previsão é inconstitucional desde a sua origem, visto que a matéria, regulada por lei ordinária (pelo CTN), era reservada à lei complementar: o art. 4º da EC 18/65, que daria suporte ao art. 15 do CTN, relegava à lei complementar a definição dos "casos excepcionais" em que a União poderia instituir empréstimos compulsórios.

Posteriormente, as Constituições de 1967 e 1969 reiteraram o enunciado da EC 18/65, e a Constituição de 1988, inovando relativamente à regulação constitucional pretérita do empréstimo compulsório, previu as hipóteses hábeis a embasar a sua instituição, omitindo-se quanto à "conjuntura que exija a absorção temporária de poder aquisitivo".

Indubitavelmente, a instituição de empréstimo compulsório com este desiderato não é viável.[291]

Mesmo que não se vislumbre a inconstitucionalidade originária do art. 15 do CTN, é mister reconhecer a revogação do seu inciso III pela Constituição de 1988.[292]

6. Anterioridade

Antes do advento da Constituição de 1988, entendia-se que os empréstimos compulsórios estavam sujeitos à proibição de retroatividade, mas não ao princípio da anterioridade. Afastava-se a aplicação deste princípio pela nota da urgência que é ínsita à categoria tributária em análise.[293]

Essa concepção foi parcialmente superada, pois o inciso II, *in fine*, do art. 148 da CF/88 determina que se aplique ao empréstimo de investimento o art. 150, III, *b*.

Por isso, as espécies de empréstimo compulsório consagradas pela Constituição de 1988 não divergem apenas no que concerne às situações que legitimam a sua criação, mas também no que diz respeito à aplicação do princípio da anterioridade. O *empréstimo emergencial*, em virtude da extrema urgência que é necessária para a sua criação, *não está sujeito à anterioridade* (art. 150, § 1º), *diversamente do empréstimo de investimento, que se sujeita à anterioridade de exercício e nonagesimal* (art. 150, III, *b* e *c*).

	Anterioridade de exercício	Anterioridade nonagesimal
E.C. Emergencial	Inaplicável	Inaplicável
E. C. de Investimento	Aplicável	Aplicável

Pode haver divergência quanto à aplicação da anterioridade nonagesimal ao empréstimo compulsório de investimento, uma vez que o art. 148, II, faz remissão apenas à

[290] Eis o teor do art. 15 do CTN: "Art. 15. Somente a União, nos seguintes casos excepcionais, pode instituir empréstimos compulsórios: I – guerra externa, ou sua iminência; II – calamidade pública que exija auxílio federal impossível de atender com os recursos orçamentários disponíveis; III – conjuntura que exija a absorção temporária de poder aquisitivo. Parágrafo único. A lei fixará obrigatoriamente o prazo do empréstimo e as condições de seu resgate, observando, no que for aplicável, o disposto nesta Lei".

[291] Porém, a MP 168/90 criou, no contexto do Plano Collor, um ilegítimo empréstimo compulsório para a absorção temporária de poder aquisitivo. Sobre a questão de fundo não houve pronunciamento do STF. O Tribunal não concedeu liminar na ADI ajuizada contra essa medida provisória, por não vislumbrar *periculum in mora*, e, após, julgou-a prejudicada, pela restituição dos valores retidos: STF, Pleno, ADI 534, rel. Min. Celso de Mello, 6.1991 (liminar) e 8.1992 (mérito).

[292] No sentido da revogação do art. 15, III, do CTN pela CF/88, vide: TORRES. *Curso de Direito Financeiro e Tributário*. 10ª ed., p. 377; DERZI. *Notas* ao livro *Direito Tributário Brasileiro,* de Aliomar Baleeiro. p. 186.

[293] STF, Pleno, RE 111.954, rel. Min. Oscar Corrêa, 6.1988; *RE 120.243*, rel. Min. Sepúlveda Pertence, 12.1990.

alínea *b* do inciso III do art. 150, que trata da anterioridade de exercício, e a anterioridade nonagesimal é prevista na alínea subsequente: a alínea *c*.

No entanto, constata-se facilmente que tal omissão decorreu de mero descuido do constituinte derivado (que editou a EC 42/03, determinando a aplicação da anterioridade nonagesimal aos tributos em geral), uma vez que a exceção à anterioridade nonagesimal trazida pelo art. 150, § 1º, concerne apenas ao empréstimo emergencial, não ao de investimento.

Por fim, cumpre destacar o aparente paradoxo consistente na submissão do empréstimo compulsório de investimento tanto ao requisito da urgência quanto ao princípio da anterioridade. A urgência, que é inerente à espécie tributária em análise, foi justamente o fundamento utilizado para rechaçar a aplicação de tal princípio no regime da Constituição de 1969, mesmo que esta não fizesse qualquer ressalva nesse sentido.[294]

Assim, imposta expressamente a observância do princípio da anterioridade, exsurge, de forma inevitável, o questionamento: como harmonizar tais pressupostos de validade do empréstimo compulsório de investimento?

É evidente que a aplicação do princípio da anterioridade não poderá ser afastada, ante a clareza da redação constitucional. Tampouco pode ser dispensada a presença do requisito da urgência.

Portanto, *a União somente está habilitada a criar o empréstimo compulsório de investimento naquelas hipóteses em que haja urgência, mas esta não seja tão extrema a ponto de impossibilitar o respeito à anterioridade*, situação que poderá restar configurada sobretudo no final do exercício financeiro.[295]

• Precedente citado

Empréstimo compulsório. Inaplicabilidade do princípio da anterioridade no regime da EC 1/69: Recurso extraordinário: [...] 2. Empréstimo compulsório (Carta de 69): inexistência de duas modalidades do instituto (CF 69, arts. 18, § 3º e 21, § 2º, II): não incidência, contudo, do princípio da anterioridade. Sob a Carta de 69, embora não existisse, a propósito, a pretendida diferenciação entre o instituído em casos excepcionais (CF, art. 18, § 3º) e o criado em casos especiais (CF, art. 21, § 2º, II), o empréstimo compulsório, sempre subordinado ao princípio da reserva legal da criação dos tributos, não se submetia ao princípio da anterioridade, incompatível com o caráter emergencial da sua exigência. (STF, Pleno, **RE 120.243**, rel. Min. Sepúlveda Pertence, 12.1990.).

Art. 149. Compete exclusivamente à União instituir contribuições sociais, de intervenção no domínio econômico e de interesse das categorias profissionais ou econômicas, como instrumento de sua atuação nas respectivas áreas, observado o disposto nos arts. 146, III, e 150, I e III, e sem prejuízo do previsto no art. 195, § 6º, relativamente às contribuições a que alude o dispositivo.

---

[294] Vide o RE 120.243, transcrito nesta seção. Note-se que o princípio da anterioridade era previsto, de forma ampla e conjuntamente com o da reserva de lei, no art. 153, § 29, da CF/69, dentro do capítulo intitulado "Dos Direitos e Garantias Individuais": "Nenhum tributo será exigido ou aumentado sem que a lei o estabeleça, nem cobrado, em cada exercício, sem que a lei o houver instituído ou aumentado esteja em vigor antes do início do exercício financeiro, ressalvados a tarifa alfandegária e a de transporte, o impôsto sôbre produtos industrializados e o imposto lançado por motivo de guerra e demais casos previstos nesta Constituição".

[295] Ives Gandra exemplifica: "um investimento público relevante idealizado em janeiro ou fevereiro de um exercício não poderá ser financiado por empréstimo compulsório, à falta do caráter de urgência, que lhe é essencial" (MARTINS. *O sistema tributário na Constituição*. 6ª ed. p. 181).

Art. 149: Contribuições especiais

A categoria "*contribuições especiais*" é *gênero* do qual são espécies as contribuições sociais, de intervenção no domínio econômico e corporativas, referidas pelo artigo em comento.

Contribuições especiais:	- sociais - interventivas - corporativas

Dita categoria recebeu, de muitos, a denominação "*contribuições parafiscais*", sob o argumento de se tratar de exações semelhantes, análogas aos tributos.

Contudo, afirmada a sua natureza tributária (vide *infra*), a terminologia tornou-se equívoca, pois tais contribuições não são similares aos tributos: são tributos, como todos os demais. São *exações fiscais, e não parafiscais.*

Daí a adequação e a conveniência da denominação sugerida por Giuliani Fonrouge: "contribuições especiais".[296]

1. Natureza tributária

A *natureza tributária das contribuições sociais* – que constituem a mais expressiva espécie das contribuições especiais – já foi objeto de longos debates doutrinários e de significativas oscilações jurisprudenciais.

O *Pretório Excelso reconheceu-a sob a égide do CTN e da EC 1/69*, em sua redação original, em virtude de as contribuições sociais terem sido previstas no mesmo artigo que conferia competência para a instituição de impostos (art. 21, § 2º, I, da EC 1/69), dentro do capítulo intitulado "Sistema Tributário" (Capítulo V).[297]

Após a EC 8/77, que acrescentou o inciso X ao art. 43 da CF/69,[298] *o STF declarou que as contribuições sociais deixaram de ser tributos*,[299] como se uma mera mudança topográfica pudesse alterar o seu caráter tributário.

Este entendimento prevaleceu até o advento da Constituição de 1988, que dissipou as controvérsias existentes, com a sua inclusão no "Sistema Tributário Nacional" e com a determinação de que lhes fossem aplicadas as normas gerais tributárias, inclusive os princípios da legalidade, da irretroatividade e da anterioridade (art. 149, *caput*).

O voto proferido pelo Ministro Moreira Alves no julgamento do RE 146.733, que versava sobre a CSLL, é elucidativo desse contexto. Após formular a indagação atinente à natureza tributária das contribuições de seguridade social, respondeu afirmativamente, com base sobretudo no art. 149 da CF e nas remissões recíprocas entre os dispositivos do "Sistema Tributário Nacional" e os preceitos do art. 195:

> Sendo, pois, a contribuição instituída pela Lei 7.689/88 verdadeiramente contribuição social destinada ao financiamento da seguridade social, com base no inciso I do artigo 195 da Carta Magna, segue-se a questão de saber

---

296 A referência é de Aliomar Baleeiro, em voto transcrito pelo Ministro Thompson Flores no RE 75.972.

297 STF, Pleno, *RE 86.595*, rel. Min. Xavier de Albuquerque, 5.1978.

298 Com essa alteração, as contribuições sociais passaram a ser previstas em inciso distinto daquele atinente aos tributos em geral: "Art. 43. Cabe ao Congresso Nacional, com a sanção do Presidente da República, dispor sobre todas as matérias de competência da União, especialmente: I – tributos, arrecadação e distribuição de rendas; [...] X – contribuições sociais para custear os encargos previstos nos artigos 165, itens II, V, XIII, XVI e XIX, 166, § 1º, 175, § 4º, e 178".

299 STF, Pleno, RE 100.790, rel. Min. Francisco Rezek, 8.1984; STF, Pleno, *RE 148.754 QO*, rel. p/ ac. Min. Francisco Rezek, 6.1993.

se essa contribuição tem, ou não, natureza tributária em face dos textos constitucionais em vigor. Perante a Constituição de 1988, não tenho dúvida em manifestar-me afirmativamente. De efeito, a par das três modalidades de tributos (os impostos, as taxas e as contribuições de melhoria) a que se refere o artigo 145 para declarar que são competentes para instituí-los a União, os Estados, o Distrito Federal e os Municípios, os artigos 148 e 149 aludem a duas outras modalidades tributárias, para cuja instituição só a União é competente: o empréstimo compulsório e as contribuições sociais, inclusive as de intervenção no domínio econômico e de interesse das categorias profissionais ou econômicas. No tocante às contribuições sociais – que dessas duas modalidades tributárias é a que interessa para este julgamento –, não só as referidas no artigo 149 – que se subordina ao capítulo concernente ao sistema tributário nacional – têm natureza tributária, como resulta, igualmente, da observância que devem ao disposto nos artigos 146, III, e 150, I e III, mas também as relativas à seguridade social previstas no artigo 195, que pertence ao título "*Da Ordem Social*". Por terem esta natureza tributária é que o artigo 149, que determina que as contribuições sociais observem o inciso III do artigo 150 (cuja letra b consagra o princípio da anterioridade), exclui dessa observância as contribuições para a seguridade social previstas no artigo 195, em conformidade com o disposto no § 6º deste dispositivo, que, aliás, em seu º 4º, ao admitir a instituição de outras fontes destinadas a garantir a manutenção ou expansão da seguridade social, determina se obedeça ao disposto no art. 154, I, norma tributária, o que reforça o entendimento favorável à natureza tributária dessas contribuições sociais.[300]

Este quadro sintetiza o entendimento do STF sobre o tema, evidenciando que a Corte somente negou a sua natureza tributária no interregno compreendido entre a EC 8/77 e o advento da CF/88:

Natureza tributária das contribuições sociais		
1967 - EC 8/77	**EC 8/77 - CF/88**	**CF/88**
Sim	Não	Sim

Atualmente, a natureza tributária das contribuições especiais é reconhecida de forma uníssona pelos Tribunais, com base na concepção quase unânime da doutrina.

A nosso ver, o caráter tributário das contribuições especiais é nítido, por se enquadrarem no conceito constitucional de tributo, que apresenta, como nota principal, o carácter pecuniário e compulsório da prestação, bem como uma nota negativa: a de não constituir sanção de ato ilícito.[301] Todas essas características estão presentes nas contribuições especiais; e estavam presentes mesmo sob a égide da EC 8/77, quando o STF afastou a natureza tributária das contribuições sociais.

Quanto à *qualificação das contribuições especiais como espécie tributária autônoma,* vide os comentários ao art. 145, onde tratamos do tema, defendendo a sua autonomia.

- **Precedentes citados**

Contribuição social (Funrural). Natureza tributária sob a égide do CTN e da EC 1/69: FUNRURAL. CONTRIBUIÇÃO PREVISTA NO ART. 158, I, DA LEI N 4.214, DE 2.3.63, NA REDAÇÃO DO DECRETO-LEI N 276, DE 28.2.67. Natureza tributária e sujeição à decadência ou à prescrição de que tratam os arts. 173 e 174 do Código Tributário Nacional. Imprestabilidade de norma regulamentar que disponha diversamente. Recurso extraordinário não conhecido. (STF, Pleno, **RE 86.595**, rel. Min. Xavier de Albuquerque, 5.1978).

Contribuição social (CSL). Natureza tributária sob a égide da CF/88: CONTRIBUIÇÃO SOCIAL SOBRE O LUCRO DAS PESSOAS JURIDICAS. LEI 7689/88. – Não é inconstitucional a instituição da Contribuição Social sobre o Lucro das Pessoas Jurídicas, cuja natureza é tributária. Constitucionalidade dos artigos 1., 2. e 3. da Lei 7689/88. Refutação dos diferentes argumentos com que se pretende sustentar a inconstitucionalidade desses dispositivos legais. [...] (STF, Pleno, **RE 146.733**, rel. Min. Moreira Alves, 6.1992)

Contribuição social (PIS). Caráter não-tributário no regime da EC 8/77: CONSTITUCIONAL. ART. 55-II DA CARTA ANTERIOR. CONTRIBUIÇÃO PARA O PIS. DECRETOS-LEIS 2.445 E 2.449, DE 1988. INCONSTITUCIONALIDADE. I – Contribuição para o PIS: sua estraneidade ao domínio dos tributos e mesmo àquele, mais largo, das finanças públicas. Entendimento, pelo Supremo Tribunal Federal, da EC nº 8/77 (RTJ 120/1190). [...] (STF, Pleno, **RE 148.754 QO**, rel. p/ ac. Min. Francisco Rezek, 6.1993).

[300] STF, Pleno, *RE 146.733*, rel. Min. Moreira Alves, 6.1992.

[301] Sobre o conceito de tributo, vide os comentários ao art. 145.

2. Definição e elementos conceituais

A natureza, a autonomia e os traços conceituais das contribuições *têm de ser identificados à luz do ordenamento jurídico no qual estão inseridas*. Não se pode, como adverte Humberto Ávila, teorizá-las à luz de concepções apriorísticas, desvinculadas do sistema jurídico vigente.[302]

Portanto, trataremos das notas conceituais das contribuições especiais *no sistema tributário brasileiro*, e não na Teoria das Finanças, na Teoria do Direito ou nos sistemas jurídicos estrangeiros.

2.1. Hipótese de incidência desvinculada de atuação estatal

Diversamente das contribuições de melhoria e de iluminação pública, *as contribuições especiais caracterizam-se por terem hipóteses de incidência desvinculadas de qualquer atuação estatal*. Como os impostos, incidem sobre fatos ou ações ligados aos contribuintes, não ao Poder Público.[303]

Por isso, assevera-se, com razão, que as contribuições existentes no nosso ordenamento têm "estrutura normativa interna (hipótese de incidência e base de cálculo) próprias de impostos".[304] Nada há nas suas hipóteses de incidência, bases de cálculo ou alíquotas que as diferenciem dos impostos.

A desvinculação da hipótese de incidência é característica própria de *todas as contribuições especiais*, sejam elas sociais, corporativas ou interventivas (art. 149 da CF), de modo que não será em tal elemento da regra-matriz de incidência que se encontrará o critério utilizado pela Constituição da República para diferenciar as contribuições especiais dos impostos.

Sem embargo, todas as contribuições especiais estão vinculadas, sim, a atuações estatais determinadas, mas não pela sua hipótese de incidência. A vinculação decorre da sua afetação a finalidades estatais específicas.

2.2. Afetação jurídica a finalidade estatal específica

A *peculiaridade básica das contribuições frente aos impostos reside no fato de serem afetadas*, pela própria legislação tributária, *à realização de finalidades estatais específicas*. Até mesmo quem nega autonomia às contribuições especiais vê na afetação finalística o seu traço fundamental.[305]

Trata-se de *afetação jurídico-tributária*. É a própria lei instituidora do tributo que vincula os recursos angariados a finalidade específica, de forma expressa (pela indicação da destinação das receitas) ou tácita (pela mera denominação da contribuição ou indicação da sua finalidade).

---

302 ÁVILA. Contribuições na Constituição Federal de 1988. p. 309: "Não há uma natureza das contribuições anterior à interpretação do ordenamento constitucional. Não há um regime jurídico das contribuições situado na frente da interpretação do ordenamento constitucional".

303 Cfr. GAMA. "Contribuições Especiais – Natureza e Regime Jurídico", p. 1149.

304 DERZI. *Notas* ao livro *Direito Tributário Brasileiro,* de Aliomar Baleeiro. p. 1033, que ressalva ser essa a característica da *maioria* das contribuições.

305 Vide, por todos, CARRAZZA. *Curso de Direito Constitucional Tributário*. 23ª ed., que, apesar de defender a classificação tripartida dos tributos em impostos, taxas e contribuições de melhoria, assevera que "a vinculação da receita obtida, por incontornável determinação constitucional, é da *essência* das *contribuições* do art. 149 da CF" (p. 571), ou noutros termos, nas contribuições "a vinculação, longe de ser vedada, é imprescindível, até porque é ela que vai confirmar a natureza da *contribuição*, possibilitando o controle de sua constitucionalidade" (p. 572).

Frisamos que, *para fins de enquadramento conceitual, importa a afetação, e não a destinação* da contribuição.[306]

É *no momento da instituição que se deve averiguar a espécie tributária que foi criada*, e não no do emprego dos recursos arrecadados. Tributo criado com as características de contribuição, contribuição é, mesmo que os seus recursos sejam totalmente desviados pela legislação orçamentária. E tributo não afetado quando da sua instituição jamais se qualificará como contribuição, a menos que sofra uma metamorfose jurídica, em razão de modificação que lhe dê feições diversas.

O que se deve reter neste momento é o fato de a *afetação jurídica ser traço conceitual* das contribuições especiais, e não mero requisito de validade. Tributo instituído sob a forma de contribuição, mas não afetado sequer de modo implícito, de contribuição tem apenas o rótulo. Não é vera contribuição. E nem mesmo contribuição inconstitucional. É imposto. Provavelmente inconstitucional, mas imposto, jamais contribuição.

Da afetação dos seus recursos, decorre *outra nota conceitual*: o seu *caráter finalístico.*

É certo que, como observa Navarro Coêlho, finalidades podem ser vislumbradas até mesmo nos impostos, nomeadamente a de financiar as atividades estatais *uti universi.*[307] Porém, não há como negar que as contribuições, diversamente dos impostos, são tributos voltados a promover *finalidades específicas.*

As contribuições especiais constituem instrumentos para a realização de fins determinados, aos quais estão indissociavelmente vinculadas. São esses fins que autorizam a sua instituição e justificam a carga tributária diferenciada imposta aos seus sujeitos passivos.

Com efeito, *do caráter finalístico das contribuições decorre uma consequência indiscutível: o condicionamento da sua validade jurídica à presença da causa* que motivou a sua instituição, ou se se preferir, à efetiva necessidade de serem promovidas as atividades públicas que são vocacionadas a financiar (presença da finalidade).

Daí se empregar a expressão "tributos causais", cunhada por Renato Alessi, para designar as contribuições especiais. Como preleciona Marco Aurélio Greco, "na medida em que a contribuição se qualifica pela finalidade, ela é um tributo causal", de modo que a:

> [...] competência tributária só pode ser exercida "com fundamento numa específica situação substancial objeto de previsão pelo legislador, apta a justificar socialmente a exigência de riqueza privada por parte do Ente Público". Nestes, "a legitimidade da imposição da exigência em si está ligada à existência da situação justificadora".[308]

Por ora, basta retermos que a afetação jurídica é nota conceitual das contribuições especiais. Ou no mínimo elemento determinante do regime jurídico aplicável, aspecto reconhecido até mesmo pelos críticos mais ferrenhos da sua autonomia, na esteira de Geraldo Ataliba.[309]

---

[306] Cumpre-nos anotar que muitos juristas vislumbram o traço característico das contribuições na sua *destinação*. Elucidativa é a manifestação do Ministro Carlos Velloso: a característica das contribuições "está justamente na sua finalidade, ou na destinação do produto de sua arrecadação. É dizer, o elemento essencial para a identificação dessas espécies tributárias é a destinação do produto de sua arrecadação" (voto proferido na ADI 2.925). Sem embargo, reputamos que a divergência é mais semântica que substancial, haja vista não haver discrepância quanto às conclusões.

[307] COÊLHO. *Contribuições no Direito Brasileiro.* p. 33.

[308] GRECO. "Contribuições de intervenção no domínio econômico – Elementos para um modelo de controle", p. 40-41 (o texto citado pelo autor é de Renato Alessi).

[309] Apesar de Geraldo Ataliba reputar que as contribuições previstas na Constituição não fossem verdadeiras contribuições, mas impostos, ressaltava que o regime do tributo será o próprio das contribuições sempre que o legislador destinar "o produto da arrecadação aos fins constitucionalmente previstos para a espécie" (*Hipótese de incidência tributária.* p. 176).

2.3. Conceito de contribuição especial

Expostos detidamente os seus traços conceituais, cabe-nos propor uma *definição* de contribuição especial que os compreenda de forma sintética:

> Contribuição especial é o tributo que, apesar de ter hipótese de incidência desvinculada de atuações estatais, é juridicamente afetado à realização de finalidade específica.[310]

A definição formulada compreende as *duas características necessárias das contribuições especiais*:

(i) *hipótese de incidência desvinculada* de atuação estatal; e

(ii) *afetação jurídica* a finalidades específicas.

Essas características servem para defini-las e estremá-las dos tributos que não se incluem nessa categoria tributária. Estão presentes em todas as contribuições especiais. E não se encontram juntas em nenhuma outra espécie tributária – ao menos não na sua integralidade.

Este esquema sintetiza as notas conceituais das contribuições especiais:

Plano conceitual	
Notas conceituais	Características comuns ao gênero dos tributos
	Hipótese de incidência desvinculada de atuação estatal
	Afetação jurídica a finalidades estatais específicas

Repisamos que a *afetação jurídica* à realização de fins específicos é um *elemento conceitual* das contribuições, que serve para defini-las e diferenciá-las dos impostos. Diz respeito à vinculação do tributo a *qualquer finalidade* específica que o legislador tenha por bem realizar.

Trata-se de um elemento conceitual, e não de um requisito de validade das contribuições. *Requisito de validade é a persecução da finalidade especificada pela norma atributiva de competência*, que concerne à identidade ou à *compatibilidade* da finalidade almejada pelo legislador com a que pode ser buscada com base na norma de competência na qual ele se apoia (requisito de pertinência teleológica).

Essa assertiva será esclarecida no tópico seguinte, em que tratamos dos requisitos de validade das contribuições especiais.

3. Requisitos específicos de validade

3.1. Busca da finalidade especificada pela norma atributiva de competência

A instituição das contribuições especiais está condicionada à persecução da finalidade ínsita à sua categoria, a qual integra o próprio arquétipo constitucional da contribuição.

[310] Essa definição corresponde, em essência, à visão que Geraldo Ataliba tinha não das "verdadeiras contribuições" (que para si eram tributos com hipótese de incidência vinculada, limitados no ordenamento jurídico vigente às contribuições de melhoria), mas daquelas denominadas como tais pela Constituição de 1988. Tal visão resta translúcida quando assevera que "o legislador pode adotar hipótese de incidência tanto de verdadeira contribuição como de imposto, tendo-se por configurada a "contribuição"- para efeitos do regime jurídico derrogador (v. § 79.3) – com a invocação das finalidades constitucionalmente prestigiadas" (*Hipótese de incidência tributária*. p. 172).

O *legislador não pode buscar toda e qualquer finalidade através das contribuições especiais*, pois no nosso sistema constitucional não há uma competência genérica para a instituição de tais tributos. O que existem são competências específicas, cujos limites devem ser rigorosamente observados pelo legislador.

Cada uma dessas competências está atrelada a um escopo determinado, especificado em maior ou menor grau pela Carta da República. E apenas para alcançá-lo é que a competência correlata pode ser exercida.

Por exemplo, a União pode cobrar a contribuição ao salário-educação com base na competência consagrada no art. 212, § 5º, da CF, mas para tanto deve ater-se à sua finalidade própria, que é custear o "ensino fundamental público". Não pode exigi-la para financiar o ensino médio ou superior – e muito menos para custear atividade alheia à educação.

Com isso, não estamos a afirmar que a União esteja impedida de cobrar contribuição especial para financiar o ensino médio, mas apenas que para tanto não pode apoiar-se na específica competência conferida pelo art. 212, § 5º, da CF, cuja finalidade é assaz restrita (financiamento do ensino fundamental público).

Ela até poderia valer-se da regra do art. 149, que autoriza a instituição de contribuições sociais "gerais"; porém, teria de observar os condicionamentos específicos dessa regra de competência, dentre os quais se destaca a eleição de uma das materialidades indicadas pela Constituição (receita ou valor da operação). Por consequência, não poderia determinar a sua incidência sobre a folha de salários (base de cálculo do salário-educação). Continuaria, portanto, a deparar-se com limitação à sua competência impositiva, mas agora não mais de natureza teleológica (atinente à finalidade que autoriza o seu exercício), senão material (concernente aos fatos que podem ser tributados).

É *precisamente essa limitação teleológica que diferencia as normas que atribuem competências para a instituição de contribuições especiais das que autorizam a cobrança de impostos*.

Esse aspecto foi enfocado com maestria por Marco Aurélio Greco, no seu clássico *Contribuições: (uma figura "sui generis")*. Nele, o festejado tributarista ressalta essa limitação teleológica à competência para a instituição de contribuições, que denominou de técnica de "validação finalística". Ao utilizá-la, a Constituição autoriza a:

> Edição de uma lei não porque tenha acontecido algo ou porque exista certo objeto (água ou jazida), mas *para que* se obtenha um resultado [...]. Este segundo modelo, que é um modelo *finalístico* de disciplina da conduta humana e de validação das normas infra-ordenadas, no qual encontramos a qualificação de objetivos ("proteção", "defesa"), é um modelo fundamentalmente *para que* se atinja algo, implicando visão muito mais *modificadora* da realidade.[311]

Pois bem, *o requisito de validade que advém do emprego da técnica de validação finalística diz respeito justamente à persecução da finalidade especificada* pela Constituição da República.

Se a Constituição outorga competência para que se realize uma finalidade determinada, é óbvio que, ao exercê-la, o legislador está obrigado a persegui-la de forma efetiva e plena. *Caso busque realizar escopo diverso, terá criado tributo inconstitucional*, por absoluta falta de competência – a menos, é claro, que outro preceito constitucional autorize a instituição de contribuição especial para se alcançar a finalidade almejada pelo legislador e os requisitos correlatos sejam inteiramente preenchidos.

---

[311] GRECO. *Contribuições: (uma figura "sui generis")*. p. 119. Prossegue: "este segundo modelo de regulação volta-se para o futuro e a norma vem antes do fato. O núcleo regulado pela norma não é o que ocorreu, mas é o que se quer que ocorra" (ibidem, loc. cit.).

À luz dessas ponderações, torna-se possível estabelecer uma *importante diferenciação*, entre:

i) a *afetação jurídica* das contribuições a finalidades determinadas (*elemento conceitual* da categoria); e

ii) a *busca da finalidade especificada* pela norma atributiva de competência (*requisito de validade* das contribuições).

A *afetação jurídica*, que *serve para diferenciar as contribuições dos impostos*, diz respeito à vinculação do tributo a *qualquer finalidade* específica que o legislador tenha por bem realizar. Afetados os recursos pela lei instituidora, ter-se-á criado verdadeira contribuição especial. A partir daí, não se questionará se contribuição há ou não há. Questionar-se-á, pelo contrário, se a contribuição existente é válida e eficaz. A discussão trava-se nos planos da validade e/ou da eficácia, não da existência.[312]

Já a *busca da finalidade especificada pela norma atributiva de competência* não diz respeito ao enquadramento do tributo na categoria das contribuições ou dos impostos (ou seja, ao plano conceitual), senão à *validade jurídica* do tributo criado, e mais precisamente, à observância do sistema constitucional de competências tributárias (plano da validade). Concerne à identidade ou à *compatibilidade da finalidade perseguida pelo legislador* (e consequentemente pela contribuição) *com a que pode ser buscada* com base na norma de competência na qual ele se apoia. Trata-se de questão relativa à observância dos limites ao poder de tributar (ou melhor, dos limites das competências tributárias), e não à qualificação jurídica do tributo criado.

Retomando o exemplo da hipotética contribuição instituída para financiar o ensino médio, é evidente que, para estremá-la dos impostos, basta constatar que ela tem os seus recursos afetados a finalidade específica, mas para averiguar se ela é uma contribuição legítima, é mister examinar se a Constituição faculta que se institua uma contribuição especial para realizar-se tal finalidade.

Em suma, para respeitar tal pressuposto de legitimidade constitucional, que pode ser denominado "*requisito de pertinência teleológica*", o legislador tem de almejar realizar objetivos consentâneos com aqueles que podem ser perseguidos mediante a instituição de contribuições especiais.

Por exemplo, para a União instituir contribuição especial com suporte na regra básica de competência do art. 149, *caput*, da CF, ela deverá buscar intervir no domínio econômico ou realizar importantes interesses sociais ou corporativos, criando tributo que se enquadre numa das três categorias previstas pela Carta Política (contribuições sociais, interventivas e corporativas), sob pena de incorrer em inconstitucionalidade, por inobservância de requisito inafastável ao exercício da competência tributária.

Da mesma forma, para os Estados, o Distrito Federal e os Municípios instituírem contribuição previdenciária com fundamento no art. 149, § 1º, da CF, eles deverão respeitar a finalidade própria dessa regra de competência, de custear o sistema previdenciário dos seus servidores. Caso almejem fim diverso, terão criado uma contribuição inconstitucional e por consequência inválida.

Observado o requisito atinente à persecução da finalidade especificada constitucionalmente, a questão desloca-se do plano da competência para seara diversa, relativa à

---

[312] Existência *da contribuição* (enquanto espécie), e não do tributo (como gênero): instituído, o tributo passa a existir no plano jurídico, seja como contribuição ou imposto.

observância da vinculação dos recursos angariados com as contribuições. E novos questionamentos exsurgem.

Se os recursos angariados com as contribuições especiais não forem aplicados nas suas finalidades próprias, elas revelar-se-ão inconstitucionais? Noutros termos, a correta destinação dos recursos é requisito de validade das contribuições especiais? E se for, todo e qualquer desvio financeiro tem o condão de invalidá-las?

Trata-se de questão assaz complexa, sobre a qual nos debruçaremos com mais vagar a seguir.

Por enquanto, devemos nos limitar a indicar que:

i) *o adequado emprego dos recursos angariados com as contribuições não é,* como advogam abalizados juristas, *nota conceitual das contribuições*;[313] e

ii) *o desvio de tais recursos* em princípio não afeta a validade jurídica do tributo, mas *pode obstar a sua incidência e ensejar a repetição do indébito.*

3.2. Necessidade

Se a própria Constituição da República concebeu as contribuições especiais como tributos teleológicos, que se distinguem dos impostos pela sua afetação finalística e que se justificam precisamente pela persecução de finalidades determinadas, indicadas nas próprias normas atributivas de competência, é evidente que a competência constitucional para a sua instituição não pode ser exercida senão na medida do estritamente necessário para que tais finalidades sejam alcançadas.

Todo excesso injustificado na cobrança de contribuições é ilegítimo, por malferir a própria norma que confere competência para a sua instituição.

Se a desnecessidade era evidente já no momento em que a contribuição foi instituída ou majorada (*desnecessidade originária*), ela estará eivada de *inconstitucionalidade*, no todo ou em parte. O vício maculará a sua própria validade, na parcela equivalente ao excesso – ou até mesmo *in totum,* caso se apure que houve deliberado abuso do poder de legislar.

A propósito, vale recordar a primorosa advertência do Supremo Tribunal Federal, no sentido de que o poder de legislar é essencialmente limitado e não pode ser exercido abusivamente, sob pena de ofensa ao princípio da proporcionalidade e à garantia fundamental do devido processo legal, na sua acepção substantiva:

> O Estado não pode legislar abusivamente. A atividade legislativa está necessariamente sujeita à rígida observância de diretriz fundamental, que, encontrando suporte teórico no princípio da proporcionalidade, veda os excessos normativos e as prescrições irrazoáveis do Poder Público. O princípio da proporcionalidade – que extrai a sua justificação dogmática de diversas cláusulas constitucionais, notadamente daquela que veicula a garantia do *substantive due process of law* – acha-se vocacionado a inibir e a neutralizar os abusos do Poder Público no exercício de suas funções, qualificando-se como parâmetro de aferição da própria constitucionalidade material dos atos estatais. A norma estatal, que não veicula qualquer conteúdo de irrazoabilidade, presta obséquio ao postulado da proporcionalidade, ajustando-se à cláusula que consagra, em sua dimensão material, o princípio do *substantive due process of law* (CF, art. 5º, LIV). Essa cláusula tutelar, ao inibir os efeitos prejudiciais decorrentes do abuso de poder legislativo, enfatiza a noção de que a prerrogativa de legislar outorgada ao Estado constitui atribuição jurídica essencialmente limitada, ainda que o momento de abstrata instauração normativa possa repousar em juízo meramente político ou discricionário do legislador.[314]

---

[313] Para Marco Aurélio Greco, "o destino da arrecadação é um elemento essencial à definição da figura" das contribuições, entendido como tal "o destino do produto da arrecadação das contribuições [...]: Não apenas a previsão abstrata, mas a sua aplicação efetiva" (*Contribuições (uma figura "sui generis").* p. 239 e 241).

[314] STF, Pleno, ADI 1.407 MC, rel. Ministro Celso de Mello, 3.1996, excerto da ementa. O julgado dizia respeito a questão eleitoral.

Ora, se o legislador institui ou majora contribuição com o escopo único ou precípuo de financiar atividade ou despesa diversa da que justifica a sua cobrança, resta escancarado o abuso no exercício do poder legiferante, a macular o próprio fruto do seu ato de infidelidade à Carta da República e ao Estado Democrático de Direito.

A *desnecessidade superveniente*, contudo, não afeta a validade da contribuição. Macula a sua *eficácia*. Mais precisamente, afeta a sua *vigência,* vindo a ab-rogá-la (se for total) ou derrogá-la (se for parcial).

Um caso claro de *revogação tácita* da contribuição pela sua desnecessidade superveniente ocorreria com a extinção das atividades da entidade ou do órgão ao qual ela está vinculada, sem que tenha ocorrido qualquer alteração da lei impositiva.

Digamos que o Governo repute que serviços sociais autônomos como o SESC, o SENAC, o SESI e o SENAI são prescindíveis e decida pôr fim às suas atividades, mas não revogue formalmente as contribuições que os financiam.

Elas poderiam continuar sendo cobradas, como se ainda fossem necessárias e justificadas?

É óbvio que não. *Com a cessação da sua razão de ser, elas perdem automaticamente a sua vigência.* E se continuaram a ser exigidas pelo Fisco, devem ser restituídas *in totum* aos contribuintes que foram indevidamente desapossados dos seus bens.

Já a *derrogação* (revogação parcial) *tácita* ocorre quando a atividade estatal financiada se torna injustificadamente *superavitária*[315] por vicissitude posterior à instituição ou à majoração da contribuição, a qual levou a significativo incremento das receitas ou redução das despesas.

Esse fato nem sempre pode ser apurado com facilidade, mas é denunciado pelo desvio dos recursos angariados: *se há desvio de receita para finalidade diversa, resta evidente a desnecessidade* (total ou parcial) da contribuição para realizar a finalidade que motivou a sua instituição.

O desvio também serve para ajudar a quantificar o montante a ser restituído aos sujeitos passivos, mediante a devolução em pecúnia ou a compensação com parcelas vincendas da própria contribuição.

Recorde-se, porém, que se o superávit indevido já era previsível quando da instituição ou da majoração da contribuição, ele afetará a sua própria validade, no todo ou em parte.

3.3. Referibilidade

Referibilidade é um termo pouco elucidativo. Melhor seria utilizar vocábulo mais simples e preciso, como "pertinência", "relação" ou "referência".[316] Mas o fato é que o termo se disseminou e se firmou na doutrina como característica das contribuições, o que aconselha que sigamos a tradição.

Pois bem, *a referibilidade diz com a pertinência das contribuições a um grupo específico de contribuintes*, o qual será chamado a suportar o gravame adicional que elas

[315] Ressaltamos não haver problema algum em superávits ocasionais, que devem ser aceitos quando se almeja um equilíbrio orçamentário estrito. O problema reside no superávit constante, que denota o *desvirtuamento* da contribuição, pois o excedente certamente será alocado em finalidade distinta daquela à qual a exação está vinculada.

[316] Geraldo Ataliba, que contribuiu para disseminar o termo "referibilidade", optou por empregá-lo no lugar de "relação" simplesmente para evitar a suposição de estar a referir-se a relações jurídicas (*Hipótese de incidência tributária.* p. 129).

representam. Mais precisamente, *é o liame entre a finalidade da contribuição e o grupo dos sujeitos passivos que devem suportar o seu encargo*.[317]

Não se trata de nota conceitual das contribuições, mas de *requisito de validade*.[318] As contribuições não deixam de qualificar-se como tais em razão de serem exigidas de toda a sociedade ou de grupo mais amplo que aquele ligado à sua finalidade. Simplesmente incorrem no vício de inconstitucionalidade. E tal vício não macula toda a exação, mas tão somente parcela do seu consequente, obstando que seja exigida daqueles que não se inserem no grupo relacionado ao seu escopo.

Para avançarmos no estudo do tema, é válido ter em mente o seguinte esquema:

A *relação* que deve existir nas contribuições especiais *estabelece-se entre a finalidade da contribuição e o grupo dos obrigados tributários*. Tal relação há de ser *direta*: a finalidade da contribuição tem de estar relacionada de forma imediata aos sujeitos passivos. Somente em casos excepcionais, como nas contribuições de seguridade social a cargo das empresas, admite-se que seja indireta.

A *relação que pode ser indireta é aquela estabelecida entre a atividade estatal e os obrigados tributários*, pois não se exige que tal atividade sempre seja dirigida aos contribuintes de forma imediata. O que se requer é que ela se destine a realizar a finalidade da contribuição e que esta diga respeito aos obrigados.

Portanto, nas contribuições especiais, o requisito da referibilidade exige que haja, em regra geral, uma relação *direta* entre a *finalidade* da contribuição e o grupo de obrigados tributários, mas admite uma relação *indireta* entre a *atividade estatal* e tal grupo.

Toda problemática acerca do tema que nos ocupa parece gravitar em torno desta indagação: *qual a relação específica que a referibilidade requer*?

Respondida essa pergunta, poder-se-á compreender ou repudiar a resistência que a jurisprudência tem para reconhecer esse requisito de validade das contribuições especiais.

No seu *sentido tradicional e mais rigoroso*, a relação exigida pela referibilidade diz respeito:

(i) a *vantagens econômicas* que certos grupos de contribuintes auferem em razão de atividades estatais determinadas (referibilidade como benefício); ou

(ii) a *responsabilidades especiais* frente a despesas estatais específicas (referibilidade como responsabilidade).[319]

---

[317] O liame estabelece-se, portanto, entre a finalidade (ou a atividade estatal) e o grupo dos sujeitos passivos, e não entre os aspectos material e pessoal da hipótese de incidência, como defendia Geraldo Ataliba com base na sua concepção de que as contribuições são tributos com hipótese de incidência vinculada a uma atuação estatal, que se distinguem das taxas pelo fato de a referibilidade entre os aspectos material e pessoal da hipótese de incidência ser direta nestas e indireta naquelas (*Hipótese de incidência tributária*. p. 129 e ss.). Eis a origem da disseminada concepção de que a referibilidade exigida das contribuições é tão somente indireta. É relativa à contribuição de melhoria. Não tem relação alguma com as contribuições especiais consagradas pela Constituição de 1988 – ao menos não com a sua regra-matriz de incidência.

[318] Defendendo que a referibilidade constitui traço característico de toda e qualquer contribuição, cfr. BARRETO. *Contribuições: regime jurídico, destinação e controle*. p. 121-122, que cita a posição harmônica de Hamilton Dias de Souza e Wagner Balera. A respeito, GRECO. *Contribuições: (uma figura "sui generis")*. p. 238 advoga que a referibilidade constitui mera característica acidental das contribuições, que *pode* servir de critério de dimensionamento do tributo.

[319] Essa concepção é bem exposta por Geraldo Ataliba: "Outro traço essencial da figura financeira da contribuição, que parece ser encampado – pela universalidade de seu reconhecimento e pela sua importância, na configuração da entidade

Tal noção de referibilidade corresponde ao conceito de contribuição defendido por A. D. Giannini e Geraldo Ataliba, que veio a ser incorporado à *Ley General Tributaria* da Espanha. Não corresponde, contudo, às contribuições especiais estruturadas pela nossa Lei Maior.

No sistema jurídico brasileiro, a referibilidade entendida como benefício econômico ou responsabilidade por despesas específicas *não constitui elemento conceitual ou pressuposto de validade do gênero* "contribuições especiais".[320]

De fato, *as contribuições especiais não se caracterizam pela nota da comutatividade*. Não se singularizam por serem tributos sinalagmáticos ou contraprestacionais, cuja cobrança esteja condicionada a vantagens econômicas auferidas ou a custos específicos gerados pelos contribuintes.

É possível, no entanto, vislumbrar *noção menos rigorosa*, que se compatibiliza com os traços característicos das contribuições especiais pátrias e há de estar presente na conformação de cada uma delas. Tal noção diz respeito ao *liame entre a finalidade da contribuição e as atividades ou interesses dos sujeitos passivos* (referibilidade como pertinência).

Nesta acepção, a referibilidade é *requisito de validade de todas as contribuições especiais*. A sua cobrança carece invariavelmente de um liame claro entre a finalidade perseguida pela exação e as atividades ou interesses dos sujeitos passivos. Sem que haja tal liame, não há como se cogitar da cobrança de contribuições especiais.

A propósito, mister rememorar o célebre voto condutor proferido pelo Ministro Cezar Peluso no julgamento da ADI 3.105, em que expôs com argúcia:

> Como se vê, o singular regime constitucional das contribuições responde a *variantes axiológicas* diversas daquelas que inspiram e orientam o dos impostos e das taxas.
>
> O *sujeito passivo* não se define como tal na relação jurídico-tributária da contribuição por manifestar capacidade contributiva, como se dá nos impostos, nem por auferir benefício ou contraprestação do Estado, como se passa com as taxas, mas apenas por *pertencer a um determinado grupo social* ou *econômico*, identificável em função da finalidade constitucional específica do tributo de que se cuide.[321]

Consequência do requisito da referibilidade é que o grupo não pode confundir-se com toda a coletividade.[322] Há de ser um *grupo específico*, que represente *parcela* da coletividade, pois as atividades custeadas pelas contribuições especiais normalmente não dizem respeito a atividades ou a interesses de toda a sociedade.[323]

Contudo, este requisito *há de ser ressalvado para as contribuições securitárias*, tendo em vista a Constituição estabelecer expressamente que a "seguridade será financiada por toda a sociedade, de forma direta e indireta" (art. 195, *caput*) e consagrar o princípio da "universalidade da cobertura e do atendimento" (art. 194, parágrafo único,

---

– está na circunstância de relacionar-se com uma especial despesa, ou especial vantagem referidas aos sujeitos passivos (contribuintes). Daí as designações doutrinárias *special assessment, contributo speciale, tributo speciale*, etc.". O princípio que informa as contribuições não seria o da capacidade contributiva, nem o da remuneração, mas um princípio diverso, que é compreendido "quando se considera que é da própria noção de contribuição – tal como universalmente entendida – que os sujeitos passivos serão pessoas cuja situação jurídica tenha relação, direta ou indireta, com uma despesa especial, a elas respeitantes, ou alguém receba da ação estatal um reflexo que possa ser qualificado como "especial"" (*Hipótese de incidência tributária.* p. 171). É essa acepção que Paulo Ayres Barreto considera ao asseverar "ser a vantagem ou especial benefício traço característico nas contribuições" (*Contribuições: regime jurídico, destinação e controle*. p. 122).

[320] Nesse sentido, cfr. GRECO. *Contribuições: (uma figura "sui generis")*. p. 237-238.

[321] STF, Pleno, ADI 3.105, rel. p/ ac. Min. Cezar Peluso, 8.2004.

[322] Nesse sentido, cfr., entre muitos outros, BARRETO. *Contribuições: regime jurídico, destinação e controle*. p. 119.

[323] Na dicção de Paulo Ayres Barreto, configura "requisito essencial na contribuição a noção de parcialidade em relação à coletividade" (*Contribuições: regime jurídico, destinação e controle*. p. 124).

I). O grupo dos responsáveis pelo financiamento do sistema e dos beneficiários das suas prestações é composto por "todos".[324]

Trata-se, cabe gizar, de exceção à exigência de que o grupo seja constituído por parcela da sociedade (denominado "*requisito da parcialidade do grupo*"), mas não da referibilidade das contribuições – que deve estar presente em todas as contribuições voltadas ao custeio do sistema de seguridade social.

Em suma, *a referibilidade comporta duas acepções*:

(i) referibilidade como *benefício econômico ou responsabilidade pela atividade estatal*, que não é requisito de validade do gênero das contribuições especiais no nosso ordenamento jurídico; e

(ii) referibilidade como *pertinência* entre a finalidade da contribuição e as atividades ou interesses dos obrigados tributários, que é sim pressuposto de instituição e cobrança válidas de todas as contribuições especiais, sejam elas sociais, interventivas ou corporativas.

O Supremo Tribunal Federal, no entanto, não tem reconhecido ser a referibilidade requisito de validade das contribuições especiais.[325] E o Superior Tribunal de Justiça também encampou essa tese, *ressalvando somente as contribuições previdenciárias dos segurados e as contribuições corporativas.*[326]

Tal orientação jurisprudencial é correta no que concerne à acepção tradicional e mais rigorosa do requisito (referibilidade como benefício econômico ou responsabilidade pela atividade estatal). Como dito, essa acepção corresponde às contribuições oriundas da Ciência das Finanças e positivadas na *Ley General Tributaria* da Espanha (art. 2º, 1, *b*), que incidem justamente quando o sujeito passivo aufere um benefício econômico em decorrência da realização de obras ou da prestação de serviços públicos. Nenhuma relação tem com o gênero das contribuições especiais brasileiras, que incidem sobre atividades econômicas dos obrigados tributários, exatamente como os impostos.

---

[324] Cfr. GRECO. *Contribuições: (uma figura "sui generis").* p. 242.

[325] Ao apreciar a constitucionalidade da contribuição ao SEBRAE, o Supremo Tribunal Federal negou que o benefício econômico fosse requisito de validade das contribuições especiais e assim chancelou a sua cobrança até mesmo das empresas de médio e grande porte (Pleno, RE 396.266, rel. Min. Carlos Velloso, 11.2003). Não houve, contudo, um debate mais aprofundado da questão, que apenas foi referida no acórdão recorrido, transcrito no voto do relator, Ministro Carlos Velloso. Em precedentes posteriores, a questão foi analisada expressamente, no que diz respeito às CIDEs. Cfr. STF, 1ª Turma, RE 449.233 AgR, rel. Min. Ricardo Lewandowski, 2.2011.

[326] STJ, 1ª Seção, EREsp 770.451, rel. p/ ac. Min. Castro Meira, 9.2006. Nesse julgado, relativo à subsistência da contribuição ao INCRA, o Superior Tribunal de Justiça ingressou a fundo na questão da referibilidade, concluindo que "a referibilidade direta não é elemento constitutivo das CIDE's". Após, acrescentou ser justamente esse o traço que diferencia as CIDEs das contribuições corporativas: "As contribuições especiais atípicas (de intervenção no domínio econômico) são constitucionalmente destinadas a finalidades não diretamente referidas ao sujeito passivo, o qual não necessariamente é beneficiado com a atuação estatal e nem a ela dá causa (referibilidade). Esse é o traço característico que as distingue das contribuições de interesse de categorias profissionais e de categorias econômicas" (EREsp 770.451, excerto do aditamento ao voto da Ministra Eliana Calmon). Dessa forma, acolheu a classificação das contribuições especiais em típicas e atípicas, que foi defendida por Simone Lemos Fernandes em sua tese de doutorado. As contribuições especiais típicas seriam "necessariamente conformadas pelo princípio da referibilidade", de modo que somente poderiam ser cobradas dos membros do grupo que é beneficiado pela atuação estatal ou lhe dá causa. As atípicas, por outro lado, poderiam ser cobradas de um grupo mais amplo de sujeitos passivos, que não necessita ser beneficiado ou dar causa à atuação estatal, mas deve ter ao menos relação indireta com tal atuação (*As contribuições neocorporativas na Constituição e nas leis.* pp. 197 e 204-205). Integrariam a primeira categoria as contribuições corporativas e previdenciárias dos segurados; e a segunda, as contribuições sociais e interventivas (ob. cit. pp. 199 e 203). Assentado nessa tese, o Superior Tribunal de Justiça não só reconheceu a subsistência da contribuição ao INCRA, mas chegou a chancelar a sua cobrança das empresas urbanas, tendo em vista tal contribuição se enquadrar na categoria das contribuições especiais atípicas, que por definição "são constitucionalmente destinadas a finalidades não diretamente referidas ao sujeito passivo, o qual não necessariamente é beneficiado com a atuação estatal e nem a ela dá causa (referibilidade)" (vide, por todos, STJ, 2ª Turma, *REsp 995.564*, rel. Min. Eliana Calmon, 5.2008).

Porém, *ela não nos parece apropriada frente à acepção que propomos, de referibilidade como pertinência* (entre a finalidade da contribuição e as atividades ou interesses dos contribuintes).

Jamais se pode cobrar contribuição de sujeitos passivos completamente alheios à finalidade que ela é vocacionada a realizar. Não podem ser exigidas contribuições corporativas de quem não esteja ligado à categoria profissional ou econômica (cobrando-se, por exemplo, a contribuição ao Conselho Regional de Química de médicos, advogados ou arquitetos); contribuições previdenciárias de quem não esteja ligado ao sistema, seja na qualidade de beneficiário, seja na de responsável por trabalhadores que lhe prestam serviço (exigindo-se, v.g., de trabalhadores celetistas a contribuição à previdência estatutária); ou contribuições interventivas de empresas que não estejam ligadas à área afetada pela intervenção (cobrando-se, por exemplo, de agroindústrias a Contribuição para o Desenvolvimento da Indústria Cinematográfica Nacional).

Portanto, *a referibilidade é pressuposto de validade de todas as contribuições especiais*. Mas não *na acepção* que a vincula ao benefício econômico ou à responsabilidade pela atividade estatal (referibilidade como benefício ou responsabilidade pelo custo), senão na *relativa à pertinência entre a finalidade da contribuição e as atividades ou interesses dos sujeitos passivos* (referibilidade como pertinência).

A negação desse liame mínimo entre a finalidade da contribuição e o universo dos obrigados tributários levaria à total deturpação das contribuições especiais.

- **Precedente citado**

Referibilidade direta. Dispensa nas CIDEs. Exigência nas contribuições corporativas. Análise da jurisprudência do STJ: TRIBUTÁRIO – CONTRIBUIÇÃO DESTINADA AO INCRA – LEI 2.613/55 (ART. 6º, § 4º) – DL 1.146/70 – LC 11/71 – NATUREZA JURÍDICA E DESTINAÇÃO CONSTITUCIONAL – CONTRIBUIÇÃO DE INTERVENÇÃO NO DOMÍNIO ECONÔMICO – CIDE – LEGITIMIDADE DA EXIGÊNCIA MESMO APÓS AS LEIS 8.212/91 E 8.213/91 – COBRANÇA DAS EMPRESAS URBANAS: POSSIBILIDADE. 1. A Primeira Seção desta Corte, no julgamento do EREsp 770.451/SC (acórdão ainda não publicado), após acirradas discussões, decidiu rever a jurisprudência sobre a matéria relativa à contribuição destinada ao INCRA. [...] 3. Em síntese, estes foram os fundamentos acolhidos pela Primeira Seção: a) a referibilidade direta NÃO é elemento constitutivo das CIDE's; b) as contribuições especiais atípicas (de intervenção no domínio econômico) são constitucionalmente destinadas a finalidades não diretamente referidas ao sujeito passivo, o qual não necessariamente é beneficiado com a atuação estatal e nem a ela dá causa (referibilidade). Esse é o traço característico que as distingue das contribuições de interesse de categorias profissionais e de categorias econômicas; c) as CIDE's afetam toda a sociedade e obedecem ao princípio da solidariedade e da capacidade contributiva, refletindo políticas econômicas de governo. Por isso, não podem ser utilizadas como forma de atendimento ao interesse de grupos de operadores econômicos [...] (STJ, 2ª Turma, **REsp 995.564**, rel. Min. Eliana Calmon, 5.2008)

3.4. Quadro sinóptico

À luz do exposto, torna-se possível expor de forma sintética os requisitos específicos de validade e eficácia das contribuições especiais:

Plano da validade	
Requisitos específicos de validade	Busca da finalidade especificada pela norma atributiva de competência
	Necessidade originária – momento da instituição ou majoração
	Referibilidade – entre a finalidade da contribuição e as atividades ou interesses dos contribuintes

Plano da eficácia	
Requisito específico de eficácia	Subsistência da necessidade – momento da incidência

4. Instrumento legislativo exigido para a instituição de contribuições especiais

À luz da jurisprudência do Pretório Excelso, *as contribuições especiais podem ser instituídas por lei ordinária*, tendo em vista que o art. 146, III, *a*, somente exige lei complementar para a definição da hipótese de incidência, da base de cálculo e dos contribuintes de impostos, e não de contribuições.[327]

Especificamente quanto às contribuições previstas genericamente no art. 149 da Constituição, o STF pronunciou-se no sentido de que:

> As contribuições do art. 149, C.F. – contribuições sociais, de intervenção no domínio econômico e de interesse de categorias profissionais ou econômicas – posto estarem sujeitas à lei complementar do art. 146, III, C.F., isto não quer dizer que deverão ser instituídas por lei complementar. A contribuição social do art. 195, § 4º, C.F., decorrente de "outras fontes", é que, para a sua instituição, será observada a técnica da competência residual da União: C.F., art. 154, I, ex vi do disposto no art. 195, § 4º. A contribuição não é imposto. Por isso, não se exige que a lei complementar defina a sua hipótese de incidência, a base imponível e contribuintes: C.F., art. 146, III, a. Precedentes: RE 138.284/CE, Ministro Carlos Velloso, RTJ 143/313; RE 146.733/SP, Ministro Moreira Alves, RTJ 143/684.[328]

Contudo, *apenas lei complementar pode instituir novas contribuições de seguridade* social com base no art. 195, § 4º, da CF.

5. Competência impositiva

5.1. Norma básica de competência

No que diz respeito às contribuições especiais, *a norma fundamental de competência encontra-se no art. 149, caput, da Constituição*, redigido nestes termos:

> Art. 149. Compete exclusivamente à União instituir contribuições sociais, de intervenção no domínio econômico e de interesse das categorias profissionais ou econômicas, como instrumento de sua atuação nas respectivas áreas, observado o disposto nos arts. 146, III, e 150, I e III, e sem prejuízo do previsto no art. 195, § 6º, relativamente às contribuições a que alude o dispositivo.

Tal preceito prevê *três espécies de contribuições*: sociais, interventivas (de intervenção no domínio econômico) e corporativas (de interesse das categorias profissionais ou econômicas).

Ele *aparenta atribuir competências tributárias amplas*, haja vista não indicar os fatos que podem ser tributados. Empregando a terminologia proposta por Marco Aurélio Greco, podemos afirmar que esse preceito *emprega a técnica da validação finalística,* e não da validação condicional.

A Constituição autoriza a "edição de uma lei não porque tenha acontecido algo ou porque exista certo objeto (água ou jazida), mas *para que* se obtenha um resultado [...]. Este segundo modelo, que é um modelo *finalístico* de disciplina da conduta humana e de validação das normas infra-ordenadas, no qual encontramos a qualificação de objetivos ('proteção', 'defesa'), é um modelo fundamentalmente *para que* se atinja algo".[329]

---

[327] Conferir os comentários ao art. 146, III, *a*.

[328] STF, Pleno, RE 396.266, rel. Min. Carlos Velloso, 11.2003, excerto da ementa. O precedente tratava da constitucionalidade da contribuição ao SEBRAE, exação que será analisada a seguir, ao enfocarmos as CIDEs destinadas a serviços sociais autônomos. Lê-se no voto do relator, "as contribuições do art. 149 da C.F., de regra, podem ser instituídas por lei ordinária. O que acontece é que, submetidas à lei complementar do art. 146, III, C.F., são definidas como tributo. Por não serem impostos, não há necessidade de que a lei complementar defina o seu fato gerador, base de cálculo e contribuintes (C.F., art. 146, III, *a*)".

[329] GRECO. *Contribuições: (uma figura "sui generis")*. p. 119. Especificamente em relação ao art. 149, *caput*, da Constituição, Marco Aurélio Greco preleciona: "Nesta norma atributiva de competência para instituir a exação, tipifica-se uma validade finalística de modo que as leis instituidoras estarão em sintonia com a Constituição, e dentro do respectivo âmbito de competência, se atenderem às respectivas finalidades identificadas a partir das "áreas de atuação" qualificadas pelo artigo 149.

A técnica da validação finalística confere ao legislador uma margem de liberdade significativamente ampla para eleger as manifestações de capacidade contributiva que serão submetidas à imposição tributária. Ganha-se na promoção de finalidades determinadas e, em contrapartida, perde-se na garantia da segurança jurídica do cidadão-contribuinte.

Sem embargo, *apenas para as contribuições corporativas a técnica da validação finalística é empregada isoladamente*.

Como veremos, *para as contribuições sociais e interventivas ela é conjugada com a da validação condicional*, tal como ocorre com as contribuições de seguridade social do art. 195.

5.2. Competência para a instituição de contribuições sociais e interventivas gerais

Em sua redação original, o art. 149 da CF somente possuía um parágrafo. Foi a EC 33/01 que acrescentou o seu § 2º, redigido nestes termos:

> § 2º As contribuições sociais e de intervenção no domínio econômico de que trata o *caput* deste artigo:
>
> I – não incidirão sobre as receitas decorrentes de exportação;
>
> II – poderão incidir sobre a importação de petróleo e seus derivados, gás natural e seus derivados e álcool combustível;[330]
>
> III – poderão ter alíquotas:
>
> a) *ad valorem*, tendo por base o faturamento, a receita bruta ou o valor da operação e, no caso de importação, o valor aduaneiro;
>
> b) específica, tendo por base a unidade de medida adotada.

Analisando esse parágrafo, constata-se que *a EC 33/01* instituiu uma imunidade (inciso I), excepcionou o alcance da imunidade do art. 155, § 3º (inciso II), *autorizou a instituição de contribuições sociais e interventivas gerais* e facultou que, para tanto, fossem utilizadas alíquotas *ad valorem* ou específicas (inciso III).

Não só, tal emenda também *delimitou expressamente as bases de cálculo* que podem ser utilizadas nessas contribuições, quais sejam, *o faturamento, a receita bruta, o valor da operação ou o valor aduaneiro*. Somente em hipóteses excepcionais, em que seja viável e adequada a adoção de alíquota específica, será permitida a incidência de tais contribuições sobre outras materialidades, consoante faculta o art. 149, § 2º, III, *b*, da CF.

Ao acrescentar o parágrafo supratranscrito ao art. 149 da CF, a EC 33/01 implementou mudança de vulto no regramento das contribuições sociais e interventivas, nomeadamente no que diz respeito à *especificação das suas bases econômicas*.

Ao fazê-lo, a referida emenda utilizou a mesma técnica já empregada pelo constituinte originário ao outorgar competência para a instituição das contribuições de seguridade social (art. 195, incisos I a IV),[331] isto é, a *técnica que conjuga a afetação a uma finalidade determinada* (no caso do art. 149, § 2º, a intervenção no domínio econômico ou a realização de atividade pública de cunho eminentemente social) *à vinculação a materialidades específicas* (aquelas já referidas, arroladas no art. 149, § 2º, III, *a*).

Também aqui pode ser identificada uma finalidade mediata e outra imediata. *Finalidade mediata* é atender a um interesse da área ou grupo (social, econômico, profissional) que corresponde ao elemento "solidariedade", enquanto sua *finalidade imediata* é ser instrumento de atuação da União" (ibidem, p. 135-136).

[330] A EC 42/03 substituiu a redação do inciso II por esta: "incidirão também sobre a importação de produtos estrangeiros ou serviços".

[331] Nesse sentido, cf. PIMENTA. "As contribuições de intervenção no domínio econômico em face da Emenda Constitucional nº 33/2001", p. 76.

A propósito, impende ressaltar que se trata de técnica composta, a qual estabelece *duas limitações ao alcance das competências*:

i) a primeira de cunho *teleológico*, condicionando a instituição das contribuições à persecução de finalidades determinadas; e

ii) a segunda de cunho *material*, vinculando o legislador à tributação de atividades econômicas específicas.

Ante tal contexto, pode-se afirmar com segurança que no regime constitucional posterior ao advento da EC 33/01 *somente podem ser instituídas contribuições interventivas e sociais com supedâneo no art. 149 da CF se elas*, além de estarem vocacionadas à realização dos seus fins característicos, *incidirem exclusivamente sobre o faturamento, a receita bruta, o valor da operação ou o valor aduaneiro*.

Por consequência, os conceitos de receita bruta, valor da operação e valor aduaneiro assumem importância extrema para a delimitação da competência legislativa federal, no que concerne à instituição de contribuições interventivas e sociais com base no art. 149 da Constituição Federal. Fatos que não se subsumem a tais conceitos não podem ser tributados com fundamento na competência analisada, pois é através deles que a Lei Maior autoriza a União a instituir CIDEs e contribuições sociais gerais.

É necessário destacar, todavia, que *tal conclusão contrasta com o entendimento adotado pelo STF no julgamento da ADI 2.556*, no sentido de que o art. 149, *caput*, outorga uma competência ampla para a instituição de "contribuições sociais gerais", sem qualquer vinculação a materialidades específicas.[332]

Não comungamos desta concepção, em decorrência dos inúmeros dispositivos constitucionais que outorgam competências específicas para a instituição de contribuições sociais.

Se a Constituição legitimasse, de forma ampla e irrestrita, a instituição de contribuições sociais, não teria o menor sentido autorizar, em diversos preceitos, a instituição de contribuições sociais específicas, mormente quando são impostas, para a criação destas, restrições significativas.

Interpretação diversa levaria a uma conclusão inaceitável: a de que as regras específicas de competência dos arts. 195, I, II, III, IV e § 8º, 212, § 5º, 239 etc. não desempenham qualquer função no sistema constitucional.

Esta interpretação, cabe ressaltar, é ilegítima por importar na desintegração do texto constitucional, sendo a Constituição lida como se existisse apenas o art. 149. Olvidar-se-ia a premissa básica da atividade exegética: o texto a ser interpretado é uno e como tal há de ser compreendido.

Em suma, este é o nosso entendimento quanto à interpretação do art. 149, *caput* e § 2º, III, da CF:

i) *o caput do art. 149 não serve, por si só, de suporte para a criação de contribuições sociais ou interventivas*: para tanto, é mister a sua conjugação com algum outro dispositivo constitucional específico;

---

[332] O precedente versava sobre as contribuições para o FGTS instituídas pela LC 110/2001. O STF reconheceu a constitucionalidade de tais exações, com base no art. 149 da Constituição, que, no seu entender, teria outorgado competência para a criação de "contribuições sociais gerais" (STF, Pleno, *ADI 2.556 MC*, rel. Min. Moreira Alves, 10.2002). No julgado, reconheceu-se apenas a ofensa ao princípio da anterioridade. Na doutrina, vozes minoritárias identificam tal categoria já na redação original da Constituição. Ferreira Filho, por exemplo, identifica, no art. 149, *caput*, a atribuição de competência para a criação de "contribuições sociais de destinação não constitucionalmente determinada", de modo que fica "a União autorizada a instituir as contribuições sociais que se justificarem" (*Comentários à Constituição brasileira de 1988*. v. 2. p. 104).

ii) combinando-o com o art. 149, § 2º, III, *extrai-se uma competência para a criação de contribuições sociais e interventivas gerais, que é limitada* pelos condicionamentos constantes em suas alíneas;

iii) conjugando-o com os preceitos que atribuem competências específicas para a criação de contribuições sociais (e.g., os arts. 195, 212, § 5º, 239 etc.) e interventivas (art. 177, § 4º), denota-se que *o art. 149, caput, desempenha uma função central na regulação constitucional das contribuições especiais*, vinculando formalmente, ao capítulo intitulado "Do Sistema Tributário Nacional", as contribuições sociais e interventivas previstas em outros capítulos do texto constitucional. Com isso, corrobora a sua natureza tributária e confere unidade ao seu regime jurídico-constitucional.

Advertimos o leitor, outrossim, de que *tal entendimento é prenhe de repercussões jurídicas*, inclusive no que concerne ao direito intertemporal.

Reconhecida essa delimitação da competência, forçosamente teria de ser pronunciada a revogação das contribuições ao INCRA, ao SEBRAE, à APEX-Brasil, entre outras, haja vista incidirem sobre materialidade diversa (a folha de salários, que não é receita bruta nem valor de operações econômicas).

É precisamente por isso que *tal concepção deverá encontrar forte resistência* no Supremo Tribunal Federal.

- **Precedente citado**

Competência para a instituição de contribuições sociais gerais. Fundamento no art. 149, na redação original da CF. Constitucionalidade das contribuições criadas pela LC 110/2001: Ação direta de inconstitucionalidade. Impugnação de artigos e de expressões contidas na Lei Complementar federal nº 110, de 29 de junho de 2001. Pedido de liminar. – A natureza jurídica das duas exações criadas pela lei em causa, neste exame sumário, é a de que são elas tributárias, caracterizando-se como contribuições sociais que se enquadram na sub-espécie "contribuições sociais gerais" que se submetem à regência do artigo 149 da Constituição, e não à do artigo 195 da Carta Magna. – Não-ocorrência de plausibilidade jurídica quanto às alegadas ofensas aos artigos 145, § 1º, 154, I, 157, II, e 167, IV, da Constituição.[...] (STF, Pleno, **ADI 2.556 MC**, rel. Min. Moreira Alves, 10.2002).

No julgamento do mérito, confirmou-se a decisão liminar, sem se tratar, contudo, do enquadramento específico das contribuições instituídas pela LC 110/2001 (Pleno, ADI 2.556, rel. Min. Joaquim Barbosa, 6.2012).

5.3. Competências específicas

Além da regra geral de competência do art. 149, *caput*, há no bojo da Lei Maior diversos preceitos que atribuem competências específicas para a instituição de contribuições especiais.

Deles nos ocuparemos com vagar a seguir, limitando-nos por ora a indicá-los, dentro deste esquema geral das contribuições especiais consagradas pela Constituição:

Contribuições especiais

a) sociais

- 1) gerais (art. 149, *caput* c/c § 2º, III, *a* e *b*)
- 2) de seguridade social (art. 195)
  - 2.1) nominadas (art. 195, I, *b* e *c,* III e IV e § 8º)
  - 2.2) residuais (art. 195, § 4º)
- 3) previdenciárias
  - 3.1) do regime geral de previdência (art. 195, I, *a*, e II, c/c art. 167, XI)
  - 3.2) do regime estatutário (arts. 40 e 149, § 1º)
- 4) constitucionalizadas
  - 4.1) do salário-educação (art. 212, § 5º)
  - 4.2) ao PIS/PASEP (art. 239)
  - 4.3) ao SESC, SENAC, SESI e SENAI (art. 240)

b) de intervenção no domínio econômico

1) gerais (art. 149, *caput* c/c § 2º, III, *a* e *b*)

2) nominadas (art. 149, § 2º, II, e 177, § 4º)

c) corporativas (art. 149, *caput*)

1) de interesse de categorias profissionais

2) de interesse de categorias econômicas

6. Contribuições de intervenção no domínio econômico

As contribuições de intervenção no domínio econômico – CIDEs – vêm sendo amplamente utilizadas para financiar as mais diversas atividades da União, ligadas, direta ou indiretamente, ao domínio econômico.

Verifica-se, como registrou Marco Aurélio Greco, um *fenômeno de "proliferação de CIDE's"*,[333] dada a predileção que o Governo Federal tem por tais tributos, que podem ser instituídos por lei ordinária e não têm parcelas de suas receitas destinadas a outros entes políticos.

Daí a relevância de enfocá-las minuciosamente.

6.1. Extrafiscalidade e intervenção no domínio econômico

A extrafiscalidade diz respeito ao parcial afastamento da função financeira, arrecadatória, que é própria da tributação.[334]

Seu peso nas exações tributárias embasa a dicotomia estabelecida entre tributos fiscais e extrafiscais:

i) os *tributos fiscais* visam primordialmente à *arrecadação*;

ii) os *tributos extrafiscais* visam primordialmente a *finalidades diversas* da arrecadatória, tais como a tutela do meio ambiente, o equilíbrio econômico, a proteção do mercado interno etc.

Essa distinção considera os graus de fiscalidade e de extrafiscalidade presentes nas distintas exações, tendo em vista que não há tributos fiscais ou extrafiscais puros, ao menos no que concerne aos seus efeitos econômicos.

Relevante função extrafiscal dos tributos é a de servir como instrumentos de intervenção na economia. Por meio da tributação, regula-se a economia, equilibrando-se o mercado e/ou concretizando-se políticas econômicas, tais como a promoção da poupança interna, o controle da inflação, o desenvolvimento econômico de determinadas regiões ou setores etc.[335]

Nesse contexto se inserem as contribuições de intervenção no domínio econômico, que encontram sua previsão central no art. 149 da Constituição Federal.

6.2. A intervenção no domínio econômico através das CIDEs

As *contribuições interventivas são instrumentos* destinados a propiciar ou facilitar a intervenção, por parte da União, no domínio econômico. Como as demais contri-

---

[333] A proliferação das CIDEs, verificada principalmente a partir da década de noventa, aparenta ser "uma panacéia para a necessidade de recursos financeiros para a União. Onde houver necessidade de recursos, cria-se uma CIDE: "é preciso desenvolver a atividade cultural", cria-se uma CIDE para o cinema; "é preciso desenvolver o setor de TELECOM", cria-se uma contribuição sobre a receita que vai abastecer o Fundo de Universalização dos Serviços de Telecomunicações" (GRECO. "Contribuições de intervenção no domínio econômico – Elementos para um modelo de controle", p. 28).

[334] CASADO OLLERO. "Los fines no fiscales de los tributos". p. 103.

[335] Cfr. MARTUL-ORTEGA. "I fini extrafiscali dell'imposta". p. 656-659.

buições especiais, são tributos teleológicos, vocacionados à promoção de fins determinados.

Sua *finalidade imediata é propiciar a "intervenção no domínio econômico"*, expressão cuja vagueza configura a primeira dificuldade posta à análise das contribuições interventivas: qual o significado, para o art. 149 da Carta Política, da expressão "intervenção no domínio econômico"?

A Constituição não emprega a expressão "intervenção no domínio econômico", salvo quando trata justamente das CIDEs. No seu Título VII ("Da Ordem Econômica e Financeira"), restringe a exploração estatal direta da atividade econômica aos casos em que a tutela da segurança nacional ou a promoção de relevante interesse coletivo a exijam (art. 173, *caput*) e prevê a atuação do Estado como "agente normativo e regulador da atividade econômica", condição em que poderá exercer as funções de "fiscalização, incentivo e planejamento" (art. 174, *caput*).

Evidencia-se que *o domínio econômico é próprio dos entes privados, sendo que a atuação do Estado nessa seara que lhe é alheia caracteriza intervenção.*[336]

Intervenção em seara própria é uma contradição em termos, razão pela qual *é inadmissível a instituição de CIDEs para o financiamento da atuação federal em área reservada à União*, como bem expõem Hamilton Dias de Souza e Tércio Sampaio Ferraz Júnior:

> haveria possibilidade de *intervenção* em campo constitucionalmente reservado à União? Assim não parece. A intervenção, logicamente, só pode ocorrer em campo de atuação distinto daquele que cabe ao interventor. Portanto, a União só pode atuar no setor privado ou em campo que, embora originariamente reservado ao Estado, passe a pertencer à iniciativa privada por força de autorização, concessão ou permissão.[337]

Portanto, a expressão "intervenção no domínio econômico" significa *interferência estatal na atividade econômica privada.* Mas veremos que no contexto do art. 149 da Carta Política ela assume um sentido mais restrito, ao menos no que diz respeito às modalidades de intervenção que autorizam a instituição de CIDEs.

6.3. Modalidades de intervenção e seu custeio

Como exposto no tópico precedente, a intervenção estatal no domínio econômico pode ser *direta ou indireta.*

Nas excepcionais situações de que trata o art. 173, *caput,* bem como nas taxativas hipóteses dos arts. 21 e 177 da CF, é legítima a *intervenção direta* na economia, *mediante a exploração estatal* de atividade econômica. Na terminologia de Eros Grau, tal forma de atuação caracteriza intervenção *no* domínio econômico, que pode ocorrer sob as modalidades de absorção (atuação em regime de monopólio) ou participação (atuação em regime de competição).[338]

A *possibilidade de serem instituídas contribuições para o custeio de atuação estatal direta no domínio econômico é assaz questionável*, notadamente diante do fato de

[336] DIAS DE SOUZA; FERRAZ JR. "Contribuições de intervenção no domínio econômico e a federação", p. 66. Para Eros Grau, o vocábulo "intervenção" é intercambiável com a expressão "atuação estatal", desde que se exclua da acepção dessa expressão a atuação estatal em área de sua titularidade (*A ordem econômica na Constituição de 1988.* 2ª ed. p. 136-137). Em suas palavras: "*Intervenção* indica, em sentido forte (isto é, na sua conotação mais vigorosa), no caso, atuação estatal em área de titularidade do setor privado; *atuação estatal*, simplesmente, ação do Estado tanto na área de titularidade própria quanto em área de titularidade do setor privado. Em outros termos, teremos que *intervenção* conota atuação estatal no campo da *atividade econômica em sentido estrito; atuação estatal,* ação do Estado no campo da *atividade econômica em sentido amplo*" (ibidem, p. 137).

[337] DIAS DE SOUZA; FERRAZ JR. "Contribuições de intervenção no domínio econômico e a federação", p. 69.

[338] GRAU. *A ordem econômica na Constituição de 1988.* 2ª ed. p. 162.

que a Constituição veda a concessão, às empresas estatais que atuam em tal domínio, de privilégios fiscais não extensivos ao setor privado (art. 173, § 1º, II, e § 2º), de modo a resguardar o princípio da livre concorrência, basilar da ordem econômica brasileira (art. 170, IV). Tampouco seria apropriada a cobrança de contribuição interventiva para financiar atuação estatal em regime de monopólio, por se tratar de atividade economicamente autossustentável.[339]

Fora das excepcionais hipóteses supramencionadas, cabe ao Estado tão somente a *intervenção indireta* na economia, *na qualidade de agente regulador* (agente normativo e regulador, na dicção constitucional) da atividade econômica.

No caso, não haverá propriamente intervenção *no* domínio econômico, senão *sobre* o domínio econômico,[340] que, segundo a Constituição, pode ocorrer por três formas distintas: a) fiscalização; b) incentivo; e c) planejamento.[341]

A *atividade fiscalizatória* está indissociavelmente ligada à regulação da economia. Consiste no exercício do poder de polícia sobre o desempenho da atividade econômica.[342] De conseguinte, *deve ser financiada mediante* a instituição do tributo previsto especificamente para tal fim, a saber, *a taxa de polícia*, com base no art. 145, II, da CF, não havendo razão que justifique a instituição de contribuições interventivas para alcançar o mesmo desiderato.[343]

Tampouco o planejamento enseja a instituição de contribuições interventivas. Trata-se de atividade estritamente normativa, a ser empreendida primordialmente pela atuação legislativa, como previsto no art. 174, § 1º, da CF: "A lei estabelecerá as diretrizes e bases do planejamento do desenvolvimento nacional equilibrado, o qual incorporará e compatibilizará os planos nacionais e regionais de desenvolvimento". E a atuação do Poder Legislativo não pode ser custeada mediante contribuições interventivas, mas com os recursos advindos da cobrança de impostos, visto que tal poder desempenha inúmeras outras tarefas, alheias ao planejamento da atividade econômica. Nem mesmo o planejamento levado a cabo por atos normativos infralegais pode ser financiado por CIDEs, salvo se empreendido por entidades que se dediquem ao incentivo da atividade econômica.

---

339 A propósito, a Constituição de 1969 facultava a intervenção estatal na economia *e* o monopólio estatal, autorizando a instituição de contribuição para o custeio da *intervenção*: "Art. 163. São facultados a intervenção no domínio econômico e o monopólio de determinada indústria ou atividade, mediante lei federal, quando indispensável por motivo de segurança nacional ou para organizar setor que não possa ser desenvolvido com eficácia no regime de competição e de liberdade de iniciativa, assegurados os direitos e garantias individuais. Parágrafo único. Para atender a intervenção de que trata êste artigo, a União poderá instituir contribuições destinadas ao custeio dos respectivos serviços e encargos, na forma que a lei estabelecer".

340 GRAU. *A ordem econômica na Constituição de 1988.* 2ª ed., p. 162.

341 É digno de nota que Eros Grau refuta a inclusão do planejamento entre as formas de intervenção sobre o domínio econômico, por conceber que ele meramente qualifica as formas de intervenção (op. cit., p. 165). Vislumbra, assim, a existência de duas formas de intervenção sobre o domínio econômico: por direção (imposição de normas cogentes) e por indução (previsão de normas dispositivas, de caráter premial) positiva (incentivos *lato sensu*) ou negativa (ônus *lato sensu*). Ibidem, p. 162-165.

342 Como expõe Tácio Lacerda Gama: "A fiscalização da atividade econômica, prescrita pelo artigo 174 da Constituição, nada mais é do que o exercício do poder de polícia, aplicado em relação aos direitos econômicos" (*Contribuição de intervenção no domínio econômico.* p. 253).

343 André Ramos Tavares leciona que: "se já há uma modalidade específica, que é a taxa, para que o Estado dela se utilize quando exerce seu poder de polícia, não é de admitir o uso da contribuição de intervenção no domínio econômico com idêntico fundamento. Sublinhe-se, ademais, que a taxa, instituída em razão do exercício do poder de polícia é, certamente, uma forma de intervenção do Estado na economia. Desnecessário e incabível, pois, pretender-se a dupla possibilidade de tributação para uma mesma realidade" ("Intervenção estatal no domínio econômico por meio da tributação", p. 225). Nessa linha: GAMA. *Contribuição de intervenção no domínio econômico.* p. 259. No sentido da legitimidade, vide GRECO. "Contribuição de Intervenção no Domínio Econômico – Parâmetros para sua Criação". p. 15.

Enfim, *as contribuições interventivas não são vocacionadas a promover as atividades fiscalizatória e de planejamento, mas a de incentivo*, que gera despesas significativas ao Poder Público.[344]

Segundo o excelente compêndio elaborado por Tácio Lacerda Gama,[345] estas são as formas de financiamento das atividades estatais relativas ao domínio econômico:

Atividade estatal	Forma de financiamento
Exploração direta	Preço do bem ou serviço comercializado
Serviço público compulsório	Taxa pela prestação de serviços públicos
Serviço público facultativo	Preço público
Fiscalização	Taxa pelo exercício do poder de polícia
Planejamento	Não há contrapartida específica
Incentivo	CIDEs

Em suma, "intervenção no domínio econômico" significa *interferência estatal na atividade econômica privada*, autorizando a instituição de CIDEs quando ocorrer sob a forma de *incentivo lato sensu.*

- **Precedente citado**

Contribuição especial destinada a incentivar atividade econômica (ATP). Qualificação como contribuição interventiva: CONSTITUCIONAL. TRIBUTÁRIO. ADICIONAL DE TARIFA PORTUÁRIA – ATP. Lei 7.700, de 1988, art. 1º, § 1º. I. – Natureza jurídica do A.T.P.: contribuição de intervenção no domínio econômico, segundo o entendimento da maioria, a partir dos votos dos Ministros Ilmar Galvão e Nelson Jobim. II. – Voto do Relator, vencido no fundamento: natureza jurídica do A.T.P.: taxa: criado por lei, Lei 7.700/88, art. 1º, § 1º, remunera serviço público (C.F., art. 21, XII, d e f; art. 175. Decreto 25.408/34). III. – Constitucionalidade do A.T.P.: Lei 7.700/88, art. 1º, § 1º. IV. – R.E. conhecido e provido. (STF, Pleno, **RE 209.365**, rel. Min. Carlos Velloso, 3.1999)

6.4. Intervenção no domínio econômico como elemento conceitual das CIDEs

As contribuições interventivas *singularizam-se por servirem de instrumento para a intervenção federal no domínio econômico.*

Trata-se de nota conceitual das CIDEs. Se for instituída contribuição para financiar atuação ou intervenção estatal em segmento distinto, por óbvio não se tratará de uma CIDE, mas de espécie tributária diversa.

Importa, portanto, estremar o domínio econômico de outras áreas em que também se verifica atuação estatal, sobretudo no contexto atual, em que se parece admitir a instituição de contribuições interventivas para financiar todas as atividades federais que repercutam na seara econômica.

Deve-se diferenciar sobretudo a intervenção estatal na economia da atuação do Poder Público na *ordem social*, que somente pode ser financiada por meio de impostos e contribuições sociais.

[344] A título de exemplo, cabe referir o Adicional de Tarifa Portuária – ATP –, instituído pela Lei 7.700, de 21 de dezembro de 1988, e julgado constitucional pelo STF sob o argumento de que se tratava de uma contribuição de intervenção no domínio econômico destinada à melhoria das condições de infraestrutura portuária (STF, Pleno, *RE 209.365*, rel. Min. Carlos Velloso, 3.1999). Os recursos obtidos com o ATP foram destinados, originariamente, a investimentos para "melhoramento, reaparelhamento, reforma e expansão de instalações portuárias". Após, o ATP foi extinto pela Lei 9.309/96.

[345] GAMA. *Contribuição de intervenção no domínio econômico.* p. 262.

Essa tarefa é facilitada pela organização do próprio texto constitucional, que dedica títulos diversos para as ordens econômica e social. Enquanto aquela está regulada no Título VII, esta é o objeto do Título VIII da Lei Maior, abrangendo a seguridade social (Capítulo II), a educação, cultura e desporto (Capítulo III), a ciência e tecnologia (Capítulo IV), a comunicação social (Capítulo V) e o meio ambiente (Capítulo VI).

Portanto, *contribuições para a seguridade social, educação, cultura, tecnologia e meio ambiente qualificam-se como sociais, e não como contribuições interventivas.*

6.5. Requisitos fundamentais à instituição das CIDEs

Por serem espécie de contribuições especiais, as interventivas *devem ser instituídas com observância de todos os requisitos exigidos para a criação destas exações*, tais como:

– observância das limitações constitucionais gerais ao poder de tributar;

– existência de competência impositiva;

– busca da finalidade especificada pela norma atributiva de competência;

– necessidade; e

– referibilidade.

Além desses requisitos gerais, devem ser observados requisitos específicos, dentre os quais se destacam:

– atividade passível de ser financiada mediante a cobrança de CIDEs;

– caráter setorial;

– observância dos princípios gerais da ordem econômica.

Pela sua relevância, alguns desses requisitos merecem serem examinados com atenção.

6.5.1. Competência tributária

Nos termos do art. 149, *caput*, da Constituição, apenas a União tem competência para instituir contribuições de intervenção no domínio econômico.

Se algum Estado, Município ou o Distrito Federal cobrar contribuição interventiva, estará a malferir a repartição constitucional de competências impositivas. É irrelevante que lhe atribua outra denominação, travestindo-a de imposto ou taxa. Se instituir tributo com as características jurídicas de uma CIDE, terá criado exação inconstitucional.

Para fins tributários, também é irrelevante que a Constituição atribua às três esferas federativas competência concorrente para legislar sobre Direito Econômico e Tributário (art. 24, I) e lhes imponha a incumbência de atuar como agentes normativos e reguladores da atividade econômica, mediante o exercício das "funções de fiscalização, incentivo e planejamento" (art. 174, *caput*).

Somente a União pode utilizar o instrumento das CIDEs para intervir no domínio econômico. As demais pessoas constitucionais têm de financiar a sua atuação em tal seara mediante a cobrança de impostos – jamais de contribuições interventivas.

6.5.2. Atividade passível de ser financiada mediante CIDEs

Como vimos, não é toda e qualquer atividade estatal sobre o domínio econômico que pode ser financiada mediante a instituição de contribuições interventivas.

A exploração direta de atividade econômica pelo Poder Público e os serviços públicos facultativos devem ser financiados pelo pagamento das tarifas correspondentes, e não por CIDEs. Os serviços públicos compulsórios e o exercício do poder de polícia têm de ser financiados mediante a instituição de taxas, e não de CIDEs. E a atividade de planejamento estatal da atividade econômica há de ser custeada com os recursos angariados pela cobrança de impostos, e não de CIDEs.

Somente o incentivo estatal à atuação privada no segmento econômico pode ser financiado mediante a cobrança de contribuições interventivas. O incentivo não se limita, contudo, aos subsídios financeiros e aos empréstimos, abrangendo também *incentivos indiretos*, como programas de aperfeiçoamento profissional, construção de obras de infraestrutura etc.

O art. 177, § 4º, da CF corrobora essa exegese, haja vista que, ao autorizar a instituição da CIDE-Combustíveis, vincula-a ao financiamento de atividades de incentivo, nomeadamente ao pagamento de subsídios e ao financiamento de projetos ambientais e de programas de infraestrutura (alíneas do inciso II).

A propósito, também vale recordar o caso do Adicional de Tarifa Portuária – ATP –, instituído pela Lei 7.700, de 21 de dezembro de 1988, a fim de financiar investimentos para "melhoramento, reaparelhamento, reforma e expansão de instalações portuárias". Esse adicional foi julgado constitucional pelo Supremo Tribunal Federal justamente sob o argumento de que se tratava de contribuição interventiva destinada à melhoria das condições de infraestrutura portuária.[346]

Diante dessas ponderações, resta claro que a União *não pode instituir contribuição interventiva para inibir* o desenvolvimento de certa atividade econômica.

É até possível que majore tributos para regular a ordem econômica (como o Imposto de Importação), mas não pode instituí-los com o único escopo de tornar certa atividade econômica proibitiva ou pouco atrativa para a iniciativa privada, sob pena de malferir a garantia fundamental da livre iniciativa (art. 170, *caput*, da CF).

6.5.3. Caráter setorial

Apenas a intervenção em setores econômicos específicos autoriza a instituição de CIDEs, jamais a atuação geral sobre o domínio econômico.

Como leciona Marco Aurélio Greco:

> Para o conceito de intervenção ser operativo e permitir distinguir uma parcela da realidade à qual se refira, creio ser necessário afastá-lo da idéia de "totalidade". Medidas adotadas pela União que digam respeito ao domínio econômico como um todo (por exemplo, criação de uma nova moeda) não são hipóteses de intervenção nesse domínio, mas são casos de delineamento do próprio domínio econômico e das bases em que ele se desenvolve.[347]

De fato, *as CIDEs somente podem financiar intervenções setoriais, em segmentos econômicos devidamente especificados pelo legislador.* Devem gravar sujeitos e setores determinados, e nunca a universalidade dos agentes econômicos.

Para cumprirem o *requisito da setorialidade*, as CIDEs poderão ser instituídas sob a forma de adicionais incidentes sobre operações econômicas próprias de setores específicos (a exemplo do AFRMM e do ATAERO) ou como contribuições destinadas a fundos ou programas voltados a estimular atividades ou segmentos econômicos determinados, como a CIDE-Remessas (setor de tecnologia), a CONDECINE (indústria cinematográfica e videofonográfica), a CIDE-Energia (setor energético) etc.

---

[346] STF, Pleno, RE 209.365, rel. Min. Carlos Velloso, 3.1999. Lê-se na ementa do acórdão: "CONSTITUCIONAL. TRIBUTÁRIO. ADICIONAL DE TARIFA PORTUÁRIA – ATP. Lei 7.700, de 1988, art. 1º, § 1º. I. – Natureza jurídica do A.T.P.: contribuição de intervenção no domínio econômico, segundo o entendimento da maioria, a partir dos votos dos Ministros Ilmar Galvão e Nelson Jobim [...]". O ATP foi extinto pela Lei 9.309/96.

[347] GRECO. "Contribuição de Intervenção no Domínio Econômico – Parâmetros para sua Criação", p. 16.

Esse requisito, vale notar, geralmente tem sido observado pelo legislador, que instituiu contribuições interventivas específicas para os setores de combustíveis (CIDE-Combustíveis), de tecnologia (CIDE-Remessas), da indústria cinematográfica e videofonográfica (CONDECINE), bem como para os setores aeroportuário (ATAERO) e marítimo (AFRMM).

Sem embargo, *foi flagrantemente desconsiderado na contribuição ao INCRA* – que a nosso juízo nem mesmo contribuição interventiva é. E isso com o aval do Poder Judiciário, como evidencia o aresto citado no tópico seguinte.

6.5.4. Referibilidade

A referibilidade, entendida como o liame entre a finalidade a ser realizada com a contribuição e as atividades e interesses de certo grupo, *é requisito de validade de todas as contribuições especiais* e, por consequência, das contribuições de intervenção no domínio econômico.

Destarte, as contribuições interventivas *somente podem ser cobradas se houver um liame entre a intervenção em setor econômico específico*, de um lado, *e as atividades de certo grupo econômico*, de outro.

Os *sujeitos passivos* têm de ser escolhidos dentre os *agentes que atuam no segmento econômico objeto da intervenção*. Se o legislador decide, v.g., incentivar a indústria cinematográfica, somente poderá tributar os produtores, comerciantes ou consumidores de produtos ou serviços cinematográficos, jamais de outros setores, como o energético, o marítimo, o aeroportuário.

Caso o legislador repute que certa intervenção no domínio econômico deve ser custeada por *toda a sociedade*, ele terá que se valer dos recursos angariados por meio dos *impostos*, sob pena de malferir o requisito da referibilidade. Se insistir em criar uma CIDE para tanto, terá criado tributo inconstitucional, quer se qualifique como tal (situação em que o vício consistirá e se limitará à indevida amplitude dos sujeitos passivos), quer se enquadre como imposto afetado a órgão, fundo ou despesa específica, violando o art. 167, IV, da CF.

Não é necessário que os sujeitos passivos deem causa ou sejam beneficiados pela atividade interventiva, haja vista que o liame referido *não se confunde com o benefício econômico* e resta configurado com o mero fato de os sujeitos passivos atuarem no segmento objeto da intervenção.

O Supremo Tribunal Federal e o Superior Tribunal de Justiça, no entanto, afirmam que *a referibilidade não é exigível nas CIDEs*, chancelando a cobrança de contribuições interventivas das mais variadas categorias econômicas[348]

Quanto à contribuição ao *SEBRAE*, por exemplo, o STF entende que todas as empresas que desenvolvem atividades econômicas estão obrigadas ao seu pagamento, ainda que sejam de grande porte e, portanto, não se enquadrem no âmbito do grupo incentivado por tal serviço social autônomo (micro e pequenas empresas).[349]

O STF e o STJ autorizam, ademais, a cobrança da contribuição ao *INCRA* (indevidamente qualificada como contribuição interventiva) até mesmo de empresas urbanas, completamente alheias à atividade rural.[350]

---

[348] STF, 1ª Turma, *RE 449.233 AgR*, rel. Min. Ricardo Lewandowski, 2.2011.

[349] STF, Pleno, *RE 635.682*, rel. Min. Gilmar Mendes, 4.2013.

[350] STF, 1ª Turma, AI 743.365 AgR, rel. Min. Cármen Lúcia, 02.2012; STJ, 2ª Turma, REsp 995.564, rel. Min. Eliana Calmon, 5.2008.

• Precedentes citados

Referibilidade nas CIDEs. Dispensa de vinculação direta entre o contribuinte e a aplicação dos recursos arrecadados: [...] I – As contribuições de intervenção no domínio econômico podem ser criadas por lei ordinária e não exigem vinculação direta entre o contribuinte e a aplicação dos recursos arrecadados. Precedentes. II – Ante a impossibilidade de atuação do Poder Judiciário como legislador positivo, não cabe a ele, com base no princípio da isonomia, estender benefício fiscal a contribuintes não abrangidos pela legislação pertinente. III – Agravo regimental improvido. (STF, 1ª Turma, **RE 449.233 AgR**, rel. Min. Ricardo Lewandowski, 2.2011)

O precedente diz respeito à CIDE-Royalties, que foi criada pela Lei 10.168/2000 e incide sobre o setor de tecnologia.

Contribuição ao SEBRAE. Cobrança de empresas que não estão no seu âmbito de atuação. Legitimidade: [...] 4. Contribuição para o SEBRAE. Tributo destinado a viabilizar a promoção do desenvolvimento das micro e pequenas empresas. Natureza jurídica: contribuição de intervenção no domínio econômico. 5. Desnecessidade de instituição por lei complementar. Inexistência de vício formal na instituição da contribuição para o SEBRAE mediante lei ordinária. 6. Intervenção no domínio econômico. É válida a cobrança do tributo independentemente de contraprestação direta em favor do contribuinte. [...] (STF, Pleno, **RE 635.682**, rel. Min. Gilmar Mendes, 4.2013)

Contribuição ao INCRA. Legitimidade da sua cobrança das empresas urbanas: Agravo regimental no agravo de instrumento. Constitucional e tributário. Contribuição ao Funrural: exigibilidade das empresas urbanas. Precedentes. Agravo regimental ao qual se nega provimento. (STF, 1ª Turma, AI 743.365 AgR, rel. Min. Cármen Lúcia, 02.2012)

Essa decisão contrasta com precedente anterior do Plenário Virtual, que não vislumbrou repercussão geral na controvérsia acerca da exigibilidade da contribuição ao INCRA perante as empresas urbanas (RE 578.635 RG, rel. Min. Menezes Direito, 9.2008).

6.5.5. Respeito aos princípios da ordem econômica

É de suma importância o respeito aos princípios da ordem econômica.

Por serem as CIDEs instrumentos de intervenção no domínio econômico, elas *estão integralmente jungidas aos fundamentos e aos princípios da atividade econômica,*[351] elencados no art. 170 da Constituição Federal nos seguintes termos:

> Art. 170. A ordem econômica, fundada na valorização do trabalho humano e na livre iniciativa, tem por fim assegurar a todos existência digna, conforme os ditames da justiça social, observados os seguintes princípios:
>
> I – soberania nacional;
>
> II – propriedade privada;
>
> III – função social da propriedade;
>
> IV – livre concorrência;
>
> V – defesa do consumidor;
>
> VI – defesa do meio ambiente, inclusive mediante tratamento diferenciado conforme o impacto ambiental dos produtos e serviços e de seus processos de elaboração e prestação; (Redação dada pela Emenda Constitucional nº 42, de 19.12.2003)
>
> VII – redução das desigualdades regionais e sociais;
>
> VIII – busca do pleno emprego;
>
> IX – tratamento favorecido para as empresas de pequeno porte constituídas sob as leis brasileiras e que tenham sua sede e administração no País. (Redação dada pela Emenda Constitucional nº 6, de 1995)
>
> Parágrafo único. É assegurado a todos o livre exercício de qualquer atividade econômica, independentemente de autorização de órgãos públicos, salvo nos casos previstos em lei.

Dessa forma, as contribuições interventivas devem fundar-se na valorização do trabalho humano e na livre iniciativa, ter por escopo último a garantia de existência digna a todos e promover os princípios da soberania nacional, propriedade privada, função social da propriedade, livre concorrência, defesa do consumidor e do meio ambiente, redução das desigualdades regionais e sociais, entre outros.

---

[351] Como exposto pelo Ministro Carlos Velloso, ao proferir o seu voto acerca da legitimidade da contribuição ao SEBRAE: "Não sendo contribuição de interesse das categorias profissionais ou econômicas, mas contribuição de intervenção no domínio econômico, a sua instituição está jungida aos princípios gerais da atividade econômica, C.F., arts. 170 a 181" (STF, Pleno, RE 396.266, rel. Min. Carlos Velloso, 11.2003).

É fácil perceber que *os fundamentos e princípios gerais da atividade econômica extravasam os lindes do Direito Econômico*, vindo a exercer forte influxo no Direito Tributário.

Entretanto, *não excluem os princípios tributários*, com os quais devem ser harmonizados, de modo que a intervenção seja implementada com integral respeito aos ditames do Direito Econômico *e* do Direito Tributário.[352]

6.6. CIDEs anteriores à Constituição de 1988

A Constituição de 1967, no título destinado à "Ordem Econômica e Social", *autorizou a criação de contribuições de intervenção no domínio econômico*, para o custeio dos respectivos serviços e encargos (art. 157, §§ 8º e 9º), no que foi seguida pela Carta de 1969 (art. 163, parágrafo único). Mais técnica, esta Constituição também referiu as contribuições interventivas dentro do "Sistema Tributário" (art. 21, § 2º, I), tornando evidente a sua natureza tributária.

Essas competências para a instituição de contribuições interventivas conferiram fundamento a certas exações criadas, antes do advento da Constituição de 1988, com o escopo de incentivar atividades econômicas. Foi o que ocorreu com o Adicional ao Frete para Renovação da Marinha Mercante – AFRMM –[353] e com a contribuição para o Instituto do Açúcar e do Álcool – IAA.[354]

O *Pretório Excelso qualificou-as como CIDEs e reputou que foram recepcionadas pelo art. 149, caput, da Constituição* vigente, mesmo que existissem autorizações para que o Executivo fixasse e alterasse alíquotas (as quais tinham suporte no art. 21, § 2º, I, da CF/69).

Neste caso, *a incompatibilidade formal com a Constituição de 1988 não obstou a recepção das exações* (visto que, à recepção, importa unicamente a compatibilidade material do ato normativo pré-constitucional com a nova Constituição), *mas, tão só, a recepção das delegações*. Em outras palavras, a autorização para a fixação de alíquotas pelo Executivo foi revogada pela Constituição vigente, diversamente das alíquotas que já haviam sido fixadas pelo Executivo no regime anterior,[355] as quais atualmente somente podem ser alteradas por lei.

- **Precedentes citados**

Contribuição voltada ao incentivo da atividade econômica (AFRMM). Qualificação como CIDE sob a égide da EC 1/69: ADICIONAL AO FRETE PARA RENOVAÇÃO DA MARINHA MERCANTE. II. Não constitui taxa, nem imposto, com destinação especial. É ele uma contribuição parafiscal, tendo em vista a intervenção no domínio econômico, nos termos do art. 21, § 2º, *i*, c.c. o art. 163 e seu parágrafo único, da Constituição (Emenda n. 1/69) e decorre da Lei n. 3.381/58 e Decretos-leis ns. 362/68, 432 e 799/69. [...] (STF, Pleno, **RE 75.972**, rel. Min. Thompson Flores, 10.1973)

---

352 Cfr. BÖCKLI. *Indirekte Steuern und Lenkungssteuern*. p. 102.

353 STF, Pleno, *RE 177.137*, rel. Min. Carlos Velloso, 5.1995. O AFRMM era voltado à intervenção no domínio econômico (atividades de navegação mercante) por meio do *incentivo* ao desenvolvimento da Marinha Mercante Brasileira e da indústria da construção naval, razão da sua qualificação como contribuição interventiva, como consignado pelo Ministro Carlos Velloso, em seu voto proferido no *RE 177.137*. Ainda antes da promulgação da Constituição de 1988, o AFRMM havia sido enquadrado como contribuição "parafiscal", de intervenção no domínio econômico (STF, Pleno, *RE 75.972*, rel. Min. Thompson Flores, 10.1973).

354 STF, Pleno, *RE 214.206*, rel. p/ ac. Min. Nelson Jobim, 10.1997.

355 Foi o que ocorreu com a contribuição ao IAA (STF, Pleno, *RE 214.206*, rel. p/ ac. Min. Nelson Jobim, 10.1997). Lê-se no voto do Ministro Nelson Jobim: "Após 1988, não é possível que a alíquota venha a ser fixada por ato unilateral do Poder Executivo. O que desapareceu, foi a possibilidade de se modificar a alíquota então fixada. No entanto, a alíquota que havia sido fixada nos termos da legislação anterior – e legitimamente –, foi recepcionada como tal. A Constituição de 1988 não extinguiu tais contribuições".

Contribuição voltada ao incentivo da atividade econômica (AFRMM). Recepção pela CF/88 como CIDE: [...] I. – Adicional ao frete para renovação da marinha mercante – AFRMM – é uma contribuição parafiscal ou especial, contribuição de intervenção no domínio econômico, terceiro gênero tributário, distinta do imposto e da taxa. (C.F., art. 149). [...] (STF, Pleno, **RE 177.137**, rel. Min. Carlos Velloso, 5.1995)

Recepção da contribuição ao IAA pela CF/88. Revogação da delegação legislativa: [...] Ficou afastada a ofensa ao art. 149, da CF/88, que exige lei complementar para a instituição de contribuições de intervenção no domínio econômico. A contribuição para o IAA é compatível com o sistema tributário nacional. Não vulnera o art. 34, § 5º, do ADCT/CF/88. É incompatível com a CF/88 a possibilidade da alíquota variar ou ser fixada por autoridade administrativa. Recurso não conhecido. (STF, Pleno, **RE 214.206**, rel. p/ ac. Min. Nelson Jobim, 10.1997)

6.7. Contribuições interventivas integrantes do "Sistema S"

A natureza tributária específica das contribuições é determinada pela sua finalidade, diante do caráter teleológico que lhes é característico.

E, *no caso das contribuições destinadas ao custeio das atividades de um ente específico, será a finalidade deste ente que a determinará*: uma contribuição vinculada, v.g., ao custeio de um ente criado para a intervenção no domínio econômico será qualificada como uma CIDE e haverá de ser submetida ao exame de constitucionalidade enquanto tal.

No que diz respeito às contribuições destinadas a serviços sociais autônomos (que integram o denominado "Sistema S"), é a indefinição quanto à qualificação das atividades desses serviços sociais que dificulta a determinação da natureza tributária específica das contribuições que os financiam. A solução decorrerá, em regra, da análise da lei que autorizou a sua criação.

Alguns serviços autônomos foram instituídos para atuarem junto a categorias profissionais e econômicas específicas (SESC, SENAC, SESI, SENAI, SENAR, SEST e SENAT), enquanto outros foram vinculados à atuação imediata no domínio econômico, mediante o incentivo de empresas de pequeno porte e de determinadas atividades econômicas (SEBRAE, APEX-Brasil e ABDI). Embora seja nebulosa a qualificação das contribuições destinadas àqueles serviços sociais, as contribuições destinadas a estes últimos se enquadram nitidamente na categoria das contribuições interventivas.

Um caso elucidativo diz respeito à *contribuição ao SEBRAE*. Trata-se de uma das contribuições ao "Sistema S" que foram qualificadas como contribuições de intervenção no domínio econômico e, segundo a jurisprudência do STF, encontram embasamento na regra de competência do art. 149, *caput*.[356] Isso porque o SEBRAE, como sua própria denominação indica, é vocacionado ao apoio às micro e às pequenas empresas, cabendo-lhe,

[356] Embora tenha sido criada como mero adicional às contribuições ao SESC, SENAC, SENAI e SESI (art. 8º, § 3º, da Lei 8.029/90), a contribuição ao SEBRAE possui nítida autonomia, caracterizando-se como uma contribuição nova, especialmente por sua destinação específica. Consoante expôs o Ministro Marco Aurélio, no julgamento do RE 396.266: "A nomenclatura utilizada na lei, no que se lançou mão do vocábulo adicional, não me impressiona porque não se trata, a rigor, de um adicional. O que houve foi a criação de uma contribuição nova" (STF, Pleno, *RE 396.266*, rel. Min. Carlos Velloso, 11.2003). Quanto à sua caracterização como contribuição de intervenção no domínio econômico, é esclarecedora esta passagem do voto do Ministro Carlos Velloso: "A contribuição que estamos cuidando é, na verdade, uma contribuição de intervenção no domínio econômico, não obstante a lei a ela se referir como adicional às alíquotas das contribuições sociais relativas às entidades de que trata o art. 1º do D.L. 2.318, de 1986. A autora recorrente, pois, tem razão quando afirma que a citada contribuição não está incluída no rol do art. 240 da C.F., dado que ela é "totalmente autônoma – e não um adicional", desvinculando-se da contribuição ao SESI-SENAI, SESC-SENAC. Não sendo contribuição de interesse das categorias profissionais ou econômicas, mas contribuição de intervenção no domínio econômico, a sua instituição está jungida aos princípios gerais da atividade econômica, C.F., arts. 170 a 181. E se o SEBRAE tem por finalidade "*planejar, coordenar e orientar programas técnicos, projetos e atividades de apoio às micro e pequenas empresas, em conformidade com as políticas nacionais de desenvolvimento, particularmente as relativas às áreas industrial, comercial e tecnológica*" (Lei 8.029/90, art. 9º, incluído pela Lei 8.154/90), a contribuição instituída para a realização desse desiderato está conforme aos princípios gerais da atividade econômica consagrados na Constituição. Observe-se, de outro lado, que a contribuição tem como sujeito passivo empresa comercial ou industrial, partícipes, pois, das atividades econômicas que a Constituição disciplina (C.F., art. 170 e seguintes)".

nos termos do art. 9º da Lei 8.029/90, "planejar, coordenar e orientar programas técnicos, projetos e atividades de apoio às micro e pequenas empresas, em conformidade com as políticas nacionais de desenvolvimento, particularmente as relativas às áreas industrial, comercial e tecnológica". Justamente para que tal apoio fosse levado a efeito, criou-se a contribuição em comento (art. 8º, § 3º, da Lei 8.029/90). Ao apoiar as micro e as pequenas empresas, o SEBRAE intervém no domínio econômico, visando a concretizar princípios gerais da atividade econômica, tais como a livre concorrência, a busca do pleno emprego e o tratamento favorecido a empresas de pequeno porte (art. 170 da CF).

Esse entendimento prevaleceu quando a questão foi levada ao STF, com base, em suma, na alegação de inconstitucionalidade formal da sua instituição por lei ordinária. Qualificando-a como uma contribuição de intervenção no domínio econômico, o Pretório Excelso declarou a sua constitucionalidade, visto que esta espécie tributária (assim como as contribuições de interesse de categorias econômicas ou profissionais) prescinde do veículo da lei complementar para que seja validamente instituída.[357]

Mediante a cisão do produto arrecadado com a contribuição ao SEBRAE, foram criadas as contribuições à *APEX-Brasil* (voltada ao incentivo das exportações) e à *ABDI* (vocacionada à promoção do desenvolvimento da indústria), que também se qualificam como contribuições interventivas e, destarte, encontram supedâneo na regra atributiva de competência do art. 149, *caput*, da Constituição.

A sucinta análise dessas exações evidencia que as contribuições interventivas constituem instrumentos relevantes à atuação federal no domínio econômico. Permitem que a atividade econômica seja incentivada por intermédio de serviços sociais autônomos, financiados com recursos públicos.

Os serviços sociais autônomos, todavia, devem dedicar-se exclusivamente à intervenção no domínio econômico e mostrar-se adequados e necessários à promoção dos seus desideratos.

Isto porque *a proliferação de serviços sociais autônomos leva ao agravamento da carga tributária e, por consequência, pode*, ao invés de promover, contrapor-se aos fundamentos da atividade econômica (valorização do trabalho humano e livre iniciativa) e *prejudicar a realização de princípios econômicos basilares*, tais como a busca do pleno emprego, a livre concorrência, a propriedade privada etc.

- **Precedente citado**

Adicional ao SEBRAE. Autonomia. Qualificação como CIDE. Constitucionalidade: [...] II. – A contribuição do SEBRAE – Lei 8.029/90, art. 8º, § 3º, redação das Leis 8.154/90 e 10.668/2003 – é contribuição de intervenção no domínio econômico, não obstante a lei a ela se referir como adicional às alíquotas das contribuições sociais gerais relativas às entidades de que trata o art. 1º do D.L. 2.318/86, SESI, SENAI, SESC, SENAC. Não se inclui, portanto, a contribuição do SEBRAE, no rol do art. 240, C.F. III. – Constitucionalidade da contribuição do SEBRAE. Constitucionalidade, portanto, do § 3º, do art. 8º, da Lei 8.029/90, com a redação das Leis 8.154/90 e 10.668/2003. IV. – R.E. conhecido, mas improvido. (STF, Pleno, **RE 396.266**, rel. Min. Carlos Velloso, 11.2003)

7. Contribuições de interesse das categorias profissionais ou econômicas

7.1. Definição e espécies

A Constituição de 1969, no bojo do capítulo destinado ao "Sistema Tributário", já conferia à União competência para instituir contribuições de "interêsse de categorias

[357] STF, Pleno, *RE 396.266*, rel. Min. Carlos Velloso, 11.2003.

profissionais", no mesmo preceito em que autorizava a criação de contribuições interventivas e de previdência social (art. 21, § 2º, I).

Com o advento da Constituição de 1988, alargou-se o âmbito da competência federal, facultando-se a instituição de contribuições de interesse das categorias profissionais ou econômicas, ao mesmo tempo em que se suprimiu a possibilidade de o Poder Executivo fixar as suas alíquotas e bases de cálculo.

Tais contribuições são denominadas "*contribuições corporativas*", dividindo-se em:

a) contribuições de interesse das categorias profissionais (*contribuições profissionais*); e

b) contribuições de interesse das categorias econômicas (*contribuições corporativo-econômicas*).

Diferenciam-se em função das categorias às quais estão vinculadas. Ambas concernem a atividades laborais, mas, apesar de relacionadas, não se confundem: as categorias profissionais dizem respeito ao ofício; e as econômicas, às áreas específicas de produção, comércio ou prestação de serviços.

A agricultura, por exemplo, não é uma profissão, mas uma atividade econômica. Por isso, a contribuição à CNA (Confederação Nacional da Agricultura) qualifica-se como uma contribuição corporativo-econômica, e não como uma contribuição profissional. Já a contribuição à CONTAG (Confederação Nacional dos Trabalhadores na Agricultura) enquadra-se como contribuição profissional, pois, embora seja relativa a um segmento econômico determinado, destina-se ao custeio de uma confederação que se singulariza pela qualificação profissional dos seus filiados.

A distinção entre tais contribuições, no entanto, apresenta escassa relevância prática, pois ambas possuem idêntico assento constitucional (art. 149, *caput*) e estão sujeitas aos mesmos requisitos. É a distinção perante as figuras afins que merece ser analisada com atenção.

7.2. Distinção perante figuras afins

7.2.1. Contribuição confederativa do art. 8º, IV, da CF

Antes de tudo, cumpre distinguir as contribuições corporativas cuja instituição é autorizada pelo art. 149, de um lado, da *contribuição sindical prevista no art. 8º, IV, da CF*, de outro. A Constituição prevê esta contribuição nos seguintes termos:

> Art. 8º É livre a associação profissional ou sindical, observado o seguinte: [...]
>
> IV – a assembléia geral fixará a contribuição que, em se tratando de categoria profissional, será descontada em folha, para custeio do sistema confederativo da representação sindical respectiva, independentemente da contribuição prevista em lei.

Tal contribuição sindical, destinada ao custeio do sistema confederativo, não tem natureza heterônoma, haja vista não decorrer do poder de império estatal, mas da filiação voluntária ao sindicato.

É compulsória tão somente para os filiados e, portanto, pode deixar de sê-lo mediante o exercício do direito potestativo de desfiliação, reconhecido pelo preceito subsequente ao transcrito, nestes termos: "ninguém será obrigado a filiar-se ou a manter-se filiado a sindicato" (art. 8º, V, da CF).

Por não decorrer do mero exercício da atividade profissional, mas da filiação voluntária ao sistema sindical, *a contribuição confederativa do art. 8º, IV, da CF não se qualifica como tributo e pode ser fixada pela assembleia geral da associação sindical*, dado não se submeter ao princípio da estrita legalidade que vige em matéria tributária (art. 150, I, da CF).

Em contrapartida, não pode ser cobrada daqueles que não se filiaram à entidade sindical, consoante a remansosa jurisprudência do Supremo Tribunal Federal.[358]

Caso a entidade sindical atribua caráter heterônomo à contribuição, cobrando-a de quem não se filiou à associação ou dela pretenda desfiliar-se, *estará a exigir prestação pecuniária compulsória, de caráter análogo aos dos tributos*. Obviamente, tratar-se-á de *exação inconstitucional*, em razão de ter sido instituída por ente incompetente e por instrumento diverso da lei.

Por outro lado, *as contribuições corporativas do art. 149 são tributos*, pois têm caráter heterônomo. A sua incidência prescinde de qualquer ato volitivo do contribuinte diverso do mero exercício da sua atividade profissional. Decorrem mediatamente do desempenho da atividade profissional e imediatamente da consequente *filiação compulsória* à entidade corporativa. Por conseguinte, o universo dos sujeitos passivos não é restrito àqueles que, por vontade própria, filiaram-se ao sindicato. Em contrapartida, *somente podem ser instituídas por lei e devem respeitar todas as demais limitações constitucionais ao poder de tributar.*

As anuidades cobradas pelos conselhos de fiscalização do exercício profissional são exemplos de contribuições corporativas do art. 149.[359] Qualificam-se como tributos por serem compulsórias: são devidas por todos aqueles que desempenham atividades profissionais sujeitas a fiscalização, independentemente do fato de quererem, ou não, vincular-se a tais conselhos.[360]

São essas três espécies de contribuições corporativas que a Constituição prevê: as duas contribuições corporativas do art. 149 (com natureza tributária) e a contribuição sindical do art. 8º, IV (destituída de caráter tributário).

Não obstante a clareza dessa distinção, a 2ª Turma do STF identificou uma quarta espécie de contribuição corporativa, consistente na contribuição aludida pelo art. 513, *e*, da CLT, que estabelece como prerrogativa dos sindicatos "impor contribuições a todos aqueles que participam das categorias econômicas ou profissionais ou das profissões liberais representadas". Diversamente daquela do art. 8º, IV, da CF, a contribuição do art. 513, *e,* da CLT seria devida por todos os integrantes da categoria profissional, apesar de ser instituída em convenções coletivas da categoria.[361] Além disso, diversamente da contribuição corporativa do art. 149, não seria um tributo, não estando sujeita, portanto, às limitações constitucionais ao poder de tributar (dentre as quais sobressai o princípio da legalidade estrita).

Não há como sustentar o entendimento firmado nesse precedente. Se a contribuição não decorre da filiação, ato volitivo do trabalhador, e carece de natureza tributária, não pode ser exigida dos trabalhadores que não são filiados, pois os sindicatos não podem instituir obrigações heterônomas. Somente poderia ser-lhes exigida caso se revestisse de na-

---

[358] Súmula Vinculante 40: "A contribuição confederativa de que trata o art. 8º, IV, da Constituição Federal, só é exigível dos filiados ao sindicato respectivo". Anteriormente, a Corte já havia editado a Súmula 666, de redação quase idêntica: "A contribuição confederativa de que trata o art. 8º, IV, da Constituição, só é exigível dos filiados ao sindicato respectivo".

[359] STF, Pleno, *MS 21.797*, rel. Min. Carlos Velloso, 3.2000.

[360] Lembre-se que esses conselhos, por exercerem poder de polícia (atividade típica de Estado), devem ser pessoas jurídicas de direito público, financiando-se por meio de exações de caráter tributário (as anuidades). Têm de possuir natureza autárquica. Foi o que decidiu o STF ao declarar a inconstitucionalidade do art. 58 da Lei 9.649/98, que alterava a natureza jurídica dos Conselhos de Fiscalização Profissional (Pleno, ADI 1.717, rel. Min. Sydney Sanches, 11.2002).

[361] STF, 2ª Turma, RE 189.960, rel. Min. Marco Aurélio, 11.2000: "A contribuição prevista em convenção coletiva, fruto do disposto no artigo 513, alínea "e", da Constituição Federal (*sic*), é devida por todos os integrantes da categoria profissional, não se confundindo com aquela versada na primeira parte do inciso IV do artigo 8º da Carta da República" (excerto da ementa).

tureza tributária, mas, então, deveria submeter-se às limitações constitucionais ao poder de tributar: nunca poderia ser instituída por convenções coletivas, mas, tão só, por lei.

Portanto, não há como reconhecer que esse preceito da CLT foi recepcionado pela Carta Política de 1988, a qual estabeleceu a liberdade de filiação e desfiliação às entidades sindicais (art. 8º, V). Somente poderia subsistir se interpretado em consonância com a Constituição, de modo a excluir os trabalhadores não filiados do seu alcance.

- **Súmulas**

Súmula Vinculante 40: "A contribuição confederativa de que trata o art. 8º, IV, da Constituição Federal, só é exigível dos filiados ao sindicato respectivo"

- **Precedentes citados**

Anuidades dos conselhos de fiscalização profissional. Natureza tributária: [...] IV. – As contribuições cobradas pelas autarquias responsáveis pela fiscalização do exercício profissional são contribuições parafiscais, contribuições corporativas, com caráter tributário. C.F., art. 149. RE 138.284-CE, Velloso, Plenário, RTJ 143/313. [...] (STF, Pleno, **MS 21.797**, rel. Min. Carlos Velloso, 3.2000)

- **Questões específicas**

Contribuição sindical ("imposto sindical"). Cobrança de servidores públicos não-filiados. Legitimidade: [...] 1. A lei específica que disciplina a contribuição sindical compulsória ("imposto sindical") é a CLT, nos arts. 578 e seguintes, a qual é aplicável a todos os trabalhadores de determinada categoria, inclusive aos servidores públicos, observada a unicidade sindical e a desnecessidade de filiação, segundo a jurisprudência do Supremo Tribunal Federal, que considerou recepcionada a exação pela atual Constituição Federal. [...] (STJ, 2ª Turma, **RMS 30.930**, rel. Min. Eliana Calmon, 6.2010)

Contribuição sindical ("imposto sindical"). Cobrança de servidores inativos. Ilegitimidade: TRIBUTÁRIO. CONTRIBUIÇÃO SINDICAL. COMPULSORIEDADE. ART. 578 DA CLT. IMPOSSIBILIDADE DE COBRANÇA EM RELAÇÃO AOS SERVIDORES INATIVOS. 1. A Contribuição Sindical, prevista nos arts. 578 e seguintes da CLT, é devida por todos os trabalhadores de determinada categoria, inclusive pelos servidores públicos civis, independentemente da sua condição de servidor público celetista ou estatutário. 2. Todavia, a obrigação de recolher a contribuição sindical não atinge os inativos, uma vez que não mais integram a categoria funcional pela inexistência de vínculo com os órgãos da administração pública federal, estadual e municipal, direta e indireta. 3. Impõe-se considerar que, apesar de a própria Constituição Federal assegurar o seu direito de participação nas organizações sindicais, o inativo somente está vinculado a um regime previdenciário, já que, a partir da data da aposentadoria, extingue-se o vínculo do servidor com o Município. 4. Recurso especial não provido. (STJ, 2ª Turma, **REsp 1.225.944**, rel. Min. Mauro Campbell Marques, 5.2011)

7.2.2. Contribuições interventivas e para o FGTS

As *contribuições corporativo-econômicas* também devem ser diferenciadas das contribuições interventivas. Aquelas são afetadas imediatamente à promoção dos interesses da categoria econômica, possuindo uma relação remota com a atuação no domínio econômico. *São cobradas com vistas ao financiamento da entidade corporativa* (uma confederação, por exemplo), *que haverá de lutar pelos interesses da categoria*. Não são jungidas diretamente aos princípios constitucionais da ordem econômica. *As contribuições interventivas, de outra banda,* são afetadas imediatamente à intervenção no domínio econômico e submetem-se integralmente aos princípios regentes da ordem econômica. *Não estão vinculadas a interesses corporativos e muito menos ao financiamento de entidades corporativas.* São meros instrumentos de atuação da União no domínio econômico.

Outrossim, cabe lembrar que *a tradicional contribuição ao FGTS* (a qual não se confunde com aquelas criadas pela LC 110/01 para suprir deficiências financeiras do fundo) *não é considerada, pelo STF, uma contribuição corporativa e sequer um tributo*, pois não consiste em receita pública, sendo mera prestação correlata a um direito social dos trabalhadores.[362]

[362] STF, Pleno, RE 100.249, rel. p/ ac. Min. Néri da Silveira, 12.1987. A ementa do precedente é transcrita nos comentários ao art. 145, mais precisamente na seção relativa ao conceito constitucional de tributo.

7.3. Contribuições corporativas sindicais

Como dissemos ao diferenciar as contribuições corporativas da contribuição sindical prevista no art. 8º, IV, da CF, esta, diversamente daquelas, caracteriza-se por não ter natureza heterônoma, o que impede seja cobrada de trabalhadores não filiados. Já as contribuições corporativas são veros tributos e, como tais, estão sujeitas a todas limitações constitucionais gerais ao poder de tributar, dentre as quais sobressai o princípio da estrita legalidade tributária.[363]

Agora, cumpre examinar as demais contribuições sindicais.

7.3.1. Contribuição sindical anual: o "imposto" sindical

A contribuição sindical anual, indevidamente apelidada de "*imposto sindical*",[364] foi prevista originalmente pela Constituição de 1937, que, inspirada no modelo sindical do governo fascista italiano, autorizava os sindicatos regularmente reconhecidos pelo Estado a "impor contribuições" aos seus associados (art. 138).[365]

Atualmente, *é regulada pelos arts. 578 e ss. da Consolidação das Leis do Trabalho* (CLT – Decreto-Lei 5.452/43).

É devida "por todos aquêles que participarem de uma determinada categoria econômica ou profissional, ou de uma profissão liberal, em favor do sindicato representativo da mesma categoria ou profissão" ou, na falta deste, à federação correspondente à mesma categoria econômica ou profissional (art. 579 c/c o art. 591).

7.3.2. Contribuição assistencial e mensalidade sindical

A *contribuição assistencial* objetiva custear a atuação dos sindicatos nas negociações coletivas e também os serviços que prestam gratuitamente aos trabalhadores, como assistência jurídica, médica etc.

Reputa-se ter ela assento no *art. 513, e, da CLT*, que estabelece ser prerrogativa dos sindicatos: "impor contribuições a todos aqueles que participam das categorias econômicas ou profissionais ou das profissões liberais representadas".[366]

Sem embargo, é evidente que os sindicatos não podem "impor contribuições a todos aqueles que participam das categorias econômicas ou profissionais ou das profissões liberais representadas". Podem exigi-las tão somente daqueles que lhes são filiados voluntariamente. Nesse aspecto, a CLT contrapõe-se frontalmente à jurisprudência do Supremo Tribunal Federal, cristalizada na Súmula 666.

Idêntica situação se verifica com a denominada "*contribuição associativa*" (ou "mensalidade sindical"), que é fixada pelos sindicatos e, consequentemente, somente pode ser cobrada dos trabalhadores a eles filiados.

---

[363] A respeito, o Supremo Tribunal Federal já teve a oportunidade de afirmar: "A regência das contribuições sindicais há de se fazer mediante lei no sentido formal e material, conflitando com a Carta da República, considerada a forma, portaria do Ministro de Estado do Trabalho e Emprego, disciplinando o tema" (STF, Pleno, ADI 3.206, rel. Min. Marco Aurélio, 4.2005, excerto da ementa).

[364] O Código Tributário Nacional objetivou corrigir essa impropriedade, conferindo a denominação "contribuição sindical" ao "imposto sindical de que tratam os arts. 578 e seguintes da Consolidação das Leis do Trabalho" (art. 217, I, incluído pelo Decreto-Lei 27/66).

[365] Para Aliomar Baleeiro, tal preceito conferia efetiva "delegação do poder tributário" aos sindicatos, o que teria implicado a revogação do tributo já pela Constituição de 1946 (*Uma introdução à ciência das finanças*. p. 293).

[366] Nesse sentido, vide a Portaria nº 160/2004 do Ministério de Estado do Trabalho e Emprego, apreciada na ADI 3.206.

7.3.3. Classificação das contribuições sindicais

À luz do exposto, infere-se haver *quatro espécies de contribuições sindicais, das quais apenas uma ostenta natureza tributária*:

Contribuições sindicais	
Tributárias	Anual (imposto sindical do art. 578 e ss. da CLT)
Não tributárias	Contribuição confederativa do art. 8º, IV, da CF
	Contribuição assistencial
	Contribuição associativa (mensalidade sindical)

Se às três últimas contribuições referidas for atribuído caráter compulsório (leia-se: cobrança de não filiados), *então elas assumirão natureza tributária* (ou ao menos análoga à de tributo) e, por consequência, incorrerão no vício de inconstitucionalidade, em razão de não terem sido criadas por lei.

§ 1º Os Estados, o Distrito Federal e os Municípios instituirão contribuição, cobrada de seus servidores, para o custeio, em benefício destes, do regime previdenciário de que trata o art. 40, cuja alíquota não será inferior à da contribuição dos servidores titulares de cargos efetivos da União. (redação dada pela Emenda Constitucional nº 41, de 19.12.2003; parágrafo renumerado pela Emenda Constitucional nº 33, de 11.12.2001)

Redação original: § 1º Os Estados, o Distrito Federal e os Municípios poderão instituir contribuição, cobrada de seus servidores, para o custeio, em benefício destes, de sistemas de previdência e assistência social.

Art. 149, § 1º: Contribuição previdenciária dos servidores públicos

1. Alcance da competência dos Estados, do Distrito Federal e dos Municípios

Os Estados, o Distrito Federal e os Municípios carecem, em regra, de competência para instituir contribuições, à exceção das contribuições de melhoria. Somente a União pode instituí-las, com base no art. 149, *caput*, no art. 195 ou em outros preceitos esparsos.

A *competência conferida pelo art. 149, § 1º, da CF* para os Estados, o Distrito Federal e os Municípios instituírem contribuição previdenciária a cargo de seus servidores *constitui uma exceção à regra geral e, como tal, há de ser construída mediante interpretação literal/restritiva.*[367]

Em sua redação original, o art. 149, § 1º, permitia a instituição de contribuição, a cargo dos servidores públicos estaduais, distritais e municipais, para o custeio, em seu benefício, de sistemas de previdência e de assistência social.

A EC 41/03 veio a restringir tal competência, excluindo a possibilidade de os Estados, o Distrito Federal e os Municípios cobrarem contribuição de seus servidores para o custeio de sistemas de assistência social.

[367] STF, Pleno, *ADI 1.920 MC*, rel. Min. Nelson Jobim, 6.1999.

Atualmente, tais pessoas políticas *somente possuem competência para instituir contribuição destinada ao custeio do regime previdenciário de seus servidores*. Há competência, tão só, para a criação de contribuição previdenciária, e não assistencial ou securitária; e *tal competência é restrita à tributação dos servidores* do respectivo ente estatal.

Sabe-se que a seguridade social é mais ampla do que a previdência social, pois também abrange a saúde e a assistência social (art. 194, *caput*, da CF).

Em virtude de os Estados, o Distrito Federal e os Municípios carecerem de competência para instituir contribuições de seguridade, *a assistência social e os serviços de saúde estaduais, distritais e municipais nunca poderão ser custeados por meio de contribuição* a cargo de seus servidores.[368] Ciente de tal impossibilidade, o STF já declarou a inconstitucionalidade de contribuição compulsória de servidores estaduais para o custeio de serviços de saúde.[369]

A competência do art. 149, § 1º, destaca-se pelo caráter impositivo do seu exercício. A facultatividade é uma nota comum à imensa maioria das competências jurídico-tributárias. A EC 41/03, porém, afastou-a ao substituir a locução verbal "poderão instituir" pelo verbo "instituirão", tornando obrigatório o exercício da competência em foco pelo legislador.

O art. 40, *caput*, da CF, que também teve sua redação alterada pela EC 41/03, corrobora o caráter cogente da competência do art. 149, § 1º, pois passou a assegurar aos servidores de todas as esferas federativas regime de previdência de "caráter *contributivo* e solidário, mediante contribuição [...] dos servidores ativos e inativos e dos pensionistas".

Outra inovação implementada pela EC 41/03 diz respeito à alíquota a ser adotada: os Estados, o Distrito Federal e os Municípios estão impossibilitados de prever alíquota inferior à adotada, pela União, para a contribuição a cargo dos seus servidores que sejam titulares de cargos efetivos. *A alíquota da União é um patamar mínimo para a contribuição das demais pessoas políticas, o que impede a burla à obrigatoriedade do exercício da competência* outorgada pelo art. 149, § 1º, visto que o mandamento constitucional poderia ser contornado por meio da adoção de alíquotas insignificantes por parte dos Estados, do Distrito Federal e dos Municípios.

A alíquota federal, a nosso ver, também é um patamar máximo para as contribuições dos Estados, do Distrito Federal e dos Municípios, os quais, de conseguinte, estão jungidos à alíquota federal.

Tal vinculação decorre do princípio da isonomia, que seria violado caso os servidores públicos fossem sujeitos a alíquotas diferenciadas pelo simples fato de estarem ligados a pessoas constitucionais diversas. Esse, aliás, foi o fundamento adotado pelo STF para declarar a inconstitucionalidade das distinções discriminatórias consagradas no art. 4º, parágrafo único, da EC 41/03.[370]

---

[368] Em sentido contrário, Ives Gandra, interpretando a redação original do preceito, defende que: "Não seria, por fim, admissível que pudessem os Estados, os Municípios e o Distrito Federal cobrar de seus servidores contribuições sociais, mas que não fossem obrigados a ofertar serviços de saúde custeados por tais contribuições. Entendo, assim, que a 'assistência social' a que se refere o constituinte é aquela conformada *lato sensu* e que constitui sinônimo de seguridade social" (MARTINS. *O sistema tributário na Constituição*. 6ª ed. p. 202).

[369] STF, Pleno, *ADI 1.920 MC*, rel. Min. Nelson Jobim, 6.1999.

[370] STF, Pleno, *ADI 3.128*, rel. p/ ac. Min. Cezar Peluso, 8.2004. A distinção, no caso, dizia respeito às bases de cálculo adotadas. Para uma análise detida do julgado, vide o tópico atinente à tributação dos inativos e dos pensionistas.

• Precedentes citados

Contribuição estadual para custeio de sistema de saúde. Inconstitucionalidade: CONSTITUCIONAL. LEI 7.249/98 DO ESTADO DA BAHIA. Cria sistema próprio de seguridade social que compreende previdência, assistência social e assistência à saúde. Institui contribuição compulsória dos servidores do Estado para a saúde. Impossibilidade. Inteligência do art. 149, parágrafo único da CF. Regra de exceção que se interpreta restritivamente. Inatacável o art. 5º pois apenas relaciona os segurados obrigatórios, não qualifica a contribuição. Liminar deferida em parte. (STF, Pleno, **ADI 1.920 MC**, rel. Min. Nelson Jobim, 6.1999).

Aplicando este entendimento com base na distinção entre competência legislativa e competência impositiva: [...] I – É nítida a natureza tributária da contribuição instituída pelo art. 85 da Lei Complementar nº 64/2002, do Estado de Minas Gerais, haja vista a compulsoriedade de sua cobrança. II – O art. 149, *caput*, da Constituição atribui à União a competência exclusiva para a instituição de contribuições sociais, de intervenção no domínio econômico e de interesse das categorias profissionais e econômicas. Essa regra contempla duas exceções, contidas no arts. 149, § 1º, e 149-A da Constituição. À exceção desses dois casos, aos Estados-membros não foi atribuída competência para a instituição de contribuição, seja qual for a sua finalidade. III – A competência, privativa ou concorrente, para legislar sobre determinada matéria não implica automaticamente a competência para a instituição de tributos. Os entes federativos somente podem instituir os impostos e as contribuições que lhes foram expressamente outorgados pela Constituição. IV – Os Estados-membros podem instituir apenas contribuição que tenha por finalidade o custeio do regime de previdência de seus servidores. A expressão "regime previdenciário" não abrange a prestação de serviços médicos, hospitalares, odontológicos e farmacêuticos. (STF, Pleno, **RE 573.540**, rel. Min. Gilmar Mendes, 4.2010 – Tema 55 da Repercussão Geral)

Reiterando este entendimento em sede de repercussão geral, com respeito aos servidores inativos e pensionistas: RECURSO. Agravo de instrumento convertido em Extraordinário. Proventos e pensões. Contribuição. Assistência à saúde. Servidores Públicos. Interregno das EC nº 20/98 e nº 41/03. Repercussão geral reconhecida. Precedentes. Reafirmação da jurisprudência. Recurso improvido. É incompatível com a Constituição norma que institui contribuição à saúde incidente sobre o valor de proventos e pensões de servidores públicos, no interregno das Emendas Constitucionais n. 20/98 e n. 41/03. (STF, Plenário Virtual, **AI 831.223 RG**, rel. Min. Presidente – Cezar Peluso –, 6.2011 – Tema 431 da Repercussão Geral)

Restituição da contribuição inconstitucional. Inexistência de matéria constitucional: RECURSO. Extraordinário. Inadmissibilidade. Contribuição previdenciária declarada inconstitucional. Valores descontados compulsoriamente. Restituição. Tema infraconstitucional. Precedentes. Ausência de repercussão geral. Recurso extraordinário não conhecido. Não apresenta repercussão geral o recurso extraordinário que, tendo por objeto o direito de servidores públicos estaduais à restituição de valores descontados compulsoriamente a título de contribuição previdenciária declarada inconstitucional, versa sobre tema infraconstitucional. (STF, Plenário Virtual, **RE 633.329 RG**, rel. Min. Presidente – Cezar Peluso –, 5.2011)

Serviços postos à disposição ou efetivamente prestados. Irrelevância: [...] 1. No julgamento do RE 573.540 (rel. min. Gilmar Mendes), o Pleno desta Corte considerou inconstitucional a cobrança de contribuição destinada ao custeio de serviços de saúde pública, devida por servidor público, na medida em que apenas a União tem competência para instituição de tal tributo. 2. O critério decisivo para reconhecimento da incompatibilidade constitucional da exação é sua compulsoriedade, que a submete ao regime tributário. O fato de os serviços de saúde terem sido postos à disposição ou terem sido prestados, bem como a circunstância de o texto legal examinado neste caso (Lei 9.380/1986) ser topicamente diferente do texto examinado no precedente (LC 64/2002), são irrelevantes para fins de aplicação da orientação geral e abstrata firmada no precedente. O ponto essencial a ser examinado é o sentido retirado a partir da interpretação do texto, isto é, a norma jurídica. 3. Ausência de razões que justifiquem a reversão ou a superação do precedente, ou ainda a inaplicabilidade da orientação firmada para caso análogo, pela existência de peculiaridade determinante. Agravo regimental ao qual se nega provimento. (STF, 2ª Turma, **AI 740.823 AgR**, rel. Min. Joaquim Barbosa, 10.2011)

Disparidades nas contribuições de servidores públicos. Ofensa à isonomia: 1. Inconstitucionalidade. Seguridade social. Servidor público. Vencimentos. Proventos de aposentadoria e pensões. Sujeição à incidência de contribuição previdenciária. Ofensa a direito adquirido no ato de aposentadoria. Não ocorrência. Contribuição social. Exigência patrimonial de natureza tributária. Inexistência de norma de imunidade tributária absoluta. Emenda Constitucional nº 41/2003 (art. 4º, *caput*). Regra não retroativa. Incidência sobre fatos geradores ocorridos depois do início de sua vigência. Precedentes da Corte. Inteligência dos arts. 5º, XXXVI, 146, III, 149, 150, I e III, 194, 195, *caput*, II e § 6º, da CF, e art. 4º, *caput*, da EC nº 41/2003. [...] 3. Inconstitucionalidade. Ação direta. Emenda Constitucional (EC nº 41/2003, art. 4º, § único, I e II). Servidor público. Vencimentos. Proventos de aposentadoria e pensões. Sujeição à incidência de contribuição previdenciária. Bases de cálculo diferenciadas. Arbitrariedade. Tratamento discriminatório entre servidores e pensionistas da União, de um lado, e servidores e pensionistas dos Estados, do Distrito Federal e dos Municípios, de outro. Ofensa ao princípio constitucional da isonomia tributária, que é particularização do princípio fundamental da igualdade. Ação julgada procedente para declarar inconstitucionais as expressões "cinquenta por cento do" e "sessenta por cento do", constante do art. 4º, § único, I e II, da EC nº 41/2003. Aplicação dos arts. 145, § 1º, e 150, II, cc. art. 5º, *caput* e § 1º, e 60, § 4º, IV, da CF, com restabelecimento do caráter geral da regra do art. 40, § 18. São inconstitucionais as expressões "cinqüenta por cento do" e "sessenta por cento do", constantes do § único, incisos I e II, do art. 4º da Emenda Constitucional nº 41, de 19 de dezembro de 2003, e tal pronúncia restabelece o caráter geral da regra do art. 40,

§ 18, da Constituição da República, com a redação dada por essa mesma Emenda. (STF, Pleno, **ADI 3.128**, rel. p/ ac. Min. Cezar Peluso, 8.2004)

• Questões específicas

Contribuição paga por servidores imunes, nos termos do art. 8º, § 5º, da EC 20/98. Direito à restituição: RECURSO EXTRAORDINÁRIO. CONSTITUCIONAL. EC 20/98, ARTIGO 8º, § 5º. SERVIDOR. TEMPO TRABALHADO APÓS COMPLETAR AS EXIGÊNCIAS PARA APOSENTADORIA. CONTRIBUIÇÃO PREVIDENCIÁRIA. ISENÇÃO. Se o servidor contribuiu para a Previdência Social no período trabalhado além da data em que poderia ter se aposentado --- o que não fez porque ao tempo do requerimento houve controvérsia a respeito da contagem do tempo de serviço, posteriormente dirimida em juízo a favor do servidor ---, faz jus à devolução dos valores recolhidos, nos termos da isenção prevista no § 5º do artigo 8º da EC 20/98. Recurso extraordinário conhecido e provido. (STF, 2ª Turma, **RE 568.377**, rel. Min. Eros Grau, 10.2008).

A imunidade diz respeito aos servidores que já contavam com tempo de serviço suficiente para aposentar-se, mas ainda não tinham a idade mínima exigida pelo art. 40, § 1º, III, "a", da CF. Eis o texto do art. 8º, § 5º, da EC 20/98: "§ 5º – O servidor de que trata este artigo, que, após completar as exigências para aposentadoria estabelecidas no *caput*, permanecer em atividade, fará jus à isenção da contribuição previdenciária até completar as exigências para aposentadoria contidas no art. 40, § 1º, III, "a", da Constituição Federal".

2. Regime jurídico-tributário do art. 40 da CF

Já se expôs que *o art. 149, § 1º*, confere competência para a instituição de contribuição previdenciária dos servidores públicos estaduais, distritais e municipais. Esse preceito, no entanto, *não abrange os servidores públicos federais.*

A contribuição previdenciária dos servidores federais é de competência da União, mas não tem assento no capítulo intitulado "Do Sistema Tributário Nacional" (Capítulo I do Título VI) e tampouco nos preceitos que integram o capítulo "Da Seguridade Social" (Capítulo II do Título VIII).

Por atecnia do constituinte, *tal contribuição é prevista no art. 40, caput, da Constituição Federal*, o qual confere, de forma implícita, competência tributária à União:

> Art. 40. Aos servidores titulares de cargos efetivos da União, dos Estados, do Distrito Federal e dos Municípios, incluídas suas autarquias e fundações, é assegurado regime de previdência de caráter contributivo e solidário, mediante contribuição do respectivo ente público, dos servidores ativos e inativos e dos pensionistas, observados critérios que preservem o equilíbrio financeiro e atuarial e o disposto neste artigo. (redação dada pela EC 41/03).

O art. 40, *caput*, da Constituição da República também é aplicável aos servidores estaduais, distritais e municipais, vindo a conjugar-se com o art. 149 para firmar as *balizas centrais do regime jurídico-tributário* das contribuições previdenciárias dos servidores públicos.

De acordo com o art. 40, *caput*, o regime de previdência dos servidores públicos terá "*caráter contributivo e solidário*", sendo financiado por meio de contribuições:

a) do respectivo ente público; e

b) dos servidores ativos, inativos e dos pensionistas.

O referido sistema deverá adotar, outrossim, "critérios que preservem o equilíbrio financeiro e atuarial", o que denota a inter-relação existente entre o Direito Tributário e o Direito Administrativo.

A contribuição dos *inativos e pensionistas* é regulada pelo § 18 do art. 40, introduzido pela EC 41/03. Trataremos dela a seguir, no tópico dedicado ao tema.

3. Aplicação subsidiária das disposições gerais de seguridade social

A Constituição, no capítulo destinado à seguridade social, abre uma seção na qual são consagradas as "disposições gerais" (Seção I, arts. 194 e 195). Nessa seção, é definida a expressão "seguridade social" (art. 194, *caput*), são estabelecidos os seus objetivos (art. 194, parágrafo único) e veiculados preceitos relativos ao seu custeio (art. 195).

Tendo em vista que a previdência social integra a seguridade social, as disposições gerais de seguridade social são de observância obrigatória pela União, pelos Estados, pelo Distrito Federal e pelos Municípios, no que diz respeito aos seus sistemas previdenciários. É, aliás, o que determina o art. 40, § 12, da CF/88,[371] dispositivo que se aplica tanto à relação de custeio quanto à de benefício.

Excetuam-se apenas as disposições incompatíveis com as peculiaridades da previdência, que, logicamente, não poderão ser-lhe aplicadas.

Destarte, *as regras gerais do subsistema de contribuições de seguridade social são aplicáveis*, em princípio, *às contribuições previdenciárias* federais, estaduais, distritais e municipais, tal como ocorre com:

a) *o princípio da "equidade na forma de participação no custeio"*, previsto no art. 194, parágrafo único, V;[372]

b) *a imunidade das aposentadorias e pensões do regime geral*, consagrada no art. 195, II, *in fine*;[373] e

c) a *regra da contrapartida* do art. 195, § 5º, que impõe a cessação da contribuição quando desaparecer a despesa que lhe deu origem.[374]

Diversamente, não são invocáveis pelos Estados, pelo Distrito Federal e pelos Municípios aqueles dispositivos do art. 195 da CF que outorgam competências tributárias, pois se dirigem especificamente à União.

- **Precedentes citados**

Aplicação subsidiária das "disposições gerais de seguridade social". Inconstitucionalidade da contribuição dos inativos e pensionistas do regime estatutário frente à CF/88, na redação da EC 20/98, por ofensa à regra da contrapartida do art. 195, § 5º: [...] "CONTRIBUIÇÃO DE SEGURIDADE SOCIAL SOBRE PENSÕES E PROVENTOS: AUSÊNCIA DE CAUSA SUFICIENTE. – Sem causa suficiente, não se justifica a instituição (ou a majoração) da contribuição de seguridade social, pois, no regime de previdência de caráter contributivo, deve haver, necessariamente, correlação entre custo e benefício. A existência de estrita vinculação causal entre contribuição e benefício põe em evidência a correção da fórmula segundo a qual não pode haver contribuição sem benefício, nem benefício sem contribuição. Doutrina. Precedente do STF" [...]. (STF, Pleno, **ADI 2.010 MC**, rel. Min. Celso de Mello, 9.1999; **ADC 8 MC**, rel. Min. Celso de Mello, 10.1999)

Aplicação das "disposições gerais da seguridade social" ao regime previdenciário dos Estados. Inclusão de dependentes sem fonte de custeio. Inconstitucionalidade por ofensa ao princípio da equidade no custeio e

---

[371] "§ 12. Além do disposto neste artigo, o regime de previdência dos servidores públicos titulares de cargo efetivo observará, no que couber, os requisitos e critérios fixados para o regime geral de previdência social" (incluído pela EC 20/98).

[372] Foi o que decidiu o STF ao declarar a inconstitucionalidade da inclusão de novos dependentes em regime previdenciário estadual, sem a existência da correspondente fonte de custeio (STF, Pleno, *ADI 1.002*, rel. Min. Sydney Sanches, 2.2003).

[373] Eis a sua redação: "Art. 195. A seguridade social será financiada por toda a sociedade, de forma direta e indireta, nos termos da lei, mediante recursos provenientes dos orçamentos da União, dos Estados, do Distrito Federal e dos Municípios, e das seguintes contribuições sociais: [...] II – do trabalhador e dos demais segurados da previdência social, não incidindo contribuição sobre aposentadoria e pensão concedidas pelo regime geral de previdência social de que trata o art. 201" (Redação dada pela Emenda Constitucional nº 20, de 1998). A aplicação desse preceito às contribuições previdenciárias dos servidores públicos foi reconhecida neste importantíssimo julgado: STF, Pleno, ADI 3.128, rel. p/ ac. Min. Cezar Peluso, 8.2004. A ementa é transcrita abaixo, no tópico atinente à tributação dos inativos e pensionistas. Consoante exposto pelo Ministro Cezar Peluso, em seu voto condutor: "Este cânone [refere-se ao comando do art. 195, II, da CF], embora faça menção às aposentadorias e pensões concedidas pelo *regime geral de previdência*, deve ser interpretado de forma teleológica e expansiva, para alcançar, no que sejam compatíveis, também aquelas concedidas *pelo regime dos servidores públicos*, em atenção do caráter unitário do fim público de ambos os regimes e ao princípio da isonomia [...] *os proventos de todos os aposentados e pensionistas, em ambos os regimes, devem ter, sob esse prisma, o mesmo tratamento normativo constitucional*".

[374] STF, Pleno, *ADI 2.010 MC*, rel. Min. Celso de Mello, 9.1999; *ADC 8 MC*, rel. Min. Celso de Mello, 10.1999, que versam sobre a inconstitucionalidade da contribuição dos servidores inativos e pensionistas no regime da EC 20/98. Conferir também: STF, Pleno, *ADI 1.002*, rel. Min. Sydney Sanches, 2.2003.

à regra da contrapartida: 1. O dispositivo impugnado incluiu, para fins previdenciários, como dependentes dos associados, "os pais, que forem aposentados e pensionistas do Instituto Nacional de Seguridade Social – INSS e outros, cujas rendas não ultrapassem o valor de dois salários mínimos", violando o § 5º do art. 195 da Constituição Federal, segundo o qual "nenhum benefício ou serviço de seguridade social pode ser criado, majorado ou estendido sem correspondente fonte de custeio total". 2. Tal norma constitucional federal (art. 195, § 5º) está inserida nas Disposições Gerais da Seguridade Social, a serem observadas, por isso mesmo, também pelos Estados, sem prejuízo do disposto no parágrafo 1° do art. 149. 3. O parágrafo único do art. 194 da C.F. deixou claro que ao Poder Público compete, nos termos da lei, organizar a seguridade social, com observância dos princípios enunciados em seus incisos, dentre eles o da eqüidade na forma de participação no custeio, como estabelecido no *caput*, seus incisos e parágrafos do art. 195. [...] (STF, Pleno, **ADI 1.002**, rel. Min. Sydney Sanches, 2.2003).

4. Contribuição dos inativos e pensionistas

À luz da jurisprudência do Supremo Tribunal Federal, *a legitimidade constitucional da contribuição dos servidores inativos e pensionistas passou por três fases*:

1ª) *antes da EC 20/98*, a contribuição era constitucional;

2ª) *entre a EC 20/98 e a EC 41/03*, passou a ser inconstitucional; e

3ª) atualmente, *após o advento da EC 41/03*, é constitucional.

De fato, antes do advento da EC 20/98 se considerava legítima a cobrança de contribuição previdenciária dos servidores inativos e dos seus pensionistas, por não implicar redução de proventos.[375]

Mesmo que a EC 20/98 não tenha alterado o texto constitucional no que diz respeito à contribuição dos inativos e pensionistas, após a sua promulgação passou-se a reputar inconstitucional a cobrança de tal exação, seja no âmbito federal,[376] seja no estadual.[377] Para fundamentar a mudança da sua jurisprudência, o STF baseou-se em argumentos genéticos, ou seja, atinentes à vontade do legislador. Isso porque a PEC original previa expressamente a contribuição dos inativos e dos pensionistas, que foi excluída conscientemente do seu texto durante a tramitação da emenda.[378]

Para superar a nova orientação jurisprudencial, *a EC 41/03 inseriu expressamente no texto constitucional a contribuição dos inativos e pensionistas*. Demais disso, atribuiu à previdência dos servidores públicos *caráter contributivo e solidário*, *in verbis*:

> Art. 40. Aos servidores titulares de cargos efetivos da União, dos Estados, do Distrito Federal e dos Municípios, incluídas suas autarquias e fundações, é assegurado regime de previdência de caráter contributivo e solidário, mediante contribuição do respectivo ente público, dos servidores ativos e inativos e dos pensionistas, observados critérios que preservem o equilíbrio financeiro e atuarial e o disposto neste artigo. (Redação dada pela Emenda Constitucional nº 41, de 19.12.2003)

---

[375] STF, Pleno, *ADI 1.441 MC*, rel. Min. Octavio Gallotti, 6.1996. O relator também recorreu a outro argumento, de que os servidores aposentados têm um "remarcado vínculo de índole financeira, com a pessoa jurídica para que hajam trabalhado", sobretudo pela garantia de paridade entre vencimentos e proventos, que existia até o advento da EC 41/03.

[376] STF, Pleno, *ADI 2.010 MC*, rel. Min. Celso de Mello, 9.1999. A essa orientação foi aplicado o regime da repercussão geral, determinando-se a devolução das contribuições indevidamente recolhidas no período, perante o competente Juízo de execução (STF, Pleno, RE 580.871 QO, rel. Min. Gilmar Mendes, 11.2010).

[377] STF, Pleno, ADI 2.158, rel. Min. Dias Toffoli, 9.2010.

[378] No livro *Conceitos e competências tributárias,* expusemos os fundamentos da decisão cautelar proferida na ADI 2.010, nestes termos: "No regime constitucional anterior ao advento da EC n. 20/98, o Pleno do STF já havia se manifestado no sentido da legitimidade da imposição, a servidores inativos e pensionistas, da contribuição de seguridade social, quando do indeferimento dos pedidos de medida cautelar na ADI n. 1.441/DF e na ADI n. 1.430/BA. Entretanto, a proposta original da PEC n. 33/95 previa expressamente a contribuição dos inativos, tendo sido, neste ponto, objeto de emenda supressiva aprovada pela Câmara dos Deputados. No Senado, foi apresentado Substitutivo pelo Senador Beni Veras para reincluir a tributação dos proventos e das pensões, texto que, após a aprovação pelo Senado, foi rejeitado pela Câmara dos Deputados, ao seu Plenário apreciar Destaque para votação em separado, repudiando novamente a taxação dos inativos, por 481 votos contra 5 (consoante consta no próprio voto do Ministro Celso de Mello). Tais elementos foram devidamente valorados pelo Ministro Celso de Mello, que assinalou ... a única base constitucional – que poderia viabilizar a cobrança, relativamente aos inativos e aos pensionistas da União, da contribuição previdenciária – foi conscientemente excluída do texto..." (fls. 210-211, nota 309).

Questionou-se o retorno da contribuição dos inativos e pensionistas com base no argumento central de ofensa às garantias do direito adquirido e da irredutibilidade dos proventos, que, à evidência, não obstam, por si sós, a instituição de tributos.

Diante da nova redação constitucional, *o STF voltou a reconhecer a legitimidade da contribuição dos inativos e dos pensionistas*, desde que instituída por leis editadas sob a égide da EC 41/03,[379] *mas não teve por convalidadas as leis editadas sob a égide da EC 20/98*, por não admitir o fenômeno da constitucionalidade superveniente.[380]

O Alto Tribunal somente *ressalvou distinções discriminatórias veiculadas na regra de transição da EC 41/03*, que reputou ofensivas à cláusula pétrea da isonomia tributária.

De fato, ao regular a contribuição dos inativos e pensionistas em gozo do benefício quando do seu advento, o art. 4º, parágrafo único, da EC 41/03 determinou a incidência da contribuição:

a) para os servidores inativos e pensionistas da União, sobre os valores que ultrapassem *60%* do teto do regime geral; e

b) para os servidores inativos e pensionistas dos Estados, do Distrito Federal e dos Municípios, sobre os valores que ultrapassem *50%* do teto do regime geral.

Com isso, a EC 41/03 *estabeleceu duas distinções discriminatórias*, consistentes:

a) na *diferenciação entre os inativos e pensionistas* em gozo do benefício *vinculados à União e* aqueles vinculados *aos demais entes políticos*; e

b) na *diferenciação entre os inativos e pensionistas em gozo de benefício e aqueles que ainda não o recebiam*, tendo em vista que, para estes, a base de cálculo eleita pela EC 41/03 é composta pelos valores que ultrapassem *100%* do teto do regime geral.

Para afastar a nítida ofensa à isonomia, o STF declarou a inconstitucionalidade das expressões "cinquenta por cento do" e "sessenta por cento do", constantes dos incisos do art. 4º, parágrafo único, da EC 41/03, *restabelecendo, assim, o caráter geral da imunidade prevista no art. 40, § 18, da CF, que abrange os valores recebidos até o teto do regime geral.*[381]

Eis a redação do parágrafo referido:

> § 18. Incidirá contribuição sobre os proventos de aposentadorias e pensões concedidas pelo regime de que trata este artigo que superem o limite máximo estabelecido para os benefícios do regime geral de previdência social de que trata o art. 201, com percentual igual ao estabelecido para os servidores titulares de cargos efetivos (Incluído pela Emenda Constitucional nº 41, de 19.12.2003).

Percebe-se que o art. 40, § 18, da CF *veicula duas normas*, uma de competência e outra de incompetência (imunidade):

a) conjuntamente com o *caput* do art. 40 (e com o § 1º do art. 149 no que concerne aos servidores estaduais, distritais e municipais), *outorga competência para a criação da contribuição*, cujo exercício é obrigatório ("incidirá contribuição");

b) *confere imunidade aos proventos até o teto do regime geral de previdência*, a qual é estendida, pelo § 21, ao dobro de tal patamar para os beneficiários portadores de doença incapacitante.

---

[379] STF, Pleno, *ADI 3.128*, rel. p/ ac. Min. Cezar Peluso, 8.2004.

[380] STF, Pleno, ADI 2.158, rel. Min. Dias Toffoli, 9.2010.

[381] STF, Pleno, *ADI 3.128*, rel. p/ ac. Min. Cezar Peluso, 8.2004. Com base nessas premissas, o STF declarou a inconstitucionalidade de dispositivo de lei estadual que previa sistemática semelhante à da EC 41/03 (Pleno, ADI 3.188, rel. Min. Carlos Britto, 10.2006).

O art. 40, § 18, impõe, ainda, a *adoção de alíquota idêntica à empregada para os servidores ativos*, de modo a obstar a redução dissimulada dos proventos e pensões mediante o emprego de uma alíquota excessiva e também a burla ao caráter impositivo da competência, que poderia ocorrer através da adoção de alíquotas mais reduzidas ou até mesmo ínfimas.

Vale ressaltar que, para os inativos e pensionistas que sejam *portadores de doença incapacitante*, há uma regra específica, que lhes confere imunidade até o *dobro* do teto do regime geral, *in verbis*:

Art. 40. [...]

§ 21. A contribuição prevista no § 18 deste artigo incidirá apenas sobre as parcelas de proventos de aposentadoria e de pensão que superem o dobro do limite máximo estabelecido para os benefícios do regime geral de previdência social de que trata o art. 201 desta Constituição, quando o beneficiário, na forma da lei, for portador de doença incapacitante. (Incluído pela Emenda Constitucional nº 47, de 2005)

Caso o servidor com direito à aposentadoria opte por continuar em atividade, passará a fazer jus a um benefício denominado "*abono de permanência*", fixado no exato montante da sua contribuição previdenciária (art. 40, § 19, da CF).[382]

O resultado prático da fruição desse benefício deveria ser o pagamento da aposentadoria ou da pensão no valor que seria devido caso não houvesse a incidência da contribuição. No entanto, a jurisprudência vem admitindo a cobrança do Imposto de Renda sobre o abono de permanência, o que acaba por reduzir significativamente o seu montante.[383]

- **Precedentes citados**

Contribuição dos servidores inativos. Constitucionalidade à luz da redação original da CF/88: Extensão, aos proventos dos servidores públicos inativos, da incidência de contribuição para o custeio da previdência social. Insuficiente relevância, em juízo provisório e para fins de suspensão liminar, de argüição de sua incompatibilidade com os artigos 67; 195, II; 40, § 6º; 194, IV e 195, §§ 5º e 6º, todos da Constituição Federal. Medida cautelar indeferida, por maioria. (STF, Pleno, **ADI 1.441 MC**, rel. Min. Octavio Gallotti, 6.1996).

Contribuição dos inativos e pensionistas no regime da EC 20/98. Inconstitucionalidade: [...] A CONSTITUIÇÃO DA REPÚBLICA NÃO ADMITE A INSTITUIÇÃO DA CONTRIBUIÇÃO DE SEGURIDADE SOCIAL SOBRE INATIVOS E PENSIONISTAS DA UNIÃO. – A Lei nº 9.783/99, ao dispor sobre a contribuição de seguridade social relativamente a pensionistas e a servidores inativos da União, regulou, indevidamente, matéria não autorizada pelo texto da Carta Política, eis que, não obstante as substanciais modificações introduzidas pela EC nº 20/98 no regime de previdência dos servidores públicos, o Congresso Nacional absteve-se, conscientemente, no contexto da reforma do modelo previdenciário, de fixar a necessária matriz constitucional, cuja instituição se revelava indispensável para legitimar, em bases válidas, a criação e a incidência dessa exação tributária sobre o valor das aposentadorias e das pensões. O regime de previdência de caráter contributivo, a que se refere o art. 40, *caput*, da Constituição, na redação dada pela EC nº 20/98, foi instituído, unicamente, em relação "Aos servidores titulares de cargos efetivos...", inexistindo, desse modo, qualquer possibilidade jurídico-constitucional de se atribuir, a inativos e a pensionistas da União, a condição de contribuintes da exação prevista na Lei nº 9.783/99. Interpretação do art. 40, §§ 8º e 12, c/c o art. 195, II, da Constituição, todos com a redação que lhes deu a EC nº 20/98. DEBATES PARLAMENTARES E INTERPRETAÇÃO DA CONSTITUIÇÃO. – O argumento histórico, no processo de interpretação constitucional, não se reveste de caráter absoluto. Qualifica-se, no entanto, como expressivo elemento de útil indagação das circunstâncias que motivaram a elaboração de determinada norma inscrita na Constituição, permitindo o conhecimento das razões que levaram o constituinte a acolher ou a rejeitar as propostas que lhe foram submetidas. Doutrina. – O registro histórico dos debates parlamentares, em torno da proposta que resultou na Emenda Constitucional nº 20/98 (PEC nº 33/95), revela-se extremamente importante na constatação de que a única base constitucional – que poderia viabilizar a cobrança, relativamente aos inativos e aos pensionistas da União, da contribuição de seguridade social – foi conscientemente excluída do texto, por iniciativa dos próprios Líderes dos Partidos Políticos que dão sustentação parlamentar ao Governo, na Câmara dos Deputados (Comunicado Parlamentar publicado no Diário da Câmara dos Deputados, p. 04110, edição de 12/2/98). O destaque supressivo, patrocinado por esses Líderes partidários, excluiu, do Substitutivo

[382] Eis a sua redação: "§ 19. O servidor de que trata este artigo que tenha completado as exigências para aposentadoria voluntária estabelecidas no § 1º, III, a, e que opte por permanecer em atividade fará jus a um abono de permanência equivalente ao valor da sua contribuição previdenciária até completar as exigências para aposentadoria compulsória contidas no § 1º, II." (Incluído pela Emenda Constitucional nº 41, de 19.12.2003).

[383] STJ, 1ª Seção, REsp 1.192.556, rel. Min. Mauro Campbell Marques, 8.2010. Transcrevemos a ementa deste julgado no tópico atinente às verbas indenizatórias pagas nas relações de trabalho, nos comentários ao art. 153, III. Conferir a p. 373.

aprovado pelo Senado Federal (PEC nº 33/95), a cláusula destinada a introduzir, no texto da Constituição, a necessária previsão de cobrança, aos pensionistas e aos servidores inativos, da contribuição de seguridade social. O REGIME CONTRIBUTIVO É, POR ESSÊNCIA, UM REGIME DE CARÁTER EMINENTEMENTE RETRIBUTIVO. A QUESTÃO DO EQUILÍBRIO ATUARIAL (CF, ART. 195, § 5º). CONTRIBUIÇÃO DE SEGURIDADE SOCIAL SOBRE PENSÕES E PROVENTOS: AUSÊNCIA DE CAUSA SUFICIENTE. – Sem causa suficiente, não se justifica a instituição (ou a majoração) da contribuição de seguridade social, pois, no regime de previdência de caráter contributivo, deve haver, necessariamente, correlação entre custo e benefício. A existência de estrita vinculação causal entre contribuição e benefício põe em evidência a correção da fórmula segundo a qual não pode haver contribuição sem benefício, nem benefício sem contribuição. Doutrina. Precedente do STF. [...] (STF, Pleno, **ADI 2.010 MC**, rel. Min. Celso de Mello, 9.1999)

A ação foi julgada parcialmente prejudicada, em junho de 2002, por perda superveniente de objeto.

Contribuição dos inativos e pensionistas no regime da EC 41/03. Constitucionalidade: [...] No ordenamento jurídico vigente, não há norma, expressa nem sistemática, que atribua à condição jurídico-subjetiva da aposentadoria de servidor público o efeito de lhe gerar direito subjetivo como poder de subtrair ad aeternum a percepção dos respectivos proventos e pensões à incidência de lei tributária que, anterior ou ulterior, os submeta à incidência de contribuição previdencial. Noutras palavras, não há, em nosso ordenamento, nenhuma norma jurídica válida que, como efeito específico do fato jurídico da aposentadoria, lhe imunize os proventos e as pensões, de modo absoluto, à tributação de ordem constitucional, qualquer que seja a modalidade do tributo eleito, donde não haver, a respeito, direito adquirido com o aposentamento. 2. Inconstitucionalidade. Ação direta. Seguridade social. Servidor público. Vencimentos. Proventos de aposentadoria e pensões. Sujeição à incidência de contribuição previdenciária, por força de Emenda Constitucional. Ofensa a outros direitos e garantias individuais. Não ocorrência. Contribuição social. Exigência patrimonial de natureza tributária. Inexistência de norma de imunidade tributária absoluta. Regra não retroativa. Instrumento de atuação do Estado na área da previdência social. Obediência aos princípios da solidariedade e do equilíbrio financeiro e atuarial, bem como aos objetivos constitucionais de universalidade, equidade na forma de participação no custeio e diversidade da base de financiamento. Ação julgada improcedente em relação ao art. 4º, *caput*, da EC nº 41/2003. Votos vencidos. Aplicação dos arts. 149, *caput*, 150, I e III, 194, 195, *caput*, II e § 6º, e 201, *caput*, da CF. Não é inconstitucional o art. 4º, *caput*, da Emenda Constitucional nº 41, de 19 de dezembro de 2003, que instituiu contribuição previdenciária sobre os proventos de aposentadoria e as pensões dos servidores públicos da União, dos Estados, do Distrito Federal e dos Municípios, incluídas suas autarquias e fundações. [...] (STF, Pleno, **ADI 3.128**, rel. p/ o ac. Min. Cezar Peluso, 8.2004)

---

§ 2º As contribuições sociais e de intervenção no domínio econômico de que trata o *caput* deste artigo: (Parágrafo incluído pela Emenda Constitucional nº 33, de 11.12.2001)

I – não incidirão sobre as receitas decorrentes de exportação;

II – incidirão também sobre a importação de produtos estrangeiros ou serviços; (Redação dada pela Emenda Constitucional nº 42, de 19.12.2003)

Redação original, dada pela Emenda Constitucional nº 33, de 11.12.2001: II – poderão incidir sobre a importação de petróleo e seus derivados, gás natural e seus derivados e álcool combustível;

III – poderão ter alíquotas:

a) *ad valorem*, tendo por base o faturamento, a receita bruta ou o valor da operação e, no caso de importação, o valor aduaneiro;

b) específica, tendo por base a unidade de medida adotada.

§ 3º A pessoa natural destinatária das operações de importação poderá ser equiparada a pessoa jurídica, na forma da lei. (Parágrafo incluído pela Emenda Constitucional nº 33, de 11.12.2001)

§ 4º A lei definirá as hipóteses em que as contribuições incidirão uma única vez. (Parágrafo incluído pela Emenda Constitucional nº 33, de 11.12.2001)

Art. 149, §§ 2º a 4º: Disposições específicas acerca das contribuições sociais e interventivas do art. 149

O § 2º do art. 149 destina-se a regular as contribuições sociais e de intervenção no domínio econômico.

Porém, os §§ 3º e 4º, incluídos pela EC 33/01, também as regulam. Por isso, deveriam ter sido inseridos no texto constitucional como incisos do § 2º, e não como parágrafos autônomos.

Procurando sistematizar essa regulação, analisaremos tais dispositivos conjuntamente.

1. Inciso I do § 2º: imunidade das receitas decorrentes de exportação

A vedação de incidência de contribuições sociais e interventivas sobre as receitas decorrentes de exportação, consignada no art. 149, § 2º, I, da Constituição da República, constitui uma verdadeira *imunidade*.

Sua *finalidade* é *promover as exportações e*, consequentemente, *o desenvolvimento nacional e a erradicação da pobreza*, objetivos fundamentais da República Federativa do Brasil (art. 3º, II e III, da CF). Almeja desenvolver a indústria interna e o comércio internacional, levando à criação de postos de trabalho e ao desenvolvimento da economia como um todo, fatos que, por sua vez, implicam um incremento na base contributiva, fazendo com que as perdas de arrecadação decorrentes da imunidade sejam parcial ou totalmente compensadas.

Para tanto, rejeita-se a competência tributária quanto às receitas decorrentes das operações de exportação, de modo que as empresas exportadoras não sejam obrigadas a repassar o correlato ônus tributário através da majoração do preço dos seus produtos, o que as tornaria menos competitivas no mercado internacional. Dessa forma, as empresas brasileiras *exportarão produtos, e não os pesados tributos* que oneram a economia nacional.

Referida finalidade foi devidamente exposta no parecer exarado na PEC 277-A/2000, que deu origem à EC 33/01:

> O dispositivo que desonera as receitas decorrentes de exportação das contribuições sociais e das contribuições de intervenção no domínio econômico é bastante pertinente, e até mesmo imprescindível, pois, dada a acirrada concorrência no comércio internacional não se pode admitir qualquer forma de agregação de tributos a bens e serviços exportados.[384]

Note-se, porém, tratar-se de *imunidade objetiva, concedida às operações* de exportação, *não às empresas* exportadoras.[385]

Deveras, a imunidade do art. 149, § 2º, I, não almeja majorar a lucratividade das empresas exportadoras, mas sim promover as exportações, de modo que *não alcança o lucro* auferido com as exportações. Essa ilação é corroborada pela redação do preceito, que, de forma clara, restringe o seu alcance às "receitas decorrentes de exportação". A incidência do IRPJ e da CSLL sobre o lucro decorrente das operações de exportação afigura-se, pois, plenamente legítima, consoante decidiu, com acerto, o Plenário do Supremo Tribunal Federal.[386]

Quanto ao seu *alcance objetivo*, a imunidade em apreço *abrange todas as contribuições interventivas e sociais* (inclusive as de seguridade, que são espécie das contribuições sociais previstas no art. 149, *caput*),[387] bem como a *integralidade das receitas* decorrentes de exportações, contanto que decorram diretamente dessas operações. Receitas media-

---

[384] Parecer do Deputado Basílio Villani, relator da Comissão Especial destinada a apreciar a proposta de emenda constitucional, apresentada pelo Poder Executivo.

[385] Esse aspecto foi ressaltado no voto-vista proferido pela Ministra Ellen Gracie no RE 564.413, que acrescentou: "as imunidades objetivas visam, como já se viu, a preservar da tributação determinadas grandezas, atividades ou operações consideradas em si mesmas, independentemente de quem as realize ou detenha [...] Não há que se pretender, pois, com fundamento específico na imunidade das 'receitas de exportação', que é imunidade objetiva, a desoneração ampla das empresas exportadoras, como se de uma imunidade subjetiva se tratasse" (STF, Pleno, RE 564.413, rel. Min. Marco Aurélio, 8.2010).

[386] STF, Pleno, RE 564.413, rel. Min. Marco Aurélio, 8.2010. Na 1ª edição desta obra, já defendíamos tal posição, que sempre nos pareceu evidente. Porém, ela prevaleceu por apertada maioria no STF: cinco de seus membros votaram pela extensão da imunidade ao lucro auferido pelas empresas exportadoras, o que obstaria a incidência da CSLL e do IRPJ.

[387] Neste sentido, conferir o voto proferido pelo Ministro Marco Aurélio no RE 564.413, onde consignou, com acerto, que: "Iniludivelmente, aplica-se o inciso I do § 2º do artigo 149 em comento às contribuições sociais que visam a manter

tamente decorrentes de exportações, tais como os rendimentos obtidos em aplicações financeiras por empresa exportadora, não estão ao abrigo da imunidade. Igualmente, as movimentações financeiras decorrentes das operações de exportação não são imunes, conforme decidiu o STF ao proclamar a legitimidade da incidência da extinta CPMF, sob o argumento de que referida contribuição "não se vincula diretamente à operação de exportação", haja vista não incidir "sobre o resultado imediato da operação, mas sobre operações financeiras posteriormente realizadas".[388]

Consectariamente, as receitas advindas de *variações cambiais ativas* e da *transferências de créditos de ICMS* são imunes frente à COFINS e à contribuição ao PIS.[389]

- **Precedentes citados**

Imunidade das receitas decorrentes de exportação. Inaplicabilidade à CSLL e à extinta CPMF: Recurso extraordinário. 2. Contribuições sociais. Contribuição Social sobre o Lucro Líquido (CSLL) e Contribuição Provisória sobre Movimentação ou Transmissão de Valores e de Créditos e Direitos de Natureza Financeira (CPMF). 3. Imunidade. Receitas decorrentes de exportação. Abrangência. 4. A imunidade prevista no art. 149, § 2º, I, da Constituição, introduzida pela Emenda Constitucional nº 33/2001, não alcança a Contribuição Social sobre o Lucro Líquido (CSLL), haja vista a distinção ontológica entre os conceitos de lucro e receita. 6. Vencida a tese segundo a qual a interpretação teleológica da mencionada regra de imunidade conduziria à exclusão do lucro decorrente das receitas de exportação da hipótese de incidência da CSLL, pois o conceito de lucro pressuporia o de receita, e a finalidade do referido dispositivo constitucional seria a desoneração ampla das exportações, com o escopo de conferir efetividade ao princípio da garantia do desenvolvimento nacional (art. 3º , I, da Constituição). 7. A norma de exoneração tributária prevista no art. 149, § 2º, I, da Constituição também não alcança a Contribuição Provisória sobre Movimentação ou Transmissão de Valores e de Créditos e Direitos de Natureza Financeira (CPMF), pois o referido tributo não se vincula diretamente à operação de exportação. A exação não incide sobre o resultado imediato da operação, mas sobre operações financeiras posteriormente realizadas. 8. Recurso extraordinário a que se nega provimento. (STF, Pleno, **RE 474.132**, rel. Min. Gilmar Mendes, 8.2010)

Imunidade das receitas advindas da cessão de créditos de ICMS: EMENTA RECURSO EXTRAORDINÁRIO. CONSTITUCIONAL. TRIBUTÁRIO. IMUNIDADE. HERMENÊUTICA. CONTRIBUIÇÃO AO PIS E COFINS. NÃO INCIDÊNCIA. TELEOLOGIA DA NORMA. EMPRESA EXPORTADORA. CRÉDITOS DE ICMS TRANSFERIDOS A TERCEIROS. I - Esta Suprema Corte, nas inúmeras oportunidades em que debatida a questão da hermenêutica constitucional aplicada ao tema das imunidades, adotou a interpretação teleológica do instituto, a emprestar-lhe abrangência maior, com escopo de assegurar à norma supralegal máxima efetividade. II - A interpretação dos conceitos utilizados pela Carta da República para outorgar competências impositivas (entre os quais se insere o conceito de "receita" constante do seu art. 195, I, "b") não está sujeita, por óbvio, à prévia edição de lei. Tampouco está condicionada à lei a exegese dos dispositivos que estabelecem imunidades tributárias, como aqueles que fundamentaram o acórdão de origem (arts. 149, § 2º, I, e 155, § 2º, X, "a", da CF). Em ambos os casos, trata-se de interpretação da Lei Maior voltada a desvelar o alcance de regras tipicamente constitucionais, com absoluta independência da atuação do legislador tributário. [...] VI - O aproveitamento dos créditos de ICMS por ocasião da saída imune para o exterior não gera receita tributável. Cuida-se de mera recuperação do ônus econômico advindo do ICMS, assegurada expressamente pelo art. 155, § 2º, X, "a", da Constituição Federal. VII - Adquirida a mercadoria, a empresa exportadora pode creditar-se do ICMS anteriormente pago, mas somente poderá transferir a terceiros o saldo credor acumulado após a saída da mercadoria com destino ao exterior (art. 25, § 1º, da LC 87/1996). Porquanto só se viabiliza a cessão do crédito em função da exportação, além de vocacionada a desonerar as empresas exportadoras do ônus econômico do ICMS, as verbas respectivas qualificam-se como decorrentes da exportação para efeito da imunidade do art. 149, § 2º, I, da Constituição Federal. VIII - Assenta esta Suprema Corte a tese da inconstitucionalidade da incidência da contribuição ao PIS e da COFINS não cumulativas sobre os valores auferidos por empresa exportadora em razão da transferência a terceiros de créditos de ICMS. IX - Ausência de afronta aos arts. 155, § 2º, X, 149, § 2º, I, 150, § 6º, e 195, *caput* e inciso I, "b", da Constituição Federal. Recurso extraordinário conhecido e não provido, aplicando-se aos recursos sobrestados, que versem sobre o tema decidido, o art. 543-B, § 3º, do CPC. (STF, Pleno, RE 606.107, rel. Min. Rosa Weber, 5.2013)

Imunidade das receitas advindas de variações cambiais ativas: [...] IMUNIDADE. HERMENÊUTICA. CONTRIBUIÇÃO AO PIS E COFINS. NÃO INCIDÊNCIA. TELEOLOGIA DA NORMA. VARIAÇÃO CAMBIAL POSITIVA. OPERAÇÃO DE EXPORTAÇÃO. [...] II - O contrato de câmbio constitui negócio inerente

a seguridade social, sob pena de distinguir-se onde a norma não distingue, sob pena de olvidar-se o objetivo da imunidade – incentivo às exportações" (STF, Pleno, rel. Min. Marco Aurélio, 8.2010).

[388] STF, Pleno, *RE 474.132*, rel. Min. Gilmar Mendes, 8.2010, excerto da ementa.

[389] STF, Pleno, *RE 606.107 RG* [receitas advindas da transferência de créditos de ICMS] e *RE 627.815 RG* [variações cambiais ativas], ambos da relatoria da Min. Rosa Weber e julgados em 05.2013.

à exportação, diretamente associado aos negócios realizados em moeda estrangeira. Consubstancia etapa inafastável do processo de exportação de bens e serviços, pois todas as transações com residentes no exterior pressupõem a efetivação de uma operação cambial, consistente na troca de moedas. III - O legislador constituinte - ao contemplar na redação do art. 149, § 2º, I, da Lei Maior as "receitas decorrentes de exportação" - conferiu maior amplitude à desoneração constitucional, suprimindo do alcance da competência impositiva federal todas as receitas que resultem da exportação, que nela encontrem a sua causa, representando consequências financeiras do negócio jurídico de compra e venda internacional. A intenção plasmada na Carta Política é a de desonerar as exportações por completo, a fim de que as empresas brasileiras não sejam coagidas a exportarem os tributos que, de outra forma, onerariam as operações de exportação, quer de modo direto, quer indireto. IV - Consideram-se receitas decorrentes de exportação as receitas das variações cambiais ativas, a atrair a aplicação da regra de imunidade e afastar a incidência da contribuição ao PIS e da COFINS. V - Assenta esta Suprema Corte, ao exame do leading case, a tese da inconstitucionalidade da incidência da contribuição ao PIS e da COFINS sobre a receita decorrente da variação cambial positiva obtida nas operações de exportação de produtos. VI - Ausência de afronta aos arts. 149, § 2º, I, e 150, § 6º, da Constituição Federal. Recurso extraordinário conhecido e não provido, aplicando-se aos recursos sobrestados, que versem sobre o tema decidido, o art. 543-B, § 3º, do CPC. (STF, Pleno, **RE 627.815**, rel. Min. Rosa Weber, 5,2013)

2. Inciso II do § 2º: incidência sobre a importação

Na sua redação original, dada pela EC 33/01, o art. 149, § 2º, II, autorizava expressamente a incidência de contribuições sociais e interventivas sobre a importação de petróleo, gás natural e seus derivados, bem como de álcool combustível, o que se conciliava com a restrição que esta emenda constitucional operou na regra de imunidade do art. 155, § 3º. Relativamente à CIDE incidente sobre tais operações, a EC 33/01 vinculou a sua destinação a despesas específicas, ligadas primordialmente ao setor de transporte (§ 4º do art. 177 da CF, incluído por essa emenda).[390]

Ao alterar a redação do art. 149, § 2º, II, a EC 42/03 *ampliou a competência* da União para tributar as operações de importação, autorizando a instituição de contribuições sociais e de intervenção no domínio econômico sobre a "importação de produtos estrangeiros ou serviços".

Mais precisamente, *obrigou a União a instituí-las,* pois tornou impositivo o exercício dessa competência, afastando quaisquer dúvidas que pudessem pairar acerca da legitimidade da instituição de CIDEs que onerem permanentemente a importação, sem estarem vinculadas estritamente à ocorrência de disfunções econômicas.[391]

Não só, ao acrescentar o inciso IV ao art. 195, a EC 42/03 conferiu competência à União para instituir *contribuição de seguridade social sobre a importação*, legitimando, assim, uma peculiar superposição de contribuições, as quais vêm a se superpor, ainda, aos impostos tradicionalmente incidentes sobre tal operação (o I.I., o IPI e o ICMS), ao Adicional ao Frete para Renovação da Marinha Mercante (que, como supraexposto, foi qualificado pelo STF como uma contribuição de intervenção no domínio econômico), entre outras exações.

Essa multiplicidade de tributos incidentes sobre a importação decorre, primordialmente, da infinidade de exações que incidem sobre as atividades econômicas no Brasil. Com sua previsão, *busca-se*, além da finalidade arrecadatória, *a tutela do mercado interno*, pois se os produtos e serviços nacionais fossem submetidos a uma tributação mais

[390] "Art. 177. [...] § 4º A lei que instituir contribuição de intervenção no domínio econômico relativa às atividades de importação ou comercialização de petróleo e seus derivados, gás natural e seus derivados e álcool combustível deverá atender aos seguintes requisitos: I – a alíquota da contribuição poderá ser: a) diferenciada por produto ou uso; b) reduzida e restabelecida por ato do Poder Executivo, não se lhe aplicando o disposto no art. 150,III, *b*; II – os recursos arrecadados serão destinados: a) ao pagamento de subsídios a preços ou transporte de álcool combustível, gás natural e seus derivados e derivados de petróleo; b) ao financiamento de projetos ambientais relacionados com a indústria do petróleo e do gás; c) ao financiamento de programas de infra-estrutura de transportes".

[391] Cfr. MARTINS. "Emenda Constitucional nº 33/2001: inteligência das disposições sobre a CIDE e o ICMS nela incluídos", p. 171.

gravosa, eles seriam indevidamente prejudicados na concorrência com os produtos e serviços estrangeiros.

A finalidade dessa determinação constitucional foi enfatizada durante a tramitação da PEC que deu origem à EC 33/01:

> A incidência das contribuições sociais sobre a importação de bens e serviços vem ao encontro dos justos anseios da indústria nacional.
>
> Hoje, os produtos aqui fabricados e os serviços carregam o peso de contribuições como a COFINS e a destinada ao PIS. As matérias-primas e os demais insumos e embalagens são igualmente alcançados por essas contribuições, enquanto que os produtos e serviços importados estão delas desonerados até que sujeitos a faturamento no território nacional.
>
> Justificativa semelhante aplica-se à incidência, na importação, das contribuições de intervenção no domínio econômico. Não há dúvida de que a contribuição de intervenção no domínio econômico, a ser criada em decorrência do novo parágrafo 4º que se acrescenta ao art. 177 da Constituição, deverá incidir na importação, sob pena de proporcionar vantagem tributária a produtos importados.[392]

A *Lei 10.865/04* instituiu a contribuição ao PIS/PASEP e a COFINS sobre a importação de bens e serviços, com fundamento, respectivamente, no art. 149, § 2º, II, e no art. 195, IV, ambos da CF. Atribuiu a essas contribuições, para diferenciá-las das já existentes, as denominações "PIS/PASEP-Importação" e "COFINS-Importação".

2.1. Materialidade possível e a incidência do PIS/PASEP-Importação sobre bens e produtos nacionais ou nacionalizados

Antes de enfocar o tema em epígrafe, cabe ressaltar dois aspectos de suma relevância: o PIS/PASEP-Importação e a COFINS-Importação são, efetivamente, *contribuições distintas* e, além disso, *foram criadas no exercício de competências constitucionais diversas*.

Suas finalidades são as seguintes: a COFINS-Importação é destinada ao custeio da seguridade social; e o PIS/PASEP-Importação, dos programas aludidos no art. 239 da CF.

A COFINS-Importação foi criada no exercício da competência outorgada pelo art. 195, IV, incluído pela EC 42/03, ao passo que o PIS/PASEP-Importação foi instituído com base no art. 149, § 2º, II, na redação dada por essa emenda constitucional.

A partir de tais bases constitucionais, verifica-se que *apenas a COFINS-Importação pode incidir sobre a importação de "bens"*, por se tratar de contribuição de seguridade social criada com assento no art. 195, IV. *O PIS/PASEP-Importação somente pode incidir sobre a importação de "produtos estrangeiros"*, nos termos do art. 149, § 2º, II.[393]

O significado do termo "bem" é mais amplo que o de "produto", pois este é uma espécie daquele. De acordo com a codificação civil (arts. 79 a 103), os bens abrangem os móveis, os imóveis, os direitos reais e pessoais, as universalidades de fato ou de direito, os bens públicos etc. Dentre tais espécies de bens, destacam-se os móveis, que são definidos como os "bens suscetíveis de movimento próprio, ou de remoção por força alheia, sem alteração da substância ou da destinação econômico-social" (art. 82), aos quais são

[392] Parecer do Deputado Basílio Villani, relator da Comissão Especial destinada a apreciar a PEC 277-A/2000, apresentada pelo Poder Executivo.

[393] Com isso, defendemos o que Ricardo Mariz de Oliveira tachou de "desatino de dizer que uma parte da contribuição somente pode incidir sobre produtos, enquanto a outra pode incidir sobre bens em geral" (OLIVEIRA. "Cofins-importação e PIS-importação", p. 397). Note-se que para o autor a COFINS-Importação e o PIS/PASEP-Importação são apenas uma contribuição, razão de sua referência às "partes" da contribuição. Consideramos, porém, que a divergência a respeito da diversidade da base de incidência decorre exclusivamente da concepção acerca da autonomia das contribuições.

acrescidos os bens móveis por equiparação do art. 83. Por sua vez, os "produtos" são os resultados de atividades específicas, como preleciona José Eduardo Soares de Melo:

> O "produto" pode resultar de uma determinada atividade (física, mecânica, digital, etc.), compreendendo as elaborações artesanais, naturais, intelectuais, artísticas, de natureza corpórea; e também intangível, como é o caso de um *software* (abrangendo instruções em linguagem natural ou codificada, apresentadas de forma digitalizada).[394]

Sendo a competência para a instituição do PIS/PASEP-Importação restrita aos produtos, revela-se inconstitucional a sua cobrança sobre todos aqueles bens que não se amoldarem ao conceito de produto, diversamente do que ocorre com a COFINS-Importação.

Além disso, *os produtos sujeitos à incidência do PIS/PASEP-Importação são apenas os estrangeiros*, não se admitindo a sua incidência sobre a importação de bens nacionais ou nacionalizados, pois o art. 149, § 2º, II, que indica o possível aspecto material da exação, faz referência à "importação de produtos *estrangeiros* ou serviços".

Sem embargo, verificou-se, em relação ao PIS/PASEP-Importação, quadro similar àquele atinente ao Imposto de Importação no regime do Decreto-Lei 37/66: não obstante a Constituição de 1946 somente permitisse a tributação dos produtos estrangeiros, tal diploma legislativo também instituiu o tributo sobre produtos nacionais anteriormente exportados. E, como não é dado ao legislador desconsiderar o conteúdo semântico dos vocábulos empregados pelo constituinte para outorgar competências tributárias, tal previsão, constante em seu art. 93, foi rechaçada pelo STF.[395]

2.2. Alcance da competência para a tributação da importação de serviços

Dentre as indicações que a Constituição traz acerca da regra-matriz das contribuições sobre a importação, sobressai a de que o aspecto material somente poderá consistir no ato de "importar" produtos ou serviços.

A importação de produtos é facilmente identificada, por se tratar de uma ação corpórea. Outrossim, a doutrina e a jurisprudência já especificaram as hipóteses em que existe, de fato, importação de produtos sujeita à tributação, tendo em vista que o Imposto de Importação é um tributo tradicional, existente há longa data no nosso ordenamento jurídico.

A identificação da importação de serviços, por outro lado, é mais complexa, dando ensejo, em certos casos, a questionamentos de vulto. Quanto a ela, ademais, o aplicador do Direito não pode servir-se da construção doutrinária e jurisprudencial atinente ao Imposto de Importação, visto que tal tributo incide apenas sobre a importação de produtos.

Feita essa advertência, cumpre analisar o alcance da competência para a instituição de contribuições sobre a importação de serviços.

Permite-se a tributação dos *serviços prestados no exterior, sempre que o resultado se verifique no Brasil.* Também podem ser tributados os *serviços prestados no Brasil por empresas ou cidadãos estrangeiros* que se deslocaram para cá com essa finalidade específica.

Todavia, não se afigura viável a tributação dos serviços prestados no território nacional por cidadãos domiciliados no exterior, se a sua presença aqui não for voltada especificamente à prestação do serviço.

---

[394] MELO. "PIS/PASEP e COFINS na Importação: Polêmicas", p. 139-140.

[395] STF, Pleno, RE 104.306, rel. Min. Octávio Gallotti, 3.1986.

Por outro lado, o resultado a ser verificado no País não consiste no benefício a uma pessoa, física ou jurídica, residente, domiciliada ou sediada no Brasil, mas num resultado que se manifeste dentro do território nacional. Se, *v.g.*, uma empresa estrangeira presta, no exterior, serviços a uma empresa nacional que não repercutam diretamente no território nacional, não serão devidas a COFINS e o PIS/PASEP, pelo simples fato de não ter havido importação.[396]

3. Inciso III, *a*, do § 2º: base de cálculo possível das contribuições sociais e interventivas

3.1. Significado e alcance do preceito

O preceito em foco indica, como bases de cálculo possíveis das contribuições sociais e das CIDEs, o faturamento, a receita bruta, o valor da operação e o valor aduaneiro.

Na realidade, trata de *três bases de cálculo*, e não de quatro, pois o valor aduaneiro corresponde ao valor da operação de importação: é uma espécie de valor da operação, e não uma base de cálculo própria.

Por outro lado, o faturamento constitui uma parcela da receita bruta. Logo, bastaria o constituinte derivado autorizar a tributação da receita bruta para viabilizar a incidência da contribuição sobre o faturamento.

Já expusemos que *o § 2º, inciso III, do art. 149 conjuga-se com o seu caput*, vindo a moldar o alcance da competência para a instituição de contribuições sociais e interventivas gerais.

Tem um conteúdo nitidamente permissivo: autoriza expressamente a instituição de contribuições sociais e CIDEs sobre tais bases imponíveis. Legitima, ainda, a superposição de contribuições sociais e interventivas gerais com outras exações incidentes sobre o faturamento, a receita bruta (e.g. a COFINS) ou o valor das operações (v.g. o ICMS), desde que, obviamente, sejam respeitados os requisitos necessários à sua instituição.

Em contrapartida, possui um conteúdo restritivo, visto que, ao conformar tais competências tributárias, impõe limites aos seus contornos: obriga o legislador a escolher uma das bases de cálculo que indica de forma taxativa (faturamento, receita bruta, valor da operação ou alguma unidade de medida, na excepcional hipótese de ser adotada uma alíquota específica).[397]

Seu conteúdo restritivo extrapola o âmbito do art. 149, repercutindo em outros preceitos constitucionais nos quais não seja indicada, implícita ou explicitamente, a base de cálculo possível das contribuições sociais ou interventivas. É o que ocorre com o art. 177, § 4º (relativo à CIDE-Combustíveis), e o art. 195, IV (pertinente à COFINS-Importação): o art. 149, § 2º, III, *a*, vem a complementar a estruturação das possíveis regras-matrizes de incidência levada a efeito por tais dispositivos, estabelecendo como base de cálculo

---

[396] Como expôs Ricardo Mariz de Oliveira ao enfocar a regulação dada pela Lei 10.865: "o elemento-chave para a incidência da contribuição em apreço é a entrada física ou virtual, no território brasileiro, do resultado gerado pelos serviços, e é exatamente neste sentido que se deve entender e aplicar a expressão contida no inciso II do § 1º do art. 1º da Lei 10.865, quando alude a que ocorre a incidência quanto a serviço "cujo resultado se verifique no País", e também é este o sentido em que se deve entender a expressão do inciso I, que alude a serviços 'executados no País'" (OLIVEIRA. "Cofins-importação e PIS-importação", p. 412).

[397] Cfr. PIMENTA. "As contribuições de intervenção no domínio econômico em face da Emenda Constitucional nº 33/2001", p. 76.

possível dessas contribuições o valor da operação, que, no caso da importação, consiste no "valor aduaneiro".[398]

O conteúdo restritivo do art. 149, § 2º, III, *a*, foi *reconhecido pelo Supremo Tribunal Federal*, ao pronunciar a inconstitucionalidade da incidência de contribuições sociais sobre tributos agregados ao valor aduaneiro.[399]

Essa orientação é prenhe de implicações. Implica a revogação de todas as contribuições sociais gerais e CIDEs que não incidam sobre as bases de cálculo referidas, tais como a contribuição ao SEBRAE, que incide sobre a folha de salários e, segundo a jurisprudência do STF, tem assento na competência outorgada pelo art. 149, *caput*, da CF. Conduz à inconstitucionalidade das contribuições à APEX-Brasil e à ABDI, que são CIDEs criadas posteriormente à EC 33/01 e incidentes sobre a mesma base de cálculo da contribuição ao SEBRAE.

Tais efeitos, porém, decorrem de ato do poder constituinte derivado. Não podem ser ignorados pelo aplicador do Direito.

A questão será enfrentada pelo Supremo Tribunal Federal, que reconheceu a repercussão geral da controvérsia relativa à revogação, pela EC 33/01, das contribuições ao SEBRAE, à APEX-Brasil e à ABDI (RE 603.624),[400] bem como da contribuição ao INCRA (RE 630.898).[401]

3.2. Base de cálculo possível das contribuições sobre a importação

A Constituição indica expressamente a possível base de cálculo das contribuições incidentes sobre a importação: *caso se adote uma alíquota ad valorem* (percentual a ser aplicado sobre a base de cálculo, fazendo com que o valor do tributo corresponda a uma fração do conteúdo econômico do fato tributado, variando em função deste), *tais exações deverão incidir sobre a totalidade ou sobre parcela do valor aduaneiro*.

Ao legislador é dado abdicar do exercício de parcela do seu poder impositivo, instituindo contribuições apenas sobre fração ou sobre dimensão específica da materialidade que a Constituição sujeitou à tributação. Não lhe é permitido, contudo, extravasar os limites de sua competência tributária, por meio da instituição das contribuições sobre materialidade diversa ou pela agregação de outros elementos à base de cálculo.

Não obstante, a MP 164/04, que dispôs sobre a COFINS-Importação e o PIS/PASEP-Importação e posteriormente foi convertida na Lei 10.865/04, *previu que a base de*

---

[398] Tomando como exemplo as contribuições de seguridade social, constata-se que certas bases de cálculo já são indicadas, implícita ou explicitamente, pelo próprio art. 195, nos seus três primeiros incisos e no seu § 8º. No entanto, a base de cálculo da contribuição sobre a importação, prevista no inciso IV, permaneceu parcialmente indefinida. Portanto, o art. 149, § 2º, III, *a*, da CF servirá apenas para especificar a base de cálculo possível desta contribuição, restringindo-a ao valor aduaneiro. Para uma análise mais detida da questão, vide a seguir o tópico atinente à base de cálculo possível das contribuições sobre a importação.

[399] STF, Pleno, RE 559.937, rel. p/ Acórdão Min. Dias Toffoli, 3.2013: "Ao dizer que a contribuição ao PIS/PASEP- Importação e a COFINS-Importação poderão ter alíquotas ad valorem e base de cálculo o valor aduaneiro, o constituinte derivado circunscreveu a tal base a respectiva competência" (trecho da ementa). A ementa é transcrita na seção seguinte, relativa à base de cálculo das contribuições sobre a importação.

[400] STF, RE 603.624 RG, rel. Min. Ellen Gracie, 10.2010: "Tributário. Contribuições. Bases econômicas. Art. 149, § 2º, III, *a*, da Constituição Federal, inserido pela EC 33/01. Folha de salários. Contribuições ao Serviço Brasileiro de Apoio às Micro e Pequenas Empresas - SEBRAE, à Agência Brasileira de Promoção de Exportações e Investimentos - APEX e à Agên cia Brasileira de Desenvolvimento Industrial - ABDI incidentes sobre a folha de salários. Existência de repercussão geral". Atualmente o processo está sob a relatoria da Min. Rosa Weber. Trata-se do tema nº 325 da repercussão geral.

[401] STF, RE 630.898 RG, rel. Min. Dias Toffoli, 11.2011: "Direito Tributário. Contribuição destinada ao INCRA. Referibilidade. Recepção pela CF/88. Emenda Constitucional nº 33/01. Natureza jurídica. Existência de repercussão geral". Tema nº 495 da repercussão geral.

cálculo seria o valor aduaneiro acrescido do Imposto de Importação, do ICMS e do valor das próprias contribuições (art. 7º, I).

Questionada a legitimidade da inclusão desses tributos na base de cálculo das contribuições incidentes sobre a importação, não se optou por excluir o Imposto de Importação, o ICMS e o valor das próprias contribuições de sua base de cálculo. Simplesmente *se adotou, na redação da Lei 10.865/04, uma nova "definição" de valor aduaneiro, que passaria a abranger o Imposto de Importação, o ICMS e o valor das contribuições.*[402]

Por meio desse questionável procedimento, consistente na alteração da própria definição de valor aduaneiro, pretendeu-se excluir as críticas à agregação dos valores desses tributos ao "valor aduaneiro" para a determinação da base de cálculo.

Ocorre que *o "valor aduaneiro"*, segundo o significado já firmado na legislação, *corresponde ao valor da transação, não abrangendo as exações tributárias.*

E tal conceito, por ter sido incorporado pela Constituição, não poderia ter sido alterado pela legislação ordinária, sob pena de violação à rígida discriminação constitucional de competências tributárias. Esse artifício é expressamente vedado pelo nosso ordenamento jurídico, mais especificamente pelo art. 110 do CTN, que, *mutatis mutandis*, é plenamente aplicável à situação em foco.

Essa orientação, que defendemos em edições precedentes, foi acolhida pelo Supremo Tribunal ao declarar a inconstitucionalidade da definição de valor aduaneiro estabelecida pela Lei 10.865/2004.[403]

- **Precedente citado**

Inconstitucionalidade da alteração do conceito de valor aduaneiro, com a inclusão de tributos: EMENTA Tributário. Recurso extraordinário. Repercussão geral. PIS/COFINS – importação. Lei nº 10.865/04. Vedação de bis in idem. Não ocorrência. Suporte direto da contribuição do importador (arts. 149, II, e 195, IV, da CF e art. 149, § 2º, III, da CF, acrescido pela EC 33/01). Alíquota específica ou ad valorem. Valor aduaneiro acrescido do valor do ICMS e das próprias contribuições. Inconstitucionalidade. Isonomia. Ausência de afronta. [...] 4 Ao dizer que a contribuição ao PIS/PASEP- Importação e a COFINS-Importação poderão ter alíquotas ad valorem e base de cálculo o valor aduaneiro, o constituinte derivado circunscreveu a tal base a respectiva competência. 5. A referência ao valor aduaneiro no art. 149, § 2º, III, *a*, da CF implicou utilização de expressão com sentido técnico inequívoco, porquanto já era utilizada pela legislação tributária para indicar a base de cálculo do Imposto sobre a Importação. 6. A Lei 10.865/04, ao instituir o PIS/PASEP -Importação e a COFINS -Importação, não alargou propriamente o conceito de valor aduaneiro, de modo que passasse a abranger, para fins de apuração de tais contribuições, outras grandezas nele não contidas. O que fez foi desconsiderar a imposição constitucional de que as contribuições sociais sobre a importação que tenham alíquota ad valorem sejam calculadas com base no valor aduaneiro, extrapolando a norma do art. 149, § 2º, III, *a*, da Constituição Federal. [...] 9. Inconstitucionalidade da seguinte parte do art. 7º, inciso I, da Lei 10.865/04: "acrescido do valor do Imposto sobre Operações Relativas à Circulação de Mercadorias e sobre Prestação de Serviços de Transporte Interestadual e Intermunicipal e de Comunicação – ICMS incidente no desembaraço aduaneiro e do valor das próprias contribuições , por violação do art. 149, § 2º, III, *a*, da CF, acrescido pela EC 33/01. 10. Recurso extraordinário a que se nega provimento. (STF, Pleno, **RE 559.937**, relator(a) p/ Acórdão Min. Dias Toffoli, 3.2013)

4. Inciso III, *b*, do § 2º: contribuições fixas

Diversamente das alíquotas *ad valorem,* que são percentuais, *as alíquotas específicas são estabelecidas em quantidade certa de dinheiro*, ou seja, em valores predeterminados.

---

[402] "Art. 7º A base de cálculo será: I – o valor aduaneiro, assim entendido, para os efeitos desta Lei, o valor que servir ou que serviria de base para o cálculo do imposto de importação, acrescido do valor do Imposto sobre Operações Relativas à Circulação de Mercadorias e sobre Prestação de Serviços de Transporte Interestadual e Intermunicipal e de Comunicação – ICMS incidente no desembaraço aduaneiro e do valor das próprias contribuições, na hipótese do inciso I do *caput* do art. 3º desta Lei".

[403] STF, Pleno, *RE 559.937*, relator(a) p/ Acórdão Min. Dias Toffoli, 3.2013.

Elas *caracterizam os tributos fixos, que*, diversamente dos proporcionais ou progressivos, *não variam em função do conteúdo econômico do fato tributado*, podendo variar apenas em função da unidade de medida considerada.

Elegendo-se uma alíquota específica, não será adotada, obviamente, uma base de cálculo propriamente dita (dimensão econômica do fato tributado). Adotar-se-á uma unidade de medida, tal como o número de bens, o seu peso, tamanho etc.

Como destaca Ataliba, se a base imponível não corresponder ao conteúdo econômico do aspecto material, consistindo em "outra (peso, volume, tamanho, capacidade etc.) [...] a alíquota deverá ser expressa diretamente em dinheiro cuja expressão numérica será multiplicada pela base imponível. Assim, por exemplo, a lei tributária dirá: "pague $ 1,00 por quilo", ou "por metro" etc.[404]

Ao autorizar a adoção de alíquotas fixas nas contribuições sociais e interventivas, a EC 33/01 *almejou conferir maleabilidade às políticas governamentais e combater a evasão fiscal*, sobretudo no que concerne às operações de comércio exterior.

Tais finalidades foram devidamente consignadas no parecer apresentado pelo relator da Comissão Especial formada para examinar a PEC 277-A/2000, que também propôs a ampliação da abrangência do dispositivo, originalmente aplicável apenas à CIDE-Combustíveis:

> Ao explicitar que as alíquotas da contribuição de intervenção no domínio econômico relativa ao petróleo e seus derivados, ao gás natural e ao álcool carburante poderão ser *ad valorem* ou específicas, o texto proposto concede ao legislador ordinário louvável oportunidade de opção.
>
> As alíquotas *ad valorem* favorecem a arrecadação, pois proporcionam elevação da receita sempre que se elevam os preços dos produtos tributados. As alíquotas específicas tornam a arrecadação independente dos preços dos produtos tributados, não contribuem para a elevação dos índices de inflação quando os preços se elevam, e tornam mais fácil a previsão de receita, uma vez conhecidas a produção, a importação e o consumo. Além disso, impedem a prática do subfaturamento, como forma de evasão fiscal, e equilibram a carga fiscal, no caso de impostos que têm incidência "por dentro" na cadeia produtiva nacional e "por fora" sobre o produto importado. Acrescente-se que nos países desenvolvidas o "excise tax" incidente sobre combustíveis utiliza alíquotas específicas.
>
> A referência apenas à contribuição de intervenção no domínio econômico no domínio econômico, contudo, pode ensejar o entendimento de que essas características não se aplicariam a outros tributos e contribuições, o que não parece conveniente. Pelo contrário, torna-se indispensável, a fim de alcançar plenamente os objetivos almejados com a Emenda Constitucional de que ora se cogita – vale dizer, de equiparar as cargas tributárias incidentes sobre os combustíveis nacionais e os importados – que se possam instituir alíquotas *ad valorem* ou *ad rem* também para as contribuições sociais, nomeadamente, a COFINS e a do PIS/PASEP.[405]

Essa autorização, veiculada de forma expressa no bojo da Lei Maior, *também teve por fito afastar questionamentos quanto à legitimidade jurídica das alíquotas fixas*, que não raro lesam o princípio da capacidade contributiva e, de conseguinte, o princípio da isonomia tributária, consoante ressalta Dino Jarach: "Es evidente que la igualdad del impuesto fijo, a pesar de las variaciones de la riqueza considerada objetivamente o en relación a los contribuyentes, implica una desigualdad respecto del producto de la renta o del patrimonio de los diferentes sujetos alcanzados por el gravamen".[406]

Não se pode olvidar, contudo, que *a igualdade constitui um direito individual dos cidadãos e, por conseguinte, uma cláusula pétrea* (art. 60, § 4º, IV, da CF), imune à ação do poder constituinte derivado. Suas exigências não podem ser violadas por emendas constitucionais anti-isonômicas.

Portanto, *não se pode vislumbrar, no art. 149, § 2º, III, b, um cheque em branco ao legislador* para adotar alíquotas específicas em contribuições sociais e interventivas.

---

[404] ATALIBA. *Hipótese de incidência tributária.* p. 102.

[405] Parecer do relator da Comissão Especial destinada a apreciar a PEC 277-A/2000, Deputado Basílio Villani.

[406] JARACH. *Finanzas Públicas y Derecho Tributario.* p. 291.

Ao fazê-lo, ele deverá respeitar o princípio da isonomia, escolhendo unidades de medida e alíquotas específicas que representem adequadamente o conteúdo econômico do fato tributado.

Apenas em situações excepcionais será viável desconsiderar tal conteúdo econômico.

5. Parágrafo 3º: equiparação da pessoa natural à pessoa jurídica

O dispositivo é ambíguo. Não especifica se a equiparação à pessoa jurídica é da pessoa natural destinatária que promove a importação ou da exclusivamente destinatária (o que caracterizaria uma equiparação ao importador, tal como faculta expressamente o art. 195, IV, da Constituição, na redação dada pela EC 42/03).

Com isso, deixa em aberto a questão atinente ao seu objeto: se diz respeito à legitimidade da eleição, na qualidade de sujeito passivo da obrigação tributária, da pessoa natural importadora ou da pessoa natural meramente destinatária da mercadoria. Em outros termos, não especifica se autoriza, tão só, a tributação das importações procedidas pelas pessoas físicas ou se, além disso, permite que estas sejam obrigadas tributariamente por importação que não realizaram, mas da qual são destinatárias.

Quanto a esse ponto, cabe ter em mente que a Constituição não restringe os sujeitos passivos das contribuições sociais e interventivas sobre a importação às pessoas jurídicas, embora não permita expressamente a eleição das pessoas naturais como sujeitos passivos dessa exação (como faz em relação ao ICMS – art. 155, § 2º, IX, *a*, na redação dada pela EC 33/01).

Por tal razão, para conferir alguma serventia ao preceito constitucional, deve-se interpretá-lo no sentido de que ele *não autoriza apenas a tributação das importações procedidas por pessoas físicas, mas também a sujeição das pessoas naturais meramente destinatárias ao pagamento das contribuições* relativas a importações efetuadas por terceiros.[407]

6. Parágrafo 4º: incidência monofásica das contribuições sociais e interventivas

A previsão constitucional da incidência monofásica das contribuições decorreu da EC 33/01, que, ao incluir a alínea *h* ao art. 155, XII, da CF, também a consagrou relativamente ao ICMS incidente sobre combustíveis e lubrificantes.[408]

A rigor, só se verifica incidência monofásica quando a cumulatividade seja, em tese, viável, isto é, quando os tributos sejam plurifásicos. Apenas num sentido atécnico é possível falar em incidência monofásica para tributos que oneram manifestações de

[407] Foi, aliás, o que fez o art. 5º, parágrafo único, da Lei 10.865/04 (que versa sobre o PIS/PASEP-Importação e a COFINS--Importação), ao equiparar a importador o destinatário de remessa postal internacional indicado pelo respectivo remetente e o adquirente de mercadoria entrepostada.

[408] Note-se que a Constituição de 1988 já previa, em sua redação original, a incidência tributária monofásica no que diz respeito às operações com ouro definido como ativo financeiro ou instrumento cambial, ao permitir apenas a tributação da operação de origem (art. 153, § 5º). O art. 149, § 4º, da CF visivelmente diz respeito à incidência monofásica. Cfr. MARTINS. "Emenda Constitucional nº 33/2001: inteligência das disposições sobre a CIDE e o ICMS nela incluídos", p. 170. Em sentido contrário, afirmando que o preceito consagrou a não-cumulatividade para as contribuições especiais, vide PIMENTA. "As contribuições de intervenção no domínio econômico em face da Emenda Constitucional nº 33/2001", p. 78-79.

capacidade contributiva dissociadas de operações sucessivas: tratar-se-ia da pleonástica "incidência monofásica de tributos monofásicos".[409]

A incidência monofásica constitui uma técnica destinada a obstar a cumulatividade nos tributos plurifásicos, sendo mais simples que o regime da não cumulatividade operacionalizado mediante a sistemática da compensação do tributo devido nas operações anteriores com aquele devido na operação em foco. *Na incidência monofásica, tributa-se apenas um dos estágios do ciclo produtivo ou distributivo, desonerando-se as demais operações*. Assim, o tributo plurifásico torna-se monofásico.[410]

A técnica analisada *não se confunde com a substituição tributária* aplicada num contexto de tributação plurifásica, com a exigência do tributo de um único sujeito passivo.

Explicamos com base em um exemplo. Num segmento econômico em que a produção é centralizada e a distribuição, pulverizada, pode-se instituir a *substituição tributária progressiva* com fundamento no art. 150, § 7º, da CF, prevendo que o produtor será tanto contribuinte quanto substituto dos distribuidores. Assim, ele será sujeito passivo de *duas obrigações tributárias*: daquela resultante da alienação da produção, na qualidade de *contribuinte*; e da obrigação relativa à distribuição, na qualidade de *substituto*.

Diversamente, *caso utilizada a técnica da incidência monofásica, haveria uma única obrigação tributária*, resultante do fato econômico que lhe diz respeito (a alienação da produção), na qualidade de contribuinte.

Essa tabela elucida a distinção, no exemplo dado:

Distinção entre incidência monofásica e substituição progressiva		
	Produtor → distribuidor	Distribuidor → consumidor
Substituição progressiva	*Produtor* responde na qualidade de *contribuinte*	*Produtor* responde na qualidade de *substituto*
Incidência monofásica	*Produtor* responde na qualidade de *contribuinte*	*Não há incidência*

* Por óbvio, essa sistemática admite variações, que incluem até mesmo a incidência monofásica com o emprego da técnica da substituição progressiva, hipótese em que o produtor responde apenas na qualidade de substituto (e não de contribuinte), pela venda realizada do distribuidor ao consumidor.

A técnica da tributação monofásica *tem a vantagem de simplificar a sistemática impositiva*, instituindo apenas um vínculo jurídico-tributário, evitando a sobreposição tributária e dispensando não só a utilização de técnicas para evitar a cumulatividade, mas também a complexa tarefa de estipular uma base de cálculo presumida que não discrepe expressivamente da real.[411]

---

[409] Foi neste sentido menos rigoroso que o STF se referiu ao "ciclo de incidência monofásico" da contribuição dos empresários, autônomos e avulsos: "inexistência de violação, pela contribuição social em causa [refere-se à contribuição instituída pela LC 84/96], da exigência da não-cumulatividade, porquanto essa exigência – e é este, aliás, o sentido constitucional da cumulatividade tributária – só pode dizer respeito à técnica de tributação que afasta a cumulatividade em impostos como o ICMS e o IPI – e cumulatividade que, evidentemente, não ocorre em contribuição dessa natureza cujo ciclo de incidência é monofásico –, uma vez que a não-cumulatividade no sentido de sobreposição de incidências tributárias já está prevista, em caráter exaustivo, na parte final do mesmo dispositivo da Carta Magna, que proíbe nova incidência sobre fato gerador ou base de cálculo próprios dos impostos discriminados nesta Constituição" (STF, 1ª Turma, RE 258.470, rel. Min. Moreira Alves, 3.2000, excerto da ementa).

[410] Cfr. SESSA. *L"imposta sul valore aggiunto. Teoria generale – sistemi comparati.* v. 1, p. 34.

[411] Essa correlação é imprescindível na substituição tributária progressiva, como expomos nos comentários ao art. 150, § 7º.

Por fim, cabe ressaltar o *caráter cogente do dispositivo constitucional* interpretado. O preceito impõe a adoção, pelo legislador, da sistemática de incidência monofásica para as contribuições reguladas pelo art. 149.

Não a exige, porém, de forma generalizada, admitindo a convivência do regime monofásico com o cumulativo. Ao legislador são concedidos espaços significativos para a concretização do comando constitucional, tarefa que há de empreender com estrita observância dos princípios constitucionais.

O que não se pode é vislumbrar no preceito uma mera permissão, porquanto é plenamente prescindível autorização constitucional específica para que seja adotado o regime monofásico.

Art. 149-A. Os Municípios e o Distrito Federal poderão instituir contribuição, na forma das respectivas leis, para o custeio do serviço de iluminação pública, observado o disposto no art. 150, I e III. (Incluído pela Emenda Constitucional nº 39, de 19.12.2002)
Parágrafo único. É facultada a cobrança da contribuição a que se refere o *caput*, na fatura de consumo de energia elétrica. (Incluído pela Emenda Constitucional nº 39, de 19.12.2002)

Art. 149-A: Contribuição de iluminação pública

A competência para a criação da "contribuição para o custeio do serviço de iluminação pública" foi outorgada pela *EC 39/02*, diante da jurisprudência do STF no sentido de que as *taxas de iluminação pública* criadas pelos Municípios *eram inconstitucionais,* em virtude de incidirem sobre "serviço inespecífico, não mensurável, indivisível e insuscetível de ser referido a determinado contribuinte".[412]

1. Antecedente: a inconstitucional taxa de iluminação pública

Para financiar o serviço de iluminação pública, muitos Municípios instituíram taxas específicas.

Porém, *as taxas de iluminação pública não respeitavam os requisitos da divisibilidade e da especificidade do serviço público* prestado, exigidos tanto pela Constituição da República (art. 145, II) quanto pelo Código Tributário Nacional (art. 77, *caput*).

A inconstitucionalidade da taxa de iluminação pública (TIP) foi declarada pelo Supremo Tribunal Federal justamente em razão de "ter por fato gerador serviço inespecífico, não mensurável, indivisível e insuscetível de ser referido a determinado contribuinte", haja vista que, como bem exposto pelo Ministro Ilmar Galvão, relator do julgado, o serviço de iluminação pública consiste em "atividade estatal de caráter *uti universi*, destinada a beneficiar a população em geral, não podendo ser destacada em unidades autônomas, nem permitida a individualização de sua área de atuação, além de não se apresentar suscetível de utilização separada por parte de cada um dos usuários do serviço". Por ser inespecífico e indivisível, dito serviço específico não pode ser custeado mediante a instituição de taxa, senão "por meio do produto da arrecadação dos impostos gerais".[413]

---

412 STF, Pleno, *RE 233.332*, rel. Min. Ilmar Galvão, 3.1999.

413 STF, Pleno, *RE 233.332*, rel. Min. Ilmar Galvão, 3.1999.

Essa jurisprudência foi cristalizada mediante a edição da *Súmula 670 do STF*, que preconiza: "O serviço de iluminação pública não pode ser remunerado mediante taxa".[414]

Essa é a origem da contribuição de iluminação pública (CIP ou COSIP), a inconstitucional taxa de iluminação pública.[415]

• Precedentes citados

Taxa de iluminação pública apurada a partir de elementos pertinentes à espécie imposto. Inconstitucionalidade: TRIBUTAÇÃO MUNICIPAL. TAXAS DE COLETA DE LIXO, LIMPEZA PÚBLICA, CONSERVAÇÃO DE CALCAMENTO E ILUMINAÇÃO PÚBLICA. Base de cálculo identificável à que corresponde a certo imposto. Inconstitucionalidade declarada na origem. Recurso extraordinário não conhecido, por não caracterizada a afronta ao art-77 do CTN, nem tampouco, o dissidio na jurisprudência. (STF, 2ª Turma, **RE 100.729**, rel. Min. Francisco Rezek, 11.1983)

Taxa de iluminação pública. Serviço inespecífico e indivisível. Inconstitucionalidade: TRIBUTÁRIO. MUNICÍPIO DE NITERÓI. TAXA DE ILUMINAÇÃO PÚBLICA. ARTS. 176 E 179 DA LEI MUNICIPAL Nº 480, DE 24.11.83, COM A REDAÇÃO DADA PELA LEI Nº 1.244, DE 20.12.93. Tributo de exação inviável, posto ter por fato gerador serviço inespecífico, não mensurável, indivisível e insuscetível de ser referido a determinado contribuinte, a ser custeado por meio do produto da arrecadação dos impostos gerais. Recurso não conhecido, com declaração de inconstitucionalidade dos dispositivos sob epígrafe, que instituíram a taxa no município. (STF, Pleno, **RE 233.332**, rel. Min. Ilmar Galvão, 3.1999).

2. Criação da CIP pela EC 39/02

Em que pese a jurisprudência do Supremo Tribunal Federal tenha se firmado no sentido da inconstitucionalidade da taxa de iluminação pública, o Poder Público optou por não seguir o caminho indicado pelo Pretório Excelso, de custear o serviço correlato "por meio do produto da arrecadação dos impostos gerais".[416] Preferiu trilhar a via da *superação "legislativa" da jurisprudência*, recorrendo ao poder constituinte derivado para editar emenda constitucional que, alterando a redação da Lei Maior, autorizasse expressamente a continuidade da cobrança do anômalo tributo.

Para tal fim, foi formulada a PEC 222/2000, proposta de emenda constitucional que almejava superar a jurisprudência do STF mediante a modificação do inciso II e do § 2º do art. 145 da CF, nestes termos:

> Art. 145 [...].
>
> II – taxas pela utilização do serviço de iluminação pública, bem como em razão de poder de polícia ou pela utilização, ou potencial, de demais serviços público específicos e divisíveis, prestados ao contribuinte ou postos a sua disposição;
>
> [...].
>
> § 2º As taxas não poderão ter base de cálculo própria de impostos, à exceção da taxa de iluminação pública.

Da leitura desses preceitos, infere-se que *se pretendia impor ao Supremo Tribunal Federal a concepção que ele já havia rechaçado de forma expressa*, de que a taxa de iluminação pública tem caráter específico e divisível – ou pelo menos fazê-lo dobrar-se ao anômalo tributo, mediante a sua previsão no texto constitucional e a ressalva à possibilidade de a taxa ter base de cálculo própria de impostos.

---

414 Aprovada na sessão plenária de 24.09.2003. Vale registrar que, em 1983, o STF já havia tido por ilegítima taxa de iluminação pública apurada a partir de elementos pertinentes à espécie "imposto" (2ª Turma, *RE 100.729*, rel. Min. Francisco Rezek, 11.1983), mais precisamente, apurada a partir do número de *metros* lineares de testada ou da área edificada de imóvel.

415 Ao indagar a respeito da origem do art. 149-A da CF, o Ministro Marco Aurélio asseverou: "Qual teria sido a origem dessa emenda? Respondo e faço-o com desassombro: a jurisprudência do Supremo, no que veio o Tribunal a pacificar a matéria ligada à iluminação pública [...] A causa da emenda não foi outra senão o Verbete nº 670 da Súmula do Supremo, a revelar que o serviço de iluminação pública não pode ser remunerado mediante taxa", tendo em seguida acrescentado: "e receio que, daqui a pouco, estejamos pagando também pela segurança pública, e o preço será bem maior, a não ser que acionemos as milícias" (STF, Pleno, RE 573.675, rel. Min. Ricardo Lewandowski, 3.2009, excerto do seu voto vencido). A ementa é transcrita ao término dos comentários ao art. 149-A.

416 STF, Pleno, *RE 233.332*, rel. Min. Ilmar Galvão, 3.1999, excerto da ementa transcrita na seção precedente.

Sendo improvável que realmente se considerasse possível modificar a natureza do serviço de iluminação pública através de reforma constitucional, há de se convir que *se objetivou constitucionalizar a taxa* cobrada por serviços públicos inespecíficos e indivisíveis e, dessa forma, superar a jurisprudência firmada sobre a matéria.[417]

Essa PEC tramitou com o texto referido na Câmara. Porém, *foi alterada no Senado Federal, onde recebeu a designação PEC 53/2001 e texto* quase idêntico ao que restou inserido no bojo da Constituição, *que alude à "contribuição", e não à "taxa"* de iluminação pública.[418]

A proposta do Senado foi rejeitada em 2001 e apresentada novamente no ano seguinte, pelo Senador Álvaro Dias (PEC 3/2002). A sua justificação em pouco difere da original (PEC 222/2000), à exceção da categoria tributária referida:

> O Serviço de Iluminação Pública, definido como sendo "prover de luz ou claridade artificial as vias e logradouros públicos" é de competência do município, abrangida pelo art. 30, inciso V, da Constituição Federal. Sendo pois a iluminação pública um serviço da alçada de cada município, as condições de sua prestação e custeio devem ser definidas em lei municipal.
>
> Ocorre que a forma de custeio desse serviço tem gerado muita controvérsia. A partir dos anos 80, muitos municípios passaram a editar leis que instituíam uma taxa para cobertura da prestação do serviço de iluminação pública, conhecida por Taxa de Iluminação Pública – TIP. Subseqüentemente, muitas ações judiciais foram impetradas, em praticamente todos os estados da Federação, questionando a constitucionalidade de leis municipais instituidoras de TIP.
>
> O Supremo Tribunal Federal já firmou jurisprudência no sentido de considerar inconstitucional essa cobrança, por não se tratar de serviço público específico e divisível e, em certos casos, por ter ela base de cálculo coincidente com a de impostos, como Imposto Predial e Territorial Urbano (IPTU).

Finalmente, os esforços políticos levaram à aprovação da proposta de emenda constitucional, que culminou com a inserção do art. 149-A no texto da Constituição da República, *in verbis*:

> Art. 149-A Os Municípios e o Distrito Federal poderão instituir contribuição, na forma das respectivas leis, para o custeio do serviço de iluminação pública, observado o disposto no art. 150, I e III.
>
> Parágrafo único. É facultada a cobrança da contribuição a que se refere o *caput*, na fatura de consumo de energia elétrica.

Dessa forma, veio à luz a anômala contribuição de iluminação pública, a qual, à primeira vista, nada mais é que a antiga taxa declarada inconstitucional pelo Supremo Tribunal Federal, constitucionalizada e travestida pela EC 39/02, que a apelidou de "contribuição" para afastar novas impugnações à sua legitimidade jurídica, haja vista que "o serviço de iluminação pública não pode ser remunerado mediante taxa" (Súmula 670).

3. Correntes interpretativas do art. 149-A

Na primeira edição desta obra, sustentamos que o art. 149-A nada mais fez do que constitucionalizar a inconstitucional taxa de iluminação pública, travestindo-a de contribuição.[419] Almejou superar a jurisprudência do STF, cristalizada na Súmula 670, e, para

---

[417] Lê-se na justificação da PEC 222/2000: "É de todos sabido que muitos Municípios brasileiros vinham instituindo e cobrando a taxa de iluminação pública para fazer face aos custos da implantação e manutenção desse serviço indispensável para as comunidades urbanas. O Supremo Tribunal Federal, porém, já firmou jurisprudência no sentido de considerá-la inconstitucional, por não se tratar de serviço público específico e divisível e, em certos casos, por ter ela base de cálculo coincidente com a de impostos, como imposto predial e territorial urbano (IPTU). Como os Municípios não têm condições efetivas de custear a iluminação pública através de seus impostos e também não podem permanecer inadimplentes com as empresas concessionárias ou distribuidoras de energia elétrica, a solução que se alvitra é a de emendar-se a Constituição, para que eles possam vir a instituir e cobrar a taxa de iluminação pública, dentro da legalidade e sem os percalços das demandas judiciais".

[418] A PEC 53/2001 não remetia ao princípio da legalidade tributária (art. 150, I, da CF), o que evidencia a afrontosa intenção do poder constituinte derivado de não só derrubar a jurisprudência do mais alto Tribunal do País, senão também de, ao fazê-lo, excluir a aplicação desse fundamental direito dos cidadãos-contribuintes.

[419] A. VELLOSO. *Constituição Tributária Interpretada*. 1ª edição, p. 115.

não contrariá-la frontalmente, optou por mudar o rótulo do ilegítimo tributo, chamando-o de contribuição.

Agora, voltando os olhos à questão já com significativo distanciamento do momento em que editada a EC 39/02, reconhecemos que essa variante interpretativa, extraída à luz do contexto histórico que envolveu a inserção do art. 149-A no texto constitucional, não é a única possível. E quiçá não seja sequer a mais apropriada.

Diante da relevância do tema, cumpre expor detidamente os fundamentos e as consequências dessas variantes interpretativas.

3.1. Constitucionalização da antiga taxa de iluminação pública

Segundo a *primeira variante interpretativa*, apoiada no contexto histórico em que foi editada a EC 39/02, *o art. 149-A veio a constitucionalizar a ilegítima taxa de iluminação pública* e rotulou-a de contribuição para evitar questionamentos advindos da firme jurisprudência do STF no sentido de que o serviço de iluminação pública não pode ser custeado mediante taxa.

Dessa forma, a inconstitucional taxa de iluminação pública teria retornado das cinzas, qual uma fênix, que ressurge tal como era, só que com plumagem nova. Teria recebido o manto de "contribuição" e abrigo no altiplano constitucional. Mas não teria deixado de ser o anômalo tributo que era.

Essa é a posição perfilhada por Ives Gandra, que assevera:

> A atual contribuição não é, entretanto, contribuição. Tem o perfil de taxa, mas com insuficiências [...] É, pura e simplesmente, tributo destinado a cobrir prestação de serviço, nem se furtando, o desajeitado constituinte, a reconhecer que sua cobrança "é para o custeio do serviço de iluminação pública".[420]

Tal variante interpretativa se sustenta na inquestionável premissa de que *nem mesmo preceitos constitucionais têm o condão de modificar a natureza das coisas*. Podem até dar-lhes rótulo diverso e eventualmente conferir-lhes validade jurídica, mas jamais poderão alterar o que são.

O tributo cobrado pela iluminação pública diz respeito a serviço prestado *uti universi*, e não *uti singuli*. Era uma taxa inespecífica e indivisível, em razão de possuir "fato gerador inespecífico, não mensurável, indivisível e insuscetível de ser referido a determinado contribuinte".

Após o advento da EC 39/02, não deixou de sê-lo.[421] Pode até ter recebido denominação diversa e passado a encontrar guarida no texto da Lei Maior, mas isso não modifica a sua essência e tampouco implica a sua legitimação constitucional, dada a possibilidade de ser rechaçada por contrastar com direitos fundamentais imunes à atuação do poder constituinte derivado (art. 60, § 4º, IV, da CF).[422]

Outro aspecto que vem a corroborar essa linha interpretativa é o fato de que, ainda antes da EC 39/02, certos Municípios cobravam veras taxas sob a rótulo de "contribuições para o custeio da iluminação pública" ou "quotas sociais" para a iluminação pública.[423]

---

[420] MARTINS. "A contribuição para iluminação pública". p. 63-64.

[421] A propósito, cumpre recordar que a prevalência da substância perante a forma é imposta pelo didático preceito do art. 4º, inciso I, do CTN, o qual estabelece ser a "natureza jurídica específica do tributo [...] determinada pelo fato gerador da respectiva obrigação, sendo irrelevantes para qualificá-la: I – a denominação e demais características formais adotadas pela lei".

[422] Para Ives Gandra, a EC 39/02 não seria inconstitucional, senão ineficaz: "a E.C. nº 39/02 não é inconstitucional. É apenas inútil. Canhestramente inútil. E a taxa de iluminação, que pretendeu criar, mas não criou, à luz do artigo 145 inciso II da Constituição Federal, continua rigorosamente inconstitucional, nos termos da jurisprudência do Supremo Tribunal Federal" (MARTINS. "A contribuição para iluminação pública", p. 70).

[423] Cfr. WERLANG. "Aspectos constitucionais da contribuição de iluminação pública". p. 114.

Admitido que a EC 39/02 constitucionalizou, de forma válida e eficaz, a taxa de iluminação pública, *os Municípios que tiveram as suas leis declaradas inconstitucionais poderiam simplesmente reeditá-las*, a fim de ressuscitar as ilegítimas taxas que haviam instituído.

Malgrado essa exegese se baseie no contexto histórico que levou à criação da EC 39/02, ela *não corresponde rigorosamente à letra do art. 149-A*, que não alude à taxa de iluminação pública, senão à contribuição instituída para financiar tal serviço público.

É plausível, portanto, reconhecer que a emenda referida não superou a jurisprudência do STF, mas somente conferiu competência para a instituição de um *novo tributo*, até então inexistente no nosso ordenamento jurídico.

Desta concepção, analisada no item que segue e *acolhida pelo STF*, decorre a impossibilidade de os Municípios reeditarem as suas leis inconstitucionais ou recriarem as antigas taxas sob a veste de contribuições. Têm de criar verdadeiras contribuições, sob pena de reincidirem no vício de inconstitucionalidade.

3.2. Autorização para a criação de verdadeira contribuição

Segundo esta corrente interpretativa, *a EC 39/02 teria conferido competência aos Municípios para instituírem verdadeira contribuição*, destinada ao financiamento do serviço público de iluminação pública.

Como dito, essa exegese *encontra respaldo na letra do art. 149-A*. Ademais, é preferível por evitar a superação da jurisprudência do Supremo Tribunal Federal (que sempre abala a separação dos poderes) e a constitucionalização de uma taxa anômala, criada para custear serviço público prestado *uti universi*, e não *uti singuli*.

Sem embargo, *não deixa de ser problemática*.

Em primeiro lugar, *a Constituição não especifica a materialidade da CIP*, o que poderia dar ensejo não apenas a conflitos de competência entre os Municípios, mas também à insólita situação de os Municípios instituírem contribuição sobre materialidades reservadas à competência da União ou dos Estados, criando, v.g., anômalas contribuições municipais incidentes sobre a renda, o comércio exterior, a produção industrial, a circulação de mercadorias.

Em segundo lugar, *tal interpretação demanda que os legisladores municipais instituam verdadeiras contribuições*, que se diferenciem com clareza das antigas taxas de iluminação pública e não violem princípios constitucionais tributários, o que não é uma tarefa nada fácil, haja vista a dificuldade (ou quiçá a impossibilidade) de se diferenciar um tributo devido *pelo* serviço *uti universi* de iluminação pública, de outro, devido *para* o custeio de idêntico serviço, sobretudo se ambos incidirem sobre a mesma base de cálculo e forem cobrados dos mesmos contribuintes.[424]

---

[424] Essa posição, que desconsidera a "causa" para levar em consideração apenas a finalidade, é bem exposta por Arno Werlang. Após citar a doutrina de Marco Aurélio Greco a respeito do regime de validação das contribuições, Werlang assevera: "A CIP teria como parâmetro a finalidade, não um prestar serviços, mas um custear serviços. Paga-se não porque realiza o fato gerador, paga-se porque tem uma finalidade de custear um serviço e que concede um benefício" ("Aspectos constitucionais da contribuição de iluminação pública". p. 114). Ora, não se pode dizer que não se paga por ter sido realizado o fato gerador. Isso é imprescindível à cobrança de todo e qualquer tributo. Pode-se até dizer que se paga o tributo para realizar-se uma finalidade (custear o serviço de iluminação pública), mas tal escopo também está presente na TIP.

Para evitar conflitos de competência entre Municípios, seria prudente editar lei de âmbito nacional nos termos do art. 146, I e III, *a*, da CF,[425] de modo a especificar a materialidade do novel tributo criado pela fértil imaginação do constituinte derivado.[426]

E para evitar a bitributação, poder-se-ia optar pela incidência da contribuição sobre o montante da tarifa de energia elétrica, o que, malgrado vá de encontro aos princípios da igualdade e da capacidade contributiva, atende à praticabilidade tributária e, para o Supremo Tribunal Federal, tem supedâneo no parágrafo único do art. 149-A, que faculta a cobrança da contribuição "na fatura do consumo de energia elétrica".[427]

Foi esta a variante interpretativa acolhida pelo STF, que extraiu do art. 149-A uma regra atributiva de competência para a criação de um *novo e anômalo tributo*.[428]

Não obstante, nem sempre será fácil determinar a verdadeira natureza do tributo instituído, notadamente porque o Supremo Tribunal Federal nunca examinou a fundo os caracteres definidores das taxas de iluminação pública – e tampouco os da contribuição correlata.

Do que se pode ter certeza é que, à luz desta exegese do art. 149-A, *continua vigendo a Súmula 670 do STF*, a qual obsta a remuneração do serviço de iluminação pública mediante taxa.

Obviamente, *a proibição também se aplica às taxas travestidas de contribuições*, de modo que, se os Municípios ou o Distrito Federal editarem leis instituindo tais taxas, terão reincidido no vício de inconstitucionalidade.

4. Natureza tributária específica

Para aqueles que não conferem autonomia às contribuições especiais, a contribuição de iluminação pública amolda-se à categoria dos impostos. Carrazza, por exemplo, assevera tratar-se de imposto cuja materialidade é "o fato de uma pessoa, física ou jurídica, estar fixada no local (Município ou Distrito Federal) onde é prestado o serviço", ou noutros termos, "a propriedade, a posse, o domínio útil ou o direito de superfície de imóvel situado na zona urbana ou rural do Município ou do Distrito Federal. Trata-se, pois de um *adicional* do IPTU [...] ou do ITR".[429]

Já para os que reconhecem a autonomia das contribuições e concebem que o art. 149-A não pretendeu constitucionalizar as antigas taxas de iluminação pública, a contribuição de que tratamos se qualifica como tal, inserindo-se, segundo o entendimento prevalente, na categoria das contribuições especiais.[430]

---

[425] Eis a sua redação: "Art. 146. Cabe à lei complementar: I – dispor sobre conflitos de competência, em matéria tributária, entre a União, os Estados, o Distrito Federal e os Municípios; [...] III – estabelecer normas gerais em matéria de legislação tributária, especialmente sobre: a) definição de tributos e de suas espécies, bem como, em relação aos impostos discriminados nesta Constituição, a dos respectivos fatos geradores, bases de cálculo e contribuintes".

[426] A imperiosidade dessa medida foi defendida com veemência por Ives Gandra (MARTINS. "Contribuição de Iluminação – ainda a E.C. nº 39/02". p. 20-25).

[427] STF, Pleno, *RE 573.675*, rel. Min. Ricardo Lewandowski, 3.2009, cuja ementa é transcrita ao final dos comentários ao art. 149-A. Essa posição foi defendida por Leandro Paulsen (*Curso de Direito Tributário*. p. 54) ainda antes do julgamento do RE 573.675.

[428] STF, Pleno, *RE 573.675*, rel. Min. Ricardo Lewandowski, 3.2009.

[429] CARRAZZA. *Curso de Direito Constitucional Tributário*. 18ª ed. p. 618-619.

[430] Vide, por todos, PIMENTA. "Contribuição para o Custeio do Serviço de Iluminação Pública", p. 104, para quem ela seria uma "quarta espécie de contribuição especial, posicionando-se ao lado das contribuições sociais, interventivas e corporativas" (ibidem, p. 105).

Acolhemos, contudo, entendimento diverso, no sentido de que a *CIP não se confunde com as contribuições especiais*, pelo singelo fato de que a sua hipótese de incidência não descreve (ou não deve descrever) conduta do contribuinte, senão ação estatal que lhe gera benefícios. Assemelha-se às contribuições espanholas, bem como à definição acolhida por A. D. Giannini e Geraldo Ataliba[431] e, assim, muito mais à contribuição de melhoria que às nossas contribuições especiais.

Nessa senda, *o Supremo Tribunal Federal reconheceu que a CIP constitui tributo de caráter sui generis*, inconfundível com as cinco espécies acolhidas pela Constituição da República em sua redação original. Para o Ministro Ricardo Lewandowski, relator do *leading case*, a "COSIP constitui um novo tipo de contribuição que refoge aos padrões estabelecidos nos artigos 149 e 195 da Constituição Federal".[432]

Permaneceu em aberto a questão atinente aos caracteres jurídicos desse "tributo anômalo" e, especificamente, aos aspectos em que ele difere das cinco outras espécies tributárias.

5. Hipótese de incidência

Em vista da concepção que prevaleceu no Supremo Tribunal Federal, no sentido de que a contribuição de iluminação pública não é taxa e tampouco se confunde com os impostos ou as contribuições especiais, é evidente que *ela não pode ter hipótese de incidência de taxa* (vinculada à prestação de serviços públicos específicos e divisíveis ou ao desempenho do poder de polícia) *e muito menos de imposto ou contribuição especial* (não vinculada a qualquer forma de atuação estatal).

Há de ter hipótese de incidência específica, que, apesar de vincular-se à atuação do Poder Público, englobe o benefício especial que fundamenta a sua instituição, nos moldes dos *supuestos de hecho* das contribuições especiais espanholas.

Mais precisamente, *a sua hipótese de incidência deve ser composta pelo benefício especial advindo da iluminação pública que favoreça o imóvel* de propriedade (ou posse) do contribuinte.[433]

Dessa forma, se a propriedade do contribuinte não for favorecida pelo serviço público de iluminação pública, será inviável cobrar-lhe a contribuição correlata, pelo simples fato de a sua hipótese de incidência não ter ocorrido. Sob outro viés, a cobrança será indevida por estar ausente o benefício especial que justifica a instituição dessa exação.

A respeito, cumpre recordar as preciosas lições de Dino Jarach, atinentes às *contribuciones de alumbrado público* (iluminação pública) e *barrido* (limpeza das ruas):

> Existen casos de tributos establecidos a cargo de grupos de habitantes que gozan de beneficios especiales no ya por una obra sino por la prestación de un servicio público que no se individualiza hacia determinadas personas, pero beneficia en forma indirecta y especial a dichos grupos.
>
> Es éste el caso de los servicios municipales de alumbrado público y de barrido. Ambos se prestan en forma general y en beneficio del tránsito, de la seguridad pública, de la higiene y de la conservación de las condiciones de salubridad del medio ambiente. Pero los habitantes de los inmuebles sitos a cierta distancia de los focos del alumbrado público, o frentistas de las calles en que la Municipalidad presta el servicio del barrido, reciben un beneficio diferencial, por lo cual pueden ser gravados también en forma diferencial para la financiación del servicio.[434]

---

[431] Cfr. PAULSEN, L.; VELLOSO, A. P. *Contribuições: Teoria geral, contribuições em espécie*, pp. 13-14 e 30-31.

[432] STF, Pleno, *RE 573.675*, rel. Min. Ricardo Lewandowski, 3.2009. A ementa do precedente é transcrita ao final dos comentários ao art. 149-A.

[433] Cfr. JARACH. *Finanzas Públicas y Derecho Tributario.* p. 243, que alude à categoria das *contribuciones por los beneficios diferenciales*, na qual se enquadram a contribuição de iluminação pública e a clássica contribuição de melhoria.

[434] JARACH. *Finanzas Públicas y Derecho Tributario.* p. 242.

Em vista dessas ponderações, a indagação que logo vem à tona diz respeito à instituição de contribuição cuja hipótese de incidência não se amolde ao perfil implicitamente exigido pela Constituição. *E se a hipótese de incidência não for vinculada? Ou for própria das antigas taxas de iluminação pública?*

Tanto na primeira quanto na segunda hipótese, a exação será inconstitucional. Naquela, por ter-se instituído ou contribuição fora dos parâmetros constitucionais ou imposto afetado a despesa específica, em afronta à vedação do art. 167, IV, da CF e também ao sistema constitucional de competências tributárias.[435] Nesta, em razão de ter-se instituído taxa por serviço público não específico e indivisível, o que afronta o entendimento cristalizado na Súmula 670 do Supremo Tribunal Federal ("O serviço de iluminação pública não pode ser remunerado mediante taxa").

A propósito, o modelo de projeto de lei elaborado pela Confederação Nacional dos Municípios – CNM – sugere que o fato gerador da contribuição seja "o consumo de energia elétrica, por pessoa natural ou jurídica, no território do Município".[436]

Ora, o consumo de energia elétrica é fato que diz respeito ao contribuinte – e, portanto, elemento da hipótese de incidência de imposto ou contribuição especial, não de contribuição por benefício diferencial. Essa constatação é corroborada pela base de cálculo sugerida, representada pelo "consumo mensal de energia elétrica, cobrado pela concessionária distribuidora".

Trata-se de contribuição especial incidente sobre o consumo de energia elétrica, que a nosso juízo não tem assento constitucional.[437]

6. Base de cálculo e sujeitos passivos

Quanto à sua base de cálculo, deve-se esclarecer que, ao facultar "a cobrança da contribuição a que se refere o *caput*, na fatura de consumo de energia elétrica", o parágrafo único do art. 149-A da CF regula a cobrança da contribuição, sem indicar, de forma alguma, a sua base de cálculo. Permite que a cobrança do tributo seja realizada conjuntamente com a da comercialização de energia elétrica, e não que o valor desta seja a base de cálculo da contribuição.

Contudo, para *o Supremo Tribunal Federal* o silêncio da Constituição no que concerne à hipótese de incidência da contribuição *libera o legislador local a eleger a forma de cálculo e de cobrança que lhe aprouver.*

---

435 Devemos advertir, contudo, que a exação instituída pela lei municipal apreciada no *leading case* sobre a matéria (RE 573.675) não tinha as feições exigíveis das contribuições de iluminação pública e, não obstante isso, foi chancelada pelo STF. Aparentemente, trata-se de tributo com hipótese de incidência não-vinculada. Eis a redação do artigo inaugural da Lei Complementar 7/2002 do Município de São José: "Art. 1º – Fica instituída, nos termos do art. 149-A da Constituição Federal de 1988, a Contribuição para Custeio de Serviço de Iluminação Pública – COSIP, devida pelos consumidores residenciais e não residenciais de energia elétrica, destinada ao custeio do serviço de iluminação pública. § 1º – Considera-se serviço de iluminação pública aquele destinado a iluminar vias e logradouros, bem como quaisquer outros bens públicos de uso comum, assim como de atividades acessórias de instalação, manutenção e expansão da respectiva rede de iluminação, inclusive a realização de eventos públicos. § 2º – São contribuintes da COSIP os consumidores situados tanto na área urbana como na área rural".

436 Disponível no *site* <http://www.cnm.org.br/institucional/documento.asp?iId=31553>, acesso em 24 de setembro de 2009.

437 No sentido da impossibilidade de incidência sobre o consumo de energia elétrica, cfr. PIMENTA. "Contribuição para o Custeio do Serviço de Iluminação Pública", p. 107, que defende a imperiosidade de a contribuição incidir sobre a propriedade de imóvel territorial urbano, por ser a única materialidade inserida na competência dos Municípios que "mantém vínculo com o serviço de iluminação pública".

Portanto, seria legítimo tomar por base de cálculo da contribuição o valor do custo do serviço municipal de iluminação pública e rateá-lo entre os contribuintes segundo o consumo de energia elétrica.[438]

Ocorre que essa base de cálculo (custo do serviço) é de taxa, não de contribuição especial. E como se sabe, a base de cálculo possui as funções de confirmar, afirmar ou infirmar o aspecto material da hipótese de incidência.[439] Em caso de divergência entre a base de cálculo e o aspecto material, é aquela que deve prevalecer para definir a natureza do tributo.[440]

Infelizmente, a nossa Corte Constitucional não acolheu tal posição. Aceitou todas as deformidades que vislumbrou na CIP sob a alegação de que se tratava de tributo com caráter *sui generis*.

No que concerne aos sujeitos passivos, parece-nos que devam ser os beneficiários imediatos do serviço financiado (as pessoas residentes ou sediadas ao longo do trecho iluminado). Mas nada impede que sejam eleitos como sujeitos passivos os consumidores de energia elétrica, haja vista se identificarem quase por completo com aqueles, como reconheceu o Supremo Tribunal Federal ao ressaltar serem eles os principais beneficiários do serviço de iluminação pública, pois residem ou exercem as suas atividades no âmbito do Município ou do Distrito Federal.[441]

A única ressalva a ser feita diz respeito àqueles que porventura não sejam beneficiados de forma especial pelo serviço de iluminação pública, por, v.g., residirem ou serem sediados em localidade que não é por ele abrangida.

7. Sujeição às limitações constitucionais ao poder de tributar

Segundo a letra do art. 149-A, *caput*, *in fine*, a contribuição de iluminação pública está sujeita aos princípios da legalidade (art. 150, I), da irretroatividade (art. 150, III, *a*) e da anterioridade de exercício e nonagesimal (art. 150, III, *b* e *c*).

Essa remissão, no entanto, não é necessária e tampouco adequada.

A remissão ao princípio da legalidade é plenamente dispensável. A CIP amolda-se à perfeição ao conceito de tributo (art. 3º do CTN) e está prevista dentro do Sistema Tributário Nacional. Consequentemente, está sujeita ao princípio da legalidade, como todas as demais espécies tributárias, sem que, para isso, seja necessária qualquer alusão adicional àquela já constante no art. 150, I. *Da mesma forma, a remissão aos princípios da irretroatividade e da anterioridade caracteriza, tão só, tautologia constitucional.* Esses princípios, por força do art. 150, III, são aplicáveis a todos os tributos, razão pela qual é

[438] STF, Pleno, *RE 573.675*, rel. Min. Ricardo Lewandowski, 3.2009. Nesse precedente, acrescentou-se que tal sistemática não iria de encontro ao princípio da igualdade, antes realizaria tanto esse princípio quanto o da capacidade contributiva, haja vista ser "lícito supor que quem tem o consumo maior tem condições de pagar mais". Ora, muitas vezes quem tem consumo maior tem menos condições de pagar, justamente porque as suas despesas pessoais são superiores. Compare-se a situação de um adulto solteiro que mora sozinho num amplo apartamento e de um vizinho que, apesar de ter renda equivalente, mora no apartamento ao lado com a sua esposa (do lar) e seus quatro filhos, devendo arcar não só com o aluguel do seu imóvel, mas também com o elevado consumo de energia elétrica da sua família. É evidente ser a capacidade contributiva do pai de família significativamente inferior à do seu vizinho – e isso é reconhecido pela legislação tributária, que o autoriza a deduzir as despesas que suporta para manter os seus dependentes. A propósito, cumpre recordar ter sido justamente por isso que o STF rechaçou a progressividade dos tributos reais, que não permitem aferir a real capacidade contributiva dos sujeitos passivos.

[439] CARVALHO. *Curso de Direito Tributário*. pp. 330-332.

[440] Sobre a prevalência da base de cálculo de taxa perante a hipótese de incidência de imposto, conferir os comentários ao art. 145, § 1º.

[441] STF, Pleno, *RE 573.675*, rel. Min. Ricardo Lewandowski, 3.2009.

despiciendo dispor acerca da sua aplicação especificamente à contribuição de iluminação pública.

A inadequação da remissão soma-se à sua desnecessidade. À luz da boa técnica constitucional, bastaria que a remissão fosse desnecessária para que também se qualificasse como inadequada. No entanto, não é apenas tal aspecto que a torna inadequada: também o é por ser *parcial*, tendo em vista que alude a poucas limitações constitucionais e, consequentemente, poderia levar à equivocada conclusão de que as demais são inaplicáveis, quando é certo que, ao instituir ou modificar a contribuição de iluminação pública, o legislador está sujeito a todas limitações constitucionais gerais ao poder de tributar, tais como os princípios da capacidade contributiva, da isonomia, do não confisco etc.

Demais disso, a remissão do artigo em análise é ainda mais precária do que aquela do art. 149, *caput*, que alude não apenas aos incisos I e III do art. 150, mas também ao art. 146, III. Uma errônea interpretação literal do art. 149-A poderia, via de consequência, embasar a conclusão de que à contribuição de iluminação pública não são aplicáveis as normas gerais de direito tributário (reservadas, pelo art. 146, III, à lei complementar); de que o Código Tributário Nacional seria inaplicável a tal tributo. E nada há no sistema constitucional que dê supedâneo a essa conclusão.

Enfim, apesar da limitada e inadequada remissão do art. 149-A, à contribuição de iluminação pública *são aplicáveis todas as limitações constitucionais gerais ao poder de tributar e, ainda, os preceitos gerais da codificação tributária.*

Esse entendimento foi acolhido pelo Supremo Tribunal Federal no julgamento do RE 573.675, quando consignou a sujeição da contribuição aos princípios constitucionais tributários de caráter geral, visto "enquadrar-se, inequivocamente, no gênero tributo".[442]

- **Precedente citado**

Constitucionalidade da COSIP: CONSTITUCIONAL. TRIBUTÁRIO. RE INTERPOSTO CONTRA DECISÃO PROFERIDA EM AÇÃO DIRETA DE INCONSTITUCIONALIDADE ESTADUAL. CONTRIBUIÇÃO PARA O CUSTEIO DO SERVIÇO DE ILUMINAÇÃO PÚBLICA - COSIP. ART. 149-A DA CONSTITUIÇÃO FEDERAL. LEI COMPLEMENTAR 7/2002, DO MUNICÍPIO DE SÃO JOSÉ, SANTA CATARINA. COBRANÇA REALIZADA NA FATURA DE ENERGIA ELÉTRICA. UNIVERSO DE CONTRIBUINTES QUE NÃO COINCIDE COM O DE BENEFICIÁRIOS DO SERVIÇO. BASE DE CÁLCULO QUE LEVA EM CONSIDERAÇÃO O CUSTO DA ILUMINAÇÃO PÚBLICA E O CONSUMO DE ENERGIA. PROGRESSIVIDADE DA ALÍQUOTA QUE EXPRESSA O RATEIO DAS DESPESAS INCORRIDAS PELO MUNICÍPIO. OFENSA AOS PRINCÍPIOS DA ISONOMIA E DA CAPACIDADE CONTRIBUTIVA. INOCORRÊNCIA. EXAÇÃO QUE RESPEITA OS PRINCÍPIOS DA RAZOABILIDADE E PROPORCIONALIDADE. RECURSO EXTRAORDINÁRIO IMPROVIDO. I – Lei que restringe os contribuintes da COSIP aos consumidores de energia elétrica do município não ofende o princípio da isonomia, ante a impossibilidade de se identificar e tributar todos os beneficiários do serviço de iluminação pública. II – A progressividade da alíquota, que resulta do rateio do custo da iluminação pública entre os consumidores de energia elétrica, não afronta o princípio da capacidade contributiva. III – Tributo de caráter *sui generis*, que não se confunde com um imposto, porque sua receita se destina a finalidade específica, nem com uma taxa, por não exigir a contraprestação individualizada de um serviço ao contribuinte. IV – Exação que, ademais, se amolda aos princípios da razoabilidade e da proporcionalidade. V – Recurso extraordinário conhecido e improvido. (STF, Pleno, **RE 573.675**, rel. Min. Ricardo Lewandowski, 3.2009).

---

[442] STF, Pleno, *RE 573.675*, rel. Min. Ricardo Lewandowski, 3.2009. Nesse julgado, o STF rechaçou a temerária posição que havia sido adotada pelo Plenário do Tribunal de Justiça de Santa Catarina no acórdão impugnado, no sentido de que à COSIP somente seriam aplicáveis as limitações expressamente indicadas no texto do art. 149-A, dentre as quais não se insere o princípio da isonomia tributária. Beira o absurdo falar em tributos imunes ao influxo do princípio fundamental da igualdade. Nem mesmo se quisesse fazê-lo o poder constituinte derivado estaria habilitado a tanto, pois o direito fundamental à igualdade constitui cláusula pétrea, imune até mesmo a agressões advindas de emendas constitucionais (art. 60, § 4º, IV, da CF).

Capítulo II: Limitações do poder de tributar

Seção II
DAS LIMITAÇÕES DO PODER DE TRIBUTAR

1. Noção de limitações ao poder de tributar

A expressão "poder de tributar" é ambígua, possuindo dois significados particularmente relevantes.

Em sua acepção mais rigorosa, "poder de tributar" corresponde a um poder pré-constitucional, ilimitado e incondicionado. É um poder que existe independentemente da Constituição e que não está limitado por ela. Poder de tributar, nessa acepção, *não existe no Brasil*, como bem exposto por Carrazza: "No Brasil, por força de uma série de disposições constitucionais, não há falar em *poder tributário* (incontrastável, absoluto), mas, tão somente, em *competência tributária* (regrada, disciplinada pelo Direito)".[443]

De fato, as pessoas políticas não possuem poder. Possuem "pedaços, porções, fatias de poder. Isto em direito, se designa competência".[444]

Chegamos, assim, à *segunda acepção* da expressão "poder de tributar", que corresponde à competência tributária ou ao conjunto das competências tributárias. *Trata-se do poder resultante das normas atributivas de competências tributárias.*[445]

Somente nessa segunda acepção é que se pode reconhecer a existência de um "poder de tributar".

---

[443] CARRAZZA. *Curso de Direito Constitucional Tributário.* 18ª ed. p. 429. Prossegue: "Em boa técnica, não se deve dizer que as pessoas políticas têm, no Brasil, *poder tributário. Poder tributário* tinha a Assembléia Nacional Constituinte, que era soberana. Ela, realmente, tudo podia, inclusive em matéria tributária. A partir do momento, porém, em que foi promulgada a Constituição Federal, o *poder tributário* retornou ao povo (detentor da soberania). O que passou a existir, em seu lugar, foram as *competências tributárias*, que a mesma Constituição Federal repartiu entre a União, os Estados-membros, os Municípios e o Distrito Federal" (ibid., p. 429-430). No mesmo sentido: MACHADO. *Curso de direito tributário.* p. 36-37.

[444] ATALIBA. "Hermenêutica e sistema constitucional tributário", p. 16. Sobre o poder tributário, Ataliba observa: "... o próprio do poder é ser ilimitado, é fazer o que quiser; vemos, pois, que depois de constituído o Estado, depois, portanto, de sujeito à disciplina constitucional, nenhuma pessoa pública tem poder tributário, porque nenhuma pessoa pública faz o que quer, em matéria tributária" (ibid., loc. cit.).

[445] Na dicção de Pontes de Miranda, o dever de contribuir para os gastos públicos "corresponde ao poder de império", e este "é efeito da regra jurídica de competência de imposição" (*Comentários à Constituição de 1967; com a Emenda n. 1 de 1969.* p. 362).

Essas premissas encontram respaldo na jurisprudência do Supremo Tribunal Federal, que por vezes se vê obrigado a assinalar *o caráter essencialmente limitado e condiconado do poder impositivo*, como fez o Ministro Celso de Mello neste julgado:

> [...] é necessário advertir que a prática das competências impositivas por parte das entidades políticas investidas da prerrogativa de tributar não pode caracterizar-se como instrumento, que, arbitrariamente manipulado pelas pessoas estatais, venha a conduzir à destruição ou ao comprometimento da própria ordem constitucional.
>
> A necessidade de preservação da incolumidade do sistema consagrado pela Constituição Federal não se revela compatível com pretensões fiscais contestáveis do Poder Público, que, divorciando-se dos parâmetros estabelecidos pela Lei Magna, busca impor ao contribuinte um estado de submissão tributária absolutamente inconvivente com os princípios que informam e condicionam, no âmbito do Estado Democrático de Direito, a ação das instâncias governamentais.
>
> Bem por isso, tenho enfatizado a importância de que o exercício do poder tributário, pelo Estado, deve submeter-se, por inteiro, aos modelos jurídicos positivados no texto constitucional, que institui, em favor dos contribuintes, decisivas limitações à competência estatal para impor e exigir, coativamente, as diversas espécies tributárias existentes.
>
> O fundamento do poder de tributar – tal como tem sido reiteradamente enfatizado pela jurisprudência desta Suprema Corte (RTJ 167/661, 675-676) – reside, em essência, no dever jurídico de estrita fidelidade dos entes tributantes ao que imperativamente dispõe a Constituição da República.[446]

Destarte, *para evitar incompreensões, mostra-se mais adequada a expressão "competência tributária"*, haja vista externar, com clareza, o seu caráter intrinsecamente limitado.[447]

É própria das competências, e não do poder, a nota da limitação, porquanto competência só há na medida em que é outorgada. Se se vislumbra a existência de competências ilimitadas, de o que se trata, na realidade, é de poder, e não de competências.

Como bem expõe Carrió, toda competência deriva de uma regra que, ao outorgá-la, rejeita-a às demais situações, uma vez que só há competências em contraste com incompetências, sendo inconcebível falar-se de uma competência total: "La idea de una competencia sin reglas de las que derive es algo así como la de un hijo sin padres, y la idea de una competencia total es algo así como la de una relación de parentesco total".[448]

Embora a expressão "competência tributária" seja mais rigorosa cientificamente, *o fato é que a expressão "poder tributário" se consolidou.*

Contribuiu de forma decisiva para essa difusão a notável obra de Aliomar Baleeiro, intitulada "Limitações constitucionais ao poder de tributar", um verdadeiro clássico, cujo conteúdo teve tal influência que levou o constituinte de 1988 a empregar, no bojo da Lei Maior, o seu título para nomear seção destinada à previsão das mais relevantes restrições impostas à tributação.

A magistral lição de Baleeiro fez com que a expressão "limitações constitucionais ao poder de tributar" restasse enraizada a tal ponto na nossa cultura jurídico-tributária (e, como exposto, no próprio texto da Constituição de 1988) que o seu emprego se afigura inevitável.

Há, porém, de ser bem compreendida: as *limitações constitucionais ao poder de tributar* não limitam o poder de tributar propriamente dito (que é ilimitado por definição)

---

[446] STF, Pleno, ADI 4.661 MC, rel. Min. Marco Aurélio, 10.2011, excerto do voto proferido pelo Ministro Celso de Mello, cujos grifos foram suprimidos. O caso tratava da majoração do IPI por decreto, sem observância da anterioridade nonagesimal.

[447] Vale ressaltar que o sistema constitucional tributário brasileiro se caracteriza pela acentuada rigidez na conformação dos lindes das competências tributárias, o que, aliás, é necessário para a adequada configuração da estrutura federativa. A Constituição não outorga uma competência impositiva genérica e tampouco consagra um dever geral de contribuição para o custeio das despesas públicas, diversamente do que ocorre em Estados Unitários como Espanha (art. 31, § 1º, da Constituição de 1978), Itália (art. 53 da Constituição de 1947), Portugal (art. 103 da Constituição de 1976) e França (art. 34 da Constituição de 1958).

[448] CARRIÓ. *Notas sobre Derecho y Lenguaje*. p. 254.

e tampouco as competências tributárias: *delimitam-nas e estabelecem imposições ao seu exercício*.

Delimitam as competências tributárias porque as conformam, tendo em vista não haver competências pré-constitucionais e tampouco competências preexistentes às limitações.

As competências (ou o poder de tributar, como se preferir) são delimitadas pelas normas atributivas (que as estabelecem) e pelas normas de imunidade (que as rejeitam para situações ou pessoas específicas), de modo que os limites das competências são determinados pela conjugação das regras atributivas e negatórias de competências.

Em outros termos, não há limitação das competências porque inexiste competência preexistente à "limitação": o que há é, pura e simplesmente, conformação de competências.

Na delimitação das competências, o papel negativo cabe às normas de imunidade (que são concebidas como normas de incompetência tributária)[449] e tão somente a estas.

Princípios constitucionais e regras diversas das de imunidade não limitam e tampouco delimitam as competências tributárias: *estabelecem imposições relativas ao seu exercício*, não repercutindo em seu âmbito.

Não se afigura adequado afirmar, v.g., que a União carece de competência para:

i) instituir Imposto de Renda proporcional (e não progressivo), mas sim que a União tem competência para instituir o Imposto de Renda e que, no exercício dessa competência, há de respeitar o princípio da progressividade;

ii) instituir tributo a incidir antes de decorrido o prazo nonagesimal imposto pelo princípio da anterioridade do art. 150, III, *c*, senão que, no exercício da sua competência para a instituição de tributos, há de respeitar o princípio da anterioridade nonagesimal do art. 150, III, *c*.

Entendimento contrário implicaria a recondução de todas as violações das regras e princípios constitucionais tributários a violações de competências tributárias, como se todas essas normas confluíssem para determiná-las, sem se revestir de identidade normativa própria.[450]

No entanto, em geral não se estabelece uma distinção clara entre as restrições ao alcance de competências e as imposições que vinculam o legislador no exercício dessas competências, utilizando-se a expressão "limitações constitucionais ao poder de tributar" para designar ambas.

Diante desse quadro, não empregaremos tal distinção, a menos que seja necessária para fins elucidativos, de modo a não embaraçar a exposição. Empregaremos a expressão "limitações constitucionais ao poder de tributar" como gênero para designar tanto delimitações às competências tributárias quanto imposições relativas ao seu exercício, assim como faz o texto constitucional.

2. Limitações explícitas e implícitas

A Constituição brasileira é pródiga ao estabelecer limitações expressas ao poder de tributar, sendo, nesse aspecto, um texto ímpar.

---

449 CARVALHO. *Curso de Direito Tributário*. p. 181.

450 Cfr. A. VELLOSO. *Conceitos e competências tributárias*, p. 165-166.

Além dessas limitações expressas, existem diversas limitações implícitas,[451] que não encontram assento direto nos dispositivos constitucionais, mas indireto, sendo, sempre, deduzidas do texto jurídico-constitucional.

O *postulado da proporcionalidade*, por exemplo, é uma relevante limitação implícita ao poder de tributar. Não figura no texto da Constituição, mas se deduz facilmente de seu contexto.

Em notável decisão, o Ministro Celso de Mello indicou como seu fundamento a cláusula do devido processo legal do art. 5º, LIV:

> O Estado não pode legislar abusivamente, eis que todas as normas emanadas do Poder Público – tratando-se, ou não, de matéria tributária – devem ajustar-se à cláusula que consagra, em sua dimensão material, o princípio do *substantive due process of law* (CF, art. 5º, LIV). O postulado da proporcionalidade qualifica-se como parâmetro de aferição da própria constitucionalidade material dos atos estatais.[452]

Embora a seção em foco preveja algumas das mais relevantes limitações ao poder de tributar, não consagra todas. Há importantes limitações estabelecidas fora da seção atinente às "Limitações do Poder de Tributar" e, inclusive, expressivas limitações à atividade impositiva que não lhe são exclusivas, permeando todo o sistema jurídico-constitucional (como ocorre com o postulado da proporcionalidade).

A própria Constituição da República indica esse fato, ao iniciar a redação do *caput* do artigo inaugural da seção em comento com a ressalva de que as vedações que estabelece são previstas "sem prejuízo de outras garantias asseguradas ao contribuinte".

3. Princípio da segurança jurídico-tributária

O *princípio da segurança jurídica* constitui um dos elementos centrais da ideia de justiça, consagrado como um direito natural e imprescritível já na Declaração dos Direitos do Homem e do Cidadão de 1789 (art. 2º).[453] Representa, outrossim, uma das mais expressivas limitações ao poder de tributar.

Deriva da *garantia do direito fundamental à segurança* (art. 5º, *caput*, da Constituição Federal), interpretada extensivamente, e *da cláusula do Estado de Direito* (art. 1º, *caput,* da CF), porquanto lhe é basilar desde a sua origem.

Também encontra supedâneo em *projeções constitucionais específicas*, como a garantia do direito adquirido, do ato jurídico perfeito e da coisa julgada (art. 5º, XXXVI, da CF).

Essa é a orientação perfilhada pelo Supremo Tribunal Federal, que reconhece o princípio da segurança jurídica como um princípio constitucional implícito, de caráter fundamental:

---

[451] Como assinala o Ministro Celso de Mello: "O exercício do poder tributário, pelo Estado, submete-se, por inteiro, aos modelos jurídicos positivados no texto constitucional que, de modo explicito ou implícito, institui em favor dos contribuintes decisivas limitações à competência estatal para impor e exigir, coativamente, as diversas espécies tributárias existentes. Os princípios constitucionais tributários, assim, sobre representarem importante conquista político-jurídica dos contribuintes, constituem expressão fundamental dos direitos individuais outorgados aos particulares pelo ordenamento estatal" (STF, Pleno, ADI 712 MC, rel. Min. Celso de Mello, 10.1992, excerto da ementa). O precedente tratava da oponibilidade do princípio da irretroatividade tributária ao próprio ente que editou a lei retroativa. Sobre o tema, conferir os comentários art. 150, III, *a*, da CF.

[452] STF, 2ª Turma, RE 200.844 AgR, rel. Min. Celso de Mello, 6.2002, excerto da ementa. A despeito das ponderações transcritas, não se vislumbrou vício algum na regulação impugnada.

[453] Este é o texto da declaração francesa, vertido ao português: "Art. 2º. A finalidade de toda associação política é a conservação dos direitos naturais e imprescritíveis do homem. Esses direitos são a liberdade, a propriedade, a segurança e a resistência à opressão". Por óbvio, os revolucionários franceses não pensavam na segurança jurídica nos moldes de hoje; porém, ao consagrarem o direito à segurança como um dos direitos naturais do homem, deram um importantíssimo passo rumo ao reconhecimento e ao desenvolvimento do princípio da segurança jurídica.

> O princípio da segurança jurídica decorre implicitamente não só da sua concretização em direitos e garantias individuais expressamente contemplados no art. 5º da Constituição, como, entre vários outros, os incisos XXXV e XXXVI, mas também de outros dispositivos constitucionais e diretamente do sobreprincípio do Estado de Direito, estampado no art. 1º da Constituição, do qual se extraem, independentemente de norma expressa, garantias como a proteção da liberdade e contra a arbitrariedade, bem como de acesso ao Judiciário.[454]

À luz da teoria das normas, o princípio da segurança jurídica pode ser qualificado como um *sobreprincípio*, pois *diversos outros princípios constituem manifestações específicas suas* – e, com frequência, também de outros princípios constitucionais.[455] É o que ocorre com os princípios da certeza jurídica, da irretroatividade, da proteção da confiança etc.

Princípios/exigências que derivam do sobreprincípio da segurança jurídica	
Irretroatividade:	segurança quanto à aplicação do Direito então vigente
Anterioridade:	possibilidade de planejamento quanto ao futuro próximo
Certeza jurídica:	estabilidade, clareza e determinação semântica
Não surpresa:	segurança quanto ao futuro iminente
Proteção da confiança:	segurança quanto à tutela de expectativas legítimas
Preeminência legislativa:	segurança quanto ao respeito à lei

Projetando-se *na seara tributária*, constitui o princípio da segurança jurídico-tributária, voltado à garantia de todos os obrigados tributários (contribuintes, responsáveis, substitutos etc.).

A sua importância é extrema, dado que, como adverte Sainz de Bujanda, a falta de segurança a respeito das obrigações tributárias caracteriza "una de las quiebras más graves del edificio político y del imperio del Derecho".[456]

A segurança jurídico-tributária é concebida como a segurança obtida através do Direito Tributário.[457]

Não obstante a mera existência de uma ordem jurídico-tributária promova a segurança jurídica, o princípio correlato exige muito mais: demanda que tal ordem outorgue aos cidadãos certeza acerca das consequências jurídicas dos seus atos e daqueles que os afetam juridicamente.

Em virtude de a certeza ser uma condição básica para a concretização do princípio da segurança jurídica,[458] deste deriva o *subprincípio da certeza jurídica*.

Aspectos fundamentais da certeza jurídica são a estabilidade, a clareza e a determinação semântica do Direito, que infelizmente são desconsideradas em muitos países que se autodenominam Estados de Direito. A legislação tributária costuma ser caótica e

---

[454] STF, Pleno, RE 566.621, rel. Min. Ellen Gracie, 8.2011, excerto do voto da relatora. Sobre o julgado, conferir a seção pertinente à retroatividade das leis tributárias interpretativas.

[455] As noções de "sobreprincípio" e "subprincípio" não são estáticas, mas relacionais. Frente a princípios constitucionais específicos, a segurança jurídica atua como um verdadeiro sobreprincípio. Porém, frente ao sobreprincípio do Estado de Direito, o princípio da segurança jurídica qualifica-se como um subprincípio. Quanto à relação frente ao sobreprincípio do Estado de Direito, cfr. STF, Pet. 2.900, rel. Min. Gilmar Mendes, 4.2003; TIPKE. *Die Steuerrechtsordnung*, 2ª ed., v. 1, p. 137 e 147; TIPKE; LANG, *Steuerrecht. Ein systematischer Grundriß*, 12ª ed., p. 58; ÁVILA. *Sistema constitucional tributário*, p. 295.

[456] SAINZ DE BUJANDA. *Hacienda y derecho*, v. 3, p. 312.

[457] Cfr. GARCÍA NOVOA. *El principio de seguridad jurídica en materia tributaria*, p. 23.

[458] Vide PÉRES DE AYALA. GONZÁLEZ GARCIA. *Curso de Derecho Tributario*, v. I, p. 31.

efêmera; as leis apresentam contradições e omissões, além de veicularem cláusulas abertas e conceitos jurídicos altamente indeterminados.

Essa legislação caótica, efêmera, aberta e assistemática dificulta o conhecimento do direito vigente e impossibilita o desenvolvimento de uma ampla e profunda análise dogmática do direito tributário positivo, gerando incerteza sobre o conteúdo das obrigações tributárias e prejudicando seriamente os contribuintes que não desejam ter pendências com o Fisco.

Disposições legislativas que suscitam fundadas dúvidas sobre a sua aplicação, por exemplo, criam situações de expressiva incerteza jurídica e, por consequência, são constitucionalmente ilegítimas, por violarem o princípio da segurança jurídica.[459]

Além da estabilidade, da clareza e da determinação semântica das leis tributárias, a segurança jurídica demanda a *estabilidade das situações e relações jurídico-tributárias, bem como dos seus efeitos*. Exige o respeito ao direito adquirido, ao ato jurídico perfeito e à coisa julgada. Como preleciona Larenz, à observância da segurança jurídica é necessária a "certeza de que se pode contar com regras de direito, com sua igual aplicação e, em determinadas hipóteses criadas ou qualificadas pelo Direito [...] com os direitos adquiridos e sua proteção pelos tribunais".[460]

Esse esquema elucida as exigências fundamentais que decorrem do subprincípio da certeza jurídica:

Exigências do subprincípio da certeza jurídica	
Estabilidade jurídica	Das normas: - legais: continuidade do direito vigente - jurisprudenciais: continuidade da jurisprudência
	Das relações jurídicas constituídas: estabilidade das posições jurídicas formadas *regularmente* no passado (coisa julgada, ato jurídico perfeito e direito adquirido)
	Das situações jurídicas: estabilidade de situações jurídicas *irregulares*, pela preclusão temporal (decadência e prescrição) ou pela proteção da confiança
Clareza e determinação semântica	Do sistema jurídico
	Do texto dos preceitos jurídicos (tipicidade fechada)

Em profundo estudo sobre o tema, Sainz de Bujanda arrolou *inúmeras causas de insegurança jurídica*, que servem para ilustrar certas exigências decorrentes do princípio correlato.[461] O renomado tributarista espanhol dividiu tais causas em duas grandes categorias, a saber:

i) *causas que derivam da própria estrutura do ordenamento jurídico* (de caráter estático); e

[459] Como já decidiu o Tribunal Constitucional espanhol: "el legislador debe perseguir la claridad y no la confusión normativa, debe procurar que acerca de la materia sobre la que se legisle sepan los operadores jurídicos y los ciudadanos a qué atenerse, y debe huir de provocar situaciones objetivamente confusas como la que sin duda se genera en este caso dado el complicadísimo juego de remisiones entre normas que aquí se ha producido. Hay que promover y buscar la certeza respecto a qué es Derecho y no, como en el caso ocurre, provocar juegos y relaciones entre normas como consecuencia de las cuales se introducen perplejidades difícilmente salvables respecto a la previsibilidad de cuál sea el Derecho aplicable, cuáles las consecuencias derivadas de las normas vigentes incluso cuáles sean éstas. La vulneración de la seguridad jurídica es patente y debe ser declarada la inconstitucionalidad también por este motivo" (STC 46/1990). Cfr. também a STC 76/92.

[460] LARENZ, *Derecho justo. Fundamentos de etica jurídica,* p. 45.

[461] SAINZ DE BUJANDA. *Hacienda y derecho*, v. 3, p. 294 e*t seq*.

ii) *causas que representam manifestações de arbitrariedade* (de caráter dinâmico).

As causas que integram a primeira categoria são as seguintes:

a) indeterminação de vigências;

b) confusão de cláusulas derrogatórias;

c) ausência da consolidação de textos legislativos;

d) indeterminação dos pressupostos fáticos de aplicação das normas;

e) imprecisão sobre o caráter impositivo ou dispositivo das normas;

f) outorga de limites excessivamente amplos à atuação discricionária dos órgãos administrativos;

g) cerceamento de recursos ou de remédios jurídicos contra a arbitrariedade.

Já as manifestações de arbitrariedade podem verificar-se tanto por ações quanto por omissões antijurídicas, nas esferas normativa e aplicativa. Delas, destacamos as ações e omissões contrárias à Constituição ou às leis e a omissão na elaboração de textos normativos consolidados, que implicam, sem dúvida alguma, violações à segurança dos cidadãos relativamente às suas obrigações jurídico-tributárias.

Tais causas, evidentemente, não esgotam o universo das possíveis lesões ao princípio da segurança jurídica, mas explicitam com nitidez diversas situações que devem ser combatidas para a sua efetiva promoção e, portanto, esclarecem o seu conteúdo normativo.

Por fim, cabe assinalar que, além de ser um valor em si, a segurança jurídica é uma *condição da liberdade*. É um meio necessário para a sua garantia.[462] *Sem saber quais são as consequências jurídicas dos seus atos, os cidadãos jamais serão plenamente livres*, jamais terão liberdade para autodeterminar-se, haja vista que o temor da imputação de consequências jurídicas imprevistas atua como um forte limitador da liberdade.

- **Questões específicas**

Retroatividade de lei interpretativa contrária à jurisprudência. Inconstitucionalidade por violação da segurança jurídica: DIREITO TRIBUTÁRIO – LEI INTERPRETATIVA – APLICAÇÃO RETROATIVA DA LEI COMPLEMENTAR Nº 118/2005 – DESCABIMENTO – VIOLAÇÃO À SEGURANÇA JURÍDICA – NECESSIDADE DE OBSERVÂNCIA DA VACACIO LEGIS – APLICAÇÃO DO PRAZO REDUZIDO PARA REPETIÇÃO OU COMPENSAÇÃO DE INDÉBITOS AOS PROCESSOS AJUIZADOS A PARTIR DE 9 DE JUNHO DE 2005. Quando do advento da LC 118/05, estava consolidada a orientação da Primeira Seção do STJ no sentido de que, para os tributos sujeitos a lançamento por homologação, o prazo para repetição ou compensação de indébito era de 10 anos contados do seu fato gerador, tendo em conta a aplicação combinada dos arts. 150, § 4º, 156, VII, e 168, I, do CTN. A LC 118/05, embora tenha se auto-proclamado interpretativa, implicou inovação normativa, tendo reduzido o prazo de 10 anos contados do fato gerador para 5 anos contados do pagamento indevido. Lei supostamente interpretativa que, em verdade, inova no mundo jurídico deve ser considerada como lei nova. Inocorrência de violação à autonomia e independência dos Poderes, porquanto a lei expressamente interpretativa também se submete, como qualquer outra, ao controle judicial quanto à sua natureza, validade e aplicação. A aplicação retroativa de novo e reduzido prazo para a repetição ou compensação de indébito tributário estipulado por lei nova, fulminando, de imediato, pretensões deduzidas tempestivamente à luz do prazo então aplicável, bem como a aplicação imediata às pretensões pendentes de ajuizamento quando da publicação da lei, sem resguardo de nenhuma regra de transição, implicam ofensa ao princípio da segurança jurídica em seus conteúdos de proteção da confiança e de garantia do acesso à Justiça. Afastando-se as aplicações inconstitucionais e resguardando-se, no mais, a eficácia da norma, permite-se a aplicação do prazo reduzido relativamente às ações ajuizadas após a vacatio legis, conforme entendimento consolidado por esta Corte no enunciado 445 da Súmula do Tribunal. O prazo de vacatio legis de 120 dias permitiu aos contribuintes não apenas que tomassem ciência do novo prazo, mas também que ajuizassem as ações necessárias à tutela dos seus direitos. Inaplicabilidade do art. 2.028 do Código Civil, pois, não havendo lacuna na LC 118/08, que pretendeu a aplicação do novo prazo na maior extensão possível, descabida sua aplicação por analogia. Além disso, não se trata de lei geral, tampouco impede iniciativa legislativa em contrário. Reconhecida a inconstitucionalidade art. 4º, segunda parte,

[462] MAIHOFER. *Rechtsstaat und menschliche Würde*, p. 119.

da LC 118/05, considerando-se válida a aplicação do novo prazo de 5 anos tão-somente às ações ajuizadas após o decurso da vacatio legis de 120 dias, ou seja, a partir de 9 de junho de 2005. Aplicação do art. 543-B, § 3º, do CPC aos recursos sobrestados. Recurso extraordinário desprovido. (STF, Pleno, **RE 566.621**, rel. Min. Ellen Gracie, 8.2011)

Sobre a questão, vide o tópico atinente à retroatividade das leis interpretativas, nos comentários ao art. 150, III, *a*.

4. Postulado da proporcionalidade

O postulado da proporcionalidade constitui uma norma jurídica implícita de qualquer sistema jurídico contemporâneo.[463]

Resulta tanto *do princípio do Estado de Direito* e da própria essência dos direitos fundamentais, conforme reconhece o BVerfG,[464] quanto do caráter dos princípios como mandados de otimização, na linha do que defende Alexy.[465]

Tal postulado se destina a solucionar conflitos estabelecidos entre princípios jurídicos. Sob uma ótica metodológica, qualifica-se como uma *metanorma*, norma de segundo grau que serve para solucionar conflitos normativos.[466]

4.1. Máximas parciais: adequação, necessidade e proporcionalidade *stricto sensu*

Três regras específicas unem-se para formar o mandado de proporcionalidade: as regras da adequação (*Geeignetheit*), necessidade (*Erforderlichkeit*) e proporcionalidade *stricto sensu* (*Verhältnismäßigkeits im engeren Sinne*).[467]

A *regra da adequação* exige que a medida restritiva seja *empiricamente apta* a alcançar o fim almejado. Na seara tributária, obstaculiza a flagrante injustiça que decorreria da restrição injustificada de direitos fundamentais dos contribuintes, por medidas que sequer se prestam para alcançar os seus objetivos.

Após se superar o exame de adequação, torna-se imperativo averiguar se a medida restritiva é efetivamente iniludível, mediante a aplicação da *regra da necessidade*. Esta regra, também denominada "mandado do meio mais ameno" (*Gebot des mildesten Mittels*),[468] impõe a eleição da *medida menos restritiva aos direitos fundamentais*, sempre que ela seja tão ou mais eficaz na promoção do fim que a acolhida pelo legislador.[469]

Vencido o exame de necessidade, mister averiguar a *proporcionalidade stricto sensu* da medida tributária, com o escopo de estabelecer relações de prevalência *in concreto*, condicionadas a situações específicas. Relações que devem resultar da *ponderação dos princípios em conflito*, imposta pela regra da proporcionalidade *stricto sensu* – o qual constitui um "mandado de ponderação" (*Abwägungsgebot*).[470]

---

[463] Vide JÄCKEL, *Grundrechtsgeltung und Grundrechtssicherung*, p. 73.

[464] BVerfGE 19, 342 [348 ss.]; 43, 242 [288], *apud* HIRSCHBERG, *Der Grundsatz der Verhältnismässigkeit*, p. 1.

[465] ALEXY, *Theorie der Grundrechte*, pp. 100-104.

[466] Vide YI, *Das Gebot der Verhältnismäßigkeit in der grundrechtlichen Argumentation*, pp. 106-107, para quem o mandado de proporcionalidade é uma *metanorma* com respeito às regras e aos princípios. Não é um princípio e tampouco uma regra, mas tem *caráter* de regra. Nesse sentido, Alexy já afirmava que o mandado de proporcionalidade e os seus mandados parciais não são princípios, pois não podem ser ponderados e a sua inobservância sempre tem por efeito a inconstitucionalidade. As três máximas parciais, portanto, dever-se-iam qualificar como regras (ob. cit., p. 100, n. 84).

[467] Vide, por todos, ALEXY. *Theorie der Grundrechte*, p. 100 ss.

[468] Cfr. ALEXY. *Theorie der Grundrechte*, p. 100.

[469] Cfr. JACOBS. "Der Grundsatz der Verhältnismäßigkeit", p. 99.

[470] Vide ALEXY. *Theorie der Grundrechte*, p. 100.

O controle de proporcionalidade, consubstanciado por esses três controles parciais, é imprescindível para afastar iniquidades decorrentes da restrição desnecessária ou desproporcional de direitos fundamentais.

4.2. Controle de proporcionalidade das "sanções políticas" pelo STF

No Direito Tributário, o Supremo Tribunal Federal realiza o controle formal de proporcionalidade sobretudo na seara das "*sanções políticas*", que são instrumentos de coerção indireta utilizados para a cobrança de tributos.

Tais sanções *são rechaçadas por três súmulas* da Corte:

> Súmula 70: "É inadmissível a interdição de estabelecimento como meio coercitivo para cobrança de tributo"
>
> Súmula 323: "É inadmissível a apreensão de mercadorias como meio coercitivo para pagamento de tributos"
>
> Súmula 547: "Não é lícito à autoridade proibir que o contribuinte em débito adquira estampilhas, despache mercadorias nas alfândegas e exerça suas atividades profissionais"

A jurisprudência cristalizada por essas súmulas visa a tutelar as liberdades fundamentais, mediante o emprego do postulado de proporcionalidade. Não se aplica a todas as restrições de natureza tributária, mas apenas àquelas que se afigurem desproporcionais e desarrazoadas.

Este precedente, de relatoria do Ministro Joaquim Barbosa, é elucidativo, ao justificar a exigência de regularidade fiscal como pressuposto à contratação com o Poder Público, que era prevista no art. 1º, II, da Lei 7.713/88 e atualmente consta nos arts. 27, IV, e 29, III, da Lei 8.666/93:

> [...] 3. Esta Corte tem historicamente confirmado e garantido a proibição constitucional às sanções políticas, invocando, para tanto, o direito ao exercício de atividades econômicas e profissionais lícitas (art. 170, par. ún., da Constituição), a violação do devido processo legal substantivo (falta de proporcionalidade e razoabilidade de medidas gravosas que se predispõem a substituir os mecanismos de cobrança de créditos tributários) e a violação do devido processo legal manifestado no direito de acesso aos órgãos do Executivo ou do Judiciário tanto para controle da validade dos créditos tributários, cuja inadimplência pretensamente justifica a nefasta penalidade, quanto para controle do próprio ato que culmina na restrição. É inequívoco, contudo, que a orientação firmada pelo Supremo Tribunal Federal não serve de escusa ao deliberado e temerário desrespeito à legislação tributária. Não há que se falar em sanção política se as restrições à prática de atividade econômica objetivam combater estruturas empresariais que têm na inadimplência tributária sistemática e consciente sua maior vantagem concorrencial. Para ser tida como inconstitucional, a restrição ao exercício de atividade econômica deve ser desproporcional e não-razoável. [...][471]

Nesse caso, o postulado da proporcionalidade permitiu ao STF chancelar uma restrição à atividade econômica em razão de débitos tributários, desqualificando-a como uma "sanção política" sem contrariar a jurisprudência cristalizada nas Súmulas 70, 323 e 547.

Em outro importante julgamento, a Corte reconheceu a legitimidade de uma autêntica sanção política. Assentado nos fundamentos supraexpostos, o STF ratificou o cancelamento do registro especial exigido para a fabricação de cigarros, haja vista o comportamento ofensivo à livre concorrência que era adotado pela empresa:

> [...] Carece de razoabilidade jurídica, para efeito de emprestar efeito suspensivo a recurso extraordinário, a pretensão de indústria de cigarros que, deixando sistemática e isoladamente de recolher o Imposto sobre Produtos Industrializados, com conseqüente redução do preço de venda da mercadoria e ofensa à livre concorrência, viu cancelado o registro especial e interditados os estabelecimentos.[472]

Esses exemplos evidenciam a finalidade prática da proporcionalidade: propiciar a construção racional de relações de prevalência *in concreto* entre princípios de idêntico *status* normativo. Desse modo, os conflitos entre princípios são resolvidos na sua aplica-

---

[471] STF, Pleno, *ADI 173*, rel. Min. Joaquim Barbosa, 9.2008, excerto da ementa.

[472] STF, Pleno, *AC 1.657 MC*, rel. p/ ac. Min. Cezar Peluso, 6.2007, trecho da ementa.

ção aos casos práticos, sem que se tenha de repelir a vigência de qualquer um deles. Um dos princípios prevalece, e o outro cede numa situação específica, sem que o princípio preterido deixe de vigorar em abstrato.

Tal operação pode ser facilmente identificada na AC 1.657 MC. Verificou-se um conflito entre, de um lado, a liberdade de iniciativa da empresa sonegadora e, de outro, a finalidade fiscal (arrecadatória) e duas finalidades extrafiscais de extrema importância, a defesa da livre concorrência e a tutela da saúde pública. Daí a conclusão do Min. Cezar Peluso: "parece-me de todo compatível com o ordenamento limitar a liberdade de iniciativa a bem de outras finalidades jurídicas tão ou mais relevantes, como a defesa da livre concorrência e o exercício da vigilância estatal sobre setor particularmente crítico para a saúde pública". Prevaleceram estas finalidades, sem que o Tribunal tivesse de negar vigência à garantia fundamental da liberdade de iniciativa.

De todo o exposto, conclui-se que as sanções políticas são repudiadas pelo Supremo Tribunal Federal, mas não em abstrato, senão caso a caso, em vista das exigências do postulado da proporcionalidade e das peculiaridades do caso concreto.

- **Precedentes citados**

Sanções políticas. Controle de proporcionalidade: CONSTITUCIONAL. DIREITO FUNDAMENTAL DE ACESSO AO JUDICIÁRIO. DIREITO DE PETIÇÃO. TRIBUTÁRIO E POLÍTICA FISCAL. REGULARIDADE FISCAL. NORMAS QUE CONDICIONAM A PRÁTICA DE ATOS DA VIDA CIVIL E EMPRESARIAL À QUITAÇÃO DE CRÉDITOS TRIBUTÁRIOS. CARACTERIZAÇÃO ESPECÍFICA COMO SANÇÃO POLÍTICA. AÇÃO CONHECIDA QUANTO À LEI FEDERAL 7.711/1988, ART. 1º, I, III E IV, § 1º A 3º, E ART. 2º. 1. Ações diretas de inconstitucionalidade ajuizadas contra os arts. 1º, I, II, III e IV, § 1º a 3º e 2º da Lei 7.711/1988, que vinculam a transferência de domicílio para o exterior (art. 1º, I), registro ou arquivamento de contrato social, alteração contratual e distrato social perante o registro público competente, exceto quando praticado por microempresa (art. 1º, III), registro de contrato ou outros documentos em Cartórios de Registro de Títulos e Documentos (art. 1º, IV, a), registro em Cartório de Registro de Imóveis (art. 1º, IV, b) e operação de empréstimo e de financiamento junto a instituição financeira, exceto quando destinada a saldar dívidas para com as Fazendas Nacional, Estaduais ou Municipais (art. 1º, IV, c) – estas três últimas nas hipóteses de o valor da operação ser igual ou superior a cinco mil Obrigações do Tesouro Nacional – à quitação de créditos tributários exigíveis, que tenham por objeto tributos e penalidades pecuniárias, bem como contribuições federais e outras imposições pecuniárias compulsórias. 2. Alegada violação do direito fundamental ao livre acesso ao Poder Judiciário (art. 5º, XXXV da Constituição), na medida em que as normas impedem o contribuinte de ir a juízo discutir a validade do crédito tributário. Caracterização de sanções políticas, isto é, de normas enviesadas a constranger o contribuinte, por vias oblíquas, ao recolhimento do crédito tributário. 3. Esta Corte tem historicamente confirmado e garantido a proibição constitucional às sanções políticas, invocando, para tanto, o direito ao exercício de atividades econômicas e profissionais lícitas (art. 170, par. ún., da Constituição), a violação do devido processo legal substantivo (falta de proporcionalidade e razoabilidade de medidas gravosas que se predispõem a substituir os mecanismos de cobrança de créditos tributários) e a violação do devido processo legal manifestado no direito de acesso aos órgãos do Executivo ou do Judiciário tanto para controle da validade dos créditos tributários, cuja inadimplência pretensamente justifica a nefasta penalidade, quanto para controle do próprio ato que culmina na restrição. É inequívoco, contudo, que a orientação firmada pelo Supremo Tribunal Federal não serve de escusa ao deliberado e temerário desrespeito à legislação tributária. Não há que se falar em sanção política se as restrições à prática de atividade econômica objetivam combater estruturas empresariais que têm na inadimplência tributária sistemática e consciente sua maior vantagem concorrencial. Para ser tida como inconstitucional, a restrição ao exercício de atividade econômica deve ser desproporcional e não-razoável. 4. Os incisos I, III e IV do art. 1º violam o art. 5º, XXXV da Constituição, na medida em que ignoram sumariamente o direito do contribuinte de rever em âmbito judicial ou administrativo a validade de créditos tributários. Violam, também o art. 170, par. ún. da Constituição, que garante o exercício de atividades profissionais ou econômicas lícitas. Declaração de inconstitucionalidade do art. 1º, I, III e IV da Lei 7.711/'988. Declaração de inconstitucionalidade, por arrastamento dos parágrafos 1º a 3º e do art. 2º do mesmo texto legal. [...] (STF, Pleno, **ADI 173**, rel. Min. Joaquim Barbosa, 9.2008)

Sanções políticas. Sonegação sistemática e danosa à livre concorrência. Cancelamento do registro da empresa. Legitimidade: RECURSO. Extraordinário. Efeito suspensivo. Inadmissibilidade. Estabelecimento industrial. Interdição pela Secretaria da Receita Federal. Fabricação de cigarros. Cancelamento do registro especial para produção. Legalidade aparente. Inadimplemento sistemático e isolado da obrigação de pagar Imposto sobre Produtos Industrializados – IPI. Comportamento ofensivo à livre concorrência. Singularidade do mercado e do caso. Liminar indeferida em ação cautelar. Inexistência de razoabilidade jurídica da pretensão. Votos vencidos. Carece de razoabilidade jurídica, para efeito de emprestar efeito suspensivo a recurso extraordinário, a pretensão de indústria de cigarros que, deixando sistemática e isoladamente de recolher o Imposto sobre Produtos Industrializados, com conseqüente redução do preço de venda da mercadoria e ofensa à livre concorrência, viu cancelado o registro especial e interditados os estabelecimentos. (STF, Pleno, **AC 1.657 MC**, rel. p/ ac. Min. Cezar Peluso, 6.2007)

• Questões específicas

Sanções políticas. Proibição de impressão em bloco de notas fiscais para empresa com débitos fiscais. Inconstitucionalidade: DÉBITO FISCAL – IMPRESSÃO DE NOTAS FISCAIS – PROIBIÇÃO – INSUBSISTÊNCIA. Surge conflitante com a Carta da República legislação estadual que proíbe a impressão de notas fiscais em bloco, subordinando o contribuinte, quando este se encontra em débito para com o fisco, ao requerimento de expedição, negócio a negócio, de nota fiscal avulsa. (STF, Pleno, **RE 413.782**, rel. Min. Marco Aurélio, 3.2005)

O controle de proporcionalidade, mediante o exame da necessidade da medida adotada, resta evidente nesta passagem do voto do relator: "Recorra a Fazenda aos meios adequados à liquidação dos débitos que os contribuintes tenham, abandonando a prática de fazer justiça pelas próprias mãos, como acaba de ocorrer, levando a empresa ao caos, quando inviabilizada a confecção de blocos de notas fiscais".

Art. 150. Sem prejuízo de outras garantias asseguradas ao contribuinte, é vedado à União, aos Estados, ao Distrito Federal e aos Municípios:
I – exigir ou aumentar tributo sem lei que o estabeleça;

Art. 150, I: Princípio da estrita legalidade tributária

1. Papel da legalidade tributária nos Estados de Direito

O princípio da legalidade é basilar aos Estados de Direito, constituindo um de seus pilares fundamentais. A sua abrangência é amplíssima, abarcando toda a atividade jurídica estatal.

Na seara da tributação, encontra especificação no *princípio da legalidade tributária*, que se situa nas raízes e no âmago do Direito Tributário, como exposto pelo Ministro Celso de Mello nesta primorosa passagem:

> A essência do direito tributário – respeitados os postulados fixados pela própria Constituição – reside na integral submissão do poder estatal à *rule of law*. A lei, enquanto manifestação estatal estritamente ajustada aos postulados subordinantes do texto consubstanciado na Carta da República, qualifica-se como decisivo instrumento de garantia constitucional dos contribuintes contra eventuais excessos do Poder Executivo em matéria tributária.[473]

O princípio da legalidade tributária *remonta à Magna Carta*, promulgada em 1215 pelo Rei João da Inglaterra, apelidado "João Sem Terra" (*John "Lackland"*).[474] Durante a Guerra da Independência dos EUA, ecoou nos discursos dos colonos americanos contra as pesadas exigências da Coroa Britânica, mediante o brado "*No taxation without representation!*". E nos dias de hoje, com a consolidação do *rule of law*, é amplamente reconhecido nas democracias constitucionais.

---

[473] STF, Pleno, *ADI 1.296 MC*, rel. Min. Celso de Mello, 6.1995, excerto da ementa.

[474] A Magna Carta instituiu expressiva limitação ao poder impositivo do Rei, ao proibir a cobrança de tributos "sem o consentimento do conselho geral do reino (*commune consilium regni nostri*)". Podem ser identificadas origens mais remotas do princípio da legalidade tributária, como recorda Luís Eduardo Schoueri (*Direito Tributário*, p. 269-70), mas a Magna Carta é, sem dúvida alguma, o documento mais importante no processo de reconhecimento e afirmação do princípio. Eis o texto integral do dispositivo da Magna Carta, redigido em latim: "Nullum scutagium vel auxilium ponatur in regno nostro, nisi per commune consilium regni nostri, nisi ad corpus nostrum redimendum, et primogenitum filium nostrum militem faciendum, et ad filiam nostram primogenitam semel maritandam, et ad hec non fiat nisi racionabile auxilium; simili modo fiat de auxiliis de civitate Londoniarum" (*apud* HOLT, James Clarke. *Magna Carta.* Cambridge University Press, 1992, p. 454). *Scutagium* era o tributo cobrado para financiar o exército real. *Auxilium* era a contribuição dos vassalos ao seu suserano.

A adoção do princípio da legalidade tributária revolucionou a dimensão jurídica da atividade impositiva, através da *efetiva sujeição do Fisco a normas jurídicas preestabelecidas*.

Isso modificou substancialmente a relação da Administração Tributária com os cidadãos, *transformando-a de uma relação de poder numa relação estritamente jurídica*. Nas palavras de Malvárez Pascual:

> Ello ha permitido que la relación de la Administración y los contribuyentes pase de una mera relación de poder, es decir, no sujeta a normas jurídicas – al menos de forma sistemática –, a una relación regida por el Derecho.[475]

Na relação jurídico-tributária, *não há soberanos e súditos*. Há iguais, com idêntico dever de observância dos ditames da Constituição da República e das leis que nela encontram fundamento.

2. Fundamento constitucional do princípio da legalidade tributária

Não seria necessária previsão expressa para que o princípio da legalidade tivesse inquestionável guarida em nosso sistema jurídico-constitucional. Para tanto, bastaria a referência do *caput* do art. 1º no sentido de que a República Federativa do Brasil "constitui-se em Estado Democrático de Direito".

O constituinte, porém, optou por reforçar a consagração do princípio da legalidade, prevendo-o expressa e especificamente num dos primeiros incisos do relevante rol do art. 5º, logo após o princípio da igualdade: "ninguém será obrigado a fazer ou deixar de fazer alguma coisa senão em virtude de lei" (art. 5º, II).

O alcance desse princípio é amplíssimo, permeando todas as relações jurídicas estabelecidas entre o Poder Público e os particulares. Alcança, portanto, as relações jurídicas estabelecidas entre o Fisco e os cidadãos-contribuintes, impedindo que a Administração Tributária os obrigue a pagar tributos ou cumprir deveres acessórios sem base em lei.

Mas, *consciente dos frequentes excessos do Poder Público nas suas relações com os cidadãos-contribuintes, o constituinte optou por enfatizar o reconhecimento do princípio da legalidade na seara tributária*, ao dispor, logo no início do rol das limitações ao poder de tributar, que é vedado aos entes políticos "exigir ou aumentar tributo sem lei que o estabeleça".

Eis a redação do art. 150, I, da CF:

> Seção II
>
> DAS LIMITAÇÕES DO PODER DE TRIBUTAR
>
> Art. 150. Sem prejuízo de outras garantias asseguradas ao contribuinte, é vedado à União, aos Estados, ao Distrito Federal e aos Municípios:
>
> I – exigir ou aumentar tributo sem lei que o estabeleça;

Ao consagrar o princípio da legalidade tributária, o constituinte, cauteloso, já iniciou a sua concretização, indicando expressamente que *se exige lei não apenas para instituir tributos, mas também para majorá-los, por qualquer meio*.

Assim como o princípio da legalidade é um direito fundamental dos cidadãos, o da legalidade tributária constitui, sem dúvida alguma, um direito fundamental dos contribuintes, *imune à ação do poder constituinte derivado* (art. 60, § 4º, IV, da CF).

O caráter de direito fundamental do princípio da legalidade tributária era explícito no texto da Constituição decaída, pois este compunha o capítulo intitulado "Dos Direitos

---

[475] MALVÁREZ PASCUAL. "La función tributaria en el marco del Estado Social y democrático de Derecho", p. 378.

e Garantias Individuais" (art. 153, § 29),[476] mas se manteve íntegro no texto da Lei Maior vigente, que, para sistematizar a matéria, inseriu-o no bojo da seção que, de forma inovadora, dedicou às "limitações do poder de tributar".

Devidamente assinalados os fundamentos e a relevância do princípio da legalidade no sistema constitucional tributário, impende analisar com atenção o seu alcance e as suas exigências.

3. Facetas da legalidade tributária

O princípio da legalidade *possui duas facetas próprias*, expressas pelos postulados da reserva de lei e da legalidade administrativa.[477]

Reserva de lei: aplicando-se à *produção da legislação tributária*, o princípio da legalidade demanda que *os tributos sejam instituídos, modificados e extintos por lei*.[478] Obsta, por consequência, a criação e a modificação de normas impositivas por atos normativos infralegais. Por isso, recebe a denominação de princípio da reserva de lei, que expressa com nitidez a limitação imposta ao poder normativo estatal, consistente na exigência de que determinado âmbito da realidade social seja regulado por lei.

Legalidade administrativa: na esfera da *aplicação das leis* pela Administração Tributária, o princípio da legalidade exige-lhe que regulamente, fiscalize, lance e cobre os tributos com *estrita observância das disposições legislativas*, razão pela qual é denominado de princípio da legalidade administrativa ou da preeminência legislativa. Impede, portanto, que o Fisco, ao regulamentar os tributos e os benefícios tributários, desconsidere ou modifique a letra, o alcance e/ou a finalidade dos preceitos legislativos, deturpando, reduzindo ou ampliando indevidamente o seu âmbito normativo.[479]

Quando se alude ao princípio da legalidade, usualmente se tem em mente o princípio da reserva de lei. *E o art. 150, I, da CF não foge à regra, tratando expressamente do princípio da reserva de lei*, e não da legalidade administrativa.

---

[476] Eis a sua redação: "Nenhum tributo será exigido ou aumentado sem que a lei o estabeleça, nem cobrado, em cada exercício, sem que a lei o houver instituído ou aumentado esteja em vigor antes do início do exercício financeiro, ressalvados a tarifa alfandegária e a de transporte, o impôsto sôbre produtos industrializados e o imposto lançado por motivo de guerra e demais casos previstos nesta Constituição".

[477] PÉREZ DE AYALA; GONZÁLEZ GARCIA. *Curso de Derecho Tributario*. v. I, p. 31.

[478] Por modificação do tributo, entende-se: a *alteração da sua hipótese de incidência*, estendendo-a a novos fatos ou restringindo-a a parcela daqueles que englobava anteriormente; *a sua majoração*, mediante a alteração da alíquota, a ampliação da base de cálculo, a extinção de créditos tributários, etc; *a sua redução*, pela alteração da alíquota, limitação da base de cálculo, concessão de créditos tributários, etc.; *a ampliação ou redução do universo dos sujeitos passivos*, entendidos como tais os contribuintes, substitutos e responsáveis; *e outras alterações na sistemática do tributo*, como formas de apuração não-cumulativa, regimes de substituição tributária, etc. A respeito, o CTN determina que: "Art. 97. Somente a lei pode estabelecer: I – a instituição de tributos, ou a sua extinção; II – a majoração de tributos, ou sua redução, ressalvado o disposto nos artigos 21, 26, 39, 57 e 65; III – a definição do fato gerador da obrigação tributária principal, ressalvado o disposto no inciso I do § 3º do artigo 52, e do seu sujeito passivo; IV – a fixação de alíquota do tributo e da sua base de cálculo, ressalvado o disposto nos artigos 21, 26, 39, 57 e 65; V – a cominação de penalidades para as ações ou omissões contrárias a seus dispositivos, ou para outras infrações nela definidas; VI – as hipóteses de exclusão, suspensão e extinção de créditos tributários, ou de dispensa ou redução de penalidades. § 1º Equipara-se à majoração do tributo a modificação da sua base de cálculo, que importe em torná-lo mais oneroso. § 2º Não constitui majoração de tributo, para os fins do disposto no inciso II deste artigo, a atualização do valor monetário da respectiva base de cálculo".

[479] Essa é a premissa subjacente à Súmula 494 do STJ: "O benefício fiscal do ressarcimento do crédito presumido do IPI relativo às exportações incide mesmo quando as matérias-primas ou os insumos sejam adquiridos de pessoa física ou jurídica não contribuinte do PIS/PASEP." A súmula afastou a limitação do crédito aos produtos adquiridos de empresas contribuintes do PIS/PASEP, a qual não fora imposta pela lei que instituíra o benefício (Lei 9.363/96), mas pelo art. 2º, § 2º, da IN SRF 23/97. Lê-se na ementa de um dos precedentes: "Ora, uma norma subalterna, qual seja, instrução normativa, não tem a faculdade de limitar o alcance de um texto de lei. A jurisprudência do STJ posiciona-se no sentido da ilegalidade do art. 2º, § 2º da IN 23/97" (STJ, 2ª Turma, REsp 719.433, rel. Min. Humberto Martins, 8.2007).

Mas a legalidade administrativo-tributária tem inegável assento constitucional. Não é referida expressamente no capítulo intitulado "Do Sistema Tributário Nacional", mas encontra guarida no *caput* do art. 1º (cláusula do Estado de Direito) e do art. 37 (princípio da legalidade administrativa), no inciso II do art. 5º (princípio geral da legalidade) e no inciso I do art. 150 da CF (princípio da legalidade tributária).

4. Instituição de tributos por medida provisória

O STF sempre admitiu a instituição e a modificação de tributos por medida provisória, indo de encontro à lição da melhor doutrina.

Sua posição acabou sendo alçada ao texto constitucional por meio da EC 32/01, que acrescentou o § 2º ao art. 62.

Esse preceito regula a observância do princípio da anterioridade pelos impostos instituídos por medidas provisórias, pressupondo, à evidência, a legitimidade de tal procedimento.

Mas não são todas as matérias tributárias que podem ser reguladas por medidas provisórias.

Há de se ressalvar, além da matéria reservada à lei complementar (art. 62, § 1º, III), a edição de medidas provisórias para a regulamentação de dispositivos constitucionais cuja redação tenha sido alterada por emenda promulgada entre 1º de janeiro de 1995 e 11 de setembro de 2001 (art. 246).

5. Reserva absoluta de lei e os aspectos da norma impositiva

Distingue-se entre reserva absoluta e relativa (ou atenuada) de lei.

A reserva absoluta exige que a matéria seja integralmente regulada por lei, sem deixar espaço para inovações advindas de atos infralegais. A relativa, por outro lado, demanda apenas que a lei estabeleça os aspectos essenciais da regulação, legitimando a delegação ao Poder Executivo da tarefa de complementar a estruturação da norma impositiva.[480]

A reserva relativa de lei não se coaduna com o Estado Democrático de Direito brasileiro, que, assentado numa enfática previsão do princípio da legalidade, impõe ao Poder Legislativo a tarefa de instituir, com exclusividade, as obrigações jurídicas dos cidadãos, notadamente em matéria tributária.

Embora a Constituição de 1988 traga algumas ressalvas ao seu alcance, consagra, inquestionavelmente, a reserva absoluta de lei em matéria tributária: os excepcionais abrandamentos somente vêm a confirmar a regra.

Por força da reserva absoluta de lei tributária, *todos os aspectos da norma impositiva (regra-matriz de incidência) devem constar, com acentuada precisão, na lei.* Tanto a hipótese de incidência (composta pelos aspectos material, temporal e espacial) quanto o consequente (composto pelos aspectos pessoal e quantitativo) têm de ser previstos em lei. Noutros termos, os fatos tributados, espacial e temporalmente delimitados, os

---

[480] PÉREZ ROYO. *Derecho Financiero y Tributario. Parte General.* p. 68.

sujeitos da relação jurídico-tributária,[481] a base de cálculo[482] e a alíquota têm que constar de lei formal.

Esquematicamente, estes são os aspectos da norma impositiva que devem estar previstos em lei formal:

<table>
<tr><th colspan="2">Aspectos abrangidos pela reserva absoluta de lei tributária</th></tr>
<tr><td>Hipótese de incidência</td><td>Consequência jurídica</td></tr>
<tr><td>Material: fatos tributados</td><td rowspan="2">Quantitativo: base de cálculo e alíquotas</td></tr>
<tr><td>Temporal: momento em que a norma incide</td></tr>
<tr><td>Espacial: espaço territorial em que a norma incide</td><td>Pessoal: sujeitos ativo e passivo</td></tr>
</table>

Todos esses elementos têm de ser estabelecidos pela lei, mas não se exige que o sejam de forma expressa. Por exemplo, o sujeito passivo (obrigado tributário) não precisa ser indicado expressamente: se o legislador se omitir a respeito de quem deve pagar o tributo, o sujeito passivo será aquele que praticar o fato tributado, o qual se qualifica como contribuinte, por ter relação "direta e pessoal com a situação que constitua o fato gerador", nos termos do art. 121, parágrafo único, inciso I, do CTN.

A reserva absoluta de lei tributária é a regra geral. Mas, como toda regra, comporta exceções pontuais, indicadas de forma expressa e taxativa no texto constitucional.

As exceções são basicamente aquelas estabelecidas no *art. 153, § 1º, da CF*, que faculta ao Poder Executivo alterar as alíquotas dos impostos sobre o comércio exterior (importação e exportação), sobre operações financeiras (IOF) e sobre a industrialização (IPI), sempre que haja previsão legal para tanto e sejam observadas as condições e os limites estabelecidos em lei.

O art. 155, § 4º, IV, da CF, introduzido pela EC 33/01, também estabelece uma exceção, ao prever que as alíquotas do *ICMS monofásico* sobre combustíveis e lubrificantes serão fixadas mediante deliberação dos Estados e do Distrito Federal.

As possíveis delegações da competência para a alteração de alíquotas de tributos são apenas as referidas anteriormente. *Nenhuma outra delegação é admitida pela Constituição de 1988.*

Em determinados preceitos, inseridos por emendas constitucionais, *faculta-se não a delegação do poder de fixar alíquotas, mas a sua redução e restabelecimento pelo Poder Executivo.* É o que ocorre com a CIDE-Combustíveis (art. 177, § 4º, I, *b*, da CF) e com a extinta CPMF (art. 74, § 1º, do ADCT). Essas previsões são de duvidosa constitucionalidade, como expomos nos comentários ao art. 177, § 4º, da CF.

Além de determinar todos os aspectos da regra-matriz de incidência, *a lei tem de ser específica.* Não apenas a instituição, mas também a majoração de tributos deve ser estabelecida diretamente por meio de lei, sendo ilegítimas as majorações de tributos que não decorram de previsão legislativa específica.[483]

---

[481] Daí ser inconstitucional a criação de regime de substituição tributária por ato infralegal, na medida em que implica a alteração do sujeito passivo da relação jurídico-tributária (STJ, 1ª Turma, EDcl no AgRg no *REsp 1.101.342*, rel. Min. Benedito Gonçalves, 12.2009).

[482] STF, Pleno, *RMS 25.476*, rel. p/ Acórdão Min. Marco Aurélio, 5.2013.

[483] Por exemplo, é vedada a vinculação das alíquotas a alterações normativas ulteriores, tais como a majoração, pelo Senado, do limite máximo da alíquota do ITCD (STF, Pleno, *RE 213.266*, rel. Min. Marco Aurélio, 10.1999).

A concessão e a revogação de benefícios fiscais também estão sob a reserva de lei. Não só, estão sujeitas à reserva de lei exclusiva, que não pode disciplinar outras matérias além do benefício e do próprio tributo, como exporemos ao tratar do art. 150, § 6º, da CF.

No entanto, eventual redução geral de alíquota ou da base de cálculo de tributo resultante de ato infralegal não violaria a reserva de lei em matéria tributária,[484] por se tratar de garantia dos contribuintes, e não do Poder Público. Essa exegese é corroborada pela redação do art. 150, I, que interdita às pessoas constitucionais "exigir ou aumentar tributo" sem lei que o estabeleça, e não reduzi-lo.

Só a redução objetiva ou subjetivamente parcial, que constitui um benefício tributário, está sob o alcance da reserva de lei e, mais especificamente, da reserva de lei exclusiva do art. 150, § 6º.

Porém, caso reduzido o tributo por ato infralegal, a sua majoração, mesmo que para o patamar pretérito à redução, somente poderia ser implementada por lei. Entendimento contrário mutilaria o significado do princípio da legalidade em matéria tributária e tornaria completamente inócua a exceção do art. 153, § 1º.[485]

• Precedentes citados

Supremo Tribunal Federal:

Alteração da base de cálculo por ato infralegal. Inconstitucionalidade: TRIBUTO – BASE DE INCIDÊNCIA – PRINCÍPIO DA LEGALIDADE ESTRITA. A fixação da base de incidência da contribuição social alusiva ao frete submete-se ao princípio da legalidade. CONTRIBUIÇÃO SOCIAL – FRETE – BASE DE INCIDÊNCIA – PORTARIA – MAJORAÇÃO. Surge conflitante com a Carta da República majorar mediante portaria a base de incidência da contribuição social relativa ao frete. [...] (STF, Pleno, **RMS 25.476**, rel. p/ Acórdão Min. Marco Aurélio, 5.2013)

Majoração automática de tributo, decorrente de incremento do teto. Inconstitucionalidade: TRIBUTO – FIXAÇÃO DE ALÍQUOTA X TETO – IMPOSTO DE TRANSMISSÃO CAUSA MORTIS – LEI Nº 10.260/89, DO ESTADO DE PERNAMBUCO. Não se coaduna com o sistema constitucional norma reveladora de automaticidade quanto à alíquota do imposto de transmissão causa mortis, a evidenciar a correspondência com o limite máximo fixado em resolução do Senado Federal. (STF, Pleno, **RE 213.266**, rel. Min. Marco Aurélio, 10.1999)

Superior Tribunal de Justiça:

Criação de regime de substituição tributária sem fundamento legal. Ilegitimidade: [...] 3. A respeito da questão jurídica trazida no recurso especial, a Segunda Turma desta Corte Superior, por ocasião dos julgamentos do REsp 838.092/SC, da relatoria do Min. Castro Meira, DJ 08/08/2007, e do REsp 872.169/RS, da relatoria da Min. Eliana Calmon, DJe 13/05/2009, entendeu que: a) o Decreto-Lei 2.052/83, em nenhum de seus artigos, fixou regime de substituição tributária para os comerciantes varejistas de combustíveis e derivados de petróleo; b) se os decretos regulamentares não podem inovar na ordem jurídica, também não podem as portarias ministeriais constituir novas obrigações, diversas das previstas na legislação que lhes serve de fundamento; c) nos termos do art. 128 do CTN, não há responsabilidade tributária presumida, de maneira que a lei que estabelece a sujeição passiva indireta deve ser expressa, sob pena de infringir o princípio da legalidade e criar tributo sem lei que o estabeleça; [...] e) admitir a modificação do elemento subjetivo de um tributo por meio de ato administrativo representa a subversão de todo o sistema, com abalo significativo nas garantias que cercam a relação do Fisco com o contribuinte na repartição de funções estatais; [...] (STJ, 1ª Turma, EDcl no AgRg no **REsp 1.101.342**, rel. Min. Benedito Gonçalves, 12.2009)

5.1. Base de cálculo e sua atualização monetária

Sob a égide da Constituição de 1969, admitia-se que o Imposto de Importação, o Imposto de Exportação, o IPI e também as contribuições interventivas, corporativas e de

[484] Vide FERREIRA FILHO. *Comentários à Constituição brasileira de 1988*. v. 2, p. 119.

[485] Eis o seu texto: "§ 1º – É facultado ao Poder Executivo, atendidas as condições e os limites estabelecidos em lei, alterar as alíquotas dos impostos enumerados nos incisos I, II, IV e V".

previdência tivessem as suas bases de cálculo alteradas pelo Poder Executivo, nas condições e nos limites estabelecidos em lei (art. 21, incisos I, II e V, e § 2º, I).[486]

Essa possibilidade foi revogada, visto que a Constituição de 1988 somente atenua o princípio da estrita legalidade tributária com respeito à determinação da alíquota de certos tributos, jamais da base de cálculo.

Destarte, *a base de cálculo dos tributos sempre deve ser fixada por lei.* Referimo-nos à *base de cálculo abstrata*, que integra a norma tributária, e não à base de cálculo concreta (base imponível), que constitui uma dimensão econômica do fato sujeito à tributação.

A *base de cálculo concreta* (base imponível) é expressão da realidade (mais especificamente, do fato tributado) e, por isso, *não necessita – e em regra não pode – ser estabelecida em lei.*

Tomando-se como exemplo o ISS, a sua base de cálculo é um elemento normativo, abstrato e genérico, representado pelo preço dos serviços (de qualquer serviço e de nenhum serviço em particular), motivo pelo qual não possui um conteúdo econômico determinado; a sua base imponível, por outro lado, é uma grandeza fática, concreta e específica, constituída pelo preço do serviço tributado, necessariamente dotado de um conteúdo econômico determinado (*x* reais).

Portanto, a base de cálculo, que deve ser veiculada por lei, indica a base imponível como a dimensão econômica sobre a qual será aplicada a alíquota, para chegar-se ao valor do tributo devido. Obviamente, a lei não deverá especificar essa dimensão econômica fática, que representa a base de cálculo concreta.

Essa é a regra, que comporta exceções. Exige-se a observância da reserva de lei quando a base imponível é presumida e, assim, não constitui um elemento da realidade.

A técnica da presunção da base imponível é adotada para tributos de incidência periódica sobre a mesma materialidade (especialmente o IPTU e o IPVA), com o escopo de simplificar a atividade fiscalizatória da Administração, que fica dispensada de proceder a apurações individualizadas para lançar o tributo.[487] Em contrapartida, requer-se que a base presumida seja veiculada por lei, de modo a impedir eventual majoração indireta do tributo através de atos normativos infralegais.[488]

Nestas hipóteses, permite-se tão somente a atualização da base imponível por atos normativos infralegais, desde que sejam respeitadas duas condições:

a) previsão legal nesse sentido; e

b) limitação ao índice oficial de correção monetária, enquanto patamar máximo da majoração do valor nominal.[489]

Esse entendimento restou consolidado com a edição da *Súmula 160 do STJ*:

---

[486] Eis o texto dos preceitos citados: "Art. 21. Compete à União instituir impôsto sôbre: I – importação de produtos estrangeiros, facultado ao Poder Executivo, nas condições e nos limites estabelecidos em lei, alterar-lhe as alíquotas ou as bases de cálculo; II – exportação, para o estrangeiro, de produtos nacionais ou nacionalizados, observado o disposto no final do item anterior; [...] V – produtos industrializados, também observado o disposto no final do item I; [...] § 2º A União pode instituir: I – contribuições, nos têrmos do item I dêste artigo, tendo em vista intervenção no domínio econômico e o interêsse da previdência social ou de categorias profissionais".

[487] Também há outras hipóteses de base imponível presumida, dentre as quais se destaca a substituição progressiva, a qual, na concretização que o STF lhe deu, baseia-se numa presunção absoluta da base imponível (vide os comentários ao art. 150, § 7º). A respeito do IPTU, conferir os comentários ao art. 156, I.

[488] STF, Pleno, *RE 114.078*, rel. Min. Moreira Alves, 3.1988.

[489] STF, Pleno, *RE 648.245*, rel. Min. Gilmar Mendes, 8.2013 - Tema nº 221 da Repercussão Geral.

É defeso, ao Município, atualizar o IPTU, mediante decreto, em percentual superior ao índice oficial de correção monetária.

Quando se faculta a atualização monetária da base imponível, dispensa-se que, para a manutenção do patamar tributário, seja editada uma nova lei a cada ano, ao mesmo tempo em que se extirpa a possibilidade de o tributo ser majorado por atos infralegais, através de uma correção irreal e exacerbada da base de cálculo presumida.

• Súmulas

Súmula 160 do STJ: "É defeso, ao Município, atualizar o IPTU, mediante decreto, em percentual superior ao índice oficial de correção monetária".

Tal súmula veio a compatibilizar à perfeição estes preceitos do CTN: "Art. 97. Somente a lei pode estabelecer: [...] II – a majoração de tributos, ou sua redução, ressalvado o disposto nos artigos 21, 26, 39, 57 e 65; [...] § 1º Equipara-se à majoração do tributo a modificação da sua base de cálculo, que importe em torná-lo mais oneroso. § 2º Não constitui majoração de tributo, para os fins do disposto no inciso II deste artigo, a atualização do valor monetário da respectiva base de cálculo".

Com base na distinção doutrinária entre base de cálculo abstrata e concreta, o Ministro Moreira Alves esclareceu que os parágrafos do art. 97 do CTN referem-se à base de cálculo concreta, e não à abstrata: "se o § 1º aludisse à base de cálculo abstrata, ele seria redundante, pois modificar a base de cálculo abstrata (assim, alterar de valor venal para valor locativo) implica fixar outra base de cálculo abstrata, o que só pode ser feito por lei [...] Mais fácil, ainda, é a demonstração de que o § 2º do artigo 97 do C.T.N. só possa dizer respeito à base de cálculo concreta. Só se corrigem monetariamente valores concretos fixados anteriormente" (STF, 2ª Turma, **RE 96.825**, rel. Min. Moreira Alves, 12.1983, excerto de seu voto).

• Precedentes citados

Necessidade de lei para se estabelecer os valores venais presumidos. Impossibilidade de majoração por decreto: IPTU. FIXAÇÃO DE VALORES VENAIS PRESUMIDOS POR MEIO DE DECRETO MUNICIPAL. – O acórdão recorrido não violou o parágrafo 2 do artigo 97 do CTN, nem os demais dispositivos legais e constitucionais invocados no recurso extraordinário, mas, antes, se orientou no sentido em que já se firmou a jurisprudência desta Corte, ou seja, no sentido de que valores venais presumidos – como os estabelecidos em tabelas de preços de construção e plantas genéricas de valores imobiliários – para efeito de base de cálculo do IPTU só podem ser fixados por lei, e não por simples decreto, em face do disposto nos artigos 33 e 97, parágrafo 1, do CTN. – Por outro lado, o aumento resultante dessa fixação de valores venais genéricos foi superior aos valores a que se chegaria se aplicada a correção monetária ocorrente no período, como o admite o parágrafo 2 do artigo 97 do mesmo CTN. Recurso extraordinário não conhecido, declarada a inconstitucionalidade do Decreto 2218, de 29 de dezembro de 1983, da Prefeitura Municipal de Maceió (AL). (STF, Pleno, **RE 114.078**, rel. Min. Moreira Alves, 3.1988)

Aumento real de base de cálculo presumida por decreto. Inconstitucionalidade: Recurso extraordinário. 2. Tributário. 3. Legalidade. 4. IPTU. Majoração da base de cálculo. Necessidade de lei em sentido formal. 5. Atualização monetária. Possibilidade. 6. É inconstitucional a majoração do IPTU sem edição de lei em sentido formal, vedada a atualização, por ato do Executivo, em percentual superior aos índices oficiais. 7. Recurso extraordinário não provido. (STF, Pleno, **RE 648.245**, rel. Min. Gilmar Mendes, 8.2013)

Trata-se do Tema nº 221 da repercussão geral: "Necessidade de lei em sentido formal para a atualização do valor venal de imóveis". Considerou-se, como índice oficial, o IPCA/IBGE.

5.2. Recolhimento por estimativa, data de vencimento e atualização monetária do débito tributário

Ato infralegal não pode estabelecer *regime de recolhimento por estimativa*, mesmo que o recolhimento esteja sujeito a ajuste posterior, haja vista modificar o conteúdo da obrigação tributária, nomeadamente a base de cálculo do tributo e, consequentemente, o *quantum* a ser recolhido aos cofres públicos.[490]

[490] STF, Pleno, *RE 632.265*, rel. Min. Marco Aurélio, 6.2015 – Tema nº 830 da Repercussão Geral.

Por outro lado, entende-se que *a data de vencimento dos tributos e a atualização monetária dos débitos tributários não são matérias sujeitas à reserva de lei*, o que viabiliza a sua fixação/alteração pelo Poder Executivo, por ato infralegal.[491]

No entanto, se tais elementos forem *"legalizados"* (fixados em lei), obviamente deverão ser respeitados até que sobrevenha alteração por ato normativo de idêntico *status* ou até que a matéria seja deslegalizada,[492] tal como ocorre com a fixação de alíquotas pelo Executivo.

Ainda sobre a correção monetária, entende-se que *os Estados e o Distrito Federal podem instituir índice para a correção monetária dos seus créditos tributários*, no exercício da competência conferida pelo art. 24, I, da CF,[493] desde que não seja superior àquele previsto pela União para tal finalidade.

Caso isso ocorra, a correção não deixará de ser aplicada, mas será limitada ao teto representado pelo índice federal.[494]

- **Precedentes citados**

Prazo de recolhimento. Legalização e deslegalização: TRIBUTÁRIO. IPI. ART. 66 DA LEI Nº 7.450/85, QUE AUTORIZOU O MINISTRO DA FAZENDA A FIXAR PRAZO DE RECOLHIMENTO DO IPI, E PORTARIA Nº 266/88/MF, PELA QUAL DITO PRAZO FOI FIXADO PELA MENCIONADA AUTORIDADE. ACÓRDÃO QUE TEVE OS REFERIDOS ATOS POR INCONSTITUCIONAIS. Elemento do tributo em apreço que, conquanto não submetido pela Constituição ao princípio da reserva legal, fora legalizado pela Lei nº 4.502/64 e assim permaneceu até a edição da Lei nº 7.450/85, que, no art. 66, o deslegalizou, permitindo que sua fixação ou alteração se processasse por meio da legislação tributária (CTN, art. 160), expressão que compreende não apenas as leis, mas também os decretos e as normas complementares (CTN, art. 96). Orientação contrariada pelo acórdão recorrido. Recurso conhecido e provido. (STF, Pleno, **RE 140.669**, rel. Min. Ilmar Galvão, 12.1998)

Índice de atualização monetária de tributo estabelecido por Estado. Legitimidade: [...] TRIBUTO – CORREÇÃO – INDICE LOCAL. A disciplina da atualização dos tributos está compreendida na previsão do inciso I do artigo 24 da Constituição Federal, cabendo concorrentemente, à União, aos Estados e ao Distrito Federal. (STF, 2ª Turma, **RE 143.871**, rel. Min. Marco Aurélio, 9.1995)

Data de vencimento e forma de atualização de tributos. Não sujeição à reserva de lei tributária: [...] Prevista, no dispositivo legal sob enfoque, a atualização monetária dos débitos de ICMS, não há como se falar, no caso, em ofensa ao princípio da legalidade. De outra parte, não se compreendendo no campo reservado a lei, pelo Texto Fundamental, a definição do vencimento e do modo pelo qual se procederá a atualização monetária das obrigações tributárias, também não se pode ter por configurada delegação de poderes no cometimento de tais encargos, pelo legislador ordinário, ao Poder regulamentar. [...] Recurso conhecido, mas improvido. (STF, Pleno, **RE 172.394**, rel. p/ ac. Min. Ilmar Galvão, 6.1995)

Índices de correção monetária fixados por lei local em percentuais superiores aos da União. Inconstitucionalidade. Limitação ao índice federal: SÃO PAULO. UFESP. ÍNDICES FIXADOS POR LEI LOCAL PARA CORREÇÃO MONETÁRIA. ALEGADA OFENSA AO ART. 22, II E VI, DA CONSTITUIÇÃO FEDERAL. Entendimento assentado pelo STF no sentido da incompetência das unidades federadas para a fixação de índices de correção monetária de créditos fiscais em percentuais superiores aos fixados pela União para o mesmo fim. Ilegitimidade da execução fiscal embargada no que houver excedido, no tempo, os índices federais. Recurso parcialmente provido. (STF, Pleno, **RE 183.907**, rel. Min. Ilmar Galvão, 3.2000)

Regime de recolhimento por estimativa. Impossibilidade de instituição por ato infralegal: TRIBUTO – PRINCÍPIO DA LEGALIDADE. A exigibilidade de tributo pressupõe lei que o estabeleça – artigo 150 da Constituição Federal. ICMS – REGIME DE APURAÇÃO – ESTIMATIVA – DECRETO – IMPROPRIEDADE. A criação de nova maneira de recolhimento do tributo, partindo-se de estimativa considerado o mês anterior, deve ocorrer mediante lei no sentido formal e material, descabendo, para tal fim, a edição de decreto, a revelar o extravasamento do poder regulamentador do Executivo. (STF, Pleno, RE 632.265, rel. Min. Marco Aurélio, 6.2015 – Tema nº 830 da Repercussão Geral: "Possibilidade de o regime de apuração e recolhimento do ICMS ser disciplinado por decreto").

---

491 STF, Pleno, *RE 172.394*, rel. p/ ac. Min. Ilmar Galvão, 6.1995.

492 STF, Pleno, *RE 140.669*, rel. Min. Ilmar Galvão, 12.1998.

493 STF, 2ª Turma, *RE 143.871*, rel. Min. Marco Aurélio, 9.1995.

494 STF, Pleno, *RE 183.907*, rel. Min. Ilmar Galvão, 3.2000.

6. Sanções tributárias

Uma interpretação meramente literal do art. 150, I, poderia levar à conclusão de que a reserva absoluta de lei em matéria tributária ("é vedado [...] exigir ou aumentar *tributo* sem lei que o estabeleça") não se aplica às sanções tributárias.

No entanto, nada obsta que o princípio da legalidade tributária, previsto no art. 150, I, da CF, seja aplicado às sanções tributárias, mormente quando é cediço que *o direito de punir também está sob o abrigo do princípio da legalidade estrita*: o "princípio da legalidade estrita [...] disciplina, não apenas o direito de exigir tributo, mas também o direito de punir".[495]

Nessa senda, o art. 97, V, do CTN reserva à lei a cominação de penalidades:

> Art. 97. Somente a lei pode estabelecer:
>
> [...]
>
> V – a cominação de penalidades para as ações ou omissões contrárias a seus dispositivos, ou para outras infrações nela definidas;

De qualquer modo, tal matéria estaria sob a reserva de lei por força do princípio geral da legalidade (art. 5º, II, da CF).

- **Precedente citado**

Sujeição das sanções tributárias à reserva absoluta de lei: AÇÃO DIRETA DE INCONSTITUCIONALIDADE. ARTIGOS 5º, 8º, 9º, 10, 13, § 1º, E 14 DA PORTARIA Nº 113, DE 25.09.97, DO IBAMA. Normas por meio das quais a autarquia, sem lei que o autorizasse, instituiu taxa para registro de pessoas físicas e jurídicas no Cadastro Técnico Federal de Atividades Potencialmente Poluidoras ou Utilizadoras de Recursos Ambientais, e estabeleceu sanções para a hipótese de inobservância de requisitos impostos aos contribuintes, com ofensa ao princípio da legalidade estrita que disciplina, não apenas o direito de exigir tributo, mas também o direito de punir. Plausibilidade dos fundamentos do pedido, aliada à conveniência de pronta suspensão da eficácia dos dispositivos impugnados. Cautelar deferida. (STF, Pleno, **ADI 1.823 MC**, rel. Min. Ilmar Galvão, 4.1998)

7. Deveres instrumentais (obrigações acessórias)

Os deveres instrumentais, denominados pela codificação tributária "obrigações acessórias", têm por objeto as condutas exigidas "no interesse da arrecadação ou da fiscalização dos tributos" (art. 113, § 2º, do CTN), como a apresentação da Declaração de Débitos e Créditos de Tributos Federais (DCTF), a confecção dos livros fiscais, etc.

O Código Tributário Nacional dá a entender que os deveres instrumentais não estão sujeitos à reserva de lei, porquanto: i) o art. 97, que indica o âmbito material da reserva de lei, somente refere "a definição do fato gerador da obrigação tributária principal" (inciso III) e a "cominação de penalidades para as ações ou omissões contrárias a seus dispositivos, ou para outras infrações nela definidas" (inciso V), e não "a definição do fato gerador da obrigação tributária acessória"; e ii) o art. 113, § 2º, menciona que eles decorrem da "legislação tributária".

Esta é a redação do art. 113 do CTN:

> Art. 113. A obrigação tributária é principal ou acessória.
>
> § 1º A obrigação principal surge com a ocorrência do fato gerador, tem por objeto o pagamento de tributo ou penalidade pecuniária e extingue-se juntamente com o crédito dela decorrente.
>
> § 2º A obrigação acessória decorre da legislação tributária e tem por objeto as prestações, positivas ou negativas, nela previstas no interesse da arrecadação ou da fiscalização dos tributos.

O Supremo Tribunal Federal já acolheu interpretação contrária, extraindo justamente do art. 113, § 2º, do CTN a reserva de lei para a criação de deveres instrumentais.[496]

---

[495] STF, Pleno, *ADI 1.823 MC*, rel. Min. Ilmar Galvão, 4.1998, excerto da ementa.

[496] STF, Pleno, *ACO 1.098 AgR*, rel. p/ ac. Min. Marco Aurélio, 10.2009.

Como dito, não nos parece plausível tal interpretação, pois esse dispositivo não alude à "lei", mas à "legislação tributária", expressão que, nos termos do art. 96 da codificação, engloba os atos infralegais.[497] Por isso, o Superior Tribunal de Justiça, na sua missão de guardião e uniformizador da interpretação das leis federais, não reconhece a reserva de lei para a criação de obrigações acessórias.[498]

A reserva de lei para a imposição de deveres instrumentais deve ser extraída da Lei Maior, não do CTN. E a Constituição de 1988 estabelece, sem dúvida alguma, a reserva de lei para a criação de obrigações aos cidadãos, ao consagrar a garantia fundamental de que "ninguém será obrigado a fazer ou deixar de fazer alguma coisa senão em virtude de lei" (art. 5º, II).

Se ninguém pode ser obrigado a fazer ou deixar de fazer alguma coisa senão em virtude de lei, como afirmar que os cidadãos-contribuintes podem ser coagidos a cumprir inúmeras e onerosas obrigações instrumentais sem respaldo legislativo?

A impossibilidade é evidente.

Não se deve indagar acerca da existência da reserva de lei para a criação de deveres instrumentais, mas sobre a sua extensão, ou se se preferir, sobre o seu rigor. A reserva, estabelecida de modo expresso pela Lei Maior, é absoluta ou relativa?

A nosso juízo, a reserva existe, mas é relativa. A lei tem de estabelecer, de modo expresso, o dever instrumental. No entanto, atos infralegais podem especificá-lo, complementando os ditames legislativos. Ao fazê-lo, o Poder Executivo tem uma margem de atuação significativamente mais ampla que na regulação dos tributos, seara onde impera a reserva absoluta de lei tributária (art. 150, I, da CF), a impedir a participação ativa do Fisco na conformação das obrigações dos contribuintes.

Essa conclusão é corroborada pela mais elementar lógica jurídica. Se apenas a lei pode estabelecer a "cominação de penalidades para as ações ou omissões contrárias a seus dispositivos" (art. 97, V, do CTN), é óbvio que a conduta legalmente exigida, cuja inobservância leva à imposição da penalidade, tem de estar prevista em lei, pois a regra sancionatória, assim como todas as demais normas jurídicas, é composta por uma hipótese e um consequente: a hipótese descreve a conduta ilícita, cuja prática enseja a aplicação da penalidade prevista no consequente. Não há falar em penalidade sem prévia e regular descrição da conduta juridicamente exigida, seja de modo direto (pela previsão do dever instrumental) ou indireto (mediante o estabelecimento da sanção pela inobservância do dever pressuposto pela própria norma sancionatória).

É viável que o dever instrumental, previsto em lei, seja detalhado por atos infralegais. Mas seria absurdo cogitar da imposição, em lei, de sanções para o descumprimento de obrigações estabelecidas, em caráter originário, por atos normativos de escalão inferior.

Em suma, há reserva de lei para a criação dos deveres instrumentais: a lei tem de consagrar cada um dos deveres instrumentais.[499] Porém, a reserva ostenta caráter relativo, permitindo que os aludidos deveres sejam estabelecidos em termos gerais pela lei e,

[497] Esta é a redação do preceito citado: "Art. 96. A expressão `legislação tributária´ compreende as leis, os tratados e as convenções internacionais, os decretos e as normas complementares que versem, no todo ou em parte, sobre tributos e relações jurídicas a eles pertinentes".

[498] STJ, 1ª Turma, *REsp 724.779*, rel. Min. Luiz Fux, 9.2006; 2ª Turma, *RMS 20.587*, rel. Min. Castro Meira, 11.2010.

[499] Por isso, não nos parece viável fundamentar os deveres instrumentais impostos pela Receita Federal na amplíssima autorização do art. 16 da Lei 9.779/99: "Art. 16. Compete à Secretaria da Receita Federal dispor sobre as obrigações acessórias relativas aos impostos e contribuições por ela administrados, estabelecendo, inclusive, forma, prazo e condições para o seu cumprimento e o respectivo responsável".

assim, abrindo significativo – mas não irrestrito – espaço para a especificação, por atos infralegais, da conduta exigida dos sujeitos passivos.

- **Precedentes citados**

Supremo Tribunal Federal:

Reserva de lei para a criação de deveres instrumentais. Existência: OBRIGAÇÃO TRIBUTÁRIA ACESSÓRIA – SURGIMENTO POR FORÇA DE INSTRUÇÃO DA RECEITA FEDERAL – RELEVÂNCIA DO PEDIDO DE CONCESSÃO DE TUTELA ANTECIPADA E RISCO DE MANTER-SE O QUADRO COM PLENA EFICÁCIA. Ante o disposto no artigo 113, § 2º, do Código Tributário Nacional, a exigir lei em sentido formal e material para ter-se o surgimento de obrigação tributária, ainda que acessória, mostra-se relevante pedido de tutela antecipada veiculado por Estado, visando a afastar sanções, considerado o que previsto em instrução da Receita Federal. (STF, Pleno, **ACO 1.098 AgR**, rel. p/ ac. Min. Marco Aurélio, 10.2009).

Neste precedente (ACO 1.098 AgR), afastou-se não apenas a aplicação de sanções pelo descumprimento de deveres instrumentais, mas o próprio dever de os órgãos públicos apresentarem a DCTF. Trata-se, contudo, de tutela antecipada deferida em um caso atípico, em que o autor da ação é um ente político.

Superior Tribunal de Justiça:

Reserva de lei para a criação de deveres instrumentais. Inexistência: [...] PRINCÍPIO DA LEGALIDADE. VIOLAÇÃO INEXISTENTE. [...] 1. A impetrante objetiva eximir-se de obrigação tributária acessória consistente em fazer lançar, nas notas fiscais que acobertam as operações de transporte de seus produtos farmacêuticos do seu depósito, situado em São Paulo, para suas filiais com sede em Minas Gerais os respectivos números dos lotes de fabricação, tal como previsto pelo CONFAZ no AJUSTE SINIEF n.º 07/2002 e, no plano estadual, no Decreto 43.128/2002. [...] 5. A legalidade exigida para a imposição da obrigação tributária instrumental não é estrita, ou seja, pode advir de ato normativo que não a lei em sentido formal. Todos aqueles veículos normativos previstos no art. 96 do CTN, tais como decretos e regulamentos, entre outros contidos no art. 100, são aptos a formar vínculo jurídico tributário acessório. No caso, a exigência da obrigação acessória de que ora se cuida - anotação nas notas fiscais do número do lote dos medicamentos - não viola o princípio da legalidade, já que encontra previsão expressa no Decreto n.º 43.128/2002, amparado pelo acordo do CONFAZ entabulado por meio do AJUSTE SINIEF n.º07/2002. [...] (STJ, 2ª Turma, **RMS 20.587**, rel. Min. Castro Meira, 11.2010).

No mesmo sentido: TRIBUTÁRIO. IMPOSTO DE RENDA PESSOA JURÍDICA. CONSOLIDAÇÃO DE BALANCETES MENSAIS NA DECLARAÇÃO ANUAL DE AJUSTE. CRIAÇÃO DE DEVER INSTRUMENTAL POR INSTRUÇÃO NORMATIVA. POSSIBILIDADE. AUSÊNCIA DE VIOLAÇÃO DO PRINCÍPIO DA LEGALIDADE TRIBUTÁRIA. COMPLEMENTAÇÃO DO SENTIDO DA NORMA LEGAL. 1. A Instrução Normativa 90/92 não criou condição adicional para o desfrute do benefício previsto no art. 39, § 2º, da Lei 8.383/91, extrapolando sua função regulamentar, mas tão-somente explicitou a forma pela qual deve se dar a demonstração do direito de usufruir dessa prerrogativa, vale dizer, criando o dever instrumental de consolidação dos balancetes mensais na declaração de ajuste anual. 2. Confronto entre a interpretação de dispositivo contido em lei ordinária - art. 39, § 2º, da Lei 8.383/91 - e dispositivo contido em Instrução Normativa - art. 23, da IN 90/92 -, a fim de se verificar se este último estaria violando o princípio da legalidade, orientador do Direito Tributário, porquanto exorbitante de sua missão regulamentar, ao prever requisito inédito na Lei 8.383/91, ou, ao revés, apenas complementaria o teor do artigo legal, visando à correta aplicação da lei, em consonância com o art. 100, do CTN. 3. É de sabença que, realçado no campo tributário pelo art. 150, I, da Carta Magna, o princípio da legalidade consubstancia a necessidade de que a lei defina, de maneira absolutamente minudente, os tipos tributários. Esse princípio edificante do Direito Tributário engloba o da tipicidade cerrada, segundo o qual a lei escrita - em sentido formal e material - deve conter todos os elementos estruturais do tributo, quais sejam a hipótese de incidência - critério material, espacial, temporal e pessoal -, e o respectivo conseqüente jurídico, consoante determinado pelo art. 97, do CTN, 4. A análise conjunta dos arts. 96 e 100, I, do Codex Tributário, permite depreender-se que a expressão "legislação tributária" encarta as normas complementares no sentido de que outras normas jurídicas também podem versar sobre tributos e relações jurídicas a esses pertinentes. Assim, consoante mencionado art. 100, I, do CTN, integram a classe das normas complementares os atos normativos expedidos pelas autoridades administrativas - espécies jurídicas de caráter secundário - cujo objetivo precípuo é a explicitação e complementação da norma legal de caráter primário, estando sua validade e eficácia estritamente vinculadas aos limites por ela impostos. 5. É cediço que, nos termos do art. 113, § 2º, do CTN, em torno das relações jurídico-tributárias relacionadas ao tributo em si, exsurgem outras, de conteúdo extra-patrimonial, consubstanciadas em um dever de fazer, não-fazer ou tolerar. São os denominados deveres instrumentais ou obrigações acessórias, inerentes à regulamentação das questões operacionais relativas à tributação, razão pela qual sua regulação foi legada à "legislação tributária" em sentido lato, podendo ser disciplinados por meio de decretos e de normas complementares, sempre vinculados à lei da qual dependem. 6. In casu, a norma da Portaria 90/92, em seu mencionado art. 23, ao determinar a consolidação dos resultados mensais para obtenção dos benefícios da Lei 8.383/91, no seu art. 39, § 2º, é regra especial em relação ao art. 94 do mesmo diploma legal, não atentando contra a legalidade mas, antes, coadunando-se com os artigos 96 e 100, do CTN. 7. Deveras, o E. STJ, quer em relação ao SAT, IOF, CSSL etc, tem prestigiado as portarias e sua legalidade como integrantes do gênero legislação tributária, já que são atos normativos que se limitam a explicitar o conteúdo da lei ordinária. 8. Recurso especial provido. (STJ, 1ª Turma, **REsp 724.779**, rel. Min. Luiz Fux, 9.2006)

8. Quadro sinóptico

Este quadro sintetiza o que dissemos acima, expressando o conteúdo fundamental do princípio da estrita legalidade tributária, à luz da Constituição de 1988 e da jurisprudência do Supremo Tribunal Federal:

Reserva de lei em matéria tributária		
Matéria	**Reserva**	**Ressalvas**
Criação e majoração de tributos	Absoluta	- *Fixação das alíquotas*: do I.I., I.E, IPI e IOF (e do ICMS monofásico sobre combustíveis) - *Redução e restabelecimento* das alíquotas da CIDE-Combustíveis
Estipulação de sanções	Absoluta	Não há
Obrigações acessórias	Relativa	Não há
Concessão de benefícios	De lei específica	Benefícios do ICMS, autorizados/concedidos por convênio (art. 155, § 2º, XII, *g*, da CF)
Data de vencimento	Inexistente	Se legalizada, prevalece a lei
Atualização do tributo	Inexistente	Se legalizada, prevalece a lei

9. Delegações legislativas em matéria tributária

9.1. Vedação de delegações: a dimensão positiva da reserva de lei

O princípio da legalidade não se impõe apenas à Administração e ao Judiciário. *É voltado e cogente também para o legislador, que não pode delegar a sua competência político-legislativa*, consoante a jurisprudência do Supremo Tribunal Federal:

> O legislador não pode abdicar de sua competência institucional para permitir que outros órgãos do Estado – como o Poder Executivo – produzam a norma que, por efeito de expressa reserva constitucional, só pode derivar de fonte parlamentar.[500]

Essa vedação decorre da *dimensão positiva da reserva de lei*, que obriga o legislador a exercer integralmente o mister que lhe foi atribuído pela Constituição.[501]

Se a lei delegar, implícita ou explicitamente, a fixação de qualquer aspecto da norma tributária a atos infralegais, será inconstitucional.

A delegação legislativa externa somente é possível nos casos em que:

a) permite-se que o Poder Executivo altere a *alíquota* do tributo (art. 153, § 1º, da CF);

b) é autorizada a delegação, por resolução do Congresso Nacional, de competência ao Presidente da República para elaborar *leis delegadas* (a qual está jungida ao conteúdo e aos termos especificados na resolução, art. 68, *caput* e § 2º, da CF);[502]

[500] STF, Pleno, *ADI 1.296 MC*, rel. Min. Celso de Mello, 6.1995, excerto da ementa.

[501] As dimensões da reserva de lei foram expostas no voto proferido pelo Ministro Celso de Mello na ADI 1.296 MC, com base na lição de Canotilho: "A dimensão negativa da reserva constitucional de lei – adverte o magistério da doutrina (J. J. GOMES CANOTILHO, op. loc. cit.) – traduz a noção de que "nas matérias reservadas à lei está proibida a intervenção de outras fontes de direito diferente de lei (a não ser que se trate de normas meramente executivas da administração)". De outro lado, o princípio constitucional em questão, ao projetar-se em sua dimensão positiva, reafirma a idéia de que "nas matérias reservadas à lei, esta deve estabelecer, ela mesma, o respectivo regime jurídico, não podendo declinar a sua competência normativa a favor de outras fontes" (J. J. GOMES CANOTILHO, op. loc. cit.)".

[502] Permite-se a delegação para a edição de *leis delegadas*, não para o Poder Executivo legislar mediante regulamentos (STF, Pleno, *ADI 1.296 MC*, rel. Min. Celso de Mello, 6.1995).

c) afigura-se imprescindível a "*delegação técnica*", da qual trataremos ao abordar o princípio da determinação conceitual.

Portanto, mesmo nas hipóteses excepcionais em que é cabível, a delegação legislativa externa sempre apresenta um *caráter restrito e condicionado*.

- **Precedente citado**

Ilegitimidade das delegações legislativas em matéria sujeita à reserva de lei tributária: AÇÃO DIRETA DE INCONSTITUCIONALIDADE – LEI ESTADUAL QUE OUTORGA AO PODER EXECUTIVO A PRERROGATIVA DE DISPOR, NORMATIVAMENTE, SOBRE MATÉRIA TRIBUTÁRIA – DELEGAÇÃO LEGISLATIVA EXTERNA – MATÉRIA DE DIREITO ESTRITO – POSTULADO DA SEPARAÇÃO DE PODERES – PRINCÍPIO DA RESERVA ABSOLUTA DE LEI EM SENTIDO FORMAL – PLAUSIBILIDADE JURÍDICA – CONVENIÊNCIA DA SUSPENSÃO DE EFICACIA DAS NORMAS LEGAIS IMPUGNADAS – MEDIDA CAUTELAR DEFERIDA. – A essência do direito tributário – respeitados os postulados fixados pela própria Constituição – reside na integral submissão do poder estatal a *rule of law*. A lei, enquanto manifestação estatal estritamente ajustada aos postulados subordinantes do texto consubstanciado na Carta da República, qualifica-se como decisivo instrumento de garantia constitucional dos contribuintes contra eventuais excessos do Poder Executivo em matéria tributária. Considerações em torno das dimensões em que se projeta o princípio da reserva constitucional de lei. – A nova Constituição da República revelou-se extremamente fiel ao postulado da separação de poderes, disciplinando, mediante regime de direito estrito, a possibilidade, sempre excepcional, de o Parlamento proceder a delegação legislativa externa em favor do Poder Executivo. A delegação legislativa externa, nos casos em que se apresente possivel, só pode ser veiculada mediante resolução, que constitui o meio formalmente idoneo para consubstanciar, em nosso sistema constitucional, o ato de outorga parlamentar de funções normativas ao Poder Executivo. A resolução não pode ser validamente substituida, em tema de delegação legislativa, por lei comum, cujo processo de formação não se ajusta a disciplina ritual fixada pelo art. 68 da Constituição. A vontade do legislador, que substitui arbitrariamente a lei delegada pela figura da lei ordinaria, objetivando, com esse procedimento, transferir ao Poder Executivo o exercício de competência normativa primaria, revela-se irrita e desvestida de qualquer eficacia jurídica no plano constitucional. O Executivo não pode, fundando-se em mera permissão legislativa constante de lei comum, valer-se do regulamento delegado ou autorizado como sucedaneo da lei delegada para o efeito de disciplinar, normativamente, temas sujeitos a reserva constitucional de lei. – Não basta, para que se legitime a atividade estatal, que o Poder Público tenha promulgado um ato legislativo. Impõe-se, antes de mais nada, que o legislador, abstendo-se de agir ultra vires, não haja excedido os limites que condicionam, no plano constitucional, o exercício de sua indisponivel prerrogativa de fazer instaurar, em caráter inaugural, a ordem jurídico-normativa. Isso significa dizer que o legislador não pode abdicar de sua competência institucional para permitir que outros órgãos do Estado – como o Poder Executivo – produzam a norma que, por efeito de expressa reserva constitucional, só pode derivar de fonte parlamentar. O legislador, em consequencia, não pode deslocar para a esfera institucional de atuação do Poder Executivo – que constitui instância juridicamente inadequada – o exercício do poder de regulação estatal incidente sobre determinadas categorias tematicas – (a) a outorga de isenção fiscal, (b) a redução da base de cálculo tributária, (c) a concessão de crédito presumido e (d) a prorrogação dos prazos de recolhimento dos tributos –, as quais se acham necessariamente submetidas, em razão de sua própria natureza, ao postulado constitucional da reserva absoluta de lei em sentido formal. – Traduz situação configuradora de ilicito constitucional a outorga parlamentar ao Poder Executivo de prerrogativa jurídica cuja *sedes materiae* – tendo em vista o sistema constitucional de poderes limitados vigente no Brasil – só pode residir em atos estatais primários editados pelo Poder Legislativo. (STF, Pleno, **ADI 1.296 MC**, rel. Min. Celso de Mello, 6.1995)

9.2. Revogação das delegações ao Executivo e recepção da legislação criada com base na competência delegada

No regime constitucional pretérito, admitia-se, em determinadas hipóteses não previstas na CF/88, a delegação da competência legislativa ao Poder Executivo para regular certas exações.

Essa delegação de competência foi expressamente revogada, decorridos 180 dias da promulgação da Constituição vigente, pelo art. 25 do ADCT, que preceitua:

> Art. 25. Ficam revogados, a partir de cento e oitenta dias da promulgação da Constituição, sujeito este prazo a prorrogação por lei, todos os dispositivos legais que atribuam ou deleguem a órgão do Poder Executivo competência assinalada pela Constituição ao Congresso Nacional, especialmente no que tange a: I – ação normativa; II – alocação ou transferência de recursos de qualquer espécie.

O objeto da revogação foi apenas a competência delegada, e não os atos normativos editados com base nessa delegação, que foram recepcionados pela CF/88.[503]

---

[503] O objeto da revogação foi indicado de forma clara pelo Ministro Sepúlveda Pertence neste precedente: "[...] conforme se depreende da redação do art. 25 do ADCT, o objeto da revogação, quando ultrapassado o prazo de 180 dias da promul-

Isso se deve ao fato de que, para analisar-se a recepção, ou não, de determinado ato normativo anterior a uma ordem constitucional, o único exame que se deve fazer é o de sua *compatibilidade material* (de seu conteúdo) com esta. A incompatibilidade formal perante a nova ordem é irrelevante para a recepção.[504]

- **Precedentes citados**

Recepção de tributo regulado por atos infralegais. Revogação da delegação do poder de fixar as alíquotas. Contribuição ao IBC: EXPORTAÇÃO DE CAFÉ. QUOTA DE CONTRIBUIÇÃO. DL Nº 2.295/86. ART. 25, I, DO ADCT/88. Trata-se de exigência fiscal legitimamente instituída pela União, sob o regime da EC 01/69, para intervenção no domínio econômico, por meio de decreto-lei que foi recebido pela nova Carta, com ressalva apenas da delegação nele contida, em favor do extinto Instituto Brasileiro do Café, para fim de fixação da respectiva alíquota (art. 25, I, do ADCT), de resto, impossível de ser exercida, em face da extinção da autarquia. Recurso conhecido e provido. (STF, 1ª Turma, **RE 191.229**, rel. Min. Ilmar Galvão, 6.1996)

Idem. Salário-educação: CONSTITUCIONAL. TRIBUTÁRIO. SALÁRIO-EDUCAÇÃO. CONSTITUCIONALIDADE. RECEPÇÃO. (1) O salário-educação, na vigência da EC 01/69 (art. 178), foi considerado constitucional. (2) A CF/88 recepcionou o referido encargo como contribuição social destinada ao financiamento do ensino fundamental (art. 212, § 5º), dando-lhe caráter tributário. Essa recepção manteve toda a disciplina jurídica do novo tributo, legitimamente editada de acordo com a ordem pretérita. (3) O art. 25 do ADCT revogou todas as delegações de competência outorgadas ao Executivo, sobre a matéria reservada ao Congresso Nacional, mas não impediu a recepção dos diplomas legais legitimamente elaborados na vigência da Constituição anterior, desde que materialmente compatíveis com a nova Carta. (4) Até a publicação da Lei nº 9.424/96, o salário-educação continuou regido pelas regras construídas no sistema precedente. (5) Recurso não conhecido. (STF, Pleno, **RE 272.872**, rel. Min. Ilmar Galvão, 4.2001)

10. Princípio da determinação (tipicidade fechada ou legalidade material)

10.1. Análise doutrinária

O princípio da determinação, também denominado de princípio da tipicidade fechada ou da legalidade material, é deduzido pela doutrina dos dispositivos constitucionais que embasam diretamente a construção de outras normas, tais como os princípios da legalidade, da separação dos poderes, da igualdade, da certeza e da segurança jurídica.

É uma expressão específica desses princípios, de modo que *encontra fundamento no próprio texto constitucional*, interpretado sistematicamente.

Tal princípio impõe ao legislador algo mais que a mera previsão dos aspectos da norma impositiva: *exige que esses aspectos sejam previstos com acentuada precisão*, a fim de reduzir a vagueza e a ambiguidade dos dispositivos tributários.

Ele *proíbe a adoção de termos e expressões imprecisos* a ponto de exigir que o Poder Executivo integre a norma de incidência, vindo a complementar o trabalho do legislador.

Com isso, *objetiva conferir segurança jurídica* aos contribuintes, permitindo-lhes ter plena ciência acerca do conteúdo das suas obrigações jurídico-tributárias.[505]

---

gação da CF, é a competência atribuída ou delegada a órgão do Poder Executivo pela legislação pré-constitucional e não as normas editadas quando vigente a delegação" (STF, 1ª Turma, RE 286.963, rel. Min. Sepúlveda Pertence, 5.2005, excerto do seu voto). Com base nessas premissas, o STF declarou a recepção das contribuições do salário-educação (STF, Pleno, *RE 272.872*, rel. Min. Ilmar Galvão, 4.2001) e ao Instituto Brasileiro do Café – IBC (STF, 1ª Turma, *RE 191.229*, rel. Min. Ilmar Galvão, 6.1996).

[504] MIRANDA. *Manual de Direito Constitucional.* t. II, p. 280.

[505] Esse princípio foi desenvolvido pela doutrina alemã, sendo denominado "Princípio da determinação da hipótese de incidência" (*Grundsatz der Tatbestandsbestimmtheit*) ou, simplesmente, "Princípio da determinação" (*Bestimmtheitsgrundsatz*). Vide: A. VELLOSO. "Princípio da especificidade conceitual, vagueza da linguagem e tributação"; TORRES. "O princípio da tipicidade no Direito Tributário". Há relevantes monografias nacionais sobre o tema: XAVIER. *Os princípios da legalidade e da tipicidade da tributação*; DERZI. *Direito tributário, direito penal e tipo*; OLIVEIRA. *A tipicidade no*

10.2. Precedentes do STF

O Supremo Tribunal Federal ainda não esboçou uma concepção teórica acerca do princípio da tipicidade fechada. Reconhece-o em alguns julgados, mas não chega a examinar com vagar as suas exigências. E jamais vislumbrou que algum ato normativo o violasse.

O precedente mais significativo sobre a matéria diz respeito *à contribuição ao SAT* instituída pela Lei 8.212/91, cuja legitimidade foi questionada em virtude de o seu art. 22, II, veicular uma norma impositiva incompleta, delegando ao Poder Executivo a tarefa de determinar as alíquotas aplicáveis a partir daquelas indicadas pelo legislador (1%, 2% e 3%, variáveis em função do grau de risco de acidentes do trabalho na atividade preponderante da empresa), por meio do enquadramento das empresas nas faixas de graus de risco (leve, médio e grave).

O STF, no entanto, não vislumbrou a ocorrência de inconstitucionalidade, considerando que: "o fato de a lei deixar para o regulamento a complementação dos conceitos de 'atividade preponderante' e 'grau de risco leve, médio e grave', não implica ofensa ao princípio da legalidade genérica, C.F., art. 5º, II, e da legalidade tributária, C.F., art. 150, I".[506]

Em julgados posteriores, a Corte reportou-se expressamente ao princípio constitucional da tipicidade cerrada, mas entendeu que ele não foi violado pela regulação do SAT:

> A legislação pertinente à instituição da contribuição social destinada ao custeio do Seguro de Acidente do Trabalho (SAT) e os decretos presidenciais que pormenorizaram as condições de enquadramento das empresas contribuintes não transgridem, formal ou materialmente, a Constituição da República, inexistindo, em conseqüência, qualquer situação de ofensa aos postulados constitucionais da legalidade estrita (CF, art. 5º, II) e da tipicidade cerrada (CF, art. 150, I), inocorrendo, ainda, por parte de tais diplomas normativos, qualquer desrespeito às cláusulas constitucionais referentes à delegação legislativa (CF, arts. 2º e 68) e à igualdade em matéria tributária (CF, arts. 5º, *caput*, e 150, II).[507]

Antes dos julgamentos relativos ao SAT, o STF já havia se manifestado acerca do princípio da tipicidade, ao refutar a alegação de inconstitucionalidade da sistemática de substituição tributária para frente.[508]

Também se encontra referência ao princípio da tipicidade fechada no *leading case* sobre o extinto dever de informar, na DIRPF, o valor de mercado dos bens imóveis, para futura apuração do IR sobre o lucro imobiliário:

> RECURSO EXTRAORDINÁRIO. TRIBUTÁRIO. IMPOSTO DE RENDA. DECLARAÇÃO DE BENS. ATUALIZAÇÃO. VALOR DE MERCADO. LEI N. 8.383/91. 1. A exigência de atualização, pelo valor de mercado, dos bens declarados para fins de imposto de renda não viola os princípios da tipicidade, da reserva legal e da igualdade jurídica. 2. A razoabilidade não pode ser usada como pretexto para o Poder Judiciário corrigir lei. 3. A finalidade da Lei n. 8.383/91 é ajustar o recolhimento do imposto sobre o lucro imobiliário. 4. Recurso a que se nega provimento.[509]

Direito Tributário Brasileiro. Vide, ainda, PAPIER. *Der Bestimmtheitsgrundsatz*; e TIPKE; LANG. *Steuerrecht: ein systematischer Grundriß*. p. 58-59.

[506] STF, Pleno, *RE 343.446*, rel. Min. Carlos Velloso, 3.2003, excerto da ementa.

[507] STF, 2ª Turma, AI 439.713 AgR, rel. Min. Celso de Mello, 9.2003, excerto da ementa.

[508] STF, Pleno, RE 213.396, rel. Min. Ilmar Galvão, 8.1999. A ementa não refere a questão, mas ela foi enfrentada pelo relator, nestes termos: "De outra parte, cumpridos se acham, na substituição tributária, os princípios da legalidade e da tipicidade, conforme acima restou demonstrado, instituído que foi o regime, no Estado de São Paulo, por lei, com observância das normas ditadas pela Constituição e pela lei complementar que a regulamentou, com exaustão de todos os aspectos legitimadores da exação, com especificidade tão-somente quanto ao fato gerador e à respectiva base de cálculo, que serão adiante apreciados".

[509] STF, Pleno, RE 209.843, rel. p/ ac. Min. Eros Grau, 11.2004. A despeito da referência na ementa, a questão da ofensa à tipicidade fechada não foi tratada a fundo. O relator original, Ministro Marco Aurélio, abordou o tema pelo prisma da

Percebe-se que o Pretório Excelso ainda tem um longo caminho a trilhar quanto ao princípio da determinação, sobretudo no que concerne à definição dos condicionamentos que ele impõe à atividade legiferante.

- **Precedente citado**

Princípio da legalidade. Determinação conceitual. Contribuição ao SAT. Constitucionalidade: CONSTITUCIONAL. TRIBUTÁRIO. CONTRIBUIÇÃO: SEGURO DE ACIDENTE DO TRABALHO – SAT. [...] III. – As Leis 7.787/89, art. 3º, II, e 8.212/91, art. 22, II, definem, satisfatoriamente, todos os elementos capazes de fazer nascer a obrigação tributária válida. O fato de a lei deixar para o regulamento a complementação dos conceitos de "atividade preponderante" e "grau de risco leve, médio e grave", não implica ofensa ao princípio da legalidade genérica, C.F., art. 5º, II, e da legalidade tributária, C.F., art. 150, I. IV. – Se o regulamento vai além do conteúdo da lei, a questão não é de inconstitucionalidade, mas de ilegalidade, matéria que não integra o contencioso constitucional. V. – Recurso extraordinário não conhecido. (STF, Pleno, **RE 343.446**, rel. Min. Carlos Velloso, 3.2003)

10.3. Delegações puras e técnicas

No *leading case* sobre o SAT, há uma precisão de relevo para as questões futuras: a *distinção entre delegação pura e delegação técnica.*

Aquela violaria o princípio da determinação, enquanto esta consistiria no mero exercício regulamentar *intra legem*, sendo legítima desde que:

a) baseie-se em parâmetros e padrões fixados em lei; e

b) decorra da necessidade de aferição de dados e elementos concretos.[510]

Da delegação pura, a técnica diferencia-se pelo fato de ser *condicionada, sujeita à observância de critérios preestabelecidos pelo legislador.* Mais precisamente, o que a singulariza é o fato de a delegação limitar-se à especificação dos parâmetros técnicos indicados no instrumento legislativo que a estabeleceu, de modo a propiciar a execução dos ditames legais.

A delegação técnica não é um cheque em branco. Não é transferência do poder discricionário de legislar. É a delegação do poder de *especificar os parâmetros técnicos fixados em lei*, que pela sua complexidade não poderiam ser integralmente estabelecidos pelo legislador, ao menos não sem prejuízo à boa técnica legislativa.

Por tal razão, o decreto que vier a ser editado no exercício do poder delegado há de qualificar-se como *intra legem*,[511] encontrando suporte no art. 84, IV, da Constituição Federal.[512] A delegação técnica jamais pode embasar a edição de decretos autônomos, que

segurança jurídica e da razoabilidade: "O subjetivismo que respalda a conclusão sobre o valor de mercado e, mais do que isso, as conseqüências jurídicas da obrigação imposta ao contribuinte tornam a lei em comento inexeqüível, desarrazoada, extravagante, contrária, a mais não poder, à segurança jurídica visada pelo arcabouço normativo". O relator para o acórdão, Ministro Eros Grau, não referiu o princípio. A questão foi enfrentada no voto proferido pelo Ministro Joaquim Barbosa, que afastou a violação ao princípio da tipicidade fechada em razão de a própria lei prever a possibilidade de impugnação administrativa do valor apurado pela autoridade administrativa: "No que diz respeito à ofensa aos princípios da legalidade e tipicidade cerrada, entendo que a norma tida por violadora da ordem constitucional prescreveu o dever de atualização dos valores dos bens e direitos apresentados em declaração em virtude do valor venal. Embora a expressão 'valor de venda' seja vaga, a falta de critérios de uso não impede e aplicação da respectiva norma, que sempre estaria sujeita ao controle de legalidade. Aliás, o próprio art. 96, § 3º, prevê a realização de avaliação administrativa ou judicial mediante processo regular em caso de contestação".

[510] STF, Pleno, RE 343.446, rel. Min. Carlos Velloso, 3.2003. A sua ementa, transcrita no tópico anterior, não refere o tema, que foi enfrentado no voto do relator.

[511] Foi por vislumbrar uma delegação para a edição de decreto *intra legem* que o Ministro Carlos Velloso concluiu pela legitimidade do art. 22, II, da Lei 8.212/91. Nas suas palavras: "Tem-se, no caso, portanto, regulamento delegado, *intra legem*, condizente com a ordem jurídico-constitucional" (STF, Pleno, RE 343.446, rel. Min. Carlos Velloso, 3.2003).

[512] Esta a redação do preceito citado: "Art. 84. Compete privativamente ao Presidente da República: [...] IV – sancionar, promulgar e fazer publicar as leis, bem como expedir decretos e regulamentos para sua fiel execução".

inovem no ordenamento jurídico, estabelecendo elementos imprescindíveis ao nascimento, à conformação ou à quantificação da obrigação tributária.[513]

II – instituir tratamento desigual entre contribuintes que se encontrem em situação equivalente, proibida qualquer distinção em razão de ocupação profissional ou função por eles exercida, independentemente da denominação jurídica dos rendimentos, títulos ou direitos;

Art. 150, II: Princípio da isonomia tributária

1. Noção

A igualdade *é um dos mais importantes direitos humanos*. Representa um dos elementos centrais de qualquer teoria séria da justiça. E, sempre que positivada, *constitui uma porta aberta à entrada da justiça no sistema jurídico*.

Na clássica lição de Aristóteles: "a justiça consiste em igualdade, e assim é, mas não para todos, senão para os iguais; e a desigualdade parece ser justa, e de fato o é, mas não para todos, senão para os desiguais".[514]

Dessa passagem extraímos a clássica *definição aristotélica* de igualdade, segundo a qual a igualdade consiste em tratar igualmente os iguais, e desigualmente os desiguais.

Frente à criação e à aplicação das leis, o princípio da igualdade – também chamado de princípio da isonomia – veicula duas exigências básicas: a igualdade "perante a lei" e a igualdade "na lei".

A *igualdade perante a lei*, garantida pelo art. 5º, *caput*, da Carta de 1988, é, em essência, um *mandamento de isonomia na aplicação legislativa*, exigindo que as normas jurídicas se apliquem a todos os casos que configuram as suas hipóteses de incidência e a nenhum outro. Vincula diretamente os Poderes Executivo e Judiciário. Atualmente, reconhece-se que se dirige inclusive ao Poder Legislativo, por exigir a edição de normas praticáveis. Mas não impõe ao legislador que atente para a isonomia no conteúdo das normas por si criadas. *Dista muito, portanto, de impor um tratamento efetivamente igual*, haja vista permitir que o legislador discrimine como lhe aprouver, demandando, tão só, que o tratamento discriminatório consagrado na lei seja aplicado a todos os casos que ela abarca.[515]

Destarte, revela-se necessário que também haja *igualdade nas leis*. O legislador está obrigado a editar normas com conteúdos isonômicos.

Na esfera tributária, o art. 150, II, da CF veda expressamente a instituição de "tratamento desigual entre contribuintes que se encontrem em situação equivalente", exigindo, portanto, o tratamento igual dos iguais.

Obviamente, tal preceito não exclui o outro viés da isonomia (tratamento desigual dos desiguais), que, aliás, é consagrado expressamente pelo artigo subsequente (art. 151, I, *in fine*), ao ressalvar, do alcance do mandamento de instituição de tributos federais uniformes no território nacional, a possibilidade de serem concedidos incentivos fiscais

---

[513] Para uma análise mais detida da questão, conferir o nosso artigo "Delegações legislativas no Direito Tributário", *Revista Fórum de Direito Tributário – RFDT*, Belo Horizonte, ano 9, nº 49, p. 53-71, jan./fev. 2011.

[514] ARISTÓTELES, *Politica*, p. 83 – 1280.

[515] ALEXY. *Theorie der Grundrechte*. p. 357-358.

com o escopo de promover o "equilíbrio do desenvolvimento socioeconômico entre as diferentes regiões do País".[516]

Sem embargo, essas colocações, que são objeto de singular consenso doutrinário, *dizem muito pouco* para a devida aplicação do princípio da isonomia.

A problemática fundamental da concretização desse princípio gravita em torno:

a) das propriedades que devem ser levadas em consideração para o estabelecimento de juízos de igualdade ou de desigualdade; e

b) do tratamento dessemelhante que a diversidade aferida deve embasar.

Deve-se perquirir, outrossim, acerca de critérios que permitam um efetivo *controle de constitucionalidade das desigualdades*, notadamente porque não são todas as desigualdades que se mostram ofensivas à Carta da República.[517]

2. Critérios de *discrimen* legítimos e ilegítimos no Direito Tributário

A análise do respeito, ou não, ao princípio da igualdade envolve necessariamente juízos de *igualdade parcial*, concernentes a propriedades específicas, também chamadas de *critérios de diferenciação* ou discrímen. Não pressupõe juízos de igualdade total (identidade), pelo mero fato de não haver identidade entre pessoas ou situações distintas.[518]

Percebe-se que *os juízos de igualdade envolvem três elementos:* duas pessoas, situações, fatos ou objetos comparados e um critério de diferenciação. Podem ser formalizados nestes termos: *a* é igual a *b* à luz do critério de diferenciação *X*.[519]

A identificação dos critérios de diferenciação e a definição dos tratamentos a serem estabelecidos com base neles constitui a tarefa central para a concretização do princípio da isonomia.

Os critérios de discrímen sempre *devem ser identificados à luz dos valores constitucionais e da finalidade da regulação* e, especificamente na seara tributária, das características e do escopo do tributo em questão.

2.1. Capacidade contributiva, benefício e equivalência

Para determinar os critérios de diferenciação que orientarão a concretização e a aplicação do princípio da isonomia, *deve-se partir da Constituição*, vez que a diferenciação estabelecida há de ser consentânea com as regras e os princípios constitucionais.[520]

E a Constituição, inequivocamente, impõe que a capacidade contributiva seja levada em consideração no Direito Tributário: o princípio da capacidade contributiva é a

[516] A propósito da necessidade de diferenciação, Rui Barbosa leciona que: "A regra da igualdade não consiste senão em quinhoar desigualmente aos desiguais, na medida em que se desigualam. Nesta desigualdade social, proporcionada à desigualdade natural, é que se acha a verdadeira lei da igualdade" (*Oração aos moços.* p. 26). Contra, Ives Gandra considera que "a pior das desigualdades é acreditar que os desiguais devem ser tratados desigualmente". Prossegue: "Com exceção ao disposto no art. 151, I [...] em que admitiu o constituinte, em tese, tratamento desigual para permitir o equilíbrio regional [...] não é possível tratamento desisonômico para qualquer situação" (MARTINS. *O sistema tributário na Constituição.* 6ª ed. p. 265).

[517] Cfr. VELLOSO, Andrei Pitten. *O Princípio da Isonomia Tributária*, p. 235 e ss.

[518] TIPKE; LANG. *Steuerrecht. Ein systematischer Grundriß*, 12ª ed. p. 43; ALEXY. *Theorie der Grundrechte.* p. 362.

[519] Cfr. ALEXY. *Theorie der Grundrechte.* p. 362, que propõe uma fórmula elaborada nestes termos: "*a* é igual a *b* relativamente à propriedade *P* [propriedade P_1, P_2, ..., P_3]". Contra: "A igualdade exige absoluta consonância em todas as partes" (MARTINS. *O sistema tributário na Constituição.* 6ª ed. p. 265). Esta posição é inquestionavelmente minoritária e não se sustenta após uma meditação mais aprofundada sobre o assunto, pois baralha igualdade com identidade.

[520] BANDEIRA DE MELLO. *Conteúdo jurídico do princípio da igualdade.* p. 41.

norma-diretriz para a concretização da isonomia na tributação, no que diz respeito aos impostos, aos empréstimos compulsórios e às contribuições especiais. É intuitivo, aliás, que a capacidade contributiva seja o critério basilar da isonomia tributária, como amplamente reconhecido dentro e fora do Brasil.[521]

Não se pode, porém, adotar uma posição radical, reputando-se que a capacidade contributiva seja o único critério adequado de comparação no âmbito tributário.[522] Apesar de ser indiscutivelmente o vetor básico de graduação dos impostos, é um critério inadequado para a graduação das taxas e das contribuições de melhoria, somente devendo aplicar-se a estas como um pressuposto para a tributação.

Às taxas e às contribuições de melhoria é aplicável o critério da equivalência lato sensu (ou do benefício).

A aplicação do critério do benefício para concretizar o princípio da isonomia tem vultosas implicações práticas. No âmbito das contribuições de melhoria, por exemplo, o princípio da isonomia concretizado à luz do critério do benefício requer que o universo dos sujeitos passivos seja composto por todos aqueles beneficiados economicamente pela valorização imobiliária advinda de obra pública e que a graduação da contribuição corresponda à valorização verificada. Por consequência, "seria inconstitucional a exigência da contribuição de melhoria que excluísse dela, por exemplo, alguns prédios, que deveriam ser tratados *da mesma maneira*".[523]

Refutando o acolhimento de um critério único para a concretização do princípio da isonomia tributária, o Ministro Carlos Velloso, com supedâneo na lição de Geraldo Ataliba, arrolou três fatores a serem levados em consideração em tal tarefa, distintos em função da espécie tributária de que se trate:

> Dou destaque a um princípio constitucional limitador da tributação, o princípio da igualdade tributária, que está inscrito no art. 150, II, da Constituição. Esse princípio se realiza, lembra Geraldo Ataliba, no tocante aos impostos, mediante a observância da capacidade contributiva (CF, art. 145, § 1º); quanto às contribuições, por meio da "proporcionalidade entre o efeito da ação estatal (o seu reflexo no patrimônio dos particulares) e o seu custo", ou, noutras palavras, por meio da proporcionalidade entre o custo da obra pública e a valorização que esta trouxe para o imóvel do particular; e, referentemente às taxas, "pelo específico princípio da retribuição ou remuneração. Cada um consome uma certa quantidade de serviço público e remunera o custo daquela quantidade." (Geraldo Ataliba, "Sistema Trib. na Constituição de 1988", Rev. de Dir. Trib., 51/140).[524]

Essas lições, arvoradas na classificação tripartida dos tributos, podem ser estendidas, com certas *nuances*, às demais espécies reconhecidas pelos expoentes da classificação quinquipartida, *aplicando-se o princípio da capacidade contributiva* como o critério fundamental de concretização da isonomia tributária não apenas para os impostos, mas *também para as contribuições especiais e para os empréstimos compulsórios.*

---

[521] Em algumas Constituições, é determinado expressamente que a tributação seja graduada em função da capacidade contributiva. Preconiza a Constituição espanhola que: "Todos contribuirán al sostenimiento de los gastos públicos de acuerdo con su capacidad económica mediante un sistema tributario justo inspirado en los principios de igualdad y progresividad que, en ningún caso, tendrá alcance confiscatorio" (art. 31.1). Disposição semelhante figura na Constituição italiana: "Tutti sono tenuti a concorrere alle spese pubbliche in ragione della loro capacità contributiva" (art. 53).

[522] BERLIRI, A. *Corso Istituzionale di Diritto Tributario*. p. 117. Klaus Tipke, em artigo traduzido para o português, expõe que: "o princípio da capacidade contributiva é o único princípio justo no âmbito tributário; é portanto o único parâmetro justo de comparação para a aplicação do princípio da igualdade" ("Sobre a Unidade da Ordem Jurídica Tributária", p. 64). Sem embargo, essa afirmação deve ser restrita ao âmbito dos impostos (*Steuern*), como exposto pelo próprio Tipke ("Sollten Leistungsfähigkeitsprinzip und Steuergrenzen in die Verfassung aufgenommen werden?", p. 58-59). Sua imputação ao "âmbito tributário" quiçá decorra de uma indevida tradução de "Steuer" (espécie) por "tributo" (gênero).

[523] PONTES DE MIRANDA. *Comentários à Constituição de 1967; com a Emenda n. 1 de 1969*. p. 377.

[524] STF, Pleno, ADI 2.586, rel. Min. Carlos Velloso, 5.2002. Nesse excerto é transcrito o seu voto proferido na ADI 447, publicado na RTJ 145/40.

2.2. Profissão ou função exercida

Quanto às pessoas jurídicas, é viável a adoção de regime tributário diferenciado em razão das suas peculiaridades jurídicas, do porte da empresa (art. 146, III, *c* e *d*, da CF), das características da atividade econômica ou profissional desenvolvida,[525] da utilização intensiva de mão de obra, das condições estruturais do mercado de trabalho (art. 195, §§ 9º e 12, da CF), de motivos extrafiscais etc.

Diversamente, *quanto às pessoas físicas, a Constituição rechaça expressamente a possibilidade de serem adotadas a profissão ou a função exercida como critérios de discrímen no âmbito tributário* (art. 150, II, *in fine*), vedando não só a concessão de privilégios tributários, mas também, como leciona Hugo de Brito Machado, a "utilização extrafiscal do tributo em relação às pessoas físicas".[526]

Por força desse preceito, declarou-se:

a) *a revogação da isenção do IR sobre a verba de representação dos magistrados* de que trata o art. 65, § 1º, da LOMAN, a qual era prevista no Decreto-Lei 2.019/83;[527] e

b) a inconstitucionalidade de isenções:

b-1) *do IPTU concedida aos servidores públicos estaduais*;[528]

b-2) *de taxas* (como custas judiciais, notariais, cartorárias e emolumentos) *aos membros do Ministério Público*[529] *e do Poder Judiciário.*[530]

Essa vedação de tratamento diferenciado não abrange apenas as profissões e as funções desempenhadas. *Engloba todos os elementos ligados à atividade laboral que não sejam relacionados à capacidade contributiva.* Por exemplo, o fato de o indivíduo ser servidor federal, estadual ou municipal não pode ser levado em consideração para a adoção de bases de cálculo diferenciadas no que diz respeito à incidência da contribuição previdenciária, como decidiu o STF ao declarar a inconstitucionalidade do tratamento discriminatório introduzido pela EC 41/03.[531]

Também com base no princípio da igualdade, o STF declarou a inconstitucionalidade de isenção do IPVA concedida apenas àqueles que estivessem filiados a uma determinada cooperativa.[532]

Tendo em vista que a disparidade de tratamento é permitida entre as pessoas jurídicas e vedada entre as pessoas físicas, resta evidente que as pessoas físicas capazes de formar pessoas jurídicas para o desempenho de suas atividades profissionais podem ser significativamente beneficiadas (pela tributação da pessoa jurídica, em substituição à física) perante as pessoas físicas que não podem organizar-se sob tal forma. Essa possibilidade, à luz de uma aplicação séria do princípio da isonomia tributária, revela-se extremamente questionável, mormente quando se considera, na linha da jurisprudência predominante do STF, ser inviável a extensão de benefícios fiscais ou de regimes jurídico-tributários benéficos com respaldo no princípio da isonomia.

---

[525] Admite-se, por exemplo, a cobrança do favorável ISS fixo para as sociedades prestadoras de serviços profissionais, dentre as quais se enquadram os escritórios de advocacia (STF, Pleno, RE 236.604, rel. Min. Carlos Velloso, 5.1999).

[526] MACHADO. *Os princípios jurídicos da tributação na Constituição de 1988*. p. 61.

[527] STF, Pleno, *MS 20.858*, rel. Min. Néri da Silveira, 3.2002.

[528] STF, 1ª Turma, *AI 157.871 AgR*, rel. Min. Octávio Gallotti, 9.1995.

[529] STF, Pleno, *ADI 3.260*, rel. Min. Eros Grau, 3.2007.

[530] STF, Pleno, *ADI 3.334*, rel. Min. Ricardo Lewandowski, 3.2011.

[531] STF, Pleno, *ADI 3.105*, rel. p/ ac. Min. Cezar Peluso, 8.2004.

[532] STF, Pleno, *ADI 1.655*, rel. Min. Maurício Corrêa, 3.2004.

• Precedentes citados

Isenção do IPVA a veículos vinculados a determinada cooperativa. Inconstitucionalidade: [...] 2. Lei Estadual 356/97. Cancelamento de multa e isenção do pagamento do IPVA. Matéria afeta à competência dos Estados e à do Distrito Federal. Benefício fiscal concedido exclusivamente àqueles filiados à Cooperativa de Transportes Escolares do Município de Macapá. Inconstitucionalidade. A Constituição Federal outorga aos Estados e ao Distrito Federal a competência para instituir o Imposto sobre Propriedade de Veículos Automotores e para conceder isenção, mas, ao mesmo tempo, proíbe o tratamento desigual entre contribuintes que se encontrem na mesma situação econômica. Observância aos princípios da igualdade, da isonomia e da liberdade de associação. Ação direta de inconstitucionalidade julgada procedente. (STF, Pleno, **ADI 1.655**, rel. Min. Maurício Corrêa, 3.2004)

Tributação diferenciada entre servidores públicos. Inconstitucionalidade: [...] 3. Inconstitucionalidade. Ação direta. Emenda Constitucional (EC nº 41/2003, art. 4º, § único, I e II). Servidor público. Vencimentos. Proventos de aposentadoria e pensões. Sujeição à incidência de contribuição previdenciária. Bases de cálculo diferenciadas. Arbitrariedade. Tratamento discriminatório entre servidores e pensionistas da União, de um lado, e servidores e pensionistas dos Estados, do Distrito Federal e dos Municípios, de outro. Ofensa ao princípio constitucional da isonomia tributária, que é particularização do princípio fundamental da igualdade. [...] (STF, Pleno, **ADI 3.105**, rel. p/ ac. Min. Cezar Peluso, 8.2004)

Sobre o precedente, conferir o tópico atinente à tributação dos inativos e pensionistas, nos comentários ao art. 149, § 1º.

Isenção de taxas a membros do Ministério Público. Inconstitucionalidade: [...] 1. A lei complementar estadual que isenta os membros do Ministério Público do pagamento de custas judiciais, notariais, cartorárias e quaisquer taxas ou emolumentos fere o disposto no artigo 150, inciso II, da Constituição do Brasil. 2. O texto constitucional consagra o princípio da igualdade de tratamento aos contribuintes. Precedentes. 3. Ação direta julgada procedente para declarar a inconstitucionalidade do artigo 271 da Lei Orgânica e Estatuto do Ministério Público do Estado do Rio Grande do Norte – Lei Complementar n. 141/96. (STF, Pleno, **ADI 3.260**, rel. Min. Eros Grau, 3.2007).

Isenção de custas e emolumentos a Magistrados e servidores. Ofensa à isonomia. Inconstitucionalidade: Fere o princípio da isonomia tributária lei que concede aos membros e servidores do Poder Judiciário isenção de pagamento de custas e emolumentos pelos serviços judiciais e extrajudiciais. Com base nesse entendimento, o Plenário julgou procedente pedido formulado em ação direta ajuizada pelo Procurador-Geral da República para declarar a inconstitucionalidade do art. 240 da Lei Complementar 165/99, do Estado do Rio Grande do Norte ("Os membros e os servidores do Poder Judiciário não estão sujeitos ao pagamento de custas e emolumentos pelos serviços judiciais e extrajudiciais"). (STF, Pleno, **ADI 3.334**, rel. Min. Ricardo Lewandowski, 3.2011)

Benefícios tributários concedidos a categorias profissionais. Isenção parcial da remuneração de Magistrados. Eficácia imediata do princípio da isonomia tributária: Mandado de segurança. Ato do Presidente do Tribunal de Justiça do Distrito Federal e Territórios que, na qualidade de ordenador de despesas, determinou a incidência do Imposto de Renda na Fonte, após a Constituição de 1988 sobre parcelas de remuneração de magistrados que não compunham a base de cálculo do referido tributo. [...] 3. A isonomia tributária do art. 150, II, da Constituição, tornou-se eficaz a partir de sua promulgação; não caberia falar em violação à anterioridade tributária, com a imediata exigibilidade do tributo na fonte sobre a parcela isenta, ut art. 2º, do Decreto-lei nº 2019/1983, prevista no art. 65, § 1º, da LOMAN (Lei Complementar nº 35/1979). [...] (STF, Pleno, **MS 20.858**, rel. Min. Néri da Silveira, 3.2002)

Isenção de IPTU a servidores estaduais. Inconstitucionalidade: [...] Isenção de IPTU, em razão da qualidade de servidor estadual do Agravante, postulada em desrespeito da proibição contida no art. 150, II, da Constituição Federal de 1988. (STF, 1ª Turma, **AI 157.871 AgR**, rel. Min. Octávio Gallotti, 9.1995)

2.3. Fator tempo

Embora disparidades tributárias não possam ser fundadas exclusivamente no elemento tempo, *é plenamente viável que se estabeleçam diferenciações entre fatos ocorridos em momentos distintos*,[533] mormente quando a diferenciação decorre da própria vigência da norma, haja vista que apenas se estarão estremando os fatos já verificados daqueles até então inexistentes.[534]

Tais diferenciações são próprias das modificações legislativas e, em inúmeros casos, constituem exigências impostas pelo sistema jurídico-constitucional.

---

[533] É clássica a lição de Celso Antônio Bandeira de Mello no sentido de que não é dado ao legislador discriminar pessoas ou situações "mediante traço diferencial que não seja nelas mesmas residentes" e, por isso, "não pode tomar *tempo* ou *data* como fator de discriminação entre pessoas a fim de lhes dar tratamentos díspares [...] O que pode tomar como elemento discriminador é o fato, é o acontecimento, transcorrido em certo tempo por ele delimitado" (*Conteúdo jurídico do princípio da igualdade*. p. 29 e 33).

[534] BANDEIRA DE MELLO, op. cit., p. 31.

Quando se majora um tributo, por exemplo, é imprescindível tratar os fatos já verificados quando da edição da lei mais gravosa diversamente dos que serão sujeitos à sua incidência, sob pena de vulnerar o princípio constitucional da irretroatividade das leis tributárias (art. 150, III, *a*).

Nessa situação, a interdição de retroatividade gravosa das leis tributárias prevalece sobre o princípio da isonomia, obstando que situações iguais à luz de um critério juridicamente relevante (a capacidade contributiva, por exemplo) sejam tratadas igualmente.

A isonomia entre as situações pretéritas e posteriores ao início de vigência da regra impositiva somente poderá ser implementada quando esta seja mais benéfica ao contribuinte – e desde que haja previsão legislativa expressa nesse sentido, já que o princípio da igualdade não sustenta, por si só, a retroatividade das leis tributárias substantivas mais benéficas ao contribuinte.[535]

Sem embargo, *o princípio da isonomia confere supedâneo à retroatividade das sanções tributárias mais benéficas*, consagrada expressamente no art. 106, II, do CTN.[536]

- **Precedente citado**

Disparidade tributária no tempo. Isenção concedida a partir de data pré-estipulada. Legitimidade: RECURSO EXTRAORDINÁRIO: ISENÇÃO DO IMPOSTO SOBRE OPERAÇÕES FINANCEIRAS NAS IMPORTAÇÕES. LIMITAÇÃO À DATA DA EXPEDIÇÃO DA GUIA DE IMPORTAÇÃO. DESLOCAMENTO DA DATA DA OCORRÊNCIA DO FATO GERADOR. INEXISTÊNCIA. DECLARAÇÃO DE INCONSTITUCIONALIDADE DA PARTE FINAL DO ART. 6º DO DECRETO-LEI Nº 2.434/88. IMPOSSIBILIDADE. 1. A isenção fiscal decorre do implemento da política fiscal e econômica, pelo Estado, tendo em vista o interesse social. É ato discricionário que escapa ao controle do Poder Judiciário e envolve o juízo de conveniência e oportunidade do Poder Executivo. O termo inicial de vigência da isenção, fixada a partir da data da expedição da guia de importação, não infringe o princípio da isonomia tributária, nem desloca a data da ocorrência do fato gerador do tributo, porque a isenção diz respeito à exclusão do crédito tributário, enquanto o fato gerador tem pertinência com o nascimento da obrigação tributária. 2. Não pode esta Corte alterar o sentido inequívoco da norma, por via de declaração de inconstitucionalidade de parte do dispositivo da lei. A Corte Constitucional só pode atuar como legislador negativo, não, porém, como legislador positivo. Precedente. Recurso extraordinário conhecido e provido. (STF, 2ª Turma, **RE 188.951**, rel. Min. Maurício Corrêa, 5.1995)

3. Necessidade de considerar a totalidade da carga tributária

O princípio da isonomia tributária não deve ser aplicado apenas a cada exação em particular, mas também à totalidade da carga tributária.

Por vezes, a sujeição a um ônus mais gravoso em relação a determinado tributo é compensada por um tratamento mais benéfico perante outra exação, consagrando-se a isonomia quanto à totalidade da carga tributária.

Elucidativa é a situação que se verificou com as instituições financeiras. Elas estavam sujeitas a uma tributação mais gravosa pela CSLL, mas eram compensadas, no todo ou em parte, através de uma tributação mais favorecida pela COFINS (eram isentas sob a égide da LC 70/91 e tributadas com bases de cálculo reduzidas no regime da Lei 9.718/98).

Tal fato rendeu ensejo a que, sob o fundamento de violação à isonomia, as instituições financeiras postulassem a aplicação da alíquota geral da CSLL e que as demais empresas postulassem a sua desoneração perante a COFINS.

---

[535] Nessa linha, o STF não vislumbrou lesão à isonomia na isenção do IOF cuja vigência havia sido limitada pela data de expedição da guia de importação (2ª Turma, *RE 188.951*, rel. Min. Maurício Corrêa, 5.1995).

[536] Eis a redação do art. 106 do CTN: "Art. 106. A lei aplica-se a ato ou fato pretérito: I – em qualquer caso, quando seja expressamente interpretativa, excluída a aplicação de penalidade à infração dos dispositivos interpretados; II – tratando-se de ato não definitivamente julgado: a) quando deixe de defini-lo como infração; b) quando deixe de tratá-lo como contrário a qualquer exigência de ação ou omissão, desde que não tenha sido fraudulento e não tenha implicado em falta de pagamento de tributo; c) quando lhe comine penalidade menos severa que a prevista na lei vigente ao tempo da sua prática."

É evidente que a aplicação da isonomia, no caso, não poderia levar em consideração o regime jurídico-tributário de apenas uma dessas exações.

O Supremo Tribunal Federal, contudo, optou por abster-se de ingressar no cerne da questão, apoiando-se na questionável tese da impossibilidade de realizar o princípio da isonomia na espécie, sob pena de atuar como legislador positivo.[537]

Fundamentos mais plausíveis foram apresentados quando o STF apreciou a legitimidade do sistema de compensação da alíquota majorada da COFINS com a CSLL, que era previsto no art. 8, § 1º, da Lei 9.718/98. Levando em conta a tributação tanto pela COFINS quanto pela CSLL, a Corte declarou a legitimidade dessa sistemática, pois as pessoas jurídicas que tivessem prejuízo e, consequentemente, não pudessem compensar a alíquota majorada da COFINS, não estariam sujeitas ao pagamento da CSLL.[538]

- **Precedentes citados**

Disparidades no bojo de tributos distintos. Compensação da COFINS majorada com a CSLL. Impossibilidade de compensação por quem não aufere lucro. Legitimidade: TRIBUTÁRIO. COFINS. ART. 8.º E § 1.º DA LEI N.º 9.718/98. ALÍQUOTA MAJORADA DE 2% PARA 3%. COMPENSAÇÃO DE ATÉ UM TERÇO COM A CONTRIBUIÇÃO SOBRE O LUCRO LÍQUIDO - CSLL, QUANDO O CONTRIBUINTE REGISTRAR LUCRO NO EXERCÍCIO. ALEGADA OFENSA AO PRINCÍPIO DA ISONOMIA. Por efeito da referida norma, o contribuinte sujeito a ambas as contribuições foi contemplado com uma bonificação representada pelo direito a ver abatido, no pagamento da segunda (COFINS), até um terço do quantum devido, atenuando-se, por esse modo, a carga tributária resultante da dupla tributação. Diversidade entre tal situação e a do contribuinte tributado unicamente pela COFINS, a qual se revela suficiente para justificar o tratamento diferenciado, não havendo que falar, pois, de ofensa ao princípio da isonomia. Não-conhecimento do recurso. (STF, Pleno, **RE 336.134**, rel. Min. Ilmar Galvão, 11.2002)

Distinção de alíquotas da CSLL. Impossibilidade de o STF atuar como legislador positivo: AGRAVO REGIMENTAL NO RECURSO EXTRAORDINÁRIO. CONTRIBUIÇÃO SOCIAL SOBRE O LUCRO. INSTITUIÇÕES FINANCEIRAS. ALÍQUOTAS DIFERENCIADAS. ISONOMIA. EQUIPARAÇÃO OU SUPRESSÃO. IMPOSSIBILIDADE JURÍDICA DO PEDIDO. 1. A declaração de inconstitucionalidade dos textos normativos que estabelecem distinção entre as alíquotas recolhidas, a título de contribuição social, das instituições financeiras e aquelas oriundas das empresas jurídicas em geral teria como conseqüência normativa ou a equiparação dos percentuais ou a sua supressão. Ambas as hipóteses devem ser afastadas, dado que o STF não pode atuar como legislador positivo nem conceder isenções tributárias. Daí a impossibilidade jurídica do pedido formulado no recurso extraordinário. Agravo regimental a que se nega provimento. (STF, 2ª Turma, **RE 370.590 AgR**, rel. Min. Eros Grau, 4.2008)

Distinção de bases de cálculo da COFINS. Impossibilidade de o STF atuar como legislador positivo: AGRAVO REGIMENTAL NO RECURSO EXTRAORDINÁRIO. TRIBUTÁRIO. PIS/PASEP E COFINS. EXTENSÃO DE TRATAMENTO DIFERENCIADO. ISONOMIA. IMPOSSIBILIDADE JURÍDICA DO PEDIDO. 1. O acolhimento da postulação da autora --- extensão do tratamento tributário diferenciado concedido às instituições financeiras, às cooperativas e às revendedoras de carros usados, a título do PIS/PASEP e da COFINS --- implicaria converter-se o STF em legislador positivo. Isso porque se pretende, dado ser ínsita a pretensão de ver reconhecida a inconstitucionalidade do preceito, não para eliminá-lo do mundo jurídico, mas com a intenção de, corrigindo eventual tratamento adverso à isonomia, estender os efeitos da norma contida no preceito legal a universo de destinatários nele não contemplados. Precedentes. Agravo regimental não provido. (STF, 2ª Turma, **RE 402.748 AgR**, rel. Min. Eros Grau, 4.2008).

4. Justificação das disparidade de trato

Para legitimar tratamentos díspares, *é mister que o critério de discrímen seja adequado à diferenciação jurídica estabelecida* – ou, no dizer de Celso Antônio Bandeira de Mello, que haja uma "correlação lógica" entre tais elementos.[539]

---

[537] STF, 2ª Turma, *RE 370.590 AgR*, rel. Min. Eros Grau, 4.2008 (alíquotas da CSLL); 2ª Turma, *RE 402.748 AgR*, rel. Min. Eros Grau, 4.2008 (base de cálculo da COFINS).

[538] STF, Pleno, *RE 336.134*, rel. Min. Ilmar Galvão, 11.2002.

[539] BANDEIRA DE MELLO. *Conteúdo jurídico do princípio da igualdade*. p. 41.

Como preleciona Bandeira de Mello: "é o vínculo de conexão lógica entre os elementos diferenciais colecionados e a disparidade das disciplinas estabelecidas em vista deles, o *quid* determinante da validade ou invalidade de uma regra perante a isonomia".[540]

Sem embargo, *não se exige propriamente uma correlação lógico-formal* entre o critério de diferenciação e o tratamento díspar estabelecido: *o que se requer é uma adequada correlação valorativa.*

Quando se analisa a legitimidade de diferenciações jurídicas, empreende-se um *juízo valorativo acerca da razoabilidade da medida.* Se esse juízo for negativo, dever-se-á declarar a inconstitucionalidade da diferenciação, por violação ao princípio da isonomia.

Esse aspecto foi exposto com clareza nos votos dos Ministros Ilmar Galvão e Celso de Mello relativos à proibição de importação de automóveis usados:

> O que o princípio da igualdade veda são as discriminações injustificadas, hipótese não configurada nestes autos, onde não se apontou um único elemento capaz de autorizar a convicção de inexistência de correlação lógica na distinção feita entre automóveis novos e usados, para a disparidade de tratamento jurídico estabelecida pela norma impugnada, ou de que se está diante de discriminação desvaliosa ou atentatória ao bem público. (voto do Ministro Ilmar Galvão)
>
> A *inocorrência* de elementos arbitrários no conteúdo intrínseco da norma em causa evidencia que se atendeu, no processo de sua formal positivação jurídica, a exigência constitucional que impõe ao Estado a observância do princípio da igualdade na elaboração de atos emanados do Poder Público, *respeitando-se*, desse modo, *com inteira fidelidade*, o postulado do *substantive due process of law*, cuja formulação *repele*, por inadmissíveis, quaisquer cláusulas ou disposições normativas que se caracterizem pela ausência do *necessário* coeficiente de *razoabilidade*. (voto do Ministro Celso de Mello)[541]

Além da adequação do critério de discrímen, é *mister que a diferenciação da carga tributária seja adequada e proporcional à disparidade fática apurada.*

Por exemplo, mesmo que haja distinção de capacidade contributiva entre os sujeitos passivos do Imposto de Renda e sejam estabelecidos gravames tributários diferenciados (sendo evidente que o critério de discrímen – capacidade contributiva – é legítimo para fundamentar distinções tributárias), seria ilegítima uma majoração vultosa do tributo com base numa singela disparidade de capacidade contributiva. No caso, ter-se-ia olvidado que o tratamento desigual dos desiguais deve dar-se *na medida de sua desigualdade.*

Registramos, por fim, que *preconizamos um controle mais rígido das desigualdades tributárias*, que vá além do mero controle de arbitrariedade, ingressando no próprio exame de legitimidade das restrições ao direito fundamental à igualdade tributária e, inclusive, da proporcionalidade *stricto sensu* entre a restrição à isonomia e o fim que a justifica, tal como se procede no âmbito das liberdades fundamentais.[542]

---

[540] BANDEIRA DE MELLO. *Conteúdo jurídico do princípio da igualdade*. p. 37. Prossegue: "Segue-se que o problema das diferenciações que não podem ser feitas sem quebra da igualdade não se adscreve aos elementos escolhidos como fatores de desigualação, pois resulta da conjunção deles com a disparidade estabelecida nos tratamentos jurídicos dispensados" (ibidem, p. 37-38). Seria um absurdo, v.g., instituir ou majorar um tributo exclusivamente para os portadores de neoplasia maligna, diante da manifesta inadequação entre o fator de discrímen e a diferenciação jurídica estabelecida; mas nada obsta que lhes sejam concedidos benefícios tributários, tal como a isenção do IR concedida pelo art. 6º, XIV, da Lei 7.718/88. Aliás, a desoneração é *imposta* pelo princípio da isonomia tributária, sempre que a doença implique efetiva redução da capacidade contributiva.

[541] STF, Pleno, RE 203.954, rel. Min. Ilmar Galvão, 11.1996. A propósito, cabe recordar outro precedente relatado pelo Ministro Ilmar Galvão, em que se declarou a inconstitucionalidade de dispositivo que condicionava o número de candidatos às Câmaras municipais ao número de representantes do respectivo partido na Câmara federal. No seu voto, foi exposta a necessidade de verificar "se o critério discriminatório é natural e razoável, ou, em outras palavras, se guarda ele pertinência lógica com a disparidade de tratamento estabelecida entre os partidos", consignando-se na ementa a "plausibilidade da tese, relativamente aos parágrafos do art. 11, por instituírem critério caprichoso que não guarda coerência lógica com a disparidade de tratamento neles estabelecida" (STF, Pleno, ADI 1.355 MC, rel. Min. Ilmar Galvão, 11.1995).

[542] Cfr. VELLOSO, Andrei Pitten. *O Princípio da Isonomia Tributária*, p. 242 e ss.

5. A extrafiscalidade e as restrições à isonomia

O princípio da isonomia tributária aplica-se a todas as relações abarcadas pelo Direito Tributário, possuindo uma abrangência vastíssima. Demanda que os iguais sejam tributados de forma idêntica e os desiguais de forma díspar, na medida exata da sua desigualdade. Não se compatibiliza com a imposição de cargas tributárias diferenciadas para aqueles que são iguais à luz dos critérios jurídico-tributários.

Em regra, harmoniza-se plenamente com o princípio geral de igualdade. Situações há, porém, em que *a desigualdade tributária pode servir justamente à promoção da igualdade social*, vindo ao encontro do princípio da igualdade numa perspectiva mais ampla. Geralmente, essas desigualdades tributárias são legítimas, já que não representam discriminações num plano mais abrangente.[543]

Ademais, *permite-se que sejam adotadas medidas tributárias anti-isonômicas para alcançar fins não fiscais*, mesmo que alheios à igualização social.

De fato, é amplamente aceita a possibilidade de o Direito Tributário ser utilizado com vistas à promoção ou à inibição de determinadas condutas, ao incentivo à economia etc., mesmo que para tanto se adote uma tributação nitidamente contraposta àquela exigida pelo princípio da isonomia tributária.

Não obstante, com frequência se verificam tentativas de justificar tratamentos tributários acentuadamente anti-isonômicos com base em débeis fins extrafiscais, utilizando-se a extrafiscalidade como justificativa para violações nítidas ao princípio da igualdade,[544] notadamente no que diz respeito aos benefícios fiscais.

Destarte, *embora se reconheça a possibilidade de os tributos serem utilizados com fins não fiscais, deve-se ter extrema cautela na aferição da legitimidade de tal prática*, haja vista que ela geralmente afeta os princípios da isonomia tributária e da capacidade contributiva.

Consciente desse fato, Moschetti arrolou uma série de *requisitos de legitimidade da tributação extrafiscal:*

a) existência de capacidade contributiva;

b) conformidade da intervenção fiscal com o interesse coletivo conformado constitucionalmente;

c) clareza da finalidade legislativa e adequação do meio ao fim; e

d) respeito aos princípios constitucionais indiretamente afetados.[545]

Com base no caráter extrafiscal das medidas questionadas, o STF declarou a constitucionalidade:

a) de incentivos fiscais frente ao IPVA para empresas que possuam pelo menos 30% de seus empregados com idade superior a 40 anos,[546] com vistas à atenuação dos óbices à obtenção e à manutenção de empregos por trabalhadores dessa faixa etária;

b) da adoção de alíquotas diferenciadas do IPVA em função do tipo de combustível utilizado (álcool ou gasolina), a fim de estimular o consumo do combustível renovável de produção nacional;[547]

---

543 Cfr. STF, Pleno, *ADI 1.276*, rel. Min. Ellen Gracie, 8.2002.

544 Aqui, distinguimos entre restrições e violações ao princípio da igualdade tributária. Aquelas são constitucionais; estas, inconstitucionais.

545 MOSCHETTI. *Il principio della capacità contributiva.* p. 249 *et seq.*

546 STF, Pleno, *ADI 1.276*, rel. Min. Ellen Gracie, 8.2002.

547 STF, 1ª Turma, RE 236.931, rel. Min. Ilmar Galvão, 8.1999. Lê-se na ementa: "Diversidade de alíquotas em razão da natureza do combustível (álcool e gasolina) que por contemplar coisas distintas, não ofende o princípio da isonomia, nem configura tributo progressivo".

c) da redução da taxa florestal de polícia para as indústrias que comprovem a realização de reflorestamento de acordo com o seu consumo de carvão vegetal;[548]

d) da exclusão do SIMPLES de micro e pequenas empresas "cujos sócios têm condição de disputar o mercado de trabalho sem assistência do Estado", visto que "a lei tributária [...] pode discriminar por motivo extrafiscal entre ramos de atividade econômica, desde que a distinção seja razoável, como na hipótese vertente, derivada de uma finalidade objetiva e se aplique a todas as pessoas da mesma classe ou categoria".[549]

- **Precedentes citados**

Incentivo fiscal voltado a afastar dificuldade de acesso ao mercado de trabalho. Legitimidade: Ao instituir incentivos fiscais a empresas que contratam empregados com mais de quarenta anos, a Assembléia Legislativa Paulista usou o caráter extrafiscal que pode ser conferido aos tributos, para estimular conduta por parte do contribuinte, sem violar os princípios da igualdade e da isonomia. [...] (STF, Pleno, **ADI 1.276**, rel. Min. Ellen Gracie, 8.2002)

Exclusão do SIMPLES de empresas cujos sócios têm condição de disputar o mercado de trabalho mesmo fora do regime especial de tributação: [...] 3. Por disposição constitucional (CF, artigo 179), as microempresas e as empresas de pequeno porte devem ser beneficiadas, nos termos da lei, pela "simplificação de suas obrigações administrativas, tributárias, previdenciárias e creditícias, ou pela eliminação ou redução destas" (CF, artigo 179). 4. Não há ofensa ao princípio da isonomia tributária se a lei, por motivos extrafiscais, imprime tratamento desigual a microempresas e empresas de pequeno porte de capacidade contributiva distinta, afastando do regime do SIMPLES aquelas cujos sócios têm condição de disputar o mercado de trabalho sem assistência do Estado. Ação direta de inconstitucionalidade julgada improcedente. (STF, Pleno, **ADI 1.643**, rel. Min. Maurício Corrêa, 12.2002)

Incentivo fiscal voltado à tutela do meio ambiente. Legitimidade: TRIBUTÁRIO. ESTADO DE MINAS GERAIS. TAXA FLORESTAL. LEI N. 7.163/77. ALEGADA OFENSA AOS ARTS. 5º, *CAPUT*; 145, II E § 2º; 150, I E IV; E 152, TODOS DA CONSTITUIÇÃO FEDERAL. [...] Descabimento da alegação de ofensa ao princípio da isonomia, por razões óbvias, diante do incentivo fiscal, em forma de redução do tributo, previsto para as indústrias que comprovarem a realização de reflorestamento proporcional ao seu consumo de carvão vegetal. Recurso não conhecido. (STF, 1ª Turma, **RE 239.397**, rel. Min. Ilmar Galvão, 3.2000).

6. Exclusão de benefício em afronta à isonomia: a inconstitucionalidade por omissão parcial e a tese do legislador negativo

A concessão de benefícios tributários em afronta à isonomia, pela sua indevida limitação, configura o que a doutrina denomina *inconstitucionalidade por omissão parcial*, consistente na exclusão discriminatória de determinadas pessoas ou situações do alcance de uma norma.

Concedem-se desonerações fiscais a apenas uma parcela do grupo que haveria de ser beneficiado, caso fosse respeitado o princípio da isonomia. Noutros termos, ao instituir o benefício, o legislador desconsidera contribuintes em situação juridicamente análoga à daqueles que foram alcançados pela norma fiscal mais vantajosa, restando configurada, assim, a sua "omissão parcial".

Para superar a inconstitucionalidade por omissão parcial, poderiam, em tese, ser adotadas três soluções básicas, como exposto pelo Ministro Celso de Mello:

> As discussões em torno das possíveis soluções jurídicas, estimuladas pela questão da exclusão de benefício, com ofensa ao princípio da isonomia, permitem vislumbrar três mecanismos destinados a viabilizar a resolução da controvérsia: (a) a extensão dos benefícios ou vantagens às categorias ou grupos inconstitucionalmente excluídos; ou (b) a supressão dos benefícios ou vantagens que foram indevidamente concedidos a terceiros; ou (c) o reconhecimento da existência de uma situação ainda constitucional (situação constitucional imperfeita), ensejando-se, ao Poder Público, em tempo razoável, a edição de lei restabelecedora do dever de integral obediência ao princípio da igualdade, sob pena de progressiva inconstitucionalização do ato estatal, que, embora existente, revela-se insuficiente e incompleto.[550]

---

[548] STF, 1ª Turma, *RE 239.397*, rel. Min. Ilmar Galvão, 3.2000.

[549] STF, Pleno, *ADI 1.643*, rel. Min. Maurício Corrêa, 12.2002.

[550] STF, 2ª Turma, AI 313.373 AgR, rel. Min. Celso de Mello, 8.2002, excerto do seu voto.

Afastando-se a terceira solução, que não é viável quando se reconhece propriamente a inconstitucionalidade por omissão parcial, *restam apenas duas alternativas: a extensão ou a supressão do benefício*.

Quanto a esta, aqueles que gozam dos benefícios obviamente não têm interesse de vê-los declarados inconstitucionais, e *os contribuintes discriminados carecem de legitimidade para postular a declaração de inconstitucionalidade no controle difuso*.

Destarte, a sua impugnação costuma ser veiculada em sede de controle concentrado, sobretudo nos casos de "guerra fiscal", ou seja, de benefícios fiscais concedidos irregularmente para atrair empresas ao território do ente tributante.[551]

No que concerne à *extensão do benefício*, aqueles que são privados do seu gozo não conseguem vê-lo garantido judicialmente, em virtude da *tese da impossibilidade de o Poder Judiciário atuar como legislador positivo*, que se firmou no STF.

Com isso, a aplicação do princípio da isonomia aos benefícios tributários torna-se extremamente débil.

Aqui, cabe analisar com atenção a tese da vedação de o Poder Judiciário atuar como legislador positivo, que, segundo a jurisprudência remansosa do Supremo, inviabiliza a extensão de benefícios fiscais àqueles indevidamente privados do seu gozo.

Essa jurisprudência é antiga, tendo sido cristalizada com a edição, em matéria administrativa, da Súmula 339 do STF:

> Não cabe ao Poder Judiciário, que não tem função legislativa, aumentar vencimentos de servidores públicos, sob fundamento de isonomia.

Considera-se que essa súmula foi recepcionada pela Constituição de 1988.[552]

Aplicando a *ratio* da Súmula 339 do STF aos benefícios tributários discriminatórios, entende-se que não é permitido, ao Poder Judiciário, estender a isenção ou outros benefícios fiscais aos contribuintes não contemplados pela lei.[553]

Considera-se que o tratamento desigual não pode ser afastado sequer mediante a declaração de inconstitucionalidade da restrição discriminatória.[554]

A tese da impossibilidade de atuação como legislador positivo é bem sintetizada neste precedente:

> A exigência constitucional de lei formal para a veiculação de isenções em matéria tributária atua como insuperável obstáculo à postulação da parte recorrente, eis que a extensão dos benefícios isencionais, por via jurisdicional, encontra limitação absoluta no dogma da separação de poderes. Os magistrados e Tribunais – que não dispõem de função legislativa – não podem conceder, ainda que sob fundamento de isonomia, o benefício da exclusão do crédito tributário em favor daqueles a quem o legislador, com apoio em critérios impessoais, racionais e objetivos, não quis contemplar com a vantagem da isenção. Entendimento diverso, que reconhecesse aos magistrados essa anômala função jurídica, equivaleria, em última análise, a converter o Poder Judiciário em inadmissível legislador positivo, condição institucional esta que lhe recusou a própria Lei Fundamental do Estado. É de acentuar, neste ponto, que, em tema de controle de constitucionalidade de atos estatais, o Poder Judiciário só atua como legislador negativo.[555]

Reputa-se que, para a extensão do benefício, somente seria viável a interposição de Ação Direta de Inconstitucionalidade por Omissão, que, via de regra, é destituída de efeitos práticos.

---

[551] Sobre o tema da guerra fiscal, conferir os comentários ao art. 155, § 2º, XII, *g*, relativos ao ICMS.

[552] STF, Pleno, RE 173.252, rel. Min. Moreira Alves, 11.1998.

[553] STF, 1ª Turma, RE 159.026, rel. Min. Ilmar Galvão, 8.1994.

[554] STF, 2ª Turma, *RE 188.951*, rel. Min. Maurício Corrêa, 5.1995.

[555] STF, 1ª Turma, AI 142.348 AgR, rel. Min. Celso de Mello, 8.1994, texto da ementa.

No controle difuso, seria permitida unicamente a declaração de inconstitucionalidade do tratamento benéfico,[556] para a qual, como exposto, os contribuintes excluídos careceriam de interesse jurídico.

No entanto, *não há como olvidar que o STF já concedeu aumento de vencimentos a servidores com base na isonomia*, contrariando o entendimento cristalizado na Súmula 339 e, consequentemente, a sua jurisprudência firmada no sentido da impossibilidade de sanear a inconstitucionalidade por omissão parcial.[557]

Ademais, no Direito Penal Tributário e no Direito Processual Penal, o STF já introduziu regras gerais e abstratas no sistema jurídico-positivo, ao criar tanto uma condição de procedibilidade da ação penal (o término do processo administrativo) quanto uma hipótese de suspensão do prazo prescricional nos crimes materiais de sonegação fiscal.[558]

Em matéria de imunidades tributárias também se verifica uma evolução na jurisprudência do Supremo.

Na ADI 3.128, em que se questionou a contribuição previdenciária dos servidores inativos e dos seus pensionistas, o Pretório Excelso *declarou a inconstitucionalidade da restrição discriminatória, ampliando a imunidade* prevista na regra de transição da EC 41/03 e no art. 195, II, da CF. Essa ampliação do âmbito da norma de imunidade restou expressa no notável voto do Ministro Cezar Peluso, proferido com base na lição de Vital Moreira, *in verbis:*

> Com esta decisão, a *imunidade tributária* que, garantida no art. 195, II, traduz limitação negativa à atuação do legislador, volta, como norma latente no ordenamento constitucional, a ter eficácia plena que a inconstitucionalidade restringiria: "Se o legislador exclui das vantagens ou dos encargos uma parte dos que constitucionalmente tinham direito às primeiras ou deveriam estar obrigados, então a decisão de inconstitucionalidade da lei, na parte em que operou a exclusão, é admissível, apesar do conseqüente alargamento do âmbito da norma, visto que o legislador não podia constitucionalmente excluir uma parte dos constitucionalmente elegíveis para beneficiar do direito ou suportar as obrigações em causa".[559]

Verifica-se, assim, que *é possível sanear a inconstitucionalidade por omissão parcial, sobretudo quando houver uma restrição discriminatória específica*, cujo afastamento, mediante a pronúncia da sua invalidade jurídica, dará ao benefício amplitude compatível com o princípio da isonomia tributária.

Cabe ao STF consolidar essa evolução jurisprudencial, admitindo especificamente a extensão de isenções tributárias quando restar configurada situação de inconstitucionalidade por omissão parcial.[560]

---

[556] STF, Pleno, *RE 173.252*, rel. Min. Moreira Alves, 11.1998.

[557] Foi o que ocorreu ao ser concedido, no julgamento do RMS 22.307 (STF, Pleno, rel. Min. Marco Aurélio, 2.1997), o reajuste de 28,86% aos servidores civis, com o qual apenas os militares haviam sido contemplados. Não obstante, nesse precedente o STF se arvorou, para afastar a aplicação da Súmula 339, no art. 37, X, da CF, que determina a revisão geral anual da remuneração dos servidores públicos, não tendo declarado a insubsistência da aludida súmula. Esse foi o argumento utilizado pelo Ministro Maurício Corrêa para diferenciar o caso em foco dos demais usualmente apreciados pela Corte, dentre os quais se insere a omissão parcial na concessão de isenções tributárias. Em extenso voto, fez essa distinção de forma clara: "na espécie não se cuida de interpretar preceito constitucional a saber se é o caso ou não de aplicação da regra isonômica [...] mas isto sim da violação expressa, inequívoca, fulminante, de um preceito de ordem cogente que cristalinamente obriga o Estado a não criar discriminações quando promover reajustes vencimentais dos servidores em geral. Diferente, pois, e em muito, o quadro da presente *quaestio iuris* do enunciado na Súmula 339". O Ministro Néri da Silveira, curvando-se ao entendimento majoritário firmado na anterior decisão administrativa do Plenário do STF, também se manifestou nesse sentido. Porém, houve pronunciamentos com fundamentos diversos e de maior abrangência a embasar a procedência – como o voto do Ministro Carlos Velloso no sentido de que, por se tratar de controle difuso e de inconstitucionalidade por *ação,* deveria haver a extensão do benefício ao grupo discriminado –, o que inviabiliza a identificação de uma orientação unitária nesse relevante precedente.

[558] STF, Pleno HC 81.611, rel. Min. Sepúlveda Pertence, 12.2003.

[559] STF, Pleno, ADI 3.128, rel. p/ ac. Min. Cezar Peluso, 8.2004. Sobre o precedente, vide o tópico relativo à incidência da contribuição previdenciária sobre inativos e pensionistas, nos comentários ao art. 149, § 1º.

[560] No sentido da possibilidade de extensão dos benefícios fiscais com base no princípio da isonomia, vide MARTINS. *O sistema tributário na Constituição.* 6ª ed. p. 267.

Sem embargo, o Alto Tribunal insiste em negá-la. Não logra abandonar a vetusta tese da vedação de atuar como legislador positivo.[561]

- **Precedentes citados**

Extensão judicial de benefícios tributários mediante redução de texto. Atuação do Poder Judiciário como legislador positivo. Impossibilidade: RECURSO EXTRAORDINÁRIO: ISENÇÃO DO IMPOSTO SOBRE OPERAÇÕES FINANCEIRAS NAS IMPORTAÇÕES. LIMITAÇÃO À DATA DA EXPEDIÇÃO DA GUIA DE IMPORTAÇÃO. DESLOCAMENTO DA DATA DA OCORRÊNCIA DO FATO GERADOR. INEXISTÊNCIA. DECLARAÇÃO DE INCONSTITUCIONALIDADE DA PARTE FINAL DO ART. 6º DO DECRETO-LEI Nº 2.434/88. IMPOSSIBILIDADE. 1. A isenção fiscal decorre do implemento da política fiscal e econômica, pelo Estado, tendo em vista o interesse social. É ato discricionário que escapa ao controle do Poder Judiciário e envolve o juízo de conveniência e oportunidade do Poder Executivo. O termo inicial de vigência da isenção, fixada a partir da data da expedição da guia de importação, não infringe o princípio da isonomia tributária, nem desloca a data da ocorrência do fato gerador do tributo, porque a isenção diz respeito à exclusão do crédito tributário, enquanto o fato gerador tem pertinência com o nascimento da obrigação tributária. 2. Não pode esta Corte alterar o sentido inequívoco da norma, por via de declaração de inconstitucionalidade de parte do dispositivo da lei. A Corte Constitucional só pode atuar como legislador negativo, não, porém, como legislador positivo. Precedente. Recurso extraordinário conhecido e provido. (STF, 2ª Turma, **RE 188.951**, rel. Min. Maurício Corrêa, 5.1995)

Extensão judicial de benefícios tributários com base na isonomia. Impossibilidade: CONSTITUCIONAL. TRIBUTÁRIO. IMPOSTO DE IMPORTAÇÃO. PNEUS. BENEFÍCIO FISCAL. REDUÇÃO DE 40% DO VALOR DEVIDO NAS OPERAÇÕES REALIZADAS POR MONTADORAS. PEDIDO DE EXTENSÃO A EMPRESA DA ÁREA DE REPOSIÇÃO DE PNEUMÁTICOS POR QUEBRA DA ISONOMIA. IMPOSSIBILIDADE. LEI FEDERAL 10.182/2001. CONSTITUIÇÃO FEDERAL (ARTS. 37 E 150, II). CÓDIGO TRIBUTÁRIO NACIONAL (ART. 111). Sob o pretexto de tornar efetivo o princípio da isonomia tributária, não pode o Poder Judiciário estender benefício fiscal sem que haja previsão legal específica. No caso em exame, a eventual conclusão pela inconstitucionalidade do critério que se entende indevidamente restritivo conduziria à inaplicabilidade integral do benefício fiscal. A extensão do benefício àqueles que não foram expressamente contemplados não poderia ser utilizada para restaurar a igualdade de condições tida por desequilibrada. Precedentes. Recurso extraordinário provido. (STF, Pleno, **RE 405.579**, rel. Min. Joaquim Barbosa, 12.2010)

III – cobrar tributos:
a) em relação a fatos geradores ocorridos antes do início da vigência da lei que os houver instituído ou aumentado;
b) no mesmo exercício financeiro em que haja sido publicada a lei que os instituiu ou aumentou;
c) antes de decorridos noventa dias da data em que haja sido publicada a lei que os instituiu ou aumentou, observado o disposto na alínea b; (Incluído pela Emenda Constitucional nº 42, de 19.12.2003)

Art. 150, III: Princípios da irretroatividade tributária e da anterioridade

1. Alínea *a*: princípio da irretroatividade tributária[562]

A proibição de retroatividade é uma importantíssima projeção do princípio da segurança jurídica,[563] sendo consagrada desde a primeira Constituição brasileira, a Constituição do Império de 1824.

[561] Cfr. STF, Pleno, *RE 405.579*, rel. Min. Joaquim Barbosa, 12.2010, em que a Corte aplicou a tese da vedação de atuação como legislador positivo para reformar acórdão do TRF4 que havia estendido benefício tributário com base no princípio da isonomia. Porém, quatro ministros ficaram vencidos, negando provimento ao recurso.

[562] A análise doutrinária que segue, atinente aos princípios da irretroatividade tributária e da anterioridade, corresponde, em larga medida, ao texto deste artigo de nossa lavra: I principi di sicurezza giuridica, di non retroattività tributaria e di anteriorità nella vigente costituzione del Brasile. *Rivista di Diritto Tributario*, Giuffrè, v. XV, n. 09, p. 983-1007, sept. 2005.

[563] MAIOR BORGES. "Princípio da segurança jurídica na criação e aplicação do tributo", p. 207.

Seu *status* constitucional somente foi suprimido pela Constituição de 1937, que legitimava juridicamente a ditadura do Estado Novo.[564]

A Constituição de 1946 novamente a alçou ao altiplano constitucional, do qual não foi mais expungida. Ao contrário, foi tomando crescente força, sendo cada vez mais assegurada e enfatizada, num processo que culminou na redação da Carta Política vigente.

O princípio da irretroatividade é previsto de forma exaustiva pela Constituição de 1988. É consagrado no título destinado aos direitos e garantias fundamentais (Título II, art. 5º, XXXVI), obstando, de forma geral, a retroatividade da lei em prejuízo do direito adquirido, do ato jurídico perfeito e da coisa julgada.[565] Ainda no art. 5º, é estabelecida a irretroatividade da lei penal, em dois incisos distintos (art. 5º, XXXIX e XL).

E *os preceitos do art. 5º são reforçados, no Direito Tributário, pelo art. 150, III, a, da CF,* dispositivo específico que integra o capítulo dedicado à tributação e ao orçamento (Título VI).

1.1. Marcos relevantes à sua aplicação

Antes de tudo, há de se ter em mente que, conforme posicionamento remansoso da doutrina e da jurisprudência, *o art. 150, III, da CF empregou o verbo "cobrar" de forma imprópria, com o significado de "instituir" ou "determinar a incidência".* Não proíbe apenas a cobrança de tributos antes do início da vigência da lei: veda também a incidência da lei nova ou mais gravosa sobre fatos ocorridos antes de tal momento, mesmo que a cobrança se dê posteriormente.[566]

Para a verificação da observância do princípio da irretroatividade, *a Constituição considera dois momentos: o início da vigência da lei e a ocorrência do fato tributado.*

Insistimos no fato de que, para a aplicação do princípio da irretroatividade tributária, a Constituição da República considera o início da *vigência, e não a publicação da lei*, diversamente do que ocorre com o princípio da anterioridade.

Se a lei determinar expressamente a sua aplicação a fatos ocorridos antes do início da sua vigência, haverá evidente violação à proibição de retroatividade, *mesmo que eles sejam posteriores à sua publicação.*

Se não houver previsão expressa nesse sentido, não se poderá adotar interpretação no sentido da retroatividade: o postulado da interpretação conforme à Constituição exige que se interpretem as leis tributárias gravosas no sentido de que não são retroativas, sempre que isso seja possível.

Destarte, somente deve haver declaração de inconstitucionalidade com redução de texto nos casos em que a retroatividade seja expressa.[567]

---

[564] C. VELLOSO. "O princípio da irretroatividade da lei tributária", p. 16; C. VELLOSO. "A irretroatividade da lei tributária, irretroatividade e anterioridade, imposto de renda e empréstimo compulsório", p. 81-96.

[565] Esta é a redação do art. 5º, XXXVI, da CF: "A lei não prejudicará o direito adquirido, o ato jurídico perfeito e a coisa julgada". Interpretando-se o art. 5º, inciso XXXVI, *a contrario sensu,* reconhece-se que, em geral, é legítima a retroatividade da lei, desde que não viole o direito adquirido, o ato jurídico perfeito ou a coisa julgada (C. VELLOSO. *O princípio da irretroatividade da lei tributária*, p. 17).

[566] C. VELLOSO. "O princípio da irretroatividade da lei tributária", p. 16; AMARO. "O imposto de renda e os princípios da irretroatividade e da anterioridade", p. 140-152; RABELLO FILHO. *O princípio da anterioridade tributária.* p. 110-111; MENDONÇA. *O princípio constitucional da irretroatividade da lei: a irretroatividade da lei tributária.* p. 252-253.

[567] Foi o que ocorreu com a Lei 9.715/98, resultado da conversão da MP 1.325/96 (STF, Pleno, ADI 1.417, rel. Min. Octávio Gallotti, 8.1999).

Por "início da vigência", deve-se considerar a data em que a regra jurídica está apta a incidir.[568]

O início da vigência é determinado pela própria lei tributária ou pelas regras gerais que regulam os casos omissos, estabelecendo a "vacatio legis".

A propósito, não consideramos que o princípio da anterioridade repercuta na *vacatio legis* das leis tributárias materiais, porquanto esse entendimento, defendido por abalizada doutrina,[569] olvida a sua autonomia normativa. Retornaremos a essa questão a seguir, ao tratar deste princípio.

1.2. Tributos abrangidos

Todos os tributos estão sob o alcance do princípio da irretroatividade. Em virtude de a tributação afetar o *status subjectionais*, a segurança jurídica e, até mesmo, o *status libertatis* dos contribuintes, o princípio da irretroatividade ampara-os de forma ampla.[570]

Assim como a criação das obrigações tributárias, *o princípio da irretroatividade abrange a sua correção monetária.* Impede que índices mais gravosos de correção monetária sejam aplicados retroativamente, ou seja, às *competências* verificadas antes do início da sua vigência. Mas, em princípio, nada obsta que se apliquem aos créditos tributários surgidos antes de seu advento, tal como ocorreu com a taxa SELIC, que incidiu, a partir da competência de janeiro de 1996, até mesmo sobre os créditos tributários formados antes de 1996.

Quanto à atualização das competências futuras de créditos tributários pretéritos à vigência da lei, haverá violação à proibição de retroatividade apenas na hipótese de não ser adotado um "índice neutro de atualização da moeda", mas sim um "coeficiente de aumento" do tributo, tal como se verificou com a Lei 8.134/90.[571]

1.3. Pessoas tuteladas

Com relação ao seu alcance subjetivo, *o princípio da irretroatividade tributária tutela todos os sujeitos passivos*: além dos contribuintes, protege os responsáveis e os substitutos tributários.

---

568 CARRAZZA. *Curso de Direito Constitucional Tributário.* 18ª ed. p. 171. O autor baseia-se, nesse ponto, nesta lição de Paulo de Barros Carvalho: "Viger é ter força para disciplinar, para reger, para regular as condutas inter-humanas sobre as quais a norma incide, cumprindo, desse modo, os seus objetivos finais [...] 'vigência' significa o atributo da norma que está preparada para incidir no mundo social, regulando deonticamente as condutas intersubjetivas" (CARVALHO. *Direito tributário: fundamentos jurídicos da incidência.* p. 53).

569 Luciano Amaro, por exemplo, afirma que a anterioridade qualifica a irretroatividade. Chega a falar em irretroatividade simples e qualificada (AMARO. "O imposto de renda e os princípios da irretroatividade e da anterioridade", p. 151-152). A nosso ver, há normas distintas: o princípio da anterioridade possui autonomia, não repercutindo na *vacatio legis*.

570 Sobre o alcance geral do princípio da irretroatividade, vide este precedente: "O princípio da irretroatividade 'somente' condiciona a atividade jurídica do estado nas hipóteses expressamente previstas pela Constituição, em ordem a inibir a ação do poder público eventualmente configuradora de restrição gravosa (a) ao *status libertatis* da pessoa (CF, art. 5º, XL), (b) ao *status subjectionais* do contribuinte em matéria tributária (CF, art. 150, III, *a*) e (c) a *segurança* jurídica no domínio das relações sociais (CF, art. 5º, XXXVI). Na medida em que a retroprojeção normativa da lei 'não' gere e 'nem' produza os gravames referidos, nada impede que o Estado edite e prescreva atos normativos com efeito retroativo. As leis, em face do caráter prospectivo de que se revestem, devem, 'ordinariamente', dispor para o futuro. O sistema jurídico-constitucional brasileiro, contudo, 'não' assentou, como postulado absoluto, incondicional e inderrogável, o princípio da irretroatividade. A questão da retroatividade das leis interpretativas" (STF, Pleno, ADI 605 MC, rel. Min. Celso de Mello, 10.1991, excerto da ementa).

571 STF, Pleno, ADI 513, rel. Min. Célio Borja, 6.1991: "O parágrafo único, art. 11, da Lei n. 8.134/90 institui coeficiente de aumento do Imposto de Renda e, não índice neutro de atualização da moeda. Por isso, ele não pode incidir em fatos ocorridos antes de sua vigência, nem no mesmo exercício em que editado, sob pena de afrontar as cláusulas vedatórias do art. 150, inciso III, alineas `a´ e `b´, da Constituição Federal. Assim é, porque a obrigação tributária regula-se pela lei anterior ao fato que a gerou, mesmo no sistema de bases correntes da Lei n. 7.713/88 (imposto devido mensalmente, à medida em que percebidos rendimentos e ganhos de capital, não no último dia do ano) em vigor quando da norma impugnada. Ainda quando a execução da obrigação tributária se projeta no tempo, ela surge, também nesse sistema, contemporaneamente ao seu fato gerador" (trecho da ementa).

Por conseguinte, proíbe até mesmo a aplicação retroativa de normas relativas à substituição tributária.[572]

As leis impositivas *somente podem retroagir para beneficiar os sujeitos passivos, nunca para onerá-los*.[573]

Os sujeitos ativos, no entanto, não estão albergados pela referida garantia. Por se tratar de uma limitação constitucional ao poder de tributar, *o princípio da irretroatividade não tutela o Poder Público*, que pode ser onerado pela aplicação retroativa de leis tributárias.

Como o Ministro Celso de Mello assinalou, ao reconhecer a legitimidade da retroatividade, em benefício do contribuinte, da correção monetária das demonstrações financeiras das pessoas jurídicas instituída pela Lei 8.200/91:

> O princípio da irretroatividade da lei tributária deve ser visto e interpretado, desse modo, como garantia constitucional instituída em favor dos sujeitos passivos da atividade estatal no campo da tributação. Trata-se, na realidade, à semelhança dos demais postulados inscritos no art. 150 da Carta Política, de princípio que – por traduzir limitação ao poder de tributar – é tão-somente oponível pelo contribuinte à ação do Estado.[574]

O Poder Público pode, em tese, estar ao abrigo da garantia geral da irretroatividade, mas nunca na hipótese de ser o próprio criador da lei tributária retroativa.

Esse entendimento foi consolidado pelo STF: "A garantia da irretroatividade da lei, prevista no art. 5º, XXXVI, da Constituição da República, não é invocável pela entidade estatal que a tenha editado" (Súmula 654).

• Súmulas

Súmula 654 do STF: "A garantia da irretroatividade da lei, prevista no art. 5º, XXXVI, da Constituição da República, não é invocável pela entidade estatal que a tenha editado".

• Precedentes citados

Modificações tributárias favoráveis aos contribuintes. Legitimidade da aplicação retroativa: AÇÃO DIRETA DE INCONSTITUCIONALIDADE – LEI N. 8.200/91 (ARTS. 3. E 4.) – CORREÇÃO MONETÁRIA DAS DEMONSTRAÇÃOES FINANCEIRAS DAS PESSOAS JURIDICAS – REFLEXO SOBRE A CARGA TRIBUTARIA SOFRIDA PELAS EMPRESAS EM EXERCICIOS ANTERIORES [...] O princípio da irretroatividade da lei tributária deve ser visto e interpretado, desse modo, como garantia constitucional instituída em favor dos sujeitos passivos da atividade estatal no campo da tributação. Trata-se, na realidade, à semelhança dos demais postulados inscritos no art. 150 da Carta Política, de princípio que — por traduzir limitação ao poder de tributar — é tão-somente oponível pelo contribuinte à ação do Estado. Em princípio, nada impede o Poder Público de reconhecer, em texto formal de lei, a ocorrência de situações lesivas à esfera jurídica dos contribuintes e de adotar, no plano do direito positivo, as providências necessárias à cessação dos efeitos onerosos que, derivados, exemplificativamente, da manipulação, da substituição ou da alteração de indices, hajam tornado mais gravosa a exação tributária imposta pelo Estado. A competência tributária da pessoa estatal investida do poder de instituir espécies de natureza fiscal abrange, na latitude dessa prerrogativa jurídica, a possibilidade de fazer editar normas legais que, beneficiando o contribuinte, disponham sobre a suspensão ou, até mesmo sobre a própria exclusão do crédito tributário. Controvérsia jurídica em torno do tema delineada nas informações prestadas pela Presidência da República. (STF, Pleno, **ADI 712 MC**, rel. Min. Celso de Mello, 10.1992)

Regime de substituição tributária. Aplicação retroativa. Inconstitucionalidade: [...] 2. Alegação de que a aplicação do sistema de substituição tributária no mês de março de 1989 ofenderia o princípio da irretroatividade. Procedência. Embora a instituição deste sistema não represente a criação de um novo tributo, há substancial alteração no sujeito passivo da obrigação tributária. 3. Recurso extraordinário conhecido e provido em parte. (STF, Pleno, **RE 266.602**, rel. Min. Ellen Gracie, 9.2006)

No processo, impugnou-se o Convênio ICMS 10/89, publicado no dia 30 de março e utilizado para embasar a exigência do recolhimento do tributo por substituição tributária, desde o começo do referido mês.

---

[572] Nesse sentido, o STF declarou a inconstitucionalidade da aplicação retroativa de substituição progressiva do ICMS (Pleno, *RE 266.602*, rel. Min. Ellen Gracie, 9.2006).

[573] AMARO. *Direito tributário brasileiro.* p. 119. A propósito, cabe recordar o art. 106, II, do CTN, que determina a retroatividade das leis punitivas mais benéficas ao contribuinte: "Art. 106. A lei aplica-se a ato ou fato pretérito: [...] II – tratando-se de ato não definitivamente julgado: a) quando deixe de defini-lo como infração; b) quando deixe de tratá-lo como contrário a qualquer exigência de ação ou omissão, desde que não tenha sido fraudulento e não tenha implicado em falta de pagamento de tributo; c) quando lhe comine penalidade menos severa que a prevista na lei vigente ao tempo da sua prática".

[574] STF, Pleno, ADI 712 MC, rel. Min. Celso de Mello, 10.1992, excerto da ementa.

1.4. Formas de retroatividade e sua legitimidade

No Direito Tributário, costumam-se diferenciar duas modalidades de retroatividade: a própria e a imprópria.

A *retroatividade própria ou autêntica* ocorre quando a lei alcança fatos ocorridos ou relações jurídicas formadas *anteriormente à sua vigência*, enquanto a *retroatividade imprópria*, inautêntica ou retrospectiva se verifica quando a lei atinge um *presente ainda não concluído*, como pode ocorrer nos impostos de período.[575]

Por outro lado, *já foi acolhida no STF uma classificação tripartida* das formas de retroatividade, em voto do Ministro Moreira Alves, baseado na lição de Matos Peixoto.[576] De acordo com essa classificação, quando a retroação alcançar:

a) a coisa julgada ou fatos jurídicos consumados, será *máxima*;

b) os efeitos pendentes de ato jurídico verificado anteriormente, será *média*; e

c) os efeitos dos fatos verificados anteriormente, será *mínima.*

A nosso juízo, todas essas formas de retroatividade são vedadas pela Constituição brasileira.[577]

Até mesmo a denominada retroatividade mínima, com a modificação dos efeitos decorrentes do fato imponível por norma superveniente, *é rechaçada pelo STF e pela doutrina.*[578]

Por exemplo, se a ocorrência do fato imponível levar ao nascimento de obrigação de "simples quantia", regida pelo princípio do nominalismo (que consiste numa dívida de dinheiro), *não poderá o legislador modificar essa obrigação*, sujeitando-a à atualização e, assim, tornando-a uma dívida de valor.[579] A obrigação tributária, nesse caso, está devidamente formada, sendo inviável a sua alteração por lei subsequente mais gravosa ao contribuinte.

Nada impede, contudo, *a alteração do prazo para o pagamento* do tributo por ato normativo editado após a ocorrência do fato tributado. Neste caso, o princípio da irretroatividade exige apenas que o fato disciplinado por tal ato normativo (o pagamento) seja posterior à sua edição, mesmo que o fato tributado o preceda.[580]

Quanto à hipótese específica da retroatividade imprópria, no entanto, *a questão não é tão pacífica*, devendo ser analisada com atenção.

• Precedentes citados

Obrigação tributária. Transformação de obrigação de simples quantia em dívida de valor. Inconstitucionalidade: REPRESENTAÇÃO DE INCONSTITUCIONALIDADE. ARTIGO 18 DO DECRETO-LEI 2.323, DE 26 DE FEVEREIRO DE 1987, PUBLICADO EM 5 DE MARÇO DE 1987. – [...] As obrigações de simples quantia regidas pelo princípio do nominalismo "são dívidas de dinheiro; as obrigações de simples quantia subordinadas a atualização são dívidas de valor. – Se, em virtude da legislação vigente quando da ocorrência do fato gerador do Imposto de Renda (no caso, 31.12.1986), deu este nascimento a obrigação de dinheiro (obrigação de quantidade ou de simples quantia regida pelo princípio do nominalismo), não pode a lei nova alterar esse efeito, transformando essa obrigação em obrigação de valor (obrigação de quantidade ou simples quantia subordinada

---

[575] DERZI. "O princípio da irretroatividade do direito na Constituição e no Código Tributário Nacional", p. 240.

[576] STF, Pleno, ADI 493, rel. Min. Moreira Alves, 6.1992, precedente relativo a matéria cível (SFH). Cfr. C. VELLOSO. "O princípio da irretroatividade da lei tributária", p. 18.

[577] Nesse sentido, cfr. C. VELLOSO. "O princípio da irretroatividade da lei tributária", p. 18; RABELLO FILHO. *O princípio da anterioridade tributária.* p. 88-92.

[578] DERZI. "O princípio da irretroatividade do direito na Constituição e no Código Tributário Nacional", p. 242-243.

[579] STF, Pleno, *Rp 1.451*, rel. Min. Moreira Alves, 5.1988.

[580] STF, 1ª Turma, *RE 219.878*, rel. Min. Sepúlveda Pertence, 6.2000.

a atualização), sob pena de alcançar retroativamente o próprio fato gerador, que, incluído na categoria do ato jurídico perfeito, está salvaguardado da eficácia retroativa da lei pelo texto constitucional (artigo 153, parágrafo 3, da Carta Magna). [...] Representação que se julga procedente, para declarar inconstitucional o artigo 18 do Decreto-lei 2.323, de 26 de fevereiro de 1987, publicado em 5 de março de 1987. (STF, Pleno, **Rp 1.451**, rel. Min. Moreira Alves, 5.1988)

Modificação do prazo de recolhimento após o fato gerador e antes do termo estipulado. Legitimidade: PIS: prazo de recolhimento: alteração pela L. 8.218, de 29.8.91: inaplicabilidade do art. 195, § 6º, e ausência de violação aos arts. 5º, XXXVI, e 150, III, a, da Constituição. I – A norma legal que simplesmente altera o prazo de recolhimento de tributo não se sujeita ao princípio da anterioridade especial (CF, art. 195, § 6º). II – Não há falar em "direito adquirido" ao prazo de recolhimento anteriormente previsto, pois, como se sabe, o STF não reconhece a existência de direito adquirido a regime jurídico. III – A circunstância de o fato disciplinado pela norma – isto é, o pagamento do tributo – haver de ocorrer após a sua edição é suficiente para afastar a alegada violação ao princípio da irretroatividade (CF, art. 150, III, a). (STF, 1ª Turma, **RE 219.878**, rel. Min. Sepúlveda Pertence, 6.2000).

1.4.1. A retroatividade imprópria e os tributos de período

Os tributos com hipóteses de incidência "complexivas" (tributos de período) incidem quando termina um determinado lapso temporal e abrangem todos os fatos verificados nesse período.

Um exemplo clássico é o Imposto de Renda de apuração anual: a norma impositiva incide no último momento do ano civil (ou no primeiro do ano seguinte, conforme a concepção) e abrange todos os fatos verificados nesse lapso temporal.

Destarte, *uma lei editada no dia 31 de dezembro seria anterior à incidência do imposto*, mas posterior à quase totalidade dos fatos econômicos tributados. Sua aplicação no ano de sua promulgação caracterizaria *retroatividade imprópria, que é admitida pela Súmula 584 do STF*:

> Ao imposto de renda calculado sobre os rendimentos do ano-base, aplica-se a lei vigente no exercício financeiro em que deve ser apresentada a declaração.

O STF *interpreta-a de forma restritiva,* afastando a sua aplicação a períodos de apuração do IRPJ já encerrados quando da alteração legislativa, independente de ambos os fatos (término do período de apuração e majoração do tributo) terem ocorrido no mesmo ano-base.[581] Afasta, ademais, a sua aplicação à alteração do regime de tributação favorecida da renda, motivada por *razões extrafiscais*.[582]

Essa súmula se apoia nas teses de que: i) a norma tributária somente incide, no caso do Imposto de Renda, quando do término do ano-base (o que é correto); e ii) para a aferição do respeito à vedação de retroatividade, deve ser considerado apenas o momento em que a norma incide, e não os fatos ocorridos anteriormente, mesmo que sujeitos à tributação (o que, a nosso juízo, é incorreto).[583]

Tal posição foi defendida por juristas de renome,[584] perdendo força posteriormente, sobretudo após as robustas críticas de Luciano Amaro.

- **Súmulas**

Súmula 584 do STF: "Ao imposto de renda calculado sobre os rendimentos do ano-base, aplica-se a lei vigente no exercício financeiro em que deve ser apresentada a declaração".

---

[581] STF, 2ª Turma, *RE 244.003 AgR,* rel. Min. Joaquim Barbosa, 4.2010.

[582] STF, Pleno, RE 183.130, rel. p/ acórdão Min. Teori Zavascki, 9.2014. Sobre o precedente, vide o tópico atinente à revogação da Súmula 584.

[583] O art. 105 do CTN parece respaldar a Súmula 584 do STF, ao prever: "A legislação tributária aplica-se imediatamente aos fatos geradores futuros e aos pendentes, assim entendidos aqueles cuja ocorrência tenha tido início mas não esteja completa nos termos do artigo 116". Ocorre que o dispositivo infraconstitucional não pode determinar a interpretação da Lei Maior, sob pena de hialina subversão da hierarquia normativa.

[584] FALCÃO. *Fato gerador da obrigação tributária.* p. 72; GRECO; SOUZA. *Imposto de renda; pessoas jurídicas e irretroatividade das leis*, p. 92-104; FANUCHI. *Curso de direito tributário brasileiro*. p. 236. Note-se que Amílcar Falcão considerava tratar-se de uma "pseudo-retroatividade" (op. cit., loc. cit.).

- **Precedente citado**

Súmula 584 do STF. Inaplicabilidade quando encerrado o ciclo de apuração antes da majoração do IRPJ: CONSTITUCIONAL. TRIBUTÁRIO. IMPOSTO SOBRE A RENDA. PESSOA JURÍDICA. IRRETROATIVIDADE E ANTERIORIDADE. DISTINÇÃO ENTRE EXERCÍCIO FINANCEIRO E ANO BASE. DECRETOS-LEI 1.704/1979, 1.967/1983 E 2.065/1983. INAPLICABILIDADE DA SÚMULA 584/STF. [...] 4. Encerrado o período de formação do fato jurídico tributário, tal como definido pelo regime de regência, modificações posteriores da legislação não podem retroagir para aumentar a carga tributária. Agravo regimental conhecido, mas ao qual se nega provimento. (STF, 2ª Turma, **RE 244.003 AgR**, rel. Min. Joaquim Barbosa, 4.2010)

No mesmo sentido: Imposto de renda de pessoa jurídica: (Dl. 2065/83) alterações da legislação após o encerramento do exercício social da empresa: recurso extraordinário: descabimento: além de envolver a solução de questão prévia de alçada infraconstitucional (Arts. 116, I e 43, do Cód. Tributário Nacional) – o que basta a inviabilizar o RE (Súmula 636) – o acórdão recorrido, a partir da inteligência que emprestou aos preceitos de lei complementar, deu correta aplicação à norma constitucional de irretroatividade da lei tributária. (STF, 1ª Turma, **RE 242.688 AgR**, rel. Min. Sepúlveda Pertence, 10.2006).

1.4.1.1. Análise crítica da Súmula 584 do STF

Hoje em dia, *a doutrina rechaça maciçamente o entendimento cristalizado na Súmula 584 do STF.*

Assiste-lhe, a nosso ver, inteira razão. É certo que a regra-matriz do Imposto de Renda somente incide no fim do ano-base; porém, *é equivocado afirmar que todos os fatos sujeitos à tributação são irrelevantes.* Os fatos parciais que integram o fato imponível ocorrem em determinados períodos no tempo. Nos impostos com hipóteses "complexivas", a hipótese de incidência perfectibiliza-se no término do período, mas o leva em consideração de forma integral. Antes do término do período, ainda não havia fato gerador consumado e tampouco a norma havia incidido, mas já tinha sido iniciado o seu ciclo de formação, com a ocorrência dos fatos econômicos sujeitos à tributação.[585] E os fatos ocorridos no ciclo de formação integram o processo formativo do fato imponível, sendo regulados pela legislação tributária; consequentemente, são juridicamente relevantes, mesmo antes de concluído o ciclo. Assim, a lei somente incide no final do ciclo de formação, mas incide sobre todos os fatos que o integram.[586]

Por tal razão, *a Súmula 584 do STF viola o princípio da irretroatividade*, haja vista somente considerar a estruturação da hipótese de incidência[587] e, ademais disso, desconsiderar a ocorrência do aspecto material no plano fático. É *tão ilegítima quanto a alteração das regras de uma partida de futebol no final do jogo, para valerem durante toda a partida.*[588] Há, no caso, nítida retroatividade, com grave violação à previsibilidade e à segurança.

A denominada retroatividade imprópria não é uma pseudo-retroatividade como queria Amílcar de Araújo Falcão. É uma espécie de retroatividade que, em certos casos práticos (como sucede quando a lei mais gravosa é editada no final do ano-base), *pode ser tão*

---

585 Para uma corrente minoritária, o Imposto de Renda incide continuamente no decorrer do ano-base, sobre cada aquisição de disponibilidade econômica ou jurídica. Haveria, assim, inúmeros fatos geradores no decorrer do ano. Essa é a posição de Ives Gandra, para quem: "O que se apura no fim do ano é apenas o lucro líquido, que foi composto com uma série de aquisições de disponibilidades econômicas e jurídicas. Os fatos geradores são todos anteriores. A apuração da base de cálculo é que se dá posteriormente, isto é, ao final do exercício" (MARTINS. *O sistema tributário na Constituição*. 6ª ed. p. 271). Sem embargo, para cada fato gerador há uma base de cálculo. Não se pode falar de uma única base imponível para múltiplos fatos tributados, diante da indissociável vinculação que há entre eles, pois a base imponível é uma dimensão do conteúdo econômico do fato submetido à tributação.

586 ATALIBA; GIARDINO. "Segurança do direito, tributação e anterioridade", p. 70-71.

587 Para uma crítica à exclusiva consideração da estrutura do fato gerador, vide AMARO. "O imposto de renda e os princípios da irretroatividade e da anterioridade", p. 145.

588 A feliz comparação é de Sacha Calmon: COÊLHO. "Princípio da anterioridade tributária no Brasil (seu caráter limitado e retórico)", p. 208.

gravosa quanto a denominada retroatividade própria. Destarte, não pode ser admitida, razão pela qual tem de ser revista e superada a súmula supramencionada.[589]

Mesmo que o entendimento cristalizado na Súmula 584 do STF não fosse refutado com base no princípio da irretroatividade, haveria de sê-lo com fundamento no princípio da anterioridade, pois, ao protrair a eficácia (ou a vigência, conforme a concepção) da lei tributária, impede que esta desencadeie efeitos no exercício financeiro em que editada.[590] É essa a posição de Maria Mendonça, que considera não haver, na retroatividade imprópria, violação à vedação de retroatividade, mas ao princípio da anterioridade.[591]

Para afastar a alegação de ofensa à vedação de retroatividade, alguns juristas, como Alberto Xavier e o Ministro Carlos Velloso, já defenderam uma solução intermediária, propondo que se seccionassem os fatos que compõem o fato imponível, de modo que, sendo agravada a carga tributária, apenas os fatos ocorridos após o advento da lei se sujeitem à nova sistemática.[592]

Esse entendimento, contudo, esbarra na unicidade da hipótese de incidência e, ainda, no princípio da anterioridade, que, como já exposto, impede a incidência da legislação mais gravosa no curso do exercício financeiro.

1.4.1.2. Revogação da Súmula 584 pelo STF?

Sob a égide da Constituição de 1988, a Súmula 584 continuou a ser aplicada,[593] apesar de haver decisões em sentido contrário.[594]

O voto do Ministro Ilmar Galvão no RE 197.790 é elucidativo da posição do STF acerca do tema, baseada na rejeição da teoria do fato gerador "complexivo":

> A teoria do fato gerador "complexivo" que certas correntes doutrinárias, no passado, tiveram por aplicáveis ao imposto de renda, por absoluta falta de base legal, jamais foi considerada pela jurisprudência, notadamente a do Supremo Tribunal Federal, onde se assentou o entendimento de que não ofende o princípio da anterioridade, nem o da irretroatividade, a exigência de imposto de renda sobre o lucro apurado no balanço levantado no encerramento do ano anterior, com base em lei editada no mesmo período. Confiram-se, a propósito, entre outros, os seguintes acórdãos: RE 104.259 (RTJ 115/1.336) e ADIn 513 (RTJ 141/739).[595]

No entanto, essa concepção vem perdendo força no Supremo Tribunal Federal, que já proferiu, em composição plenária, decisão contrária à Súmula 584, *assinalando a sua revogação*. De fato, a Corte pronunciou a *inconstitucionalidade de majoração da CSLL*

---

[589] Nesse sentido, com expressa referência à ilegitimidade da retroatividade imprópria, cfr. DERZI. "O princípio da irretroatividade do direito na Constituição e no Código Tributário Nacional", p. 241. Vide também AMARO. "O imposto de renda e os princípios da irretroatividade e da anterioridade", p. 140-158; ATALIBA; GIARDINO. "Segurança do direito, tributação e anterioridade", p. 51-75; COÊLHO. *Comentários à Constituição de 1988. Sistema Tributário.* p. 232-237; MACHADO. *Os princípios jurídicos da tributação na Constituição de 1988.* p. 89-94.

[590] DERZI. "O princípio da irretroatividade do direito na Constituição e no Código Tributário Nacional", p. 240 e 248; C. VELLOSO. "O princípio da irretroatividade da lei tributária", p. 22.

[591] MENDONÇA. *O princípio constitucional da irretroatividade da lei: a irretroatividade da lei tributária.* p. 243-244.

[592] XAVIER. *Direito Tributário e Empresarial – pareceres*. Rio de Janeiro: Forense, 1982, p. 63; C. VELLOSO. "A irretroatividade da lei tributária, irretroatividade e anterioridade, imposto de renda e empréstimo compulsório", p. 89-90. Essa posição foi revista pelo Ministro Carlos Velloso após o advento da Constituição de 1988, quando passou a defender a inaplicabilidade da Súmula 584 do STF, em virtude do princípio da anterioridade.

[593] STF, Pleno, *RE 197.790*, rel. Min. Ilmar Galvão, 2.1997; 1ª Turma, RE 194.612, rel. Min. Sydney Sanches, 3.1998; 2ª Turma, Pet 2.698 AgR, rel. Min. Carlos Velloso, 8.2002.

[594] No STJ, há precedentes no sentido da revogação da Súmula 584. A título exemplificativo, referimos este: "O fato gerador do Imposto de Renda identifica-se com a disponibilidade econômica ou jurídica do rendimento (CTN, art. 116). Inaplicabilidade da Súmula 584/STF, construída à luz de legislação anterior ao CTN [...] A lei vigente após o fato gerador, para a imposição do tributo, não pode incidir sobre o mesmo, sob pena de malferir os princípios da anterioridade e irretroatividade" (STJ, 1ª Turma, *REsp 46.430*, rel. Min. Milton Luiz Pereira, 8.1995). Nessa decisão, há uma ampla exposição da discussão a respeito da subsistência da Súmula 584 do STF.

[595] STF, Pleno, *RE 197.790*, rel. Min. Ilmar Galvão, 2.1997.

durante o curso do período de apuração, por ofensa à anterioridade nonagesimal, que não seria configurada à luz da concepção exposta no voto supratranscrito.[596]

A Corte também *afastou expressamente a aplicação da Súmula 584* no que diz com a tributação da renda de operações incentivadas, em razão do manejo do Imposto de Renda para a realização de *fins extrafiscais*. Tratou-se, porém, de uma exceção, que pressupõe a subsistência da multicida súmula.[597]

- **Precedentes citados**

Supremo Tribunal Federal:

Retroatividade imprópria. Majoração de contribuição durante o período de apuração. Legitimidade: CONTRIBUIÇÃO SOCIAL. LEI Nº 7.856, DE 25 DE OUTUBRO DE 1989, QUE, NO ART. 2º, ELEVOU A RESPECTIVA ALÍQUOTA DE 8 PARA 10%. LEGITIMIDADE DA APLICAÇÃO DA NOVA ALÍQUOTA SOBRE O LUCRO APURADO NO BALANÇO DO CONTRIBUINTE ENCERRADO EM 31 DE DEZEMBRO DO MESMO ANO. Tratandse de lei de conversão da Medida Provisória nº 86, de 25 de setembro de 1989, da data da edição desta é que flui o prazo de noventa dias previsto no art. 195, § 6º, da CF, o qual, no caso, teve por termo final o dia 24 de dezembro do mesmo ano, possibilitando o cálculo do tributo, pela nova alíquota, sobre o lucro da recorrente, apurado no balanço do próprio exercício de 1989. Recurso não conhecido. (STF, Pleno, **RE 197.790**, rel. Min. Ilmar Galvão, 2.1997)

No mesmo sentido, com referência à subsistência da Súmula 584 do STF: DIREITO CONSTITUCIONAL, TRIBUTÁRIO E PROCESSUAL CIVIL. IMPOSTO DE RENDA SOBRE EXPORTAÇÕES INCENTIVADAS, CORRESPONDENTE AO ANO-BASE DE 1989. MAJORAÇÃO DE ALÍQUOTA PARA 18%, ESTABELECIDA PELO INC. I DO ART. 1º DA LEI Nº 7.968/89. ALEGAÇÃO DE VIOLAÇÃO AO ART. 150, I, "A", DA CONSTITUIÇÃO FEDERAL DE 1988. [...] a pretensão da ora recorrida, mediante Mandado de Segurança, é a de se abster de pagar o Imposto de Renda correspondente ao ano-base de 1989, pela alíquota de 18%, estabelecida no inc. I do art. 1º da Lei nº 7.968, de 28.12.1989, com a alegação de que a majoração, por ela representada, não poderia ser exigida com relação ao próprio exercício em que instituída, sob pena de violação ao art. 150, I, "a", da Constituição Federal de 1988. 4. O acórdão recorrido manteve o deferimento do Mandado de Segurança. Mas está em desacordo com o entendimento desta Corte, firmado em vários julgados e consolidado na Súmula 584, que diz: "Ao Imposto de Renda calculado sobre os rendimentos do ano-base, aplica-se a lei vigente no exercício financeiro em que deve ser apresentada a declaração." Reiterou-se essa orientação no julgamento do R.E. nº 104.259-RJ (RTJ 115/1336). 5. Tratava-se, nesse precedente, como nos da Súmula, de Lei editada no final do ano-base, que atingiu a renda apurada durante todo o ano, já que o fato gerador somente se completa e se caracteriza, ao final do respectivo período, ou seja, a 31 de dezembro. Estava, por conseguinte, em vigor, antes do exercício financeiro, que se inicia a 1º de janeiro do ano subseqüente, o da declaração. 6. Em questão assemelhada, assim também decidiu o Plenário do Supremo Tribunal Federal, no julgamento do R.E. nº 197.790-6-MG, em data de 19 de fevereiro de 1997. 7. R.E. conhecido e provido, para o indeferimento do Mandado de Segurança. 8. Custas "ex lege". (STF, 1ª Turma, **RE 194.612**, rel. Min. Sydney Sanches, 3.1998)

Inaplicabilidade da Súmula 584 quando o IR é utilizado para fins extrafiscais (exportações incentivadas): Ementa: CONSTITUCIONAL. TRIBUTÁRIO. IMPOSTO DE RENDA. OPERAÇÕES INCENTIVADAS. LEI 7.988/89, ART. 1º, I. 1. Não é legítima a aplicação retroativa do art. 1º, I, da Lei 7.988/89 que majorou a alíquota incidente sobre o lucro proveniente de operações incentivadas ocorridas no passado, ainda que no mesmo exercício. Relativamente a elas, a legislação havia conferido tratamento fiscal destacado e mais favorável, justamente para incrementar a sua exportação. A evidente função extrafiscal da tributação das referidas operações afasta a aplicação, em relação a elas, da Súmula 584/STF. 2. Recurso Extraordinário improvido. (STF, Pleno, **RE 183.130**, rel. p/ acórdão Min. Teori Zavascki, 9.2014)

O julgamento iniciou-se em 1998, com o voto do relator, Ministro Carlos Velloso, que pronunciava a revogação da Súmula 584. Prevaleceu a fundamentação do voto do Ministro Nelson Jobim, alicerçada no caráter extrafiscal da tributação das operações em foco.

---

[596] STF, Pleno, RE 587.008, rel. Min. Dias Toffoli, 2.2011. Vale conferir o lapidar voto da Ministra Ellen Gracie, que sustenta expressamente a necessidade de superação da Súmula 584 do STF. Do seu voto, transcrevemos estes trechos, que sintetizam a posição defendida: "Havendo afirmação expressa da irretroatividade da lei ao fato gerador, bem como da anterioridade da lei tributária, e considerando-se que tais garantias constituem desdobramentos inequívocos do princípio da segurança jurídica, pode-se concluir que não tem lugar, no direito tributário brasileiro, a chamada retroatividade imprópria [...] Assim, tratando-se de tributo com fato gerador complexo ou de período, tenho que só respeita a anterioridade nonagesimal de que cuida o art. 195, § 6º, da Constituição Federal a lei publicada noventa dias antes do início do período. Publicada no curso de um período, só poderia ser aplicada ao período subseqüente e, ainda assim, apenas quando sua publicação anteceda em noventa dias o seu início". Contrapondo-se à Súmula 584 do STF, conferir também: STF, 1ª Turma, RE 230.536, rel. Min. Marco Aurélio, 6.2014.

[597] STF, Pleno, *RE 183.130*, rel. p/ acórdão Min. Teori Zavascki, 9.2014.

Superior Tribunal de Justiça

Revogação da Súmula 584 do STF: TRIBUTÁRIO – IMPOSTO DE RENDA – CICLO DE FORMAÇÃO DO FATO GERADOR – MOMENTO DA DISPONIBILIDADE ECONÔMICA OU JURÍDICA DO RENDIMENTO – CTN, ART. 116 – DECRETOS-LEIS 1.704/79 E 1.967/82 – SÚMULA 584/STF. 1. O fato gerador do imposto de renda identifica-se com a disponibilidade econômica ou jurídica do rendimento (CTN, art. 116). Inaplicabilidade da Súmula 584/STF, construída a luz de legislação anterior ao CTN. 2. A tributação do imposto de renda decorre de concreta disponibilidade ou aquisição de renda. 3. A lei vigente após o fato gerador, para a imposição do tributo, não pode incidir sobre o mesmo, sob pena de malferir os princípios da anterioridade e irretroatividade. 4. Precedentes jurisprudenciais. 5. Recurso improvido. (STJ, 1ª Turma, **REsp 46.430**, rel. Min. Milton Luiz Pereira, 8.1995)

1.4.2. Tributação de fatos com causas pretéritas

Há casos em que são tributados fatos com causas anteriores à vigência da lei, nos quais, apesar de não se vislumbrar a ocorrência de retroatividade vedada pelo art. 150, III, *a*, da CF, a segurança jurídica resta malferida.

Vogel e Waldhoff denominam-nos "fatos previamente causados" (*Vorveranlaßte Sachverhalte*).[598] Com base na classificação estabelecida por esses juristas e na interpretação da vedação de retroatividade à luz da segurança jurídica, Humberto Ávila sustenta ser inviável a aplicação da lei nova a tais fatos, mesmo que tenham ocorrido após o início da sua vigência.[599]

Contudo, ao aplicar o princípio da irretroatividade das leis tributárias, *o STF considera apenas a anterioridade frente ao aspecto temporal da norma tributária* (elemento que indica o momento em que ela incide), não levando em consideração sequer a anterioridade perante os fatos econômicos tributados. Desconsidera completamente as causas e os fatos que precederam a incidência da norma impositiva.

Por exemplo, no Imposto de Importação, o STF desconsidera o momento da celebração dos contratos, do embarque dos produtos e até mesmo a data da sua entrada física no território nacional. Leva em consideração apenas a anterioridade perante o aspecto temporal (no caso, o desembaraço aduaneiro), *permitindo a aplicação da lei ou do decreto que majorou as alíquotas após a celebração do contrato de importação, após o embarque dos produtos e até mesmo após a sua entrada física no território nacional*, desde que seja anterior ao registro da declaração de importação.[600]

Situação análoga ocorre no Imposto de Exportação. O STJ admite a aplicação de alíquota majorada mesmo após o registro de venda no SISCOMEX, desde que a majoração anteceda o registro da exportação.[601]

• Precedentes citados

Supremo Tribunal Federal:

Aumento de alíquota após a ocorrência de situação jurídica consolidada, mas antes do fato gerador. Legitimidade: [...] III. – Fato gerador do imposto de importação: a entrada do produto estrangeiro no território nacional (CTN, art. 19). Compatibilidade do art. 23 do D.L. 37/66 com o art. 19 do CTN. Súmula 4 do antigo T.F.R.. IV. – O que a Constituição exige, no art. 150, III, a, é que a lei que institua ou que majore tributos seja anterior ao fato gerador. No caso, o decreto que alterou as alíquotas é anterior ao fato gerador do imposto de importação. V. – R.E. conhecido e provido. (STF, Pleno, **RE 225.602**, rel. Min. Carlos Velloso, 11.1998).

A decisão reformada pelo STF havia reconhecido o direito do contribuinte, justamente pela situação jurídica já estar consolidada quando da majoração do imposto.

[598] VOGEL, Klaus. WALDHOFF, Christian. *Grundlagen des Finanzverfassungsrechts: Sonderausgabe des Bonner Kommentars zum Grundgesetz (Vorbemerkungen zu Art. 104a bis 115 GG)*. p. 321.

[599] ÁVILA. *Sistema constitucional tributário*. p. 145-153.

[600] STF, Pleno, *RE 225.602*, rel. Min. Carlos Velloso, 11.1998. No mesmo sentido: STJ, 1ª Turma, *REsp 1.016.132*, rel. Min. Luiz Fux, 5.2009.

[601] STJ, 1ª Turma, *REsp 964.151*, rel. Min. José Delgado, 4.2008.

Superior Tribunal de Justiça:

Aumento de alíquota do I.I. após a entrada da mercadoria no País, mas antes do registro da declaração de importação. Inexistência de retroatividade: [...] 1. O fato gerador, para o imposto de importação, consuma-se na data do registro da declaração de importação. 2. É cediço na jurisprudência da Corte que [...] 'Na importação de mercadorias para consumo, o fato gerador ocorre no momento do registro da declaração de importação na repartição aduaneira, sendo irrelevante o regime fiscal vigente na data da emissão da guia de importação, ou quando do desembarque da mercadoria. Inexiste incompatibilidade entre o art. 19 CTN e o D.L. 37/66, conforme orientação do Pretório Excelso sobre o tema (RE 225.602, Rel. Min. Carlos Velloso)" (REsp. 205.013/SP, Rel. Min. PEÇANHA MARTINS, DJU 25.06.01). [...] (STJ, 1ª Turma, **REsp 1.016.132**, rel. Min. Luiz Fux, 5.2009)

Cobrança do I.E. majorado após o registro da venda, mas antes do registro da exportação. Possibilidade: TRIBUTÁRIO. RECURSO ESPECIAL. IMPOSTO DE EXPORTAÇÃO. FATO GERADOR. AÇÚCAR. REGISTRO DA VENDA NO SISCOMEX POSTERIOR À VIGÊNCIA DA MP N. 655/94 E DA RESOLUÇÃO DO BACEN N. 2.112/94. MAJORAÇÃO DA ALÍQUOTA. LEGALIDADE. [...] 3. O registro de venda do negócio jurídico celebrado que produz efeitos no exterior não se confunde com o registro de exportação, momento este em que a lei considera ocorrida a saída da mercadoria exportada. Aquele antecede a este e tem por finalidade apenas o exercício de controle fiscal. 4. A análise dos autos demonstra que o registro de exportação ocorreu em 19.10.1994 (documento de fl. 27), sendo, portanto, posterior, à data da publicação da MP 655/94, de 14.10.1994. Legalidade da majoração da alíquota. 5. Recurso especial parcialmente conhecido e, nessa parte, não-provido. (STJ, 1ª Turma, **REsp 964.151**, rel. Min. José Delgado, 4.2008).

1.4.3. Retroatividade de leis interpretativas

O art. 106, I, do Código Tributário Nacional determina a aplicação retroativa das leis expressamente interpretativas, nestes termos:

> Art. 106. A lei aplica-se a ato ou fato pretérito:
>
> I – em qualquer caso, quando seja expressamente interpretativa, excluída a aplicação de penalidade à infração dos dispositivos interpretados;

Esse preceito é de questionável constitucionalidade, tendo em vista que a última palavra acerca da interpretação das leis cabe ao Poder Judiciário, e não ao Poder Legislativo.[602]

As leis expressamente interpretativas que inovam em relação à exegese jurisprudencial e pretendem ser aplicadas retroativamente em desfavor dos contribuintes constituem uma *forma sub-reptícia e inconstitucional de retroatividade*.[603]

Quando se modifica o sentido da norma jurídica estabelecido pela jurisprudência, o que na realidade se está a fazer é inserir no ordenamento uma *nova regra jurídica*, a qual obviamente não pode ser aplicada retroativamente para prejudicar os cidadãos.

Portanto, somente pode ser admitida a aplicação retroativa das leis interpretativas que sejam *favoráveis aos contribuintes* ou que se limitem a expressar *o exato alcance do preceito interpretado*, estabelecido de acordo com a doutrina e a *jurisprudência*,[604] nunca um sentido diverso, sobretudo quando contraposto àquele acolhido pela jurisprudência predominante.

No entanto, caso a lei interpretativa se limite a reforçar o sentido do preceito, sem inovar no ordenamento jurídico, terá ínfima valia, sendo destituída de força jurídica.

Nessa senda, o Ministro Carlos Velloso sintetiza com maestria *as soluções para a questão* da retroatividade das leis tributárias expressamente interpretativas:

> [...] se a lei se diz interpretativa e nada acrescenta, nada inova, ela não vale nada. Se inova, ela vale como lei nova, sujeita ao princípio da irretroatividade. Se diz ela que retroage, incorre em inconstitucionalidade e, por isso, nada vale.[605]

---

[602] C. VELLOSO. "O princípio da irretroatividade da lei tributária", p. 20; CARRAZZA. "Vigência e aplicação das leis tributárias", p. 152; AMARO. *Direito tributário brasileiro.* 9ª ed., p. 195-197.

[603] FALSITTA. Manuale di Diritto Tributario. Parte Generale. 4ª ed., p. 100.

[604] BALEEIRO. *Direito tributário brasileiro.* 11ª ed., p. 670; MENDONÇA. *O princípio constitucional da irretroatividade da lei: a irretroatividade da lei tributária*, p. 328-330.

[605] C. VELLOSO. "O princípio da irretroatividade da lei tributária", p. 20.

O Supremo Tribunal Federal e o Superior Tribunal de Justiça acolheram essa posição ao declarar a inconstitucionalidade do art. 4º, segunda parte, da Lei Complementar 118/05, por determinar a aplicação retroativa do seu art. 3º, que estabelecia interpretação divergente daquela acolhida pelo STJ.[606]

- **Precedentes citados**

Lei interpretativa contrária à jurisprudência. Inconstitucionalidade da sua aplicação às ações ajuizadas antes do início da sua vigência: DIREITO TRIBUTÁRIO – LEI INTERPRETATIVA – APLICAÇÃO RETROATIVA DA LEI COMPLEMENTAR Nº 118/2005 – DESCABIMENTO – VIOLAÇÃO À SEGURANÇA JURÍDICA – NECESSIDADE DE OBSERVÂNCIA DA VACACIO LEGIS – APLICAÇÃO DO PRAZO REDUZIDO PARA REPETIÇÃO OU COMPENSAÇÃO DE INDÉBITOS AOS PROCESSOS AJUIZADOS A PARTIR DE 9 DE JUNHO DE 2005. Quando do advento da LC 118/05, estava consolidada a orientação da Primeira Seção do STJ no sentido de que, para os tributos sujeitos a lançamento por homologação, o prazo para repetição ou compensação de indébito era de 10 anos contados do seu fato gerador, tendo em conta a aplicação combinada dos arts. 150, § 4º, 156, VII, e 168, I, do CTN. A LC 118/05, embora tenha se auto-proclamado interpretativa, implicou inovação normativa, tendo reduzido o prazo de 10 anos contados do fato gerador para 5 anos contados do pagamento indevido. Lei supostamente interpretativa que, em verdade, inova no mundo jurídico deve ser considerada como lei nova. Inocorrência de violação à autonomia e independência dos Poderes, porquanto a lei expressamente interpretativa também se submete, como qualquer outra, ao controle judicial quanto à sua natureza, validade e aplicação. A aplicação retroativa de novo e reduzido prazo para a repetição ou compensação de indébito tributário estipulado por lei nova, fulminando, de imediato, pretensões deduzidas tempestivamente à luz do prazo então aplicável, bem como a aplicação imediata às pretensões pendentes de ajuizamento quando da publicação da lei, sem resguardo de nenhuma regra de transição, implicam ofensa ao princípio da segurança jurídica em seus conteúdos de proteção da confiança e de garantia do acesso à Justiça. Afastando-se as aplicações inconstitucionais e resguardando-se, no mais, a eficácia da norma, permite-se a aplicação do prazo reduzido relativamente às ações ajuizadas após a vacatio legis, conforme entendimento consolidado por esta Corte no enunciado 445 da Súmula do Tribunal. O prazo de vacatio legis de 120 dias permitiu aos contribuintes não apenas que tomassem ciência do novo prazo, mas também que ajuizassem as ações necessárias à tutela dos seus direitos. [...] Reconhecida a inconstitucionalidade art. 4º, segunda parte, da LC 118/05, considerando-se válida a aplicação do novo prazo de 5 anos tão-somente às ações ajuizadas após o decurso da *vacatio legis* de 120 dias, ou seja, a partir de 9 de junho de 2005. Aplicação do art. 543-B, § 3º, do CPC aos recursos sobrestados. Recurso extraordinário desprovido. (STF, Pleno, **RE 566.621**, rel. Min. Ellen Gracie, 8.2011)

Nesse precedente, o STF superou a orientação mais rigorosa perfilhada pelo STJ, que repudiara a aplicação da nova lei até mesmo para as ações ajuizadas após a sua *vacatio*, sempre que envolvessem pagamentos anteriores a tal marco temporal. Conferir: STJ, Corte Especial, AI nos EREsp 644.736, rel. Min. Teori Albino Zavascki, 6.2007.

1.4.4. Retroatividade de normas tributárias não impositivas

Apesar de o art. 150, III, *a*, da Constituição da República somente se referir à cobrança de tributos e à data da ocorrência dos fatos geradores, evidenciando que se volta diretamente contra as leis impositivas retroativas, é perfeitamente possível identificar a existência de um *princípio geral da irretroatividade das leis tributárias desfavoráveis aos contribuintes*, derivado da interpretação deste preceito em conjunto com os arts. 1º, *caput* (cláusula do Estado de Direito), e 5º, *caput* (princípio da segurança jurídica) e XXXVI (garantia do ato jurídico perfeito, do direito adquirido e da coisa julgada), todos da Carta Política.

Com essa dimensão, o princípio aplicar-se-ia inclusive às leis tributárias não impositivas, como as que versam sobre *decadência e prescrição.*

Esse não foi, contudo, o caminho que o STF e o STJ trilharam ao se debruçar sobre o tema, quando recorreram ao *princípio da segurança jurídica* e à garantia do direito adquirido, do ato jurídico perfeito e da coisa julgada (art. 5º, XXXVI, da CF) para rechaçar

[606] STF, Pleno, *RE 566.621*, rel. Min. Ellen Gracie, 8.2011; STJ, Corte Especial, AI nos EREsp 644.736, rel. Min. Teori Albino Zavascki, 6.2007. Em sentido contrário, vale conferir esta decisão em medida cautelar, que não diz respeito ao Direito Tributário, não foi confirmada no julgamento do mérito (em razão de a ação ter sido julgada prejudicada), mas aborda de forma detida a questão da retroatividade das leis interpretativas: STF, Pleno, ADI 605 MC, rel. Min. Celso de Mello, 10.1991.

a aplicação retroativa de lei que modificava a orientação jurisprudencial firmada acerca da prescrição do direito à repetição do indébito tributário.[607]

2. Alíneas "b" e "c": princípio da anterioridade tributária

A origem próxima do princípio da anterioridade tributária, que vige atualmente, encontra-se no princípio mais amplo que lhe antecedeu, o princípio da anualidade.

2.1. Antecedente: o princípio da anualidade

O princípio da anualidade foi consagrado pela Constituição de 1946, ao prever que: "nenhum tributo será exigido ou aumentado sem que a lei o estabeleça; nenhum será cobrado em cada exercício sem prévia autorização orçamentária..." (art. 141, § 34).

Embora não tenha sido previsto na EC 18/65, que revogou expressamente esse preceito e somente adotou o princípio da anterioridade para os impostos sobre o patrimônio e a renda (art. 2º, II), foi novamente consagrado na Constituição de 1967 (art. 150, § 29). Perdurou por pouco tempo, pois foi revogado com o advento da Constituição de 1969, que previu apenas o princípio da anterioridade (art. 153, § 29).

Desde então, não vige mais.[608]

O princípio da anualidade compreendia a anterioridade de exercício e continha, ainda, um *plus*: a *exigência de prévia autorização orçamentária*, por meio da previsão qualitativa e quantitativa do tributo na lei orçamentária.[609] No exercício em que faltasse a prévia autorização orçamentária (que havia de ser anual), o princípio da anualidade impunha a suspensão da eficácia da lei tributária, inviabilizando a sua incidência nesse período.[610]

Pela jurisprudência que se firmou no STF, o princípio da anualidade foi perdendo força, até vir a ser abolido. Considerou-se não ser necessário que a lei tributária precedesse a orçamentária, sendo legítima a incidência da lei tributária mais gravosa sempre que a sua publicação antecedesse o exercício financeiro em que seria aplicada.[611]

- **Súmulas**

Súmula 66 do STF: "É legítima a cobrança do tributo que houver sido aumentado após o orçamento, mas antes do início do respectivo exercício financeiro"

Súmula 67 do STF: "É inconstitucional a cobrança do tributo que houver sido criado ou aumentado no mesmo exercício financeiro".

---

607 STF, Pleno, *RE 566.621*, rel. Min. Ellen Gracie, 8.2011; STJ, Corte Especial, *AI nos EREsp 644.736*, rel. Min. Teori Albino Zavascki, 6.2007. As ementas foram transcritas no tópico antecedente, relativo à retroatividade das leis interpretativas.

608 Impende destacar que certos autores ainda defendem a subsistência do princípio da anualidade tributária, como princípio constitucional implícito. Cfr. NOVELLI. "Anualidade e anterioridade na Constituição de 1988", p. 62-88; MARTINS. *Sistema tributário nacional na Constituição de 1988*, 4ª ed. p. 301-302. Posição particular é sustentada por Ferreira Filho, para quem o princípio da anterioridade não se destina a garantir a segurança dos contribuintes, senão o "orçamento como regra de ordenação financeira". Assim, "impõe que a cobrança (pois a norma – note-se – somente fala em 'cobrar') venha autorizada pelo orçamento, com a conseqüente distribuição de seu produto pela despesa pública" (*Comentários à Constituição brasileira de 1988*. v. 2. p. 106-107).

609 C. VELLOSO. "O princípio da anterioridade: uma visão da jurisprudência", p. 111; AMARO. "O imposto de renda e os princípios da irretroatividade e da anterioridade", p. 151; COÊLHO. "O princípio da Anualidade da Lei Fiscal na Jurisprudência da Suprema Corte: a Contribuição de Aliomar Baleeiro", p. 50.

610 NOVELLI. "Anualidade e anterioridade na Constituição de 1988", p. 67. Cfr. COÊLHO. "Princípio da anterioridade tributária no Brasil (seu caráter limitado e retórico)", p. 197.

611 Essa posição foi consolidada com a edição das Súmulas 66 e 67 do STF: "É legítima a cobrança do tributo que houver sido aumentado após o orçamento, mas antes do início do respectivo exercício financeiro" (Súmula 66); "É inconstitucional a cobrança do tributo que houver sido criado ou aumentado no mesmo exercício financeiro" (Súmula 67).

2.2. Noção geral

Ao contrário do princípio da irretroatividade, que é voltado para o passado, o princípio da anterioridade *é voltado para o futuro*,[612] ampliando, desse modo, a tutela à segurança jurídica do contribuinte.

O princípio da anterioridade abrange o da irretroatividade e garante mais, *assegurando ao contribuinte um período mínimo para ter conhecimento da alteração tributária* e para adequar-se a ela.

Atualmente, o princípio da anterioridade é previsto, como regra geral, no art. 150, III, *b* e *c,* da Constituição Federal.

Da redação desse preceito, há um aspecto que merece ser destacado desde já. Não obstante a Constituição empregue a expressão "é vedado [...] *cobrar* tributos", *a proibição constitucional abrange a instituição, a incidência e a cobrança.* Os tributos não podem incidir nos prazos determinados pela anterioridade de exercício e/ou nonagesimal e nunca poderão ser cobrados relativamente a esses períodos, como já expusemos ao versar sobre o princípio da irretroatividade, que também é consagrado no art. 150, III, da CF.[613]

Entendimento diverso tornaria inócua a limitação constitucional ao poder de tributar, que se transformaria numa mera imposição de inércia temporária à Administração, sem qualquer repercussão no campo das obrigações tributárias.

Cumpre examinar com atenção o teor desse preceito, enfocando o seu conteúdo, a qualificação do princípio da anterioridade como cláusula pétrea, as suas espécies e os casos em que se aplica.

2.3. Conteúdo específico

Inicialmente, há de ser especificado o conteúdo do princípio da anterioridade: consistindo numa concretização do princípio estruturante da segurança jurídica, *obsta a incidência* imediata das normas impositivas, *impondo o respeito a lapsos temporais mínimos*, compreendidos entre a publicação da lei e a sua incidência.

Divergem os doutrinadores acerca dos efeitos jurídicos do princípio da anterioridade. Para alguns, a anterioridade protrai a vigência,[614] o que é reforçado pelo preceito do art. 104 do CTN, que faz referência expressa ao diferimento da vigência. Para outros, a anterioridade protrai a eficácia,[615] entendimento que era consentâneo com o texto da Constituição de 1969, que exigia a anterioridade da vigência da lei ao exercício financeiro de sua aplicação (art. 153, § 29), e não a anterioridade da publicação da lei, como se exige atualmente (arts. 150, III, *b* e *c*, e 195, § 6º, da CF/88).

---

612 RABELLO FILHO. *O princípio da anterioridade tributária.* p. 97.

613 Essa foi a posição que prevaleceu na doutrina e no STF. Sobre o tema, conferir o excelente voto proferido pelo Ministro Carlos Velloso quando do julgamento do RE 138.284, no qual, após expor as principais correntes doutrinárias, posicionou-se pela tese que sustentamos (STF, Pleno, RE 138.284, rel. Min. Carlos Velloso, 8.1992). Cfr. também DERZI. "O princípio da irretroatividade do direito na Constituição e no Código Tributário Nacional", p. 249.

614 CARVALHO. "O princípio da segurança jurídica em matéria tributária", p. 87; idem. *Curso de Direito Tributário.* p. 87; MENDONÇA. *O princípio constitucional da irretroatividade da lei: a irretroatividade da lei tributária.* p. 250-252.

615 DERZI. "O princípio da irretroatividade do direito na Constituição e no Código Tributário Nacional", p. 240; NOVELLI. "Anualidade e anterioridade na Constituição de 1988", p. 67; COÊLHO. "Princípio da anterioridade tributária no Brasil (seu caráter limitado e retórico)", p. 200; CARRAZZA. "Vigência e aplicação das leis tributárias", p. 150-151; idem. *Curso de Direito Constitucional Tributário.* 18ª ed. p. 168 e 171; ATALIBA; GIARDINO. "Segurança do direito, tributação e anterioridade", p. 69; RABELLO FILHO. *O princípio da anterioridade tributária.* p. 111.

Perfilhamos a segunda posição, como já expusemos ao versar sobre o princípio da irretroatividade: o princípio da anterioridade *protrai a eficácia da lei*, e não a sua vigência. Logo, não atua no sentido de estabelecer uma *vacatio legis* mínima.[616]

Quanto a esse ponto, cabe recordar que a Constituição de 1969 exigia, com correção, a anterioridade da vigência da lei tributária ao exercício de sua aplicação, razão pela qual sob a sua égide não era sustentável a concepção de que a anterioridade protraía a vigência. Pelo contrário: pressupunha a vigência no exercício anterior.

A Constituição de 1988 trouxe uma garantia menor ao contribuinte, ao exigir apenas a anterioridade da publicação da lei tributária, mas não alterou, a nosso ver, a natureza do princípio da anterioridade.

De qualquer modo, com a alteração implementada pela Constituição de 1988, a discussão perdeu grande parte de sua relevância prática.

No que diz respeito à aplicação do princípio da anterioridade, *a Constituição leva em consideração dois marcos: a publicação da lei e o início de sua incidência.*

A publicação é o ato pelo qual se dá conhecimento aos cidadãos do teor da lei.[617] É uma condição de vigência (ou de eficácia, segundo a posição adotada),[618] que instala a ficção da publicidade da lei,[619] ou seja, de que é do conhecimento de todos.

Todavia, para que a publicação seja "materialmente eficaz, há de ocorrer de modo que, potencialmente, *todos possam conhecê-la.* E isso apenas se verifica quando, no caso, o Diário Oficial *circula*".[620]

Noutros termos, *a publicação exigida pela Constituição é uma publicação qualificada*, pois não basta que a lei seja publicada: é imprescindível que seja efetivamente disponibilizada à população, mediante os meios de divulgação de costume (tradicionalmente, a circulação do Diário Oficial). O STF, entretanto, já decidiu que cabe ao contribuinte comprovar a não circulação do Diário Oficial,[621] atribuindo-lhe o pesadíssimo ônus de produzir uma prova negativa.

Em se tratando de *tributos instituídos ou majorados por medida provisória*, prática que o STF sempre reputou legítima, entendia-se que o evento a ser considerado para a verificação do respeito à anterioridade deveria ser a data da *publicação da primeira* medida provisória,[622] desde que a sua redação fosse mantida inalterada nas edições subsequentes e na lei de conversão. Desse modo, a medida provisória podia ser empregada como uma forma de antecipar a exigência do tributo.

---

[616] Foi precisamente a adoção dessa tese que permitiu ao Supremo Tribunal Federal conferir interpretação conforme à Constituição a lei que, publicada em 30 de dezembro de 2005, instituía uma taxa e dispunha que a sua vigência iniciaria no dia 1º de janeiro de 2006. Segundo a interpretação atribuída ao diploma legal, a vigência começaria efetivamente nesta data, mas a eficácia somente após noventa dias de sua publicação, pois o princípio da anterioridade é um "critério para que a lei tributária produza efeitos", isto é, "se torne eficaz" (STF, Pleno, *ADI 3.694*, rel. Min. Sepúlveda Pertence, 9.2006, transcrição do seu voto).

[617] CARVALHO. "O princípio da segurança jurídica em matéria tributária", p. 87.

[618] MACHADO. "Os princípios da anterioridade e da irretroatividade das leis tributárias e a publicação da lei", p. 108-109; CARRAZZA. "Vigência e aplicação das leis tributárias", p. 148; GRAU. "A publicação da lei e termo inicial de vigência da lei (A Lei n. 8.383/91)", p. 64.

[619] GRAU. "A publicação da lei e termo inicial de vigência da lei (A Lei n. 8.383/91)", p. 65.

[620] GRAU. idem, p. 65.

[621] STF, 1ª Turma, RE 232.084, rel. Min. Ilmar Galvão, 4.2000. Tratava-se, no caso, da MP 812/94, que, publicada no dia 31.12.1994 (um sábado), majorou o IR e a CSLL, pretendendo reger o resultado do exercício financeiro de 1994.

[622] STF, Pleno, *RE 240.266*, rel. p/ ac. Min. Maurício Corrêa, 9.1999.

Essa jurisprudência do STF foi modificada quanto aos impostos pela EC 32/01, a qual dispôs que a medida provisória que institua ou majore impostos somente produzirá efeitos no exercício subsequente ao *de sua conversão em lei* (art. 62, § 2º, incluído pela EC 32/01), excetuando, obviamente, os impostos que não estão sujeitos ao princípio da anterioridade de exercício.

- **Precedentes citados**

Princípio da anterioridade protrai a eficácia, não a vigência. Interpretação conforme à Constituição imposta a preceito que determinou a vigência imediata de tributo sujeito à anterioridade nonagesimal: I. Ação direta de inconstitucionalidade: L. 959, do Estado do Amapá, publicada no DOE de 30.12. 2006, que dispõe sobre custas judiciais e emolumentos de serviços notariais e de registros públicos, cujo art. 47 – impugnado – determina que a "lei entrará em vigor no dia 1º de janeiro de 2006": procedência, em parte, para dar interpretação conforme à Constituição ao dispositivos questionado e declarar que, apesar de estar em vigor a partir de 1º de janeiro de 2006, a eficácia dessa norma, em relação aos dispositivos que aumentam ou instituem novas custas e emolumentos, se iniciará somente após 90 dias da sua publicação. [...] III. Lei tributária: prazo nonagesimal. Uma vez que o caso trata de taxas, devem observar-se as limitações constitucionais ao poder de tributar, dentre essas, a prevista no art. 150, III, *c*, com a redação dada pela EC 42/03 – prazo nonagesimal para que a lei tributária se torne eficaz. (STF, Pleno, **ADI 3.694**, rel. Min. Sepúlveda Pertence, 9.2006)

Medida provisória em matéria tributária. Termo *a quo* do prazo da anterioridade. Data da publicação da primeira MP: [...] LEI Nº 8.128/91. REDUÇÃO DO PRAZO PARA RECOLHIMENTO DO PIS E DO FINSOCIAL. INCONSTITUCIONALIDADE. INEXISTÊNCIA. 1. O termo a quo do prazo de anterioridade previsto no artigo 195, § 6º, da Constituição Federal flui da data da publicação da medida provisória, que não perde a eficácia, se não convertida em lei no prazo de trinta dias, desde que, nesse período, ocorra a edição de outro provimento da mesma espécie. [...] (STF, Pleno, **RE 240.266**, rel. p/ ac. Min. Maurício Corrêa, 9.1999)

2.4. Espécies de anterioridade: de exercício e nonagesimal

A anterioridade tributária comporta, atualmente, *duas espécies*: a tradicional, denominada anterioridade geral ou *anterioridade de exercício* (art. 150, III, alínea *b*); e a anterioridade *nonagesimal* (art. 150, III, alínea *c*).

A inserção da anterioridade nonagesimal no art. 150, com sua aplicação aos tributos em geral, foi inovação da EC 42/03. Antes do seu advento, a anterioridade nonagesimal era aplicável exclusivamente às contribuições de seguridade social (art. 195, § 6º, da CF/88).

Por força da *anterioridade de exercício*, de que trata a alínea *b*, é vedada a cobrança de tributos "no mesmo exercício financeiro em que haja sido publicada a lei que os instituiu ou aumentou".

A anterioridade é ao exercício financeiro, que se identifica com o ano civil. De conseguinte, leis que instituem ou majoram tributos somente podem incidir num determinado ano *se tiverem sido publicadas no ano antecedente.*

Tomando-se como exemplo o ICMS, lei que majore a sua alíquota em maio de 2011 somente poderá ser aplicada aos fatos ocorridos após janeiro de 2012, inclusive.

Já a *anterioridade nonagesimal*, de que tratam os arts. 150, III, *c*, e 195, § 6º, veda a cobrança de tributos "antes de decorridos noventa dias da data em que haja sido publicada a lei que os instituiu ou aumentou".

Essa espécie de anterioridade *não tem qualquer relação com o exercício financeiro*: leva em consideração apenas o lapso temporal decorrido entre a publicação da lei e o início de sua incidência/cobrança. Por exemplo, uma lei que tenha majorado um tributo em 1º de novembro de 2011, somente poderá ser aplicada aos fatos ocorridos após 31 de janeiro de 2012, inclusive.

Esses requisitos são cumulativos, o que foi previsto de modo expresso na alínea *c*. Após consagrar a anterioridade nonagesimal, tal preceito determina que ela seja observada sem prejuízo do "disposto na alínea *b*".

Com isso, conferiu-se maior efetividade ao princípio da segurança jurídica, tendo em vista que, *antes do advento da EC 42/03, poderia ser aplicada, em 1º de janeiro, a lei editada um dia antes*, em 31 de dezembro, como frequentemente se verificava, pois se considerava que a anterioridade de exercício não poderia ser aplicada cumulativamente com a anterioridade nonagesimal do art. 195, § 6º.[623]

Tais ocorrências escancaram a debilidade da anterioridade de exercício, que por vezes se mostrava completamente inócua para promover a segurança jurídica. A inclusão da alínea *c* no art. 150, III, promovida pela EC 42/03, foi extremamente salutar para a concretização de um princípio basilar do Estado de Direito, o princípio da segurança jurídica.

Atualmente, uma lei tributária gravosa publicada nos últimos instantes de um ano não pode mais ser aplicada no começo do ano subsequente, salvo exceções pontuais. Há um *parâmetro mínimo de segurança jurídica, que é o prazo de noventa dias*, razão de a anterioridade nonagesimal prevista no art. 150, III, *c*, também ser nominada "anterioridade mínima".[624]

- **Precedente citado**

Inaplicabilidade da anterioridade de exercício às contribuições de seguridade social: [...] 1. As contribuições sociais da seguridade social previstas no art. 195 da Constituição Federal que foram incluídas no capítulo do Sistema Tributário Nacional, poderão ser exigidas após decorridos noventa dias da data da publicação da lei que as houver instituído ou modificado, não se lhes aplicando o disposto no art. 150, III, "b", do Sistema Tributário, posto que excluídas do regime dos tributos. [...] Agravo regimental improvido. (STF, 2ª Turma, **AI 174.540 AgR**, rel. Min. Maurício Corrêa, 2.1996)

2.5. Qualificação como cláusula pétrea

O princípio da anterioridade constitui cláusula pétrea, em virtude de ser uma vultosa garantia individual do cidadão-contribuinte (art. 60, § 4º, IV, da CF/88).

Isso era explícito no regime constitucional anterior, em que o princípio da anterioridade de exercício integrava o capítulo intitulado "Dos Direitos e Garantias Individuais", ao lado do princípio da legalidade tributária (art. 153, § 29, da CF/69).[625]

Atualmente, o caráter jusfundamental do princípio permanece, não obstante o seu deslocamento para o capítulo intitulado "Do Sistema Tributário Nacional", motivado pela preocupação do constituinte com a organização sistemática da matéria tributária, que o levou a dedicar uma seção específica às "Limitações do Poder de Tributar", na qual está inserido o princípio em análise.

Por tal razão, *a anterioridade de exercício não pode ser abolida ou excepcionada nem mesmo por emenda constitucional*, como reconheceu o STF ao declarar a inconstitucionalidade parcial da EC 3/93, no que autorizava a instituição do IPMF sem observância do princípio da anterioridade.

A propósito, o Ministro Sydney Sanches, relator desse precedente, declarou que:

> Entre esses direitos e garantias individuais [refere-se ao art. 60, § 4º, IV, da CF], estão pela extensão contida no § 2º do art. 5º e pela especificação feita no art. 150, III, "b", a garantia ao contribuinte de que a União não

---

[623] STF, 2ª Turma, *AI 174.540 AgR*, rel. Min. Maurício Corrêa, 2.1996; 1ª Turma, RE 179.109, rel. Min. Sepúlveda Pertence, 9.1997.

[624] A anterioridade nonagesimal do art. 195, § 6º, também era denominada de "anterioridade mitigada", expressão que em muitos casos se mostra inadequada por consistir numa garantia muito mais efetiva do que a anterioridade de exercício.

[625] Eis a redação do preceito mencionado: "Nenhum tributo será exigido ou aumentado sem que a lei o estabeleça, nem cobrado, em cada exercício, sem que a lei o houver instituído ou aumentado esteja em vigor antes do início do exercício financeiro, ressalvados a tarifa alfandegária e a de transporte, o impôsto sôbre produtos industrializados e o imposto lançado por motivo de guerra e demais casos previstos nesta Constituição" (art. 153, § 29, da CF/69).

criará nem cobrará tributos, "no mesmo exercício financeiro em que haja sido publicada a lei que os instituiu ou aumentou".[626]

O STF reconheceu que *a anterioridade nonagesimal também constitui cláusula pétrea*, ao menos na conformação que possuía na redação original da Carta da República de 1988, estabelecida pelo art. 195, § 6º, da CF.[627]

Por se tratar de projeção do direito fundamental à segurança jurídica, o princípio da anterioridade *somente poderá ser excepcionado em benefício dos contribuintes*,[628] a exemplo do que ocorre com o princípio da irretroatividade.

• **Precedentes citados**

Qualificação da anterioridade de exercício como cláusula pétrea. Inconstitucionalidade da emenda constitucional que a excepcionou: Direito Constitucional e Tributário. Ação Direta de Inconstitucionalidade de Emenda Constitucional e de Lei Complementar. I.P.M.F. Imposto Provisório sobre a Movimentação ou a Transmissão de Valores e de Créditos e Direitos de Natureza Financeira – I.P.M.F. Artigos 5º, § 2º, 60, § 4º, incisos I e IV, 150, incisos III, "b", e VI, "a", "b", "c" e "d", da Constituição Federal. 1. Uma Emenda Constitucional, emanada, portanto, de Constituinte derivada, incidindo em violação a Constituição originária, pode ser declarada inconstitucional, pelo Supremo Tribunal Federal, cuja função precípua e de guarda da Constituição (art. 102, I, "a", da C.F.). 2. A Emenda Constitucional n. 3, de 17.03.1993, que, no art. 2., autorizou a União a instituir o I.P.M.F., incidiu em vício de inconstitucionalidade, ao dispor, no parágrafo 2. desse dispositivo, que, quanto a tal tributo, não se aplica "o art. 150, III, "b" e VI", da Constituição, porque, desse modo, violou os seguintes princípios e normas imutaveis (somente eles, não outros): 1. – o princípio da anterioridade, que e garantia individual do contribuinte (art. 5º, § 2º, art. 60, § 4º, inciso IV e art. 150, III, "b" da Constituição); [...] (STF, Pleno, **ADI 939**, rel. Min. Sydney Sanches, 12.1993)

Qualificação da anterioridade nonagesimal como cláusula pétrea. Inconstitucionalidade da EC 10/96: Recurso extraordinário – Emenda Constitucional nº 10/96 – Art. 72, inciso III, do Ato das Disposições Constitucionais Transitórias (ADCT) – Contribuição Social sobre o Lucro (CSLL) – Alíquota de 30% (trinta por cento) – Pessoas jurídicas referidas no § 1º do art. 22 da Lei nº 8.212/91 – Alegada violação ao art. 195, § 6º, da Constituição Federal. 1. O poder constituinte derivado não é ilimitado, visto que se submete ao processo consignado no art. 60, §§ 2º e 3º, da Constituição Federal, bem assim aos limites materiais, circunstanciais e temporais dos §§ 1º, 4º e 5º do aludido artigo. 2. A anterioridade da norma tributária, quando essa é gravosa, representa uma das garantias fundamentais do contribuinte, traduzindo uma limitação ao poder impositivo do Estado. 3. A emenda Constitucional nº 10/96, especialmente quanto ao inciso III do art. 72 do Ato das Disposições Constitucionais Transitórias – objeto de questionamento – é um novo texto que veicula nova norma, e não mera prorrogação da emenda anterior. 4. Hipótese de majoração da alíquota da CSSL para as pessoas jurídicas referidas no § 1º do art. 22 da Lei nº 8.212/91. 5. Necessidade de observância do princípio da anterioridade nonagesimal contido no art. 195, § 6º, da Constituição Federal. 6. Recurso Extraordinário a que se nega provimento. (STF, Pleno, **RE 587.008**, rel. Min. Dias Toffoli, 2.2011).

Lê-se no voto do relator: "Nesse contexto é que se insere o princípio da anterioridade nonagesimal, insculpido no art. 195, § 6º, da Constituição Federal. Trata-se de garantia individual e, como tal, cláusula pétrea, não passível de supressão por força de emenda constitucional." O voto da Ministra Ellen Gracie também foi expresso nesse sentido: "No caso dos autos, não temos em foco a garantia da anterioridade de exercício, mas a da anterioridade nonagesimal das contribuições de seguridade social, estampada no art. 195, § 6º, da Constituição. De qualquer modo, não há razão para admitirmos disciplina diversa, porquanto a anterioridade nonagesimal constitui nada menos do que uma variação da garantia da anterioridade, revelando ainda maior preocupação do constituinte originário com a segurança jurídica no que diz respeito às modificações no custeio da seguridade social. As emendas constitucionais, portanto, também devem respeito à anterioridade nonagesimal estampada no art. 195, § 6º, da Constituição, sob pena de invalidade".

2.6. Abrangência e exceções

2.6.1. Tributos abrangidos

O princípio da anterioridade aplica-se, em suas distintas modalidades, a *todos os tributos, salvo exceção constitucional expressa.*

---

[626] STF, Pleno, *ADI 939*, rel. Min. Sydney Sanches, 12.1993, excerto do seu voto. Como observou o Ministro Celso de Mello, ao se manifestar nesse importantíssimo julgado: "O princípio da anterioridade da lei tributária, além de constituir limitação ao poder impositivo do Estado, representa um dos direitos fundamentais mais relevantes outorgados pela Carta da República ao universo dos contribuintes".

[627] STF, Pleno, *RE 587.008*, rel. Min. Dias Toffoli, 2.2011.

[628] MACHADO. *Os princípios jurídicos da tributação na Constituição de 1988.* p. 96.

Sujeitam-se ao art. 150, III, *b* e *c,* até mesmo as contribuições sociais, interventivas e corporativas do art. 149,[629] à exceção das contribuições de seguridade social e previdenciárias do art. 195, que se submetem ao regramento específico do seu § 6º e, via de consequência, devem observar apenas a anterioridade nonagesimal.[630]

Observe-se que *o art. 150, § 1º, da Constituição Federal ressalva a aplicação da anterioridade de exercício e nonagesimal para alguns tributos*, levando a este resultado:

	Anterioridade de exercício	Anterioridade nonagesimal
Tributos em geral	Aplicável	Aplicável
Imposto de Renda	Aplicável	*Inaplicável*
Base de cálculo do IPTU	Aplicável	*Inaplicável*
Base de cálculo do IPVA	Aplicável	*Inaplicável*
IPI	*Inaplicável*	Aplicável
Contribuições Securitárias	*Inaplicável*	Aplicável
Imposto de Importação	*Inaplicável*	*Inaplicável*
Imposto de Exportação	*Inaplicável*	*Inaplicável*
IOF	*Inaplicável*	*Inaplicável*
Impostos Extraordinários	*Inaplicável*	*Inaplicável*
EC Emergencial	*Inaplicável*	*Inaplicável*

Para uma análise detida da questão, vide os comentários ao art. 150, § 1º, onde analisamos todas as exceções e ressalvas ao princípio da anterioridade.

2.6.2. Modalidades de majoração

O princípio da anterioridade aplica-se à *majoração de alíquotas*, independentemente da natureza do ato normativo que a estabelecer (emenda constitucional, lei complementar, lei ordinária, medida provisória e, por óbvio, atos infralegais).[631]

Porém, a majoração de tributos regulada pelo princípio da anterioridade não se confunde com a majoração de alíquotas. É mais abrangente, *englobando toda e qualquer forma de majoração de tributos*, a exemplo do que se verifica com a majoração da sua base de cálculo.[632]

De qualquer forma, a majoração há de ser efetiva, não sendo caracterizada por alterações que não repercutam na existência ou no *quantum* da obrigação tributária: a *al-*

[629] STF, Pleno, ADI 2.556 MC, rel. Min. Moreira Alves, 10.2002. No caso, tratava-se das contribuições para o FGTS instituídas pela LC 110/2001, que foram qualificadas como "contribuições sociais gerais" e reputadas sujeitas, portanto, ao regramento do art. 150, III. Com base nessas premissas, declarou-se a inconstitucionalidade dos preceitos que impunham a sua aplicação ainda no exercício financeiro de 2001.

[630] STF, 2ª Turma, AI 174.540 AgR, rel. Min. Maurício Corrêa, 2.1996, cuja ementa foi transcrita anteriormente.

[631] Impressionante é a pretensão governamental de eximir-se da observância do princípio da anterioridade nas majorações de alíquota por atos infralegais, como se verificou com o Decreto 7.567, de 15/09/2011, cuja flagrante inconstitucionalidade foi pronunciada pelo Pretório Excelso: STF, Pleno, *ADI 4.661 MC*, rel. Min. Marco Aurélio, 10.2011. Isso já havia ocorrido anteriormente, com o Decreto 6.225/07, que majorou o IPI sem observar a anterioridade nonagesimal e, nesse aspecto, foi repelido pelo Tribunal Regional Federal da 4ª Região (cfr. 2ª Turma, APELREEX 2007.71.08.012143-2, rel. Juíza Federal Vânia Hack de Almeida, 12.2008).

[632] STF, 1ª Turma, *RE 234.605*, rel. Min. Ilmar Galvão, 8.2000.

teração do prazo de recolhimento[633] *ou do índice oficial de atualização monetária,*[634] por exemplo, não caracterizam majoração de tributos e, de conseguinte, não se subordinam ao princípio da anterioridade.

A nosso juízo, o princípio da anterioridade abrange inclusive a *instituição e a majoração indiretas* de tributos, como ocorre na *revogação de isenções*.[635]

Não há, contudo, um posicionamento firme e claro da jurisprudência a respeito.

Inicialmente, o STF inclinou-se no sentido de que, revogada a isenção, o tributo tornar-se-ia imediatamente exigível, sendo desnecessária a observância dos princípios da anterioridade e da anualidade, salvo nos impostos sobre o patrimônio e a renda, em que há referência expressa no CTN (art. 104, III).[636]

Esse entendimento foi cristalizado com a edição da Súmula 615 do STF, pertinente ao antigo ICM: "O princípio constitucional da anualidade (§ 29 do art. 153 da CF) não se aplica a revogação de isenção do ICM".

A súmula fundava-se na questionável tese de que, na isenção, o tributo é devido, mas seu pagamento é dispensado e que, por isso, seria imediatamente exigível com a revogação do favor tributário.[637]

Até mesmo sob a égide da Constituição de 1988 houve precedentes do Pretório Excelso no sentido de que, revogada a isenção, o tributo seria imediatamente exigível.[638]

Entretanto, posteriormente a sua jurisprudência se firmou no sentido de que a redução de benefícios fiscais em geral está sujeita ao princípio da anterioridade, mesmo que seja operada pela modificação de sistema de creditamento.[639]

Em seguida, deu nova guinada, com o entendimento de que *a revogação de isenções e as demais majorações indiretas de tributos não estão sujeitas ao princípio da anterioridade*.[640] O Superior Tribunal de Justiça também segue essa linha, aplicando a Súmula 615 do STF.[641]

---

633 Súmula Vinculante 50: "Norma legal que altera o prazo de recolhimento de obrigação tributária não se sujeita ao princípio da anterioridade".

634 STF, Pleno, *RE 582.461*, rel. Min. Gilmar Mendes, 5.2011.

635 Nesse sentido: NOVELLI. "Anualidade e anterioridade na Constituição de 1988", p. 68 et seq.; COÊLHO. "Princípio da anterioridade tributária no Brasil (seu caráter limitado e retórico)", p. 200; MENDONÇA. *O princípio constitucional da irretroatividade da lei: a irretroatividade da lei tributária*. p. 340.

636 Sem embargo, não há como olvidar ter sido o CTN editado sob a égide da EC 18/65, que limitou o alcance do princípio da anterioridade aos impostos sobre o patrimônio e sobre a renda. Essa é a razão de o preceito somente fazer referência a tais impostos. Pretendeu-se que o dispositivo alcançasse *todos* os casos de revogação de isenções abrangidos pelo princípio da anterioridade, de modo que atualmente deve ser aplicado à luz dessa *ratio*. Considerando o alcance que o princípio da anterioridade recebeu posteriormente, há de se concluir que a restrição da sua aplicação aos "impostos sobre o patrimônio ou a renda" foi revogada pela Constituição de 1967, não mais subsistindo.

637 Cfr. C. VELLOSO. "O princípio da anterioridade: uma visão da jurisprudência", p. 120-121.

638 STF, 2ª Turma, RE 204.062, rel. Min. Carlos Velloso, 9.1996. Neste julgado, aplicou-se antiga jurisprudência do STF, pertinente ao princípio da anualidade: "ICM. Isenção não onerosa. Revogação. Imediata eficácia e exigibilidade do tributo. Inaplicação do princípio constitucional da anualidade. Recurso extraordinário conhecido pelo permissivo constitucional da alínea 'd', mas desprovido" (STF, 1ª Turma, RE 97.482, rel. Min. Soares Muñoz, 10.1982).

639 STF, Pleno, *ADI 2.325 MC*, rel. Min. Marco Aurélio, 9.2004.

640 STF, Pleno, *ADI 4.016 MC*, rel. Min. Gilmar Mendes, 8.2008. Este precedente tratava da extinção de um desconto condicional do IPVA. No mesmo sentido, analisando a revogação do direito ao aproveitamento de créditos fiscais do ICMS, cfr. STF, 1ª Turma, *AI 783.509 AgR*, rel. Min. Ricardo Lewandowski, 10.2010.

641 Vide, por todos, STJ, 2ª Turma, *REsp 762.754*, rel. Min. Eliana Calmon, 9.2007.

Recentemente, percebe-se o esboço de uma *nova reviravolta* na jurisprudência da Corte, com a aplicação do princípio da anterioridade tributária a qualquer redução de benefícios tributários, por caracterizarem majorações indiretas de tributos.[642]

Há outras hipóteses peculiares, como o *restabelecimento de alíquotas majoradas* e a *prorrogação da vigência de tributo* existente. O legislador deve observar o princípio da anterioridade ao restabelecer alíquotas majoradas, haja vista o restabelecimento de alíquotas gravosas equivaler à majoração de tributo.[643] Porém, na visão do STF, o legislador não necessita observá-lo ao prorrogar a vigência de tributos ou de alíquotas majoradas, pois a prorrogação de vigência não se confunde com a criação ou majoração de tributos.[644]

A distinção entre tais situações considera o fato de a vigência do tributo instituído ou da alíquota majorada ter cessado no momento em que promulgada a nova lei: no restabelecimento, a lei é posterior ao término da vigência; na prorrogação, anterior.

• Súmulas

Súmula Vinculante 50: "Norma legal que altera o prazo de recolhimento de obrigação tributária não se sujeita ao princípio da anterioridade".

Essa súmula é fruto da atribuição de eficácia vinculante à Súmula 669 do STF, de redação quase idêntica.

Súmula 615 do STF: "O princípio constitucional da anualidade (§ 29 do art. 153 da CF) não se aplica a revogação de isenção do ICM".

Súmula 669 do STF: "Norma legal que altera o prazo de recolhimento da obrigação tributária não se sujeita ao princípio da anterioridade".

• Precedentes citados

Supremo Tribunal Federal:

Majoração de tributo mediante o restabelecimento de alíquotas majoradas. Sujeição ao princípio da anterioridade: Previdência Social: contribuição social do servidor público: restabelecimento do sistema de alíquotas progressivas pela MProv. 560, de 26.7.94, e suas sucessivas reedições, com vigência retroativa a 1.7.94 quando cessara à da L. 8.688/93, que inicialmente havia instituído: violação, no ponto, pela MProv. 560/94 e suas reedições, da regra de anterioridade mitigada do art. 195, § 6º, da Constituição; conseqüente inconstitucionalidade da mencionada regra de vigência que, dada a solução de continuidade ocorrida, independe da existência ou não de majoração das alíquotas em relação àquelas fixadas na lei cuja vigência já se exaurira. (STF, Pleno, **ADI 1.135**, rel. p/ ac. Min. Sepúlveda Pertence, 8.1997).

Esse entendimento também foi aplicado à prorrogação da alíquota majorada do ICMS paulista (STF, RE 584.100, rel. Min. Ellen Gracie, 11.2009).

Redução de benefícios tributários mediante modificação do sistema de creditamento do ICMS. Aplicação do princípio da anterioridade: O Tribunal concluiu julgamento de medida liminar em ação direta de inconstitucionalidade ajuizada pela Confederação Nacional da Indústria – CNI contra dispositivos da LC 102, de 11.7.2000, que, alterando a LC 87/96, modificam o critério de apropriação dos créditos do ICMS decorrentes de aquisições de mercadorias para o ativo permanente, de energia elétrica e de serviços de telecomunicação [...] Entendeu-se que a modificação do sistema de creditamento pela norma em questão, quer consubstancie a redução de um benefício de natureza fiscal, quer configure a majoração de tributo, cria uma carga para o contribuinte e, portanto, sujeita-se ao princípio da anterioridade. [...] (STF, Pleno, **ADI 2.325** MC, rel. Min. Marco Aurélio, 9.2004, texto do Informativo nº 362, transcrito em substituição ao da ementa, que é genérica e não faz referência alguma ao caso apreciado)

Em sentido contrário, vide STF, 1ª Turma, AI 783.509 AgR, rel. Min. Ricardo Lewandowski, 10.2010, transcrito abaixo.

Prorrogação de tributos ou alíquotas majoradas. Inaplicabilidade do princípio da anterioridade: AÇÃO DIRETA DE INCONSTITUCIONALIDADE. CONTRIBUIÇÃO PROVISÓRIA SOBRE MOVIMENTAÇÃO OU TRANSMISSÃO DE VALORES E DE CRÉDITOS E DIREITOS DE NATUREZA FINANCEIRA-CPMF [...] Ocorrência de mera prorrogação da Lei nº 9.311/96, modificada pela Lei nº 9.539/97, não tendo aplicação ao

[642] STF, 1ª Turma, *RE 564.225 AgR*, rel. Min. Marco Aurélio, 9.2014. O caso tratava de revogação do benefício de redução da base de cálculo.

[643] STF, Pleno, *ADI 1.135*, rel. p/ ac. Min. Sepúlveda Pertence, 8.1997.

[644] STF, Pleno, *ADI 2.666*, rel. Min. Ellen Gracie, 10.2002.

caso o disposto no § 6º do art. 195 da Constituição Federal. O princípio da anterioridade nonagesimal aplica-se somente aos casos de instituição ou modificação da contribuição social, e não ao caso de simples prorrogação da lei que a houver instituído ou modificado. [...] 4 – Ação direta julgada improcedente (STF, Pleno, **ADI 2.666**, rel. Min. Ellen Gracie, 10.2002)

Revogação de descontos para pagamento antecipado. Inaplicabilidade do princípio da anterioridade: [...] 4. Alegada violação ao art. 150, III, alínea "c", da Constituição Federal. 5. A redução ou a extinção de desconto para pagamento de tributo sob determinadas condições previstas em lei, como o pagamento antecipado em parcela única, não pode ser equiparada à majoração do tributo em questão, no caso, o IPVA. Não-incidência do princípio da anterioridade tributária. 6. Vencida a tese de que a redução ou supressão de desconto previsto em lei implica, automática e aritmeticamente, aumento do valor do tributo devido. 7. Medida cautelar indeferida. (STF, Pleno, **ADI 4.016 MC**, rel. Min. Gilmar Mendes, 8.2008)

Majoração do IPI por decreto. Aplicabilidade da anterioridade nonagesimal: [...] TRIBUTO – IPI – ALÍQUOTA – MAJORAÇÃO – EXIGIBILIDADE. A majoração da alíquota do IPI, passível de ocorrer mediante ato do Poder Executivo – artigo 153, § 1º –, submete-se ao princípio da anterioridade nonagesimal previsto no artigo 150, inciso III, alínea "c", da Constituição Federal. AÇÃO DIRETA DE INCONSTITUCIONALIDADE – IPI – MAJORAÇÃO DA ALÍQUOTA – PRINCÍPIO DA ANTERIORIDADE NONAGESIMAL – LIMINAR – RELEVÂNCIA E RISCO CONFIGURADOS. Mostra-se relevante pedido de concessão de medida acauteladora objetivando afastar a exigibilidade da majoração do Imposto sobre Produtos Industrializados, promovida mediante decreto, antes de decorridos os noventa dias previstos no artigo 150, inciso III, alínea "c", da Carta da República.. (STF, Pleno, **ADI 4.661 MC**, rel. Min. Marco Aurélio, 10.2011)

Majoração indireta de tributo, mediante modificação da base de cálculo presumida. Sujeição ao princípio da anterioridade: TRIBUTÁRIO. ESTADO DO RIO DE JANEIRO. IPTU. AUMENTO DA RESPECTIVA BASE DE CÁLCULO, MEDIANTE APLICAÇAO DE ÍNDICES GENÉRICOS DE VALORIZAÇAO, POR LOGRADOUROS, DITADOS POR ATO NORMATIVO EDITADO NO MESMO ANO DO LANÇAMENTO. [...] Somente por via de lei, no sentido formal, publicada no exercício financeiro anterior, é permitido aumentar tributo, como tal havendo de ser considerada a iniciativa de modificar a base de cálculo do IPTU, por meio de aplicação de tabelas genéricas de valorização de imóveis, relativamente a cada logradouro, que torna o tributo mais oneroso. Caso em que as novas regras determinantes da majoração da base de cálculo não poderiam ser aplicadas no mesmo exercício em que foram publicadas, sem ofensa ao princípio da anterioridade. [...] (STF, 1ª Turma, **RE 234.605**, rel. Min. Ilmar Galvão, 8.2000)

Revogação do benefício de redução da base de cálculo do ICMS. Aplicação do princípio da anterioridade tributária: IMPOSTO SOBRE CIRCULAÇÃO DE MERCADORIAS E SERVIÇOS – DECRETOS Nº 39.596 E Nº 39.697, DE 1999, DO ESTADO DO RIO GRANDE DO SUL – REVOGAÇÃO DE BENEFÍCIO FISCAL – PRINCÍPIO DA ANTERIORIDADE – DEVER DE OBSERVÂNCIA – PRECEDENTES. Promovido aumento indireto do Imposto Sobre Circulação de Mercadorias e Serviços – ICMS por meio da revogação de benefício fiscal, surge o dever de observância ao princípio da anterioridade, geral e nonagesimal, constante das alíneas "b" e "c" do inciso III do artigo 150, da Carta. Precedente – Medida Cautelar na Ação Direta de Inconstitucionalidade nº 2.325/DF, de minha relatoria, julgada em 23 de setembro de 2004. [...]. (STF, 1ª Turma, **RE 564.225 AgR**, rel. Min. Marco Aurélio, 9.2014)

Alteração de índice oficial de atualização monetária. Taxa Selic. Inaplicabilidade do princípio da anterioridade: 1. Recurso extraordinário. Repercussão geral. 2. Taxa Selic. Incidência para atualização de débitos tributários. Legitimidade. Inexistência de violação aos princípios da legalidade e da anterioridade. Necessidade de adoção de critério isonômico. [...] (STF, Pleno, **RE 582.461**, rel. Min. Gilmar Mendes, 5.2011)

Lê-se no voto do relator: "Trata-se de índice oficial e, por essa razão, sua incidência não implica violação ao princípio da anterioridade tributária, tampouco confere natureza remuneratória ao tributo".

Revogação do direito ao aproveitamento de créditos fiscais do ICMS. Inaplicabilidade do princípio da anterioridade: TRIBUTÁRIO. AGRAVO REGIMENTAL EM AGRAVO DE INSTRUMENTO. ICMS. LC 122/06. BENEFÍCIO FISCAL. POLÍTICA TRIBUTÁRIA. DESNECESSIDADE DE OBSERVAÇÃO DO PRINCÍPIO DA ANTERIORIDADE NONAGESIMAL. PRECEDENTE. OPERAÇÕES DE AQUISIÇÃO DE BENS DESTINADOS AO USO E CONSUMO. UTILIZAÇÃO DE SERVIÇOS DE COMUNICAÇÃO. IMPOSSIBLIDADE DE COMPENSAÇÃO DE CRÉDITOS FISCAIS DE ICMS. I – A Corte firmou entendimento segundo o qual a revisão ou extinção de um benefício fiscal, que por se tratar de política econômica que pode ser revista a qualquer momento pelo Estado, não está restrita à observância dos princípios constitucionais da anterioridade e da irretroatividade. Precedente. [...] (STF, 1ª Turma, **AI 783.509 AgR**, rel. Min. Ricardo Lewandowski, 10.2010)

Superior Tribunal de Justiça:

Revogação de base de cálculo reduzida. Equiparação à isenção parcial. Inaplicabilidade do princípio da anterioridade: [...] 2. Segundo o Supremo Tribunal Federal, a redução da base de cálculo do ICMS equivale à isenção parcial do tributo, aplicando-se a mesma disciplina em ambas as hipóteses. Precedentes. 3. A revogação da isenção e do benefício da redução da base de cálculo do imposto pode-se ocorrer a qualquer tempo, exceto se concedidos por prazo certo e em função de determinadas condições (art. 178 c/c 104, III do CTN). 4. Correção do acórdão que entendeu possível a supressão do benefício fiscal sem observância do princípio da anterioridade. 5. Recurso especial não provido. (STJ, 2ª Turma, **REsp 762.754**, rel. Min. Eliana Calmon, 9.2007)

• **Questões específicas**

Majoração indireta de tributo, mediante a adoção de índices de correção monetária superiores ao oficial. Sujeição ao princípio da anterioridade: [...] II. O parágrafo único, art. 11, da Lei n. 8.134/90 institui coeficiente de aumento do imposto de renda e, não, índice neutro de atualização da moeda. Por isso, ele não pode incidir em fatos ocorridos antes de sua vigência, nem no mesmo exercício em que editado, sob pena de afrontar as cláusulas vedatórias do art. 150, inciso III, alíneas "a" e "b", da Constituição Federal. [...] (STF, Pleno, **ADI 513**, rel. Min. Célio Borja, 6.1991)

IV – utilizar tributo com efeito de confisco;

Art. 150, IV: Princípio do não confisco

A vedação constitucional da tributação com efeitos de confisco baseia-se num fato reconhecido há muito tempo: *o poder de tributar*, caso seja inadequadamente exercido, *pode mutilar ou até mesmo destruir o direito de propriedade* e os direitos, garantias e liberdades que dele dependem, direta ou indiretamente.

Isso foi enfatizado já em 1819 pelo *Chief Justice* John Marshall, no célebre precedente *Mcculloch vs Maryland*, quando se declarou a inconstitucionalidade da tributação estadual sobre banco do governo federal, pois esta poderia obstruir suas atividades e, até mesmo, destruí-lo. Como bem advertiu Marshall: "Que o poder de tributar pelos Estados pode ser exercido de modo a destruí-lo, isso é muito óbvio para ser negado".[645]

Foi justamente para evitar a produção, mediante a atividade impositiva, de efeitos lesivos ou até mesmo destrutivos à esfera jurídica dos contribuintes que o constituinte incluiu, de modo expresso, o princípio do não confisco entre as principais limitações constitucionais ao poder de tributar, vedando a todas as pessoas políticas "utilizar tributo com efeito de confisco".

Fê-lo consciente dos frequentes abusos do legislador em matéria tributária, abusos esses que, conjugados à ânsia arrecadatória do Fisco, poderiam chegar ao ponto de gerar efeitos destrutivos à esfera jurídica dos contribuintes, ou seja, efeitos de confisco.

1. Noção de tributação com efeito de confisco

Sob uma ótica estritamente jurídica, a tributação nunca pode caracterizar confisco. Operacionaliza-se através da constituição de relações jurídico-obrigacionais, e não da imediata transferência de direitos ou da apreensão física de bens. Não toma compulsoriamente, mas exige que se preste.[646]

E, sob um viés econômico, o efeito confiscatório é inato à tributação: são inerentes à atividade tributária a privação de pecúnia imposta pelo Fisco aos contribuintes e, por consequência, a "coparticipação" estatal no êxito da economia privada.[647]

Destarte, *deve-se atribuir à vedação constitucional um sentido específico, inconfundível com a vedação da tomada forçada de bens e direitos*.[648]

---

645 No original: "That the power of taxing by the States may be exercised so as to destroy it, is too obvious to be denied". Decisão disponível em <http://laws.findlaw.com/us/17/316.html>, acesso em 23/11/2007.

646 MOSCHETTI. *Il principio della capacità contributiva.* p. 255-256.

647 Cfr. KIRCHHOF. "La influencia de la Constitución alemana en su legislación tributaria", p. 25-49.

648 Como assinalou o Tribunal Constitucional espanhol: "en materia fiscal la confiscación no supone la privación imperativa, al menos parcial, de propiedades, derechos patrimoniales o rentas sin compensación, ya que este tipo de privación o

Para definir o conteúdo da vedação constitucional, é necessário ter em mente que não se proíbe propriamente o confisco tributário, mas a tributação com efeitos de confisco. *A vedação considera os efeitos, e não a medida* (ou seja, a tributação em si).

Com base nessa premissa, *pode-se defini-la como a*:

> Interdição, pela Carta Política, de qualquer pretensão governamental que possa conduzir, no campo da fiscalidade, à injusta apropriação estatal, no todo ou em parte, do patrimônio ou dos rendimentos dos contribuintes, comprometendo-lhes, pela insuportabilidade da carga tributária, o exercício do direito a uma existência digna, ou a prática de atividade profissional lícita ou, ainda, a regular satisfação de suas necessidades vitais básicas.[649]

O escopo imediato da vedação da tributação com efeito de confisco é a *garantia do direito de propriedade* dos contribuintes. Mediatamente, objetiva tutelar *os direitos fundamentais que dependem do direito de propriedade*, como o direito à dignidade humana, ao mínimo existencial, ao desempenho de atividade profissional ou econômica etc.

2. Identificação do efeito de confisco

2.1. Carga tributária a ser considerada

Há um aspecto que se afigura claro no que diz respeito à aplicação do princípio do não confisco. Para tal fim, não *deve ser levada em conta* apenas a incidência das exações tributárias isoladamente consideradas, mas também *a totalidade da carga tributária* suportada pelo sujeito passivo.[650]

A pretensão de aplicá-lo apenas a tributos isolados, olvidando o restante da carga tributária, implicaria o seu esvaziamento e a inadmissível legitimação do confisco tributário.

Portanto, do preceito constitucional que veda a utilização de "tributo com efeito de confisco", é possível extrair *duas interdições fundamentais aos entes políticos*:

a) *instituir tributo que produza efeitos de confisco* ou produzir tais efeitos mediante a majoração de tributo já existente;

b) *agravar a carga impositiva a ponto de tornar a tributação*, globalmente considerada, *confiscatória*.

A propósito, o STF já decidiu que, na aplicação da interdição em foco, devem ser consideradas as múltiplas incidências de tributos criados por uma mesma pessoa política:

> Resulta configurado o caráter confiscatório de determinado tributo, sempre que o efeito cumulativo – resultante das múltiplas incidências tributárias estabelecidas pela mesma entidade estatal – afetar, substancialmente, de maneira irrazoável, o patrimônio e/ou os rendimentos do contribuinte.[651]

---

exacción es, en términos generales, de esencia al ejercicio de la potestad tributaria y al correlativo deber de contribuir al sostenimiento de los gastos públicos" (STC 150/1990).

[649] STF, Pleno, ADI 1.075 MC, rel. Min. Celso de Mello, 6.1998, trecho da ementa. Segundo Fábio Goldschmidt, a tributação confiscatória é aquela que: "realiza a tomada da propriedade do particular, e soa como pena, tem o efeito de pena, gera a sensação de penalização ilegítima (porque não lastreada na prática de um ilícito)" (*O Princípio do Não-Confisco no Direito Tributário.* p. 62). Naveira de Casanova fornece-nos definição distinta, mas que pouco agrega ao significado comum da expressão: a tributação com efeitos de confisco é aquela que, aplicada a um dado contribuinte, produz efeitos similares aos que decorreriam do instituto do confisco (*El principio de no confiscatoriedad. Estudio en España y Argentina.* p. 85).

[650] A Constituição espanhola é expressa nesse sentido, vedando o alcance confiscatório do sistema tributário como um todo: "Todos contribuirán al sostenimiento de los gastos públicos de acuerdo con su capacidad económica mediante un *sistema tributario* justo inspirado en los principios de igualdad y progresividad *que, en ningún caso, tendrá alcance confiscatório*" (art. 31, § 1º). Nesse sentido, vide, entre muitos outros, MARTINS. *O sistema tributário na Constituição.* 6ª ed. p. 282.

[651] STF, Pleno, *ADI 2.010 MC,* rel. Min. Celso de Mello, 9.1999, trecho da ementa. Essa ementa aparenta indicar posição diversa do STF, pois alude aos tributos devidos a uma única pessoa política, aspecto que é reiterado nesta passagem: "A identificação do efeito confiscatório deve ser feita em função da totalidade da carga tributária, mediante verificação da capacidade de que dispõe o contribuinte – considerado o montante de sua riqueza (renda e capital) – para suportar e sofrer a incidência de todos os tributos que ele deverá pagar, dentro de determinado período, à mesma pessoa política que os houver

Mas devemos ir além, considerando a carga tributária instituída por *todos os entes políticos*, haja vista a possibilidade de o efeito de confisco advir justamente da cumulação de tributos instituídos por entes diversos.

No que toca à sua aplicação às exações tributárias isoladamente consideradas, a vedação da tributação confiscatória *obsta a proporcionalidade e a progressividade desarrazoadas*, impondo ao legislador limites mais expressivos do que aqueles decorrentes do princípio da capacidade contributiva.

Como preleciona Rodríguez Bereijo, tal proibição *constitui uma projeção específica do postulado da proporcionalidade no Direito Tributário*, demandando que a instituição de cada uma das exações tributárias, além de se pautar pela moderação, respeite os direitos fundamentais direta ou indiretamente afetados pela imposição.[652]

- **Precedente citado**

Noção de tributação confiscatória. Identificação do efeito de confisco em função da totalidade da carga tributária: A TRIBUTAÇÃO CONFISCATÓRIA É VEDADA PELA CONSTITUIÇÃO DA REPÚBLICA. [...] – A proibição constitucional do confisco em matéria tributária nada mais representa senão a interdição, pela Carta Política, de qualquer pretensão governamental que possa conduzir, no campo da fiscalidade, à injusta apropriação estatal, no todo ou em parte, do patrimônio ou dos rendimentos dos contribuintes, comprometendo-lhes, pela insuportabilidade da carga tributária, o exercício do direito a uma existência digna, ou a prática de atividade profissional lícita ou, ainda, a regular satisfação de suas necessidades vitais (educação, saúde e habitação, por exemplo). A identificação do efeito confiscatório deve ser feita em função da totalidade da carga tributária, mediante verificação da capacidade de que dispõe o contribuinte – considerado o montante de sua riqueza (renda e capital) – para suportar e sofrer a incidência de todos os tributos que ele deverá pagar, dentro de determinado período, à mesma pessoa política que os houver instituído (a União Federal, no caso), condicionando-se, ainda, a aferição do grau de insuportabilidade econômico-financeira, à observância, pelo legislador, de padrões de razoabilidade destinados a neutralizar excessos de ordem fiscal eventualmente praticados pelo Poder Público. Resulta configurado o caráter confiscatório de determinado tributo, sempre que o efeito cumulativo – resultante das múltiplas incidências tributárias estabelecidas pela mesma entidade estatal – afetar, substancialmente, de maneira irrazoável, o patrimônio e/ou os rendimentos do contribuinte. – O Poder Público, especialmente em sede de tributação (as contribuições de seguridade social revestem-se de caráter tributário), não pode agir imoderadamente, pois a atividade estatal acha-se essencialmente condicionada pelo princípio da razoabilidade. (STF, Pleno, **ADI 2.010 MC**, rel. Min. Celso de Mello, 9.1999)

2.2. Patamares e efeitos fáticos confiscatórios

Firmadas tais premissas, depara-se o intérprete com o mais agudo problema concernente à aplicação da vedação do art. 150, IV, da CF: *a partir de que patamar uma determinada exação* (ou a carga tributária como um todo) *passa a produzir efeitos confiscatórios?*

A maior dificuldade para se responder a tal indagação decorre do fato de a riqueza exigida dos contribuintes ser uma grandeza quantitativa.

Existem hipóteses nítidas de tributação com efeito de confisco (v.g., quando se institui um imposto sobre a renda com alíquota de 100%) e de tributação não confiscatória. *Não obstante, há inúmeros casos em que a configuração do efeito confiscatório é nebulosa.*

Na Alemanha, o Tribunal Constitucional Federal (*Bundesverfassungsgericht*) indicou um patamar numérico rígido, além do qual a tributação com efeitos de confisco restaria inexoravelmente configurada. Partindo da premissa de que se deve respeitar o núcleo do direito de propriedade, a Corte asseverou que a intensidade da tributação tem de

---

instituído (a União Federal, no caso)". Porém, nesse julgado não se rechaçou a caracterização do confisco pela cumulação de tributos devidos a entes distintos; pelo contrário, reconheceu-se a violação ao princípio do não-confisco pela cumulação de tributos federais, no caso, o IRPF e a contribuição previdenciária a cargo dos servidores públicos, na forma estabelecida pela Lei 9.783/99.

652 RODRÍGUEZ BEREIJO. "Jurisprudencia constitucional y principios de la imposición", p. 151.

limitar-se às proximidades da "meia parte". Por consequência, a tributação nunca poderia levar a que mais da metade da riqueza ficasse com o Poder Público.[653]

No Brasil, esse patamar é defendido por Fábio Goldschmidt, com base no princípio republicano:

> Se o Estado pertence e serve o povo, não é admissível que o resultado de seu trabalho reverta em maior parte ao Estado, e não ao povo. O cidadão não trabalha e não existe para sustentar o Estado. O Estado é que existe para amparar o cidadão [...] O tributo ou a carga tributária como um todo que grava mais de 50% da renda ou do patrimônio, nesse sentido, é nítido exemplo de tributação em colisão com o princípio republicano, na medida em que coloca o povo não como senhor, mas como refém do Estado. O povo passa a existir para sustentar o Estado. Trabalha não para si, mas para o Estado. Vive e existe, enfim, não em seu próprio proveito e regozijo, mas para atender e satisfazer as necessidades do Poder Público, que matemática e objetivamente passam a ser prioritárias.[654]

Porém, *o STF jamais estabeleceu tal patamar numérico*, ressaltando o caráter aberto do conceito[655] e *optando por utilizar formas mais vagas,* como a necessidade de que a carga tributária seja *razoável.*

Para concretar tal fórmula, a Corte *analisa os resultados fáticos da tributação,* inclusive em sede de controle concentrado de constitucionalidade. Nessa linha, expõe ser confiscatória a carga tributária que comprometa, pela sua insuportabilidade, "o exercício do direito a uma existência digna, ou a prática de atividade profissional lícita ou, ainda, a regular satisfação de suas necessidades vitais básicas".[656]

Com efeito, a tributação que obsta a regular satisfação das necessidades vitais e, assim, a dignidade humana é inquestionavelmente confiscatória e atentatória ao princípio da capacidade contributiva, pois atinge cidadãos destituídos de meios econômicos para contribuir aos gastos públicos.

Também a obstrução, por intermédio da tributação, de atividade profissional ou econômica caracteriza o efeito de confisco proibido constitucionalmente e a vilipendiação das garantias fundamentais correlatas.

Um precedente elucidativo da concepção do STF acerca do patamar de uma tributação direta confiscatória é a ADI 2.010 MC, em que o Tribunal declarou a inconstitucionalidade da sistemática progressiva instituída para a contribuição previdenciária dos servidores públicos federais. A carga tributária decorrente da cumulação da contribuição

---

653 BVerfGE, 93, 121. Advertimos o leitor de que se trata de mero *obter dictum* (digressão) do julgado: o limite nunca foi efetivamente aplicado pelo Tribunal Constitucional Federal. Conferir o nosso artigo: "A proibição de tributos com efeitos de confisco na Alemanha". *Revista Jurídica Tributária,* Porto Alegre, ano 2, nº 7, p. 79-93, 2009. De qualquer modo, vale analisar o precedente, pela incrível repercussão que teve. Na dicção do julgado, a tributação relativa aos impostos sobre o patrimônio e os rendimentos pode, no máximo, chegar próxima a uma divisão pela metade entre a mão privada e a pública ("... in der Nähe einer hälftigen Teilung zwischen privater und öffentlicher Hand", BVerfGE, 93, 121, 138). Note-se que, como pondera Tipke, a concepção externada no acórdão é facilmente atribuída a Kirchhof (TIPKE. *Moral Tributaria del Estado y de los Contribuyentes.* p. 63). Cfr. KIRCHHOF. *Besteuerung im Verfassungsstaat.* p. 57-58. O autor ressalta ainda ser incerto se esse patamar alcança os impostos indiretos e as prestações de seguridade social (ibidem, p. 58). Para uma crítica dessa decisão, vide, dentre outras, a aludida obra de Tipke, a partir da página 62.

654 GOLDSCHMIDT. *O Princípio do Não-Confisco no Direito Tributário*, p. 224.

655 Nas palavras do Ministro Celso de Mello: "É certo que a norma inscrita no art. 150, IV, da Constituição encerra uma cláusula aberta, veiculadora de um conceito jurídico indeterminado, reclamando, em conseqüência, que os Tribunais, na ausência de "uma diretriz objetiva e genérica, aplicável a todas as circunstâncias" (ANTÔNIO ROBERTO SAMPAIO DÓRIA, "Direito Constitucional Tributário e *Due Process of Law*", p. 196, item n. 62, 2ª ed., 1986, Forense), procedam à avaliação dos excessos eventualmente praticados pelo Estado, tendo em consideração as limitações que derivam do princípio da proporcionalidade [...] Como observei anteriormente, não há uma definição constitucional de confisco em matéria tributária. Trata-se, na realidade, de um conceito aberto, a ser formulado pelo juiz, com apoio em seu prudente critério, quando chamado a resolver os conflitos entre o Poder Público e os contribuintes" (STF, Pleno, ADI 2.010 MC, rel. Min. Celso Mello, 9.1999, excerto do seu voto).

656 STF, Pleno, ADI 1.075 MC, rel. Min. Celso de Mello, 6.1998, trecho da ementa, transcrita na seção atinente às multas confiscatórias.

previdenciária (cuja alíquota superior era de 25%) com o Imposto de Renda produzia efeitos confiscatórios.[657]

A propósito, Tipke indica diversos *resultados fáticos confiscatórios, que se configuram quando a tributação*:

a) *inviabiliza o desempenho das atividades empresariais ou a sua lucratividade*;

b) *absorve todos os rendimentos* do patrimônio ou do trabalho;

c) impõe o pagamento do tributo com *sacrifício da própria substância do patrimônio*; e

d) *priva os cidadãos dos meios necessários para a vida*.[658]

Sem embargo, também podem ser identificados efeitos confiscatórios em situações que não sejam tão extremas como essas, tal qual se verifica com a tributação direta superior a 50% ou que inviabilize ao contribuinte formar patrimônio.

Essa constatação da ocorrência de efeitos confiscatórios pelas consequências fáticas da tributação denota a íntima inter-relação entre os princípios do não confisco e da capacidade contributiva.

De fato, *a averiguação do efeito confiscatório tem de ser precedida pela da capacidade que o sujeito passivo tem de pagar tributos sem lesão aos seus direitos fundamentais*, ou seja, de sua aptidão econômica para quitar um determinado tributo, certo conjunto de exações tributárias ou a totalidade da carga tributária que lhe é imposta.[659]

Configurada a ausência, total ou parcial, de capacidade contributiva, a imposição caracterizar-se-á como confiscatória, restando violados ambos os princípios, do não confisco e da capacidade contributiva.

No exame em abstrato dos efeitos fáticos da tributação, *deve-se considerar*, além do patamar estabelecido pela legislação, *a espécie tributária* de que se trata.

Por exemplo, *os impostos indiretos podem ter alíquotas elevadíssimas sem que necessariamente produzam efeitos confiscatórios*, ao contrário do que sucede com os impostos diretos. Enquanto, sob a ótica do art. 150, IV, da CF, revela-se legítima a incidência do IPI sobre os cigarros à alíquota de 300%, seria flagrantemente inconstitucional a incidência do IPVA à alíquota de 33,3%.

Isso porque o produtor de cigarros pode repassar o ônus tributário para o adquirente, ao passo que o proprietário do veículo se vê obrigado a arcar integralmente com o ônus da tributação, tendo o conteúdo econômico do seu direito de propriedade expropriado em apenas três anos.

---

[657] Como bem expôs o Ministro Carlos Velloso, a "alíquota progressiva de 25% ensejaria um desconto, nos proventos, de mais ou menos 22% [...] o efeito de confisco se caracterizaria, sobretudo, no fato, por exemplo, de o servidor, em razão da exigência fiscal, ter que se privar de bens ou utilidades de que vinha se utilizando. Busquei, então, inspirar-me, na minha situação pessoal, caso tivesse que pagar a contribuição na alíquota de 25%. Fiz os cálculos: somada a alíquota progressiva da contribuição – 25% – à alíquota do imposto de renda, verifiquei ocorrer decréscimo, nos meus vencimentos, que me impediria de continuar utilizando de bens úteis, como, por exemplo, o automóvel que comprara mediante financiamento" (STF, Pleno, ADI 2.010 MC, rel. Min. Celso de Mello, 9.1999).

[658] TIPKE. *Moral Tributaria del Estado y de los Contribuyentes*. p. 60-61. Nessa linha, Ives Gandra leciona: "sempre que a tributação agregada retire a capacidade de o contribuinte se sustentar e se desenvolver (ganhos para suas necessidades essenciais e ganhos superiores ao atendimento destas necessidades para reinvestimento ou desenvolvimento) estar-se-á perante o confisco" (MARTINS. *O sistema tributário na Constituição*. 6ª ed. p. 281).

[659] Assinalamos, a propósito, passagem da ementa da ADI 2.010 MC: a "identificação do efeito confiscatório deve ser feita em função da totalidade da carga tributária, mediante verificação da capacidade de que dispõe o contribuinte – considerado o montante de sua riqueza (renda e capital) – para suportar e sofrer a incidência de todos os tributos que ele deverá pagar" (STF, Pleno, ADI 2.010 MC, rel. Min. Celso de Mello, 9.1999).

3. Confisco pelo mero excesso da tributação

O caráter confiscatório da tributação não se verifica apenas pela adoção de alíquotas assaz elevadas ou pelo "efeito estrangulador" do tributo. À luz das lições doutrinárias e da jurisprudência do STF, o art. 150, IV, da Carta de 1988 também *resta violado quando o tributo é excessivo para a satisfação das suas finalidades próprias*.

As taxas, por exemplo, revelar-se-ão confiscatórias sempre que o valor arrecadado seja visivelmente superior ao custo dos serviços estatais por elas financiados, hipótese em que a tributação se mostra excessiva e, por consequência, confiscatória.

Esse entendimento levou o Supremo Tribunal Federal a declarar a inconstitucionalidade da incidência da taxa de expediente sobre sociedades seguradoras, dada a inobservância da "razoável equivalência que necessariamente deve haver entre o valor da taxa e o custo do serviço prestado ou posto à disposição do contribuinte":

> [...] TAXA: CORRESPONDÊNCIA ENTRE O VALOR EXIGIDO E O CUSTO DA ATIVIDADE ESTATAL. - A taxa, enquanto contraprestação a uma atividade do Poder Público, não pode superar a relação de razoável equivalência que deve existir entre o custo real da atuação estatal referida ao contribuinte e o valor que o Estado pode exigir de cada contribuinte, considerados, para esse efeito, os elementos pertinentes às alíquotas e à base de cálculo fixadas em lei. - Se o valor da taxa, no entanto, ultrapassar o custo do serviço prestado ou posto à disposição do contribuinte, dando causa, assim, a uma situação de onerosidade excessiva, que descaracterize essa relação de equivalência entre os fatores referidos (o custo real do serviço, de um lado, e o valor exigido do contribuinte, de outro), configurar-se-á, então, quanto a essa modalidade de tributo, hipótese de ofensa à cláusula vedatória inscrita no art. 150, IV, da Constituição da República. Jurisprudência. Doutrina. [...][660]

Tal concepção pode ser facilmente transposta para os empréstimos compulsórios, as contribuições especiais, a contribuição de iluminação pública e a contribuição de melhoria. Nenhum desses tributos pode ser excessivo, extrapolando o imprescindível para a realização das finalidades que justificam a sua cobrança, sob pena de violarem o princípio do não confisco e, consequentemente, incorrerem, no todo ou em parte, no vício de inconstitucionalidade.

Sequer os impostos podem ser excessivos, almejando arrecadar mais do que o necessário para a satisfação das finalidades públicas. No entanto, apenas em situações extremas seria possível identificar o excesso na arrecadação advinda dos impostos, pois eles não estão vinculados a despesas específicas, mas a serviços públicos *uti universi*, e, além disso, vige no âmbito financeiro a exigência de equilíbrio entre receitas e despesas (art. 4º, I, da Lei de Responsabilidade Fiscal – LC 101/2000).

4. Multas confiscatórias

A rigor, a vedação do art. 150, IV, da CF aplica-se somente aos tributos. Não abrange as multas tributárias, que não constituem tributos: são sanções de atos ilícitos, decorrentes do descumprimento da legislação tributária.

Porém, *nada obsta que se confira interpretação extensiva ao art. 150, IV, para também aplicá-lo às multas tributárias*, tendo em vista que tal preceito consiste numa proje-

---

[660] STF, Pleno, *ADI 2551 MC-QO*, rel. Min. Celso de Mello, julgado em 02/04/2003, trecho da ementa. A ADI foi proposta contra a Lei mineira nº 13.430/99, que instituiu taxa de expediente a cargo das sociedades seguradoras, sendo cobrada, no valor fixo de R$ 10,00 por veículo, pela emissão das guias de arrecadação do DPVAT e pelo fornecimento dos dados cadastrais dos proprietários de veículos automotores para fins de cobrança do DPVAT. No caso, as autoras trouxeram aos autos estudos técnicos que demonstravam o gritante excesso das taxas cobradas. Como se consignou no relatório: "Como suporte de tal argumento, as autoras trazem aos autos pareceres técnicos sobre os custos dos serviços prestados pelo Estado de Minas Gerais (fls. 111/114, 116/120, 122/143 e 145/154), concluindo, em abono de sua tese, que `a taxa de expediente de R$ 10,00, cuja legislação é ora impugnada, é incomparavelmente maior do que os custos dos serviços que a ela correspondem´" (fl. 6 do inteiro teor – suprimimos os grifos).

ção da garantia do direito de propriedade, cujo âmbito de tutela se estende às violações decorrentes das sanções impostas aos ilícitos administrativo-tributários.

Essa interpretação extensiva é acolhida há longa data pelo STF, que já declarou a ilegitimidade de inúmeras multas tributárias confiscatórias.

Ainda antes da Constituição de 1988, o STF procedeu à redução de multa moratória de feição confiscatória, estabelecida no percentual de 100%, fixando-a em "nível compatível com a utilização do instrumento da correção monetária",[661] mais especificamente, no patamar de 30%. A Corte declarou, no entanto, a legitimidade de multas moratórias de 20%[662] e até mesmo de 30%.[663]

O STF reconheceu, ademais, o efeito confiscatório de multa fixada em 300% do valor do bem para os casos de não emissão de nota fiscal.[664]

O critério para a aferição dos efeitos confiscatórios das multas, todavia, *é diverso daquele empregado em relação aos tributos.*

Não se considera propriamente a capacidade contributiva do sujeito passivo, mas a *proporcionalidade entre o ilícito e a sanção jurídica*,[665] o que reconduz o princípio do não confisco aplicado às multas aos postulados da interdição de arbitrariedade e da proporcionalidade.

Por essa razão é que se admite a fixação da multa aplicada à sonegação fiscal em patamar bem superior aos da multa de mora e da multa por irregularidades formais.

- **Precedentes citados**

Inconstitucionalidade de preceito do ADCT da Constituição do Estado do Rio de Janeiro. Confiscatoriedade dos patamares mínimos estipulados para as multas relativas ao não recolhimento e à sonegação de tributos: AÇÃO DIRETA DE INCONSTITUCIONALIDADE. §§ 2.º E 3.º DO ART. 57 DO ATO DAS DISPOSIÇÕES CONSTITUCIONAIS TRANSITÓRIAS DA CONSTITUIÇÃO DO ESTADO DO RIO DE JANEIRO. FIXAÇÃO DE VALORES MÍNIMOS PARA MULTAS PELO NÃO-RECOLHIMENTO E SONEGAÇÃO DE TRIBUTOS ESTADUAIS. VIOLAÇÃO AO INCISO IV DO ART. 150 DA CARTA DA REPÚBLICA. A desproporção entre o desrespeito à norma tributária e sua conseqüência jurídica, a multa, evidencia o caráter confiscatório desta, atentando contra o patrimônio do contribuinte, em contrariedade ao mencionado dispositivo do texto constitucional federal. Ação julgada procedente. (STF, Pleno, **ADI 551**, rel. Min. Ilmar Galvão, 10.2002)

Multa fiscal de 300%. Caráter confiscatório: [...] É cabível, em sede de controle normativo abstrato, a possibilidade de o Supremo Tribunal Federal examinar se determinado tributo ofende, ou não, o princípio constitucional da não-confiscatoriedade consagrado no art. 150, IV, da Constituição da República. Hipótese que versa o exame de diploma legislativo (Lei 8.846/94, art. 3º e seu parágrafo único) que instituiu multa fiscal de 300% (trezentos por cento). – A proibição constitucional do confisco em matéria tributária – ainda que se trate de multa fiscal resultante do inadimplemento, pelo contribuinte, de suas obrigações tributárias – nada mais representa senão a interdição, pela Carta Política, de qualquer pretensão governamental que possa conduzir, no campo da fiscalidade, à injusta apropriação estatal, no todo ou em parte, do patrimônio ou dos rendimentos dos contribuintes, comprometendo-lhes, pela insuportabilidade da carga tributária, o exercício do direito a uma existência digna, ou a prática de atividade profissional lícita ou, ainda, a regular satisfação de suas necessidades vitais básicas. – O Poder Público, especialmente em sede de tributação (mesmo tratando-se da definição do *quantum* pertinente ao valor das multas fiscais), não pode agir imoderadamente, pois a atividade governamental acha-se essencialmente

661 STF, 2ª Turma, *RE 81.550*, rel. Min. Xavier de Albuquerque, 5.1975. Nesse sentido, cfr. STF, 2ª Turma, *RE 91.707*, rel. Min. Moreira Alves, 12.1979.

662 STF, Pleno, *RE 582.461*, rel. Min. Gilmar Mendes, 5.2011.

663 STF, 1ª Turma, *RE 220.284*, rel. Min. Moreira Alves, 5.2000.

664 STF, Pleno, *ADI 1.075 MC*, rel. Min. Celso de Mello, 6.1998. Nessa linha, o STF declarou a inconstitucionalidade dos §§ 2º e 3º do art. 57 do ADCT da Constituição do Rio de Janeiro, que estabeleciam, como parâmetros mínimos para as multas moratórias e para as multas aplicadas em decorrência de sonegação, os percentuais de 200% e 500%, respectivamente (STF, Pleno, *ADI 551*, rel. Min. Ilmar Galvão, 10.2002).

665 Esse aspecto é ressaltado na ementa da ADI 551: "A desproporção entre o desrespeito à norma tributária e sua conseqüência jurídica, a multa, evidencia o caráter confiscatório desta, atentando contra o patrimônio do contribuinte, em contrariedade ao mencionado dispositivo do texto constitucional federal. Ação julgada procedente" (STF, Pleno, *ADI 551*, rel. Min. Ilmar Galvão, 10.2002).

condicionada pelo princípio da razoabilidade que se qualifica como verdadeiro parâmetro de aferição da constitucionalidade material dos atos estatais. [...] (STF, Pleno, **ADI 1.075 MC**, rel. Min. Celso de Mello, 6.1998)

Multa moratória excessiva. Redução a percentual razoável: [...] 2. MULTA MORATÓRIA DE FEIÇÃO CONFISCATÓRIA. Redução a nível compatível com a utilização do instrumento da correção monetária. 3. Recurso extraordinário conhecido e provido, em parte. (STF, 2ª Turma, **RE 81.550**, rel. Min. Xavier de Albuquerque, 5.1975)

Idem: "ICM. REDUÇÃO DE MULTA DE FEIÇÃO CONFISCATÓRIA. Tem o S.T.F. admitido a redução de multa moratória imposta com base em lei, quando assume ela, pelo seu montante desproporcionado, feição confiscatória. Dissídio de jurisprudência não demonstrado. Recurso extraordinário não conhecido" (STF, 2ª Turma, **RE 91.707**, rel. Min. Moreira Alves, 12.1979)

Multa moratória de 30%. Legitimidade: ICMS. Multa de 30% imposta por lei sobre o valor do imposto devido. Alegação de ter essa multa caráter confiscatório. [...] Não se pode pretender desarrazoada e abusiva a imposição por lei de multa – que é pena pelo descumprimento da obrigação tributária – de 30% sobre o valor do imposto devido, sob o fundamento de que ela, por si mesma, tem caráter confiscatório. Recurso extraordinário não conhecido. (STF, 1ª Turma, **RE 220.284**, rel. Min. Moreira Alves, 5.2000)

Multa moratória de 20%. Legitimidade: [...] 4. Multa moratória. Patamar de 20%. Razoabilidade. Inexistência de efeito confiscatório. Precedentes. A aplicação da multa moratória tem o objetivo de sancionar o contribuinte que não cumpre suas obrigações tributárias, prestigiando a conduta daqueles que pagam em dia seus tributos aos cofres públicos. Assim, para que a multa moratória cumpra sua função de desencorajar a elisão fiscal, de um lado não pode ser pífia, mas, de outro, não pode ter um importe que lhe confira característica confiscatória, inviabilizando inclusive o recolhimento de futuros tributos. O acórdão recorrido encontra amparo na jurisprudência desta Suprema Corte, segundo a qual não é confiscatória a multa moratória no importe de 20% (vinte por cento). 5. Recurso extraordinário a que se nega provimento. (STF, Pleno, **RE 582.461**, rel. Min. Gilmar Mendes, 5.2011)

A questão da quantificação das multas de mora foi bem enfocada no voto da Ministra Ellen Gracie, do qual transcrevemos a seguinte passagem: "A multa moratória, diferentemente das multas de ofício e das multas isoladas, pune o simples inadimplemento, o atraso no pagamento. Não se trata de multa destinada a punir a sonegação, a fraude, o conluio ou qualquer outro ato de maior gravidade que indique a existência de dolo e de manobras para iludir o Fisco, o que exigiria multa com maior potencial repressor. A multa moratória tem de ser capaz, isto sim, de contraindicar e inibir o atraso no pagamento dos tributos, tornando oneroso para o contribuinte tal procedimento. Mas não deve se prestar, de outro lado, a abusos, inviabilizando, pela sua excessiva carga, que o contribuinte infrator consiga resgatar sua dívida."

No mesmo sentido: STF, 1ª Turma, RE 239.964, rel. Min. Ellen Gracie, 4.2003.

V – estabelecer limitações ao tráfego de pessoas ou bens, por meio de tributos interestaduais ou intermunicipais, ressalvada a cobrança de pedágio pela utilização de vias conservadas pelo Poder Público;

Art. 150, V: Vedação de limitações tributárias ao tráfego de pessoas ou bens

1. Significado e alcance da vedação

A vedação expressa de barreiras alfandegárias ao tráfego interno de pessoas e bens já faz parte da tradição constitucional brasileira: constou, com certas nuances, em todas as Constituições republicanas.

Como referido pela Carta de 1937, tal proibição *objetiva que o território nacional constitua uma "unidade do ponto de vista alfandegário, econômico e comercial"* (art. 25), *franqueando a livre circulação de bens e pessoas* dentro de todo o território brasileiro.

Consiste em uma garantia da própria federação, haja vista que:

> É inerente ao Estado Federal, e conforme a seu espírito, que todos os componentes de sua dimensão pessoal, que seu povo, portanto, não encontre embaraços no seu deslocamento pelo território nacional ou no de seus bens. Na realidade, essa livre circulação é indispensável para a sobrevivência do Estado Federal.[666]

[666] FERREIRA FILHO. *Comentários à Constituição brasileira de 1988*. v. 2. p. 108.

É interditada a instituição de tributo sobre o tráfego de bens e pessoas entre Estados ou Municípios,[667] *mas não a de tributo que, além de incidir sobre operações internas, também onere as operações interestaduais e intermunicipais*. Entendimento contrário levaria à inconstitucionalidade do próprio ICMS, por exemplo.

Tal interdição é limitada ao tráfego de pessoas ou bens no território nacional. *Não alcança o tráfego internacional de bens*, nem mesmo sob a forma de operações mercantis internacionais, que pode ser onerado pelos tributos incidentes sobre importações ou exportações. Sobretudo o Imposto de Importação pode ser utilizado para dificultar ou até mesmo obstar, na prática, a entrada de produtos estrangeiros no território nacional, de modo a proteger o mercado interno.

2. Pedágio

Do alcance da vedação de tributos interestaduais ou intermunicipais, exclui-se expressamente o pedágio.

Até 1946, as Constituições republicanas vedavam a turbação do trânsito por meio da cobrança de tributos, sem fazer referência ao pedágio: a Constituição de 1891 proibia a instituição de impostos sobre o trânsito interestadual (art. 11, § 1º) e a Constituição de 1934 ampliou essa vedação, para abranger todos os tributos e, inclusive, a circulação intermunicipal (art. 17, IX), no que foi seguida pela Constituição de 1937 (art. 25).

A partir de 1946, as Constituições passaram a fazer referência expressa ao pedágio, ressalvando-o da vedação genérica da instituição de barreiras tributárias à circulação intermunicipal e interestadual (art. 27 da CF/46, art. 20, II, da CF/67).[668]

2.1. Natureza tributária

Após longo período de hesitação e de oscilação jurisprudencial, o *Supremo Tribunal Federal definiu a natureza jurídica do pedágio: trata-se de preço público*, e não de taxa. Logo, não possui natureza tributária, mesmo que inexista via alternativa.[669]

---

[667] Pontes de Miranda assinalava, com precisão, que: "A circulação em si, seja dos bens, seja das pessoas, seja dos veículos que transportarem bens ou pessoas, não pode ser gravada ou perturbada por impostos de qualquer espécie. Assim, seriam inconstitucionais os impostos decretados: *a*) sôbre a entrada e saída de quaisquer produtos ou mercadorias nos Estados-membros, ou nos Municípios, ou em qualquer parte dêles; *b*) sôbre a entrada e saída de pessoas em qualquer parte dos Estados-membros ou dos Municípios; *c*) sôbre a entrada e saída de quaisquer veículos condutores de pessoas ou de bens em qualquer parte dos Estados-membros ou dos Municípios" (*Comentários à Constituição de 1967; com a Emenda n. 1 de 1969*. p. 402). Por isso, advertia, sob a égide da Constituição de 1969, que "desde que se caracterize, na espécie a *interestadualidade* ou a *intermunicipalidade* do impôsto ou da taxa de viação ou de transporte, êles são proibidos pelo art. 19, II" (ob. cit., loc. cit.).

[668] Excetua-se, apenas, a Constituição de 1969, que trazia um comando similar ao do art. 150, V, da CF/88, sem, contudo, aludir ao pedágio: "Art. 19. É vedado à União, aos Estados, ao Distrito Federal e aos Municípios: [...] II – estabelecer limitações ao tráfego de pessoas ou mercadorias, por meio de tributos interestaduais ou intermunicipais". Segundo Pontes de Miranda, essa omissão não implicava a inconstitucionalidade dos pedágios: "A retirada da parte final do então art. 20 (hoje art. 19), *verbis* "exceto o pedágio para atender ao custo das vias de transporte", de modo nenhum proíbe criar taxas, inclusive o *pedágio*, se falta o pressuposto para vedação (interestadualidade do tributo, ou intermunicipalidade)" (*Comentários à Constituição de 1967; com a Emenda n. 1 de 1969*. p. 407).

[669] STF, Pleno, *ADI 800*, rel. Min. Teori Zavascki, 6.2014. STF, Pleno, *ADI 800*, rel. Min. Teori Zavascki, 6.2014. Ao julgar a medida cautelar postulada nessa ADI, o STF havia qualificado o pedágio como tarifa, com a condição de que houvesse via alternativa (Pleno, ADI 800 MC, rel. Min. Ilmar Galvão, 11.1992). Posteriormente, a 2ª Turma, analisando especificamente a constitucionalidade do selo-pedágio instituído pela Lei 7.712/1988, acolheu, na esteira do posicionamento de Aliomar Baleeiro, a concepção de que o pedágio tem natureza tributária (de taxa), com base na ressalva do art. 150, V, da CF. Consoante exposto pelo Ministro Carlos Velloso: "o pedágio, objeto da causa, é espécie tributária, constitui-se numa taxa. O fato de ter sido o pedágio tratado no Sistema Tributário Nacional – CF, art. 150, V – é significativo. Ora, incluído numa ressalva a uma limitação à tributação, se fosse preço, a ressalva não teria sentido. É dizer, se está a Constituição tratando de limitações à tributação, não haveria sentido impor limitação a um preço (tarifa), que tem caráter contratual, assim

Na doutrina, porém, persiste a controvérsia. Certos autores defendem que o pedágio não teria natureza de tributo: seria uma *tarifa.*[670] Outros sustentam que se trata de um tributo, mais especificamente, de uma *taxa*, sobretudo pela ressalva do art. 150, V, da CF.[671]

Acolhemos uma posição intermediária: o pedágio tanto pode ser um tributo quanto uma tarifa. *Será um tributo caso se amolde ao conceito constitucional de tributo*; caso contrário, será uma tarifa.

À aferição da subsunção do pedágio ao conceito de tributo, é essencial a identificação do seu *caráter compulsório*, que, a nosso ver, *somente estará presente nas hipóteses em que não for disponibilizada aos cidadãos uma via alternativa em condições razoáveis de rodagem.*[672]

Toda a questão, portanto, se reconduz à existência de tal via alternativa, que apenas poderá ser constatada no caso concreto.

Portanto, a nosso juízo, a inexistência de via alternativa não impossibilita a cobrança do pedágio: simplesmente configura o seu caráter compulsório e, por consequência, a sua natureza tributária, levando à necessidade de que se observem as limitações constitucionais ao poder de tributar, dentre as quais sobressai a reserva de lei para a instituição e a alteração de tributos.[673]

Caso exista tal via alternativa, o pedágio caracterizar-se-á como uma tarifa, podendo ser instituído por ato normativo infralegal.

Com base nessas premissas, *compreende-se a ressalva do art. 150, V, da CF*: revelou-se necessária para viabilizar a cobrança do tributo pedágio e adequada relativamente à tarifa pedágio, visto que esta forma de limitação ao tráfego de pessoas e bens também é permitida pela Constituição.

A nosso juízo, a mera ressalva do preceito não é idônea a sustentar a tese de que o pedágio sempre possuirá natureza tributária, visto que, como é óbvio, somente podem ser tidas como tributárias as exações que se amoldam ao conceito de tributo.

---

incluído no regime de direito privado". (STF, 2ª Turma, RREE 181.475 e 194.862, rel. Min. Carlos Velloso, 5.1999). Com o julgamento do mérito da ADI 800, a controvérsia foi dirimida.

670 Cfr. COÊLHO. *Comentários à Constituição de 1988.* p. 259; TORRES. *Tratado de Direito Constitucional Financeiro e Tributário – os direitos humanos e a tributação: imunidades e isonomia.* p. 115.

671 Vide, dentre muitos: CARRAZZA. *Curso de Direito Constitucional Tributário.* 18ª ed. p. 486; DERZI. *Notas* ao livro *Limitações Constitucionais ao Poder de Tributar,* de Aliomar Baleeiro. p 441; MARTINS. "O Direito Tributário em transição", p. 167; idem, *O sistema tributário na Constituição.* 6ª ed. p. 287.

672 Esse foi o entendimento acolhido pelo Ministro Ilmar Galvão, ao relatar ação julgada pelo Plenário do Supremo Tribunal Federal. Com base na lição de Hely Lopes Meirelles, assinalou a impossibilidade de cobrar-se o pedágio, enquanto tarifa, quando não há via alternativa: "Por isso mesmo que de tributo não se trata, mas sim de tarifa, não pode ser exigido, indiscriminadamente, pela utilização de todas as estradas, mas tão-somente em relação a estradas que apresentem "condições especiais de tráfego" (via expressa de alta velocidade e segurança), seja bloqueada e ofereça outra possibilidade de alternativa para o usuário (outra estrada que o conduza livremente ao mesmo destino), embora em condições menos vantajosas de tráfego". Após, ao analisar o caso concreto, registrou que, se inexistisse via alternativa, a exação teria caráter tributário (de imposto): "se assim não for [refere-se à disponibilidade de via alternativa], estar-se-á exigindo verdadeiro imposto pela utilização de via pública específica, o que não está ao alcance dos Estados instituir" (STF, Pleno, ADI 800 MC, rel. Min. Ilmar Galvão, 11.1992).

673 Nessa linha, a Lei 9.648/98, ao alterar a redação do art. 9º, § 1º, da Lei 8.987/95, estabeleceu que somente nos casos expressamente previstos em lei a cobrança do pedágio "poderá ser condicionada à existência de serviço público alternativo e gratuito para o usuário". Tal posição é corroborada pela jurisprudência do STJ, segundo a qual: "a disponibilização e oferta de via pública alternativa e gratuita para os usuários, em caráter obrigatório, somente deve ser imposta quando objeto de previsão expressa de lei" (1ª Turma, REsp 617.002, rel. Min. José Delgado, 6.2007), pois "a contrapartida de oferecimento de via alternativa gratuita como condição para a cobrança de pedágio não pode ser considerada exigência constitucional" (STJ, 1ª Turma, REsp 417.804, rel. Min. Teori Albino Zavascki, 4.2005).

É disputada, outrossim, a sua natureza tributária específica. Forte corrente doutrinária defende que o pedágio seria uma *taxa de serviço*, relativa ao serviço público de conservação das rodovias.[674]

Sem embargo, parece-nos inviável qualificá-lo como taxa de serviço, por duas razões básicas: embora seja uma atividade estatal, a conservação das estradas não consiste num serviço público específico e divisível, cuja utilização legitima a imposição de taxas (art. 145, II), e, demais disso, não se paga pela conservação de estradas, mas pela utilização de estradas conservadas.

De tais ponderações, conclui-se que o art. 150, V, da CF outorga implicitamente competência para a instituição de um tributo vinculado. Autoriza a instituição de uma *terceira espécie de taxa*, que não se confunde com aquelas arroladas no art. 145, II, da CF, pois não decorre do exercício do poder de polícia e tampouco da utilização, efetiva ou potencial, de serviço específico e divisível prestado pelo Poder Público.

O pedágio é vinculado imediatamente à utilização de vias conservadas pelo Poder Público e mediatamente à fruição do serviço público de conservação de vias (que, vale repisar, é inespecífico e indivisível). Há utilização do serviço público, mas ela é indireta, operacionalizando-se através do uso da via beneficiada pelo serviço. A utilização do bem, por ser imediata, prepondera sobre a utilização do serviço, levando à qualificação do tributo pedágio como uma *taxa de uso.*[675]

No que diz respeito à *hipótese de incidência* que o legislador pode instituir, autoriza-se a instituição de tributo incidente sobre um fato do particular (utilização de vias conservadas pelo Poder Público) conjugado a uma atividade estatal pretérita (conservação de vias pelo Poder Público).

O pedágio não pode ser exigido pela mera conservação de vias, independentemente de sua utilização. Tampouco pode ser exigido pela mera utilização de vias, se elas não forem conservadas, direta ou indiretamente, pelo Poder Público.

Ademais, o pedágio não pode ser cobrado pela potencial utilização das vias: é necessário que a utilização seja efetiva, haja vista que ao pedágio não se aplica a autorização do art. 145, II.

- **Precedente citado**

Pedágio. Qualificação como preço público: TRIBUTÁRIO E CONSTITUCIONAL. PEDÁGIO. NATUREZA JURÍDICA DE PREÇO PÚBLICO. DECRETO 34.417/92, DO ESTADO DO RIO GRANDE DO SUL. CONSTITUCIONALIDADE. 1. O pedágio cobrado pela efetiva utilização de rodovias conservadas pelo Poder Público, cuja cobrança está autorizada pelo inciso V, parte final, do art. 150 da Constituição de 1988, não tem natureza jurídica de taxa, mas sim de preço público, não estando a sua instituição, consequentemente, sujeita ao princípio

---

[674] ATALIBA; BARRETO. "Pedágio Federal", p. 90; CARRAZZA. *Curso de Direito Constitucional Tributário.* 18ª ed. p. 484; MARTINS. *Comentários à Constituição do Brasil.* 6º Vol. – Tomo I. p. 166; DERZI. *Notas* ao livro *Limitações Constitucionais ao Poder de Tributar,* de Aliomar Baleeiro. p 441. É esclarecedora dessa posição a seguinte passagem de Geraldo Ataliba e Aires Barreto: "O art. 150, V, da Constituição de 1988 põe término à discussão sobre o caráter tributário do pedágio. Não permite mais questionar: pedágio é tributo. E da espécie taxa. Remunera os serviços de conservação de estradas. Como a conservação é necessária, em razão do desgaste, pagarão pelo serviço os usuários, na medida do uso. O art. 150, V, do Texto Constitucional dá a essência da materialidade da hipótese de incidência dessa taxa: 'pedágio pela utilização de vias conservadas pelo poder público'. Essa descrição é plenamente harmônica com o conceito geral de taxa (art. 145, II): 'pela utilização ... de serviços públicos específicos e divisíveis, prestados ao contribuinte ou postos à sua disposição'" (ibidem, loc. cit.).

[675] Essa é a conhecida posição de Bernardo Ribeiro de Moraes, que, após transcrever o art. 150, V, da CF, preleciona: "Ao fazer esta ressalva a Constituição admitiu uma *nova espécie* tributária (de taxa, pois a esta se acha relacionada a atividade estatal), que tem por causa jurídica a *utilização de vias conservadas pelo Poder Público*" ("A Transferência do "Pedágio" – uma Injusta e Ilegítima Concessão", p. 11). Nessa linha, posiciona-se Luciano Amaro: "O que o contribuinte do pedágio faz não é utilizar um *serviço* do Estado; utiliza, sim, um *bem público* e paga *por utilizar esse bem.* Se de taxa se quiser chamar essa prestação pecuniária (e, teoricamente, nada impede que assim se designe a exação), trata-se de *taxa de utilização de bem público*, e não de *taxa de serviço*" (*Direito tributário brasileiro.* p. 50).

da legalidade estrita. 2. Ação direta de inconstitucionalidade julgada improcedente. (STF, Pleno, **ADI 800**, rel. Min. Teori Zavascki, 6.2014).

Em seu voto, o relator consignou expressamente a irrelevância da existência de via alternativa: "E, a despeito dos debates na doutrina e na jurisprudência, é irrelevante também, para a definição da natureza jurídica do pedágio, a existência ou não de via alternativa gratuita para o usuário trafegar. Essa condição não está estabelecida na Constituição. É certo que a cobrança de pedágio pode importar, indiretamente, em forma de limitar o tráfego de pessoas. Todavia, essa mesma restrição, e em grau ainda mais severo, se verifica quando, por insuficiência de recursos, o Estado não constrói rodovias ou não conserva adequadamente as que existem. Consciente dessa realidade, a Constituição Federal autorizou a cobrança de pedágio em rodovias conservadas pelo Poder Público, inobstante a limitação de tráfego que tal cobrança possa eventualmente acarretar. Assim, a contrapartida de oferecimento de via alternativa gratuita como condição para a cobrança de pedágio não é uma exigência constitucional. Ela, ademais, não está sequer prevista em lei ordinária."

2.2. Proporcionalidade

Sempre que for compulsório, o pedágio qualificar-se-á como uma taxa e, enquanto tal, haverá de respeitar a proporcionalidade ao custo do serviço relacionado ao contribuinte.

Não obstante, o pedágio possui uma peculiaridade: trata-se de uma taxa pela utilização de vias conservadas pelo Poder Público. Como tal, *a proporcionalidade deverá ser imediatamente relacionada à utilização das vias* e mediatamente vinculada ao custo dos serviços. Noutros termos, a proporcionalidade ao custo do serviço há de ser observada mediante a aferição do grau de utilização das vias e do desgaste correlato.

Ocorre que no Brasil não se costuma observar tal forma de proporcionalidade: estipula-se um único valor, independentemente do percurso percorrido pelo contribuinte. Estabelecem-se distinções tão somente em função do porte do veículo.

Diversamente, em muitas estradas europeias, considera-se, além do porte do veículo, o trecho percorrido pelo contribuinte (mediante a identificação do início e do final do trecho utilizado) e cobra-se o pedágio proporcionalmente à intensidade da utilização da via.

No Brasil, há de se adotar a proporcionalidade nessas duas formas, considerando-se tanto o porte do veículo (que influi na necessidade de conservação da rodovia) quanto o trecho percorrido.

Se a cobrança da exação não for proporcional sob esses dois aspectos, será inconstitucional, salvo se não for viável apurar a distância percorrida (como ocorre, v.g., em trechos demasiadamente curtos).

VI – instituir impostos sobre:
a) patrimônio, renda ou serviços, uns dos outros;
b) templos de qualquer culto;
c) patrimônio, renda ou serviços dos partidos políticos, inclusive suas fundações, das entidades sindicais dos trabalhadores, das instituições de educação e de assistência social, sem fins lucrativos, atendidos os requisitos da lei;
d) livros, jornais, periódicos e o papel destinado a sua impressão
e) fonogramas e videofonogramas musicais produzidos no Brasil contendo obras musicais ou literomusicais de autores brasileiros e/ou obras em geral interpretadas por artistas brasileiros bem como os suportes materiais ou arquivos digitais que os contenham, salvo na etapa de replicação industrial de mídias ópticas de leitura a laser. (Incluída pela Emenda Constitucional nº 75, de 15.10.2013)

Art. 150, VI: Imunidades à instituição de impostos

Ao vedar a instituição de impostos sobre certas materialidades e entidades, o art. 150, VI, da CF veicula genuínas *imunidades*.

Consagra expressamente a incompetência tributária das pessoas políticas, obstando que os legisladores federal, distrital, estaduais e municipais instituam impostos incidentes sobre as entidades arroladas nas alíneas *a* e *c* (imunidades subjetivas) e sobre as materialidades indicadas nas alíneas *b*, *d* e *e* (imunidades objetivas).

É válido apresentar tais imunidades de forma esquemática, a fim de dar uma visão geral do conteúdo do art. 150, VI, antes de esmiuçá-lo:

Imunidades gerais à instituição de impostos:	
Subjetivas (alíneas *a*, *c* e § 4º)	- imunidade recíproca (alínea *a* e § 2º): - pessoas políticas (União, Estados, Distrito Federal e Municípios, alínea *a*) - autarquias e fundações públicas (§ 2º) - instituições religiosas (§ 4º c/c a alínea *b*) - partidos políticos e suas fundações (alínea *c*) - entidades sindicais dos trabalhadores (alínea *c*) - instituições de educação e de assistência social, sem fins lucrativos (alínea *c*)
Objetivas (alíneas *b* e *d*)	- templos religiosos (alínea *b*) - livros, jornais e periódicos e o papel destinado à sua impressão (alínea *d*) - músicas brasileiras (alínea *e*)

Esclarecemos que a imunidade dos templos religiosos (alínea *b*) tem caráter objetivo, mas se estende à própria entidade religiosa por força do § 4º do art. 150, o que lhe confere uma dimensão subjetiva. Na realidade, trata-se de uma única imunidade, cuja dimensão preponderante é a subjetiva.

1. Qualificação como cláusulas pétreas

Em sua imensa maioria, as imunidades são inquestionáveis *expressões de direitos fundamentais*. Representam as suas garantias na esfera tributária, resguardando-os dos ônus decorrentes da tributação.

Por isso, *constituem cláusulas pétreas*, salvaguardadas de atos lesivos do Poder Legislativo e até mesmo do poder constituinte derivado (art. 60, § 4º, da CF).

Permitir a sua restrição ou a sua abolição equivaleria a chancelar restrições ilegítimas a direitos fundamentais, sujeitando-os a mutilações e embaraços provenientes do Estado, no exercício do seu poder tributário.[676]

Atento a esse fato, *o STF firmou sua jurisprudência no sentido de ser ilegítima a atuação restritiva do poder constituinte derivado*, por carecer de poder jurídico para mutilar ou restringir as cláusulas albergadas pelo art. 60, § 4º, da CF.

No significativo precedente em que pronunciou a inconstitucionalidade de preceitos da EC 3/93 (que havia criado o IPMF), o STF declarou que:

---

[676] Ricardo Lobo Torres desenvolve excelente abordagem do tema em seu tratado, vinculando as imunidades diretamente aos direitos humanos, mais especificamente ao direito de liberdade. Define-as nestes termos: "a imunidade é limitação do poder de tributar fundada na liberdade absoluta, tendo por origem os direitos morais e por fonte a Constituição, escrita ou não; possui eficácia declaratória, é irrevogável e abrange assim a obrigação principal que acessória" (*Tratado de Direito Constitucional Financeiro e Tributário – os direitos humanos e a tributação: imunidades e isonomia*. p. 491). Para o autor, apenas são imunidades as que se fundam, de forma precípua, no direito fundamental de liberdade, razão pela qual distingue entre imunidades e não-incidências constitucionalmente qualificadas (ibidem, p. 490-500). Mesmo que essa distinção não seja acolhida, é mister reconhecer que há imunidades vinculadas aos direitos fundamentais e imunidades que não o são. Aquelas são cláusulas pétreas, diversamente destas. Por exemplo, a imunidade do art. 155, § 3º, da CF [imunidade das "operações relativas a energia elétrica, serviços de telecomunicações, derivados de petróleo, combustíveis e minerais do País"] não constitui projeção imediata de direitos fundamentais, motivo pelo qual se afigura legítima a restrição que a EC 33/01 operou em seu âmbito.

a) *o princípio da imunidade tributária recíproca é garantia da federação*, estando albergado pelo art. 60, § 4º, I, da Constituição da República; e

b) *as imunidades do art. 150, VI, b, c* e *d, constituem expressões dos direitos fundamentais* de expressão intelectual, de informação, de liberdade sindical, de culto, de organização partidária etc,[677] estando sob a tutela do art. 60, § 4º, IV.

A respeito, cabe recordar esta passagem do voto proferido pelo Ministro Celso de Mello:

> A supressão, ainda que temporária, da garantia de imunidade estabelecida pela ordem constitucional brasileira em favor dos organismos sindicais, representativos das categorias profissionais, dos templos de qualquer culto, dos partidos políticos, das instituições educacionais ou assistenciais e dos livros, dos jornais, dos periódicos e do papel destinado à sua impressão (CF, art. 150, VI), compromete, em última análise, o próprio exercício da liberdade de consciência, da liberdade de manifestação do pensamento e da liberdade de associação, valores em função dos quais essa prerrogativa de índole tributária foi conferida.[678]

Em suma, *todas as imunidades do art. 150, VI, da CF estão abrangidas pelas cláusulas pétreas do art. 60, § 4º, I e IV*. Subjugam tanto o legislador quanto o poder constituinte derivado, que carecem de força jurídica para aboli-las, mutilá-las ou restringi-las.

- **Precedente citado**

Imunidades do art. 150, VI, são cláusulas pétreas. Inconstitucionalidade de restrições advindas de emenda constitucional: Direito Constitucional e Tributário. Ação Direta de Inconstitucionalidade de Emenda Constitucional e de Lei Complementar. I.P.M.F. Imposto Provisorio sobre a Movimentação ou a Transmissão de Valores e de Créditos e Direitos de Natureza Financeira – I.P.M.F. Artigos 5º, § 2º, 60, § 4º, incisos I e IV, 150, incisos III, "b", e VI, "a", "b", "c" e "d", da Constituição Federal. 1. Uma Emenda Constitucional, emanada, portanto, de Constituinte derivada, incidindo em violação a Constituição originaria, pode ser declarada inconstitucional, pelo Supremo Tribunal Federal, cuja função precipua e de guarda da Constituição (art. 102, I, "a", da C.F.). 2. A Emenda Constitucional n. 3, de 17.03.1993, que, no art. 2., autorizou a União a instituir o I.P.M.F., incidiu em vício de inconstitucionalidade, ao dispor, no parágrafo 2. desse dispositivo, que, quanto a tal tributo, não se aplica "o art. 150, III, "b" e VI", da Constituição, porque, desse modo, violou os seguintes princípios e normas imutáveis (somente eles, não outros): 1. – o princípio da anterioridade, que é garantia individual do contribuinte (art. 5º, § 2º, art. 60, § 4º, inciso IV e art. 150, III, "b" da Constituição); 2. – o princípio da imunidade tributária recíproca (que veda a União, aos Estados, ao Distrito Federal e aos Municípios a instituição de impostos sobre o patrimônio, rendas ou serviços uns dos outros) e que é garantia da Federação (art. 60, § 4º, inciso I,e art. 150, VI, "a", da C.F.); 3. – a norma que, estabelecendo outras imunidades impede a criação de impostos (art. 150, III) sobre: "b"): templos de qualquer culto; "c"): patrimônio, renda ou serviços dos partidos políticos, inclusive suas fundações, das entidades sindicais dos trabalhadores, das instituições de educação e de assistencia social, sem fins lucrativos, atendidos os requisitos da lei; e "d"): livros, jornais, periódicos e o papel destinado a sua impressão; 3. Em consequência, é inconstitucional, também, a Lei Complementar n. 77, de 13.07.1993, sem redução de textos, nos pontos em que determinou a incidência do tributo no mesmo ano (art. 28) e deixou de reconhecer as imunidades previstas no art. 150, VI, "a", "b", "c" e "d" da C.F. (arts. 3., 4. e 8. do mesmo diploma, L.C. n. 77/93). 4. Ação Direta de Inconstitucionalidade julgada procedente, em parte, para tais fins, por maioria, nos termos do voto do Relator, mantida, com relação a todos os contribuintes, em caráter definitivo, a medida cautelar, que suspendera a cobrança do tributo no ano de 1993. (STF, Pleno, **ADI 939**, rel. Min. Sydney Sanches, 12.1993)

2. Interpretação

As imunidades tributárias estão indissociavelmente atreladas a *finalidades específicas, à luz das quais devem ser interpretadas*.

---

[677] STF, Pleno, *ADI 939*, rel. Min. Sydney Sanches, 12.1993.

[678] Prossegue: "Não se pode desconhecer, dentro desse contexto, que as imunidades tributárias de natureza política destinam-se a conferir efetividade a determinados direitos e garantias fundamentais reconhecidos e assegurados às pessoas e às instituições. Constituem, por isso mesmo, expressões significativas das garantias de ordem instrumental, vocacionadas, na especificidade dos fins a que se dirigem, a proteger o exercício da liberdade sindical, da liberdade de culto, da liberdade de organização partidária, da liberdade de expressão intelectual e da liberdade de informação. A imunidade tributária não constitui um fim em si mesma. Antes, representa um poderoso fator de contenção do arbítrio do Estado na medida em que esse postulado da Constituição, inibindo o exercício da competência impositiva pelo Poder Público, prestigia, favorece e tutela o espaço em que florescem aquelas liberdades públicas".

Logo, *é incorreto falar que as imunidades estão sujeitas à interpretação restritiva, extensiva ou literal.* Devem ser concretizadas com o auxílio de todos os critérios exegéticos, dentre os quais avulta o critério teleológico, que propugna a interpretação dos preceitos que estabelecem imunidades à luz dos fins e dos valores por elas perseguidos.

Somente após o processo hermenêutico é que se pode falar em interpretação restritiva ou extensiva, como resultado, jamais como posição apriorística.

Apesar de certos vacilos, tal jurisprudência vem consolidando-se no Pretório Excelso, sendo:

> Decisivamente inclinada à interpretação teleológica das normas de imunidade tributária, de modo a maximizar-lhes o potencial de efetividade, como garantia ou estímulo à concretização dos valores constitucionais que inspiram limitações ao poder de tributar.[679]

Há de se admitir, portanto, *a interpretação extensiva* dos enunciados que preveem imunidades, segundo antiga jurisprudência do STF: "Em se tratando de norma constitucional relativa às imunidades tributárias genéricas, admite-se a interpretação ampla, de modo a transparecerem os princípios e postulados nela consagrado".[680]

- **Precedentes citados**

Interpretação ampla das imunidades tributárias. Admissibilidade: IMUNIDADE TRIBUTÁRIA. LIVRO. CONSTITUIÇÃO, ART. 19, INC. III, ALÍNEA 'D'. Em se tratando de norma constitucional relativa as imunidades tributárias genéricas, admite-se a interpretação ampla, de modo a transparecerem os princípios e postulados nela consagrado. O livro, como objeto da imunidade tributária, não é apenas o produto acabado, mas o conjunto de serviços que o realiza, desde a redação, até a revisão de obra, sem restrição dos valores que o formam e que a Constituição protege. (STF, 2ª Turma, **RE 102.141**, rel. p/ ac. Min. Carlos Madeira, 10.1985)

Interpretação restritiva das imunidades tributárias, por serem normas "concessivas de benefícios": CONSTITUCIONAL. TRIBUTÁRIO. ISS. IMUNIDADE. Serviços de transporte de minerais. CF, art. 155, § 3º. Normas constitucionais concessivas de benefício. Interpretação Restritiva. Recurso improvido (STF, 2ª Turma, **RE 170.784**, rel. p/ ac. Min. Nelson Jobim, 3.2006)

---

679 STF, Pleno, RE 237.718, rel. Min. Sepúlveda Pertence, 3.2001, excerto do seu voto. Esse quadro não se alterou. A jurisprudência predominante do STF continua sendo no sentido da interpretação teleológica das normas de imunidade, como bem expôs o Ministro Gilmar Mendes, ao sintetizar a jurisprudência do STF sobre a matéria: "a Corte sempre se ateve às finalidades constitucionais às quais estão vinculadas as mencionadas regras de imunidade tributária. Tanto para ampliar o alcance da norma quanto para restringi-lo, o Tribunal sempre adotou uma interpretação teleológica do enunciado normativo [...] Isso porque as regras de imunidade tributária – embora imediatamente prescritivas, impondo aos entes federativos um dever de abstenção legislativa – têm por escopo a consecução de determinadas finalidades ou a preservação de certos valores consagrados no texto constitucional. E somente à luz dessas finalidades e valores, elas devem ser interpretadas [...] Por conseguinte, na definição do conteúdo semântico de um enunciado normativo que veicule uma imunidade tributária, deve-se perquirir sobre a finalidade constitucional que deu ensejo à sua instituição. Somente por intermédio desse esforço interpretativo, é possível definir se determinado fato está ou não excluído da competênciade determinado ente. Revela-se, pois, impróprio afirmar-se genericamente que as imunidades sempre deverão ser interpretadas de forma ampla ou restrita" (STF, Pleno, RE 474.132, rel. Min. Gilmar Mendes, 8.2010, excerto do seu voto). Essa posição, porém, não é totalmente pacífica. Há precedentes entendendo, equivocadamente, que as normas de imunidades se qualificam como "concessivas de benefícios" e, por isso, devem ser interpretadas restritivamente. Vide STF, 2ª Turma, *RE 170.784*, rel. p/ ac. Min. Nelson Jobim, 3.2006.

680 STF, 2ª Turma, *RE 102.141*, rel. p/ ac. Min. Carlos Madeira, 10.1985. Lê-se no voto do Ministro Carlos Madeira: "O art. 111 do CTN impõe a interpretação literal da legislação tributária relativa a suspensão ou exclusão do crédito tributário, a outorga de isenção e à dispensa do cumprimento de obrigações tributárias acessórias. Essa regra metodológica não diz respeito, porém, às normas constitucionais tributárias, mormente em se tratando de imunidades genéricas, que correspondem à não incidência, em virtude da supressão da competência impositiva ou do poder de tributar certos fatos, ou situações. Não há crédito tributário a suspender ou excluir, porque ele simplesmente não pode ser criado. Daí porque a interpretação das normas constitucionais de imunidade tributária, é ampla, "no sentido de que todos os métodos, inclusive o sistemático, o teleológico, etc., são admitidos", como anota Amílcar de Araújo Falcão (RDA, 66/372). A interpretação sistemática da norma constitucional leva à conclusão de que o que caracteriza as imunidades é "a circunstância de que com elas o legislador constituinte procura resguardar, assegurar ou manter incólume certos princípios, idéias-força ou postulados que consagra como preceitos básicos do regime político, a incolumidade de valores éticos e culturais que o ordenamento positivo consagra e pretende manter livres de eventuais interferências ou perturbações, inclusive pela via oblíqua ou indireta da tributação. "As imunidades, diz ainda o autor acima citado – como as demais limitações ao poder de tributar, consoante o ensinamento de Aliomar Baleeiro, têm assim a característica de deixar "transparecer sua índole nitidamente política", o que impõe ao intérprete a necessidade de fazer os imprescindíveis confrontos e as necessárias conotações de ordem teleológica, toda vez que concretamente tiver de dedicar-se à exegese dos dispositivos constitucionais instituidores de tais princípios" (Revista citada, p. 369)".

3. Abrangência geral

3.1. Espécies tributárias

A redação do dispositivo é clara: *as imunidades do art. 150, VI, são restritas aos impostos*, não se aplicando às contribuições especiais,[681] às taxas,[682] aos empréstimos compulsórios e às contribuições de melhoria.

Tal restrição é tradicional, estando presente em todas as constituições que consagraram as imunidades do art. 150, VI, em moldes similares à Carta Política de 1988.[683]

• Sumulas

Súmula 324 do STF: "A imunidade do art. 31, V, da Constituição Federal não compreende as taxas".

A referência diz respeito ao texto da Constituição de 1946. Eis o seu teor: "Art. 31 – A União, aos Estados, ao Distrito Federal e aos Municípios é vedado: [...] V – lançar impostos sobre: a) bens, rendas e serviços uns dos outros, sem prejuízo da tributação dos serviços públicos concedidos, observado o disposto no parágrafo único deste artigo; b) templos de qualquer culto bens e serviços de Partidos Políticos, instituições de educação e de assistência social, desde que as suas rendas sejam aplicadas integralmente no País para os respectivos fins; c) papel destinado exclusivamente à impressão de jornais, periódicos e livros".

Esse entendimento vem sendo reiterado pelo STF, como se vê neste esclarecedor voto do Ministro Ilmar Galvão: "A imunidade, no entanto, não se estende à taxa, tributo de natureza remuneratória do serviço público específico e divisível, prestado ao contribuinte ou posto à sua disposição pelo Poder Público. A ela, portanto, estão sujeitos não apenas os particulares, mas também as pessoas jurídicas de direito público" (STF, 1ª Turma, RE 253.394, rel. Min. Ilmar Galvão, 11.2002).

Súmula 553 do STF: "O Adicional ao Frete Para Renovação da Marinha Mercante (AFRMM) é contribuição parafiscal, não sendo abrangido pela imunidade prevista na letra d, inciso III, do art. 19, da Constituição Federal".

A referência diz respeito ao texto da Constituição de 1969. Eis o texto do preceito citado: "Art. 19. É vedado à União, aos Estados, ao Distrito Federal e aos Municípios:[...] III – instituir impôsto sôbre: a) o patrimônio, a renda ou os serviços uns dos outros; b) os templos de qualquer culto; c) o patrimônio, a renda ou os serviços dos partidos políticos e de instituições de educação ou de assistência social, observados os requisitos da lei; e d) o livro, o jornal e os periódicos, assim como o papel destinado à sua impressão".

• Precedentes citados

Contribuições especiais do art. 149 da CF. Inaplicabilidade das imunidades do art. 150, VI: [...] I. A imunidade do art. 19, III, da CF/67, (CF/88, ART. 150, VI) diz respeito apenas a impostos. A contribuição é espécie tributária distinta, que não se confunde com o imposto. É o caso da contribuição sindical, instituída no interesse de categoria profissional (CF/67, art. 21, § 2º, I; CF/88, art. 149), assim não abrangida pela imunidade do art. 19, III, CF/67, ou art. 150, VI, CF/88. II. Recurso Extraordinário não conhecido. (STF, 2ª Turma, **RE 129.930**, rel. Min. Carlos Velloso, 5.1991)

Contribuições de seguridade social. Inaplicabilidade das imunidades do art. 150, VI: Imunidade tributária. Contribuições para o financiamento da seguridade social. Sua natureza jurídica. – Sendo as contribuições para o FINSOCIAL modalidade de tributo que não se enquadra na de imposto, segundo o entendimento desta Corte em face do sistema tributário da atual Constituição, não estão elas abrangidas pela imunidade tributária prevista no artigo 150, VI, "d", dessa Carta Magna, porquanto tal imunidade só diz respeito a impostos. Dessa orientação divergiu o acórdão recorrido. Recurso extraordinário conhecido e provido. (STF, 1ª Turma, **RE 141.715**, rel. Min. Moreira Alves, 4.1995)

3.2. Impostos diretos e indiretos

Embora as imunidades do art. 150 sejam restritas aos impostos, elas *abrangem todos os impostos.*

---

[681] STF, 1ª Turma, *RE 141.715*, rel. Min. Moreira Alves, 4.1995; 2ª Turma, RE 211.388 ED, rel. Min. Maurício Corrêa, 2.1998. Também nessa linha, vale recordar a Súmula 553 do STF, pertinente ao texto da Constituição de 1969: "O Adicional ao Frete Para Renovação da Marinha Mercante (AFRMM) é contribuição parafiscal, não sendo abrangido pela imunidade prevista na letra d, inciso III, do art. 19, da Constituição Federal". Tampouco se aplica a imunidade às contribuições sindicais instituídas com base no art. 149 da CF (STF, 2ª Turma, *RE 129.930*, rel. Min. Carlos Velloso, 5.1991).

[682] Quanto às taxas, há a Súmula 324 do STF, editada à luz da Constituição de 1946: "A imunidade do art. 31, V, da Constituição Federal não compreende as taxas". Os seus fundamentos ainda são válidos, como expomos nos comentários à súmula.

[683] A saber, nas Constituições de 1946 (art. 31, V), 1967 (art. 20, III) e 1969 (art. 19, III). Diversamente, nas Constituições de 1934 (art. 17, X) e 1937 (art. 32, *c*), que se limitavam a consagrar a imunidade tributária recíproca, o alcance da norma de incompetência era amplo, abrangendo os tributos em geral.

À luz da jurisprudência do Supremo Tribunal Federal, *não há como empregar a distinção entre impostos diretos e indiretos para mutilar ou alargar* o alcance das imunidades do art. 150, VI.

De fato, a Constituição outorga imunidades em relação aos "impostos" em geral, e não apenas aos impostos diretos. Por isso, até mesmo o ICMS concernente às operações praticadas pelas entidades de assistência social é abrangido pela imunidade do art. 150, VI, *c*.[684]

Por outro lado, segundo a jurisprudência do STF, as imunidades conferidas aos contribuintes de fato não podem ser estendidas aos contribuintes de direito, com o escopo de que aqueles não sofram a repercussão econômica dos tributos pagos por estes.[685]

Em suma, *as imunidades aplicam-se aos contribuintes de direito, não aos de fato.* Os entes imunes somente se beneficiam das imunidades na medida em que devam recolher diretamente o tributo aos cofres públicos, atuando na condição de contribuintes de direito. Quando adquirem produtos ou serviços já tributados previamente, na qualidade de consumidores finais, não têm direito ao ressarcimento ou à compensação do que já foi pago.

• Súmulas

Súmula 591 do STF: "A imunidade ou a isenção tributária do comprador não se estende ao produtor, contribuinte do imposto sobre produtos industrializados".

Reiterando este entendimento, conferir STF, 1ª Turma, AI 805.295 AgR, rel. Min. Ricardo Lewandowski, 2.2010, cuja ementa é transcrita abaixo.

• Precedentes citados

Entes imunes na condição de contribuintes de direito. Aplicação da imunidade do art. 150, VI, *c*: O Plenário do Supremo Tribunal Federal, ao apreciar o RE 210.251 – EDv/SP, fixou entendimento segundo o qual as entidades de assistência social são imunes em relação ao ICMS incidente sobre a comercialização de bens por elas produzidos, nos termos do art. 150, VI, "c" da Constituição. Embargos de divergência conhecidos, mas improvidos. (STF, Pleno, **RE 186.175 EDiv-ED**, rel. Min. Ellen Gracie, 8.2006)

Entes imunes na condição de contribuintes de fato. Inaplicabilidade da imunidade do art. 150, VI, *a*: AGRAVO REGIMENTAL NO AGRAVO DE INSTRUMENTO. TRIBUTÁRIO. ICMS. MUNICÍPIO. SERVIÇOS DE TELEFONIA, ENERGIA ELÉTRICA E AQUISIÇÃO DE BENS E PRODUTOS. CONTRIBUINTE DE FATO. ART. 150, VI, A, DA CF. IMUNIDADE. INAPLICÁVEL. PRECEDENTES. REGIMENTAL IMPROVIDO. I – A imunidade do art. 150, VI, a, da Constituição somente se aplica ao imposto incidente diretamente sobre serviço, patrimônio ou renda do próprio ente beneficiado, ou seja, na qualidade de contribuinte de direito. II – O Município é contribuinte de fato do ICMS relativo aos bens e serviços, portanto, não faz jus a imunidade em questão. Precedentes. III – Agravo regimental improvido. (STF, 1ª Turma, **AI 805.295 AgR**, rel. Min. Ricardo Lewandowski, 2.2010)

No mesmo sentido, entre muitos outros: [...] A imunidade tributária recíproca não se aplica ao ente público quando este é simples adquirente de produto, serviço ou operação onerosa realizada com intuito lucrativo ("contribuinte de fato"). Pretensão do município de exonerar as operações de compra de mercadorias e prestação de serviços do pagamento de ICMS realizadas em território nacional, por equipará-las à "importação doméstica" [...] (STF, 2ª Turma, **AI 518.325 AgR**, rel. Min. Joaquim Barbosa, 4.2010)

---

[684] STF, Pleno, RE 210.251 EDv, rel. p/ ac. Min. Gilmar Mendes, 2.2003. Nesse precedente, alterou-se o posicionamento que já havia sido adotado pela 1ª Turma do STF, no sentido de que: "Exigência fiscal que, incidindo sobre bens produzidos e fabricados pela entidade assistencial, não ofende a imunidade tributária que lhe é assegurada na Constituição, visto repercutir o referido ônus, economicamente, no consumidor, vale dizer, no contribuinte de fato do tributo que se acha embutido no preço do bem adquirido" (RE 164.162, rel. Min. Ilmar Galvão, 5.1996, excerto da ementa). A nova orientação foi reafirmada pelo Plenário, vindo a consolidar-se no Tribunal (*RE 186.175 EDiv-ED*, rel. Min. Ellen Gracie, 8.2006).

[685] Súmula 591 do STF: "A imunidade ou a isenção tributária do comprador não se estende ao produtor, contribuinte do imposto sobre produtos industrializados". Neste sentido, STF, 1ª Turma, *AI 805.295 AgR*, rel. Min. Ricardo Lewandowski, 2.2010.

3.3. Responsabilidade e substituição tributária

As imunidades tributárias dizem respeito aos tributos que seriam devidos pelos entes beneficiados na condição de *contribuinte*, definido pelo CTN como o sujeito passivo que tem "relação pessoal e direta com a situação que constitua o respectivo fato gerador" (art. 121, parágrafo único, I).

Não obstam que os entes imunes sejam sujeitos passivos da relação obrigacional tributária, *desde que figurem na condição de responsáveis ou substitutos tributários.*

Esse entendimento é corroborado por um preceito tradicional, o art. 9º, § 1º, do CTN, segundo o qual o dispositivo que consagra a imunidade tributária:

> Não exclui a atribuição, por lei, às entidades nele referidas, da condição de responsáveis pelos tributos que lhes caiba reter na fonte, e não as dispensa da prática de atos, previstos em lei, assecuratórios do cumprimento de obrigações tributárias por terceiros.[686]

Além da responsabilidade pelos tributos que devam ser retidos na fonte, entende-se que os entes imunes podem ser *responsabilizados na condição de sucessores*, independentemente de retenção, pelos tributos que não foram adimplidos pelos entes sucedidos. Daí a responsabilidade da União pelo IPTU inadimplido pela extinta RFSSA.[687]

A imunidade tributária não afasta sequer a substituição tributária regressiva ("para trás"), em que o ente imune deve pagar o tributo relativo à operação antecedente.[688]

Portanto, frente ao IPI e ao ICMS, a imunidade conferida pelo art. 150, VI, da CF *somente alcança as operações realizadas pelo próprio ente imune*, não as que as antecedem ou sucedem.

- **Precedentes citados**

Imunidade não impede que o ente imune seja responsabilizado tributariamente, na qualidade de substituto: "[...] Recurso extraordinário interposto de acórdão que considerou válida a responsabilização tributária do Serviço Social da Indústria – SESI pelo recolhimento de ICMS devido em operação de circulação de mercadoria, sob o regime de diferimento. Alegada violação do art. 150, IV, *c* da Constituição, que dispõe sobre a imunidade das entidades assistenciais sem fins lucrativos. A responsabilidade ou a substituição tributária não alteram as premissas centrais da tributação, cuja regra-matriz continua a incidir sobre a operação realizada pelo contribuinte. Portanto, a imunidade tributária não afeta, tão-somente por si, a relação de responsabilidade tributária ou de substituição e não exonera o responsável tributário ou o substituto. Recurso extraordinário conhecido, mas ao qual se nega provimento". (STF, 2ª Turma, **RE 202.987**, rel. Min. Joaquim Barbosa, 6.2009)

Lê-se no voto do relator: "Entendo que a imunidade tributária não alcança a entidade na hipótese de ser ela eleita responsável ou substituta tributária. Em ambos os casos, a entidade não é contribuinte do tributo. Não são suas operações que se sujeitam à tributação. Os fatos jurídicos tributários se referem a outras pessoas, contribuintes, como o produtor-vendedor no caso dos autos. Se estas pessoas não gozarem da imunidade, descabe estender-lhes a salvaguarda constitucional".

Responsabilização tributária, por sucessão, de ente imune. Possibilidade: CONSTITUCIONAL. TRIBUTÁRIO. IMUNIDADE TRIBUTÁRIA RECÍPROCA. INAPLICABILIDADE À RESPONSABILIDADE TRIBUTÁRIA POR SUCESSÃO. ART. 150, VI, A DA CONSTITUIÇÃO. A imunidade tributária recíproca não exonera o sucessor das obrigações tributárias relativas aos fatos jurídicos tributários ocorridos antes da sucessão (aplicação "retroativa" da imunidade tributária). Recurso Extraordinário ao qual se dá provimento. (STF, 1ª Turma, **RE 250.844**, rel. Min. Marco Aurélio, 5.2012 - Tema nº 224 da repercussão geral)

---

686 Esta é a sua redação integral: "Art. 9º É vedado à União, aos Estados, ao Distrito Federal e aos Municípios: [...] IV – cobrar imposto sobre: a) o patrimônio, a renda ou os serviços uns dos outros; b) templos de qualquer culto; c) o patrimônio, a renda ou serviços dos partidos políticos, inclusive suas fundações, das entidades sindicais dos trabalhadores, das instituições de educação e de assistência social, sem fins lucrativos, observados os requisitos fixados na Seção II deste Capítulo; (Redação dada pela Lcp nº 104, de 10.1.2001) d) papel destinado exclusivamente à impressão de jornais, periódicos e livros. § 1º O disposto no inciso IV não exclui a atribuição, por lei, às entidades nele referidas, da condição de responsáveis pelos tributos que lhes caiba reter na fonte, e não as dispensa da prática de atos, previstos em lei, assecuratórios do cumprimento de obrigações tributárias por terceiros".

687 STF, Pleno, *RE 599.176*, rel. Min. Joaquim Barbosa, 6.2014.

688 STF, 2ª Turma, *RE 202.987*, rel. Min. Joaquim Barbosa, 6.2009.

Trata-se do Tema nº 224 da Repercussão Geral: "Imunidade tributária recíproca do responsável tributário por sucessão". O recurso versava sobre a obrigação de pagamento do IPTU devido pela extinta Rede Ferroviária Federal S.A. – RFFSA, sucedida pela União.

3.4. Obrigações acessórias

As imunidades tributárias *afastam*, expressamente, o *poder de tributar* certas pessoas, operações ou bens. Não obstam, contudo, a imposição, ao titular da imunidade, de deveres imprescindíveis à fiscalização da regularidade de sua situação fiscal.

É o que ocorre com os deveres instrumentais, denominados pelo Código Tributário Nacional de "obrigações acessórias", cujo objeto são "prestações, positivas ou negativas", previstas na legislação tributária "no interesse da arrecadação ou da fiscalização dos tributos (art. 113, § 2º). Os entes imunes devem cumprir os seus deveres instrumentais, entre os quais se destaca a manutenção de escrituração regular das suas receitas e despesas,[689] que constitui, aliás, requisito para o próprio reconhecimento da imunidade, estabelecido expressamente pelo art. 14, III, do CTN.[690]

Essa situação evidencia a impropriedade da terminologia "obrigação acessória" empregada pela codificação tributária: inexiste a obrigação principal (de pagar tributo) e, a despeito disso, a dita "obrigação acessória" é plenamente exigível. Melhor falar, portanto, em obrigação ou dever instrumental.

- **Precedente citado**

Obrigações acessórias. Imposição a entes imunes: IMUNIDADE – LIVROS FISCAIS. O fato de a pessoa jurídica gozar da imunidade tributária não afasta a exigibilidade de manutenção dos livros fiscais. (STF, 1ª Turma, RE 250.844, rel. Min. Marco Aurélio, 5.2012 – Tema nº 224 da Repercussão Geral)

4. Alínea *a*: imunidade tributária recíproca

O dispositivo em foco consagra a denominada "imunidade tributária recíproca" entre as pessoas políticas.

A imunidade tem como destinatários todos os entes federativos: a União, os Estados, o Distrito Federal e os Municípios. A União não pode instituir impostos sobre o patrimônio, a renda ou os serviços dos Estados, do Distrito Federal e dos Municípios; os Estados não podem fazê-lo quanto ao patrimônio, a renda e os serviços da União, do Distrito Federal e dos Municípios; e o mesmo ocorre com o Distrito Federal e os Municípios, que não podem estatuir impostos sobre tais materialidades, sempre que vinculadas às demais pessoas constitucionais.

Por exemplo, as rendas dos Estados, do Distrito Federal e dos Municípios não podem sofrer a incidência do Imposto de Renda, da mesma forma que os serviços prestados pela União, pelos Estados e pelo Distrito Federal não podem ser tributados pelo ISS.

Essa imunidade constitui uma decorrência do "postulado da isonomia dos entes constitucionais".[691] Sendo todas as pessoas políticas autônomas (art. 18, I, da CF) e iguais

---

[689] STF, 1ª Turma, *RE 250.844*, rel. Min. Marco Aurélio, 5.2012 – Tema nº 224 da Repercussão Geral.

[690] Eis a sua redação: "Art. 14. O disposto na alínea c do inciso IV do artigo 9º é subordinado à observância dos seguintes requisitos pelas entidades nele referidas: [...] III - manterem escrituração de suas receitas e despesas em livros revestidos de formalidades capazes de assegurar sua exatidão."

[691] CARVALHO. *Curso de Direito Tributário*. p. 185. Como exposto pelo Ministro Celso de Mello na ADI 939, a Constituição de 1988 adotou "o sistema do federalismo de equilíbrio, cujas bases repousam na necessária igualdade político-jurídica entre as unidades que compõem o Estado Federal", da qual resulta, na esfera tributária, a imunidade tributária recíproca, "fator indispensável à preservação institucional das próprias unidades integrantes da Federação" (STF, Pleno, ADI 939, rel. Min. Sydney Sanches, 12.1993). Consignou-se na ementa do julgado que o "princípio da imunidade tributária recíproca (que veda à União, aos Estados, ao Distrito Federal e aos Municípios a instituição de impostos sobre o patrimônio, rendas

entre si, integrando a República Federativa do Brasil, *seria impensável chancelar o embaraço à independência financeira dos entes políticos por meio da cobrança de impostos*.

Tão expressiva é a importância da imunidade tributária recíproca para a federação que a Suprema Corte norte-americana, ante a omissão do texto constitucional, construiu-a jurisprudencialmente, no caso *McCulloch vs. Maryland*, em célebre voto da lavra do *Chief Justice* John Marshall, proferido em 1819. Com base na famosa assertiva de que o "poder de tributar compreende o poder de destruir" ("the power to tax involves the power to destroy"), Marshall concluiu que o Estado de Maryland não poderia tributar as cédulas emitidas por instituição bancária do Governo Federal, sob pena de abalar o equilíbrio da federação, permitindo que uma unidade federativa obstaculize a atuação de outra.

Embora a imunidade recíproca seja, em certa extensão, uma decorrência da federação e ostente importância extrema para esta, não se pode dizer, sem relevantes ressalvas, que lhe é "ontológica", haja vista que a sua abrangência não é absoluta.[692]

Diversamente do que se verificava nas Constituições de 1934 e 1937, a imunidade restringe-se, no regime constitucional vigente, aos impostos, *não alcançando as taxas, os empréstimos compulsórios, as contribuições de melhoria e tampouco as contribuições especiais*.

É legítima, por exemplo, a sujeição dos Estados, do Distrito Federal e dos Municípios à cobrança de contribuições especiais, sendo que eventual débito embasará, inclusive, o condicionamento do repasse das receitas tributárias constitucionalmente repartidas (art. 160, parágrafo único, da CF).

A despeito de não ter alcance absoluto, a imunidade tributária recíproca *tutela a integralidade do patrimônio, da renda e dos serviços* das pessoas constitucionais, com a ressalva das exceções postas pelo art. 150, § 3º. Estende-se, ainda, às autarquias, às fundações públicas e aos entes da administração indireta prestadores de serviços públicos, como será exposto nos comentários ao art. 150, § 2º.

A toda evidência, *a imunidade do patrimônio das pessoas constitucionais não compreende direitos reais de terceiros* sobre bens que o integram. Quando haja, v.g., um imóvel doado ao Poder Público com a reserva de usufruto a um particular, o direito de titularidade daquele (o domínio) será imune, mas não o direito deste (o usufruto).

A imunidade *tampouco se estende às rendas auferidas por terceiros* em face dos entes constitucionais, como ocorre no empréstimo concedido por uma instituição privada a um ente político.

Em contrapartida, a imunidade *alcança até mesmo a renda auferida pelos entes políticos com a participação em entidades privadas* (como os lucros distribuídos pelo Banco do Brasil à União).[693]

• Precedente citado

Imunidade tributária recíproca como projeção da isonomia entre os entes constitucionais. Inconstitucionalidade do IOF sobre aplicações de entes federados: [...] 1. A garantia constitucional da imunidade recíproca

---

ou serviços uns dos outros)" é "garantia da federação (art. 60, § 4º, inciso I, e art. 150, VI, "a", da C.F.)". Nesse sentido, cfr. STF, 2ª Turma, *AI 174.808 AgR*, rel. Min. Maurício Corrêa, 3.1996.

692 Lê-se no voto que o Ministro Carlos Velloso proferiu na ADI 939: "a imunidade recíproca, segundo o magistério de Geraldo Ataliba, é ontológica, porque diz respeito ao cerne do pacto federativo, ou porque decorre da própria natureza do federalismo". Essa assertiva pode ser compartida, sempre que se a limite aos impostos. Estendê-la a todas as espécies tributárias representaria uma indevida generalização, sobretudo no que concerne às taxas.

693 Esses exemplos são de PONTES DE MIRANDA. *Comentários à Constituição de 1967; com a Emenda n. 1 de 1969*. p. 416-417.

impede a incidência de tributos sobre o patrimônio e a renda dos entes federados. Os valores investidos e a renda auferida pelo membro da federação são imunes de imposto. 2. A imunidade tributária recíproca é uma decorrência pronta e imediata do postulado da isonomia dos entes constitucionais, sustentado pela estrutura federativa do Estado brasileiro e pela autonomia dos Municípios. Agravo regimental improvido. (STF, 2ª Turma, **AI 174.808 AgR**, rel. Min. Maurício Corrêa, 3.1996).

5. Alínea *b*: imunidade das instituições religiosas

O art. 150, VI, *b*, da Carta Constitucional obsta a tributação dos "templos de qualquer culto".

O substantivo "templos" limita o alcance da imunidade aos locais de celebração de cultos religiosos, sem conflitar com o pronome "qualquer", que lhe segue: este diz respeito às espécies de cultos religiosos, estendendo a imunidade *a todos e quaisquer locais de cultos de caráter religioso*,[694] mas não a largueia a ponto de alcançar cultos não religiosos, como os realizados pela Maçonaria.[695]

São templos não apenas os locais construídos especificamente para a celebração de cultos religiosos, mas também todos os demais locais destinados a tal escopo.

O que qualifica o local como templo *é a sua destinação*, e não a sua estrutura arquitetônica específica: "onde quer que se oficie um culto, aí é o templo".[696]

Templos são, enfim, todos e quaisquer locais de culto religioso.[697]

A imunidade em foco constitui uma *garantia tributária das liberdades fundamentais de crença e de exercício de cultos religiosos*, consagradas no art. 5º, VI, da CF.

---

694 Como preleciona Sacha Calmon: "O templo, dada a isonomia de todas as religiões, não é só a catedral católica, mas a sinagoga, a casa espírita kardecista, o terreiro de candomblé ou de umbanda, a igreja protestante, shintoísta ou budista e a mesquita maometana. Pouco importa tenha a seita poucos adeptos. Desde que uns na sociedade possuam fé comum e se reúnam em um lugar dedicado exclusivamente ao culto da sua predileção, este lugar há de ser templo e gozará de imunidade tributária" (COÊLHO. *Comentários à Constituição de 1988*. p. 276). Contra, Ives Gandra opõe-se à aplicação da imunidade a certos cultos: "o benefício para os templos de qualquer culto não abrange os cultos à negação de Deus. Como a Constituição foi promulgada "sob a proteção de Deus" seria irracional que se desse imunidade aos templos de cultos demoníacos, posto que seriam a negação do preâmbulo do Texto Superior [...] Por fim, resta o aspecto relacionado a determinados cultos, que embora dirigidos a Deus põem em risco a própria sociedade [...] A proliferação de seitas que exploram a população, a título de servir a Deus, exige reflexão de juristas e autoridades. Entendo eu que cada caso deva ser estudado separadamente. Não abrangeu a imunidade certas atividades que apenas em nome de Deus são constituídas, mas que objetivam enriquecer seus dirigentes, principalmente quando as virtudes humanas mais elementares não são o corolário de sua pregação. Tais seitas ou agrupamentos são mais semelhantes aos *hyppies* modernos do que a uma serena, altruísta e aberta dedicação ao Senhor Deus Criador do Universo" (MARTINS. *O sistema tributário na Constituição*. 6ª ed. p. 301). Ao tecer tais considerações, Ives Gandra toca em tema complexo, relativo à exploração econômica de fiéis, em benefício pessoal dos dirigentes e demais presentantes da instituição religiosa. A solução para esse tema é indicada expressamente pela Constituição, e não consiste na negação da imunidade à instituição: segundo o art. 150, § 4º, a imunidade somente compreende "o patrimônio, a renda e os serviços, relacionados com as finalidades essenciais das entidades" religiosas. Sempre que haja desvio dos recursos da instituição (e, por consequência, de suas finalidades essenciais), devida será a incidência tributária sobre os valores desviados – e apenas sobre tais valores. Por exemplo, caso se desviem recursos da instituição, provenientes de doação dos fiéis, para empresa titularizada por um dirigente seu, devido será o Imposto de Renda, a cargo da instituição religiosa, sobre os valores desviados, assim como o IOF sobre eventuais operações financeiras realizadas com tais recursos. Mas os recursos reinvestidos na instituição religiosa e destinados às suas finalidades essenciais permanecerão imunes.

695 STF, 1ª Turma, *RE 562.351*, rel. Min. Ricardo Lewandowski, 9.2012.

696 COÊLHO. *Comentários à Constituição de 1988*. p. 275.

697 Em sentido diverso, Lobo Torres adota um conceito amplíssimo de templo: "Templo de qualquer culto é *conceito espiritual*. Não significa apenas o prédio onde se pratica o culto, senão que se identifica com a própria religião. A proteção se estende ao exercício do culto em todas as suas manifestações, bem como aos locais em que é praticado" (*Tratado de Direito Constitucional Financeiro e Tributário – os direitos humanos e a tributação: imunidades e isonomia*. p. 253). Nessa linha, Ives Gandra expõe: "Por templo há de se compreender apenas o prédio físico, em que o culto se dá, ou todas as atividades com que a paróquia, igreja ou divisão semelhante exteriorize o culto a Deus? Entendo que não apenas o prédio em que o culto ocorre, mas todas as atividades correlatas são imunes, desde que dirigidas às suas finalidades superiores" (MARTINS. *O sistema tributário na Constituição*. 6ª ed. p. 300). Os efeitos práticos da adoção de um conceito de tal amplitude, porém, não são expressivos, diante do alcance conferido à imunidade pelo art. 150, § 4º.

Harmoniza-se com a previsão deste preceito de que os locais de culto hão de ser protegidos: protege-os do embaraço tributário. Ao fazê-lo, concretiza o comando do art. 19, I, da CF, que veda às pessoas políticas o estorvo ao funcionamento dos cultos religiosos e das igrejas.

Em relação ao seu alcance, ele é muito mais amplo do que se afigura à primeira vista: a imunidade alcança os templos, mas não apenas eles, como se poderia concluir a partir de uma equivocada interpretação literal do preceito. *Todo o patrimônio, toda a renda e todos os serviços das instituições religiosas são imunes à tributação*, desde que sejam vinculados às suas finalidades essenciais. *Até mesmo cemitérios* de propriedade de instituições religiosas são imunes.[698]

Essa ilação deriva da interpretação do art. 150, VI, *b*, da CF conjugado com o seu § 4º, que faz expressa referência ao patrimônio, à renda e aos serviços de tais instituições, imunizando-os, sempre que sejam "relacionados com as finalidades essenciais das entidades".

Até mesmo os imóveis das instituições religiosas alugados a terceiros são abrangidos pela imunidade, estando a salvo da incidência do IPTU.[699]

Portanto, *a interpretação da imunidade não deve centrar-se na alínea b do art. 150, VI, mas no seu § 4º*, ao qual remetemos o leitor.

• Precedentes citados

Interpretação da alínea b do art. 150, VI, à luz do seu § 4º. A imunidade não se limita aos templos. Imóveis alugados a terceiros: Instituição religiosa. IPTU sobre imóveis de sua propriedade que se encontram alugados. A imunidade prevista no art. 150, VI, *b*, CF, deve abranger não somente os prédios destinados ao culto, mas, também, o patrimônio, a renda e os serviços "relacionados com as finalidades essenciais das entidades nelas mencionadas". O § 4º do dispositivo constitucional serve de vetor interpretativo das alíneas *b* e *c* do inciso VI do art. 150 da Constituição Federal. Equiparação entre as hipóteses das alíneas referidas. (STF, Pleno, **RE 325.822**, rel. Min. Ilmar Galvão, 12.2002).

Cemitérios de propriedade de entidades religiosas: RECURSO EXTRAORDINÁRIO. CONSTITUCIONAL. IMUNIDADE TRIBUTÁRIA. IPTU. ARTIGO 150, VI, "B", CB/88. CEMITÉRIO. EXTENSÃO DE ENTIDADE DE CUNHO RELIGIOSO. 1. Os cemitérios que consubstanciam extensões de entidades de cunho religioso estão abrangidos pela garantia contemplada no artigo 150 da Constituição do Brasil. Impossibilidade da incidência de IPTU em relação a eles. [...] (STF, Pleno, **RE 578.562**, rel. Min. Eros Grau, 5.2008)

Restrição da imunidade aos templos de cultos religiosos. Inaplicabilidade à Maçonaria: [...] III – A imunidade tributária conferida pelo art. 150, VI, b, é restrita aos templos de qualquer culto religioso, não se aplicando à maçonaria, em cujas lojas não se professa qualquer religião. IV - Recurso extraordinário parcialmente conhecido, e desprovido na parte conhecida. (STF, 1ª Turma, **RE 562.351**, rel. Min. Ricardo Lewandowski, 9.2012)

6. Alínea *c*: imunidade dos partidos políticos, das suas fundações, dos sindicatos dos trabalhadores e das instituições de educação e de assistência social

As imunidades dos partidos políticos e das instituições de educação e de assistência social foram consagradas originalmente pela Constituição de 1946 (art. 31, V, *b*), conjuntamente com a imunidade dos templos de qualquer culto. Foram mantidas nas Constituições de 1967 (art. 20, III, *c*) e 1969 (art. 19, III, *c*).

A Carta Política de 1988 estendeu o seu alcance às fundações dos partidos políticos e às entidades sindicais dos trabalhadores.

---

698 STF, Pleno, *RE 578.562*, rel. Min. Eros Grau, 5.2008.

699 STF, Pleno, RE 325.822, rel. Min. Ilmar Galvão, 12.2002.

Como o STF reconheceu na ADI 939, as imunidades do art. 150, VI, *c*, constituem importantíssimas garantias dos direitos fundamentais na esfera jurídico-tributária, que não se encontram à disposição do legislador ou do poder constituinte derivado.

O teor dessas imunidades e os requisitos exigidos para a sua fruição devem ser analisados com atenção.

6.1. Reserva de lei complementar[700]

À luz da jurisprudência que vem se delineando no Supremo Tribunal Federal, *há reserva de lei complementar apenas para a definição dos limites materiais* da imunidade do art. 150, VI, *c*, e não para a fixação das normas de constituição e de funcionamento do ente imune.

Porém, essa jurisprudência não é pacífica. E tampouco imune a críticas, o que aconselha um exame atento da questão.

6.1.1. Análise doutrinária

Segundo o art. 146, II, da Constituição da República, a regulação das "limitações constitucionais ao poder de tributar" é matéria reservada à lei complementar.

Espécie de relevo das "limitações constitucionais ao poder de tributar" é constituída pelas imunidades, que estão arroladas, em sua maioria, no artigo inaugural (art. 150) da Seção II ("Das limitações do poder de tributar") do "Sistema Tributário Nacional". Baleeiro denominava-as de princípios, que atuariam limitando o poder de tributar.[701]

A nosso juízo, as imunidades *somente podem ser reguladas por lei complementar, haja vista delimitarem o poder de tributar.* É a conclusão que se extraí do art. 150, VI, *c*, lido conjuntamente com o art. 146, II, da CF.

Tal aspecto é exposto com precisão por Roque Carrazza, ao comentar o art. 195, § 7º, da Constituição:

> A referida *lei* só pode ser *complementar* (nunca *ordinária*), justamente porque vai regular uma *imunidade tributária*, que é uma "limitação constitucional ao poder de tributar". Ora, como já vimos, as limitações constitucionais ao poder de tributar, nos termos do art. 146, II, da Constituição Federal, só podem ser reguladas por meio de lei complementar.[702]

Compreende-se a razão da exigência de veículo dessa natureza e estatura.

Em primeiro lugar, *a lei ordinária não pode instituir limites efetivos ao legislador tributário*, pelo simples fato de que as normas impositivas são introduzidas justamente por tal instrumento legislativo.

Em segundo lugar, *a regulação das imunidades deve ser nacionalmente uniforme*, sobretudo porque a lei não pode alterá-las e, assim, não faz sentido permitir a existência de regulações díspares para uma mesma imunidade, que implicaria a sua fragmentação em inúmeras imunidades com alcances distintos e denotaria a ação conformadora do le-

---

[700] As considerações que seguem, atinentes à reserva de lei complementar, à regulamentação infraconstitucional das imunidades e à imunidade das entidades de assistência social, arvoram-se em artigo elaborado em coautoria: VELLOSO, Andrei Pitten; GOLDSCHMIDT, Fábio Brun. "Imunidade das instituições de assistência social: amplitude, vícios de regulamentação e requisitos". In: PEIXOTO, Marcelo Magalhães; CARVALHO, Cristiano (Coord.). *Imunidade tributária.* São Paulo: MP, 2005, p. 127-155.

[701] BALEEIRO. *Limitações Constitucionais ao Poder de Tributar.* p. 11-12.

[702] Prossegue, analisando o preceito do art. 195, § 7º, que é análogo ao do art. 150, VI, *c*: "Ao argumento de que a Carta Suprema não empregou, em seu art. 195, § 7º, a expressão "lei complementar" contrapomos o de que ela também não utilizou a expressão "lei ordinária". Antes, limitou-se a fazer referência genérica à lei, deixando aos doutrinadores a tarefa de dilucidar que tipo de lei é esta. Em suma, a Hermenêutica Jurídica revela-nos que tal lei *só pode ser* uma *lei complementar nacional* (editada, pois, pelo Congresso Nacional)" (*Curso de Direito Constitucional Tributário.* 18ª ed. p. 725).

gislador com respeito a matéria de *status* constitucional, que o sujeita e não está sujeita aos seus desígnios.[703] O instrumento hábil para veicular tal regulação uniforme é justamente a lei nacional, ou seja, a lei complementar.

Ademais, se o constituinte fosse deixar a critério do poder tributante a fixação dos requisitos necessários para o gozo da imunidade, à evidência poderia ele criar tal nível de obstáculos que viria a frustrar a finalidade para a qual a imunidade foi inserida na Lei Maior. Como adverte Celso Ribeiro Bastos:

> É que, se ao legislador ordinário fosse outorgado o direito de estabelecer condições à imunidade constitucional, poderia inviabilizá-la *pro domo suo*. Por esta razão, a lei complementar, que é lei nacional e de Federação, é a única capaz de impor limitações, de resto já plasmadas no art. 14 do Código Tributário Nacional.[704]

A sabedoria do constituinte ao exigir lei complementar para regular as limitações ao poder de tributar tem sido demonstrada pela insistência com que, na ânsia de atender a objetivos puramente arrecadatórios, são estabelecidos, na legislação tributária (leis e atos normativos infralegais), requisitos voltados a frustrar por completo as finalidades para as quais as desonerações foram introduzidas no texto supremo.

6.1.2. Falta de lei complementar

Apesar de exigida constitucionalmente, *nunca foi editada lei complementar sobre a matéria*, que sempre foi regulada pela legislação ordinária.[705]

Instado a suprir a inexistência de diplomas legislativos que permitissem a fruição da imunidade, o STF, em sessão plenária, não vislumbrou haver vácuo legislativo, por entender que os "requisitos de lei" referidos no art. 150, VI, *c*, da Constituição Federal de 1988 são aqueles do art. 14 do CTN, recepcionado pela Carta Política:

> A norma inserta na alínea "c" do inciso VI do artigo 150, da Carta de 1988 repete o que previa a pretérita alínea "c" do inciso III do artigo 19. Assim, foi recepcionado o preceito do artigo 14 do Código Tributário Nacional, no que cogita dos requisitos a serem atendidos para o exercício do direito a imunidade.[706]

Nesse caso, foi reconhecida a falta de interesse de agir da entidade autora, pois, diante da existência dos preceitos do CTN, "não se pode dizer, a esta altura, da inexistência de lei a inviabilizar o exercício do direito assegurado constitucionalmente. O artigo 14 do Código Tributário consigna os requisitos indispensáveis a que as entidades filantrópicas gozem da imunidade tributária". Enfim, considerou-se que os requisitos indispensáveis ao gozo da imunidade eram aqueles estabelecidos pelo CTN, *in verbis*:

> Art. 14. O disposto na alínea c do inciso IV do artigo 9º é subordinado à observância dos seguintes requisitos pelas entidades nele referidas:
>
> I – não distribuírem qualquer parcela de seu patrimônio ou de suas rendas, a título de lucro ou participação no seu resultado;
>
> I – não distribuírem qualquer parcela de seu patrimônio ou de suas rendas, a qualquer título; (Redação dada pela Lcp nº 104, de 10.1.2001)
>
> II – aplicarem integralmente, no País, os seus recursos na manutenção dos seus objetivos institucionais;
>
> III – manterem escrituração de suas receitas e despesas em livros revestidos de formalidades capazes de assegurar sua exatidão.

---

703 Ives Gandra defende enfaticamente essa posição: "se fosse por lei ordinária sua veiculação, poderíamos ter 5.500 definições de imunidade, 5.500 tipos diferentes de regimes jurídicos para conformá-las no concernente às instituições de educação e assistência social, o que não se pode admitir, até para não atribuir atestado de poucas luzes – para não dizer termo pior – ao constituinte. Haveria uma definição de imunidade, conformada na legislação ordinária de cada entidade federativa!!! Nesta hipótese, o constituinte ao invés de ordenar o sistema brasileiro teria ofertado notável contribuição de dessistematização, de geração de caos constitucional" (MARTINS. *O sistema tributário na Constituição*. 6ª ed. p. 308).

704 BASTOS. "Imunidade tributária", p. 246.

705 Excetua-se apenas a LC 104/01, que alterou o art. 14, I, do Código Tributário Nacional.

706 STF, Pleno, MI 420, rel. Min. Marco Aurélio, 8.1994, texto da ementa.

Destarte, o art. 14 do CTN *foi recepcionado com status de lei complementar*, haja vista arrolar os requisitos exigidos para o gozo da imunidade do art. 150, VI, *c*, da Constituição de 1988, que já era prevista, em termos semelhantes, na Emenda Constitucional 18/65 (art. 2º, IV, *c*).[707]

Infere-se, outrossim, que os requisitos para a fruição da imunidade do art. 150, VI, *c*, *são somente aqueles previstos no art. 14 do CTN*, que se aplicam por analogia à imunidade do art. 195, § 7º.

Ocorre que, sob a égide da Constituição vigente, foram editadas diversas leis ordinárias sobre a matéria, tais como a Lei 9.532/97 (regulando a imunidade do art. 150, VI, *c*) e as Leis 8.212/91, 9.732/97 e 12.101/09 (regulando a imunidade do art. 195, § 7º), cuja legitimidade ainda é discutida nos Tribunais.

6.1.3. Jurisprudência do STF

Como dito, o Supremo Tribunal Federal não tem jurisprudência consolidada sobre a reserva de lei complementar para a regulamentação das imunidades do art. 150, VI, *c*, mas se inclina pelo entendimento de que *somente se exige lei complementar para a definição dos seus limites objetivos (materiais)*, e não para a fixação das normas de constituição e de funcionamento dos entes imunes.[708]

Pela relevância do tema, cabe analisá-lo com vagar.

Ao apreciar o pedido de medida cautelar na *ADI 1.802*, ajuizada contra a *Lei 9.532/97*, o STF, em acórdão relatado pelo Ministro Sepúlveda Pertence, estabeleceu uma *distinção entre os limites objetivos e os requisitos subjetivos da imunidade,* reduzindo a reserva de lei complementar à regulamentação daqueles: os limites objetivos diriam respeito ao objeto material da imunidade; os requisitos subjetivos, às "normas reguladoras da constituição e do funcionamento da entidade imune", aos "caracteres específicos da instituição de educação ou assistência social sem fins lucrativos".[709]

ADI 1802 MC – Reserva de lei complementar	
Lei complementar	**Lei ordinária**
Definição dos limites materiais (objetivos) da imunidade: patrimônio, renda e serviços das entidades imunes	Definição dos limites subjetivos: normas sobre constituição e funcionamento, que repercutem no "âmbito material dos requisitos subjetivos" e servem para qualificar a instituição como de assistência social, sem fins lucrativos

[707] O texto da EC 18/65 é o seguinte: "Art. 2º É vedado à União, aos Estados, ao Distrito Federal e aos Municípios: [...] IV – cobrar impostos sôbre: [...] c) o patrimônio, a renda ou serviços de Partidos políticos e de instituições de educação ou de assistência social, observados os requisitos fixados em lei complementar". Nota-se, assim, que a matéria era reservada à lei complementar mesmo sob a égide da EC 18/65, o que evidencia a inadequação de sua regulação pela Lei 5.172/66, posteriormente denominada "Código Tributário Nacional".

[708] A ementa deste acórdão, submetido ao regime da repercussão geral, é elucidativa da inclinação do STF: "A Suprema Corte, guardiã da Constituição Federal, indicia que somente se exige lei complementar para a definição dos seus limites objetivos (materiais), e não para a fixação das normas de constituição e de funcionamento das entidades imunes (aspectos formais ou subjetivos), os quais podem ser veiculados por lei ordinária, como sois ocorrer com o art. 55, da Lei nº 8.212/91, que pode estabelecer requisitos formais para o gozo da imunidade sem caracterizar ofensa ao art. 146, II, da Constituição Federal" (STF, Pleno, RE 636.941, rel. Min. Luiz Fux, 2.2014).

[709] Essa distinção foi registrada na ementa, nos seguintes termos: "Conforme precedente no STF (RE 93.770, Muñoz, RTJ 102/304) e na linha da melhor doutrina, o que a Constituição remete à lei ordinária, no tocante à imunidade considerada, é a fixação de normas sobre a constituição e o funcionamento da entidade educacional ou assistencial imune; não o que diga respeito aos lindes da imunidade, que, quando susceptíveis de disciplina infraconstitucional, ficou reservado à lei complementar" (STF, Pleno, *ADI 1.802 MC*, rel. Min. Sepúlveda Pertence, 8.1998).

Com base nessa distinção, o STF reputou serem constitucionais o *caput* e o § 3º do art. 12 da Lei 9.532/97, que restringiam a imunidade às entidades de assistência social que prestassem serviços à comunidade em geral e não possuíssem fins lucrativos e, além disso, definiam a expressão "entidade sem fins lucrativos". Por outro lado, a Corte reconheceu a inconstitucionalidade de preceitos que regulavam o âmbito material da imunidade, tais como os rendimentos excluídos do alcance da imunidade (art. 12, § 1º), por não ter sido observada a reserva de lei complementar.[710] Declarou, ainda, a inconstitucionalidade dos preceitos que obstavam o gozo da imunidade em virtude de ilícitos fiscais (arts. 12, § 2º, *f*, 13 e 14).

Não nos parece, contudo, que tal distinção seja acertada, devendo ser objeto de reflexão detida por parte do Pretório Excelso quando se debruçar novamente sobre a matéria, para decidir o mérito da ADI 1.802.

A fim de outorgar ao legislador ordinário competência para regular limitações constitucionais ao poder de tributar (imunidades), o STF empregou o "argomento della dissociazione",[711] que, por uma sutil distinção, implica significativa restrição do alcance do dispositivo interpretado e, no caso, da garantia dos contribuintes.

Repisamos, há uma restrição da garantia outorgada pelo constituinte, que não foi introduzida por este, mas pelo intérprete. No caso, estabeleceu-se uma distinção entre requisitos objetivos e subjetivos da imunidade para afirmar-se que o art. 146, II, da Constituição somente é aplicável aos requisitos objetivos, sendo os requisitos subjetivos entregues à atuação do legislador ordinário.

Ocorre que *o art. 146, II, da CF/88 não distingue entre requisitos subjetivos e objetivos*, prescrevendo, de forma clara e ampla, que cabe à lei complementar "regular as limitações constitucionais ao poder de tributar". É reservada à lei complementar a regulação de todas as limitações constitucionais ao poder de tributar, consoante mandamento expresso da Carta Magna. Tal garantia do contribuinte não pode ser mutilada por meio de uma dissociação que carece de apoio no texto e no sistema da Constituição.

Ademais, *não há como estabelecer uma dicotomia rígida entre os requisitos para a fruição da imunidade*: os "lindes da imunidade", que diriam respeito aos requisitos objetivos, também decorrem dos requisitos "subjetivos" adotados.

É possível distinguir, em tese, entre "normas sobre a constituição e o funcionamento da entidade" imune e o âmbito da imunidade. Mas a distinção se revela inviável quando tais normas repercutem na própria definição dos entes imunes, delimitando o alcance da imunidade.

A restrição que o art. 12 da Lei 9.532/97 impôs aos limites da imunidade é nítida. Tal preceito limitou o alcance da imunidade às entidades que prestam serviços à "população em geral", com a visível exclusão das instituições beneficentes "de clientelas restritas".

Percebe-se que a definição das entidades imunes, que pela decisão liminar do STF diria respeito aos requisitos subjetivos, demarca os próprios lindes da imunidade, que, pela mesma decisão, diriam respeito aos requisitos objetivos, evidenciando, assim, a ina-

[710] O seguinte trecho do voto do relator, Ministro Sepúlveda Pertence, é claro nesse sentido: "a norma atinente à delimitação do objeto da imunidade, supera a alçada da lei ordinária e se reserva – segundo o parâmetro acolhido – à lei complementar".

[711] Riccardo Guastini descreve com precisão tal técnica retórica: "l'argomento della dissociazione consiste nell'introdurre surrettiziamente nel discorso del legislatore una distinzione cui il legislatore non ha pensato affatto, in modo tale da ridurre il campo de applicazione di una disposizione ad alcune soltanto delle fatispecie da essa previste" (*Le fonti del Diritto e l''interpretazione*. p. 377).

dequação da dicotomia empregada para restringir uma garantia dos contribuintes, a reserva de lei complementar para a regulação das limitações constitucionais ao poder de tributar.

No final de 1999, o Pretório Excelso novamente foi instado a manifestar-se sobre a abrangência da reserva de lei complementar, ao apreciar o pedido liminar na *ADI 2.028*. Optou, porém, pelo não conhecimento, em sede liminar, da alegação de inconstitucionalidade formal da *Lei 9.732/98*, em virtude de não ter sido atacada a legislação anterior, a Lei 8.212/91, e da controvérsia existente sobre o tema, cuja solução se relegou para a decisão sobre o mérito.[712]

Da análise das decisões liminares supramencionadas, constata-se que, para relegar a definição da questão para o julgamento de mérito, o STF baseou-se no entendimento de que a Constituição somente reserva à lei complementar as matérias em relação às quais o texto constitucional faz referência expressa.

Sem embargo, há referência expressa no art. 146, II, da CF no sentido de que "cabe à lei complementar: [...] II – regular as limitações constitucionais ao poder de tributar" (gênero do qual as imunidades são importantíssima espécie).

Verifica-se, assim, que até mesmo o argumento literal, utilizado para sustentar a tese oposta, pesa, com mais força, a favor da reserva de lei complementar para a regulação das imunidades.

Exigir que haja referência à lei complementar tanto no art. 146, II, como nos arts. 150, VI, *c*, e 195, § 7º, para que a regulação das imunidades (limitações constitucionais ao poder de tributar) seja efetivamente reservada à lei complementar seria exigir do constituinte a prática do vício de linguagem da tautologia, repetindo-se desnecessariamente, como se pressupusesse intérpretes que fossem descurar do claro sentido das palavras e das normas basilares do sistema.

Para precaver-se de uma exegese incorreta, que ignorasse enunciados explícitos do sistema, o constituinte teria de repetir, a cada referência ao termo "lei" empregado num preceito atinente às limitações constitucionais ao poder de tributar, o adjetivo "complementar" logo em seguida, sob pena de a regulação das limitações constitucionais ao poder de tributar ser relegada ao legislador ordinário, mesmo com a previsão expressa do art. 146, II.

A tautologia, todavia, não deve ser exigida do constituinte, e sua omissão não implica, no caso, a delegação da regulação da matéria à legislação ordinária, mas o emprego da boa técnica legislativa, que não pode ser olvidada pelo intérprete.

Enfim, a exegese dos arts. 150, VI, *c*, e 195, § 7º, da CF deve ser empreendida sem se descurar o mandamento expresso do art. 146, II, operando-se, assim, a necessária complementação da interpretação literal pela sistemática, que é imprescindível para evitar sérios equívocos interpretativos.[713]

Em suma, a nosso juízo a regulação das imunidades, por serem limitações constitucionais ao poder de tributar, é matéria reservada à lei complementar. E a reserva não

[712] A ementa expõe esse quadro de forma clara: "Embora relevante a tese de que, não obstante o § 7º do artigo 195 só se refira a 'lei', sendo a imunidade uma limitação constitucional ao poder de tributar, é de se exigir lei complementar para o estabelecimento dos requisitos a ser observados pelas entidades em causa, no caso, porém, dada a relevância das duas teses opostas, e sendo certo que, se concedida a liminar, revigorar-se-ia legislação ordinária anterior que não foi atacada, não deve ser concedida a liminar pleiteada" (STF, Pleno, *ADI 2.028 MC*, rel. Min. Moreira Alves, 11.1999).

[713] Aos artigos 150, VI, *c*, e 195, § 7º, é plenamente aplicável, pois, a lição de Giuseppe Melis, no sentido de que: "l'inserimento di un enunciato in un contesto implica collegamenti tra disposizioni che non possono essere trascurate, se non assumendosi il rischio di pervenire ad attribuizioni di significato del tutto erronee" (*L"interpretazione nel diritto tributario*. p. 103).

é parcial: a regulação das imunidades deve ser efetivada integralmente por lei complementar. Não cabe, para reduzir garantias básicas, distinguir onde o constituinte não distinguiu, mormente quando o argumento da dissociação carece de respaldo no sistema jurídico-constitucional.

- **Precedentes citados**

Reserva de lei complementar apenas para a definição dos limites materiais das imunidades do art. 150, VI, c, não para a fixação das normas de constituição e funcionamento do ente imune: [...] II. Imunidade tributária (CF, art. 150, VI, c, e 146, II): "instituições de educação e de assistência social, sem fins lucrativos, atendidos os requisitos da lei": delimitação dos âmbitos da matéria reservada, no ponto, à intermediação da lei complementar e da lei ordinária: análise, a partir daí, dos preceitos impugnados (L. 9.532/97, arts. 12 a 14): cautelar parcialmente deferida. 1. Conforme precedente no STF (RE 93.770, Muñoz, RTJ 102/304) e na linha da melhor doutrina, o que a Constituição remete à lei ordinária, no tocante à imunidade tributária considerada, é a fixação de normas sobre a constituição e o funcionamento da entidade educacional ou assistencial imune; não, o que diga respeito aos lindes da imunidade, que, quando susceptíveis de disciplina infraconstitucional, ficou reservado à lei complementar. [...] (STF, Pleno, **ADI 1.802 MC**, rel. Min. Sepúlveda Pertence, 8.1998)

Imunidade do art. 195, § 7º. Dúvida acerca da reserva de lei complementar. Diferimento da decisão para o julgamento do mérito: Ação direta de inconstitucionalidade. Art. 1º, na parte em que alterou a redação do artigo 55, III, da Lei 8.212/91 e acrescentou-lhe os §§ 3º, 4º e 5º, e dos artigos 4º, 5º e 7º, todos da Lei 9.732, de 11 de dezembro de 1998. [...] De há muito se firmou a jurisprudência desta Corte no sentido de que só é exigível lei complementar quando a Constituição expressamente a ela faz alusão com referência a determinada matéria, o que implica dizer que quando a Carta Magna alude genericamente a "lei" para estabelecer princípio de reserva legal, essa expressão compreende tanto a legislação ordinária, nas suas diferentes modalidades, quanto a legislação complementar. – No caso, o artigo 195, § 7º, da Carta Magna, com relação a matéria específica (as exigências a que devem atender as entidades beneficentes de assistência social para gozarem da imunidade aí prevista), determina apenas que essas exigências sejam estabelecidas em lei. Portanto, em face da referida jurisprudência desta Corte, em lei ordinária. – É certo, porém, que há forte corrente doutrinária que entende que, sendo a imunidade uma limitação constitucional ao poder de tributar, embora o § 7º do artigo 195 só se refira a "lei" sem qualificá-la como complementar – e o mesmo ocorre quanto ao artigo 150, VI, "c", da Carta Magna –, essa expressão, ao invés de ser entendida como exceção ao princípio geral que se encontra no artigo 146, II ("Cabe à lei complementar: ... II – regular as limitações constitucionais ao poder de tributar"), deve ser interpretada em conjugação com esse princípio para se exigir lei complementar para o estabelecimento dos requisitos a ser observados pelas entidades em causa. – A essa fundamentação jurídica, em si mesma, não se pode negar relevância, embora, no caso, se acolhida, e, em conseqüência, suspensa provisoriamente a eficácia dos dispositivos impugnados, voltará a vigorar a redação originária do artigo 55 da Lei 8.212/91, que, também por ser lei ordinária, não poderia regular essa limitação constitucional ao poder de tributar, e que, apesar disso, não foi atacada, subsidiariamente, como inconstitucional nesta ação direta, o que levaria ao não-conhecimento desta para se possibilitar que outra pudesse ser proposta sem essa deficiência. – Em se tratando, porém, de pedido de liminar, e sendo igualmente relevante a tese contrária – a de que, no que diz respeito a requisitos a ser observados por entidades para que possam gozar da imunidade, os dispositivos específicos, ao exigirem apenas lei, constituem exceção ao princípio geral –, não me parece que a primeira, no tocante à relevância, se sobreponha à segunda de tal modo que permita a concessão da liminar que não poderia dar-se por não ter sido atacado também o artigo 55 da Lei 8.212/91 que voltaria a vigorar integralmente em sua redação originária, deficiência essa da inicial que levaria, de pronto, ao não-conhecimento da presente ação direta. Entendo que, em casos como o presente, em que há, pelo menos num primeiro exame, equivalência de relevâncias, e em que não se alega contra os dispositivos impugnados apenas inconstitucionalidade formal, mas também inconstitucionalidade material, se deva, nessa fase da tramitação da ação, trancá-la com o seu não-conhecimento, questão cujo exame será remetido para o momento do julgamento final do feito. – Embora relevante a tese de que, não obstante o § 7º do artigo 195 só se refira a "lei", sendo a imunidade uma limitação constitucional ao poder de tributar, é de se exigir lei complementar para o estabelecimento dos requisitos a ser observados pelas entidades em causa, no caso, porém, dada a relevância das duas teses opostas, e sendo certo que, se concedida a liminar, revigorar-se-ia legislação ordinária anterior que não foi atacada, não deve ser concedida a liminar pleiteada. – É relevante o fundamento da inconstitucionalidade material sustentada nos autos (o de que os dispositivos ora impugnados – o que não poderia ser feito sequer por lei complementar – estabeleceram requisitos que desvirtuam o próprio conceito constitucional de entidade beneficente de assistência social, bem como limitaram a própria extensão da imunidade). Existência, também, do "periculum in mora". Referendou-se o despacho que concedeu a liminar para suspender a eficácia dos dispositivos impugnados nesta ação direta. (STF, Pleno, **ADI 2.028 MC**, rel. Min. Moreira Alves, 11.1999)

6.2. Definição do alcance da imunidade e criação, por lei, de requisitos para o seu reconhecimento

É cediço que as imunidades delimitam as competências tributárias, rejeitando-as, parcialmente. E competências legislativas (que têm por espécie as competências legislativo-tributárias de que tratamos) são outorgadas e rejeitadas no plano constitucional, não podendo sofrer o influxo de vicissitudes infraconstitucionais: o legislador recebe as competências da Constituição, carecendo de poder jurídico para deformá-las, notadamente se a deformação for para ampliá-las. Tampouco pode, por meio da sua omissão, almejar exercer competências mais amplas do que as conferidas pela Carta Magna.

Com tais colocações, indicamos *a independência das imunidades da atuação do legislador* e a sua consequente *autoaplicabilidade*, bem como *a sujeição deste às imunidades*. Como leciona Hamilton Dias de Souza: "os preceitos constitucionais sobre imunidade produzem efeitos independentemente da edição de lei integrativa, ainda que esta seja requerida expressamente na Constituição".[714]

Assim como o legislador não pode, por sua inércia, tornar as imunidades inócuas, tampouco lhe é permitido restringir o seu alcance por atuação positiva: a sujeição não é restrita à imunidade reconhecida pelo próprio legislador, mas à outorgada pela Constituição. Em outros termos, *a determinação do alcance das imunidades é matéria de interpretação constitucional*, não sendo relegada à discricionariedade ou à arbitrariedade do legislador.

É claro que, ao regular as imunidades, o legislador estará procedendo à exegese constitucional e, portanto, desempenhando uma atividade discricionária, dentro de certos parâmetros. Porém, a sua compreensão da Constituição sempre estará sujeita à apreciação do Poder Judiciário, que não pode conceder-lhe um poder incontrolável.

O que não é dado ao legislador é deturpar os conceitos constitucionais, de modo a tributar materialidades ou entes albergados por imunidades. Os significados dos signos constitucionais atinentes às imunidades sujeitam o legislador. Este, titular da competência outorgada pela Carta Constitucional, detém poderes para criar normas de *status* inferior ao daquelas que o vinculam, razão pela qual não pode, sob pena de teratológica inversão da hierarquia normativa, ir de encontro às normas constitucionais.[715] Não lhe é permitido deturpar tais conceitos, concretizando os signos constitucionais em dissonância das variantes de significado admissíveis e, com isso, burlando de forma sub-reptícia as limitações ao poder de tributar.

No que toca à formulação linguística da imunidade em exame, entretanto, há a referência aos "*requisitos da lei*", o que torna significativamente tormentoso o respeito à supremacia constitucional.

É evidente que, ao arrolar tais requisitos, o legislador não pode mutilar ou anular o alcance das imunidades, ampliando indevidamente a sua competência impositiva. A tarefa que a Constituição lhe acometeu é a de *esclarecer o âmbito da imunidade*, e não a de estipular definições e requisitos mutiladores da imunidade que a Carta Magna confere.

Pode o legislador, é certo, definir o que se entende por fundações de partidos políticos, entidades sindicais dos trabalhadores, entidades de assistência social etc.; porém, as definições que adotar deverão servir exclusivamente para, dissipando imprecisões semânticas, afastar a incerteza sobre o alcance da imunidade, que há de ser construído a partir da Constituição.[716] Não lhe é permitido, como já exposto, restringir a imunidade e, consequentemente, ampliar sua competência.

---

[714] MARTINS (Coord.). *Comentários ao Código Tributário Nacional*. v. 1. p. 10.

[715] A respeito do tema, cfr. A. VELLOSO, *Conceitos e competências tributárias*, p. 19 et seq., onde são analisadas as denominadas "teses legalistas" e é demonstrada a sujeição do legislador aos conceitos constitucionais tributários.

[716] Nas palavras de Luciano Amaro: "A preocupação da Constituição com *requisitos* que devem ser atendidos pelas entidades imunes (a exemplo do que ocorre em diversas outras situações em que a disciplina sintética pede complementação

Coloca-se, assim, a problemática das denominadas "*remissões dinâmicas*", que é bem descrita por Canotilho:

> No caso do agente do reenvio (e respectivo acto) se situar num plano hierarquicamente superior ao do agente para o qual se reenvia (caso da remissão da constituição para a lei) há o perigo de uma inversão da hierarquia normativa, através da introdução, pela entidade reenviada, de «objectos normativos» que o «âmbito normativo» da norma constitucional reenviante não contempla. A lei constitucional reenviante degrada-se em «lei sem constituição», porque, encapuçada ou expressamente, o agente que é objecto do reenvio preenche o conteúdo da remissão através de juízos e valores exclusivamente infraconstitucionais.[717]

A fim de que não ocorra a subversão normativa aludida pelo constitucionalista português e os direitos fundamentais tutelados pelas imunidades não sejam lesados, *é imprescindível que o Poder Judiciário se debruce sobre a concretização legislativa* da Constituição e, especificamente, sobre os requisitos estipulados em lei para o gozo das imunidades.

Nesse sentido, Jorge Miranda expõe que a lei não tem força jurídica para proceder à interpretação autêntica da Constituição e assevera:

> É assim ainda quando a própria Constituição prescreva o exercício de certo direito ou o tratamento de certo instituto «nos termos da lei», pois aqui não há aqui desconstitucionalização e, muito menos, delegação de poder constituinte no poder legislativo. Essa lei deve conformar-se com os parâmetros da Constituição e está sujeita, como qualquer outra, ao juízo de constitucionalidade (e à interpretação que este juízo pressupõe).[718]

Essas premissas de ordem constitucional são de elevado valor para a abordagem da regulamentação infraconstitucional das imunidades, evidenciando que elas devem ser determinadas pela rigorosa interpretação do texto constitucional e que a concretização legislativa sempre estará sujeita ao controle de constitucionalidade, como bem exposto por Jorge Miranda.

6.3. Imunidade dos partidos políticos, das suas fundações e das entidades sindicais dos trabalhadores

A imunidade dos partidos políticos destina-se a garantir os direitos políticos contra o poder lesivo da tributação e, com isso, promover valores basilares do Estado Democrático de Direito.

Os partidos políticos são essenciais para o exercício da cidadania, desempenhando um papel decisivo na conformação da democracia, por meio da seleção e da proposição de possíveis representantes populares e da cooperação na formação, preliminar e definitiva, da vontade política. Como leciona Konrad Hesse: "É *tarefa* dos partidos políticos escolher e formar condutores políticos, apresentá-los ao povo e esforçar-se por uma maioria para eles".[719]

O estorvo à sua atuação por meio da tributação abalaria o funcionamento da democracia e, consequentemente, os direitos políticos dos cidadãos. Aí reside o fundamento político-jurídico da imunidade.

---

por lei infraconstitucional) tem a ver não com a definição da situação imune (que já está posta na Constituição), mas com a prevenção da possibilidade de, concretamente, ser desvirtuada a imunidade constitucional. Se a imunidade é referida a entidade assistencial sem fins lucrativos, não há, em rigor, necessidade de normatividade constitucional para dizer o que é entidade assistencial, nem para definir o que se deva entender por fins não lucrativos, embora, se o fizer, a norma não deva ser inquinada de inconstitucional desde que seus ditames se contenham rigorosamente dentro da inteligência que já seria extraída do texto constitucional" ("Algumas questões sobre a imunidade tributária", p. 147).

717 CANOTILHO. *Constituição dirigente e vinculação do legislador*. p. 403-404.

718 MIRANDA. *Manual de Direito Constitucional*. p. 262.

719 Prossegue: "Tanto em eleições e votações (artigo 20, alínea 2, frase 2, da Lei Fundamental), como na 'formação preliminar da vontade política' [...] e na formação da vontade institucionalizada no parlamento e governo eles devem ser titulares e mediadores do processo político livre e aberto intentado pela ordem democrática da Lei Fundamental" (HESSE. *Elementos de Direito Constitucional da República Federal da Alemanha*. p. 144).

Quanto à sua abrangência, dita imunidade somente alcança os partidos que sejam detentores de personalidade jurídica, adquirida nos termos do art. 17, § 2º, da CF.[720] Destarte: "Partidos não registrados, partidos estrangeiros ou partidos clandestinos não poderão contar com a garantia constitucional".[721]

A Constituição de 1988 inovou ao estender a imunidade dos partidos políticos às suas fundações, as quais são voltadas à difusão da sua ideologia e à promoção da cidadania. Ives Gandra justifica a imunidade das fundações dos partidos políticos nestes termos:

> Conforme a ideologia de cada partido, muitos necessitam defendê-la por entidades paralelas, que possam hospedar pessoas que não gostariam de ter militância partidária, mas que desejariam integrar-se a tais idéias e ideais, além de permitir tais entidades, de forma mais neutra, programas de variada natureza cultural, científica e social [...] Sobre ser plenamente justificável, abre leque maior de proteção às idéias contra eventuais e momentâneos interesses políticos ou perseguições por parte dos que detêm o poder contra seus adversários, através do instrumental tributário.[722]

A imunidade conferida às entidades sindicais dos trabalhadores é outra inovação da Carta de 1988: as Constituições decaídas não a consagravam, e a jurisprudência não a reconhecia.[723]

Ela destina-se a garantir o pleno exercício da liberdade de associação sindical (art. 8º, *caput*, da CF) e dos direitos individuais e coletivos dos trabalhadores, que são tutelados e reivindicados pelos sindicatos de suas categorias (art. 8º, III, da CF).

Justifica-se o trato diferenciado perante as entidades patronais, que não são albergadas pela regra imunizante, em virtude da disparidade de capacidade contributiva que há entre os empregados e as entidades empregadoras e da hipossuficiência econômica de boa parcela dos empregados, que poderia embaraçar a sua organização em entidades sindicais e, assim, a luta pelos seus direitos.

- **Precedente citado**

Imunidade das entidades sindicais. Inexistência no regime da EC 1/69: SINDICATO – IMUNIDADE FISCAL PARA O NÃO PAGAMENTO DOS IMPOSTOS PREDIAIS E TERRITORIAIS. O artigo 19, III, c, e o artigo 14 do Código Tributário Nacional não autorizam a extensão da imunidade, se não é a assistência social objetivo institucional da entidade. Recurso extraordinário conhecido e provido. (STF, 1ª Turma, **RE 100.816**, rel. Min. Oscar Correa, 2.1984)

6.4. Imunidade das instituições de educação e de assistência social, sem fins lucrativos

6.4.1. Significado

A imunidade das instituições de ensino e de assistência social tutela direitos fundamentais tais como os direitos à saúde, à educação e à liberdade de expressão das atividades intelectual, científica e artística.

Ives Gandra da Silva Martins esclarece o seu significado e a sua finalidade:

> É que a imunidade, nas hipóteses constitucionais, constitui o instrumento que o constituinte considerou fundamental para, de um lado, manter a democracia, a liberdade de expressão e a ação dos cidadãos e, por outro lado, atrair os cidadãos a colaborarem com o Estado, nas suas atividades essenciais, em que muitas vezes, o próprio

[720] Eis a redação do preceito citado: "Art. 17. É livre a criação, fusão, incorporação e extinção de partidos políticos, resguardados a soberania nacional, o regime democrático, o pluripartidarismo, os direitos fundamentais da pessoa humana e observados os seguintes preceitos: [...] § 2º – Os partidos políticos, após adquirirem personalidade jurídica, na forma da lei civil, registrarão seus estatutos no Tribunal Superior Eleitoral".

[721] TORRES. *Tratado de Direito Constitucional Financeiro e Tributário – os direitos humanos e a tributação: imunidades e isonomia*. p. 261.

[722] MARTINS. *O sistema tributário na Constituição*. 6ª ed. p. 302-303.

[723] STF, 1ª Turma, *RE 100.816*, rel. Min. Oscar Correa, 2.1984.

> Estado atua mal ou insuficientemente, como na educação, na assistência social etc. [...] as imunidades relativas a entidades de educação e assistência social objetivam atrair os cidadãos a suprir as ineficiências do Poder Público, decorrentes, na maior parte das vezes, da incompetência administrativa, dos desperdícios, da corrupção e da luta sem ética pelo poder.[724]

Quanto às *instituições de assistência social* abrangidas pela imunidade, trata-se de entidades *voltadas à assistência social em sentido amplo*, que, sem ânimo de lucro, prestam auxílio ao desenvolvimento da pessoa humana, seja na área da assistência social *stricto sensu*, da previdência, da saúde ou da educação.

Pela controvérsia que paira sobre o tema, cumpre expor as premissas que sustentam essa definição.

6.4.2. Alcance e fundamentos

Para definir o que se entende por "entidades de assistência social", deve-se partir do art. 203 da CF, que é assim redigido:

> Art. 203. A assistência social será prestada a quem dela necessitar, independentemente de contribuição à seguridade social, e tem por objetivos:
>
> I – a proteção à família, à maternidade, à infância, à adolescência e à velhice;
>
> II – o amparo às crianças e adolescentes carentes;
>
> III – a promoção da integração ao mercado de trabalho;
>
> IV – a habilitação e reabilitação das pessoas portadoras de deficiência e a promoção de sua integração à vida comunitária;
>
> V – a garantia de um salário mínimo de benefício mensal à pessoa portadora de deficiência e ao idoso que comprovem não possuir meios de prover à própria manutenção ou de tê-la provida por sua família, conforme dispuser a lei.

Segundo o artigo subsequente (art. 204), "as ações governamentais na área da assistência social serão realizadas com recursos do orçamento da seguridade social, previstos no art. 195, além de outras fontes", organizando-se com base na diretriz da descentralização político-administrativa, cabendo a execução tanto às esferas governamentais como a "entidades beneficentes e de assistência social" (inciso I).

Da análise desses preceitos constitucionais decorre facilmente a conclusão de que *a "assistência social" está ligada a uma finalidade determinada, de prestar auxílio ao desenvolvimento da pessoa humana,* desde a sua fase inicial à final, *com especial ênfase às pessoas carentes*, pela escassez de recursos financeiros ou pela falta de condições e oportunidades.[725]

Do Poder Público são exigidas ações que demandem aportes financeiros mais vultosos (como é o caso do benefício do art. 203, V), o que, aliás, é a razão da existência das contribuições de seguridade social, que, em parte, devem ser destinadas à assistência social governamental.

Das instituições e entidades privadas, demandam-se também ações de relevo, voltadas à concretização da dignidade da pessoa humana, em toda a sua extensão. Porém, as entidades privadas não contam com os recursos obtidos pelas contribuições de seguridade social, o que dificulta significativamente a realização de ações tais como as desempenhadas pelas entidades governamentais.

---

[724] MARTINS. *Imunidades Tributárias.* p. 32-33. Aliomar Baleeiro complementa: "A Constituição quer imunes instituições desinteressadas e nascidas de espírito de cooperação com os poderes públicos, em suas atividades específicas" (*Direito Tributário Brasileiro.* p. 177).

[725] Nesse sentido, Roque Antonio Carrazza preleciona: "a assistência tem um sentido sobremodo amplo, que vai muito além da *previdência social*, tal como definida nos arts. 149 e 194 da Carta Magna. Pelo contrário, abarca todas as medidas protetivas dos hipossuficientes, pouco importando se estes são indivíduos, grupos, classes, categorias profissionais, microempresas etc. A idéia é que ela deve estar voltada para a redução – quando não a eliminação – de desigualdades, carências e injustiças" (*Curso de Direito Constitucional Tributário.* 18ª ed. p. 728).

Essas ponderações tornam nítido o porquê das imunidades consagradas nos arts. 150, VI, *c*, e 195, § 7º, da Constituição Federal: as instituições de assistência social devem atuar conjuntamente com as entidades governamentais para realizar os objetivos da assistência social, mas não contam com os recursos angariados mediante a cobrança das contribuições de seguridade social; logo, *o mínimo que se exige é que os seus recursos não sejam expropriados mediante a tributação.*

As suas receitas estão vinculadas justamente à consecução de objetivos que o Estado pretende realizar pela arrecadação das contribuições de seguridade. *Tributá-las, por meio de impostos ou das contribuições de seguridade, implicaria na redução* – e não na majoração – *dos recursos destinados à assistência social*, tendo em vista que os recursos obtidos com tais contribuições não são destinados apenas à assistência, mas também à previdência e à saúde, e, não raro, redirecionados para finalidades menos relevantes.

A atuação das entidades de assistência social na consecução de tarefas do Estado evidencia que o conteúdo da imunidade não pode ser determinado pela mera análise da expressão "assistência social" no contexto do Título VIII da Constituição, como noção contraposta às de "saúde" e de "previdência".

Essa conclusão é corroborada pelo sentido em que a expressão é empregada no *sistema constitucional tributário*. No Título VI ("Da Tributação e do Orçamento"), Capítulo I ("Do Sistema Tributário Nacional"), a Constituição, em sua redação original, outorgou competência aos Estados, ao Distrito Federal e aos Municípios a fim de criarem contribuição para o custeio, em benefício destes, de "sistemas de previdência e assistência social" (art. 149, parágrafo único), *empregando um conceito lato de assistência social*, que também abrange prestações assistenciais obtidas mediante remuneração, haja vista que tais sistemas de "previdência e assistência social" são eminentemente contributivos.

Frente a esse contexto, *o STF reconheceu ser ilegítima a restrição da imunidade às entidades que atuem na assistência social enquanto segmento contraposto à saúde e à previdência.*[726]

Noutros termos, a Corte *rejeitou* o que Ives Gandra denominou de "*interpretação separatista* de que a Seguridade Social seria dividida em três partes estanques, sem intercomunicação ou integração", *em prol da "exegese conciliatória"*, segundo a qual:

> Nos três segmentos da Seguridade Social, o tratamento de cada um deles é apenas preferencial, no que concerne ao seu objetivo principal, mas não vedada à interpenetração de ações das duas outras áreas. Protege-se a velhice (assistência social) com programas previdenciários e planos de saúde (saúde e previdência), sendo que até a Educação pode comportar a assistência social, na medida em que a ação é integrativa na formação de jovens para o mercado de trabalho.[727]

Tal fato restou estampado na ementa da ADI 2.028 MC. Superou-se a preliminar de mérito suscitada pela Presidência da República – na qual se alegava que o art. 195, § 7º, só se aplicaria às entidades que tenham por objetivo qualquer daqueles enumerados no art. 203 da CF –, "porque o conceito mais lato de assistência social – e que é admitido pela Constituição – é o que parece deva ser adotado para a caracterização da assistência prestada por entidades beneficentes, tendo em vista o cunho nitidamente social da Carta Magna".[728]

---

[726] Ao editar a Súmula 730, o STF cristalizou o seu entendimento no sentido de que a imunidade conferida às instituições de assistência social sem fins lucrativos pelo art. 150, VI, *c*, da CF também alcança as entidades fechadas de previdência privada, desde que não haja contribuição dos beneficiários. Sobre o tema, vide *infra.*

[727] MARTINS. "Imunidade de instituições sem fins lucrativos dedicadas à previdência e assistência social". p. 71.

[728] STF, Pleno, *ADI 2.028 MC*, rel. Min. Moreira Alves, 11.1999.

- **Precedente citado**

Imunidade das entidades de assistência social. Conceito amplo: Ação direta de inconstitucionalidade. Art. 1º, na parte em que alterou a redação do artigo 55, III, da Lei 8.212/91 e acrescentou-lhe os §§ 3º, 4º e 5º, e dos artigos 4º, 5º e 7º, todos da Lei 9.732, de 11 de dezembro de 1998. – Preliminar de mérito que se ultrapassa porque o conceito mais lato de assistência social – e que é admitido pela Constituição – é o que parece deva ser adotado para a caracterização da assistência prestada por entidades beneficentes, tendo em vista o cunho nitidamente social da Carta Magna. [...] Referendou-se o despacho que concedeu a liminar para suspender a eficácia dos dispositivos impugnados nesta ação direta. (STF, Pleno, **ADI 2.028 MC**, rel. Min. Moreira Alves, 11.1999)

Colhe-se a seguinte passagem do voto do relator, acolhido em votação unânime: "Do exame sistemático da Constituição, verifica-se que a Seção relativa à Assistência Social não é exauriente do que se deve entender como Assistência Social, pois, além de se não se referir a carentes em geral, mas apenas a família, crianças, adolescentes, velhos e portadores de deficiência sem sequer exigir de todos estes que sejam carentes, preceitua, em seu artigo 203, que ela se fará independentemente de contribuição à seguridade social, a indicar que será gratuita, o que só se compatibilizará com o disposto no parágrafo único do artigo 149 – que permite que os Estados, o Distrito Federal e os Municípios instituam contribuição cobrada de seus servidores para o custeio, em benefício destes, de sistemas de previdência e assistência social – se se entender que, para a Constituição, o conceito de assistência social é mais amplo não só do doutrinário, mas também do adotado pelo artigo 203 para a disciplina específica prevista nele e no dispositivo que se lhe segue. Por isso mesmo, em sua redação originária, o artigo 55 da Lei 8.212/91, que regulamentou as exigências que deveriam ser atendidas pelas entidades beneficentes de assistência social para gozarem da imunidade – isenção prevista na Constituição imunidade é, conforme entendimento já firmado por esta Corte – adotou conceito mais amplo de assistência social do que o decorrente do artigo 203 da Carta Magna, ao estabelecer, em seu inciso III, que uma dessas exigências para a isenção (entenda-se imunidade) em favor das entidades beneficentes de assistência social seria a de ela promover '*a assistência social beneficente, inclusive educacional ou de saúde, a menores, idosos, excepcionais ou pessoas carentes*' [...] Esse conceito mais lato de assistência social – e que é admitido pela Constituição – é o que parece deva ser adotado para a caracterização dessa assistência prestada por entidades beneficentes, tendo em vista o cunho eminentemente social de nossa Constituição. Aliás, esta Corte tem entendido que a entidade beneficente de assistência social, a que alude o § 7º do artigo 195 da Constituição, abarca a entidade beneficente de assistência educacional".

6.4.3. Instituições sem fins lucrativos, assistenciais e filantrópicas

Ao empregá-las, a Constituição da República diferencia com clareza as noções de instituições ou entidades "sem fins lucrativos", de "assistência social" e "filantrópicas" (arts. 150, VI, *c*, 195, § 7º, 199, § 1º e 213, I).

As *entidades sem fins lucrativos* são caracterizadas pelo "fato de não destinarem os seus resultados positivos à distribuição de lucros"[729], e não pela ausência de atividade econômica ou de superávit fiscal.

As *entidades de assistência social* já foram definidas como entidades voltadas à assistência social em sentido lato, prestando auxílio ao desenvolvimento da pessoa humana, seja na área da assistência social *stricto sensu*, da previdência, da saúde ou da educação. É-lhes essencial, todavia, a ausência de fins lucrativos, caracterizados pela distribuição de lucros ou vantagens aos sócios ou administradores: caso haja tal distribuição, em níveis significativos, a entidade restará descaracterizada como de assistência social e, consequentemente, não poderá mais fruir da imunidade.

Por fim, as *entidades filantrópicas* são aquelas voltadas mais diretamente à atividade social, atuando de forma gratuita, mesmo que apenas em parte de suas atividades.[730]

[729] STF, Pleno, ADI 1.802 MC, rel. Min. Sepúlveda Pertence, 8.1998. O Ministro Sepúlveda Pertence, relator do precedente, valeu-se da definição da Lei 9.532/97 para asseverar que: "conforme a própria característica de 'entidade sem fins lucrativos' constante do art. 3º do art. 12 da lei questionada – 'a que não apresente superávit em suas contas, ou caso os apresente em determinado exercício, destine referido resultado integralmente ao incremento de seu ativo imobilizado' – faz claro que não as descaracteriza o exercício de atividade econômica, desde que o saldo positivo não se converta em lucro a ser distribuído aos associados" (suprimimos os grifos do original).

[730] Para uma análise detida da distinção entre as entidades de assistência social e as entidades filantrópicas, bem como do requisito da filantropia, conferir os comentários ao art. 195, § 7º.

6.4.4. Entidades de previdência privada

Discutiu-se, por certo tempo, acerca da possibilidade de sujeição das entidades de previdência privada aos impostos e às contribuições de seguridade social, diante das imunidades consagradas nos arts. 150, VI, *c*, e 195, § 7º, da CF.

O STF firmou o seu entendimento no sentido de que *as entidades de previdência privada*, mesmo que fechadas, *estão abrangidas pela imunidade do art. 150, VI, c, desde que não haja contribuição dos beneficiários*, cabendo todos os ônus dos benefícios previdenciários à entidade mantenedora. Entendeu que seria essencial, à caracterização como "entidades de assistência social", a concessão de benefícios à coletividade independentemente de contraprestação, o que exclui do alcance da imunidade as entidades fechadas de previdência privada que recebam contribuições de seus beneficiários.[731]

Esse posicionamento passou a ser aplicado por suas Turmas e acabou sendo cristalizado por meio da edição desta súmula:

> A imunidade tributária conferida a instituições de assistência social sem fins lucrativos pelo art. 150, VI, *c*, da Constituição, somente alcança as entidades fechadas de previdência social privada se não houver contribuição dos beneficiários (Súmula 730 do STF).

Portanto, as entidades fechadas de previdência privada que são financiadas com contribuições dos beneficiários não são imunes, mas passarão a sê-lo a partir do momento em que as contribuições cessarem, com a assunção, pela entidade, do custeio integral dos benefícios previdenciários, como decidiu o STF no julgamento dos Embargos de Declaração no RE 214.788.[732]

- **Súmulas**

Súmula 730 do STF: "A imunidade tributária conferida a instituições de assistência social sem fins lucrativos pelo art. 150, VI, *c*, da Constituição, somente alcança as entidades fechadas de previdência social privada se não houver contribuição dos beneficiários".

- **Precedentes citados**

Entidades fechadas de previdência privada que recebem contribuições dos beneficiários. Inexistência de imunidade: RECURSO EXTRAORDINÁRIO. CONSTITUCIONAL. PREVIDÊNCIA PRIVADA. IMUNIDADE TRIBUTÁRIA. INEXISTÊNCIA. 1. Entidade fechada de previdência privada. Concessão de benefícios aos filiados mediante recolhimento das contribuições pactuadas. Imunidade tributária. Inexistência, dada a ausência das características de universalidade e generalidade da prestação, próprias dos órgãos de assistência social. 2. As instituições de assistência social, que trazem ínsito em suas finalidades a observância ao princípio da universalidade, da generalidade e concede benefícios a toda coletividade, independentemente de contraprestação, não se confundem e não podem ser comparadas com as entidades fechadas de previdência privada que, em decorrência da relação contratual firmada, apenas contempla uma categoria específica, ficando o gozo dos benefícios previstos em seu estatuto social dependente do recolhimento das contribuições avençadas, conditio sine qua non para a respectiva integração no sistema. Recurso extraordinário conhecido e provido. (STF, Pleno, **RE 202.700**, rel. Min. Maurício Corrêa, 11.2001)

Entidades fechadas de previdência privada. Direito à imunidade após a cessação das contribuições dos beneficiários: CONSTITUCIONAL. PREVIDÊNCIA PRIVADA. IMUNIDADE TRIBUT ÁRIA. C.F., art. 150, VI, c. I. – Entidade previdência privada: gratuidade: gozo da imunidade tributária, C.F., art. 150, VI, c, a partir do momento em que a entidade, ora embargante, assumiu a totalidade do custeio do Plano de Benefícios. II. Embargos de declaração acolhidos, parcialmente. (STF, 2ª Turma, **RE 214.788 ED**, rel. Min. Carlos Velloso, 2.2003)

7. Alínea *d*: imunidade dos livros, jornais, periódicos e do material destinado à sua impressão

A imunidade dos livros, jornais e periódicos almeja obstar que a tributação: a) dificulte ou inviabilize o exercício da liberdade de expressão intelectual, artística, científica

[731] Este foi o precedente: STF, Pleno, *RE 202.700*, rel. Min. Maurício Corrêa, 11.2001.

[732] STF, 2ª Turma, *RE 214.788 ED*, rel. Min. Carlos Velloso, 2.2003.

e de comunicação; e b) restrinja o acesso da população à cultura, à informação e à educação.[733]

Entende-se ser inviável a restrição da imunidade com base num juízo subjetivo acerca da qualidade da publicação, uma vez que a imunidade é ampla, não se limitando às publicações de elevado valor cultural, científico, artístico ou didático:

> O Constituinte, ao instituir esta benesse, não fez ressalvas quanto ao valor artístico ou didático, à relevância das informações divulgadas ou à qualidade cultural de uma publicação. Não cabe ao aplicador da norma constitucional em tela afastar este benefício fiscal instituído para proteger direito tão importante ao exercício da democracia, por força de um juízo subjetivo acerca da qualidade cultural ou do valor pedagógico de uma publicação destinada ao público infanto-juvenil.[734]

7.1. Caráter objetivo

Trata-se de imunidade objetiva, aplicável às operações jurídicas e econômicas envolvendo livros, jornais e periódicos, bem como ao material destinado à sua impressão. *Não tutela as pessoas, físicas ou jurídicas*, que desenvolvem as atividades intelectuais, jornalísticas, editoriais ou de comercialização e distribuição dos livros, jornais e periódicos. Seus lucros e receitas, portanto, estão sujeitos à incidência de impostos[735] e de contribuições especiais.[736]

• **Precedentes citados**

Inaplicabilidade da imunidade ao extinto IPMF, por incidir sobre as movimentações financeiras das empresas: TRIBUTÁRIO. ANISTIA DO ART. 150, VI, D, DA CONSTITUIÇÃO FEDERAL. IPMF. EMPRESA DEDICADA À EDIÇÃO, DISTRIBUIÇÃO E COMERCIALIZAÇÃO DE LIVROS, JORNAIS, REVISTAS E PERIÓDICOS. Imunidade que contempla, exclusivamente, veículos de comunicação e informação escrita, e o papel destinado a sua impressão, sendo, portanto, de natureza objetiva, razão pela qual não se estende às editoras, autores, empresas jornalísticas ou de publicidade -- que permanecem sujeitas à tributação pelas receitas e pelos lucros auferidos. Conseqüentemente, não há falar em imunidade ao tributo sob enfoque, que incide sobre atos subjetivados (movimentação ou transmissão de valores e de créditos e direitos de natureza financeira). Recurso conhecido e provido. (STF, 1ª Turma, **RE 206.774**, rel. Min. Ilmar Galvão, 8.1999)

Caráter objetivo da imunidade. Inaplicabilidade ao extinto FINSOCIAL, por incidir sobre o faturamento das empresas: Recurso extraordinário. Repercussão geral da questão constitucional reconhecida. 2. Direito Constitucional e Tributário. 3. FINSOCIAL. Natureza jurídica de imposto. Incidência sobre o faturamento. 4. Alcance da imunidade prevista no art. 150, VI, d, da Constituição Federal, sobre livros, jornais, periódicos e papel destinado a sua impressão. Imunidade objetiva. Incidência sobre o objeto tributado. Na hipótese, cuida-se de tributo de incidente sobre o faturamento. Natureza pessoal. Não alcançado pela imunidade objetiva prevista no art. 150, VI, d, da Constituição Federal. 5. Recurso extraordinário a que se nega provimento. (STF, Pleno, **RE 628.122,** rel. Min. Gilmar Mendes, 6.2013. Tema nº 209 da repercussão geral)

Qualificou-se, neste precedente, o FINSOCIAL como um imposto, na esteira de precedente da 2ª Turma da Corte (RE 109.484), o que não se afigura correto, dada a sua afetação finalística, Vale registrar que, no precedente referido (RE 109.484), havia sido reconhecida a incidência da imunidade.

7.2. Livros

O termo "livro" não enseja dificuldades de compreensão na linguagem cotidiana. Sabe-se o que é e o que não é um livro, sendo inexpressivos os casos de dúvidas decorrentes da vagueza semântica desse termo. Não se consideraria apropriado, à evidência, denominar "livro" um álbum de figurinhas ou uma lista telefônica.

Não obstante, na linguagem constitucional-tributária o significado desse vocábulo é extremamente controverso. Não por uma questão meramente semântica, vez que o seu

[733] STF, 2ª Turma, RE 221.239, rel. Min. Ellen Gracie, 5.2004, cuja ementa é transcrita no tópico seguinte.

[734] STF, 2ª Turma,*RE 221.239*, rel. Min. Ellen Gracie, 5.2004, trecho da ementa.

[735] STF, 1ª Turma, *RE 206.774*, rel. Min. Ilmar Galvão, 8.1999. Vide, nesse sentido, PONTES DE MIRANDA. *Comentários à Constituição de 1967; com a Emenda n. 1 de 1969.* p. 429.

[736] STF, Pleno, *RE 628.122*, rel. Min. Gilmar Mendes, 6.2013. Tema nº 209 da Repercussão Geral: "Imunidade tributária de livros, jornais e periódicos do FINSOCIAL".

significado literal não é demasiadamente vago e impreciso. Os debates decorrem da consciência de que a construção do seu significado, para fins de determinação do alcance da imunidade do art. 150, VI, *d*, há de observar o escopo último do preceito.

De fato, *na concretização do significado do termo "livro"*, assim como na dos demais vocábulos constantes do dispositivo em comento, *há de se atentar para o escopo da imunidade*, outorgando elevado valor ao critério teleológico de interpretação.

Atento à finalidade do art. 150, VI, *d*, da CF, *o STF conferiu ao vocábulo "livro" significado que mal se compatibiliza com o uso linguístico vulgar*, cotidiano, mas que se harmoniza plenamente com o sistema jurídico-constitucional e com o escopo desse dispositivo. Segundo a jurisprudência do Pretório Excelso, a imunidade alcança não apenas os livros na acepção mais rigorosa da palavra, mas também os "*álbuns de figurinhas*",[737] *as apostilas*[738] e as *listas telefônicas*, mesmo que veiculem anúncios e publicidade.[739]

• Precedentes citados

Listas telefônicas. Imunidade: [...] Se a norma constitucional visou facilitar a confecção, edição e distribuição do livro, do jornal e dos "periódicos", imunizando-se ao tributo, assim como o próprio papel destinado a sua impressão, é de se entender que não estão excluídos da imunidade os "periódicos" que cuidam apenas e tão-somente de informações genéricas ou específicas, sem caráter noticioso, discursivo, literário, poético ou filosófico, mas de "inegável utilidade pública", como é o caso das listas telefônicas. Recurso extraordinário conhecido, por unanimidade de votos, pela letra "d" do permissivo constitucional, e provido, por maioria, para deferimento do mandado de segurança (STF, Pleno, **RE 101.441**, rel. Min. Sydney Sanches, 11.1987).

No mesmo sentido: STF, 1ª Turma, RE 114.790, rel. Min. Sepúlveda Pertence, 8.1997; 2ª Turma, RE 199.183, rel. Min. Marco Aurélio, 4.1998.

Apostilas. Imunidade: [...] O preceito da alínea "d" do inciso VI do artigo 150 da Carta da República alcança as chamadas apostilas, veículo de transmissão de cultura simplificado (STF, 2ª Turma, **RE 183.403**, rel. Min. Marco Aurélio, 11.2000).

Álbum de figurinhas. Imunidade: CONSTITUCIONAL. TRIBUTÁRIO. IMUNIDADE. ART. 150, VI, "D" DA CF/88. "ÁLBUM DE FIGURINHAS". ADMISSIBILIDADE. 1. A imunidade tributária sobre livros, jornais, periódicos e o papel destinado à sua impressão tem por escopo evitar embaraços ao exercício da liberdade de expressão intelectual, artística, científica e de comunicação, bem como facilitar o acesso da população à cultura, à informação e à educação. 2. O Constituinte, ao instituir esta benesse, não fez ressalvas quanto ao valor artístico ou didático, à relevância das informações divulgadas ou à qualidade cultural de uma publicação. 3. Não cabe ao aplicador da norma constitucional em tela afastar este benefício fiscal instituído para proteger direito tão importante ao exercício da democracia, por força de um juízo subjetivo acerca da qualidade cultural ou do valor pedagógico de uma publicação destinada ao público infanto-juvenil. 4. Recurso extraordinário conhecido e provido. (STF, 2ª Turma, **RE 221.239**, rel. Min. Ellen Gracie, 5.2004).

No mesmo sentido: STF, 1ª Turma, RE 179.893, rel. Min. Menezes Direito, 4.2008.

7.3. Livros digitais

O livro está em vertiginosa evolução. Com o desenvolvimento do livro digital (*e-book*) e o lançamento de *eReaders* (aparelhos eletrônicos utilizados para a sua leitura, como o *Kindle* e o *iPad*), o tradicional livro impresso vem perdendo espaço a passos largos – e já começa a parecer um objeto arcaico.

Frente a esse quadro, questiona-se a inclusão do livro digital no âmbito da imunidade tributária que a Constituição da República confere aos "livros, jornais, periódicos e o papel destinado a sua impressão".

Seriam também os livros eletrônicos imunes à incidência de impostos? Ou o fato de a Constituição Federal aludir ao "papel destinado a sua impressão" evidencia que ela pretendeu desonerar apenas os livros impressos, e não os digitais?

---

[737] STF, 2ª Turma, *RE 221.239*, rel. Min. Ellen Gracie, 5.2004.

[738] STF, 2ª Turma, *RE 183.403*, rel. Min. Marco Aurélio, 11.2000.

[739] STF, Pleno, *RE 101.441*, rel. Min. Sydney Sanches, 11.1987.

Parece-nos evidente que *os livros são imunes, independentemente do seu formato*, sobretudo porque o texto constitucional não faz diferenciação alguma e o Supremo Tribunal Federal sempre interpretou a imunidade do art. 150, VI, *d*, da CF à luz da sua finalidade, chegando a estendê-la aos álbuns de figurinhas e às listas telefônicas.

No entanto, a questão merece ser abordada com atenção, pois não há pronunciamento definitivo do STF e, além disso, relevante corrente doutrinária sustenta a posição contrária.[740]

Pois bem, *três fundamentos principais sustentam a imunidade do livro digital.*

Primeiro, o e-book constitui uma espécie do gênero livro, que não se singulariza pelo seu conteúdo, mas pela sua forma. É a versão digital dos tradicionais livros impressos, que pode ser adquirida em meio físico (sobretudo em CDs) ou digital, mediante *download* do seu conteúdo.

É fácil perceber que o *e-book* é livro na acepção literal da palavra. Não na acepção mais estrita, mas certamente na literal.

Portanto, quando o intérprete reconhece que o livro digital está sob o abrigo da imunidade em questão, ele sequer ingressa na seara da interpretação analógica: limita-se a operar dentro dos estritos limites da exegese literal, que explicita e respeita o conteúdo semântico dos vocábulos utilizados pelo legislador.

Segundo, o livro eletrônico desempenha a mesma função que o livro impresso, o que evidencia um fato de suma relevância: os mesmos fundamentos jurídicos, políticos, culturais e econômicos que sustentam o art. 150, VI, *d*, da Constituição da República embasam, com igual força e consistência, a imunidade do livro eletrônico.

Se o constituinte conferiu imunidade aos livros para evitar que o poder destrutivo da tributação perturbe o exercício da liberdade de expressão e de pensamento, assegurando que os cidadãos possam manifestar as suas ideias, concepções e opiniões sem ter de arcar com o pesado ônus econômico da tributação, é evidente que a imunidade tem de projetar-se aos livros eletrônicos, pois eles também são veículos de comunicação escrita, tão ou mais eficazes que os livros impressos.

Igualmente, se ao estabelecer tal imunidade o constituinte objetivou incentivar o acesso à cultura, à informação e à educação mediante a redução do preço final dos livros, é inequívoco que ela os abrange em todas as suas formas físicas, desde a impressa até a digital.

Terceiro, o reconhecimento da projeção da imunidade ao livro digital baseia-se na consagrada diretriz hermenêutica segundo a qual *deve priorizar-se a variante interpretativa que propicie a efetividade máxima da Constituição*, atualizando-a à evolução social. Não se pode permitir que a efetividade de tão relevante garantia dos cidadãos pereça pelo mero progresso tecnológico, sobretudo quando ele repercute apenas no formato do objeto cultural imune, sem atingir a sua essência.

Esses fundamentos têm encontrado guarida na atenta jurisprudência dos Tribunais Regionais Federais, mas ainda não foram acolhidos pelo Supremo Tribunal Federal, que vem esboçando uma concepção extremamente restritiva quanto à imunidade das novas modalidades de livros e periódicos.

---

[740] Conferir, por todos, os artigos de Oswaldo Othon de Pontes Saraiva Filho, Eurico Marcos Diniz de Santi, Heleno Taveira Tôrres e Ricardo Lobo Torres, publicados no livro coletivo organizado por Hugo de Brito Machado, intitulado "Imunidade tributária do livro eletrônico" (2ª edição, São Paulo: Atlas, 2003).

Dita concepção advém de uma inadequada interpretação literal do art. 150, VI, *d*, da Constituição Federal, que vincula os objetos culturais desonerados (livros, jornais e periódicos) ao suporte físico em que eles costumavam ser impressos (papel). Argumenta-se que, se o constituinte aludiu ao papel destinado à impressão dos livros, jornais e periódicos, ele somente teria pretendido desonerá-los no seu formato impresso, jamais eletrônico.

Essa linha argumentativa parece apoiar-se em premissas falsas, vendo a imunidade dos livros, jornais e periódicos como um privilégio tributário concedido à indústria gráfica, quando ela constitui uma garantia de todos os cidadãos, que resguarda direitos e liberdades fundamentais, indispensáveis à construção de uma nação culta, civilizada e competitiva.

Deve-se, pois, rever tal posicionamento, a fim de que se respeite não apenas a letra do art. 150, VI, *d*, da Constituição da República – que concede a imunidade a todos os livros, e não apenas a parcela deles –, mas sobretudo a sua finalidade, de resguardar a liberdade de expressão e de realizar os direitos fundamentais à educação, à informação e à cultura.

7.4. Jornais e periódicos

A determinação do vocábulo "jornais" não envolve tantos questionamentos quanto a dos termos "livros" e "periódicos".

Jornais são periódicos usualmente diários, voltados à divulgação de notícias e informações. *Esses jornais impressos estão sob o alcance da imunidade, diversamente dos telejornais e dos radiojornais*, que são noticiários transmitidos, como sua denominação indica, pela televisão ou pelo rádio.[741]

Periódicos, por sua vez, constituem publicações editadas em intervalos temporais regulares e relativamente exíguos. São "as revistas, técnicas ou não, e os impressos que se editam repetidamente dentro de certos intervalos de tempo".[742]

A imunidade, contudo, não os abriga integralmente, restringindo-se aos periódicos destinados à promoção da cultura, da ciência, da arte, à transmissão de informações e ao entretenimento. *Do seu alcance escapam os calendários comerciais*[743] *e os encartes publicitários* de terceiros distribuídos com jornais e periódicos, por não serem instrumentos culturais, científicos e tampouco artísticos, apresentando "exclusiva índole comercial".[744]

• Precedentes citados

Calendários comerciais. Inaplicabilidade da imunidade: ICM. Os calendários comerciais, não constituem em periódicos para os efeitos da imunidade constitucional assegurada pelo art. 19, III, *d*, da Constituição Federal, pois não se destinam a veicular ou transmitir pensamentos e idéias. RE não conhecido". (STF, 2ª Turma, **RE 87.633**, rel. Min. Cordeiro Guerra, 12.1978)

Encartes de propaganda. Inaplicabilidade da imunidade: TRIBUTÁRIO. ENCARTES DE PROPAGANDA DISTRIBUÍDOS COM JORNAIS E PERIÓDICOS. ISS. ART. 150, VI, d, DA CONSTITUIÇÃO. Veículo publicitário que, em face de sua natureza propagandística, de exclusiva índole comercial, não pode ser considerado como destinado à cultura e à educação, razão pela qual não está abrangido pela imunidade de impostos prevista no dispositivo constitucional sob referência, a qual, ademais, não se estenderia, de qualquer forma, às empresas por eles responsáveis, no que concerne à renda bruta auferida pelo serviço prestado e ao lucro líquido obtido. Recurso não conhecido. (STF, 1ª Turma, **RE 213.094**, rel. Min. Ilmar Galvão, 6.1999)

[741] TORRES. *Tratado de Direito Constitucional Financeiro e Tributário – os direitos humanos e a tributação: imunidades e isonomia*. p. 310.

[742] TORRES, op cit., p. 308.

[743] STF, 2ª Turma, *RE 87.633*, rel. Min. Cordeiro Guerra, 12.1978.

[744] STF, 1ª Turma, *RE 213.094*, rel. Min. Ilmar Galvão, 6.1999.

7.5. Papel e outros insumos

A Constituição de 1946 instituiu a imunidade em foco, mas apenas para o "papel destinado exclusivamente à impressão de jornais, periódicos e livros" (art. 31, V, *c*). Foi a Constituição de 1967 (art. 20, III, *d*), seguida pela de 1969 (art. 19, III, *d*), que lhe conferiu a dimensão atual, estendendo-a aos livros, jornais e periódicos.

Essa sucinta digressão histórica permite evidenciar que *há duas imunidades* no art. 150, VI, *d*, da Constituição: a imunidade dos livros, dos jornais e dos periódicos *e a imunidade do papel* destinado à sua impressão.

As operações envolvendo livros, jornais e periódicos são imunes à tributação, em sua totalidade. *O papel destinado à sua impressão*, por sua vez, é resguardado por uma *imunidade específica*, que não afasta a tributação apenas quando do seu emprego direto na produção de livros, jornais e periódicos, mas *em todas as etapas mercantis*, desde a industrialização até o seu emprego na confeção dos livros, jornais ou periódicos.[745]

No que concerne ao *significado do termo "papel"*, considera-se ser viável a adoção de uma *interpretação extensiva*. De acordo com o Ministro Néri da Silveira:

> Tudo aquilo que se compreende como papel, ou é utilizado como gravura, fotografia, ou outro meio, destinado a se integrar no produto final, que guarde correspondência, na materialidade e natureza, com papel, está abrangido na imunidade do art. 150, VI, *d*, da Constituição.[746]

Portanto, *a imunidade abrange não apenas os papéis, mas também os "filmes e papéis fotográficos necessários à publicação de jornais e periódicos"*,[747] tais como os filmes destinados à produção de capas de livros[748] e o papel para artes gráficas consumido no processo produtivo.[749]

Em suma, segundo tal posicionamento a imunidade abrange os insumos que integram o produto final (o livro ou os periódicos), desde que guardem correspondência com o papel, tanto na sua materialidade quanto na sua natureza.

Os demais insumos não estão abrangidos pela imunidade.[750] *Estão excluídos da imunidade*, de conseguinte, *a tinta especial para jornal*[751] *e os serviços necessários à confecção do produto final*, como o de composição gráfica.[752]

Essa é a jurisprudência tradicional do Supremo Tribunal Federal. Verifica-se, no entanto, um *ensaio de modificação*, iniciado por um julgamento em que a 1ª Turma reconheceu a imunidade de peças do maquinário utilizado para a produção de livros, com base

---

[745] Esse posicionamento tem respaldo em voto do Ministro Francisco Rezek, o qual, cabe gizar, possui uma concepção ainda mais abrangente acerca da imunidade: "A norma constitucional em exame estabelece imunidade em favor do livro e de todos os labores que circundam sua produção. A fonte de produção do livro, o lugar, ou o conjunto de lugares oficinas de onde sai o produto acabado, tudo isso é alcançado pela imunidade constitucional. O papel, todavia, é matéria-prima que vem de fora; e por isso mereceu menção especial. É produzido alhures, razão por que o constituinte estimou necessário deixar claro que, mesmo antes de adentrar os locais de produção do livro, o papel está imune a tributos, em razão do seu destino" (STF, 2ª Turma, *RE 102.141*, rel. p/ ac. Min. Carlos Madeira, 10.1985, excerto do seu voto).

[746] STF, 2ª Turma, RE 225.960, rel. Min. Néri da Silveira, 5.1998, excerto do seu voto.

[747] Súmula 657 do STF: "A imunidade prevista no art. 150, VI, "d", da Constituição Federal abrange os filmes e papéis fotográficos necessários à publicação de jornais e periódicos".

[748] STF, 2ª Turma, *RE 392.221*, rel. Min. Carlos Velloso, 5.2004.

[749] STF, 2ª Turma, RE 276.842 ED, rel. Min. Carlos Velloso, 10.2001.

[750] STF, Pleno, RE 203.859, rel. p/ ac. Min. Maurício Corrêa, 12.1996.

[751] STF, 2ª Turma, *RE 273.308*, rel. Min. Moreira Alves, 8.2000.

[752] STF, 1ª Turma, *RE 230.782*, rel. Min. Ilmar Galvão, 6.2000. No mesmo sentido: STF, 2ª Turma, RE 434.826 AgR, rel. p/ Acórdão Min. Celso de Mello, 11.2013.

na premissa de que a imunidade alcança todo e qualquer insumo ou ferramenta indispensável à edição de veículos de comunicação.[753]

Resta aguardar para ver se esse entendimento vingará, haja vista envolver uma radical alteração na jurisprudência do STF, que implicará a superação das premissas da Súmula 657.

• Súmulas

Súmula 657 do STF: "A imunidade prevista no art. 150, VI, "d", da Constituição Federal abrange os filmes e papéis fotográficos necessários à publicação de jornais e periódicos."

Este julgado evidencia a jurisprudência que foi cristalizada mediante a edição da Súmula 657, corroborando a sua interpretação *a contrario sensu*: "Jornal. Imunidade tributária. CF, art. 150, VI, *d*. O Supremo Tribunal Federal decidiu que apenas os materiais relacionados com papel (papel fotográfico, papel telefoto, filmes fotográficos, sensibilizados, não impressionados, para imagens monocromáticas, papel fotográfico p/ fotocomposição por *laser*) é que estão abrangidos pela imunidade tributária do art. 150, VI, *d*, da CF." (STF, 2ª Turma, RE 178.863, rel. Min. Carlos Velloso, 3.1997).

Nesse precedente, também se reconheceu a imunidade para o papel fotográfico, mas se refutou a imunidade de outros insumos, com base no argumento da vontade do legislador: "... por ocasião da Constituição de 1988, como se sabe, foi apresentada emenda no sentido de introduzir no atual artigo 150, VI, letra 'd', da Constituição Federal, alguns outros insumos. Essa emenda, todavia, não resultou aprovada, o que significa dizer que a *mens legislatoris*, sem dúvida, entendeu que havia a imunidade tão-somente para o papel de impressão, tal qual ficou plasmado de forma definitiva no dispositivo constitucional acima mencionado, afastando-se, dessa forma, a sua extensão para outros tipos de insumos" (STF, Pleno, RE 203.859, rel. p/ ac. Min. Maurício Corrêa, 12.1996 - excerto do voto condutor do Ministro Maurício Corrêa).

• Precedentes citados

Serviços necessários à produção do livro. Imunidade (entendimento superado): IMUNIDADE TRIBUTARIA. LIVRO. CONSTITUIÇÃO, ART. 19, INC. III, ALINEA 'D'. Em se tratando de norma constitucional relativa as imunidades tributárias genéricas, admite-se a interpretação ampla, de modo a transparecerem os princípios e postulados nela consagrado. O livro, como objeto da imunidade tributária, não é apenas o produto acabado, mas o conjunto de serviços que o realiza, desde a redação, até a revisão de obra, sem restrição dos valores que o formam e que a Constituição protege. (STF, 2ª Turma, **RE 102.141**, rel. p/ ac. Min. Carlos Madeira, 10.1985)

Serviços de composição gráfica. Inaplicabilidade da imunidade: TRIBUTÁRIO. ISS. IMUNIDADE. SERVIÇOS DE COMPOSIÇÃO GRÁFICA. ART. 150, VI, d, DA CONSTITUIÇÃO FEDERAL. Não há de ser estendida a imunidade de impostos prevista no dispositivo constitucional sob referência, concedida ao papel destinado exclusivamente à impressão de livros, jornais e periódicos, aos serviços de composição gráfica necessários à confecção do produto final. Recurso conhecido e provido. (STF, 1ª Turma, **RE 230.782**, rel. Min. Ilmar Galvão, 6.2000)

Tinta especial para jornal. Inaplicabilidade da imunidade: Imposto de importação. Tinta especial para jornal. Não-ocorrência de imunidade tributária. – Esta Corte já firmou o entendimento (a título de exemplo, nos RREE 190.761, 174.476, 203.859, 204.234 e 178.863) de que apenas os materiais relacionados com o papel – assim, papel fotográfico, inclusive para fotocomposicão por laser, filmes fotográficos, sensibilizados, não impressionados, para imagens monocromáticas e papel para telefoto – estão abrangidos pela imunidade tributária prevista no artigo 150, VI, "d", da Constituição. – No caso, trata-se de tinta para jornal, razão por que o acórdão recorrido, por ter esse insumo como abrangido pela referida imunidade, e, portanto, imune ao imposto de importação, divergiu da jurisprudência desta Corte. Recurso extraordinário conhecido e provido. (STF, 2ª Turma, **RE 273.308**, rel. Min. Moreira Alves, 8.2000)

Material assimilável a papel (filmes destinados à produção de capas). Imunidade: CONSTITUCIONAL. TRIBUTÁRIO. IMUNIDADE TRIBUTÁRIA. PAPEL: FILMES DESTINADOS À PRODUÇÃO DE CAPAS DE LIVROS. C.F., art. 150, VI, d. I. – Material assimilável a papel, utilizado no processo de impressão de livros e que se integra no produto final – capas de livros sem capa-dura – está abrangido pela imunidade do art. 150, VI, d. Interpretação dos precedentes do Supremo Tribunal Federal, pelo seu Plenário, nos RREE 174.476/SP, 190.761/SP, Ministro Francisco Rezek, e 203.859/SP e 204.234/RS, Ministro Maurício Corrêa. II. – R.E. conhecido e improvido. (STF, 2ª Turma, **RE 392.221**, rel. Min. Carlos Velloso, 5.2004)

A imunidade alcança toda e qualquer ferramenta indispensável à edição de veículos de comunicação. Peças sobressalentes: CONSTITUIÇÃO FEDERAL. Extraia-se da Constituição Federal, em interpretação teleológica e integrativa, a maior concretude possível. IMUNIDADE – "LIVROS, JORNAIS, PERIÓDICOS E O PAPEL DESTINADO A SUA IMPRESSÃO" – ARTIGO 150, INCISO VI, ALÍNEA "D", DA CARTA DA REPÚBLICA – INTELIGÊNCIA. A imunidade tributária relativa a livros, jornais e periódicos é ampla, total, apanhando produto, maquinário e insumos. A referência, no preceito, a papel é exemplificativa e não exaustiva. (STF, 1ª Turma, **RE 202.149**, rel. p/ ac. Min. Marco Aurélio, 4.2011)

[753] STF, 1ª Turma, *RE 202.149,* rel. p/ ac. Min. Marco Aurélio, 4.2011.

8. Alínea *e*: imunidade musical

Aprovou-se, após longa tramitação, a "PEC da Música" (PEC 98/2007), que consagra a imunidade tributária da música brasileira, estendendo a tutela que a Carta de 1988 conferiu às manifestações culturais frente ao poder destrutivo da tributação, originalmente restrita aos "livros, jornais, periódicos e o papel destinado a sua impressão" (alínea *d* do art. 150, VI).

A aprovação dessa PEC deu origem à Emenda Constitucional nº 75, de 15 de outubro de 2013, que inseriu a alínea *e* ao artigo 150, VI, da Carta da República, proibindo que a União, os Estados, o Distrito Federal e os Municípios cobrem impostos sobre a produção e a comercialização de músicas brasileiras, gravadas em áudio ou em vídeo. Na dicção constitucional, a imunidade abrange os "*fonogramas e videofonogramas musicais produzidos no Brasil contendo obras musicais ou literomusicais de autores brasileiros e/ou obras em geral interpretadas por artistas brasileiros bem como os suportes materiais ou arquivos digitais que os contenham, salvo na etapa de replicação industrial de mídias ópticas de leitura a 'laser'*".

Interdita-se, noutros termos, a incidência do IPI, do ICMS e do ISS sobre CDs, DVDs, Blu-Rays e arquivos virtuais com músicas criadas ou interpretadas por artistas brasileiros, o que, segundo as estimativas divulgadas na imprensa, implicará uma redução de aproximadamente 25% no preço de venda ao consumidor.

Proíbe-se também que tais impostos incidam sobre obras *literomusicais,* ou seja, sobre as obras de cunho *literário e musical,* como os saraus gravados e oferecidos à venda, seja em meio físico, seja digital. Nesse aspecto, denota-se a íntima ligação que há entre a imunidade da música e aquela outorgada aos livros e periódicos, ambas garantidoras da liberdade de manifestação cultural e de acesso à cultura.

O objetivo precípuo dessa inovação constitucional não foi propriamente incrementar a difusão da música nacional, senão desestimular a pirataria, que, segundo a justificação da PEC 98/2007, estava dilapidando o mercado fonográfico oficial numa velocidade vertiginosa. A concorrência das obras musicais originais com as piratas estava quase impraticável, dado o "*alto preço dos impostos que recaem sobre esse último, tornando seu custo final muitíssimo maior para o consumidor*". Em razão da expressiva discrepância do preço decorrente da incidência de impostos sobre as cópias legítimas, o mercado fonográfico brasileiro estava "*em queda livre*", sendo que somente nos dois primeiros meses de 2007, quando foi apresentada a PEC, tais cópias "*tiveram suas vendas depreciadas em 49% abaixo do mesmo período do ano passado. Foram vendidos no primeiro bimestre de 2007, cerca de 25 milhões de reais em CDs e DVDs musicais, contra 49 milhões de reais no mesmo período de 2006.*" Isso porque, "*independentemente da qualidade técnica, sabidamente muito inferior no produto ilegal, e mesmo do eventual desejo do comprador de prestigiar o trabalho genuíno do artista nacional, o apelo do baixo preço acaba se tornando irresistível, notadamente para aquela faixa da população com poucos recursos, que não pode se dar ao luxo de escolher um produto mais caro quando exista no mercado oferta de outros equivalentes por menor custo*".

A desoneração das músicas não é, contudo, integral. A imunidade somente se aplica às obras musicais de *autores ou intérpretes brasileiros*, não tutelando a produção musical estrangeira. Essa restrição se arvora num dos princípios da "*Convenção sobre a Proteção e Promoção da Diversidade das Expressões Culturais*" da UNESCO, promulgada pelo Decreto nº 6.177/2007, nomeadamente no *princípio da soberania*, segundo o qual: "*... os Estados têm o direito soberano de adotar medidas e políticas para a proteção e promoção da diversidade das expressões culturais em seus respectivos territórios*".

A abrangência da imunidade é limitada, outrossim, pela ressalva constante na parte final do preceito, por força da qual a incidência de impostos é admitida na "*etapa de replicação industrial de mídias ópticas de leitura a laser*". Por "replicação", também denominada "prensagem", entende-se a fabricação dos discos a partir de uma matriz especial que contém os dados a serem reproduzidos. Logo, viável a incidência do IPI e do ICMS na saída de CDs, DVDs e Blu-Rays das fábricas que os produzem, observadas eventuais isenções, como as consagradas na Zona Franca de Manaus.

Essa exceção, que não constava no texto original da proposta de emenda constitucional, foi inserida durante a sua tramitação, mais precisamente no substitutivo apresentado pelo Deputado José Otávio Germano, relator da Comissão Especial. Isso decorreu do *lobby* da Zona Franca de Manaus, em cujo território as empresas já gozavam de isenção para produzir discos fonográficos. Os representantes da ZFM temiam que a extensão da desoneração para todo o território nacional levasse à evasão de indústrias de seu território. Daí a restrição, fundamentada nos seguintes termos pelo relator do substitutivo: "*a nova redação aperfeiçoa o texto original da PEC, ao resguardar a produção industrial de CDs e DVDs na Zona Franca de Manaus, com a manutenção da exclusividade do benefício fiscal na etapa de replicação.*". Dessa forma, limitou-se o âmbito da proposta original e aprovou-se a PEC da Música, com insignificante votação contrária da bancada política da ZFM.

Além dessas ressalvas, há uma terceira, de extrema importância. A exemplo das demais imunidades gerais elencadas no artigo 150, VI, da Constituição da República, como aquela outorgada aos livros, jornais e periódicos, a imunidade das músicas nacionais somente alcança os *impostos*, não se estendendo, segundo a remansosa jurisprudência do Supremo Tribunal Federal, às demais espécies tributárias. Destarte, viável a cobrança de contribuições, como a COFINS e o PIS/PASEP.

---

§ 1º A vedação do inciso III, *b*, não se aplica aos tributos previstos nos arts. 148, I, 153, I, II, IV e V; e 154, II; e a vedação do inciso III, *c*, não se aplica aos tributos previstos nos arts. 148, I, 153, I, II, III e V; e 154, II, nem à fixação da base de cálculo dos impostos previstos nos arts. 155, III, e 156, I. (Redação dada pela Emenda Constitucional nº 42, de 19.12.2003)

Redação original: § 1º A vedação do inciso III, "b", não se aplica aos impostos previstos nos arts. 153, I, II, IV e V, e 154, II.

Art. 150, § 1º: Exceções ao princípio da anterioridade tributária

1. Caráter pétreo da anterioridade e legitimidade das exceções constitucionais à sua aplicação

A anterioridade de exercício é uma norma constitucional pétrea, imune à revogação e até mesmo a exceções estabelecidas pelo poder constituinte derivado (ADI 939), *mas não é absoluta. Está sujeita às exceções consagradas pelo art. 150, § 1º, da Constituição da República, em sua redação original.*

Ao poder constituinte originário, e tão somente a este, é lícito instituir restrições ao seu alcance. O poder constituinte derivado está vinculado à configuração que o texto original da Lei Maior conferiu à anterioridade de exercício, enquanto uma garantia mínima de segurança jurídica. *É-lhe dado alargar o seu alcance e ulteriormente restringi-lo*, mas não conferir-lhe amplitude inferior à que a Constituição de 1988 lhe atribuiu.

Por isso, *não vislumbramos caráter de cláusula pétrea na alínea c do art. 150, III, da CF,* que foi incluída pela EC 42/03, estendendo o alcance da anterioridade nonagesimal aos tributos em geral. Como foi estabelecida por emenda constitucional, nada obsta que seja excepcionada ou abolida por emenda constitucional superveniente. Haveria, no caso, nítido retrocesso na concretização da garantia da segurança jurídica, mas não se verificaria vício de inconstitucionalidade.

Logo, *a anterioridade nonagesimal somente tem caráter de cláusula pétrea no que concerne às contribuições de seguridade social* (art. 195, § 6º, da CF), não quanto aos demais tributos (art. 150, III, *c*).

A jurisprudência do Supremo Tribunal Federal é harmônica com a nossa posição, como exposto nos comentários ao art. 150, III, *b* e *c*.

2. Exceções previstas no art. 150, § 1º, da CF

A EC 42/03 alterou a redação do art. 150, § 1º, da CF de modo a estatuir exceções à garantia da anterioridade nonagesimal, que incluiu no art. 150, III, *c*, da CF. Atualmente, *o dispositivo excepciona*:

a) *a aplicação da anterioridade de exercício* para os seguintes tributos:

i) Empréstimo Compulsório Emergencial, criado para atender despesas extraordinárias decorrentes de calamidade pública, guerra externa ou de sua iminência (art. 148, I);

ii) Imposto de Importação (art. 153, I);

iii) Imposto de Exportação (art. 153, II);

iv) Imposto sobre Produtos Industrializados (art. 153, IV);

v) Imposto sobre Operações Financeiras (art. 153, V); e

vi) Imposto Extraordinário (art. 154, II);

b) *a aplicação da anterioridade nonagesimal* para esses tributos, com apenas duas peculiaridades:

1ª) somente se aplica, para o IPI, a exceção à anterioridade de exercício (está sujeito à anterioridade nonagesimal) e, para o IR, a exceção à anterioridade nonagesimal (está sujeito à anterioridade de exercício); e

2ª) a fixação das bases de cálculo do IPVA e do IPTU não está sujeita à anterioridade nonagesimal, mas apenas à de exercício.

As hipóteses de aplicação da anterioridade de exercício e nonagesimal às diferentes espécies tributárias podem ser apresentadas desta forma:

	Anterioridade de exercício	**Anterioridade nonagesimal**
Tributos em geral	Aplicável	Aplicável
Imposto de Renda	Aplicável	*Inaplicável*
Base de cálculo do IPTU	Aplicável	*Inaplicável*
Base de cálculo do IPVA	Aplicável	*Inaplicável*
IPI	*Inaplicável*	Aplicável
Contribuições Securitárias	*Inaplicável*	Aplicável
Imposto de Importação	*Inaplicável*	*Inaplicável*
Imposto de Exportação	*Inaplicável*	*Inaplicável*
IOF	*Inaplicável*	*Inaplicável*
Impostos Extraordinários	*Inaplicável*	*Inaplicável*
EC Emergencial	*Inaplicável*	*Inaplicável*

É fácil recordar essas exceções, pois elas alcançam apenas tributos federais. *A todos os tributos estaduais, distritais e municipais são aplicáveis tanto a anterioridade de exercício quanto a nonagesimal,* ressalvando-se apenas a fixação da base de cálculo do IPVA e do IPTU do alcance da anterioridade nonagesimal.

Além disso, todas as exceções têm uma razão.

A Constituição da República somente afasta ambas as modalidades da anterioridade quando é inviável observá-las, pela urgência da modificação tributária.

O *empréstimo compulsório emergencial* somente pode ser instituído para "atender a despesas extraordinárias, decorrentes de calamidade pública, de guerra externa ou sua iminência" (art. 148, I, da CF) e, obviamente, não pode ter a sua incidência retardada pela observância da anterioridade. Já o empréstimo compulsório instituído para custear investimento público "de caráter urgente e de relevante interesse nacional" deve observar a anterioridade de exercício por imposição do próprio art. 148, II, da CF e, segundo pensamos, também a anterioridade nonagesimal.

A situação de urgência que justifica o afastamento da anterioridade no empréstimo compulsório emergencial também está presente no *Imposto Extraordinário,* que somente pode ser cobrado "na iminência ou no caso de guerra externa" (art. 154, II, da CF).

As exceções relativas ao *IOF*, ao *Imposto de Importação* e ao *Imposto de Exportação* devem-se ao *acentuado caráter extrafiscal* destes tributos, que constituem importantíssimos instrumentos à disposição da União para regular a economia, mediante a desoneração ou a majoração da carga tributária incidente sobre o comércio exterior e as operações financeiras.

Já as ressalvas atinentes à *base de cálculo do IPTU e do IPVA* objetivam propiciar que a revisão das estimativas (plantas genéricas de valor dos imóveis urbanos e tabelas de valor dos automóveis) efetuada no final do ano já possa ser considerada no exercício seguinte, o que seria obstaculizado caso se aplicasse a anterioridade nonagesimal. Desse modo, majorado, em dezembro de 2011, o preço médio do metro quadrado em determinada área do Município, o IPTU de 2012 já poderá ser lançado com base no novo valor, fixado pouco antes do começo do exercício.

Intenção similar está presente na ressalva estabelecida para o *Imposto de Renda.* Como o imposto usualmente é majorado no mês de dezembro, a anterioridade nonagesimal obstaria que a alteração passasse a surtir efeitos já no começo do exercício seguinte – e, obviamente, impediria a aplicação da lei gravosa para reger o próprio ano-base em que foi editada (prática chancelada pela Súmula 584 do STF, que ainda não foi formalmente revogada).[754]

No *IPI*, a ressalva é inversa. Excepciona-se a anterioridade de exercício, mas não a nonagesimal. Isso se explica pela função extrafiscal do tributo (de regular a economia), que seria sensivelmente prejudicada caso se impedisse a incidência de alterações gravosas no ano em que editadas. No entanto, a observância do interregno de noventa dias mostra-se possível.

Também às *contribuições de seguridade social* se aplica somente a anterioridade nonagesimal, não por possuírem relevante função extrafiscal, senão por razões históricas: no texto original da Constituição de 1988, a anterioridade nonagesimal aplicava-se somente a elas e, quando a EC 42/03 tornou regra geral a observância de ambas as modalidades, não lhes estendeu a anterioridade de exercício. Permaneceu a redação original do

---

[754] Conferir a análise da retroatividade imprópria, nos comentários ao art. 150, III, *a*, da CF.

art. 195, § 6º, que determina a aplicação exclusiva da anterioridade nonagesimal para as contribuições de seguridade social.

3. Exceções previstas em outros preceitos constitucionais

A EC 33/01 estabeleceu exceções ao princípio da anterioridade que se aplicam a tributos incidentes sobre operações com combustíveis e derivados.

Mais precisamente, os arts. 155, § 4º, IV, *c*, e 177, § 4º, I, *b*, da CF, incluídos por essa emenda constitucional, determinaram o *afastamento da anterioridade de exercício na redução e no restabelecimento das alíquotas do ICMS monofásico* sobre as operações envolvendo combustíveis e lubrificantes e *da CIDE-Combustíveis*.

Analisamos a legitimidade constitucional dessas exceções ao comentar os preceitos correlatos.

---

§ 2º A vedação do inciso VI, "a", é extensiva às autarquias e às fundações instituídas e mantidas pelo Poder Público, no que se refere ao patrimônio, à renda e aos serviços, vinculados a suas finalidades essenciais ou às delas decorrentes.

Art. 150, § 2º: Extensão da imunidade tributária recíproca às autarquias e às fundações públicas

1. Alcance geral

A imunidade das autarquias e das fundações públicas tem fundamento no art. 150, § 2º, da CF, que a restringe *ao patrimônio, à renda e aos serviços* "vinculados a suas finalidades essenciais ou às delas decorrentes". Essa restrição reforça aquelas estabelecidas no § 3º, que também são aplicáveis às autarquias e às fundações públicas, como expressamente previsto em seu texto.

O problema central da concretização dessa imunidade reside em determinar qual o sentido e o alcance de tal vinculação, o que se entende por "*finalidades essenciais*" e quais as finalidades decorrentes que estão sob o seu abrigo.

Para tanto, a via que se afigura mais simples e segura é a da *definição negativa*, haja vista que, determinando-se quando não há vinculação às finalidades essenciais ou às delas decorrentes, estará definido o alcance fundamental da imunidade.

Pois bem, *o patrimônio não estará vinculado a tais finalidades se não estiver afetado*, de forma alguma, *às atividades da instituição*: um *imóvel abandonado*, por exemplo, está sujeito à imposição tributária[755] e, inclusive, à progressividade do IPTU ou do ITR; e o *imóvel em posse de promitente comprador* tampouco está amparado pela imunidade, entendimento que foi sumulado pelo STF[756] e restou consagrado no art. 150, § 3º, da CF. *A contrario sensu*, o patrimônio é alcançado pela imunidade sempre que esteja afetado, direta ou indiretamente, às atividades da instituição.[757]

---

[755] STF, 2ª Turma, *RE 98.382*, rel. Min. Moreira Alves, 11.1982.

[756] Súmula 583 do STF: "Promitente comprador de imóvel residencial transcrito em nome de autarquia é contribuinte do imposto predial territorial urbano".

[757] De acordo com a jurisprudência do STF, o imóvel será imune sempre que seja ocupado pelas autarquias ou pelas fundações públicas, sendo irrelevante a natureza das atividades nele desempenhadas (STF, 2ª Turma, RE 203.839, rel. Min. Carlos Velloso, 12.1996).

As rendas não estarão vinculadas às finalidades essenciais ou às delas decorrentes se destinadas à atuação no domínio econômico, seja por dela decorrerem e nela serem reinvestidas, seja por resultarem de subsídios voltados a tal atuação. Todas as demais rendas, mesmo que decorrentes da atuação no domínio econômico, são alcançadas pela imunidade, vez que destinadas, imediata ou mediatamente, às finalidades precípuas das autarquias e das fundações.[758]

Os serviços, por sua vez, *não possuirão vinculação a tais finalidades se não consistirem em serviço público propriamente dito*, mas em exploração de atividade econômica, exegese que encontra assento na previsão expressa do art. 150, § 3º. Todos os serviços públicos *stricto sensu* são intributáveis.

- **Súmulas**

Súmula Vinculante 52: "Ainda quando alugado a terceiros, permanece imune ao IPTU o imóvel pertencente a qualquer das entidades referidas pelo art. 150, VI, "c", da Constituição Federal, desde que o valor dos aluguéis seja aplicado nas atividades para as quais tais entidades foram constituídas"

Trata-se do fruto da atribuição de efeito vinculante ao conteúdo do Verbete 724 da Súmula do STF.

Súmula 583 do STF: "Promitente comprador de imóvel residencial transcrito em nome de autarquia é contribuinte do imposto predial territorial urbano".

- **Precedente citado**

Terreno baldio. Inexistência de imunidade no regime da EC 1/69: IMUNIDADE FISCAL. AUTARQUIAS. A expressão "vinculados as suas necessidades ou delas decorrentes", a qual se encontra no parágrafo 1º do artigo 19 da Constituição Federal, alcança não só os "serviços", mas também o patrimônio e a renda das autarquias. - Assim, são devidos tributos municipais sobre terreno baldio de propriedade de autarquia. Recurso extraordinário conhecido e provido. (STF, 2ª Turma, **RE 98.382**, rel. Min. Moreira Alves, 11.1982)

2. Instituições vinculadas às autarquias e às fundações públicas

O art. 150, § 2º, da Constituição Federal estende a imunidade recíproca às "autarquias e às fundações instituídas e mantidas pelo Poder Público", mas *não às instituições a elas vinculadas*, notadamente quando se dedicam a atividades que lhes são alheias.

É o que ocorre, por exemplo, com as Caixas de Assistência dos Advogados, entidades que, apesar de serem vistas como órgãos da OAB, têm personalidade jurídica própria e não desempenham atividades típicas da autarquia, razão pela qual não estão sob o abrigo da imunidade tributária recíproca.[759]

- **Precedente citado**

Instituições vinculadas a autarquias e a fundações públicas. Inaplicabilidade da imunidade: CONSTITUCIONAL. TRIBUTÁRIO. IMUNIDADE RECÍPROCA. ART. 150, VI, A DA CONSTITUIÇÃO. CAIXA DE ASSISTÊNCIA DOS ADVOGADOS. INAPLICABILIDADE. 1. A Caixa de Assistência dos Advogados, instituída nos termos dos arts. 45, IV e 62 da Lei 8.906/1994, não desempenha as atividades inerentes à Ordem dos Advogados do Brasil (defesa da Constituição, da ordem jurídica do Estado democrático de direito, dos direitos humanos, da justiça social Também não lhe compete privativamente promover a representação, a defesa, a seleção e a disciplina dos advogados em toda a República Federativa do Brasil). Trata-se de entidade destinada a prover benefícios pecuniários e assistenciais a seus associados. 2. Por não se revelar instrumentalidade estatal, a Caixa de Assistência dos Advogados não é protegida pela imunidade tributária recíproca (art. 150, VI, *a*, da Constituição). 3. A circunstância de a Caixa de Assistência integrar a estrutura maior da OAB não implica na extensão da imunidade, dada a dissociação entre as atividades inerentes à atuação da OAB e as atividades providas

[758] Nesse sentido, o STF sumulou o seu entendimento no que diz respeito à imunidade do art. 150, VI, *c*, com base em fundamentos plenamente aplicáveis à imunidade do art. 150, § 2º: "Ainda quando alugado a terceiros, permanece imune ao IPTU o imóvel pertencente a qualquer das entidades referidas pelo art. 150, VI, "c", da Constituição Federal, desde que o valor dos aluguéis seja aplicado nas atividades para as quais tais entidades foram constituídas" (Súmula Vinculante 52).

[759] STF, 2ª Turma, *RE 233.843*, rel. Min. Joaquim Barbosa, 12.2009.

em benefício individual dos associados. Recurso extraordinário conhecido e ao qual se dá provimento. (STF, 2ª Turma, **RE 233.843**, rel. Min. Joaquim Barbosa, 12.2009).

3. Empresas públicas, sociedades de economia mista, concessionários e permissionários

Embora não haja previsão expressa nesse sentido, há de se considerar que *as empresas públicas e as sociedades de economia mista também são tuteladas pela imunidade, sempre que prestem serviços públicos*, pois são "a *longa manus* das pessoas políticas que, por meio de lei, as criam e lhes apontam os objetivos públicos a alcançar".[760]

Essa é a jurisprudência atual do Supremo Tribunal Federal.

Há longa data, o STF firmou o seu entendimento no sentido de que a imunidade tributária recíproca não alcança as entidades da administração indireta.[761] Atualmente, contudo, aplica-o apenas às entidades que desempenham atividade econômica em sentido estrito,[762] reconhecendo a imunidade das empresas públicas e das sociedades de economia mista que prestam serviço público.[763] É o caso da ECT, empresa pública que presta o serviço postal, monopólio da União (art. 21, X, da CRFB), sendo imune frente à incidência de impostos sobre a propriedade (IPTU[764] e IPVA[765]), o transporte intermunicipal ou interestadual de encomendas (ICMS)[766] e a prestação de serviços (ISS),[767] ainda que tais fatos não estejam estritamente vinculados ao serviço postal.

É elucidativa esta passagem do voto proferido pelo Ministro Carlos Velloso no RE 407.099:

> Visualizada a questão do modo acima – fazendo-se a distinção entre empresa pública como instrumento da capacitação do Estado na economia e empresa pública prestadora de serviço público – não tenho dúvida em afirmar que a ECT está abrangida pela imunidade tributária recíproca (CF, art. 150, VI, *a*), ainda mais se considerarmos que presta ela serviço público de prestação obrigatória e exclusiva do Estado.[768]

O Supremo Tribunal Federal reconhece a imunidade até mesmo a *sociedades de economia mista que prestam serviços de relevância pública*, como os de saúde, desde que o ente público seja o controlador majoritário do capital da sociedade e a atuação desta corresponda à própria atuação do Estado na prestação de serviços à população.[769]

Os *concessionários e permissionários* de serviços públicos, por sua vez, *estão excluídos* do alcance da imunidade.[770] Não integram a estrutura da Administração Direta ou Indireta e, além disso, prestam serviços em que há contraprestação sob a forma de tarifas

[760] CARRAZZA. *Curso de Direito Constitucional Tributário.* 18ª ed. p. 641. Prossegue: "A circunstância de serem revestidas da natureza de *empresa pública* ou *sociedade de economia mista* não lhes retira a condição de *pessoas administrativas*, que agem em nome do Estado, para a consecução do bem comum" (ibidem, p. 641-642).

[761] Súmula 76 do STF: "As sociedades de economia mista não estão protegidas pela imunidade fiscal do art. 31, V, *a*, Constituição Federal".

[762] STF, Pleno, *ACO 503*, rel. Min. Moreira Alves, 10.2001.

[763] STF, Pleno, *RE 363.412 AgR*, rel. Min. Celso de Mello, 8.2007. No mesmo sentido, cfr. STF, Pleno, *ACO 765*, rel. p/ ac. Min. Menezes Direito, 5.2009.

[764] STF, Pleno, *RE 773.992*, rel. Min. Dias Toffoli, 10.2014 - Tema nº 644 da repercussão geral.

[765] STF, Pleno, *ACO 879*, rel. p/ Acórdão Min. Roberto Barroso, 11.2014.

[766] STF, Pleno, *RE 627.051*, rel. Min. Dias Toffoli, 11.2014 - Tema nº 402 da Repercussão Geral.

[767] STF, Pleno, RE 601.392, relator p/ Acórdão Min. Gilmar Mendes, 2.2013 – Tema nº 235 da Repercussão Geral.

[768] STF, 2ª Turma, RE 407.099, rel. Min. Carlos Velloso, 6.2004.

[769] STF, Pleno, *RE 580.264*, rel. p/ ac. Min. Ayres Britto, 12.2010.

[770] STF, 1ª Turma, *AC 457 MC*, rel. Min. Carlos Britto, 10.2004.

(art. 175, parágrafo único, III, da CF), enquadrando-se, assim, na ressalva posta pelo § 3º do art. 150 da CF.

O mesmo se diga daqueles que desempenham *atividades públicas delegadas*, em regime privado e com intenção de lucro, como os serviços de registros públicos, cartorários e notariais.[771]

• Súmulas

Súmula 76 do STF: "As sociedades de economia mista não estão protegidas pela imunidade fiscal do art. 31, V, "a", Constituição Federal".

Superada em parte, quanto às sociedades que prestam serviços públicos.

• Precedentes citados

Concessionários de serviço público. Exclusão da imunidade. Irrelevância da repercussão econômica do tributo em ente imune: [...] As decisões anteriores foram desfavoráveis ao requerente, o que transmuda o seu pedido em tutela antecipada em recurso extraordinário, cujo deferimento está condicionado à verossimilhança das alegações contidas no apelo extremo. Condição inexistente no caso, visto que, de acordo com o acórdão recorrido, o fornecedor da iluminação pública não é o Município, mas a Cia. Força e Luz Cataguases, que paga o ICMS à Fazenda Estadual e o inclui no preço do serviço disponibilizado ao usuário. A imunidade tributária, no entanto, pressupõe a instituição de imposto incidente sobre serviço, patrimônio ou renda do próprio Município. Ademais, de acordo com o art. 155, § 3º, da Magna Carta, o ICMS é o único imposto que poderá incidir sobre operações relativas a energia elétrica. Medida cautelar indeferida. (STF, 1ª Turma, **AC 457 MC**, rel. Min. Carlos Britto, 10.2004)

Entidade da administração indireta que desempenha atividades econômicas. BRDE. Inaplicabilidade da imunidade: Ação Cível originária. Imunidade fiscal com base no disposto no artigo 150, VI, "a", e seu parágrafo 2º. Natureza jurídica do Banco Regional de Desenvolvimento do Extremo Sul – BRDE. [...] No mérito, esta Corte já firmou o entendimento (assim, no RE 120932 e na ADI 175) de que o Banco-autor não tem a natureza jurídica de autarquia, mas é, sim, empresa com personalidade jurídica de direito privado. Conseqüentemente, não goza ele da imunidade tributária prevista no artigo 150, VI, "a", e seu parágrafo 2º, da atual Constituição, não fazendo jus, portanto, à pretendida declaração de inexistência de relação jurídico-tributária resultante dessa imunidade. Ação que se julga improcedente. (STF, Pleno, **ACO 503**, rel. Min. Moreira Alves, 10.2001)

Empresa pública prestadora de serviço público. ECT. Imunidade frente ao IPVA: TRIBUTÁRIO. IMUNIDADE RECÍPROCA DA EMPRESA BRASILEIRA DE CORREIOS E TELÉGRAFOS. IPVA. 1. A jurisprudência do Supremo Tribunal Federal orienta-se no sentido de que a imunidade recíproca deve ser reconhecida em favor da Empresa Brasileira de Correios e Telégrafos, ainda que o patrimônio, renda ou serviço desempenhado pela Entidade não esteja necessariamente relacionado ao privilégio postal. 2. Especificamente com relação ao IPVA, cumpre reafirmar o quanto assentado na ACO nº 789/PI, Redator para o acórdão o Ministro Dias Toffoli, ocasião na qual foi confirmada a outorga da imunidade recíproca para o fim de afastar a incidência sobre os veículos de propriedade da requerente. 3. Ação Cível Originária julgada procedente. (STF, Pleno, **ACO 879**, rel. p/ Acórdão Min. Roberto Barroso, 11.2014)

Empresa pública prestadora de serviço público. ECT. Imunidade frente ao ICMS: Recurso extraordinário com repercussão geral. Imunidade recíproca. Empresa Brasileira de Correios e Telégrafos. Peculiaridades do Serviço Postal. Exercício de atividades em regime de exclusividade e em concorrência com particulares. Irrelevância. ICMS. Transporte de encomendas. Indissociabilidade do serviço postal. Incidência da Imunidade do art. 150, VI, a da Constituição. Condição de sujeito passivo de obrigação acessória. Legalidade. 1. Distinção, para fins de tratamento normativo, entre empresas públicas prestadoras de serviço público e empresas públicas exploradoras de atividade econômica. 2. As conclusões da ADPF 46 foram no sentido de se reconhecer a natureza pública dos serviços postais, destacando-se que tais serviços são exercidos em regime de exclusividade pela ECT. 3. Nos autos do RE nº 601.392/PR, Relator para o acórdão o Ministro Gilmar Mendes , ficou assentado que a imunidade recíproca prevista no art. 150, VI, a, CF, deve ser reconhecida à ECT, mesmo quando relacionada às atividades em que a empresa não age em regime de monopólio. 4. O transporte de encomendas está inserido no rol das atividades desempenhadas pela ECT, que deve cumprir o encargo de alcançar todos os lugares do Brasil, não importa o quão pequenos ou subdesenvolvidos. 5. Não há comprometimento do status de empresa pública prestadora de serviços essenciais por conta do exercício da atividade de transporte de encomendas, de modo que essa atividade constitui conditio sine qua non para a viabilidade de um serviço postal contínuo, universal e de preços módicos. 6. A imunidade tributária não autoriza a exoneração de cumprimento das obrigações acessórias. A condição de sujeito passivo de obrigação acessória dependerá única e exclusivamente de previsão na legislação tributária. 7. Recurso extraordinário do qual se conhece e ao qual se dá provimento, reconhecendo a imunidade da ECT relativamente ao ICMS que seria devido no transporte de encomendas. (STF, Pleno, **RE 627.051**, rel. Min. Dias Toffoli, 11.2014 – Tema nº 402 da Repercussão Geral: "Imunidade tributária recíproca quanto à incidência de ICMS sobre o transporte de encomendas pela Empresa Brasileira de Correios e Telégrafos – ECT)

---

[771] STF, Pleno, *ADI 3.089*, rel. p/ ac. Min. Joaquim Barbosa, 2.2008.

Empresa pública prestadora de serviço público. ECT. Imunidade frente ao IPTU: "Recurso extraordinário. Repercussão geral reconhecida. Tributário. IPTU. Empresa Brasileira de Correios e Telégrafos (ECT). Imunidade recíproca (art. 150, VI, a, da CF). 1. Perfilhando a cisão estabelecida entre prestadoras de serviço público e exploradoras de atividade econômica, a Corte sempre concebeu a Empresa Brasileira de Correios e Telégrafos como uma empresa prestadora de serviços públicos de prestação obrigatória e exclusiva do Estado. 2. A imunidade recíproca prevista no art. 150, VI, a, da Constituição, alcança o IPTU que incidiria sobre os imóveis de propriedade da ECT e por ela utilizados. 3. Não se pode estabelecer, a priori, nenhuma distinção entre os imóveis afetados ao serviço postal e aqueles afetados à atividade econômica. 4. Na dúvida suscitada pela apreciação de um caso concreto, acerca, por exemplo, de quais imóveis estariam afetados ao serviço público e quais não, não se pode sacrificar a imunidade tributária do patrimônio da empresa pública, sob pena de se frustrar a integração nacional. 5. As presunções sobre o enquadramento originariamente conferido devem militar a favor do contribuinte. Caso já lhe tenha sido deferido o status de imune, o afastamento dessa imunidade só pode ocorrer mediante a constituição de prova em contrário produzida pela Administração Tributária. 6. Recurso extraordinário a que se nega provimento." (STF, Pleno, **RE 773.992**, rel. Min. Dias Toffoli, 10/2014)

Trata-se do Tema nº 644 da repercussão geral: "Imunidade tributária recíproca quanto ao Imposto sobre Propriedade Territorial Urbana – IPTU incidente sobre imóveis de propriedade da Empresa Brasileira de Correios e Telégrafos – ECT".

Empresa pública que desempenha serviço sujeito a monopólio estatal. Infraero. Imunidade: [...] A INFRAERO, que é empresa pública, executa, como atividade-fim, em regime de monopólio, serviços de infra-estrutura aeroportuária constitucionalmente outorgados à União Federal, qualificando-se, em razão de sua específica destinação institucional, como entidade delegatária dos serviços públicos a que se refere o art. 21, inciso XII, alínea "c", da Lei Fundamental, o que exclui essa empresa governamental, em matéria de impostos, por efeito da imunidade tributária recíproca (CF, art. 150, VI, "a"), do poder de tributar dos entes políticos em geral. Conseqüente inexigibilidade, por parte do Município tributante, do ISS referente às atividades executadas pela INFRAERO na prestação dos serviços públicos de infra-estrutura aeroportuária e daquelas necessárias à realização dessa atividade-fim. O ALTO SIGNIFICADO POLÍTICO-JURÍDICO DA IMUNIDADE TRIBUTÁRIA RECÍPROCA, QUE REPRESENTA VERDADEIRA GARANTIA INSTITUCIONAL DE PRESERVAÇÃO DO SISTEMA FEDERATIVO. DOUTRINA. PRECEDENTES DO STF. INAPLICABILIDADE, À INFRAERO, DA REGRA INSCRITA NO ART. 150, § 3º, DA CONSTITUIÇÃO. – A submissão ao regime jurídico das empresas do setor privado, inclusive quanto aos direitos e obrigações tributárias, somente se justifica, como consectário natural do postulado da livre concorrência (CF, art. 170, IV), se e quando as empresas governamentais explorarem atividade econômica em sentido estrito, não se aplicando, por isso mesmo, a disciplina prevista no art. 173, § 1º, da Constituição, às empresas públicas (caso da INFRAERO), às sociedades de economia mista e às suas subsidiárias que se qualifiquem como delegatárias de serviços públicos. (STF, Pleno, **RE 363.412 AgR**, rel. Min. Celso de Mello, 8.2007)

Reafirmando esse entendimento em sede de repercussão geral, conferir: RECURSO. Extraordinário. Imunidade tributária recíproca. Extensão. Empresas públicas prestadoras de serviços públicos. Repercussão geral reconhecida. Precedentes. Reafirmação da jurisprudência. Recurso improvido. É compatível com a Constituição a extensão de imunidade tributária recíproca à Empresa Brasileira de Infraestrututa Aeroportuária – INFRAERO, na qualidade de empresa pública prestadora de serviço público. (STF, Plenário Virtual, ARE 638.315 RG, rel. Min. Presidente – Cezar Peluso –, 6.2011).

Serviços públicos delegados ou concedidos e exercidos por particulares. Serviços cartorários e notariais. Inexistência de imunidade frente ao ISS: [...] Ação Direta de Inconstitucionalidade ajuizada contra os itens 21 e 21.1 da Lista Anexa à Lei Complementar 116/2003, que permitem a tributação dos serviços de registros públicos, cartorários e notariais pelo Imposto sobre Serviços de Qualquer Natureza – ISSQN. Alegada violação dos arts. 145, II, 156, III, e 236, *caput*, da Constituição, porquanto a matriz constitucional do Imposto sobre Serviços de Qualquer Natureza permitiria a incidência do tributo tão-somente sobre a prestação de serviços de índole privada. Ademais, a tributação da prestação dos serviços notariais também ofenderia o art. 150, VI, a e §§ 2º e 3º da Constituição, na medida em que tais serviços públicos são imunes à tributação recíproca pelos entes federados. As pessoas que exercem atividade notarial não são imunes à tributação, porquanto a circunstância de desenvolverem os respectivos serviços com intuito lucrativo invoca a exceção prevista no art. 150, § 3º da Constituição. O recebimento de remuneração pela prestação dos serviços confirma, ainda, capacidade contributiva. A imunidade recíproca é uma garantia ou prerrogativa imediata de entidades políticas federativas, e não de particulares que executem, com inequívoco intuito lucrativo, serviços públicos mediante concessão ou delegação, devidamente remunerados. Não há diferenciação que justifique a tributação dos serviços públicos concedidos e a não-tributação das atividades delegadas. Ação Direta de Inconstitucionalidade conhecida, mas julgada improcedente. (STF, Pleno, **ADI 3.089**, rel. p/ ac. Min. Joaquim Barbosa, 2.2008)

Sociedade de economia mista, de capital majoritariamente público, que presta serviços de relevância pública na área da saúde. Imunidade: CONSTITUCIONAL. TRIBUTÁRIO. RECURSO EXTRAORDINÁRIO. REPERCUSSÃO GERAL. IMUNIDADE TRIBUTÁRIA RECÍPROCA. SOCIEDADE DE ECONOMIA MISTA. SERVIÇOS DE SAÚDE. 1. A saúde é direito fundamental de todos e dever do Estado (arts. 6º e 196 da Constituição Federal). Dever que é cumprido por meio de ações e serviços que, em face de sua prestação pelo Estado mesmo, se definem como de natureza pública (art. 197 da Lei das leis). 2 . A prestação de ações e serviços de saúde por sociedades de economia mista corresponde à própria atuação do Estado, desde que a empresa estatal não tenha por finalidade a obtenção de lucro. 3. As sociedades de economia mista prestadoras de ações e serviços de saúde, cujo capital social seja majoritariamente estatal, gozam da imunidade tributária prevista na alínea "a" do inciso VI do art. 150 da Constituição Federal. 3. Recurso extraordinário a que se dá provimento, com repercussão geral. (STF, Pleno, **RE 580.264**, rel. p/ ac. Min. Ayres Britto, 12.2010)

O caso enfrentado nesse recurso era peculiar, na medida em que 99,99% das ações da empresa pertenciam ao Poder Público e, além disso, a instituição hospitalar atendia exclusivamente pelo Sistema Único de Saúde.

---

§ 3º As vedações do inciso VI, "a", e do parágrafo anterior não se aplicam ao patrimônio, à renda e aos serviços, relacionados com exploração de atividades econômicas regidas pelas normas aplicáveis a empreendimentos privados, ou em que haja contraprestação ou pagamento de preços ou tarifas pelo usuário, nem exonera o promitente comprador da obrigação de pagar imposto relativamente ao bem imóvel.

Art. 150, § 3º: Exceções à imunidade tributária recíproca

A imunidade tributária recíproca tutela o patrimônio, a renda e os serviços das pessoas constitucionais, das autarquias, das fundações públicas, das empresas públicas e das sociedades de economia mista que prestam serviços públicos, como assinalado no item anterior.

Alcança até mesmo os imóveis dos entes imunes que componham, em caráter precário, o acervo patrimonial de outras entidades.[772]

Excetuam-se apenas:

a) as materialidades relacionadas com a *exploração de atividades econômicas* sujeitas ao regime jurídico de Direito Privado;

b) os *serviços remunerados mediante tarifas*;

c) os *bens imóveis objeto de contrato de promessa de compra e venda*, quando já não estejam na posse do ente imune.

A *primeira exceção* concilia-se com o art. 173, § 2º, da CF, que obsta a concessão de privilégios fiscais às empresas públicas e às sociedades de economia mista que explorem atividade econômica. Visa a garantir a livre concorrência e a liberdade de iniciativa, que seriam severamente afetadas pela concessão de privilégios tributários a entes públicos que atuam no domínio econômico.[773]

Há empresas estatais que desempenham *atividades mistas*, sujeitas a regime jurídico de Direito Público e Privado. É o caso da ECT, que presta o serviço postal (monopólio da União), mas também entrega mercadorias, concorrendo diretamente com empresas privadas. Em princípio, dever-se-ia reconhecer a aplicação da imunidade, mas restringi-la ao patrimônio, à renda e aos serviços diretamente relacionados às atividades desempenhadas em regime de Direito Público, sem interferir com as garantias da livre concorrência e da livre iniciativa. Porém, a segmentação é complexa – e muitas vezes sequer é viável. Daí o entendimento do Supremo Tribunal Federal, aplicado à ECT, de que a imunidade deve ser plena, salvo demonstração da inexistência de afetação à atividade prestada em regime de Direito Público, *in verbis:*

---

[772] STF, 1ª Turma, *RE 253.394*, rel. Min. Ilmar Galvão, 11.2002.

[773] Essa finalidade é ressaltada pelo STF, que registra não poder a imunidade tributária recíproca ter "como efeito colateral relevante a quebra dos princípios da livre-concorrência e do exercício de atividade profissional ou econômica lícita. Em princípio, o sucesso ou a desventura empresarial devem pautar-se por virtudes e vícios próprios do mercado e da administração, sem que a intervenção do Estado seja favor (sic) preponderante." (STF, Pleno, *RE 253.472*, rel. p/ ac. Min. Joaquim Barbosa, 8.2010, trecho da ementa).

Exercício simultâneo de atividades em regime de exclusividade e em concorrência com a iniciativa privada. Irrelevância. Existência de peculiaridades no serviço postal. Incidência da imunidade prevista no art. 150, VI, "a", da Constituição Federal.[774]

A imunidade recíproca prevista no art. 150, VI, a, da Constituição, alcança o IPTU que incidiria sobre os imóveis de propriedade da ECT e por ela utilizados. 3. Não se pode estabelecer, a priori, nenhuma distinção entre os imóveis afetados ao serviço postal e aqueles afetados à atividade econômica. 4. Na dúvida suscitada pela apreciação de um caso concreto, acerca, por exemplo, de quais imóveis estariam afetados ao serviço público e quais não, não se pode sacrificar a imunidade tributária do patrimônio da empresa pública, sob pena de se frustrar a integração nacional. 5. As presunções sobre o enquadramento originariamente conferido devem militar a favor do contribuinte. Caso já lhe tenha sido deferido o status de imune, o afastamento dessa imunidade só pode ocorrer mediante a constituição de prova em contrário produzida pela Administração Tributária.[775]

Quanto às *aplicações financeiras* dos entes imunes, afigura-se impertinente a exceção do § 3º, visto que a aplicação de ativos das pessoas políticas não se confunde com a exploração de atividades econômicas. Aplica-se, por conseguinte, a imunidade ao IOF e ao IRRF.[776]

A *segunda exceção* está ligada à primeira, porquanto certos serviços prestados sob o regime jurídico de Direito Privado são remunerados mediante tarifas. Destarte, caso o Poder Público opte pela cobrança de tarifas, deixará de estar ao abrigo da imunidade tributária recíproca.[777]

A *terceira exceção* espelha, com certo alargamento, a jurisprudência que se havia firmado no STF sob a égide da Constituição pretérita, no sentido de que o promitente comprador de bem imóvel transcrito em nome de autarquia não é tutelado pela imunidade.[778]

No que diz respeito às autarquias e às fundações, seria até mesmo prescindível tal exceção, visto que o imóvel não estaria abrangido pela imunidade por não estar vinculado às suas finalidades próprias.

- **Súmulas**

Súmula 74 do STF: "O imóvel transcrito em nome de autarquia, embora objeto de promessa de venda a particulares, continua imune de impostos locais".

Conferir a Súmula 583, que evidencia a inaplicabilidade da Súmula 74 à hipótese em que o imóvel não permanece na posse da autarquia após a celebração da promessa de compra e venda.

Súmula 75 do STF: "Sendo vendedora uma autarquia, a sua imunidade fiscal não compreende o imposto de transmissão `inter vivos´, que é encargo do comprador".

Súmula 583 do STF: "Promitente comprador de imóvel residencial transcrito em nome de autarquia é contribuinte do imposto predial territorial urbano".

- **Precedentes citados**

Imunidade frente ao IR: CONSTITUCIONAL. TRIBUTÁRIO. IMPOSTO DE RENDA. IMUNIDADE TRIBUTÁRIA. C.F., art. 150, VI, *a, b, c* e *d.* Lei 9.532/97, art. 28. I. – Inconstitucionalidade da expressão "inclusive pessoa jurídica imune", inscrita no artigo 28 da Lei 9.532/97. C.F., art. 150, VI, *a, b, c* e *d.* II. – ADI julgada procedente. (STF, Pleno, **ADI 1.758**, rel. Min. Carlos Velloso, 11.2004)

---

[774] STF, Pleno, RE 601.392, rel. p/ Acórdão Min. Gilmar Mendes, 02.2013 (excerto da ementa).

[775] STF, Pleno, RE 773.992, rel. Min. Dias Toffoli, 10.2014 (trecho da ementa).

[776] Cfr. STF, Pleno, *ADI 1.758*, rel. Min. Carlos Velloso, 11.2004 [IRRF]; 1ª Turma, *RE 213.059*, rel. Min. Ilmar Galvão, 12.1997; 2ª Turma, *AI 175.133 AgR*, rel. Min. Marco Aurélio, 3.1996 [IOF].

[777] Ao proferir o seu voto no RE 407.099, o Ministro Carlos Velloso externou entendimento diverso, considerando que a ressalva do art. 150, § 3º, da CF somente se aplica à exploração de atividade econômica (STF, 2ª Turma, rel. Min. Carlos Velloso, 6.2004). Nesse julgado, o STF reconheceu a imunidade de serviços postais remunerados mediante tarifa. Conferir os comentários ao art. 150, § 2º, da CF, na parte atinente à imunidade das empresas públicas.

[778] Súmula 583 do STF: "Promitente comprador de imóvel residencial transcrito em nome de autarquia é contribuinte do imposto predial territorial urbano". Essa súmula veio de encontro ao entendimento firmado em súmula anterior: "O imóvel transcrito em nome de autarquia, embora objeto de promessa de venda a particulares, continua imune de impostos locais" (Súmula 74 do STF). Quanto ao ITBI incidente na alienação de imóvel por autarquia, o STF entende que: "Sendo vendedora uma autarquia, a sua imunidade fiscal não compreende o imposto de transmissão *inter vivos*, que é encargo do comprador" (Súmula 75).

Imunidade frente ao IOF: IMPOSTO – IMUNIDADE RECIPROCA – Imposto sobre Operações Financeiras. A norma da alínea "a" do inciso VI do artigo 150 da Constituição Federal obstaculiza a incidência recíproca de impostos, considerada a União, os Estados, o Distrito Federal e os Municípios. Descabe introduzir no preceito, a merce de interpretação, exceção não contemplada, distinguindo os ganhos resultantes de operações financeiras. (STF, 2ª Turma, **AI 175.133 AgR**, rel. Min. Marco Aurélio, 3.1996)

Idem: TRIBUTÁRIO. IOF. APLICAÇÃO DE RECURSOS DA PREFEITURA MUNICIPAL NO MERCADO FINANCEIRO. IMUNIDADE DO ART. 150, VI, A, DA CONSTITUIÇÃO. À ausência de norma vedando as operações financeiras da espécie, é de reconhecer-se estarem elas protegidas pela imunidade do dispositivo constitucional indicado, posto tratar-se, no caso, de rendas produzidas por bens patrimoniais do ente público. Recurso não conhecido. (STF, 1ª Turma, **RE 213.059**, rel. Min. Ilmar Galvão, 12.1997)

Imóveis de entes imunes que compõem, em caráter precário, o acervo patrimonial de empresas delegatárias. Aplicabilidade da imunidade: TRIBUTÁRIO. IPTU. IMÓVEIS QUE COMPÕEM O ACERVO PATRIMONIAL DO PORTO DE SANTOS, INTEGRANTES DO DOMÍNIO DA UNIÃO. Impossibilidade de tributação pela Municipalidade, independentemente de encontrarem-se tais bens ocupados pela empresa delegatária dos serviços portuários, em face da imunidade prevista no art. 150, VI, a, da Constituição Federal. Dispositivo, todavia, restrito aos impostos, não se estendendo às taxas. Recurso parcialmente provido. (STF, 1ª Turma, **RE 253.394**, rel. Min. Ilmar Galvão, 11.2002)

O voto do relator esclarece as peculiaridades do caso: "No presente caso, é incontroverso que os imóveis tributados são do domínio público da União, encontrando-se ocupados pela recorrente em caráter precário, na qualidade de delegatária dos serviços de exploração do porto e tão-somente enquanto durar a delegação [...] Neste caso, tratando-se de bem público de uso especial, é fora de dúvida que se acha acobertado pela imunidade constitucional, sendo insuscetível de tributação pelo IPTU".

Sociedade de economia mista controlada pelo Poder Público que explora atividades econômicas. Controle acionário de 99,97%. Aplicabilidade da imunidade: TRIBUTÁRIO. IMUNIDADE RECÍPROCA. SOCIEDADE DE ECONOMIA MISTA CONTROLADA POR ENTE FEDERADO. CONDIÇÕES PARA APLICABILIDADE DA PROTEÇÃO CONSTITUCIONAL. ADMINISTRAÇÃO PORTUÁRIA. COMPANHIA DOCAS DO ESTADO DE SÃO PAULO (CODESP). INSTRUMENTALIDADE ESTATAL. ARTS. 21, XII, f, 22, X, e 150, VI, a DA CONSTITUIÇÃO. DECRETO FEDERAL 85.309/1980. 1. IMUNIDADE RECÍPROCA. CARACTERIZAÇÃO. Segundo teste proposto pelo ministro-relator, a aplicabilidade da imunidade tributária recíproca (art. 150, VI, a da Constituição) deve passar por três estágios, sem prejuízo do atendimento de outras normas constitucionais e legais: 1.1. A imunidade tributária recíproca se aplica à propriedade, bens e serviços utilizados na satisfação dos objetivos institucionais imanentes do ente federado, cuja tributação poderia colocar em risco a respectiva autonomia política. Em conseqüência, é incorreto ler a cláusula de imunização de modo a reduzi-la a mero instrumento destinado a dar ao ente federado condições de contratar em circunstâncias mais vantajosas, independentemente do contexto. 1.2. Atividades de exploração econômica, destinadas primordialmente a aumentar o patrimônio do Estado ou de particulares, devem ser submetidas à tributação, por apresentarem-se como manifestações de riqueza e deixarem a salvo a autonomia política. 1.3. A desoneração não deve ter como efeito colateral relevante a quebra dos princípios da livre-concorrência e do exercício de atividade profissional ou econômica lícita. Em princípio, o sucesso ou a desventura empresarial devem pautar-se por virtudes e vícios próprios do mercado e da administração, sem que a intervenção do Estado seja favor preponderante. 2. SOCIEDADE DE ECONOMIA MISTA. EXPLORAÇÃO DE SERVIÇOS DE ADMINISTRAÇÃO PORTUÁRIA. CONTROLE ACIONÁRIO MAJORITÁRIO DA UNIÃO. AUSÊNCIA DE INTUITO LUCRATIVO. FALTA DE RISCO AO EQUILÍBRIO CONCORRENCIAL E À LIVRE-INICIATIVA. Segundo se depreende dos autos, a Codesp é instrumentalidade estatal, pois: 2.1. Em uma série de precedentes, esta Corte reconheceu que a exploração dos portos marítimos, fluviais e lacustres caracteriza-se como serviço público. 2.2. O controle acionário da Codesp pertence em sua quase totalidade à União (99,97%). Falta da indicação de que a atividade da pessoa jurídica satisfaça primordialmente interesse de acúmulo patrimonial público ou privado. 2.3. Não há indicação de risco de quebra do equilíbrio concorrencial ou de livre-iniciativa, eis que ausente comprovação de que a Codesp concorra com outras entidades no campo de sua atuação. 3. Ressalva do ministro-relator, no sentido de que "cabe à autoridade fiscal indicar com precisão se a destinação concreta dada ao imóvel atende ao interesse público primário ou à geração de receita de interesse particular ou privado". Recurso conhecido parcialmente e ao qual se dá parcial provimento. (STF, Pleno, **RE 253.472**, rel. p/ ac. Min. Joaquim Barbosa, 8.2010)

• Questões específicas

Exploração de atividade agroindustrial por autarquia federal (INCRA). Aplicabilidade da imunidade: Incra. Imunidade tributária. Exploração de unidade agroindustrial. Ausência de configuração de atividade econômica capaz de impor o regime tributário próprio das empresas privadas. 1. A atividade exercida pelo Incra, autarquia federal, não se enquadra entre aquelas sujeitas ao regime tributário próprio das empresas privadas, considerando que a eventual exploração de unidade agroindustrial, desapropriada, em área de conflito social, está no âmbito de sua destinação social em setor relevante para a vida nacional. 2. A imunidade tributária só deixa de operar quando a natureza jurídica da entidade estatal é de exploração de atividade econômica. 3. Recurso extraordinário conhecido e provido. (STF, 1ª Turma, **RE 242.827**, rel. Min. Menezes Direito, 9.2008)

O caso dizia respeito ao ICMS cobrado sobre a comercialização da produção de unidade agroindustrial.

§ 4º As vedações expressas no inciso VI, alíneas "b" e "c", compreendem somente o patrimônio, a renda e os serviços, relacionados com as finalidades essenciais das entidades nelas mencionadas.

Art. 150, § 4º: Alcance objetivo das imunidades das alíneas *b* e *c*

O § 4º do art. 150 especifica o alcance das imunidades das alíneas *b* e *c* do seu inciso VI, conferidas aos templos religiosos, aos partidos políticos, às suas fundações, às entidades sindicais dos trabalhadores e às instituições de assistência social, mesmo que educacionais.

Limita-as ao patrimônio, à renda e aos serviços relacionados com as suas "finalidades essenciais", tal como ocorre com a imunidade conferida pelo § 2º às autarquias e às fundações públicas. Porém, sua limitação vai mais longe, pois não emprega a expressão "delas decorrentes" constante no § 2º, deixando ao desamparo da imunidade o patrimônio, a renda e os serviços vinculados às finalidades decorrentes de suas finalidades essenciais.

Por finalidades essenciais, compreendem-se aquelas ínsitas às entidades imunes, que justificaram a sua instituição. Entende-se que a *vinculação às finalidades essenciais deve ser presumida*, cabendo o ônus probatório ao Fisco.[779]

O patrimônio abrange todos os bens do ente imune, pois estes integram aquele. Permitir-se a tributação dos bens integrantes do patrimônio, como já se pretendeu, importaria no total esvaziamento da imunidade em foco, porquanto tal tributação caracterizaria uma nítida constrição do próprio patrimônio: por meio de múltiplas incidências sobre os bens individualmente considerados, acabar-se-ia por tributar a universalidade (o patrimônio) albergada diretamente pela imunidade.

Os bens integrantes do patrimônio estão, pois, salvaguardados da tributação,[780] inclusive por intermédio do IOF que, caso incidisse sobre as operações com ativos financeiros, acabaria por onerar o patrimônio dos entes imunes.[781]

Demais disso, segundo a jurisprudência do STF, *a imunidade alcança os imóveis de entidades imunes*:

– *alugados a terceiros*, desde que a renda dos aluguéis seja aplicada em suas finalidades institucionais, estendendo-se a imunidade tanto ao IPTU[782] quanto ao ITBI relativo à compra do imóvel locado;[783]

– *utilizados como escritório e residência de seus membros*, desde que não sejam utilizados para atividades econômicas próprias;[784]

– *explorados economicamente*, sempre que as rendas auferidas sejam destinadas às suas atividades institucionais;[785]

---

779 STF, 1ª Turma, RE 470.520, rel. Min. Dias Toffoli, 9.2013.

780 STF, 2ª Turma, *RE 203.755*, rel. Min. Carlos Velloso, 9.1996.

781 STF, 1ª Turma, *RE 249.980 AgR*, rel. Min. Ilmar Galvão, 4.2002.

782 Súmula 724 do STF: "Ainda quando alugado a terceiros, permanece imune ao IPTU o imóvel pertencente a qualquer das entidades referidas pelo art. 150, VI, *c*, da Constituição, desde que o valor dos aluguéis seja aplicado nas atividades essenciais de tais entidades".

783 STF, 1ª Turma, *RE 235.737*, rel. Min. Moreira Alves, 11.2001.

784 STF, 2ª Turma, *RE 221.395*, rel. Min. Marco Aurélio, 2.2000.

785 STF, 1ª Turma, *RE 345.830*, rel. Min. Ellen Gracie, 10.2002.

– *destinados a estacionamento gratuito* de seus usuários;[786]

– *utilizados em atividades de lazer e recreação*, como aqueles em que construídos clubes de funcionários de entidade imune;[787]

– até mesmo *terrenos vagos*.[788]

De outro lado, *todas as rendas* auferidas pelas entidades indicadas nas alíneas *b* e *c* do inciso VI *estão abrangidas pela imunidade*, desde que não sejam destinadas a fins alheios aos que lhes são próprios. Portanto, *são imunes até mesmo as rendas advindas da exploração de atividade econômica* – tais como as rendas obtidas pela venda de ingressos de cinema ao público em geral[789] ou pela exploração de estacionamentos –,[790] sempre que sejam destinadas, como devem ser, às suas finalidades essenciais.

As rendas auferidas pelas entidades religiosas, por outro lado, estarão imunes se destinadas aos seus fins próprios ou, ainda, a fins assistenciais ou filantrópicos.

Os serviços estarão sob o alcance da imunidade sempre que vinculados às suas finalidades essenciais, ainda que de forma mediata.[791] Até mesmo os serviços relativos à exploração de atividade econômica gozam da imunidade, sob a condição de que as suas rendas sejam destinadas às finalidades essenciais da entidade.

Há, portanto, uma correlação estreita entre os serviços e as rendas para fins de determinação do âmbito de abrangência da imunidade: *a destinação das rendas auferidas com a exploração dos serviços determina a tributabilidade ou intributabilidade destes*. Por exemplo, se as rendas auferidas com a exploração do serviço de estacionamento forem destinadas às finalidades próprias das entidades de assistência social, será indevida a incidência tanto do IR quanto do ISS; caso contrário, ambos os impostos poderão incidir.

• Súmulas

Súmula 724 do STF: "Ainda quando alugado a terceiros, permanece imune ao IPTU o imóvel pertencente a qualquer das entidades referidas pelo art. 150, VI, *c*, da Constituição, desde que o valor dos aluguéis seja aplicado nas atividades essenciais de tais entidades".

• Precedentes citados

Exploração de estacionamento. Imunidade frente ao ISS: IMUNIDADE TRIBUTÁRIA. ART. 150, VI, C, DA CONSTITUIÇÃO. INSTITUIÇÃO DE ASSISTÊNCIA SOCIAL. EXIGÊNCIA DE IMPOSTO SOBRE SERVIÇO CALCULADO SOBRE O PREÇO COBRADO EM ESTACIONAMENTO DE VEÍCULOS NO PÁTIO INTERNO DA ENTIDADE. Ilegitimidade. Eventual renda obtida pela instituição de assistência social mediante cobrança de estacionamento de veículos em área interna da entidade, destinada ao custeio das atividades desta, está abrangida pela imunidade prevista no dispositivo sob destaque. Precedente da Corte: RE 116.188-4. Recurso conhecido e provido. (STF, 1ª Turma, **RE 144.900**, rel. Min. Ilmar Galvão, 4.1997).

Venda de ingressos de cinema. Imunidade frente ao ISS: IMUNIDADE TRIBUTÁRIA. CF, ART. 150, VI, C. SERVIÇO SOCIAL DO COMÉRCIO – SESC. IMPOSTO SOBRE SERVIÇOS. PRESTAÇÃO DE SERVIÇOS

---

786 STF, 1ª Turma, *RE 308.449*, rel. Min. Sepúlveda Pertence, 8.2002.

787 STF, 1ª Turma, *RE 236.174*, rel. Min. Menezes Direito, 9.2008.

788 STF, 2ª Turma, *RE 357.175 AgR*, rel. Min. Gilmar Mendes, 10.2007. Em que pese seja o entendimento majoritário da Corte, não está consolidado e, ademais, contrasta com a clara redação constitucional, dada a completa desvinculação do imóvel às finalidades essenciais do ente imune. No sentido de que o mero não aproveitamento temporário não afasta a imunidade, cabendo ao Fisco comprovar a situação de total abandono do imóvel: STF, 1ª Turma, *RE 385.091*, rel. Min. Dias Toffoli, 8.2013. Note-se que, poucos meses antes, a Primeira Turma havia afastado, por maioria, a imunidade: *AI 661.713 AgR*, rel. p/ Acórdão Min. Marco Aurélio, 3.2013.

STF, 1ª Turma, *AI 661.713 AgR*, rel. p/ Acórdão Min. Marco Aurélio, 3.2013. Em sentido contrário: STF, 2ª Turma, RE 357.175 AgR, rel. Min. Gilmar Mendes, 10.2007.

789 STF, 1ª Turma, *AI 155.822 AgR*, rel. Min. Ilmar Galvão, 9.1994.

790 STF, 1ª Turma, *RE 144.900*, rel. Min. Ilmar Galvão, 4.1997.

791 Também são tutelados pela imunidade os bens utilizados na prestação dos serviços, razão pela qual não podem sofrer a incidência do Imposto de Importação e tampouco do IPI (STF, 1ª Turma, *RE 243.807*, rel. Min. Ilmar Galvão, 2.2000).

DE DIVERSÃO PÚBLICA. A renda obtida pelo SESC na prestação de serviços de diversão pública, mediante a venda de ingressos de cinema ao público em geral, é aproveitada em suas finalidades assistenciais, estando abrangida na imunidade tributária prevista no art. 150, VI, c, da Carta República. Precedente da Corte: RE 116.188-4 Agravo regimental improvido. (STF, 1ª Turma, **AI 155.822 AgR**, rel. Min. Ilmar Galvão, 9.1994).

Bens integrantes do patrimônio. Imunidade: CONSTITUCIONAL. TRIBUTÁRIO. ICMS. IMUNIDADE TRIBUTÁRIA. INSTITUIÇÃO DE EDUCAÇÃO SEM FINS LUCRATIVOS. C.F., art. 150, VI, "c". I. – Não há invocar, para o fim de ser restringida a aplicação da imunidade, critérios de classificação dos impostos adotados por normas infraconstitucionais, mesmo porque não é adequado distinguir entre bens e patrimônio, dado que este se constitui do conjunto daqueles. O que cumpre perquirir, portanto, é se o bem adquirido, no mercado interno ou externo, integra o patrimônio da entidade abrangida pela imunidade. II. – Precedentes do STF. III. – R.E. não conhecido. (STF, 2ª Turma, **RE 203.755**, rel. Min. Carlos Velloso, 9.1996)

A lide versava sobre a cobrança do ICMS na importação de mercadorias destinadas ao ativo imobilizado da própria entidade imune. Considerou-se que o bem integraria o patrimônio da entidade, motivo pelo qual a incidência seria indevida. Pelo que se infere do julgado, a importação foi efetivada pela própria entidade imune, de modo que ela não era mera contribuinte de fato, mas sujeito passivo da obrigação tributária.

Imóveis utilizados como residência dos membros da entidade imune. Aplicação da imunidade: IMUNIDADE – INSTITUIÇÕES DE EDUCAÇÃO E ASSISTÊNCIA SOCIAL SEM FINS LUCRATIVOS – IMÓVEIS – ESCRITÓRIO E RESIDÊNCIA DE MEMBROS. O fato de os imóveis estarem sendo utilizados como escritório e residência de membros da entidade não afasta a imunidade prevista no artigo 150, inciso VI, alínea "c", § 4º da Constituição Federal. (STF, 2ª Turma, **RE 221.395**, rel. Min. Marco Aurélio, 2.2000).

Aquisição, por ente imune, de imóvel locado a terceiro. Imunidade frente ao ITBI: [...] Esta Corte, por seu Plenário, ao julgar o RE 237.718, firmou o entendimento de que a imunidade tributária do patrimônio das instituições de assistência social (artigo 150, VI, "c", da Constituição) se aplica para afastar a incidência do IPTU sobre imóveis de propriedade dessas instituições, ainda quando alugados a terceiros, desde que os aluguéis sejam aplicados em suas finalidades institucionais. – Por identidade de razão, a mesma fundamentação em que se baseou esse precedente se aplica a instituições de educação, como a presente, sem fins lucrativos, para ver reconhecida, em seu favor, a imunidade relativamente ao ITBI referente à aquisição por ela de imóvel locado a terceiro, destinando-se os aluguéis a ser aplicados em suas finalidades institucionais. Recurso extraordinário não conhecido. (STF, 1ª Turma, **RE 235.737**, rel. Min. Moreira Alves, 11.2001).

Imóvel utilizado para lazer e recreação. Imunidade: Imunidade tributária. IPTU. Finalidade do bem. 1. A utilização do imóvel para atividade de lazer e recreação não configura desvio de finalidade com relação aos objetivos da Fundação caracterizada como entidade de assistência social. 2. A decisão que afasta o desvio de finalidade para o fim de assegurar a imunidade tributária com base no reconhecimento de que a atividade de recreação e lazer está no alcance dos objetivos da Fundação não agride o art. 150, § 4º, inciso VI, da Constituição Federal. 3. Recurso extraordinário conhecido, mas desprovido. (STF, 1ª Turma, **RE 236.174**, rel. Min. Menezes Direito, 9.2008)

Bens importados para utilização em finalidades próprias. Imunidade frente ao IPI e ao II: IMUNIDADE TRIBUTÁRIA. IMPOSTO SOBRE PRODUTOS INDUSTRIALIZADOS E IMPOSTO DE IMPORTAÇÃO. ENTIDADE DE ASSISTÊNCIA SOCIAL. IMPORTAÇÃO DE "BOLSAS PARA COLETA DE SANGUE". A imunidade prevista no art. 150, VI, c, da Constituição Federal, em favor das instituições de assistência social, abrange o Imposto de Importação e o Imposto sobre Produtos Industrializados, que incidem sobre bens a serem utilizados na prestação de seus serviços específicos. Jurisprudência do Supremo Tribunal Federal. Recurso não conhecido. (STF, 1ª Turma, **RE 243.807**, rel. Min. Ilmar Galvão, 2.2000)

O STF também reconheceu a imunidade frente ao ICMS, no RE 203.755, cuja ementa é transcrita acima.

Imunidade perante o IOF: CONSTITUCIONAL. TRIBUTÁRIO. IMUNIDADE. INSTITUIÇÃO DE ENSINO SEM FINS LUCRATIVOS. IOF SOBRE OPERAÇÕES BANCÁRIAS. CF, ART. 150, VI, C. Hipótese em que o tributo incide sobre o patrimônio das entidades da espécie, representado por ativos financeiros, com ofensa à imunidade prevista no dispositivo em referência. Recurso desprovido. (STF, 1ª Turma, **RE 249.980 AgR**, rel. Min. Ilmar Galvão, 4.2002)

Imóvel destinado a estacionamento gratuito de estudantes. Imunidade: Imunidade tributária do patrimônio das instituições de educação sem fins lucrativos (CF, art. 150, VI, c): sua aplicabilidade de modo a preexcluir a incidência do IPTU sobre imóvel de propriedade da entidade imune, destinado a estacionamento gratuito de estudantes: precedentes. (STF, 1ª Turma, **RE 308.449**, rel. Min. Sepúlveda Pertence, 8.2002).

Imóveis utilizados na exploração de atividade econômica. Imunidade: LIMITAÇÕES CONSTITUCIONAIS AO PODER DE TRIBUTAR. IMUNIDADE. ENTIDADE BENEFICENTE. IPTU. O Tribunal a quo seguiu corretamente a orientação desta Suprema Corte, ao assentar que o fato de uma entidade beneficente manter uma livraria em imóvel de sua propriedade não afasta a imunidade tributária prevista no art. 150, VI, "c" da Constituição, desde que as rendas auferidas sejam destinadas a suas atividades institucionais, o que impede a cobrança do IPTU pelo município. Recurso extraordinário não conhecido. (STF, 1ª Turma, **RE 345.830**, rel. Min. Ellen Gracie, 10.2002).

Imóveis vagos. Aplicabilidade da imunidade: [...] Imunidade tributária. Vedação de instituição de impostos sobre o patrimônio, renda e serviços relacionados com as finalidades essenciais das entidades. Artigo 150, VI, 'c' e § 4º, da Constituição. Entidade de assistência social. IPTU. Lote vago. Precedente. 4. Agravo regimental a que se nega provimento. (STF, 2ª Turma, RE 357.175 AgR, rel. Min. Gilmar Mendes, 10.2007)

Em sentido contrário, afastando a imunidade: IMUNIDADE – INSTITUIÇÃO DE EDUCAÇÃO – IMÓVEIS LOCADOS E NÃO EDIFICADOS – INEXISTÊNCIA. Consoante dispõe o artigo 150, § 4º, da Constituição Federal, as instituições de educação apenas gozam de imunidade quando o patrimônio, a renda e os serviços estão relacionados a finalidades essenciais da entidade. Imóveis locados e lotes não edificados ficam sujeitos ao Imposto Predial e Territorial Urbano – IPTU. (STF, 1ª Turma, **AI 661.713 AgR**, rel. p/ Acórdão Min. Marco Aurélio, 3.2013)

Entendendo que o Fisco deve provar não se tratar de mera não utilização temporária: "Imunidade. Entidade de assistência social. Artigo 150, VI, c, CF. Imóvel vago. Finalidades essenciais. Presunção. Ônus da prova. [...] 4. Adquirido o status de imune, as presunções sobre o enquadramento originalmente conferido devem militar a favor do contribuinte, de modo que o afastamento da imunidade só pode ocorrer mediante a constituição de prova em contrário produzida pela administração tributária. O oposto ocorre com a isenção que constitui mero benefício fiscal por opção do legislador ordinário, o que faz com que a presunção milite em favor da Fazenda Pública. 5. A constatação de que um imóvel está vago ou sem edificação não é suficiente, por si só, para destituir a garantia constitucional da imunidade. A sua não utilização temporária deflagra uma neutralidade que não atenta contra os requisitos que autorizam o gozo e a fruição da imunidade. 6. Recurso extraordinário a que se nega provimento". (STF, 1ª Turma, **RE 385.091**, rel. Min. Dias Toffoli, 8.2013).

Presunção de vinculação às finalidades essenciais. Aplicação da imunidade ao ITBI: Imunidade. Entidade educacional. Artigo 150, inciso VI, alínea c, da Constituição Federal. ITBI. Aquisição de terreno sem edificação. Fato gerador. Momento da aquisição. Destinação às finalidades essenciais da entidade. Presunção. Ônus da prova. Precedentes. 1. No caso do ITBI, a destinação do imóvel às finalidades essenciais da entidade deve ser pressuposta, sob pena de não haver imunidade para esse tributo. 2. A condição de um imóvel estar vago ou sem edificação não é suficiente, por si só, para destituir a garantia constitucional da imunidade. 3. A regra da imunidade se traduz numa negativa de competência, limitando, a priori, o poder impositivo do Estado. 4. Na regra imunizante, como a garantia decorre diretamente da Carta Política, mediante decote de competência legislativa, as presunções sobre o enquadramento originalmente conferido devem militar a favor das pessoas ou das entidades que apontam a norma constitucional. 5. Quanto à imunidade prevista no art. 150, inciso VI, alínea c, da Constituição Federal, o ônus de elidir a presunção de vinculação às atividades essenciais é do Fisco. 6. Recurso extraordinário provido. (STF, 1ª Turma, **RE 470.520**, rel. Min. Dias Toffoli, 9.2013).

---

§ 5º A lei determinará medidas para que os consumidores sejam esclarecidos acerca dos impostos que incidam sobre mercadorias e serviços.

Art. 150, § 5º: Dever de informação acerca da carga tributária

1. Significado e alcance do comando constitucional

Os cidadãos têm plena ciência de quanto devem pagar a título de Imposto de Renda e de contribuição previdenciária, pois se trata de tributos diretos, que recolhem aos cofres públicos na qualidade de contribuintes de direito e de fato.

Não obstante, quando adquirem mercadorias ou contratam a prestação de serviços, desconhecem, via de regra, a carga tributária que estão suportando e, por vezes, ignoram até mesmo que estão sofrendo o ônus econômico de pesadas imposições tributárias.

A falta de esclarecimento é tamanha e a carga tributária é tão expressiva que, à ciência, sucedem, com frequência, reações de espanto e, não raro, de indignação ou incredulidade.

E *o legislador, consciente da ignorância do contribuinte acerca da carga tributária que o onera, explora-a, optando por instituir e majorar tributos indiretos*, cujo ônus econômico é suportado pelo passivo e desinformado consumidor final, em detrimento da instituição ou majoração de tributos que o onerem de forma direta. Com isso, *logra a aprovação de leis tributárias gravosas em meio à passividade dos cidadãos* afetados indiretamente pela medida, os quais normalmente creem que a questão sequer lhes diz respeito.

Essas ponderações evidenciam ser extremamente salutar a determinação do art. 150, § 5º, da Constituição da República, que *objetiva conscientizar o cidadão*, contribuinte de fato dos tributos incidentes sobre mercadorias e serviços, *a respeito do ônus econômico que lhe é imputado.*

Aludimos a tributos, e não a impostos, com plena ciência da distinção entre o gênero e a espécie e do fato de o dispositivo somente aludir aos impostos, vez que, devidamente interpretado, o preceito é plenamente aplicável aos demais tributos, por introduzir no sistema constitucional tributário um *dever geral de informação.*

O Poder Público está obrigado a informar o cidadão-contribuinte acerca do ônus econômico da tributação. Está obrigado a ser franco, sincero e leal com o contribuinte.

O dever geral de informação não se limita aos impostos não cumulativos, aplicando-se a todas as espécies tributárias. Impõe que se esclareça o contribuinte de fato acerca da repercussão jurídico-econômica e, também, da repercussão exclusivamente econômica. Exige que se informe, dentro do possível, qual é a carga tributária efetivamente suportada pelo contribuinte de fato.[792]

2. A Lei da Transparência Tributária

Em que pese a clareza do comando constitucional, *o legislador ignorou-o solenemente por mais de duas décadas.* Não tinha vontade política de regulamentá-lo. Prevalecia a nefasta intenção de manter os cidadãos brasileiros completamente desinformados acerca dos pesados tributos incidentes sobre os produtos e serviços que adquirem todos os dias.

Felizmente, *a inércia do legislador sucumbiu à pressão popular.* Veio à luz a "*Lei da Transparência Tributária*", que não se originou de iniciativa da Presidência da República ou do Parlamento, mas de um salutar movimento da sociedade civil e, mais precisamente, de um *projeto de lei de iniciativa popular.*

O movimento foi capitaneado pela Federação das Associações Comerciais do Estado de São Paulo, que lançou a campanha "De Olho no Imposto", voltada a colher assinaturas para a regulamentação do art. 150, § 5º, da Carta Magna. A campanha, a que aderiram várias instituições civis, logrou êxito, superando os rigorosos requisitos estabelecidos para a apresentação de projetos de lei de iniciativa popular, consistentes na subscrição por mais de um por cento do eleitorado nacional, distribuídos pelo menos por cinco Estados, com não menos de três décimos por cento de eleitores de cada um deles (art. 61, § 2º, da CF).

Coletadas mais de 1,56 milhão de assinaturas em todo o território nacional, elas foram entregues ao então Presidente do Senado, Renan Calheiros, que assumiu a paternidade do texto, apresentando o Projeto de Lei do Senado nº 174, de 2006. Na Câmara dos

[792] Sacha Calmon atribui ao dispositivo um conteúdo mais restrito, sustentando que é aplicável "aos impostos cuja natureza contempla repercussão jurídica. A repercussão puramente econômica não pode ser medida, não faz parte explícita dos preços, não há como determiná-la. O IPI e o ICMS podem ser explicitados. Podem não, devem, por imposição da Constituição (princípio da não-cumulatividade) [...] O PIS e a COFINS, contribuições com feitio de impostos cumulativos, não possuem repercussão jurídica, só a econômica, não podem ser medidas" (COÊLHO. *Comentários à Constituição de 1988.* p. 311-312).

Deputados, o projeto de lei recebeu o nº 1.472, de 2007. Após longa tramitação, restou aprovado, originando a Lei 12.741, de 8 de dezembro de 2012.

Trata-se de uma vitória estrondosa de todos os brasileiros, que lutaram para concretizar a Constituição da República e, assim, conseguiram superar os óbices que o Fisco e o Governo impunham à aprovação do projeto.

A Lei da Transparência Tributária determina que conste, *dos documentos fiscais* ou equivalentes, emitidos por ocasião da venda de mercadorias ou da prestação de serviços, "a informação do valor aproximado correspondente à totalidade dos tributos federais, estaduais e municipais, cuja incidência influi na formação dos respectivos preços de venda" (art. 1º, *caput*), considerando-se, para tanto, cada mercadoria ou serviço separadamente (art. 1º, § 1º). Faculta, porém, que a informação figure em "painel afixado em local visível do estabelecimento, ou por qualquer outro meio eletrônico ou impresso" (art. 1º, § 2º).

Devem ser informados os tributos incidentes sobre as operações, nomeadamente o ICMS, o ISS, o IPI, o IOF e a Cide-Combustíveis, bem como as contribuições que gravam a receita correlata, quais sejam a Cofins e o PIS/Pasep (art. 1º, § 5º).

Ressalvado o IPI, é simples apurar esses tributos, por incidirem sobre a operação em foco, mas não aqueles cobrados nas operações anteriores, como o Imposto de Importação, a Cofins-Importação, o PIS/Pasep-Importação e o IPI. O valor destes tributos, no entanto, haverá de ser informado sempre que digam respeito a produtos "cujos insumos ou componentes sejam oriundos de operações de comércio exterior e representem percentual superior a 20% (vinte por cento) do preço de venda" (art. 1º, § 6º), hipótese em que os fornecedores estarão sujeitos a uma obrigação significativamente gravosa: "fornecer aos adquirentes, em meio magnético, os valores" do Imposto de Importação e do IPI "individualizados por item comercializado" (art. 1º, § 7º).

A lei exige, outrossim, que, quando o "pagamento de pessoal constituir item de custo direto do serviço ou produto fornecido ao consumidor", seja divulgada a "contribuição previdenciária dos empregados e dos empregadores incidente, alocada ao serviço ou produto" (art. 1º, § 12), o que não é nada simples, dada a dificuldade de determinar a remuneração concernente a cada produto ou serviço.

Foram vetados, com razão, os dispositivos relativos ao Imposto de Renda e à Contribuição Social sobre o Lucro Líquido – CSLL. Trata-se de tributos diretos, cuja incidência não influi, em princípio, na formação dos preços de venda e cujo ônus econômico é suportado pelo próprio sujeito passivo (vendedor).

De acordo com a doutrina e a jurisprudência predominantes, os tributos que incidem sobre a receita (Cofins e PIS/Pasep) também se qualificam como diretos, não repercutindo no consumidor final. No entanto, afigura-se acertada a sua inclusão. Essas contribuições, sem dúvida alguma, são levadas em conta na formação dos preços de venda e, por tal razão, viabilizam a repercussão do seu ônus econômico ao consumidor final.

A inobservância dos ditames da Lei da Transparência Tributária sujeita o infrator às *sanções estabelecidas no Código de Defesa do Consumidor*, previstas no capítulo dedicado às "sanções administrativas" (art. 5º da Lei 12.741/2012). A remissão é temerária, pois se trata de sanções demasiado abertas, variadas e severas, que outorgam expressiva discricionariedade às autoridades administrativas, inclusive para interditar estabelecimentos e atividades (art. 56 do CDC). Melhor teria sido simplesmente estipular sanções pecuniárias no bojo da novel lei.

A despeito das suas imperfeições, a Lei da Transparência Tributária *representa um notável avanço institucional*. A conscientização da população brasileira é fundamental para a construção de uma República efetivamente democrática, em que os eleitores tenham plena ciência da repercussão das decisões tomadas pelos seus representantes. Somente assim poderão exigir a construção de um sistema tributário simples, coerente e justo, que não onere os cidadãos carentes e não seja regressivo, gravando os contribuintes menos abastados de modo (proporcionalmente) mais severo que os mais favorecidos economicamente. Somente assim poderão exigir a construção de um sistema tributário diverso do atual.

---

§ 6º Qualquer subsídio ou isenção, redução de base de cálculo, concessão de crédito presumido, anistia ou remissão, relativas a impostos, taxas ou contribuições, só poderá ser concedido mediante lei específica, federal, estadual ou municipal, que regule exclusivamente as matérias acima enumeradas ou o correspondente tributo ou contribuição, sem prejuízo do disposto no artigo 155, § 2º, XII, g. (Redação dada pela Emenda Constitucional nº 3, de 17.03.1993)

Redação original: § 6º Qualquer anistia ou remissão, que envolva matéria tributária ou previdenciária, só poderá ser concedida através de lei específica, federal, estadual ou municipal.

Art. 150, § 6º: Reserva de lei para a concessão de benefícios fiscais, de remissão e de anistia

1. Reserva de lei específica

A *concessão de benefícios tributários é*, inquestionavelmente, *matéria de lei*, haja vista alterar a conformação do tributo, que deve ser veiculada por tal instrumento normativo, por força da reserva absoluta de lei tributária.

A lei desonerativa *deve ser editada pelo próprio titular da competência impositiva*, sob pena de ofensa ao princípio da autonomia tributária das pessoas constitucionais.[793] Daí o preceito supratranscrito aludir a lei específica, "federal, estadual ou municipal". A exigência é de lei editada pelo ente federativo titular da competência tributária.[794]

O art. 150, § 6º, da CF, porém, não se limita a exigir a edição de lei para a outorga de benefícios tributários.[795] Impõe que se edite *lei específica*, o que evidencia ser *incabível a delegação do poder de conceder benefícios tributários* ao Executivo,[796] mesmo que mediante pressupostos genéricos a serem aferidos pela atuação discricionária da Administração.[797]

A revogação e a suspensão dos benefícios fiscais também são matérias reservadas à lei: somente podem decorrer de ato legislativo, e nunca de ato do Poder Executivo, mesmo que baseado em delegação legislativa. Tal reserva de lei já existia mesmo sob a égide da Constituição de 1969, como decidiu o STF ao declarar a inconstitucionalidade da delegação, ao Executivo, do poder de suspender o crédito-prêmio do IPI.[798]

---

[793] A remissão de débitos tributários municipais, por exemplo, somente pode ser instituída mediante lei municipal, jamais por lei estadual ou federal (STF, Pleno, *RE 591.033*, rel. Min. Ellen Gracie, 11.2010).

[794] A concessão de benefícios por outros entes políticos (benefícios heterônomos) somente é admitida em hipóteses excepcionais, indicadas nos comentários ao art. 151, III, da CF.

[795] No que segue, utilizamos a expressão "benefícios fiscais" em sentido amplo, que abrange inclusive os subsídios, a remissão e a anistia.

[796] STF, Pleno, *ADI 3.462*, rel. Min. Cármen Lúcia, 9.2010.

[797] STF, Pleno, *ADI 1.296 MC*, rel. Min. Celso de Mello, 6.1995; *ADI 1.247 MC*, rel. Min. Celso de Mello, 8.1995; *ADI 2.688*, rel. Min. Joaquim Barbosa, 06.2011.

[798] STF, Pleno, *RE 250.288*, rel. Min. Marco Aurélio, 12.2001.

• Precedentes citados

Autorização legislativa para o Poder Executivo conceder benefícios fiscais relativos aos ICMS. Inconstitucionalidade: [...] A outorga de qualquer subsídio, isenção ou crédito presumido, a redução da base de cálculo e a concessão de anistia ou remissão em matéria tributária só podem ser deferidas mediante lei específica, sendo vedado ao Poder Legislativo conferir ao Chefe do Executivo a prerrogativa extraordinária de dispor, normativamente, sobre tais categorias temáticas, sob pena de ofensa ao postulado nuclear da separação de poderes e de transgressão ao princípio da reserva constitucional de competência legislativa. Precedente: ADIn 1.296-PE, Rel. Min. CELSO DE MELLO. (STF, Pleno, **ADI 1.247 MC**, rel. Min. Celso de Mello, 8.1995).

A liminar foi confirmada quando do julgamento do mérito: STF, Pleno, ADI 1.247, rel. Min. Dias Toffoli, 6.2011. Na ementa lê-se: "[...] 2. Inconstitucionalidade do art. 12, *caput*, da Lei nº 5.780/93 do Estado do Pará, e da expressão `sem prejuízo do disposto no *caput* deste artigo´ contida no seu parágrafo único, na medida em que autorizam ao Poder Executivo conceder diretamente benefícios fiscais de ICMS sem observância das formalidades previstas na Constituição.".

Autorização legislativa para o Poder Executivo conceder benefícios fiscais relativos a tributos estaduais, em favor de empresa que venha instalar-se em seu território. Inconstitucionalidade: [...] o legislador não pode abdicar de sua competência institucional para permitir que outros órgãos do Estado – como o Poder Executivo – produzam a norma que, por efeito de expressa reserva constitucional, só pode derivar de fonte parlamentar. O legislador, em consequencia, não pode deslocar para a esfera institucional de atuação do Poder Executivo – que constitui instância juridicamente inadequada – o exercício do poder de regulação estatal incidente sobre determinadas categorias tematicas – (a) a outorga de isenção fiscal, (b) a redução da base de cálculo tributária, (c) a concessão de crédito presumido e (d) a prorrogação dos prazos de recolhimento dos tributos –, as quais se acham necessariamente submetidas, em razão de sua própria natureza, ao postulado constitucional da reserva absoluta de lei em sentido formal. [...] (STF, Pleno, **ADI 1.296 MC**, rel. Min. Celso de Mello, 6.1995)

Autorização legislativa para concessão de benefício por decreto, sem a celebração de convênio. Isenção do ICMS concedida a título de "auxílio-tranporte". Inconstitucionalidade: TRIBUTÁRIO. IMPOSTO SOBRE CIRCULAÇÃO DE MERCADORIAS E PRESTAÇÃO DE SERVIÇOS DE COMUNICAÇÃO E DE TRANSPORTE INTERMUNICIPAL E INTERESTADUAL. ISENÇÃO CONCEDIDA A TÍTULO DE AUXÍLIO-TRANSPORTE AOS INTEGRANTES DA POLÍCIA CIVIL E MILITAR EM ATIVIDADE OU INATIVIDADE. AUSÊNCIA DE PRÉVIO CONVÊNIO INTERESTADUAL. PERMISSÃO GENÉRICA AO EXECUTIVO. INCONSTITUCIONALIDADE. LEI 13.561/2002 DO ESTADO DO PARANÁ. 1. A concessão de benefício ou de incentivo fiscal relativo ao ICMS sem prévio convênio interestadual que os autorize viola o art. 155, § 2º, XII, *g*, da Constituição. 2. Todos os critérios essenciais para a identificação dos elementos que deverão ser retirados do campo de incidência do tributo (regra-matriz) devem estar previstos em lei, nos termos do art. 150, § 6º, da Constituição. A permissão para que tais elementos fossem livremente definidos em decreto do Poder Executivo viola a separação de funções estatais prevista na Constituição. Ação Direta de Inconstitucionalidade julgada procedente. (STF, Pleno, **ADI 2.688**, rel. Min. Joaquim Barbosa, 06.2011)

Autorização para o Poder Executivo conceder anistia ou remissão. Inconstitucionalidade: [...] AUTORIZAÇÃO LEGISLATIVA PARA O PODER EXECUTIVO CONCEDER, POR REGULAMENTO, OS BENEFÍCIOS FISCAIS DA REMISSÃO E DA ANISTIA. PRINCÍPIOS DA SEPARAÇÃO DOS PODERES E DA RESERVA ABSOLUTA DE LEI FORMAL. ART. 150, § 6º DA CONSTITUIÇÃO FEDERAL. AÇÃO JULGADA PROCEDENTE. 1. A adoção do processo legislativo decorrente do art. 150, § 6º, da Constituição Federal, tende a coibir o uso desses institutos de desoneração tributária como moeda de barganha para a obtenção de vantagem pessoal pela autoridade pública, pois a fixação, pelo mesmo Poder instituidor do tributo, de requisitos objetivos para a concessão do benefício tende a mitigar arbítrio do Chefe do Poder Executivo, garantindo que qualquer pessoa física ou jurídica enquadrada nas hipóteses legalmente previstas usufrua da benesse tributária, homenageando-se aos princípios constitucionais da impessoalidade, da legalidade e da moralidade administrativas (art. 37, caput, da Constituição da República). 2. A autorização para a concessão de remissão e anistia, a ser feita "na forma prevista em regulamento" (art. 25 da Lei n. 6.489/2002), configura delegação ao Chefe do Poder Executivo em tema inafastável do Poder Legislativo. 3. Ação julgada procedente. (STF, Pleno, **ADI 3.462**, rel. Min. Cármen Lúcia, 9.2010)

Delegação do poder de suspender benefícios fiscais. Crédito-prêmio do IPI. Inconstitucionalidade: [...] TRIBUTO – REGÊNCIA – PRINCÍPIO DA LEGALIDADE ESTRITA – GARANTIA CONSTITUCIONAL DO CIDADÃO. Tanto a Carta em vigor, quanto – na feliz expressão do ministro Sepúlveda Pertence – a decaída encerram homenagem ao princípio da legalidade tributária estrita. Mostra-se inconstitucional, porque conflitante com o artigo 6º da Constituição Federal de 1969, o artigo 1º do Decreto-lei nº 1.724, de 7 de dezembro de 1979, no que implicou a exdrúxula delegação ao Ministro de Estado da Fazenda de suspender – no que possível até mesmo a extinção – "estímulos fiscais de que tratam os artigos 1º e 5º do Decreto-lei nº 491, de 5 de março de 1969". (STF, Pleno, **RE 250.288**, rel. Min. Marco Aurélio, 12.2001)

Utilização de lei estadual para extinguir execução de tributo municipal. Impossibilidade: [...] 1. O Município é ente federado detentor de autonomia tributária, com competência legislativa plena tanto para a instituição do tributo, observado o art. 150, I, da Constituição, como para eventuais desonerações, nos termos do art. 150, § 6º, da Constituição. 2. As normas comuns a todas as esferas restringem-se aos princípios constitucionais tributários, às limitações ao poder de tributar e às normas gerais de direito tributário estabelecidas por lei complementar. 3. A Lei nº 4.468/84 do Estado de São Paulo – que autoriza a não-inscrição em dívida ativa e o não-ajuizamento de débitos de pequeno valor – não pode ser aplicada a Município, não servindo de fundamento para a extinção das execuções fiscais que promova, sob pena de violação à sua competência tributária. 4. Não é dado aos entes políticos valerem-se de sanções políticas contra os contribuintes inadimplentes, cabendo-lhes, isto sim, proceder ao lançamento, inscrição e cobrança judicial de seus créditos, de modo que o interesse processual para o ajuizamento de execução está presente. 5. Negar ao Município a possibilidade de executar seus créditos de pequeno valor sob o fundamento da falta de interesse econômico viola o direito de acesso à justiça. 6. Sentença de extinção anulada. 7. Orientação a ser aplicada aos recursos idênticos, conforme o disposto no art. 543-B, § 3º, do CPC. (STF, Pleno, **RE 591.033**, rel. Min. Ellen Gracie, 11.2010)

• Questões específicas

Outorga de isenção por resolução editada pelo Poder Legislativo, com base em convênio. Inconstitucionalidade: [...] ISENÇÃO DE TRIBUTOS MUNICIPAIS. CONCESSÃO POR CONVÊNIO, APROVADO POR RESOLUÇÃO LEGISLATIVA. ILEGITIMIDADE. EXIGÊNCIA DE LEI EM SENTIDO FORMAL. 1. A instituição de isenção de tributos municipais depende de lei em sentido estrito, como tal não se considerando a resolução editada pelo Poder Legislativo, aprovando Convênio no qual a referida isenção foi prevista. Aplicação do art. 176, do CTN. 2. Embargos de divergência a que se nega provimento. (STJ, 1ª Seção, **EREsp 723.575**, rel. Min. Teori Albino Zavascki, 11.2008)

2. Reserva de lei exclusiva

Em se tratando de benefícios tributários, não basta a existência de uma lei editada pelo ente titular da competência impositiva. *A lei deve ser exclusiva, regulando apenas o benefício* ou o tributo correlato.

Nem mesmo as Constituições Estaduais e as Leis Orgânicas dos Municípios ou do Distrito Federal podem veicular esses benefícios, haja vista que não os regulam de forma exclusiva.[799]

Sem embargo, o art. 150, § 6º, da CF não pode ser interpretado de forma estritamente literal. *Deve ser lido e aplicado à luz da sua ratio, de coibir a outorga indevida de benefícios tributários*, mediante o ardil de incluí-los no bojo de leis que tratam de outras matérias (o que configura as denominadas "caudas legislativas"), a fim de que sejam aprovados conjuntamente com estas.

Isso prejudicaria o debate parlamentar que deve envolver tão relevante matéria[800] e pode dar ensejo até mesmo a uma nefasta modalidade de barganha político-legislativa, consistente no condicionamento da aprovação de certas matérias ao deferimento de autênticos privilégios tributários, ofensivos ao princípio constitucional da igualdade.

Se a lei não se contrapor a tal finalidade, não haverá razão para aplicar o rigoroso comando do art. 150, § 6º, da CF. Noutros termos, sempre que os benefícios tributários integrem um plexo normativo coerente e harmônico, o mero fato de a lei regular outras matérias não implicará violação à Constituição.

Nessa linha, o STF já aceitou benefícios concedidos por leis que visivelmente não regulavam apenas a matéria tributária, como se verificou com a isenção da contribuição sindical para os advogados, concedida pelo art. 47 da Lei 8.906/94.[801]

[799] STF, Pleno, *ADI 155*, rel. Min. Octavio Gallotti, 8.1998.

[800] Como bem exposto pelo Ministro Joaquim Barbosa, o art. 150, § 6º, da CF requer um debate parlamentar sério: "A norma em exame tem papel muito bem definido no Sistema Constitucional Tributário. Seu objetivo é impedir que a apreciação legislativa de matéria de grande importância às finanças públicas – exoneração tributária – reste prejudicada ou ofuscada pelo artifício de sua inclusão em projeto de lei que verse, preponderantemente, sobre outras matérias de menor importância ou mesmo triviais. O mecanismo protege o exercício da Função Legislativa, ao evitar que a concessão do benefício fiscal ou da isenção fique camuflado e passe desapercebido durante a apreciação dos órgãos legislativos" (STF, Pleno, *ADI 4.033*, rel. Min. Joaquim Barbosa, 9.2010, excerto do voto do relator).

[801] STF, Pleno, ADI 2.522, rel. Min. Eros Grau, 6.2006. A ementa não refere a questão, mas em seu voto o relator ponderou que a legitimidade da isenção advém do fato de não ser dissociada do contexto em que foi inserida: "Como o Ministro Ilmar Galvão salientou, no julgamento da ADI n. 1.376/MC, 'aquilo que a § 6º do art. 150 da CF veda é a oportunista introdução

- **Precedentes citados**

Anistia concedida por Constituição Estadual. Inconstitucionalidade: Inconstitucionalidade, por contrariar o processo legislativo decorrente do art. 150, § 6º, da Constituição Federal (onde se exige a edição de lei ordinária específica), bem como do princípio da independência dos Poderes (art. 2º), a anistia tributária concedida pelo art. 34, e seus parágrafos, do Ato das Disposições Constitucionais Transitórias, de 1989, do Estado de Santa Catarina (STF, Pleno, **ADI 155**, rel. Min. Octavio Gallotti, 8.1998).

Isenção concedida no bojo de regime especial de tributação. Simples Nacional. Existência de pertinência temática. Legitimidade: [...] 1. Ação direta de inconstitucionalidade ajuizada contra o art. 13, § 3º, da LC 123/2006, que isentou as microempresas e empresas de pequeno porte optantes pelo Regime Especial Unificado de Arrecadação de Tributos e Contribuições devidos pelas Microempresas e Empresas de Pequeno Porte – Simples Nacional ("Supersimples"). 2. Rejeitada a alegação de violação da reserva de lei específica para dispor sobre isenção (art. 150, § 6º, da Constituição), uma vez que há pertinência temática entre o benefício fiscal e a instituição de regime diferenciado de tributação. Ademais, ficou comprovado que o Congresso Nacional não ignorou a existência da norma de isenção durante o processo legislativo. [...] 6. Ação direta de inconstitucionalidade conhecida, mas julgada improcedente. (STF, Pleno, **ADI 4.033**, rel. Min. Joaquim Barbosa, 9.2010)

3. Titularidade da iniciativa para os projetos de lei sobre benefícios tributários

Não há reserva de iniciativa para a apresentação de projetos de lei sobre benefícios tributários, seja no âmbito federal, estadual, distrital ou municipal. Os projetos *podem ser apresentados tanto pelo Chefe do Poder Executivo quanto por membro do Poder Legislativo.*

Essa reserva existia sob a égide da Carta Federal de 1969, que atribuía competência exclusiva ao Presidente da República para propor leis que dispusessem sobre matéria financeira (art. 57, I), levando o Supremo Tribunal Federal a entender que se tratava de princípio de observância necessária pelas unidades federadas.

Com o advento da Constituição de 1988, a reserva de iniciativa foi extinta, somente subsistindo no âmbito dos Territórios (art. 61, § 1º, II, *b*) – que, vale notar, não mais existem.[802]

- **Precedente citado**

Inexistência de reserva de iniciativa parlamentar para a concessão de benefícios tributários: AÇÃO DIRETA DE INCONSTITUCIONALIDADE. LEI Nº 553/2000, DO ESTADO DO AMAPÁ. DESCONTO NO PAGAMENTO ANTECIPADO DO IPVA E PARCELAMENTO DO VALOR DEVIDO. BENEFÍCIOS TRIBUTÁRIOS. LEI DE INICIATIVA PARLAMENTAR. AUSÊNCIA DE VÍCIO FORMAL. 1. Não ofende o art. 61, § 1º, II, *b*, da Constituição Federal lei oriunda de projeto elaborado na Assembléia Legislativa estadual que trate sobre matéria tributária, uma vez que a aplicação deste dispositivo está circunscrita às iniciativas privativas do Chefe do Poder Executivo Federal na órbita exclusiva dos territórios federais. Precedentes: ADI nº 2.724, rel. Min. Gilmar Mendes, DJ 02.04.04, ADI nº 2.304, rel. Min. Sepúlveda Pertence, DJ 15.12.2000 e ADI nº 2.599-MC, rel. Min. Moreira Alves, DJ 13.12.02 2. A reserva de iniciativa prevista no art. 165, II da Carta Magna, por referir-se a normas concernentes às diretrizes orçamentárias, não se aplica a normas que tratam de direito tributário, como são aquelas que concedem benefícios fiscais. Precedentes: ADI nº 724-MC, rel. Min. Celso de Mello, DJ 27.04.01 e ADI nº 2.659, rel. Min. Nelson Jobim, DJ de 06.02.04. 3. Ação direta de inconstitucionalidade cujo pedido se julga improcedente. (STF, Pleno, **ADI 2.464**, rel. Min. Ellen Gracie, 4.2007).

4. Benefícios abrangidos

Em sua redação original, o art. 150, § 6º, da CF limitava-se a reservar à lei específica a concessão de *remissão e de anistia* em matéria tributária,[803] que consistem, respectivamente, na dispensa de tributos devidos e de penalidades.

---

de norma de isenção fiscal no contexto de lei que cuide de matéria de natureza diversa'. A isenção tributária concedida aos advogados no bojo do 'estatuto da advocacia' não é oportunista, desvinculada da matéria regulada pela lei".

[802] STF, Pleno, *ADI 2.464*, rel. Min. Ellen Gracie, 4.2007.

[803] A referência que havia à matéria previdenciária, ao lado da matéria tributária, era inadequada: com o seu emprego, pretendia-se aludir aos débitos atinentes às contribuições de seguridade ou previdenciárias, as quais têm natureza tributária.

Essa cautela especial com a concessão de remissão e de anistia se justificava pelo fato de elas serem concedidas aos inadimplentes, em detrimento daqueles que honraram as suas obrigações.[804]

Com a alteração implementada pela EC 3/93, ampliou-se o alcance do preceito: a exigência de lei específica passou a abarcar, além da anistia e da remissão, *o subsídio, a isenção, a redução de base de cálculo e o crédito presumido.*

Por equivaler à isenção, a *alíquota zero* também deve ser concedida por lei específica, salvo nas hipóteses em que se autoriza a fixação de alíquotas pelo Executivo.

Por outro lado, em se tratando de isenções, incentivos e benefícios fiscais relativos ao ICMS, é inviável a concessão diretamente por lei, pois a Constituição exige um procedimento específico, regulado no art. 155, § 2º, XII, *g*, cuja aplicação é expressamente ressalvada pelo art. 150, § 6º, *in fine.*

5. Repercussão na validade e na interpretação do Código Tributário Nacional

O art. 150, § 6º, da Constituição da República *deve ser levado em consideração na interpretação* e no exame de validade *dos preceitos do Código Tributário Nacional* que tratam da concessão de benefícios tributários.

O CTN refere-se a isenções previstas em "contrato", mas enfatiza, em harmonia com o preceito constitucional enfocado, o fato de a desoneração decorrer diretamente de lei:

> Art. 176. A isenção, ainda quando prevista em contrato, é sempre decorrente de lei que especifique as condições e requisitos exigidos para a sua concessão, os tributos a que se aplica e, sendo caso, o prazo de sua duração.

Diante dos termos desse preceito, o Superior Tribunal de Justiça debruça-se sobre a validade das isenções, afirmando que o artigo referido há de ser interpretado restritivamente, à luz do princípio da legalidade, e denunciando por consequência o vício de ilegalidade até mesmo em isenções concedidas por resoluções legislativas.[805]

Por outro lado, o CTN faculta amplíssima discricionariedade à administração tributária para conceder remissões, ao estabelecer que:

> Art. 172. A lei pode autorizar a autoridade administrativa a conceder, por despacho fundamentado, remissão total ou parcial do crédito tributário, atendendo: I – à situação econômica do sujeito passivo; II – ao erro ou ignorância excusáveis do sujeito passivo, quanto a matéria de fato; III – à diminuta importância do crédito tributário; IV – a considerações de eqüidade, em relação com as características pessoais ou materiais do caso; V – a condições peculiares a determinada região do território da entidade tributante.

Essa autorização de delegação legislativa contrasta com o art. 150, § 6º, da CF, de modo que somente poderá subsistir se receber interpretação conforme à Constituição, no sentido de que *a lei apenas pode autorizar que a autoridade administrativa constate o preenchimento dos requisitos por si estabelecidos*, sem jamais delegar o poder discricionário de remitir débitos tributários.

Andou bem o constituinte derivado ao suprimir a referência à "matéria previdenciária"; mas continou a incorrer em atecnia, ao prever a espécie (contribuição) ao lado do gênero (tributo).

[804] Como nota Ives Gandra: "Sempre a anistia e a remissão representam uma injustiça em relação aos contribuintes que honraram seus compromissos, principalmente se o fizeram apesar da excessiva carga fiscal" (BASTOS; MARTINS. *Comentários à Constituição do Brasil*. 6º Vol. – Tomo I. p. 212).

[805] STJ, 1ª Seção, *EREsp 723.575*, rel. Min. Teori Albino Zavascki, 11.2008: "A instituição de isenção de tributos municipais depende de lei em sentido estrito, como tal não se considerando a resolução editada pelo Poder Legislativo, aprovando Convênio no qual a referida isenção foi prevista. Aplicação do art. 176, do CTN" (trecho da ementa).

§ 7º A lei poderá atribuir a sujeito passivo de obrigação tributária a condição de responsável pelo pagamento de impostos ou contribuição, cujo fato gerador deva ocorrer posteriormente, assegurada a imediata e preferencial restituição da quantia paga, caso não se realize o fato gerador presumido. (Parágrafo incluído pela Emenda Constitucional nº 3, de 17.03.1993)

Art. 150, § 7º: Substituição tributária progressiva

1. Noção

O § 7º do art. 150, incluído pela EC 3/93, prevê a denominada *substituição tributária "para frente" ou "progressiva"*.

Trata-se de técnica impositiva que atribui a contribuinte situado em etapa antecedente da cadeia econômica (denominado "substituto") a responsabilidade de recolher *antecipadamente* o tributo que seria devido por operação futura, apurando-o com base num *valor estimado,* pois a operação levada em consideração (a ser praticada pelo "substituído") ainda não ocorreu.

Este esquema, em que o industrial vende diretamente ao varejista e figura como o único responsável pelo recolhimento do imposto, permite elucidar como funciona a sistemática da substituição tributária progressiva, que no exemplo dado dispensa a administração tributária de fiscalizar as empresas varejistas, concentrando os seus esforços nas indústrias:

Substituição tributária progressiva	
Operação sujeita à substituição tributária (que também é tributada diretamente)	Operação substituída
Industrial → Varejista	Varejista → Consumidor final
Industrial responde na qualidade de: i) contribuinte, pela sua venda ao varejista; e ii) substituto, pela venda do varejista ao consumidor final. Logo, deve recolher o imposto calculado sobre o valor real da venda ao varejista e sobre o valor estimado da venda deste ao consumidor final	Varejista não está obrigado a recolher o tributo. É simplesmente o substituído tributário

Embora não seja obrigado a recolher tributo algum, *o substituído é de extrema importância* na estrutura normativa da substituição progressiva. A *base de cálculo* diz respeito à *operação futura do substituído* (denominada fato gerador presumido), sendo determinada por estimativa. A *alíquota* aplicada é a prevista para a operação *substituída*, e não para a do substituto. Se o tributo estiver sujeito ao princípio da não cumulatividade, o montante devido pela operação própria do substituto deve ser compensado com aquele relativo à operação futura do substituído.[806] E *caso o fato gerador presumido não se verifique, a quantia paga deverá ser imediatamente restituída* (art. 150, §7º, da CF), mas não àquele que a pagou, senão *ao substituído.*[807]

[806] Tomando como exemplo situação regulada pela lei do ICMS fluminense (Lei 2.657/96), se industrial alienar para comerciante atacadista mercadoria sujeita à substituição progressiva, aquele deverá pagar, na qualidade de substituto, o imposto devido quando da saída da mercadoria do *seu* estabelecimento (art. 23, II). A base de cálculo, porém, não é o valor da operação que envolve o substituto e o substituído, senão estimativa da operação futura deste (art. 24, II). Como o industrial paga tanto o imposto devido pela sua operação, na qualidade de contribuinte, quanto pela do comerciante atacadista, deve abater deste o valor daquele (art. 26), a fim de respeitar o princípio da não-cumulatividade.

[807] Vide, por todos, o art. 10 da lei nacional do ICMS, a LC 87/96.

2. Legitimidade

A substituição tributária progressiva era (e ainda é) objeto de fortes críticas por parte da doutrina, tendo em vista que a exigibilidade do tributo precede a ocorrência do fato gerador presumido e, além disso, o *quantum* a pagar não é calculado em função da sua efetiva dimensão econômica, mas de uma base estimada. Alega-se, por conseguinte, violação aos princípios da legalidade estrita, da capacidade contributiva, da não cumulatividade, do não confisco etc.

Não obstante, *o STF sempre a chancelou*. Vislumbra, na substituição para frente, a existência de mero "recolhimento cautelar",[808] representando *simples medida de política fiscal*.[809]

Para tanto, *privilegia argumentos pragmáticos*, como se denota da leitura deste precedente:

> [...] as realidades legislativas conduzem a que o jurista tributário não tenha, às vezes, outro remédio senão ser pragmático. Além da finalidade arrecadatória, permite o instituto seja alcançada maior justiça fiscal, pela distribuição equitativa da carga tributária que o sistema propicia, ao evitar a sonegação.[810]

Embora seja considerada legítima pelo STF, não há dúvidas acerca da necessidade de que a sistemática de substituição tributária seja *implementada por lei*,[811] na qual deverão estar previstos todos os elementos que permitam o cálculo da obrigação tributária antecipada. Dentre tais elementos, destaca-se a base de cálculo presumida, a qual não pode ser substituída, na lei, pela mera fixação de critérios a serem observados pelo Fisco.[812]

• Precedentes citados

Delegação de competência para complementar a sistemática de substituição tributária. Inconstitucionalidade: [...] 4. Restituição de valores cobrados em substituição tributária e fixação de critérios para o cálculo do imposto (arts. 13, § 4º, e 22, par. único, da Lei impugnada). Delegação a decreto de matérias albergadas sob o manto da reserva legal. Existência de *fumus boni iuris*. [...] 9. Medida liminar parcialmente deferida, para suspender a expressão "observados os demais critérios determinados pelo regulamento", presente no parágrafo 4º do art. 13, assim como o inteiro teor do parágrafo único do art. 22, ambos da Lei 7.098/98, do Estado de Mato Grosso. (STF, Pleno, **ADI 1.945 MC**, rel. p/ ac. Min. Gilmar Mendes, 5.2010)

Substituição tributária. Constitucionalidade: [...] 2. É responsável tributário, por substituição, o industrial, o comerciante ou o prestador de serviço, relativamente ao imposto devido pelas anteriores ou subseqüentes saídas de mercadorias ou, ainda, por serviços prestados por qualquer outra categoria de contribuinte. 3. Legitimidade do regime de substituição tributária, dado que a cobrança antecipada do ICMS por meio de estimativa "constitui simples recolhimento cautelar enquanto não há o negócio jurídico de circulação, em que a regra jurídica, quanto ao imposto, incide". Entendimento doutrinário. Recurso extraordinário conhecido e provido. (STF, Pleno, **RE 194.382**, rel. Min. Maurício Corrêa, 4.2003)

Substituição tributária progressiva no ICMS. Legitimidade: TRIBUTÁRIO. ICMS. ESTADO DE SÃO PAULO. COMÉRCIO DE VEÍCULOS NOVOS. ART. 155, § 2º, XII, B, DA CF/88. CONVÊNIOS ICM Nº 66/88 (ART. 25) E ICMS Nº 107/89. ART. 8º, INC. XIII E § 4º, DA LEI PAULISTA Nº 6.374/89. O regime de substituição tributária, referente ao ICM, já se achava previsto no Decreto-Lei nº 406/68 (art. 128 do CTN e art. 6º, §§ 3º e 4º, do mencionado decreto-lei), normas recebidas pela Carta de 1988 [...] A responsabilidade, como substituto, no caso, foi imposta, por lei, como medida de política fiscal, autorizada pela Constituição, não havendo que se falar em exigência tributária despida de fato gerador. Acórdão que se afastou desse entendimento. Recurso conhecido e provido. (STF, Pleno, **RE 213.396**, rel. Min. Ilmar Galvão, 8.1999)

---

[808] STF, Pleno, *RE 194.382*, rel. Min. Maurício Corrêa, 4.2003, passagem da ementa.

[809] STF, Pleno, *RE 213.396*, rel. Min. Ilmar Galvão, 8.1999. Aplicando esse entendimento, cfr. STF, Pleno, RE 266.602, rel. Min. Ellen Gracie, 9.2006.

[810] STF, Pleno, ADI 1.851, rel. Min. Ilmar Galvão, 5.2002, excerto do seu voto. A ementa é transcrito no tópico seguinte.

[811] STF, Pleno, *RE 194.382*, rel. Min. Maurício Corrêa, 4.2003.

[812] STF, Pleno, *ADI 1.945 MC*, rel. p/ ac. Min. Gilmar Mendes, 5.2010.

3. Restituição do tributo pela inocorrência do fato imponível presumido ou pela sua ocorrência com um conteúdo econômico inferior ao presumido

3.1. Direito constitucional à restituição do excesso

Para afastar as impugnações à legitimidade do instituto da substituição progressiva, a EC 3/93 incluiu-o expressamente no bojo da Constituição da República. Estabeleceu, ainda, que a quantia paga haverá de ser restituída "caso não se realize o fato gerador presumido".

O novel dispositivo constitucional assegurou a restituição do tributo na hipótese de inocorrência do fato gerador presumido. No entanto, não dispôs especificamente quanto à ocorrência do fato imponível com uma consistência econômica inferior à presumida, dando margem a questionamentos atinentes à existência, ou não, de direito à restituição parcial da quantia paga, proporcionalmente à diferença entre a base imponível presumida e a efetiva.

Levada a controvérsia ao Supremo Tribunal Federal, a Corte, que sempre pronunciou a constitucionalidade da substituição tributária progressiva por se tratar de relevante instrumento voltado à praticabilidade e ao combate à evasão, declarou a *inexistência de direito constitucional à restituição parcial* do tributo, considerando, novamente com base em argumentos pragmáticos, que *o fato imponível presumido "não é provisório, mas definitivo, não dando ensejo à restituição ou complementação do imposto pago*, senão, no primeiro caso, na hipótese de sua não-realização final. Admitir o contrário valeria por despojar-se o instituto das vantagens que determinaram a sua concepção e adoção, como a redução, a um só tempo, da máquina-fiscal e da evasão fiscal a dimensões mínimas, propiciando, portanto, maior comodidade, economia, eficiência e celeridade às atividades de tributação e arrecadação".[813] Dessa forma, o contribuinte somente teria direito à restituição da diferença *se o legislador o reconhecesse expressamente*.[814]

A despeito desse importante precedente, a questão ainda não está consolidada. Pelo contrário, será novamente enfrentada pelo Plenário do Supremo, no julgamento do RE 593.849, rel. Min. Ricardo Lewandowski, cuja repercussão geral foi reconhecida em setembro de 2009.[815]

---

[813] STF, Pleno, *ADI 1.851*, rel. Min. Ilmar Galvão, 5.2002, excerto da ementa (grifos nossos). Nessa decisão, a Corte reformou o entendimento que havia adotado quando do exame da cautelar, como expomos na nota à ementa.

[814] Cfr. STJ, 1ª Turma, RMS 32.725, rel. Min. Teori Albino Zavascki, 9.2011.

[815] O *renascimento da controvérsia* decorreu da proposta de releitura da decisão proferida na ADI 1.851 à luz do ato normativo impugnado na mencionada ação direta, que proibia a restituição e a cobrança suplementar do imposto quando a operação subsequente se realizasse com valor diverso daquele fixado pela legislação. A proposta partiu do Ministro Cezar Peluso, que, ao relatar e proferir o seu voto na ADI 2.777, assinalou versar a ADI 1.851 sobre regime *facultativo* de substituição tributária, entendido como autêntico benefício fiscal. Portanto, o precedente firmado na ocasião não seria aplicável aos regimes cogentes, abrindo ensejo à reapreciação da questão atinente à existência de um direito constitucional à restituição da diferença do tributo nas vendas por valores inferiores ao presumido, que reconheceu em seu voto, pela improcedência da ação direta movida pelo Governador do Estado de São Paulo, contra dispositivo da Lei 6.374/89, adicionado pela Lei 9.716/95, ambas do Estado de São Paulo, que autorizava a aludida restituição da diferença. Daí o reconhecimento da repercussão geral da controvérsia constitucional, sem reafirmação da jurisprudência, no RE 593.489, com fundamento na constatação de que "a matéria em debate está em discussão no Plenário desta Corte – ADI 2.675/PE, Rel. Min. Carlos Velloso e ADI 2.777/SP, Rel. Min. Cezar Peluso, cujo julgamento já foi iniciado, mas não concluído". Após o reconhecimento da repercussão geral, o Plenário do STF deliberou por suspender a tramitação das ADIs 2.777 e 2.675, a fim de aguardar o julgamento do RE 593.489. Dada a indefinição do tema na Suprema Corte, as reclamações interpostas pelo Fisco têm sido rejeitadas de plano, como se denota, v.g., da decisão monocrática proferida pela Ministra Rosa Weber na Reclamação nº 13.645, publicada em 6/9/2012.

Quanto ao mérito da controvérsia, *assiste razão aos contribuintes*. O art. 150, § 7º, da Constituição da República consagra o direito à restituição da quantia paga "caso não se realize o fato gerador presumido", aplicando-se tanto à não realização total quanto à parcial, em que o fato gerador presumido ocorre, mas com dimensão econômica inferior à presumida.

Entendimento diverso, no sentido do caráter absoluto da presunção, implicaria visível afronta à Lei Maior, seja pela violação da garantia constitucional da "imediata e preferencial restituição da quantia paga" na hipótese de não realização, total ou parcial, do fato gerador presumido (art. 150, § 7º), seja pelas iniquidades advindas da sujeição de fatos díspares a carga tributária idêntica, que vilipendiam o princípio da isonomia tributária, seja, ainda, pela extrapolação dos limites materiais das competências impositivas, mediante a tributação de valores fictícios, que malfere os princípios da capacidade contributiva e do não confisco.

Poder-se-ia argumentar, na linha do consignado na ementa da ADI 1.851, que o reconhecimento do direito à restituição do excesso afetaria a praticabilidade tributária e, assim, daria ensejo à ocorrência da evasão fiscal e de severas desigualdades na aplicação da lei. Não se afigura impraticável, contudo, reconhecer o direito à restituição da diferença, mediante a imposição, aos contribuintes, do ônus de comprovar, pela apresentação de documentos fiscais idôneos, que as operações por si praticadas não tiveram a expressão econômica presumida pelo legislador. Eventuais fraudes, por óbvio, devem ser sancionadas com rigor.

- **Precedente citado**

Substituição tributária progressiva. Caráter definitivo do fato gerador presumido. Direito ao abatimento quanto a operações realizadas por valor inferior ao presumido. Inexistência: TRIBUTÁRIO. ICMS. SUBSTITUIÇÃO TRIBUTÁRIA. CLÁUSULA SEGUNDA DO CONVÊNIO 13/97 E §§ 6º E 7º DO ART. 498 DO DEC. Nº 35.245/91 (REDAÇÃO DO ART. 1º DO DEC. Nº 37.406/98), DO ESTADO DE ALAGOAS. ALEGADA OFENSA AO § 7º DO ART. 150 DA CF (REDAÇÃO DA EC 3/93) E AO DIREITO DE PETIÇÃO E DE ACESSO AO JUDICIÁRIO. [...] A EC nº 03/93, ao introduzir no art. 150 da CF/88 o § 7º, aperfeiçoou o instituto, já previsto em nosso sistema jurídico-tributário, ao delinear a figura do fato gerador presumido e ao estabelecer a garantia de reembolso preferencial e imediato do tributo pago quando não verificado o mesmo fato a final. A circunstância de ser presumido o fato gerador não constitui óbice à exigência antecipada do tributo, dado tratar-se de sistema instituído pela própria Constituição, encontrando-se regulamentado por lei complementar que, para definir-lhe a base de cálculo, se valeu de critério de estimativa que a aproxima o mais possível da realidade. A lei complementar, por igual, definiu o aspecto temporal do fato gerador presumido como sendo a saída da mercadoria do estabelecimento do contribuinte substituto, não deixando margem para cogitar-se de momento diverso, no futuro, na conformidade, aliás, do previsto no art. 114 do CTN, que tem o fato gerador da obrigação principal como a situação definida em lei como necessária e suficiente à sua ocorrência. O fato gerador presumido, por isso mesmo, não é provisório, mas definitivo, não dando ensejo a restituição ou complementação do imposto pago, senão, no primeiro caso, na hipótese de sua não-realização final. Admitir o contrário valeria por despojar-se o instituto das vantagens que determinaram a sua concepção e adoção, como a redução, a um só tempo, da máquina-fiscal e da evasão fiscal a dimensões mínimas, propiciando, portanto, maior comodidade, economia, eficiência e celeridade às atividades de tributação e arrecadação. Ação conhecida apenas em parte e, nessa parte, julgada improcedente. (STF, Pleno, **ADI 1.851**, rel. Min. Ilmar Galvão, 5.2002)

Ao julgar o mérito desta ação, o Plenário do STF acolheu entendimento antagônico ao adotado, por unanimidade, quando da análise da cautelar, em setembro de 1998, oportunidade em que reputou inconstitucional a exclusão do direito à restituição da diferença, na hipótese em que o valor da venda tenha sido inferior ao presumido. Lê-se no voto que o relator, Min. Ilmar Galvão, proferiu ao apreciar a cautelar: "Salta aos olhos que o CONFAZ conferiu interpretação literal ao texto da norma do § 7º do art. 150 da CF, ao prever a restituição do imposto pago tão-somente na hipótese de inocorrência da operação subseqüente, ou quando for esta realizada sob regime de isenção, dispensando-a nas hipóteses, supostamente mais freqüentes, de operações posteriores por valores abaixo ou acima do valor da base de cálculo presumida. Ao fazê-lo, é fora de dúvida que desnaturou, por completo, a norma do referido parágrafo 7º, que tem por essência assegurar a pronta restituição do tributo recolhido por antecipação e que, eventualmente, venha a mostrar-se indevido, o que, obviamente, ocorre não apenas na hipótese da cláusula primeira [inocorrência do fato gerador presumido], mas também na da cláusula segunda [ocorrência com base de cálculo distinta da presumida] que, por isso, não pode subsistir" (os esclarecimentos entre colchetes são nossos). Nesse sentido também foi a manifestação do Ministro Carlos Velloso: "No que toca à Cláusula Segunda do Convênio ICMS 13/97, acompanho, também, S. Exa., suspendendo a eficácia desse dispositivo, dado que o mesmo nega o direito à restituição do excesso do ICMS recolhido na hipótese de a base de cálculo do fato gerador ocorrer em montante menor do que o valor pago tendo em vista a base de cálculo presumida. Essa disposição contraria, ao que me parece, pelo menos ao primeiro exame, o disposto no § 7º do art. 150 da Constituição Federal, introduzido pela Emenda Constitucional nº 03, de 1993". O alcance da decisão cautelar foi bem exposto pela Ministra Ellen Gracie neste julgado: "O Plenário desta Corte, ao julgar a medida cautelar na ADIn nº 1.851/AL, rel. o Min. Ilmar Galvão, suspendeu os efeitos da Cláusula Segunda do Convênio ICMS 13/07, que vedava a restituição ou a cobrança complementar do ICMS quando a operação ou prestação subseqüente à cobrança do imposto, sob modalidade de substituição tributária, se realizasse com valor inferior ou superior àquele estabelecido com base no art. 8º da Lei Complementar nº 87, de 13 de setembro de 1996. A suspensão se deu justamente por haver afronta, nessa proibição, ao disposto no § 7º do art. 150 da Carta Política" (STF, Pleno, ADI 2.435 MC, rel. Min. Ellen Gracie, 3.2002, excerto do voto da relatora). Eis a ementa da ADI 2.435 MC: Ação direta de inconstitucionalidade. Lei nº 3.542/01, do Estado do Rio de Janeiro, que obrigou farmácias e drogarias a conceder descontos a idosos na compra de medicamentos. [...] Ausência de plausibilidade jurídica na alegação de ofensa ao § 7º do art. 150 da Constituição Federal, tendo em vista que esse dispositivo estabelece mecanismo de restituição do tributo eventualmente pago a maior, em decorrência da concessão do desconto ao consumidor final. Precedente: ADI nº 1.851/AL. Matéria relativa à intervenção de Estado-membro no domínio econômico relegada ao exame do mérito da ação. Medida liminar indeferida. (STF, Pleno, **ADI 2.435 MC**, rel. Min. Ellen Gracie, 3.2002). Porém, ao julgar o mérito da ADI 1.851, poucos meses após a análise da medida cautelar na ADI 2.435, o STF afirmou a constitucionalidade justamente da Cláusula Segunda do Convênio ICMS nº 13, de 21 de março de 1997, refutando o direito à restituição da diferença, no caso de venda com valor inferior ao presumido.

• Questões específicas

Mercadorias dadas em bonificação. Regime de substituição tributária. Inexistência de direito a abatimento: TRIBUTÁRIO – PROCESSO CIVIL – ICMS – SUBSTITUIÇÃO TRIBUTÁRIA – VENDAS COM BONIFICAÇÃO – [...] 2. As vendas com bonificação em mercadorias em regra equivalem aos descontos incondicionados e, por conseguinte, excluem-se da base de cálculo do ICMS. 3. O intuito de lucro e a inexistência de obrigação legal imputável aos contribuintes da cadeia de circulação de mercadorias impede a adoção da presunção de que as mercadorias adquiridas por bonificação permanecerão com esta qualidade até a destinação final pelo consumidor. Precedente: [...]. 4. Validade da exigência de destaque do ICMS no regime de substituição tributária pelo substituto tributário nas operações interestaduais. [...] (STJ, 2ª Turma, **REsp 1.098.304**, rel. Min. Eliana Calmon, 8.2010)

Base de cálculo presumida x pauta fiscal. Legitimidade do emprego da primeira na substituição tributária – Competência do Estado para escolher o substituto tributário: TRIBUTÁRIO – PROCESSO CIVIL – ICMS – SUBSTITUIÇÃO TRIBUTÁRIA – ELEIÇÃO DE SUBSTITUTO TRIBUTÁRIO – PAPEL RESERVADO À LEI LOCAL – BASE DE CÁLCULO PRESUMIDA – UTILIZAÇÃO DE PUBLICAÇÃO RECONHECIDA E IDÔNEA – POSSIBILIDADE – PRECEDENTES. 1. Compete à legislação local a indicação do terceiro partícipe da cadeia de circulação de mercadorias e produtos como substituto tributário, nos termos do art. 128 do CTN e do art. 6º da LC 87/96. 2. Distingue-se a pauta fiscal da fixação da base de cálculo (preço da operação ou prestação de serviço) por operação presumida. Aquela, repudiada pela jurisprudência desta Corte, impõe arbitrariamente o valor da base de cálculo do tributo em caráter geral; esta, utilizada no regime de substituição tributária progressiva, pressupõe procedimento administrativo legitimante, controle do contribuinte e adequação aos critérios instituídos na LC 87/96, art. 8º, II, *c*, e §§ 2 e 3º. 3. Esta Corte admite a utilização dos preços indicados na Revista ABC FARMA na composição da base de cálculo presumida do ICMS na circulação de medicamentos em regime de substituição tributária progressiva. 4. Recurso especial não provido. (STJ, 2ª Turma, **REsp 1.192.409**, rel. Min. Eliana Calmon, 6.2010)

Base de cálculo presumida. Preço final sugerido. Legitimidade na substituição tributária progressiva: RECURSO ORDINÁRIO EM MANDADO DE SEGURANÇA. TRIBUTÁRIO. ICMS. SUBSTITUIÇÃO TRIBUTÁRIA PROGRESSIVA. BASE DE CÁLCULO PRESUMIDA. PREÇO FINAL A CONSUMIDOR SUGERIDO PELO FABRICANTE (DIVULGADO NA REVISTA ABCFARMA). LEGALIDADE. PAUTA FISCAL. NÃO CARACTERIZAÇÃO. 1. O preço final a consumidor sugerido pelo fabricante (divulgado em revista especializada) pode figurar como base de cálculo do ICMS a ser pago pelo contribuinte sujeito ao regime de substituição tributária "para frente", à luz do disposto no artigo 8º, § 3º, da Lei Complementar 87/96, *verbis*: [...] 2. Consoante cediço, "é ilegal a cobrança de ICMS com base no valor da mercadoria submetido ao regime de pauta fiscal" (Súmula 431/STJ), o que não se confunde com a sistemática da substituição tributária progressiva, cuja constitucionalidade foi reconhecida pelo Plenário do Supremo Tribunal Federal (RE 213.396, Rel. Ministro Ilmar Galvão, julgado em 02.08.1999, DJ 01.12.2000; e RE 194.382, Rel. Ministro Maurício Corrêa, julgado em 25.04.2003, DJ 25.04.2003). 3. Assim é que se revela escorreita a conduta da Administração Fiscal que estipula base de cálculo do ICMS, sujeito ao regime da substituição tributária progressiva, com espeque no preço final ao consumidor sugerido pelo fabricante de medicamentos e divulgado por revista especializada de grande circulação. 4. É que o STJ já assentou a legalidade da utilização dos preços indicados na Revista ABC FARMA na composição da base de cálculo presumida do ICMS na circulação de medicamentos em regime de substituição tributária progressiva (REsp 1.192.409/SE, Rel. Ministra Eliana Calmon, Segunda Turma, julgado em 22.06.2010, DJe 01.07.2010; e RMS 21.844/SE, Rel. Ministro Francisco Falcão, Primeira Turma, julgado em 05.12.2006, DJ 01.02.2007). 5. Recurso ordinário desprovido. (STJ, 1ª Turma, **RMS 24.172**, rel. Min. Luiz Fux, 8.2010)

3.2. Controle de constitucionalidade das pautas de valores e soluções de equidade

A despeito da controvérsia acerca da existência de direito constitucional à restituição do excesso, *remanesce ao contribuinte a possibilidade de demonstrar*, no controle difuso, *eventual inadequação da base de cálculo presumida* em relação à base de cálculo usualmente verificada (base de cálculo média).

Desse modo, o problema é reconduzido à confrontação da prognose efetivada com a que haveria de ser feita a partir dos dados econômicos existentes quando da sua realização.[816]

Chega-se, pois, à questão da *legitimidade das pautas de valores* adotadas pelo Poder Público para determinar a base de cálculo presumida, que haverá de ser aferida pelo Poder Judiciário, no exercício do seu amplo mister imposto pelo art. 5º, XXXV, da CF.

Constatando-se que a base de cálculo presumida se revela desproporcional de forma significativa e para um grande número de casos, haverá de ser declarada a sua inconstitucionalidade, por ofensa aos limites da competência impositiva e aos direitos fundamentais dos contribuintes. Noutros termos, a inadequação da presunção perante o "critério numérico" (número de contribuintes atingidos) e o "critério da intensidade" (grau de desproporção entre a base presumida e a base efetiva) implica a sua inconstitucionalidade.[817]

Sem embargo, caso a base de cálculo presumida se harmonize com o critério numérico e contraste com o da intensidade, poderá ser mantida, desde que se aceitem *soluções de equidade*, resguardando individualmente os direitos dos contribuintes severamente afetados. Isso porque *desproporções excessivas entre a base de cálculo presumida e a efetiva violam o postulado da proporcionalidade*, por representarem intervenções demasiado severas nos direitos dos contribuintes à isonomia tributária, à tributação com base na capacidade contributiva e à garantia da propriedade.

Esse controle de proporcionalidade das normas de tipificação é efetivado há muito tempo pelo Tribunal Constitucional Federal alemão,[818] com apoio na doutrina, que sustenta a necessidade de tutela dos direitos dos contribuintes contra restrições excessivas decorrentes das normas de simplificação tributária (também referidas como normas de tipificação),[819] gênero em que se inserem as normas de substituição tributária adotadas no Brasil.

---

[816] A respeito da necessidade de o modelo legislativo da normalidade ser realista, cfr. ISENSEE, "Vom Beruf unserer Zeit für Steuervereinfachung", p. 10.

[817] Sobre o critério numérico (*Zahlenkriterium*) e o critério da intensidade (*Intensitätskriterium*), vide HUSTER, *Rechte und Ziele. Zur Dogmatik des allgemeinen Gleichheitssatzes*, p. 278.

[818] O BVerfG, além de controlar a adequação e a necessidade das normas de tipificação, procede a um efetivo controle de proporcionalidade *stricto sensu*, afirmando que a legitimidade da tipificação pressupõe que a correlata "violação ao princípio da igualdade não seja muito intensa" (*Verstoß gegen den Gleichheitssatz nicht sehr intensiv ist*): BVerfGE 26, 265 [276]; 45, 376 [390]. Mais adequado seria referir-se à intervenção no princípio da igualdade, já que toda violação de princípios é ilegítima.

[819] Sobre a questão da simplificação tributária, conferir o nosso artigo intitulado "Fundamentos e limites constitucionais da simplificação tributária: análise sistemática à luz dos aportes doutrinários e jurisprudenciais alemães". *Fórum de Direito Tributário*, v. 30, p. 61-105, 2007. Huster aborda detidamente o tema, com base numa ampla análise da jurisprudência do BVerfG, insistindo na necessidade de proceder-se a um controle de proporcionalidade das normas de tipificação (*Rechte und Ziele. Zur Dogmatik des allgemeinen Gleichheitssatzes*, p. 273 *et seq.*). Nessa linha, Tipke defende que as normas de tipificação devem ser submetidas a um amplo controle de proporcionalidade (*Die Steuerrechtsordnung*, 2ª ed., v. 1, p. 353). Isensee ressalta que a afetação da justiça do caso concreto não pode ser desproporcionada (*unangemessen*) perante o ganho em eficiência na aplicação legislativa ("Vom Beruf unserer Zeit für Steuervereinfachung", p. 10). Na Espanha, Herrera Molina também se posiciona nesse sentido, afirmando que as medidas de simplificação somente superarão o exame de proporcio-

4. Antecipação tributária sem substituição

O art. 150, § 7º, da CF autoriza a antecipação da cobrança do tributo mediante substituição tributária. Isso é evidenciado pela referência à figura do "responsável":

> § 7º A lei poderá atribuir a sujeito passivo de obrigação tributária a condição de responsável pelo pagamento de impostos ou contribuição, cujo fato gerador deva ocorrer posteriormente, assegurada a imediata e preferencial restituição da quantia paga, caso não se realize o fato gerador presumido. (Parágrafo incluído pela Emenda Constitucional nº 3, de 17.03.1993)

Esse preceito não trata da hipótese de mera antecipação tributária, sem substituição, em que o recolhimento antecipado é exigido *do próprio contribuinte*, e não de um terceiro. É o que ocorre, por exemplo, no ITBI, em que o recolhimento é exigido antes do registro da alienação do imóvel, ato que dá ensejo à incidência do imposto. Outro exemplo é o ICMS cobrado na entrada das mercadorias no estabelecimento do contribuinte, pois o imposto somente incide quando da saída do seu estabelecimento para o do comprador.

Sem embargo, o *Superior Tribunal de Justiça* vislumbra no art. 150, § 7º, da CF a autorização para que sejam instituídas não apenas hipóteses de substituição tributária progressiva, mas também de antecipação tributária sem substituição.[820]

A *distinção* entre tais figuras reside na *qualificação do sujeito obrigado ao recolhimento antecipado* do tributo: se for um terceiro, restará configurada a substituição tributária; se for o próprio contribuinte, caracterizar-se-á hipótese de mera antecipação tributária, sem substituição.

Tal distinção se funda numa obviedade: *não há como falar em substituição tributária sem substituto.* Logo, se o sujeito passivo for o próprio contribuinte, a exigência antecipada não se qualificará como substituição progressiva, mas como mera antecipação tributária.

- **Precedente citado**

Antecipação tributária. Fundamento no art. 150, § 7º, da CF. Distinção frente à substituição progressiva: [...] 1. A cobrança de ICMS com base no valor da mercadoria submetido ao regime de pauta fiscal é ilegal (Súmula 431/STJ), o que não macula a antecipação do recolhimento do imposto (antecipação tributária) por meio do regime normal de tributação, ou seja, sem substituição tributária, nos termos do artigo 150, § 7º, da Constituição Federal de 1988, desde que existente legislação local autorizativa (Precedentes do STJ: [...]). 2. É de sabença que o § 7º (acrescentado pela Emenda Constitucional 03/93), do artigo 150, da Constituição Federal de 1988, admite duas modalidades de antecipação tributária, quais sejam, a antecipação com substituição tributária (denominada substituição tributária para frente ou progressiva) e a antecipação sem substituição tributária, sendo certo que: "A primeira, ou seja, a antecipação com substituição do ICMS, tem como regra própria a lei complementar, nos termos peremptórios da CF, artigo 155, § 2º, inciso XII, alínea *b*. Diferentemente, a antecipação sem substituição pode ser normatizada por lei ordinária. Daí a legalidade da Lei Estadual em comento, ao dispor sobre a substituição impugnada, que é modalidade de "antecipação sem substituição", o que equivale a uma espécie de antecipação de pagamento, perfeitamente acomodada no seio da legislação local, porque, embora chamada de substituição tributária, em verdade de substituição não se trata, pois não se conhece substituição sem substituto. Conseqüentemente, estamos diante de uma antecipação, instituto que não se enquadra da exigência do artigo 155, § 2º da Carta da República." (RMS 17.303/SE, Rel. Ministra Eliana Calmon, Segunda Turma, julgado em 17.06.2004, DJ 13.09.2004) [...] 6. Recurso ordinário desprovido, mantendo-se a concessão parcial do mandado de segurança. (STJ, 1ª Turma, **RMS 22.968**, rel. Min. Luiz Fux, 8.2010).

No mesmo sentido, com referência à cobrança do diferencial de alíquota do ICMS de forma antecipada (quando da entrada da mercadoria no Estado de destino), conferir: STJ, 1ª Turma, EDcl nos EDcl no REsp 1.219.613, rel. Min. Benedito Gonçalves, 3.2011.

---

nalidade *stricto sensu* se "*en ningún supuesto previsible por el legislador* se produzca una carga fiscal radicalmente distinta a la que correspondería con arreglo a la capacidad económica" (*Capacidad económica y sistema fiscal,* p. 162). No Brasil, Humberto Ávila, com base nas contribuições da doutrina alemã, defende especificamente a necessidade de proceder-se a um controle da extensão e da intensidade das desigualdades provocadas pela substituição tributária ("Substituição tributária e base de cálculo: os limites da padronização fiscal", p. 169 *et seq.*).

[820] STJ, 1ª Turma, *RMS 22.968*, rel. Min. Luiz Fux, 8.2010.

Art. 151. É vedado à União:
I – instituir tributo que não seja uniforme em todo o território nacional ou que implique distinção ou preferência em relação a Estado, ao Distrito Federal ou a Município, em detrimento de outro, admitida a concessão de incentivos fiscais destinados a promover o equilíbrio do desenvolvimento socioeconômico entre as diferentes regiões do País;
II – tributar a renda das obrigações da dívida pública dos Estados, do Distrito Federal e dos Municípios, bem como a remuneração e os proventos dos respectivos agentes públicos, em níveis superiores aos que fixar para suas obrigações e para seus agentes;
III – instituir isenções de tributos da competência dos Estados, do Distrito Federal ou dos Municípios.

Art. 151: Vedações específicas à União

1. Inciso I: princípios da uniformidade geográfica da tributação e da isonomia jurídico-tributária das pessoas constitucionais

Na parte inicial do inciso I, determina-se que os *tributos federais* sejam uniformes em todo o território nacional, exigência que constitui o denominado *princípio da uniformidade geográfica da tributação*, que, por sua vez, é um subprincípio dos princípios da isonomia[821] e do federalismo.[822]

Tal princípio é consagrado desde a primeira Constituição republicana, a qual determinava fossem os impostos federais "uniformes para todos os Estados" (art. 7º, § 2º) e vedava "ao Governo federal, criar, de qualquer modo, distinções e preferências em favor dos portos de uns contra os de outros Estados" (art. 8º).

Do princípio analisado decorre a *vedação*, imposta à União, *de tratamento privilegiado* a Estados, ao Distrito Federal ou a Municípios, sendo impositiva, em princípio, a adoção das *mesmas regras-matrizes de incidência em todo o território nacional*, de modo que haja uma incidência uniforme dos tributos federais.[823] Haveria manifesta inconstitucionalidade caso, v.g., fosse prevista uma redução de alíquota ou de base de cálculo do IPI para as atividades industriais desenvolvidas no Estado de São Paulo.

O dispositivo também veicula o *princípio da isonomia jurídico-tributária das pessoas constitucionais*, que subjaz ao princípio da uniformidade geográfica da tributação.[824]

---

821 MELO. *Curso de Direito Tributário.* p. 30. Em sentido contrário, Pontes de Miranda defendia a criticável concepção de que a exigência de uniformidade dos impostos federais não tem qualquer relação com a igualdade na tributação: "O *impôsto*, como tudo que resulta de lei federal, há de ser *uniforme* em todo o território nacional. É a isso, e não à igualdade, que só se pode fundar noutras regas jurídicas constitucionais – no art. 153, § 1º, por exemplo – que se refere o art. 20, I" (*Comentários à Constituição de 1967; com a Emenda n. 1 de 1969.* p. 438).

822 Comentando a interdição que se encontrava no art. 7º, § 2º, da Constituição de 1891, Carlos Maximiliano destacava a sua importância para a federação, em fase de construção: "Assenta solidamente um regimen federativo sobre a harmonia dos interesses reciprocos entre os Estados. Cumpre que uns não se desenvolvam, graças a uma tributação iníqua, sobre as ruinas do commercio, da industria ou da agricultura dos outros; nem se colliguem os grandes para decretar impostos que os libertem da concurrencia dos pequenos [...] Se não fora aquella providencia constitucional, unir-se-iam uns Estados em detrimento de outros; da desharmonia de interesses resultaria a discordia social, causa do esphacelamento da federação" (MAXIMILIANO. *Comentários à Constituição de 1891.* p. 209). Nessa linha, Celso de Mello, em seus comentários à Constituição de 1969, nota que: "O princípio da uniformidade tributária (CF, art. 20, I) é uma conseqüência do federalismo, que pressupõe igualdade político-jurídica das unidades federadas" (MELLO FILHO. *Constituição Federal Anotada.* p. 126).

823 Em outros termos: além de o aspecto espacial (que determina o âmbito territorial de incidência da norma impositiva) haver de indicar todo o território nacional, não se admite a criação de normas impositivas específicas para determinados Estados, Municípios ou regiões do País. A(s) hipótese(s) de incidência, a(s) alíquota(s) e a(s) base(s) de cálculo devem ser idênticas em todo o território brasileiro.

824 Sobre esses princípios, cfr. CARRAZZA. *Curso de Direito Constitucional Tributário.* 18ª ed. p. 757-758.

Os princípios não se confundem: o princípio da isonomia diz respeito diretamente às pessoas constitucionais, exigindo que sejam tratadas de forma igual pela União; o princípio da uniformidade geográfica, por outro lado, concerne ao alcance territorial da tributação, tutelando os contribuintes situados na área geográfica das pessoas políticas, usualmente pessoas físicas ou jurídicas de direito privado.

Retomando-se o exemplo fornecido, pode-se afirmar que a redução de alíquota feriria frontalmente o princípio da uniformidade geográfica da tributação, ao instituir tratamento diferenciado entre contribuintes situados nos territórios do Estado de São Paulo e dos demais Estados; não violaria, de modo direto, o princípio da isonomia jurídico-tributária das pessoas constitucionais, porquanto não implicou a adoção de cargas tributárias diferenciadas entre tais entes (o que, com relação aos impostos, seria absolutamente inviável, diante da imunidade conferida pelo art. 150, VI, *a*). Violá-lo-ia de forma indireta, ao favorecer injustificadamente, por meio de uma distinção jurídico-tributária, o Estado de São Paulo econômica e financeiramente.

Na Constituição de 1969, não havia qualquer ressalva ao alcance do princípio da uniformidade geográfica, consagrado no seu art. 20, I; porém, já se admitia a concessão de incentivos fiscais para o desenvolvimento de regiões mais atrasadas economicamente.[825]

A parte final do art. 151, I, da CF/88 veio a prever expressamente essa possibilidade, trazendo uma *exceção* à vedação inicial: permite a instituição de tributos federais que *não sejam uniformes* em todo o território nacional, desde que sob a forma de incentivos fiscais criados com o escopo de *reduzir as desigualdades socioeconômicas entre as regiões brasileiras*.[826]

Obviamente, a região favorecida na seara tributária há de ser a mais desfavorecida social e economicamente, ou seja, a região mais pobre e menos desenvolvida. Trata-se, assim, da *permissão de tratamento desigual* (ou melhor, diferenciado), de modo que seja promovido o princípio da isonomia.[827]

A disparidade jurídico-tributária, note-se, é admitida entre "as diferentes regiões" do país, e não propriamente entre Estados.[828]

Restringindo-se a permissão à diferenciação entre regiões, não se afigura possível outorgar tratamento diferenciado a apenas determinadas categorias de pessoas que nelas residem ou estão sediadas:

> Os incentivos a que alude este inciso devem beneficiar a *região* como um todo (*v.g.*, a Região Norte); nunca apenas pessoas ou categorias de pessoas que a habitam. Não podem, pois, ser *setoriais*, favorecendo, por exemplo, apenas aos criadores de gado ou aos usineiros, sem repercutir, de modo positivo, na região carente.[829]

É evidente que a concessão de incentivos fiscais em desacordo com o mandamento do art. 151, I, da CF (isto é, que não sejam adequados e necessários a promover o equilíbrio socioeconômico entre as regiões do país) e a omissão na concessão de incentivos

---

[825] BALEEIRO. *Direito tributário brasileiro*. p. 155.

[826] Outro instrumento voltado à promoção do equilíbrio do desenvolvimento socioeconômico entre as regiões é a destinação de parte da receita do IR e do IPI (3%) a programas de financiamento ao setor produtivo das Regiões Norte, Nordeste e Centro-Oeste, estabelecida pelo art. 159, I, *c*, da CF.

[827] Sobre o princípio da isonomia tributária, vide os comentários ao art. 150, II.

[828] Exemplos de incentivos regionais são aqueles concedidos à Zona Franca de Manaus, mantida, conjuntamente com seus incentivos fiscais, por um prazo de 25 anos pelo art. 40 do ADCT.

[829] CARRAZZA. *Curso de Direito Constitucional Tributário*. 18ª ed. p. 758. Nessa linha, Misabel Derzi preleciona: "Ora, benefícios, isenções, incentivos regionais ou setoriais somente são admitidos pela Constituição, quando existirem razões de justiça social, superior interesse público e sempre para reverter em favor da coletividade como um todo. De modo algum, nossa Carta autoriza a concessão de privilégios ou o agravamento das grandes desigualdades interpessoais entre grupos ou regiões" (*Notas* ao livro *Direito Tributário Brasileiro*, de Aliomar Baleeiro. p. 161).

regionais estão sujeitas ao controle jurisdicional, por força do princípio da universalidade da jurisdição (art. 5º, XXXV, da CF).

Esse controle, todavia, resta debilitado pela jurisprudência do STF no sentido de que o Poder Judiciário não pode analisar o mérito das isenções concedidas (salvo se evidentemente desarrazoado)[830] e tampouco pode atuar como legislador positivo, estendendo incentivos às regiões ou aos contribuintes indevidamente excluídos do seu âmbito de abrangência.[831]

- **Precedente citado**

Incentivos fiscais regionais. Impossibilidade da análise do seu mérito pelo Poder Judiciário: RECURSO EXTRAORDINÁRIO. IPI. CONCESSÃO DE BENEFÍCIOS. ALÍQUOTAS REGIONALIZADAS. LEI 8.393/91. DECRETO 2.501/98. ADMISSIBILIDADE. 1. Incentivos fiscais concedidos de forma genérica, impessoal e com fundamento em lei específica. Atendimento dos requisitos formais para sua implementação. 2. A Constituição na parte final do art. 151, I, admite a "concessão de incentivos fiscais destinados a promover o equilíbrio do desenvolvimento socioeconômico entre as diferentes regiões do país". 3. A concessão de isenção é ato discricionário, por meio do qual o Poder Executivo, fundado em juízo de conveniência e oportunidade, implementa suas políticas fiscais e econômicas e, portanto, a análise de seu mérito escapa ao controle do Poder Judiciário. Precedentes: RE 149.659 e AI 138.344-AgR. 4. Não é possível ao Poder Judiciário estender isenção a contribuintes não contemplados pela lei, a título de isonomia (RE 159.026). 5. Recurso extraordinário não conhecido. (STF, 1ª Turma, **RE 344.331**, rel. Min. Ellen Gracie, 2.2003)

2. Inciso II: uniformidade da tributação da renda das obrigações da dívida pública e das remunerações e dos proventos dos agentes públicos

A União pode tributar a renda das obrigações da dívida pública dos Estados, do Distrito Federal e dos Municípios, que, por ser auferida pelos investidores, não está albergada pela imunidade tributária recíproca. *Também pode tributar a remuneração e os proventos dos seus servidores públicos*, o que, aliás, é previsto expressamente nos arts. 157, I, e 158, I, da CF (que conferem aos Estados, ao Distrito Federal e aos Municípios o produto da arrecadação do IRRF incidente sobre os valores pagos a seus servidores e pensionistas). Na realidade, a União está obrigada a fazê-lo, sob pena de malferir o princípio da isonomia tributária.[832]

Não é permitido à União, entretanto, *tributar tais manifestações de capacidade contributiva de modo mais gravoso do que o previsto para as que lhe são relacionadas*. Caso contrário, os títulos da dívida pública e os cargos públicos federais tornar-se-iam, por um ardil tributário empregado pela própria União, mais atrativos do que os estaduais, os distritais e os municipais. A União, através do exercício do seu poder impositivo, colocar-se-ia ilegitimamente numa situação de vantagem perante os demais entes políticos.

Tendo em mente que a proibição *visa a evitar que a União seja favorecida nas suas relações com os investidores ou com os seus agentes públicos*, por meio da redução da carga tributária que lhes é imposta, resta nítido que caracteriza uma *projeção do princípio da isonomia* das pessoas políticas. E, sob o viés das relações entre os contribuintes, a vedação concernente à tributação da remuneração e dos proventos dos agentes públicos

[830] STF, 1ª Turma, *RE 344.331*, rel. Min. Ellen Gracie, 2.2003; 2ª Turma, RE 149.659, rel. Min. Paulo Brossard, 10.1994.

[831] Sobre a tese da ilegitimidade da atuação como legislador positivo e a sua incipiente superação, vide os comentários ao art. 150, II.

[832] A respeito da necessidade de tributar as rendas oriundas das obrigações da dívida pública, Pontes de Miranda já advertia: "Pollticamente, exonerar do ônus tributário os possuidores de títulos da dívida pública é deixar a coberto de obrigações públicas uma classe, uma parte da classe dos ricos, a dos ricos inativos. Amanhã se isentarão dêle os que possuírem ações de bancos, de emprêsas de certas indústrias, e terá sido letra morta o princípio da isonomia" (*Comentários à Constituição de 1967; com a Emenda n. 1 de 1969*. p. 476).

constitui uma projeção do princípio da isonomia tributária (art. 150, II), que interdita a instituição de tratamento tributário desigual entre contribuintes em razão de suas ocupações profissionais ou de suas funções.[833]

3. Inciso III: vedação de isenções heterônomas

O inciso III veda as denominadas *isenções heterônomas* (isenções concedidas por pessoa política diversa da titular da competência tributária), rejeitando à União o poder que, relativamente aos impostos, lhe era expressamente outorgado pelas Constituições de 1967 (art. 20, § 2º) e de 1969 (art. 19, § 2º).

Tal vedação encontra fundamento no princípio da isonomia das pessoas constitucionais e no fato de que, em princípio, *o titular da competência para instituir tributos é*, também, *o titular exclusivo da competência para instituir isenções* à sua incidência.

Por força desse dispositivo, no atual regime constitucional a União não pode estabelecer isenções de tributos (impostos, taxas, contribuições etc.) de outros entes políticos.[834] Essa é a regra geral, que comporta *certas exceções*. São admitidas isenções heterônomas:

i) concedidas por lei complementar frente ao *ICMS e ao ISS sobre as exportações de produtos e serviços*, como autorizado expressamente pelos arts. 155, § 2º, XII, *e,* e 156, § 3º, II, da CF; e

ii) quando instituídas pela União *representando a República Federativa do Brasil*, mas não enquanto ente federativo interno. Com efeito, o STF considera que *tratados internacionais internalizados podem instituir isenções de tributos estaduais, distritais e municipais*, uma vez que o "âmbito de aplicação do art. 151, CF é o das relações das entidades federadas entre si. Não tem por objeto a União quando esta se apresenta na ordem externa".[835]

As isenções heterônomas concedidas pela União representando a República têm de corresponder a um interesse público de caráter nacional. Esse condicionamento figurava, de modo expresso, nas Constituições de 1967 (art. 20, § 2º) e 1969 (art. 19, § 2º), as quais, ao autorizar a União a conceder isenções heterônomas, aludiam à finalidade de atender-se a "relevante interêsse social ou econômico nacional".[836] Dita condição vigora implicitamente no atual sistema constitucional.

Outrossim, sendo a vedação restrita aos tributos, *não há*, em princípio, *óbice a que a União estabeleça isenções de multas estaduais, distritais ou municipais*. Em se tratando

---

[833] A propósito da diferenciação da tributação de servidores vinculados a entes públicos diversos, vide a ADI 3.128, analisada nos comentários ao art. 149, § 1º.

[834] Consignamos, contudo, que orientação diversa foi aplicada pelo STF para isenção de emolumentos, que se qualificam como taxas (STF, Pleno, ADC 5, rel. p/ ac. Min. Ricardo Lewandowski, 6.2007). Nessa ação, questionou-se a constitucionalidade da Lei 9.534/97, que concedeu gratuidade para o registro de nascimento e assento de óbito, para a primeira certidão desses atos e, de modo geral, para as certidões requeridas por pessoas reconhecidamente pobres. O Pretório Excelso considerou que, no caso, haveria competência legislativa da União, forte no art. 22, XXV, da CF. A ementa não aborda a questão, mas o voto vencido que o Ministro Carlos Velloso proferiu quando do exame da cautelar é elucidativo: "A questão tem que ver com as isenções denominadas heterônomas – CF, art. 151, III – isenções concedidas por lei de pessoa pública que não é titular da competência para instituir o tributo. A isenção heterônoma não é, de regra, admitida pela Constituição: art. 151, III. As custas e emolumentos constituem espécie tributária, são taxas, é da jurisprudência do Supremo Tribunal Federal. Essas taxas são do Estado-Membro. Proibida estaria a União, em conseqüência, de estabelecer isenções quanto a essas taxas. Ter-se-ia, no caso, isenção heterônoma, vedada pela Constituição, art. 151, III".

[835] STF, Pleno, ADI 1.600, rel. p/ ac. Min. Nelson Jobim, 11.2001, excerto da ementa. No mesmo sentido: STF, Pleno, *RE 229.096*, rel. p/ ac. Min. Cármen Lúcia, 8.2007.

[836] Eis a redação do art. 19, § 2º, da CF/1969, quase idêntica à do art. 20, § 2º, da CF/1967: "§ 2º A União, mediante lei complementar e atendendo a relevante interêsse social ou econômico nacional, poderá conceder isenções de impostos estaduais e municipais".

de isenções preexistentes à CF/88, foram recepcionadas por esta, tal como se verificou com a isenção outorgada à massa falida em relação às multas fiscais moratórias.[837]

Tampouco foram revogadas as isenções de tributos estaduais e municipais concedidas antes de 1988 pela União, contanto que o tenham sido sob condição e por prazo certo (tal como a isenção do ICMS em razão do Programa de Exportação – BEFIEX), uma vez que o contribuinte possui direito adquirido a elas, devidamente resguardado pela regra de transição do art. 41, § 2º, do ADCT.[838]

Vale frisar que as isenções heterônomas, vedadas pelo preceito, *não se confundem com as isenções conferidas pelos Estados mediante convênio*[839] *e tampouco com formas de determinação do quantum devido*, como se verificou com o mandamento do art. 155, § 2º, XI, da CF de que o valor do IPI não integre, em certas hipóteses, a base de cálculo do ICMS.[840]

Por fim, há de ser assinalado que, embora esse dispositivo seja dirigido apenas à União, a vedação da criação de imunidades ou de isenções heterônomas *também se aplica aos Estados no que diz respeito aos tributos municipais*.

O estabelecimento de tais imunidades ou isenções caracterizaria uma indevida interferência dos Estados na competência impositiva dos Municípios, em ofensa ao princípio federativo.

Esse entendimento, note-se, já foi acolhido pelo STF quando declarou a inconstitucionalidade de dispositivo de constituição estadual que estendia às entidades de radiodifusão a imunidade dos livros, jornais e periódicos consagrada pelo art. 150, VI, *d*, da CF.[841]

• Precedentes citados

Isenções do ICMS concedidas mediante convênio. Legitimidade: CONSTITUCIONAL. TRIBUTÁRIO. ICMS. IMPORTAÇÃO REALIZADA SOB O REGIME "DRAW BACK" – ISENÇÃO. I. – Isenção concedida mediante convênio celebrado pelo Estado-membro. Inocorrência de ofensa ao art. 151, III, da Constituição Federal. II. – Agravo não provido. (STF, 2ª Turma, **RE 206.397 AgR**, rel. Min. Carlos Velloso, 2.1998)

Isenção de tributo estadual concedida por tratado internacional (GATT). Legitimidade: DIREITO TRIBUTÁRIO. RECEPÇÃO PELA CONSTITUIÇÃO DA REPÚBLICA DE 1988 DO ACORDO GERAL DE TARIFAS E COMÉRCIO. ISENÇÃO DE TRIBUTO ESTADUAL PREVISTA EM TRATADO INTERNACIONAL

[837] STF, 1ª Turma, AI 197.625 AgR, rel. Min. Moreira Alves, 9.1997: "Pela Súmula 565 desta Corte, a multa fiscal moratória constitui pena administrativa e por isso não se constitui no crédito habilitado em falência. Tendo, pois, tal multa a natureza de pena administrativa, não se lhe aplica o disposto no § 6º do artigo 150 e no inciso III do artigo 151, ambos da Constituição, porquanto ambos esses dispositivos dizem respeito a tributos", trecho da decisão monocrática do Ministro Moreira Alves, que foi confirmada pelo colegiado em sede de agravo regimental. A ementa do julgado não refere a questão relativa ao art. 151, III, da CF.

[838] STF, 2ª Turma, RE 169.880, rel. Min. Carlos Velloso, 10.1996. Como sumulado pelo STF: "isenções tributárias concedidas, sob condição onerosa, não podem ser livremente suprimidas" (Súmula 544, que encontra supedâneo no art. 178 do CTN, *a contrario sensu*). Portanto, tais isenções, mesmo que não confirmadas por lei, não se submetem ao prazo de dois anos do art. 41, § 1º, do ADCT.

[839] STF, 2ª Turma, *RE 206.397 AgR*, rel. Min. Carlos Velloso, 2.1998.

[840] STF, 2ª Turma, RE 170.412, rel. Min. Carlos Velloso, 9.1996: "A isenção tributária subtrai bens ou pessoas ao princípio da generalidade da tributação [...] Não incluir o IPI na base de cálculo do ICMS não é isentar do ICMS. Isenção consiste em dispensar o contribuinte do pagamento do imposto", excerto do acórdão recorrido, proferido pelo TJ/SP, que o Ministro Carlos Velloso acolheu como razão de decidir quanto à alegação de que a forma de cálculo do ICMS configuraria, no caso, isenção heterônoma. A ementa do julgado não refere a questão atinente ao art. 151, III, da CF.

[841] STF, Pleno, ADI 773 MC, rel. Min. Néri da Silveira, 9.1992. A ementa, lavrada pelo relator que foi vencido em parte, não é elucidativa. Colhem-se do voto do Ministro Carlos Velloso as razões que fundamentaram a decisão da Corte: "... a regra é que o Estado-membro não pode conceder isenções e imunidades relativamente aos tributos municipais, por isso que o sistema tributário municipal está inscrito na Constituição Federal. Não há como, pois, entender possa o Estado-membro legislar em relação aos tributos municipais, quando o sistema tributário municipal está na Constituição Federal. Isso atentaria contra a autonomia municipal, já que o Estado estaria fazendo mais do que lhe concede a Constituição no sistema da competência residual".

FIRMADO PELA REPÚBLICA FEDERATIVA DO BRASIL. ARTIGO 151, INCISO III, DA CONSTITUIÇÃO DA REPÚBLICA. ARTIGO 98 DO CÓDIGO TRIBUTÁRIO NACIONAL. NÃO CARACTERIZAÇÃO DE ISENÇÃO HETERÔNOMA. RECURSO EXTRAORDINÁRIO CONHECIDO E PROVIDO. 1. A isenção de tributos estaduais prevista no Acordo Geral de Tarifas e Comércio para as mercadorias importadas dos países signatários quando o similar nacional tiver o mesmo benefício foi recepcionada pela Constituição da República de 1988. 2. O artigo 98 do Código Tributário Nacional "possui caráter nacional, com eficácia para a União, os Estados e os Municípios" (voto do eminente Ministro Ilmar Galvão). 3. No direito internacional apenas a República Federativa do Brasil tem competência para firmar tratados (art. 52, § 2º, da Constituição da República), dela não dispondo a União, os Estados-membros ou os Municípios. O Presidente da República não subscreve tratados como Chefe de Governo, mas como Chefe de Estado, o que descaracteriza a existência de uma isenção heterônoma, vedada pelo art. 151, inc. III, da Constituição. 4. Recurso extraordinário conhecido e provido. (STF, Pleno, **RE 229.096**, rel. Min. Ilmar Galvão, rel. p/ ac. Min. Cármen Lúcia, 8.2007)

Trata-se de julgamento unânime. O relator originário, Ministro Ilmar Galvão, centrou o seu voto na exegese do art. 98 do CTN. Já o Ministro Celso de Mello fundamentou a sua posição diretamente na soberania da República Federativa do Brasil, pessoa jurídica de direito internacional público, inconfundível com a União Federal. Esta é a linha predominante na Corte, tendo sido expressa com argúcia pelo Ministro Celso de Mello: "Estabelecidas tais premissas, torna-se possível constatar que a vedação constitucional em causa, fundada no art. 151, III, da Constituição, incide, unicamente, sobre a União Federal, enquanto pessoa jurídica de direito público interno, responsável, nessa específica condição, pela instauração de uma ordem normativa autônoma meramente parcial, inconfundível com a posição institucional de soberania do Estado Federal brasileiro, que ostenta, este sim, a qualidade de sujeito de direito internacional público e que constitui, no plano de nossa organização política, a expressão mesma de uma comunidade jurídica global, investida do poder de gerar uma ordem normativa de dimensão nacional e total, essencialmente diversa, em autoridade, eficácia e aplicabilidade, daquela que se consubstancia nas leis e atos de caráter simplesmente federal. Sob tal perspectiva, nada impede que o Estado Federal brasileiro celebre tratados internacionais que veiculem cláusulas de exoneração tributária, em matéria de ICMS, pois a República Federativa do Brasil, ao exercer o seu *treaty-making power*, estará praticando ato legítimo que se inclui na esfera de suas prerrogativas como pessoa jurídica de direito internacional público, que detém – em face das unidades meramente federadas - o monopólio da soberania e da personalidade internacional." (suprimimos os destaques)

Art. 152. É vedado aos Estados, ao Distrito Federal e aos Municípios estabelecer diferença tributária entre bens e serviços, de qualquer natureza, em razão de sua procedência ou destino.

Art. 152: Vedação da discriminação de bens ou de serviços em virtude de sua procedência ou destino

Nesse comando, a Constituição da República veicula uma *especificação dos princípios federativo e da isonomia tributária*, ao proibir que os Estados, o Distrito Federal e os Municípios estabeleçam diferenciações tributárias em razão da procedência ou do destino de bens e/ou serviços.[842]

Veio a reforçar, portanto, *o princípio da uniformidade geográfica da tributação* do art. 151, I, que é dirigido à União. Da mesma forma como é vedada a tributação federal que não seja uniforme no território nacional, é interditada a tributação estadual, distrital ou municipal que seja mais gravosa para os bens e os serviços procedentes de outras localidades ou a elas destinados.

A interdição *objetiva evitar que o mercado interno seja tutelado por indevidas barreiras tributárias*, o que perturbaria a livre circulação de mercadorias e a liberdade de prestação de serviços no território nacional.

[842] No âmbito da Comunidade Europeia, adota-se uma interdição de discriminação análoga, ao estabelecer-se que: "Nenhum Estado-membro gravará direta ou indiretamente os produtos dos demais Estados-membros com tributos internos, qualquer que seja a sua natureza, superiores aos que gravem direta ou indiretamente os produtos nacionais similares" (art. 95 do TCE).

A tributação estadual e a municipal devem ser neutras relativamente à origem e ao destino dos bens e serviços. Como leciona Baleeiro:

> Toda retaliação para proteger da concorrência de fora o produtor, comerciante ou, enfim, contribuinte da Pessoa de Direito Público tributante, é inconstitucional, seja onerando o produto acabado que entre, seja restringindo a saída de matérias-primas destinadas a competidores situados fora.[843]

Não se pode estabelecer uma tributação mais gravosa para os produtos e os serviços do Estado *X* ou do Município *A* perante os internos. Tampouco é viável que os Estados, o Distrito Federal ou os Municípios instituam distinções tributárias entre os produtos e os serviços provenientes do Estado *X* perante os do Estado *Y*, do Município *A* perante o Município *B* etc.

Da mesma forma, é interditado constitucionalmente estabelecer distinções tributárias para os produtos e os serviços destinados a uma pessoa constitucional determinada.

Enfim, *o local de procedência ou de destino dos bens ou dos serviços é um critério de discrímen ilegítimo para fins tributários*, não podendo ser levado em conta para a instituição de diferenciações na carga tributária. Segundo preleciona Paulo de Barros Carvalho: "Em consonância com essa regra constitucional (art. 152), a procedência e o destino são índices inidôneos para efeito de manipulação das alíquotas e da base de cálculo pelos legisladores dos Estados, dos Municípios e do Distrito Federal. E o dispositivo se refere a *bens e serviços de qualquer natureza*".[844]

Conflita com a Constituição, por exemplo:

i) o estabelecimento de *pautas de valores*, para as operações interestaduais, *significativamente superiores* àquelas previstas para as operações intermunicipais;[845]

ii) a *redução da base de cálculo do ICMS para as operações internas*;[846] e

iii) *a incidência do ICMS sobre a entrada de mercadorias* provenientes de outras unidades da Federação,[847] notadamente por se tratar de imposto devido ao Estado de origem, não de destino.

Autoriza-se, contudo, *a exigência de recolhimento antecipado do imposto* quando a mercadoria for destinada a outro Estado, o que não se considera tratamento tributário diferenciado em razão do destino dos bens.[848]

Mister destacar, por fim, o fato de o preceito vedar "diferença tributária" e alcançar, pois, *todas as espécies tributárias*. Mas, ante o rol dos tributos que recaem na competência dos Estados, do Distrito Federal e dos Municípios, resta claro que a vedação se dirige fundamentalmente aos impostos e às taxas.

• Precedentes citados

Pautas de valores majoradas para operações interestaduais. Inconstitucionalidade: AÇÃO DIRETA DE INCONSTITUCIONALIDADE – LIMINAR. Verificados os pressupostos pertinentes à liminar, impõe-se a respectiva concessão. Isto ocorre quando, mediante portaria de Secretário da Fazenda, o Estado acaba por legislar sobre comércio interestadual, olvidando o inciso VIII do artigo 22 da Carta da República, e o faz mediante adoção de diferença tributária, considerados o destino e a procedência dos bens – artigo 152 do aludido diploma. À primeira visão, contraria a lei básica o estabelecimento de pautas de valores diferenciados para operações intermunicipais e interestaduais, majorando-se estas em mais de 1.000%. (STF, Pleno, **ADI 349 MC**, rel. Min. Marco Aurélio, 9.1990)

---

843 BALEEIRO. *Direito tributário brasileiro*. p. 163.

844 CARVALHO. *Curso de Direito Tributário*. p. 163.

845 STF, Pleno, *ADI 349 MC*, rel. Min. Marco Aurélio, 9.1990.

846 STF, Pleno, *ADI 3.389*, rel. Min. Joaquim Barbosa, 9.2007.

847 STF, Pleno, *ADI 4.565 MC*, rel. Min. Joaquim Barbosa, 4.2011.

848 STF, 2ª Turma, *RE 167.034 AgR*, rel. Min. Néri da Silveira, 12.1999.

Benefício fiscal para produtos originários do próprio Estado. Inconstitucionalidade: AÇÃO DIRETA DE INCONSTITUCIONALIDADE. TRIBUTÁRIO. ICMS. BENEFÍCIO FISCAL. REDUÇÃO DA CARGA TRIBUTÁRIA CONDICIONADA À ORIGEM DA INDUSTRIALIZAÇÃO DA MERCADORIA. SAÍDAS INTERNAS COM CAFÉ TORRADO OU MOÍDO. DECRETO DE 35.528/2004 DO ESTADO DO RIO DE JANEIRO. VIOLAÇÃO DO ART. 152 DA CONSTITUÇÃO. O Decreto 35.528/2004, do estado do Rio de Janeiro, ao estabelecer um regime diferenciado de tributação para as operações das quais resultem a saída interna de café torrado ou moído, em função da procedência ou do destino de tal operação, viola o art. 152 da Constituição. Ação Direta de Inconstitucionalidade conhecida e julgada procedente. (STF, Pleno, **ADI 3.389**, rel. Min. Joaquim Barbosa, 9.2007)

Como se assinalou no precedente: "... a salvaguarda instituída pelo art. 152 da Constituição não se limita à preservação dos interesses dos entes federados. Mais que isso, cuida-se de garantia da própria Federação e das atividades econômicas e produtivas contra eventuais arroubos protecionistas, consistentes na tentativa de preservação de mercados internos para os produtos locais" (trecho do voto do relator).

Exigência do ICMS pelo Estado de destino, em razão da entrada de mercadorias. Bitributação. Inconstitucionalidade: [...] LIBERDADE DE TRÁFEGO DE BENS E PESSOAS (ARTS. 150, V E 152 DA CONSTITUIÇÃO). DUPLICIDADE DE INCIDÊNCIA (BITRIBUTAÇÃO – ART. 155, § 2º, VII, B DA CONSTITUIÇÃO). GUERRA FISCAL VEDADA (ART. 155, § 2º, VI DA CONSTITUIÇÃO). MEDIDA CAUTELAR DEFERIDA. Tem densa plausibilidade o juízo de inconstitucionalidade de norma criada unilateralmente por ente federado que estabeleça tributação diferenciada de bens provenientes de outros estados da Federação, pois: (a) Há reserva de resolução do Senado Federal para determinar as alíquotas do ICMS para operações interestaduais; (b) O perfil constitucional do ICMS exige a ocorrência de operação de circulação de mercadorias (ou serviços) para que ocorra a incidência e, portanto, o tributo não pode ser cobrado sobre operações apenas porque elas têm por objeto "bens", ou nas quais fique descaracterizada atividade mercantil-comercial; (c) No caso, a Constituição adotou como critério de partilha da competência tributária o estado de origem das mercadorias, de modo que o deslocamento da sujeição ativa para o estado de destino depende de alteração do próprio texto constitucional (reforma tributária). Opção política legítima que não pode ser substituída pelo Judiciário. Medida liminar concedida para suspender a eficácia prospectiva e retrospectiva (*ex tunc*) da Lei estadual 6.041/2010. (STF, Pleno, **ADI 4.565 MC**, rel. Min. Joaquim Barbosa, 4.2011)

Antecipação do imposto em operações interestaduais. Legitimidade: Recurso extraordinário. 2. ICMS. Operações interestaduais. 3. Antecipação do pagamento do imposto. 4. Não ofensa ao art. 152, da CF. 5. Recurso extraordinário inadmitido. 6. Agravo regimental a que se nega provimento. (STF, 2ª Turma, **RE 167.034 AgR**, rel. Min. Néri da Silveira, 12.1999)

Capítulo III: Impostos da União

Seção III

DOS IMPOSTOS DA UNIÃO

Art. 153. Compete à União instituir impostos sobre:
I – importação de produtos estrangeiros;
II – exportação, para o exterior, de produtos nacionais ou nacionalizados;
III – renda e proventos de qualquer natureza;
IV – produtos industrializados;
V – operações de crédito, câmbio e seguro, ou relativas a títulos ou valores mobiliários;
VI – propriedade territorial rural;
VII – grandes fortunas, nos termos de lei complementar.

Art. 153: Outorga de competência para a instituição dos impostos federais nominados

Compete privativamente à União instituir os impostos arrolados no art. 153 da CF, quais sejam: os impostos de importação (I.I., inciso I), de exportação (I.E., inciso II), de renda (IR, inciso III) e os impostos sobre os produtos industrializados (IPI, inciso IV), as operações financeiras (IOF, inciso V), a propriedade territorial rural (ITR, inciso VI) e as grandes fortunas (IGF, inciso VII).

Também é facultado à União instituir impostos não previstos no texto constitucional, com base na *competência residual* atribuída pelo art. 154, I.

São evidentes os motivos da atribuição à União da competência para instituir os impostos sobre o comércio exterior (I.I. e I.E.). Ditos tributos têm uma relevante função regulatória e cabe à União a competência privativa para legislar sobre comércio exterior (art. 22, VIII, da CF). Também o IPI e o IOF desempenham um importante papel na intervenção estatal sobre o domínio econômico, mediante a majoração ou a redução da carga tributária.

Ademais, a tributação das exportações e das importações, assim como a da renda e das grandes fortunas, deve ser uniforme em todo o território nacional, o que leva à atribuição da competência impositiva à União, mesmo que se pudesse cogitar da delegação da capacidade tributária ativa aos Estados ou aos Municípios.

1. Inciso I: Imposto de Importação

O Imposto de Importação tem uma importantíssima *função extrafiscal*, nomeadamente a de regular a introdução de produtos estrangeiros na economia brasileira. Constitui um instrumento hábil a que:

a) por meio de uma *tributação acentuada* sobre as importações: seja estimulada a produção interna e, consequentemente, a nossa economia; e sejam protegidas as nossas reservas cambiais quando haja um descompasso entre importações e exportações, assim como a nossa economia contra eventuais tentativas de *dumping* estrangeiro;

b) mediante a *atenuação da tributação* seja estimulada a competitividade da produção nacional, forçando-a a aprimorar a qualidade e/ou a reduzir os preços dos produtos de fabricação brasileira, protegendo, assim, o consumidor contra a ganância ou a acomodação do produtor nacional.[849]

Essas relevantes funções não fiscais desempenhadas pelo Imposto de Importação justificam a dispensa da observância da anterioridade de exercício e nonagesimal (art. 150, § 1º), bem como a atenuação da reserva absoluta de lei tributária (art. 153, § 1º).

1.1. Materialidade

A Constituição outorga competência à União para instituir e cobrar imposto sobre a "*importação de produtos estrangeiros*".

É válido dissecar o conteúdo dessa previsão, de modo a explicitar o alcance da competência tributária da União, por meio da análise dos conceitos de importação e de produtos estrangeiros.

A *importação*, em sentido amplo, consiste no ato de introduzir num determinado País, Estado ou Município bem proveniente de outro. A Constituição, contudo, não empregou o termo nessa amplíssima acepção: a importação que está sujeita à incidência do I.I. é apenas aquela consistente na *introdução, no território nacional, de bem proveniente de outro País*. A União somente tem competência para instituir o I.I. sobre as importações entre Países, e não entre Estados ou Municípios.

Neste caso, de circulação de bens no território nacional, pode haver tributação pelo ICMS, mas não pelo I.I. Essa assertiva é reforçada pela referência do preceito aos "produtos estrangeiros", que, numa acepção mais rigorosa, consistem nos produtos produzidos fora do País.

Por outro lado, a importação de que trata o dispositivo *não se caracteriza pela mera introdução física do produto no País*. Para que incida o I.I., *é imprescindível que haja a incorporação do produto à economia interna*.[850] Por exemplo, o ingresso de produtos no Brasil com destino a outro País (ou seja, em trânsito no Brasil) ou para a exposição em feiras não pode ser tributado pelo I.I., pois não implica a sua introdução na economia interna brasileira.[851]

No que concerne aos bens sujeitos à incidência do Imposto de Importação, impende frisar que a competência para a sua instituição *não abrange todos e quaisquer bens, mas tão somente os produtos*, que são uma espécie de bens, como exposto nos comentários ao art. 149, § 2º, II.

Demais disso, *somente os produtos estrangeiros* estão sujeitos à incidência do I.I., o que inviabiliza a cobrança desse imposto sobre os produtos nacionais, mesmo que tenham sido exportados e ulteriormente internalizados no mercado nacional. Podem ser tributa-

---

[849] Vide FERREIRA FILHO. *Comentários à Constituição brasileira de 1988*. v. 2, p. 116.

[850] Nesse sentido: SOUZA, Fátima Fernandes. In: MARTINS (Coord.). *Comentários ao Código Tributário Nacional*. v. 1. p. 166; MELO. *A importação no Direito Tributário*. p. 49; PAULSEN; MELO. *Impostos: federais, estaduais e municipais*. p. 12.

[851] SOUZA, Fátima Fernandes. In: MARTINS (Coord.). *Comentários ao Código Tributário Nacional*. v. 1. p. 166.

dos unicamente os produtos *de origem estrangeira*, e não aqueles que são meramente de procedência estrangeira.[852]

- **Precedente citado**

Mercadoria nacional reimportada. Impossibilidade de incidência do imposto: IMPOSTO DE IMPORTAÇÃO. Ao considerar estrangeira, para efeito de incidência do tributo, a mercadoria nacional reimportada, o art. 93 do Decreto-lei n. 37-66 criou ficção incompatível com a Constituição de 1946 (Emenda n. 18, art. 7., I), no dispositivo correspondente ao art. 21, I, da Carta em vigor. Recurso extraordinário provido, para concessão da segurança e para a declaração de inconstitucionalidade do citado art. 93 do Decreto-lei n. 37-66. (STF, Pleno, **RE 104.306**, rel. Min. Octavio Gallotti, 3.1986)

- **Questões específicas**

***Leasing* de bem estrangeiro. Qualificação como importação. Incidência do Imposto de Importação. Exclusão do regime de admissão temporária. Legitimidade:** CONSTITUCIONAL. TRIBUTÁRIO. IMPOSTO DE IMPORTAÇÃO. IMPOSTO SOBRE PRODUTOS INDUSTRIALIZADOS. IMPORTAÇÃO. ARRENDAMENTO MERCANTIL (*LEASING*). INCIDÊNCIA. 1. Recurso extraordinário em que se argumenta a não incidência do II e do IPI sobre operação de importação de sistema de tomografia computadorizada, amparada por contrato de arrendamento mercantil. 2. Alegada insubmissão do arrendamento mercantil, que seria um serviço, ao fato gerador do imposto de importação (art. 153, I da Constituição). Inconsistência. Por se tratar de tributos diferentes, com hipóteses de incidência específicas (prestação de serviços e importação, entendida como a entrada de bem em território nacional – art. 19 do CTN), a incidência concomitante do II e do ISS não implica bitributação ou de violação de pretensa exclusividade e preferência de cobrança do ISS. [...] (STF, 2ª Turma, RE 429.306, rel. Min. Joaquim Barbosa, 2.2011)

O precedente diz respeito a uma operação de *leasing financeiro*. Considerou-se, no acórdão recorrido, que essa modalidade de *leasing* não caracterizaria prestação de serviços, mas uma efetiva importação. Sem embargo, tal entendimento contrasta com a jurisprudência do Plenário do STF, que vislumbra a existência de prestação de serviços no *leasing financeiro*, de modo a sujeitá-lo ao ISS (STF, Pleno, *RE 547.245*, rel. Min. Eros Grau, 12.2009). O relator do julgado, Ministro Joaquim Barbosa, tentou evitar a aparente contradição, asseverando que: "A prestação de serviços e a importação de bem são componentes distintos de uma mesma realidade, considerada a *importação de sistema computadorizado de tomografia, mediante contrato de arrendamento mercantil* (*leasing*). Por se tratar de tributos diferentes, com hipóteses de incidência específicas (prestação de serviços e importação, entendida como a entrada de bem em território nacional – art. 19 do CTN), a incidência de ambos não implica bitributação ou de violação de pretensão exclusividade e preferência de cobrança do ISS".

1.2. Aspecto temporal

Ao aludir à "importação", a Constituição da República exige que o aspecto temporal (elemento que indica quando incide a norma tributária) a ser eleito pelo legislador para a criação da regra-matriz de incidência do I.I. diga respeito à *fase conclusiva do processo de importação*. Tratativas pré-contratuais, celebração de contratos e preparativos que antecedem a vinda dos produtos não bastam à incidência da exação: para tanto, *é imprescindível que haja o deslocamento físico dos produtos, com a sua entrada no território nacional*.

Assiste ao legislador, todavia, certa margem de discricionariedade para eleger qualquer momento integrante da fase conclusiva do processo de importação.

Exercendo tal discricionariedade, o legislador previu que o aspecto temporal da hipótese de incidência do I.I. indica o momento da entrada dos produtos estrangeiros no território nacional (art. 19 do CTN), que se reputa verificado na data do *registro*, na repartição aduaneira, *da declaração de importação*, quando se trata da hipótese mais comum de mercadoria despachada para consumo (art. 23 c/c art. 44, ambos do Decreto-Lei 37/66).

Em virtude de o aspecto temporal indicar o momento de incidência da norma tributária, considera-se que *a alíquota a ser aplicada é aquela vigente na data do registro da declaração de importação*: "a alíquota incidente sobre as importações de mercadorias entradas no território nacional é definida pela norma vigente no momento em que se

---

[852] STF, Pleno, *RE 104.306*, rel. Min. Octavio Gallotti, 3.1986. Cfr. SOUZA, Fátima Fernandes. In: MARTINS (Coord.). *Comentários ao Código Tributário Nacional*. v. 1. p. 169.

efetivou o registro da declaração apresentada pelo importador à repartição alfandegária competente, sendo irrelevante, para esse específico efeito, a data da celebração, no Brasil ou no exterior, do contrato de compra e venda relativo ao produto importado, ou, então, o instante em que embarcadas as mercadorias adquiridas no estrangeiro, ou, ainda, o momento do ingresso físico desses bens no território nacional", entendimento que tem respaldo, ainda, no argumento pragmático da "necessidade de o Poder Público, em tema de imposto sobre a importação, "tornar precisa, no espaço, no tempo e na circunstância, a ocorrência do fato gerador".[853]

Cabe registrar que *esse entendimento é severamente criticado por doutrinadores de escol, por não valorizar adequadamente o princípio da segurança jurídica*, permitindo que o importador sofra vultosa majoração da carga tributária quando a operação de importação já é irreversível, sendo-lhe, por vezes, extremamente gravosa, a tal ponto que, se tivesse ciência prévia da alíquota a ser aplicada, teria deixado de proceder à importação.

- **Precedentes citados**

Supremo Tribunal Federal:

Aumento de alíquota após a aquisição de mercadorias no exterior. Legitimidade da aplicação da alíquota majorada: Imposto de importação: automóveis de passeio: aumento da alíquota (CF, art. 153, I, e § 1º): incidência sobre mercadorias já adquiridas, quando da edição do decreto: pedido de suspensão de liminar em mandado de segurança impetrado sob a alegação de ofensa ao ato jurídico perfeito: deferimento da suspensão, com base na relevância da tese contrária da União e da necessidade de salvaguardar os efeitos extrafiscais da medida : suspensão que se mantém, dado que ditos efeitos não foram definitivamente prejudicados pela remessa das divisas correspondentes à aquisição de mercadoria, dadas as providências governamentais tomadas para viabilizar a reexportação. (STF, Pleno, **SS 775 AgR**, rel. Min. Sepúlveda Pertence, 10.1995)

Superior Tribunal de Justiça:

Aumento de alíquota após a entrada da mercadoria no País, mas antes do registro da declaração de importação. Legitimidade da sua aplicação: [...] 1. O fato gerador, para o imposto de importação, consuma-se na data do registro da declaração de importação. 2. É cediço na jurisprudência da Corte que [...] 'Na importação de mercadorias para consumo, o fato gerador ocorre no momento do registro da declaração de importação na repartição aduaneira, sendo irrelevante o regime fiscal vigente na data da emissão da guia de importação, ou quando do desembarque da mercadoria. Inexiste incompatibilidade entre o art. 19 CTN e o D.L. 37/66, conforme orientação do Pretório Excelso sobre o tema (RE 225.602, Rel. Min. Carlos Velloso)" (REsp. 205.013/SP, Rel. Min. PEÇANHA MARTINS, DJU 25.06.01). [...] 4. Destarte, não obstante tenha o Tribunal a quo manifestado que a mercadoria fora submetida a despacho aduaneiro em data posterior à publicação da Portaria nº 50/94, restou consignado com maior precisão na instância inferior que à data da impetração do *mandamus* ainda não havia ocorrido sequer o Registro da Declaração de Importação. 5. Recurso especial desprovido. (STJ, 1ª Turma, **REsp 1.016.132**, rel. Min. Luiz Fux, 5.2009)

2. Inciso II: Imposto de Exportação

Embora seja natural a outorga do Imposto de Exportação à União, por incidir sobre o comércio exterior, isso nem sempre ocorreu.

O imposto enquadrava-se tradicionalmente na competência estadual,[854] até a EC 18/1965 outorgá-lo à União (art. 7º, II), no que foi seguida pelas Constituições de 1967 (art. 22, II), 1969 (art. 21, II) e 1988 (art. 153, II).

Essa transferência da competência impositiva foi salutar, não só por conferir à União um *instrumento de inestimável valia para regular o comércio exterior*, mas também por levar a uma tributação nacionalmente uniforme, evitando a guerra fiscal entre os Estados.

---

[853] STF, Pleno, *SS 775 AgR*, rel. Min. Sepúlveda Pertence, 10.1995, excerto do voto do Ministro Celso de Mello. Nesse voto há referência a diversos precedentes do STF, publicados nestas revistas: RTJ 91/704, RTJ 93/1269, RTJ 94/925, RTJ 95/1365 e RTJ 97/302. No mesmo sentido: STJ, 1ª Turma, *REsp 1.016.132*, rel. Min. Luiz Fux, 5.2009.

[854] CF 1891, art. 9º, § 1º; CF 1934, art. 8º, I, *f*; CF 1937, art. 23, I, *e*; CF 1946, art. 19, V.

O Imposto de Exportação é um importante instrumento para a persecução de fins não tributários. Ao instituir uma tributação pesada sobre as exportações, a União encarece o preço dos produtos brasileiros no mercado internacional, desestimulando-as e incentivando a retenção de tais produtos no mercado nacional, com a consequente diminuição do ingresso de divisas.[855] E na hipótese contrária, de desoneração total ou parcial das exportações, a União favorece a competividade das empresas nacionais no mercado exterior e, por consequência, a nossa economia interna e as nossas reservas cambiais.

É compreensível, pois, que o I.E. seja excluído do alcance do princípio da anterioridade (art. 150, § 1º) e possa ter suas alíquotas alteradas pelo Poder Executivo, sempre que atendidas as condições e os limites estabelecidos em lei (art. 153, § 1º).

2.1. Materialidade

Já se disse que a competência conferida pelo art. 153, I, é restrita à tributação da importação do exterior (ou seja, de outros Países), não sendo permitida a incidência do I.I. nas operações interestaduais ou intermunicipais.

No caso do Imposto de Exportação, essa impossibilidade é ainda mais nítida, pois a Constituição faz expressa referência à "*exportação, para o exterior*", previsão que se harmoniza, perfeitamente, com a vedação do art. 150, V.

Portanto, a exportação interna (que, numa acepção mais rigorosa, exportação não é) não pode sofrer a incidência do I.E., devendo ser tributada, se for o caso, pelo ICMS, a cargo dos Estados e do Distrito Federal.

Também se verifica uma similitude com o I.I. no que diz respeito à *impossibilidade de tributação do mero deslocamento físico de produtos*. Para que haja a incidência do I.E. é mister que a exportação seja voltada à incorporação do produto na economia interna estrangeira.[856] Não se admite a incidência do I.E. na mera saída de produtos do território nacional, mesmo que haja transferência da posse.

Outrossim, os produtos sujeitos ao I.E. são, em princípio, os mesmos produtos sujeitos ao I.I. Diferenciam-se, basicamente, pela sua procedência. A peculiaridade do I.E. reside no fato de que, como expressamente previsto no texto constitucional, *é viável a incidência* não apenas sobre produtos nacionais, mas *também sobre os produtos nacionalizados* (isto é, aqueles previamente importados).[857]

2.2. Aspecto temporal

A exemplo do que ocorre com o I.I., o Imposto de Exportação há de incidir num momento específico da *fase conclusiva do processo de exportação*, a ser estabelecido pelo legislador.

O CTN previu que a norma impositiva incidirá quando da saída dos produtos do território nacional (art. 23), disposição que foi complementada pelo Decreto-Lei 1.578/77, o qual elegeu o momento da expedição da Guia de Exportação ou de documento equivalente (art. 1º, § 1º).

---

855 FERREIRA FILHO. *Comentários à Constituição brasileira de 1988*. v. 2, p. 117.

856 PAULSEN; MELO. *Impostos: federais, estaduais e municipais*. p. 36.

857 PAULSEN; MELO, op. cit., p. 37. Segundo Pontes de Miranda, "Produtos nacionalizados são os produtos importados que, refabricados ou não, já se inseriram na economia nacional" (*Comentários à Constituição de 1967; com a Emenda n. 1 de 1969*. p. 462). Nas palavras de Fátima Fernandes Rodrigues de Souza: "Entende-se por produto nacionalizado tanto aquele transformado, beneficiado ou subdividido e acondicionado em território nacional, como o introduzido no País e desembaraçado junto a autoridade aduaneira, mediante o pagamento dos tributos incidentes" (In: MARTINS (coord.). *Comentários ao Código Tributário Nacional*. v. 1. p. 182).

Mas a Guia de Exportação caiu em desuso, sendo substituída pelo registro no SISCOMEX.

Portanto, em atenção ao disposto no Decreto 660/92 (art. 6º, § 1º), considera-se que o *Registro de Exportação* no SISCOMEX (e não os demais registros da exportação efetivados no SISCOMEX) equivale à antiga Guia de Exportação, razão pela qual não podem ser aplicados atos normativos que majorem o tributo após a sua realização.[858]

A contrario sensu, admite-se a aplicação da alíquota majorada antes do registro de exportação, mesmo que o registro de venda tenha precedido a majoração do imposto.[859]

• Precedentes citados

Supremo Tribunal Federal:

Cobrança de tributo majorado após o registro de exportação. Impossibilidade: Tributário. Exportação de açúcar. Imposto de exportação. Fato gerador: registro no sistema integrado de comércio exterior – SISCOMEX. Ocorrência antes da edição das resoluções 2.112/94 e 2.136/94, que majoraram a alíquota do referido tributo. Impossível a retroatividade dessas normas para atingir as operações de exportação já registradas, sob pena de ofensa ao princípio do direito adquirido (art. 5º, XXXVI da Constituição). Precedente da Turma. Recurso extraordinário provido. (STF, 1ª Turma, **RE 223.796**, rel. Min. Ellen Gracie, 10.2001)

Superior Tribunal de Justiça:

Cobrança de tributo majorado após o registro de venda, mas antes do registro de exportação. Possibilidade: TRIBUTÁRIO. RECURSO ESPECIAL. IMPOSTO DE EXPORTAÇÃO. FATO GERADOR. AÇÚCAR. REGISTRO DA VENDA NO SISCOMEX POSTERIOR À VIGÊNCIA DA MP N. 655/94 E DA RESOLUÇÃO DO BACEN N. 2.112/94. MAJORAÇÃO DA ALÍQUOTA. LEGALIDADE. [...] 2. A jurisprudência do STJ tem afirmado que o fato gerador do imposto de exportação é contado do registro de venda no Siscomex [...]. 3. O registro de venda do negócio jurídico celebrado que produz efeitos no exterior não se confunde com o registro de exportação, momento este em que a lei considera ocorrida a saída da mercadoria exportada. Aquele antecede a este e tem por finalidade apenas o exercício de controle fiscal. 4. A análise dos autos demonstra que o registro de exportação ocorreu em 19.10.1994 (documento de fl. 27), sendo, portanto, posterior, à data da publicação da MP 655/94, de 14.10.1994. Legalidade da majoração da alíquota. 5. Recurso especial parcialmente conhecido e, nessa parte, não-provido. (STJ, 1ª Turma, **REsp 964.151**, rel. Min. José Delgado, 4.2008).

O voto do relator esclarece a questão a aparente contradição da ementa: "Cumpre registrar que a Fazenda Nacional, em memorial que apresentou, estabeleceu uma diferenciação entre o registro de venda no Siscomex e o registro de exportação. Entendo que este, efetivamente, é o identificador do fato gerador do imposto sobre exportação, por ser considerado o momento em que ocorre a saída da mercadoria do território nacional. A diferenciação acima apontada deve ser considerada, pois são momentos distintos e com produção de efeitos que não são similares. Realmente, como assinala a Fazenda, o fato gerador do imposto de exportação ocorre no momento em que é efetivado o registro de exportação".

3. Inciso III: Imposto de Renda

O Imposto de Renda somente foi criado no Brasil em 1923, com base na competência residual concorrente conferida pelo art. 12 da CF/1891.[860] Desde então, tornou-se um tributo fundamental do nosso sistema impositivo, reservado à competência federal desde a Carta de 1934 (art. 6º, I, *c*).

Trata-se do tributo com a maior aptidão para promover a isonomia e a justiça na imposição.[861] Isso porque é eminentemente pessoal, sendo (ou, pelo menos, devendo ser)

[858] STF, 1ª Turma, *RE 223.796*, rel. Min. Ellen Gracie, 10.2001; 2ª Turma, RE 234.954 AgR-ED, rel. Min. Maurício Corrêa, 6.2003.

[859] STJ, 1ª Turma, *REsp 964.151*, rel. Min. José Delgado, 4.2008.

[860] FERREIRA FILHO. *Comentários à Constituição brasileira de 1988*. v. 2, p. 117.

[861] Como bem expôs Nuno Pinto: "O impôsto sobre a renda é válvula de segurança e pode, além de tudo, exercer, na sociedade contemporânea, elevado papel político e social, além de financeiro e fiscal. É o impôsto sôbre os ricos. Poupa os pobres. Da sua aplicação resulta um justo corretivo à má divisão da fortuna. Paga mais quem ganha mais. São essas medidas que impedem a revolução social [...] Com o impôsto sôbre a renda, igualitário e nivelador, evoluímos para os ideais de equilíbrio social, diminuindo os antagonismos e diferenças de classes e fortunas" (*apud* PONTES DE MIRANDA. *Comentários à Constituição de 1967; com a Emenda n. 1 de 1969.* p. 472-473). Nessa linha, Ferreira Filho assinala que o IR: "É, em tese, o mais justo de todos os impostos, visto que seu peso se distribui proporcionalmente à riqueza de cada um. Igualmente, é meio

graduado com base na *capacidade contributiva subjetiva*, o que permite a desoneração completa daqueles cidadãos destituídos de meios econômicos para financiar os gastos públicos e a instituição de uma sistemática de tributação progressiva, em cujo âmbito os detentores de capacidades contributivas superiores devem pagar impostos proporcionalmente superiores aos exigidos dos que possuem uma menor aptidão econômica para contribuir aos gastos públicos.

3.1. Conceitos de renda e proventos de qualquer natureza

A exemplo dos demais conceitos empregados para outorgar competências impositivas, os de renda e proventos de qualquer natureza, utilizados no art. 153, III, são *conceitos constitucionais, que devem ser determinados mediante a exegese da Lei Maior*, efetivada pela doutrina ou pelo legislador, com a ressalva de que a interpretação acolhida sempre estará sujeita a controle pelo Supremo Tribunal Federal.[862]

Para a determinação desses conceitos há um aspecto de extremo relevo: tanto a renda quanto os proventos pressupõem, necessariamente, a existência de acréscimo patrimonial. *Não há renda e tampouco proventos de qualquer natureza sem acréscimo patrimonial*,[863] ou seja, sem alteração positiva do patrimônio (num determinado lapso temporal).

Conscientes de tal fato, *os elaboradores do Código Tributário Nacional acabaram por reconduzir os conceitos de renda e proventos de qualquer natureza ao de acréscimo patrimonial*, ao definirem "renda" como "o produto do capital, do trabalho ou da combinação de ambos" e "proventos de qualquer natureza" como "os acréscimos patrimoniais não compreendidos" na noção de renda (art. 43, I e II).[864] E, cabe recordar, a expressão "proventos de qualquer natureza" constitui "fórmula ampla de que lançou mão o constituinte para evitar controvérsias sobre o conceito de renda",[865] fato que confere importância ainda maior à correlação estabelecida pelo CTN entre, de um lado, a renda e os proventos de qualquer natureza e, de outro, os acréscimos patrimoniais.[866]

A doutrina, ao investigar o conteúdo dos conceitos constitucionais de renda e de proventos de qualquer natureza, *vem a corroborar a compatibilidade das definições do CTN (inspiradas na teoria do acréscimo patrimonial) com a Constituição*. Como preleciona Ricardo Lobo Torres: "O que se não puder definir como *renda*, dentro do conceito

---

eficaz de redistribuição, servindo para combater as grandes disparidades de fortuna, que são, sempre, daninhas para a paz social" (*Comentários à Constituição brasileira de 1988*. v. 2, p. 117.). Há de se advertir, porém, que o Imposto de Renda não deve exercer necessariamente a função extrafiscal de redistribuição de riquezas. A legitimidade constitucional dessa função e, sobretudo, da sua intensidade dependem da relevância outorgada aos valores constitucionais à luz da realidade social. Uma progressividade demasiado intensa pode ofender a Constituição, por assumir contornos confiscatórios.

862 A respeito, Pontes de Miranda já advertia: "O conceito de impôsto de renda é conceito constitucional, cujo conteúdo a Constituição de 1967 deixou à doutrina" (*Comentários à Constituição de 1967; com a Emenda n. 1 de 1969*. p. 471). Em seguida, acrescentava: "o impôsto sôbre renda incide sôbre o que se define como *renda*, definição legal, que tem de ficar dentro dos limites do conceito científico de renda auferida" (ob. cit., p. 472).

863 STF, Pleno, *RE 117.887*, rel. Min. Carlos Velloso, 2.1993.

864 Eis a sua redação: "Art. 43. O imposto, de competência da União, sobre a renda e proventos de qualquer natureza tem como fato gerador a aquisição da disponibilidade econômica ou jurídica: I – de renda, assim entendido o produto do capital, do trabalho ou da combinação de ambos; II – de proventos de qualquer natureza, assim entendidos os acréscimos patrimoniais não compreendidos no inciso anterior".

865 BALEEIRO. *Direito tributário brasileiro*. p. 283. É da nossa tradição jurídico-constitucional a outorga de competência para instituir o Imposto de Renda mediante a referência à renda *e* aos proventos de qualquer natureza. A Constituição de 1934 já a outorgava nesses moldes (art. 6º, I, *c*), no que foi seguida pelas que a sucederam, a saber, as de 1937 (art. 20, I, *c*), 1946 (art. 15, IV), 1967 (art. 22, IV) e 1969 (art. 21, IV).

866 Nessa linha, a jurisprudência costuma expor que o fato gerador do Imposto de Renda é justamente o "acréscimo patrimonial": "A incidência do imposto de renda tem como fato gerador o acréscimo patrimonial" (STJ, 1ª Turma, REsp 843.914, rel. Min. Luiz Fux, 11.2006, excerto da ementa, relativa à incidência do IR sobre o auxílio-condução).

lato que a entende como acréscimo do patrimônio em determinado lapso de tempo, não poderá constituir fato gerador do tributo, ainda que o eleja o legislador".[867] De acordo com Roque Carrazza: "renda e proventos de qualquer natureza são disponibilidades de riqueza nova, vale dizer, acréscimos patrimoniais experimentados pelo contribuinte num dado período".[868] Hugo de Brito Machado, nessa linha, afirma que: "Não há renda, nem provento, sem que haja acréscimo patrimonial, pois o CTN adotou expressamente o conceito de renda como acréscimo".[869] E, finalmente, Henry Tilbery arremata asseverando que a adoção da abrangente fórmula "proventos de qualquer natureza" representa, "sem sombra de dúvida, a aplicação da teoria do acréscimo patrimonial".[870]

Tais ponderações permitem que, mesmo sem adentrar na querela acerca dos conteúdos específicos dos conceitos constitucionais de renda e proventos de qualquer natureza,[871] o intérprete parta de uma *premissa de extrema valia para a solução dos casos práticos*, que já foi indicada anteriormente: não haverá renda e tampouco proventos se não houver acréscimo patrimonial (ou, se se preferir, riqueza nova). Consequentemente, *será ilegítima qualquer pretensão de cobrança do IR se não houver acréscimo patrimonial* num dado período.

- **Precedente citado**

Conceito constitucional de renda. Inconstitucional de adicional sobre lucros distribuídos: CONSTITUCIONAL. TRIBUTÁRIO. IMPOSTO DE RENDA. RENDA – CONCEITO. Lei n. 4.506, de 30.XI.64, art. 38, C.F./46, art. 15, IV; CF/67, art. 22, IV; EC 1/69, art. 21, IV. CTN, art. 43. I. – Rendas e proventos de qualquer natureza: o conceito implica reconhecer a existência de receita, lucro, proveito, ganho, acréscimo patrimonial que ocorrem mediante o ingresso ou o auferimento de algo, a título oneroso. C.F., 1946, art. 15, IV; CF/67, art. 22, IV; EC 1/69, art. 21, IV. CTN, art. 43. II. – Inconstitucionalidade do art. 38 da Lei 4.506/64, que institui adicional de 7% de imposto de renda sobre lucros distribuidos. III. – R.E. conhecido e provido. (STF, Pleno, **RE 117.887**, rel. Min. Carlos Velloso, 2.1993)

3.2. Intributabilidade das indenizações

3.2.1. Análise teórica

Assentada a premissa de que não há competência tributária para cobrar o Imposto de Renda sobre receitas, ingressos, dispêndios etc., que não constituam acréscimo patrimonial, deve ser estremado este conceito (acréscimo patrimonial) da noção de indenização.

Indenizar significa ressarcir, recompor, compensar. E o ressarcimento, a recomposição e a compensação não têm por efeito acréscimos, senão a restituição, o restabelecimento, a reparação. *Indenizações pecuniárias não implicam*, pois, *acréscimos patrimoniais*, mas mero restabelecimento, simples compensação pecuniária pela anterior afetação da esfera jurídica do indenizado. Na indenização:

> O direito ferido é transformado numa quantia de dinheiro. O patrimônio da pessoa lesada não aumenta de valor, mas simplesmente é reposto no estado em que se encontrava antes do advento do gravame (*status quo ante*) [...] Destas ponderações ressai que na indenização inexiste riqueza nova. E, sem riqueza nova, não pode haver incidência do IR.[872]

[867] TORRES. *Sistemas constitucionais tributários*. p. 267.

[868] CARRAZZA. *Curso de Direito Constitucional Tributário.* 18ª ed. p. 611, nota 194.

[869] MACHADO. *Curso de direito tributário.* p. 274.

[870] MARTINS (coord.). *Comentários ao Código Tributário Nacional.* v. 1. p. 268.

[871] A respeito das teorias sobre o conceito de renda, vide este excelente estudo de Rubens Gomes de Sousa: "A evolução do conceito de rendimento tributável". *Revista de Direito Público,* n. 14, p. 339-346, out./dez. 1970.

[872] CARRAZZA. *Curso de Direito Constitucional Tributário.* 18ª ed. p. 780, nota 53.

A partir dessas colocações, resta evidente que *indenizações pecuniárias não podem sofrer a incidência do Imposto de Renda*, pela absoluta ausência de competência impositiva para tanto, consoante remansosa jurisprudência.

Corroboram esse entendimento as diversas súmulas que rechaçam a incidência do Imposto de Renda sobre as indenizações recebidas em decorrência de desapropriação, de conversão em pecúnia de licença-prêmio e de férias não gozadas por necessidade de serviço, bem como de adesão a programa de incentivo à demissão voluntária:

> O pagamento de férias não gozadas por necessidade do serviço não está sujeito à incidência do Imposto de Renda (Súmula 125 do STJ).
>
> O pagamento de licença-prêmio não gozada por necessidade do serviço não está sujeito ao imposto de renda (Súmula 136 do STJ).
>
> A indenização recebida pela adesão a programa de incentivo à demissão voluntária não está sujeita à incidência do imposto de renda (Súmula 215 do STJ).
>
> São isentas de imposto de renda as indenizações de férias proporcionais e o respectivo adicional (Súmula 386 do STJ).
>
> Não está sujeita ao imposto de renda a indenização recebida por pessoa jurídica, em decorrência de desapropriação amigável ou judicial (Súmula 39 do extinto TFR).

3.2.2. Danos morais, juros de mora e lucros cessantes

À luz da jurisprudência do STJ, *é indevida a incidência do Imposto de Renda sobre as indenizações por danos morais (Súmula 498)*.[873]

É certo que os danos morais carecem de repercussão econômica direta e que as indenizações correlatas implicam oscilações positivas no patrimônio do contribuinte, agregando-se ao seu patrimônio econômico. Porém, elas limitam-se a reparar o sofrimento advindo de lesão a direito da vítima, de modo que não podem sofrer a incidência do IR.[874]

Por outro lado, *as indenizações por lucros cessantes devem sofrer a incidência do Imposto de Renda*, pois compensam o lucro não auferido pelo lesado, e este está, via de regra, sujeito ao IR.[875] Com efeito, se o Imposto de Renda incide sobre o lucro, também deve onerar os valores pagos para compensar a sua não auferição, haja vista que tais valores ingressam na esfera patrimonial do contribuinte na condição de ressarcimento de um lucro ainda não oferecido à tributação.[876] Essa conclusão pressupõe que o lucro seja tributável. Tratando-se de lucro isento, é evidente que a indenização correlata não poderá sofrer a incidência do imposto.

Situação similar se verifica com os *juros de mora*, que, de acordo com o entendimento atual do STJ, *estão sujeitos à incidência do Imposto de Renda*, haja vista constituírem espécie de lucros cessantes. Somente não será devido o imposto se houver isenção específica, como a que desonera os valores recebidos em reclamatórias trabalhistas.[877]

---

[873] Súmula 498 do STJ: "Não incide imposto de renda sobre a indenização por danos morais".

[874] STJ, 1ª Seção, *REsp 1.152.764*, rel. Min. Luiz Fux, 6.2010. Em sentido contrário, vale registrar precedente superado da Corte: STJ, 1ª Turma, REsp 695.499, rel. p/ ac. Min. Teori Albino Zavascki, 9.2006. Para fundamentar esta posição, pela legitimidade da tributação das indenizações por danos morais, o Juiz Federal Eduardo Philippsen estabelece uma diferença entre "indenização-reposição do patrimônio" e "indenização-compensação", afirmando que esta implica efetivamente acréscimo patrimonial e sujeita-se ao IR, haja vista objetivar ressarcir a lesão de um bem não mensurável economicamente ("A incidência do Imposto de Renda sobre indenizações", p. 218-219).

[875] PHILIPPSEN. "A incidência do Imposto de Renda sobre indenizações", p. 219-220, que sugere a denominação "indenização-reposição do lucro" para esta terceira espécie de indenização.

[876] STJ, 1ª Turma, *REsp 695.499*, rel. p/ ac. Min. Teori Albino Zavascki, 9.2006.

[877] STJ, 1ª Seção, *REsp 1.089.720*, rel. Min. Mauro Campbell Marques, 10.2012.

• Súmulas

Súmula 498 do STJ: "Não incide imposto de renda sobre a indenização por danos morais".

• Precedentes citados

Indenização por danos morais. Ilegitimidade da incidência do IR: PROCESSO CIVIL E TRIBUTÁRIO. RECURSO ESPECIAL REPRESENTATIVO DE CONTROVÉRSIA. ART. 543-C, DO CPC. INDENIZAÇÃO POR DANO MORAL. INCIDÊNCIA DO IMPOSTO DE RENDA. IMPOSSIBILIDADE. CARÁTER INDENIZATÓRIO DA VERBA RECEBIDA. VIOLAÇÃO DO ART. 535 DO CPC NÃO CONFIGURADA. 1. A verba percebida a título de dano moral tem a natureza jurídica de indenização, cujo objetivo precípuo é a reparação do sofrimento e da dor da vítima ou de seus parentes, causados pela lesão de direito, razão pela qual torna-se infensa à incidência do imposto de renda, porquanto inexistente qualquer acréscimo patrimonial. (Precedentes: ...) 6. Recurso especial desprovido. Acórdão submetido ao regime do art. 543-C do CPC e da Resolução STJ 08/2008. (STJ, 1ª Seção, **REsp 1.152.764**, rel. Min. Luiz Fux, 6.2010, *representativo de controvérsia*).

Juros de mora. Legitimidade da incidência do IR: [...] IMPOSTO DE RENDA DA PESSOA FÍSICA - IRPF. REGRA GERAL DE INCIDÊNCIA SOBRE JUROS DE MORA. PRESERVAÇÃO DA TESE JULGADA NO RECURSO REPRESENTATIVO DA CONTROVÉRSIA RESP. N. 1.227.133 - RS NO SENTIDO DA ISENÇÃO DO IR SOBRE OS JUROS DE MORA PAGOS NO CONTEXTO DE PERDA DO EMPREGO. ADOÇÃO DE FORMA CUMULATIVA DA TESE DO ACCESSORIUM SEQUITUR SUUM PRINCIPALE PARA ISENTAR DO IR OS JUROS DE MORA INCIDENTES SOBRE VERBA ISENTA OU FORA DO CAMPO DE INCIDÊNCIA DO IR. [...] 2. Regra geral: incide o IRPF sobre os juros de mora, a teor do art. 16, *caput* e parágrafo único, da Lei n. 4.506/64, inclusive quando reconhecidos em reclamatórias trabalhistas, apesar de sua natureza indenizatória reconhecida pelo mesmo dispositivo legal (matéria ainda não pacificada em recurso representativo da controvérsia). 3. Primeira exceção: são isentos de IRPF os juros de mora quando pagos no contexto de despedida ou rescisão do contrato de trabalho, em reclamatórias trabalhistas ou não. Isto é, quando o trabalhador perde o emprego, os juros de mora incidentes sobre as verbas remuneratórias ou indenizatórias que lhe são pagas são isentos de imposto de renda. [...] 4. Segunda exceção: são isentos do imposto de renda os juros de mora incidentes sobre verba principal isenta ou fora do campo de incidência do IR, mesmo quando pagos fora do contexto de despedida ou rescisão do contrato de trabalho (circunstância em que não há perda do emprego), consoante a regra do "accessorium sequitur suum principale". [...] 6. Quadro para o caso concreto onde não houve rescisão do contrato de trabalho: Principal: Horas-extras (verba remuneratória não isenta) = Incide imposto de renda; Acessório: Juros de mora sobre horas-extras (lucros cessantes não isentos) = Incide imposto de renda; Principal: Décimo-terceiro salário (verba remuneratória não isenta) = Incide imposto de renda; Acessório: Juros de mora sobre décimo-terceiro salário (lucros cessantes não isentos) = Incide imposto de renda; Principal: FGTS (verba remuneratória isenta) = Isento do imposto de renda (art. 28, parágrafo único, da Lei n. 8.036/90); Acessório: Juros de mora sobre o FGTS (lucros cessantes) = Isento do imposto de renda (acessório segue o principal). 7. Recurso especial parcialmente conhecido e, nessa parte, parcialmente provido. (STJ, 1ª Seção, **REsp 1.089.720**, rel. Min. Mauro Campbell Marques, 10.2012)

Superou-se, portanto, a tese anteriormente firmada pela 1ª Seção, no sentido de que: "Não incide imposto de renda sobre os juros moratórios legais em decorrência de sua natureza e função indenizatória ampla. Recurso especial, julgado sob o rito do art. 543-C do CPC, improvido. (STJ, 1ª Seção, REsp 1.227.133, rel. p/ ac. Ministro Cesar Asfor Rocha, 9.2011, trecho da ementa).

3.2.3. Verbas indenizatórias e remuneratórias pagas nas relações de trabalho

Nas relações laborais, não são pagas aos trabalhadores apenas verbas remuneratórias, mas também indenizatórias.

Sobre estas, *é indevida a incidência do IR*. É o que ocorre com:

- as *verbas rescisórias* pagas quando da extinção de contrato de trabalho, a menos que decorram de mera liberalidade da empresa, e não de imposição legal;[878]
- as verbas pagas a título de *reintegração laboral* que seja tida por *desaconselhada*, diversamente da reintegração efetiva, com o pagamento dos salários em atraso;[879]

878 STJ, 1ª Seção, *AgRg no EREsp 887.132*, rel. Min. Denise Arruda, 9.2007.

879 STJ, 1ª Seção, *REsp 1.142.177*, rel. Min. Luiz Fux, 8.2010.

– as *férias* e a *licença-prêmio não gozadas* e convertidas em pecúnia (Súmulas 125 e 136 do STJ),[880] bem como as férias proporcionais indenizadas e o *respectivo terço constitucional* (Súmula 386 do STJ);[881]
– a indenização recebida pela *adesão a programa de incentivo à demissão voluntária* (Súmula 215 do STJ);[882]
– o *auxílio-condução*, cuja finalidade é compensar o desgaste do patrimônio dos servidores que utilizam veículos próprios para o exercício de suas atividades profissionais;[883]
– o *jetom* pago aos parlamentares, a título de ajuda de custo pelo comparecimento às convocações extraordinárias e pelos gastos de início e fim de sessão legislativa.[884]

Por outro lado, à luz da jurisprudência do STJ *são verbas remuneratórias, sujeitas à incidência do IR*:

– as *horas extraordinárias trabalhadas* (Súmula 463);[885]
– as *verbas rescisórias pagas por liberalidade das empresas*, entendidas como as que não decorrem de imposição normativa prévia ao ato de dispensa;[886]
– as *verbas remuneratórias previstas em acordos coletivos,* mesmo que indevidamente denominadas "indenizatórias" (como a "indenização por horas trabalhadas" paga pela Petrobrás)[887] e devidas pela extinção ou pela renúncia expressa a benefícios laborais (como a jornada de trabalho limitada, estabelecida pelo art. 20 do Estatuto da Advocacia);[888]
– o *abono de permanência.*[889]

• Súmulas

Súmula 125 do STJ: "O pagamento de férias não gozadas por necessidade do serviço não está sujeito à incidência do Imposto de Renda"

Súmula 136 do STJ: "O pagamento de licença-prêmio não gozada por necessidade do serviço não está sujeito ao imposto de renda"

Súmula 215 do STJ: "A indenização recebida pela adesão a programa de incentivo à demissão voluntária não está sujeita à incidência do imposto de renda"

Súmula 386 do STJ: "São isentas de imposto de renda as indenizações de férias proporcionais e o respectivo adicional"

Súmula 463 do STJ: "Incide imposto de renda sobre os valores percebidos a título de indenização por horas extraordinárias trabalhadas, ainda que decorrentes de acordo coletivo"

---

[880] Eis o seu texto: "O pagamento de férias não gozadas por necessidade do serviço não está sujeito à incidência do Imposto de Renda" (Súmula 125 do STJ); "O pagamento de licença-prêmio não gozada por necessidade do serviço não está sujeito ao imposto de renda" (Súmula 136 do STJ).

[881] Súmula 386 do STJ: "São isentas de imposto de renda as indenizações de férias proporcionais e o respectivo adicional". Conferir STJ, 1ª Seção, *REsp 1.111.223*, rel. Min. Castro Meira, 4.2009.

[882] Súmula 215 do STJ: "A indenização recebida pela adesão a programa de incentivo à demissão voluntária não está sujeita à incidência do imposto de renda".

[883] STJ, 1ª Seção, *REsp 1.096.288*, rel. Min. Luiz Fux, julgado em 12.2009.

[884] STJ, 2ª Turma, *REsp 1.141.761*, rel. Min. Mauro Campbell Marques, 2.2010.

[885] Súmula 463 do STJ: "Incide imposto de renda sobre os valores percebidos a título de indenização por horas extraordinárias trabalhadas, ainda que decorrentes de acordo coletivo".

[886] STJ, 1ª Seção, *REsp 1.112.745*, rel. Min. Mauro Campbell Marques, 9.2009.

[887] STJ, 1ª Seção, *EREsp 670.514*, rel. Min. José Delgado, 5.2008.

[888] STJ, 1ª Seção, *EREsp 695.499*, rel. Min. Herman Benjamin, 5.2007.

[889] STJ, 1ª Seção, *REsp 1.192.556*, rel. Min. Mauro Campbell Marques, 8.2010.

• Precedentes citados

Verbas remuneratórias previstas em acordos coletivos. IHT. Legitimidade da incidência do IR: EMBARGOS DE DIVERGÊNCIA. INDENIZAÇÃO POR HORAS EXTRAS. TRABALHADAS. PETROBRÁS IMPOSTO DE RENDA. INCIDÊNCIA. EMBARGOS NÃO-PROVIDOS. [...] 2. Apesar da denominação "Indenização por Horas Trabalhadas – IHT", é a natureza jurídica da verba que definirá a incidência tributária ou não. O fato gerador de incidência tributária, conforme dispõe o art. 43 do CTN, sobre renda e proventos, é tudo que tipificar acréscimo ao patrimônio material do contribuinte, e aí estão inseridos os pagamentos efetuados por horas-extras trabalhadas, porquanto sua natureza é remuneratória, e não indenizatória. 3. O caso em questão não se amolda às possíveis isenções de imposto de renda previstas no art. 6°, V, da Lei 7.713/88, bem como no art. 14 da Lei 9.468/97. 4. A Primeira Seção deste Tribunal, no julgamento dos EREsp 695.499/RJ, Rel. Min. Herman Benjamim, em 09/05/2007, pacificou a tese de que as verbas pagas a título de indenização por horas trabalhadas possuem caráter remuneratório e configuram acréscimo patrimonial, e ensejam, nos termos do art. 43 do CTN, a incidência de imposto de renda. 5. Precedentes desta Corte Superior: [...] 6. Embargos de divergência não-providos. (STJ, 1ª Seção, **EREsp 670.514**, rel. Min. José Delgado, 5.2008).

Conferir o recurso representativo de controvérsia no qual se reiterou esse entendimento: STJ, 1ª Seção, REsp 1.049.748, rel. Min. Luiz Fux, 6.2009.

Verbas remuneratórias pagas pela renúncia a benefícios ou direitos laborais. Jornada de trabalho estabelecida pelo art. 20 do Estatuto da Advocacia. Natureza remuneratória: TRIBUTÁRIO. IMPOSTO DE RENDA. ADVOGADOS DA CAIXA ECONÔMICA FEDERAL. ACORDO COLETIVO. "INDENIZAÇÃO" POR HORAS EXTRAORDINÁRIAS. NATUREZA REMUNERATÓRIA. ACRÉSCIMO PATRIMONIAL. 1. A verba decorrente de horas extraordinárias, inclusive quando viabilizada por acordo coletivo, tem caráter remuneratório e configura acréscimo patrimonial, incidindo, pois, Imposto de Renda. 2. É irrelevante o *nomen iuris* que empregado e empregador atribuem a pagamento que este faz àquele, importando, isto sim, a real natureza jurídica da verba em questão. 3. O fato de o montante ter sido fruto de transação em nada altera a conotação jurídica dos valores envolvidos. 4. Ademais, mesmo que caracterizada a natureza indenizatória do *quantum* recebido, ainda assim incide Imposto de Renda, se der ensejo a acréscimo patrimonial, como ocorre na hipótese de lucros cessantes. 5. Embargos de Divergência não providos. (STJ, 1ª Seção, **EREsp 695.499**, rel. Min. Herman Benjamin, 5.2007).

Verbas pagas por liberalidade. Natureza remuneratória: [...] 1. Esta Primeira Seção firmou orientação no mesmo sentido do acórdão embargado, ou seja, de que a gratificação por liberalidade da empresa, paga por ocasião da extinção do contrato de trabalho sem justa causa, não tem natureza indenizatória e, conseqüentemente, é passível de incidência do Imposto de Renda. [...] (STJ, 1ª Seção, **AgRg no EREsp 887.132**, rel. Min. Denise Arruda, 9.2007)

Auxílio-condução. Natureza indenizatória: [...] 1. A incidência do imposto de renda tem como fato gerador o acréscimo patrimonial, sendo, por isso, imperioso perscrutar a natureza jurídica da verba paga pela empresa sob o designativo de auxílio condução, a fim de verificar se há efetivamente a criação de riqueza nova: a) se indenizatória, que, via de regra, não retrata hipótese de incidência da exação; ou b) se remuneratória, ensejando a tributação. Isto porque a tributação ocorre sobre signos presuntivos de capacidade econômica, sendo a obtenção de renda e proventos de qualquer natureza um deles. 2. O auxílio condução consubstancia compensação pelo desgaste do patrimônio dos servidores, que utilizam-se de veículos próprios para o exercício da sua atividade profissional, inexistindo acréscimo patrimonial, mas uma mera recomposição ao estado anterior sem o incremento líquido necessário à qualificação de renda. (Precedentes: ...). (STJ, 1ª Seção, **REsp 1.096.288**, rel. Min. Luiz Fux, julgado em 12.2009, *representativo de controvérsia*)

Férias proporcionais indenizadas e o respectivo terço constitucional. Natureza indenizatória: [...] 1. Os valores recebidos a título de férias proporcionais e respectivo terço constitucional são indenizações isentas do pagamento do Imposto de Renda. Precedentes: [...] 2. Recurso representativo de controvérsia, submetido ao procedimento do art. 543-C do CPC e da Resolução STJ 08/08. 3. Recurso especial provido. (STJ, 1ª Seção, **REsp 1.111.223**, rel. Min. Castro Meira, 4.2009, *representativo de controvérsia*)

Verbas pagas por liberalidade e no âmbito de PDV. Tributabilidade das primeiras: [...] 1. Nas rescisões de contratos de trabalho são dadas diversas denominações às mais variadas verbas. Nessas situações, é imperioso verificar qual a natureza jurídica de determinada verba a fim de, aplicando a jurisprudência desta Corte, classificá-la como sujeita ao imposto de renda ou não. 2. As verbas pagas por liberalidade na rescisão do contrato de trabalho são aquelas que, nos casos em que ocorre a demissão com ou sem justa causa, são pagas sem decorrerem de imposição de nenhuma fonte normativa prévia ao ato de dispensa (incluindo-se aí Programas de Demissão Voluntária – PDV e Acordos Coletivos), dependendo apenas da vontade do empregador e excedendo as indenizações legalmente instituídas. Sobre tais verbas a jurisprudência é pacífica no sentido da incidência do imposto de renda já que não possuem natureza indenizatória. Precedentes: [...]. 3. "Os Programas de Demissão Voluntária – PDV consubstanciam uma oferta pública para a realização de um negócio jurídico, qual seja a resilição ou distrato do contrato de trabalho no caso das relações regidas pela CLT, ou a exoneração, no caso dos servidores estatutários. O núcleo das condutas jurídicas relevantes aponta para a existência de um acordo de vontades para por fim à relação empregatícia, razão pela qual inexiste margem para o exercício de liberalidades por parte do empregador. [...] Inexiste liberalidade em acordo de vontades no qual uma das partes renuncia ao cargo e a outra a indeniza [...]" (REsp Nº 940.759 – SP, Primeira Seção, Rel. Min. Luiz Fux, julgado em 25.3.2009). "A indenização recebida pela adesão a programa de incentivo à demissão voluntária não está sujeita à incidência do imposto de renda". Enunciado n. 215 da Súmula do STJ. 4. Situação em que a verba denominada "gratificação não eventual" foi paga por liberalidade do empregador e a chamada "compensação espontânea" foi paga em contexto de PDV. 5. Recurso especial parcialmente provido. Acórdão submetido ao regime do art. 543-C do CPC e da Resolução STJ 08/2008. (STJ, 1ª Seção, **REsp 1.112.745**, rel. Min. Mauro Campbell Marques, 9.2009, *representativo de controvérsia*).

Jetom. Natureza indenizatória: [...] 1. O fato gerador do imposto de renda é a aquisição de disponibilidade econômica ou jurídica decorrente de acréscimo patrimonial (art. 43 do CTN). Dentro deste conceito não se enquadram os valores recebidos por parlamentares a título de ajuda de custo pelo comparecimento às convocações extraordinárias e pelos gastos de início e fim de sessão legislativa, tendo em vista sua natureza jurídica indenizatória. Precedentes de ambas as Turmas da Primeira Seção. 2. Recurso especial provido. (STJ, 2ª Turma, **REsp 1.141.761**, rel. Min. Mauro Campbell Marques, 2.2010)

Indenização por reintegração desaconselhada. Ilegitimidade da incidência do IR: [...] 1. Os valores a serem pagos em razão de decisão judicial trabalhista, que determina a reintegração do ex-empregado, assumem a natureza de verba remuneratória, atraindo a incidência do imposto sobre a renda. Isso porque são percebidos a título de salários vencidos, como se o empregado estivesse no pleno exercício de seu vínculo empregatício. (Precedentes: ...). 2. Não obstante inseridos no capítulo da estabilidade de empregado que conta com mais de 10 (dez) anos de serviço na mesma empresa, vale destacar o disposto nos artigos 495, 496 e 497, da CLT, que tratam da "reintegração" do trabalhador estável, preceituando que: "Art. 495 – Reconhecida a inexistência de falta grave praticada pelo empregado, fica o empregador obrigado a readmiti-lo no serviço e a pagar-lhe os salários a que teria direito no período da suspensão." "Art. 496 – Quando a reintegração do empregado estável for desaconselhável, dado o grau de incompatibilidade resultante do dissídio, especialmente quando for o empregador pessoa física, o tribunal do trabalho poderá converter aquela obrigação em indenização devida nos termos do artigo seguinte." "Art. 497 – Extinguindo-se a empresa, sem a ocorrência de motivo de força maior, ao empregado estável despedido é garantida a indenização por rescisão do contrato por prazo indeterminado, paga em dobro." 3. A ratio legis emanada dos dispositivos legais supratranscritos indica que, entendendo o tribunal ser a reintegração inviável, os valores a serem percebidos pelo empregado amoldam-se à indenização prevista no artigo 7°, I, da Carta Maior, em face da natureza eminentemente indenizatória, não dando azo a qualquer acréscimo patrimonial ou geração de renda, posto não ensejar riqueza nova disponível, mas reparações, em pecúnia, por perdas de direitos, afastando a incidência do imposto sobre a renda. [...] 5. Recurso especial desprovido. Acórdão submetido ao regime do art. 543-C do CPC e da Resolução STJ 08/2008. (STJ, 1ª Seção, **REsp 1.142.177**, rel. Min. Luiz Fux, 8.2010, *representativo de controvérsia*)

Abono de permanência. Sujeição ao IR: 1. Sujeitam-se incidência [*sic*] do Imposto de Renda os rendimentos recebidos a título de abono de permanência a que se referem o § 19 do art. 40 da Constituição Federal, o § 5° do art. 2° e o § 1° do art. 3° da Emenda Constitucional 41/2003, e o art. 7° da Lei 10.887/2004. Não há lei que autorize considerar o abono de permanência como rendimento isento. (STJ, 1ª Seção, **REsp 1.192.556**, rel. Min. Mauro Campbell Marques, 8.2010, *representativo de controvérsia*)

3.3. Irrelevância da origem da renda

A *origem da renda não é relevante* para determinar o alcance da competência conferida à União pelo art. 153, III, da CF. Todas as rendas (ou, se se preferir, acréscimos patrimoniais) sujeitam-se à tributação pelo Imposto de Renda, independentemente de sua origem.

Rendas provenientes de atividades profissionais e econômicas, de investimentos financeiros, da exploração da propriedade imobiliária,[890] de aposentadorias e pensões, estão todas abrangidas pela competência outorgada à União pelo preceito em foco. *Até mesmo aquelas resultantes de atividades criminosas devem ser oferecidas à tributação*, pois o que importa para a determinação do âmbito de incidência do IR é a qualificação dos ingressos econômicos como acréscimos patrimoniais, e não a sua proveniência.[891] Noutros

[890] Vale notar que as rendas provenientes da exploração de imóveis estão sujeitas apenas ao IR. Os impostos sobre a propriedade imobiliária (ITR e IPTU) podem incidir tão somente sobre o seu valor, jamais sobre materialidades como a receita e a renda provenientes de sua exploração. Já se excluiu a competência da União para a tributação da renda cedular de imóveis (art. 6, I, *c*, da Constituição de 1934), atribuindo-a aos Municípios (art. 13, § 2°, II, da mesma Carta); porém, essa ressalva foi extinta com a promulgação da Constituição de 1946.

[891] Segundo o CTN, a validade dos atos tributados é irrelevante para a incidência dos tributos: "Art. 118. A definição legal do fato gerador é interpretada abstraindo-se: I – da validade jurídica dos atos efetivamente praticados pelos contribuintes, responsáveis, ou terceiros, bem como da natureza do seu objeto ou dos seus efeitos".

termos, para o Direito Tributário o relevante é que o criminoso auferiu renda, não a sua origem criminosa.[892] Para a tributação, "o dinheiro não tem cheiro" (*pecunia non olet*).

Se o legislador não tributar todas as rendas, terá deixado de exercer parcela do seu poder impositivo, e tal omissão poderá revelar-se até mesmo ofensiva à Constituição, nomeadamente ao princípio da isonomia tributária.

É o que ocorre na hipótese de desoneração das rendas provenientes de atividades ilícitas: o não exercício da competência impositiva com respeito a tais rendas viola o princípio da igualdade tributária. Portanto, sempre que for possível interpretar a legislação do IR como abrangente das rendas com origem ilícita, dever-se-á empregar a técnica da interpretação conforme à Constituição e adotar essa solução.[893]

- **Precedente citado**

Tributação do lucro de atividades criminosas. Exigência da isonomia tributária: Sonegação fiscal de lucro advindo de atividade criminosa: *non olet*. Drogas: tráfico de drogas, envolvendo sociedades comerciais organizadas, com lucros vultosos subtraídos à contabilização regular das empresas e subtraídos à declaração de rendimentos: caracterização, em tese, de crime de sonegação fiscal, a acarretar a competência da Justiça Federal e atrair pela conexão, o tráfico de entorpecentes: irrelevância da origem ilícita, mesmo quando criminal, da renda subtraída à tributação. A exoneração tributária dos resultados econômicos de fato criminoso – antes de ser corolário do princípio da moralidade – constitui violação do princípio de isonomia fiscal, de manifesta inspiração ética. (STF, 1ª Turma, **HC 77.530**, rel. Min. Sepúlveda Pertence, 8.1998).

3.4. Regimes de apuração do IRPF: caixa e competência

O Imposto sobre a Renda das Pessoas Físicas – IRPF – é regido pelo regime de caixa, sendo devido a partir do momento em que os rendimentos efetivamente são pagos, e não propriamente quando o contribuinte adquire o direito ao pagamento, o que corresponderia ao regime de competência.

Essa é a regra geral, da qual são excetuados os *rendimentos recebidos acumuladamente* relativos a anos-calendários anteriores ao do recebimento (RRAs), que se sujeitam à tributação em separado, exclusivamente na fonte, nos termos do art. 12-A da Lei 7.713/1988, incluído pela Lei 12.350/2010.

Dita exceção consubstancia positivação do entendimento jurisprudencial que afastou o regime de caixa para os RRAs, com fulcro nos princípios da isonomia tributária e da capacidade contributiva, dadas as distorções que gerava, implicando, por vezes, a tributação de cidadãos que jamais receberam remuneração superior à faixa de isenção e, por outras, incremento indevido da carga tributária, decorrente exclusivamente de um ilícito praticado por outrem, nomeadamente do pagamento em atraso dos rendimentos devidos ao trabalhador.[894]

- **Precedente citado**

Inconstitucionalidade da aplicação do regime de caixa para rendimentos recebidos acumuladamente: IMPOSTO DE RENDA – PERCEPÇÃO CUMULATIVA DE VALORES – ALÍQUOTA. A percepção cumulativa de valores há de de ser considerada, para efeito de fixação de alíquotas, presentes, individualmente, os exercícios envolvidos. (STF, Pleno, **RE 614.406**, rel. p/ acórdão Min. Marco Aurélio, 10.2014 – Tema nº 368 da Repercussão Geral: "Incidência do imposto de renda de pessoa física sobre rendimentos percebidos acumuladamente").

---

[892] Nas exatas palavras de Pontes de Miranda: "A *causa* da renda não importa, inclusive a sua procedência contrária a direito. Se alguém exerce tráfico de influência no Brasil e ganha quatro milhões de dólares, ainda que os deposite na Suíça ou nos Estados Unidos da América, deve o impôsto de renda [...] Nenhuma renda, inclusive a dos jogadores e dos falcatrueiros, escapa ao impôsto de renda" (*Comentários à Constituição de 1967; com a Emenda n. 1 de 1969.* p. 471).

[893] STF, 1ª Turma, *HC 77.530*, rel. Min. Sepúlveda Pertence, 8.1998. No mesmo sentido: STF, 1ª Turma, HC 94.240, rel. Min. Dias Toffoli, 8.2011.

[894] STF, Pleno, *RE 614.406*, rel. p/ acórdão Min. Marco Aurélio, 10.2014 – Tema nº 368 da Repercussão Geral.

3.5. Lucro real no IRPJ

O legislador ordinário trabalha com *conceitos diferentes de renda*, conforme se trate da tributação das pessoas físicas ou das jurídicas: tributa aquelas com base na noção de *rendimentos tributáveis*; e estas, na de *lucro*.

De fato, o Imposto de Renda das Pessoas Jurídicas – IRPJ – incide sobre o *lucro real*, definido como o "lucro líquido do exercício ajustado pelas adições, exclusões ou compensações prescritas ou autorizadas pela legislação tributária" (art. 6º, *caput*, do Decreto-Lei 1.598/77).

O legislador é livre para utilizar e especificar tal conceito,[895] mas ao fazê-lo jamais poderá descurar das balizas constitucionais, dentre as quais sobressai a noção constitucional de renda, entendida como acréscimo patrimonial.

3.5.1. Dedução de tributos e tributação do lucro inflacionário

Dedução de tributos da base de cálculo do IRPJ: Como o IRPJ incide sobre o lucro real, devem ser abatidas da sua base de cálculo as despesas tributárias. O valor do próprio IRPJ, contudo, não pode ser abatido, haja vista o imposto gravar o lucro real. Tampouco se admite a dedução da CSLL, que onera o lucro líquido, apurado antes do lucro real, por não se tratar de despesa operacional.[896]

Lucro inflacionário: Por constatar que a correção monetária não implica acréscimo patrimonial, mas mera recomposição do valor aquisitivo da moeda através do tempo, o Superior Tribunal de Justiça reputou indevida a tributação do lucro inflacionário, resultante da já extinta correção monetária das demonstrações financeiras.[897]

Não se olvide, contudo, que a jurisprudência chancela inúmeras situações em que o Imposto de Renda alcança a atualização monetária. É o que ocorre, v.g., com a tributação dos fundos de renda fixa, que considera a integralidade da variação nominal, sem abater a inflação do período.

- **Precedentes citados**

Supremo Tribunal Federal:

Impossibilidade de dedução da CSLL da base de cálculo do IRPJ: Ementa: CONSTITUCIONAL. TRIBUTÁRIO. IMPOSTO SOBRE A RENDA E PROVENTOS DE QUALQUER NATUREZA DEVIDO PELA PESSOA JURÍDICA (IRPJ). APURAÇÃO PELO REGIME DE LUCRO REAL. DEDUÇÃO DO VALOR PAGO A TÍTULO DE CONTRIBUIÇÃO SOCIAL SOBRE O LUCRO LÍQUIDO. PROIBIÇÃO. ALEGADAS VIOLAÇÕES DO CONCEITO CONSTITUCIONAL DE RENDA (ART. 153, III), DA RESERVA DE LEI COMPLEMENTAR DE NORMAS GERAIS (ART. 146, III, A), DO PRINCÍPIO DA CAPACIDADE CONTRIBUTIVA (ART. 145, § 1º) E DA ANTERIORIDADE (ARTS. 150, III, A E 195, § 7º). 1. O valor pago a título de contribuição social sobre o lucro líquido – CSLL não perde a característica de corresponder a parte dos lucros ou da renda do contribuinte pela circunstância de ser utilizado para solver obrigação tributária. 2. É constitucional o art. 1º e par. ún. da Lei 9.316/1996, que proíbe a dedução do valor da CSLL para fins de apuração do lucro real, base de cálculo do Imposto sobre a Renda das Pessoas Jurídicas – IRPJ. Recurso extraordinário conhecido, mas ao qual

[895] Analisamos com atenção a noção de lucro ao tratar da CSLL, nos comentários ao art. 195, I, *c*.

[896] STF, Pleno, *RE 582.525*, rel. Min. Joaquim Barbosa, 5.2013 – Tema nº 75 da Repercussão Geral. Lê-se no voto do relator: "Não considero que o valor devido a título de CSLL deva, nos termos da Constituição, ser considerado como uma despesa operacional ou necessária para fins de apuração do IRPJ e, portanto, dedutível [...] O valor devido a título de CSLL corresponde a uma parcela do lucro do contribuinte, que é destinada aos cofres públicos em razão de seu dever fundamental de pagar tributos. Não se trata, portanto, de despesa necessária ou operacional à realização da operação ou do negócio que antecedem o fato jurídico tributário, que é auferir renda". No mesmo sentido, conferir: STJ, 1ª Seção, REsp 1.113.159, rel. Min. Luiz Fux, 11.2009, representativo de controvérsia.

[897] STJ, 1ª Seção, *EAg 1.019.831*, rel. Min. Hamilton Carvalhido, 12.2010. Note-se que as premissas desse julgado contrastam com a de um importante aresto do STF, em que a Corte pronunciou a constitucionalidade da correção monetária dos balanços (Pleno, RE 201.465, rel. p/ ac. Min. Nelson Jobim, 5.2002). Não há, contudo, efetiva contradição entre os julgados, pois o STF entendeu, na ocasião, que a correção monetária dos balanços atuava, em regra, como um favor fiscal.

se nega provimento. (STF, Pleno, **RE 582.525**, rel. Min. Joaquim Barbosa, 5.2013 – Tema nº 75 da Repercussão Geral: "Dedução da CSLL na apuração da sua própria base de cálculo e da base de cálculo do IRPJ")

Superior Tribunal de Justiça:

Tributação do lucro inflacionário. Impossibilidade: EMBARGOS DE DIVERGÊNCIA EM AGRAVO DE INSTRUMENTO. TRIBUTÁRIO. CONTRIBUIÇÃO SOCIAL SOBRE O LUCRO LÍQUIDO. BASE DE CÁLCULO. LUCRO INFLACIONÁRIO. NÃO INCIDÊNCIA. 1. Interpretando a Lei nº 7.689/88, a jurisprudência desta Corte, em reiterados precedentes, firmou-se no entendimento de que a Contribuição Social sobre o Lucro Líquido deve incidir apenas sobre o lucro real, não incidindo sobre o lucro inflacionário, que constitui mera atualização das demonstrações financeiras do balanço patrimonial. 2. Precedentes da Primeira Seção e de ambas as Turmas que a compõem. 3. Embargos de divergência rejeitados. (STJ, 1ª Seção, **EAg 1.019.831**, rel. Min. Hamilton Carvalhido, 12.2010)

Este precedente anterior da 1ª Seção, trazido à colação no voto do relator, evidencia os fundamentos e o alcance da jurisprudência da Corte: [...] 2. O Superior Tribunal de Justiça, em reiterados precedentes, firmou entendimento segundo o qual a base de cálculo do imposto de renda e da contribuição social sobre o lucro é o lucro real, excluído o lucro inflacionário (Precedentes das Turmas integrantes da Primeira Seção: REsp 415761/PR, Primeira Turma, publicado no DJ de 21.10.2002; AgRg no REsp 636344/PB, Primeira Turma, publicado no DJ de 04.12.2006; REsp 409300/PR, Segunda Turma, publicado no DJ de 01.08.2006; REsp 610963/CE, Segunda Turma, publicado no DJ de 05.09.2005; e AgRg no REsp 409384/PR, Primeira Turma, publicado no DJ de 27.09.2004). 3. A correção monetária posto não ser um plus que se acrescenta, mas um minus que se evita, não traduz acréscimo patrimonial, por isso que sua aplicação não gera qualquer incremento no capital, mas tão-somente restaura dos efeitos corrosivos da inflação. 4. Os precedentes assentam que: (a) esta contribuição não pode incidir sobre o lucro inflacionário. A contribuição só pode incidir sobre o lucro real, o resultado positivo, o lucro líquido e não sobre a parte correspondente à mera atualização monetária das demonstrações financeiras; (b) o chamado lucro inflacionário não realizado não é lucro real. A correção monetária não representa qualquer acréscimo ao valor corrigido e visa preservar o valor aquisitivo da moeda através do tempo; (c) o artigo 43, do CTN, estabelece que o imposto de competência da União, sobre a renda e proventos de qualquer natureza, tem como fato gerador a aquisição da disponibilidade econômica ou jurídica de renda e de proventos de qualquer natureza, sendo certo que lucro inflacionário não é renda, não é aumento de capital; (d) não se confunde lucro inflacionário com lucro real. O primeiro engloba no seu quantitativo os ganhos reais da empresa devidamente atualizados. O ganho real, diferentemente, é unicamente o resultado da atividade econômica; (e) as demonstrações financeiras devem refletir a situação patrimonial da empresa, com o lucro efetivamente apurado, que servirá de base de cálculo para a cobrança do imposto de renda, da contribuição social sobre o lucro e do imposto sobre o lucro líqüido; e (f) a correção monetária não traduz acréscimo patrimonial. Sua aplicação não gera qualquer incremento no capital, mas tão-somente o restaura dos efeitos corrosivos da inflação. Por este prisma, não há como fazer incidir, sobre a mera atualização monetária, Imposto de Renda, sob pena de tributar-se o próprio capital. 5. Agravo regimental desprovido." (AgRg nos **EREsp 436302/PR**, Rel. Ministro Luiz Fux, Primeira Seção, julgado em 22/08/2007, DJ 17/09/2007, p. 197).

3.5.2. Compensação de prejuízos

A compensação de prejuízos é uma decorrência natural do caráter dinâmico da renda e da continuidade do patrimônio em função do qual ela é aferida. Se uma pessoa jurídica, por exemplo, amargou prejuízos num ano e, no seguinte, apurou lucro em montante idêntico, ela na realidade não teve lucro algum e, por consequência, não poderia ser coagida a submeter à tributação a renda ficta, configurada pela mera segmentação dos exercícios fiscais. *Essa situação não configura acréscimo patrimonial, mas mera recuperação de prejuízo*, ou melhor, reposição patrimonial.

Porém, *esse não é entendimento dos Tribunais.*

À luz da jurisprudência do STF, *os contribuintes não têm direito constitucional à compensação de prejuízos* para fins de apuração do Imposto de Renda e da CSLL. Os dispositivos legais que a autorizam constituem instrumentos de política fiscal, e mais precisamente, genuínos *benefícios fiscais*. Portanto, devem ser aplicados com todos os seus condicionamentos e suas limitações; e nada impede que sejam alterados ou até mesmo revogados pelo legislador.[898]

[898] STF, Pleno, *RE 344.994*, rel. p/ ac. Ministro Eros Grau, 3.2009 (IRPJ); RE 545.308, rel. p/ ac. Ministra Cármen Lúcia, 10.2009 (CSLL).

O STJ aplicou esse entendimento para chancelar a tributação isolada de rendimentos financeiros auferidos por pessoas jurídicas deficitárias, notadamente por tais rendimentos não decorrerem da exploração da atividade-fim da empresa.[899]

- **Precedentes citados**

Supremo Tribunal Federal:

Limites à compensação instituídos pela MP 812/94, convertida na Lei 8.981/95. Aplicação à utilização dos prejuízos acumulados até 1994. Legitimidade: RECURSO EXTRAORDINÁRIO. TRIBUTÁRIO. IMPOSTO DE RENDA. DEDUÇÃO DE PREJUÍZOS FISCAIS. LIMITAÇÕES. ARTIGOS 42 E 58 DA LEI N. 8.981/95. CONSTITUCIONALIDADE. AUSÊNCIA DE VIOLAÇÃO DO DISPOSTO NOS ARTIGOS 150, INCISO III, ALÍNEAS 'A' E 'B', E 5º, XXXVI, DA CONSTITUIÇÃO DO BRASIL. 1. O direito ao abatimento dos prejuízos fiscais acumulados em exercícios anteriores é expressivo de benefício fiscal em favor do contribuinte. Instrumento de política tributária que pode ser revista pelo Estado. Ausência de direito adquirido 2. A Lei n. 8.981/95 não incide sobre fatos geradores ocorridos antes do início de sua vigência. Prejuízos ocorridos em exercícios anteriores não afetam fato gerador nenhum. Recurso extraordinário a que se nega provimento. (STF, Pleno, **RE 344.994**, rel. p/ ac. Ministro Eros Grau, 3.2009).

As razões desse entendimento foram bem expostas no voto-vista proferido pela Ministra Ellen Gracie: "A rigor, as empresas deficitárias não têm 'crédito' oponível à Fazenda Pública. Lucro e prejuízo são contingências do mundo dos negócios. Inexiste direito líquido e certo à 'socialização' dos prejuízos, como a garantir a sobrevivência de empresas ineficientes. É apenas por benesse da política fiscal – atenta a valores mais amplos como o da estimulação da economia e o da necessidade da criação e manutenção de empregos – que se estabelecem mecanismos como o que ora examinamos, mediante o qual é autorizado o abatimento dos prejuízos verificados, mais além do exercício social em que constatados. Como todo favor fiscal, ele se restringe às condições fixadas em lei. É a lei vigorante para o exercício fiscal que definirá se o benefício será calculado sobre 10, 20 ou 30%, ou mesmo sobre a totalidade do lucro líquido". Em contrapartida, vale transcrever as lúcidas ponderações do relator original, Ministro Marco Aurélio, que restou vencido: "... se, no balizamento temporal considerado, é encontrada renda que, em vista dos prejuízos acumulados, é absorvida, não se conta com o indispensável fato gerador do tributo, faltando, por isso mesmo, a base de cálculo [...] Empresas, por exemplo, que não teriam de recolher tributo algum, porque inexistente lucro real, com a subtração de 70% dos prejuízos verificados, tiveram de recolher e o fizeram consumindo e alcançando o quê? O patrimônio. Passamos a ter um tributo que deixou de incidir sobre a renda, sobre o lucro, para incidir sobre o patrimônio da empresa".

Superior Tribunal de Justiça:

Tributação isolada de rendimentos financeiros auferidos por pessoas jurídicas deficitárias. Legitimidade: [...] 1. A tributação isolada e autônoma do imposto de renda sobre os rendimentos auferidos pelas pessoas jurídicas em aplicações financeiras de renda fixa, bem como sobre os ganhos líquidos em operações realizadas nas bolsas de valores, de mercadorias, de futuros e assemelhadas, à luz dos artigos 29 e 36, da Lei 8.541/92, é legítima e complementar ao conceito de renda delineado no artigo 43, do CTN, uma vez que as aludidas entradas financeiras não fazem parte da atividade-fim das empresas [...] (STJ, 1ª Seção, **REsp 939.527**, rel. Min. Luiz Fux, 6.2009, *representativo de controvérsia*)

3.5.3. Lucro advindo de participações societárias no exterior

Atualmente, adota-se o regime de *tributação em bases universais*, que alcança todos os rendimentos e ganhos de capital, mesmo que advindos do exterior.

Até mesmo o lucro advindo de participações em empresas *controladas e coligadas situadas no exterior*, deve ser oferecido à tributação. Acirrada controvérsia estabeleceu-se, contudo, quanto ao momento em que tal lucro pode ser tributado, tendo em vista que muitas empresas não o disponibilizavam, no todo ou em parte, à empresa controladora ou coligada situada no Brasil.

Para evitar essa prática elisiva, a MP 2.158-35/2001 determinou que, para fins de incidência do IRPJ e da CSLL, "os lucros auferidos por controlada ou coligada no exterior serão considerados disponibilizados para a controladora ou coligada no Brasil na data do balanço no qual tiverem sido apurados" (art. 74).

O Supremo Tribunal Federal declarou a *inconstitucionalidade da sua aplicação aos lucros auferidos por coligadas no exterior*, salvo se situadas em países com tributação

[899] STJ, 1ª Seção, *REsp 939.527*, rel. Min. Luiz Fux, 6.2009.

favorecida, bem como da sua aplicação retroativa. Reputou, portanto, constitucional a sua aplicação aos lucros auferidos por controladas.[900]

Com o fito de adequar a legislação a essa orientação do STF, editou-se a Lei 12.973/2014, que trata da questão em seus arts. 76 e seguintes.

- **Precedente citado:**

Constitucionalidade da tributação dos lucros auferidos por controladas e coligadas no exterior, independentemente da sua efetiva distribuição: Ementa: TRIBUTÁRIO. INTERNACIONAL. IMPOSTO DE RENDA E PROVENTOS DE QUALQUER NATUREZA. PARTICIPAÇÃO DE EMPRESA CONTROLADORA OU COLIGADA NACIONAL NOS LUCROS AUFERIDOS POR PESSOA JURÍDICA CONTROLADA OU COLIGADA SEDIADA NO EXTERIOR. LEGISLAÇÃO QUE CONSIDERA DISPONIBILIZADOS OS LUCROS NA DATA DO BALANÇO EM QUE TIVEREM SIDO APURADOS ("31 DE DEZEMBRO DE CADA ANO"). ALEGADA VIOLAÇÃO DO CONCEITO CONSTITUCIONAL DE RENDA (ART. 143, III DA CONSTITUIÇÃO). APLICAÇÃO DA NOVA METODOLOGIA DE APURAÇÃO DO TRIBUTO PARA A PARTICIPAÇÃO NOS LUCROS APURADA EM 2001. VIOLAÇÃO DAS REGRAS DA IRRETROATIVIDADE E DA ANTERIORIDADE. MP 2.158-35/2001, ART. 74. LEI 5.720/1966, ART. 43, § 2º (LC 104/2000). 1. Ao examinar a constitucionalidade do art. 43, § 2º do CTN e do art. 74 da MP 2.158/2001, o Plenário desta Suprema Corte se dividiu em quatro resultados: 1.1. Inconstitucionalidade incondicional, já que o dia 31 de dezembro de cada ano está dissociado de qualquer ato jurídico ou econômico necessário ao pagamento de participação nos lucros; 1.2. Constitucionalidade incondicional, seja em razão do caráter antielisivo (impedir "planejamento tributário") ou antievasivo (impedir sonegação) da normatização, ou devido à submissão obrigatória das empresas nacionais investidoras ao Método de de Equivalência Patrimonial – MEP, previsto na Lei das Sociedades por Ações (Lei 6.404/1976, art. 248); 1.3. Inconstitucionalidade condicional, afastada a aplicabilidade dos textos impugnados apenas em relação às empresas coligadas, porquanto as empresas nacionais controladoras teriam plena disponibilidade jurídica e econômica dos lucros auferidos pela empresa estrangeira controlada; 1.4. Inconstitucionalidade condicional, afastada a aplicabilidade do texto impugnado para as empresas controladas ou coligadas sediadas em países de tributação normal, com o objetivo de preservar a função antievasiva da normatização. 2. Orientada pelos pontos comuns às opiniões majoritárias, a composição do resultado reconhece: 2.1. A inaplicabilidade do art. 74 da MP 2.158-35 às empresas nacionais coligadas a pessoas jurídicas sediadas em países sem tributação favorecida, ou que não sejam "paraísos fiscais"; 2.2. A aplicabilidade do art. 74 da MP 2.158-35 às empresas nacionais controladoras de pessoas jurídicas sediadas em países de tributação favorecida, ou desprovidos de controles societários e fiscais adequados ("paraísos fiscais", assim definidos em lei); 2.3. A inconstitucionalidade do art. 74 par. ún., da MP 2.158-35/2001, de modo que o texto impugnado não pode ser aplicado em relação aos lucros apurados até 31 de dezembro de 2001. Ação Direta de Inconstitucionalidade conhecida e julgada parcialmente procedente, para dar interpretação conforme ao art. 74 da MP 2.158-35/2001, bem como para declarar a inconstitucionalidade da clausula de retroatividade prevista no art. 74, par. ún., da MP 2.158/2001. (STF, Pleno, **ADI 2.588**, rel. p/ acórdão Min. Joaquim Barbosa, 4.2013)

4. Inciso IV: Imposto sobre Produtos Industrializados

4.1. Materialidade

Até 1965, o Imposto sobre Produtos Industrializados (IPI) era designado "Imposto de Consumo", denominação que não expressava adequadamente a sua materialidade. Foi a EC 18/65 que, ao distribuir as competências tributárias por meio da indicação da materialidade sujeita à imposição, conferiu-lhe a alcunha atual (art. 11, *caput*), no que foi seguida pelas Cartas de 1967 e de 1969. Mantendo essa tradição, a Constituição de 1988 outorga à União competência para a tributação das *operações iniciais com produtos industrializados*.

4.1.1. Conceito de produtos industrializados

O *conceito de produtos industrializados é constitucional* e, portanto, não está sujeito a modificações legislativas.

---

[900] STF, Pleno, *ADI 2.588*, rel. p/ acórdão Min. Joaquim Barbosa, 4.2013. Na mesma sessão foi julgado o RE 611.586, da relatoria do Min. Joaquim Barbosa, que trata do Tema nº 537 da Repercussão Geral, enunciado nestes termos: "Momento de disponibilização de renda de pessoas jurídicas sediadas no Brasil com participação nos lucros de suas empresas coligadas ou controladas no estrangeiro para fins de IR".

Produto, para fins do art. 153, IV, da CF, é aquilo que é produzido ou fabricado, isto é, o *resultado material da produção ou da fabricação*.

Não se enquadra em tal noção o resultado econômico de um determinado trabalho ou atividade, ou seja, o faturamento, a receita e o lucro.

Tampouco se amolda ao conceito de produto a matéria-prima, seja ela de origem vegetal, animal ou mineral, haja vista ainda estar em estado bruto, não ter sido trabalhada, lapidada, aperfeiçoada. É irrelevante que tenha sido extraída da natureza: até ser submetida a um processo produtivo, continuará a qualificar-se como matéria-prima, e não como produto. Não se pode, por exemplo, cobrar o IPI sobre a atividade agrícola, mesmo que empreendida por agroindústria: apenas a atividade industrial se submete à incidência do IPI.

E, no que concerne à *noção de industrialização*, a exegese da Constituição corrobora o conceito adotado pelo CTN, ao definir como industrializado: "o produto que tenha sido submetido a qualquer operação que lhe modifique a natureza ou a finalidade, ou o aperfeiçoe para o consumo" (art. 46, parágrafo único).[901] Mas uma ressalva deve ser feita, a de que a transformação ou o aperfeiçoamento do produto têm de ocorrer no *bojo de um processo industrial*, e não de mera atividade manual, que caracterizaria prestação de serviço sujeita ao ISS.

A *modificação* da matéria-prima em produto ou de um produto em outro *é essencial à sua qualificação como industrializado*. Tal modificação pode dizer respeito: a) à sua natureza; b) à sua finalidade; ou c) ao seu aperfeiçoamento para o consumo. Nessa linha, Eduardo Bottalo afirma que o produto é industrializado "sempre que, mercê de uma operação física, química, mecânica ou técnica, adquire utilidade nova ou, de algum modo, se mostre mais bem ajustado para o consumo".[902]

Dentro do gênero "produto", destaca-se a espécie mercadoria, que é objeto do ICMS. *Tratando-se de mercadoria, pode haver a incidência do IPI e do ICMS numa mesma operação*, onerando este a sua circulação e aquele a sua produção. Tais tributos, porém, diferenciam-se num aspecto relevante: o ICMS "incide sobre todas as etapas da circulação de mercadorias, enquanto o IPI, menos extenso, apenas incide sobre a circulação inicial do produto industrializado, ou seja, sobre a fase da produção industrial".[903]

De fato, embora aparentemente seja atribuída competência para a União tributar as operações com produtos industrializados em geral, a existência do ICMS, a onerar as operações de circulação de mercadorias, torna nítido o fato de que *o IPI somente pode incidir na fase de produção ou nas operações iniciais com produtos industrializados*. Ou seja, o IPI, segundo a lição de Baleeiro, há de incidir quando "da entrada da coisa no circuito econômico de sua utilização".[904]

Em suma, o IPI consiste num imposto sobre a *circulação de produtos industrializados*, com incidência restrita às operações iniciais da cadeia econômica.

---

[901] Cfr. BOTTALO. *Fundamentos do IPI*. p. 40.

[902] BOTTALO. *Fundamentos do IPI*. p. 40. Nessa linha, Pontes de Miranda assevera: "Uma vez que qualquer trabalho alterou, para que o produto satisfizesse exigências de aproveitamento ou de comércio, e não se haja conservado como simples matéria-prima, há produto industrializado" (*Comentários à Constituição de 1967; com a Emenda n. 1 de 1969*. p. 482-483).

[903] TORRES. *Sistemas constitucionais tributários*. p. 309.

[904] BALEEIRO. *Direito tributário brasileiro*. p. 339.

4.1.2. Incidência na arrematação, na importação e na venda de bens importados

Não sendo restrita a competência à tributação da "industrialização de produtos", afigura-se compatível com a Constituição da República a previsão do CTN no sentido de que, além da hipótese central de saída do estabelecimento industrial (que representa a tributação da industrialização ou, mais especificamente, da alienação, pelas próprias indústrias, de bens industrializados), o tributo também é devido na importação e na arrematação de produtos industrializados (art. 46).[905]

Porém, *a legislação não prevê a cobrança do IPI na arrematação*,[906] de modo que o imposto é inexigível em tal operação.

Diversamente, *nas importações* o IPI é cobrado de forma ampla, *mesmo que sejam realizadas por pessoas físicas que não desempenhem atividades empresariais*, para uso próprio.

O STF rechaçava a cobrança do imposto nessa hipótese. Entendia que o IPI somente seria devido nas importações realizadas por empresários ou comerciantes, sob pena de ofensa ao princípio constitucional da não cumulatividade e à própria materialidade do imposto, que pressuporia operação mercantil.[907] Esse equivocado entendimento foi superado em julgamento realizado no regime da repercussão geral, afirmando-se a irrelevância, para fins de cobrança do IPI, da atividade desenvolvida pelo importador.[908]

A Suprema Corte tem admitido a cobrança do IPI até mesmo no ingresso de produtos no Brasil com base em contratos de arrendamento mercantil (*leasing*).[909]

Controverte-se também acerca da legitimidade da incidência do IPI na mera *revenda de bens importados*, ou seja, nas alienações realizadas por comerciantes que importaram produtos do exterior, sem submetê-los a qualquer operação de industrialização. O STJ acolhera a tese dos contribuintes, de que não poderia haver cobrança em tal operação, por não envolver industrialização e por caracterizar *bis in idem*,[910] mas posteriormente reviu a sua orientação, chancelando a cobrança, porquanto a legislação estabelece expressamente a cobrança, equiparando o importador ao industrial.[911] Resta ao STF dirimir a querela, sob a ótica constitucional.

---

[905] Esta é a redação do preceito citado: "Art. 46. O imposto, de competência da União, sobre produtos industrializados tem como fato gerador: I – o seu desembaraço aduaneiro, quando de procedência estrangeira; II – a sua saída dos estabelecimentos a que se refere o parágrafo único do artigo 51; III – a sua arrematação, quando apreendido ou abandonado e levado a leilão".

[906] Conferir o Regulamento do IPI (Decreto nº 7.212/2010).

[907] STF, 2ª Turma, RE 255.682 AgR, rel. Min. Carlos Velloso, 11.2005. Lê-se na ementa: "Veículo importado por pessoa física que não é comerciante nem empresário, destinado ao uso próprio: não-incidência do IPI: aplicabilidade do princípio da não-cumulatividade: CF, art. 153, § 3º, II. Precedentes do STF relativamente ao ICMS, anteriormente à EC 33/2001".

[908] STF, Pleno, RE 723.651, rel. Min. Marco Aurélio, 2.2016 – Tema nº 643 da Repercussão Geral: "Incidência do Imposto sobre Produtos Industrializados – IPI nas operações de importação de veículos automotores por pessoa natural para uso próprio".

[909] Vide STF, 2ª Turma, *RE 429.306*, rel. Min. Joaquim Barbosa, 2.2011. Não se pode, contudo, falar de uma jurisprudência robusta, assentada em fundamentos consistentes: o acórdão do RE 429.306 sequer ingressou na análise da constitucionalidade da incidência do IPI, mas aparenta estar sendo utilizado como *leading case* (cfr., por todos, STF, 2ª Turma, RE 612.083 AgR, rel. Min. Cármen Lúcia, 10.2012).

[910] STJ, 1ª Seção, EREsp 1.411.749, rel. p/ Acórdão Min. Ari Pargendler, 6.2014.

[911] STJ, 1ª Seção, *EREsp 1.403.532*, rel. p/ Acórdão Min. Mauro Campbell Marques, 10.2015 – representativo de controvérsia.

- **Precedentes citados**

Supremo Tribunal Federal:

Contratos de arrendamento mercantil (*leasing*) internacional. Incidência do IPI: CONSTITUCIONAL. TRIBUTÁRIO. IMPOSTO DE IMPORTAÇÃO. IMPOSTO SOBRE PRODUTOS INDUSTRIALIZADOS. IMPORTAÇÃO. ARRENDAMENTO MERCANTIL (LEASING). INCIDÊNCIA. 1. Recurso extraordinário em que se argumenta a não incidência do II e do IPI sobre operação de importação de sistema de tomografia computadorizada, amparada por contrato de arrendamento mercantil. 2. Alegada insubmissão do arrendamento mercantil, que seria um serviço, ao fato gerador do imposto de importação (art. 153, I da Constituição). Inconsistência. [...] Recurso extraordinário conhecido, mas ao qual se nega provimento. (STF, 2ª Turma, **RE 429.306**, rel. Min. Joaquim Barbosa, 2.2011)

Superior Tribunal de Justiça:

Revenda de bens importados. Incidência do IPI: [...] IPI. FATO GERADOR. INCIDÊNCIA SOBRE OS IMPORTADORES NA REVENDA DE PRODUTOS DE PROCEDÊNCIA ESTRANGEIRA. FATO GERADOR AUTORIZADO PELO ART. 46, II, C/C 51, PARÁGRAFO ÚNICO DO CTN. SUJEIÇÃO PASSIVA AUTORIZADA PELO ART. 51, II, DO CTN, C/C ART. 4º, I, DA LEI N. 4.502/64. PREVISÃO NOS ARTS. 9, I E 35, II, DO RIPI/2010 (DECRETO N. 7.212/2010). 1. Seja pela combinação dos artigos 46, II e 51, parágrafo único do CTN - que compõem o fato gerador, seja pela combinação do art. 51, II, do CTN, art. 4º, I, da Lei n. 4.502/64, art. 79, da Medida Provisória n. 2.158-35/2001 e art. 13, da Lei n. 11.281/2006 - que definem a sujeição passiva, nenhum deles até então afastados por inconstitucionalidade, os produtos importados estão sujeitos a uma nova incidência do IPI quando de sua saída do estabelecimento importador na operação de revenda, mesmo que não tenham sofrido industrialização no Brasil. 2. Não há qualquer ilegalidade na incidência do IPI na saída dos produtos de procedência estrangeira do estabelecimento do importador, já que equiparado a industrial pelo art. 4º, I, da Lei n. 4.502/64, com a permissão dada pelo art. 51, II, do CTN. 3. Interpretação que não ocasiona a ocorrência de bis in idem, dupla tributação ou bitributação, porque a lei elenca dois fatos geradores distintos, o desembaraço aduaneiro proveniente da operação de compra de produto industrializado do exterior e a saída do produto industrializado do estabelecimento importador equiparado a estabelecimento produtor, isto é, a primeira tributação recai sobre o preço de compra onde embutida a margem de lucro da empresa estrangeira e a segunda tributação recai sobre o preço da venda, onde já embutida a margem de lucro da empresa brasileira importadora. [...] 5. Tese julgada para efeito do art. 543-C, do CPC: "os produtos importados estão sujeitos a uma nova incidência do IPI quando de sua saída do estabelecimento importador na operação de revenda, mesmo que não tenham sofrido industrialização no Brasil". [...] (STJ, 1ª Seção, **EREsp 1.403.532**, rel. p/ Acórdão Min. Mauro Campbell Marques, 10.2015 – representativo de controvérsia)

4.2. Base de cálculo

Como a materialidade do IPI diz respeito à introdução de produtos industrializados em circulação, a base de cálculo haverá de consistir numa dimensão do conteúdo econômico desse fato, ou seja, *no valor integral ou parcial da operação*.

Essa é a base de cálculo indicada pelo art. 47, II, *a*, do CTN, que, regulando a hipótese central de incidência do IPI (alienação dos produtos pelas indústrias), preconiza: "A base de cálculo do imposto é [...] o valor da operação de que decorrer a saída da mercadoria".

Em virtude de o IPI somente poder incidir sobre o valor da operação, revela-se ilegítima a inclusão, na sua base de cálculo, dos valores atinentes aos *descontos incondicionais* (promocionais), que nada mais são do que reduções do valor proposto inicialmente, necessariamente refletidas no conteúdo econômico da operação.[912] A dedução de tais descontos, contudo, não é cabível no regime de incidência sobre preços fixos, previamente estabelecidos.[913]

Por outro lado, os *descontos condicionais*, sujeitos a condições futuras que podem, ou não, verificar-se, não estão excluídos da incidência do IPI.

[912] STF, Pleno, *RE 567.935*, rel. Min. Marco Aurélio, 9.2014 – Tema nº 84 da Repercussão Geral: "Exclusão do valor dos descontos incondicionais da base de cálculo do IPI". Note-se que o precedente reconheceu o vício formal da lei ordinária que estabelecera a incidência sobre os descontos incondicionais, contrastando com a previsão do art. 47, II, *a,* do CTN, no sentido de que a base de cálculo é o "valor da operação". Nesse sentido, conferir: STJ, 1ª Seção, *REsp 1.149.424*, rel. Min. Eliana Calmon, 4.2010.

[913] STJ, 1ª Seção, *REsp 1.149.424*, rel. Min. Eliana Calmon, 4.2010.

Igualmente, *o frete* não pode compor a base de cálculo do IPI, porquanto não integra o "valor da operação de que decorrer a saída da mercadoria", base de cálculo eleita pela codificação tributária.[914]

- **Precedentes citados**

Supremo Tribunal Federal:

Inclusão, por lei ordinária, dos descontos incondicionais na base de cálculo do IPI. Vício formal: IMPOSTO SOBRE PRODUTOS INDUSTRIALIZADOS – VALORES DE DESCONTOS INCONDICIONAIS – BASE DE CÁLCULO – INCLUSÃO – ARTIGO 15 DA LEI Nº 7.798/89 – INCONSTITUCIONALIDADE FORMAL – LEI COMPLEMENTAR – EXIGIBILIDADE. Viola o artigo 146, inciso III, alínea "a", da Carta Federal norma ordinária segundo a qual hão de ser incluídos, na base de cálculo do Imposto sobre Produtos Industrializados – IPI, os valores relativos a descontos incondicionais concedidos quando das operações de saída de produtos, prevalecendo o disposto na alínea "a" do inciso II do artigo 47 do Código Tributário Nacional. (STF, Pleno, **RE 567.935**, rel. Min. Marco Aurélio, 9.2014 – Tema nº 84 da Repercussão Geral)

Superior Tribunal de Justiça:

Descontos incondicionais. Impossibilidade de exclusão da base de cálculo do IPI se adotado o regime de incidência sobre valor fixo, previamente fixado: [...] 2. A base de cálculo do IPI, nos termos do art. 47, II, "a", do CTN, é o valor da operação de que decorrer a saída da mercadoria. 3. A Lei 7.798/89, ao conferir nova redação ao § 2º do art. 14 da Lei 4.502/64 (RIPI) e impedir a dedução dos descontos incondicionais, permitiu a incidência da exação sobre base de cálculo que não corresponde ao valor da operação, em flagrante contrariedade à disposição contida no art. 47, II, "a", do CTN. Os descontos incondicionais não compõem a real expressão econômica da operação tributada, sendo permitida a dedução desses valores da base de cálculo do IPI. 4. A dedução dos descontos incondicionais é vedada, no entanto, quando a incidência do tributo se dá sobre valor previamente fixado, nos moldes da Lei 7.798/89 (regime de preços fixos), salvo se o resultado dessa operação for idêntico ao que se chegaria com a incidência do imposto sobre o valor efetivo da operação, depois de realizadas as deduções pertinentes. 5. Recurso especial não provido. Sujeição do acórdão ao regime do art. 543-C do CPC e da Resolução STJ 8/2008. (STJ, 1ª Seção, **REsp 1.149.424**, rel. Min. Eliana Calmon, 4.2010, *representativo de controvérsia*)

O recurso era do contribuinte. Não foi provido por postular a dedução dos descontos incondicionais no regime de preços fixos.

4.3. Selos de controle

Exige-se a aposição de selos em determinados produtos, como vinhos e cigarros, para se facilitar a fiscalização do IPI, com fulcro no art. 46 da Lei 4.502/1964. Trata-se dos selos especiais de controle do IPI.

A obrigação de selagem constitui um dever instrumental (obrigação tributária acessória), que pressupõe a prévia aquisição dos selos. Por se tratar de prestação pecuniária compulsória, devida pelo exercício do poder de polícia, o pagamento dos selos corresponde a uma taxa específica,[915] regulada pelo art. 13 da Lei 12.295/2014. Anteriormente, o valor era estabelecido por atos infralegais, com base na autorização do art. 3º do Decreto-Lei 1.437/1975, em manifesta afronta ao princípio da legalidade tributária.[916]

- **Precedentes citados**

Instituição, por ato infralegal, da taxa pelo fornecimento dos selos de controle. Violação do princípio da legalidade tributária: IPI – SELO DE QUALIDADE – NATUREZA – LEI Nº 4.502/64 E DECRETO-LEI Nº 1.437/75 – PRINCÍPIO DA LEGALIDADE – DELEGAÇÃO – ARTIGOS 150, INCISO I, e 25 DA CARTA FEDERAL. Ante o princípio da legalidade estrita, surge inconstitucional o artigo 3º do Decreto-Lei nº 1.437/75 no que transferida a agente do Estado – Ministro da Fazenda – a definição do ressarcimento de custo e demais encargos relativos ao selo especial previsto, sob o ângulo da gratuidade, no artigo 46 da Lei nº 4.502/64. (STF, Pleno, **RE 662.113**, rel. Min. Marco Aurélio, 2.2014.)

Selo de controle de IPI. Qualificação da remuneração correspondente como taxa de serviço público: [...] 2. A selagem de produtos para fins de controle quantitativo corresponde, nos termos da Lei 4.502/64, a uma obrigação tributária acessória que, embora destituída de conteúdo patrimonial, impõe um gasto ao sujeito passivo. 3. A remuneração pela compra dos selos, porque compulsória, corresponde a uma receita estatal derivada. Diz

[914] STF, 1ª Turma, RE 881.908 AgR, rel. Min. Marco Aurélio, 9.2015.

[915] STJ, 2ª Turma, *REsp 637.756*, rel. Min. Eliana Calmon, 4.2008.

[916] STF, Pleno, *RE 662.113*, rel. Min. Marco Aurélio, 2.2014.

respeito, mais especificamente, a uma taxa remuneratória de serviço público, por corresponder à contraprestação de uma utilidade material divisível e específica fornecida pelo Estado sob regras de direito administrativo. 4. Coexistem, na espécie, dois tipos de obrigações: a) a obrigação de selar produtos cujo controle quantitativo seja necessário: obrigação tributária acessória, manifestação do poder de polícia; b) a obrigação de pagar pelo serviço de impressão de selos: obrigação tributária principal distinta da do recolhimento do IPI, contraprestação pelo fornecimento de um serviço público (taxa). 5. O "ressarcimento de custos e demais encargos" pelo fornecimento dos selos de controle do IPI é tributo que atende a todos os pressupostos jurídicos para sua instituição, pois: a) foi criado pela pessoa política competente para prestar o serviço público; b) custeia atividade específica e divisível; c) foi instituído pelo Decreto-Lei 1.437/75, norma com valor de lei que fixou sua hipótese de incidência e sua base de cálculo. 6. Recurso especial não provido. (STJ, 2ª Turma, **REsp 637.756**, rel. Min. Eliana Calmon, 4.2008)

5. Inciso V: Imposto sobre Operações Financeiras

No inciso V do art. 153, a Constituição da República outorga competência para a cobrança do "Imposto sobre Operações Financeiras" (IOF), que pode ser cindido, para fins analíticos, em quatro impostos distintos:

a) Imposto sobre Operações de Crédito (IO/Crédito);

b) Imposto sobre Operações de Câmbio (IO/Câmbio);

c) Imposto sobre Operações de Seguro (IO/Seguro); e

d) Imposto sobre Operações Relativas a Títulos ou Valores Mobiliários (IO/TVM).[917]

A nota comum a esses impostos é a de que *incidem sobre operações* de natureza financeira. Como esclarece Quiroga, com base na lição de Aires Barreto: "o termo *operações*, à luz de um ponto de vista estritamente jurídico, significa atos regulados pelo Direito capazes de produzir efeitos jurídicos, ou seja, negócios jurídicos. Os impostos mencionados não oneram os títulos ou valores mobiliários, o câmbio, o seguro etc., incidem, sim, sobre os negócios jurídicos que têm esses bens ou valores por objeto, ou ainda, sobre *operações* a eles relativas".[918]

Em outros termos, a Constituição não outorga competência para a tributação do crédito, do câmbio, dos seguros e tampouco dos títulos ou valores mobiliários: confere competência, apenas, para que sejam instituídos impostos sobre as operações correspondentes. *Somente os negócios jurídicos* envolvendo o crédito, o câmbio, o seguro e os títulos ou valores mobiliários *podem sujeitar-se à incidência do IOF*.

Revelar-se-ia ilegítima, por exemplo, *a tributação dos títulos e valores mobiliários* (o que consistiria numa tributação do patrimônio), pois o IO/TVM somente pode onerar as operações de emissão, transmissão ou pagamento de títulos e valores mobiliários.[919] Por outro lado, não há mácula de inconstitucionalidade na incidência do imposto em apreço sobre a transmissão de valores mobiliários, inclusive das ações de companhias abertas e respectivas bonificações.[920]

Além do conceito jurídico-constitucional de operações, *devem ser respeitados os conceitos complexos* de "operações de crédito", "operações de câmbio", "operações de seguro" e "operações relativas a títulos ou valores mobiliários". O significado dessas

---

[917] MOSQUERA. *Tributação no mercado financeiro e de capitais*. p. 92.

[918] MOSQUERA, op. cit., p. 105.

[919] Cfr. STF, Pleno, RE 223.144, rel. Min. Carlos Velloso, 6.2002, precedente em que a Corte declarou a constitucionalidade do art. 1º, I, da Lei 8.033/90, justamente com base na premissa de o preceito não ter sujeito os títulos à tributação, mas as operações jurídicas correlatas. Lê-se no voto do relator: "Todavia, o imposto incidiria não sobre tais títulos, mas 'sobre operações praticadas' com tais títulos (art. 2º, I), operações essas consistentes na transmissão ou resgate dos mesmos (art. 1º, I), que são fatos geradores do IOF, tal como definidos no art. 63, IV, CTN".

[920] STF, Pleno, RE 583.712, rel. Min. Edson Fachin, 2.2016.

operações, oriundas do Direito Privado, foi explicitado pelo grande civilista Pontes de Miranda, nos seguintes termos:

> O impôsto que a União pode estabelecer sôbre as *operações de crédito* é sôbre quaisquer negócios jurídicos, bilaterais, unilaterais e plurilaterais, de que nasça *crédito* [...] As *operações de câmbio* são tributáveis como negócios jurídicos, quer de compra-e-venda de moeda, quer de prestação em moeda estrangeira, ou como atos-fatos jurídicos, *e.g.*, pagamento.[921]
>
> As *operações de seguro*, que podem ser tributadas, são quaisquer operações de seguro de vida, seguro de sobrevivência, de transporte, agrário, contra incêndio, ou contra calamidades ou de moléstia, ou de crédito, ou qualquer outro. Idem, quanto aos resseguros [...]
>
> Quanto às *operações sôbre títulos* e *valores mobiliários*, compreendem elas as de subscrição e de emissão, de distribuição e de colocação [...] As operações bolsísticas estão incluídas, quer sejam de pregão, quer fora de bôlsa, a prazo fixo ou não, ou de títulos-gêneros ou de títulos bem determinados, de arbitragem bolsística ou diferenciais, ou de antecipação ou de desconto.[922]

Caso a lei tribute fatos que não estão abrangidos por esses conceitos, será inconstitucional, por não encontrar amparo em regra de competência tributária, tal como ocorre com a instituição do IOF sobre os saques efetuados em caderneta de poupança[923] ou sobre a efetivação de depósitos judiciais,[924] que, à evidência, não caracterizam "operações de crédito" e tampouco "operações relativas a títulos ou valores mobiliários".

Por outro lado, a Constituição não restringe a competência tributária às operações de crédito realizadas por instituições financeiras, motivo pelo qual é viável a tributação, pelo IOF (em sua subespécie IO/C), das operações de crédito praticadas pelas empresas de *factoring*, desde que, obviamente, haja financiamento, como ocorre na modalidade *conventional factoring*, em que há adiantamento do valor de crédito vincendo. Mesmo nas hipóteses em que não há financiamento (*maturity factoring*), revela-se legítima a incidência do IOF (na modalidade IO/TVM), por se tratar de operações relativas a títulos e valores mobiliários.[925]

• Súmulas

Súmula 664 do STF: "É inconstitucional o inciso V do art. 1º da Lei 8033/1990, que instituiu a incidência do imposto nas operações de crédito, câmbio e seguros – IOF sobre saques efetuados em caderneta de poupança".

Os fundamentos da súmula foram bem expostos neste julgado: "O saque em conta de poupança, por não conter promessa de prestação futura e, ainda, porque não se reveste de propriedade circulatória, tampouco configurando título destinado a assegurar a disponibilidade de valores mobiliários, não pode ser tido por compreendido no conceito de operação de crédito ou de operação relativa a títulos ou valores mobiliários, não se prestando, por isso, para ser definido como hipótese de incidência do IOF, previsto no art. 153, V, da Carta Magna. Recurso conhecido e improvido; com declaração de inconstitucionalidade do dispositivo legal sob enfoque." (STF, Pleno, **RE 232.467**, rel. Min. Ilmar Galvão, 9.1999).

Súmula 185 do STJ: "Nos depósitos judiciais, não incide o Imposto sobre Operações Financeiras".

• Precedente citado

Operações de *factoring*. Legitimidade da incidência do IOF: IOF: incidência sobre operações de factoring (L. 9.532/97, art. 58): aparente constitucionalidade que desautoriza a medida cautelar. O âmbito constitucional de incidência possível do IOF sobre operações de crédito não se restringe às praticadas por instituições financeiras, de tal modo que, à primeira vista, a lei questionada poderia estendê-la às operações de factoring, quando impliquem financiamento (factoring com direito de regresso ou com adiantamento do valor do crédito vincendo – conventional factoring); quando, ao contrário, não contenha operação de crédito, o factoring, de qualquer modo, parece substantivar negócio relativo a títulos e valores mobiliários, igualmente susceptível de ser submetido por lei à incidência tributária questionada. (STF, Pleno, **ADI 1.763 MC**, rel. Min. Sepúlveda Pertence, 8.1998)

---

921 A nosso juízo, contudo, o ato-fato jurídico do pagamento de contrato de câmbio não está sujeito à imposição pelo IOF. O tributo deve incidir sobre o negócio jurídico, mesmo que sua cobrança esteja condicionada à realização do pagamento.

922 PONTES DE MIRANDA. *Comentários à Constituição de 1967; com a Emenda n. 1 de 1969.* p. 483-484.

923 Súmula 664 do STF: "É inconstitucional o inciso V do art. 1º da Lei 8033/1990, que instituiu a incidência do imposto nas operações de crédito, câmbio e seguros – IOF sobre saques efetuados em caderneta de poupança".

924 Súmula 185 do STJ: "Nos depósitos judiciais, não incide o Imposto sobre Operações Financeiras".

925 STF, Pleno, *ADI 1.763 MC*, rel. Min. Sepúlveda Pertence, 8.1998.

6. Inciso VI: Imposto sobre a Propriedade Territorial Rural

O Imposto sobre a Propriedade Territorial Rural – ITR – já integrou a competência de todos os entes políticos. Foi atribuído à competência impositiva dos Estados pelas Constituições de 1934 (art. 8º, I, *a*), 1937 (art. 23, I, *a*) e 1946 (art. 19, I). A EC 5/61 transferiu-o aos Municípios, e a EC 10/64, à União, tendo os textos constitucionais posteriores mantido o tributo na competência federal, de modo a possibilitar a sua utilização como instrumento para a promoção da função social da propriedade rural e de uma política de reforma agrária com caráter nacional, e não estadual ou municipal.[926]

Essa finalidade extrafiscal é evidenciada pela regulação específica do tributo, pois a Constituição estabelece que as suas alíquotas devem ser fixadas "de forma a desestimular a manutenção de propriedades improdutivas" (art. 153, § 4º, I, na redação dada pela EC 42/03).

6.1. Critérios para determinar o caráter rural da propriedade

Compete à União instituir imposto sobre a propriedade territorial rural (ITR), e aos Municípios, imposto sobre a propriedade predial e territorial urbana (IPTU).

Verifica-se que *a qualificação da propriedade*, como rural ou urbana, *é de extrema importância para determinar o titular da competência impositiva*, o que deve ser objeto de regulação legislativa, de modo a dirimir eventuais conflitos de competência entre a União e os Municípios.

O veículo legislativo apto a regular tal matéria é a *lei complementar*, por força do disposto no art. 146, II, da CF. Nesse sentido, registram-se decisões proferidas pelo STF ainda antes do advento da Constituição de 1988.[927]

Atualmente, a matéria é regulada pelos arts. 29 e 32 do Código Tributário Nacional, que têm *status* de lei complementar.

A propriedade rural é definida por exclusão perante a urbana (art. 29 do CTN), ao passo que a urbana há de ser definida por lei municipal, com observância dos requisitos constantes no CTN (art. 32, § 1º):

> Art. 29. O imposto, de competência da União, sobre a propriedade territorial rural tem como fato gerador a propriedade, o domínio útil ou a posse de imóvel por natureza, como definido na lei civil, localização [*sic*] fora da zona urbana do Município.
>
> Art. 32. O imposto, de competência dos Municípios, sobre a propriedade predial e territorial urbana tem como fato gerador a propriedade, o domínio útil ou a posse de bem imóvel por natureza ou por acessão física, como definido na lei civil, localizado na zona urbana do Município.
>
> § 1º Para os efeitos deste imposto, entende-se como zona urbana a definida em lei municipal; observado o requisito mínimo da existência de melhoramentos indicados em pelo menos 2 (dois) dos incisos seguintes, construídos ou mantidos pelo Poder Público:
>
> I – meio-fio ou calçamento, com canalização de águas pluviais;
>
> II – abastecimento de água;
>
> III – sistema de esgotos sanitários;
>
> IV – rede de iluminação pública, com ou sem posteamento para distribuição domiciliar;
>
> V – escola primária ou posto de saúde a uma distância máxima de 3 (três) quilômetros do imóvel considerado.
>
> § 2º A lei municipal pode considerar urbanas as áreas urbanizáveis, ou de expansão urbana, constantes de loteamentos aprovados pelos órgãos competentes, destinados à habitação, à indústria ou ao comércio, mesmo que localizados fora das zonas definidas nos termos do parágrafo anterior.

O *critério adotado é o da localização,* e não o da destinação, urbana ou rural, do imóvel.

---

[926] FERREIRA FILHO. *Comentários à Constituição brasileira de 1988*. v. 2, p. 118.

[927] STF, Pleno, *RE 93.850*, rel. Min. Moreira Alves, 5.1982.

Pontes de Miranda advertia que o critério da destinação implicaria a necessidade de se "indagar, em cada caso ocorrente, qual a Fazenda competente para a imposição e a percepção, se a federal, se a municipal", complementando que: "É fácil ver-se qual a miúda complicação que isso traria", qual seja, uma "verdadeira balbúrdia".[928]

Com base nessas ponderações de Pontes de Miranda, Ricardo Lobo Torres defende que *o critério geográfico é o único compatível com a Constituição de 1988*:

> [...] inexiste a liberdade total para o legislador, pois a CF já coloca alguns limites, especialmente pela relação de complementariedade entre o ITR e o IPTU. Assim é que se frustrou a tentativa de se estremar o rural do urbano com base na finalidade agrícola ou na destinação do bem à industrialização primária de bens agrícolas ou pecuários. Razão tinha Pontes de Miranda ao anotar que o conceito constitucional já traz em si a determinação de que o tributo incide sobre "o que está fora do perímetro da cidade".[929]

Logo, *o ITR somente poderia incidir sobre os imóveis situados fora da zona urbana*. Se o imóvel situar-se dentro de tal área, devido será o IPTU, e não o ITR.

No entanto, *a jurisprudência entende ser devido o ITR sobre imóveis localizados na área urbana*, sempre que sejam *comprovadamente utilizados em exploração rural*, por força do art. 15 do Decreto-Lei 57/66, que excepcionou a regra do art. 32 do CTN e foi recepcionado pela Constituição de 1988 com *status* de lei complementar.[930] Eis a sua redação:

> Art 15. O disposto no art. 32 da Lei nº 5.172, de 25 de outubro de 1966, não abrange o imóvel de que, comprovadamente, seja utilizado em exploração extrativa vegetal, agrícola, pecuária ou agro-industrial, incidindo assim, sôbre o mesmo, o ITR e demais tributos com o mesmo cobrados.[931]

Por fim, registramos que, caso o imóvel esteja situado em *zona limítrofe* (mais especificamente, parcialmente dentro e parcialmente fora de perímetro urbano), dever-se-á proceder a uma divisão em abstrato do imóvel, para fins fiscais: o IPTU incidirá sobre a parcela do imóvel que integrar a área urbana, e o ITR sobre a restante, excluída a sua incidência sobre as benfeitorias.[932]

- **Precedentes citados**

Supremo Tribunal Federal:

Reserva de lei complementar para a definição do caráter rural ou urbano da propriedade: IMPOSTO PREDIAL. CRITÉRIO PARA A CARACTERIZAÇÃO DO IMÓVEL COMO RURAL OU COMO URBANO. A fixação desse critério, para fins tributários, é princípio geral de Direito Tributário, e, portanto, só pode ser estabelecido por lei complementar. O C.T.N. segundo a jurisprudência do S.T.F., é lei complementar. Inconstitucionalidade do artigo 6., e seu parágrafo único da Lei Federal 5.868, de 12 de dezembro de 1972, uma vez que, não sendo lei complementar, não poderia ter estabelecido critério, para fins tributários, de caracterização de imóvel como rural ou urbano diverso do fixado nos artigos 29 e 32 do C.T.N. [...] (STF, Pleno, **RE 93.850**, rel. Min. Moreira Alves, 5.1982)

Superior Tribunal de Justiça:

Imóvel localizado na área urbana e utilizado em exploração rural. Incidência do ITR, não do IPTU: TRIBUTÁRIO. IMÓVEL NA ÁREA URBANA. DESTINAÇÃO RURAL. IPTU. NÃO-INCIDÊNCIA. ART. 15 DO DL 57/1966. RECURSO REPETITIVO. ART. 543-C DO CPC. 1. Não incide IPTU, mas ITR, sobre imóvel localizado na área urbana do Município, desde que comprovadamente utilizado em exploração extrativa, vegetal, agrícola, pecuária ou agroindustrial (art. 15 do DL 57/1966). 2. Recurso Especial provido. Acórdão sujeito ao

---

[928] PONTES DE MIRANDA. *Comentários à Constituição de 1967; com a Emenda n. 1 de 1969*. p. 463. Em seguida, observa que a "razão histórica e moral dos impostos territoriais *urbanos*" é a demanda, pelos imóveis localizados no perímetro da cidade, de cuidados próprios de tôda zona urbana [...] Daí pertencer à União o impôsto *territorial* não-urbano (rural), intimamente ligado à política da produção e pertencer ao Município o impôsto *territorial* urbano" (ibidem, loc. cit.).

[929] TORRES. *Sistemas constitucionais tributários*. p. 243.

[930] STF, Pleno, RE 140.773, rel. Min. Sydney Sanches, 10.1998; STJ, 1ª Seção, *REsp 1.112.646*, rel. Min. Herman Benjamin, 8.2009.

[931] O preceito foi revogado pela Lei 5.868/72, mas a revogação foi suspensa pela RSF nº 9, de 2005, em razão da decisão do STF que a declarou inconstitucional (RE 140.773). Vide a nota ao REsp 1.112.646.

[932] Essa solução também é aplicável ao ITBI incidente sobre imóveis situados em fronteiras entre Municípios, de modo a delimitar a competência de cada ente político. Vide p. 558.

regime do art. 543-C do CPC e da Resolução 8/2008 do STJ. (STJ, 1ª Seção, **REsp 1.112.646**, rel. Min. Herman Benjamin, 8.2009, *representativo de controvérsia*)

Esse acórdão se baseou em precedente no qual o STF pronunciou a inconstitucionalidade de dispositivo da Lei 5.868/72 que objetivou revogar o art. 15 do DL 57/66, recepcionado com *status* de lei complementar pela CF/67 (Pleno, RE 140.773, rel. Min. Sydney Sanches, 10.1998).

6.2. Materialidade e sujeitos passivos

Como a sua denominação indica, o ITR incide sobre a *propriedade territorial rural*.

No tópico precedente já tratamos do caráter rural da propriedade. Agora, resta examinar a noção de "propriedade territorial".

6.2.1. Noção de propriedade e tributação da posse

O *conceito de propriedade* utilizado pela Carta da República para outorgar competências tributárias corresponde ao conceito de Direito Privado, que se presume incorporado pela Constituição.[933] Seu significado deve ser buscado na codificação civil, que define o direito de propriedade de forma indireta, por meio da referência às faculdades que confere ao seu titular: "O proprietário tem a faculdade de usar, gozar e dispor da coisa, e o direito de reavê-la do poder de quem quer que injustamente a possua ou detenha" (art. 1.228 do CC/2002).

A propriedade não se confunde com a posse, razão pela qual o ITR (da mesma forma que o IPTU) não poderia incidir "sobre a posse a qualquer título, precária, ou direta como aquela do arrendatário, locador, ocupante, comodatário, usuário, habitador, detentor ou administrador de bens de terceiro".[934]

Isso não impede, contudo, *que o possuidor seja obrigado ao pagamento do tributo na qualidade de responsável*, haja vista ter relação direta com a manifestação de capacidade contributiva sujeita à tributação.

Também podem figurar no polo passivo da obrigação tributária os *adquirentes dos imóveis gravados*, na qualidade de responsáveis por sucessão, e não de contribuintes. Essa responsabilidade tributária por sucessão é prevista expressamente no art. 130 do CTN[935] e confere caráter *propter rem* à obrigação correlata, com certas *nuances*.

Tampouco há óbice à eleição dos *promitentes compradores* como sujeitos passivos, notadamente porque são excluídos expressamente do alcance da imunidade tributária recíproca (art. 150, § 3º, da CF), fato que evidencia a possibilidade de se sujeitarem ao pagamento do ITR e do IPTU.[936]

Uma *segunda linha interpretativa* está refletida em alguns julgados do STF e é defendida por Misabel Derzi e Sacha Calmon, os quais consideram que, embora a Consti-

---

933 Cfr. A. VELLOSO. *Conceitos e competências tributárias*. p. 265 *et seq*. Nessa linha, Leandro Paulsen assevera: "a base econômica prevista no inciso VI do art. 153 tem de ser considerada tendo por base o conceito de propriedade que constava do art. 524 do Código Civil de 1916 e que já era tradicional no nosso direito, mantendo-se com o Código de 2002, de maneira que o exercício da competência tributária, ou seja, a instituição do ITR, deve ater-se à tributação da propriedade tal como definida. Não se pode equiparar à propriedade qualquer outro direito real" (PAULSEN; MELO. *Impostos: federais, estaduais e municipais*. p. 170).

934 DERZI. *Notas* ao livro *Direito Tributário Brasileiro,* de Aliomar Baleeiro. p. 237.

935 O preceito referido, que integra a seção intitulada "Responsabilidade dos sucessores", é assim redigido: "Art. 130. Os créditos tributários relativos a impostos cujo fato gerador seja a propriedade, o domínio útil ou a posse de bens imóveis, e bem assim os relativos a taxas pela prestação de serviços referentes a tais bens, ou a contribuições de melhoria, sub-rogam-se na pessoa dos respectivos adquirentes, salvo quando conste do título a prova de sua quitação. Parágrafo único. No caso de arrematação em hasta pública, a sub-rogação ocorre sobre o respectivo preço".

936 O art. 150, § 3º, da CF, nesse ponto, somente veio a positivar a sólida jurisprudência do STF, que já havia se cristalizado mediante a edição da Súmula 583, redigida nestes termos: "Promitente-comprador de imóvel residencial transcrito em nome de autarquia é contribuinte do imposto predial territorial urbano".

tuição somente autorize a tributação da propriedade e esta não se confunda com a posse, é viável a tributação da posse desde que exteriorize a propriedade. Seria legítima, portanto, somente a tributação da posse exclusiva, como a posse *ad usucapionem.*[937]

E, por fim, há uma *terceira corrente*, no sentido de que o conceito constitucional tributário de propriedade também abrange o domínio útil e a posse,[938] premissa que legitimaria a previsão dos arts. 29 e 32 do CTN, que autorizam a incidência do ITR e do IPTU sobre a "propriedade, o domínio útil ou a posse":

> Art. 29. O imposto, de competência da União, sobre a propriedade territorial rural tem como fato gerador a propriedade, o domínio útil ou a posse de imóvel por natureza, como definido na lei civil, localização fora da zona urbana do Município.
>
> Art. 32. O imposto, de competência dos Municípios, sobre a propriedade predial e territorial urbana tem como fato gerador a propriedade, o domínio útil ou a posse de bem imóvel por natureza ou por acessão física, como definido na lei civil, localizado na zona urbana do Município.

É justamente essa última corrente que aparenta predominar na jurisprudência do STF, segundo a qual são constitucionais os dispositivos do CTN que permitem a incidência do ITR e do IPTU sobre o domínio útil e a posse.

• Súmulas

Súmula 583 do STF: "Promitente-comprador de imóvel residencial transcrito em nome de autarquia é contribuinte do imposto predial territorial urbano".

• Precedente citado

Impostos sobre a propriedade. Impossibilidade de cobrança do titular de posse precária, decorrente de contrato de concessão de uso: Recurso Extraordinário. 2. IPTU. Imóvel da União destinado à exploração comercial. 3. Contrato de concessão de uso. Posse precária e desdobrada. 4. Impossibilidade de a recorrida figurar no pólo passivo da obrigação tributária. Precedente. Recurso extraordinário a que se nega provimento. (STF, 2ª Turma, **RE 451.152**, rel. Min. Gilmar Mendes, 8.2006)

6.2.2. A propriedade territorial e a base de cálculo do ITR

A competência concernente ao ITR abrange apenas a *propriedade territorial*, enquanto a competência para a instituição do IPTU engloba a "propriedade predial e territorial urbana" (art. 156, I, da CF).

Como leciona Ricardo Lobo Torres: "Sendo apenas *territorial*, o imposto incidirá sobre a terra, excluídas as benfeitorias, os prédios e a renda produzida por sua explora-

---

937 DERZI. *Notas* ao livro *Direito Tributário Brasileiro,* de Aliomar Baleeiro. p. 236-237. Esposando esse entendimento, vide Aires F. Barreto *in* MARTINS (coord.). *Comentários ao Código Tributário Nacional.* v. 1. p. 220; ROSA JÚNIOR. *Manual de direito financeiro e de direito tributário.* p. 952-953. Nesse sentido, vale referir os elucidativos votos dos Ministros Ilmar Galvão e Moreira Alves proferidos no RE 253.394 (STF, 1ª Turma, rel. Min. Ilmar Galvão, 11.2002), mesmo que seus argumentos não tenham se refletido na ementa do precedente: "O acórdão, ao invocar a norma do art. 32 do CTN, além de incidir no mau vezo de buscar na lei a interpretação da Constituição, não atentou para a circunstância de que o art. 32 do CTN não pode ser interpretado como tendo englobado, no conceito de posse, de forma indiscriminada, o ocupante de bem público, sempre em caráter precário; o mero detentor, como o locatário; e, finalmente, o possuidor com *animus domini*; esse, sim, responsável pelo tributo incidente sobre o imóvel privado de que tem a posse, na qualidade de substituto do proprietário, figura de ordinário desconhecida ou, no mínimo, alheia ao destino do bem tributado" (voto do Ministro Ilmar Galvão); "O que se pode suscitar não é o problema da posse com *animus domini*, mas posse exclusiva, porque aqui há desdobramento de posse, pois, obviamente, ele tem posse direta. Esta, a concessionária, evidentemente, tem. O problema é saber se o Código Tributário, quando fala em posse, fala em posse exclusiva, em que não há desdobramento; e quando se trata de posse exclusiva, aí, sim, o possuidor responde. Quando se trata de posse desdobrada – o caso da locação e do comodato –, o possuidor direto não responde" (voto do Ministro Moreira Alves). Com referência ao voto proferido pelo Ministro Moreira Alves, vide este precedente no sentido da impossibilidade de se exigir imposto sobre a propriedade (no caso analisado, o IPTU) do detentor de posse precária e desdobrada, decorrente de contrato de concessão de uso (STF, 2ª Turma, *RE 451.152*, rel. Min. Gilmar Mendes, 8.2006). Lê-se no voto do relator: "No caso dos autos, a recorrida não preenche nenhum dos requisitos para ser contribuinte do IPTU, porquanto é detentora de posse precária e desdobrada decorrente de contrato de concessão de uso".

938 TORRES. *Sistemas constitucionais tributários.* p. 242 e 246; BALEEIRO. *Direito tributário brasileiro.* p. 237.

ção".[939] Consequentemente, *a base de cálculo a ser eleita pelo legislador deve ser composta apenas pelo "valor fundiário"*, isto é, pelo valor do "solo nu, não utilizado, sem edificação ou outras acessões – como árvores etc. – o solo com suas aderências naturais, sem a ação humana".[940]

Foi justamente essa a base de cálculo consagrada pelo CTN (art. 30).

Caso o legislador tivesse adotado base imponível mais ampla, estaria atuando fora dos lindes da competência outorgada pelo art. 153, VI, da CF e, consequentemente, no plano da inconstitucionalidade. Isso porque, como giza Pontes de Miranda, o conceito de *imposto territorial* é "conceito da Constituição federal", que, por sê-lo, "não fica à mercê dos legisladores, ou intérpretes federais ou municipais".[941]

Destacamos, por fim, que *os temas da imunidade, da progressividade e da delegação da capacidade tributária ativa do ITR são tratados nos comentários ao § 4º*, ao qual remetemos o leitor.

6.3. Desapossamento

Se a manifestação de riqueza gravada pelo ITR é a propriedade rural, resta evidente que o imposto *não pode ser cobrado dos proprietários que foram injustamente desapossados*, vendo subtraída a possibilidade de usar e fruir do seu bem e, consequentemente, de tirar qualquer proveito econômico dele.

Entendimento contrário implicaria grave ofensa aos princípios da capacidade contributiva, da razoabilidade, da proporcionalidade e, até mesmo, à mais comezinha noção de bom-senso. Tratar-se-ia de flagrante injustiça, que jamais pode merecer guarida no âmbito do Poder Judiciário.[942]

- **Precedente citado**

Proprietários injustamente desapossados. Impossibilidade de cobrança do ITR: [...] 3. O Fato Gerador do ITR é a propriedade, o domínio útil, ou a posse, consoante disposição do art. 29 do Código Tributário Nacional. 4. Sem a presença dos elementos objetivos e subjetivos que a lei, expressa ou implicitamente, exige ao qualificar a hipótese de incidência, não se constitui a relação jurídico-tributária. 5. A questão jurídica de fundo cinge-se à legitimidade passiva do proprietário de imóvel rural, invadido por 80 famílias de sem-terra, para responder pelo ITR. 6. Com a invasão, sobre cuja legitimidade não se faz qualquer juízo de valor, o direito de propriedade ficou desprovido de praticamente todos os elementos a ele inerentes: não há mais posse, nem possibilidade de uso ou fruição do bem. 7. Direito de propriedade sem posse, uso, fruição e incapaz de gerar qualquer tipo de renda ao seu titular deixa de ser, na essência, direito de propriedade, pois não passa de uma casca vazia à procura de seu conteúdo e sentido, uma formalidade legal negada pela realidade dos fatos. 8. Por mais legítimas e humanitárias que sejam as razões do Poder Público para não cumprir, por 14 anos, decisão judicial que determinou a reintegração do imóvel ao legítimo proprietário, inclusive com pedido de Intervenção Federal deferido pelo TJPR, há de se convir que o mínimo que do Estado se espera é que reconheça que aquele que – diante da omissão estatal e da dramaticidade dos conflitos agrários deste Brasil de grandes desigualdades sociais – não tem mais direito algum não pode ser tributado por algo que só por ficção ainda é de seu domínio. 9. Ofende o Princípio da Razoabilidade, o Princípio da Boa-Fé Objetiva e o bom senso que o próprio Estado, omisso na salvaguarda de direito dos cidadãos, venha a utilizar a aparência desse mesmo direito, ou o resquício que dele restou, para cobrar tributos

[939] TORRES. *Sistemas constitucionais tributários*. p. 242. Nessa linha, Pontes de Miranda define imposto territorial como aquele que "recai sôbre a terra como tal" e adverte, em lição de integral atualidade, que: "o impôsto territorial é impôsto sôbre o capital, mas limitado à terra. Se, hoje, a União o lançasse [a referência concerne ao ITR] em duas parcelas, *x* metros quadrados + *x* casas, estaria a usurpar a competência municipal para a decretação e arrecadação do impôsto territorial urbano e do predial, ou a encambulhar os dois impostos, conceptualmente inconfundíveis, o territorial rural, que é da sua competência exclusiva, e o predial" (*Comentários à Constituição de 1967; com a Emenda n. 1 de 1969.* p. 462 e 464). Em seguida, observa que o imposto territorial: "Não se confunde com o *impôsto predial* que há de incidir no edifício, que é o sentido vulgar de "prédio"" (ob. cit., p. 466).

[940] BALEEIRO. *Direito tributário brasileiro*. p. 239.

[941] PONTES DE MIRANDA. *Comentários à Constituição de 1967; com a Emenda n. 1 de 1969.* p. 464.

[942] STJ, 2ª Turma, *REsp 963.499*, rel. Min. Herman Benjamin, 3.2009; *REsp 1.144.982*, rel. Min. Mauro Campbell Marques, 10.2009.

que pressupõem a sua incolumidade e existência nos planos jurídico (formal) e fático (material). 10. Irrelevante que a cobrança do tributo e a omissão estatal se encaixem em esferas diferentes da Administração Pública. União, Estados e Municípios, não obstante o perfil e personalidade próprios que lhes conferiu a Constituição de 1988, são parte de um todo maior, que é o Estado brasileiro. Ao final das contas, é este que responde pela garantia dos direitos individuais e sociais, bem como pela razoabilidade da conduta dos vários entes públicos em que se divide e organiza, aí se incluindo a autoridade tributária. 11. Na peculiar situação dos autos, considerando a privação antecipada da posse e o esvaziamento dos elementos da propriedade sem o devido processo de Desapropriação, é inexigível o ITR ante o desaparecimento da base material do fato gerador e a violação dos Princípios da Razoabilidade e da Boa-Fé Objetiva. 12. Recurso Especial parcialmente provido somente para reconhecer a aplicação da prescrição qüinqüenal. (STJ, 2ª Turma, **REsp 963.499**, rel. Min. Herman Benjamin, 3.2009).

No mesmo sentido: 1. Conforme salientado no acórdão recorrido, o Tribunal a quo, no exame da matéria fática e probatória constante nos autos, explicitou que a recorrida não se encontraria na posse dos bens de sua propriedade desde 1987. 2. Verifica-se que houve a efetiva violação ao dever constitucional do Estado em garantir a propriedade da impetrante, configurando-se uma grave omissão do seu dever de garantir a observância dos direitos fundamentais da Constituição. 3. Ofende os princípios básicos da razoabilidade e da justiça o fato do Estado violar o direito de garantia de propriedade e, concomitantemente, exercer a sua prerrogativa de constituir ônus tributário sobre imóvel expropriado por particulares (proibição do *venire contra factum proprium*). 4. A propriedade plena pressupõe o domínio, que se subdivide nos poderes de usar, gozar, dispor e reinvidicar a coisa. Em que pese ser a propriedade um dos fatos geradores do ITR, essa propriedade não é plena quando o imóvel encontra-se invadido, pois o proprietário é tolhido das faculdades inerentes ao domínio sobre o imóvel. 5. Com a invasão do movimento "sem terra", o direito da recorrida ficou tolhido de praticamente todos seus elementos: não há mais posse, possibilidade de uso ou fruição do bem; consequentemente, não havendo a exploração do imóvel, não há, a partir dele, qualquer tipo de geração de renda ou de benefícios para a proprietária. 6. Ocorre que a função social da propriedade se caracteriza pelo fato do proprietário condicionar o uso e a exploração do imóvel não só de acordo com os seus interesses particulares e egoísticos, mas pressupõe o condicionamento do direito de propriedade à satisfação de objetivos para com a sociedade, tais como a obtenção de um grau de produtividade, o respeito ao meio ambiente, o pagamento de impostos etc. 7. Sobreleva nesse ponto, desde o advento da Emenda Constitucional n. 42/2003, o pagamento do ITR como questão inerente à função social da propriedade. O proprietário, por possuir o domínio sobre o imóvel, deve atender aos objetivos da função social da propriedade; por conseguinte, se não há um efetivo exercício de domínio, não seria razoável exigir desse proprietário o cumprimento da sua função social, o que se inclui aí a exigência de pagamento dos impostos reais. 8. Na peculiar situação dos autos, ao considerar-se a privação antecipada da posse e o esvaziamento dos elementos de propriedade sem o devido êxito do processo de desapropriação, é inexigível o ITR diante do desaparecimento da base material do fato gerador e da violação dos referidos princípios da propriedade, da função social e da proporcionalidade. 9. Recurso especial não provido. (STJ, 2ª Turma, **REsp 1.144.982**, rel. Min. Mauro Campbell Marques, 10.2009)

7. Inciso VII: Imposto sobre Grandes Fortunas

7.1. O imposto no Brasil e em França

No Brasil, falar num Imposto sobre Grandes Fortunas (IGF) soa até mesmo estranho. *Esse tributo não existe e nunca existiu.* Não obstante a Constituição de 1988 tenha outorgado à União competência para criá-lo, o imposto jamais chegou a ser instituído, por falta de vontade política. Ou melhor, pela vontade política de não tributar, de forma específica, as grandes fortunas, mesmo que o produto da arrecadação seja destinado exclusivamente ao Fundo de Combate e Erradicação da Pobreza (art. 80, III, do ADCT).[943]

Porém, não há, ao menos na seara do Direito Tributário, inconstitucionalidade nessa omissão, tendo em vista que, consoante entendimento remansoso da doutrina, o exercício das competências tributárias é facultativo, salvo exceções pontuais.[944]

Embora não exista no Brasil, a exação é cobrada em sistemas estrangeiros. Na França, por exemplo, o *Code Général des Impôts* regula o *Impôt de solidarité sur la fortune*, denominação atribuída à conformação atual do antigo *Impôt sur les grandes fortunes (I.G.F.),* que foi criado em 1982, no governo de François Mitterrand, e revogado em 1987. O *Impôt de solidarité,* instituído em 1989, leva em consideração o valor líquido, em 1º de janeiro de cada ano, do conjunto de bens, direitos e valores das pessoas físicas, com

[943] É digno de nota que essa vinculação da arrecadação do IGF, existente até o ano de 2010, faria dele uma *contribuição especial*, mais especificamente, uma contribuição de combate e erradicação da pobreza.

[944] Quanto a esse aspecto, vide os comentários ao art. 145.

certas deduções. É devido pelas pessoas físicas detentoras de patrimônio líquido tributável superior a € 1.300.000,00, incidindo a alíquotas que variam de 0,50 a 1,50 (arts. 885A a Z), sendo a alíquota máxima aplicada aos valores superiores a € 10.000.000,00.[945]

7.2. Alcance da competência e reserva de lei complementar

O Imposto sobre Grandes Fortunas é, nitidamente, um *imposto geral sobre o patrimônio*. Caso fosse instituído, poderia superpor-se aos impostos específicos sobre o patrimônio já consagrados pela Constituição, a saber: ao Imposto sobre a Propriedade Territorial Rural (ITR), ao Imposto sobre a Propriedade de Veículos Automotores (IPVA) e ao Imposto sobre a Propriedade Predial e Territorial Urbana (IPTU).

Sem embargo, a delimitação do alcance da competência para instituir o IGF é extremamente complexa, visto que *a expressão "grandes fortunas" é extremamente vaga.*[946]

Inexistem balizas claras entre a penúria, a pobreza, a escassez, a abastança, a riqueza e a riqueza extrema. Embora haja casos nítidos de inexistência e de existência de grandes fortunas,[947] não há como estremar com precisão as situações limítrofes, porquanto se trata de uma grandeza quantitativa.

Resta nítida a existência de espaços para a atuação do legislador, que deverá estipular patamares quantitativos para a cobrança do IGF.

Consciente desse fato, a Constituição previu que o imposto seria criado "nos termos de lei complementar".

A *lei complementar*, que já é exigida para a definição do fato gerador, base de cálculo e contribuintes dos impostos (art. 146, III, *a*), *haverá de definir o que se entende por "grandes fortunas", para fins da incidência do IGF*.

Não é necessário, contudo, que a lei complementar institua o imposto. A Constituição alude à instituição "nos termos de lei complementar", e não "mediante lei complementar".[948] A propósito, Carrazza leciona:

> A lei complementar apenas irá definir as *diretrizes básicas* que nortearão a criação deste imposto (que, a nosso ver, é um imposto sobre o patrimônio). Assim, v.g., é ela que definirá a "grande fortuna", explicitará a forma de apuração da base de cálculo deste tributo, e assim por diante. Não será, porém, a lei complementar que instituirá, *in abstracto,* este imposto [...] Em rigor, tal lei complementar apenas evitará que uma maioria episódica de

---

[945] Valores estabelecidos pela Lei n° 1509, de 29 de dezembro de 2012. Ferreira Filho indica, de forma crítica, as origens históricas do imposto e os seus efeitos na economia: "A inspiração dessa nova tributação é vinda do socialismo francês, que a implantou ao chegar ao poder em 1981, com resultados negativos, diga-se de passagem. Com efeito, essa norma desestimula a poupança, sem a qual não há investimento, portanto, desenvolvimento econômico" (*Comentários à Constituição brasileira de 1988*. v. 2, p. 118). Na Colômbia, foi criada uma espécie anômala de imposto temporário sobre grandes fortunas, denominado simplesmente de "Impuesto al patrimonio", para viger nos anos de 2004 a 2006: atingiu tanto as pessoas físicas quanto as jurídicas, gravando as riquezas (total do patrimônio líquido) superiores a três bilhões de pesos (mais de um milhão de dólares), à alíquota de 0,3% (art. 17 da Ley 863/03). O tributo foi declarado legítimo pela Corte Constitucional (Sentenças C 910/04 e C 990/04).

[946] Trata-se de um caso de vagueza extensional, atinente ao universo de casos abrangidos. A propósito da vagueza extensional no Direito Tributário, cfr. VELLOSO, Andrei Pitten. "Princípio da especificidade conceitual, vagueza da linguagem e tributação". *Revista da AJUFE*, ano 22, n. 77, p. 37-72, 3° trimestre/2004.

[947] Delimitando de forma negativa a noção de grandes fortunas, Ferreira Filho afirma, com correção: "Não parece poder ser considerada "grande fortuna" aquela que não permita ao dono viver, bem, sem trabalhar" (*Comentários à Constituição brasileira de 1988*. v. 2, p. 119). Sem embargo, riquezas há que, apesar de permitirem ao seu titular viver "bem" sem trabalhar, não se qualificam como "grandes fortunas". Grandes fortunas são aquelas cujos rendimentos (efetivos ou potenciais) permitem ao seu titular desfrutar de um *excepcional* padrão econômico. Esta noção, porém, também é extremamente vaga.

[948] Essa diferenciação é feita pela própria Constituição de 1988: quando reservou a instituição dos tributos à lei complementar, ela empregou a expressão específica "mediante lei complementar", no art. 148, *caput* (empréstimos compulsórios) e no art. 154, I (impostos residuais).

legisladores inverta, num dado ano-base, as características deste imposto e, especialmente, a situação entendida como sendo de *grande fortuna*.[949]

Se instituído, o Imposto sobre Grandes Fortunas *somente poderia ser exigido das pessoas físicas*, tal como ocorre com o *Impôt de solidarité sur la fortune*.

A sujeição das pessoas jurídicas deturparia o tributo, transformando-o num imposto sobre o patrimônio desvinculado da nota essencial da efetiva titularidade de grandes fortunas, a exemplo do que se verificou no *Impuesto al patrimonio* colombiano. Isso porque a titularidade de grandes fortunas, se existente, caberia, em última análise, aos sócios e acionistas: por trás de uma pessoa jurídica sempre há pessoas físicas que são proprietárias do seu patrimônio.[950]

E, pelo fato de o patrimônio da sociedade ser cindido entre seus sócios e acionistas, a titularidade de "grandes fortunas" por aquela não implica, necessariamente, a titularidade por parte destes.

Noutros termos, se cobrado de pessoas jurídicas, o Imposto sobre Grandes Fortunas poderia onerar economicamente acionistas cujo patrimônio jamais seria qualificado como uma "grande fortuna" e, em relação aos titulares de grandes fortunas, iria onerá-los duplamente. A inconstitucionalidade seria manifesta.

---

§ 1º É facultado ao Poder Executivo, atendidas as condições e os limites estabelecidos em lei, alterar as alíquotas dos impostos enumerados nos incisos I, II, IV e V.

Art. 153, § 1º: Atenuação da reserva absoluta de lei para o II, o IE, o IPI e o IOF

Ao facultar que o Poder Executivo altere as alíquotas do Imposto de Importação (II), do Imposto de Exportação (IE), do Imposto sobre Produtos Industrializados (IPI) e do Imposto sobre Operações Financeiras (IOF), a Constituição atenua o alcance do princípio da legalidade estrita em matéria tributária. *Atenua-o, mas não o excepciona*: o princípio é aplicável a todos os tributos; apenas o rigor das suas imposições é que sofre restrições pontuais.

Tal atenuação caracteriza uma forma específica de *reserva relativa de lei*.[951]

A autorização para o Poder Executivo alterar as alíquotas do II, do IE, do IPI e do IOF *é justificada por razões extrafiscais*, à semelhança do que ocorre com a exceção à anterioridade de exercício e nonagesimal (art. 150, § 1º).[952]

Essas razões foram bem expostas pelo Ministro Celso de Mello, nos seguintes termos:

> Essa prerrogativa institucional do Poder Executivo da União destina-se a viabilizar a utilização de tais espécies tributárias – notadamente do imposto de importação de produtos estrangeiros – como expressivos instrumentos de caráter extrafiscal, vocacionados a atuar como um importante elemento de ação governamental na área de

---

[949] CARRAZZA. *Curso de Direito Constitucional Tributário*. 18ª ed. p. 824.

[950] Como observa Fritz Neumark: "Puede que la «personalidad jurídica propia» impresione a los juristas, pero para el economista es de mayor trascendencia el hecho de que por detrás de una «personne morale» siempre hay «personnes physiques» que, más pronto o más tarde, participan de una u otra forma en los beneficios (y por supuesto también en las pérdidas) de la sociedad" (*Principios de la imposición*. 2ª ed. p. 147).

[951] Sobre as noções de reserva absoluta e relativa de lei, conferir os comentários ao art. 150, I.

[952] O princípio da anterioridade é aplicável apenas para o IPI, na sua modalidade nonagesimal.

> comércio exterior e no domínio das políticas econômica, monetária e cambial (ALIOMAR BALEEIRO, "Direito Tributário Brasileiro", p. 126, 10ª ed., 1993, Forense).
>
> É por essa razão, observa SACHA CALMON NAVARRO COÊLHO ("Comentários à Constituição de 1988 – Sistema Tributário", p. 203, item n. 109, 4ª ed., 1992, Forense), que se revelam plenamente justificáveis, no que concerne à fixação e imediata exigibilidade das alíquotas pertinentes aos impostos sobre comércio exterior, as exceções aos postulados da reserva constitucional de lei formal e da anterioridade da norma tributária.
>
> Cumpre não perder de perspectiva, por isso mesmo, que o Poder Executivo da União necessita dispor de instrumentos ágeis destinados a permitir a adequação do imposto sobre importação aos objetivos maiores da política cambial e do comércio exterior.[953]

De fato, para regular adequadamente o comércio exterior e as políticas cambial, econômica e monetária, *é mister que o Poder Executivo disponha de agilidade na modificação da carga tributária*, o que seria obstado caso a competência para a alteração das alíquotas fosse reservada ao Poder Legislativo e, ademais disso, fosse aplicável o princípio da anterioridade.

No entanto, *o Poder Executivo não é completamente livre* para estabelecer as alíquotas do I.I., do I.E., do IPI e do IOF. *Deve observar* os princípios constitucionais tributários e, especificamente, *as "condições e os limites estabelecidos em lei"*.

A *lei deve anteceder* a fixação das alíquotas pelo Poder Executivo *e estabelecer as condições e os limites* do exercício do poder delegado. Como preleciona Aliomar Baleeiro:

> Não vale o ato do Poder Executivo se a lei não o autoriza. Não tem eficácia a lei, para esse fim, se não estabelece condições e limites, dentro dos quais deve agir o Poder Executivo. A lei, em tal caso, não pode ser uma carta branca, que equivaleria, então, à delegação de atribuições dum Poder a outro Poder, prática constitucionalmente defesa.[954]

Apesar de essa lei regular uma limitação constitucional ao poder de tributar (pois trata de uma atenuação ao princípio da legalidade), *o STF entende que não há reserva de lei complementar*, uma vez que o enunciado constitucional não faz referência expressa nesse sentido.[955]

Por conseguinte, as condições e os limites das modificações de alíquotas pelo Poder Executivo podem ser estabelecidos por lei ordinária, mas não por medida provisória, visto que, num Estado Democrático de Direito, o Poder Executivo não pode conceder autorizações a si próprio.

Entende-se que *o poder de alterar as alíquotas dos impostos referidos não necessita ser concedido ao Chefe do Poder Executivo* da União (Presidente da República). Pode ser deferido de modo genérico ao Poder Executivo e delegado, mediante ato infralegal, a órgão integrante da Administração Pública Federal, como a Câmara de Comércio Exterior.[956] Por consequência, admite-se a majoração de alíquotas por atos infralegais de segundo escalão, como as portarias ministeriais.[957]

Dentre as condições estabelecidas para a alteração das alíquotas está a motivação, que, segundo o entendimento do Pretório Excelso, *não necessita constar no texto do decreto*. Basta a motivação que se encontra no procedimento administrativo de sua formação ou na exposição de motivos do decreto presidencial.[958]

---

953 STF, Pleno, SS 775 AgR, rel. Min. Sepúlveda Pertence, 10.1995.

954 BALEEIRO. *Limitações Constitucionais ao Poder de Tributar*. p. 64.

955 STF, Pleno, *RE 225.602*, rel. Min. Carlos Velloso, 11.1998. Vide os comentários ao art. 146, II.

956 STF, Pleno, *RE 570.680*, rel. Min. Ricardo Lewandowski, 10.2009.

957 STJ, 2ª Turma, *REsp 1.123.249*, rel. Min. Eliana Calmon, 11.2009.

958 STF, Pleno, *RE 225.602*, rel. Min. Carlos Velloso, 11.1998.

Relativamente aos impostos sobre o comércio exterior (I.I. e I.E.), há expressa indicação no CTN de que a alteração das alíquotas deve objetivar o seu ajustamento "aos objetivos da política cambial e do comércio exterior" (arts. 21 e 26), na esteira do que dispunha a EC 18/65 (art. 7º, § 1º). Quanto ao IOF, a codificação tributária condiciona a alteração das alíquotas à adequação do imposto "aos objetivos da política monetária" (art. 65), no que também segue as disposições da EC 18/65 (art. 14, § 1º). Nada dispõe o CTN quanto à alteração das alíquotas do IPI pelo Poder Executivo, haja vista que à época isso não era possível: o imposto estava sujeito à reserva absoluta de lei.

Quanto à *análise judicial da motivação*, é evidente ser possível, notadamente pelo prisma da compatibilidade entre as condições fixadas em lei e os fundamentos do ato infralegal. No entanto, o Superior Tribunal de Justiça tem sido cauteloso ao exercer tal controle, limitando-se a atuar em casos teratológicos.[959]

Por fim, impende recordar que eventual *redução geral de tributo* em desconformidade com limitação constitucional ao poder de tributar (como a do preceito em comento) não implica necessariamente a inconstitucionalidade da medida, pois a Lei Maior limita o poder tributário para tutelar os contribuintes, não para prejudicá-los.[960]

• Precedentes citados

Supremo Tribunal Federal:

Regulação das condições e dos limites para alteração de alíquotas pelo Executivo. Inexistência de reserva de lei complementar. Motivação do decreto no procedimento de formação. Legitimidade: CONSTITUCIONAL. TRIBUTÁRIO. IMPORTAÇÃO: ALÍQUOTAS: MAJORAÇÃO POR ATO DO EXECUTIVO. MOTIVAÇÃO. ATO. IMPOSTO DE IMPORTAÇÃO: FATO GERADOR. C.F., art. 150, III, *a* e art. 153, § 1º. I. – Imposto de importação: alteração das alíquotas, por ato do Executivo, atendidas as condições e os limites estabelecidos em lei: C.F., art. 153, § 1º. A lei de condições e de limites é lei ordinária, dado que a lei complementar somente será exigida se a Constituição, expressamente, assim determinar. No ponto, a Constituição excepcionou a regra inscrita no art. 146, II. II. – A motivação do decreto que alterou as alíquotas encontra-se no procedimento administrativo de sua formação, mesmo porque os motivos do decreto não vêm nele próprio. [...] V. – R.E. conhecido e provido. (STF, Pleno, **RE 225.602**, rel. Min. Carlos Velloso, 11.1998)

Delegação a órgão diverso da Presidência da República (CAMEX). Legitimidade: [...] I – É compatível com a Carta Magna a norma infraconstitucional que atribui a órgão integrante do Poder Executivo da União a faculdade de estabelecer as alíquotas do Imposto de Exportação. II – Competência que não é privativa do Presidente da República. III – Inocorrência de ofensa aos arts. 84, *caput*, IV e parágrafo único, e 153, § 1º, da Constituição Federal ou ao princípio de reserva legal. Precedentes. IV – Faculdade discricionária atribuída à Câmara de Comércio Exterior – CAMEX, que se circunscreve ao disposto no Decreto-Lei 1.578/1977 e às demais normas regulamentares. V – Recurso extraordinário conhecido e desprovido. (STF, Pleno, **RE 570.680**, rel. Min. Ricardo Lewandowski, 10.2009)

Como recordou o relator, em seu voto, tal entendimento não é novo na Corte. Já havia sido cristalizado com a edição da Súmula 404, redigida nestes termos: "Não contrariam a Constituição os arts. 3º, 22 e 27 da Lei nº 3.244, de 14.08.57, que definem as atribuições do Conselho de Política Aduaneira quanto à tarifa flexível". Quanto ao caso concreto, anotamos que a Lei 9.716/98 havia outorgado ao "Poder Executivo", de modo genérico, a competência para alterar as alíquotas do I.E., sendo que o Presidente da República a delegou à CAMEX, mediante o Decreto 3.756/01. Do julgado, destacamos os brilhantes votos vencidos dos Ministros Carlos Britto e Marco Aurélio, que espelham o nosso entendimento sobre o tema: trata-se de matéria de extrema importância, que não pode ser regulada por órgão subalterno à Presidência da República, sobretudo quando o art. 153, § 1º, da Constituição da República se refere ao "Poder Executivo" e o seu art. 76 estabelece que: "O Poder Executivo é exercido pelo Presidente da República, auxiliado pelos Ministros de Estado".

Superior Tribunal de Justiça:

Controle judicial da motivação administrativa. Restrição a casos teratológicos: TRIBUTÁRIO. IMPOSTO DE EXPORTAÇÃO. MAJORAÇÃO DE ALÍQUOTA. ATO DO EXECUTIVO. MOTIVAÇÃO. MÉRITO. REEXAME PELO JUDICIÁRIO. IMPOSSIBILIDADE. TERATOLOGIA. INEXISTÊNCIA. LEI 9.716/1998. VIOLAÇÃO. 1. Hipótese em que o Executivo majorou para 150% a alíquota do Imposto sobre a exportação de armas e munições para as Américas do Sul e Central. Justificou adequadamente o aumento, ressaltando a necessidade de combate ao contrabando consistente no retorno ilegal ao Brasil de armamento aqui mesmo fabricado, fato de grande

[959] Cfr. STJ, 2ª Turma, *REsp 614.890*, rel. Min. Herman Benjamin, 4.2009.

[960] Vide p. 224.

e notório impacto na Segurança Pública (motivação transcrita no acórdão recorrido). 2. Em harmonia com a ordem constitucional (art. 153, § 1º, da CF), o DL 1.578/1977, com a redação dada pela Lei 9.716/1998, fixou a alíquota básica do Imposto de Exportação em 30% e admitiu sua redução e majoração pelo Executivo (até o teto de 150%) "para atender os objetivos da política cambial e do comércio exterior". 3. O Tribunal de origem, apesar de reconhecer a existência de motivação, julgou que a majoração não atingiu os referidos objetivos. 4. Cabe ao Judiciário aferir se o Executivo motivou adequadamente a alteração de alíquota do Imposto de Exportação e observou o limite legal, e não valorar essa motivação ou determinar qual seria a forma adequada de atender às políticas cambial e de comércio exterior. 5. Inexiste teratologia que evidencie nulidade do ato, o que impede a intervenção do Judiciário no mérito da decisão. 6. Recurso Especial provido. (STJ, 2ª Turma, **REsp 614.890**, rel. Min. Herman Benjamin, 4.2009)

Majoração do IOF por portaria. Legitimidade: PROCESSUAL CIVIL E TRIBUTÁRIO – VIOLAÇÃO DO ART. 535 DO CPC – INOCORRÊNCIA – MAJORAÇÃO DE ALÍQUOTA DE IOF POR MEIO DE PORTARIA: CABIMENTO. [...] 2. Está Corte já se pronunciou pela possibilidade de ser alterada alíquota de IOF por meio de portaria ministerial, não havendo nessa hipótese nenhuma ofensa ao princípio da legalidade. 3. Recurso especial não provido. (STJ, 2ª Turma, **REsp 1.123.249**, rel. Min. Eliana Calmon, 11.2009).

---

§ 2º O imposto previsto no inciso III:

I – será informado pelos critérios da generalidade, da universalidade e da progressividade, na forma da lei;

II – não incidirá, nos termos e limites fixados em lei, sobre rendimentos provenientes de aposentadoria e pensão, pagos pela previdência social da União, dos Estados, do Distrito Federal e dos Municípios, a pessoa com idade superior a sessenta e cinco anos, cuja renda total seja constituída, exclusivamente, de rendimentos do trabalho. **(Revogado pela Emenda Constitucional nº 20, de 15.12.1998).**

Art. 153, § 2º: Regulação específica do IR

1. Generalidade, universalidade e progressividade

1.1. Princípios da generalidade e da universalidade

Os princípios da generalidade e da universalidade constituem *projeções específicas do princípio da isonomia tributária*. Exigem que o Imposto de Renda tenha uma abrangência ampla.

O *princípio da generalidade diz respeito à sujeição passiva*. Requer a tributação da renda de todas as pessoas contributivamente capazes, sejam elas físicas ou jurídicas. Impede, em princípio, que haja mutilações do aspecto pessoal da regra impositiva, *contrapondo-se às isenções subjetivas*.

O *princípio da universalidade*, por sua vez, *concerne ao objeto da tributação*. Requer que todos os acréscimos patrimoniais sofram a incidência do IR. Pesa, portanto, contra *isenções objetivas,* exclusões da base de cálculo etc.[961]

Esses princípios se completam para conferir supedâneo a uma tributação vasta e infensa a privilégios.[962]

---

[961] Deve-se registrar que não há uniformidade na doutrina quanto ao conteúdo dos princípios da universalidade e da generalidade. Muitas vezes, há inversão dos seus conteúdos, o que caracteriza mera discrepância semântica. Na abordagem teórica do princípio da isonomia tributária, usualmente se alude apenas ao princípio da generalidade da tributação (*Grundsatz der Allgemeinheit der Besteuerung*), atribuindo-lhe o mandamento de submeter todos os cidadãos à tributação, de modo isonômico (cfr. ARNDT. *Grundzüge des allgemeinen Steuerrechts*. p. 70-71; TIPKE; LANG. *Steuerrecht. Ein systematischer Grundriß*, 12ª ed. p. 41). Alguns autores, porém, denominam-no de princípio da universalidade: Manzoni, por exemplo, alude ao princípio de universalidade dos tributos (*principio di universalità dei tributi*) para referir-se à exigência de que todos os indivíduos contribuam para os gastos públicos (*Il principio della capacità contributiva nell"ordinamento costituzionale italiano,* p. 12). Diante da expressiva predominância da concepção do princípio da generalidade como atinente ao âmbito subjetivo da imposição, optamos por utilizá-lo em tal acepção, harmonizando, assim, o discurso com a doutrina majoritária.

[962] Como preleciona Alvaro Rodríguez Bereijo, ex-Presidente do Tribunal Constitucional espanhol: "La generalidad de la imposición encuentra su mayor operatividad como límite infranqueable a la concesión arbitraria, en virtud de Ley, de exenciones y beneficios fiscales, perdones o moratorias" (RODRÍGUEZ BEREIJO. "Jurisprudencia constitucional y principios de la imposición", p. 127-155).

São salutares, mas não absolutos. Devem ser conciliados com outros princípios constitucionais, de caráter formal ou material, como os princípios da legalidade e da capacidade contributiva: aquele impede a cobrança de tributos fora dos parâmetros fixados em lei, ao passo que este impõe o estabelecimento de certas isenções e deduções.

É o princípio da capacidade contributiva que obsta a incidência do Imposto de Renda sobre rendimentos inexpressivos, imprescindíveis à satisfação do mínimo existencial (desoneração objetiva, relativa ao princípio da universalidade), e sobre cidadãos contributivamente incapazes (desoneração subjetiva, relativa ao princípio da generalidade).

Nas situações de carência econômica, o princípio da capacidade contributiva sempre se impõe. Quem não tem capacidade contributiva jamais pode sujeitar-se à tributação, nem mesmo em prol da universalidade e da generalidade. Devidamente interpretados, tais princípios sequer se contrapõem às desonerações exigidas pelo princípio da capacidade contributiva.

Nas demais situações, em que está presente a força econômica do sujeito passivo, os três princípios conjugam-se para embasar uma tributação objetiva e subjetivamente ampla.

1.2. Progressividade

A progressividade caracteriza-se, via de regra, pela adoção de *alíquotas diferenciadas*, variáveis em função do conteúdo econômico da base de cálculo, levando à tributação das manifestações de capacidade contributiva mais significativas num patamar *proporcionalmente superior* àquele estabelecido para as de menor expressão. Diferencia-se da proporcionalidade, que é caracterizada pela previsão de uma única alíquota *ad valorem* e tem por consequência o incremento da tributação de modo diretamente proporcional à variação positiva da base de cálculo.[963]

O exemplo clássico de progressividade tributária é justamente o Imposto de Renda das Pessoas Físicas, que, no Brasil, consagra uma faixa de isenção e quatro alíquotas, estabelecidas em 7,5%, 15%, 22,5% e 27,5%.

Esta tabela, elaborada pela Receita Federal, evidencia a progressividade do Imposto de Renda,[964] tomando como base rendimentos mensais de R$ 5.000,00, sem deduções:

Demonstrativo da Apuração do Imposto Mensal

Faixa da Base de Cálculo		Alíquota	Valor do Imposto
1ª Faixa	1.903,98	Isento	0,00
2ª Faixa	922,67	7,5%	69,20
3ª Faixa	924,40	15,0%	138,66
4ª Faixa	913,63	22,5%	205,57
5ª Faixa	335,32	27,5%	92,21
Total	5.000,00	—	505,64

[963] A propósito da progressividade e da proporcionalidade, vide os comentários ao art. 145, § 1º.

[964] Considera-se a apuração mensal do imposto, com valores vigentes para o ano-calendário de 2015, exercício 2016.

Apesar de haver rendimentos sujeitos à alíquota de 27,5%, a alíquota efetiva é de apenas 10,11%.

Isso ocorre porque os rendimentos situados:

a) na faixa de isenção, não se sujeitam à tributação;

b) nas faixas intermediárias, são tributados às alíquotas correspondentes, de 7,5%, 15% e 22,5%; e

c) na faixa superior, são gravados pela alíquota máxima (27,5%).

Quanto mais expressivos forem os rendimentos, maior será a carga tributária; mas nunca se chegará a uma tributação da ordem de 27,5%.

Existem formas de progressividade que não levam em consideração o conteúdo econômico da base de cálculo, como a progressividade no tempo, prevista para o IPTU no art. 182, § 4º, II, da CF, a fim de penalizar o descumprimento da função social da propriedade urbana. Mas elas são excepcionais e inaplicáveis ao Imposto de Renda. A única forma de progressividade admissível para este tributo é aquela estabelecida em função da expressão econômica da base de cálculo.

• Questões específicas

Atualização judicial da Tabela do Imposto de Renda. Impossibilidade: RECURSO EXTRAORDINÁRIO. DIREITO CONSTITUCIONAL E ECONÔMICO. CORREÇÃO MONETÁRIA DAS TABELAS DO IMPOSTO DE RENDA. LEI N. 9.250/1995. NECESSIDADE DE LEI COMPLEMENTAR E CONTRARIEDADE AOS PRINCÍPIOS DA CAPACIDADE CONTRIBUTIVA E DO NÃO CONFISCO. [...] 2. A vedação constitucional de tributo confiscatório e a necessidade de se observar o princípio da capacidade contributiva são questões cuja análise dependem [*sic*] da situação individual do contribuinte, principalmente em razão da possibilidade de se proceder a deduções fiscais, como se dá no imposto sobre a renda. Precedentes. 3. Conforme jurisprudência reiterada deste Supremo Tribunal Federal, não cabe ao Poder Judiciário autorizar a correção monetária da tabela progressiva do imposto de renda na ausência de previsão legal nesse sentido. Entendimento cujo fundamento é o uso regular do poder estatal de organizar a vida econômica e financeira do país no espaço próprio das competências dos Poderes Executivo e Legislativo. 4. Recurso extraordinário conhecido em parte e, na parte conhecida, a ele negado provimento. (STF, Pleno, **RE 388.312**, rel. Min. Marco Aurélio, rel. p/ Acórdão Min. Cármen Lúcia, 8.2011)

2. A extinta imunidade de proventos e de pensões pagos a pessoas com mais de 65 anos

A *extinta imunidade* do art. 153, § 2º, II, da CF/88, conferida às pensões e às aposentadorias estatais pagas a pessoas com idade superior a 65 anos, estava expressamente condicionada aos "termos e limites fixados em lei".

Porém, nunca foi objeto de regulação específica, razão pela qual *o STF rejeitou o direito à sua fruição*, sob o fundamento de que não seria "auto-aplicável, estando a depender de lei que fixaria os termos e os limites dessa não-incidência".[965]

Não tendo sido devidamente regulada até 1998, essa imunidade *acabou sendo revogada pela EC 20/98*. Alegou-se a inconstitucionalidade dessa revogação, por se tratar de garantia de direitos fundamentais e, consequentemente, de cláusula pétrea, tese que não prosperou.[966]

• Precedentes citados

Não autoaplicabilidade da imunidade: CONSTITUCIONAL. IMPOSTO DE RENDA. HIPÓTESE DE NÃO-INCIDÊNCIA. PROVENTOS. BENEFICIÁRIOS COM IDADE SUPERIOR A SESSENTA E CINCO ANOS.

[965] STF, Pleno, *MS 22.584*, rel. p/ ac. Min. Nelson Jobim, 4.1997. Consequentemente, reputou-se legítima a Lei 7.713/88 (com suas alterações), que estabelecia uma isenção desconsiderando o alcance da imunidade constitucional (STF, 1ª Turma, *RE 200.485*, rel. Min. Ilmar Galvão, 12.1997; RE 331.340, rel. Sepúlveda Pertence, 10.2002).

[966] STF, 2ª Turma, *RE 372.600*, rel. Min. Ellen Gracie, 12.2003.

Art. 153, § 2º, II da CF. Norma que não é auto-aplicável. Limites da norma a serem fixados em lei. Mandado de segurança denegado. (STF, Pleno, **MS 22.584**, rel. p/ ac. Min. Nelson Jobim, 4.1997)

Restrições impostas até a regulamentação da imunidade. Legitimidade: LEGITIMIDADE: IMPOSTO DE RENDA NA FONTE. PROVENTOS. BENEFICIÁRIOS COM IDADE SUPERIOR A SESSENTA E CINCO ANOS. ART. 153, § 2º, INC. II, DA CONSTITUIÇÃO FEDERAL. LEI Nº 7.713/88. O Supremo Tribunal Federal, no julgamento do Mandado de Segurança 22.584 (Sessão do dia 17.04.97), proclamou entendimento no sentido de que o art. 153, § 2º, II, da Constituição Federal, ao estabelecer que o imposto de renda "não incidirá, nos termos e limites fixados em lei, sobre rendimentos provenientes de aposentadoria e pensão, pagos pela previdência social da União, dos Estados, do Distrito Federal e dos Municípios a pessoa com idade superior a sessenta e cinco anos, cuja renda total seja constituída, exclusivamente, de rendimentos do trabalho", não é auto-aplicável, estando a depender de lei que fixará os termos e os limites dessa não-incidência. E, até que advenha a lei regulamentando o exercício desse direito, continuam válidos os limites e restrições fixados na Lei nº 7.713/88 com suas posteriores alterações. Recurso extraordinário conhecido, mas improvido. (STF, 1ª Turma, **RE 200.485**, rel. Min. Ilmar Galvão, 12.1997)

Revogação da imunidade pela EC 20/98. Legitimidade: IMUNIDADE. ART. 153, § 2º, II DA CF/88. REVOGAÇÃO PELA EC Nº 20/98. POSSIBILIDADE. 1. Mostra-se impertinente a alegação de que a norma art. 153, § 2º, II, da Constituição Federal não poderia ter sido revogada pela EC nº 20/98 por se tratar de cláusula pétrea. 2. Esta norma não consagrava direito ou garantia fundamental, apenas previa a imunidade do imposto sobre a renda a um determinado grupo social. Sua supressão do texto constitucional, portanto, não representou a cassação ou o tolhimento de um direito fundamental e, tampouco, um rompimento da ordem constitucional vigente. 3. Recurso extraordinário conhecido e improvido. (STF, 2ª Turma, **RE 372.600**, rel. Min. Ellen Gracie, 12.2003)

---

§ 3º O imposto previsto no inciso IV:
I – será seletivo, em função da essencialidade do produto;
II – será não-cumulativo, compensando-se o que for devido em cada operação com o montante cobrado nas anteriores;
III – não incidirá sobre produtos industrializados destinados ao exterior;
IV – terá reduzido seu impacto sobre a aquisição de bens de capital pelo contribuinte do imposto, na forma da lei. (Incluído pela Emenda Constitucional nº 42, de 19.12.2003)

Art. 153, § 3º: Regulação específica do IPI

1. Inciso I: seletividade

1.1. Seletividade fiscal e extrafiscal

Nos tributos indiretos, dos quais o IPI é um exemplo clássico, *a seletividade serve à graduação da carga tributária em função da capacidade contributiva*: de um lado, desoneram-se, total ou parcialmente, os produtos essenciais e, consequentemente, o consumidor final carente de meios econômicos; de outro, tributam-se intensamente os produtos supérfluos, atingindo, assim, os cidadãos mais abastados.

Trata-se da *seletividade fiscal*, orientada por um critério propriamente tributário: a capacidade contributiva.[967]

Mas a seletividade também é um *importante instrumento de extrafiscalidade*, pois viabiliza que, mediante alterações na carga tributária, certos hábitos sociais sejam desestimulados, como o consumo de cigarros, tradicionalmente sujeitos a alíquotas elevadíssimas.[968]

1.2. Caráter cogente

No que diz respeito à promoção do princípio da capacidade contributiva (seletividade fiscal), *a adoção da seletividade não é facultada ao legislador*. É-lhe imposta pela

[967] Para uma análise mais detida da aplicação do princípio da capacidade contributiva aos tributos indiretos, vide os comentários à seletividade no ICMS (art. 155, § 2º, III).

[968] Mais precisamente, sujeito à alíquota de 330% (código 2402.20.00 da TIPI), consulta realizada em 27 de julho de 2011.

Constituição da República, como se vê, de forma hialina, dos categóricos termos constitucionais: "O imposto [...] *será* seletivo ...".

Entretanto, a imposição da atribuição de caráter seletivo ao IPI não implica a obrigatoriedade do seu manejo para a persecução de fins extrafiscais. Enquanto instrumento de extrafiscalidade, a seletividade poderá, ou não, ser empregada. Retomando o exemplo da tributação dos cigarros contendo tabaco, podemos afirmar, com tranquilidade, que sob uma ótica tributária nada impede o legislador de deixar de desestimular o seu consumo.

1.3. Critério

O critério da seletividade é indicado expressamente pela Constituição: a seletividade há de ser manejada em função da *essencialidade do produto*. Os produtos essenciais (necessários) para a população têm de ser desonerados do IPI ou sujeitos a uma tributação mais favorecida. Em contrapartida, os produtos supérfluos deverão sujeitar-se a uma tributação mais gravosa.

1.4. Seletividade como vetor interpretativo

O princípio constitucional da seletividade atua como um *vetor interpretativo* da legislação do IPI, requerendo seja acolhida a variante exegética que melhor promova os seus fins, sempre que ela não contraste com o arquétipo legislativo.

Por exemplo, em caso de dúvida quanto ao enquadramento de produtos na Tabela do Imposto sobre Produtos Industrializados – TIPI –, o princípio da seletividade requer que o intérprete atente para a essencialidade do produto, a fim de proceder ao seu enquadramento numa alíquota mais gravosa ou benéfica, sem descurar, por óbvio, das regras interpretativas que lhe são próprias.[969]

2. Inciso II: não cumulatividade

2.1. Métodos destinados a afastar a cumulatividade

Os impostos plurifásicos, dentre os quais se enquadra o IPI, *são aqueles que incidem em mais de uma fase da cadeia produtiva ou comercial*. Serão invariavelmente cumulativos, se não forem adotadas medidas destinadas a evitar a incidência "em cascata" (sobre as bases já tributadas anteriormente).

Classificação dos impostos quanto ao modo de incidência nas etapas econômicas	
Impostos monofásicos	Sempre não cumulativos
Impostos plurifásicos	Cumulativos
	Não cumulativos

Os impostos plurifásicos cumulativos são nocivos por aumentar progressivamente a carga tributária, mesmo com a aplicação de uma única alíquota, onerando severamente os produtos que passam por diversas etapas da cadeia econômica antes de chegar ao consumidor final. *Possuem efeito discriminatório* no confronto destes com produtos que, sujeitos às mesmas alíquotas, atravessam menos etapas antes de serem adquiridos pelo consumidor. Tal efeito discriminatório pode verificar-se até mesmo entre bens idênticos:

[969] Cfr. STJ, 1ª Turma, REsp 1.087.925, rel. Min. Teori Albino Zavascki, 6.2011. Essa orientação se encontra nos fundamentos do voto do relator, não na ementa.

para que haja disparidade na carga tributária, basta que os produtos passem por um número distinto de cadeias produtivas e/ou comerciais, o que se verifica, v.g., nos produtos industrializados por empresas com distintos níveis de concentração vertical.[970] Daí a razão pela qual devem ser evitados.

Há distintas técnicas para evitar a cumulatividade nos impostos plurifásicos. A mais simples consiste na *incidência monofásica*, que, obviamente, retira-lhes o caráter plurifásico e, assim, afasta a tributação em cascata. Contudo, a adoção da incidência monofásica é problemática, diante da dificuldade de se eleger adequadamente a fase a ser tributada: a mais adequada seria a fase da alienação para o consumidor final, mas tal escolha geraria significativas complicações para a fiscalização. Portanto, geralmente se opta pela manutenção do caráter plurifásico do imposto, com o emprego de métodos destinados a afastar a cumulatividade, fazendo com que o imposto, economicamente, incida apenas uma vez sobre o valor final de venda.

Os *métodos básicos* para evitar a cumulatividade nos impostos plurifásicos, segundo a lúcida classificação de J. F. Due, são os do *cálculo do valor agregado* e do *crédito do imposto*.

O método do cálculo do valor agregado comporta duas variantes: as técnicas da *adição* e da *subtração* (base contra base).[971] Empregando-se a técnica da adição, somam-se todos os componentes do valor agregado, de modo que o imposto incida sobre o resultado de tal soma. Já a técnica da subtração, enquanto espécie do método de cálculo do valor agregado (base contra base), consiste na determinação do valor agregado mediante a dedução, do total das vendas, do valor das aquisições correlatas; assim, a incidência tributária é, de certa forma, fracionada, tributando-se, a cada etapa produtiva/comercial, somente a diferença entre o valor de venda e o valor já tributado.[972]

O método do crédito do imposto (imposto contra imposto) também pressupõe uma operação de subtração: o valor do imposto devido nas operações anteriores é abatido do imposto devido pelas operações praticadas pelo contribuinte no período de apuração.[973] Esse método comporta variações em função dos créditos que são reconhecidos para fins de compensação, se físicos ou financeiros.[974]

O *método do cálculo do valor agregado*, tanto na técnica da adição quanto na da subtração, *conforma a base de cálculo* (o valor agregado) com vistas à exclusão da cumulatividade. Trata-se de tributação do valor agregado propriamente dita.

Por outro lado, o *método do crédito do imposto conforma o valor do tributo devido*. Não há propriamente uma tributação do valor agregado e tampouco um cálculo de tal valor. O que ocorre é a incidência sobre o valor total da operação, com o direito ao creditamento dos valores cobrados anteriormente, sistemática inconfundível com a técnica

---

970 SESSA. *L'imposta sul valore aggiunto. Teoria generale – sistemi comparati*, v. 1, p. 37.

971 Cfr. SAIZ. *El impuesto sobre el valor añadido y la Comunidad Económica Europea*. p. 8-9. Note-se que a doutrina majoritária se baseia na classificação de C. K. Sullivan, segundo a qual o método do crédito do imposto é enquadrado como uma variante do método da subtração (ibidem, p. 9). Não obstante, tal classificação peca por não explicitar adequadamente a distinção entre as técnicas da tributação do valor agregado e do creditamento do imposto.

972 SESSA. *L'imposta sul valore aggiunto. Teoria generale – sistemi comparati*, v. 1, p. 46.

973 Sobre o tema, cfr. COSTA. *ICM na Constituição e na lei complementar*. p. 26.

974 A respeito dessas espécies de crédito, vide o tópico relativo às aquisições que geram direito a crédito no IPI, abaixo.

da tributação do valor agregado, pelo simples fato de a incidência não se limitar a esse valor.[975]

Classificação das técnicas destinadas a evitar a cumulatividade nos tributos plurifásicos		
Métodos	Objeto	Variantes
Cálculo do valor agregado (base contra base)	Conformação da base de cálculo	Por adição
		Por subtração
Crédito do imposto (imposto contra imposto)	Determinação do imposto a pagar, mediante compensação do imposto devido nas operações anteriores	Créditos físicos
		Créditos financeiros

Assinalamos, por fim, que embora o método do crédito do imposto tenha, em princípio, efeitos econômicos idênticos aos do cálculo do valor agregado, tal coincidência não é necessária. E, mesmo que o fosse, não aniquilaria as dessemelhanças lógico-jurídicas entre tais métodos.

2.2. Método adotado pela CF/88

O método adotado pela Constituição de 1988 foi o do crédito do imposto ou, segundo a classificação de Sullivan, da subtração, em sua variante *imposto contra imposto.*

A adoção desse método é hialina, uma vez que a Constituição determina a compensação do "que for devido em cada operação com o montante cobrado nas anteriores". Impõe, assim, que seja *subtraído* do total do tributo devido no período o valor dos créditos correspondentes ao *imposto* incidente nas operações anteriores.[976]

2.3. Aquisições que geram direito ao creditamento

2.3.1. Créditos físicos e financeiros

A não cumulatividade pode ser implementada mediante o reconhecimento de *créditos físicos ou financeiros*, para compensação com o imposto devido.

Os créditos físicos concernem aos bens empregados fisicamente na industrialização, quer por serem incorporados no produto industrializado ou por serem consumidos no processo industrial. Já os créditos financeiros decorrem de "todas as despesas necessárias à produção do bem".[977]

À luz da jurisprudência do STF, a Constituição de 1988 adotou o sistema do crédito físico, sendo o direito constitucional ao creditamento restrito à aquisição de insumos que integrem o produto final.

Consoante tal entendimento, *é legítima a proibição de creditamento na aquisição de*:

a) *materiais que*, apesar de serem utilizados na indústria, *não compõem o produto final* comercializado;[978]

---

975 Cfr. BOTTALO. *Fundamentos do IPI.* p. 49; MELO; LIPPO. *A não-cumulatividade tributária.* p. 123; ATALIBA. "ICMS na Constituição", p. 102; CARRAZZA. *ICMS.* p. 261-263. Vê-se, pois, que "a não-cumulatividade é alheia à regra-matriz de incidência tributária" (MELO; LIPPO. *A não-cumulatividade tributária.* p. 123), atuando num momento ulterior à incidência, como uma forma de determinação do montante a ser efetivamente recolhido aos cofres públicos.

976 Sobre a correção monetária dos créditos, vide os comentários ao art. 155, § 2º, I.

977 TORRES. *Sistemas constitucionais tributários*. p. 299.

978 STF, 2ª Turma, *RE 195.894*, rel. Min. Marco Aurélio, 11.2000.

b) *bens destinados ao consumo ou ao ativo fixo* do contribuinte.[979]

Nada impede, porém, que o legislador amplie o alcance da não cumulatividade, concedendo toda e qualquer espécie de créditos financeiros e, até mesmo, créditos fictos, simbólicos ou presumidos, que, a rigor, constituem incentivos fiscais.

• Súmulas

Súmula 495 do STJ: "A aquisição de bens integrantes do ativo permanente da empresa não gera direito a creditamento de IPI".

• Precedentes citados

Supremo Tribunal Federal:

Peças de reposição e material para manutenção. Negativa de crédito. Legitimidade: IMPOSTO DE CIRCULAÇÃO DE MERCADORIAS E SERVIÇOS - PRINCÍPIO DA NÃO-CUMULATIVIDADE - OBJETO. O princípio da não-cumulatividade visa a afastar o recolhimento duplo do tributo, alcançando hipótese de aquisição de matéria-prima e outros elementos relativos ao fenômeno produtivo. A evocação é imprópria em se tratando de obtenção de peças de máquinas, aparelhos, equipamentos industriais e material para a manutenção. (STF, 2ª Turma, RE 195.894, rel. Min. Marco Aurélio, 11.2000)

Embora o precedente seja relativo ao ICMS, os fundamentos também se aplicam ao IPI.

Bens destinados ao uso e ao ativo permanente. Negativa de crédito. Legitimidade: [...] RECURSO EXTRAORDINÁRIO - EMBARGOS DE DECLARAÇÃO RECEBIDOS COMO RECURSO DE AGRAVO - IPI - CRÉDITO DO VALOR PAGO EM RAZÃO DE OPERAÇÕES DE AQUISIÇÃO DE BENS DESTINADOS AO USO E/OU À INTEGRAÇÃO NO ATIVO FIXO - APROVEITAMENTO - INADMISSIBILIDADE - RECURSO DE AGRAVO IMPROVIDO. - A jurisprudência do Supremo Tribunal Federal firmou-se no sentido de não reconhecer, ao contribuinte, o direito de creditar-se do valor do IPI, quando pago em razão de operações de aquisição de bens destinados ao uso e/ou à integração no ativo fixo do seu próprio estabelecimento. Precedentes. (STF, 2ª Turma, RE 593.772 ED, rel. Min. Celso de Mello, 3.2009)

Superior Tribunal de Justiça:

Bens destinados ao ativo permanente e ao uso e consumo. Negativa de crédito. Legitimidade: PROCESSO CIVIL. RECURSO ESPECIAL REPRESENTATIVO DE CONTROVÉRSIA. ARTIGO 543-C, DO CPC. TRIBUTÁRIO. IPI. CREDITAMENTO. AQUISIÇÃO DE BENS DESTINADOS AO ATIVO IMOBILIZADO E AO USO E CONSUMO. IMPOSSIBILIDADE. RATIO ESSENDI DOS DECRETOS 4.544/2002 E 2.637/98. 1. A aquisição de bens que integram o ativo permanente da empresa ou de insumos que não se incorporam ao produto final ou cujo desgaste não ocorra de forma imediata e integral durante o processo de industrialização não gera direito a creditamento de IPI, consoante a *ratio essendi* do artigo 164, I, do Decreto 4.544/2002 (Precedentes das Turmas de Direito Público: [...]). 2. Deveras, o artigo 164, I, do Decreto 4.544/2002 (assim como o artigo 147, I, do revogado Decreto 2.637/98), determina que os estabelecimentos industriais (e os que lhes são equiparados), entre outras hipóteses, podem creditar-se do imposto relativo a matérias-primas, produtos intermediários e material de embalagem, adquiridos para emprego na industrialização de produtos tributados, incluindo-se "aqueles que, embora não se integrando ao novo produto, forem consumidos no processo de industrialização, salvo se compreendidos entre os bens do ativo permanente". 3. In casu, consoante assente na instância ordinária, cuida-se de estabelecimento industrial que adquire produtos "que não são consumidos no processo de industrialização (...), mas que são componentes do maquinário (bem do ativo permanente) que sofrem o desgaste indireto no processo produtivo e cujo preço já integra a planilha de custos do produto final", razão pela qual não há direito ao creditamento do IPI. 4. Recurso especial desprovido. Acórdão submetido ao regime do artigo 543-C, do CPC, e da Resolução STJ 08/2008. (STJ, 1ª Seção, **REsp 1.075.508**, rel. Min. Luiz Fux, 9.2009, *representativo de controvérsia*)

2.3.2. Entradas desoneradas: insumos que não foram previamente tributados

2.3.2.1. Jurisprudência atual do STF

Atualmente, o Supremo Tribunal Federal entende que os contribuintes *não possuem direito constitucional ao creditamento do IPI na aquisição de insumos que não foram*

[979] STF, 2ª Turma, *RE 593.772 ED*, rel. Min. Celso de Mello, 3.2009. Quanto ao ICMS, cfr. STF, 1ª Turma, AI 487.396 AgR, rel. Min. Eros Grau, 12.2004. No mesmo sentido: STJ, 1ª Seção, *REsp 1.075.508*, rel. Min. Luiz Fux, 9.2009. O STJ sumulou o seu entendimento quanto à aquisição de bens destinados ao ativo permanente: "A aquisição de bens integrantes do ativo permanente da empresa não gera direito a creditamento de IPI" (Súmula 495).

previamente tributados, seja em decorrência de imunidade, isenção, alíquota zero ou não tributação propriamente dita na operação *antecedente*.

Podem possuir direito ao creditamento em virtude de ditames legais que instituam benefício fiscal, mas não por força do princípio constitucional da não cumulatividade.

Essa concepção se assenta na premissa de que o princípio da não cumulatividade é respeitado sempre que se afasta a tributação em cascata, mediante a compensação do "que for devido em cada operação com o montante cobrado nas anteriores";[980] logo, ele não exige a concessão de crédito na aquisição de insumos que não foram previamente tributados.

- **Precedentes citados**

Insumos adquiridos com alíquota zero. Direito de creditamento. Inexistência: IPI – INSUMO – ALÍQUOTA ZERO – AUSÊNCIA DE DIREITO AO CREDITAMENTO. Conforme disposto no inciso II do § 3º do artigo 153 da Constituição Federal, observa-se o princípio da não-cumulatividade compensando-se o que for devido em cada operação com o montante cobrado nas anteriores, ante o que não se pode cogitar de direito a crédito quando o insumo entra na indústria considerada a alíquota zero. [...] (STF, Pleno, **RE 353.657**, rel. Min. Marco Aurélio, 6.2007)

Lê-se no voto do Ministro Marco Aurélio: "a não-cumulatividade pressupõe, salvo previsão contrária da própria Constituição, tributo devido e recolhido anteriormente, concretude e não ficção relativamente a valor a ser compensado". Para justificar essa posição perante a diversidade dos preceitos constitucionais atinentes ao IPI e ao ICMS, o Ministro recorreu à referência, constante no art. 153, § 3º, II, da CF, ao "montante cobrado" nas operações anteriores, concluindo que: "a alíquota não poderia ser zero, em termos de arrecadação, inexistindo obrigação tributária e ser "x", em termos de crédito. Ante o princípio da razoabilidade, há de ser única. Em outras palavras, essa compensação, realizada via creditamento, pressupõe, como assentado na Carta Federal, o valor levado em conta na operação antecedente, o valor cobrado pelo fisco [...] Assim, se a hipótese é de não-tributação ou de prática de alíquota zero, inexiste parâmetro normativo para, à luz do texto constitucional, definir-se, até mesmo, a quantia a ser compensada". Concluiu afirmando que: "A equação segundo a qual a não-tributação e a alíquota zero viabilizam creditamento pela alíquota da operação final conflita com a letra do inciso II do § 3º do artigo 153 da Constituição Federal." Sem embargo, não se pode confundir *imposição* com *proibição* constitucional de creditamento. O fato de o creditamento não decorrer do princípio da não-cumulatividade não se confunde com a sua interdição constitucional e tampouco a implica. É evidente que créditos fictos podem ser concedidos, mesmo que não se destinem a evitar a tributação em cascata. Tratar-se-á, simplesmente, de benefício fiscal, que jamais poderá ser tachado *a priori* de inconstitucional.

Aquisição de insumos isentos. Direito ao creditamento. Inexistência: IPI – CRÉDITO. A regra constitucional direciona ao crédito do valor cobrado na operação anterior. IPI – CRÉDITO – INSUMO ISENTO. Em decorrência do sistema tributário constitucional, o instituto da isenção não gera, por si só, direito a crédito. IPI – CRÉDITO – DIFERENÇA – INSUMO – ALÍQUOTA. A prática de alíquota menor – para alguns, passível de ser rotulada como isenção parcial – não gera o direito a diferença de crédito, considerada a do produto final. (STF, Pleno, **RE 566.819**, rel. Min. Marco Aurélio, 9.2010)

2.3.2.2. Jurisprudência antiga: formação e superação

Ao afirmar tal entendimento, *o Supremo Tribunal Federal corrigiu uma polêmica orientação jurisprudencial*, que reconhecia a existência de direito constitucional ao creditamento nas aquisições de todos os insumos que se consumiam no processo produtivo, independentemente de ter havido tributação na operação antecedente.

Esta orientação tinha três fundamentos principais.

O *primeiro* consistia na equivocada concepção de que o princípio constitucional da não cumulatividade almejava implementar a tributação do valor agregado.[981]

Os outros fundamentos, no entanto, eram bem plausíveis.

O *segundo* decorria da percepção de que a não concessão do crédito nos casos de isenção e de alíquota zero teria por efeito apenas o diferimento da tributação, não be-

[980] STF, Pleno, *RE 353.657*, rel. Min. Marco Aurélio, 6.2007. No mesmo sentido: STF, Pleno, *RE 566.819*, rel. Min. Marco Aurélio, 9.2010.

[981] A respeito, vide *supra*, p. 406.

neficiando o consumidor final (contribuinte de fato).[982] Se não reconhecido o direito ao creditamento, o benefício fiscal concedido no âmbito do IPI, tributo indireto por excelência, dissipar-se-ia sem atingir o seu escopo precípuo: desonerar o preço final do produto, favorecendo o consumidor.

O *terceiro* fundamento também era robusto. Assentava-se na diversidade da regulação constitucional do IPI perante a do ICMS, tendo em vista que, para o IPI, a Constituição de 1988 não traz restrições ao creditamento nos casos de isenção ou de não incidência. Argumentava-se que se a Carta da República prevê que, salvo determinação em contrário da legislação, a isenção ou não incidência no ICMS não implicará crédito para compensação com o montante devido nas operações seguintes e acarretará a anulação do crédito relativo às operações anteriores (art. 155, § 2º, II) e nada dispõe a respeito do IPI, é porque, para este imposto, ela teria garantido, desde já, o direito ao creditamento.

É certo que essa diversidade de tratamento constitucional tinha uma razão histórica. O direito ao crédito do ICMS não era reconhecido pela legislação nos casos de isenção e de não incidência, diversamente do que ocorria com o IPI. Consequentemente, os contribuintes levaram a questão ao STF, que acolheu o seu pleito, formando a jurisprudência que veio a ser derrubada pela Emenda Passos Porto, cuja redação foi repetida, com certas *nuances*, pelo art. 155, § 2º, II, da Constituição de 1988 (vide os comentários correlatos).

A essa alegação, retorquia-se que o contexto histórico não autoriza olvidar a diversidade de tratamento constitucional da não cumulatividade, tendo em vista que à exegese importa mais o texto do que o contexto que lhe antecedeu; mais o produto do que o processo produtivo.

Era por esses fundamentos que o STF reconhecia o direito ao crédito do IPI na aquisição de produto isento, independentemente de previsão legal, e rejeitava-o em relação ao ICMS.[983]

Pela relevância histórica desta posição, *cumpre rememorar os precedentes que consolidaram e revisaram a antiga jurisprudência do Supremo Tribunal Federal.*

Em 1998, o STF reconheceu o direito ao creditamento na aquisição de insumos *isentos*, com fulcro no princípio da não cumulatividade, concretizado à luz da concepção de que a não cumulatividade seria uma técnica que objetiva limitar a tributação ao valor agregado na operação.[984]

Após, estendeu-se esse entendimento para a *alíquota zero*, diante da identidade de seus efeitos tributários.[985]

Contudo, ao apreciar o RE 353.657, o STF deu uma *guinada* na sua jurisprudência, acolhendo solução antagônica à que vinha perfilhando: negou o direito ao creditamento tanto para as aquisições sujeitas à alíquota zero quanto para as não tributadas. Não considerou apenas que tal direito não deriva da Constituição, mas também que a viola: a admissão do creditamento implica ofensa ao inciso II do § 3º do art. 153 da CF, pois "a não cumulatividade pressupõe, salvo previsão contrária da própria Constituição Federal, tributo devido e recolhido anteriormente e que, na hipótese de não tributação ou de alí-

---

982 Cfr. BOTTALO. *Fundamentos do IPI.* p. 51 et seq.

983 STF, 1ª Turma, RE 212.019, rel. Min. Ilmar Galvão, 12.1998, relativo ao ICMS.

984 Como exposto pelo relator para o acórdão, Ministro Nelson Jobim: "a regra, para os impostos de valor agregado, é a não-cumulatividade, ou seja, o tributo é devido sobre a parcela agregada ao valor tributado anteriormente" (STF, Pleno, *RE 212.484*, rel. p/ ac. Min. Nelson Jobim, 3.1998, trecho do seu voto).

985 STF, Pleno, *RE 350.446*, rel. Min. Nelson Jobim, 12.2002.

quota zero, não existe parâmetro normativo para se definir a quantia a ser compensada", sendo que "tomar de empréstimo a alíquota final relativa a operação diversa resultaria em ato de criação normativa para o qual o Judiciário não tem competência".[986]

Esta posição se firmou por apertada maioria, com cinco Ministros vencidos, que mantinham a jurisprudência tradicional da Corte.

Em seguida, estendeu-se a nova orientação, negando-se o creditamento também para as aquisições de produtos isentos, seja a isenção total[987] ou parcial.[988] Com isso, completou-se o processo de revisão da jurisprudência firmada em 1998, quando se apreciou o RE 212.484.

Somente ficou pendente a definição da possibilidade de creditamento nas aquisições de produtos isentos especificamente da Zona Franca de Manaus, situação que, por coincidência, era o objeto do RE 212.484. A questão provavelmente será definida no julgamento do RE 592.891, cuja repercussão geral foi reconhecida em outubro de 2010.[989]

Neste processo, não se fundamenta o direito ao crédito propriamente no princípio da não cumulatividade, mas nas peculiaridades da Zona Franca de Manaus, mantida, com suas características de "área livre de comércio, de exportação e importação, e de incentivos fiscais", pelo prazo de vinte e cinco anos a partir da promulgação da Constituição de 1988 pelo art. 40, *caput*, do ADCT – e por mais dez anos pelo art. 92 do ADCT, incluído pela EC 42/03.

- **Precedentes citados**

IPI. Aquisição de insumos isentos. Direito ao creditamento (superado): CONSTITUCIONAL. TRIBUTÁRIO. IPI. ISENÇÃO INCIDENTE SOBRE INSUMOS. DIREITO DE CRÉDITO. PRINCÍPIO DA NÃO CUMULATIVIDADE. OFENSA NÃO CARACTERIZADA. Não ocorre ofensa à CF (art. 153, § 3º, II) quando o contribuinte do IPI credita-se do valor do tributo incidente sobre insumos adquiridos sob o regime de isenção. Recurso não conhecido. (STF, Pleno, **RE 212.484**, rel. p/ ac. Min. Nelson Jobim, 3.1998)

IPI. Aquisição de insumos sujeitos à alíquota zero. Direito ao creditamento (superado): CONSTITUCIONAL. TRIBUTÁRIO. IPI. CREDITAMENTO. INSUMOS ISENTOS, SUJEITOS À ALÍQUOTA ZERO. Se o contribuinte do IPI pode creditar o valor dos insumos adquiridos sob o regime de isenção, inexiste razão para deixar de reconhecer-lhe o mesmo direito na aquisição de insumos favorecidos pela alíquota zero, pois nada extrema, na prática, as referidas figuras desonerativas, notadamente quando se trata de aplicar o princípio da não-cumulatividade. A isenção e a alíquota zero em um dos elos da cadeia produtiva desapareceriam quando da operação subseqüente, se não admitido o crédito. Recurso não conhecido. (STF, Pleno, **RE 350.446**, rel. Min. Nelson Jobim, 12.2002)

2.3.3. Saídas desoneradas: insumos tributados e utilizados na industrialização de produtos isentos ou não tributados

Na situação enfocada no tópico anterior, a desoneração diz respeito à operação antecedente. Mas também se discute acerca do direito ao creditamento do IPI quanto a insumos que foram *tributados na operação antecedente, mas desonerados na saída*, ou mais precisamente, utilizados na industrialização de produto isento ou não tributado.

[986] STF, Pleno, RE 353.657, rel. Min. Marco Aurélio, 6.2007, trecho do seu voto. A ementa foi transcrita na seção precedente.

[987] STF, Pleno, RE 370.682 ED, rel. Min. Gilmar Mendes, 10.2010.

[988] STF, Pleno, RE 566.819, rel. Min. Marco Aurélio, 9.2010. A ementa foi transcrita na seção precedente.

[989] Eis a ementa do acórdão: "Tributário. Imposto sobre Produtos Industrializados - IPI. Não-cumulatividade. Direito ao creditamento na entrada de insumos provenientes da Zona Franca de Manaus. Existência de repercussão geral". (RE 592891 RG, rel. Min. Ellen Gracie, 10.2010). Trata-se do Tema nº 322 da repercussão geral. Atualmente, a relatoria é da Ministra Rosa Weber.

A solução, contudo, *é idêntica*. O princípio da não cumulatividade não assegura aos contribuintes o creditamento do imposto pago na operação antecedente, pois a desoneração na saída já evita, por si só, o "efeito cascata".

É certo que o legislador pode consagrar tal direito, instituindo um *benefício* tributário, a exemplo do que ocorreu com o art. 11 da Lei 9.779/99, que autorizou a compensação, com quaisquer tributos administrados pela Receita Federal, do IPI pago nas operações que antecederam a industrialização de produtos isentos ou tributados à alíquota zero.

Porém, em virtude de inexistir um direito subjetivo ao creditamento em tais hipóteses, tal autorização deve ser aplicada nos seus estritos termos. Não cabe aplicá-la de modo retroativo.[990]

- **Precedentes citados**

Insumos tributados. Saída não tributada. Inexistência de direito constitucional ao crédito: [...] 1. Direito ao creditamento do montante de Imposto sobre Produtos Industrializados pago na aquisição de insumos ou matérias-primas tributados e utilizados na industrialização de produtos cuja saída do estabelecimento industrial é isenta ou sujeita à alíquota zero. 2. A compensação prevista na Constituição da República, para fins da não cumulatividade, depende do cotejo de valores apurados entre o que foi cobrado na entrada e o que foi devido na saída: o crédito do adquirente se dará em função do montante cobrado do vendedor do insumo e o débito do adquirente existirá quando o produto industrializado é vendido a terceiro, dentro da cadeia produtiva. 3. Embora a isenção e a alíquota zero tenham naturezas jurídicas diferentes, a consequência é a mesma, em razão da desoneração do tributo. 4. O regime constitucional do Imposto sobre Produtos Industrializados determina a compensação do que for devido em cada operação com o montante cobrado nas operações anteriores, esta a substância jurídica do princípio da não cumulatividade, não aperfeiçoada quando não houver produto onerado na saída, pois o ciclo não se completa. 5. Com o advento do art. 11 da Lei n. 9.779/1999 é que o regime jurídico do Imposto sobre Produtos Industrializados se completou, apenas a partir do início de sua vigência se tendo o direito ao crédito tributário decorrente da aquisição de insumos ou matérias-primas tributadas e utilizadas na industrialização de produtos isentos ou submetidos à alíquota zero. 6. Recurso extraordinário provido. (STF, Pleno, **RE 475.551**, rel. p/ ac. Min. Cármen Lúcia, 5.2009)

Idem. Irretroatividade da Lei 9.779/99: "IPI – CREDITAMENTO – ISENÇÃO – OPERAÇÃO ANTERIOR À LEI Nº 9.779/99. A ficção jurídica prevista no artigo 11 da Lei nº 9.779/99 não alcança situação reveladora de isenção do Imposto sobre Produtos Industrializados – IPI que a antecedeu" (STF, Pleno, **RE 562.980**, rel. p/ ac. Min. Marco Aurélio, 5.2009).

2.4. Correção monetária dos créditos aproveitados tardiamente

Quanto à correção monetária dos créditos aproveitados tardiamente, *em decorrência de resistência ilegítima do Fisco*, o STJ firmou o seu entendimento no sentido de que há de ser aplicada, não podendo ser prejudicado pelo não creditamento tempestivo o contribuinte que, inicialmente, respeitou a oposição fazendária:

> É devida a correção monetária ao creditamento do IPI quando há oposição ao seu aproveitamento decorrente de resistência ilegítima do Fisco. (Súmula 411 do STJ)

Em tais hipóteses, *a correção monetária aplica-se desde a manifestação formal do Fisco*, mediante ato normativo ou decisão administrativa, até o afastamento definitivo do óbice imposto ao contribuinte, que nas demandas judiciais se verifica com o seu trânsito em julgado.[991]

Contudo, *nas demais situações não se reconhece direito à correção monetária* dos créditos de IPI, por não haver previsão legal determinando a atualização de créditos escriturais.[992]

---

[990] STF, Pleno, *RE 475.551*, rel. p/ ac. Min. Cármen Lúcia, 5.2009; *RE 562.980*, rel. p/ ac. Min. Marco Aurélio, 5.2009. No mesmo sentido: STJ, 1ª Seção, REsp 860.369, rel. Min. Luiz Fux, 11.2009.

[991] STJ, 1ª Turma, *REsp 897.297*, rel. Min. Denise Arruda, 11.2009.

[992] STJ, 1ª Seção, *REsp 1.035.847*, rel. Min. Luiz Fux, 6.2009.

• Súmulas

Súmula 411 do STJ: "É devida a correção monetária ao creditamento do IPI quando há oposição ao seu aproveitamento decorrente de resistência ilegítima do Fisco"

• Precedentes citados

Oposição ilegítima ao creditamento. Direito à correção monetária dos créditos desde a formalização da negativa até o trânsito em julgado da decisão favorável ao contribuinte: [...] RECURSO ESPECIAL DA ARACRUZ CELULOSE S/A. TRIBUTÁRIO. CRÉDITOS ESCRITURAIS DE IPI. CORREÇÃO MONETÁRIA. NÃO-APROVEITAMENTO NO MOMENTO OPORTUNO. ÓBICE IMPOSTO PELO FISCO. 1. A jurisprudência que se firmou nesta Corte Superior foi no sentido de que é incabível correção monetária de créditos escriturais de IPI, salvo quando não aproveitados no momento oportuno por injusto óbice administrativo ou normativo atribuído ao Fisco [...] 2. Na hipótese em análise, entretanto, de uma rápida leitura da petição inicial do mandamus, observa-se que a própria demandante afirma que deixou de creditar as quantias relativas ao incentivo fiscal denominado crédito-prêmio do IPI no momento oportuno, razão pela qual peticionou na via administrativa, a fim de que lhe fosse reconhecido o direito de compensar os referidos créditos não-atingidos pela prescrição (fl. 5). 3. Assim, não tendo a empresa, por qualquer razão, aproveitado os créditos no tempo próprio, não há como se admitir que a posterior negativa ao seu pedido administrativo, consubstanciada no Ato Declaratório da SRF 31/99, seja considerada motivo para determinar-se a correção monetária do crédito durante todo o período não-atingido pela prescrição. 4. Por outro lado, não se pode olvidar que o direito ao creditamento foi reconhecido pelo Poder Judiciário nestes autos de mandado de segurança, tornando, por conseqüência, ilegítimo o mencionado Ato Declaratório 31/99. Destarte, deve-se determinar a incidência da correção monetária sobre os saldos escriturais durante o período compreendido entre a data da publicação Ato Declaratório 31/99 até a data do trânsito em julgado do *decisum* que afastou o impedimento. 5. Recurso especial conhecido e provido em parte. (STJ, 1ª Turma, **REsp 897.297**, rel. Min. Denise Arruda, 11.2009)

Créditos escriturais. Inexistência de direito à atualização monetária, por falta de previsão legal. Oposição ilegítima ao creditamento. Direito à correção monetária: PROCESSO CIVIL. RECURSO ESPECIAL REPRESENTATIVO DE CONTROVÉRSIA. ARTIGO 543-C, DO CPC. TRIBUTÁRIO. IPI. PRINCÍPIO DA NÃO CUMULATIVIDADE. EXERCÍCIO DO DIREITO DE CRÉDITO POSTERGADO PELO FISCO. NÃO CARACTERIZAÇÃO DE CRÉDITO ESCRITURAL. CORREÇÃO MONETÁRIA. INCIDÊNCIA. 1. A correção monetária não incide sobre os créditos de IPI decorrentes do princípio constitucional da não-cumulatividade (créditos escriturais), por ausência de previsão legal. 2. A oposição constante de ato estatal, administrativo ou normativo, impedindo a utilização do direito de crédito oriundo da aplicação do princípio da não-cumulatividade, descaracteriza referido crédito como escritural, assim considerado aquele oportunamente lançado pelo contribuinte em sua escrita contábil. 3. Destarte, a vedação legal ao aproveitamento do crédito impele o contribuinte a socorrer-se do Judiciário, circunstância que acarreta demora no reconhecimento do direito pleiteado, dada a tramitação normal dos feitos judiciais. 4. Consectariamente, ocorrendo a vedação ao aproveitamento desses créditos, com o conseqüente ingresso no Judiciário, posterga-se o reconhecimento do direito pleiteado, exsurgindo legítima a necessidade de atualizá-los monetariamente, sob pena de enriquecimento sem causa do Fisco (Precedentes da Primeira Seção: ...) 5. Recurso especial da Fazenda Nacional desprovido. Acórdão submetido ao regime do artigo 543-C, do CPC, e da Resolução STJ 08/2008. (STJ, 1ª Seção, **REsp 1.035.847**, rel. Min. Luiz Fux, 6.2009, *representativo de controvérsia*).

3. Inciso III: imunidade das exportações

O art. 153, § 3º, III, da Constituição determina que o IPI "não incidirá sobre produtos industrializados destinados ao exterior".

Trata-se de *imunidade tributária*, que objetiva sejam os produtos nacionais exportados a preços competitivos, sem os pesados ônus tributários que gravam a produção no Brasil. Pretende que sejam *exportados produtos, e não tributos*.

Além da imunidade relativa ao IPI, as operações de exportação estão albergadas pelas imunidades concernentes ao ICMS (art. 155, § 2º, X, *a*) e às contribuições sociais e de intervenção no domínio econômico (art. 149, § 2º, I, incluído pela EC 33/01), quadro que evidencia a nítida intenção constitucional de promover a indústria nacional mediante a desoneração das exportações.

À luz desse escopo deve ser concretizado o art. 153, § 3º, III, da CF.

4. Inciso IV: desoneração da aquisição de bens de capital

O art. 153, § 3º, IV, da CF estabelece que o IPI "terá reduzido seu impacto sobre a aquisição de bens de capital pelo contribuinte do imposto, na forma da lei".

Esse preceito *não institui uma imunidade perante o IPI*. Tampouco impõe que o legislador estabeleça isenções ou que o Executivo adote alíquotas zero. *Limita-se a exigir uma tributação mais favorecida* para os bens de capital adquiridos pelos contribuintes do IPI, sem demandar a total desoneração da sua aquisição. Confere ao legislador, portanto, significativa margem de atuação para reduzir o impacto do IPI sobre a aquisição de bens de capital, mediante a sua desoneração total ou parcial.

Apesar de o enunciado em questão não veicular um comando determinado, *possui*, como qualquer dispositivo constitucional, *efeitos próprios*, que prescindem de interposição legislativa. Um desses efeitos é o de coibir a adoção de comportamentos contrários aos seus ditames, obstando que seja instituída uma tributação mais gravosa sobre a aquisição de bens de capital pelo contribuinte do IPI. Se o for, será inválida, por manifesta inconstitucionalidade.[993]

A nosso juízo, a providência mais adequada seria conferir direito ao creditamento do IPI, que, de acordo com a jurisprudência do STF, não decorre diretamente do princípio da não cumulatividade.

---

§ 4º O imposto previsto no inciso VI do *caput*: (Redação dada pela Emenda Constitucional nº 42, de 19.12.2003)
I – será progressivo e terá suas alíquotas fixadas de forma a desestimular a manutenção de propriedades improdutivas; (Inciso incluído pela Emenda Constitucional nº 42, de 19.12.2003)
II – não incidirá sobre pequenas glebas rurais, definidas em lei, quando as explore o proprietário que não possua outro imóvel; (Inciso incluído pela Emenda Constitucional nº 42, de 19.12.2003)
Redação original: § 4º O imposto previsto no inciso VI terá suas alíquotas fixadas de forma a desestimular a manutenção de propriedades improdutivas e não incidirá sobre pequenas glebas rurais, definidas em lei, quando as explore, só ou com sua família, o proprietário que não possua outro imóvel.
III – será fiscalizado e cobrado pelos Municípios que assim optarem, na forma da lei, desde que não implique redução do imposto ou qualquer outra forma de renúncia fiscal. (Incluído pela Emenda Constitucional nº 42, de 19.12.2003)

Art. 153, § 4º: Regulação específica do ITR

1. Inciso I: progressividade

Na redação original da Constituição, já se estabelecia que as alíquotas do ITR seriam fixadas "de forma a desestimular a manutenção de propriedades improdutivas", mas não era feita referência expressa à progressividade.

Com isso, autorizava-se a progressividade com a finalidade extrafiscal de promover a função social da propriedade, mas não a progressividade em função do valor do imóvel. Esta forma de progressividade era ilegítima segundo a remansosa jurisprudência do STF, diante do caráter real do imposto.[994]

Após o advento da EC 42/03, entretanto, *não há mais óbice à instituição da progressividade do ITR em função do valor do imóvel*. Pelo contrário, essa progressividade é imposta pela Constituição, ao prever, de forma imperativa, que o tributo "será progressivo".

Portanto, *passaram a conviver duas formas de progressividade do ITR*:

[993] PAULSEN. *Direito Tributário*. p. 354.

[994] Sobre a questão, conferir os comentários ao art. 145, § 1º, da CF.

i) a *fiscal*, estabelecida em função do valor do imóvel (que corresponde à noção comum de progressividade); e

ii) a *extrafiscal*, destinada a estimular o cumprimento da função social do imóvel rural.

A progressividade fiscal, porém, *tem de fundar-se em elementos objetivos*, atinentes ao valor da terra nua. Por o ITR ser um *imposto real*, cujo lançamento não se estabelece em função da renda e tampouco da integralidade do patrimônio do titular do domínio, é inviável instituir em seu bojo uma sistemática de progressividade baseada em elementos pessoais, atinentes à capacidade econômica subjetiva dos contribuintes. Esta só pode ser considerada quando constituir uma dimensão negativa, de modo a exonerar os titulares carentes de capacidade contributiva.

Seria concebível levar em conta, na progressividade fiscal, o conjunto das propriedades territoriais rurais, a fim de corrigir efeitos nefastos desta anômala forma de progressividade que a Carta Política prevê para tributo real, mediante a promoção da isonomia entre o titular de duas ou mais propriedades rurais (pequenas, médias ou grandes) e o de apenas uma.[995] Assim, inserir-se-ia um quê de pessoalidade no lançamento de tributo real, medida que se revela aconselhável para remediar a indevida transposição da técnica da progressividade para tributos incidentes sobre parcelas do patrimônio.

Sem embargo, a conjugação de aspectos pessoais com reais no lançamento do ITR há de se limitar à consideração da titularidade de outras propriedades rurais, visto que, caso se levasse em conta também a propriedade predial e territorial urbana ou até mesmo de veículos automotores, dito tributo federal passaria a incidir, de forma transversa, sobre materialidades reservadas à competência impositiva de outros entes políticos.

No tocante à *progressividade extrafiscal*, a Constituição não determina que seja estabelecida em função do tempo, ou seja, que o ITR seja "progressivo no tempo". Somente há tal previsão para o IPTU (art. 182, § 4º, inciso II).

Destarte, faculta-se que a progressividade se norteie não só pelo fator tempo, mas também pelo grau de descumprimento da função social da propriedade rural: a duração e a intensidade de tal violação poderão, de conseguinte, ser consideradas na fixação das alíquotas do ITR.

O que não se afigura viável é utilizar, dentro do regime da progressividade extrafiscal, as dimensões da propriedade como critério fundamental de majoração das alíquotas, como fez a Lei 9.393/96, ao estabelecer alíquotas variáveis entre 1% e 20% para propriedades de dimensões diversas, mas com o mesmo grau de utilização.

Tampouco se pode considerar o descumprimento da função social em período anterior à instituição do regime progressivo, pois, nesta hipótese, a progressividade assumiria um ilegítimo caráter punitivo.

2. Inciso II: imunidade das pequenas glebas rurais

O art. 153, § 4º, II, da Constituição da República estabelece que o ITR "não incidirá sobre pequenas glebas rurais, definidas em lei, quando as explore o proprietário que não possua outro imóvel".

---

[995] Pontes de Miranda já defendia posição análoga; contudo, mais tímida, por se restringir às terras contíguas: "O impôsto territorial não é impôsto pessoal. Isso não quer dizer que a União ou o Município não possa fazer progressivo, em função da extensão das terras contínuas, ainda que aparentemente divididas em fazendas, ou em fazendas e indústrias, as continuidades, o impôsto territorial" (*Comentários à Constituição de 1967; com a Emenda n. 1 de 1969*. p. 465).

Ao obstar a tributação das referidas glebas, a Constituição veicula uma *imunidade* que abrange os pequenos terrenos rurais efetivamente explorados por seu proprietário (*alcance objetivo*), desde que este não possua outro imóvel (*alcance subjetivo*, denominado requisito da unititularidade).

Essas condições são cumulativas, motivo pelo qual a imunidade não abrange:

i) as glebas não exploradas pelo seu proprietário;[996]

ii) as glebas cujo proprietário possua outro imóvel; e

iii) as médias e as grandes glebas rurais, exploradas ou não.

Até o advento da EC 42/03, a imunidade era restrita às pequenas glebas rurais exploradas exclusivamente por seu proprietário ou por este em regime de economia familiar. Atualmente, não há tal restrição: *são tuteladas* pela imunidade até mesmo as propriedades *exploradas com ajuda de empregados ou de terceiros*, desde que atuem em auxílio ao proprietário.

O *requisito da unititularidade* deve ser aplicado com temperança, à luz da *ratio* da imunidade, pois nada obsta que se reconheça a imunidade aos produtores rurais que possuam dois ou mais imóveis rurais, desde que as suas áreas, somadas, não extrapolem as dimensões de uma pequena propriedade rural.[997]

Quanto à *definição de "pequenas glebas rurais"*, entendemos tratar-se de matéria de lei complementar, por força do art. 146, II, da CF, que reserva a tal instrumento legislativo a regulação das "limitações constitucionais ao poder de tributar". No entanto, a definição foi estabelecida por lei ordinária,[998] e o STF jamais pronunciou a sua inconstitucionalidade.

Para defini-las, o legislador goza de certa liberdade, pois não há um limite preciso entre as pequenas e as médias propriedades rurais. Porém, trata-se de uma liberdade relativa, vista que *não é dado ao legislador esvaziar o conteúdo da imunidade por meio de uma definição excessivamente restrita* das propriedades por ela albergadas.

3. Inciso III: delegação da capacidade tributária ativa e "cessão" do imposto

O inciso III do art. 153, § 4º, da CF estabelece que o ITR "será fiscalizado e cobrado pelos Municípios que assim optarem, na forma da lei, desde que não implique redução do imposto ou qualquer outra forma de renúncia fiscal".

Trata-se de outra inovação da EC 42/03. *Autoriza-se a delegação da capacidade tributária ativa* aos Municípios que concordarem com tal delegação, nos termos da lei.

---

[996] A imunidade não alcança o mero possuidor (a menos que a sua posse seja *ad usucapionem*), mas tutela o promitente comprador: "Não basta ser possuidor; é preciso que seja proprietário, ou que esteja a pagar as prestações do contrato de compra-e-venda, ou mesmo do pré-contrato. Tal interpretação se impõe" (PONTES DE MIRANDA. *Comentários à Constituição de 1967; com a Emenda n. 1 de 1969*. p. 491).

[997] PONTES DE MIRANDA. *Comentários à Constituição de 1967; com a Emenda n. 1 de 1969*. p. 491.

[998] De fato, a definição de "pequenas glebas rurais" foi veiculada pelo art. 2º da Lei 9.393/96, nestes termos: "Art. 2º Nos termos do art. 153, § 4º, in fine, da Constituição, o imposto não incide sobre pequenas glebas rurais, quando as explore, só ou com sua família, o proprietário que não possua outro imóvel. Parágrafo único. Para os efeitos deste artigo, pequenas glebas rurais são os imóveis com área igual ou inferior a: I – 100 ha, se localizado em município compreendido na Amazônia Ocidental ou no Pantanal mato-grossense e sul-mato-grossense; II – 50 ha, se localizado em município compreendido no Polígono das Secas ou na Amazônia Oriental; III – 30 ha, se localizado em qualquer outro município".

A vantagem primordial para os Municípios que assumirem esse encargo consiste na *majoração da destinação das receitas do ITR*: além dos 50% que tradicionalmente lhes são outorgados pelo art. 158, II, da CF, terão direito aos 50% restantes, ou seja, à *integralidade* das receitas obtidas com o ITR.[999]

Em outras palavras, caso os Municípios decidam assumir a capacidade tributária ativa com respeito ao ITR, ficarão com a totalidade das receitas arrecadadas, como ocorria sob a égide da Constituição decaída (art. 24, § 1º, da CF/69) e da que lhe precedeu (art. 25, § 1º, I, *a*, da CF/67).

Evidencia-se o *manifesto desinteresse econômico da União pelo ITR*. Desde que seja desincumbida do ônus de fiscalizá-lo e cobrá-lo, não terá direito a qualquer vantagem pecuniária decorrente da arrecadação desse imposto federal.

A União *não poderá sequer se opor à delegação* da capacidade tributária ativa, pois a Constituição não lhe outorga tal faculdade: a imperatividade dos termos do art. 153, § 4º, III, confere aos Municípios um *direito potestativo* à titularidade da capacidade tributária ativa, desde que respeitados os requisitos da lei. E, vale dizê-lo expressamente, a lei que estabelecer tais requisitos, sendo editada pela própria União, não pode afetar o direito potestativo dos Municípios; cabe-lhe apenas dispor sobre os aspectos operacionais relativos à transferência da capacidade tributária ativa, sem instituir condições que venham a obstaculizá-la.

Não se confunda, no entanto, a delegação da capacidade tributária ativa com a da competência tributária. Mesmo que haja delegação das atribuições de fiscalizar e de arrecadar o tributo (ou seja, da capacidade tributária ativa) e, consequentemente, o Município passe a ter direito à integralidade das receitas obtidas, não haverá delegação da competência para legislar sobre o tributo (ou seja, da competência legislativo-tributária). Mesmo após o advento da EC 42/03, *o ITR permanece sendo um tributo federal*, sujeito exclusivamente à competência legislativa da União; ao Município caberá apenas regulamentá-lo, fiscalizá-lo e cobrá-lo.

A despeito de continuar sendo um tributo federal, o ITR arrecadado pelos Municípios *é um tributo federal "cedido"*. O instituto da cessão de tributos não é usual nos Estados Federais, diversamente do que ocorre nos Estados Unitários Descentralizados, nos quais é utilizado como uma forma de outorgar maior autonomia financeira aos entes administrativos descentralizados. Apresenta nuances e variações, mas pode ser perfeitamente identificado no ITR cedido aos Municípios, em que o tributo é criado e regulado, no plano legal, por uma pessoa política, mas é fiscalizado, regulamentado e cobrado por outra, à qual cabe a integralidade dos recursos arrecadados.[1000]

---

[999] Como previsto no art. 158, II, na redação dada pela EC 42/03: "Art. 158. Pertencem aos Municípios: [...] II – cinqüenta por cento do produto da arrecadação do imposto da União sobre a propriedade territorial rural, relativamente aos imóveis neles situados, cabendo a totalidade na hipótese da opção a que se refere o art. 153, § 4º, III".

[1000] Na Espanha, por exemplo, a própria Constituição prevê a legitimidade da cessão, total ou parcial, de impostos do Estado às Comunidades Autônomas (art. 157.1, *a*, da Constituição de 1978). A "cessão" de tributos diferencia-se da mera repartição de receitas tributárias pelo fato de pressupor a delegação das competências administrativas, ou seja, de fiscalização, arrecadação e cobrança. Cfr. LAGO MONTERO. *El Poder Tributario de las Comunidades Autónomas*, p. 154 *et seq*.

§ 5º O ouro, quando definido em lei como ativo financeiro ou instrumento cambial, sujeita-se exclusivamente à incidência do imposto de que trata o inciso V do *caput* deste artigo, devido na operação de origem; a alíquota mínima será de um por cento, assegurada a transferência do montante da arrecadação nos seguintes termos:
I – trinta por cento para o Estado, o Distrito Federal ou o Território, conforme a origem;
II – setenta por cento para o Município de origem.

Art. 153, § 5º: Regulação específica do IOF sobre o ouro definido como ativo financeiro ou instrumento cambial

1. Incidência única e monofásica

Por força do art. 153, § 5º, da CF, o ouro enquanto ativo financeiro (valor mobiliário) ou instrumento cambial (utilizado como moeda com vistas à realização de operações de câmbio)[1001] *está sujeito à incidência exclusiva e monofásica do IOF*, na operação de origem.[1002]

Esse preceito traz *duas limitações*:

i) o ouro enquanto ativo financeiro ou instrumento cambial está sujeito apenas ao IOF (*incidência exclusiva*); e

ii) o IOF incide apenas na operação de origem (*incidência monofásica*).

Tratando-se de ativo financeiro, a incidência monofásica deverá ocorrer na primeira aquisição do ouro enquanto tal (ativo financeiro) ou no seu desembaraço aduaneiro, se proveniente do exterior. Por isso, declarou-se a inconstitucionalidade de dispositivos da Lei 8.033/90 que desrespeitavam a incidência monofásica do IOF, mediante a tributação das operações subsequentes à original, nomeadamente da "transmissão de ouro definido pela legislação como ativo financeiro" (art. 1º, II).[1003]

No que diz respeito à lei que deve definir o ouro como ativo financeiro ou instrumento cambial, o STF considerou que a matéria é de *lei ordinária*, não havendo reserva de lei complementar,[1004] como se sustentava, sob a alegação de se tratar de regulação de limitação constitucional ao poder de tributar (art. 146, II, da CF).

Se não for utilizado como ativo financeiro ou instrumento cambial, quando será tributado pelo IOF, o ouro poderá sujeitar-se ao ICMS (se comercializado); ou ao ICMS e ao IPI (se industrializado), incidentes nas saídas das indústrias.

Verifica-se, assim, que o *critério para definir a tributação do ouro é a sua utilização*, em função da qual poderá sujeitar-se ao IOF, ao ICMS e/ou ao IPI.

- **Precedente citado**

Cobrança do IOF nas operações subsequentes à original. Inconstitucionalidade: CONSTITUCIONAL. TRIBUTÁRIO. IOF. OURO: TRANSMISSÃO DE OURO ATIVO FINANCEIRO. C.F., art. 153, § 5º. Lei 8.033, de 12.04.90, art. 1º, II. I. – O ouro, definido como ativo financeiro ou instrumento cambial, sujeita-se, exclusivamente, ao IOF, devido na operação de origem: C.F., art. 153, § 5º. Inconstitucionalidade do inciso II do art. 1º da Lei 8.033/90. (STF, Pleno, **RE 190.363**, rel. Min. Carlos Velloso, 5.1998)

[1001] Cfr. MOSQUERA. *Tributação no mercado financeiro e de capitais*. p. 109 e 137.

[1002] Essa regra encontra precedente na Constituição de 1969, de acordo com a qual o ouro, antes de ser industrializado, estava sujeito apenas ao Imposto Único sobre Minerais (IUM), com a exclusão de outros tributos (art. 21, IX).

[1003] STF, Pleno, *RE 190.363*, rel. Min. Carlos Velloso, 5.1998.

[1004] STF, Pleno, *RE 190.363*, rel. Min. Carlos Velloso, 5.1998. Esse, porém, não foi o fundamento central do precedente, uma vez que houve a declaração de inconstitucionalidade. Sobre a questão da reserva de lei complementar para regular as limitações constitucionais ao poder de tributar, vide os comentários ao art. 146, II.

2. Destinação dos recursos

Tal como se verifica com o IRRF incidente sobre os rendimentos pagos pelos Estados, pelo Distrito Federal, pelos Municípios ou por suas autarquias e fundações (arts. 157, I, e 158, I) e com o ITR arrecadado e cobrado pelos Municípios (art. 158, II), *a União não tem direito a receita alguma* advinda da cobrança do IOF sobre o ouro definido como ativo financeiro ou instrumento cambial: *30% são destinados ao Estado e 70% ao Município* em que tenham ocorrido as operações de origem. Caso as operações se originem no Distrito Federal, ele terá direito à integralidade das receitas, visto acumular as competências municipais, por não ser dividido em Municípios.[1005]

Vale ressaltar que a parte final do § 5º e os seus incisos dizem respeito ao *Direito Financeiro,* e não ao Direito Tributário. Estão deslocados no art. 153 da CF. Por tratarem da repartição das receitas tributárias, deveriam constar na seção que versa sobre essa matéria (Seção VI), mais especificamente nos arts. 157 e 158.

Art. 154. A União poderá instituir:
I – mediante lei complementar, impostos não previstos no artigo anterior, desde que sejam não-cumulativos e não tenham fato gerador ou base de cálculo próprios dos discriminados nesta Constituição;
II – na iminência ou no caso de guerra externa, impostos extraordinários, compreendidos ou não em sua competência tributária, os quais serão suprimidos, gradativamente, cessadas as causas de sua criação.

Art. 154: Impostos residuais e extraordinários

1. Inciso I: competência residual da União para instituir novos impostos

Nenhum ente político, além da União, detém competências residuais em matéria tributária. E a União possui apenas duas, a saber: as competências para a criação de impostos (art. 154, I) e de contribuições de seguridade social (art. 195, § 4º) não previstos no bojo da Constituição Federal.

1.1. Requisitos

O art. 154, I, confere à União competência para instituir novos impostos, condicionando o seu exercício à observância de *três requisitos*:

a) instituição por *lei complementar*;

b) *não cumulatividade*; e

c) *diversidade de hipótese de incidência e de base de cálculo* perante os impostos nominados (discriminados na Constituição).

São justamente esses requisitos que tornam extremamente importante o enquadramento, ou não, dos impostos instituídos pela União nas competências atribuídas pelos incisos do art. 153. Se o imposto não se amoldar, no todo ou em parte, a essas competências (relativas aos impostos federais nominados), será total ou parcialmente inconstitucional, salvo na remota hipótese de encontrar fundamento de validade no art. 154, I, da Carta Política, respeitando os três requisitos exigidos para o exercício da competência residual, que, vale dizer, são *cumulativos*.

[1005] Conferir os comentários ao art. 147 da CF.

Tais requisitos devem ser observados mesmo na hipótese de *impostos criados sob denominações diversas*, tendo em vista que a denominação é irrelevante para se determinar a natureza jurídica específica do tributo (art. 4º, I, do CTN). *Por inobservância dos requisitos do art. 154, I, várias exações foram declaradas inconstitucionais*, tais como o Adicional de Indenização do Trabalhador Portuário (AITP), instituído pelo art. 61 da Lei 8.630/93, que consistia em um imposto dissimulado.[1006]

Por força do *primeiro requisito*, o imposto residual deve ser instituído *por lei complementar*, e não apenas com base em lei complementar. Noutros termos, não basta que a lei complementar preveja, como exige o art. 146, III, *a*, a hipótese de incidência, a base de cálculo e os seus contribuintes. Deve dispor sobre todos os elementos relevantes ao nascimento da obrigação tributária, prevendo até mesmo a alíquota do tributo.

Além de ser instituído por lei complementar, o imposto residual *não poderá ser cumulativo*. Esse requisito poderá ser observado pela instituição de imposto monofásico ou pela adoção de alguma técnica destinada a evitar a tributação em cascata, como o creditamento do imposto devido nas operações anteriores (imposto contra imposto) ou até mesmo a tributação do valor agregado (base contra base).[1007]

Quanto ao *terceiro requisito*, impende destacar que *a diversidade deve verificar-se tanto em relação à hipótese de incidência quanto à base de cálculo*. A Constituição empregou indevidamente o disjuntor "ou", pois exige, sem dúvida alguma, que ambos os elementos sejam diversos.

Há uma ligação indissociável entre a hipótese de incidência e a base de cálculo: é a base de cálculo que determina a natureza específica do tributo, possuindo as funções de confirmar, infirmar e afirmar o aspecto material da hipótese de incidência, segundo posição teórica que veio a encontrar guarida no seio da Constituição de 1988 (art. 145, § 2º).[1008]

Portanto, a interpretação sistemática do texto constitucional corrobora a necessidade de que os impostos instituídos com base na competência residual tenham hipótese de incidência e base de cálculo diversas daquelas adotadas nos impostos nominados.

Entendimento contrário levaria a resultados absurdos, permitindo, por exemplo, que a União institua, com base no art. 154, I, um ICMS ou um ISS federais (e ordinários),[1009] vez que o aspecto espacial (integrante da hipótese) desses novos impostos seria diverso dos pertinentes ao ICMS estadual e ao ISS municipal.

- **Precedente citado**

Imposto dissimulado, não previsto na Constituição e instituído por lei ordinária (Adicional de Indenização do Trabalhador Portuário). Inconstitucionalidade: Lei 8.630/93 incompatível com o art. 154 , I, da CF, que exige lei complementar quando se institui imposto de competência residual. Ilegalidade do Decreto 1.035/93 que extrapolou o poder regulamentar. Ausência de impugnação dos fundamentos no RE. Debate infraconstitucional. Regimental não provido. (STF, 2ª Turma, **AI 333.820 AgR**, rel. Min. Nelson Jobim, 6.2002)

[1006] STF, 2ª Turma, *AI 333.820 AgR*, rel. Min. Nelson Jobim, 6.2002.

[1007] Sobre o tema, conferir os comentários ao art. 153, § 3º, II.

[1008] CARVALHO. *Curso de Direito Tributário*. p. 327. Cfr. os comentários ao art. 145, § 2º.

[1009] Alude-se à impossibilidade de criação de um ICMS e de um ISS federais *e ordinários* pelo fato de ser viável a criação de um ICMS e de um ISS federais *e extraordinários*, como referido a seguir.

1.2. Vinculação do constituinte derivado

A Constituição de 1988 consagrou um refinado sistema de competências tributárias, abrangendo inúmeras exações e, ainda, outorgando competências específicas para a União instituir novos impostos e novas contribuições de seguridade social.

Porém, a União faz parco uso das competências residuais que lhe são outorgadas,[1010] por dois motivos básicos: a) objetiva instituí-los por lei ordinária e/ou de forma cumulativa; b) deseja eximir-se das vinculações dos recursos a serem arrecadados com essas exações.

Quanto a tais vinculações, há de se recordar que *20% dos recursos obtidos com os novos impostos devem ser destinados aos Estados e ao Distrito Federal* (art. 157, II) e que a totalidade dos recursos arrecadados com as novas contribuições de seguridade social deve, obviamente, ser destinada à Seguridade Social.

Pois bem, ao invés de exercer tais competências residuais e sujeitar-se às vinculações impostas pela Carta da República, *a União tem optado por exercer novas competências tributárias*, criadas por emendas constitucionais e desatreladas das vinculações ora referidas.

Foi o que ocorreu com o IPMF e, após, com a CPMF. Sustentou-se a inconstitucionalidade de tal prática, por ofensa ao sistema de competências tributárias da Carta Maior e ao princípio federativo; contudo, a insurgência foi inexitosa.[1011]

- **Precedente citado**

Requisitos do art. 154, I, da CF. Inaplicabilidade ao poder constituinte derivado: TRIBUTO – CONTRIBUIÇÃO – CPMF – EMENDA CONSTITUCIONAL Nº 12/96 – INCONSTITUCIONALIDADE – EC 12/96. Na dicção da ilustrada maioria, não concorre, na espécie, a relevância jurídico-constitucional do pedido de suspensão liminar da Emenda Constitucional nº 12/96, no que prevista a possibilidade de a União vir a instituir a contribuição sobre a movimentação ou transmissão de valores e de créditos e direitos de natureza financeira, sem a observância do disposto nos artigos 153, § 5º, e 154, inciso I da Carta Federal. Relator vencido, sem o deslocamento da redação do acórdão. (STF, Pleno, **ADI 1.501 MC**, rel. Min. Marco Aurélio, 10.1996)

1.3. Superposição de impostos e contribuições

Em princípio, as competências tributárias são excludentes. Ao reservar determinadas manifestações de capacidade contributiva à competência impositiva de um ente político, a Constituição rejeita, de modo implícito, tal competência para os demais.

Noutros termos, as competências constitucional-tributárias são privativas, cabendo a uma pessoa política com exclusão das demais. Como leciona Carrazza: "a outorga de competência tributária importa, *a contrario sensu*, interdição, que resguarda a eficácia de sua singularidade. Ao mesmo tempo em que *afirma* a competência de uma pessoa política, *nega* a das demais".[1012]

Destarte, *não se admite superposição de exações tributárias* instituídas por entes políticos diversos ou até pela mesma pessoa constitucional. *Excetuam-se apenas as hi-*

[1010] Para ser exato, somente a competência residual do art. 195, § 4º, foi exercida. A União jamais criou impostos com base no art. 154, I, da CF.

[1011] STF, Pleno, ADI 939, rel. Min. Sydney Sanches, 12.1993 (relativa ao IPMF); *ADI 1.501 MC*, rel. Min. Marco Aurélio, 10.1996 (relativa à CPMF). A ementa da ADI 939 não alude à questão, mas o relator a abordou, consignando em seu voto que as vedações de superposição impositiva e de cumulatividade, trazidas pelo art. 154, I, da CF, "são dirigidas à lei complementar, quando institui tributo não previsto pela própria Constituição (inciso I do art. 154), ou seja, quando a União exerce sua competência legislativa tributária residual. Mas, quando a Constituição é emendada e a emenda autoriza a instituição do tributo novo, não opera a norma em questão".

[1012] CARRAZZA. *Curso de Direito Constitucional Tributário.* 18ª ed. p. 447. A respeito da privatividade das competências tributárias, conferir os comentários ao art. 145.

póteses expressamente consagradas pela Constituição, a exemplo do que ocorre com a superposição do IRPJ com a CSLL, que se revela legítima pelo fato de a Constituição ter atribuído competência para a criação de ambas as exações (arts. 153, III, e 195, I, *c*).[1013]

Também se admite, de acordo com o entendimento que acabou se firmando no STF, *a superposição* dos impostos nominados *com novas contribuições sociais,* instituídas com base na competência residual do art. 195, § 4º, mesmo que a superposição seja consubstanciada pela identidade de hipótese de incidência e de base de cálculo.[1014]

2. Inciso II: impostos extraordinários

Em seu art. 154, II, a Constituição outorga competência para a União instituir "impostos extraordinários".

Esses impostos também recebem a denominação "*impostos de guerra*", que indica o seu pressuposto: apenas podem ser instituídos "na iminência ou no caso de guerra externa".

Se não houver guerra externa, iminente ou ocorrente, a hipótese da norma atributiva de competência para a instituição de impostos extraordinários não será configurada e, consequentemente, inexistirá competência. Noutros termos, se não houver iminência ou ocorrência de guerra externa, *não poderão ser instituídos impostos extraordinários.* Nenhuma outra situação legitima a sua instituição, nem mesmo a guerra civil.

Havendo guerra externa ou estando devidamente caracterizada a sua iminência, *a União poderá optar por instituir impostos extraordinários ou empréstimos compulsórios* (art. 148, I), atentando para o fato de que os impostos extraordinários apresentam a vantagem de poderem ser instituídos por lei ordinária ou por medida provisória (para os empréstimos compulsórios, é imprescindível a edição de lei complementar) e de não serem restituíveis. A União também poderá instituir ambos os tributos.

No entanto, *cessada a guerra externa, não será viável criar impostos extraordinários*, haja vista a situação autorizadora não estar mais presente. A União somente poderá instituir empréstimos compulsórios, pois para tanto não é necessário que a guerra externa ainda esteja em curso, bastando remanescerem "despesas extraordinárias" a serem quitadas.

A competência para a cobrança dos impostos de guerra, que nasce com a sua iminência, *extingue-se, "gradativamente", com a cessação das "causas de sua criação"* (art. 154, II). A Constituição não fornece um critério que determine especificamente o momento dessa extinção gradativa, conferindo significativa margem de liberdade para o legislador. Apesar disso, não se revela compatível com a Constituição de 1988 a previsão constante no CTN no sentido de que os impostos serão "suprimidos, gradativamente, no prazo máximo de cinco anos, contados da celebração da paz" (art. 76). Esse prazo, que fora previsto na Constituição de 1946 (art. 15, § 6º) e reiterado pela EC 18/65 (art. 17), é demasiadamente amplo, visto que a competência está atrelada ao custeio da guerra externa. Como já expusemos: as despesas extraordinárias ulteriores ao seu término devem ser financiadas pelo empréstimo compulsório do art. 148, I.

Uma peculiaridade da competência para a instituição dos impostos de guerra é a de que *alcança até mesmo as manifestações de capacidade contributiva reservadas à incidência dos impostos estaduais e municipais*. Essa possibilidade decorre claramente

[1013] STF, Pleno, RE 146.733, rel. Min. Moreira Alves, 6.1992. A ementa não aborda a questão da superposição tributária.

[1014] Sobre a questão, vide os comentários ao art. 195, § 4º, da CF.

do texto constitucional, ao prever que os impostos extraordinários, reservados à União, podem ser "compreendidos ou não em sua competência tributária". Ou seja, a União pode criar até mesmo um ICMS-extraordinário ou um ISS-extraordinário. Em relação aos impostos extraordinários, é perfeitamente legítima a bitributação.

A situação de extrema urgência, inerente aos impostos de guerra, justifica o *afastamento do princípio da anterioridade*, previsto nos arts. 62, § 2º, e 150, § 1º, da CF. Não dispensa, todavia, o respeito aos princípios da legalidade, da isonomia e da capacidade contributiva e tampouco às imunidades do art. 150, VI.[1015]

Caso a União pretenda driblar essas imunidades, haverá de exercer a competência conferida pelo art. 148, I, instituindo um empréstimo compulsório por meio de lei complementar, jamais um imposto.

[1015] Cfr. TORRES. *Sistemas constitucionais tributários*. p. 338.

Capítulo IV: Impostos dos Estados e do Distrito Federal

Seção IV

DOS IMPOSTOS DOS ESTADOS E DO DISTRITO FEDERAL

Art. 155. Compete aos Estados e ao Distrito Federal instituir impostos sobre: (Redação dada pela Emenda Constitucional nº 3, de 17.03.1993)

I – transmissão causa mortis e doação, de quaisquer bens ou direitos; (Redação dada pela Emenda Constitucional nº 3, de 17.03.1993)

Redação original: Art. 155. Compete aos Estados e ao Distrito Federal instituir: I – impostos sobre: a) transmissão causa mortis e doação, de quaisquer bens ou direitos; b) operações relativas à circulação de mercadorias e sobre prestações de serviços de transporte interestadual e intermunicipal e de comunicação, ainda que as operações e as prestações se iniciem no exterior; c) propriedade de veículos automotores.

II – operações relativas à circulação de mercadorias e sobre prestações de serviços de transporte interestadual e intermunicipal e de comunicação, ainda que as operações e as prestações se iniciem no exterior; (Redação dada pela Emenda Constitucional nº 3, de 17.03.1993)

Redação original: II – adicional de até cinco por cento do que for pago à União por pessoas físicas ou jurídicas domiciliadas nos respectivos territórios, a título do imposto previsto no art. 153, III, incidente sobre lucros, ganhos e rendimentos de capital.

III – propriedade de veículos automotores. (Redação dada pela Emenda Constitucional nº 3, de 17.03.1993)

Art. 155, I a III: Outorga de competência para a cobrança dos impostos estaduais

Os Estados somente podem instituir impostos sobre as transmissões *causa mortis* e as doações (ITCD, inciso I), as operações relativas à circulação de mercadorias, os serviços de comunicação e de transporte interestadual e intermunicipal (ICMS, inciso II) e a propriedade de veículos automotores (IPVA, inciso III). Já o Distrito Federal está autorizado a instituir tanto esses impostos quanto aqueles de competência dos Municípios, consoante a previsão do art. 147 da CF.

1. Inciso I: Imposto sobre a Transmissão *Causa Mortis* e Doação

1.1. Breve histórico do ITCD e do ITBI

A Constituição de 1891 previa um imposto abrangente a incidir sobre a transmissão da propriedade.

No regime das Constituições de 1934, 1937 e 1946, foram outorgadas competências mais específicas, para a instituição do imposto de transmissão da propriedade imobiliária *inter vivos* e do imposto de transmissão da propriedade *causa mortis*, ambos de competência estadual.

Esses impostos foram unificados pela EC 18/65, que conferiu aos Estados competência para cobrar o imposto sobre a transmissão, a qualquer título, de bens imóveis e dos correspondentes direitos reais, à exceção dos de garantia (art. 9º).

Tal regime se manteve nas Constituições de 1967 e de 1969, sendo alterado pela *Constituição de 1988*, que *dissociou o ITCD do ITBI*, atribuindo o primeiro aos Estados (art. 155, I) e o segundo aos Municípios (art. 156, II). Adotou, assim, um modelo que já fora consagrado pela EC 5/61.

Além da cisão do imposto de transmissão, a CF/88 promoveu a ampliação do seu objeto quanto à transmissão *causa mortis* e doação (tributada pelo ITCD), que *passou a abranger os bens móveis* (alcança "quaisquer bens ou direitos").[1016]

1.2. Inexistência de lei complementar

Como referido, a EC 18/65 previu o imposto sobre a transmissão, a qualquer título, de bens imóveis e dos correspondentes direitos reais, tendo unificado os impostos de transmissão *inter vivos* e *causa mortis*. Mas abrangia apenas a transmissão de bens imóveis, não a de bens móveis.

Por essa razão, o CTN, editado em 1966, não previu o ITCD, mas apenas o "Imposto sobre a Transmissão de Bens Imóveis e de Direitos a eles Relativos" (arts. 35 a 42).

E *a lei complementar* exigida pelo art. 146, III, *a*, da CF/88 *ainda não foi editada*.

Portanto, ao ITCD deve ser aplicado o entendimento já firmado pelo STF em relação ao IPVA, no sentido de que, inexistindo lei complementar, *é viável a instituição do imposto por lei dos Estados ou do Distrito Federal*, no exercício da competência legislativa plena outorgada pelo art. 24, § 3º, da CF e pelo art. 34, § 3º, do ADCT.

1.3. Materialidade, base de cálculo e alíquota aplicável

O legislador deve observar os parâmetros estabelecidos pela Constituição, atendo-se aos limites de sua competência impositiva.

Competência que abrange quaisquer bens ou direitos, sejam móveis ou imóveis, mas é restrita à transmissão *causa mortis* (legítima, testamentária, definitiva ou provisória)[1017] e à doação, que são modalidades de transmissão gratuita (embora possam estar sujeitas a encargos).

As transmissões onerosas não podem ser tributadas pelo ITCD: a transmissão *inter vivos* de bens imóveis, por ato oneroso, está sujeita à competência municipal (art. 156, II, que prevê o ITBI), enquanto a transmissão *inter vivos* de mercadorias há de ser tributada pelo ICMS (art. 155, II, da CF).

A *materialidade possível*, de conseguinte, consiste na transmissão, por sucessão ou doação, de quaisquer bens ou direitos. Para especificá-la, são plenamente aplicáveis as categorias civilistas de sucessão e de doação (pressupostas pela Constituição).

Para a delimitação do *aspecto temporal* (momento em que ocorre a transmissão e incide o tributo), também são aplicáveis regras específicas de Direito Civil, tais como as de que a herança se transmite logo que se verificar a abertura da sucessão (art. 1.784 do

[1016] Essa alteração seguiu a linha da crítica tecida por Aliomar Baleeiro à limitação da competência às transferências de bens imóveis, quando, "no estado atual do desenvolvimento econômico do Brasil, a riqueza mobiliária [...] cada vez mais sobrepuja o vulto do valor das terras e edifícios" (*Direito tributário brasileiro.* p. 261).

[1017] Súmula 331 do STF: "É legítima a incidência do imposto de transmissão 'causa mortis' no inventário por morte presumida".

CC/2002) e de que a doação somente se perfectibiliza com a aceitação do donatário (arts. 538 e 539 do CC/2002).

Como a *base de cálculo* deve consistir numa dimensão do conteúdo econômico do fato tributado, somente pode ser eleito o *valor, total ou parcial, dos bens transmitidos,* razão pela qual se entende, com acerto, que o ITCD não pode incidir sobre a integralidade de créditos contratuais parcialmente quitados[1018] e tampouco sobre os honorários do advogado contratado, com a homologação do juiz, pelo inventariante.[1019]

A rigor, dever-se-ia considerar o valor de mercado na data da transmissão, quando incide a norma tributária.[1020] Contudo, por razões de praticabilidade, *o STF considera que o imposto deve ser calculado sobre o valor dos bens na data da avaliação,*[1021] entendimento que, a nosso ver, somente pode ser aplicado nos casos em que seja inviável apurar o valor vigente na data da transmissão, sob pena de manifesta violação ao art. 144, *caput*, do CTN e, quiçá, aos limites da competência impositiva estadual (o que seria configurado na hipótese de o valor na data da avaliação ser superior àquele relativo à data da transmissão).

A base de cálculo somente pode compreender os bens e direitos existentes no momento da transmissão *causa mortis* (que se verifica com a abertura da sucessão) ou da doação: *os frutos e rendimentos ulteriores à transmissão jurídica dos bens e/ou direitos não podem ser tributados*, mesmo que havidos antes do pagamento do tributo. E, em se tratando de doação condicionada ao cumprimento de encargos de valor pecuniário, a base de cálculo não poderá abranger a totalidade do valor dos bens, porquanto *é imperativa a dedução das despesas incorridas* para se fazer frente ao encargo imposto ao donatário.[1022]

A fim de evitar cobranças baseadas em avaliações excessivas, considera-se que o imposto não pode ser exigido antes da homologação do cálculo (Súmula 114 do STF), momento no qual será apreciada eventual impugnação à avaliação.

E justamente *pelo fato de a norma tributária incidir quando da transmissão, deverá ser aplicada a alíquota vigente em tal momento,*[1023] bem como todos os demais preceitos de direito material: isenção vigente na data da abertura da sucessão, por exemplo, não pode ser negada ao contribuinte sob o argumento de que foi revogada por lei posterior, vigente no momento da sentença de partilha, sob pena de violação ao princípio da irretroatividade tributária (art. 150, III, *a,* da CF).[1024]

A titularidade da competência para instituir e cobrar o ITCD é regulada pelo art. 155, § 1º, sendo analisada a seguir.

[1018] Súmula 510 do STF: "Calcula-se o imposto de transmissão 'causa mortis' sobre o saldo credor da promessa de compra e venda de imóvel, no momento da abertura da sucessão do promitente vendedor".

[1019] Súmula 115 do STF: "Sobre os honorários do advogado contratado pelo inventariante, com a homologação do juiz, não incide o imposto de transmissão 'causa mortis'".

[1020] Esse foi o critério que norteou a Súmula 110 do STF, pertinente ao antigo imposto de transmissão *inter vivos*: "O imposto de transmissão 'inter vivos' não incide sobre a construção, ou parte dela, realizada pelo adquirente, mas sobre o que tiver sido construído ao tempo da alienação do terreno".

[1021] Súmula 113 do STF: "O imposto de transmissão 'causa mortis' é calculado sobre o valor dos bens na data da avaliação". Ricardo Lobo Torres expõe o fundamento político-econômico dessa súmula, editada para "proteger a Fazenda Pública contra a inflação" (*Sistemas constitucionais tributários*. p. 262).

[1022] DERZI. *Notas* ao livro *Direito Tributário Brasileiro,* de Aliomar Baleeiro. p. 260.

[1023] Súmula 112 do STF: "O imposto de transmissão 'causa mortis' é devido pela alíquota vigente ao tempo da abertura da sucessão".

[1024] STJ, 1ª Turma, *REsp 805.806*, rel. Min. Denise Arruda, 11.2007.

• Súmulas

Súmula 110 do STF: "O imposto de transmissão 'inter vivos' não incide sobre a construção, ou parte dela, realizada pelo adquirente, mas sobre o que tiver sido construído ao tempo da alienação do terreno"

Súmula 112 do STF: "O imposto de transmissão 'causa mortis' é devido pela alíquota vigente ao tempo da abertura da sucessão"

Súmula 113 do STF: "O imposto de transmissão 'causa mortis' é calculado sobre o valor dos bens na data da avaliação"

Súmula 115 do STF: "Sobre os honorários do advogado contratado pelo inventariante, com a homologação do juiz, não incide o imposto de transmissão 'causa mortis'"

Súmula 331 do STF: "É legítima a incidência do imposto de transmissão 'causa mortis' no inventário por morte presumida"

Súmula 510 do STF: "Calcula-se o imposto de transmissão 'causa mortis' sobre o saldo credor da promessa de compra e venda de imóvel, no momento da abertura da sucessão do promitente vendedor"

• Precedente citado

Isenção vigente quando da abertura da sucessão. Impossibilidade de desconsideração: TRIBUTÁRIO. IMPOSTO DE RENDA. GANHO DE CAPITAL DECORRENTE DA TRANSFERÊNCIA DE BENS E DIREITOS POR SUCESSÃO HEREDITÁRIA. IMPOSSIBILIDADE DE APLICAÇÃO RETROATIVA DO ART. 23 DA LEI 9.532/97. [...] 2. O artigo 1.572 do antigo Código Civil, em vigor ao tempo do falecimento do autor da herança, transmitiam-se, desde logo, aos herdeiros legítimos e testamentários, no que encontra correspondência no artigo 1.784 do novo Código Civil. 3. Adotou-se o princípio originário do droit de saisine, que dá à sentença de partilha caráter meramente declaratório, haja vista que a transmissão dos bens aos herdeiros e legatários se dá no momento do óbito do transmitente. 4. As regras a serem observadas na transmissão da herança serão aquelas em vigor ao tempo do óbito do de cujus que, no caso em tela, e no que tange à incidência do Imposto de Renda, encontravam-se na Lei 7.713/88. 5. Dispunha o citado diploma legal, no inciso XIV, do artigo 6º, e no inciso III, do artigo 22, que o valor dos bens adquiridos por herança serão isentos do imposto de renda e que as transferências causa mortis serão excluídas do ganho de capital dos herdeiros e legatários. 6. A tese defendida pela recorrida, de que o fato gerador do imposto na espécie, a ensejar o recolhimento do imposto, é o acréscimo patrimonial decorrente da reavaliação patrimonial dos bens constantes da última declaração do de cujus, há de ser refutada, haja vista que faz incidir ao caso em comento sistemática criada por lei posterior à transmissão dos bens deixados pelo transmitente, que se deu sob a égide da Lei 7.713/1988, com conseqüente violação do princípio da irretroatividade das leis tributárias." 2. Em assim decidindo, a Turma Regional não contrariou o art. 23 da Lei 9.532/97; ao contrário, deu-lhe interpretação consentânea com a lei civil, observando, ainda, o disposto nos arts. 104, 105 e 116 do Código Tributário Nacional. 3. Recurso especial desprovido. (STJ, 1ª Turma, **REsp 805.806**, rel. Min. Denise Arruda, 11.2007)

1.4. Progressividade

Ante a ausência de autorização constitucional expressa, questionou-se a legitimidade da progressividade do ITCD, na esteira da jurisprudência que o STF firmou acerca da inconstitucionalidade de alíquotas progressivas em impostos reais, salvo previsão constitucional específica.[1025]

A Corte surpreendeu a muitos, ao proclamar que a progressividade do ITCD se compatibiliza com a Carta de 1988.[1026] Após o voto do relator, Ministro Ricardo Lewandowski, pela inconstitucionalidade, prevaleceu a divergência inaugurada pelo Ministro Eros Grau, secundada pela Ministra Ellen Grace, que evidenciou a relatividade da distinção entre impostos reais e pessoais, bem como que a hipótese de incidência do ITCD implica acréscimo patrimonial para o beneficiário, aproximando-se, nesse aspecto, do IR.

Nos comentários ao art. 145, § 1º e, especificamente, no tópico atinente à progressividade dos tributos reais, o precedente é enfocado em profundidade, inclusive no que diz com a sua repercussão nas súmulas editadas, pelo STF, quanto à progressividade do IPTU e do ITBI.

[1025] Súmulas nºs 656 (ITBI) e 668 (IPTU).

[1026] STF, Pleno, *RE 562.045*, rel. p/ Acórdão Min. Cármen Lúcia, 2.2013.

• **Precedente citado**

Constitucionalidade da progressividade do ITCD: [...] TRIBUTÁRIO. LEI ESTADUAL: PROGRESSIVIDADE DE ALÍQUOTA DE IMPOSTO SOBRE TRANSMISSÃO CAUSA MORTIS E DOAÇÃO DE BENS E DIREITOS. CONSTITUCIONALIDADE. ART. 145, § 1º, DA CONSTITUIÇÃO DA REPÚBLICA. PRINCÍPIO DA IGUALDADE MATERIAL TRIBUTÁRIA. OBSERVÂNCIA DA CAPACIDADE CONTRIBUTIVA. RECURSO EXTRAORDINÁRIO PROVIDO. (STF, Pleno, **RE 562.045**, rel. p/ Acórdão Min. Cármen Lúcia, 2.2013)

2. O extinto Adicional Estadual ao Imposto de Renda

O art. 155, II, da CF previa, em sua redação original, um adicional estadual ao Imposto de Renda (ADIR), nestes termos:

> Art. 155. Compete aos Estados e ao Distrito Federal instituir:
>
> [...]
>
> II – adicional de até cinco por cento do que for pago à União por pessoas físicas ou jurídicas domiciliadas nos respectivos territórios, a título do imposto previsto no art. 153, III, incidente sobre lucros, ganhos e rendimentos de capital.

Tratava-se de um imposto estadual, a ser instituído por lei dos Estados ou do Distrito Federal, com a peculiaridade de que a sua base de cálculo haveria de ser o valor do Imposto de Renda (ou, mais especificamente, "do que for pago à União por pessoas físicas ou jurídicas domiciliadas nos respectivos territórios, a título do imposto previsto no art. 153, III, incidente sobre lucros, ganhos e rendimentos de capital").

Por consequência, os Estados não podiam conformar a base de cálculo do imposto, ficando jungidos àquela eleita pela União.[1027]

À sua instituição *era necessário que*, anteriormente à edição da lei estadual, *houvesse a interposição da lei complementar* exigida pelo art. 146, II e III, *a*, da CF, dispondo sobre conflitos de competência entre os Estados e definindo a sua hipótese de incidência, base de cálculo e contribuintes.

Todavia, diversos Estados instituíram o ADIR desconsiderando tal exigência, o que levou à declaração de sua inconstitucionalidade: reputou-se imprescindível a edição de lei complementar para afastar a ocorrência de conflitos de competência entre os Estados.[1028]

Com o advento da EC 3/93, *o adicional estadual ao Imposto de Renda foi extinto*, restringindo-se a participação dos Estados no IR às receitas que lhes são destinadas pelos arts. 157, I, e 159, I, *a*, da CF.

Note-se que essas regras de repartição das receitas tributárias são normas de Direito Financeiro, que impõem a participação dos Estados nas receitas auferidas pela União, sem majorar a carga tributária. Diferenciam-se das extintas regras atinentes ao ADIR, que eram normas de Direito Tributário, agravando a carga tributária em até 5%.

• **Precedente citado**

Adicional ao Imposto de Renda. Instituição por lei ordinária. Inconstitucionalidade: [...] É inconstitucional a Lei n. 6.352, de 29/12/88, que, editada pelo Estado de São Paulo, instituiu o adicional ao imposto de renda no

---

[1027] Na Espanha, que é um Estado Unitário Descentralizado, a Constituição autoriza as Comunidades Autônomas (equivalentes, em termos, aos nossos Estados) a estabelecerem adicionais, denominados "recargos" (art. 157.1, a). A doutrina discute a sua natureza jurídica, por possuírem certas peculiaridades, notadamente o aproveitamento da estrutura do tributo preexistente e a consequente redução do poder normativo, relativamente aos tributos próprios. É a lição de Lago Montero: "En el establecimiento y regulación del recargo tributario el ejercicio de la potestad tributaria normativa es menos intenso que en el establecimiento y regulación del tributo propio. El recargo aprovecha la estructura de un tributo estatal preexistente, cuyos elementos constitutivos respeta fielmente" (LAGO MONTERO. *El Poder Tributario de las Comunidades Autónomas*, p. 145).

[1028] STF, Pleno, RE 136.215, rel. Min. Octavio Gallotti, 2.1993; *RE 149.955*, rel. Min. Celso de Mello, 8.1993. Sobre a reserva de lei complementar para dispor sobre conflitos de competência, vide os comentários ao art. 146, I.

âmbito daquela unidade da Federação. – Os Estados-membros não podem instituir, mediante ato legislativo próprio, o tributo a que se refere o art. 155, II, da Constituição (Adicional ao Imposto de Renda) enquanto não for editada, pela União Federal, a lei complementar nacional prevista no art. 146 da Lei Fundamental da República. A existência desse *vacuum legis* não confere aos Estados-membros a possibilidade de exercerem, com base nas regras inscritas no art. 24, § 3º, da Constituição e no art. 34, § 3º, do ADCT/88, competência legislativa plena, eis que as reciprocas interferencias que se estabelecerao, obrigatoriamente, entre o imposto de renda, sujeito a competência legislativa da União, e o adicional ao imposto de renda, incluido na esfera de competência impositiva dos Estados-membros, reclamam a edição de lei complementar nacional que indique soluções normativas necessarias a superação de possiveis conflitos de competência entre essas entidades politicas. [...] (STF, Pleno, **RE 149.955**, rel. Min. Celso de Mello, 8.1993)

3. Inciso II: Imposto sobre Operações de Circulação de Mercadorias e Serviços de Transporte Interestadual e Intermunicipal e de Comunicação

O Imposto sobre Operações de Circulação de Mercadorias e Serviços de Transporte Interestadual e Intermunicipal e de Comunicação – ICMS – é a principal fonte de receita dos Estados e do Distrito Federal.

Surgiu com a Constituição de 1988, resultando da agregação, ao antigo "Imposto Estadual sobre Operações Relativas à Circulação de Mercadorias" – ICM –,[1029] do "Imposto sobre Serviços de Transportes e Comunicações", originalmente de competência da União.[1030] Daí a razão do acréscimo do "S" à sua denominação.

Atualmente, o ICMS é regulado pela Lei Complementar 87, de 13 de setembro de 1996, apelidada "Lei Kandir".

Para examiná-lo, é conveniente diferenciar o imposto incidente sobre as operações relativas à circulação de mercadorias (ICMS-Mercadorias) daqueles concernentes à prestação de serviços (ICMS-Serviços, gênero que se subdivide nestas espécies: ICMS-Transporte e ICMS-Comunicação).[1031]

Na análise que segue, utilizaremos essa distinção para facilitar a identificação de suas peculiaridades, sempre que for necessário ressaltá-las.

3.1. ICMS-Mercadorias

A denominação ICMS-Mercadorias presta-se para distinguir o atual imposto que incide sobre as operações relativas à circulação de mercadorias do antigo ICM e do ICMS-Serviços.

Embora o ICMS-Mercadorias e o antigo ICM sejam, em seus traços essenciais, o mesmo tributo, diferenciam-se pelos regimes jurídicos correlatos, o que impõe a adoção de designações distintas (ICMS-Mercadorias ou, simplesmente, ICMS), de modo a evitar confusões terminológicas.

Feitos esses esclarecimentos preliminares, cumpre-nos expor o arquétipo constitucional do ICMS-Mercadorias, analisando as indicações que a Constituição fornece acerca da sua materialidade e da sua base de cálculo.

[1029] O ICM, por sua vez, foi precedido pelo Imposto de Vendas e Consignações, vindo a substituí-lo quando da sua criação pela EC 18/65 (art. 12). O ICM foi regulado pelos arts. 52 e seguintes do CTN, mas logo em seguida esses preceitos foram revogados pelo Decreto-Lei 406/68, que passou a tratar do imposto.

[1030] O "Imposto sobre Serviços de Transportes e Comunicações" foi disciplinado pelos arts. 68-70 do CTN. Também foi incorporado ao ICMS o antigo "Imposto sobre Operações Relativas a Combustíveis, Lubrificantes, Energia Elétrica e Minerais do País", regulado nos arts. 74-75 do CTN. Apesar de não constarem como revogados, esses preceitos não vigem mais, pois não se coadunam com a Constituição de 1988, que extinguiu os impostos e passou aos Estados e ao Distrito Federal a competência para tributar as operações que eles anteriormente oneravam.

[1031] Cfr. COSTA. "ICMS na Constituição", p. 161.

3.1.1. Materialidade

3.1.1.1. Conceito de circulação

O termo "circulação" foi empregado pela Constituição de 1988 tanto no sentido de circulação jurídica (transferência de propriedade) quanto de circulação física ou puramente econômica. *Ambas devem estar presentes* para legitimar a cobrança do ICMS: isoladamente consideradas, são condições necessárias, mas não suficientes para tal desiderato.

Se qualquer uma delas estiver ausente, a exigência será ilegítima, por carência de competência.

Sem a circulação jurídica, isto é, sem a transferência de propriedade, *é indevida a incidência do ICMS.*[1032] Nesse sentido, é clássica a lição de Baleeiro no sentido de que não enseja a cobrança do ICMS: "a simples deslocação da mercadoria para fora do estabelecimento, permanecendo na propriedade e posse direta do contribuinte, seja para depósito, custódia, penhor, comodato ou reparos. Se admitíssemos solução contrária, até o furto da mercadoria seria fato gerador do ICM".[1033]

Daí decorre a impossibilidade de o ICMS incidir em *contratos de leasing* (arrendamento mercantil), salvo se exercida a opção de compra. Irrelevante tratar-se de *leasing* nacional ou internacional.[1034]

Por idêntica razão, o ICMS não pode incidir sobre a mera disponibilização física de bens, mediante *outorga do direito de uso*. É o que ocorre no fornecimento de água canalizada, que não envolve transferência de propriedade da água distribuída (trata-se de bem de uso comum do povo), mas outorga do direito de uso.[1035] Diferentemente, na aquisição de água mineral engarrafada, há efetiva aquisição de mercadoria, a legitimar a incidência do imposto em apreço.

Igualmente indevida é a exigência do imposto sem a circulação física da mercadoria, o que caracterizaria a adoção de uma hipótese ficta de incidência, nitidamente contrária à Constituição.[1036]

Por não configurarem circulação, *não rendem ensejo à cobrança do ICMS*:

a) o deslocamento de mercadorias entre *estabelecimentos de uma mesma empresa*;[1037]

b) a saída física de máquinas a título de *comodato*;[1038] e

c) *a integração, ao ativo fixo*, da produção do próprio estabelecimento.[1039]

[1032] Nessa senda é a lição de Pontes de Miranda: "Os negócios jurídicos a que se liga o impôsto sôbre circulação somente podem ser o contrato de compra-e-venda e outros semelhantes [...] O impôsto sôbre circulação é o impôsto sôbre o negócio jurídico bilateral, consensual, da *compra-e-venda*, e sobre qualquer *outro* negócio jurídico bilateral, ou unilateral, de que se irradie circulação". O festejado civilista ressalvava, contudo, a possibilidade de o ICMS ser exigido antecipadamente, com prazo preclusivo para a conclusão do negócio jurídico, nas hipóteses de amostras ou de remessa da mercadoria para demonstração ou provadura (*Comentários à Constituição de 1967; com a Emenda n. 1 de 1969*. p. 506-507).

[1033] BALEEIRO. *Direito tributário brasileiro*. p. 385.

[1034] STF, Pleno, RE 540.829, rel. p/ Acórdão Min. Luiz Fux, 9.2014 [*leasing* internacional]. Conferir os comentários ao art. 155, § 2º, IX, *a*. Vale recordar que o art. 3º, VIII, da LC 87/1996 afasta expressamente a incidência do ICMS sobre o *leasing*, sendo aplicável, segundo a jurisprudência dominante, às operações internas, não ao *leasing* internacional.

[1035] STF, Pleno, *RE 607.056*, rel. Min. Dias Toffoli, 4.2013 – Tema nº 326 da Repercussão Geral.

[1036] STF, Pleno, *ACO 541*, rel. Min. Gilmar Mendes, 4.2006.

[1037] Súmula 166 do STJ: "Não constitui fato gerador do ICMS o simples deslocamento de mercadoria de um para outro estabelecimento do mesmo contribuinte".

[1038] Súmula 573 do STF: "Não constitui fato gerador do imposto de circulação de mercadorias a saída física de máquinas, utensílios e implementos a título de comodato".

[1039] STF, Pleno, *RE 158.834*, rel. p/ ac. Min. Marco Aurélio, 10.2002.

• Súmulas

Súmula 573 do STF: "Não constitui fato gerador do imposto de circulação de mercadorias a saída física de máquinas, utensílios e implementos a título de comodato"

Súmula 166 do STJ: "Não constitui fato gerador do ICMS o simples deslocamento de mercadoria de um para outro estabelecimento do mesmo contribuinte"

• Precedentes citados

"Regime especial" de tributação, com circulação ficta sujeita ao ICMS. Inconstitucionalidade: [...] 6. Passagem ficta de mercadorias. Inocorrência de fato gerador. Prejuízo na incidência do ICMS aos Estados requerentes. Violação do pacto federativo e princípios tributários. 7. Ação Cível Originária julgada procedente (STF, Pleno, **ACO 541**, rel. Min. Gilmar Mendes, 4.2006)

O voto do relator esclarece a controvérsia: "A permissão de realização de transferência ficta, com mero registro documental, admitindo expressamente a entrega da mercadoria sem o trânsito local e destinada a outro Estado da Federação afeta o próprio regime de incidência do ICMS, que exige a efetiva circulação da mercadoria. Dessa forma, o TARE nº 01/98, além de prever hipótese ficta de incidência do ICMS, previu receita indevida do Distrito Federal, através do recolhimento do tributo sem correspondente fato impositivo real, prejudicando a incidência dos impostos aos Estados remetentes e destinatários do imposto".

Integração, ao ativo fixo, de bem produzido pela própria empresa. Sujeição ao ICMS. Impossibilidade: [...] ICMS – PRODUÇÃO – ATIVO FIXO – SAÍDA – FICÇÃO JURÍDICA. Mostram-se inconstitucionais textos de convênio e de lei local – Convênio nº 66/88 e Lei nº 6.374/89 do Estado de São Paulo – reveladores, no campo da ficção jurídica (saída), da integração, ao ativo fixo, do que produzido pelo próprio estabelecimento, como fato gerador do ICMS. (STF, Pleno, **RE 158.834**, rel. p/ ac. Min. Marco Aurélio, 10.2002)

Disponibilização de bem, com base em outorga de direito de uso. Fornecimento de água encanada. Não incidência do ICMS: EMENTA Tributário. ICMS. Fornecimento de água tratada por concessionárias de serviço público. Não incidência. Ausência de fato gerador. 1. O fornecimento de água potável por empresas concessionárias desse serviço público não é tributável por meio do ICMS. 2. As águas em estado natural são bens públicos e só podem ser exploradas por particulares mediante concessão, permissão ou autorização. 3. O fornecimento de água tratada à população por empresas concessionárias, permissionárias ou autorizadas não caracteriza uma operação de circulação de mercadoria. 4. Precedentes da Corte. Tema já analisado na liminar concedida na ADI nº 567, de relatoria do Ministro Ilmar Galvão, e na ADI nº 2.224-5-DF, Relator o Ministro Néri da Silveira. 5. Recurso extraordinário a que se nega provimento. (STF, Pleno, **RE 607.056**, rel. Min. Dias Toffoli, 4.2013 - Tema nº 326 da Repercussão Geral)

3.1.1.2. Conceito de mercadoria

3.1.1.2.1. Noção geral

O termo "mercadoria" é "o nome que se dá ao objeto da atividade comercial".[1040] Mercadoria é, portanto, um bem destinado à atividade comercial, enquanto seu objeto. Mais precisamente, trata-se de *bem destinado à venda ou à revenda,* no bojo de atividade *mercantil.*

As mercadorias não se singularizam por propriedades peculiares, próprias da coisa. Não existem bens que sejam ontologicamente (por sua natureza) mercadorias. O que há são bens tratados como mercadorias, que recebem a destinação de mercadorias.[1041]

De conseguinte, *um mesmo bem* (uma mesa, por exemplo) *pode ser mercadoria ou não*. É mercadoria quando está exposto à venda por um estabelecimento comercial. Logo que adquirido pelo consumidor final, para uso particular ou até mesmo profissional, deixa de sê-lo, tornando-se um mero bem de consumo.[1042]

Em suma, *é a destinação comercial que qualifica o bem* como uma mercadoria.

[1040] PONTES DE MIRANDA. *Comentários à Constituição de 1967; com a Emenda n. 1 de 1969.* p. 506.

[1041] Como bem coloca Carrazza: "a qualidade distintiva entre bem móvel (gênero) e mercadoria (espécie) é *extrínseca,* consubstanciando-se no propósito de destinação comercial" (*ICMS.* p. 41).

[1042] Quanto a esse aspecto, é elucidativa a lição de Aliomar Baleeiro: "O sapato é mercadoria quando sai da fábrica, quando entra no armazém do grossista e passa deste à loja do retalhista, que m'o vende, nas etapas sucessivas da circulação econômica. Mas quando eu o adquiro para metê-lo em meus pés, deixou de ser mercadoria, para constituir-se em bem de consumo, já fora do comércio" ("ICM sobre a importação de bens de capital para uso do importador", p. 143).

3.1.1.2.2. Bens móveis, imóveis e incorpóreos

Mercadorias são, em geral, bens móveis. Porém, *nada impede que bens imóveis se qualifiquem como mercadorias*, desde que recebam destinação mercantil. Aquele que, *v.g.*, fabrica imóveis para vendê-los, promove a circulação de mercadorias e, consequentemente, há de arcar com o ICMS.[1043]

Bens incorpóreos, comercializados em meio material ou imaterial, *também podem sujeitar-se à cobrança de ICMS*, desde que se qualifiquem como mercadorias.

Exemplos relevantes de *bens incorpóreos comercializados em meio material* são os *softwares* de prateleira e as obras cinematográficas gravadas em DVD ou Blu-Ray.

Considera-se que as *obras cinematográficas* gravadas em meio físico e comercializadas em série constituem mercadorias, viabilizando, assim, a cobrança do ICMS.[1044] Entretanto, caso sejam gravadas a pedido, para atender a uma solicitação específica, não se qualificarão como mercadorias: estará caracterizada apenas a prestação de serviço, sujeita à tributação pelo ISS.[1045]

O mesmo sucede com os programas de computador (*softwares*). Se forem produzidos em série e comercializados no atacado ou no varejo, constituirão mercadorias e estarão sujeitos à cobrança do ICMS; e, na hipótese de serem produzidos sob encomenda do comprador, não se qualificarão como mercadorias, representando apenas produtos entregues numa prestação de serviços, sujeita ao ISS.[1046]

Nada obsta, por outro lado, a cobrança do ICMS sobre os *bens incorpóreos vendidos em meio imaterial*, como é o caso dos *softwares* transmitidos mediante simples *download* (transferência eletrônica de dados).[1047]

• Súmulas

Súmula 662 do STF: "É legítima a incidência do ICMS na comercialização de exemplares de obras cinematográficas, gravados em fitas de videocassete"

Súmula 135 do STJ: "O ICMS não incide na gravação e distribuição de filmes e videoteipes" (Superada em parte pela Súmula 662 do STF).

• Precedentes citados

Incidência do ICMS sobre bens incorpóreos adquiridos por meio digital. Softwares. Legitimidade: Ação Direta de Inconstitucionalidade. Direito Tributário. ICMS. [...] 8. ICMS. Incidência sobre softwares adquiridos por meio de transferência eletrônica de dados (art. 2º, § 1º, item 6, e art. 6º, § 6º, ambos da Lei impugnada). Possibilidade. Inexistência de bem corpóreo ou mercadoria em sentido estrito. Irrelevância. O Tribunal não pode se furtar a abarcar situações novas, consequências concretas do mundo real, com base em premissas jurídicas que não são mais totalmente corretas. O apego a tais diretrizes jurídicas acaba por enfraquecer o texto constitucional, pois não permite que a abertura dos dispositivos da Constituição possa se adaptar aos novos tempos, antes imprevisíveis. [...] (STF, Pleno, **ADI 1.945 MC**, rel. p/ ac. Min. Gilmar Mendes, 5.2010)

1043 A respeito, Pontes de Miranda já advertia que: "A concepção do *ato de comércio* como ato necessariamente sôbre bens móveis é obsoleta. Comercia-se com bens imóveis. Êsse é hoje um dos ramos mais vastos do comércio interno, com empregados cujos direitos e deveres são regidos pelas leis comerciais e pela legislação do trabalho. O vendedor de apartamentos, ou de lotes de terrenos, comercia com êles, pois que os adquire para os vender, ou os faz, de modo que os produz" (*Comentários à Constituição de 1967; com a Emenda n. 1 de 1969.* p. 505).

1044 Súmula 662 do STF: "É legítima a incidência do ICMS na comercialização de exemplares de obras cinematográficas, gravados em fitas de videocassete". Verifica-se, portanto, que o STF, diferenciando situações distintas, superou, em parte, o entendimento firmado anteriormente pelo STJ, no sentido de que a incidência do ICMS seria inviável em toda e qualquer situação: "O ICMS não incide na gravação e distribuição de filmes e videoteipes" (Súmula 135).

1045 Cfr. STF, 1ª Turma, RE 179.560, rel. Min. Ilmar Galvão, 3.1999; 2ª Turma, *RE 191.732*, rel. Min. Sepúlveda Pertence, 5.1999.

1046 STF, 1ª Turma, *RE 176.626*, rel. Min. Sepúlveda Pertence, 11.1998.

1047 STF, Pleno, *ADI 1.945 MC*, rel. p/ ac. Min. Gilmar Mendes, 5.2010.

Neste julgado, o STF afastou a tese da impossibilidade de o ICMS incidir sobre bens incorpóreos, que havia sido acolhida no RE 176.626, cuja ementa é transcrita abaixo. Ao refutar a tese dos contribuintes, o Ministro Nelson Jobim, que abriu a divergência, observou que, se o argumento é de que o bem incorpóreo não pode ser objeto de incidência do ICMS, a assertiva haveria de valer para o caso de bens incorpóreos vendidos em suportes físicos, cuja sujeição ao ICMS já fora admitida pela Corte.

Controvérsia sobre se determinado bem qualifica-se como mercadoria. Cabimento de recurso extraordinário – Software. Cessão de direitos de uso. Ilegitimidade do ICMS: [...] II. RE: questão constitucional: âmbito de incidência possível dos impostos previstos na Constituição: ICMS e mercadoria. Sendo a mercadoria o objeto material da norma de competência dos Estados para tributar-lhe a circulação, a controvérsia sobre se determinado bem constitui mercadoria é questão constitucional em que se pode fundar o recurso extraordinário. III. Programa de computador ("software"): tratamento tributário: distinção necessária. Não tendo por objeto uma mercadoria, mas um bem incorpóreo, sobre as operações de "licenciamento ou cessão do direito de uso de programas de computador" "matéria exclusiva da lide", efetivamente não podem os Estados instituir ICMS: dessa impossibilidade, entretanto, não resulta que, de logo, se esteja também a subtrair do campo constitucional de incidência do ICMS a circulação de cópias ou exemplares dos programas de computador produzidos em série e comercializados no varejo – como a do chamado "*software* de prateleira" (*off the shelf*) – os quais, materializando o corpus mechanicum da criação intelectual do programa, constituem mercadorias postas no comércio. (STF, 1ª Turma, **RE 176.626**, rel. Min. Sepúlveda Pertence, 11.1998)

Um dos fundamentos do julgado é a impossibilidade de o ICMS incidir sobre bens incorpóreos, por não constituírem mercadorias. Essa concepção foi superada posteriormente pela Corte, na ADI 1.945 MC, cuja ementa foi transcrita acima.

Fitas de videocassete gravadas em série. Qualificação como mercadorias: ICMS: incidência: comercialização, mediante oferta ao público, de fitas para "videocassete" gravadas em série. Tal como sucede com relação aos computadores (cf. RE 176.626, Pertence, 11/12/98), a fita de vídeo pode ser o exemplar de uma obra oferecido ao público em geral "e nesse caso não seria lícito negar-lhe o qualificativo de mercadoria", ou o produto final de um serviço realizado sob encomenda, para atender à necessidade específica de determinado consumidor, hipótese em que se sujeita à competência tributária dos Municípios. Se há de fato, comercialização de filmes para "videocassete", não se caracteriza, para fins de incidência do ISS municipal, a prestação de serviços que se realiza sob encomenda com a entrega do serviço ou do seu produto e não com sua oferta ao público consumidor (STF, 2ª Turma, **RE 191.732**, rel. Min. Sepúlveda Pertence, 5.1999).

3.1.1.2.3. Vendas ocasionais ou destituídas de escopo comercial

Dissemos há pouco ser viável a cobrança de ICMS das empresas que fabricam imóveis para vendê-los, haja vista promoverem a circulação de mercadorias. No entanto, se uma pessoa ou empresa dedicada à mercancia alienar imóvel seu não se sujeitará ao imposto, salvo se tal operação qualificar-se como um ato de comércio.

Com efeito, os *bens alienados de forma ocasional não constituem mercadorias*, mesmo que o alienante seja um comerciante.[1048]

Na alienação de tais bens, não é devido o ICMS porque não há circulação de mercadorias; e o comerciante é equiparado ao "particular no exercício do direito de alienação de propriedade", como bem expôs o Ministro Marco Aurélio ao declarar a incompetência dos Estados para cobrar o ICMS sobre a venda de bens do ativo fixo das empresas.[1049]

Idêntico entendimento se aplica às alienações que, apesar de serem realizadas de forma habitual, *não têm escopo comercial*. É o que ocorre, por exemplo, na venda, pelo segurador, de veículos salvados de sinistros.[1050]

[1048] Essa posição encontra guarida há muito tempo no STF, que já a aplicava ao antigo IVC: "O imposto sobre vendas e consignações não incide sobre a venda ocasional de veículos e equipamentos usados, que não se insere na atividade profissional do vendedor, e não é realizada com o fim de lucro, sem caráter, pois, de comercialidade" (Súmula 541). Coerentemente, também foi aplicada ao ICM (STF, 2ª Turma, *RE 67.844*, rel. Min. Eloy da Rocha, 11.1969) e ao ICMS (Súmula Vinculante nº 32, precedida pelo julgado da *ADI 1.332 MC*, rel. Min. Sydney Sanches, 12.1995).

[1049] STF, 2ª Turma, *AI 177.698 AgR*, rel. Min. Marco Aurélio, 3.1996.

[1050] Súmula Vinculante nº 32: "O ICMS não incide sobre a alienação de salvados de sinistros pelas seguradoras". As premissas desse entendimento são antigas. Já haviam sido cristalizadas com a edição da Súmula 541 do STF (transcrita acima, na nota nº 987).

A habitualidade da alienação, portanto, não basta para autorizar a incidência do ICMS. É mister que a operação tenha intenção comercial, caracterizando-se como um autêntico ato mercantil.

• Súmulas

Súmula Vinculante nº 32: "O ICMS não incide sobre a alienação de salvados de sinistros pelas seguradoras".

A Súmula Vinculante nº 32 foi precedida da decisão proferida na ADI 1.332 MC, cuja ementa é transcrita abaixo. Com a sua edição, o STF sepultou o entendimento oposto, de que: "Na venda pelo segurador, de bens salvados de sinistros, incide o ICMS" (Súmula 152 do STJ). Esta súmula fora cancelada pelo STJ antes mesmo da edição da Súmula Vinculante nº 32 (STJ, 1ª Seção, REsp 73.552 QO, 6.2007).

A súmula vinculante em apreço baseia-se na premissa de que a alienação dos bens salvados de sinistro não constitui ato mercantil: integra a operação de seguros e deve, portanto, ser tributada pela União, mediante o IOF, não pelos Estados (STF, Pleno, RE 588.149, rel. Min. Gilmar Mendes, 2.2011, cuja ementa é transcrita abaixo).

Súmula 541 do STF: "O imposto sobre vendas e consignações não incide sobre a venda ocasional de veículos e equipamentos usados, que não se insere na atividade profissional do vendedor, e não é realizada com o fim de lucro, sem caráter, pois, de comercialidade".

• Precedentes citados

Venda de veículos salvados de sinistro. Não sujeição ao ICMS: Direito Constitucional e Tributário. I.C.M. em operação de venda de bens salvados de acidente, por seguradoras. [...] 2. São juridicamente relevantes os fundamentos da presente A.D.I. ("fumus boni iuris") e está presente, também, o requisito relativo ao "periculum in mora", sobretudo depois que o Superior Tribunal de Justiça, por sua Seção competente, passou a considerar devido o I.C.M., pelas Seguradoras, nas operações de venda de bens salvados de acidentes por elas cobertos. 3. Medida cautelar deferida para suspensão, "ex-nunc", da eficácia das expressões "e a seguradora", constantes do inciso 10 do parágrafo único do art. 18 da Lei nº 1.423, de 27.01.1989, do Estado do Rio de Janeiro. (STF, Pleno, **ADI 1.332 MC**, rel. Min. Sydney Sanches, 12.1995)

No mesmo sentido: RECURSO EXTRAORDINÁRIO. MATÉRIA CONSTITUCIONAL COM REPERCUSSÃO GERAL RECONHECIDA. TRIBUTÁRIO. ICMS. INCIDÊNCIA. SEGURADORAS. VENDA DE VEÍCULOS SALVADOS. INCONSTITUCIONALIDADE. OFENSA AOS ARTIGOS 22, VII E 153, V, DA CONSTITUIÇÃO FEDERAL. PRECEDENTES. RECURSO EXTRAORDINÁRIO CONHECIDO E PROVIDO. 1. O art. 7º, § 1º, item 4, da Lei paulista 6.374, de 1.3.89, previu a incidência de ICMS sobre as operações de vendas, por seguradoras, de veículos envolvidos em sinistros. 2. Vendas que se integram à própria operação de seguro, constituindo recuperação de receitas e não atividade mercantil. 3. Recurso extraordinário conhecido e provido. (STF, Pleno, **RE 588.149**, rel. Min. Gilmar Mendes, 2.2011)

Vendas ocasionais de veículos. Não sujeição ao antigo ICM: O Imposto de Circulação de Mercadorias não incide sobre a venda ocasional de veiculos usados, que não se insere na atividade profissional do vendedor e não é realizada com o fim de lucro. – Não obstante a formulação, no Código Tributário Nacional, do fato gerador do Imposto de Circulação de Mercadorias, aplica-se-lhe a orientação dominante no Supremo Tribunal Federal, em relação ao antigo Imposto de Vendas e Consignações. – Recurso extraordinário não conhecido. (STF, 2ª Turma, **RE 67.844**, rel. Min. Eloy da Rocha, 11.1969).

Venda de bens integrantes do ativo fixo. Não sujeição ao ICMS: [...] Longe fica de implicar violência a alinea "b" do inciso I do artigo 155 da Constituição Federal acórdão que haja resultado no afastamento da legitimidade da cobrança do imposto sobre operações relativas a circulação de mercadorias e sobre prestações de serviços de transporte interestadual e intermunicipal e de comunicação relativamente a operação que não se qualifique como de circulação de mercadoria como é a alusiva a alienação esporádica e motivada pelas circunstâncias reinantes de bem integrado ao ativo fixo da empresa. (STF, 2ª Turma, **AI 177.698 AgR**, rel. Min. Marco Aurélio, 3.1996).

3.1.1.3. Incidência sobre a mera celebração de contratos

Para o ICMS incidir, é imprescindível que haja circulação jurídica de mercadorias. Logo, o imposto não pode ser cobrado em toda e qualquer celebração de negócios jurídicos relativos a produtos ou mercadorias.

É ilegítima, por exemplo, *a cobrança do imposto sobre os valores pagos pela mera oferta ou disponibilização de mercadorias*, mesmo que decorram de obrigação jurídica estabelecida contratualmente.

É o que ocorre na contratação de demanda de energia elétrica: a empresa celebra um contrato para ter acesso à energia e, caso não a utilize, paga pela sua mera disponibilização, sem que adquira mercadoria alguma. Sobre esses valores, é indevida a cobrança do ICMS.

Esse entendimento se assentou no Superior Tribunal de Justiça, levando à edição da Súmula 391:

> O ICMS incide sobre o valor da tarifa de energia elétrica correspondente à demanda de potência efetivamente utilizada.

Essa súmula deve ser interpretada *a contrario sensu*: o ICMS incide apenas sobre o valor da tarifa correspondente à energia elétrica efetivamente utilizada. Não pode incidir sobre a demanda contratada e não utilizada, visto que tal operação não envolve circulação de mercadorias.

- **Súmulas**

Súmula 391 do STJ: "O ICMS incide sobre o valor da tarifa de energia elétrica correspondente à demanda de potência efetivamente utilizada"

Este julgado expõe com clareza os fundamentos da súmula: TRIBUTÁRIO. ICMS. ENERGIA ELÉTRICA. DEMANDA DE POTÊNCIA. NÃO INCIDÊNCIA SOBRE TARIFA CALCULADA COM BASE EM DEMANDA CONTRATADA E NÃO UTILIZADA. INCIDÊNCIA SOBRE TARIFA CALCULADA COM BASE NA DEMANDA DE POTÊNCIA ELÉTRICA EFETIVAMENTE UTILIZADA. 1. A jurisprudência assentada pelo STJ, a partir do julgamento do REsp 222.810/MG (1ª Turma, Min. José Delgado, DJ de 15.05.2000), é no sentido de que "o ICMS não é imposto incidente sobre tráfico jurídico, não sendo cobrado, por não haver incidência, pelo fato de celebração de contratos", razão pela qual, no que se refere à contratação de demanda de potência elétrica, "a só formalização desse tipo de contrato de compra ou fornecimento futuro de energia elétrica não caracteriza circulação de mercadoria". Afirma-se, assim, que "o ICMS deve incidir sobre o valor da energia elétrica efetivamente consumida, isto é, a que for entregue ao consumidor, a que tenha saído da linha de transmissão e entrado no estabelecimento da empresa". 2. Na linha dessa jurisprudência, é certo que "não há hipótese de incidência do ICMS sobre o valor do contrato referente à garantia de demanda reservada de potência". Todavia, nessa mesma linha jurisprudencial, também é certo afirmar, *a contrario sensu*, que há hipótese de incidência de ICMS sobre a demanda de potência elétrica efetivamente utilizada pelo consumidor. 3. Assim, para efeito de base de cálculo de ICMS (tributo cujo fato gerador supõe o efetivo consumo de energia), o valor da tarifa a ser levado em conta é o correspondente à demanda de potência efetivamente utilizada no período de faturamento, como tal considerada a demanda medida, segundo os métodos de medição a que se refere o art. 2º, XII, da Resolução ANEEL 456/2000, independentemente de ser ela menor, igual ou maior que a demanda contratada. 4. No caso, o pedido deve ser acolhido em parte, para reconhecer indevida a incidência do ICMS sobre o valor correspondente à demanda de potência elétrica contratada mas não utilizada. 5. Recurso especial parcialmente provido. Acórdão sujeito ao regime do art. 543-C do CPC e da Resolução STJ 08/08 (STJ, 1ª Seção, REsp. 960.476, rel. Min. Teori Albino Zavascki, 3.2009, *representativo de controvérsia*).

3.1.2. Base de cálculo

O ICMS deve incidir sobre o valor da operação – mais especificamente, sobre o *valor da operação no momento da ocorrência do fato imponível.*

Se entre a celebração do negócio jurídico e a saída física da mercadoria o valor da operação jurídica for majorado (pela *inflação*, v.g.), tal vicissitude deverá ser levada em conta para a determinação da base imponível, desde que haja fundamento legal para tanto e seja reconhecido o direito do adquirente ao creditamento do valor integral da exação.

No entanto, caso essas condições (previsão legal e reconhecimento do crédito integral) não sejam observadas, será inviável exigir o tributo sobre o valor contemporâneo à saída da mercadoria, por força dos princípios da legalidade e da não cumulatividade.[1051]

Se, por outro lado, houver *redução do valor* do negócio jurídico, o novo valor deverá ser invariavelmente tomado como base imponível, tendo em vista que a competência impositiva é limitada ao valor da operação contemporâneo à ocorrência do fato imponível. Para tanto, é prescindível a existência de previsão legal expressa, como já decidiu

[1051] Num precedente que versava sobre venda para entrega futura, em que a saída da mercadoria do estabelecimento do comerciante (momento em que incide a norma tributária) ocorre após a celebração do negócio jurídico, o STF decidiu que, por falta de previsão legal e de reconhecimento do direito ao creditamento integral, era inviável exigir o ICMS sobre o preço de venda acrescido da atualização monetária até o momento da saída da mercadoria (STF, Pleno, *RE 210.876*, rel. Min. Marco Aurélio, 9.2002).

o STF, ao exigir que a tributação se limite ao valor do negócio jurídico decorrente da deflação.[1052]

Além dessa limitação à base de cálculo possível, correlata ao momento da verificação do fato imponível, deve-se atentar para aquela relativa aos lindes da materialidade sujeita à incidência do ICMS: *apenas o valor da operação pode ser tributado*.

Essa base de cálculo, indicada pela Constituição, pode não ser tributada em sua integralidade, mas nunca poderá ser alargada.

Os *descontos incondicionais* (promocionais), por exemplo, jamais podem ser desconsiderados, haja vista repercutirem no valor real da operação.[1053] Excetua-se apenas a hipótese em que o desconto ocorre em operação sujeita à substituição tributária.

Pelos mesmos fundamentos, não se pode majorar o valor real da operação para tributar as *mercadorias dadas em bonificação* (oferta de maior quantidade do produto pelo mesmo preço de venda). Se o vendedor oferece três produtos pelo preço de dois, é este valor que deverá sujeitar-se à incidência do ICMS. Ao tributar o valor total da operação, o Fisco já estará cobrando o imposto sobre os três produtos, que são ofertados à venda mediante uma modalidade de desconto incondicional, infenso à tributação.[1054]

Tampouco é dado ao Fisco exigir o tributo sobre *base de cálculo presumida* (à exceção da substituição tributária), como ocorre quando se adota o regime de pautas fiscais, desconsiderando-se por completo o valor real da operação.[1055]

Por outro lado, *é inviável incluir na base de cálculo do ICMS acréscimos e encargos* incidentes sobre o valor da operação, tais como:

i) as *despesas de frete e carreto* que, sem estarem incorporadas no preço da mercadoria alienada, vierem a ser cobradas do adquirente;[1056] e

ii) os *encargos relativos ao financiamento por intermédio de cartões de crédito*,[1057] que podem sofrer a incidência do IOF, não do ICMS. Tais encargos somente estarão sujeitos ao imposto estadual se o financiamento for feito pelo próprio vendedor, com a incorporação dos encargos no valor da venda a prazo, constante na nota fiscal.[1058] Na primeira hipótese, trata-se de "venda financiada"; na segunda, de "venda a prazo" propriamente dita.[1059]

[1052] STF, 2ª Turma, *AI 203.186 AgR*, rel. Min. Marco Aurélio, 4.1998.

[1053] Súmula 457 do STJ: "Os descontos incondicionais nas operações mercantis não se incluem na base de cálculo do ICMS".

[1054] STJ, 1ª Seção, *REsp 1.111.156*, rel. Min. Humberto Martins, 10.2009. Excetua-se apenas a hipótese de substituição tributária, por basear-se em estimativas de valores (STJ, 2ª Turma, *REsp 1.098.304*, rel. Min. Eliana Calmon, 8.2010).

[1055] Súmula 431 do STJ: "É ilegal a cobrança de ICMS com base no valor da mercadoria submetido ao regime de pauta fiscal". Sobre os fundamentos da súmula, cfr. STJ, 1ª Turma, *AgRg no REsp 1.177.909*, rel. Min. Luiz Fux, 5.2010.

[1056] Esse entendimento do STF é antigo, tendo sido firmado com relação ao antigo IVC (antecessor do ICM): "No preço da mercadoria sujeita ao imposto de vendas e consignações, não se incluem as despesas de frete e carreto" (Súmula 540). No regime da substituição tributária progressiva, porém, o STJ somente entende viável excluir o valor do frete quando este seja contratado pelo adquirente-substituído, não quando o seja pelo substituto (STJ, 1ª Seção, *REsp 931.727*, rel. Min. Luiz Fux, 8.2009).

[1057] Súmula 237 do STJ: "Nas operações com cartão de crédito, os encargos relativos ao financiamento não são considerados no cálculo do ICMS". Tal súmula se contrapõe a esta súmula editada pelo STF, atinente ao IVC: "Nas operações denominadas 'crediários', com emissão de vales ou certificados para compras e nas quais, pelo financiamento, se cobram, em separado, juros, selos e outras despesas, incluir-se-á tudo no custo da mercadoria e sobre esse preço global calcular-se-á o imposto de vendas e consignações" (Súmula 533).

[1058] Súmula 395 do STJ: "O ICMS incide sobre o valor da venda a prazo constante da nota fiscal".

[1059] STJ, 1ª Seção, *REsp 1.106.462*, rel. Min. Luiz Fux, 9.2009.

Pelo fato de o ICMS ser um tributo calculado "por dentro", integrando o próprio valor da operação, o STF reputou legítima a *inclusão do valor do próprio imposto em sua base de cálculo.*[1060]

As premissas dessa posição foram bem expostas em voto do Ministro Ilmar Galvão:

> O sistema tributário brasileiro não repele a incidência de tributo sobre tributo. Não há norma constitucional ou legal que vede a presença, na formação da base de cálculo de qualquer imposto, de parcela resultante do mesmo ou de outro tributo, salvo a exceção, que é a única, do inciso XI do parágrafo 2º do art. 155 da Constituição.[1061]

Essa posição é corroborada pelo art. 155, § 2º, XII, *i,* da CF, que impõe a inclusão do ICMS na sua própria base de cálculo, nas importações de bens, mercadorias ou serviços.[1062]

Via de consequência, o ICMS que é destacado na nota fiscal compõe o valor da operação para fins de incidência do próprio ICMS, servindo o destaque apenas para fins de controle (como, aliás, é previsto expressamente na LC 87/96, art. 13, § 1º, I).

No que concerne às *operações mistas,* que envolvem tanto circulação de mercadorias quanto prestação de serviços, *é possível que o ICMS incida sobre o valor total da operação,* se não houver a incidência do ISS, como exposto nos comentários ao art. 155, § 2º, IX, *b,* da CF.

• Súmulas

Súmula 533 do STF: "Nas operações denominadas "crediários", com emissão de vales ou certificados para compras e nas quais, pelo financiamento, se cobram, em separado, juros, selos e outras despesas, incluir-se-á tudo no custo da mercadoria e sobre esse preço global calcular-se-á o imposto de vendas e consignações".

Revogada tacitamente pela Súmula 237 do STJ.

Súmula 540 do STF: "No preço da mercadoria sujeita ao imposto de vendas e consignações, não se incluem as despesas de frete e carreto".

Súmula 237 do STJ: "Nas operações com cartão de crédito, os encargos relativos ao financiamento não são considerados no cálculo do ICMS".

Súmula 395 do STJ: "O ICMS incide sobre o valor da venda a prazo constante da nota fiscal"

Súmula 431 do STJ: "É ilegal a cobrança de ICMS com base no valor da mercadoria submetido ao regime de pauta fiscal".

Sobre os fundamentos da súmula, conferir STJ, 1ª Turma, AgRg no REsp 1.177.909, rel. Min. Luiz Fux, 5.2010, cuja ementa é transcrita abaixo.

A súmula aplica-se ao regime de pauta fiscal, não à substituição tributária. Conferir os comentários ao art. 150, § 7º, da CF e, especificamente, a decisão proferida pelo STJ no RMS 24.172.

Súmula 457 do STJ: "Os descontos incondicionais nas operações mercantis não se incluem na base de cálculo do ICMS"

• Precedentes citados

Supremo Tribunal Federal:

Deflação. Necessidade de considerá-la: ICMS – BASE DE CÁLCULO – DEFLAÇÃO. Surge harmônico com o sistema tributário nacional decisão no sentido de o Imposto sobre Circulação de Mercadorias e Serviços ser calculado considerado o valor do negócio jurídico decorrente da deflação. Tomar-se como base o valor primitivo implica menosprezo aos princípios da realidade e da razoabilidade, alcançando a Fazenda do Estado verdadeira vantagem sem causa. (STF, 2ª Turma, **AI 203.186 AgR**, rel. Min. Marco Aurélio, 4.1998)

Venda para entrega futura. Cobrança sobre valor atualizado, sem base legal. Ilegitimidade: ICMS – BASE DE INCIDÊNCIA – CORREÇÃO – VENDA PARA ENTREGA FUTURA – OPERAÇÃO VERSUS FATO GERADOR. A consideração do tributo a partir do valor do negócio jurídico, atualizado na data da saída da

[1060] STF, Pleno, *RE 212.209*, rel. p/ ac. Min. Nelson Jobim, 6.1999. Esse entendimento foi reafirmado em recurso submetido ao regime da repercussão geral: STF, Pleno, *RE 582.461*, rel. Min. Gilmar Mendes, 5.2011.

[1061] STF, Pleno, *RE 212.209*, rel. p/ ac. Min. Nelson Jobim, 6.1999.

[1062] Eis o texto do preceito citado: "XII – cabe à lei complementar: [...] i) fixar a base de cálculo, de modo que o montante do imposto a integre, também na importação do exterior de bem, mercadoria ou serviço" (alínea incluída pela EC 33/01).

mercadoria do estabelecimento, além de alimentar a nefasta cultura inflacionária, discrepa da ordem natural das coisas, resultando em indevido acréscimo ao total da operação, porque não querido pelas partes, e em violência ao princípio da não-cumulatividade. O figurino constitucional do tributo impõe, como base de cálculo, o montante da operação relativa à circulação da mercadoria, à quantia recebida pelo vendedor. (STF, Pleno, **RE 210.876**, rel. Min. Marco Aurélio, 9.2002)

Inclusão do valor do próprio ICMS em sua base de cálculo. Legitimidade: Constitucional. Tributário. Base de cálculo do ICMS: inclusão no valor da operação ou da prestação de serviço somado ao próprio tributo. Constitucionalidade. Recurso desprovido. (STF, Pleno, **RE 212.209**, rel. p/ ac. Min. Nelson Jobim, 6.1999)

Reafirmando esse entendimento em sede de repercussão geral: [...] 3. ICMS. Inclusão do montante do tributo em sua própria base de cálculo. Constitucionalidade. Precedentes. A base de cálculo do ICMS, definida como o valor da operação da circulação de mercadorias (art. 155, II, da CF/1988, c/c arts. 2º, I, e 8º, I, da LC 87/1996), inclui o próprio montante do ICMS incidente, pois ele faz parte da importância paga pelo comprador e recebida pelo vendedor na operação. A Emenda Constitucional nº 33, de 2001, inseriu a alínea "i" no inciso XII do § 2º do art. 155 da Constituição Federal, para fazer constar que cabe à lei complementar "fixar a base de cálculo, de modo que o montante do imposto a integre, também na importação do exterior de bem, mercadoria ou serviço". Ora, se o texto dispõe que o ICMS deve ser calculado com o montante do imposto inserido em sua própria base de cálculo também na importação de bens, naturalmente a interpretação que há de ser feita é que o imposto já era calculado dessa forma em relação às operações internas. Com a alteração constitucional a Lei Complementar ficou autorizada a dar tratamento isonômico na determinação da base de cálculo entre as operações ou prestações internas com as importações do exterior, de modo que o ICMS será calculado "por dentro" em ambos os casos. [...] 5. Recurso extraordinário a que se nega provimento. (STF, Pleno, **RE 582.461**, rel. Min. Gilmar Mendes, 5.2011)

Superior Tribunal de Justiça:

Substituição tributária progressiva. Inclusão do valor do frete na base de cálculo do ICMS. Legitimidade apenas quando for contratado pelo substituto: 1. O valor do frete (referente ao transporte do veículo entre a montadora/fabricante e a concessionária/revendedora) integra a base de cálculo do ICMS incidente sobre a circulação da mercadoria, para fins da substituição tributária progressiva ("para frente"), à luz do artigo 8º, II, "b", da Lei Complementar 87/96. 2. Entrementes, nos casos em que a substituta tributária (a montadora/fabricante de veículos) não efetua o transporte, nem o engendra por sua conta e ordem, o valor do frete não deve ser incluído na base de cálculo do imposto, ex vi do disposto no artigo 13, § 1º, II, "b", da LC 87/96, verbis: [...] 3. Com efeito, o valor do frete deverá compor a base de cálculo do ICMS, recolhido sob o regime de substituição tributária, somente quando o substituto encontra-se vinculado ao contrato de transporte da mercadoria, uma vez que, nessa hipótese, a despesa efetivamente realizada poderá ser repassada ao substituído tributário (adquirente/destinatário). Ao revés, no caso em que o transporte é contratado pelo próprio adquirente (concessionária de veículos), inexiste controle, ingerência ou conhecimento prévio do valor do frete por parte do substituto, razão pela qual a aludida parcela não pode integrar a base de cálculo do imposto [...] (STJ, 1ª Seção, **REsp 931.727**, rel. Min. Luiz Fux, 8.2009, *representativo de controvérsia*)

Mercadorias dadas em bonificação. Ilegitimidade da incidência do ICMS: TRIBUTÁRIO – ICMS – MERCADORIAS DADAS EM BONIFICAÇÃO – ESPÉCIE DE DESCONTO INCONDICIONAL – INEXISTÊNCIA DE OPERAÇÃO MERCANTIL – ART. 13 DA LC 87/96 – NÃO-INCLUSÃO NA BASE DE CÁLCULO DO TRIBUTO. 1. A matéria controvertida, examinada sob o rito do art. 543-C do Código de Processo Civil, restringe-se tão-somente à incidência do ICMS nas operações que envolvem mercadorias dadas em bonificação ou com descontos incondicionais; não envolve incidência de IPI ou operação realizada pela sistemática da substituição tributária. 2. A bonificação é uma modalidade de desconto que consiste na entrega de uma maior quantidade de produto vendido em vez de conceder uma redução do valor da venda. Dessa forma, o provador das mercadorias é beneficiado com a redução do preço médio de cada produto, mas sem que isso implique redução do preço do negócio. 3. A literalidade do art. 13 da Lei Complementar n. 87/96 é suficiente para concluir que a base de cálculo do ICMS nas operações mercantis é aquela efetivamente realizada, não se incluindo os "descontos concedidos incondicionais". 4. A jurisprudência desta Corte Superior é pacífica no sentido de que o valor das mercadorias dadas a título de bonificação não integra a base de cálculo do ICMS. 5. Precedentes: [...]. Recurso especial provido para reconhecer a não-incidência do ICMS sobre as vendas realizadas em bonificação. Acórdão sujeito ao regime do art. 543-C do Código de Processo Civil e da Resolução 8/2008 do Superior Tribunal de Justiça. (STJ, 1ª Seção, **REsp 1.111.156**, rel. Min. Humberto Martins, 10.2009, *representativo de controvérsia*)

Mercadorias dada em bonificação. Regime de substituição tributária. Inexistência de direito ao abatimento: TRIBUTÁRIO – PROCESSO CIVIL – ICMS – SUBSTITUIÇÃO TRIBUTÁRIA – VENDAS COM BONIFICAÇÃO – [...] 2. As vendas com bonificação em mercadorias em regra equivalem aos descontos incondicionados e, por conseguinte, excluem-se da base de cálculo do ICMS. 3. O intuito de lucro e a inexistência de obrigação legal imputável aos contribuintes da cadeia de circulação de mercadorias impede a adoção da presunção de que as mercadorias adquiridas por bonificação permanecerão com esta qualidade até a destinação final pelo consumidor. Precedente: [...]. (STJ, 2ª Turma, **REsp 1.098.304**, rel. Min. Eliana Calmon, 8.2010)

Incidência do ICMS sobre encargos de financiamento. Distinção entre vendas a prazo e vendas financiadas: TRIBUTÁRIO. RECURSO ESPECIAL REPRESENTATIVO DA CONTROVÉRSIA. ART. 543-C, DO CPC. ICMS. ENCARGOS DECORRENTES DE FINANCIAMENTO. SÚMULA 237 DO STJ. ENCARGOS DECORRENTES DE "VENDA A PRAZO" PROPRIAMENTE DITA. INCIDÊNCIA. BASE DE CÁLCULO. VALOR TOTAL DA VENDA. AUSÊNCIA DE PREQUESTIONAMENTO. SÚMULAS 282 E 356 DO C.

STF. 1. A "venda financiada" e a "venda a prazo" são figuras distintas para o fim de encerrar a base de cálculo de incidência do ICMS, sendo certo que, sobre a venda a prazo, que ocorre sem a intermediação de instituição financeira, incide ICMS. 2. A "venda a prazo" revela modalidade de negócio jurídico único, cognominado compra e venda, no qual o vendedor oferece ao comprador o pagamento parcelado do produto, acrescendo-lhe um *plus* ao preço final, razão pela qual o valor desta operação integra a base de cálculo do ICMS, na qual se incorpora, assim, o preço "normal" da mercadoria (preço de venda à vista) e o acréscimo decorrente do parcelamento. (Precedentes desta Corte e do Eg. STF: [...]). 3. A venda financiada, ao revés, depende de duas operações distintas para a efetiva "saída da mercadoria" do estabelecimento (art. 2º do DL 406/68), quais sejam, uma compra e venda e outra de financiamento, em que há a intermediação de instituição financeira, aplicando-se-lhe o enunciado da Súmula 237 do STJ: "Nas operações com cartão de crédito, os encargos relativos ao financiamento não são considerados no cálculo do ICMS." 4. *In casu*, dessume-se do voto condutor do aresto recorrido hipótese de venda a prazo, em que o financiamento foi feito pelo próprio vendedor, razão pela qual a base de cálculo do ICMS é o valor total da venda. [...] 8. Recurso especial parcialmente conhecido e, nesta parte, desprovido. Acórdão submetido ao regime do art. 543-C do CPC e da Resolução STJ 08/2008. Proposição de verbete sumular. (STJ, 1ª Seção, **REsp 1.106.462**, rel. Min. Luiz Fux, 9.2009, *representativo de controvérsia*)

Pauta fiscal de valores. Ilegalidade: AGRAVO REGIMENTAL NO RECURSO ESPECIAL. TRIBUTÁRIO. ICMS. RECOLHIMENTO ANTECIPADO. PAUTA FISCAL DE VALORES. ILEGALIDADE. 1. A cobrança do ICMS com base em valores previstos em pauta fiscal afigura-se ilegítima, sendo certo que o artigo 148, do CTN, somente pode ser invocado para a fixação da base de cálculo do tributo quando, certa a ocorrência do fato gerador, o valor do bem, direito ou serviço registrado pelo contribuinte não mereça fé, ficando, neste caso, a Fazenda autorizada a arbitrá-lo (Precedentes do STJ: ...). 2. Agravo regimental desprovido. (STJ, 1ª Turma, **AgRg no REsp 1.177.909**, rel. Min. Luiz Fux, 5.2010)

• Questões específicas

Custo com aquisição de selos de controle do IPI. Exclusão da base de cálculo do ICMS. Impossibilidade, se ausente previsão legal: PROCESSUAL CIVIL E TRIBUTÁRIO. SELO DE CONTROLE DE IPI. NATUREZA JURÍDICA. OBRIGAÇÃO ACESSÓRIA. REFLEXO PECUNIÁRIO NO CUSTO DE PRODUÇÃO. INCLUSÃO NA BASE DE CÁLCULO DO ICMS. [...] 2. A aquisição de selo para controle do IPI tem natureza jurídica de obrigação acessória, porquanto visa a facilitar a fiscalização e arrecadação do tributo principal, conforme previsão contida no artigo 113, § 2º, do CTN. A cobrança pela confecção e fornecimento dos selos, amparada pelo Decreto-Lei 1.437/75, nada mais é do que o ressarcimento aos cofres públicos do seu custo, não configurando taxa ou preço público. Precedente: REsp 836277, 1ª Turma, Min. Francisco Falcão, DJ de 20.09.07 3. O custo com a aquisição dos selos de controle de IPI, portanto, integra o preço final da mercadoria comercializada e, dessa forma, está compreendido no "valor da operação", que vem a ser a base de cálculo do ICMS, nos termos do art. 13, § 1º, da LC 87/96. 4. Recurso especial parcialmente conhecido e, nessa parte, desprovido. (STJ, 1ª Turma, **REsp 732.617**, rel. Min. Teori Albino Zavascki, 4.2009)

3.1.3. Sujeitos passivos

Os *contribuintes* do ICMS-Mercadorias são aqueles que realizam operações de circulação de mercadorias sujeitas ao imposto. Ditas operações costumam ser realizadas pelos *comerciantes*, cuja atividade precípua consiste na compra e venda de mercadorias.

Mas não são apenas os comerciantes que as realizam: *os produtores e os industriais* também promovem a circulação de mercadorias, quando alienam os seus produtos a produtores, industriais, comerciantes ou a consumidores finais.

Quando as indústrias comercializam a sua produção, sujeitam-se *tanto ao IPI quanto ao ICMS*, cobrados em geral na operação de saída das mercadorias.

Também são contribuintes do ICMS aqueles que, apesar de não terem por atividade principal a produção, a industrialização ou o comércio, *praticam a mercancia com habitualidade*, pois não mais vige a limitação dos sujeitos passivos aos "comerciantes, industriais e produtores", estabelecida pela EC 18/65 (art. 12), que criou o ICM, e reiterada pelas Constituições de 1967 (art. 24, II) e 1969 (art. 23, II).[1063] De qualquer modo, seria viável enquadrá-los na categoria dos comerciantes, pela sua atividade secundária.

Os *substitutos* são importantes sujeitos passivos do ICMS, respondendo pelo tributo devido por fatos praticados por terceiros (os substituídos). Tais fatos podem anteceder ou suceder a cobrança do tributo: na primeira hipótese, ter-se-á a denominada substitui-

[1063] Contra, FERREIRA FILHO. *Comentários à Constituição brasileira de 1988*. v. 2, p. 123 e 129.

ção "regressiva" ou "para trás"; na segunda, a questionada substituição "progressiva" ou "para frente", de que tratamos nos comentários ao art. 150, § 7º.[1064]

O consumidor final não é contribuinte do ICMS, embora suporte o seu ônus econômico. É um mero contribuinte de fato, não um contribuinte de direito.

Recorde-se que a definição dos sujeitos passivos do ICMS cabe à lei complementar, por força do disposto nos arts. 146, III, *a*, e 155, § 2º, XII, *a* e *b*, ambos da CF.

3.2. ICMS-Serviços

Como dito na introdução, antes da Constituição de 1988 não existia o ICMS. Havia o ICM, que incidia apenas sobre as operações relativas à circulação de mercadorias, não abrangendo serviços. A tributação dos serviços de comunicação e de transporte interestadual ou intermunicipal era reservada à União, desde a EC 18/65 (art. 14, II).[1065]

A Constituição vigente criou o ICMS ao passar, para os Estados e o Distrito Federal, a competência para a tributação dos serviços anteriormente reservados à União.

Destarte, *os Estados e o Distrito Federal passaram a ter competência para tributar*:

a) as operações relativas à circulação de mercadorias; e

b) *as prestações de serviços*:

b-1) *de transporte* interestadual e intermunicipal; e

b-2) *de comunicação*.

Esses serviços estão excluídos da competência tributária municipal, como ressalvado expressamente pelo art. 156, III, *in fine*, da Constituição. Os Municípios podem instituir impostos sobre "serviços de qualquer natureza", mas nunca sobre os serviços de comunicação ou de transporte interestadual e intermunicipal. Os demais serviços, que estavam sujeitos à competência tributária municipal, assim permaneceram.

Quanto ao *conceito de "serviços"* utilizado pela Constituição para autorizar a instituição do ICMS, não se verificam dessemelhanças frente ao adotado para o ISS. Os serviços tributáveis são somente aqueles onerosos e prestados sem que haja subordinação, como expomos nos comentários ao art. 156, II.

3.2.1. Exportação e importação de serviços

A *importação de serviços*, caracterizada pela prestação de serviços, no exterior, a destinatário sediado ou estabelecido no território nacional, *pode ser tributada pelo Estado onde estiver situado o destinatário*, como faculta o art. 155, § 2º, IX, *a*, da CF, na redação dada pela EC 33/01.[1066]

Embora atípica, tal incidência é viável. *Nada impede que pessoas políticas brasileiras tributem fatos ocorridos no exterior* (como ocorre com a aquisição de renda, por brasileiros, no estrangeiro), desde que haja um elemento de conexão com o território nacional (que, no caso, consiste no local do estabelecimento ou do domicílio do destinatário), de modo a tornar factível a cobrança coercitiva do imposto.

[1064] Vide p. 346. Sobre a substituição no ICMS, vide os comentários ao art. 155, § 2º, XII, *b*, na p. 500.

[1065] Essa repartição de competências foi mantida nas Constituições de 1967 (art. 22, VII) e de 1969 (art. 21, VII).

[1066] Esta é a redação do preceito citado: "§ 2º O imposto previsto no inciso II, atenderá ao seguinte: [...] IX – incidirá também: a) sobre a entrada de bem ou mercadoria importados do exterior por pessoa física ou jurídica, ainda que não seja contribuinte habitual do imposto, qualquer que seja a sua finalidade, assim como *sobre o serviço prestado no exterior, cabendo o imposto ao Estado onde estiver situado o domicílio ou o estabelecimento do destinatário da mercadoria, bem ou serviço*". No que diz respeito aos serviços de transporte, esse preceito veio a outorgar uma competência específica, pois o art. 155, II, não abrange a prestação de serviços de transporte no exterior, mas apenas a que ocorrer, total ou parcialmente, no Brasil.

Não obstante, *a incidência do ICMS sobre a exportação de serviços é obstaculizada constitucionalmente*, por força do disposto no art. 155, § 2º, X, *a*, da CF, na redação dada pela EC 42/03.[1067]

O preceito alberga, à evidência, os serviços prestados no território nacional, em favor de destinatários residentes ou sediados no exterior. Também abrange os serviços prestados fora do território nacional a destinatários sediados ou residentes no exterior, fato que possui uma conexão tênue com a República brasileira.

3.2.2. ICMS-Transporte

A competência estadual para a tributação dos serviços de transporte abrange tanto o transporte oneroso de passageiros quanto o de cargas, nas modalidades de transporte intermunicipal e interestadual, mas *não os intramunicipais*. Estes são de competência dos Municípios, sujeitando-se ao *ISS*, não ao ICMS.

Permite-se a tributação do transporte intermunicipal e interestadual mesmo que seja *iniciado no exterior*,[1068] *mas não a do transporte internacional*, em qualquer uma de suas modalidades.[1069]

Caso haja transporte internacional e interno, será legítima a tributação deste se constituir um negócio jurídico autônomo, mas não daquele.

Demais disso, *a importação de serviços de transporte pode ser tributada*, diversamente da exportação, como se expôs anteriormente.

À luz do precedente firmado na ADI 1.600, *não seria viável a tributação do transporte aéreo ou terrestre de passageiros* (intermunicipal, interestadual ou internacional) enquanto não estabelecidos, pelo legislador complementar, critérios idôneos à aplicação dos preceitos do art. 155, § 2º, VII e VIII, da CF e à viabilização do creditamento do imposto pelo destinatário-contribuinte.[1070] E *a incidência do ICMS no transporte aéreo internacional* (de passageiros ou cargas) *estaria obstada pela existência de convênios de isenção* que favorecem as empresas estrangeiras, os quais, se não fossem estendidos às empresas nacionais, colocariam-nas numa situação de inferioridade competitiva perante as estrangeiras, que não se sujeitam ao imposto. Por tal razão, o STF declarou ser inviável a incidência do ICMS no transporte aéreo internacional, enquanto persistirem os convênios de isenção de empresas estrangeiras. Reconheceu, assim, a existência de uma *isenção heterônoma*, a favorecer as empresas nacionais que realizam o transporte internacional aéreo de passageiros e/ou cargas.[1071]

[1067] Eis o seu texto: "§ 2º O imposto previsto no inciso II, atenderá ao seguinte: [...] X – *não incidirá*: a) sobre operações que destinem mercadorias para o exterior, nem *sobre serviços prestados a destinatários no exterior*, assegurada a manutenção e o aproveitamento do montante do imposto cobrado nas operações e prestações anteriores". Vide os comentários correlatos e também aqueles relativos ao art. 155, § 2º, XII, *e*.

[1068] Contra, Aires Barreto reputa que a cláusula final do art. 155, II, pertinente aos serviços iniciados no exterior, aplica-se unicamente aos serviços de comunicação; não abrange os serviços de transporte ("ICMS: intributabilidade dos serviços de transporte internacional", p. 306-305).

[1069] STJ, 1ª Turma, REsp 241.674, rel. Min. Garcia Vieira, 3.2000: "Os Estados não detêm o poder de instituir ICMS sobre o transporte internacional" (excerto da ementa). No entanto, deve-se destacar que o STF, ao julgar a ADI 1.600 (que versava sobre a legitimidade da incidência do ICMS sobre o transporte aéreo), partiu da premissa de que seria viável a cobrança do imposto sobre o transporte internacional, para afirmar que a exigência do ICMS na prestação de serviços de transporte aéreo internacional é ilegítima "enquanto persistirem os convênios de isenção de empresas estrangeiras".

[1070] STF, Pleno, *ADI 1.600*, rel. p/ ac. Min. Nelson Jobim, 11.2001. A ação tratava do transporte aéreo, mas os argumentos em que o Pretório Excelso se embasou para proferir tal decisão são plenamente aplicáveis aos serviços de transporte *terrestre* de passageiros, como consignou expressamente o Ministro Nelson Jobim.

[1071] STF, Pleno, *ADI 1.600*, rel. p/ ac. Min. Nelson Jobim, 11.2001.

Destarte, *somente seria viável a cobrança do ICMS no transporte intermunicipal e interestadual de cargas*, dado que, quanto a tal forma de transporte, a LC 87/96 traria critérios hábeis à aplicação do ICMS, diante das exigências que lhe são pertinentes, como a emissão de conhecimento de transporte.

Em síntese:

Tributação dos transportes		
Tipo de transporte	**Tributo cabível**	**Observações**
Intramunicipal	ISS	—
Intermunicipal	ICMS	—
Interestadual	ICMS	Deve haver critérios idôneos para identificar se o destinatário é contribuinte do imposto
Internacional	—	Para o STF não é cabível enquanto vigorarem os acordos de isenção Para o STJ não é cabível
Prestados no exterior (importados)	ICMS	—
Prestados para o exterior (exportados)	—	São imunes

- **Precedente citado**

Ilegitimidade da incidência do ICMS nas operações de transporte aéreo ou terrestre de passageiros: CONSTITUCIONAL. TRIBUTÁRIO. LEI COMPLEMENTAR 87/96. ICMS E SUA INSTITUIÇÃO. ARTS. 150, II; 155, § 2º, VII 'A', E INCISO VIII, CF. CONCEITOS DE PASSAGEIRO E DE DESTINATÁRIO DO SERVIÇO. FATO GERADOR. OCORRÊNCIA. ALÍQUOTAS PARA OPERAÇÕES INTERESTADUAIS E PARA AS OPERAÇÕES INTERNAS. Inaplicabilidade da fórmula constitucional de partição da receita do ICMS entre os Estados. Omissão quanto a elementos necessários à instituição do ICMS sobre navegação aérea. Operações de tráfego aéreo internacional. Transporte aéreo internacional de cargas. Tributação das empresas nacionais. Quanto às empresas estrangeiras, valem os acordos internacionais – reciprocidade. Viagens nacional ou internacional – diferença de tratamento. Ausência de normas de solução de conflitos de competência entre as unidades federadas. Âmbito de aplicação do art. 151, CF é o das relações das entidades federadas entre si. Não tem por objeto a União quando esta se apresenta na ordem externa. Não incidência sobre a prestação de serviços de transporte aéreo, de passageiros – intermunicipal, interestadual e internacional. Inconstitucionalidade da exigência do ICMS na prestação de serviços de transporte aéreo internacional de cargas pelas empresas aéreas nacionais, enquanto persistirem os convênios de isenção de empresas estrangeiras. Ação julgada, parcialmente procedente. (STF, Pleno, **ADI 1.600**, rel. p/ ac. Min. Nelson Jobim, 11.2001)

3.2.3. ICMS-Comunicação

3.2.3.1. Conceito de serviços de comunicação

À exceção dos serviços de transporte intermunicipal e interestadual, os únicos serviços sujeitos à competência estadual são os de comunicação.

Trata-se de uma relevante competência impositiva, pois, a cada dia que passa, os serviços de comunicação vêm assumindo uma importância mais expressiva no contexto econômico. Em contrapartida, no mesmo ritmo passam a assumir nuances específicas, tornando extremamente complexa a conformação jurídica do ICMS-Comunicação: *a evolução dos serviços de comunicação revela-se muito mais dinâmica do que a do correlato bloco normativo-tributário*. Por consequência, expressivas manifestações de capacidade contributiva deixam de ser gravadas pelos Estados – ou, pelo menos, deveriam deixar de sê-lo se respeitada a conformação atual do sistema constitucional tributário e da legislação infraconstitucional.

Relevantes indagações acerca da legitimidade da incidência do ICMS decorrem de *dúvidas sobre o enquadramento de novas atividades* (e.g., habilitação de celulares, disponibilização de acesso à *Internet* por intermédio de provedores pagos, elaboração e divulgação de publicidade na *Internet*) como serviços de comunicação.

Para solvê-las, há de se partir do *conceito constitucional de serviços de comunicação*, que define os contornos da competência para a instituição e a cobrança do ICMS--Comunicação.

Por comunicação, entendem-se a *emissão, a transmissão e o recebimento de mensagens, sonoras ou visuais, mesmo que unilaterais*.

Diversamente da doutrina predominante, reputamos que a bilateralidade, efetiva ou potencial, da comunicação é prescindível à sua caracterização como tal. A comunicação não se restringe ao diálogo, à troca recíproca de mensagens, abrangendo a emissão e a recepção unilaterais. A denominada "comunicação de massa", em que mensagens são emitidas a um público amplo, difuso, heterogêneo e passivo, mediante os "meios de comunicação de massa" (notadamente a televisão e o rádio), é, efetivamente, comunicação.

E a Constituição, a nosso juízo, não adotou conceito mais delgado para a outorga de competência impositiva aos Estados e ao Distrito Federal, ilação que é corroborada pela jurisprudência do STF, segundo a qual a competência para a cobrança do ICMS alcançava, originalmente, os serviços de comunicação de forma ampla ("sem qualquer exceção", na dicção do Ministro Sydney Sanches) e, de conseguinte, até mesmo os serviços de radiodifusão sonora e de sons e imagens.[1072]

Mas *não é a comunicação que está sujeita à incidência do ICMS. O imposto incide sobre os serviços de comunicação*, que podem ser definidos como os serviços destinados a propiciar a emissão, a transmissão e o recebimento de mensagens, seja pela intermediação do prestador de serviço, seja pelo oferecimento dos meios necessários à comunicação.[1073]

- **Precedente citado**

Serviços de radiodifusão sonora e de sons e imagens. Concessão de imunidade pela Lei Orgânica do DF. Inconstitucionalidade no regime anterior à EC 42/03: DIREITO CONSTITUCIONAL E TRIBUTÁRIO. ICMS SOBRE SERVIÇOS DE COMUNICAÇÃO: RADIODIFUSÃO SONORA E DE SONS E DE IMAGENS (ALÍNEA "A" DO INCISO XII DO ART. 21 DA CONSTITUIÇÃO FEDERAL. ARTIGO 132, I, "B", DA LEI ORGÂNICA DO DISTRITO FEDERAL. AÇÃO DIRETA DE INCONSTITUCIONALIDADE. 1. O art. 132, I, "b", da Lei Orgânica do Distrito Federal, ao admitir a incidência do ICMS apenas sobre os serviços de comunicação, referidos no inciso XI do art. 21 da C.F., vedou sua incidência sobre os mencionados no inciso XII, "a", do mesmo artigo, ou seja, sobre "os serviços de radiodifusão sonora e de sons e imagens" (art. 21, XII, "a", da C.F., com a redação dada pela E.C. nº 8, de 15.08.1995). 2. Com isso, estabeleceu, no Distrito Federal, tratamento diferenciado dessa questão, em face do que ocorre nas demais unidades da Federação e do disposto no art. 155, inc. II, da C.F., pelos quais o ICMS pode incidir sobre todo e qualquer serviço de comunicação. 3. Assim, ainda que indiretamente, concedeu imunidade, quanto ao ICMS, aos prestadores de serviços de radiodifusão sonora e de sons e de imagens, sem que essa imunidade estivesse prevista na Constituição Federal (art. 155, II), que, ademais, não admite que os Estados e o Distrito Federal concedam, com relação ao ICMS, nem mesmo simples isenções, incentivos e benefícios fiscais, senão com observância da Lei Complementar a que aludem o art. 155, § 2º, inciso XII, letra "g". 4. Lei Complementar, a de nº 24, de 07.01.1975, já existia, com essa finalidade, antes, portanto, da Constituição de 05.10.1988. 5. E, a esta altura, já está em vigor a Lei Complementar nº 87, de 13.09.1996, cujo art. 1º reitera a incidência do ICMS sobre todo e qualquer serviço de comunicação, regulando também a forma pela qual os Estados e o Distrito Federal concederão isenções, incentivos e benefícios fiscais. 6. Caracterizada a concessão de imunidade não prevista na Constituição Federal, ou, ao menos, a concessão de benefício fiscal não autorizado pela Lei Complementar a que aquela se refere, julga-se procedente a Ação Direta, declarando-se

---

[1072] STF, Pleno, *ADI 1.467*, rel. Min. Sydney Sanches, 2.2003.

[1073] Nesse sentido, Pontes de Miranda já definia a expressão "serviço de comunicações" como o de "serviço de meio físico ou de processos aptos a permitir a transmissão, à distância do pensamento humano, quer se trate de forma escrita, quer fônica ou simbólica" (*Comentários à Constituição de 1967; com a Emenda n. 1 de 1969*. p. 484).

a inconstitucionalidade da expressão "de que trata o art. 21, XI, da Constituição Federal", constante da alínea "b" do inciso I do art. 132 da Lei Orgânica do Distrito Federal. 7. Plenário: decisão unânime. (STF, Pleno, **ADI 1.467**, rel. Min. Sydney Sanches, 2.2003)

3.2.3.2. Serviços sujeitos ao imposto

Nem todos os serviços de comunicação podem ser tributados pelo ICMS. Em primeiro lugar, é imprescindível que o serviço de comunicação seja, como qualquer outro serviço tributável, *oneroso,* revestindo-se de um conteúdo econômico mensurável.[1074] Em segundo lugar, o serviço de comunicação deve ser prestado como *atividade-fim* ou estar vinculado a uma atividade-fim de comunicação, pois as atividades-meio de comunicação que não possuam autonomia devem sujeitar-se à incidência do imposto correlato à atividade-fim.

E *serviços há que, embora sejam indiretamente relacionados à comunicação, não se sujeitam à incidência do ICMS*, pelo simples fato de não se qualificarem como serviços de comunicação. É o que ocorre com:

i) as *atividades acessórias ou paralelas* às de comunicação, tais como a produção de comerciais e programas de televisão,[1075] bem como a locação de aparelhos, mesas, terminais; e

ii) os *serviços-meio, instrumentais à comunicação,*[1076] como a locação[1077] e a habilitação de telefones celulares,[1078] os serviços prestados pelos provedores de acesso à *Internet*[1079] etc.

Tributação dos serviços de comunicação		
Tipo de atividade	**Tributo cabível**	**Observações**
Serviço de comunicação como atividade-fim	ICMS	—
Serviço de comunicação como atividade-meio	ISS	Por óbvio, incide o ICMS, e não o ISS, se o serviço-fim também for de comunicação
Serviços-meio (instrumentais) à comunicação	ISS	Trata-se de serviços instrumentais à comunicação (mas que não se qualificam como serviços de comunicação)
Serviços paralelos ou acessórios aos de comunicação	ISS	—

Se o ICMS for cobrado sobre serviços-meio ou preparatórios e também sobre serviços de comunicação propriamente ditos, o Fisco estadual deverá adequar a base de cálculo, suprimindo o valor daqueles, sob pena de incorrer em grave vício de inconstitucionalidade, por extravasar os limites da sua competência impositiva. É o que ocorre com a "taxa" de adesão a serviços de TV a cabo.[1080]

[1074] STJ, 1ª Seção, *EREsp 456.650*, rel. p/ ac. Min. Fraciulli Netto, 5.2005, cuja ementa é transcrita abaixo, na análise da Súmula 334 do STJ.

[1075] STJ, 1ª Turma, *REsp 799.927*, rel. Min. Francisco Falcão, 3.2008. Porém, sobre as atividades de comunicação visual, como a publicidade e a propaganda, incide o ICMS, e não o ISS (STJ, 1ª Turma, *AgRg no REsp 737.263*, rel. Min. Francisco Falcão, 4.2006).

[1076] STJ, 2ª Turma, *REsp 678.462*, rel. Min. Humberto Martins, 2.2007.

[1077] STJ, 1ª Seção, *REsp 945.037*, rel. Min. Luiz Fux, 5.2009.

[1078] Súmula 350 do STJ: "O ICMS não incide sobre o serviço de habilitação de telefone celular".

[1079] Súmula 334 do STJ: "O ICMS não incide no serviço dos provedores de acesso à *Internet*".

[1080] STJ, 2ª Turma, *AgRg no REsp 1.064.596*, rel. Min. Herman Benjamin, 10.2008.

Por fim, há de se destacar que *os serviços de radiodifusão sonora e de sons e imagens são imunes* à incidência do ICMS, sempre que sejam de recepção livre e gratuita. São imunes desde o advento da EC 42/03, que incluiu a alínea *d* no art. 155, § 2º, X, da CF, com o nítido desiderato de superar a decisão proferida pelo STF no julgamento da ADI 1.467.

• Súmulas

Súmula 334 do STJ: "O ICMS não incide no serviço dos provedores de acesso à *Internet*".

Este precedente é esclarecedor: "Da leitura dos artigos 155, inciso II, da Constituição Federal, e 2º, inciso III, da Lei Complementar n. 87/96, verifica-se que cabe aos Estados e ao Distrito Federal tributar a prestação onerosa de serviços de comunicação. Dessa forma, o serviço que não for prestado de forma onerosa e que não for considerado pela legislação pertinente como serviço de comunicação não pode sofrer a incidência de ICMS, em respeito ao princípio da estrita legalidade tributária. [...] O serviço prestado pelo provedor de acesso à Internet não se caracteriza como serviço de telecomunicação, porque não necessita de autorização, permissão ou concessão da União, conforme determina o artigo 21, XI, da Constituição Federal. Não oferece, tampouco, prestações onerosas de serviços de comunicação (art. 2º, III, da LC n. 87/96), de forma a incidir o ICMS, porque não fornece as condições e meios para que a comunicação ocorra, sendo um simples usuário dos serviços prestados pelas empresas de telecomunicações. Na lição de Kiyoshi Harada, `o provedor de acesso à internet libera espaço virtual para comunicação entre duas pessoas, porém, quem presta o serviço de comunicação é a concessionária de serviços de telecomunicações, já tributada pelo ICMS. O provedor é tomador de serviços prestados pelas concessionárias. Limita-se a executar serviço de valor adicionado, isto é, serviços de monitoramento do acesso do usuário à rede, colocando à sua disposição equipamentos e softwares com vistas à eficiente navegação.´ O serviço prestado pelos provedores de acesso à Internet cuida, portanto, de mero serviço de valor adicionado, uma vez que o prestador se utiliza da rede de telecomunicações que lhe dá suporte para viabilizar o acesso do usuário final à Internet, por meio de uma linha telefônica. [...] Conclui-se, portanto, que, nos termos do artigo 110 do Código Tributário Nacional, não podem os Estados ou o Distrito Federal alterar a definição, o conteúdo e o alcance do conceito de prestação de serviços de conexão à Internet, para, mediante Convênios Estaduais, tributá-la por meio do ICMS. Como a prestação de serviços de conexão à Internet não cuida de prestação onerosa de serviços de comunicação ou de serviços de telecomunicação, mas de serviços de valor adicionado, em face dos princípios da legalidade e da tipicidade fechada, inerentes ao ramo do direito tributário, deve ser afastada a aplicação do ICMS pela inexistência na espécie do fato imponível. [...] (STJ, 1ª Seção, **EREsp 456.650**, rel. p/ ac. Min. Fraciulli Netto, 5.2005, texto da ementa).

Súmula 350 do STJ: "O ICMS não incide sobre o serviço de habilitação de telefone celular".

Os fundamentos da súmula foram bem expostos neste julgado: "[...] 1. Os serviços acessórios ou suplementares ao serviço de comunicação, como, v.g., a locação de aparelhos, a manutenção das Estações Rádio-Base, das torres de transmissão, dos *softwares* de gerenciamento e outros serviços similares, têm a função de proporcionar as condições materiais necessárias à implementação do serviço comunicacional, bem como a sua manutenção, não encerrando fatos geradores da incidência do ICMS, porquanto, por si sós, não possibilitam a emissão, transmissão ou recepção de informações, razão pela qual não se enquadram no conceito de serviço comunicacional, mas, antes, ostentam a natureza de atos preparatórios ou posteriores à atividade tributada. (Precedentes: ...) 2. Deveras, apreciando a questão relativa à legitimidade da cobrança do ICMS sobre o procedimento de habilitação de telefonia móvel celular, ambas as Turmas integrantes da 1ª Seção firmaram entendimento no sentido da inexigibilidade do tributo, à consideração de que a atividade de habilitação não se incluía na descrição de serviço de telecomunicação constante do art. 2º, III, da Lei Complementar 87/96, por corresponder a `procedimento tipicamente protocolar, (...) cuja finalidade prende-se ao aspecto preparatório e estrutural da prestação do serviço´, serviços `meramente acessórios ou preparatórios à comunicação propriamente dita´, `meios de viabilidade ou de acesso aos serviços de comunicação´ (RESP 402.047/MG, 1ª Turma, Min. Humberto Gomes de Barros, DJ de 09.12.2003 e do EDcl no AgRg no RESP 330.130/DF, 2ª Turma, Min. Castro Meira, DJ de 16.11.2004). Adotando-se a linha de orientação traçada nesses julgados, e diante do caráter igualmente acessório ou preparatório à prestação do serviço de telecomunicação propriamente dito, de que se revestem os serviços acessórios ou suplementares ao serviço de comunicação, deve ser reconhecida a inexigibilidade do ICMS sobre esses valores. [...]" (STJ, 1ª Seção, **REsp 760.230**, rel. Min. Luiz Fux, 5.2009)

• Precedentes citados

Incidência do ICMS sobre serviços instrumentais à comunicação. Ilegitimidade: [...] 3. A hipótese de incidência do ICMS, conforme previsão constitucional, é de serviços de telecomunicações. Alargar este conceito para incluir as suas atividades-meio, ou seja as referidas na cláusula-primeira do Convênio 69/98, fere o princípio da legalidade. Precedente: [...] (STJ, 2ª Turma, **REsp 678.462**, rel. Min. Humberto Martins, 2.2007)

Serviços de publicidade e propaganda. Sujeição ao ICMS, não ao ISS: PROCESSO CIVIL E TRIBUTÁRIO. SERVIÇOS DE PUBLICIDADE E PROPAGANDA. ICMS. INCIDÊNCIA. I – Esta Corte possui entendimento no sentido de que, sobre os serviços de publicidade e propaganda, incide o ICMS, e não o ISS. Precedentes: [...] (STJ, 1ª Turma, **AgRg no REsp 737.263**, rel. Min. Francisco Falcão, 4.2006)

Produção de programas e comerciais. Inexigibilidade do ICMS: [...] I – Não incide ICMS sobre a prestação de serviços de produção de programas de televisão a cabo e de comerciais, quando a própria empresa não transmite os sinais de TV, porquanto não se enquadra a sua atividade como fato gerador do tributo previsto no artigo 2º inciso III, da Lei Complementar nº 87/96. Precedentes: ... II – Recurso especial improvido. (STJ, 1ª Turma, **REsp 799.927**, rel. Min. Francisco Falcão, 3.2008).

Locação e habilitação de celulares. Inexigibilidade do ICMS: [...] 1. Os serviços de habilitação e locação de telefones móveis celulares e de assinatura (enquanto sinônimo de contratação do serviço de comunicação) não sofrem a incidência do ICMS. (Precedentes: ...) 2. Deveras, apreciando a questão relativa à legitimidade da cobrança do ICMS sobre o procedimento de habilitação de telefonia móvel celular, ambas as Turmas integrantes da 1ª Seção firmaram entendimento no sentido da inexigibilidade do tributo, à consideração de que a atividade de habilitação não se incluía na descrição de serviço de telecomunicação constante do art. 2º, III, da Lei Complementar 87/96, por corresponder a "procedimento tipicamente protocolar, (...) cuja finalidade prende-se ao aspecto preparatório e estrutural da prestação do serviço", serviços "meramente acessórios ou preparatórios à comunicação propriamente dita", "meios de viabilidade ou de acesso aos serviços de comunicação" [...] (STJ, 1ª Seção, **REsp 945.037**, rel. Min. Luiz Fux, 5.2009).

Taxa de adesão. TV a cabo. Ilegitimidade da incidência do ICMS: TRIBUTÁRIO. ICMS. TRANSMISSÃO DE SINAL DE TV A CABO. INCIDÊNCIA. TAXA DE ADESÃO. NÃO-INCIDÊNCIA. 1. A transmissão do sinal, quando realizada de maneira onerosa pelas empresas de TV a cabo, é considerada serviço de comunicação, nos termos do art. 2º da LC 87/1996, e se submete à tributação estadual. 2. Não incide o ICMS sobre os serviços preparatórios ou acessórios, como adesão, habilitação, instalação de equipamentos etc. 3. Agravos Regimentais não providos. (STJ, 2ª Turma, **AgRg no REsp 1.064.596**, rel. Min. Herman Benjamin, 10.2008).

• Questões específicas

Assinatura telefônica mensal. Inexigibilidade do ICMS: TRIBUTÁRIO. ICMS. CONVÊNIO 69/98. ASSINATURA MENSAL. ATIVIDADE-MEIO. SERVIÇO DE COMUNICAÇÃO. CONCEITO. INCIDÊNCIA APENAS SOBRE A ATIVIDADE-FIM. COMUNICAÇÃO EM SENTIDO ESTRITO. PRECEDENTES. [...] II – Ante a evidência de que não se trata de serviço de comunicação em sentido estrito, inviável a inclusão no seu conceito do serviço de "assinatura mensal", para fins de incidência do ICMS. [...] (STJ, 1ª Turma, **REsp 754.393**, rel. p/ ac. Min. Teori Zavascki, 12.2008)

Serviço de radiochamada (Pagers). Inexigibilidade do ICMS: [...] 2. A jurisprudência do STJ encontra-se pacificada no sentido de que o disposto no art. 2º, III, da LC 87/96, só contempla o ICMS sobre os serviços de comunicação stricto sensu, não sendo possível, pela tipicidade fechada do direito tributário, estender-se aos serviços meramente acessórios ou preparatórios. Precedentes. 3. De igual maneira, é firme a orientação de que não incide o ISS sobre a atividade meio utilizada na prestação do serviço, como é o caso da atividade de secretaria (anotação de recados e digitação de mensagens) envolvida na prestação de serviços de "radiochamada" por intermédio de pagers. [...] (STJ, 2ª Turma, REsp 848.490, rel. Min. Eliana Calmon, 9.2008)

3.2.3.3. Titularidade da competência impositiva

O ICMS-Comunicação é um imposto estadual. Logo, *deve ser cobrado pelo Estado onde for prestado o serviço* – ou pelo Distrito Federal, se o serviço for prestado no seu território.

Mas a quem caberá a titularidade do imposto quando o serviço de comunicação extrapolar as fronteiras estaduais?

Em princípio, o titular será o Estado *onde o contribuinte prestar o serviço ao contratante – ou onde cobrar por ele.*

Num telefonema interestadual, por exemplo, o titular da competência será o Estado em que efetuada a ligação, e não aquele em que situado o receptor. É irrelevante que este também se beneficie do serviço de comunicação. O decisivo é o local da prestação do serviço ao contratante, que pagará por ele.

Igualmente, se o telefonema ocorrer em *roaming*, o imposto caberá ao Estado onde efetuada a ligação, não àquele em que domiciliado o usuário.[1081]

Por outro lado, caso o usuário compre fichas ou cartões no Estado X e utilize-os no Estado Y, o ICMS será devido ao Estado X, pois foi no seu âmbito que ocorreu a cobrança pelo serviço.

[1081] STJ, 1ª Turma, *REsp 1.202.437*, rel. Min. Benedito Gonçalves, 11.2011.

A LC 87/96 orienta-se por essa lógica ao estabelecer o local da prestação dos serviços de comunicação.[1082]

• Precedente citado

Telefonemas em *roaming*. Competência do Estado onde efetuada a ligação. Responsabilidade da empresa que a operacionalizou: [...] ICMS. SERVIÇO DE COMUNICAÇÃO. TELEFONIA MÓVEL. OPERAÇÕES DENOMINADAS ROAMING. OBRIGAÇÃO TRIBUTÁRIA DEVIDA PELA EMPRESA LOCAL QUE REALIZA A PRESTAÇÃO DO SERVIÇO. LOCAL DA COBRANÇA DO REPASSE ENTRE AS CONCESSIONÁRIAS (ART. 11, II, d, DA LC 87/96). INCIDÊNCIA DA SÚMULA 7/STJ. 1. Recurso especial pelo qual a empresa contribuinte busca eximir-se do pagamento de ICMS sobre os serviços de telefonia móvel por ela prestados na modalidade denominada *roaming*. De acordo com o contexto fático delineado pelo acórdão *a quo*, o serviço de *roaming* ocorre quando um usuário de linha móvel celular realiza uma chamada a partir de território que não está abrangido pela concessionária por ele contratada. Tais ligações são feitas (transmitidas) pela concessionária local, ou operadora visitada, a qual é remunerada, mediante repasse, pela concessionária que disponibilizou a linha ao usuário. A revisão do suporte fático considerado pelo Tribunal de origem encontra óbice da Súmula 7/STJ. 2. A recorrente sustenta que "o estabelecimento responsável pelo recolhimento do ICMS é aquele que possui vínculo contratual com o titular da linha telefônica (tomador do serviço de comunicação móvel), pois é ele quem irá faturar e receber pelo serviço prestado, configurando o local da cobrança, nos termos dos artigos 27, III, I, d, do Conv. ICM 66/88 e 11, III, d, da LC nº 87/96". [...] 4. A operação denominada *roaming* é complexa e pressupõe a realização de dois negócios jurídicos simultâneos a viabilizar a consecução do serviço de comunicação pretendido; uma entre o usuário e a sua operadora original, pela qual foi disponibilizada a linha, e outra entre essa empresa titular do contrato e aquela que efetivamente realiza a comunicação (operadora visitada). Observa-se que da relação jurídica existente entre as concessionárias resultam valores cobrados pela operadora local, mediante repasse registrado no DETRAF (Documento de Declaração de Tráfego e Prestação de Serviços), em face da efetiva prestação de serviço de comunicação, motivo pelo qual tais valores estão sujeitos à tributação pelo ICMS. 5. Quanto à sujeição passiva, apreciando casos semelhantes envolvendo chamadas realizadas pelas então operadoras exclusivas de longa distância (Embratel e Intelig), o STJ decidiu que as operadoras de telefonia não respondem pelo ICMS-Comunicação incidente sobre as chamadas por elas não efetivadas, na medida em que não praticam o respectivo fato gerador. Assim, o fato de elas serem responsáveis pelo faturamento e cobrança não as tornam contribuintes ou responsáveis pelo recolhimento do tributo incidente sobre chamadas que foram efetivamente prestadas por outra empresa. Precedentes: [...] 6. Esse mesmo entendimento, mutatis mutandis, tem aplicação no caso concreto, na medida em que o fato de a empresa contratada pelo usuário ser a responsável pelo faturamento e recebimento do serviço prestado não a torna contribuinte ou responsável do tributo. Tal obrigação tributária, portanto, deve recair sobre a empresa que efetivamente viabilizou a chamada telefônica, que, nas operações denominadas roaming, é a operadora com cobertura na área de onde partiu a ligação pelo usuário do sistema. 7. No que diz respeito ao local da cobrança desse repasse entre as concessionárias, circunstância que legitima a exigibilidade do tributo pelo ente recorrido (art. 11, III, d, da LC 87/96), depreende-se do acórdão recorrido que ela se deu dentro do Estado do Mato Grosso, mediante envio das Declarações de Tráfego e Prestação de Serviços – DETRAF a empresa local que realizou a chamada em roaming. Rever as conclusões da Corte estadual sobre o local dessa cobrança exige incursão na seara fática-probatória, o que é inviável na instância especial ante o óbice da Súmula 7/STJ. 8. Recurso especial parcialmente conhecido e, nessa extensão, não provido. (STJ, 1ª Turma, **REsp 1.202.437**, rel. Min. Benedito Gonçalves, 11.2011)

4. Inciso III: Imposto sobre a Propriedade de Veículos Automotores

O Imposto sobre a Propriedade de Veículos Automotores (IPVA) foi criado pela EC 27/85, em substituição à Taxa Rodoviária Única (TRU), que era cobrada pela União e tinha por hipótese de incidência a prestação dos serviços de registro e licenciamento de veículos.

Por datar de 1985, não foi regulado pelo Código Tributário Nacional. E ainda não foi editada a lei complementar exigida pelo art. 146, III, *a*, da Constituição de 1988.

[1082] A matéria é regulada no seu art. 11, III, nestes termos: "Art. 11. O local da operação ou da prestação, para os efeitos da cobrança do imposto e definição do estabelecimento responsável, é: [...] III – tratando-se de prestação onerosa de serviço de comunicação: a) o da prestação do serviço de radiodifusão sonora e de som e imagem, assim entendido o da geração, emissão, transmissão e retransmissão, repetição, ampliação e recepção; b) o do estabelecimento da concessionária ou da permissionária que forneça ficha, cartão, ou assemelhados com que o serviço é pago; c) o do estabelecimento destinatário do serviço, na hipótese e para os efeitos do inciso XIII do art. 12; c-1) o do estabelecimento ou domicílio do tomador do serviço, quando prestado por meio de satélite; (Alínea incluída pela LCP nº 102, de 11.7.2000) d) onde seja cobrado o serviço, nos demais casos".

No entanto, *reputa-se legítima a sua instituição por lei estadual*, no exercício da competência legislativa plena do art. 24, § 3º, da CF e da autorização do art. 34, § 3º, do ADCT.[1083]

• **Precedente citado**

Ausência de lei complementar. Regulação do IPVA por lei estadual. Legitimidade: [...] PROPRIEDADE DE VEÍCULOS AUTOMOTORES – DISCIPLINA. Mostra-se constitucional a disciplina do Imposto sobre Propriedade de Veículos Automotores mediante norma local. Deixando a União de editar normas gerais, exerce a unidade da federação a competência legislativa plena – § 3º do artigo 24, do corpo permanente da Carta de 1988 –, sendo que, com a entrada em vigor do sistema tributário nacional, abriu-se à União, aos Estados, ao Distrito Federal e aos Municípios, a via da edição de leis necessárias à respectiva aplicação – § 3º do artigo 34 do Ato das Disposições Constitucionais Transitórias da Carta de 1988. (STF, 2ª Turma, **AI 167.777 AgR**, rel. Min. Marco Aurélio, 3.1997)

4.1. Materialidade

Assim como o ITR, o IPTU e o IGF, o IPVA é um imposto sobre a propriedade. Singulariza-se por incidir sobre a propriedade de veículos automotores.

Veículos automotores, no sentido constitucional-tributário, *são apenas aqueles de circulação terrestre*, não abrangendo, como na sua acepção comum, todos os veículos que tenham propulsão própria e sirvam ao transporte.

Portanto, há competência impositiva dos Estados tão somente para a tributação, pelo IPVA, dos veículos automotores de circulação terrestre. Os veículos de circulação aérea (aeronaves) e hídrica (embarcações) não estão sujeitos ao IPVA.[1084]

• **Precedente citado**

Incidência sobre embarcações e aeronaves. Inconstitucionalidade: IPVA – Imposto sobre Propriedade de Veículos Automotores (CF, art. 155, III; CF 69, art. 23, III e § 13, cf. EC 27/85): campo de incidência que não inclui embarcações e aeronaves. (STF, Pleno, **RE 134.509**, rel. p/ ac. Min. Sepúlveda Pertence, 5.2002)

Expusemos os fundamentos desse precedente no livro *Conceitos e competências tributárias*: "Para refutar o argumento do Ministro Marco Aurélio no sentido de que o signo 'veículos automotores' constante no artigo 155, I, 'c', da CF/88 abrangeria qualquer espécie de veículo que 'tenha propulsão própria e que sirva ao transporte de pessoas e coisas', o Ministro Sepúlveda Pertence empregou, como fundamento de decidir, parecer da lavra de Moacir Antônio Machado da Silva, então Procurador da República, no qual, após longas considerações atinentes aos argumentos genético e histórico, expõe que, por força do dispositivo que atribuía ao Município onde estivesse licenciado o veículo 50% da receita arrecadada (art. 23, § 13º, da Constituição de 1969, com a redação dada pela EC n. 27/85, correspondente ao art. 158, III, da Constituição de 1988), tal signo não poderia denotar as aeronaves e embarcações. Denotaria apenas os veículos terrestres, tendo em vista que somente estes são licenciados: as aeronaves e embarcações são registradas. Acolhendo tal argumento, o Plenário do STF reconheceu a ilegitimidade da cobrança da exação" (p. 190).

4.2. Competência

A Constituição da República outorga o IPVA à competência dos Estados e do Distrito Federal, mas não estabelece expressamente critérios para dirimir eventuais conflitos de competência. Tais critérios deveriam ser estabelecidos por lei complementar, nos termos do art. 146, I, da CF; porém, o legislador omitiu-se a respeito.

De qualquer forma, uma interpretação sistemática da Constituição já fornece a indicação de que *o ente competente para cobrar o IPVA é aquele em cujo território o veículo automotor está licenciado*, haja vista que, ao tratar da repartição das receitas desse imposto com os Municípios, o art. 158, III, estabelece que lhes toca "cinqüenta por cento

---

[1083] STF, 2ª Turma, *AI 167.777 AgR*, rel. Min. Marco Aurélio, 3.1997.

[1084] STF, Pleno, *RE 134.509*, rel. p/ ac. Min. Sepúlveda Pertence, 5.2002.

do produto da arrecadação do imposto do Estado sobre a propriedade de veículos automotores licenciados em seus territórios".[1085]

Ora, se o produto da arrecadação deve ser dividido com o Município em cujo território o veículo tributado está licenciado, é evidente que o imposto é de competência do Estado em cujo território está inserido tal Município, isto é, em cujo território o veículo está licenciado.

Em suma, a sujeição dos proprietários ao poder impositivo de um Estado específico (ou do Distrito Federal), para fins de pagamento do IPVA, é determinada pelo licenciamento do veículo.

4.3. Alíquotas e benefícios tributários

As alíquotas do IPVA são reguladas em sede constitucional pelo § 6º do art. 155, incluído pela EC 42/03, o qual permite que o Senado fixe alíquotas mínimas e autoriza que os Estados e o Distrito Federal adotem alíquotas diferenciadas em função do tipo e da utilização do veículo.

Não se admite, contudo, o estabelecimento de *alíquotas diferenciadas em função da origem do veículo*, se nacional ou importado.[1086] Essa regulação, acolhida por alguns Estados, implicava desigualdades manifestas, pois o IPVA deve ser graduado em função do valor venal do veículo, não da sua marca, modelo ou procedência; implicava, ademais, violação frontal ao art. 152 da CF, que veda "aos Estados, ao Distrito Federal e aos Municípios estabelecer diferença tributária entre bens e serviços, de qualquer natureza, em razão de sua procedência ou destino".[1087]

Permite-se, por outro lado, *a concessão de benefícios extrafiscais em relação ao IPVA*, mormente quando destinados a incentivar o respeito à legislação de trânsito. Por isso, consideram-se legítimos os descontos do IPVA para os motoristas que não tenham cometido infrações de trânsito.[1088]

Privilégios tributários, no entanto, *são visivelmente ilegítimos*. Um belo exemplo é fornecido pela isenção do IPVA concedida aos proprietários filiados a uma cooperativa determinada, declarada inconstitucional pelo STF.[1089]

- **Precedentes citados**

Privilégios frente ao IPVA. Isenção concedida a proprietários filiados a uma cooperativa específica. Inconstitucionalidade: AÇÃO DIRETA DE INCONSTITUCIONALIDADE. LEI ESTADUAL 356/97, ARTIGOS 1º E 2º. TRATAMENTO FISCAL DIFERENCIADO AO TRANSPORTE ESCOLAR VINCULADO À COOPERATIVA DO MUNICÍPIO. AFRONTA AO PRINCÍPIO DA IGUALDADE E ISONOMIA. [...] 2. Lei Estadual 356/97. Cancelamento de multa e isenção do pagamento do IPVA. Matéria afeta à competência dos Estados e à do Distrito Federal. Benefício fiscal concedido exclusivamente àqueles filiados à Cooperativa de Transportes Escolares do Município de Macapá. Inconstitucionalidade. A Constituição Federal outorga aos Estados e ao Distrito Federal a competência para instituir o Imposto sobre Propriedade de Veículos Automotores e para conceder isenção, mas, ao mesmo tempo, proíbe o tratamento desigual entre contribuintes que se encontrem na mesma situação

---

[1085] Cfr. SILVA. "Perfil constitucional da hipótese de incidência do IPVA", p. 150-151. Recorde-se que a redação do art. 158, III, da CF foi justamente um dos fundamentos que o STF utilizou para rechaçar a cobrança do IPVA sobre aeronaves e embarcações (vide a nota 1026).

[1086] STF, 2ª Turma, *RE 367.785 AgR*, rel. Min. Eros Grau, 5.2006.

[1087] STF, 2ª Turma, AI 203.845 AgR, rel. Min. Néri da Silveira, 12.1998. A ementa deste julgado não é elucidativa. É a decisão agravada, transcrita no relatório, que esclarece os fundamentos acolhidos pelo STF: "Se o artigo 152 da Constituição Federal estabelece a isonomia tributária, impedindo tratamento diferenciado dos contribuintes em razão da procedência e destino dos bens e serviços, vinculando Estados e Municípios, não se pode conceder que a alíquota do IPVA seja uma para os veículos de procedência nacional e outra, maior, para os importados".

[1088] STF, Pleno, *ADI 2.301 MC*, rel. Min. Marco Aurélio, 9.2003.

[1089] STF, Pleno, *ADI 1.655*, rel. Min. Maurício Corrêa, 3.2004.

econômica. Observância aos princípios da igualdade, da isonomia e da liberdade de associação. Ação direta de inconstitucionalidade julgada procedente. (STF, Pleno, **ADI 1.655**, rel. Min. Maurício Corrêa, 3.2004)

Desconto para condutores sem infrações de trânsito. Legitimidade: IPVA – DESCONTO – AUSÊNCIA DE INFRAÇÃO DE TRÂNSITO. Ao primeiro exame, não surge relevante a articulação sobre a impossibilidade de o Estado federado, relativamente a tributo situado na respectiva competência – IPVA –, vir a dispor sobre desconto, considerada a ausência de infração de trânsito. (STF, Pleno, **ADI 2.301 MC**, rel. Min. Marco Aurélio, 9.2003)

Alíquotas diferenciadas para veículos importados. Inconstitucionalidade: AGRAVO REGIMENTAL NO RECURSO EXTRAORDINÁRIO. TRIBUTÁRIO. IPVA. VEÍCULO IMPORTADO. ALÍQUOTA DIFERENCIADA. 1. Não se admite a alíquota diferenciada de IPVA para veículos importados e os de procedência nacional. 2. O tratamento desigual significaria uma nova tributação pelo fato gerador da importação. Precedentes. Agravo regimental a que se nega provimento. (STF, 2ª Turma, **RE 367.785 AgR**, rel. Min. Eros Grau, 5.2006)

---

§ 1º O imposto previsto no inciso I: (Redação dada pela Emenda Constitucional nº 3, de 17.03.1993)

Redação original: § 1º O imposto previsto no inciso I, *a*:

I – relativamente a bens imóveis e respectivos direitos, compete ao Estado da situação do bem, ou ao Distrito Federal

II – relativamente a bens móveis, títulos e créditos, compete ao Estado onde se processar o inventário ou arrolamento, ou tiver domicílio o doador, ou ao Distrito Federal;

III – terá competência para sua instituição regulada por lei complementar:

a) se o doador tiver domicilio ou residência no exterior;

b) se o de cujus possuía bens, era residente ou domiciliado ou teve o seu inventário processado no exterior;

IV – terá suas alíquotas máximas fixadas pelo Senado Federal.

Art. 155, § 1º: Regulação específica do ITCD

1. Incisos I a III: titularidade da competência

Diante da possibilidade de ocorrerem conflitos de competência entre os Estados, houve por bem o constituinte regular, de forma minuciosa, a competência para a instituição do ITCD.

O titular da competência impositiva será o Estado:

a) *da situação do bem imóvel*, quanto à tributação deste e dos direitos correlatos (inciso I), mesmo que o inventário ou o arrolamento sejam processados em outro Estado ou o doador seja domiciliado em outra unidade federativa; ou

b) *onde se processar o inventário ou arrolamento ou tiver domicílio o doador, quanto à tributação dos bens móveis*, títulos e créditos (inciso II), mesmo que os bens estejam situados em outro local.

Se as hipóteses referidas ocorrerem no Distrito Federal, este será o titular da competência.

A Constituição aparentemente afasta tais regras, relegando a matéria ao legislador complementar, *nas situações específicas em que haja alguma ligação relevante com o exterior* (inciso III).

Efetivamente, seria inviável aplicar a regra do inciso II (que confere a competência ao Estado onde se processar o inventário/arrolamento ou tiver domicílio o doador), nas hipóteses em que o inventário ou o arrolamento fosse processado ou o doador fosse domiciliado no exterior, pelo simples fato de que o titular da competência seria um Estado estrangeiro.

No entanto, seria possível aplicar o inciso II no caso de o *de cujus* ter possuído bens ou ter sido residente ou domiciliado no exterior, sem lá ter sido processado o seu inventário.

Por outro lado, nada obstaria que fosse aplicada a regra do inciso I.

Não obstante a Carta Política aparentemente confira liberdade ao legislador complementar, consideramos que não lhe cabe regular a questão ao seu alvedrio. *A configuração das competências tributárias tem sua sede na Constituição da República*, cabendo ao legislador dispor sobre conflitos de competência em matéria tributária (art. 146, II), e não alterá-las.

Por isso, comungamos da conclusão de Roque Carrazza no sentido de que *o legislador deve nortear-se pelos critérios dos incisos I e II*,[1090] com a ressalva de que tais critérios seriam estes:

a) em se tratando de imóveis situados no Brasil, a competência deve ser atribuída ao Estado da situação do bem (inciso I);

b) em se tratando de bens móveis, títulos e créditos (inciso II), a competência deve ser atribuída:

b-1) ao Estado onde residir ou for domiciliado o donatário, se o doador tiver domicílio no exterior;

b-2) ao Estado onde residir ou for domiciliado o herdeiro, se o *de cujus* tiver seu inventário ou arrolamento processado no exterior;

b-3) ao Estado onde se processar o inventário ou arrolamento, se o *de cujus* possuía bens, era residente ou domiciliado no exterior.

Na falta de lei complementar, os Estados e o Distrito Federal poderão exercer a competência legislativa plena, nos termos do art. 24, § 3º, da CF e do art. 34, § 3º, do ADCT, observando esses critérios, que haveriam de ser respeitados pelo legislador complementar.

2. Inciso IV: estabelecimento de alíquotas máximas

As "alíquotas" máximas fixadas pelo Senado Federal devem servir como tetos, limites superiores para a fixação, pelos Estados e pelo Distrito Federal, das alíquotas do ITCD. Não se prestam para atuar como verdadeiras alíquotas, uma vez que não integram a regra-matriz de incidência: alíquotas são apenas aquelas fixadas pelos Estados e pelo Distrito Federal.

Noutros termos, o Senado Federal somente tem competência para estabelecer limites, jamais as alíquotas aplicáveis ao ITCD.

Por isso e por força do princípio da legalidade tributária, *entende-se ser inviável que as leis estaduais vinculem a alíquota do ITCD ao limite máximo* estabelecido pelo Senado, de modo que posteriormente variem com este. Tal vinculação caracterizaria ilegítima delegação de parcela da competência tributária ao Senado Federal, malferindo os princípios federativo e da legalidade.

[1090] CARRAZZA. *Curso de Direito Constitucional Tributário.* 18ª ed. p. 827: "pensamos que tal lei complementar não pode fugir do critério básico dos incisos I e II do § 1º do art. 155 da CF: os impostos competem ao Estado (ou ao Distrito Federal) relacionado, de algum modo, à doação ou à transmissão *causa mortis*. Estando os bens no exterior ou tendo o inventário nele sido processado, o melhor critério, salvo engano, é a lei complementar atribuir esta competência à unidade federativa onde tem domicílio ou reside o donatário ou o herdeiro. Do contrário restarão feridos os princípios federativo e da autonomia distrital, abrindo espaço à 'guerra fiscal', cujos efeitos deletérios são por todos conhecidos".

O STF, no entanto, não declarou inconstitucionais os preceitos que estabeleciam tal vinculação, interpretando-a como relativa ao limite máximo então vigente: afastou unicamente a possibilidade de variações subsequentes que não decorressem de leis específicas.[1091]

• **Precedente citado**

Vinculação de alíquota do ITCD ao limite máximo. Inconstitucionalidade: TRIBUTO – FIXAÇÃO DE ALÍQUOTA X TETO – IMPOSTO DE TRANSMISSÃO CAUSA *MORTIS* – LEI Nº 10.260/89, DO ESTADO DE PERNAMBUCO. Não se coaduna com o sistema constitucional norma reveladora de automaticidade quanto à alíquota do imposto de transmissão *causa mortis*, a evidenciar a correspondência com o limite máximo fixado em resolução do Senado Federal. (STF, Pleno, **RE 213.266**, rel. Min. Marco Aurélio, 10.1999)

Lê-se no voto do relator: "o caso não é de declaração de inconstitucionalidade da norma. Esta, na origem, quanto ao efeito imediato e, portanto, direto, surgiu válida. Implicou a adoção da alíquota tendo em vista a percentagem 'teto', a alíquota-teto resultante da Resolução do Senado em vigor. O que não se mostra válida é a polivalência, a ponto de apanhar a alíquota-teto superveniente".

---

§ 2º O imposto previsto no inciso II, atenderá ao seguinte: (Redação dada pela Emenda Constitucional nº 3, de 17.03.1993):

Redação original: § 2º O imposto previsto no inciso I, b, atenderá ao seguinte:

I – será não-cumulativo, compensando-se o que for devido em cada operação relativa à circulação de mercadorias ou prestação de serviços com o montante cobrado nas anteriores pelo mesmo ou outro Estado ou pelo Distrito Federal;

II – a isenção ou não-incidência, salvo determinação em contrário da legislação:

a) não implicará crédito para compensação com o montante devido nas operações ou prestações seguintes;

b) acarretará a anulação do crédito relativo às operações anteriores;

III – poderá ser seletivo, em função da essencialidade das mercadorias e dos serviços;

IV – resolução do Senado Federal, de iniciativa do Presidente da República ou de um terço dos Senadores, aprovada pela maioria absoluta de seus membros, estabelecerá as alíquotas aplicáveis às operações e prestações, interestaduais e de exportação;

V – é facultado ao Senado Federal:

a) estabelecer alíquotas mínimas nas operações internas, mediante resolução de iniciativa de um terço e aprovada pela maioria absoluta de seus membros;

b) fixar alíquotas máximas nas mesmas operações para resolver conflito específico que envolva interesse de Estados, mediante resolução de iniciativa da maioria absoluta e aprovada por dois terços de seus membros;

VI – salvo deliberação em contrário dos Estados e do Distrito Federal, nos termos do disposto no inciso XII, "g", as alíquotas internas, nas operações relativas à circulação de mercadorias e nas prestações de serviços, não poderão ser inferiores às previstas para as operações interestaduais;

VII - nas operações e prestações que destinem bens e serviços a consumidor final, contribuinte ou não do imposto, localizado em outro Estado, adotar-se-á a alíquota interestadual e caberá ao Estado de localização do destinatário o imposto correspondente à diferença entre a alíquota interna do Estado destinatário e a alíquota interestadual; (Redação dada pela Emenda Constitucional nº 87, de 2015)

a) (revogada); (Redação dada pela Emenda Constitucional nº 87, de 2015)

b) (revogada); (Redação dada pela Emenda Constitucional nº 87, de 2015)

Redação original: VII – em relação às operações e prestações que destinem bens e serviços a consumidor final localizado em outro Estado, adotar-se-á: a) a alíquota interestadual, quando o destinatário for contribuinte do imposto; b) a alíquota interna, quando o destinatário não for contribuinte dele;

VIII - a responsabilidade pelo recolhimento do imposto correspondente à diferença entre a alíquota interna e a interestadual de que trata o inciso VII será atribuída: (Redação dada pela Emenda Constitucional nº 87, de 2015) (Produção de efeito)

a) ao destinatário, quando este for contribuinte do imposto; (Incluído pela Emenda Constitucional nº 87, de 2015)

b) ao remetente, quando o destinatário não for contribuinte do imposto; (Incluído pela Emenda Constitucional nº 87, de 2015)

Redação original: VIII – na hipótese da alínea "a" do inciso anterior, caberá ao Estado da localização do destinatário o imposto correspondente à diferença entre a alíquota interna e a interestadual;

IX – incidirá também:

a) sobre a entrada de bem ou mercadoria importados do exterior por pessoa física ou jurídica, ainda que não seja contribuinte habitual do imposto, qualquer que seja a sua finalidade, assim como sobre o serviço presta-

[1091] STF, Pleno, *RE 213.266*, rel. Min. Marco Aurélio, 10.1999.

do no exterior, cabendo o imposto ao Estado onde estiver situado o domicílio ou o estabelecimento do destinatário da mercadoria, bem ou serviço; (Redação dada pela Emenda Constitucional nº 33, de 11.12.2001):
Redação original: a) sobre a entrada de mercadoria importada do exterior, ainda quando se tratar de bem destinado a consumo ou ativo fixo do estabelecimento, assim como sobre serviço prestado no exterior, cabendo o imposto ao Estado onde estiver situado o estabelecimento destinatário da mercadoria ou do serviço;
b) sobre o valor total da operação, quando mercadorias forem fornecidas com serviços não compreendidos na competência tributária dos Municípios;
X – não incidirá:
a) sobre operações que destinem mercadorias para o exterior, nem sobre serviços prestados a destinatários no exterior, assegurada a manutenção e o aproveitamento do montante do imposto cobrado nas operações e prestações anteriores; (Redação dada pela Emenda Constitucional nº 42, de 19.12.2003)
Redação original: a) sobre operações que destinem ao exterior produtos industrializados, excluídos os semi-elaborados definidos em lei complementar;
b) sobre operações que destinem a outros Estados petróleo, inclusive lubrificantes, combustíveis líquidos e gasosos dele derivados, e energia elétrica;
c) sobre o ouro, nas hipóteses definidas no art. 153, § 5º;
d) nas prestações de serviço de comunicação nas modalidades de radiodifusão sonora e de sons e imagens de recepção livre e gratuita; (Alínea incluída pela Emenda Constitucional nº 42, de 19.12.2003)
XI – não compreenderá, em sua base de cálculo, o montante do imposto sobre produtos industrializados, quando a operação, realizada entre contribuintes e relativa a produto destinado à industrialização ou à comercialização, configure fato gerador dos dois impostos;
XII – cabe à lei complementar:
a) definir seus contribuintes;
b) dispor sobre substituição tributária;
c) disciplinar o regime de compensação do imposto;
d) fixar, para efeito de sua cobrança e definição do estabelecimento responsável, o local das operações relativas à circulação de mercadorias e das prestações de serviços;
e) excluir da incidência do imposto, nas exportações para o exterior, serviços e outros produtos além dos mencionados no inciso X, "a";
f) prever casos de manutenção de crédito, relativamente à remessa para outro Estado e exportação para o exterior, de serviços e de mercadorias;
g) regular a forma como, mediante deliberação dos Estados e do Distrito Federal, isenções, incentivos e benefícios fiscais serão concedidos e revogados.
h) definir os combustíveis e lubrificantes sobre os quais o imposto incidirá uma única vez, qualquer que seja a sua finalidade, hipótese em que não se aplicará o disposto no inciso X, *b*; (Alínea incluída pela Emenda Constitucional nº 33, de 11.12.2001)
i) fixar a base de cálculo, de modo que o montante do imposto a integre, também na importação do exterior de bem, mercadoria ou serviço. (Alínea incluída pela Emenda Constitucional nº 33, de 11.12.2001)

Art. 155, § 2º: Regulação específica do ICMS

O ICMS é o imposto mais ricamente regulado pela Constituição, que, nos inúmeros incisos e alíneas do § 2º do art. 155, consagra imunidades, dispõe sobre o seu caráter seletivo e não cumulativo, as suas alíquotas, a sua incidência sobre operações específicas, entre vários outros aspectos.

Essa densidade normativa, associada à inadequada prática de "superação legislativa" das decisões do STF que favorecem os contribuintes, levou a frequentes reformas do texto constitucional, que nem sempre primam pela coerência sistêmica.

No que segue, analisaremos detidamente esses preceitos.

1. Incisos I e II: não cumulatividade

1.1. Aspectos gerais

Já tratamos dos aspectos gerais da não cumulatividade, ao abordar o IPI, nos comentários ao art. 153, § 3º, II, da CF.

Como expusemos, *a Constituição impõe*, para o IPI e o ICMS, *a adoção do método do creditamento do imposto* (método da subtração na variante imposto contra imposto, segundo a classificação de Sullivan);[1092] ademais, não é apenas o montante "cobrado" que pode ser compensado: *o contribuinte pode creditar-se até mesmo de montante não cobrado e não pago*, mesmo que a nota fiscal emitida venha a ser declarada inidônea.[1093] Exige-se apenas a emissão do documento fiscal[1094] e a boa-fé do adquirente, que é presumida.

A consagração constitucional da não cumulatividade do ICMS implica a existência de um direito subjetivo dos contribuintes ao creditamento e à futura compensação com os débitos do imposto.

Os contornos básicos desse direito subjetivo são estabelecidos pela Constituição. Por possuírem *status* constitucional, *não podem ser desconsiderados pelo legislador complementar.*[1095]

Ao legislador cabe apenas concretizá-lo, prevendo pormenores da sistemática de compensação, sempre com vistas às determinações constitucionais e ao teor do princípio da não cumulatividade, que atua como um *vetor interpretativo* para os Poderes Legislativo, Executivo e Judiciário.

Nessa regulação, o legislador deverá respeitar a amplitude da não cumulatividade estabelecida pela Constituição, que, cabe dizê-lo expressamente, *não se restringe aos limites territoriais da pessoa política tributante*, abrangendo todo o território nacional. Mesmo que as operações antecedentes tenham sido tributadas por outro Estado (ou pelo Distrito Federal), a aquisição das mercadorias gerará direito ao creditamento perante o ente tributante. Por exemplo, se uma empresa sediada no Rio de Janeiro vender uma mercadoria a outra com sede em São Paulo, esta creditar-se-á do tributo devido por aquela para compensar com o que deveria pagar ao Estado de São Paulo.

No que diz com as *aquisições que geram direito de crédito,* o Supremo Tribunal Federal tem entendido que a Constituição da República *não consagrou o modelo do crédito financeiro*, em que o contribuinte poderia se creditar em todas as aquisições e despesas previamente oneradas pelo ICMS, senão o do *crédito físico,* de forma que o direito constitucional ao creditamento seria restrito às aquisições de mercadorias para revenda e de insumos que se incorporam ao produto final ou que são consumidos no processo de industrialização.[1096] Lastreada nesses fundamentos, a Corte tem chancelado as restrições impostas pela Lei Complementar 87/96 para o creditamento nas aquisições de energia elétrica e de bens destinados ao consumo ou ao ativo fixo do estabelecimento.[1097]

[1092] O STF, no entanto, reconheceu a legitimidade da instituição de regime de apuração por estimativa (mediante a aplicação de alíquotas sobre a receita bruta mensal), autorizada pelo art. 26, III, da LC 87/96, a fim de substituir o regime de créditos e débitos que caracteriza a sistemática constitucional da não-cumulatividade (STF, Pleno, *ADI 1.995 MC*, rel. Min. Néri da Silveira, 8.2000). Considerou, no caso, o fato de a lei questionada autorizar a impugnação do valor e, ainda, admitir a utilização de eventuais créditos, mesmo que em sistema distinto do "imposto contra imposto" (débito-crédito, denominado no precedente de "regime de apuração ordinário"), acolhido para o ICMS.

[1093] Súmula 509 do STJ: "É lícito ao comerciante de boa-fé aproveitar os créditos de ICMS decorrentes de nota fiscal posteriormente declarada inidônea, quando demonstrada a veracidade da compra e venda".

[1094] Há uma súmula antiga do STF que reconhece o creditamento até mesmo para alienação realizada sem a emissão de nota fiscal: "O comprador de café ao IBC, ainda que sem expedição de nota fiscal, habilita-se, quando da comercialização do produto, ao crédito do ICM que incidiu sobre a operação anterior" (Súmula 571 do STF). Porém, ela não pode ser aplicada sem relevantes ressalvas nos dias de hoje. Vide os comentários à súmula.

[1095] O regime de compensação do ICMS há de ser regulado por lei complementar, como determinado pelo art. 155, § 2º, XII, *c*, da CF.

[1096] STF, 2ª Turma, *AI 685.740 AgR-ED*, rel. Min. Joaquim Barbosa, 8.2010.

[1097] STF, 1ª Turma, *AI 761.990 AgR*, rel. Min. Ricardo Lewandowski, 12.2010. A jurisprudência do STJ também se orienta nessa linha: 1ª Turma, *REsp 889.414*, rel. Min. Luiz Fux, 4.2008; 2ª Turma, *REsp 984.880*, rel. Min. Herman Benjamin, 12.2008.

• Súmulas

Súmula 571 do STF: "O comprador de café ao IBC, ainda que sem expedição de nota fiscal, habilita-se, quando da comercialização do produto, ao crédito do ICM que incidiu sobre a operação anterior".

Lê-se num dos precedentes que antecederam a emissão da súmula: "A omissão do IBC ao deixar de emitir notas fiscais não justifica a perda do direito ao crédito do imposto da operação anterior, sob pena de violar o mencionado princípio [refere-se ao princípio da não-cumulatividade]" (STF, 1ª Turma, RE 77.415, rel. Ministro Djaci Falcão, 3.1974, excerto do seu voto)

A súmula, contudo, deve ser compreendida à luz do contexto e da época em que editada, quando a emissão de nota fiscal não era uma exigência tão consolidada. Ademais, inúmeros julgados referiram que o imposto havia sido efetivamente recolhido.

Da Súmula 571 do STF, remanesce o espírito de tutelar o adquirente de boa-fé.

Súmula 509 do STJ: "É lícito ao comerciante de boa-fé aproveitar os créditos de ICMS decorrentes de nota fiscal posteriormente declarada inidônea, quando demonstrada a veracidade da compra e venda".

Os fundamentos da súmula são bem explicitados neste precedente: [...] 1. O comerciante de boa-fé que adquire mercadoria, cuja nota fiscal (emitida pela empresa vendedora) posteriormente seja declarada inidônea, pode engendrar o aproveitamento do crédito do ICMS pelo princípio da não-cumulatividade, uma vez demonstrada a veracidade da compra e venda efetuada, porquanto o ato declaratório da inidoneidade somente produz efeitos a partir de sua publicação (Precedentes das Turmas de Direito Público: [...]). 2. A responsabilidade do adquirente de boa-fé reside na exigência, no momento da celebração do negócio jurídico, da documentação pertinente à assunção da regularidade do alienante, cuja verificação de idoneidade incumbe ao Fisco [...] (STJ, 1ª Seção, REsp 1.148.444, rel. Min. Luiz Fux, 4.2010, *representativo de controvérsia*).

• Precedentes citados

Supremo Tribunal Federal:

Apuração de créditos por estimativa, com possibilidade de impugnação. Legitimidade: Ação direta de inconstitucionalidade. Artigos 4º e 5º da Lei nº 5.541, de 22-12-97, com redação e alterações dadas pela Lei nº 5.619, de 02-03-98, do Estado do Espírito Santo. 2. Substituição do regime de débito e crédito utilizado para apuração do ICMS, pelo regime de apuração por estimativa. Sustentação de violação ao princípio da não-cumulatividade do ICMS. 3. A Lei Complementar nº 87, de 13.9.96, reserva à lei estadual dispor sobre cálculo por estimativa. Improcede a alegação de que a cláusula "vedada a utilização de créditos", art. 4º, da Lei em exame, ofende o princípio constitucional da não-cumulatividade. Possibilidade de compensação de eventuais créditos consignada no art. 4º, § 8º, II, do Diploma estadual atacado. 4. Quanto ao cálculo do ICMS, a utilização de eventuais créditos segue procedimento distinto, não cabendo a forma do sistema débito-crédito de apuração do ICMS. 5. Relevantes, porém, os fundamentos para suspender o § 12º do art. 4º, e *caput* e § 1º, do art. 5º, da lei impugnada. (STF, Pleno, ADI 1.995 MC, rel. Min. Néri da Silveira, 8.2000)

Aquisições que geram direito de crédito. Não adoção do modelo de crédito financeiro: TRIBUTÁRIO. IMPOSTO SOBRE CIRCULAÇÃO DE MERCADORIAS E PRESTAÇÃO DE SERVIÇOS DE COMUNICAÇÃO E DE TRANSPORTE INTERMUNICIPAL E INTERESTADUAL. NÃO-CUMULATIVIDADE. DIFERENÇA ENTRE CRÉDITO FÍSICO E CRÉDITO FINANCEIRO. DISCUSSÃO SOBRE O MODELO ADOTADO PELA CONSTITUIÇÃO DE 1988. PROCESSUAL CIVIL. EMBARGOS DE DECLARAÇÃO. 1. Esta Corte tem sistematicamente entendido que a Constituição de 1988 não assegurou direito à adoção do modelo de crédito financeiro para fazer valer a não-cumulatividade do ICMS, em toda e qualquer hipótese. Precedentes. 2. Assim, a adoção de modelo semelhante ao do crédito financeiro depende de expressa previsão Constitucional ou legal, existente para algumas hipóteses e com limitações na legislação brasileira. 3. No caso em exame, a parte-embargante insiste em requerer os créditos posteriores à Lei Complementar 87/96, o que não é possível, como verifica-se da jurisprudência desta Corte. Embargos de declaração rejeitados. (STF, 2ª Turma, AI 685.740 AgR-ED, rel. Min. Joaquim Barbosa, 8.2010)

Bens destinados ao ativo fixo, materiais de consumo, energia elétrica e serviços de comunicação. Inexistência de direito constitucional ao creditamento: AGRAVO REGIMENTAL EM AGRAVO DE INSTRUMENTO. TRIBUTÁRIO. OPERAÇÕES DE CONSUMO DE ENERGIA ELÉTRICA, DE UTILIZAÇÃO DE SERVIÇOS DE COMUNICAÇÃO OU DE AQUISIÇÃO DE BENS DESTINADOS AO ATIVO FIXO E DE MATERIAIS DE USO E CONSUMO. IMPOSSIBLIDADE DE COMPENSAÇÃO DE CRÉDITOS FISCAIS DE ICMS. LC 102/2000. OFENSA AO PRINCÍPIO DA NÃO-CUMULATIVIDADE. INEXISTÊNCIA. AGRAVO IMPROVIDO. I – Não enseja ofensa ao princípio da não cumulatividade a situação de inexistência de direito a crédito de ICMS pago em razão de operações de consumo de energia elétrica, de utilização de serviços de comunicação ou de aquisição de bens destinados ao ativo fixo e de materiais de uso e consumo. Precedentes. II – A modificação introduzida no art. 20, § 5º, da LC 87/96, e as alterações ocorridas no art. 33 da mencionada lei, não ofendem o princípio da não-cumulatividade. Precedentes. [...] IV – Agravo regimental improvido. (STF, 1ª Turma, **AI 761.990 AgR**, rel. Min. Ricardo Lewandowski, 12.2010)

Superior Tribunal de Justiça:

Bens que não integram o produto final e não são consumidos na industrialização. Inexistência de direito constitucional ao creditamento: [...] 1. O creditamento do ICMS somente é factível nas hipóteses restritas constantes do § 1º, do artigo 20, da Lei Complementar nº 87/96, qual seja a entrada de mercadorias que façam parte da atividade do estabelecimento. Consectariamente, é de clareza hialina que o direito de creditamento do ICMS pago anteriormente somente exsurge quando se tratar de insumos que se incorporam ao produto final ou que são consumidos no curso do processo de industrialização. (Precedentes: ...) (STJ, 1ª Turma, **REsp 889.414**, rel. Min. Luiz Fux, 4.2008)

Energia elétrica. Inexistência de direito constitucional ao creditamento: [...] 4. O Princípio da Não-Cumulatividade por si só não permite o creditamento amplo e irrestrito de ICMS relativo à aquisição de energia elétrica. 5. O consumo de energia somente gera direito a creditamento nos exatos termos e limites previstos pelo art. 33, II, "b", da LC 87/1996. [...] 15. É inviável o creditamento de ICMS relativo à aquisição de energia elétrica pelas concessionárias de telecomunicações, nos termos do art. 33, II, "b", da LC 87/1996, pois são prestadoras de serviço, e não entidades industriais. (STJ, 2ª Turma, **REsp 984.880**, rel. Min. Herman Benjamin, 12.2008)

1.2. Correção monetária dos créditos

O princípio da não cumulatividade impõe que os créditos do ICMS sejam corrigidos monetariamente, pois o aproveitamento de créditos defasados teria por efeito a incidência cumulativa do tributo.

Se tal correção for rejeitada, haverá cristalina violação ao princípio da não cumulatividade, que não é vocacionado apenas a obstar a cumulatividade integral, mas também a impedir a incidência cumulativa parcial, como ocorre no caso da determinação de aproveitamento dos créditos pelo valor nominal.

Não obstante, *a jurisprudência do STF firmou-se no sentido de que a correção monetária dos créditos do ICMS somente pode ser efetivada com base em previsão legal expressa*, por se tratar de créditos escriturais. À sua falta, não seria dado ao Executivo e tampouco ao Judiciário reconhecê-la.[1098]

Excetua-se apenas a hipótese de não ter ocorrido o aproveitamento dos créditos no momento devido por óbice ilegítimo criado pelo Fisco, em decorrência do princípio que repele o enriquecimento sem causa.[1099]

Vedando-se a correção monetária dos créditos, dever-se-ia, por coerência, proibir a correção monetária dos débitos, sob pena de violar não apenas a sistemática da não cumulatividade, mas também o princípio da isonomia.

O STF, contudo, vem chancelando a prática de somente corrigir os débitos, e não os créditos: "o princípio da não cumulatividade não é infringido pelo fato de vir a ser recolhido, por valor corrigido, o imposto apurado, na época própria, pela diferença entre créditos e débitos efetuados pelos respectivos valores singelos, já que da correção do tributo não resulta acréscimo, mas simples atualização monetária do quantum devido".[1100]

• Precedentes citados

Correção monetária dos débitos, mas não dos créditos dos contribuintes. Legitimidade: [...] Prevista, no dispositivo legal sob enfoque, a atualização monetária dos débitos de ICMS, não há como se falar, no caso, em ofensa ao princípio da legalidade. De outra parte, não se compreendendo no campo reservado a lei, pelo Texto Fundamental, a definição do vencimento e do modo pelo qual se procederá a atualização monetária das obrigações tributárias, também não se pode ter por configurada delegação de poderes no cometimento de tais encargos, pelo legislador ordinário, ao Poder regulamentar. De considerar-se, por fim, que o princípio da não-cumulatividade não é infringido pelo fato de vir a ser recolhido, por valor corrigido, o imposto apurado, na época própria, pela diferença entre créditos e débitos efetuados pelos respectivos valores singelos, já que da correção do tributo não resulta acréscimo, mas simples atualização monetária do quantum devido. Inconstitucionalidades não configuradas. Recurso conhecido, mas improvido. (STF, Pleno, **RE 172.394**, rel. p/ ac. Min. Ilmar Galvão, 6.1995)

Neste precedente constam os fundamentos de tal posicionamento: "O sistema de créditos e débitos, por meio do qual se apura o ICMS devido, tem por base valores certos, correspondentes ao tributo incidente sobre as diversas operações mercantis, ativas e passivas, realizadas no período considerado, razão pela qual tais valores, justa-

---

[1098] STF, Pleno, *RE 212. 163 AgR-EDv-AgR*, rel. Min. Maurício Corrêa, 2.2002.

[1099] STF, 2ª Turma, *RE 282.120*, rel. Min. Maurício Corrêa, 10.2002.

[1100] STF, Pleno, *RE 172.394*, rel. p/ ac. Min. Ilmar Galvão, 6.1995.

mente com vista à observância do princípio da não-cumulatividade, são insuscetíveis de alteração em face de quaisquer fatores econômicos ou financeiros. De ter-se em conta, ainda, que não há falar, no caso, em aplicação do princípio da isonomia, posto não configurar obrigação do Estado, muito menos sujeita a efeitos moratórios, eventual saldo escritural favorável ao contribuinte, situação reveladora, tão-somente, de ausência de débito fiscal, este sim, sujeito a juros e correção monetária, em caso de não-recolhimento no prazo estabelecido. Recurso conhecido e provido" (STF, 1ª Turma, **RE 195.902**, rel. Min. Ilmar Galvão, 6.1998, texto da ementa).

Falta de autorização legal para a correção monetária de créditos. Impossibilidade de reconhecimento judicial: [...] ICMS. CREDITAMENTO. CORREÇÃO MONETÁRIA DO CRÉDITO FISCAL. ALEGAÇÃO DE OFENSA AO PRINCÍPIO DA ISONOMIA E AO DA NÃO-CUMULATIVIDADE. IMPROCEDÊNCIA. Correção monetária de créditos fiscais eventualmente verificados e comprovados. Direito que, por não estar previsto na legislação estadual, não pode ser deferido pelo Judiciário sob pena de substituir-se o legislador em matéria de sua estrita competência. Matéria pacificada no Supremo Tribunal Federal. Embargos de divergência. Não-cabimento. Agravo regimental não provido. (STF, Pleno, **RE 212.163 AgR-EDv-AgR**, rel. Min. Maurício Corrêa, 2.2002)

Oposição ilegítima do Fisco ao creditamento. Direito à correção monetária dos créditos: [...] 3. Créditos escriturais não realizados no momento adequado por óbice do Fisco, em observância à suspensão cautelar da norma autorizadora. Retorno da situação ao status quo anterior. Garantia de eficácia da lei desde sua edição. Correção monetária devida, sob pena de enriquecimento sem causa da Fazenda Pública. 4. Atualização monetária que não advém da permissão legal de compensação, mas do impedimento causado pelo Estado para o lançamento na época própria. Hipótese diversa da mera pretensão de corrigir-se, sem previsão legal, créditos escriturais do ICMS. Acórdão mantido por fundamentos diversos. Recurso extraordinário não conhecido. (STF, 2ª Turma, **RE 282.120**, rel. Min. Maurício Corrêa, 10.2002)

1.3. Desonerações e creditamento

As alíneas do § 2º, inciso II, do art. 155 da CF estabelecem regras específicas para as hipóteses de isenção ou não incidência, nestes termos:

> § 2º O imposto previsto no inciso II, atenderá ao seguinte:
>
> [...]
>
> II – a isenção ou não-incidência, salvo determinação em contrário da legislação:
>
> a) não implicará crédito para compensação com o montante devido nas operações ou prestações seguintes;
>
> b) acarretará a anulação do crédito relativo às operações anteriores.

Cumpre examinar com atenção o conteúdo desses polêmicos e relevantes preceitos.

1.3.1. Histórico

No regime da Constituição de 1969, *a jurisprudência do STF havia se assentado no sentido de que os contribuintes têm direito ao creditamento mesmo nas aquisições de mercadorias isentas ou não tributadas*.

Para derrubar esse entendimento, foi editada a EC 23/83, apelidada "Emenda Passos Porto", que deu nova redação ao art. 23, II, da CF/69, negando expressamente a concessão de crédito na isenção ou na não incidência, sempre que ela não decorra diretamente da lei:

> [...] a isenção ou não-incidência, salvo determinação em contrário da legislação, não implicará crédito de imposto para abatimento daquele incidente nas operações seguintes.

Esse texto foi mantido na Constituição de 1988, com o acréscimo da referência à anulação dos créditos concernentes às operações anteriores.

1.3.2. Caráter dispositivo

As regras gerais de estorno e vedação de creditamento, constantes no art. 155, § 2º, II, da CF, *podem ser excepcionadas ou afastadas pela legislação*, contanto que o sejam de modo expresso.

O caráter dispositivo dessas regras é indicado no seu próprio texto, mediante a expressão "salvo determinação em contrário da legislação".

Portanto, a legislação pode dispor que a imunidade, a isenção, a alíquota zero e a não incidência, além de não imporem o estorno, implicam crédito para compensação com o montante devido nas operações ou prestações seguintes.

Quanto a esse aspecto, inexiste reserva de lei complementar, salvo no que diz respeito à previsão de manutenção de crédito para as operações de remessa interestadual (art. 155, § 2º, XII, *f*).[1101]

No entanto, deve ser observada a vedação da concessão unilateral de benefícios fiscais no âmbito do ICMS (art. 155, § 2º, XII, *g*).

• Precedente citado

Previsão legal autorizando a manutenção integral do crédito em hipóteses de isenção ou redução de base de cálculo. Inexistência de ofensa à Constituição: [...] 1. A norma impugnada, ao assegurar o direito à manutenção do crédito fiscal em casos em que há redução da base de cálculo ou isenção, não afronta o princípio da não-cumulatividade. Ao contrário, viabiliza sua observância, em coerência com o disposto no artigo 32, II, do Convênio ICMS n. 36/92. 2. O artigo 155, § 2º, inciso II, "b" da CB prevê que a isenção ou não-incidência acarretará a anulação do crédito relativo às operações anteriores, salvo determinação em contrário. A redução de base de cálculo é, segundo o Plenário deste Tribunal, espécie de isenção parcial, o que implica benefício fiscal e aplicação do preceito constitucional mencionado. Precedentes. [...] 6. Ação Direta de Inconstitucionalidade julgada improcedente. (STF, Pleno, **ADI 2.320**, rel. Min. Eros Grau, 2.2006).

1.3.3. Modalidades desonerativas abrangidas

Para determinar o âmbito de abrangência das restrições ao creditamento do inciso II, podem ser adotadas duas linhas interpretativas básicas.

Uma interpretação ampliativa levaria à sua aplicação não apenas à isenção e à não incidência, mas também *a outras formas de desoneração do contribuinte*, tais como a imunidade e a alíquota zero, o que encontraria fundamento no fato de que todas essas modalidades desonerativas obstam a formação de obrigações jurídico-tributárias. *Por outro lado, uma interpretação restritiva limitaria o seu alcance à isenção e à não incidência*, sem estendê-lo a outras modalidades desonerativas.

Reputamos que, em princípio, deve-se conferir ao preceito uma interpretação restritiva, visto que o inciso II introduz uma exceção ao princípio da não cumulatividade, afastando-se da diretriz fornecida pela Constituição. Além disso, em certos casos faz com que benefícios tributários concedidos no curso da cadeia produtiva ou comercial tenham por efeito a majoração da carga tributária para o adquirente final (contribuinte de fato), gerando efeitos deletérios para o consumidor.

1.3.3.1. Imunidade, alíquota zero e créditos presumidos

Na linha da interpretação restritiva que preconizamos, *as restrições ao creditamento do inciso II somente devem ser aplicadas à isenção e à não incidência, não se estendendo a outros benefícios fiscais*, tais como a alíquota zero[1102] e a concessão de créditos presumidos.[1103]

Entendemos, contudo, que as imunidades ensejam a aplicação do art. 155, § 2º, II. Em primeiro lugar, a Constituição nunca emprega o termo "imunidade" em matéria tributária: em seu lugar, prevê hipóteses de "isenção"[1104] ou estabelece que um determinado

---

[1101] STF, Pleno, *ADI 2.320*, rel. Min. Eros Grau, 2.2006.

[1102] Nesse sentido: CARRAZZA. *ICMS*. p. 280; DERZI. *Notas* ao livro *Direito Tributário Brasileiro,* de Aliomar Baleeiro. p. 422-423.

[1103] STJ, 2ª Turma, *RMS 31.714*, rel. Min. Castro Meira, 5.2011.

[1104] Conferir o art. 195, § 7º.

tributo "não incidirá" sobre determinada materialidade.[1105] Em segundo lugar, a distinção estabelecida entre imunidade e isenção não encontra assento na terminologia da Constituição, que denomina verdadeira imunidade de isenção (art. 195, § 7º). Em terceiro lugar, se as imunidades não fossem abrangidas pelo art. 155, § 2º, II, careceria de sentido a previsão final do art. 155, § 2º, X, *a*, que, na redação dada pela EC 42/03, garante expressamente "a manutenção e o aproveitamento do montante do imposto cobrado nas operações e prestações anteriores" relativamente à imunidade da exportação de mercadorias e de produtos para o exterior.

Destarte, a interpretação sistemática da Constituição leva à conclusão de que, assim como a isenção e a não incidência, a imunidade também é abrangida pelo preceito do art. 155, § 2º, II, da CF.

- **Precedente citado**

Crédito presumido. Inaplicabilidade do art. 155, § 2º, II, da CF. Legitimidade do creditamento efetuado pelo adquirente: TRIBUTÁRIO. MANDADO DE SEGURANÇA. ICMS. OPERAÇÃO INTERESTADUAL. CONCESSÃO DE CRÉDITO PRESUMIDO AO FORNECEDOR NA ORIGEM. PRETENSÃO DO ESTADO DE DESTINO DE LIMITAR O CREDITAMENTO DO IMPOSTO AO VALOR EFETIVAMENTE PAGO NA ORIGEM. DESCONSIDERAÇÃO DO BENEFÍCIO FISCAL CONCEDIDO. IMPOSSIBILIDADE. COMPENSAÇÃO. LEI. AUTORIZAÇÃO. AUSÊNCIA. [...] 4. O benefício de crédito presumido não impede o creditamento pela entrada nem impõe o estorno do crédito já escriturado quando da saída da mercadoria, pois tanto a CF/88 (art. 155, § 2º, II) quanto a LC 87/96 (art. 20, § 1º) somente restringem o direito de crédito quando há isenção ou não-tributação na entrada ou na saída, o que deve ser interpretado restritivamente. Dessa feita, o creditamento do ICMS em regime de não-cumulatividade prescinde do efetivo recolhimento na etapa anterior, bastando que haja a incidência tributária. [...] (STJ, 2ª Turma, **RMS 31.714**, rel. Min. Castro Meira, 5.2011)

Este trecho do voto do relator elucida o caso apreciado pela Corte: "Assim, basta que o imposto tenha incidido na etapa anterior, ainda que não tenha sido efetivamente recolhido, para que surja o direito ao crédito na etapa seguinte, que somente não será creditado, ou será estornado, se houver isenção ou não-incidência na entrada ou na saída da mercadoria do estabelecimento comercial. No caso, houve a incidência do imposto na etapa anterior, que não foi integralmente recolhido por força de um crédito presumido concedido pelo Estado de origem ao vendedor situado em seu território. A hipótese de crédito presumido difere substancialmente dos casos de isenção ou não-incidência, pois nessas situações não há, de fato, 'imposto devido', já que não há incidência tributária. Assim, constatado que o benefício fiscal concedido pelo Estado de origem não altera o cálculo do imposto devido, mas, apenas, resulta em recolhimento a menor em face da concessão de crédito presumido, deve ser autorizado o creditamento do percentual de 12% do ICMS devido ao Estado destinatário [...]".

1.3.3.2. Desonerações parciais

Na linha da interpretação restrita que defendemos, o art. 155, § 2º, II, da CF não se aplica às desonerações parciais, como a isenção parcial e a redução da base de cálculo.

Esse entendimento já foi perfilhado pelo Supremo Tribunal Federal, ao declarar a inconstitucionalidade de norma que proibia o creditamento do ICMS nas aquisições de mercadorias sujeitas, na saída, à tributação com base de cálculo reduzida.[1106]

Posteriormente, *o STF alterou a sua orientação, passando a entender que a redução da base de cálculo corresponde à isenção parcial* para efeito do disposto no art. 155, § 2º, II, da Constituição Federal, o que implica *o estorno proporcional do crédito*.[1107]

O estorno, no entanto, somente pode ser proporcional, jamais integral, sob pena de malferir-se o princípio constitucional da não cumulatividade (art. 155, § 2º, I, da CF).[1108] *Permite-se o estorno integral apenas em regimes facultativos*, nos quais a redução da

[1105] Vide os arts. 149, § 2º, I, 155, § 2º, X, entre outros.

[1106] STF, Pleno, RE 161.031, rel. Min. Marco Aurélio, 3.1997.

[1107] STF, Pleno, RE 174.478, rel. p/ ac. Min. Cezar Peluso, 3.2005. Reafirmando este entendimento no regime da repercussão geral: STF, Pleno, *RE 635.688*, rel. Min. Gilmar Mendes, 10.2014 - Tema nº 299.

[1108] STF, 1ª Turma, RE 205.262, rel. Min. Menezes Direito, 5.2008.

base de cálculo seja mais vantajosa ao contribuinte, mesmo sem o creditamento do imposto anteriormente pago.[1109]

Lembre-se, ademais, que o estorno não é obrigatório, pois a Constituição autoriza que a lei estabeleça a manutenção integral do crédito.[1110]

- **Precedentes citados**

Previsão de manutenção do direito de crédito nas vendas com isenção parcial. Legitimidade: AÇÃO DIRETA DE INCONSTITUCIONALIDADE. LEI N. 11.362, DO ESTADO DE SANTA CATARINA. CONCESSÃO DE REDUÇÃO DA BASE DE CÁLCULO OU DE ISENÇÃO. MANUTENÇÃO INTEGRAL DO CRÉDITO FISCAL RELATIVO À ENTRADA DE PRODUTOS VENDIDOS. ALEGAÇÃO DE VIOLAÇÃO DO DISPOSTO NO ARTIGO 155, § 2º, INCISO II, "a" e "b", DA CONSTITUIÇÃO DO BRASIL. INOCORRÊNCIA. 1. A norma impugnada, ao assegurar o direito à manutenção do crédito fiscal em casos em que há redução da base de cálculo ou isenção, não afronta o princípio da não-cumulatividade. Ao contrário, viabiliza sua observância, em coerência com o disposto no artigo 32, II, do Convênio ICMS n. 36/92. 2. O artigo 155, § 2º, inciso II, "b" da CB prevê que a isenção ou não-incidência acarretará a anulação do credito relativo às operações anteriores, salvo determinação em contrário. A redução de base de cálculo é, segundo o Plenário deste Tribunal, espécie de isenção parcial, o que implica benefício fiscal e aplicação do preceito constitucional mencionado. Precedentes. 3. A disciplina aplicada à isenção estende-se às hipóteses de redução da base de cálculo. 4. Visando à manutenção do equilíbrio econômico e a evitar a guerra fiscal, benefícios fiscais serão concedidos e revogados mediante deliberação dos Estados-membros e do Distrito Federal. O ato normativo estadual sujeita-se à lei complementar ou a convênio [artigo 155, § 2º, inciso XII, "f"]. 5. O Convênio ICMS n. 36/92 autoriza, na hipótese dos autos, a manutenção integral do crédito, ainda quando a saída seja sujeita a redução da base de cálculo ou isenção ... § 7º da Cláusula 1ª do Convênio ICMS n. 36/92. 6. Ação Direta de Inconstitucionalidade julgada improcedente. (STF, Pleno, **ADI 2.320**, rel. Min. Eros Grau, 2.2006)

Exigência de estorno proporcional. Legitimidade: Recurso Extraordinário. 2. Direito Tributário. ICMS. 3. Não cumulatividade. Interpretação do disposto art. 155, §2º, II, da Constituição Federal. Redução de base de cálculo. Isenção parcial. Anulação proporcional dos créditos relativos às operações anteriores, salvo determinação legal em contrário na legislação estadual. 4. Previsão em convênio (CONFAZ). Natureza autorizativa. Ausência de determinação legal estadual para manutenção integral dos créditos. Anulação proporcional do crédito relativo às operações anteriores. 5. Repercussão geral. 6.Recurso extraordinário não provido. (STF, Pleno, **RE 635.688**, rel. Min. Gilmar Mendes, 10.2014)

Trata-se do *leading case* do Tema nº 299 da Repercussão Geral: "Aproveitamento integral de créditos do ICMS pago na operação antecedente em hipóteses de redução parcial da base de cálculo na operação subsequente". Reiterou-se a orientação que já havia sido acolhida anteriormente, quando do julgamento, pelo Plenário, do RE 174.478, rel. p/ ac. Min. Cezar Peluso, 3.2005.

Redução da base de cálculo com proibição de creditamento. Regime opcional. Constitucionalidade: [...] 1. Segundo orientação firmada pelo Supremo Tribunal Federal, as figuras da redução da base de cálculo e da isenção parcial se equiparam. Portanto, ausente autorização específica, pode a autoridade fiscal proibir o registro de créditos de ICMS proporcional ao valor exonerado (art. 155, § 2º, II, *b*, da Constituição federal). 2. Situação peculiar. Regime alternativo e opcional para apuração do tributo. Concessão de benefício condicionada ao não registro de créditos. Pretensão voltada à permanência do benefício, cumulado ao direito de registro de créditos proporcionais ao valor cobrado. Impossibilidade. Tratando-se de regime alternativo e facultativo de apuração do valor devido, não é possível manter o benefício sem a contrapartida esperada pelas autoridades fiscais, sob pena de extensão indevida do incentivo. Agravo regimental ao qual se nega provimento. (STF, 2ª Turma, **RE 522.716 AgR**, rel. Min. Joaquim Barbosa, 5.2012)

1.3.4. Não tributação: movimentações físicas de mercadorias

As transferências de mercadorias entre estabelecimentos da mesma empresa não implicam circulação jurídica e, portanto, não rendem ensejo à incidência do ICMS. Logo, indaga-se acerca da aplicação do art. 155, § 2º, II, da CF. Estaria o estabelecimento de origem obrigado a estornar o crédito e o de destino impossibilitado de creditar-se do imposto pago nas operações antecedentes?

A nosso juízo, é mister reconhecer o direito ao creditamento, sobretudo quando se tributa a alienação da mercadoria pelo estabelecimento de destino, sob pena de chancelar-se a tributação em cascata, repelida pelo art. 155, § 2º, I, da CF.

[1109] STF, 2ª Turma, *RE 522.716 AgR*, rel. Min. Joaquim Barbosa, 5.2012.

[1110] STF, Pleno, *ADI 2.320*, rel. Min. Eros Grau, 2.2006.

O STF, contudo, acolheu o entendimento contrário.

Na visão da Corte, *a movimentação de mercadorias entre estabelecimentos da mesma empresa interrompe a cadeia impositiva, de modo que*, nos termos do art. 155, § 2º, II, *impõe o cancelamento do crédito pelo estabelecimento remetente e inviabiliza o creditamento pelo estabelecimento destinatário*, sempre que as filiais da empresa tenham inscrições próprias, sendo tratadas como contribuintes autônomos.[1111]

- **Precedente citado**

Movimentação de mercadorias entre estabelecimentos da mesma empresa. Interrupção da cadeia impositiva. Cancelamento do crédito: IMPOSTO SOBRE CIRCULAÇÃO DE MERCADORIAS E SERVIÇOS – ISENÇÃO – CRÉDITO – ANULAÇÃO – REGRA VERSUS EXCEÇÃO. Consoante dispõe o § 2º do artigo 155 da Carta da República, a isenção ou a não-incidência acarretam, em regra, a anulação do crédito referente a operações anteriores, devendo a exceção estar prevista expressamente em lei. IMPOSTO SOBRE CIRCULAÇÃO DE MERCADORIAS E SERVIÇOS – ISENÇÃO – CRÉDITO – SUBSTITUIÇÃO TRIBUTÁRIA – INTELIGÊNCIA DO § 2º DO ARTIGO 155 DA CONSTITUIÇÃO FEDERAL. Em Direito, descabe confundir institutos, expressões e vocábulos. O preceito da alínea “b” do inciso II do § 2º do artigo 155 da Constituição Federal não é afastado ante a circunstância de o contribuinte atuar, em fase toda própria, inconfundível com a responsabilidade tributária direta, como substituto tributário, cumprindo perquirir a existência ou não de recolhimento do imposto, na primeira condição, quando da saída final do produto. (STF, Pleno, **RE 199.147**, rel. p/ ac. Min. Marco Aurélio, 4.2008).

O alcance do julgado somente pode ser extraído pela análise do seu inteiro teor, que evidencia inexistir qualquer forma de circulação de mercadorias entre as filiais. O primeiro estabelecimento creditava-se do imposto pago nas operações antecedentes, beneficiava em parte os insumos e encaminhava os produtos semiacabados para a segunda filial, que completava o processo industrial. Aquele, o primeiro estabelecimento, foi autuado por aproveitar integralmente os créditos relativos aos produtos enviados para o segundo estabelecimento, em operação que não era sujeita à tributação (cfr. o relatório do Ministro Nelson Jobim e a página 706 dos autos). A autuação foi mantida. Note-se que os estabelecimentos tinham inscrições próprias, sendo tratados como unidades autônomas para fins tributários. O primeiro voto divergente, apresentado pelo Ministro Maurício Corrêa, é elucidativo. Dele, extraímos o seguinte trecho: “No caso dos autos, não ocorreu *circulação de mercadoria com mudança de titularidade*, daí a impossibilidade de ser tributada a transferência, para a filial de Duque de Caxias, da matéria-prima beneficiada pela filial de São Cristóvão, visto que essa movimentação física não configura hipótese de incidência do tributo. Tratando-se de simples operação de transferência, não pode a recorrente valer-se do princípio da não-cumulatividade. 20. Por conseqüência, não se pode afirmar que a filial da cidade do Rio de Janeiro é substituta tributária daquela instalada em Duque de Caxias. Na substituição tributária o legislador sub-roga o substituto no contribuinte originário, no dizer de Zelmo Denari (*Curso de Direito Tributário*, 3ª edição, Forense, p. 206)”. Há, porém, fundamentos contraditórios entre os votos que sustentaram a decisão, como se registrou na notícia veiculada no Informativo nº 504.

1.4. Diferimento do imposto

Sob um viés econômico, vislumbra-se o “diferimento” do ICMS em toda e qualquer desoneração da circulação de mercadorias em operações iniciais ou intermediárias de uma determinada cadeia mercantil. O imposto não incide nessa operação, mas deve ser pago integralmente na seguinte, pois não há crédito a ser compensado.

No sentido técnico-jurídico, contudo, o diferimento do imposto *corresponde à substituição tributária “para trás”* (ou regressiva), verificando-se quando a lei impõe ao adquirente da mercadoria o ônus de recolher o imposto relativo à operação antecedente e, normalmente, também o relativo à sua própria operação.[1112]

Se o diferimento for previsto para a etapa produtiva, os atacadistas serão obrigados a recolher o imposto devido pelos produtores e também pela sua própria operação:

[1111] STF, Pleno, *RE 199.147*, rel. p/ ac. Min. Marco Aurélio, 4.2008.

[1112] Cfr. CARRAZZA. *ICMS*. p. 318.

Diferimento	
Operação sujeita ao diferimento	Operação sujeita ao recolhimento do imposto diferido (que também é tributada diretamente)
Produtor → Atacadista	Atacadista → Varejista
Produtor não está obrigado a recolher o tributo. É simplesmente o substituído tributário	**Atacadista** responde na qualidade de: i) **contribuinte**, pela sua venda ao varejista; e ii) **substituto**, pela venda do produtor para si. Logo, deve recolher o imposto calculado sobre o valor da venda para si e também da venda ao varejista, mas como pode creditar-se daquele valor (imposto pago no regime de substituição), o resultado é idêntico à tributação exclusiva da sua operação

Nessa situação, o princípio da não cumulatividade *impõe que o valor devido no regime de diferimento*, recolhido pelo atacadista na condição de substituto, *possa ser compensado* com o montante a pagar pelo atacadista na qualidade de contribuinte, haja vista que a negativa do crédito implicaria tributação em cascata.

Na hipótese de o atacadista não responder na qualidade de contribuinte, mas apenas na de substituto, o princípio em foco não exige o creditamento do imposto pelo atacadista, pois ele nada teria de pagar pela sua própria operação.[1113] Mas imporia o creditamento pelo varejista, sob pena de a sistemática do diferimento implicar majoração artificial do ICMS, pela sua incidência em cascata.

Para elucidar essa assertiva trazemos o seguinte exemplo, com três operações mercantis, sendo a primeira desonerada pelo diferimento, a segunda sujeita unicamente ao imposto diferido e a terceira sujeita à incidência normal do ICMS:

Diferimento sem direito a crédito			
	Produtor	Atacadista	Varejista
Valor da operação	R$ 100,00	R$ 200,00	R$ 300,00
Alíquota do imposto	17%	17%	17%
Imposto devido	R$ 0,00	R$ 17,00	R$ 51,00
Crédito a compensar	R$ 0,00	R$ 0,00	R$ 0,00
Valor a recolher	R$ 0,00	R$ 17,00	R$ 51,00

Observe-se que na segunda operação são devidos apenas R$ 17,00 a título de ICMS, pois a base de cálculo considerada diz respeito à primeira operação. A terceira operação, por sua vez, é tributada normalmente.

Se não for concedido crédito para o varejista compensar o montante recolhido pelo atacadista, o regime de diferimento implicará a tributação em cascata e, consequentemente, majoração artificial da carga tributária, onerando o consumidor final, que arcará com R$ 68,00 a título de ICMS, e não apenas R$ 51,00, como ocorreria se todas as operações fossem regularmente tributadas, com a concessão de crédito para compensação nas subsequentes.

Portanto, não há como negar o direito ao creditamento para os contribuintes do ICMS que adquirem mercadorias sujeitas à tributação diferida em etapas anteriores da cadeia econômica.

[1113] STF, 1ª Turma, *RE 112.098*, rel. Min. Néri da Silveira, 6.1998.

Essa conclusão não se contrapõe ao art. 155, § 2º, II, da CF, pois não se pode falar propriamente de isenção ou não incidência na operação praticada pelo atacadista. Incidência há, mas ela ocorre sob a modalidade de substituição tributária para trás (diferimento).

Enfim, *o princípio da não cumulatividade exige que*, quando estabelecida a substituição tributária regressiva, *seja reconhecido o direito ao creditamento pelo*:

i) *substituto*, sempre que ele também responda na qualidade de contribuinte, pela sua própria operação; ou

ii) *pelo adquirente da mercadoria alienada pelo substituto*, quando este não responder na qualidade de contribuinte.

O Supremo Tribunal Federal, no entanto, *não reconhece o direito ao creditamento* do imposto devido nas operações antecedentes àquela em que se verifica o diferimento.[1114] Ao fazê-lo, autoriza a incidência do ICMS em cascata.

- **Precedentes citados**

Diferimento. Negativa de crédito pelos valores não pagos. Inexistência de ofensa ao princípio da não-cumulatividade: Recurso extraordinário. ICM. Creditamento do valor do ICM diferido, na entrada de soja em grao, para o momento da saida do produto industrializado. Distinção entre diferimento e isenção. Do diferimento não resulta eliminação ou redução do ICM; o recolhimento do tributo é que fica transferido para momento subsequente. Não há ofensa ao princípio da não-cumulatividade do ICM na prática de seu diferimento. Precedentes do STF. Inviavel é a pretensão das impetrantes de creditar-se do ICM, nas operações de compra e venda de soja. Não se faz necessária a celebração de convênio, pelo Estado, em torno de diferimento, tal como sucede com a isenção. Recurso extraordinário não conhecido. (STF, 1ª Turma, **RE 112.098**, rel. Min. Néri da Silveira, 6.1998)

O relatório delimita bem a questão fática, evidenciando que se considerou o diferimento *em sentido econômico*, como mera postergação da incidência do imposto.

Diferimento. Impossibilidade de transferência dos créditos: CONSTITUCIONAL. TRIBUTÁRIO. ICMS. DIFERIMENTO. TRANSFERÊNCIA DE CRÉDITO AO ADQUIRENTE. PRINCÍPIO DA NÃO-CUMULATIVIDADE. IMPOSSIBILIDADE. 1. O regime de diferimento, ao substituir o sujeito passivo da obrigação tributária, com o adiamento do recolhimento do imposto, em nada ofende o princípio da não-cumulatividade (RE 112.098, DJ 14.02.92, e RE 102.354, DJ 23.11.84). 2. O princípio da não-cumulatividade do ICMS consiste em impedir que, nas diversas fases da circulação econômica de uma mercadoria, o valor do imposto seja maior que o percentual correspondente à sua alíquota prevista na legislação. O contribuinte deve compensar o tributo pago na entrada da mercadoria com o valor devido por ocasião da saída, incidindo a tributação somente sobre valor adicional ao preço. 3. Na hipótese dos autos, a saída da produção dos agravantes não é tributada pelo ICMS, pois sua incidência é diferida para a próxima etapa do ciclo econômico. Se nada é recolhido na venda da mercadoria, não há que se falar em efeito cumulativo. 4. O atacadista ou industrial, ao comprar a produção dos agravantes, não recolhe o ICMS, portanto não escritura qualquer crédito desse imposto. Se a entrada da mercadoria não é tributada, não há créditos a compensar na saída. 5. Impertinente a invocação do princípio da não-cumulatividade para permitir a transferência dos créditos de ICMS, referente à compra de insumos e maquinário, para os compradores da produção agrícola, sob o regime de diferimento. 6. Agravo regimental improvido. (STF, 2ª Turma, **RE 325.623 AgR**, rel. Min. Ellen Gracie, 3.2006)

No mesmo sentido: STF, 1ª Turma, RE 572.925 AgR, rel. Min. Cármen Lúcia, 2.2011.

2. Inciso III: seletividade

A Constituição prevê que o IPI "*será* seletivo, em função da essencialidade do produto" (art. 153, § 3º, I) e que o ICMS "*poderá* ser seletivo, em função da essencialidade das mercadorias e dos serviços".

À primeira vista, a Carta Política impõe a atribuição de caráter seletivo ao IPI e faculta-a para o ICMS, conclusão que, à luz da clara redação do preceito, é extraída pela doutrina majoritária.

[1114] STF, 2ª Turma, *RE 325.623 AgR*, rel. Min. Ellen Gracie, 3.2006.

Há, porém, vozes respeitáveis que defendem o *caráter cogente* do dispositivo e, consequentemente, a obrigatoriedade de o ICMS ser seletivo.[1115]

Comungamos deste entendimento, diante do forte influxo que os princípios da dignidade da pessoa humana e da capacidade contributiva hão de exercer sobre o ICMS, cujo ônus econômico é suportado pelo contribuinte final.

O *critério da seletividade* é-nos fornecido pela Constituição: *a seletividade há de considerar a essencialidade* das mercadorias e dos serviços. Obviamente, a tributação deverá ser inversamente proporcional à essencialidade, afastando-se-a ou estabelecendo-se uma carga tributária menos onerosa para os produtos e serviços essenciais e mais gravosa para os supérfluos.

Destarte, *em se tratando de mercadorias e serviços essenciais, afigura-se impositiva a sua desoneração, total ou parcial, de modo que*:

a) *os cidadãos destituídos de capacidade contributiva não se vejam obrigados a arcar com o ônus econômico da tributação* sobre bens e serviços essenciais, pois o mínimo existencial não pode ser tributado, havendo de ser afastada até mesmo a tributação indireta decorrente do ICMS; e

b) *os cidadãos com reduzida capacidade contributiva sujeitem-se a uma carga tributária branda*, suportando a tributação indireta na exata medida de sua capacidade contributiva.[1116]

Com a adoção desse critério, concretiza-se a isonomia tributária, por meio do respeito ao seu critério basilar, a capacidade contributiva.

3. Incisos IV a VIII: alíquotas

3.1. Inciso IV: alíquotas das operações interestaduais e de exportação

Diante da transcendência das operações interestaduais e de exportação em relação aos limites político-territoriais dos Estados, é atribuída ao Senado Federal, órgão composto por representantes dos Estados e do Distrito Federal (art. 46, *caput*, da CF), *a competência para fixar, mediante resolução, as alíquotas aplicáveis a tais operações, in verbis*:

> IV – resolução do Senado Federal, de iniciativa do Presidente da República ou de um terço dos Senadores, aprovada pela maioria absoluta de seus membros, estabelecerá as alíquotas aplicáveis às operações e prestações, interestaduais e de exportação (art. 155, § 2º, IV, da CF)

No regime pretérito (art. 23, § 5º, da CF/69, com a EC 23/83), cabia ao Senado estabelecer as "alíquotas máximas". Diversamente, no regime atual *o Senado Federal há de fixar as alíquotas efetivas*, e não limites mínimos ou máximos.[1117]

Logo, existe uma *reserva de resolução senatorial* para o estabelecimento das alíquotas do ICMS nas operações interestaduais.

[1115] Cfr. CARRAZZA. *ICMS*. p. 322-323.

[1116] Sainz de Bujanda assinala que uma exigência específica do princípio da capacidade contributiva "es la exoneración tributaria de los artículos de primera necesidad en la imposición del consumo, que es una exigencia que deriva de la exención del mínimo de existencia, inseparable de la capacidad de pago" (*Lecciones de Derecho Financiero*. p. 108). Nessa linha, postulando a aplicação da interdição de tributação do mínimo existencial aos tributos indiretos, por meio da desoneração dos bens essenciais à subsistência, vide MOSCHETTI. *La capacità contributiva*, p. 38.

[1117] A questão de direito intertemporal resolve-se pela recepção da resolução editada anteriormente ao advento da CF/88 (Resolução 129/79 do Senado Federal), que "passou a ser inflexível" (STF, 1ª Turma, RE 156.564, rel. Min. Ilmar Galvão, 11.1997) e vigorou apenas até a edição da Resolução 22, de maio de 1989.

Os Estados não podem fixar e sequer alterar tais alíquotas, seja isoladamente[1118] ou mediante convênio.[1119] Não lhes é permitido nem mesmo estabelecer redutores.[1120]

Exclui-se da esfera estadual, portanto, parcela da competência legislativo-tributária atinente ao ICMS, atribuindo-se ao Senado Federal o mister de determinar um aspecto de extremo relevo da norma impositiva.

A *iniciativa legislativa*, que antes era exclusiva do Presidente da República (art. 23, § 5º, da CF/69, com a EC 23/83), atualmente é dividida entre este e o Senado, a ser exercida por um terço de seus membros.

O *quórum para sua aprovação*, por outro lado, é qualificado, sendo exigido o voto da maioria absoluta de seus membros.

Recorde-se que a Constituição confere, de forma ampla, imunidade às operações de exportação de mercadorias e serviços (art. 155, § 2º, X, *a*, na redação dada pela EC 42/03), razão pela qual *o preceito em foco perdeu sua razão de ser relativamente às exportações*: após o advento da EC 42/03, sua aplicabilidade se restringiu às operações e às prestações interestaduais.

• Precedentes citados

Redutores estabelecidos pelos Estados. Inconstitucionalidade: ICMS. FIXAÇÃO DE ALÍQUOTAS. COMPETÊNCIA DO SENADO FEDERAL. COMPETÊNCIAS E LIMITES DOS ESTADOS. CONVÊNIO 120/96. Transporte aéreo de passageiros. Alegada inconstitucionalidade com violação ao art. 155, §2º, IV e V da Constituição. Vedação ao Estado-membro de fixação de redutores por invadir competência do Senado Federal. Liminar deferida. (STF, Pleno, **ADI 1.601 MC**, rel. Min. Ellen Gracie, 12.1997)

Fixação de alíquotas e cobrança do imposto pelo Estado de destino. Violação à reserva de resolução. Inconstitucionalidade: [...] LIBERDADE DE TRÁFEGO DE BENS E PESSOAS (ARTS. 150, V E 152 DA CONSTITUIÇÃO). DUPLICIDADE DE INCIDÊNCIA (BITRIBUTAÇÃO – ART. 155, § 2º, VII, B DA CONSTITUIÇÃO). GUERRA FISCAL VEDADA (ART. 155, § 2º, VI DA CONSTITUIÇÃO). MEDIDA CAUTELAR DEFERIDA. Tem densa plausibilidade o juízo de inconstitucionalidade de norma criada unilateralmente por ente federado que estabeleça tributação diferenciada de bens provenientes de outros estados da Federação, pois: (a) Há reserva de resolução do Senado Federal para determinar as alíquotas do ICMS para operações interestaduais; (b) O perfil constitucional do ICMS exige a ocorrência de operação de circulação de mercadorias (ou serviços) para que ocorra a incidência e, portanto, o tributo não pode ser cobrado sobre operações apenas porque elas têm por objeto "bens", ou nas quais fique descaracterizada atividade mercantil-comercial; (c) No caso, a Constituição adotou como critério de partilha da competência tributária o estado de origem das mercadorias, de modo que o deslocamento da sujeição ativa para o estado de destino depende de alteração do próprio texto constitucional (reforma tributária). Opção política legítima que não pode ser substituída pelo Judiciário. Medida liminar concedida para suspender a eficácia prospectiva e retrospectiva (ex tunc) da Lei estadual 6.041/2010. (STF, Pleno, **ADI 4.565 MC**, rel. Min. Joaquim Barbosa, 4.2011)

Fixação de alíquotas por convênio. Inconstitucionalidade: [...] III – Impossibilidade de a alíquota, nas operações de exportação, ser fixado [*sic*] pelo convênio. É que se à lei complementar não cabe fixar a alíquota, também não poderia fazê-lo o convênio. A fixação da alíquota, em tal caso, cabe ao Senado federal: C.F., art. 155, § 2º, IV. Essa fixação somente ocorreu com a Resolução nº 22, de 19.05.89. Destarte, entre 1.03.89 a 31.05.89, não houve a incidência do ICMS na saída de produtos semi-elaborados remetidos para o exterior. IV – Recursos extraordinários não conhecidos. (STF, 2ª Turma, **RE 145.491**, rel. Min. Carlos Velloso, 12.1997).

3.2. Inciso V: fixação de alíquotas mínimas e máximas nas operações internas

O inciso V do art. 155, § 2º, da CF autoriza que *o Senado Federal estabeleça patamares mínimos e máximos para as alíquotas aplicáveis às operações internas*, nestes termos:

V – é facultado ao Senado Federal:

[1118] STF, Pleno, *ADI 4.565 MC*, rel. Min. Joaquim Barbosa, 4.2011.

[1119] STF, 2ª Turma, *RE 145.491*, rel. Min. Carlos Velloso, 12.1997.

[1120] STF, Pleno, *ADI 1.601 MC*, rel. Min. Ellen Gracie, 12.1997; ACO 541, rel. Min. Gilmar Mendes, 4.2006.

a) estabelecer alíquotas mínimas nas operações internas, mediante resolução de iniciativa de um terço e aprovada pela maioria absoluta de seus membros;

b) fixar alíquotas máximas nas mesmas operações para resolver conflito específico que envolva interesse de Estados, mediante resolução de iniciativa da maioria absoluta e aprovada por dois terços de seus membros;

Note-se que *o preceito é dirigido exclusivamente às operações internas*. Entendem-se como tais as operações intraestaduais, praticadas dentro dos limites territoriais do Estado competente para tributá-las – ou do Distrito Federal.

O dispositivo abrange as operações interestaduais apenas de forma parcial e indireta, pois a alíquota interna também é aplicável às operações interestaduais cujos destinatários não sejam contribuintes do imposto (art. 155, § 2º, VII, *b*).

3.2.1. Alíquotas mínimas

As alíquotas internas podem estar sujeitas a dois patamares mínimos, constituídos:

i) *pelas alíquotas mínimas porventura estabelecidas pelo Senado*, mediante resolução editada nos termos do art. 155, § 2º, V, *a*, da CF, que exige iniciativa de um terço e aprovação pela maioria absoluta de seus membros; e

ii) *pelas alíquotas interestaduais*, que atuam, em regra geral, como o patamar mínimo das alíquotas internas (art. 155, § 2º, VI), a fim de evitar "barreiras alfandegárias" à circulação de mercadorias e de serviços no território nacional, o que violaria o art. 152 da CF. Somente se admite a estipulação de alíquotas internas em patamar inferior ao das alíquotas interestaduais quando houver deliberação dos Estados e do Distrito Federal nesse sentido, veiculada na forma do art. 155, § 2º, XII, *g*.[1121]

Cabe tecer algumas considerações sobre os *efeitos das alíquotas mínimas*. Se os Estados ou o Distrito Federal estipularem alíquota inferior ao piso estabelecido pelo Senado Federal *em substituição a uma alíquota idêntica ou superior ao piso*, o dispositivo que houver estabelecido a nova alíquota será inconstitucional, não produzindo quaisquer efeitos jurídicos; por isso, deverá ser aplicada a alíquota antiga. Caso contrário, admitir-se-ia que os Estados e o Distrito Federal instituíssem, de modo transverso, uma desoneração unilateral, o que é obstado pelo art. 155, § 2º, XII, *g*. Por outro lado, *na hipótese de a alíquota antecedente à mínima ser inferior ao piso*, não se poderá proceder à tributação no patamar estabelecido pelo Senado sem a edição de nova lei estadual, sob pena de flagrante violação ao princípio da estrita legalidade tributária. Tampouco se poderá continuar aplicando a alíquota inferior à mínima, sob pena de se tornar inócua a resolução do Senado. A única solução plausível, nesse caso, é aquela indicada por Roque Carrazza: "uma nova [lei] deverá ser rapidamente editada, para que não se estabeleça uma situação anômala (ICMS sem alíquota e, portanto, incobrável)".[1122]

3.2.2. Alíquotas máximas

São mais rigorosos os requisitos exigidos para o estabelecimento de alíquotas máximas.

Em primeiro lugar, somente podem ser criadas alíquotas máximas caso:

a) *haja conflito específico* que envolva interesses dos Estados; e

---

[1121] Essa ressalva consta expressamente no inciso VI do art. 155, § 2º, nestes termos: "VI – salvo deliberação em contrário dos Estados e do Distrito Federal, nos termos do disposto no inciso XII, "g", as alíquotas internas, nas operações relativas à circulação de mercadorias e nas prestações de serviços, não poderão ser inferiores às previstas para as operações interestaduais".

[1122] CARRAZZA. *ICMS*. p. 73.

b) a fixação de tais alíquotas seja um meio adequado, necessário e proporcional para a resolução desse conflito, pois representa uma significativa interferência no princípio federativo e na autonomia tributária dos Estados e do Distrito Federal.

Em segundo lugar, *o procedimento legislativo é mais dificultoso*, sendo exigidas tanto a iniciativa da maioria absoluta do Senado Federal quanto a aprovação pela maioria qualificada de dois terços de seus membros – em contraposição às exigências para o estabelecimento de alíquotas mínimas: iniciativa de um terço e aprovação pela maioria absoluta de seus membros.

Diversamente de Carrazza, *consideramos que o teto máximo fixado pelo Senado não tem o condão de cassar integralmente a eficácia das leis estaduais*, com a necessidade de edição de novos diplomas legislativos.[1123] Mesmo que não haja hierarquia entre a resolução do Senado e a lei estadual, como bem expõe o referido autor, a Constituição, na espécie, atribui inequívoca prevalência à resolução perante a lei estadual. E, justamente pelo fato de a resolução não gozar de uma hierarquia geral perante a lei estadual, há de se entender que essa prevalência é restrita à limitação que lhe impõe. A resolução carece de força jurídica para cassar integralmente a sua eficácia.

Sem embargo, comungamos inteiramente de sua advertência quanto às vinculações impostas à atividade legislativa do Senado: "o Senado, ao desempenhar esta importantíssima tarefa, deverá observar o *princípio federativo* e o *princípio da autonomia distrital*. Melhor dizendo, terá que ser bastante criterioso no fixar quer as alíquotas mínimas, quer as máximas, de modo a não anular a autonomia das pessoas que tributam por meio de ICMS".[1124]

Do exposto nos comentários a este inciso e àquele que o antecede, evidencia-se a *expressiva limitação que eles impõem à competência legislativa dos Estados e do Distrito Federal* no que concerne à fixação das alíquotas do ICMS: os Estados não podem fixar as alíquotas interestaduais e, ao preverem as alíquotas internas, deverão respeitar as limitações impostas pelo Senado Federal, representadas pela alíquota interestadual e por eventuais limites mínimo e máximo.

3.3. Inciso VI: alíquotas interestaduais enquanto limite mínimo das internas

Veda-se, como referido anteriormente, a previsão de alíquotas internas em patamares inferiores aos das interestaduais. Logo, as alíquotas internas somente poderão ser iguais ou superiores às interestaduais, a menos que haja previsão em sentido contrário na forma do inciso XII, *g*.

Essa vedação se harmoniza perfeitamente com o preceito do art. 152 da CF, vindo a resguardar a circulação de bens e de serviços no território nacional, que seria prejudicada com a tributação das operações interestaduais em patamar superior ao das intraestaduais.

Estipuladas alíquotas interestaduais diferenciadas para operações e serviços destinados e/ou provenientes de regiões ou Estados específicos, *a alíquota interna mínima será definida pela alíquota interestadual geral,* não pela alíquota interestadual mínima, o que teria por efeito uma exacerbada redução da arrecadação dos Estados produtores.

1123 CARRAZZA. *ICMS*. p. 73.

1124 Idem. p. 74.

Esse entendimento foi acolhido pelo Supremo Tribunal Federal, em precedente relativo à fixação de alíquota estadual em patamar inferior (9%) à alíquota interestadual geral (12%), mas superior à alíquota prevista especificamente para as saídas de mercadorias das Regiões Sul e Sudeste para as Regiões Norte, Nordeste e Centro-Oeste e ao Estado do Espírito Santo (7%), no regime da Resolução 22/89 do Senado Federal. A Corte decidiu que o piso a ser observado era o estabelecido pela alíquota interestadual geral (de 12%) e, por consequência, declarou a inconstitucionalidade da redução da alíquota interna.[1125]

- **Precedente citado**

Existência de mais de uma alíquota interestadual. Limitação das alíquotas mínimas internas pela alíquota interestadual geral: MEDIDA LIMINAR EM AÇÃO DIRETA DE INCONSTITUCIONALIDADE. IMPUGNAÇÃO DA LEI PAULISTA Nº 10.327, DE 15.06.99, QUE REDUZIU A ALÍQUOTA INTERNA DO ICMS DE VEÍCULOS AUTOMOTORES DE 12 PARA 9,5% PELO PRAZO DE 90 DIAS, A PARTIR DE 27.05.99. REEDIÇÃO DA LEI Nº 10.231, DE 12.03.99, QUE HAVIA REDUZIDO A ALÍQUOTA DE 12 PARA 9%, POR 75 DIAS. LIMITE PARA A REDUÇÃO DA ALÍQUOTA NAS OPERAÇÕES INTERNAS. 1. As alíquotas mínimas internas do ICMS, fixadas pelos Estados e pelo Distrito Federal, não podem ser inferiores às previstas para as operações interestaduais, salvo deliberação de todos eles em sentido contrário (CF, artigo 155, § 2º, VI). 2. A alíquota do ICMS para operações interestaduais deve ser fixada por resolução do Senado Federal (CF, artigo 155, § 2º, IV). A Resolução nº 22, de 19.05.89, do Senado Federal fixou a alíquota de 12% para as operações interestaduais sujeitas ao ICMS (artigo 1º, *caput*); ressalvou, entretanto, a aplicação da alíquota de 7% para as operações nas Regiões Sul e Sudeste, destinadas às Regiões Norte, Nordeste e Centro-Oeste e ao Estado do Espírito Santo (artigo 1º, parágrafo único). 3. Existindo duas alíquotas para operações interestaduais deve prevalecer, para efeito de limite mínimo nas operações internas, a mais geral (12%), e não a especial (7%), tendo em vista os seus fins e a inexistência de deliberação em sentido contrário. 4. Presença da relevância da argüição de inconstitucionalidade e da conveniência da suspensão cautelar da Lei impugnada. 5. Medida cautelar deferida, com efeito *ex-nunc*, para suspender a eficácia da Lei impugnada, até final julgamento da ação. (STF, Pleno, **ADI 2.021 MC**, rel. Min. Maurício Corrêa, 8.1999).

3.4. Incisos VII e VIII: alíquotas aplicáveis nas operações interestaduais destinadas a consumidores finais, contribuintes e não contribuintes

Nas alienações interestaduais de mercadorias *destinadas à revenda*, não há peculiaridades no recolhimento do ICMS: o remetente deve pagar o imposto ao Estado em que estiver situado, à alíquota interna; e o adquirente credita-se do imposto devido, recolhendo, quando da saída da mercadoria do seu estabelecimento, o ICMS ao seu Estado, à alíquota interna. Dessa forma, tanto o Estado de origem quanto o de destino tributam as operações de circulação de mercadorias – cada qual tributa, especificamente, as saídas de mercadorias verificadas no seu território.

Porém, nas alienações interestaduais de mercadorias destinadas ao ativo permanente ou ao uso e consumo do adquirente, em que o destinatário figura como *consumidor final,* exsurge um problema atinente ao federalismo fiscal: caso inexistissem regras específicas, apenas o Estado de origem cobraria o ICMS, porquanto não haveria operação sujeita à tributação no Estado de destino.

Para equacionar esse problema, tutelando as finanças dos Estados ditos "consumidores", a Constituição de 1988 estabeleceu um *sistema específico de tributação*, em que se recolhe o ICMS à alíquota interestadual (reduzida) ao Estado de origem e também o denominado "diferencial de alíquotas" (diferença entre a alíquota interestadual e a interna) ao Estado de destino, sistema que foi aperfeiçoado pela EC 87/2015.

É o que se passa a examinar, com a atenção devida.

[1125] STF, Pleno, *ADI 2.021 MC*, rel. Min. Maurício Corrêa, 8.1999.

3.4.1. Sistema atual (EC 87/2015)

A Emenda Constitucional nº 87/2015 alterou a sistemática de incidência do ICMS nas operações e prestações de serviço interestaduais, ao conferir nova redação aos incisos VII e VIII do art. 155, § 2º, nestes termos:

> VII – nas operações e prestações que destinem bens e serviços a consumidor final, contribuinte ou não do imposto, localizado em outro Estado, adotar-se-á a alíquota interestadual e caberá ao Estado de localização do destinatário o imposto correspondente à diferença entre a alíquota interna do Estado destinatário e a alíquota interestadual; (Redação dada pela Emenda Constitucional nº 87, de 2015)
>
> a) (revogada); (Redação dada pela Emenda Constitucional nº 87, de 2015)
>
> b) (revogada); (Redação dada pela Emenda Constitucional nº 87, de 2015)
>
> VIII – a responsabilidade pelo recolhimento do imposto correspondente à diferença entre a alíquota interna e a interestadual de que trata o inciso VII será atribuída: (Redação dada pela Emenda Constitucional nº 87, de 2015)
>
> a) ao destinatário, quando este for contribuinte do imposto; (Incluído pela Emenda Constitucional nº 87, de 2015)
>
> b) ao remetente, quando o destinatário não for contribuinte do imposto; (Incluído pela Emenda Constitucional nº 87, de 2015)

Portanto, no regime atual, a incidência do ICMS sobre as vendas de mercadorias e as prestações de serviços a consumidores finais localizados em outros Estados ocorre da seguinte forma: *o remetente deve recolher o imposto, à alíquota interestadual*, ao seu Estado; *e deve ser recolhido o denominado "diferencial de alíquotas" ao Estado de destino*, pelo destinatário, se contribuinte do ICMS, ou pelo remetente, se o destinatário não for contribuinte do imposto.

Alíquotas de ICMS aplicáveis às vendas de mercadorias e prestações de serviços a consumidores finais localizados em outros Estados (sistema atual, estabelecido pela EC 87/2015)
Alíquota interestadual, cobrada pelo Estado de origem, a cargo do vendedor ou do prestador de serviços
Diferencial de alíquotas, devido ao Estado de destino, a cargo do adquirente, quando contribuinte do ICMS, ou, na situação oposta, a cargo do alienante

Vale repisar que, no novo regime constitucional, o fato de o destinatário ser, ou não ser, contribuinte do ICMS tornou-se irrelevante para a definição das alíquotas aplicáveis: em ambos os casos, recolhe-se o imposto, à alíquota interestadual, ao Estado de origem; e o diferencial de alíquotas ao Estado de destino.

A qualificação do destinatário, como contribuinte ou não do ICMS, somente importa para a definição do responsável pelo recolhimento do diferencial de alíquotas: se o destinatário não for contribuinte do ICMS, o diferencial de alíquotas não deverá ser recolhido por ele, mas pelo próprio vendedor (ou prestador do serviço).

Com isso, objetivou-se superar um grave problema dos Estados ditos "consumidores", sobretudo aqueles do Norte, Nordeste e Centro-Oeste, que estavam sofrendo sensível perda de arrecadação com o comércio eletrônico, cujos principais estabelecimentos estão sediados nos Estados ditos "produtores", fundamentalmente nos Estados de São Paulo e do Rio de Janeiro.

Esse contexto havia levado à edição do Protocolo 21/2011 do CONFAZ, que não só extrapolou, de forma gritante, os poderes desse conselho fazendário, mas também excepcionou regras claras estabelecidas pela Constituição da República. Segundo o protocolo, nas vendas interestaduais e não presenciais de mercadorias a consumidores finais, o estabelecimento remetente deveria recolher, na condição de substituto tributário, o diferencial de alíquotas ao Estado de destino, inclusive nas vendas a adquirentes que não fossem contribuintes do ICMS. Como era esperado, o Supremo Tribunal Federal declarou a inconstitucionalidade, formal e material, desse protocolo, modulando os efeitos até a data da concessão da medida liminar.[1126]

Pronunciada a invalidade jurídica do Protocolo 21/2011, a solução foi a aprovação da EC 87/2015.

• **Precedente citado**

Modificação, por ato infraconstitucional, do regime de incidência do ICMS nas operações interestaduais. Inconstitucionalidade frente ao regime original da Carta de 1988. Protocolo 21/2011: [...] 5. O ICMS incidente na aquisição decorrente de operação interestadual e por meio não presencial (internet, telemarketing, showroom) por consumidor final não contribuinte do tributo não pode ter regime jurídico fixado por Estados-membros não favorecidos, sob pena de contrariar o arquétipo constitucional delineado pelos arts. 155, § 2º, inciso VII, b, e 150, IV e V, da CRFB/88. 6. A alíquota interna, quando o destinatário não for contribuinte do ICMS, é devida à unidade federada de origem, e não à destinatária, máxime porque regime tributário diverso enseja odiosa hipótese de bitributação, em que os signatários do protocolo invadem competência própria daquelas unidades federadas (de origem da mercadoria ou bem) que constitucionalmente têm o direito de constar como sujeitos ativos da relação tributária quando da venda de bens ou serviços a consumidor final não contribuinte localizado em outra unidade da Federação. [...] 12. A Constituição, diversamente do que fora estabelecido no Protocolo ICMS nº 21/2011, dispõe categoricamente que a aplicação da alíquota interestadual só tem lugar quando o consumidor final localizado em outro Estado for contribuinte do imposto, a teor do art. 155, § 2º, inciso VII, alínea g, da CRFB/88. É dizer: outorga-se ao Estado de origem, via de regra, a cobrança da exação nas operações interestaduais, excetuando os casos em que as operações envolverem combustíveis e lubrificantes que ficarão a cargo do Estado de destino. 13. Os imperativos constitucionais relativos ao ICMS se impõem como instrumentos de preservação da higidez do pacto federativo, et pour cause, o fato de tratar-se de imposto estadual não confere aos Estados membros a prerrogativa de instituir, sponte sua, novas regras para a cobrança do imposto, desconsiderando o altiplano constitucional. 14. O Pacto Federativo e a Separação de Poderes, erigidos como limites materiais pelo constituinte originário, restam ultrajados pelo Protocolo nº 21/2011, tanto sob o ângulo formal quanto material, ao criar um cenário de guerra fiscal difícil de ser equacionado, impondo ao Plenário desta Suprema Corte o dever de expungi-lo do ordenamento jurídico pátrio. 15. Ação direta de inconstitucionalidade julgada PROCEDENTE. Modulação dos efeitos a partir do deferimento da concessão da medida liminar, ressalvadas as ações já ajuizadas. (STF, Pleno, **ADI 4.628**, rel. Min. Luiz Fux, 09.2014)

3.4.2. Sistema original

Segundo sistema original da Carta de 1988, revogado pela EC 87/2015, a alíquota interestadual e o diferencial de alíquotas somente se aplicavam para as vendas e prestações de serviços a consumidores finais, localizados em outros Estados, que fossem contribuintes do ICMS; caso não o fossem, deveria ser recolhido o ICMS apenas ao Estado de origem, à sua alíquota interna. Eis a redação original:

> VII – em relação às operações e prestações que destinem bens e serviços a consumidor final localizado em outro Estado, adotar-se-á:
>
> a) a alíquota interestadual, quando o destinatário for contribuinte do imposto;
>
> b) a alíquota interna, quando o destinatário não for contribuinte dele;
>
> VIII – na hipótese da alínea "a" do inciso anterior, caberá ao Estado da localização do destinatário o imposto correspondente à diferença entre a alíquota interna e a interestadual;

Desses dispositivos se infere o seguinte regime impositivo:

Alíquotas de ICMS aplicáveis às vendas de mercadorias e prestações de serviços a consumidores finais localizados em outros Estados (sistema original, revogado pela EC 87/2015)	
Destinadas a contribuintes do ICMS	Destinadas a não contribuintes do ICMS
Alíquota interestadual, cobrada pelo Estado de origem, a cargo do vendedor ou do prestador de serviços	Alíquota interna do Estado de origem, cobrada por este, a cargo do vendedor ou do prestador de serviços
Diferencial de alíquotas, cobrado pelo Estado de destino, a cargo do adquirente	—

[1126] STF, Pleno, ADIs 4.628 e 4.713, rel. Min. Luiz Fux, 9.2014. Na mesma assentada foi julgado o RE 680.089, da relatoria do Ministro Gilmar Mendes.

3.4.3. *Diferencial de alíquotas: natureza jurídica e finalidade*

O denominado "diferencial de alíquotas" consiste na diferença entre a alíquota interna praticada pelo Estado de destino e a alíquota interestadual, devendo ser recolhido, pelo remetente ou pelo adquirente (se for contribuinte do ICMS), ao Estado de *destino*.

Trata-se, na realidade, de uma obrigação tributária autônoma, como exposto com precisão por Roque Carrazza: "no caso, estamos diante de duas obrigações tributárias distintas, já que têm sujeitos passivos, aspectos espaciais, aspectos temporais e aspectos quantitativos diferentes. Deveras, o remetente da mercadoria deverá pagar ICMS à pessoa política de origem (Estado ou Distrito Federal), no momento da saída, adotada a alíquota interestadual *e* o destinatário da mercadoria, ICMS (outro) à pessoa política de destino, no momento da entrada e, agora, com o valor correspondente à diferença entre a alíquota interna e a interestadual".[1127]

Urge pontuar que, mesmo nas operações interestaduais, *a competência para a cobrança do ICMS, à alíquota interestadual, cabe* ao Estado onde está situado o contribuinte (alienante), ou seja, ao Estado *de origem*. Eventual cobrança do imposto pela pessoa política de destino seria manifestamente inconstitucional, quer se adote a alíquota interestadual ou a interna. O Estado de destino somente pode cobrar o diferencial de alíquotas.[1128]

A finalidade político-econômica do diferencial de alíquotas é preservar a arrecadação dos Estados ditos consumidores (isto é, daqueles Estados em que residam ou sejam sediados predominantemente consumidores finais de mercadorias ou de serviços), visto que, caso inexistisse essa obrigação tributária adicional, a situação econômica dos Estados de destino seria abalada não apenas pela falta de ingresso de tais recursos, mas também pelo estímulo que haveria à aquisição de mercadorias e serviços provenientes de outros Estados, a qual estaria sujeita à favorável alíquota interestadual.[1129]

Alguns *exemplos práticos* podem ajudar a compreender essa sistemática.

Se um contribuinte do ICMS, sediado no Rio de Janeiro, adquirir, na qualidade de consumidor final, mercadorias de uma empresa de São Paulo: o alienante deverá pagar o ICMS ao Estado de São Paulo, à alíquota interestadual (e não à alíquota interna paulista); e o adquirente deverá pagar o diferencial de alíquotas ao Estado do Rio de Janeiro, considerada a alíquota interna fluminense (e não a alíquota paulista). Na operação, *a tributação total corresponderá à interna do Estado de destino* (Rio de Janeiro), não havendo diferença da carga tributária entre a compra no Estado do destinatário ou fora dele.

Por outro lado, se um destinatário residente no Rio de Janeiro, que não seja contribuinte do ICMS, adquirir mercadorias de uma empresa de São Paulo, ele obviamente não estará sujeito ao ICMS, mas o alienante deverá pagar, no regime atual, o ICMS ao Estado de São Paulo, à alíquota interestadual, na condição de contribuinte, e também o diferencial de alíquotas, ao Estado do Rio de Janeiro, desta feita na condição de responsável tributário (*rectius*: substituto).

Quanto ao momento em que se exige o diferencial de alíquotas, a regra é que se o exija quando da saída das mercadorias. Porém, *é viável antecipar a sua exigência para o*

[1127] CARRAZZA. *ICMS*. p. 75.

[1128] STF, Pleno, ADI 4705 MC-REF, rel. Min. Joaquim Barbosa, 02.2012. Na mesma linha, conferir: STF, Pleno, *ADI 4.565 MC*, rel. Min. Joaquim Barbosa, 4.2011.

[1129] CARRAZZA. *ICMS*. p. 340.

momento da compra, sem que se vislumbre nessa prática qualquer ofensa à Constituição da República.[1130]

Ressaltamos que *a obrigação de recolher o diferencial de alíquotas somente se aplica aos destinatários que sejam contribuintes do ICMS*. Ainda que as mercadorias sejam adquiridas por empresas e empregadas, enquanto materiais, na prestação de serviços sujeitos à incidência do ISS, como a construção civil, não lhes poderá ser exigido o diferencial.[1131] Recorde-se, porém, que no regime atual, estabelecido pela EC 87/2015, o diferencial de alíquotas é devido, com a peculiaridade de que a obrigação recai sobre o remetente, não sobre o adquirente.

• Súmulas

Súmula 432 do STJ: "As empresas de construção civil não estão obrigadas a pagar ICMS sobre mercadorias adquiridas como insumos em operações interestaduais"

Os fundamentos da súmula foram expostos com clareza no seguinte precedente: "[...] 1. As empresas de construção civil (em regra, contribuintes do ISS), ao adquirirem, em outros Estados, materiais a serem empregados como insumos nas obras que executam, não podem ser compelidas ao recolhimento de diferencial de alíquota de ICMS cobrada pelo Estado destinatário (Precedentes ...). 2. É que as empresas de construção civil, quando adquirem bens necessários ao desenvolvimento de sua atividade-fim, não são contribuintes do ICMS. Conseqüentemente, `há de se qualificar a construção civil como atividade de pertinência exclusiva a serviços, pelo que `as pessoas (naturais ou jurídicas) que promoverem a sua execução sujeitar-se-ão exclusivamente à incidência de ISS, em razão de que quaisquer bens necessários a essa atividade (como máquinas, equipamentos, ativo fixo, materiais, peças, etc.) não devem ser tipificados como mercadorias sujeitas a tributo estadual´ (José Eduardo Soares de Melo, in 'Construção Civil – ISS ou ICMS?', in RDT 69, pg. 253, Malheiros).´ (EREsp 149.946/MS). 3. Recurso especial desprovido. Acórdão submetido ao regime do artigo 543-C, do CPC, e da Resolução STJ 08/2008". (STJ, 1ª Seção, **REsp 1.135.489**, rel. Min. Luiz Fux, 12.2009, *representativo de controvérsia*)

• Precedentes citados

Antecipação do recolhimento do diferencial. Legitimidade: [...] II. Ação direta de inconstitucionalidade: art. 12-A acrescentado à L. est. 7014/96 (Lei Básica do ICMS) pela L. est. 8.967, de 29.12.2003, do Estado da Bahia, que regula a antecipação parcial do ICMS nas aquisições interestaduais de mercadoria para fins de comercialização: alegação de violação aos artigos 1º, inciso IV; art. 19, inciso III; art. 22, inciso VIII; art. 150, incisos IV e V e § 7º; art. 152, art. 155, § 2º, IV; art. 170; IV e IX; art. 179, todos da Constituição Federal: improcedência. [...] (STF, Pleno, **ADI 3.426**, rel. Min. Sepúlveda Pertence, 3.2007)

Lê-se no voto do relator: "09. Ora, a própria Constituição é explícita ao afirmar que, sendo o destinatário contribuinte – nas operações e prestações que destinem bens e serviços a consumidor final localizado em outro Estado –, caberá ao Estado em que este se localize o imposto correspondente à diferença entre a alíquota interna e a interestadual (incisos VII, *a*, e VIII do art. 155). 10. Assim, com o escopo de assegurar a perfeita arrecadação do tributo, o Estado da Bahia utilizou-se de substituição tributária por antecipação".

A classificação da antecipação da exigência como uma hipótese de "substituição tributária por antecipação" é bem questionável, pois nesta hipótese o "substituto" seria o próprio "substituído". Trata-se, na realidade, de mera antecipação do recolhimento do diferencial.

Exigência do ICMS pelo Estado de destino, com base em alíquota específica, por si estabelecida. Inconstitucionalidade: [...] Tem densa plausibilidade o juízo de inconstitucionalidade de norma criada unilateralmente por ente federado que estabeleça tributação diferenciada de bens provenientes de outros estados da Federação, pois: (a) Há reserva de resolução do Senado Federal para determinar as alíquotas do ICMS para operações interestaduais; (b) O perfil constitucional do ICMS exige a ocorrência de operação de circulação de mercadorias (ou serviços) para que ocorra a incidência e, portanto, o tributo não pode ser cobrado sobre operações apenas porque elas têm por objeto "bens", ou nas quais fique descaracterizada atividade mercantil-comercial; (c) No caso, a Constituição adotou como critério de partilha da competência tributária o estado de origem das mercadorias, de modo que o deslocamento da sujeição ativa para o estado de destino depende de alteração do próprio texto constitucional (reforma tributária). Opção política legítima que não pode ser substituída pelo Judiciário. Medida liminar concedida para suspender a eficácia prospectiva e retrospectiva (*ex tunc*) da Lei estadual 6.041/2010. (STF, Pleno, **ADI 4.565 MC**, rel. Min. Joaquim Barbosa, 4.2011)

[1130] STF, Pleno, *ADI 3.426*, rel. Min. Sepúlveda Pertence, 3.2007.

[1131] Súmula 432 do STJ: "As empresas de construção civil não estão obrigadas a pagar ICMS sobre mercadorias adquiridas como insumos em operações interestaduais". Nesse sentido, cfr. STF, 2ª Turma, *AI 242.276 AgR*, rel. Min. Marco Aurélio, 10.1999; STJ, 1ª Seção, *REsp 1.135.489*, rel. Min. Luiz Fux, 12.2009.

A violação ao art. 155, § 2º, VII, da CF foi ressaltada pelo Ministro Luiz Fux: "... o conteúdo da lei provoca, justamente por isso, uma bitributação ao permitir a tributação na origem e no destino. Com isso, ele atenta contra o artigo 155, § 2º, inciso VII, "b", porquanto a operação será exatamente tributada na origem e no Estado do Piauí – o destino da operação".

Empresas contribuintes do ISS (construtoras) não estão obrigadas a recolher o diferencial: [...] IMPOSTO SOBRE CIRCULAÇÃO DE MERCADORIAS E SERVIÇOS – ALÍQUOTA DIFERENCIADA – DIFERENÇA – COBRANÇA – CONSTRUTORA. As construtoras são, de regra, contribuintes, considerado o tributo municipal – Imposto sobre Serviços. Adquirindo material em Estado que pratique alíquota mais favorável, não estão compelidas, uma vez empregadas as mercadorias em obra, a satisfazer a diferença em virtude de alíquota maior do Estado destinatário. Interpretação do disposto no artigo 155, § 2º, inciso VII, da Constituição Federal. (STF, 2ª Turma, **AI 242.276 AgR**, rel. Min. Marco Aurélio, 10.1999).

No mesmo sentido: STF, 1ª Turma, RE 248.830 AgR-ED, rel. Min. Marco Aurélio, 6.2011.

4. Inciso IX, *a*: ICMS-Importação

Ao estabelecer a regra básica de competência do ICMS, o inciso II do art. 155 já previa que o tributo poderia incidir sobre as operações relativas à circulação de mercadorias e sobre a prestação dos serviços de comunicação e de transporte interestadual e intermunicipal, "ainda que as operações e as prestações se iniciem no exterior". Ademais, o art. 155, § 2º, IX, *a*, da CF, em sua redação original, estabelecia que o imposto deveria incidir:

> a) sobre a entrada de mercadoria importada do exterior, ainda quando se tratar de bem destinado a consumo ou ativo fixo do estabelecimento, assim como sobre serviço prestado no exterior, cabendo o imposto ao Estado onde estiver situado o estabelecimento destinatário da mercadoria ou do serviço; (redação original)

A Constituição da República de 1988 permitiu, assim, *a tributação das importações por meio do ICMS*, preservando a competência que fora outorgada aos Estados originalmente pela Emenda Passos Porto (EC 23/83), a qual deu nova redação ao art. 23, § 11, da CF/69.

Após, *a EC 33/01 ampliou essa autorização*, alterando a redação do art. 155, § 2º, IX, *a*, da CF para fazer com que o imposto passasse a alcançar as importações efetuadas por não-comerciantes e até mesmo a importação de bens. Eis a redação atual do preceito citado, que determina a incidência do ICMS:

> a) sobre a entrada de bem ou mercadoria importados do exterior por pessoa física ou jurídica, ainda que não seja contribuinte habitual do imposto, qualquer que seja a sua finalidade, assim como sobre o serviço prestado no exterior, cabendo o imposto ao Estado onde estiver situado o domicílio ou o estabelecimento do destinatário da mercadoria, bem ou serviço; (redação vigente, dada pela EC 33/01)

As inovações foram tão expressivas que deram ensejo ao nascimento de uma nova exação tributária, que se diferencia em aspectos relevantes do ICMS regulado pelo inciso II do art. 155.[1132]

Trata-se do ICMS-Importação, trazido à luz pela EC 33/01.

4.1. Titularidade da competência

Por se tratar de incidência sobre a importação, *a regra geral de competência do ICMS é invertida, atribuindo-se-a não ao Estado de origem, mas ao Estado de destino* (na dicção constitucional: "ao Estado onde estiver situado o domicílio ou o estabelecimento do destinatário da mercadoria, bem ou serviço").

O "destinatário" a que alude a Constituição é o destinatário jurídico, que não se identifica necessariamente com a pessoa, física ou jurídica, à qual os bens foram remeti-

[1132] Como bem nota Carrazza, ao versar sobre o ICMS que onera as importações dos particulares: "Este, na realidade, é um ICMS novo, que nada tem a ver com o ICMS previsto originariamente pela Carta de 1988 para incidir sobre importação de produtos, inserindo-os no ciclo econômico" (*ICMS.* p. 69).

dos fisicamente.[1133] *O destinatário jurídico é o importador* ("aquele que promoveu juridicamente o ingresso do produto"),[1134] sujeito passivo do ICMS-Importação.

Essa questão foi bem enfocada pelo Ministro Joaquim Barbosa, ao ressaltar a distinção entre o importador, o destinatário da remessa e o falso importador:

> A distinção entre os destinatários jurídico, físico e aparente da operação é relevante como medida de salvaguarda do pacto federativo, especialmente em razão do quadro de agressiva concessão de benefícios fiscais – muitas vezes de duvidosa validade – que caracteriza a *guerra fiscal*. O critério constitucional de partilha da competência tributária não tem como objetivo privilegiar os estados federados que, por questões geográficas e logísticas, concentram as zonas alfandegárias primárias (locais onde ocorrem por excelência os desembaraços aduaneiros). Tampouco é possível considerar juridicamente válida a estruturação de operações que não se justificam em seu propósito negocial.[1135]

Destarte, pode-se afirmar com segurança que *o titular da competência é o Estado em cujo âmbito estiver situado o importador*, mesmo que o despacho aduaneiro tenha ocorrido no território de outro ente federativo.[1136]

• Precedentes citados

Supremo Tribunal Federal:

Titularidade do Estado onde situado o destinatário jurídico do bem: CONSTITUCIONAL. TRIBUTÁRIO. IMPOSTO SOBRE A CIRCULAÇÃO DE MERCADORIAS – ICMS. IMPORTAÇÃO. SUJEITO ATIVO. ESTADO EM QUE LOCALIZADO O DESTINATÁRIO JURÍDICO OU ESTADO EM QUE LOCALIZADO O DESTINATÁRIO FINAL DA OPERAÇÃO (ESTABELECIMENTO ONDE HAVERÁ A ENTRADA DO BEM). ART. 155, § 2º, IX, A, DA CONSTITUIÇÃO. Nas operações das quais resultem a importação de bem do exterior, o Imposto sobre Circulação de Mercadorias e Serviços – ICMS é devido ao estado onde estiver situado o domicílio ou o estabelecimento do destinatário jurídico do bem, pouco importando se o desembaraço ocorreu por meio de ente federativo diverso. Recurso extraordinário conhecido e provido. (STF, 2ª Turma, **RE 405.457**, rel. Min. Joaquim Barbosa, 12.2009)

Superior Tribunal de Justiça:

Importação indireta. Titularidade do Estado onde situado o destinatário final do bem: PROCESSUAL CIVIL E TRIBUTÁRIO. EMBARGOS DE DIVERGÊNCIA. ICMS. IMPORTAÇÃO INDIRETA. TRIBUTO DEVIDO AO ESTADO ONDE SE LOCALIZA O DESTINATÁRIO FINAL DA MERCADORIA. 1. Nos casos de importação indireta, o ICMS deverá ser recolhido no Estado onde se localiza o destinatário final da mercadoria, a despeito de ter sido esta desembaraçada por estabelecimento intermediário sediado em outra Unidade da Federação. Precedentes: [...] 2. Embargos de divergência não providos. (STJ, 1ª Seção, **EREsp 835.537**, rel. Min. Benedito Gonçalves, 11.2009)

• Questões específicas

Simulação. Importação por terceiro consignatário. Competência do Estado em que localizado o porto de desembarque e situado o verdadeiro importador: ICMS – MERCADORIA IMPORTADA – INTERMEDIAÇÃO – TITULARIDADE DO TRIBUTO. O Imposto sobre Circulação de Mercadorias e Serviços cabe ao Estado em que localizado o porto de desembarque e o destinatário da mercadoria, não prevalecendo a forma sobre o conteúdo, no que procedida a importação por terceiro consignatário situado em outro Estado e beneficiário de sistema tributário mais favorável. (STF, 1ª Turma, **RE 268.586**, rel. Min. Marco Aurélio, 5.2005)

A aplicação deste precedente deve ser limitada aos casos em que haja efetiva comprovação de prática simulatória, a qual nunca poderá ser presumida. Isso foi ressaltado pelo Ministro Joaquim Barbosa, no RE 405.457.

4.2. Materialidade

Em sua redação original, a alínea *a* do art. 155, § 2º, IX, da CF, fazia referência apenas à "entrada de mercadoria importada do exterior", restringindo a tributação às mercadorias importadas no ciclo mercantil. *Excluíam-se da incidência do ICMS os bens importados por pessoas físicas ou jurídicas para uso próprio*, conclusão que era reforçada,

---

[1133] MELO. *A importação no Direito Tributário*. p. 120-123.

[1134] STF, 1ª Turma, RE 299.079, rel. Min. Carlos Britto, 6.2004; 2ª Turma, *RE 405.457*, rel. Min. Joaquim Barbosa, 12.2009.

[1135] STF, 2ª Turma, *RE 405.457*, rel. Min. Joaquim Barbosa, 12.2009, excerto do voto do relator.

[1136] STF, 2ª Turma, *RE 405.457*, rel. Min. Joaquim Barbosa, 12.2009. No mesmo sentido, STJ, 1ª Seção, *EREsp 835.537*, rel. Min. Benedito Gonçalves, 11.2009.

no que diz respeito às pessoas físicas, pela atribuição do imposto ao Estado onde estivesse situado o "estabelecimento" do destinatário.

Foi nesse sentido que a jurisprudência se firmou, após certos vacilos, rechaçando a incidência do ICMS sobre as importações efetuadas por pessoas físicas ou jurídicas não comerciantes.[1137]

Para superá-la, foi editada a EC 33/01, que sujeitou toda e qualquer importação de bens do exterior ao ICMS, ao prever que o imposto incidiria sobre a "entrada de bem" importado por "pessoa física ou jurídica, ainda que não seja contribuinte habitual do imposto, qualquer que seja a sua finalidade". Com essa amplíssima redação, a EC 33/01 alargou substancialmente a competência estadual para a tributação das importações, sem incorrer em vício de inconstitucionalidade, por ofensa a cláusulas pétreas.[1138]

Diante desse contexto, o STF editou a Súmula 660, redigida nestes termos:

> Até a vigência da emenda constitucional 33/2001, não incide ICMS na importação de bens por pessoa física ou jurídica que não seja contribuinte do imposto.

Destarte, *a competência para cobrar o ICMS-Importação não se limita à importação de mercadorias (espécie), abrangendo os bens (gênero).* Engloba tanto as importações de natureza mercantil quanto aquelas efetivadas para uso próprio. Abarca as importações efetivadas por pessoas físicas e jurídicas. E, além disso, alcança a importação de serviços.

Embora o alcance da competência para a cobrança do ICMS sobre a importação de bens seja vasto, não é ilimitado: abrange apenas as importações de bens do exterior.

As "importações internas", caracterizadas pela introdução, num determinado Estado ou Município, de bens provenientes de outro não estão sujeitas ao ICMS-Importação; podem sujeitar-se apenas ao ICMS-Mercadorias (art. 155, II), se configurada a ocorrência de circulação de mercadorias. Consequentemente, as "importações" interestaduais ou intermunicipais de bens que não sejam mercadorias estão fora do alcance de incidência do ICMS. A redação constitucional é clara nesse sentido, ao fazer expressa referência aos bens "importados do exterior" (art. 155, § 2º, IX, *a*).

Ademais, não é toda e qualquer importação de bens do exterior que pode sofrer a incidência do ICMS-Importação. Nesse aspecto, verifica-se uma situação similar à do Imposto de Importação: apesar de a Constituição não afirmá-lo expressamente, *somente estão sujeitas à incidência tributária as importações que tenham por efeito a incorporação dos bens à economia interna.*[1139] O mero ingresso físico de bens no território nacional não viabiliza a incidência do ICMS.

Corrobora essa assertiva a íntima inter-relação que há entre o ICMS-Importação e o ICMS-Mercadorias. Embora sejam tributos distintos, identificam-se em seus aspectos essenciais e são tratados pela Constituição como se fossem um único imposto. O nexo mais evidente entre as exações decorre da redação do art. 155, § 2º ("O imposto previsto no inciso II, atenderá ao seguinte"), que confere unidade a toda regulação constitucional do ICMS.

[1137] STF, Pleno, *RE 203.075*, rel. p/ ac. Min. Maurício Corrêa, 8.1998. Ao acolher esse entendimento, o STF contrariou a jurisprudência que havia se firmado no STJ, no sentido da legitimidade da incidência do ICMS na importação realizada por não comerciantes. Cabe recordar o teor destas súmulas do STJ: "O ICMS incide na importação de aeronave, por pessoa física, para uso próprio" (Súmula 155); "Na importação de veículo próprio por pessoa física, destinado a uso próprio, incide o ICMS" (Súmula 198).

[1138] STF, Pleno, *RE 439.796*, rel. Min. Joaquim Barbosa, 11.2013.

[1139] Sobre a questão, vide os comentários ao art. 153, I.

Segundo a redação desse preceito, o ICMS-Importação nada mais seria do que o ICMS do art. 155, II, incidente sobre as importações, razão pela qual o intérprete, para determinar o alcance da competência do art. 155, § 2º, IX, *a*, há de se basear no regime do tributo do art. 155, II, que se aplicará em todos os aspectos que se afigurarem compatíveis com o teor do art. 155, § 2º, IX, *a*.

Por consequência, deve-se reconhecer que *o ICMS-Importação somente pode incidir sobre fatos que impliquem circulação econômica e jurídica de bens*, envolvendo a transmissão do domínio, tal como ocorre com o ICMS-Mercadorias, ao qual é intimamente vinculado.

Essa é a jurisprudência atual do STF, que revisou a sua orientação pretérita, para refutar a possibilidade de o ICMS-Importação incidir sobre operações que não impliquem a transferência de titularidade das mercadorias. Emblemático é o caso da incidência do imposto na importação de equipamentos destinados ao ativo fixo de empresa por meio de contrato de *leasing*. A Suprema Corte inicialmente assentou a legitimidade da incidência, sob o argumento de que, "conquanto remanesça a circulação econômica como hipótese de incidência genérica do imposto, o legislador constitucional determinou a incidência específica do tributo sobre a entrada da mercadoria ou do bem importados do exterior", de modo que "a imposição de ICMS prescinde da verificação da natureza do negócio jurídico ensejador da importação".[1140] Tal entendimento encontrou resistência até mesmo no âmbito do Superior Tribunal de Justiça, que chegou a reafirmar a sua jurisprudência contrária, declarando a impossibilidade de o ICMS incidir em tal operação, pois não envolve circulação *jurídica* de mercadoria.[1141] Em seguida, o STF veio a relativizar a sua orientação: afastou a incidência do ICMS sobre contratos de *leasing* internacional de aeronaves e restringiu a possibilidade de incidência do imposto às hipóteses em que o bem seja destinado ao ativo fixo da empresa (por considerar que, nestas operações, a opção pela compra do bem é necessária), com base na premissa de que a "circulação de mercadoria é pressuposto de incidência do ICMS", entendida esta como "circulação econômica, envolvendo transferência de domínio".[1142] Finalmente, concluiu pela impossibilidade de incidência do ICMS nas importações efetuadas mediante *leasing*.[1143]

No que concerne à incidência sobre a importação de serviços, remetemos o leitor aos comentários ao art. 149, § 2º, II, onde tratamos das contribuições incidentes sobre tal materialidade.

• Súmulas

Súmula 660 do STF: "Até a vigência da emenda constitucional 33/2001, não incide ICMS na importação de bens por pessoa física ou jurídica que não seja contribuinte do imposto"

Súmula 155 do STJ: "O ICMS incide na importação de aeronave, por pessoa física, para uso próprio"

Súmula 198 do STJ: "Na importação de veículo próprio por pessoa física, destinado a uso próprio, incide o ICMS"

• Precedentes citados

Supremo Tribunal Federal:

Importações por pessoas físicas não comerciantes. Inexigibilidade do ICMS no regime anterior à EC 33/01: RECURSO EXTRAORDINÁRIO. CONSTITUCIONAL. TRIBUTÁRIO. PESSOA FÍSICA. IMPORTAÇÃO DE BEM. EXIGÊNCIA DE PAGAMENTO DO ICMS POR OCASIÃO DO DESEMBARAÇO ADUANEIRO.

1140 STF, Pleno, RE 206.069, rel. Min. Ellen Gracie, 9.2005 – excertos do voto da relatora.

1141 STJ, 1ª Seção, REsp 692.945, rel. Min. Eliana Calmon, 8.2006, em cujo voto se lê: "desconsiderou o STF o fato de que no leasing não há circulação de mercadoria, na medida em que se trata de um contrato de arrendamento mercantil".

1142 STF, Pleno, RE 461.968, rel. Min. Eros Grau, 5.2007 – passagens da ementa e do voto do relator, respectivamente.

1143 STF, Pleno, *RE 540.829*, rel. p/ Acórdão Min. Luiz Fux, 9.2014.

IMPOSSIBILIDADE. 1. A incidência do ICMS na importação de mercadoria tem como fato gerador operação de natureza mercantil ou assemelhada, sendo inexigível o imposto quando se tratar de bem importado por pessoa física. 2. Princípio da não-cumulatividade do ICMS. Pessoa física. Importação de bem. Impossibilidade de se compensar o que devido em cada operação com o montante cobrado nas anteriores pelo mesmo ou outro Estado ou pelo Distrito Federal. Não sendo comerciante e como tal não estabelecida, a pessoa física não pratica atos que envolvam circulação de mercadoria. Recurso extraordinário não conhecido. (STF, Pleno, **RE 203.075**, rel. p/ ac. Min. Maurício Corrêa, 8.1998)

Importações por pessoas físicas não comerciantes. Legitimidade da incidência do ICMS no regime posterior à EC 33/01. Condições jurídicas para a validade da cobrança: [...] ICMS. IMPORTAÇÃO. PESSOA QUE NÃO SE DEDICA AO COMÉRCIO OU À PRESTAÇÃO DE SERVIÇOS DE COMUNICAÇÃO OU DE TRANSPORTE INTERESTADUAL OU INTERMUNICIPAL. "NÃO CONTRIBUINTE". VIGÊNCIA DA EMENDA CONSTITUCIONAL 33/2002. [...] 1. Há competência constitucional para estender a incidência do ICMS à operação de importação de bem destinado a pessoa que não se dedica habitualmente ao comércio ou à prestação de serviços, após a vigência da EC 33/2001. 2. A incidência do ICMS sobre operação de importação de bem não viola, em princípio, a regra da vedação à cumulatividade (art. 155, § 2º, I da Constituição), pois se não houver acumulação da carga tributária, nada haveria a ser compensado. 3. Divergência entre as expressões "bem" e "mercadoria" (arts. 155, II e 155, § 2º, IX, *a*, da Constituição). É constitucional a tributação das operações de circulação jurídica de bens amparadas pela importação. A operação de importação não descacteriza, tão-somente por si, a classificação do bem importado como mercadoria. Em sentido semelhante, a circunstância de o destinatário do bem não ser contribuinte habitual do tributo também não afeta a caracterização da operação de circulação de mercadoria. Ademais, a exoneração das operações de importação pode desequilibrar as relações pertinentes às operações internas com o mesmo tipo de bem, de modo a afetar os princípios da isonomia e da livre concorrência. CONDIÇÕES CONSTITUCIONAIS PARA TRIBUTAÇÃO 4. Existência e suficiência de legislação infraconstitucional para instituição do tributo (violação dos arts. 146, II e 155, XII, § 2º, *i*, da Constituição). A validade da constituição do crédito tributário depende da existência de lei complementar de normas gerais (LC 114/2002) e de legislação local resultantes do exercício da competência tributária, contemporâneas à ocorrência do fato jurídico que se pretenda tributar. 5. Modificações da legislação federal ou local anteriores à EC 33/2001 não foram convalidadas, na medida em que inexistente o fenômeno da "constitucionalização superveniente" no sistema jurídico brasileiro. A ampliação da hipótese de incidência, da base de cálculo e da sujeição passiva da regra-matriz de incidência tributária realizada por lei anterior à EC 33/2001 e à LC 114/2002 não serve de fundamento de validade à tributação das operações de importação realizadas por empresas que não sejam comerciais ou prestadoras de serviços de comunicação ou de transporte intermunicipal ou interestadual. 6. A tributação somente será admissível se também respeitadas as regras da anterioridade e da anterioridade [*sic*], cuja observância se afere com base em cada legislação local que tenha modificado adequadamente a regra-matriz e que seja posterior à LC 114/2002. Recurso extraordinário interposto pelo Estado do Rio Grande do Sul conhecido e ao qual se nega provimento. Recurso extraordinário interposto por FF. Claudino ao qual se dá provimento. (STF, Pleno, **RE 439.796**, rel. Min. Joaquim Barbosa, 11.2013)

Leasing internacional. Inexistência de circulação jurídica. Impossibilidade de incidência do ICMS: Ementa: RECURSO EXTRAORDINÁRIO. CONSTITUCIONAL E TRIBUTÁRIO. ICMS. ENTRADA DE MERCADORIA IMPORTADA DO EXTERIOR. ART. 155, II, CF/88. OPERAÇÃO DE ARRENDAMENTO MERCANTIL INTERNACIONAL. NÃO-INCIDÊNCIA. RECURSO EXTRAORDINÁRIO A QUE SE NEGA PROVIMENTO. [...] 2. A alínea "a" do inciso IX do § 2º do art. 155 da Constituição Federal, na redação da EC 33/2001, faz incidir o ICMS na entrada de bem ou mercadoria importados do exterior, somente se de fato houver circulação de mercadoria, caracterizada pela transferência do domínio (compra e venda). 3. Precedente: RE 461968, Rel. Min. EROS GRAU, Tribunal Pleno, julgado em 30/05/2007, Dje 23/08/2007, onde restou assentado que o imposto não é sobre a entrada de bem ou mercadoria importada, senão sobre essas entradas desde que elas sejam atinentes a operações relativas à circulação desses mesmos bens ou mercadorias. 4. Deveras, não incide o ICMS na operação de arrendamento mercantil internacional, salvo na hipótese de antecipação da opção de compra, quando configurada a transferência da titularidade do bem. Consectariamente, se não houver aquisição de mercadoria, mas mera posse decorrente do arrendamento, não se pode cogitar de circulação econômica. 5. *In casu*, nos termos do acórdão recorrido, o contrato de arrendamento mercantil internacional trata de bem suscetível de devolução, sem opção de compra. 6. Os conceitos de direito privado não podem ser desnaturados pelo direito tributário, na forma do art. 110 do CTN, à luz da interpretação conjunta do art. 146, III, combinado com o art. 155, inciso II e § 2º, IX, "a", da CF/88. 8. Recurso extraordinário a que se nega provimento. (STF, Pleno, **RE 540.829**, rel. p/ Acórdão Min. Luiz Fux, 9.2014)

Trata-se do Tema nº 297 da Repercussão Geral: "Incidência do ICMS na importação de mercadoria por meio de arrendamento mercantil internacional".

O entendimento foi reafirmado pelo Plenário ao concluir o julgamento do RE 226.899 (rel. p/ Acórdão Min. Cármen Lúcia, 10.2014), que se iniciara em 2009. O STJ também acolhe essa orientação (1ª Seção, REsp 1.131.718, rel. Min. Luiz Fux, 3.2010, representativo de controvérsia).

4.3. Aspecto temporal

Sob a égide da Constituição de 1969, com a redação dada pela EC 3/83, era previsto que o tributo seria devido quando da "entrada, em estabelecimento comercial, industrial ou produtor" (art. 23, II, § 11), o que levou o STF a sumular o seu entendimento no sentido de que, na importação, a hipótese de incidência do ICMS somente ocorria quando da entrada das mercadorias no estabelecimento adquirente.[1144]

Essa referência ao ingresso no estabelecimento foi suprimida no texto da Constituição de 1988, *permitindo-se*, com isso, *a cobrança do ICMS quando do desembaraço aduaneiro,*[1145] *momento em que se perfectibiliza a importação.*[1146] De conseguinte, em tal oportunidade também pode ser exigida a apresentação do comprovante de isenção ou da não incidência do tributo para liberação das mercadorias.[1147]

- **Súmulas**

Súmula Vinculante 48: "Na entrada de mercadoria importada do exterior, é legítima a cobrança do ICMS por ocasião do desembaraço aduaneiro".

Esse enunciado resultou da atribuição de caráter vinculante à Súmula 661, de idêntica redação.

Súmula 577 do STF: "Na importação de mercadorias do exterior, o fato gerador do imposto de circulação de mercadorias ocorre no momento de sua entrada no estabelecimento do importador".

- **Precedentes citados**

Momento da ocorrência do fato gerador à luz da CF/88. Condicionamento do desembaraço aduaneiro ao recolhimento do tributo. Legitimidade: TRIBUTÁRIO. ICMS. IMPORTAÇÃO DE MERCADORIAS. DESEMBARAÇO. ART. 155, § 2º, IX, A, DA CF/88. ART. 2º, I, DO CONVÊNIO ICM 66/88. ART. 1º, § 2º, V, E § 6º, DA LEI FLUMINENSE Nº 1.423/89. A Constituição de 1988 suprimiu, no dispositivo indicado, a referência que a Carta anterior (EC 03/83, art. 23, II, § 11) fazia à "entrada, em estabelecimento comercial, industrial ou produtor, da mercadoria importada"; e acrescentou caber "o imposto ao Estado onde estiver situado o estabelecimento destinatário da mercadoria", evidenciando que o elemento temporal referido ao fato gerador, na hipótese, deixou de ser o momento da entrada da mercadoria no estabelecimento do importador. Por isso, tornou-se incompatível com o novo sistema a norma do art. 1º, II, do DL 406/68, que dispunha em sentido contrário, circunstância que legitimou a edição, pelos Estados e pelo Distrito Federal, em conjunto com a União, no exercício da competência prevista no art. 34, § 8º, do ADCT/88, de norma geral, de caráter provisório, sobre a matéria; e, por igual, a iniciativa do Estado do Rio de Janeiro, de dar-lhe conseqüência, por meio da lei indicada. Incensurável, portanto, em face do novo regime, o condicionamento do desembaraço da mercadoria importada à comprovação do recolhimento do tributo estadual, de par com o tributo federal, sobre ela incidente. Recurso conhecido e provido, para o fim de indeferir o mandado de segurança. (STF, Pleno, **RE 193.817**, rel. Min. Ilmar Galvão, 10.1996)

Condicionamento do desembaraço aduaneiro à comprovação da isenção, da não-incidência ou do recolhimento do tributo. Legitimidade: ICMS. MERCADORIA IMPORTADA, FATO GERADOR. ELEMENTO TEMPORAL. ART. 155, § 2º, IX, A, DA CONSTITUIÇÃO FEDERAL. O Plenário do Supremo Tribunal Federal firmou orientação no sentido da legitimação dos Estados para ditarem norma geral, de caráter provisório, por meio de convênio (Convênio ICMS 66/88), condicionando o desembaraço aduaneiro das mercadorias importadas do exterior à apresentação do comprovante da isenção, da não-incidência ou do recolhimento do tributo estadual devido pela importação. Recurso extraordinário conhecido e provido. (STF, 1ª Turma, **RE 246.817**, rel. Min. Ilmar Galvão, 5.1999)

5. Inciso IX, *b*: operações mistas – incidência do ICMS no fornecimento de mercadorias com serviços

5.1. Tributação das operações mistas

A alínea *b* do art. 155, § 2º, IX, da CF trata da incidência do ICMS nas "operações mistas", entendidas como aquelas que não envolvem apenas a circulação de mercadorias, mas também a prestação de serviços.

[1144] Súmula 577 do STF: "Na importação de mercadorias do exterior, o fato gerador do imposto de circulação de mercadorias ocorre no momento de sua entrada no estabelecimento do importador".

[1145] Súmula Vinculante 48: "Na entrada de mercadoria importada do exterior, é legítima a cobrança do ICMS por ocasião do desembaraço aduaneiro".

[1146] STF, Pleno, *RE 193.817*, rel. Min. Ilmar Galvão, 10.1996. Há, porém, juristas que defendem posição contrária. Roque Carrazza, por exemplo, afirma: "o critério temporal (momento em que se considera ocorrido o fato imponível) do ICMS em discussão, longe de ser a entrada física, no território brasileiro, das mercadorias ou bens, é sua efetiva entrada no estabelecimento destinatário" (CARRAZZA. *ICMS*. p. 62). Com base nessa premissa, sustenta ser inviável exigir o ICMS quando do desembaraço aduaneiro (ibidem, p. 64).

[1147] STF, 1ª Turma, *RE 246.817*, rel. Min. Ilmar Galvão, 5.1999.

As operações mistas *não se confundem* com aquelas em que a circulação de mercadorias ou a prestação de serviços tem caráter instrumental ou acessório, dando ensejo à aplicação do critério da *preponderância* para definir o tributo incidente.[1148] Nelas, tanto a prestação de serviços quanto a circulação de mercadorias têm significado próprio.

Esse aspecto foi bem enfatizado pela Ministra Ellen Gracie, num importante julgado:

> A operação mista pressupõe duplo objeto negocial, visando a prestações diversas embora conexas e complementares uma da outra, envolvendo tanto a prestação de serviços como a circulação de mercadorias. Alcança, portanto, o contrato que tenha por objeto um dar e um fazer, mas não aquele em que alguém se compromete a fazer para dar, em que o fazer constitui apenas meio para a produção e colocação do bem à disposição do comprador.[1149]

Em princípio, as operações mistas deveriam ser cindidas, de forma que o ICMS incidisse sobre o valor correspondente às mercadorias; e o ISS, sobre o montante relativo aos serviços prestados. Era o que o CTN estabelecia em sua redação original.[1150]

Na prática, porém, a cisão das operações mistas somente ocorre quando o serviço está sujeito ao ISS e a lei complementar que regula este imposto também determina a incidência do ICMS.[1151] *Nas demais hipóteses, incide apenas um dos impostos, sobre o valor total da operação*: o ICMS, se os serviços prestados não estiverem arrolados na lista anexa à lei complementar do ISS;[1152] ou o ISS, se estiverem.[1153]

Tributação das operações mistas	
Serviço não previsto na lista anexa à LC 116/03	ICMS, sobre o valor total
Serviço previsto na lista anexa à LC 116/03, sem ressalva	ISS, sobre o valor total
Serviço previsto na lista anexa à LC 116/03, com ressalva à incidência do ICMS	ICMS e ISS, sobre os valores parciais

Essa solução é chancelada pela firme jurisprudência do STJ.[1154]

Destarte, *há duas situações em que o ICMS incide sobre o valor total da operação.*

[1148] Sobre esse critério, vide o tópico relativo às operações em que há prestação de serviços com a entrega do bem produzido, às p. 543 e ss.

[1149] STF, Pleno, ADI 4.389 MC, rel. Min. Joaquim Barbosa, 4.2011. O precedente diz respeito à incidência do ISS sobre os serviços de composição gráfica, sendo analisado nos comentários ao art. 156, III.

[1150] O art. 71, § 2º, do CTN tratava das operações em que havia tanto circulação de mercadorias quanto prestação de serviços, considerando-as de caráter misto, salvo se a prestação de serviços constituísse o objeto essencial da operação e contribuísse com mais de 75% da receita média mensal da atividade. Caracterizada a operação como mista, a codificação estabelecia uma repartição salomônica: incidiriam tanto o ICM quanto o ISQN, cada um sobre 50% do valor da operação, como estabelecido nos arts. 53, § 3º, e 72, II, em sua redação original. Após alterações, esses preceitos foram revogados.

[1151] O art. 2º, V, da LC 87/96 estabelece que o ICMS incide no "fornecimento de mercadorias com prestação de serviços sujeitos ao imposto sobre serviços, de competência dos Municípios, quando a lei complementar aplicável expressamente o sujeitar à incidência do imposto estadual". E o art. 13, IV, *b*, do mesmo diploma legal prevê que nesta situação a base de cálculo do ICMS será o "preço corrente da mercadoria fornecida ou empregada". Um exemplo elucidativo é o do conserto de veículos, que sofre a incidência do ISS sobre a mão-de-obra e do ICMS sobre as peças, por força da ressalva do item 14.01 da lista anexa à LC 116/03: "14.01 – Lubrificação, limpeza, lustração, revisão, carga e recarga, conserto, restauração, blindagem, manutenção e conservação de máquinas, veículos, aparelhos, equipamentos, motores, elevadores ou de qualquer objeto (exceto peças e partes empregadas, que ficam sujeitas ao ICMS)".

[1152] Como disposto no art. 2º, IV, da LC 87/96, o ICMS incide sobre o "fornecimento de mercadorias com prestação de serviços não compreendidos na competência tributária dos Municípios", hipótese em que, de acordo com o art. 13, IV, *a*, dessa lei, a base de cálculo será o "valor da operação".

[1153] O art. 1º, § 2º, da LC 116/03 afasta expressamente a incidência do ICMS nesta situação: "§ 2º Ressalvadas as exceções expressas na lista anexa, os serviços nela mencionados não ficam sujeitos ao Imposto Sobre Operações Relativas à Circulação de Mercadorias e Prestações de Serviços de Transporte Interestadual e Intermunicipal e de Comunicação – ICMS, ainda que sua prestação envolva fornecimento de mercadorias".

[1154] STJ, 1ª Seção, *REsp 1.092.206*, rel. Min. Teori Albino Zavascki, 3.2009.

A primeira, por óbvio, é aquela em que os serviços estão sujeitos à competência tributária dos Estados (serviços de comunicação e de transporte intermunicipal ou interestadual).

A segunda é fruto da interpretação que se conferiu à alínea *b* do art. 155, § 2º, IX, da CF: o ICMS incide sobre o valor total das operações mistas *sempre que o serviço não esteja arrolado na lista anexa à lei complementar que dispõe sobre o ISS.*

- **Precedente citado**

Tributação das operações mistas. Critérios para definir o imposto devido e a sua base de cálculo. Serviço arrolado na lista anexa à lei do ISS, sem ressalva. Incidência exclusiva do imposto municipal: CONSTITUCIONAL. TRIBUTÁRIO. DELIMITAÇÃO DA COMPETÊNCIA TRIBUTÁRIA ENTRE ESTADOS E MUNICÍPIOS. ICMS E ISSQN. CRITÉRIOS. SERVIÇOS DE COMPOSIÇÃO GRÁFICA. SÚMULA 156 DO STJ. 1. Segundo decorre do sistema normativo específico (art. 155, II, § 2º, IX, b e 156, III da CF, art. 2º, IV, da LC 87/96 e art. 1º, § 2º, da LC 116/03), a delimitação dos campos de competência tributária entre Estados e Municípios, relativamente à incidência de ICMS e de ISSQN, está submetida aos seguintes critérios: (a) sobre operações de circulação de mercadoria e sobre serviços de transporte interestadual e internacional e de comunicações incide ICMS; (b) sobre operações de prestação de serviços compreendidos na lista de que trata a LC 116/03 (que sucedeu ao DL 406/68), incide ISSQN; e (c) sobre operações mistas, assim entendidas as que agregam mercadorias e serviços, incide o ISSQN sempre que o serviço agregado estiver compreendido na lista de que trata a LC 116/03 e incide ICMS sempre que o serviço agregado não estiver previsto na referida lista. 2. As operações de composição gráfica, como no caso de impressos personalizados e sob encomenda, são de natureza mista, sendo que os serviços a elas agregados estão incluídos na Lista Anexa ao Decreto-Lei 406/68 (item 77) e à LC 116/03 (item 13.05). Consequentemente, tais operações estão sujeitas à incidência de ISSQN (e não de ICMS), Confirma-se o entendimento da Súmula 156/STJ: "A prestação de serviço de composição gráfica, personalizada e sob encomenda, ainda que envolva fornecimento de mercadorias, está sujeita, apenas, ao ISS." Precedentes de ambas as Turmas da 1ª Seção. 3. Recurso especial provido. Recurso sujeito ao regime do art. 543-C do CPC e da Resolução STJ 08/08. (STJ, 1ª Seção, **REsp 1.092.206**, rel. Min. Teori Albino Zavascki, 3.2009)

5.2. Alcance, fundamentos e consequências da interpretação conferida à alínea *b* do art. 155, § 2º, IX, da CF

Segundo o art. 155, § 2º, IX, *b,* da CF, o ICMS incidirá "sobre o valor total da operação, quando mercadorias forem fornecidas com serviços não compreendidos na competência tributária dos Municípios".

A nosso juízo, tais serviços são aqueles expressamente reservados à incidência do ICMS pelo art. 155, II, da Carta da República (serviços de comunicação e de transporte intermunicipal e interestadual), haja vista que as competências tributárias são estabelecidas pela Constituição e não podem ser alteradas pelo legislador infraconstitucional.[1155] Por consequência, nenhum outro serviço poderia sofrer a incidência do ICMS.

No entanto, não foi essa a interpretação que prevaleceu no Supremo Tribunal Federal.

Para o STF, os "serviços não compreendidos na competência tributária dos Municípios" correspondem aos serviços não compreendidos na lei complementar de que trata o art. 156, III, a qual dispõe sobre o ISS, elencando, de forma taxativa, os serviços sujeitos à sua incidência.

Portanto, se o serviço não for referido na lista que acompanha a lei,[1156] escapando à incidência do ISS, *o ICMS poderá incidir sobre o valor total da operação, mesmo que não se trate de serviços de comunicação ou de transporte intermunicipal ou interestadual.*[1157]

[1155] Para uma análise mais detida da questão, vide A. VELLOSO. *Conceitos e competências tributárias*, p. 19-31. Em sentido contrário, Hugo de Brito Machado defende que a competência conferida aos Municípios tem "o seu desenho a depender de lei complementar" ("Restauração, Conserto e Beneficiamento de Produtos: Impossibilidade de Incidência do IPI e do ISS sobre o mesmo fato", p. 32).

[1156] Trata-se da conhecida "Lista de serviços anexa à Lei Complementar nº 116, de 31 de julho de 2003".

[1157] STF, 1ª Turma, *RE 144.795*, rel. Min. Ilmar Galvão, 10.1993. Aplicando esse entendimento, cfr. STJ, 1ª Turma, *REsp. 1.102.838*, rel. Min. Luiz Fux, 12.2010.

Com base nesse entendimento, o Superior Tribunal de Justiça editou a Súmula 163, que preceitua:

O fornecimento de mercadorias com simultânea prestação de serviços em bares, restaurantes e estabelecimentos similares constitui fato gerador do ICMS a incidir sobre o valor total da operação.

Para que haja tal incidência, *o princípio da legalidade requer previsão expressa em lei editada pelo ente tributante*, razão pela qual: "Sem lei estadual que a estabeleça, é ilegítima a cobrança do imposto de circulação de mercadorias sobre o fornecimento de alimentação e bebidas em restaurante ou estabelecimento similar" (Súmula 574 do STF).

- **Súmulas**

Súmula 574 do STF: "Sem lei estadual que a estabeleça, é ilegítima a cobrança do imposto de circulação de mercadorias sobre o fornecimento de alimentação e bebidas em restaurante ou estabelecimento similar"

Súmula 163 do STJ: "O fornecimento de mercadorias com simultânea prestação de serviços em bares, restaurantes e estabelecimentos similares constitui fato gerador do ICMS a incidir sobre o valor total da operação"

Reiterando esse entendimento em sede de recurso repetitivo: [...] 3. O ICMS incide sobre o fornecimento de alimentação e bebidas em bares, restaurantes e estabelecimentos congêneres, cuja base de cálculo compreende o valor total das operações realizadas, inclusive aquelas correspondentes à prestação de serviço. (STJ, 1ª Seção, REsp 1.135.534, rel. Min. Luiz Fux, 12.2009)

- **Precedentes citados**

Supremo Tribunal Federal:

Fornecimento de alimentos e bebidas em restaurantes. Cobrança do ICMS sobre o valor total. Legitimidade: [...] Os dispositivos do inc. I, *b* e do § 2º, inc. IX, do art. 155 da CF/88 delimitam o campo de incidência do ICMS: operações relativas à circulação de mercadorias, como tais também consideradas aquelas em que mercadorias forem fornecidas com serviços não compreendidos na competência tributária dos Municípios (caso em que o tributo incidirá sobre o valor total da operação). Já o art. 156, IV, reservou à competência dos Municípios o Imposto Sobre Serviços de qualquer natureza (ISS), não compreendidos no art. 155, I, *b*, definidos em lei complementar. Consequentemente, o ISS incidirá tão-somente sobre serviços de qualquer natureza que estejam relacionados na lei complementar, ao passo que o ICMS, além dos serviços de transporte, interestadual e intermunicipal, e de comunicações, terá por objeto operações relativas a circulação de mercadorias, ainda que as mercadorias sejam acompanhadas de prestação de serviço, salvo quando o serviço esteja relacionado em lei complementar como sujeito a ISS. Critério de separação de competências que não apresenta inovação, porquanto já se achava consagrado no art. 8., pars. 1. e 2., do Decreto-lei n. 406/68. Precedente da 2ª Turma, no RE 129.877-4-SP. [...] (STF, 1ª Turma, **RE 144.795**, rel. Min. Ilmar Galvão, 10.1993)

Superior Tribunal de Justiça:

Operações mistas. Legitimidade da incidência do ICMS sobre o valor total, se o serviço não estiver previsto na lista do ISS: CONSTITUCIONAL. TRIBUTÁRIO. DELIMITAÇÃO DA COMPETÊNCIA TRIBUTÁRIA ENTRE ESTADOS E MUNICÍPIOS. ICMS E ISS. OPERAÇÕES "MISTAS". CRITÉRIOS. SERVIÇOS DE ELABORAÇÃO DE ÓCULOS POR ENCOMENDA. ART. 155, § 2º, IX, B, CF. LC 116/03. [...] 4. A Primeira Seção desta e. Corte firmou entendimento no sentido de que: (a) sobre operações "puras" de circulação de mercadoria e sobre os serviços previstos no inciso II, do art. 155 da CF (transporte interestadual e internacional e de comunicações) incide ICMS; (b) sobre as operações "puras" de prestação de serviços previstos na lista de que trata a LC 116/03 incide ISS; (c) e sobre operações mistas, incidirá o ISS sempre que o serviço agregado estiver compreendido na lista de que trata a LC 116/03 e incidirá ICMS sempre que o serviço agregado não estiver previsto na referida lista. Precedente: REsp 1092206/SP, [...] 5. *In casu*, conforme reconhecido pela própria recorrente, a atividade da autora, consistente na elaboração e comercialização de óculos de grau personalizados, sob prescrição médica, não está prevista na Lista de Serviços da Lei Complementar nº 116/03, o que implica reconhecer a incidência do ICMS, nos termos das fundamentações acima delineadas. 6. Recurso especial a que se nega provimento. (STJ, 1ª Turma, **REsp. 1.102.838**, rel. Min. Luiz Fux, 12.2010)

6. Inciso X: imunidades perante o ICMS

As vedações de incidência estabelecidas pelo inciso X consistem, tecnicamente, em *imunidades*. Moldam o alcance da competência dos Estados e do Distrito Federal para cobrar o ICMS, excluindo certos fatos do seu campo de incidência.

Perante as imunidades do inciso X, *o legislador carece de poder impositivo* e, por conseguinte, de discricionariedade para tributar ou desonerar.

Diversamente, perante o comando do inciso XII, *e* (que reserva à lei complementar a exclusão de certas materialidades do âmbito de incidência do imposto), o legislador, além de possuir competência tributária, detém discricionariedade para proceder, ou não, à desoneração tributária.[1158]

6.1. Alínea *a*: mercadorias e serviços destinados ao exterior

6.1.1. Alcance

Na redação original do dispositivo, era prevista a imunidade das operações de exportação de produtos industrializados. Excluíam-se do alcance da imunidade – e, consequentemente, sujeitavam-se à competência tributária dos Estados e do Distrito Federal – os produtos industrializados semielaborados definidos em lei complementar.[1159] Eis o seu texto:

> X – não incidirá:
> a) sobre operações que destinem ao exterior produtos industrializados, excluídos os semi-elaborados definidos em lei complementar; (redação original, revogada pela EC 42/03)

Sendo restrita aos produtos, a imunidade não abrangia os serviços, mesmo que fossem conexos com as operações de exportação. Era possível, portanto, a incidência do ICMS sobre as operações de transporte intermunicipal e interestadual de produtos industrializados destinados ao exterior.[1160]

Com o advento da EC 42/03, *o alcance da imunidade foi ampliado: passou a abranger todas as mercadorias exportadas e até mesmo a exportação de serviços.* Esta é a redação atual do art. 155, § 2º, X, *a,* da CF:

> X – não incidirá:
> a) sobre operações que destinem mercadorias para o exterior, nem sobre serviços prestados a destinatários no exterior, assegurada a manutenção e o aproveitamento do montante do imposto cobrado nas operações e prestações anteriores; (Redação dada pela Emenda Constitucional nº 42, de 19.12.2003)

Nesse ponto, a referida emenda constitucional veio a reforçar a política de desoneração das exportações de produtos e serviços, com o objetivo de que não sejam exportados os pesados tributos brasileiros e, por consequência, seja favorecida a competitividade das nossas empresas, produtos e serviços no âmbito internacional.[1161]

- **Súmulas**

Súmula 433 do STJ: "O produto semielaborado, para fins de incidência de ICMS, é aquele que preenche cumulativamente os três requisitos do art. 1º da Lei Complementar n. 65/1991"

[1158] Sobre o efetivo alcance do inciso XII, *e,* conferir os comentários correlatos.

[1159] Na ausência da lei complementar, os Estados editaram convênios com base no art. 34, § 8º, do ADCT, definindo os produtos semielaborados para submetê-los à tributação, procedimento que foi reputado legítimo (STF, Pleno, RE 205.634, rel. Min. Maurício Corrêa, 8.1997). Após, a LC 65/91 definiu os produtos semielaborados (considerando a sua origem, o processo de industrialização e a representação do custo da matéria-prima no custo total do produto, art. 1º) e previu que o CONFAZ deveria elaborar lista dos produtos industrializados semielaborados, observando a definição do art. 1º (art. 2º). Questionou-se a legitimidade de tal procedimento, vislumbrando-se delegação de competência normativa ao CONFAZ, sem êxito, contudo, pois se considerou que a lei complementar efetivamente definiu os produtos semielaborados e que, assim, não houve delegação. Distinguiu-se a definição, veiculada pela lei, do rol de produtos, elaborado pelo CONFAZ (STF, Pleno, RE 240.186, rel. Min. Ilmar Galvão, 6.2000). Acerca da interpretação da definição de produtos semielaborados trazida pela LC 65/91, o STJ consolidou o seu entendimento no sentido de que: "O produto semielaborado, para fins de incidência de ICMS, é aquele que preenche cumulativamente os três requisitos do art. 1º da Lei Complementar n. 65/1991" (Súmula 433). Em seguida, a LC 87/96 isentou a exportação de produtos semielaborados (art. 3º, II).

[1160] STF, 2ª Turma, *RE 212.637*, rel. Min. Carlos Velloso, 5.1999.

[1161] STF, Pleno, RE 606.107, rel. Min. Rosa Weber, 05.2013 – Tema nº 283 da Repercussão Geral. Consignou-se na ementa deste julgado que a finalidade do art. 155, § 2º, X, "a", da Constituição da República "é o incentivo às exportações, desonerando as mercadorias nacionais do seu ônus econômico, de modo a permitir que as empresas brasileiras exportem produtos, e não tributos". O acórdão trata da incidência da COFINS e da contribuição ao PIS sobre créditos de ICMS cedidos, por empresas exportadoras, a terceiros. Cfr. o tópico seguinte.

A súmula diz respeito à redação original da Constituição e ao regime da LC 65/91. A LC 87/96 isentou a exportação de produtos semielaborados (art. 3º, II). Em seguida, a EC 42/03 tornou-os imunes: no seu regime, nenhum produto exportado pode sofrer a incidência do ICMS, pois o imposto somente incide sobre a circulação de mercadorias e todas as mercadorias exportadas são imunes.

• Precedentes citados

Operações de transporte interestadual de produtos industrializados destinados ao exterior. Legitimidade da incidência do ICMS frente à redação original da CF/88: CONSTITUCIONAL. TRIBUTÁRIO. ICMS: PRODUTOS INDUSTRIALIZADOS DESTINADOS AO EXTERIOR: IMUNIDADE. OPERAÇÕES E PRESTAÇÕES DE SERVIÇO: DISTINÇÃO. C.F., art. 155, II, § 2º, IV, X, a, XII, e. I. – ICMS: hipóteses de incidência distintas: a) operações relativas à circulação de mercadorias; b) prestações de serviço interestadual e intermunicipal e de comunicações: C.F., art. 155, II. II. – A Constituição Federal, ao conceder imunidade tributária, relativamente ao ICMS, aos produtos industrializados destinados ao exterior, situou-se, apenas, numa das hipóteses de incidência do citado imposto: operações que destinem ao exterior tais produtos, excluídos os semi-elaborados definidos em lei complementar: art. 155, § 2º, X, a. III. – Deixou expresso a C.F., art. 155, § 2º, XII, e, que as prestações de serviços poderão ser excluídas, nas exportações para o exterior, mediante lei complementar. IV. – Incidência do ICMS sobre a prestação de serviço de transporte interestadual, no território nacional, incidindo a alíquota estabelecida por resolução do Senado Federal: C.F., art. 155, § 2º, IV. V. – R.E. conhecido e provido. (STF, 2ª Turma, **RE 212.637**, rel. Min. Carlos Velloso, 5.1999)

6.1.2. Manutenção e aproveitamento dos créditos

Como expusemos anteriormente, as imunidades também estão abrangidas pelas regras do art. 155, § 2º, II, da CF, razão pela qual, salvo determinação em contrário da legislação, não geram direito a crédito (alínea *a*) e acarretam a anulação dos créditos relativos às operações anteriores (alínea *b*).

A regra da alínea *b* do art. 155, § 2º, II, da CF foi excepcionada pelo dispositivo em comento (art. 155, § 2º, X, *a,* na redação dada pela EC 42/03), ao garantir "a manutenção e o aproveitamento do montante do imposto cobrado nas operações e prestações anteriores".

Com isso, conferiu-se um *incentivo adicional às operações de exportação*, que, além de não estarem sujeitas à incidência do ICMS, viabilizam a utilização dos créditos relativos às operações anteriores.

O efeito econômico desse incentivo é a *total desoneração das exportações* frente ao imposto estadual: as empresas exportadoras não devem nada a título do ICMS e ainda podem creditar-se do imposto pago nas operações anteriores, para compensação com o imposto devido por elas próprias (em operações praticadas no mercado interno, obviamente) ou por outros contribuintes situados no mesmo Estado, a quem vierem a ceder os saldos credores acumulados.[1162] Ademais, *a receita oriunda dessa transferência não pode sofrer a incidência de tributos*, como a COFINS e a contribuição ao PIS, sob pena de ofensa à letra e à finalidade do art. 155, § 2º, X, *a*, da Carta Constitucional.[1163]

Note-se que somente foi excepcionada a regra da alínea *b* do art. 155, § 2º, II. A regra da alínea *a* continua sendo aplicável, obstando que a imunidade gere, por si só, direito ao crédito do ICMS que seria devido na operação de exportação.

Destarte, *as empresas exportadoras têm direito constitucional ao aproveitamento* do ICMS cobrado nas operações e prestações *anteriores*, e não ao imposto que seria devido na própria operação de exportação. Esse benefício fiscal somente pode advir da legislação infraconstitucional.

[1162] O aproveitamento dos créditos das empresas exportadoras é regulado pelo art. 25, § 1º, da LC 87/96.

[1163].STF, Pleno, *RE 606.107*, rel. Min. Rosa Weber, 05.2013 – Tema nº 283 da Repercussão Geral. Declarou-se a inconstitucionalidade da incidência da COFINS e da contribuição ao PIS sobre a receita advinda da cessão de créditos do ICMS a terceiros.

Para esclarecer essa situação, recorremos ao seguinte exemplo, em que a empresa exportadora adquire mercadorias de uma indústria e as exporta, creditando-se do imposto devido por aquela, calculado à alíquota de 17%:

Creditamento do ICMS pelas empresas exportadoras		
	Indústria vende à empresa exportadora	Exportadora vende ao exterior
Valor da operação	R$ 1.000,00	R$ 1.500,00
Imposto devido	R$ 170,00	—
Crédito relativo a operações anteriores	—	R$ 170,00
Saldo a pagar ou a utilizar	(-) R$ 170,00	(+) R$ 170,00

Ressaltamos que o crédito da exportadora é de R$ 170,00 (valor pago pela indústria), e não R$ 255,00 (imposto que incidiria na sua operação).

- **Precedente citado**

Direito constitucional à manutenção e ao aproveitamento dos créditos de ICMS. Ilegitimidade da cobrança da COFINS e da contribuição ao PIS sobre a receita proveniente da cessão dos créditos a terceiros: EMENTA RECURSO EXTRAORDINÁRIO. CONSTITUCIONAL. TRIBUTÁRIO. IMUNIDADE. HERMENÊUTICA. CONTRIBUIÇÃO AO PIS E COFINS. NÃO INCIDÊNCIA. TELEOLOGIA DA NORMA. EMPRESA EXPORTADORA. CRÉDITOS DE ICMS TRANSFERIDOS A TERCEIROS. [...] IV - O art. 155, § 2º, X, "a", da CF – cuja finalidade é o incentivo às exportações, desonerando as mercadorias nacionais do seu ônus econômico, de modo a permitir que as empresas brasileiras exportem produtos, e não tributos -, imuniza as operações de exportação e assegura "a manutenção e o aproveitamento do montante do imposto cobrado nas operações e prestações anteriores". Não incidem, pois, a COFINS e a contribuição ao PIS sobre os créditos de ICMS cedidos a terceiros, sob pena de frontal violação do preceito constitucional. [...] VI - O aproveitamento dos créditos de ICMS por ocasião da saída imune para o exterior não gera receita tributável. Cuida-se de mera recuperação do ônus econômico advindo do ICMS, assegurada expressamente pelo art. 155, § 2º, X, "a", da Constituição Federal. VII - Adquirida a mercadoria, a empresa exportadora pode creditar-se do ICMS anteriormente pago, mas somente poderá transferir a terceiros o saldo credor acumulado após a saída da mercadoria com destino ao exterior (art. 25, § 1º, da LC 87/1996). Porquanto só se viabiliza a cessão do crédito em função da exportação, além de vocacionada a desonerar as empresas exportadoras do ônus econômico do ICMS, as verbas respectivas qualificam-se como decorrentes da exportação para efeito da imunidade do art. 149, § 2º, I, da Constituição Federal. VIII - Assenta esta Suprema Corte a tese da inconstitucionalidade da incidência da contribuição ao PIS e da COFINS não cumulativas sobre os valores auferidos por empresa exportadora em razão da transferência a terceiros de créditos de ICMS. IX - Ausência de afronta aos arts. 155, § 2º, X, 149, § 2º, I, 150, § 6º, e 195, *caput* e inciso I, "b", da Constituição Federal. Recurso extraordinário conhecido e não provido, aplicando-se aos recursos sobrestados, que versem sobre o tema decidido, o art. 543-B, § 3º, do CPC. (STF, Pleno, **RE 606.107**, rel. Min. Rosa Weber, 05.2013 – Tema nº 283 da Repercussão Geral: "Incidência do PIS e da COFINS não-cumulativos sobre valores recebidos a título de transferência de ICMS")

6.2. Alínea *b*: operações interestaduais relativas a petróleo, lubrificantes, combustíveis líquidos e gasosos derivados do petróleo e energia elétrica

A alínea *b* do art. 155, § 2º, X, da CF estabelece que o ICMS não incidirá:

> b) sobre operações que destinem a outros Estados petróleo, inclusive lubrificantes, combustíveis líquidos e gasosos dele derivados, e energia elétrica;

A nosso juízo, trata-se de uma imunidade com ampla abrangência: engloba todas as operações que destinem tais mercadorias a outros Estados,[1164] salvo se estabelecida a

[1164] E apenas tais operações. Lembre-se que as operações intraestaduais estão sujeitas à incidência do ICMS, como previsto no § 3º do art. 155 da CF: "§ 3º À exceção dos impostos de que tratam o inciso II do *caput* deste artigo [ICMS] e o art. 153, I e II [Impostos de Importação e de Exportação], nenhum outro imposto poderá incidir sobre operações relativas a energia

incidência monofásica do ICMS sobre combustíveis e lubrificantes, que não é afastada pela imunidade em foco, por força da ressalva expressa da alínea *h* do art. 155, § 2º, XII, da CF, incluída pela EC 33/01.[1165] Dessa forma, os Estados de destino somente poderiam cobrar o ICMS sobre as alienações realizadas nos seus territórios, não sobre as aquisições de mercadorias provenientes de outros Estados.

Não obstante, o *STF entende que não se trata sequer de imunidade, mas de "genuína hipótese de não incidência do tributo [...] restrita ao Estado de origem"*, que constituiria um mero "benefício fiscal que não foi instituído em prol do consumidor, mas do Estado de destino dos produtos em causa, ao qual caberá, em sua totalidade, o ICMS sobre eles incidente, desde a remessa até o consumo".[1166] Considera, enfim, que *se trata apenas de um benefício fiscal outorgado para favorecer os Estados consumidores, em detrimento dos Estados produtores*.

Essa posição encontra supedâneo na lição de Ricardo Lobo Torres, segundo a qual a justificativa político-econômica do art. 155, § 2º, X, *b*, da CF consistiria na "proteção do equilíbrio no federalismo fiscal, eis que as fontes produtoras de petróleo e energia elétrica se concentram em poucos Estados, que seriam exageradamente beneficiados se pudessem tributar esses bens".[1167]

Destarte, *as operações interestaduais* relativas a petróleo, lubrificantes, combustíveis líquidos e gasosos derivados do petróleo e energia elétrica *estão sujeitas à tributação, com a única peculiaridade de que a competência tributária cabe ao Estado de destino*.

À luz desse entendimento, a alínea *b* do art. 155, § 2º, X, da CF seria enquadrada com mais exatidão como *uma regra de competência tributária*, que atribui o poder impositivo ao Estado de destino, e não como um benefício fiscal.

Quanto ao *alcance objetivo dessa regra*, o Pretório Excelso já decidiu que ela somente abrange os derivados de petróleo indicados no texto constitucional (lubrificantes e combustíveis líquidos e gasosos), *não englobando os demais subprodutos do petróleo*, como a nafta petroquímica.[1168]

- **Precedentes citados**

Derivados do petróleo não especificados no texto constitucional. Inaplicabilidade da imunidade: TRIBUTÁRIO. NAFTA PETROQUÍMICA OBJETO DE OPERAÇÕES INTERESTADUAIS. Produto que não se encontra excluído da incidência do ICMS, na forma prevista na alínea b do inciso X do § 2º do art. 155 da Constituição, dispositivo que contempla com o benefício fiscal os Estados não produtores de petróleo, lubrificantes e combustíveis líquidos e gasosos, além da energia elétrica, não se justificando a sua extensão aos demais subprodutos do petróleo. Recurso conhecido e provido. (STF, 1ª Turma, **RE 193.074**, rel. Min. Ilmar Galvão, 2.1999)

Inoponibilidade da "imunidade" ao Estado de destino: TRIBUTÁRIO. ICMS. LUBRIFICANTES E COMBUSTÍVEIS LÍQUIDOS E GASOSOS, DERIVADOS DO PETRÓLEO. OPERAÇÕES INTERESTADUAIS. IMUNIDADE DO ART. 155, § 2º, X, B, DA CONSTITUIÇÃO FEDERAL. Benefício fiscal que não foi instituído em prol do consumidor, mas do Estado de destino dos produtos em causa, ao qual caberá, em sua totalidade, o ICMS sobre eles incidente, desde a remessa até o consumo. Conseqüente descabimento das teses da imunidade e da inconstitucionalidade dos textos legais, com que a empresa consumidora dos produtos em causa pretendeu obviar, no caso, a exigência tributária do Estado de São Paulo. Recurso conhecido, mas desprovido. (STF, Pleno, **RE 198.088**, rel. Min. Ilmar Galvão, 5.2000)

---

elétrica, serviços de telecomunicações, derivados de petróleo, combustíveis e minerais do País" (redação dada pela Emenda Constitucional nº 33, de 11.12.2001).

[1165] O art. 155, § 2º, XII, *h*, da CF estabelece que cabe à lei complementar: "h) definir os combustíveis e lubrificantes sobre os quais o imposto incidirá uma única vez, qualquer que seja a sua finalidade, hipótese em que não se aplicará o disposto no inciso X, b".

[1166] STF, Pleno, *RE 198.088*, rel. Min. Ilmar Galvão, 5.2000.

[1167] TORRES. *Curso de Direito Financeiro e Tributário.* 10ª ed., p. 353.

[1168] STF, 1ª Turma, *RE 193.074*, rel. Min. Ilmar Galvão, 2.1999.

Conforme observou o relator: "Salta à vista, com efeito, que objetiva ela eliminar, como fonte geradora de ICMS, os poços de petróleo e as refinarias instaladas em poucos Estados, na medida em que exclui da incidência do tributo as operações destinadas ao abastecimento das demais unidades federadas, prevenindo o agravamento das desigualdades regionais, um dos objetivos fundamentais da República (art. 3º, III, da CF). Prestigiou o contribuinte, nesse passo, os Estados consumidores em detrimento dos Estados produtores [...] Assim sendo, obviamente, na hipótese de contribuinte ou consumidor vir a receber o produto sem a retenção prévia do ICMS, será ele responsável por todo o tributo devido ao Estado de seu domicílio. No caso sob exame, de distribuição de lubrificantes e combustíveis, do Rio de Janeiro para consumidora de São Paulo, é fora de dúvida que houve incidência do ICMS sobre a operação de consumo e que se trata de tributo de competência do Estado de São Paulo, onde se verificou dita operação, não restando espaço para falar-se em imunidade e nem, conseqüentemente, em inconstitucionalidade dos dispositivos legais que alicerçaram a exigência fiscal impugnada por parte da referida unidade federada".

• Questões específicas

Operações de tancagem: [..] 2. Decisão do Tribunal de Justiça do Estado do Rio de Janeiro que reconheceu a imunidade prevista no art. 155, § 2º, X, *b*, da Constituição Federal. 3. Incidência do ICMS sobre a operação de bombeamento e tancagem de combustível. 4. Não comprovação de venda do produto em outros Estados. 5. Não caracterização da operação tancagem como operação de destinação. 6. Afronta ao art. 155, § 2º, X, *b*, CF/88 por má aplicação. 7. Recurso extraordinário provido para denegar a segurança. (STF, 2ª Turma, **RE 358.956**, rel. p/ ac. Min. Gilmar Mendes, 9.2005)

6.3. Alínea *c*: vedação da incidência do ICMS sobre o ouro definido como ativo financeiro ou instrumento cambial

O ouro definido como ativo financeiro ou instrumento cambial está sujeito à *incidência exclusiva e monofásica do IOF* (art. 153, § 5º, da CF). Por isso, não pode sujeitar-se ao ICMS, salvo se tiver destinação diversa, passando a ser empregado como mercadoria.[1169]

A rigor, o dispositivo em análise, ao estabelecer que o ICMS não incidirá "sobre o ouro, nas hipóteses definidas no art. 153, § 5º", *não veicula uma autêntica imunidade*, vez que as regras de imunidade se caracterizam por restingir o alcance de regras atributivas de competência e não há competência para cobrar o ICMS sobre o ouro definido como ativo financeiro ou instrumento cambial. Enquanto tal, o ouro não se qualifica como mercadoria e, via de consequência, não está sujeito ao ICMS.

Destarte, *a função da alínea c é meramente elucidativa*, destinando-se a obstar, no que diz respeito ao ouro, a adoção da ilegítima interpretação de que o ICMS poderia incidir sobre ativos financeiros ou instrumentos cambiais.

6.4. Alínea *d:* serviços de radiodifusão de recepção livre e gratuita

Expusemos há pouco que o STF havia se pronunciado, à luz da redação original da Constituição de 1988, no sentido de que a competência para a cobrança do ICMS-Comunicação alcançava até mesmo os serviços de radiodifusão sonora e de sons e imagens, em virtude de o art. 155, II, da CF ter adotado um conceito amplo de comunicação.[1170]

A EC 42/03 veio superar esse entendimento jurisprudencial no que diz respeito aos serviços de radiodifusão *de recepção livre e gratuita,* ao estabelecer que:

> § 2º O imposto previsto no inciso II, atenderá ao seguinte:
>
> [...]
>
> X – não incidirá:
>
> [...]
>
> d) nas prestações de serviço de comunicação nas modalidades de radiodifusão sonora e de sons e imagens de recepção livre e gratuita; (alínea incluída pela Emenda Constitucional nº 42, de 19.12.2003)

[1169] Sobre a questão, conferir os comentários ao art. 153, § 5º.

[1170] STF, Pleno, *ADI 1.467*, rel. Min. Sydney Sanches, 2.2003.

Na realidade, esses serviços não estariam sujeitos à competência tributária dos Estados e do Distrito Federal sequer sob a redação original da CF/88, pois o ICMS não pode incidir sobre serviços gratuitos. Firmada essa premissa, a regra do art. 155, § 2º, X, *d,* da CF não se enquadraria como uma verdadeira imunidade: a exemplo daquela que a precede (alínea *c*), cumpriria uma função meramente elucidativa, destinando-se a evitar interpretações equivocadas acerca do alcance da competência dos Estados e do Distrito Federal para cobrar o ICMS.

- **Precedente citado**

Imunidade dos serviços de radiodifusão. Inexistência no regime anterior à EC 42/03. Impossibilidade de ser instituída por Constituição Estadual: [...] 1. O art. 132, I, "b", da Lei Orgânica do Distrito Federal, ao admitir a incidência do ICMS apenas sobre os serviços de comunicação, referidos no inciso XI do art. 21 da C.F., vedou sua incidência sobre os mencionados no inciso XII, "a", do mesmo artigo, ou seja, sobre "os serviços de radiodifusão sonora e de sons e imagens" (art. 21, XII, "a", da C.F., com a redação dada pela E.C. nº 8, de 15.08.1995). 2. Com isso, estabeleceu, no Distrito Federal, tratamento diferenciado dessa questão, em face do que ocorre nas demais unidades da Federação e do disposto no art. 155, inc. II, da C.F., pelos quais o ICMS pode incidir sobre todo e qualquer serviço de comunicação. 3. Assim, ainda que indiretamente, concedeu imunidade, quanto ao ICMS, aos prestadores de serviços de radiodifusão sonora e de sons e de imagens, sem que essa imunidade estivesse prevista na Constituição Federal (art. 155, II), que, ademais, não admite que os Estados e o Distrito Federal concedam, com relação ao ICMS, nem mesmo simples isenções, incentivos e benefícios fiscais, senão com observância da Lei Complementar a que aludem o art. 155, § 2º, inciso XII, letra "g". [...] 6. Caracterizada a concessão de imunidade não prevista na Constituição Federal, ou, ao menos, a concessão de benefício fiscal não autorizado pela Lei Complementar a que aquela se refere, julga-se procedente a Ação Direta, declarando-se a inconstitucionalidade da expressão "de que trata o art. 21, XI, da Constituição Federal", constante da alínea "b" do inciso I do art. 132 da Lei Orgânica do Distrito Federal. 7. Plenário: decisão unânime. (STF, Pleno, **ADI 1.467**, rel. Min. Sydney Sanches, 2.2003)

7. Inciso XI: exclusão do IPI da base de cálculo do ICMS

A Emenda Passos Porto (EC 23/83) determinou que o IPI integrasse a base de cálculo do antigo ICM quando apenas este imposto incidisse sobre a operação. Se a operação ensejasse a incidência de ambos os tributos, deveria ser excluído o IPI da base de cálculo do ICM.[1171] Na realidade, a exclusão era do IPI devido nas operações anteriores, cujo valor é especificado na nota fiscal para fins de creditamento na operação subsequente.

Na Constituição atual, não há qualquer determinação no sentido de que o IPI integre a base de cálculo do ICMS. No entanto, a exceção veiculada pela EC 23/83 foi mantida e, além disso, o seu alcance foi limitado.

Recordamos a redação do art. 155, § 2º, XI, da CF/88:

> § 2º O imposto previsto no inciso II, atenderá ao seguinte:
>
> [...]
>
> XI – não compreenderá, em sua base de cálculo, o montante do imposto sobre produtos industrializados, quando a operação, realizada entre contribuintes e relativa a produto destinado à industrialização ou à comercialização, configure fato gerador dos dois impostos;

Destarte, a *vedação de incidência do ICMS sobre o IPI pressupõe que a operação*:

i) esteja sujeita à incidência de ambos os tributos;

i) seja realizada entre contribuintes; e

ii) seja relativa a produto destinado à industrialização ou à comercialização.

[1171] Eis a redação do art. 23, § 12, da CF/69, na redação dada pela EC 23/83: "§ 12 – O montante do imposto a que se refere o item V do art. 21 [IPI] integrará a base de cálculo do imposto mencionado no item II [ICM], exceto quando a operação configure hipótese de incidência de ambos os tributos".

Operações em que o ICMS não pode incidir sobre o IPI		
Sujeitos	**Fabricante →** (contribuinte do ICMS e do IPI)	**Fabricante ou comerciante** (contribuinte do ICMS – e, no caso da indústria, também do IPI)
Objeto	Produto industrializado destinado à industrialização ou à comercialização (sujeito, por óbvio, à incidência de ambos os impostos)	

A contrario sensu, a Constituição de 1988 permitiu que houvesse a inclusão do IPI na base de cálculo do ICMS, salvo se configurada a hipótese excepcionada pelo art. 155, § 2º, XI. Logo, *o ICMS poderá incidir sobre o IPI em qualquer uma destas três hipóteses*:

i) operações que não estejam sujeitas à incidência do IPI, quando o ICMS incide sobre o

valor do IPI devido na operação anterior (ou melhor, tal valor não é abatido da base de cálculo do ICMS);

ii) operações realizadas entre contribuinte e não contribuinte do ICMS;

iii) operações em que o produto não seja destinado à industrialização ou à comercialização.

Portanto, para aplicar o preceito em foco, mister apurar a configuração da hipótese de incidência do IPI, a qualidade dos sujeitos envolvidos e a finalidade do produto comercializado.

A configuração da hipótese de incidência do IPI não suscita questionamentos específicos.

A *determinação da finalidade do produto comercializado*, por outro lado, é um elemento de extrema relevância, pois a destinação que for dada ao produto *pelo adquirente* determinará o valor do tributo a ser recolhido *pelo alienante*. Usualmente, tal finalidade poderá ser aferida pela própria espécie do produto alienado, mas existirão situações em que a destinação somente poderá ser apurada no caso concreto.

No que diz respeito *à qualidade dos sujeitos envolvidos*, deve-se considerar que a exceção abrange todos os sujeitos passivos dos impostos, aplicando-se tanto aos contribuintes *stricto sensu* quanto àqueles que lhes são equiparados.[1172]

De tais colocações, infere-se que *a inclusão do IPI na base de cálculo do ICMS poderá ocorrer nas vendas a consumidores finais* (porque, além de se tratar de operações realizadas entre contribuintes e não contribuintes, não envolvem produtos destinados à industrialização ou à comercialização) *e nas vendas de comerciantes não industriais a indústrias ou a comerciantes* (pois nestas não há industrialização e, assim, não incide o IPI).

Já nas vendas de indústrias (ou de equiparados a indústrias) para indústrias ou comerciantes, será, via de regra, inviável a incidência do ICMS sobre o IPI, por estarem preenchidos os três requisitos do art. 155, § 2º, XI. Nesta situação, a incidência do ICMS sobre o IPI somente será possível na hipótese excepcional de o bem alienado pela indústria não ser destinado à comercialização ou à industrialização (destinando-se, v.g., ao ativo fixo do adquirente).

- **Precedente citado**

Contribuinte equiparado a industrial. Incidência da regra do art. 155, § 2º, XI, da CF: ICMS. IPI. ART. 155, § 2º, XI, DA CONSTITUIÇÃO FEDERAL. ART. 24, § 1º, Nº 4, DA LEI PAULISTA Nº 6.374/89. VENDA

[1172] STF, Pleno, *RE 191.648*, rel. Min. Ilmar Galvão, 4.1997.

DE PRODUTOS IMPORTADOS, PARA INDUSTRIALIZAÇÃO OU COMERCIALIZAÇÃO. EXCLUSÃO DO VALOR CORRRESPONDENTE AO ÚLTIMO TRIBUTO DA BASE DE CÁLCULO DO PRIMEIRO. Configurando-se, no caso, fato gerador de ambos os tributos, incide a norma constitucional em referência, que não distingue contribuinte industrial de contribuinte equiparado a industrial. A Lei nº 6.374/89, do Estado de São Paulo, ao estabelecer em sentido contrário, no dispositivo acima indicado, ofende o apontado texto da Carta da República. Recurso conhecido e provido, com declaração da inconstitucionalidade do texto estadual sob enfoque. (STF, Pleno, **RE 191.648**, rel. Min. Ilmar Galvão, 4.1997)

Neste julgado, o STF afastou a incidência do ICMS sobre o IPI numa operação de importação, entendendo que: "a norma [refere-se ao art. 155, § 2º, XI, da CF] não distingue contribuinte industrial de contribuinte equiparado a industrial, exigindo, tão-somente, que a operação seja onerada pelos dois impostos e *que seja realizada entre contribuintes, isto é, que não se trate de venda a consumidor final*." (voto do relator, grifos nossos).

8. Inciso XII: reserva de lei complementar

O inciso XII do art. 155, § 2º, da CF reserva à lei complementar dispor sobre inúmeros aspectos do ICMS, a fim de assegurar um mínimo de uniformidade e de estabilidade à regulação infraconstitucional do imposto.

8.1. Alínea *a*: definição dos contribuintes

A alínea *a* do art. 155, § 2º, XII, da Carta da República dispõe que cabe à lei complementar "definir os seus contribuintes".

Esse dispositivo é fruto de atecnia constitucional, revelando-se totalmente prescindível. O art. 146, III, *a*, da CF já reserva à lei complementar a definição dos contribuintes de todos os impostos discriminados na Constituição, dentre os quais se inclui, à evidência, o ICMS.

Aqui, cabe apenas recordar que a lei complementar, ao definir os contribuintes, há de respeitar o alcance da competência tributária, sendo-lhe defeso eleger como sujeito passivo pessoa que não esteja vinculada aos fatos sujeitos ao ICMS, ou seja, à circulação de mercadorias, à prestação dos serviços de comunicação e de transporte intermunicipal ou interestadual.[1173]

Quanto aos possíveis sujeitos passivos do ICMS-Mercadorias, reportamo-nos às considerações expostas anteriormente.[1174]

8.2. Alínea *b*: substituição tributária

A alínea *b* do art. 155, § 2º, XII, da CF estabelece que cabe à lei complementar "dispor sobre substituição tributária".

Ao fazê-lo, reforça a necessidade de que o sujeito passivo seja definido em lei complementar e exige mais: que a regulação de todos os aspectos relevantes da substituição tributária seja veiculada por tal instrumento legislativo.

Noutros termos, *os traços fundamentais do regime de substituição tributária devem estar previstos em lei complementar*, sob pena de inviabilizar-se a aplicação dessa modalidade de sujeição passiva tributária.

[1173] Nesse sentido, Carrazza preleciona: "A lei complementar, ao "definir seus contribuintes", não poderá desfigurar nenhum destes cinco impostos. Tal ocorreria se ela "autorizasse" a tributação de pessoas que não estão envolvidas com as hipóteses de incidência dos ICMS [...] Vemos, pois, com hialina clareza, que a lei complementar em exame só poderá "explicitar" os "sujeitos passivos possíveis" dos vários ICMS cujas regras-matrizes – repetimos – foram traçadas, com retoques à perfeição, pela própria Carta Magna, de modo a vincular toda a legislação infraconstitucional" (*Curso de Direito Constitucional Tributário.* 18ª ed. p. 833-834).

[1174] Cfr. p. 440.

O Decreto-Lei 406/88 tratava da substituição tributária no antigo ICM e foi recepcionado pela Constituição vigente, permitindo que os Estados e o Distrito Federal aplicassem o regime da substituição no ICMS até a sua regulação pela LC 87/96.[1175]

A recepção do DL 406/88 inviabilizava, contudo, que os Estados editassem, mediante convênio, normas provisórias sobre substituição tributária com base no art. 34, § 8º, do ADCT.[1176]

Quanto à legitimidade da substituição tributária para frente, aceita pela pacífica jurisprudência do STF, vide os comentários ao art. 150, § 7º.

- **Precedente citado**

Regramento da substituição no ICM. Recepção pela CF/88. Impossibilidade de os Estados exercerem a competência legislativa plena: [...] O regime de substituição tributária, referente ao ICM, já se achava previsto no Decreto-Lei nº 406/68 (art. 128 do CTN e art. 6º, §§ 3º e 4º, do mencionado decreto-lei), normas recebidas pela Carta de 1988, não se podendo falar, nesse ponto, em omissão legislativa capaz de autorizar o exercício, pelos Estados, por meio do Convênio ICM nº 66/88, da competência prevista no art. 34, § 8º, do ADCT/88. Essa circunstância, entretanto, não inviabiliza o instituto que, relativamente a veículos novos, foi instituído pela Lei paulista nº 6.374/89 (dispositivos indicados) e pelo Convênio ICMS nº 107/89, destinado não a suprir omissão legislativa, mas a atender à exigência prevista no art. 6º, § 4º, do referido Decreto-Lei nº 406/68, em face da diversidade de estados aos quais o referido regime foi estendido, no que concerne aos mencionados bens. A responsabilidade, como substituto, no caso, foi imposta, por lei, como medida de política fiscal, autorizada pela Constituição, não havendo que se falar em exigência tributária despida de fato gerador. Acórdão que se afastou desse entendimento. Recurso conhecido e provido. (STF, Pleno, **RE 213.396**, rel. Min. Ilmar Galvão, 8.1999)

8.3. Alínea *c*: regime de compensação

O preceito em epígrafe reserva à lei complementar "disciplinar o regime de compensação do imposto".

Tal regime diz respeito à não cumulatividade, que se opera, como previsto no art. 155, § 2º, I, da CF, mediante a compensação do que "for devido em cada operação relativa à circulação de mercadorias ou prestação de serviços com o montante cobrado nas anteriores pelo mesmo ou outro Estado ou pelo Distrito Federal".

De acordo com a jurisprudência do STF, *a Constituição de 1988 não fixou, de forma unívoca, o regime de compensação do ICMS*, permitindo que a legislação infraconstitucional estabeleça novos critérios, desde que respeitados o princípio da anterioridade e o direito adquirido à utilização dos créditos na sistemática anterior.[1177]

Destarte, *a lei complementar deve dispor sobre os pormenores do sistema de compensação a ser adotado*, prevendo o regime dos créditos e débitos do imposto, as repercussões creditícias das isenções, da alíquota zero e da não incidência etc.

No entanto, não há como olvidar que, nessa tarefa, o legislador está jungido às determinações constitucionais, dentre as quais sobressaem aquelas que expusemos ao versar sobre a não cumulatividade do ICMS.

8.4. Alínea *d*: determinação do local das operações

De acordo com a alínea *d* do art. 155, § 2º, XII, da CF, toca à lei complementar:

> d) fixar, para efeito de sua cobrança e definição do estabelecimento responsável, o local das operações relativas à circulação de mercadorias e das prestações de serviços;

[1175] STF, 2ª Turma, RE 238.358 AgR, rel. Min. Joaquim Barbosa, 4.2011.

[1176] STF, Pleno, *RE 213.396*, rel. Min. Ilmar Galvão, 8.1999.

[1177] STF, Pleno, ADI 2.325 MC, rel. Min. Marco Aurélio, 9.2004. Com base nessa premissa, chancelaram-se procedimentos restritivos do creditamento, tais como o fracionamento do crédito sem que haja a correção monetária do crédito fracionado. A ementa nada esclarece quanto ao mérito.

O local das operações tributadas pelo ICMS não é relevante apenas para a sua cobrança e para definir o estabelecimento responsável. Também *serve para especificar o Estado competente para instituí-lo*, regulá-lo e, obviamente, cobrá-lo. Determinando-se o local em que ocorrem as operações, definem-se, por consequência, o Estado competente para tributá-las e os possíveis sujeitos passivos.

A necessidade de regulação da matéria por lei complementar decorre do fato de que certas operações de circulação de mercadorias, de importação de bens, de transporte e de comunicações envolvem fatos ocorridos em Estados distintos.

Por exemplo, uma empresa sediada no Estado X pode importar bens a serem desembaraçados no Estado Y e encaminhados diretamente a outra empresa sediada no Estado Z; uma empresa sediada no Estado X pode prestar, no Estado Y, um serviço de comunicação a uma empresa sediada no Estado Z.

Cabe à lei complementar fornecer critérios para definir o titular da competência e o estabelecimento responsável nesses casos dúbios,[1178] com base nas indicações já estabelecidas pela Constituição, que não podem ser olvidadas de forma alguma, sob pena de violação à rígida distribuição de competências entre as pessoas políticas.

8.5. Alínea *e*: desoneração das exportações

Segundo o preceito em foco, incumbe à lei complementar "excluir da incidência do imposto, nas exportações para o exterior, serviços e outros produtos além dos mencionados no inciso X, *a*".

A alínea *a* do inciso X previa a imunidade, perante o ICMS, da exportação de produtos industrializados (à exceção dos semielaborados).

Com o advento da EC 42/03, essa imunidade foi ampliada para abranger todas as operações que destinem mercadorias para o exterior (exportação de mercadorias) e, inclusive, os serviços prestados a destinatários no exterior (exportação de serviços). Consequentemente, *o campo de atuação da lei complementar foi restrito de forma significativa*.

Sendo concedida imunidade à exportação de mercadorias e de serviços, a lei complementar é plenamente prescindível, já que não pode restringi-la, condicioná-la e nem mesmo operacionalizá-la: fatos imunes não podem ser "excluídos da incidência do imposto".

Idêntica situação se verifica com os fatos que não são abrangidos pela regra atributiva de competência para a cobrança do ICMS: a lei complementar não pode "excluir da incidência do imposto" as exportações dos produtos que não se qualificam como mercadorias, visto que não há competência para a sua tributação pelo ICMS.

Destarte, *a lei complementar somente pode excluir da tributação aqueles serviços que não sejam albergados pela imunidade*, tais como os serviços de transporte interestadual, no território nacional, de produtos destinados ao exterior, uma vez que esses serviços de transporte, se não forem prestados aos destinatários, não são alcançados pela imunidade do art. 155, § 2º, X, *a*, da CF.[1179]

Neste caso, de estabelecer-se verdadeira isenção, e não mera declaração de intributabilidade, o ente político a instituí-la será a União, que estará procedendo à exoneração de tributo estadual. Haverá, pois, nítida concessão de *isenção heterônoma* (estabelecida

[1178] O local das operações e das prestações é definido pelo art. 11 da LC 87/96.

[1179] STF, 2ª Turma, *RE 212.637*, rel. Min. Carlos Velloso, 5.1999.

por pessoa constitucional diversa da titular da competência impositiva), o que nos permite afirmar, com segurança, que o art. 155, § 2º, XII, *e*, estabelece uma exceção à vedação do art. 151, III, da CF.

- **Precedente citado**

Serviços de transporte de produtos destinados ao exterior. Inexistência de imunidade: [...] II. – A Constituição Federal, ao conceder imunidade tributária, relativamente ao ICMS, aos produtos industrializados destinados ao exterior, situou-se, apenas, numa das hipóteses de incidência do citado imposto: operações que destinem ao exterior tais produtos, excluídos os semi-elaborados definidos em lei complementar: art. 155, § 2º, X, *a*. III. – Deixou expresso a C.F., art. 155, § 2º, XII, *e*, que as prestações de serviços poderão ser excluídas, nas exportações para o exterior, mediante lei complementar. IV. – Incidência do ICMS sobre a prestação de serviço de transporte interestadual, no território nacional, incidindo a alíquota estabelecida por resolução do Senado Federal: C.F., art. 155, § 2º, IV. V. – R.E. conhecido e provido. (STF, 2ª Turma, **RE 212.637**, rel. Min. Carlos Velloso, 5.1999)

O julgado diz respeito à redação original da Constituição de 1988, anterior ao advento da EC 33/01.

8.6. Alínea *f*: manutenção de crédito nas operações interestaduais e de exportação

A alínea *f* estabelece que cabe à lei complementar "prever casos de manutenção de crédito, relativamente à remessa para outro Estado e exportação para o exterior, de serviços e de mercadorias".

Esse dispositivo foi derrogado pela EC 42/03, no que diz respeito às operações de exportação de serviços e mercadorias.

Com a redação que essa emenda deu ao art. 155, § 2º, X, *a*, da CF, *a manutenção e o aproveitamento do montante do imposto* incidente sobre as operações e prestações anteriores às de exportação *passaram a ser assegurados constitucionalmente.*

É plenamente dispensável a previsão de lei complementar nesse sentido. Se existente, não possuiria qualquer efeito jurídico.

Cabe ter em mente que esse preceito foi derrogado, e não ab-rogado. *Ainda subsiste no que concerne às remessas interestaduais*, que não são abrangidas pelo inciso X, *a,* salvo se envolverem a destinação de mercadorias para o exterior.

Embora a aplicação direta do art. 155, § 2º, XII, *f*, da Constituição seja restrita às operações relativas às remessas interestaduais, a sua relevância transcende tais operações. Lido *a contrario sensu*, o preceito elucida que *a manutenção de crédito nas demais operações e prestações poderá ser prevista pela "legislação"*, consoante expresso no art. 155, § 2º, II.

8.7. Alínea *g*: concessão de benefícios e a "guerra fiscal"

8.7.1. Alcance e finalidade da reserva de lei complementar

Segundo a alínea *g* do inciso XII, cabe à lei complementar "regular a forma como, mediante deliberação dos Estados e do Distrito Federal, isenções, incentivos e benefícios fiscais serão concedidos e revogados".

A fim de evitar interpretações indevidamente restritivas, a Constituição aludiu tanto aos benefícios fiscais quanto às isenções e aos incentivos, incorrendo em nítido pleonasmo, já que as isenções são modalidades de benefícios fiscais e estes se enquadram dentro da categoria dos incentivos tributários,[1180] exceto quando se qualificam como odiosos, hipótese em que não incentivam: favorecem arbitrariamente, violando os princípios fundamentais da isonomia e da capacidade contributiva.

[1180] BORGES. "Sobre as isenções, incentivos e benefícios fiscais relativos ao ICMS", p. 69.

Com tal cautela, *a Lei Maior pretendeu submeter à regulação da lei complementar todas as vantagens concernentes ao ICMS.*[1181]

Para simplificar a exposição, doravante utilizaremos a expressão "benefícios fiscais", compreendida em sentido amplo, abrangente das isenções, dos incentivos tributários e, inclusive, dos incentivos financeiros.

A finalidade precípua do art. 155, § 2º, XII, g, da CF é evitar a "guerra fiscal" (concorrência entre unidades da federação para a instalação de empresas ou de indústrias em seus territórios, levada a efeito mediante a concessão de benefícios fiscais), rechaçada em inúmeras decisões do STF e, não obstante isso, continuamente praticada.

Em lição consignada na ementa da ADI 1.247 MC, o Ministro Celso de Mello explicitou a razão e o significado do preceito em análise:

> ICMS E REPULSA CONSTITUCIONAL A GUERRA TRIBUTÁRIA ENTRE OS ESTADOS-MEMBROS: O legislador constituinte republicano, com o propósito de impedir a "guerra tributária" entre os Estados-membros, enunciou postulados e prescreveu diretrizes gerais de caráter subordinante destinados a compor o estatuto constitucional do ICMS. Os princípios fundamentais consagrados pela Constituição da República, em tema de ICMS, (a) realçam o perfil nacional de que se reveste esse tributo, (b) legitimam a instituição, pelo poder central, de regramento normativo unitário destinado a disciplinar, de modo uniforme, essa espécie tributária, notadamente em face de seu caráter não-cumulativo, (c) justificam a edição de lei complementar nacional vocacionada a regular o modo e a forma como os Estados-membros e o Distrito Federal, sempre após deliberação conjunta, poderão, por ato próprio, conceder e/ou revogar isenções, incentivos e benefícios fiscais. CONVÊNIOS E CONCESSÃO DE ISENÇÃO, INCENTIVO E BENEFÍCIO FISCAL EM TEMA DE ICMS: A celebração dos convênios interestaduais constitui pressuposto essencial à válida concessão, pelos Estados-membros ou Distrito Federal, de isenções, incentivos ou benefícios fiscais em tema de ICMS. Esses convênios – enquanto instrumentos de exteriorização formal do prévio consenso institucional entre as unidades federadas investidas de competência tributária em matéria de ICMS – destinam-se a compor os conflitos de interesses que necessariamente resultariam, uma vez ausente essa deliberação intergovernamental, da concessão, pelos Estados-membros ou Distrito Federal, de isenções, incentivos e benefícios fiscais pertinentes ao imposto em questão. O pacto federativo, sustentando-se na harmonia que deve presidir as relações institucionais entre as comunidades políticas que compõem o Estado Federal, legitima as restrições de ordem constitucional que afetam o exercício, pelos Estados-membros e Distrito Federal, de sua competência normativa em tema de exoneração tributária pertinente ao ICMS.[1182]

O preceito almeja evitar a guerra fiscal entre os Estados, não agravá-la. Portanto, *não tolera a outorga unilateral de benefício fiscal condicionada à vigência de benefício concedido irregularmente* por outro Estado, vez que "inconstitucionalidades não se compensam".[1183]

A nosso juízo, *a guerra fiscal é uma evidência da inadequação da outorga do ICMS à competência impositiva dos Estados*, conferindo-lhes poder normativo sobre um tributo "de nítida vocação nacional", na expressão de Ives Gandra.[1184] Poderia ser evitada através da federalização do imposto e da partilha do produto da sua arrecadação,[1185] como se objetivou em recente proposta de reforma tributária que, nesse ponto, não logrou aprovação.

[1181] Souto Maior Borges preleciona que "a referência aí a incentivos e benefícios é uma cláusula de "abertura" – submete à sua regência qualquer vantagem (*ex – oneração*), qualquer retirada do ônus fiscal. Por isso, não só os incentivos fiscais: qualquer "benefício", i. é., tudo que reduza o ônus do ICMS sujeita-se ao seu império" ("Sobre as isenções, incentivos e benefícios fiscais relativos ao ICMS", p. 69).

[1182] STF, Pleno, ADI 1.247 MC, rel. Min. Celso de Mello, 8.1995.

[1183] STF, Pleno, *ADI 2.377 MC*, rel. Min. Sepúlveda Pertence, 2.2001, expressão consignada na ementa. Na mesma linha, o Ministro Gilmar Mendes expôs que o argumento da pretendida "igualdade no ilícito" "não pode ser aceito pela ordem jurídica" (STF, Pleno, ADI 2.548, rel. Min. Gilmar Mendes, 11.2006, referência do seu voto). A respeito, é paradigmática a decisão em que o STF declarou a inconstitucionalidade de lei que autorizava o Executivo a "adotar medidas similares de proteção à economia paranense" quando houvesse "concessão, por qualquer outro Estado ou pelo Distrito Federal, de benefício fiscal ou eliminação direta ou indireta da respectiva carga tributária, com inobservância da legislação federal que regula a celebração de acordos exigidos para tal fim, e sem que haja aplicação das sanções nela previstas" (STF, Pleno, *ADI 3.936 MC*, rel. Min. Gilmar Mendes, 9.2007).

[1184] MARTINS. "O Direito Tributário em transição", p. 149.

[1185] Ibidem.

Até que se proceda a tal reforma, a guerra fiscal continuará a ser combatida através da exigência de outorga consensual dos benefícios fiscais, veiculada pelo artigo em comento, que, na prática, vem sendo continuamente desrespeitada. E provavelmente continuará sendo, até que a competência legislativa atinente ao ICMS seja transferida à União.

- **Precedentes citados**

Desoneração criada para fazer frente a benefício ilegítimo, concedido por outro Estado. Inconstitucionalidade: ICMS: "guerra fiscal": concessão unilateral de desoneração do tributo por um Estado federado, enquanto vigorem benefícios similares concedido por outros: liminar deferida. 1. A orientação do Tribunal é particularmente severa na repressão à guerra fiscal entre as unidades federadas, mediante a prodigalização de isenções e benefícios fiscais atinentes ao ICMS, com afronta da norma constitucional do art. 155, § 2º, II, *g* – que submete sua concessão à decisão consensual dos Estados, na forma de lei complementar (...). 2. As normas constitucionais, que impõem disciplina nacional ao ICMS, são preceitos contra os quais não se pode opor a autonomia do Estado, na medida em que são explícitas limitações. 3. O propósito de retaliar preceito de outro Estado, inquinado da mesma balda, não valida a retaliação: inconstitucionalidades não se compensam. [...] (STF, Pleno, **ADI 2.377 MC**, rel. Min. Sepúlveda Pertence, 2.2001)

Preceito que autoriza o Poder Executivo a exacerbar a guerra fiscal. Inconstitucionalidade: [...] 3. ICMS. Guerra fiscal. Artigo 2º da Lei nº 10.689/1993 do Estado do Paraná. Dispositivo que traduz permissão legal para que o Estado do Paraná, por meio de seu Poder Executivo, desencadeie a denominada "guerra fiscal", repelida por larga jurisprudência deste Tribunal. Precedentes. [...] 5. Medida cautelar deferida. (STF, Pleno, **ADI 3.936 MC**, rel. Min. Gilmar Mendes, 9.2007).

8.7.2. Inconstitucionalidade da concessão unilateral

O dispositivo em foco estabelece que os benefícios no âmbito do ICMS deverão ser concedidos e revogados por deliberação dos Estados e do Distrito Federal, o que se operacionaliza mediante convênio, o "único meio pelo qual poderão ser instituídas a não incidência parcial e a isenção do ICMS".[1186]

Noutros termos, *os benefícios fiscais relativos ao ICMS somente podem ser concedidos consensualmente pelos Estados e pelo Distrito Federal* – e, por isso, devem ser antecedidos da formalização de convênios intergovernamentais.[1187]

Destarte, *é ilegítima a concessão unilateral* (por um só Estado) *de benefícios fiscais, sempre que estejam inseridos no bojo da "guerra fiscal*".

A nosso juízo, não violam o art. 155, § 2º, XII, *g*, da CF os demais benefícios fiscais unilaterais, que não têm relação com a competição empreendida pelos Estados para atrair contribuintes aos seus territórios. É o caso, por exemplo, da desoneração das igrejas e dos templos, na condição de contribuintes de fato, frente ao ICMS incluso nas faturas de serviços públicos estaduais que lhes são prestados.[1188]

Essa era a orientação do STF, que, porém, alterou a sua jurisprudência, passando a entender que *todo e qualquer benefício unilateral do ICMS viola o preceito em foco*, independentemente de sua relação com a guerra fiscal.[1189]

[1186] STF, Pleno, *ADI 84*, rel. Min. Ilmar Galvão, 2.1996. A referência à "não-incidência" deve ser lida como "isenção concedida sob a forma de não-incidência", como decidido na ADI 286, referida a seguir. A não-incidência pode ser *declarada* pelos Estados, mesmo que em atos infralegais, pois não se confunde com qualquer forma de benefício fiscal.

[1187] O Ministro Celso de Mello ressalta a finalidade dos convênios em questão: "esses convênios – enquanto instrumentos de exteriorização formal do prévio consenso institucional entre as unidades federadas investidas de competência tributária em matéria de ICMS – destinam-se a compor os conflitos de interesses que necessariamente resultariam, uma vez ausente essa deliberação intergovernamental, da concessão unilateral, pelos Estados-membros ou Distrito Federal, de isenções, incentivos e benefícios fiscais pertinentes ao imposto em questão" (STF, Pleno, ADI 2.548, rel. Min. Gilmar Mendes, 11.2006, suprimimos os destaques).

[1188] STF, Pleno, ADI 3.421, rel. Min. Marco Aurélio, 5.2010. Consignou-se na ementa: "Longe fica de exigir consenso dos Estados a outorga de benefício a igrejas e templos de qualquer crença para excluir o Imposto sobre Circulação de Mercadorias e Serviços nas contas de serviços públicos de água, luz, telefone e gás".

[1189] STF, Pleno, ADI 429, rel. Min. Luiz Fux, 8.2014. Em seu voto, o relator aludiu que a decisão proferida na ADI 3.421 seria um "precedente isolado" e assentou a tese de que: "mostra-se simplesmente indiferente para a Constituição Federal

- **Precedente citado**

Imunidades instituídas por Constituição Estadual. Inconstitucionalidade. Apenas convênios podem instituir benefícios no âmbito do ICMS: AÇÃO DIRETA DE INCONSTITUCIONALIDADE. INCISO IX E ALÍNEAS *D* E *E*, DO ART. 146, E O ART. 148, *CAPUT*, E PARAGRAFO ÚNICO, DA CONSTITUIÇÃO DO ESTADO DE MINAS GERAIS, QUE INSTITUIRAM HIPÓTESES DE NÃO-INCIDÊNCIA E DE ISENÇÃO DO ICMS. Manifesta afronta, pelos dispositivos impugnados, à norma do art. 155, § 2º, XIII, g, da Constituição Federal, a qual, ao reservar à lei complementar a regulamentação da forma como, mediante deliberação dos Estados e do Distrito Federal, isenções, incentivos e benefícios fiscais serão concedidos e revogados, na verdade, consagrou o convênio, celebrado pelos Estados e pelo Distrito Federal, previsto na lei complementar em causa, como o único meio pelo qual poderão ser instituídas a não-incidência, a incidência parcial e a isenção do ICMS. Procedência da ação. (STF, Pleno, **ADI 84**, rel. Min. Ilmar Galvão, 2.1996)

No mesmo sentido, conferir: STF, Pleno, ADI 429, rel. Min. Luiz Fux, 8.2014.

8.7.3. Pressupostos e forma da concessão: a reserva de convênio e a reserva de lei

Em primeiro lugar, tem de haver uma lei complementar que regule a forma da concessão e da revogação de benefícios fiscais.[1190]

Porém, a lei complementar deve regular tão somente a forma: o conteúdo não pode ser estabelecido por tal diploma legal, sob pena de invadir a competência estadual.[1191]

Em segundo lugar, somente é viável conceder benefícios fiscais se houver *prévia autorização de todos* os Estados e do Distrito Federal, *outorgada por meio de convênio*.[1192]

O convênio é o ato normativo, celebrado no âmbito do CONFAZ, que formaliza a deliberação exigida pelo preceito em análise.[1193] Por isso, alude-se a uma "*reserva de convênio*"[1194] e chega-se a falar até mesmo em um "postulado da reserva de convênio" como um "pressuposto de legitimação da concessão de benefícios fiscais em matéria de ICMS".[1195]

Em terceiro lugar, deve haver um ato próprio do ente político competente, ratificando o convênio e concedendo o benefício.

---

o maior ou menor impacto que determinada desoneração tributária, relativa ao ICMS, pode causar no cenário de investimentos nos Estados-membros. O só fato de configurar-se, conceitualmente, a isenção já é por si só suficiente para atrair a exigência formal do convênio interestadual, descumprida na presente hipótese". Com base nessa orientação, declarou-se a inconstitucionalidade de "isenção tributária de ICMS aos implementos e equipamentos destinados aos deficientes auditivos, visuais, mentais e múltiplos, bem como aos veículos automotores de fabricação nacional com até 90 HP de potência adaptados para o uso de pessoas portadoras de deficiência".

[1190] Antes do advento da Constituição de 1988, a matéria era regulada pela LC 24/75, que foi recepcionada tacitamente (STF, Pleno, *ADI 1.179*, rel. Min. Carlos Velloso, 11.2002). O projeto que redundou na LC 87/96 regulava a matéria, mas, nesse ponto, foi vetado pelo Presidente da República.

[1191] CARRAZZA. *ICMS*. p. 375.

[1192] STF, Pleno, *ADI 1.179*, rel. Min. Carlos Velloso, 11.2002. No mesmo sentido, STF, Pleno, *ADI 3.664*, rel. Min. Cezar Peluso, 6.2011. Na ADI 3.246, o Tribunal conferiu interpretação conforme à Constituição a lei estadual que previa a possibilidade de concessão de isenção, redução da base de cálculo, diferimento, crédito presumido e suspensão como modalidades de incentivos fiscais concernentes ao ICMS, para excluir do seu âmbito de aplicação os créditos que não tenham sido objeto de prévio convênio entre os Estados-membros e o Distrito Federal (STF, Pleno, *ADI 3.246*, rel. Min. Carlos Britto, 4.2006). Sobre a inconstitucionalidade de leis estaduais que concedem incentivos sem a prévia celebração de convênio, vide, entre muitos outros, estes acórdãos, proferidos pelo Plenário do STF em novembro de 2006: ADI 2.722, rel. Min. Gilmar Mendes; ADI 3.312, rel. Min. Eros Grau; e ADI 3.429, rel. Min. Carlos Britto.

[1193] Cabe recordar que a Constituição de 1969 se reportava expressamente aos convênios: "As isenções do impôsto sôbre operações relativas à circulação de mercadorias serão concedidas ou revogadas nos têrmos fixados em convênios, celebrados e ratificados pelos Estados, segundo o disposto em lei complementar" (art. 23, § 6º). Porém, contrariamente ao que sustenta Ferreira Filho (*Comentários à Constituição brasileira de 1988*. v. 2, p. 131), a falta de tal referência na Constituição atual não leva à conclusão de que os convênios se tornaram dispensáveis. Eles são, como expusemos, justamente o instrumento da deliberação exigida pelo texto constitucional.

[1194] STF, Pleno, ADI 3.410, rel. Min. Joaquim Barbosa, 11.2006, referência constante na ementa do julgado.

[1195] STF, Pleno, ADI 2.548, rel. Min. Gilmar Mendes, 11.2006, excerto do voto do Ministro Celso de Mello.

Ato que, por força do princípio da legalidade estrita e da *ratio* do art. 150, § 6º, da CF, deve ser veiculado por instrumento legislativo (mais especificamente, por lei ou por decreto legislativo), outorgando a isenção autorizada pelo convênio.[1196]

Atos normativos exigidos para a concessão de benefícios em matéria de ICMS
Lei complementar (editada pelo Congresso Nacional)
Convênio (celebrado no âmbito do Confaz)
Lei ou Decreto Legislativo (editados pelo Estado ou pelo Distrito Federal)

O convênio, cabe dizê-lo expressamente, não se presta para tanto, pois não é lei e tampouco possui força de lei. E, por força do tradicional princípio da legalidade, não se pode conceber que a reserva de convênio substitua a reserva de lei: trata-se, tão só, de uma exigência adicional, imposta pela Carta da República para evitar conflitos entre os Estados e assegurar a "vocação nacional" do ICMS.

Portanto, *divergimos do STF* por considerarmos que o art. 4º da LC 24/75 (o qual prevê que a concessão da isenção será efetivada por decreto do Poder Executivo) não foi recepcionado pela CF/88.[1197]

O decreto estadual, editado após a celebração do convênio, não é suficiente para a concessão do benefício: é mister que haja a intervenção do Poder Legislativo para que as inovações na legislação tributária surtam efeito.[1198]

- **Precedentes citados**

Concessão de benefício fiscal sem a celebração de convênio. Inconstitucionalidade. Recepção da LC 24/75 pela CF/88: CONSTITUCIONAL. TRIBUTÁRIO. ICMS. "GUERRA FISCAL". BENEFÍCIOS FISCAIS: CONCESSÃO UNILATERAL POR ESTADO-MEMBRO. [...] I. – Concessão de benefícios fiscais relativamente ao ICMS, por Estado-membro ao arrepio da norma inscrita no art. 155, § 2º, inciso XII, alínea g, porque não observada a Lei Complementar 24/75, recebida pela CF/88, e sem a celebração de convênio: inconstitucionalidade. II. – Precedentes do STF. III. – Ação direta de inconstitucionalidade julgada procedente. (STF, Pleno, **ADI 1.179**, rel. Min. Carlos Velloso, 11.2002)

Autorização legislativa incondicionada para a outorga de benefício fiscal. Interpretação conforme à CF/88 para restringir a sua aplicação aos casos em que haja prévio convênio: [...] O dispositivo impugnado previu a possibilidade de concessão de incentivos fiscais aos empreendimentos arrolados no art. 3º do diploma legislativo em causa. Ao fazê-lo, contudo, olvidou o disposto na letra "g" do inciso XII do § 2º do art. 155 da Constituição Federal de 1988, o qual exige a prévia celebração, nos termos da Lei Complementar nº 24/75, de convênio entre os Estados-membros e o Distrito Federal. As regras constitucionais que impõem um tratamento federativamente uniforme em matéria de ICMS não representam desrespeito à autonomia dos Estados-membros e do Distrito Federal. Isto porque o próprio artigo constitucional de nº 18, que veicula o princípio da autonomia dos entes da Federação, de logo aclara que esse princípio da autonomia já nasce balizado por ela própria, Constituição. Ação

---

[1196] Essa concepção norteou importante precedente do Pretório Excelso: STF, Pleno, *RE 539.130*, rel. Min. Ellen Gracie, 12.2009.

[1197] Eis o seu texto: "Art. 4º Dentro do prazo de 15 (quinze) dias contados da publicação dos convênios no Diário Oficial da União, e independentemente de qualquer outra comunicação, o Poder Executivo de cada Unidade da Federação publicará decreto ratificando ou não os convênios celebrados, considerando-se ratificação tácita dos convênios a falta de manifestação no prazo assinalado neste artigo". No sentido da legitimidade da concessão de benefício (redução de base de cálculo) por decreto fundado em convênio do CONFAZ (que a havia condicionado a determinadas mercadorias e a um patamar mínimo de carga tributária), vide STF, Pleno, *ADI 3.410*, Min. Joaquim Barbosa, 11.2006.

[1198] Como preleciona Roque Carrazza: "Tais *convênios,* para se tornarem *direito interno* das unidades federativas interessadas, precisam ser ratificados, *não* por decreto do Governador – *como infelizmente vem acontecendo com base no art. 4º da Lei Complementar 24/75 – mas, sim,* por meio de decreto legislativo baixado pela respectiva Assembléia Legislativa ou, no caso do Distrito Federal, por sua Câmara Legislativa" (*ICMS.* p. 374).

direta de inconstitucionalidade que se julga procedente para emprestar interpretação conforme ao inciso I do art. 5º da Lei nº 6.489/02, do Estado do Pará, de modo que se excluam da sua aplicação os créditos relativos ao ICMS que não tenham sido objeto de anterior convênio entre os Estados-membros e o Distrito Federal. (STF, Pleno, **ADI 3.246**, rel. Min. Carlos Britto, 4.2006)

Isenção concedida por decreto com base em convênio. Legitimidade: CONSTITUCIONAL. TRIBUTÁRIO. CONCESSÃO DE BENEFÍCIOS FISCAIS. FARINHA DE TRIGO E MISTURA PRÉ-PREPARADA DE FARINHA DE TRIGO. DECRETO 43.891/2004 DO ESTADO DE MINAS GERAIS. ALEGADA VIOLAÇÃO DOS ARTS. 146, III; 150, § 6º, e 155, II, § 2º, e XII, g, todos da Constituição. A concessão de benefício fiscal às operações com farinha de trigo e mistura pré-preparada de farinha de trigo, nos termos do art. 422, § 3º, do Capítulo LIV da Parte 1 do Anexo IX do RICMS/MG, introduzido pelo Decreto 43.891/2004, não viola a proibição de outorga de tratamento diferenciado a bens e mercadorias, em função da origem ou destino, à medida que for aplicado indistintamente às operações com mercadorias provenientes do estado de Minas Gerais e às mercadorias provenientes dos demais estados. Também não se reconhece a alegada violação da reserva de convênio interestadual para autorização da outorga de benefício fiscal, porquanto a norma em exame tem amparo no Convênio Confaz ICMS 128/1994. Ação Direta de Inconstitucionalidade conhecida tão-somente em relação ao artigo 422, § 3º, do RICMS-MG/2002, e, na parte conhecida, julgada improcedente. (STF, Pleno, **ADI 3.410**, Min. Joaquim Barbosa, 11.2006)

Concessão de benefício fiscal por decreto autônomo, sem a prévia celebração de convênio. Inconstitucionalidade: 1. INCONSTITUCIONALIDADE. Ação direta. Objeto. Admissibilidade. Impugnação de decreto autônomo, que institui benefícios fiscais. Caráter não meramente regulamentar. Introdução de novidade normativa. Preliminar repelida. Precedentes. Decreto que, não se limitando a regulamentar lei, institua benefício fiscal ou introduza outra novidade normativa, reputa-se autônomo e, como tal, é suscetível de controle concentrado de constitucionalidade. 2. INCONSTITUCIONALIDADE. Ação direta. Decreto nº 27.427/00, do Estado do Rio de Janeiro. Tributo. Imposto sobre Circulação de Mercadorias e Serviços – ICMS. Benefícios fiscais. Redução de alíquota e concessão de crédito presumido, por Estado-membro, mediante decreto. Inexistência de suporte em convênio celebrado no âmbito do CONFAZ, nos termos da LC 24/75. Expressão da chamada "guerra fiscal". Inadmissibilidade. Ofensa aos arts. 150, § 6º, 152 e 155, § 2º, inc. XII, letra "g", da CF. Ação julgada procedente. Precedentes. Não pode o Estado-membro conceder isenção, incentivo ou benefício fiscal, relativos ao Imposto sobre Circulação de Mercadorias e Serviços – ICMS, de modo unilateral, mediante decreto ou outro ato normativo, sem prévia celebração de convênio intergovernamental no âmbito do CONFAZ. (STF, Pleno, **ADI 3.664**, rel. Min. Cezar Peluso, 6.2011)

Nessa sessão, de junho de 2011, o Plenário do STF julgou procedentes inúmeras ADIns contra benefícios unilaterais. Conferir o Informativo nº 629.

Isenção concedida por decreto legislativo com base em convênio. Legitimidade: DIREITO CONSTITUCIONAL E TRIBUTÁRIO. RECURSO EXTRAORDINÁRIO. CONVÊNIO ICMS 91/91. ISENÇÃO DE ICMS. REGIME ADUANEIRO ESPECIAL DE LOJA FRANCA. "FREE SHOPS" NOS AEROPORTOS. PROMULGAÇÃO DE DECRETO LEGISLATIVO. ATENDIMENTO AO PRINCÍPIO DA LEGALIDADE ESTRITA EM MATÉRIA TRIBUTÁRIA. 1. Legitimidade, na hipótese, da concessão de isenção de ICMS, cuja autorização foi prevista em convênio, uma vez presentes os elementos legais determinantes para vigência e eficácia do benefício fiscal. 2. Recurso extraordinário conhecido, mas desprovido. (STF, Pleno, **RE 539.130**, rel. Min. Ellen Gracie, 12.2009)

8.7.4. Isenções, benefícios e incentivos sujeitos ao preceito

O dispositivo, como estabelece expressamente, abrange a concessão de isenções, de benefícios e de incentivos fiscais.

No entanto, *também alcança as imunidades outorgadas pelas Constituições dos Estados* e pela Lei Orgânica do Distrito Federal: se essas imunidades não forem concedidas com base na lei complementar de que trata o preceito e não forem precedidas de autorização de todos os Estados e do Distrito Federal, serão ilegítimas.[1199]

Abarca, outrossim, os seguintes benefícios fiscais:

i) *as reduções de base de cálculo e de alíquota* (também denominadas "isenções parciais");

[1199] STF, Pleno, *ADI 1.467*, rel. Min. Sydney Sanches, 2.2003. STF, Pleno, ADI 429, rel. Min. Luiz Fux, 8.2014.

ii) *os incentivos* culturais[1200] e financeiro-tributários (de índole financeira, mas que têm por efeito mediato a redução do ônus tributário, como ocorre na devolução total ou parcial do tributo);[1201]

iii) *o cancelamento de notificações fiscais*;[1202] e

iv) a concessão de créditos presumidos de ICMS.[1203]

Não obstante, o art. 155, § 2º, XII, *g*, da CF somente alcança os autênticos benefícios fiscais: *é inaplicável à não incidência*, que, por vezes, vem declarada em atos normativos estaduais. E os Estados, ocasionalmente, aproveitam-se desse fato para concederem isenções sob a veste de meras declarações de não incidência, procedimento que se revela nitidamente ilegítimo.[1204]

Tampouco estão abrangidas pelo alcance desse preceito as *isenções concedidas a mercadorias importadas em virtude dos tratados GATT e ALALC*.[1205] Neste caso específico, é prescindível a observância do preceito, por se tratar de uma modalidade de *isenção heterônoma*, que não é concedida pelos Estados, mas pela República Federativa do Brasil.[1206]

No que concerne ao diferimento do ICMS, ele pode ser visto como um benefício fiscal para aqueles que dele se favorecem, eximindo-se do recolhimento do imposto, mas há precedentes do STF que reputam ser *inaplicável a reserva de convênio ao diferimento*, com fundamento no fato de que ele não se confunde com os institutos da imunidade e da isenção.[1207] Esse entendimento é plausível sempre que se entenda o diferimento no seu sentido técnico, que equivale à *substituição tributária "para trás"*.[1208] Jamais pode ser aplicado a autênticos benefícios fiscais, dissimulados sob o rótulo do diferimento.[1209]

• Súmulas

Súmula 575 do STF: "A mercadoria importada de país signatário do GATT, ou membro da ALALC, estende-se a isenção do imposto sobre circulação de mercadorias concedida a similar nacional"

Súmula 20 do STJ: "A mercadoria importada de país signatário do GATT é isenta do ICM, quando contemplado com esse favor o similar nacional"

• Precedentes citados

Isenção unilateral travestida de não incidência. Inconstitucionalidade: [...] 2. A não-incidência do tributo equivale a todas as situações de fato não contempladas pela regra jurídica da tributação e decorre da abrangência

---

1200 Vide STF, Pleno, ADI 2.529, rel. Min. Gilmar Mendes, 6.2007, onde se declarou a inconstitucionalidade de incentivo à cultura criado sem observar o art. 155, § 2º, XII, *g*, da CF. A ementa não alude à questão, analisada apenas no voto do relator.

1201 Cfr. BORGES. "Sobre as isenções, incentivos e benefícios fiscais relativos ao ICMS", p. 70-71.

1202 STF, Pleno, *ADI 2.345*, rel. Min. Cezar Peluso, 6.2011.

1203 STF, Pleno, *ADI 2.352 MC*, rel. Min. Sepúlveda Pertence, 12.2000. Nesse sentido, cfr. STF, Pleno, ADI 1.999 MC, rel. Min. Octavio Gallotti, 6.1999; ADI 1.587, rel. Min. Octavio Gallotti, 10.2000. Vide BORGES. "Sobre as isenções, incentivos e benefícios fiscais relativos ao ICMS", p. 71. Sobre a impossibilidade de o Estado de destino simplesmente desconsiderar o crédito-presumido concedido de forma irregular pelo Estado de origem, vide: STJ, 2ª Turma, RMS 31.714, rel. Min. Castro Meira, 5.2011, cuja ementa é transcrita em nota à ADI 2.352 MC.

1204 STF, Pleno, *ADI 286*, rel. Min. Maurício Corrêa, 5.2002.

1205 Esse entendimento sustenta duas súmulas: "A mercadoria importada de país signatário do GATT, ou membro da ALALC, estende-se a isenção do imposto sobre circulação de mercadorias concedida a similar nacional" (Súmula 575 do STF); "A mercadoria importada de país signatário do GATT é isenta do ICM, quando contemplado com esse favor o similar nacional" (Súmula 20 do STJ).

1206 A propósito das isenções heterônomas, conferir os comentários ao art. 151, III.

1207 STF, Pleno, *ADI 2.056*, rel. Min. Gilmar Mendes, 5.2007.

1208 Sobre os caracteres jurídicos do diferimento, vide os comentários ao art. 155, § 2º, II, da CF.

1209 STF, Pleno, *ADI 3.702*, rel. Min. Dias Toffoli, 6.2011.

ditada pela própria norma. 3. A isenção é a dispensa do pagamento de um tributo devido em face da ocorrência de seu fato gerador. Constitui exceção instituída por lei à regra jurídica da tributação. 4. A norma legal impugnada concede verdadeira isenção do ICMS, sob o disfarce de não-incidência. 5. O artigo 155, § 2º, inciso XII, alínea "g", da Constituição Federal, só admite a concessão de isenções, incentivos e benefícios fiscais por deliberação dos Estados e do Distrito Federal, mediante convênio. Precedentes. Ação julgada procedente, para declarar inconstitucional o inciso VI do artigo 4º da Lei 223, de 02 de abril de 1990, introduzido pela Lei 268, de 02 de abril de 1990, ambas do Estado de Rondônia. (STF, Pleno, **ADI 286**, rel. Min. Maurício Corrêa, 5.2002)

Imunidade concedida por Constituição Estadual. Inconstitucionalidade por violação do art. 155, § 2º, XII, g, da CF: [...] 1. O art. 132, I, "b", da Lei Orgânica do Distrito Federal, ao admitir a incidência do ICMS apenas sobre os serviços de comunicação, referidos no inciso XI do art. 21 da C.F., vedou sua incidência sobre os mencionados no inciso XII, "a", do mesmo artigo, ou seja, sobre "os serviços de radiodifusão sonora e de sons e imagens" (art. 21, XII, "a", da C.F., com a redação dada pela E.C. nº 8, de 15.08.1995). [...] 6. Caracterizada a concessão de imunidade não prevista na Constituição Federal, ou, ao menos, a concessão de benefício fiscal não autorizado pela Lei Complementar a que aquela se refere, julga-se procedente a Ação Direta, declarando-se a inconstitucionalidade da expressão "de que trata o art. 21, XI, da Constituição Federal", constante da alínea "b" do inciso I do art. 132 da Lei Orgânica do Distrito Federal. 7. Plenário: decisão unânime. (STF, Pleno, **ADI 1.467**, rel. Min. Sydney Sanches, 2.2003)

Diferimento. Inaplicabilidade do art. 155, § 2º, XII, g: [...] 4. O diferimento, pelo qual se transfere o momento do recolhimento do tributo cujo fato gerador já ocorreu, não pode ser confundido com a isenção ou com a imunidade e, dessa forma, pode ser disciplinado por lei estadual sem a prévia celebração de convênio. 5. Precedentes. 6. Ação que se julga improcedente. (STF, Pleno, **ADI 2.056**, rel. Min. Gilmar Mendes, 5.2007)

No caso, o diferimento não se confundia com a substituição tributária para trás: era um verdadeiro benefício, tanto que a legislação questionada nesse precedente o condicionava à contribuição para o desenvolvimento de sistema rodoviário estadual.

Há precedentes temporalmente próximos à ADI 2.056, em que foi declarada a inconstitucionalidade de diferimento do ICMS por inobservância do art. 155, § 2º, XII, *g*, da CF (STF, Pleno, ADIs 2.548 e 3.422, rel. Min. Gilmar Mendes, 11.2006, conferir o inteiro teor). Em junho de 2011, houve nova declaração de inconstitucionalidade de benefício concedido sob o rótulo de diferimento: ADI 3.702, cuja ementa é transcrita abaixo.

Cancelamento de autuações pelo legislativo. Inconstitucionalidade: INCONSTITUCIONALIDADE. Ação direta. Lei nº 11.393/2000, do Estado de Santa Catarina. Tributo. Imposto sobre Circulação de Mercadorias e Serviços – ICMS. Benefícios fiscais. Cancelamento de notificações fiscais e devolução dos correspondentes valores recolhidos ao erário. Concessão. Inexistência de suporte em convênio celebrado no âmbito do CONFAZ, nos termos da LC 24/75. Expressão da chamada "guerra fiscal". Inadmissibilidade. Ofensa aos arts. 150, § 6º, 152 e 155, § 2º, inc. XII, letra "g", da CF. Ação julgada procedente. Precedentes. Não pode o Estado-membro conceder isenção, incentivo ou benefício fiscal, relativos ao Imposto sobre Circulação de Mercadorias e Serviços – ICMS, de modo unilateral, mediante decreto ou outro ato normativo, sem prévia celebração de convênio intergovernamental no âmbito do CONFAZ. (STF, Pleno, **ADI 2.345**, rel. Min. Cezar Peluso, 6.2011)

A ementa da decisão liminar esclarece a questão: [...] 1. Não há dúvida de que a Lei em questão anula atos administrativos, quando diz: "Ficam canceladas as notificações fiscais emitidas com base na Declaração de Informações Econômico–Fiscais – DIEF, ano base 1998". Ora, atos administrativos do Poder Executivo, se ilegais ou inconstitucionais, podem ser anulados, em princípio, pelo próprio Poder Executivo, ou, então, pelo Judiciário, na via própria. Não, assim, pelo Legislativo. 2. Afora isso, o art. 2º da Lei obriga o Estado a restituir, no prazo de trinta dias, os valores eventualmente recolhidos aos cofres públicos, decorrentes das notificações fiscais canceladas. [...] 5. Por fim, o cancelamento das notificações, de certa forma, traz benefício aos contribuintes de I.C.M.S., sem observância do disposto no art. 155, § 2°, XII, "g", da C.F., que exige Lei Complementar para regular sua concessão, com a ressalva do parágrafo 8° do art. 34 do A.D.C.T. [...] (STF, Pleno, ADI 2.345 MC, rel. Min. Sydney Sanches, 8.2002)

Outorga unilateral de crédito presumido. Inconstitucionalidade: ICMS: concessão unilateral de benefícios fiscais (incluída a outorga de crédito presumido) por Estado federado: "guerra fiscal" repelida pelo STF: liminar deferida. [...] 3. A invocada exigência constitucional de convênio interestadual (CF, art. 155, 2º, II, g) alcança a concessão por lei estadual de crédito presumido de ICMS, como afirmado pelo Tribunal. [...] (STF, Pleno, **ADI 2.352 MC**, rel. Min. Sepúlveda Pertence, 12.2000)

Porém, o Estado de destino não pode simplesmente ignorar o crédito presumido concedido de forma irregular pelo Estado de origem, autuando os contribuintes em seu território: TRIBUTÁRIO. MANDADO DE SEGURANÇA. ICMS. OPERAÇÃO INTERESTADUAL. CONCESSÃO DE CRÉDITO PRESUMIDO AO FORNECEDOR NA ORIGEM. PRETENSÃO DO ESTADO DE DESTINO DE LIMITAR O CREDITAMENTO DO IMPOSTO AO VALOR EFETIVAMENTE PAGO NA ORIGEM. DESCONSIDERAÇÃO DO BENEFÍCIO FISCAL CONCEDIDO. IMPOSSIBILIDADE. COMPENSAÇÃO. LEI. AUTORIZAÇÃO. AUSÊNCIA. [...] 4. O benefício de crédito presumido não impede o creditamento pela entrada nem impõe o estorno do crédito já escriturado quando da saída da mercadoria, pois tanto a CF/88 (art. 155, § 2º, II) quanto a LC 87/96 (art. 20, § 1º) somente restringem o direito de crédito quando há isenção ou não-tributação na entrada ou na saída, o que deve ser interpretado restritivamente. Dessa feita, o creditamento do ICMS em regime de não-cumulatividade prescinde do efetivo recolhimento na etapa anterior, bastando que haja a incidência tributária. 5. Se outro Estado da Federação concede benefícios fiscais de ICMS sem a observância das regras da LC 24/75 e sem autorização do CONFAZ, cabe ao Estado lesado obter junto ao Supremo, por meio de ADIn, a declaração de inconstitucionalidade da lei ou ato normativo de outro Estado – como aliás foi feito pelos Estados de São Paulo e Amazonas nos precedentes citados pela Ministra Eliana Calmon – e não simplesmente autuar os contribuintes sediados em seu território. [...] 7. Recurso ordinário em mandado de segurança provido em parte. (STJ, 2ª Turma, **RMS 31.714**, rel. Min. Castro Meira, 5.2011)

Benefício fiscal dissimulado, concedido sob o rótulo de "diferimento". Aplicabilidade do art. 155, § 2º, XII, *g*: [...] 3. O decreto estadual prevê hipótese de diferimento do pagamento do ICMS sobre a importação de máquinas e equipamentos destinados à avicultura e à suinocultura para o momento da desincorporação desses equipamentos do ativo permanente do estabelecimento. 4. A tradicional jurisprudência da Corte encara a figura do diferimento do ICMS como mero adiamento no recolhimento do valor devido, não implicando qualquer dispensa do pagamento do tributo ou outra forma de benefício fiscal (ADI nº 2.056/MS, Tribunal Pleno, Relator o Ministro Gilmar Mendes, DJe de 17/8/07). 5. Os bens do ativo permanente do estabelecimento não fazem parte de qualquer cadeia de consumo mais ampla, restando ausente o caráter de posterior circulação jurídica, uma vez que fadados a permanecer no estabelecimento, estando sujeitos à deterioração, ao perecimento ou à obsolescência. Nesses casos, o fato gerador do ICMS será uma operação, em regra, monofásica, restrita à transferência de domínio do bem entre exportador e importador (destinatário final), cuja configuração fática descaracteriza o conceito de diferimento. A desincorporação do bem do ativo permanente e, consequentemente, o pagamento do tributo ficariam a cargo exclusivamente do arbítrio do contribuinte, que poderia se evadir do recolhimento do tributo com a manutenção do bem no seu patrimônio. 6. O nominado diferimento, em verdade, reveste-se de caráter de benefício fiscal, resultando em forma de não pagamento do imposto, e não no simples adiamento. Assim, o Decreto nº 1.542-R, de 15 de setembro de 2005, do Estado do Espírito Santo, ao conceder forma indireta de benefício fiscal, sem aprovação prévia dos demais estados-membros, viola o art. 155, § 2º, inciso XII, alínea "g", da Constituição Federal. 7. Ação direta julgada procedente. (STF, Pleno, **ADI 3.702**, rel. Min. Dias Toffoli, 6.2011)

• Questões específicas

Redução temporária de alíquota para fazer frente a crise econômica. Inaplicabilidade do art. 155, § 2º, XII, g, da CF: CONSTITUCIONAL. LEI ESTADUAL COM TERMO FINAL DETERMINADO. Suspende por período certo no tempo a aplicação de alíquota de 12% do ICMS em relação aos veículos automotores de fabricação nacional, e a reduz para 9%. Finalidade de enfrentar crise no setor automotivo. Alegada benesse fiscal. Não caracterizada guerra fiscal. Medida dentro dos limites da autonomia constitucional do estado. Medida cautelar. Esgotado o período de vigência da lei, há a perda de objeto. Ação julgada prejudicada. (STF, Pleno, **ADI 1.978 MC**, rel. Min. Nelson Jobim, 5.1999).

Isenção do ICMS concedida a título de "auxílio-transporte" sem prévia celebração de convênio. Inconstitucionalidade: TRIBUTÁRIO. IMPOSTO SOBRE CIRCULAÇÃO DE MERCADORIAS E PRESTAÇÃO DE SERVIÇOS DE COMUNICAÇÃO E DE TRANSPORTE INTERMUNICIPAL E INTERESTADUAL. ISENÇÃO CONCEDIDA A TÍTULO DE AUXÍLIO-TRANSPORTE AOS INTEGRANTES DA POLÍCIA CIVIL E MILITAR EM ATIVIDADE OU INATIVIDADE. AUSÊNCIA DE PRÉVIO CONVÊNIO INTERESTADUAL. PERMISSÃO GENÉRICA AO EXECUTIVO. INCONSTITUCIONALIDADE. LEI 13.561/2002 DO ESTADO DO PARANÁ. 1. A concessão de benefício ou de incentivo fiscal relativo ao ICMS sem prévio convênio interestadual que os autorize viola o art. 155, § 2º, XII, g, da Constituição. 2. Todos os critérios essenciais para a identificação dos elementos que deverão ser retirados do campo de incidência do tributo (regra-matriz) devem estar previstos em lei, nos termos do art. 150, § 6º da Constituição. A permissão para que tais elementos fossem livremente definidos em decreto do Poder Executivo viola a separação de funções estatais prevista na Constituição. Ação Direta de Inconstitucionalidade julgada procedente. (STF, Pleno, **ADI 2.688**, rel. Min. Joaquim Barbosa, 6.2011)

Incentivo unilateral para empresas que contratam apenados e egressos. Inconstitucionalidade: [...] 2. O texto normativo capixaba efetivamente viola o disposto no artigo 155, § 2º, inciso XII, alínea "g", Constituição do Brasil, ao conceder isenções fiscais às empresas que contratarem apenados e egressos no Estado do Espírito Santo. A lei atacada admite a concessão de incentivos mediante desconto percentual na alíquota do ICMS, que será proporcional ao número de empregados admitidos. 3. Pacífico o entendimento desta Corte no sentido de que a concessão unilateral de benefícios fiscais relativos ao ICMS, sem a prévia celebração de convênio intergovernamental, nos termos do que dispõe a LC 24/75, afronta ao disposto no artigo 155, § 2º, XII, "g", da Constituição Federal. Precedentes. 4. Ação direta julgada procedente para declarar inconstitucional a Lei n. 8.366, de 7 de julho de 2006, do Estado do Espírito Santo. (STF, Pleno, **ADI 3.809**, rel. Min. Eros Grau, 6.2007)

8.8. Alínea *h*: incidência monofásica sobre combustíveis e lubrificantes

A alínea *h* do art. 155, § 2º, XII, da CF reserva à lei complementar a tarefa de autorizar e delimitar a *incidência monofásica*[1210] *do ICMS sobre combustíveis e lubrificantes*:

[1210] A incidência monofásica ocorre quando o imposto somente é cobrado numa das etapas da cadeia econômica. Para uma análise mais detida, vide os comentários ao art. 149, § 4º (que também foi acrescentado pela EC 33/01) e ao art. 153, § 3º, II (no qual essa forma de incidência é abordada dentro do contexto da cumulatividade dos tributos plurifásicos).

h) definir os combustíveis e lubrificantes sobre os quais o imposto incidirá uma única vez, qualquer que seja a sua finalidade, hipótese em que não se aplicará o disposto no inciso X, *b*; (alínea incluída pela Emenda Constitucional nº 33, de 11.12.2001)

A parte final desse preceito *excepciona a "imunidade" das operações interestaduais com combustíveis e lubrificantes*, estabelecida pela alínea *b* do art. 155, § 2º, X, da CF,[1211] a qual, no que concerne aos combustíveis e lubrificantes derivados do petróleo, passou a ser restrita à incidência cumulativa do ICMS.

A lei complementar *poderá sujeitar à tributação monofásica qualquer uma das fases do ciclo econômico* em que ocorra circulação de mercadorias (produção, importação ou alienação),[1212] desde que sejam respeitadas as regras de competência estabelecidas pelo art. 155, § 4º, da CF.

A EC 33/01 facultou que os Estados e o Distrito Federal regulassem provisoriamente a matéria mediante convênio, celebrado nos termos do art. 155, § 2º, XII, *g*, da CF, até a edição da referida lei complementar.[1213]

Trata-se de uma anômala autorização para que, mediante convênio, seja regulada a incidência do ICMS, prevendo-se imposições tributárias novas, inclusive para operações que até então estavam abrangidas pela regra do inciso X, *b*.

Tal autorização somente pode legitimar-se frente ao princípio da estrita legalidade tributária caso se entenda que há de anteceder a regulação da matéria pelo Poder Legislativo estadual e distrital, e não que deve substituí-la. Noutros termos, *o convênio somente pode suprir, provisoriamente, a omissão do Congresso Nacional em editar a lei complementar*, jamais a omissão dos Estados ou do Distrito Federal em tributar as operações relativas a combustíveis e lubrificantes.

Desenvolveremos essa questão ao tratar da regulação constitucional do ICMS monofásico sobre combustíveis e lubrificantes veiculada nos §§ 4º e 5º, que dispõem acerca do titular da competência tributária, da repartição das receitas do imposto e, ainda, das suas alíquotas.

8.9. Alínea *i*: inclusão do ICMS em sua própria base de cálculo

A jurisprudência do STF firmou-se no sentido da legitimidade da incidência do ICMS sobre o montante do próprio imposto, haja vista integrar o valor da operação, sendo o seu cálculo efetivado "por dentro". Não se vislumbrou que tal sistemática violasse os princípios da capacidade contributiva, da razoabilidade e da não cumulatividade, como se sustentava.[1214]

Posteriormente, a EC 33/01, que alargou de modo significativo o alcance das competências tributárias dos entes federativos, incluiu a alínea *i* no art. 155, § 2º, XII, da CF, reservando à lei complementar a tarefa de fixar a base de cálculo do ICMS na importação, com a inclusão do valor do próprio ICMS:

[1211] Eis a sua redação: "§ 2º O imposto previsto no inciso II, atenderá ao seguinte: [...] X – não incidirá: [...] b) sobre operações que destinem a outros Estados petróleo, inclusive lubrificantes, combustíveis líquidos e gasosos dele derivados, e energia elétrica". Recordamos que, segundo a jurisprudência do STF, esse preceito *não estabelece uma imunidade, mas uma regra de competência tributária*, conferindo-a ao Estado de destino.

[1212] Sobre o tema, cfr. MACHADO. "O ICMS e a Emenda 33", p. 44-45.

[1213] A autorização foi prevista expressamente pelo seu art. 4º, nestes termos: "Art. 4º Enquanto não entrar em vigor a lei complementar de que trata o art. 155, § 2º, XII, *h*, da Constituição Federal, os Estados e o Distrito Federal, mediante convênio celebrado nos termos do § 2º, XII, g, do mesmo artigo, fixarão normas para regular provisoriamente a matéria."

[1214] STF, Pleno, *RE 212.209*, rel. p/ ac. Min. Nelson Jobim, 6.1999.

XII – cabe à lei complementar:

[...]

i) fixar a base de cálculo, de modo que o montante do imposto a integre, também na importação do exterior de bem, mercadoria ou serviço. (alínea incluída pela Emenda Constitucional nº 33, de 11.12.2001)

Esse preceito de um lado autoriza a incidência do ICMS sobre o valor total da operação (e, por conseguinte, sobre o próprio ICMS, calculado por dentro); de outro, corrobora a determinação do art. 146, III, *a*, da CF, de que a base de cálculo dos impostos seja definida em lei complementar.

• **Precedente citado**

Inclusão do ICMS em sua base de cálculo. Constitucionalidade: Constitucional. Tributário. Base de cálculo do ICMS: inclusão no valor da operação ou da prestação de serviço somado ao próprio tributo. Constitucionalidade. Recurso desprovido. (STF, Pleno, **RE 212.209**, rel. p/ ac. Min. Nelson Jobim, 6.1999)

---

§ 3º À exceção dos impostos de que tratam o inciso II do *caput* deste artigo e o art. 153, I e II, nenhum outro imposto poderá incidir sobre operações relativas a energia elétrica, serviços de telecomunicações, derivados de petróleo, combustíveis e minerais do País. (Redação dada pela Emenda Constitucional nº 33, de 11.12.2001)

Redação original: § 3º À exceção dos impostos de que tratam o inciso I, b, do *caput* deste artigo e o art. 153, I e II, nenhum outro tributo incidirá sobre operações relativas a energia elétrica, combustíveis líquidos e gasosos, lubrificantes e minerais do País.

Redação dada pela Emenda Constitucional nº 3, de 17.03.1993: § 3º À exceção dos impostos de que tratam o inciso II, do *caput* deste artigo e o art. 153, I e II, nenhum outro tributo poderá incidir sobre operações relativas a energia elétrica, serviços de telecomunicações, derivados de petróleo, combustíveis e minerais do País.

Art. 155, § 3º: Imunidade parcial das operações relativas a energia elétrica, serviços de telecomunicações, derivados de petróleo, combustíveis e minerais

1. Espécies tributárias abrangidas

Tanto na redação original quanto na estabelecida pela EC 3/93 (que se destinou apenas a adequar o preceito à alteração dos incisos do art. 155), a imunidade em análise abrangia todos os "tributos", à exceção daqueles expressamente referidos, quais sejam, o ICMS, o Imposto de Importação e o Imposto de Exportação.

Portanto, aplicava-se inclusive às taxas,[1215] aos empréstimos compulsórios e às contribuições especiais.

Contudo, a União passou a desconsiderar tal imunidade, exigindo o PIS, o FINSOCIAL e a COFINS, que são contribuições sociais e, portanto, espécies do gênero tributo, referido no enunciado que outorga a imunidade.

E o STF, com base no princípio da universalidade do custeio da seguridade social (art. 195, *caput*, da CF) e em outros argumentos acessórios, declarou a constitucionalidade de tal cobrança, vindo inclusive a sumular o seu entendimento nesse sentido.[1216]

Na linha das decisões que chancelavam a cobrança de contribuições sociais sobre as materialidades aludidas pelo art. 155, § 3º, da CF, a EC 33/01 alterou a redação desse

---

1215 STF, 1ª Turma, *RE 391.623*, rel. Min. Marco Aurélio, 12.2010.

1216 STF, Pleno, *RE 205.355 AgR*, rel. Min. Carlos Velloso, 7.1999 (Finsocial); e STF, Pleno, *RE 230.337*, rel. Min. Carlos Velloso, 7.1999 (PIS/COFINS). Esse entendimento foi cristalizado mediante a edição da Súmula 659: "É legítima a cobrança da COFINS, do PIS e do FINSOCIAL sobre as operações relativas a energia elétrica, serviços de telecomunicações, derivados de petróleo, combustíveis e minerais do País".

preceito, de modo a *restringir o alcance da imunidade aos impostos, à exceção do ICMS, do I.I. e do I.E.*

Portanto, atualmente é viável a incidência do ICMS, do Imposto de Importação, do Imposto de Exportação e de outras exações que não se qualifiquem como impostos sobre as operações relativas a energia elétrica, serviços de telecomunicações, derivados de petróleo, combustíveis e minerais.

Dos tributos abrangidos pela imunidade, o mais relevante é o IPI.

Note-se que os serviços de telecomunicação sujeitam-se ao ICMS, não ao ISS, pois são espécie do gênero "serviços de comunicação", reservados à competência dos Estados. Logo, não são imunes.

- **Súmulas**

Súmula 659 do STF: "É legítima a cobrança da COFINS, do PIS e do FINSOCIAL sobre as operações relativas a energia elétrica, serviços de telecomunicações, derivados de petróleo, combustíveis e minerais do País".

- **Precedentes citados**

FINSOCIAL. Inaplicabilidade da imunidade: [...] IMPOSTO ÚNICO SOBRE MINERAIS. CF/67, art. 21, IX. INCIDÊNCIA DO FINSOCIAL FRENTE AO DISPOSTO NO ART. 155, § 3º. I. – Legítima a incidência do FINSOCIAL, sob o pálio da CF/67, não obstante o princípio do Imposto Único sobre Minerais (CF, 1967, art. 21, IX). Também é legítima a incidência do mencionado tributo sob a CF/88, art. 155, § 3º. II. – Agravo não provido. (STF, Pleno, **RE 205.355 AgR**, rel. Min. Carlos Velloso, 7.1999)

PIS/COFINS. Inaplicabilidade da imunidade: [...] CONSTITUCIONAL. TRIBUTÁRIO. PIS. COFINS. DISTRIBUIDORAS DE DERIVADOS DE PETRÓLEO, MINERADORES, DISTRIBUIDORAS DE ENERGIA ELÉTRICA E EXECUTORAS DE SERVIÇOS DE TELECOMUNICAÇÕES. C.F., art. 155 , § 3º. Lei Complementar nº 70, de 1991. I. – Legítima a incidência da COFINS e do PIS sobre o faturamento da empresa. Inteligência do disposto no § 3º do art. 155, C.F. , em harmonia com a disposição do art. 195, *caput*, da mesma Carta. Precedente do STF: RE 144.971-DF, Velloso, 2ª T., RTJ 162/1075. II. – R.E. conhecido e provido. (STF, Pleno, **RE 230.337**, rel. Min. Carlos Velloso, 7.1999)

Taxas. Aplicação da imunidade à luz da redação original da CF/88: IMUNIDADE – OPERAÇÕES RELATIVAS A ENERGIA ELÉTRICA – ARTIGO 155, § 3º, DA CONSTITUIÇÃO FEDERAL. À luz da redação primitiva da Carta da República, descabe afastar da imunidade a Taxa de Licença e Verificação Fiscal alusiva à fixação de postes ao solo visando à sustentação da rede elétrica. (STF, 1ª Turma, **RE 391.623**, rel. Min. Marco Aurélio, 12.2010)

- **Operações abrangidas**

Estão sob o abrigo da imunidade as operações relativas a:

a) energia elétrica;

b) serviços de telecomunicações;

c) derivados de petróleo;

d) combustíveis; e

e) minerais do País.

Na redação original, não havia referência aos serviços de telecomunicações e os únicos derivados de petróleo abrangidos eram os combustíveis e os lubrificantes.

Com o advento da EC 3/93, a imunidade foi ampliada, para abarcar também os serviços de telecomunicações e o gênero dos "derivados de petróleo", razão da supressão da referência à espécie dos lubrificantes.

No que concerne aos derivados de petróleo, o STF considera que os produtos, para estarem ao abrigo da imunidade, devem ser imediatamente derivados de petróleo, razão pela qual *os subprodutos do petróleo não gozam da imunidade.* Tomando como exemplo um caso decidido pelo Pretório Excelso, a imunidade alcança as operações envolvendo polietileno (que é produto do petróleo), mas não aquelas relativas a sacos e embalagens plásticos feitos de polietileno (subprodutos do petróleo).[1217]

O STF vem adotando uma interpretação restritiva da imunidade, limitando-a às "operações *mercantis* envolvendo os serviços e produtos pertinentes à energia elétrica, serviços de telecomunicações, derivados de petróleo, combustíveis e minerais do País", motivo pelo qual, no seu entender, *não alcança as correlatas movimentações financeiras*[1218] *e tampouco as operações de transporte de minerais.*[1219]

- **Precedentes citados**

Serviços de transporte de minerais. Inaplicabilidade da imunidade: CONSTITUCIONAL. TRIBUTÁRIO. ISS. IMUNIDADE. Serviços de transporte de minerais. CF, art. 155, § 3º. Normas constitucionais concessivas de benefício. Interpretação Restritiva. Recurso improvido. (STF, 2ª Turma, **RE 170.784**, rel. p/ o ac. Min. Nelson Jobim, 3.2006)

Subprodutos do petróleo. Inaplicabilidade da imunidade: [...] A imunidade prevista no artigo 155, § 3º, da Constituição diz respeito às operações relativas a energia elétrica, combustíveis líquidos e gasosos, lubrificantes e minerais, o que não ocorre no caso, em que as operações sobre sacos de matéria plástica, pela única circunstância de o polietileno ser derivado do petróleo e elemento para a fabricação deles, não são, evidentemente, operações referentes a combustível líquido como é o petróleo. Agravo a que se nega provimento. (STF, 1ª Turma, **AI 199.516 AgR**, rel. Min. Moreira Alves, 9.1997)

Interpostos embargos de declaração, a conclusão foi mantida; porém, os embargos foram providos para sanear a omissão. Esclareceu-se que: "A imunidade que o artigo 155, § 3º, da Constituição Federal, na redação dada pela Emenda Constitucional nª 3/93, em se tratando de derivados de petróleo, diz respeito apenas às operações relativas a esses derivados – como sucede com as referentes ao polietieno –, mas, não, evidentemente, às relativas a sacos e embalagens que não são derivados do petróleo, mas fabricados com a utilização de derivado dele, o que é diferente" (STF, 1ª Turma, **AI 199.516 AgR-ED**, rel. Min. Moreira Alves, 11.1997, excerto da ementa).

Movimentações financeiras decorrentes das operações imunes. Inaplicabilidade da imunidade: [...] IPMF. INCIDÊNCIA SOBRE A MOVIMENTAÇÃO FINANCEIRA DAS EMPRESAS PRODUTORAS DE ÁLCOOL CARBURANTE. PRINCÍPIO DA EXCLUSIVIDADE TRIBUTÁRIA. INCIDÊNCIA. ALEGAÇÃO IMPROCEDENTE. O princípio da exclusividade tributária, previsto no artigo 153, incisos I e II, da Constituição Federal, aplica-se às operações mercantis envolvendo os serviços e produtos pertinentes à energia elétrica, serviços de telecomunicações, derivados de petróleo, combustíveis e minerais do País, não se estendendo às movimentações financeiras delas decorrentes. Precedente. Recurso extraordinário não conhecido. (STF, 2ª Turma, **RE 216.286**, rel. Min. Maurício Corrêa, 5.2001)

---

§ 4º Na hipótese do inciso XII, *h*, observar-se-á o seguinte: (Parágrafo incluído pela Emenda Constitucional nº 33, de 11.12.2001)
I – nas operações com os lubrificantes e combustíveis derivados de petróleo, o imposto caberá ao Estado onde ocorrer o consumo;
II – nas operações interestaduais, entre contribuintes, com gás natural e seus derivados, e lubrificantes e combustíveis não incluídos no inciso I deste parágrafo, o imposto será repartido entre os Estados de origem e de destino, mantendo-se a mesma proporcionalidade que ocorre nas operações com as demais mercadorias;
III – nas operações interestaduais com gás natural e seus derivados, e lubrificantes e combustíveis não incluídos no inciso I deste parágrafo, destinadas a não contribuinte, o imposto caberá ao Estado de origem;
IV – as alíquotas do imposto serão definidas mediante deliberação dos Estados e Distrito Federal, nos termos do § 2º, XII, *g*, observando-se o seguinte:
a) serão uniformes em todo o território nacional, podendo ser diferenciadas por produto;
b) poderão ser específicas, por unidade de medida adotada, ou *ad valorem*, incidindo sobre o valor da operação ou sobre o preço que o produto ou seu similar alcançaria em uma venda em condições de livre concorrência;
c) poderão ser reduzidas e restabelecidas, não se lhes aplicando o disposto no art. 150, III, *b*.
§ 5º As regras necessárias à aplicação do disposto no § 4º, inclusive as relativas à apuração e à destinação do imposto, serão estabelecidas mediante deliberação dos Estados e do Distrito Federal, nos termos do § 2º, XII, *g*. (Parágrafo incluído pela Emenda Constitucional nº 33, de 11.12.2001)

1217 STF, 1ª Turma, *AI 199.516 AgR*, rel. Min. Moreira Alves, 9.1997.

1218 STF, 2ª Turma, *RE 216.286*, rel. Min. Maurício Corrêa, 5.2001.

1219 STF, 2ª Turma, *RE 170.784*, rel. p/ ac. Min. Nelson Jobim, 3.2006.

Art. 155, §§ 4º e 5º: Regulação específica do ICMS monofásico sobre combustíveis e lubrificantes

1. Incisos I a III: competência

A alínea *h* do art. 155, § 2º, XII, da CF prevê o ICMS monofásico sobre combustíveis e lubrificantes, que é regulado no plano constitucional pelos §§ 4º e 5º do art. 155. Todos esses preceitos foram incluídos pela EC 33/01.

Em relação às operações com lubrificantes e combustíveis *derivados de petróleo, o imposto compete ao Estado onde ocorrer o consumo* (inciso I).[1220] Logo, a incidência monofásica deve ocorrer na operação final, de venda ao consumidor.

Tratando-se de operações interestaduais com gás natural, derivados de gás natural e combustíveis e lubrificantes *que não sejam derivados de petróleo, há duas regras*:

a) *nas operações entre contribuintes,* o imposto haverá de ser repartido entre os Estados de origem e de destino (inciso II);

b) *nas operações destinadas a não contribuintes*, o imposto caberá integralmente ao Estado de origem (inciso III).

2. Inciso IV: alíquotas

A Constituição da República impõe a adoção de *alíquotas uniformes em todo o território nacional* para o ICMS monofásico sobre combustíveis e lubrificantes (alínea *a*), *as quais deverão ser definidas*, tal como ocorre com as regras de apuração e destinação do imposto (§ 5º), pelos Estados e pelo Distrito Federal, *mediante convênio* editado na forma estabelecida para a concessão de benefícios fiscais relativos ao ICMS (art. 155, § 2º, XII, *g*).

Com essa previsão, excepcionam-se as regras gerais do art. 155, § 2º, IV e V, da CF, de que:

a) as alíquotas devem ser estabelecidas pelo Estado competente nas operações e prestações internas, observados os parâmetros máximo e mínimo fixados pelo Senado Federal (inciso V); e

b) as alíquotas das operações e prestações interestaduais devem ser estabelecidas pelo Senado Federal (inciso IV).

Por consequência, afeta-se sensivelmente a autonomia dos Estados e do Distrito Federal, que se veem privados da competência legislativo-tributária para, mediante ato unilateral, fixar as alíquotas internas.

Impõe-se a uniformidade das alíquotas do imposto em todo o território nacional, obstando que sejam previstas, nos convênios interestaduais, alíquotas diferenciadas por Estado ou por região (§ 4º, IV, *a*).

Não há óbice, todavia, *à adoção de alíquotas diferenciadas por produto*, sejam específicas ou *ad valorem.*

Neste caso, de alíquotas *ad valorem*, *autoriza-se que o ICMS incida sobre o valor de mercado* (inciso IV, *b*), o que caracteriza, a nosso ver, mera explicitação da possibi-

---

[1220] Esse dispositivo se harmoniza com a regra do art. 155, § 2º, X, *b,* da CF, que afasta a tributação na origem das operações interestaduais com petróleo, inclusive lubrificantes, combustíveis líquidos e gasosos dele derivados.

lidade de desconsiderar-se o valor simulado da operação, e não autorização para que se eleja tal valor como base de cálculo, porquanto se trataria de base imponível irreal.[1221]

Polêmico é o preceito da alínea *c*, que permite *a redução e o restabelecimento das alíquotas sem observância da anterioridade de exercício.*

No que diz respeito ao restabelecimento de alíquotas reduzidas por atos normativos anteriores, afigura-se-nos que esse dispositivo é claramente inconstitucional,[1222] pois o princípio da anterioridade constitui uma garantia individual do cidadão-contribuinte, imune à atuação limitadora do legislador e, inclusive, do poder constituinte derivado, como já decidiu o STF.[1223]

Quanto à redução de alíquotas, não se vislumbra vício algum, uma vez que tal princípio não é uma garantia do Poder Público, mas do contribuinte: aplica-se aos gravames impostos aos particulares, e não às desonerações tributárias.

Tampouco haveria violação ao princípio da anterioridade caso a redução e o restabelecimento fossem determinados por um mesmo ato normativo, sendo o restabelecimento mera implicação necessária de uma redução temporária de alíquotas.[1224]

Também é questionável o respeito ao princípio da legalidade tributária.

No que concerne às alíquotas, a remissão à sistemática do art. 155, § 2º, XII, *g*, da CF enseja a mesma polêmica que paira sobre a possibilidade de benefícios fiscais serem concedidos e revogados por decreto estadual, sem a ulterior submissão da questão à assembleia legislativa.[1225]

E ainda há a agravante de que, no caso, não se trata apenas da concessão e da revogação de benefícios tributários, mas sim da efetiva alteração de alíquotas, com a possibilidade de majoração da carga tributária por atos normativos infralegais.

O estabelecimento de alíquotas por convênios, sem a participação do Poder Legislativo, seria ilegítimo, por violar o princípio da estrita legalidade tributária, garantido por cláusula pétrea.[1226]

Destarte, para que o preceito em foco seja harmonizado com a Constituição Federal, é mister que se lhe confira interpretação conforme, impondo-se a concepção de que *o convênio é um procedimento necessário, mas não suficiente para o estabelecimento de alíquotas*, que somente se perfectibilizará com a edição de lei ou de decreto legislativo pelos Estados ou pelo Distrito Federal.[1227]

[1221] Segundo Hugo de Brito Machado, o preceito "parece indicar a pretensão do fisco de fazer ressurgir a pauta fiscal já há muito condenada pela jurisprudência, inclusive do Supremo Tribunal Federal" ("O ICMS e a Emenda 33", p. 46). Nesse sentido, sustentando a ilegitimidade do preceito, vide: CHIESA. "EC 33: dois novos impostos rotulados de ICMS", p. 29-30.

[1222] Nessa linha, cfr. CHIESA. "EC 33: dois novos impostos rotulados de ICMS", p. 27-28. No sentido da legitimidade do preceito, cfr. MARTINS. "Emenda Constitucional nº 33/2001: inteligência das disposições sobre a CIDE e o ICMS nela incluídos", p. 178.

[1223] STF, Pleno, ADI 939, rel. Min. Sydney Sanches, 12.1993. Vide os comentários ao art. 150, III, *b*.

[1224] Nesse sentido, Harada estabelece uma relevante distinção entre duas situações: a redução *temporária* de alíquotas, com prazo determinado, quando o restabelecimento não necessitaria observar o princípio da anterioridade; e a redução ou a supressão de alíquotas sem prazo determinado, quando tal princípio haveria de ser respeitado ("O princípio da anterioridade e a emenda constitucional nº 33/01: possibilidade de redução e restabelecimento de alíquotas do ICMS", p. 811-810).

[1225] Cfr. MACHADO. "O ICMS e a Emenda 33", p. 47.

[1226] No sentido do texto: MACHADO. "O ICMS e a Emenda 33", p. 47; CHIESA. "EC 33: dois novos impostos rotulados de ICMS", p. 22-23.

[1227] Cfr. CHIESA. "EC 33: dois novos impostos rotulados de ICMS", p. 22-25.

§ 6º O imposto previsto no inciso III: (Parágrafo incluído pela Emenda Constitucional nº 42, de 19.12.2003)
I – terá alíquotas mínimas fixadas pelo Senado Federal;
II – poderá ter alíquotas diferenciadas em função do tipo e utilização.

Art. 155, § 6º: Alíquotas do IPVA

O § 6º do art. 155 foi incluído pela EC 42/03, trazendo duas previsões inovadoras:

a) estendeu ao IPVA a autorização para o Senado Federal estabelecer as alíquotas mínimas do imposto, que já existia em relação ao ICMS (art. 155, § 2º, V, *a*), o que reduz a autonomia tributária estadual, mas serve para atenuar a guerra fiscal; e

b) facultou a adoção de alíquotas diferenciadas em função do tipo e da utilização do veículo.

Essa autorização, contudo, não legitima o retorno das disposições que sujeitavam os veículos de procedência estrangeira a alíquotas superiores, declaradas inconstitucionais pelo STF,[1228] pois sequer emenda constitucional pode introduzir práticas anti-isonômicas.

Quanto aos efeitos da fixação de alíquotas mínimas pelo Senado Federal, reportamo-nos às considerações expendidas quando da análise do ICMS.

- **Precedente citado**

Alíquotas diferenciadas para veículos importados. Inconstitucionalidade: AGRAVO REGIMENTAL NO RECURSO EXTRAORDINÁRIO. TRIBUTÁRIO. IPVA. VEÍCULO IMPORTADO. ALÍQUOTA DIFERENCIADA. 1. Não se admite a alíquota diferenciada de IPVA para veículos importados e os de procedência nacional. 2. O tratamento desigual significaria uma nova tributação pelo fato gerador da importação. Precedentes. Agravo regimental a que se nega provimento. (STF, 2ª Turma, **RE 367.785 AgR**, rel. Min. Eros Grau, 5.2006)

[1228] STF, 2ª Turma, *RE 367.785 AgR*, rel. Min. Eros Grau, 5.2006.

Capítulo V: Impostos dos Municípios

Seção V

DOS IMPOSTOS DOS MUNICÍPIOS

Art. 156. Compete aos Municípios instituir impostos sobre:
I - propriedade predial e territorial urbana;
II - transmissão "inter vivos", a qualquer título, por ato oneroso, de bens imóveis, por natureza ou acessão física, e de direitos reais sobre imóveis, exceto os de garantia, bem como cessão de direitos a sua aquisição;
III - serviços de qualquer natureza, não compreendidos no art. 155, II, definidos em lei complementar. (Redação dada pela Emenda Constitucional nº 3, de 17.03.1993)
Redação original: III - vendas a varejo de combustíveis líquidos e gasosos, exceto óleo diesel;
IV - serviços de qualquer natureza, não compreendidos no art. 155, I, b, definidos em lei complementar. (Inciso revogado pela Emenda Constitucional nº 3, de 17.03.1993)

Art. 156, I a III: Outorga de competência para a cobrança dos impostos municipais

Competem aos Municípios os impostos sobre:

i) a propriedade predial e territorial urbana (IPTU, inciso I);

ii) a transmissão *inter vivos*, por ato oneroso, de bens imóveis, de direitos à sua aquisição ou de direitos reais que sobre eles incidam, exceto os de garantia (ITBI, inciso II); e

iii) os serviços de qualquer natureza que não se enquadrem na competência de outras pessoas constitucionais (ISS, inciso III).

Esses impostos também podem ser cobrados pelo Distrito Federal, que acumula a competência impositiva estadual e municipal (arts. 147 e 155 da CF).

Em sua redação original, a Constituição Federal previa o imposto sobre as vendas a varejo de combustíveis líquidos e gasosos (IVV), que foi extinto pela EC 3/93.

1. Inciso I: Imposto sobre a Propriedade Predial e Territorial Urbana

Já tratamos da noção constitucional-tributária de propriedade e dos critérios para a divisão da competência tributária no que diz respeito à propriedade territorial.[1229]

Cabe, agora, analisar certas peculiaridades do IPTU.

1.1. Materialidade

Enquanto a propriedade territorial rural é tributada pela União (ITR), a propriedade predial e territorial urbana está sujeita à competência municipal (IPTU).

[1229] Vide os comentários ao ITR (art. 153, VI), à p. 389.

Apesar de o tributo municipal *incidir sobre a terra e as edificações urbanas*, não há duplicidade de impostos: "Trata-se de um só e mesmo imposto incidente sobre a propriedade do prédio e do terreno urbano, não podendo se cindir em imposto predial e imposto territorial".[1230]

Para que o IPTU incida, não basta a existência do vínculo jurídico de propriedade: é mister que o proprietário tenha a possibilidade de usar, gozar e dispor do seu direito, sob pena de se gravar uma manifestação de capacidade contributiva inexistente, destituída de conteúdo econômico.

Destarte, *não se afigura viável a cobrança do IPTU nas hipóteses em que o proprietário tenha sido privado*, parcial ou totalmente, *do conteúdo econômico do seu direito*, tal como ocorre quando há limitação administrativa, ocupação temporária, tombamento, requisição, desapropriação, parcelamento e edificação compulsórios e servidão administrativa.[1231]

Nesses casos, deve-se ter por obstado o exercício da competência impositiva e, consequentemente, a incidência tributária, de forma proporcional à extensão da privação sofrida pelo proprietário.

As premissas desse entendimento são aplicadas pelo STJ com respeito às propriedades rurais invadidas, a fim de afastar a cobrança do ITR.[1232] Porém, a Corte não autoriza abatimentos em razão de limitações administrativas no âmbito do IPTU.[1233]

- **Precedente citado**

Limitação administrativa. Área de preservação. Inexistência de direito a abatimento no IPTU: [...] 1. Hipótese em que se questiona a violação do artigo 32, I e II, do CTN, e dos artigos 5º, I, II, XXII, 156, § 1º, II, da Constituição Federal, ao argumento de que não deve incidir IPTU sobre área de preservação permanente interna a empreendimento imobiliário urbano. 2. Não se conhece do recurso especial por violação a dispositivos constitucionais, sob pena de se usurpar a competência do Supremo Tribunal Federal, nos termos do que dispõe o artigo 102, III, da Constituição Federal. 3. A restrição à utilização da propriedade referente a área de preservação permanente em parte de imóvel urbano (loteamento) não afasta a incidência do Imposto Predial e Territorial Urbano, uma vez que o fato gerador da exação permanece íntegro, qual seja, a propriedade localizada na zona urbana do município. Cuida-se de um ônus a ser suportado, o que não gera o cerceamento total da disposição, utilização ou alienação da propriedade, como ocorre, por exemplo, nas desapropriações. Aliás, no caso dos autos, a limitação não tem caráter absoluto, pois poderá haver exploração da área mediante prévia autorização da Secretaria do Meio Ambiente do município. 4. Na verdade, a limitação de fração da propriedade urbana por força do reconhecimento de área de preservação permanente, por si só, não conduz à violação do artigo 32 do CTN, que trata do fato gerador do tributo. O não pagamento da exação sobre certa fração da propriedade urbana é questão a ser dirimida também à luz da isenção e da base de cálculo do tributo, a exemplo do que se tem feito no tema envolvendo o ITR sobre áreas de preservação permanente, pois, para esta situação, por exemplo, há lei federal permitindo a exclusão de áreas da sua base de cálculo (artigo 10, § 1º, II, "a" e "b", da Lei 9.393/96). 5. Segundo o acórdão recorrido, não há lei prevendo o favor legal para a situação dos autos, fundamento bastante para manter o *decisum*, pois o artigo 150, § 6º, da Constituição Federal, bem como o artigo 176 do Código Tributário Nacional exigem lei específica para a concessão de isenção tributária. Confiram-se: ... 6. Recurso especial parcialmente conhecido e, nesta extensão, não provido. (STJ, 1ª Turma, **REsp 1.128.981**, rel. Min. Benedito Gonçalves, 3.2010)

1.2. Base de cálculo

1.2.1. Definição e abrangência

Em virtude de a competência para a cobrança do IPTU abranger a propriedade predial e territorial, a base de cálculo possível não é restrita ao valor fundiário. O imposto

[1230] TORRES. *Sistemas constitucionais tributários*. p. 247.

[1231] As hipóteses são referidas por José Eduardo Soares de Melo (*Curso de Direito Tributário*. p. 377).

[1232] Conferir os comentários ao art. 153, VI.

[1233] STJ, 1ª Turma, *REsp 1.128.981*, rel. Min. Benedito Gonçalves, 3.2010.

pode incidir sobre o *valor venal do imóvel*, com suas acessões e benfeitorias, como previsto no CTN:

> Art. 33. A base do cálculo do imposto é o valor venal do imóvel.
>
> Parágrafo único. Na determinação da base de cálculo, não se considera o valor dos bens móveis mantidos, em caráter permanente ou temporário, no imóvel, para efeito de sua utilização, exploração, aformoseamento ou comodidade.

Considerando que o valor venal consiste no *valor de venda à vista*, efetivo ou estimado,[1234] conclui-se que o IPTU deve incidir sobre o valor estimado de venda do imóvel, com suas acessões e benfeitorias.

Caso se trate de imóvel situado em *região limítrofe* entre a zona urbana e a zona rural ou entre zonas urbanas de Municípios distintos, dever-se-á dividi-lo em abstrato, para sujeitá-lo a incidências parciais a cargo de cada ente político competente. Na primeira hipótese, haverá a incidência tanto do ITR quanto do IPTU; na segunda, do IPTU por duas vezes, mas cada uma delas restrita à parcela da propriedade situada no território do Município competente.

1.2.2. Base de cálculo estimada

Como o IPTU incide sobre o valor venal, incumbe à Administração Fazendária apurar o valor de mercado dos imóveis tributados.

Admite-se, contudo, que tal apuração seja realizada por estimativa, diante da necessidade que o Fisco tem de simplificar as tarefas de lançamento, fiscalização e cobrança do imposto.

A apuração por estimativa usualmente se baseia em critérios como a metragem, a localização do imóvel e o padrão de acabamento das edificações, plasmando-se em plantas ou tabelas de valores genéricos.

Se tais estimativas corresponderem ao valor venal concreto ou forem inferiores a este, a sua fixação por atos normativos infralegais não implicará ofensa à garantia individual da legalidade tributária, que tutela os contribuintes, não o Poder Público. Mas poderá ser inconstitucional, por violar outros princípios, como o da isonomia tributária.

O que não pode ser admitido de forma alguma é que se proceda à majoração indireta do tributo por meio de estimativas carentes de respaldo fático ou legal.

Atento a tal situação, *o STF exige que até mesmo a fixação por estimativa da base imponível* (valor da terra e das edificações) *seja veiculada por lei*,[1235] permitindo tão somente a sua atualização por ato normativo infralegal, desde que respeitado o índice oficial de correção monetária.[1236]

O fundamento central dessa orientação jurisprudencial consiste na concepção de que *as plantas de valores genéricos possuem a natureza jurídica de presunções legais da base imponível*: consagram bases de cálculo presumidas, que somente podem ser veicu-

---

[1234] Segundo Aliomar Baleeiro: "Valor venal é aquele que o imóvel alcançará para compra e venda à vista, segundo as condições usuais do mercado de imóveis. O preço da venda a prazo incorpora normalmente juros realísticos e a previsão de perda do poder aquisitivo da moeda. A repartição apurá-lo-á, segundo as circunstâncias, conforme a localização, existência de serviços públicos, possibilidades de comércio etc. e, sobretudo, quando possível, pelo confronto com alienações mais recentes de imóveis semelhantes no local" (*Direito tributário brasileiro*. p. 249).

[1235] STF, Pleno, *RE 114.078*, rel. Min. Moreira Alves, 3.1988. Sobre o tema, vide os comentários ao art. 150, I e DERZI. *Notas* ao livro *Direito Tributário Brasileiro,* de Aliomar Baleeiro. p. 249-253.

[1236] Por isso, reputa-se ilegítima a atualização do valor do imóvel, mediante decreto, por índice superior ao oficial: "É defeso, ao Município, atualizar o IPTU, mediante decreto, em percentual superior ao índice oficial de correção monetária" (Súmula 160 do STJ). Esse entendimento era acolhido há longa data pelo Pretório Excelso. Conferir: STF, Pleno, *RE 93.661*, rel. Min. Décio Miranda, 11.1981.

ladas por lei, notadamente por terem o condão de implicar majoração indireta do IPTU, caso fixem valores superiores aos de mercado.[1237]

Destarte, *a base imponível*, a concreta dimensão econômica do bem tributado, *estará sob o alcance da reserva de lei quando for fixada por estimativa*. Já a base de cálculo do IPTU, entendida como a base de cálculo abstrata, elemento integrante da regra-matriz de incidência, sempre deve estar prevista em lei.[1238]

Reserva de lei: aplicação à base de cálculo do IPTU		
Base de cálculo (base de cálculo abstrata)	Elemento normativo, integrante da regra impositiva	Sujeita à reserva de lei
Base imponível (base de cálculo concreta)	Elemento fático	Não está sujeita à reserva de lei, a menos que fixada por estimativa

Por fim, cumpre lembrar que a fixação da base de cálculo do IPTU está sujeita à anterioridade de exercício, mas não à anterioridade nonagesimal (art. 150, § 1º).

- **Súmulas**

Súmula 160 do STJ: "É defeso, ao Município, atualizar o IPTU, mediante decreto, em percentual superior ao índice oficial de correção monetária"

- **Precedentes citados**

Majoração da base de cálculo do IPTU por decreto, em percentual superior ao índice oficial. Ilegitimidade: TRIBUTÁRIO. IMPOSTO PREDIAL E TERRITORIAL URBANO. A majoração de sua base de cálculo, que o torna mais oneroso, depende de lei, ressalvada a atualização do respectivo valor pelos índices oficiais de correção monetária (Constituição, art. 153, parágrafo 29; Lei n. 5.172, de 25.10.66, Código Tributário Nacional, artigo 97, II, c/c parágrafos 1. e 2.). Precedente: RE n. 87.763, Pleno de 7.6.79. Mandado de segurança concedido em parte, para que a majoração se restrinja à atualização de valores pelo índice das obrigações reajustáveis do Tesouro Nacional. (STF, Pleno, **RE 93.661**, rel. Min. Décio Miranda, 11.1981)

Fixação de valores venais presumidos por decreto. Ilegitimidade: IPTU. FIXAÇÃO DE VALORES VENAIS PRESUMIDOS POR MEIO DE DECRETO MUNICIPAL. – O acórdão recorrido não violou o parágrafo 2 do artigo 97 do CTN, nem os demais dispositivos legais e constitucionais invocados no recurso extraordinário, mas, antes, se orientou no sentido em que já se firmou a jurisprudência desta corte, ou seja, no sentido de que valores venais presumidos – como os estabelecidos em tabelas de preços de construção e plantas genéricas de valores imobiliários – para efeito de base de cálculo do IPTU só podem ser fixados por lei, e não por simples decreto, em face do disposto nos artigos 33 e 97, parágrafo 1, do CTN. – Por outro lado, o aumento resultante dessa fixação de valores venais genéricos foi superior aos valores a que se chegaria se aplicada a correção monetária ocorrente no período, como o admite o parágrafo 2 do artigo 97 do mesmo CTN. Recurso extraordinário não conhecido, declarada a inconstitucionalidade do Decreto 2218, de 29 de dezembro de 1983, da Prefeitura Municipal de Maceió (AL). (STF, Pleno, **RE 114.078**, rel. Min. Moreira Alves, 3.1988)

1.3. Sujeitos passivos

Já enfocamos os possíveis sujeitos passivos dos impostos sobre a propriedade, nos comentários ao ITR (art. 153, VI).

Agora, cumpre examinar certas decisões proferidas quanto ao IPTU.

Entende-se que o legislador municipal tem liberdade para escolher o sujeito passivo do imposto, sempre que respeite o disposto no art. 34 do Código Tributário Nacional, *in verbis*:

[1237] No RE 96.825, o Ministro Moreira Alves asseverou que a previsão de bases genéricas e presumidas tem caráter normativo, não podendo ser veiculada por decreto: "estabelecer normativamente valores presumidos não é função executiva de órgãos do Poder Executivo" (STF, 2ª Turma, RE 96.825, rel. Min. Moreira Alves, 12.1983, excerto do seu voto). Nesse voto, o Ministro Moreira Alves analisa detidamente a questão, rechaçando a posição de Geraldo Ataliba e transcrevendo a lição de Alberto Xavier, que corrobora a sua.

[1238] Conferir os comentários ao art. 150, I. Sobre a distinção entre a base de cálculo normativa e a base imponível (base calculada) e as suas repercussões no IPTU, vide também as excelentes considerações de Aires F. Barreto, *in* MARTINS (coord.). *Comentários ao Código Tributário Nacional*. v. 1. p. 248-249.

Art. 34. Contribuinte do imposto é o proprietário do imóvel, o titular do seu domínio útil, ou o seu possuidor a qualquer título.

O STJ consolidou a sua jurisprudência nesse sentido: "Cabe à legislação municipal estabelecer o sujeito passivo do IPTU" (Súmula 399).

Essa súmula aparenta conferir absoluta liberdade aos Municípios, porém não o faz.

Em primeiro lugar, ela somente permite que o legislador escolha o sujeito passivo do IPTU dentre os três sujeitos indicados pelo art. 34 do CTN, a saber: *o proprietário, o titular do domínio útil ou o possuidor a qualquer título.*[1239]

Em segundo lugar, ela não desautoriza a jurisprudência firmada no STF acerca da *impossibilidade de os detentores de posse precária serem submetidos à cobrança do IPTU.*[1240]

Em terceiro lugar, a referida súmula *não autoriza que o sujeito passivo do imposto seja definido por atos infralegais*, como a referência à "legislação municipal" parece indicar. Isso violaria escancaradamente o princípio da reserva de lei em matéria tributária.

- **Súmulas**

Súmula 399 do STJ: "Cabe à legislação municipal estabelecer o sujeito passivo do IPTU".

- **Precedentes citados**

Supremo Tribunal Federal:

Detentor de posse precária e desdobrada, baseada em contrato de concessão de uso. Impossibilidade de figurar como sujeito passivo do IPTU: Recurso Extraordinário. 2. IPTU. Imóvel da União destinado à exploração comercial. 3. Contrato de concessão de uso. Posse precária e desdobrada. 4. Impossibilidade de a recorrida figurar no pólo passivo da obrigação tributária. Precedente. Recurso extraordinário a que se nega provimento. (STF, 2ª Turma, **RE 451.152**, rel. Min. Gilmar Mendes, 8.2006)

Superior Tribunal de Justiça:

Promitente vendedor. Legitimidade de sua sujeição ao IPTU: TRIBUTÁRIO. AGRAVO REGIMENTAL. EXECUÇÃO FISCAL. IPTU. CONTRATO DE PROMESSA DE COMPRA E VENDA DE IMÓVEL. LEGITIMIDADE PASSIVA DO POSSUIDOR (PROMITENTE COMPRADOR) E DO PROPRIETÁRIO (PROMITENTE VENDEDOR). MATÉRIA SUBMETIDA AO ART. 543-C DO CPC. RECURSOS REPETITIVOS. 1. Segundo o art. 34 do CTN, consideram-se contribuintes do IPTU o proprietário do imóvel, o titular do seu domínio útil ou o seu possuidor a qualquer título. 2. A jurisprudência desta Corte Superior é no sentido de que tanto o promitente comprador (possuidor a qualquer título) do imóvel quanto seu proprietário/promitente vendedor (aquele que tem a propriedade registrada no Registro de Imóveis) são contribuintes responsáveis pelo pagamento do IPTU. Precedentes: .... 3. "Ao legislador municipal cabe eleger o sujeito passivo do tributo, contemplando qualquer das situações previstas no CTN. Definindo a lei como contribuinte o proprietário, o titular do domínio útil, ou o possuidor a qualquer título, pode a autoridade administrativa optar por um ou por outro visando a facilitar o procedimento de arrecadação" (REsp 475.078/SP, Rel. Min. Teori Albino Zavascki, DJ 27.9.2004). 4. Agravo regimental provido. (STJ, 2ª Turma, **AgRg no Ag 1.075.630**, rel. Min. Mauro Campbell Marques, 5.2010).

O precedente analisou a irresignação do promitente vendedor, reconhecendo a sua sujeição ao imposto, tal como previsto na legislação municipal.

2. Inciso II: Imposto sobre a Transmissão *Inter Vivos* de Bens Imóveis

No regime das Constituições de 1967 e 1969, havia o imposto sobre a transmissão de bens imóveis, que onerava tanto as transmissões *inter vivos* quanto as *causa mortis*. Essa imposto foi cindido pela Constituição de 1988, dando origem ao ITBI e ao ITCD.[1241]

1239 Essa conclusão é extraída dos precedentes que deram origem à Súmula 399 do STJ. Conferir: STJ, 2ª Turma, *AgRg no Ag 1.075.630*, rel. Min. Mauro Campbell Marques, 5.2010.

1240 STF, 2ª Turma, *RE 451.152*, rel. Min. Gilmar Mendes, 8.2006.

1241 Para uma análise mais detida do seu histórico, vide os comentários ao art. 155, I.

Desse modo, *as transmissões de bens imóveis inter vivos passaram à competência dos Municípios, sujeitando-se ao ITBI*; já as transmissões *causa mortis* continuaram sendo gravadas pelos Estados, agora mediante o ITCD.

2.1. Materialidade e base de cálculo

Diversamente do que ocorre com o ITR e o IPTU, a competência para a instituição do ITBI *não abrange a propriedade* de bens imóveis, *mas a sua transmissão*.

Os Municípios não podem instituir, no exercício da competência outorgada pelo art. 156, II, um imposto sobre a propriedade de bens imóveis. Se o fizerem, tratar-se-á de mero adicional ao IPTU (se o objeto for um imóvel urbano) ou de um ITR municipal (se incidir sobre a propriedade de imóvel rural), tributo que seria evidentemente inconstitucional.

Tampouco podem os Municípios cobrar o ITBI sobre formas originárias de aquisição da propriedade (usucapião, por exemplo), pois na aquisição originária não há transmissão.[1242]

A transmissão "inter vivos" da propriedade dos bens imóveis ocorre, no direito brasileiro, "*mediante o registro do título translativo no Registro de Imóveis*" (art. 1.245, *caput*, do CC/2002), sendo que, "enquanto não se registrar o título translativo, o alienante continua a ser havido como dono do imóvel" (art. 1.245, § 1º, do CC/2002).[1243]

Não há transmissão da propriedade, v.g., com a celebração de contratos de promessa de compra e venda[1244] e sequer com a assinatura do próprio contrato de compra e venda: antes do formal registro do título no Registro de Imóveis, não há transmissão da propriedade imobiliária e, consequentemente, não incide o ITBI.[1245]

Sem embargo, *nada obsta que se exija o tributo antes de verificado o fato imponível*, como aliás ocorre diariamente, mediante a exigência de comprovação do pagamento do tributo quando da lavratura da escritura pública, que antecede o registro do título translativo.

[1242] STF, Pleno, *RE 94.580*, rel. Min. Djaci Falcão, 8.1984. Embora seja inviável a incidência do imposto sobre a desapropriação, que é uma forma de aquisição originária da propriedade, ela revela-se lícita na restituição ao proprietário de bem desapropriado: "É legítima a incidência do imposto de transmissão "inter vivos" sobre a restituição, ao antigo proprietário, de imóvel que deixou de servir a finalidade da sua desapropriação" (Súmula 111 do STF).

[1243] A propósito, Pontes de Miranda preleciona: "O impôsto de transmissão *inter vivos* da propriedade imobiliária recai sôbre o negócio jurídico sempre que se dê a substituição do sujeito do direito de propriedade ou de algum elemento autônomo dêle [...] Se há pré-contrato, ainda não há transmissão da propreidade, quer seja mobiliária, quer imobiliária [...] Ainda mais: se houve, por exemplo, contrato de compra-e-venda, por escritura pública, porém não foi inserto o acôrdo de transmissão da propriedade e da posse, ou o acôrdo de transmissão só da propriedade, não há pensar-se em transmissão da propriedade" (*Comentários à Constituição de 1967; com a Emenda n. 1 de 1969.* p. 500 e 502-503).

[1244] O STF sumulou o seu entendimento nesse sentido, já em 1963: "São inconstitucionais o imposto de cessão e a taxa sobre inscrição de promessa de venda de imóvel, substitutivos do imposto de transmissão, por incidirem sobre ato que não transfere o domínio" (Súmula 82). Reiterando essa posição, cfr. STF, Pleno, *Rp 1.121*, rel. Min. Moreira Alves, 11.1983; e STF, 1ª Turma, ARE 807.255 AgR, rel. Min. Edson Fachin, 10.2015. Somente será legítima a incidência se houver efetiva alienação, hipótese em que o tributo será devido sobre o valor do bem ao tempo desta: "É legítima a incidência do imposto de transmissão 'inter vivos' sobre o valor do imóvel ao tempo da alienação, e não da promessa, na conformidade da legislação local" (Súmula 108 do STF). Ainda nesse sentido: "O imposto de transmissão 'inter vivos' não incide sobre a construção, ou parte dela, realizada pelo adquirente, mas sobre o que tiver sido construído ao tempo da alienação do terreno" (Súmula 110 do STF).

[1245] Nesse sentido, vide: BECKER. *Teoria geral do direito tributário*. p. 436; PAULSEN; MELO. *Impostos: federais, estaduais e municipais*. p. 242-243. Certos autores, todavia, consideram que o ITBI incide ainda antes da transcrição, desde que celebrado negócio jurídico hábil para tanto. Essa posição é exposta de forma clara por Ricardo Lobo Torres: "embora a propriedade apenas se adquira, nos termos do Código Civil (artigo 530, I), pela transcrição do título de transferência no registro, pois "os atos sujeitos à transcrição não transferem o domínio senão da data em que se transcreverem" (art. 533), o ITBI incide sobre o negócio jurídico de transferência da propriedade, e não sobre a transcrição, eis que esta é um ato do Poder Público insuscetível de tributação" (*Sistemas constitucionais tributários*. p. 254-255). Também nessa linha, cfr. BALEEIRO. *Direito tributário brasileiro*. p. 259; DERZI. *Notas* ao livro *Direito Tributário Brasileiro,* de Aliomar Baleeiro. p. 270.

O inconveniente de condicionar-se a incidência tributária ao registro do título reside no fato de render ensejo a *corriqueiras práticas elisivas*, nas quais se realiza o negócio de transferência do imóvel (formalizado, por vezes, sob a veste de mero instrumento de procuração irrevogável com poderes para o uso, o gozo e a disposição da propriedade), mas não se procede ao seu registro, obstando a incidência e a cobrança do imposto. Trata-se, entretanto, de elisão tributária (lícita), e não de evasão (ilícita), uma vez que a conduta dos sujeitos envolvidos impede a incidência da norma impositiva.

De outra banda, não se permite a tributação, pelos Municípios, de toda e qualquer transmissão *inter vivos* de bens imóveis. *O ITBI somente incide sobre a transmissão por "ato oneroso"*, tal como se verifica com a compra e venda, a dação em pagamento, a permuta, a arrematação, a adjudicação, a remição etc.[1246]

Em se tratando de transmissão de bens imóveis a título gratuito, poderá ser viável a cobrança, pelos Estados, do ITCD, mas nunca a exigência, pelos Municípios, do ITBI.

Por essa razão, o ITBI *não pode ser cobrado na mera extinção de condomínio*, a menos que decorra de ato oneroso. Se, por exemplo, duas pessoas têm a propriedade conjunta de dois imóveis similares e resolvem extinguir o condomínio, ficando cada uma com a integralidade de um dos imóveis, é evidente que o ITBI não será devido, pois a extinção do condomínio não envolve ato oneroso.[1247]

A despeito de tais restrições à competência para a cobrança do ITBI, não há como olvidar que não é apenas a transmissão da propriedade de bem imóvel que pode ensejar a incidência do imposto, mas também a cessão de direitos à sua aquisição.

Permite-se, assim, a tributação da cessão de direitos pessoais ou reais à aquisição do imóvel, podendo ser exigido o ITBI, v.g., sobre a cessão da promessa de compra e venda. Destarte, a celebração do contrato de promessa de compra e venda não está sujeita ao ITBI, mas a ulterior cessão dos direitos inerentes a tal contrato está.

Também *é viável a cobrança do imposto sobre a transmissão de direitos reais imobiliários*, tais como o domínio útil,[1248] as servidões, o usufruto, o uso etc.

A exemplo do que ocorre com a transmissão da propriedade, a transmissão dos direitos reais sobre imóveis somente se opera com o registro no Cartório de Registro de Imóveis, salvo exceções pontuais (art. 1.227 do CC/2002).

A transferência dos direitos reais de garantia, contudo, não se submete à incidência do ITBI, consoante ressalvado expressamente pelo art. 156, II, da CF.

Por outro lado, *os bens imóveis sujeitos à incidência do ITBI são*, como expressamente previsto no dispositivo constitucional, *os imóveis por "natureza ou acessão física"* (art. 43, I e II, do CC de 1916), estando excluídos os imóveis por acessão intelectual (art. 43, III, do CC de 1916).[1249]

[1246] PAULSEN; MELO. *Impostos: federais, estaduais e municipais.* p. 242-243.

[1247] Contra: STJ, 2ª Turma, *REsp 722.752*, rel. Min. Herman Benjamin, 3.2009. O julgado reputou legítima a tributação das transmissões advindas de permuta entre condôminos, por considerá-las onerosas.

[1248] Súmula 326 do STF: "É legítima a incidência do imposto de transmissão 'inter vivos' sobre a transferência do domínio útil".

[1249] Eis a redação do art. 43 do Código Civil de 1916: "Art. 43. São bens imóveis: I – o solo com a sua superfície, os seus acessórios e adjacências naturais, compreendendo as árvores e frutos pendentes, o espaço aéreo e o subsolo; (Redação dada pelo Decreto do Poder Legislativo nº 3.725, de 15.1.1919) II – tudo quanto o homem incorporar permanentemente ao solo, como a semente lançada à terra, os edifícios e construções, de modo que se não possa retirar sem destruição, modificação, fratura, ou dano; III – tudo quanto no imóvel o proprietário mantiver intencionalmente empregado em sua exploração industrial, aformoseamento ou comodidade.".

Essas são, visivelmente, categorias de Direito Privado, empregadas pela Constituição de 1988 nas mesmas acepções que possuíam em tal seara quando da sua promulgação. Como leciona Baleeiro, ao analisar tais categorias: "O Direito Fiscal vai buscar no Código Civil a conceituação dos vários bens imóveis".[1250]

Tratando-se de conceitos de Direito Civil incorporados pela Constituição, revela-se inviável a sua modificação pela legislação infraconstitucional, motivo pelo qual há de se concluir que *as alterações implementadas pelo Código Civil de 2002 não repercutiram no plano constitucional*.[1251]

Postas essas considerações acerca dos fatos sujeitos à incidência do ITBI, a delimitação de sua base de cálculo possível resta nítida: há de consistir numa dimensão, abstrata, do conteúdo econômico dos fatos tributados.

Tratando-se de um imposto sobre a transmissão, é evidente que *a base de cálculo* a ser escolhida *deverá abranger, total ou parcialmente, o valor econômico dessa transmissão*, no momento em que implementada.

Não se pode, portanto, cobrar o ITBI sobre benfeitorias realizadas após a transmissão da propriedade.[1252]

• Súmulas

Súmula 82 do STF: "São inconstitucionais o imposto de cessão e a taxa sobre inscrição de promessa de venda de imóvel, substitutivos do imposto de transmissão, por incidirem sobre ato que não transfere o domínio"

Conferir o acórdão proferido na Rp 1.121, cuja ementa é transcrita abaixo.

Súmula 108 do STF: "É legítima a incidência do imposto de transmissão 'inter vivos' sobre o valor do imóvel ao tempo da alienação, e não da promessa, na conformidade da legislação local"

Súmula 110 do STF: "O imposto de transmissão 'inter vivos' não incide sobre a construção, ou parte dela, realizada pelo adquirente, mas sobre o que tiver sido construído ao tempo da alienação do terreno"

Conferir a Súmula 470 do STF.

Súmula 111 do STF: "É legítima a incidência do imposto de transmissão 'inter vivos' sobre a restituição, ao antigo proprietário, de imóvel que deixou de servir a finalidade da sua desapropriação"

Súmula 326 do STF: "É legítima a incidência do imposto de transmissão 'inter vivos' sobre a transferência do domínio útil"

Súmula 470 do STF: "O imposto de transmissão 'inter vivos' não incide sobre a construção, ou parte dela, realizada, inequivocamente, pelo promitente comprador, mas sobre o valor do que tiver sido construído antes da promessa de venda"

• Precedentes citados

Supremo Tribunal Federal:

Promessa de compra e venda. Ilegitimidade da cobrança do imposto sobre a transmissão de bens imóveis: FATO GERADOR DO IMPOSTO SOBRE A TRANSMISSAO DE BENS IMÓVEIS E DE DIREITOS A ELE RELATIVOS. COMPROMISSO DE COMPRA E VENDA. – O compromisso de compra e venda, no sistema jurídico brasileiro, não transmite direitos reais nem configura cessão de direitos à aquisição deles, razão por que é inconstitucional a lei que o tenha como fato gerador de imposto sobre a transmissão de bens imóveis e de direitos

[1250] BALEEIRO. *Direito tributário brasileiro.* p. 258. Nesse sentido, Pontes de Miranda afirma que a Constituição "cogita de *propriedade imobiliária.* Portanto, de tudo que a lei civil define como bem imóvel. Trata-se de conceito de direito privado, a que a Constituição se reporta, pôsto que não pudesse o Poder Legislativo central reduzi-lo de tal modo que o afastasse de certo *mínimo conceptual* corrente entre os povos cultos, ou, melhor, para evitarmos o método comparatístico, recebido como cerne pela consciência jurídica tradicional, assente, do Brasil" (*Comentários à Constituição de 1967; com a Emenda n. 1 de 1969.* p. 500).

[1251] A respeito da mutação constitucional por alterações infraconstitucionais, conferir: A. VELLOSO. *Conceitos e competências tributárias.* p. 229-234.

[1252] Recordamos o teor da Súmula 110 do STF: "O imposto de transmissão "inter vivos" não incide sobre a construção, ou parte dela, realizada pelo adquirente, mas sobre o que tiver sido construído ao tempo da alienação do terreno". Reconhecendo a impossibilidade de se tributarem benfeitorias feitas pelo adquirente, mesmo que anteriores à efetiva transferência da propriedade, o STF editou nova súmula, para esclarecer os termos da Súmula 110: "O imposto de transmissão 'inter vivos' não incide sobre a construção, ou parte dela, realizada, inequivocamente, pelo promitente comprador, mas sobre o valor do que tiver sido construído antes da promessa de venda" (Súmula 470 do STF).

a eles relativos. Representação julgada procedente, declarando-se a inconstitucionalidade do inciso I do parágrafo único do artigo 114 da Lei 7730, de 30 de outubro de 1973, do Estado de Goiás. (STF, Pleno, **Rp 1.121**, rel. Min. Moreira Alves, 11.1983).

Lê-se no voto do relator: "em nosso direito privado, o compromisso de compra e venda é contrato preliminar que gera obrigação de fazer e não de dar: as partes contratantes, nele, se obrigam a celebrar, posteriormente, outro contrato, que é o definitivo. Por isso mesmo, não é ele sequer título hábil à transmissão, pelo registro, da propriedade, sendo necessária, ainda quando dá ele margem à adjudicação compulsória, sentença de natureza constitutiva, que faz as vezes do título para a constituição do domínio. Em conseqüência, por ele não há a transmissão, a qualquer título, de bens imóveis por natureza ou acessão física e de direitos reais sobre imóveis, exceto os de garantia, nem configura ele cessão de direitos à aquisição desses direitos reais, únicos fatos geradores que, em face do inciso I do artigo 23 da Constituição Federal, dão nascimento à relação jurídica tributária concernente ao imposto de transmissão".

Aquisição originária da propriedade. Usucapião. Não sujeição ao ITBI: IMPOSTO DE TRANSMISSÃO DE IMÓVEIS. ALCANCE DAS REGRAS DOS ARTS. 23, INC. I, DA CONSTITUIÇÃO FEDERAL E 35 DO CÓDIGO TRIBUTÁRIO NACIONAL. USUCAPIÃO. A ocupação qualificada e continuada que gera o usucapião não importa em transmissão da propriedade do bem. À legislação tributária é vedada "alterar a definição, o conteúdo e o alcance dos institutos, conceitos e formas de direito privado" (art. 110 do C.T.N.). Registro da sentença de usucapião sem pagamento do imposto de transmissão. Recurso provido, declarando-se inconstitucional a letra "h", do inc. I, do art. 1., da Lei n. 5.384, de27.12.66, do Estado de Rio Grande do Sul. (STF, Pleno, **RE 94.580**, rel. Min. Djaci Falcão, 8.1984)

Superior Tribunal de Justiça:

Extinção de condomínio por permuta, com pagamento de diferença. Legitimidade da incidência do ITBI: [...] 1. Hipótese em que os quatro impetrantes (ora recorridos) eram co-proprietários de seis imóveis urbanos edificados. Os condôminos resolveram extinguir parcialmente a co-propriedade. Para isso, cada impetrante passou a ser único titular de um dos seis imóveis. Quanto aos dois bens restantes, manteve-se o condomínio. Discute-se a tributação municipal sobre essa operação. 2. O Tribunal de origem entendeu ter ocorrido simples dissolução de condomínio relativo a uma universalidade de bens, conforme o art. 631 do CC/1916. Assim, não teria havido transmissão de propriedade com relação à maior parte da operação. Se o indivíduo passou a ser proprietário de imóvel em valor idêntico à sua cota ideal no condomínio, não incidiria o ITBI. 3. Inexiste omissão no acórdão recorrido, que julgou a lide e fundamentou adequadamente seu acórdão. 4. No entanto, o art. 631 não incide na hipótese, pois se refere ao caso clássico de condomínio de bem divisível. Seria aplicável se os quatro impetrantes fossem co-proprietários de terreno rural ou de terreno urbano não-edificado. Nesse exemplo, no caso de desfazimento do condomínio, o imóvel poderia ser fracionado junto ao cartório de imóveis, observados os limites mínimos, requisitos e formalidades legais, resultando em quatro partes iguais. Cada um dos antigos co-proprietários seria o único titular de seu terreno (correspondente a 25% do original). Inexistiria transmissão onerosa de propriedade nessa situação fictícia e, portanto, incidência do tributo municipal. 5. Diferentemente, quando há condomínio de apartamento edilício, ou de um prédio urbano não-fracionado em unidades autônomas, é impossível a divisão do bem. É este o caso dos autos. 6. O registro imobiliário é individualizado, como o é a propriedade de apartamentos, nos termos da Lei de Registros Públicos (art. 176, § 1º, I, da Lei 6.015/1973). 7. Na situação inicial, antes do pacto de extinção parcial do condomínio, os quatro impetrantes eram co-proprietários de cada um dos imóveis, que devem ser considerados individualmente. 8. Com o acordo, cada um dos impetrantes passou a ser único proprietário de um dos seis imóveis. Ou seja, adquiriu dos outros co-proprietários 75% desse bem, pois já possuía 25%. 9. O ITBI deve incidir sobre a transmissão desses 75%. Isso porque a aquisição dessa parcela se deu por alienação onerosa: compra (pagamento em dinheiro) ou permuta (cessão de parcela de outros imóveis). 10. Esse raciocínio se aplica aos quatro imóveis que passaram a ser titulados por um único proprietário. Quanto aos outros dois bens, com relação aos quais o condomínio subsistiu, não há alienação onerosa nem, portanto, incidência do ITBI. 11. Os impetrantes adjudicaram cada um dos quatro imóveis a uma única pessoa, indenizando os demais (por pagamento ou permuta), nos termos do art. 632 do CC/1916. 12. É pacífico que os impostos reais (IPTU e ITBI, em especial) referem-se aos bens autonomamente considerados. Também por essa razão seria incabível tratar diversos imóveis como universalidade para fins de tributação. 13. Esse entendimento foi consolidado pelo egrégio STF na Súmula 589: "É inconstitucional a fixação de adicional progressivo do imposto predial e territorial urbano em função do número de imóveis do contribuinte". 14. A Suprema Corte impediu que os Municípios considerassem todos os imóveis de cada contribuinte como uma universalidade para fins de progressividade das alíquotas. Isso decorre do reconhecimento de que cada imóvel a ser tributado deve ser autonomamente considerado. 15. Se o Município não pode considerar o conjunto de imóveis uma universalidade, para cálculo do IPTU, seria inadmissível que o contribuinte possa fazê-lo com o intuito de pagar menos ITBI. 16. Recurso Especial provido. (STJ, 2ª Turma, **REsp 722.752**, rel. Min. Herman Benjamin, 3.2009)

2.2. Imunidade da transferência dos imóveis desapropriados para fins de reforma agrária

O ITBI, assim como qualquer outro imposto, não pode incidir sobre as operações de transferência de imóveis desapropriados para fins de reforma agrária, diante da imunidade conferida pelo art. 184, § 5º, da CF.

Não se trata da pseudotransferência constituída pela desapropriação (que é uma forma originária de aquisição da propriedade), mas da ulterior transferência do bem desapropriado pelo Poder Público para os trabalhadores favorecidos pela reforma agrária.[1253]

2.3. Progressividade

À luz da jurisprudência do STF, a progressividade do ITBI é ilegítima,[1254] já que se trata de um imposto com caráter real e não há disposição constitucional alguma que a autorize.[1255]

De fato, a Constituição da República requer apenas a variação proporcional do imposto em função do preço da venda, de modo a que seja realizado o princípio da capacidade contributiva.[1256] *Exige a proporcionalidade, e não a progressividade do ITBI.*

A inconstitucionalidade de eventual sistema de alíquotas progressivas, porém, não legitima que se aplique a alíquota mínima, haja vista que o vício acomete o sistema como um todo. Deve ser aplicada a legislação anterior[1257] e, se inexistente, restará inviabilizada a cobrança do tributo, por falta de suporte legislativo válido.

- **Súmulas**

Súmula 656 do STF: "É inconstitucional a lei que estabelece alíquotas progressivas para o imposto de transmissão inter vivos de bens imóveis – ITBI com base no valor venal do imóvel".

- **Precedentes citados**

Progressividade do ITBI. Inconstitucionalidade. Realização do princípio da capacidade contributiva pela tributação proporcional: [...] IMPOSTO DE TRANSMISSÃO DE IMÓVEIS, INTER VIVOS – ITBI. ALÍQUOTAS PROGRESSIVAS. C.F., art. 156, II, § 2º. Lei nº 11.154, de 30.12.91, do Município de São Paulo, SP. I. – Imposto de transmissão de imóveis, *inter vivos* – ITBI: alíquotas progressivas: a Constituição Federal não autoriza a progressividade das alíquotas, realizando-se o princípio da capacidade contributiva proporcionalmente ao preço da venda. II. – R.E. conhecido e provido. (STF, Pleno, **RE 234.105**, rel. Min. Carlos Velloso, 4.1999)

ITBI progressivo. Inconstitucionalidade. Aplicação do regime anterior: ITBI: progressividade: L. 11.154/91, do Município de São Paulo: inconstitucionalidade. A inconstitucionalidade, reconhecida pelo STF (RE 234.105), do sistema de alíquotas progressivas do ITBI do Município de São Paulo (L . 11.154/91, art. 10, II), atinge esse sistema como um todo, devendo o imposto ser calculado, não pela menor das alíquotas progressivas, mas na forma da legislação anterior, cuja eficácia, em relação às partes, se restabelece com o trânsito em julgado da decisão proferida neste feito. (STF, 1ª Turma, **RE 259.339**, rel. Min. Sepúlveda Pertence, 5.2000)

3. Inciso III (redação original): o extinto Imposto sobre Vendas a Varejo de Combustíveis

Na redação original do inciso III, era atribuída competência para a instituição do imposto sobre "vendas a varejo de combustíveis líquidos e gasosos" (IVV), além de ser prevista a imunidade das vendas de óleo diesel.

A competência abrangia apenas as vendas a retalho (em pequenas quantidades) de combustíveis, não abarcando o comércio grossista (atacadista), ainda que o adquirente direto fosse o próprio consumidor: o que determinava a competência era a qualidade do vendedor, não do adquirente.[1258]

[1253] Vide os comentários ao art. 184, § 5º.

[1254] Súmula 656 do STF: "É inconstitucional a lei que estabelece alíquotas progressivas para o imposto de transmissão inter vivos de bens imóveis – ITBI com base no valor venal do imóvel".

[1255] A respeito da progressividade nos impostos reais, conferir os comentários ao art. 145, § 1º.

[1256] STF, Pleno, *RE 234.105*, rel. Min. Carlos Velloso, 4.1999.

[1257] STF, 1ª Turma, *RE 259.339*, rel. Min. Sepúlveda Pertence, 5.2000.

[1258] STF, 1ª Turma, RE 140.612, rel. Min. Sydney Sanches, 12.1999.

Mesmo sem a interposição da lei complementar referida pelo art. 146, III, *a*, da CF, o tributo foi instituído pelos Municípios, com assento na competência outorgada pelo art. 34, §§ 3º e 7º, do ADCT, que legitimava tal prática.[1259]

Não obstante, *a competência para a cobrança do IVV foi suprimida pela EC 3/93*, o que teve por efeito a imediata revogação de todos os diplomas legislativos que o previam.

Aboliu-se o IVV e, com ele, a competência municipal para a tributação de bens móveis, cabendo-lhes tão somente a participação nas receitas auferidas com a arrecadação do ICMS.

Destarte, a competência para tributar as vendas a varejo de combustíveis líquidos e gasosos, que na redação original da Constituição cabia aos Municípios, foi atribuída aos Estados pela EC 3/93. Isso porque, com a revogação do IVV, que incidia sobre a circulação de um tipo específico de mercadorias, essa materialidade passou a se enquadrar na competência genérica que a Constituição outorga aos Estados para tributar as operações de circulação de mercadorias (art. 155, II).

Diante da extinção da competência que fora outorgada pelo art. 156, III, da CF para a instituição e cobrança do IVV, a EC 3/93 transplantou o preceito do inciso IV, que versava sobre o ISS, para o inciso III e revogou o inciso IV.

Tratou-se, no que diz respeito ao inciso IV, de mera adequação formal, sem relevância prática.

4. Inciso III: Imposto sobre Serviços de Qualquer Natureza

4.1. Materialidade

De acordo com a redação constitucional, os Municípios podem instituir impostos sobre *"serviços de qualquer natureza", à exceção daqueles já reservados à competência tributária dos Estados* pelo art. 155, II (serviços de comunicação e de transporte interestadual ou intermunicipal).[1260]

Dessa simples colocação, já se constata que os "serviços de qualquer natureza" aludidos pela Constituição não são exatamente serviços de "qualquer natureza": são, segundo a contraditória dicção do art. 156, III, os serviços que não estão sujeitos à tributação pelos Estados, por intermédio do ICMS.

Os Municípios *não podem tributar os serviços de comunicação e de transporte intermunicipal ou interestadual*[1261] e tampouco, como veremos a seguir, os serviços que integram a atividade industrial, sendo tributados indiretamente, pelo IPI.

A atécnica redação constitucional seria aprimorada caso aludisse, simplesmente, aos "serviços não compreendidos no art. 155, II", suprimindo a enganosa qualificação empregada (isto é, a qualificação dos serviços como de "qualquer natureza").

E não é apenas nesse aspecto que o preceito deveria ser retificado: diante da impossibilidade de os Municípios tributarem os serviços industriais, a ressalva não deveria ser

---

[1259] STF, 2ª Turma, RE 205.165, rel. Min. Maurício Corrêa, 8.1999.

[1260] Vale recordar que os serviços atualmente reservados aos Estados não estavam sujeitos à competência estadual e tampouco à municipal anteriormente ao advento da CF/88: eram de competência federal. Sobre a questão, vide os comentários ao art. 155, II.

[1261] Nessa linha, Paulo de Barros Carvalho leciona que, segundo o modelo constitucional para a regra-matriz do ISS, o seu critério material é "prestar serviços de qualquer natureza, excetuando-se os serviços de transporte interestadual e intermunicipal e de comunicação" ("Não-Incidência do ISS sobre Atividades de Franquia (*Franchising*)", p. 6).

feita somente aos serviços compreendidos no art. 155, II, mas também àqueles compreendidos no art. 153, IV. O preceito constitucional expressaria o seu verdadeiro conteúdo caso fosse redigido nestes singelos termos: "serviços não compreendidos nos arts. 153, IV, e 155, II".[1262]

4.1.1. Conceito constitucional de serviços

4.1.1.1. Noção

O conceito constitucional de serviços desempenha um papel central na determinação dos limites da competência outorgada para a instituição do ISS.

Definindo-se o conceito constitucional de serviços tributáveis pelo ISS, determinar-se-á o alcance da competência conferida pelo art. 156, II.[1263]

Mister, portanto, investigar o sentido da expressão "serviços de qualquer natureza".

Há de se ter em mente, antes de tudo, a delimitação dos serviços sujeitos à competência impositiva municipal, exposta no tópico precedente: o conceito constitucional de serviços, para fins da cobrança do ISS, não abrange os serviços sujeitos à competência da União (serviços industriais) e tampouco os reservados à competência dos Estados (serviços de comunicação e de transporte interestadual ou intermunicipal).

Feita essa primeira aproximação, de caráter negativo, impende proceder à definição positiva do termo "serviços" empregado pelo art. 156, III.

Aires Barreto, em notável estudo monográfico sobre o ISS, fornece-nos esta precisa definição de "serviço tributável" pelos Municípios: "o desempenho de atividade economicamente apreciável, sem subordinação, produtiva de utilidade para outrem, sob regime de direito privado, com fito de remuneração, não compreendido na competência de outra esfera de governo".[1264]

Dessa definição, cabe destacar o fato de que *se trata de atividade*:

a) *revestida de conteúdo econômico*, pois os serviços destituídos de tal conteúdo não evidenciam a existência de capacidade econômica e, portanto, não podem sujeitar-se à tributação;

b) *prestada para terceiros*,[1265] mas *sem que haja subordinação*, pois o serviço subordinado caracteriza prestação trabalhista, que não está sujeita à incidência do ISS;

c) *não compreendida na competência de outra esfera do governo*, pois, caso fosse abrangida pela competência tributária dos Estados ou da União, haveria bitributação, que, em princípio, é vedada pela Carta Política.

O ISS não pode incidir sobre a prestação compulsória de serviços pelo Poder Público, mas *nada impede que onere os serviços públicos concedidos e delegados*, sempre que prestados por particulares, com ânimo de lucro.[1266]

[1262] A referência à definição em lei complementar, que consta no final do enunciado, é tautológica e, via de consequência, dispensável, pois já decorre do art. 146, II e III, *a*, da CF.

[1263] Na dicção do STF, a "terminologia constitucional do Imposto sobre Serviços revela o objeto da tributação" (STF, Pleno, RE 116.121, rel. p/ ac. Min. Marco Aurélio, 10.2000, excerto da ementa). Sobre o precedente, conferir o tópico relativo à incidência do ISS sobre locações.

[1264] BARRETO. *ISS na Constituição e na lei*. p. 35. Cfr. CARVALHO. "Não-Incidência do ISS sobre Atividades de Franquia (*Franchising*)", p. 7-8.

[1265] STJ, 2ª Turma, *REsp 1.166.039*, rel. Min. Castro Meira, 6.2010.

[1266] STF, Pleno, *ADI 3.089*, rel. p/ ac. Min. Joaquim Barbosa, 2.2008.

• Precedentes citados

Supremo Tribunal Federal:

Atividade estatal delegada, desempenhada em caráter privado, com ânimo de lucro. Registros públicos, cartorários e notariais. Constitucionalidade da incidência do ISS: AÇÃO DIRETA DE INCONSTITUCIONALIDADE. CONSTITUCIONAL. TRIBUTÁRIO. ITENS 21 E 21.1. DA LISTA ANEXA À LEI COMPLEMENTAR 116/2003. INCIDÊNCIA DO IMPOSTO SOBRE SERVIÇOS DE QUALQUER NATUREZA – ISSQN SOBRE SERVIÇOS DE REGISTROS PÚBLICOS, CARTORÁRIOS E NOTARIAIS. CONSTITUCIONALIDADE. Ação Direta de Inconstitucionalidade ajuizada contra os itens 21 e 21.1 da Lista Anexa à Lei Complementar 116/2003, que permitem a tributação dos serviços de registros públicos, cartorários e notariais pelo Imposto sobre Serviços de Qualquer Natureza – ISSQN. Alegada violação dos arts. 145, II, 156, III, e 236, *caput*, da Constituição, porquanto a matriz constitucional do Imposto sobre Serviços de Qualquer Natureza permitiria a incidência do tributo tão-somente sobre a prestação de serviços de índole privada. Ademais, a tributação da prestação dos serviços notariais também ofenderia o art. 150, VI, a e §§ 2º e 3º da Constituição, na medida em que tais serviços públicos são imunes à tributação recíproca pelos entes federados. As pessoas que exercem atividade notarial não são imunes à tributação, porquanto a circunstância de desenvolverem os respectivos serviços com intuito lucrativo invoca a exceção prevista no art. 150, § 3º da Constituição. O recebimento de remuneração pela prestação dos serviços confirma, ainda, capacidade contributiva. A imunidade recíproca é uma garantia ou prerrogativa imediata de entidades políticas federativas, e não de particulares que executem, com inequívoco intuito lucrativo, serviços públicos mediante concessão ou delegação, devidamente remunerados. Não há diferenciação que justifique a tributação dos serviços públicos concedidos e a não-tributação das atividades delegadas. Ação Direta de Inconstitucionalidade conhecida, mas julgada improcedente. (STF, Pleno, **ADI 3.089**, rel. p/ ac. Min. Joaquim Barbosa, 2.2008)

A peculiaridade do caso é que o ISS incide sobre os recursos angariados com a cobrança de *taxas*.

Superior Tribunal de Justiça:

Incorporação direta. Atividade dirigida ao próprio incorporador. Ilegitimidade da incidência do ISS: TRIBUTÁRIO. IMPOSTO SOBRE SERVIÇO. INCORPORAÇÃO IMOBILIÁRIA DIRETA. CONSTRUÇÃO FEITA PELO INCORPORADOR EM TERRENO PRÓPRIO, POR SUA CONTA E RISCO. NÃO INCIDÊNCIA. AUSÊNCIA DE PRESTAÇÃO DE SERVIÇO A TERCEIRO. [...] 2. Consoante disciplina o art. 48 da Lei 4.591/64, a incorporação poderá adotar um dos seguintes regimes de construção: (a) por empreitada, a preço fixo, ou reajustável por índices previamente determinados (Lei 4.591/64, art. 55); (b) por administração ou "a preço de custo" (Lei 4.591/64, art. 58); ou (c) diretamente, por contratação direta entre os adquirentes e o construtor (Lei 4.591/64, art. 41). 3. Nos dois primeiros regimes, a construção é contratada pelo incorporador ou pelo condomínio de adquirentes, mediante a celebração de um contrato de prestação de serviços, em que aqueles figuram como tomadores, sendo o construtor um típico prestador de serviços. Nessas hipóteses, em razão de o serviço prestado estar perfeitamente caracterizado no contrato, o exercício da atividade enquadra-se no item 32 da Lista de Serviços, configurando situação passível de incidência do ISSQN. 4. Na incorporação direta, por sua vez, o incorporador constrói em terreno próprio, por sua conta e risco, realizando a venda das unidades autônomas por "preço global", compreensivo da cota de terreno e construção. Ele assume o risco da construção, obrigando-se a entregá-la pronta e averbada no Registro de Imóveis. Já o adquirente tem em vista a aquisição da propriedade de unidade imobiliária, devidamente individualizada, e, para isso, paga o preço acordado em parcelas. 5. Como a sua finalidade é a venda de unidades imobiliárias futuras, concluídas, conforme previamente acertado no contrato de promessa de compra e venda, a construção é simples meio para atingir-se o objetivo final da incorporação direta; o incorporador não presta serviço de "construção civil" ao adquirente, mas para si próprio. 6. Logo, não cabe a incidência de ISSQN na incorporação direta, já que o alvo desse imposto é atividade humana prestada em favor de terceiros como fim ou objeto; tributa-se o serviço-fim, nunca o serviço-meio, realizado para alcançar determinada finalidade. As etapas intermediárias são realizadas em benefício do próprio prestador, para que atinja o objetivo final, não podendo, assim, serem tidas como fatos geradores da exação. 7. Recurso especial não provido. (STJ, 2ª Turma, **REsp 1.166.039**, rel. Min. Castro Meira, 6.2010)

4.1.1.2. Locações e leasing

Ao analisar a incidência do ISS sobre as locações, o STF acolheu inicialmente uma variante da "interpretação econômica", considerando que as Constituições de 1969 e de 1988 teriam adotado um conceito de serviços que corresponde à substância econômica das prestações de serviço, permitindo, por exemplo, que fossem tributadas até mesmo as locações de guindaste.[1267]

Esse entendimento prevaleceu por quase trinta anos, até outubro de 2000, quando o Pretório Excelso revisou a sua jurisprudência, adotando a tese do "império do Direito Privado": considerou que *a Constituição incorporou o conceito civilista de serviços*,

[1267] STF, 2ª Turma, *RE 112.947*, rel. Min. Carlos Madeira, 6.1987.

positivado na codificação civil. Por isso, *somente a "locação de serviços"* de que tratava o Código Civil de 1916 *seria tributável pelo ISS*, e não a "locação de bens móveis".[1268]

Noutros termos, o conceito constitucional de serviços, construído com base no Direito Privado, engloba apenas as denominadas "locações de serviços", não as locações de bens.

Assim, *revela-se inconstitucional a cobrança do ISS sobre a locação de bens móveis ou imóveis*, mesmo que associada a prestações de serviço.[1269] Essa orientação foi cristalizada mediante a edição da Súmula Vinculante nº 31:

> É inconstitucional a incidência do Imposto sobre Serviços de Qualquer Natureza – ISS sobre operações de locação de bens móveis.

Porém, *não há óbice à incidência do ISS sobre serviços conexos à locação de bens móveis*, como os serviços de manutenção e assistência técnica.[1270]

Em vista do entendimento consolidado na Súmula Vinculante nº 31, *mostra-se indevida a incidência do ISS sobre as operações de leasing operacional*, negócio jurídico complexo em que a locação desempenha um papel preponderante, pois nele o arrendatário recebe o bem do próprio fabricante ou distribuidor e paga pelo seu uso efetivo, sendo que, ao final, somente pode exercer a opção de compra pelo seu valor de mercado.[1271]

Nas demais espécies de arrendamento mercantil, "leasing" financeiro e "lease-back", a incidência do ISS é admitida pelo Supremo Tribunal Federal, haja vista sobressair o fator "financiamento": no *leasing* financeiro, a arrendadora adquire o bem para locá-lo a um terceiro, recebendo, para tanto, contraprestações que se destinam a cobrir o custo integral do bem e oferecendo-lhe, ao final do contrato, a opção de devolver o bem, renovar a locação ou adquirir o bem pelo preço residual; no *sale and lease-back*, verifica-se operação análoga, com a peculiaridade de ser a própria arrendatária quem vende o bem à arrendadora para, em seguida, locá-lo.[1272]

Em princípio, a intributabilidade das locações, consagrada na Súmula Vinculante nº 31, deveria ser estendida à *cessão de uso*. Porém, o STF vem acolhendo entendimento contrário.[1273]

- **Súmulas**

Súmula Vinculante nº 31: "É inconstitucional a incidência do Imposto sobre Serviços de Qualquer Natureza – ISS sobre operações de locação de bens móveis".

A proposta original da súmula tinha redação idêntica, mas qualificava as operações de locação nestes termos: "operações de locação de bens móveis [dissociadas da prestação de serviços]". O trecho final foi suprimido após a observação do Ministro Cezar Peluso de que a incidência seria inconstitucional mesmo quando associada à prestação de serviços, *in verbis*: "Veja bem: estamos afirmando que é inconstitucional quando incide sobre locação de móveis, mas só quando é dissociada da operação de serviço. Quando for associada, cabe imposto? Não. Então, a referência a 'dissociada' é desnecessária, porque, quando associada, também não incide. Quando há contrato de locação de móveis e, ao mesmo tempo, prestação de serviço, a locação de móveis continua não suportando o imposto; o serviço, sim".

Súmula 138 do STJ: "O ISS incide na operação de arrendamento mercantil de coisas móveis".

Essa súmula não pode ser aplicada ao *leasing* operacional, em vista da decisão proferida pelo STF no RE 547.245, cuja ementa é transcrita abaixo.

[1268] STF, Pleno, *RE 116.121*, rel. p/ ac. Min. Marco Aurélio, 10.2000. Para uma análise detida da tese do império do Direito Privado, cfr. A. VELLOSO. *Conceitos e competências tributárias*. p. 78-89.

[1269] STF, Pleno, *RE 116.121*, rel. p/ ac. Min. Marco Aurélio, 10.2000.

[1270] STJ, 2ª Turma, *REsp 1.194.999*, rel. Min. Eliana Calmon, 8.2010.

[1271] STF, Pleno, *RE 547.245*, rel. Min. Eros Grau, 12.2009.

[1272] STF, Pleno, *RE 547.245*, rel. Min. Eros Grau, 12.2009. Destarte, há de ser revista a Súmula 138 do STJ, editada em 1995, nestes termos: "O ISS incide na operação de arrendamento mercantil de coisas móveis".

[1273] STF, 2ª Turma, *Rcl 8.623 AgR*, rel. Min. Gilmar Mendes, 2.2011.

- **Precedentes citados**

Supremo Tribunal Federal:

Cessão de direito de uso de marca. Sujeição ao ISS: [...] 4. ISS. Incidência sobre contratos de cessão de direito de uso da marca. Possibilidade. Lei Complementar 116/2003. Item 3.02 do Anexo. 5. Agravo regimental ao qual se nega provimento. (STF, 2ª Turma, **Rcl 8.623 AgR**, rel. Min. Gilmar Mendes, 2.2011)

O relator diferenciou expressamente a cessão de direito de uso de marca perante a locação de bem: "Por fim, ressalte-se que há alterações significativas no contexto legal e prático acerca da exigência de ISS, sobretudo após a edição da Lei Complementar 116/2003, que adota nova disciplina sobre o mencionado tributo, prevendo a cessão de direito de uso de marcas e sinais na lista de serviços tributados, no item 3.02 do Anexo. Essas circunstâncias afastam a incidência da Súmula Vinculante 31 sobre o caso, uma vez que a cessão do direito de uso de marca não pode ser considerada locação de bem móvel, mas serviço autônomo especificamente previsto na Lei Complementar 116/2003".

Locações de bens móveis. Ilegitimidade da incidência do ISS: TRIBUTO – FIGURINO CONSTITUCIONAL. A supremacia da Carta Federal é conducente a glosar-se a cobrança de tributo discrepante daqueles nela previstos. IMPOSTO SOBRE SERVIÇOS – CONTRATO DE LOCAÇÃO. A terminologia constitucional do Imposto sobre Serviços revela o objeto da tributação. Conflita com a Lei Maior dispositivo que imponha o tributo considerado contrato de locação de bem móvel. Em Direito, os institutos, as expressões e os vocábulos têm sentido próprio, descabendo confundir a locação de serviços com a de móveis, práticas diversas regidas pelo Código Civil, cujas definições são de observância inafastável – artigo 110 do Código Tributário Nacional. (STF, Pleno, **RE 116.121**, rel. p/ ac. Min. Marco Aurélio, 10.2000).

Este acórdão reflete o entendimento anterior da Corte, superado no julgamento do RE 116.121: TRIBUTÁRIO. ISS na locação de bens móveis. O que se destaca, *utilitatis causa*, na locação de bens móveis, não é apenas o uso e gozo da coisa, mas sua utilização na prestação de um serviço. Leva-se em conta a realidade econômica, que é a atividade que se presta com o bem móvel, e não a mera obrigação de dar, que caracteriza o contrato de locação, segundo o artigo 1188 do Código Civil. Na locação de guindastes, o que tem relevo é a atividade com eles desenvolvida, que adquire consistência econômica, de modo a tornar-se um índice de capacidade contributiva do imposto sobre serviços. Recurso não conhecido. (STF, 2ª Turma, **RE 112.947**, rel. Min. Carlos Madeira, 6.1987)

Operações de *leasing*. Incidência do ISS de acordo com a natureza da operação: RECURSO EXTRAORDINÁRIO. DIREITO TRIBUTÁRIO. ISS. ARRENDAMENTO MERCANTIL. OPERAÇÃO DE *LEASING* FINANCEIRO. ARTIGO 156, III, DA CONSTITUIÇÃO DO BRASIL. O arrendamento mercantil compreende três modalidades, [i] o *leasing* operacional, [ii] o *leasing* financeiro e [iii] o chamado *lease-back*. No primeiro caso há locação, nos outros dois, serviço. A lei complementar não define o que é serviço, apenas o declara, para os fins do inciso III do artigo 156 da Constituição. Não o inventa, simplesmente descobre o que é serviço para os efeitos do inciso III do artigo 156 da Constituição. No arrendamento mercantil (*leasing* financeiro), contrato autônomo que não é misto, o núcleo é o financiamento, não uma prestação de dar. E financiamento é serviço, sobre o qual o ISS pode incidir, resultando irrelevante a existência de uma compra nas hipóteses do *leasing* financeiro e do *lease-back*. Recurso extraordinário a que se dá provimento. (STF, Pleno, **RE 547.245**, rel. Min. Eros Grau, 12.2009)

Superior Tribunal de Justiça:

Serviços paralelos à locação de bens. Sujeição ao ISS: [...] 1. Segundo a Súmula Vinculante 31/STJ, " é inconstitucional a incidência do Imposto sobre Serviços de Qualquer Natureza – ISS sobre operações de locação de bens móveis". 2. É válida a tributação de ISS sobre os serviços de manutenção e de assistência técnica, em razão de expressa previsão na lista anexa à Lei Complementar 116/2003 (item que 14.02 – "assistência técnica"). 3. O STF ainda não tratou definitivamente da questão envolvendo a conjugação de locação bem móvel e serviços acessórios, como o prestação de assistência técnica. 4. A existência de prestação de serviço de assistência técnica, em caráter acessório ao contrato de locação de bem móvel, não justifica a incidência do ISS sobre o valor total da operação, sob pena de ofensa à Súmula Vinculante 31/STF. 5. Recurso especial provido. (STJ, 2ª Turma, **REsp 1.194.999**, rel. Min. Eliana Calmon, 8.2010)

4.1.2. Os serviços "definidos em lei complementar"

4.1.2.1. Definição dos serviços sujeitos ao ISS e repercussão nas competências tributárias

Quanto à expressão "definidos em lei complementar", *consideramos que se trata de referência meramente enfática*, vindo a reforçar os comandos dos incisos I e III, *a*, do art. 146 da CF, os quais preveem que cabe à lei complementar dispor sobre conflitos de competência e definir a hipótese de incidência e a base de cálculo dos impostos previstos na Constituição.[1274]

[1274] Cfr. A. VELLOSO. *Conceitos e competências tributárias*, p. 26-30; BARRETO. *ISS na Constituição e na lei*. p. 120.

Se alguma serventia específica possui, limita-se ao *reforço à reserva de lei complementar*, haja vista o entendimento consagrado em alguns precedentes do STF no sentido de que, se no preceito constitucional não se qualificar expressamente a lei regulamentadora como "lei complementar", inexistiria reserva, mesmo com as previsões genéricas do art. 146.[1275]

A nosso juízo, tal lei complementar não pode alterar a competência tributária dos Municípios e nem mesmo dos Estados e do Distrito Federal: as competências são outorgadas pela Constituição da República e, consequentemente, não estão ao alvedrio do legislador infraconstitucional.

No entanto, o STF adota entendimento diverso, concebendo que, em certas hipóteses, o legislador complementar tem poder para alterar as competências tributárias dos Estados e dos Municípios, como expusemos nos comentários ao art. 155, § 2º, IX, *b*, da CF, relativo à tributação das operações mistas.[1276]

4.1.2.2. Papel da lei complementar na definição dos serviços

A despeito de a lei complementar aludida pelo art. 156, III, da CF não ter o condão de alterar as competências outorgadas constitucionalmente, ela *estabelece um pressuposto para a tributação municipal*, tal qual ocorre com os demais impostos, por força do art. 146, III, *a*.

Os serviços que não estão arrolados na lei complementar do ISS permanecem na esfera de competência municipal, mas não podem ser objeto de tributação pelos Municípios, por falta de um pressuposto específico: a previsão em lei complementar.[1277]

Essa lacuna normativa *implica a não incidência do ISS* sobre os serviços excluídos, que não se confunde com a concessão de isenções heterônomas; logo, não ofende o art. 151, III, da CF.[1278] Sem embargo, pode revelar-se inconstitucional, por ofensa à autonomia tributária e financeira municipal.

O conflito decorrente de definições demasiadamente restritivas dos serviços tributáveis deverá ser solvido entre as pessoas constitucionais, não sendo dado aos Municípios, para se esquivar do conflito com a União (que, na hipótese, atua como legislador nacional), proceder à imediata tributação dos serviços não abarcados pela lei complementar, porquanto a falta de interposição de tal instrumento normativo lesaria direito subjetivo dos contribuintes.

- **Precedentes citados**

Serviço expressamente excluído da lista anexa à lei complementar do ISS. Impossibilidade de incidência do imposto: CONSTITUCIONAL. TRIBUTÁRIO. ISS. LEI COMPLEMENTAR: LISTA DE SERVIÇOS: CARÁTER TAXATIVO. LEI COMPLEMENTAR 56, DE 1987: SERVIÇOS EXECUTADOS POR INSTITUIÇÕES AUTORIZADAS A FUNCIONAR PELO BANCO CENTRAL: EXCLUSÃO. I. – É taxativa, ou limitativa, e não simplesmente exemplificativa, a lista de serviços anexa à lei complementar, embora comportem interpretação ampla os seus tópicos. Cuida-se, no caso, da lista anexa à Lei Complementar 56/87. II. – Precedentes do Supremo Tribunal Federal. III. – Ilegitimidade da exigência do ISS sobre serviços expressamente excluídos

---

1275 Sobre o tema, vide os comentários ao art. 146 da CF.

1276 Conferir os comentários ao art. 155, § 2º, IX, *b*, à p. 487. Esta posição foi defendida por Pontes de Miranda, frente ao regime constitucional pretérito: "O que importa é a definição, em *lei complementar*, federal, da competência tributária dos Municípios [...] O que não se aponta como da competência federal, ou estadual, reputa-se da competência municipal" (*Comentários à Constituição de 1967; com a Emenda n. 1 de 1969*. p. 520).

1277 STF, 2ª Turma, *RE 361.829*, rel. Min. Carlos Velloso, 12.2005.

1278 STF, 2ª Turma, *RE 361.829 ED*, rel. Min. Ellen Gracie, 3.2010. Vide MARTINS; CÔELHO. "Distinção entre Não-incidência e Isenção em tema de ISS – Atividades Bancárias", p. 61 *et seq.*

da lista anexa à Lei Complementar 56/87. IV. – RE conhecido e provido. (STF, 2ª Turma, **RE 361.829**, rel. Min. Carlos Velloso, 12.2005)

Serviço excluído da lista anexa à lei complementar do ISS. Caracterização de não incidência, não de isenção heterônoma. Legitimidade: [...] 1. O Supremo Tribunal Federal fixou entendimento de que a lista de serviços anexa à Lei Complementar 56/87 é taxativa, consolidando sua jurisprudência no sentido de excluir da tributação do ISS determinados serviços praticados por instituições autorizadas a funcionar pelo Banco Central, não se tratando, no caso, de isenção heterônoma do tributo municipal. [...] 5. Embargos de declaração rejeitados. (STF, 2ª Turma, **RE 361.829 ED**, rel. Min. Ellen Gracie, 3.2010)

Essa referência já constava na decisão embargada, mais precisamente no voto proferido pelo relator, Ministro Carlos Velloso: "Não há falar em isenção, mas, simplesmente, em exclusão de serviços praticados pelas instituições mencionadas. Trata-se, na verdade, de não-incidência, motivo por que não há invocar o disposto no art. 151, III, da CF".

4.1.2.3. A lista de serviços e a sua interpretação

Tradicionalmente, adota-se a técnica da enumeração (definição denotativa), indicando-se as modalidades de serviços que os Municípios podem tributar, numa *lista anexa à lei complementar.*

A Constituição não impõe tal técnica, mas exige que, caso adotada, seja respeitada.

Por isso, *a jurisprudência é assente no sentido da taxatividade da lista de serviços,*[1279] *o que*, de acordo com o entendimento do STJ, *não impede a sua interpretação extensiva*, de modo que serviços congêneres aos arrolados também sofram a incidência do ISS.[1280]

No entanto, *não se pode, sob o pretexto de interpretar extensivamente a lista, cobrar o ISS de forma analógica*, como decidiu a 1ª Seção do STJ ao vedar o emprego da interpretação "extensiva" para sujeitar à incidência do ISS serviço não arrolado na lista, mas semelhante/análogo a um serviço nela incluído.[1281]

Desse julgado, extraem-se as seguintes conclusões:

i) não basta a "aparente semelhança para que se possa flexibilizar a taxatividade" da lista de serviços (trecho da ementa);

ii) admite-se a interpretação extensiva dos itens da lista, mas isso não autoriza a tributação de serviços diversos dos referidos, haja vista que "para fins de incidência do ISS, o serviço deverá ser idêntico ao expressamente previsto" na lista (trecho do voto do Ministro Mauro Campbell);

iii) entendem-se como "serviços idênticos" ou "congêneres" aqueles que se incluem dentro dos limites semânticos do termo utilizado pelo legislador ou, sob outro enfoque, aqueles que se enquadram como espécie do gênero referido na lista anexa.

Esse precedente evidencia a importância da distinção entre interpretação extensiva e aplicação analógica do direito.[1282]

A interpretação extensiva atua dentro dos limites do sentido literal possível dos termos e expressões empregados pelo legislador, levando à aplicação da regra a situações que se enquadram na dicção legislativa, compreendida num sentido amplo.

[1279] STF, 1ª Turma, RE 87.931, rel. Min. Xavier de Albuquerque, 2.1979; 2ª Turma, RE 91.737, rel. Min. Décio Miranda, 11.1980. Mais recentemente, conferir: STF, 2ª Turma, *RE 361.829*, rel. Min. Carlos Velloso, 12.2005.

[1280] STJ, 1ª Seção, *AgRg nos EAg 1.082.014*, rel. Min. Luiz Fux, 4.2010. É este o entendimento que suporta a Súmula 424 do STJ, *in verbis*: "É legítima a incidência de ISS sobre os serviços bancários congêneres da lista anexa ao DL n. 406/1968 e à LC n. 56/1987".

[1281] STJ, 1ª Seção, *EREsp 887.360*, rel. Min. Mauro Campbell Marques, 2.2011.

[1282] Sobre o tema, conferir A. VELLOSO. "Analogia e isonomia no Direito Tributário". *Revista Tributária e de Finanças Públicas*, nº 62, maio-jun.2005.

Contrariamente, a analogia extrapola os limites semânticos da lei: vai além do dito pelo legislador, para estender a aplicação da regra impositiva àquilo que é análogo, mas distinto do fato tributado.

Este esquema elucida a distinção:

Interpretação extensiva	Analogia
Aplicação da norma **dentro** do sentido literal possível dos termos empregados pelo legislador	Aplicação da norma **fora** do sentido literal possível dos termos empregados pelo legislador, a casos **análogos** àqueles referidos no texto da lei

O que está situado além do sentido literal possível não pode valer como conteúdo da lei, a menos que se autorize o emprego da analogia.

Logo, os serviços que não são referidos expressamente na lista anexa à LC 116/2003 não podem sujeitar-se à incidência do ISS, sob pena de ofensa ao princípio da estrita legalidade tributária.

• Súmulas

Súmula 424 do STJ: "É legítima a incidência de ISS sobre os serviços bancários congêneres da lista anexa ao DL n. 406/1968 e à LC n. 56/1987"

A súmula baseia-se na possibilidade de a lista ser interpretada extensivamente, para alcançar serviços congêneres aos expressamente referidos, como evidencia este julgado, que foi um dos seus precedentes: TRIBUTÁRIO – SERVIÇOS BANCÁRIOS – ISS – LISTA DE SERVIÇOS – TAXATIVIDADE – INTERPRETAÇÃO EXTENSIVA. 1. A jurisprudência desta Corte firmou entendimento de que é taxativa a Lista de Serviços anexa ao Decreto-lei 406/68, para efeito de incidência de ISS, admitindo-se, aos já existentes apresentados com outra nomenclatura, o emprego da interpretação extensiva para serviços congêneres. 2. Recurso especial não provido. Acórdão sujeito ao regime do art. 543-C do CPC e da Resolução STJ 08/08. (STJ, 1ª Seção, **REsp 1.111.234**, rel. Min. Eliana Calmon, 9.2009)

• Precedentes citados

Supremo Tribunal Federal:

Caráter taxativo da lista de serviços: [...] ISS. LEI COMPLEMENTAR: LISTA DE SERVIÇOS: CARÁTER TAXATIVO. [...] I. – É taxativa, ou limitativa, e não simplesmente exemplificativa, a lista de serviços anexa à lei complementar, embora comportem interpretação ampla os seus tópicos. Cuida-se, no caso, da lista anexa à Lei Complementar 56/87 [...] (STF, 2ª Turma, **RE 361.829**, rel. Min. Carlos Velloso, 12.2005)

Superior Tribunal de Justiça:

Limites da interpretação extensiva. Impossibilidade de tributação de serviços não previstos na lista. Serviços de rebocagem: [...] ISS. LISTA DE SERVIÇOS (DL 406/68). REBOCAGEM E ATRACAÇÃO. SERVIÇOS DIFERENCIADOS. TAXATIVIDADE. INTERPRETAÇÃO EXTENSIVA DENTRO DOS PARÂMETROS ESTABELECIDOS PELA JURISPRUDÊNCIA DESTA CORTE. EMBARGOS DE DIVERGÊNCIA PROVIDOS. 1. Cumpre investigar se o ISS incide sobre o serviço de reboque de embarcações, ainda mais no caso dos autos em que não está previsto no item 87 da Lista de Serviços anexa ao Decreto-lei nº 406/68, com a redação dada pela LC nº 56/87. 2. A questão acerca da taxatividade da lista de serviços do DL 406/89 encontra-se superada tanto nesta Corte como do E. STF. Sobreleva notar, contudo, que a jurisprudência pacificada nas turmas que compõem a Primeira Seção é no sentido de que, para fins de incidência do ISS, o serviço deverá ser idêntico ao expressamente previsto. 3. De uma forma simplista, o reboque tem a finalidade de facilitar a atracação de embarcações, razão pela qual não se trata, obviamente, de serviços congêneres. Tanto assim que a LC nº 116 de 31.07.2007, revogadora da LC 56/87, em seu item 20.01 incluiu, dentre outros, os serviços de reboque na referida Lista de Serviços, sem, contudo, excluir os de atracação, visto que não se trata de serviço idêntico. 4. Não há como fazer incidir o ISS sobre os serviços de rebocagem na vigência do Decreto-Lei nº 406/68, sob pena de estar criando exação contra o disposto no art. 108, §1º, do CTN, tanto em face da ausência de expressa previsão legal, como por não ser idêntico ao serviço de atracação, o que, por conseguinte, inviabiliza a interpretação extensiva ou analógica da lista em comento. 5. Do cotejo entre as posições jurisprudências e os ensinamentos doutrinários infere-se que é imprescindível, portanto, a definição e a natureza do serviço a ser incluído no rol daqueles taxados pelo ISS, ainda mais quando isso se dá por força da interpretação extensiva. 6. Não basta a aparente semelhança para que se possa flexibilizar a taxatividade da referida lista; tampouco, a circunstância de o serviço de rebocagem estar atualmente sujeito ao ISS, por si só, não legitima a sua cobrança com base na legislação anterior. 7. Embargos de divergência providos, para excluir a incidência de ISS sobre serviços de rebocagem durante a vigência do DL 406/68. (STJ, 1ª Seção, **EREsp 887.360**, rel. Min. Mauro Campbell, Marques, 2.2011)

Caráter taxativo da lista. Interpretação extensiva. Legitimidade da tributação de serviços congêneres: [...] 3. A Primeira Seção, quando do julgamento de recurso especial representativo de controvérsia, consolidou o entendimento de que é taxativa a Lista de Serviços anexa ao Decreto-Lei 406/68, para efeito de incidência de ISS, admitindo-se, aos já existentes apresentados com outra nomenclatura, o emprego da interpretação extensiva para serviços congêneres (REsp 1.111.234/PR, Rel. Ministra Eliana Calmon, Primeira Seção, julgado em 23.09.2009, DJe 08.10.2009). 4. Conseqüentemente, revela-se superado o acórdão paradigma, oriundo da Primeira Turma, julgado em 21.03.2006, que esposa a tese de que "não se admite a incidência do ISS sobre atividades que não estão incluídas na lista de serviços do Decreto-Lei n. 406/68" (REsp 819.784/MG). 5. Agravo regimental desprovido. (STJ, 1ª Seção, **AgRg nos EAg 1.082.014**, rel. Min. Luiz Fux, 4.2010)

4.1.3. Operações mistas

Tratamos das operações mistas nos comentários ao art. 155, § 2º, IX, *b*, da CF, onde as definimos como aquelas que *envolvem tanto a circulação de mercadorias quanto a prestação de serviços*, cada qual com significado próprio.

Remetemos o leitor a esse tópico, adiantando, contudo, a forma de tributação das operações mistas:

Tributação das operações mistas	
Serviço não previsto na lista anexa à LC 116/03	ICMS, sobre o valor total
Serviço previsto na lista anexa à LC 116/03, sem ressalva	ISS, sobre o valor total
Serviço previsto na lista anexa à LC 116/03, com ressalva à incidência do ICMS	ICMS e ISS, sobre os valores parciais

Note-se que as operações mistas *não se confundem com aquelas em que a circulação de mercadorias ou a prestação de serviço tem caráter instrumental ou acessório*, dando ensejo à aplicação do critério da preponderância para definir o tributo incidente.

Tratamos desse critério no tópico que segue.

4.1.4. Prestação de serviço com entrega do bem produzido: conflitos de competência e o critério da preponderância

A realidade é rica em nuances, revelando a existência de fatos que, pelas suas peculiaridades, situam-se numa zona limítrofe entre as competências tributárias federal, estadual e municipal.

É o que ocorre quando a prestação de serviços envolve a entrega do bem produzido com aplicação de materiais, dando ensejo a questionamentos acerca da sua sujeição ao ICMS (por se tratar de venda de mercadoria), ao ISS (por se tratar de prestação de serviços) ou, quiçá, até mesmo ao IPI (por se tratar de industrialização).

Urge sublinhar, antes de tudo, que os materiais empregados na prestação de serviços são, com frequência, elementos imprescindíveis à sua conclusão, não se qualificando necessariamente como mercadorias, por não serem bens destinados ao comércio.

O exemplo empregado por Aires Barreto é elucidativo desse fato: "Não se pode cogitar de um parecer jurídico escrito sem o emprego das folhas de papel em que se o expende. Absurdo seria insinuar, porém, que o jurista venda o papel".[1283] Após, conclui, sintetizando a questão nestes termos: "sempre que a prestação do serviço envolva a aplicação de materiais, estes se dissolvem na própria atividade. Com ela confundem-se, ou, quando muito, seguem-na como acessório".[1284]

1283 BARRETO. *ISS na Constituição e na lei.* 2ª ed., p. 47.

1284 Ibidem, p. 47.

O critério central a ser empregado para dirimir casos nebulosos é o da preponderância da atividade.[1285]

Havendo entrega, ao adquirente, de produto confeccionado a seu pedido, restará configurada a competência:

a) federal, se a atividade preponderante for a industrialização, legitimando a incidência do IPI;

b) estadual, se a atividade preponderante for a comercialização, dando espaço à incidência do ICMS;

c) municipal, se a atividade preponderante for a prestação de serviços, a ensejar a incidência do ISS.

Para exemplificar, é válido trazer à baila um caso em que o STJ empregou expressamente o critério da preponderância, atinente à *confecção personalizada de sacos de papel* para embalagem de mercadorias, reputando ser preponderante a atividade industrial.[1286] Nessa linha, o STF afastou a incidência do ISS sobre a *produção de embalagem sob encomenda*, no contexto de processo de industrialização ou de circulação de mercadorias.[1287]

Ademais, deve ser levada em consideração a especificidade, ou não, do objeto.

Por exemplo, a produção de *softwares* sob encomenda, entregues em CDs, DVDs, Blu-Rays ou até mesmo Pen-Drives, caracteriza prestação de serviço, sujeita ao ISS; e a comercialização de *softwares* produzidos em série caracteriza efetiva circulação de mercadorias, sujeita ao ICMS.[1288]

- **Súmulas**

Súmula 156 do STJ: "A prestação de serviço de composição gráfica, personalizada e sob encomenda, ainda que envolva fornecimento de mercadorias, está sujeita, apenas, ao ISS"

1) Os seus fundamentos foram expressos com clareza neste julgado: CONSTITUCIONAL. TRIBUTÁRIO. DELIMITAÇÃO DA COMPETÊNCIA TRIBUTÁRIA ENTRE ESTADOS E MUNICÍPIOS. ICMS E ISSQN. CRITÉRIOS. SERVIÇOS DE COMPOSIÇÃO GRÁFICA. SÚMULA 156 DO STJ. 1. Segundo decorre do sistema normativo específico (art. 155, II, § 2º, IX, b e 156, III da CF, art. 2º, IV, da LC 87/96 e art. 1º, § 2º, da LC 116/03), a delimitação dos campos de competência tributária entre Estados e Municípios, relativamente à incidência de ICMS e de ISSQN, está submetida aos seguintes critérios: (a) sobre operações de circulação de mercadoria e sobre serviços de transporte interestadual e internacional e de comunicações incide ICMS; (b) sobre operações de prestação de serviços compreendidos na lista de que trata a LC 116/03 (que sucedeu ao DL 406/68), incide ISSQN; e (c) sobre operações mistas, assim entendidas as que agregam mercadorias e serviços, incide o ISSQN sempre que o serviço agregado estiver compreendido na lista de que trata a LC 116/03 e incide ICMS sempre que o serviço agregado não estiver previsto na referida lista. 2. As operações de composição gráfica, como no caso de impressos personalizados e sob encomenda, são de natureza mista, sendo que os serviços a elas agregados estão incluídos na Lista Anexa ao Decreto-Lei 406/68 (item 77) e à LC 116/03 (item 13.05). Consequentemente, tais operações estão sujeitas à incidência de ISSQN (e não de ICMS), Confirma-se o entendimento da Súmula 156/STJ: "A prestação de serviço de composição gráfica, personalizada e sob encomenda, ainda que envolva fornecimento de mercadorias, está sujeita, apenas, ao ISS." Precedentes de ambas as Turmas da 1ª Seção. 3. Recurso especial provido. Recurso sujeito ao regime do art. 543-C do CPC e da Resolução STJ 08/08 (STJ, 1ª Seção, **REsp 1.092.206**, rel. Min. Teori Albino Zavascki, 3.2009, representativo de controvérsia)

[1285] O STJ já consolidou a sua jurisprudência nesse sentido, editando mais de uma súmula com base no critério da preponderância: "A prestação de serviço de composição gráfica, personalizada e sob encomenda, ainda que envolva fornecimento de mercadorias, está sujeita, apenas, ao ISS" (Súmula 156 do STJ); "O fornecimento de concreto, por empreitada, para construção civil, preparado no trajeto até a obra em betoneiras acopladas a caminhões, é prestação de serviço, sujeitando-se à incidência do ISS" (Súmula 167 do STJ). A respeito dos fundamentos dessas súmulas, cfr. STJ, 1ª Seção, *REsp 1.092.206*, rel. Min. Teori Albino Zavascki, 3.2009, cuja ementa é transcrita em nota à Súmula 156 do STJ. Vale consignar que Hugo de Brito Machado propõe critério significativamente distinto, consistente na destinação comercial, ou não, do produto ("Restauração, Conserto e Beneficiamento de Produtos: Impossibilidade de Incidência do IPI e do ISS sobre o mesmo Fato", p. 36).

[1286] STJ, 1ª Turma, *REsp 725.246*, rel. Min. Teori Zavascki, 10.2005, cuja ementa é transcrita em nota à Súmula 156 do STJ.

[1287] STF, Pleno, *ADI 4.389 MC*, rel. Min. Joaquim Barbosa, 4.2011.

[1288] Sobre o tema, vide os comentários ao art. 155, II. Essas são as premissas que subjazem à Súmula 662 do STF: "É legítima a incidência do ICMS na comercialização de exemplares de obras cinematográficas, gravados em fitas de videocassete".

2) A aplicação da súmula é restrita às hipóteses em que o serviço tenha caráter preponderante. Caso contrário, será inviável a incidência do ISS: TRIBUTÁRIO. ISS. CONFECÇÃO DE SACOS DE PAPEL COM IMPRESSÃO GRÁFICA PERSONALIZADA. ATIVIDADE PREPONDERANTEMENTE INDUSTRIAL. SÚMULA 156 DO STJ. NÃO INCIDÊNCIA. 1. A atividade de confecção de sacos para embalagens de mercadorias, prestada por empresa industrial, deve ser considerada, para efeitos fiscais, atividade de industrialização. A inserção, no produto assim confeccionado, de impressões gráficas, contendo a identificação da mercadoria a ser embalada e o nome do seu fornecedor, é um elemento eventual, cuja importância pode ser mais ou menos significativa, mas é invariavelmente secundária no conjunto da operação. 2. A súmula 156 do STJ, segundo a qual "a prestação de serviço de composição gráfica, personalizada e sob encomenda, ainda que envolva fornecimento de mercadorias, esta sujeita, apenas, ao ISS", tem por pressuposto, conforme evidenciam os precedentes que a sustentam, que os serviços de impressão gráfica sejam preponderantes na operação considerada. Pode-se afirmar, portanto, sem contradizer à súmula, que a fabricação de produtos, ainda que envolva secundariamente serviços de impressão gráfica, não está sujeita ao ISS. 3. Recurso especial a que se dá provimento. (STJ, 1ª Turma, **REsp 725.246**, rel. Min. Teori Zavascki, 10.2005)

Nesta linha é a jurisprudência do STF, refletida pela decisão proferida na ADI 4.389 MC, cuja ementa é transcrita abaixo.

Súmula 167 do STJ: "O fornecimento de concreto, por empreitada, para construção civil, preparado no trajeto até a obra em betoneiras acopladas a caminhões, é prestação de serviço, sujeitando-se à incidência do ISS".

• Precedente citado

Produção de embalagens sob encomenda para fins de industrialização/comercialização. Caráter acessório da prestação de serviços gráficos. Ilegitimidade da incidência do ISS: CONSTITUCIONAL. TRIBUTÁRIO. CONFLITO ENTRE IMPOSTO SOBRE SERVIÇOS DE QUALQUER NATUREZA E IMPOSTO SOBRE OPERAÇÃO DE CIRCULAÇÃO DE MERCADORIAS E DE SERVIÇOS DE COMUNICAÇÃO E DE TRANSPORTE INTERMUNICIPAL E INTERESTADUAL. PRODUÇÃO DE EMBALAGENS SOB ENCOMENDA PARA POSTERIOR INDUSTRIALIZAÇÃO (SERVIÇOS GRÁFICOS). [...] Até o julgamento final e com eficácia apenas para o futuro (*ex nunc*), concede-se medida cautelar para interpretar o art. 1°, *caput* e § 2°, da Lei Complementar 116/2003 e o subitem 13.05 da lista de serviços anexa, para reconhecer que o ISS não incide sobre operações de industrialização por encomenda de embalagens, destinadas à integração ou utilização direta em processo subseqüente de industrialização ou de circulação de mercadoria. Presentes os requisitos constitucionais e legais, incidirá o ICMS. (STF, Pleno, **ADI 4.389 MC**, rel. Min. Joaquim Barbosa, 4.2011).

1) As embalagens produzidas foram qualificadas como insumos, consoante se lê no voto do relator: "Para o aparente conflito entre o ISS e o ICMS nos serviços gráficos, nenhuma qualidade intrínseca da produção de embalagens resolverá o impasse. A solução está no papel que essa atividade tem no ciclo produtivo. Conforme se depreende dos autos, as embalagens têm função técnica na industrialização, ao permitirem a conservação das propriedades físicoquímicas dos produtos, bem como o transporte, o manuseio e o armazenamento dos produtos. Por força da legislação, tais embalagens podem ainda exibir informações relevantes aos consumidores e a quaisquer pessoas que com ela terão contato. Trata-se de típico insumo". Entendeu-se caracterizada circulação de mercadorias, ensejando a incidência do ICMS: "Neste momento de juízo inicial, tenho como densamente plausível a caracterização desse tipo de atividade como circulação de mercadorias ('venda'), ainda que fabricadas as embalagens de acordo com especificações do cliente, e não como a contratação de serviço".

2) No voto da Ministra Ellen Gracie, afirmou-se corretamente não se tratar sequer de operação mista, pois a atividade de impressão era secundária: "A atividade de impressão de marca e informações na embalagem não constitui senão uma das etapas do processo produtivo e sequer pode ser considerada como das mais importantes. [...] Conclui-se, pois, que a compra de embalagens, ainda que mediante encomenda, não constitui sequer operação mista, não se sujeitando à incidência do ISS".

3) Os contribuintes almejavam pagar o ICMS, cuja alíquota é superior à do ISS, pois assim poderia haver o creditamento do imposto pago, como bem exposto no voto do relator: "Por fim, há detalhe final que merece ser exposto. A alíquota média do ICMS é de 18%, muito superior à alíquota máxima do ISS, de 5%. A pretensão dos contribuintes tem amparo econômico e se alinha com a harmonia entre carga e benefício econômico que deve orientar a tributação. Se o ICMS incidir, o valor cobrado poderá ser usado para calibrar o tributo devido na operação subseqüente, nos termos da regra constitucional da não-cumulatividade. Em sentido contrário, ainda que nominalmente inferior, a incidência do ISS agrega-se ao custo da produção e da venda subseqüentes, onerando-as sem a possibilidade de compensação. Não se trata de simplesmente de pagar menos, mas de recolher o que efetivamente devido e a quem é o sujeito ativo previsto constitucionalmente".

4) Vide a Súmula 156 do STJ e os comentários correlatos.

4.1.5. Prestação de serviços e atividades paralelas

É inviável haver a cobrança do ICMS e do ISS sobre os mesmos serviços, porquanto as competências tributárias dos Estados e dos Municípios não se superpõem.

Todavia, mesmo que a empresa preste, como atividade central, serviços sujeitos à competência tributária dos Estados (serviços de comunicação ou de transporte interestadual e intermunicipal), *não há óbice à incidência do ISS em relação* a outros serviços, prestados na qualidade de *atividades paralelas*.[1289]

E a recíproca é verdadeira: a empresa cuja atividade central seja a prestação de serviços sujeitos aos ISS poderá ser obrigada a pagar o ICMS, sempre que tenha como atividades paralelas a prestação de serviços reservados à competência estadual ou, até mesmo, a atividade mercantil.

• **Precedente citado**

Incidência do ISS sobre serviços paralelos a atividades tributadas por outro ente. Legitimidade frente à CF/69: ISS – SERVIÇOS DE COMUNICAÇÕES – INCISO VII DO ARTIGO 21 DA CARTA DE 1969. A competência prevista em tal preceito, relativamente à instituição de imposto pela União, consideradas as comunicações, não obstaculizava a cobrança de ISS relativamente a atividades paralelas como as de locação de aparelhos, mesas, terminais, colocação e retirada de troncos. (STF, 2ª Turma, **RE 163.725**, rel. Min. Marco Aurélio, 6.1999)

4.2. Base de cálculo

Por se tratar de "imposto sobre serviços de qualquer natureza", a sua base de cálculo deve ser uma dimensão economicamente apreciável da prestação do serviço ou, em outros termos, o *preço do serviço*.

Não pode ser eleita base de cálculo alheia a tal dimensão econômica, sob pena de desfigurar-se o próprio tributo, incorrendo, com grande probabilidade, em vício de inconstitucionalidade.

Acerca da base de cálculo possível do ISS, Aires Barreto preleciona:

> A base de cálculo do ISS é o preço do serviço, nele (preço) incluído tudo o que for pago pelo tomador (utente, usuário) ao prestador, desde que provenha da prestação de serviços [...] Vista de ângulo negativo, tem-se que a base de cálculo do ISS não inclui – não pode incluir – valores que decorram de negócios outros inconfundíveis com a prestação de serviços. É ilegal (*rectius,* inconstitucional) assim, a inclusão de valores correspondentes a negócios paralelos, distintos da prestação de serviços, na base de cálculo do ISS.[1290]

Por exemplo, o ISS não pode incidir "sobre os depósitos, as comissões e taxas de desconto, cobrados pelos estabelecimentos bancários" (Súmula 588 do STF), tendo em vista que tais materialidades são alheias à prestação de serviços.

Nessa linha, entende-se que, na *intermediação de mão de obra* por empresas de trabalho temporário, o imposto somente pode onerar a taxa de agenciamento, e não valores recebidos pela empresa para pagar os empregados e quitar obrigações devidas na condição de responsável tributário (Súmula 524 do STJ).[1291]

Tampouco é viável que o ISS incida sobre valores destinados a terceiros,[1292] sobretudo quando se trata de valores já sujeitos à incidência do imposto, sob pena de configurar-se *indevida superposição de incidências.*[1293]

Destarte, *a legislação deve estabelecer certas deduções da base de cálculo*, notadamente quando o preço cobrado também engloba serviços previamente tributados, como

---

[1289] Foi o que decidiu o STF, ao julgar caso regido pelo sistema tributário da Constituição decaída: STF, 2ª Turma, *RE 163.725*, rel. Min. Marco Aurélio, 6.1999.

[1290] BARRETO. *ISS na Constituição e na lei.* p. 298.

[1291] Eis a sua redação: "No tocante à base de cálculo, o ISSQN incide apenas sobre a taxa de agenciamento quando o serviço prestado por sociedade empresária de trabalho temporário for de intermediação, devendo, entretanto, englobar também os valores dos salários e encargos sociais dos trabalhadores por ela contratados nas hipóteses de fornecimento de mão de obra" (Súmula 524 do STJ). Vide os precedentes da súmula.

[1292] STJ, 2ª Turma, *REsp 621.067*, rel. Min. João Otávio de Noronha, 4.2007.

[1293] STJ, 2ª Turma, *REsp 1.137.234,* rel. Min. Mauro Campbell Marques, 6.2011.

ocorre nas subempreitadas.[1294] Quanto ao valor dos materiais utilizados, reputa-se ser legítima,[1295] mas não impositiva a dedução.

• Súmulas

Súmula 588 do STF: "O Imposto sobre Serviços não incide sobre os depósitos, as comissões e taxas de desconto, cobrados pelos estabelecimentos bancários"

Colhe-se, de um precedente que antecedeu a Súmula 588, elucidativa passagem, na qual é indicada, ainda, a verificação de bitributação, que decorreria da incidência sobre materialidade sujeita ao IOF: "feriria a Constituição impôsto de serviços tendo como fato gerador a existência de depósitos bancários com base de cálculo sobre o total destes, que são débitos do Banco e não 'serviços' por êle prestados. Os empréstimos, descontos e outros negócios de Bancos constituem fato gerador do impôsto de operações de crédito do art. 22, VI, da Constituição de 1967. Seria bitributação e, portanto, inconstitucionalidade tributá-las o Município, a título de impôsto de serviços" (STF, 1ª Turma, **AG 47.731**, rel. Min. Aliomar Baleeiro, 11.1969).

Súmula 524 do STJ: "No tocante à base de cálculo, o ISSQN incide apenas sobre a taxa de agenciamento quando o serviço prestado por sociedade empresária de trabalho temporário for de intermediação, devendo, entretanto, englobar também os valores dos salários e encargos sociais dos trabalhadores por ela contratados nas hipóteses de fornecimento de mão de obra".

Este precedente elucida os fundamentos da súmula: "[...] 1. A base de cálculo do ISS é o preço do serviço, consoante disposto no artigo 9°, *caput*, do Decreto-Lei 406/68. 2. As empresas de mão-de-obra temporária podem encartar-se em duas situações, em razão da natureza dos serviços prestados: (i) como intermediária entre o contratante da mão-de-obra e o terceiro que é colocado no mercado de trabalho; (ii) como prestadora do próprio serviço, utilizando de empregados a ela vinculados mediante contrato de trabalho. 3. A intermediação implica o preço do serviço que é a comissão, base de cálculo do fato gerador consistente nessas 'intermediações'. 4. O ISS incide, nessa hipótese, apenas sobre a taxa de agenciamento, que é o preço do serviço pago ao agenciador, sua comissão e sua receita, excluídas as importâncias voltadas para o pagamento dos salários e encargos sociais dos trabalhadores. Distinção de valores pertencentes a terceiros (os empregados) e despesas com a prestação. Distinção necessária entre receita e entrada para fins financeiro-tributários. [...] (STJ, 1ª Seção, REsp 1.138.205, rel. Min. Luiz Fux, 12.2009, *representativo de controvérsia*)

Ainda nessa linha: "1. Há de se compreender, por ser a realidade fática pausada nos autos, que a empresa agenciadora de mão-de-obra temporária atua como intermediária entre a parte contratante da mão-de-obra e terceiro que irá prestar os serviços. 2. Atuando nessa função de intermediação, é remunerada pela comissão acordada, rendimento específico desse tipo de negócio jurídico. 3. O ISS, no caso, deve incidir, apenas, sobre a comissão recebida pela empresa, por ser esse o preço do serviço prestado. 4. Não há de se considerar, por ausência de previsão legal, para fixação da base de cálculo do ISS, outras parcelas, além da taxa de agenciamento, que a empresa recebe como responsável tributário e para o pagamento dos salários dos trabalhadores. Aplicação do princípio da legalidade tributária. 5. Impossível, em nosso regime tributário, subordinado ao princípio da legalidade, um dos sustentáculos da democracia, ampliar a base de cálculo de qualquer tributo por interpretação jurisprudencial. 6. Embargos conhecidos e providos para fazer prevalecer pelo paradigma, com o conseqüente provimento do Recurso Especial, para que o ISS incida, apenas, sobre o valor fixado para a taxa de agenciamento, excluídas as demais parcelas. [...]" (STJ, 1ª Seção, **EREsp 613.709**, rel. Min. José Delgado, 11.2007)

• Precedentes citados

Supremo Tribunal Federal:

ISS. Autorização de dedução do valor das subempreitadas. Recepção pela CF/88: TRIBUTÁRIO. IMPOSTO SOBRE SERVIÇOS – ISS. EMPRESAS DE CONSTRUÇÃO CIVIL. DEDUÇÃO DO VALOR DE SUBEMPREITADAS TRIBUTADAS. ART. 9º, § 2º, ALÍNEA *B*, DO DECRETO-LEI N. 406/68. 1. O Decreto-Lei n. 406/68 foi recepcionado como lei complementar pela Constituição da República. Precedentes: Recursos Extraordinários ns. 236.604 e 220.323. 2. O disposto no art. 9º, § 2º, alínea *b*, do Decreto-Lei n. 406/68 não contraria a Constituição da República. 3. Recurso extraordinário não conhecido. (STF, 1ª Turma, **RE 262.598**, rel. p/ ac. Min. Cármen Lúcia, 8.2007)

Superior Tribunal de Justiça:

Valores repassados a terceiros mediante posterior reembolso. Impossibilidade de inclusão na base de cálculo do ISS: TRIBUTÁRIO. ISS. SERVIÇOS NÃO PRESTADOS PELA DEVEDORA TRIBUTÁRIA. REEMBOLSOS DE IMPORTÂNCIAS QUE NÃO SE ENQUADRAM COMO SERVIÇOS PRESTADOS. NÃO INCIDÊNCIA. 1. "A base de cálculo do ISS é o preço do serviço, não sendo possível incluir nesse valor impor-

---

[1294] Cfr. STF, 1ª Turma, *RE 262.598*, rel. p/ ac. Min. Cármen Lúcia, 8.2007, concernente à recepção, pela Constituição de 1988, do art. 9º, § 2º, *b*, do Decreto-Lei 406/1968.

[1295] STF, RE 603.497, 8.2010, julgado monocraticamente pela Ministra Ellen Gracie, na forma do art. 557, § 1º-A, do CPC, após o reconhecimento da repercussão geral da questão. O precedente dizia respeito à recepção, pela Constituição de 1988, do art. 9º, § 2º, *a*, do Decreto-Lei 406/1968, que determina o abatimento do valor correspondente aos materiais fornecidos pelo prestador de serviços de construção civil. Atualmente a questão é regulada pelo art. 7º, § 2º, I, da LC 116/03.

tâncias que não serão revertidas para o prestador, mas simplesmente repassadas a terceiros, mediante posterior reembolso. Precedentes: ...). 2. Recurso especial improvido. (STJ, 2ª Turma, **REsp 621.067**, rel. Min. João Otávio de Noronha, 4.2007)

Valores repassados a terceiros. Remuneração de profissionais credenciados. Impossibilidade de inclusão na base de cálculo do ISS incidente sobre os planos de saúde: RECURSO ESPECIAL. TRIBUTÁRIO. ISS. EMPRESA GESTORA DE PLANO DE SAÚDE. BASE DE CÁLCULO DO TRIBUTO. MENSALIDADE PAGA PELOS ASSOCIADOS EXCLUÍDAS AS QUANTIAS REPASSADAS AOS TERCEIROS CREDENCIADOS, PRESTADORES DO ATENDIMENTO MÉDICO. 1. A jurisprudência desta Corte Superior é no sentido de que, nos serviços de plano de saúde, a base de cálculo do ISS é o valor líquido recebido, ou seja, o valor bruto pago pelo associado deduzidos os pagamentos efetuados aos profissionais credenciados, pois, em relação aos serviços prestados por esses profissionais, há a incidência do tributo, de modo que a nova incidência sobre o valor destinado a remunerar tais serviços caracteriza-se como dupla incidência do ISS sobre o preço pago por um mesmo serviço. Assim, o valor repassado aos profissionais credenciados deve ser excluído da base de cálculo do tributo devido pela empresa gestora. Precedentes: [...] 2. Recurso especial não provido. (STJ, 2ª Turma, **REsp 1.137.234**, rel. Min. Mauro Campbell Marques, 6.2011)

4.3. Alíquotas

Ao fixar as alíquotas, *os Municípios devem obedecer os limites mínimo e máximo estabelecidos por lei complementar*, consoante previsto no art. 156, § 3º, I, da CF.

Porém, não é necessária a utilização de alíquotas *ad valorem* (incidentes sobre uma base de cálculo propriamente dita). *Permite-se a tributação fixa*, mediante o emprego de alíquotas específicas, como as estabelecidas para as sociedades prestadoras de serviços profissionais.[1296]

• Súmulas

Súmula 663 do STF: "Os §§ 1º e 3º do art. 9º do Decreto-lei 406/1968 foram recebidos pela Constituição".

O § 1º autoriza a adoção de alíquota fixas ou variáveis quando se tratar de "prestação de serviços sob a forma de trabalho pessoal do próprio contribuinte", ao passo que o § 3º estabelece a incidência fixa do ISS quanto a sociedades prestadoras de serviços profissionais, como os prestados por médicos, psicólogos, contabilistas, engenheiros, arquitetos, dentistas, economistas e advogados. Eis a redação desses preceitos:

Art 9º A base de cálculo do impôsto é o preço do serviço.

§ 1º Quando se tratar de prestação de serviços sob a forma de trabalho pessoal do próprio contribuinte, o impôsto será calculado, por meio de alíquotas fixas ou variáveis, em função da natureza do serviço ou de outros fatores pertinentes, nestes não compreendida a importância paga a título de remuneração do próprio trabalho.

[...]

§ 3º Quando os serviços a que se referem os itens 1, 4, 8, 25, 52, 88, 89, 90, 91 e 92 da lista anexa forem prestados por sociedades, estas ficarão sujeitas ao imposto na forma do § 1º, calculado em relação a cada profissional habilitado, sócio, empregado ou não, que preste serviços em nome da sociedade, embora assumindo responsabilidade pessoal, nos termos da lei aplicável. (Redação dada pela Lei Complementar nº 56, de 1987)

Questionou-se a revogação desses preceitos pela CF/88, mas o STF rechaçou a alegação, como se vê nestes precedentes da Súmula 663:

CONSTITUCIONAL. TRIBUTÁRIO. ISS. SOCIEDADE PRESTADORA DE SERVIÇOS PROFISSIONAIS: BASE DE CÁLCULO. D.L. 406, de 1968, art. 9º, §§ 1º e 3º. C.F., art. 150, § 6º, redação da EC nº 3, de 1993. I. – As normas inscritas nos §§ 1º e 3º, do art. 9º, do DL 406, de 1968, não implicam redução da base de cálculo do ISS. Elas simplesmente disciplinam base de cálculo de serviços distintos, no rumo do estabelecido no *caput* do art. 9º. Inocorrência de revogação pelo art. 150, § 6º, da C.F., com a redação da EC nº 3, de 1993. II. – Recepção, pela CF/88, sem alteração pela EC nº 3, de 1993 (CF, art. 150, § 6º), do art. 9º, §§ 1º e 3º, do DL. 406/68. III. – R.E. não conhecido. (STF, Pleno, **RE 220.323**, rel. Min. Carlos Velloso, 5.1999)

CONSTITUCIONAL. TRIBUTÁRIO. ISS. SOCIEDADES PRESTADORAS DE SERVIÇOS PROFISSIONAIS. ADVOCACIA. D.L. 406/68, art. 9º, §§ 1º e 3º. C.F., art. 151, III, art. 150, II, art. 145, § 1º. I. – O art. 9º, §§ 1º e 3º, do DL. 406/68, que cuidam da base de cálculo do ISS, foram recebidos pela CF/88: CF/88, art. 146, III, a. Inocorrência de ofensa ao art. 151, III, art. 34, ADCT/88, art. 150, II e 145, § 1º, CF/88. II. – R.E. não conhecido. (STF, Pleno, **RE 236.604**, rel. Min. Carlos Velloso, 5.1999)

Os §§ 1º e 3º do art. 9º do Decreto-lei 406/1968 não foram revogados pela LC 116/03.

[1296] Por essa razão, entende-se terem sido recepcionados pela Constituição de 1988 os §§ 1º e 3º do art. 9º do DL 406/68 (Súmula 663 do STF). Conferir os comentários à súmula.

4.4. Momento da incidência

O objeto da tributação é a prestação do serviço, e não o recebimento do preço acordado entre as partes.

Logo, *é legítima a cobrança do tributo mesmo antes do pagamento do preço*, sem que nisso se vislumbre ofensa aos princípios da irretroatividade e da capacidade contributiva.[1297]

• Precedente citado

Exigência do ISS antes do recebimento do preço. Legitimidade: ISS: exigibilidade. A exigibilidade do ISS, uma vez ocorrido o fato gerador – que é a prestação do serviço –, não está condicionada ao adimplemento da obrigação de pagar-lhe o preço, assumida pelo tomador dele: a conformidade da legislação tributária com os princípios constitucionais da isonomia e da capacidade contributiva não pode depender do prazo de pagamento concedido pelo contribuinte a sua clientela. (STF, 1ª Turma, **AI 228.337 AgR**, rel. Min. Sepúlveda Pertence, 12.1999)

4.5. Titularidade da competência

O ISS *compete, em princípio, ao Município em cujo âmbito territorial se verificar a prestação do serviço.*[1298]

Se o serviço for prestado no âmbito do Distrito Federal, caber-lhe-á a competência impositiva, nos termos do art. 147 da CF.

À definição da titularidade da competência impositiva, *é irrelevante o fato de a empresa prestadora dos serviços possuir matriz em Município diverso* daquele em cujo território ocorreu o fato tributado: a este cabe a titularidade da competência.[1299]

Tampouco deveria influenciar a determinação da competência tributária o fato de a empresa prestadora não possuir filial ou escritório no Município em que prestou serviços. Por se tratar de matéria constitucional, a competência impositiva não poderia ser alterada pela legislação tributária. No entanto, *o art. 3º da LC 116/03* estabeleceu, como regra geral, a competência do Município em que situado o *estabelecimento prestador* dos serviços:

> Art. 3º O serviço considera-se prestado e o imposto devido no local do estabelecimento prestador ou, na falta do estabelecimento, no local do domicílio do prestador, exceto nas hipóteses previstas nos incisos I a XXII, quando o imposto será devido no local: [...][1300]

Alegada a inconstitucionalidade desse preceito, o STF absteve-se de conhecer da matéria, por entender que a Constituição Federal não define o Município titular da competência para exigir o ISS.[1301] O STJ, por outro lado, tem aplicado o art. 3º da LC 116/03,[1302] o que é compreensível, já que somente poderia afastar esse preceito mediante a declaração da sua inconstitucionalidade e, ao fazê-lo, iria de encontro à jurisprudência atual do STF.

1297 STF, 1ª Turma, *AI 228.337 AgR*, rel. Min. Sepúlveda Pertence, 12.1999.

1298 STJ, 1ª Seção, EREsp 130.792, rel. p/ ac. Min. Nancy Andrighi, 4.2000.

1299 STF, 1ª Turma, RE 115.359, rel. Min. Moreira Alves, 3.1988; RE 92.883, rel. Min. Rafael Mayer, 9.1980; 2ª Turma, *RE 99.397*, rel. Min. Djaci Falcão, 3.1983. Tanto no RE 115.359 quanto no RE 99.397, discutia-se a respeito da prevalência do Município da matriz da empresa relativamente àquele em que esta mantinha escritório e prestara os serviços, concluindo-se pela competência deste.

1300 A definição de estabelecimento prestador consta no art. 4º da LC 116/03: "Art. 4º Considera-se estabelecimento prestador o local onde o contribuinte desenvolva a atividade de prestar serviços, de modo permanente ou temporário, e que configure unidade econômica ou profissional, sendo irrelevantes para caracterizá-lo as denominações de sede, filial, agência, posto de atendimento, sucursal, escritório de representação ou contato ou quaisquer outras que venham a ser utilizadas".

1301 STF, Pleno, AI 790.283 RG, rel. Min. Gilmar Mendes, 8.2010. Na sua manifestação sobre a repercussão geral, o Ministro Gilmar Mendes expôs que: "a Carta Constitucional nada disciplina acerca de regras para definição do sujeito ativo competente para cobrança do ISS, prevendo apenas que conflitos dessa natureza serão dirimidos por lei complementar (art. 146, I da CF)".

1302 STJ, 2ª Turma, *REsp 1.160.253,* rel. Min. Castro Meira, 8.2010.

• Precedentes citados

Supremo Tribunal Federal:

Escritório no local da prestação dos serviços, mas em localidade distinta da sede da empresa. Competência do município da prestação do serviço: IMPOSTO SOBRE SERVIÇOS. Havendo escritório da recorrente no município onde prestou serviços de limpeza, ou ocorrendo o fato gerador do tributo, não se pode deslocar a competência tributária para outro município. Aferição de matéria de fato (súmula 279). Aplicação das Súumulas 282, 356 e 291. Recurso extraordinário não conhecido (STF, 2ª Turma, **RE 99.397**, rel. Min. Djaci Falcão, 3.1983)

Superior Tribunal de Justiça:

Competência do local do estabelecimento prestador. Aplicação da LC 116/03: TRIBUTÁRIO E PROCESSUAL CIVIL. ISSQN. LC 116/03. COMPETÊNCIA. LOCAL ESTABELECIMENTO PRESTADOR. SÚMULA 83/STJ. FUNDAMENTO NÃO ATACADO. SÚMULA 283/STF. 1. De acordo com os arts. 3º e 4º da LC 116/03, a municipalidade competente para realizar a cobrança do ISS é a do local do estabelecimento prestador dos serviços. Considera-se como tal a localidade em que há uma unidade econômica ou profissional, isto é, onde a atividade é desenvolvida, independentemente de ser formalmente considerada como sede ou filial da pessoa jurídica. Isso significa que nem sempre a tributação será devida no local em que o serviço é prestado. O âmbito de validade territorial da lei municipal compreenderá, portanto, a localidade em que estiver configurada uma organização (complexo de bens) necessária ao exercício da atividade empresarial ou profissional 2. Afastar a aplicação das regras contidas na LC 116/03 apenas seria possível com a declaração de sua inconstitucionalidade, o que demandaria a observância da cláusula de reserva de plenário. [...] (STJ, 2ª Turma, **REsp 1.160.253**, rel. Min. Castro Meira, 8.2010)

• Questões específicas

Construção civil. Competência do município em que situada a obra. Irrelevância de etapas realizadas em local diverso: TRIBUTÁRIO – ISS – PRESTAÇÃO DE SERVIÇO – CONSTRUÇÃO CIVIL – PROJETO, ASSESSORAMENTO NA LICITAÇÃO E GERENCIAMENTO DA OBRA CONTRATADA – COMPETÊNCIA DO MUNICÍPIO ONDE SE REALIZOU O SERVIÇO DE CONSTRUÇÃO – CONTRATO ÚNICO SEM DIVISÃO DOS SERVIÇOS PRESTADOS. 1. A competência para cobrança do ISS, sob a égide do DL 406/68 era o do local da prestação do serviço (art. 12), o que foi alterado pela LC 116/2003, quando passou a competência para o local da sede do prestador do serviço (art. 3º). 2. Em se tratando de construção civil, diferentemente, antes ou depois da lei complementar, o imposto é devido no local da construção (art.12, letra "b" do DL 406/68 e art.3º, da LC 116/2003). 3. Mesmo estabeleça o contrato diversas etapas da obra de construção, muitas das quais realizadas fora da obra e em município diverso, onde esteja a sede da prestadora, considera-se a obra como uma universalidade, sem divisão das etapas de execução para efeito de recolhimento do ISS. [...] (STJ, 1ª Seção, **REsp 1.117.121**, rel. Min. Eliana Calmon, 10.2009, *representativo de controvérsia*)

---

§ 1º Sem prejuízo da progressividade no tempo a que se refere o art. 182, § 4º, inciso II, o imposto previsto no inciso I poderá: (Redação dada pela Emenda Constitucional nº 29, de 13.09.2000)
I – ser progressivo em razão do valor do imóvel; (Inciso incluído pela Emenda Constitucional nº 29, de 13.09.2000)
II – ter alíquotas diferentes de acordo com a localização e o uso do imóvel. (Inciso incluído pela Emenda Constitucional nº 29, de 13.09.2000)
Redação original: § 1º – O imposto previsto no inciso I poderá ser progressivo, nos termos de lei municipal, de forma a assegurar o cumprimento da função social da propriedade.

Art. 156, § 1º: Regulação específica do IPTU

1. Inciso I: progressividade

Nos comentários ao art. 145, § 1º, já se expôs que, diante do caráter real do IPTU, não se admitia a sua progressividade, à exceção daquela destinada a penalizar o descumprimento da função social da propriedade (hipótese referida no art. 156, § 1º, em sua redação original, e no art. 182, § 4º, II).

Tal entendimento restou cristalizado com a edição da Súmula 668 do STF:

> É inconstitucional a lei municipal que tenha estabelecido, antes da emenda constitucional 29/2000, alíquotas progressivas para o IPTU, salvo se destinada a assegurar o cumprimento da função social da propriedade urbana.

Nessa súmula é feita expressa referência ao regime anterior à EC 29/00, uma vez que, por meio dessa emenda, foi derrubada a jurisprudência do STF: inseriu-se, no texto constitucional, autorização expressa para a progressividade do IPTU em função do valor venal do imóvel.

Trata-se de "superação legislativa da jurisprudência", procedimento inadequado que, infelizmente, tem sido empregado com demasiada frequência. A cada vitória relevante dos contribuintes, efetua-se uma reforma constitucional, destinada a modificar as premissas jurídico-constitucionais da decisão que os favoreceu e, assim, permitir a sua revisão futura.

Portanto, *atualmente são duas as espécies de progressividade do IPTU admitidas pela Constituição*:

a) *a tradicional progressividade extrafiscal*, ou seja, a progressividade *no tempo* voltada à promoção do cumprimento da função social da propriedade (art. 156, § 1º, *caput*, c/c o art. 182, § 4º), a qual apresenta certa conotação sancionatória; e

b) *a progressividade fiscal*, estabelecida em função da variação da base imponível (art. 156, § 1º, I), que considera o valor venal do imóvel (signo presuntivo de riqueza).

A progressividade no tempo é caracterizada pela adoção de alíquotas que crescem em função dos sucessivos períodos de descumprimento da função social (ex. alíquota de 1% no exercício *x*; de 2% no exercício *x*+1; de 3% no exercício *x*+2 etc.).

Para a sua implementação, é mister a observância das cautelas impostas pelo art. 182, § 4º, da CF, quais sejam:

a) existência de lei federal, de plano diretor e de lei municipal específica;

b) constatação do descumprimento da função social de imóvel urbano que esteja situado em área regulada pelo plano diretor, caracterizado pelo inadequado aproveitamento do imóvel à luz das exigências fundamentais de ordenação da cidade impostas por este;

c) prévia exigência de parcelamento ou edificação compulsórios; e

d) ineficácia desta exigência, caracterizada pelo transcurso *in albis* do prazo concedido ao proprietário para proceder ao parcelamento ou à edificação.[1303]

A Constituição não permite outras formas de progressividade do IPTU. Não se pode admitir, v.g., uma progressividade fundada "em considerações *subjetivas*, vinculadas à pessoa do contribuinte, em virtude de o IPTU ser um tributo real, de incidência sobre coisas".[1304]

[1303] Esta é a redação do art. 182, § 4º: "É facultado ao Poder Público municipal, mediante lei específica para área incluída no plano diretor, exigir, nos termos da lei federal, do proprietário do solo urbano não edificado, subutilizado ou não utilizado, que promova seu adequado aproveitamento, sob pena, sucessivamente, de: I – parcelamento ou edificação compulsórios; II – imposto sobre a propriedade predial e territorial urbana progressivo no tempo; [...]". A caracterização do descumprimento da função social é extraída da interpretação *a contrario sensu* do art. 182, § 2º, redigido nestes termos: "A propriedade urbana cumpre sua função social quando atende às exigências fundamentais de ordenação da cidade expressas no plano diretor". Sobre a questão, vide o excelente estudo de Aires Barreto "A reforma tributária e o IPTU", com destaque para a análise da impossibilidade de estabelecer-se a progressividade no tempo para os imóveis edificados, bem como da inconstitucionalidade do regime progressivo adotado pela Lei 10.257/01 ("Estatuto da Cidade"). José Eduardo Soares de Melo, por outro lado, afirma que a progressividade somente se justifica "no âmbito do desenvolvimento urbano, condicionando a prévia edição de lei específica para área incluída em Plano Diretor, no contexto da função social da propriedade. Injustificável a progressividade do IPTU como singelo procedimento fiscal, de cunho meramente arrecadatório, divorciado da política de desenvolvimento urbano" (PAULSEN; MELO. *Impostos: federais, estaduais e municipais*. p. 240).

[1304] TORRES. *Sistemas constitucionais tributários*. p. 248.

É ilegítima, pois, *a variação progressiva do IPTU em função do número de imóveis do contribuinte*, como já sumulado pelo STF.[1305]

- **Súmulas**

Súmula 539 do STF: "É constitucional a lei do município que reduz o imposto predial urbano sobre imóvel ocupado pela residência do proprietário, que não possua outro"

Súmula 589 do STF: "É inconstitucional a fixação de adicional progressivo do imposto predial e territorial urbano em função do número de imóveis do contribuinte"

Súmula 668 do STF: "É inconstitucional a lei municipal que tenha estabelecido, antes da emenda constitucional 29/2000, alíquotas progressivas para o IPTU, salvo se destinada a assegurar o cumprimento da função social da propriedade urbana"

No que diz com as leis e as alíquotas aplicáveis ao IPTU progressivo no regime anterior à EC 29/00, o STF decidiu que se aplica a alíquota mínima, considerada a destinação do imóvel (Pleno, RE 602.347, rel. Min. Edson Fachin, 11.2015 – Tema nº 226 da Repercussão Geral: "Cobrança do IPTU pela alíquota mínima nos casos de declaração da inconstitucionalidade da sua progressividade").

2. Inciso II: seletividade

A EC 29/00 autorizou expressamente a progressividade fiscal do IPTU e também a sua seletividade, consistente na *adoção de alíquotas diferenciadas de acordo com a localização e o uso do imóvel.*

Neste aspecto, a emenda veio a positivar a jurisprudência que o STF já havia firmado no sentido da legitimidade de tal prática.[1306]

Impende estremar a seletividade do IPTU da sua progressividade.

A progressividade é caracterizada pela previsão de alíquotas diferenciadas, variáveis em função de um determinado elemento, usualmente a expressão econômica da base de cálculo. De regra, conjuga-se com a capacidade contributiva, para embasar uma tributação proporcionalmente mais gravosa.

A *seletividade* também está, via de regra, ligada à capacidade contributiva, mas *impõe uma tributação variável em função da espécie e das peculiaridades dos bens, e não do seu valor econômico.*[1307] É o que se verifica com o IPI e o ICMS, cuja seletividade tem de observar a essencialidade dos produtos, das mercadorias ou dos serviços, e não a sua expressão econômica.

De modo análogo ao que ocorre no IPI e no ICMS, a seletividade do IPTU deve ser estabelecida em função do bem sujeito à tributação, mais especificamente da sua localização e do seu uso.

Destarte, *pode ser utilizada para imprimir uma acentuada feição extrafiscal ao IPTU*, com a utilização de alíquotas reduzidas para, v.g., promover a urbanização de uma dada região do Município ou o desenvolvimento de determinada atividade no imóvel, desde que haja compatibilidade com a política de desenvolvimento urbano de que trata o art. 182 da CF.

[1305] Súmula 589 do STF: "É inconstitucional a fixação de adicional progressivo do imposto predial e territorial urbano em função do número de imóveis do contribuinte". Curiosamente, o STF havia reconhecido a legitimidade dessa mesma progressividade instituída de forma transversa, com a redução da alíquota do imposto para os contribuintes que possuam um único imóvel: "É constitucional a lei do município que reduz o imposto predial urbano sobre imóvel ocupado pela residência do proprietário, que não possua outro" (Súmula 539).

[1306] STF, 1ª Turma, *RE 229.233*, rel. Min. Ilmar Galvão, 3.1999.

[1307] Cfr. ROSA JÚNIOR. *Manual de direito financeiro e de direito tributário*. p. 1.099; MACHADO. *Curso de direito tributário*. p. 341-342.

Também se admite a adoção de alíquotas diferenciadas para imóveis residenciais e não residenciais.[1308]

- **Precedentes citados**

Alíquotas diferenciadas em função da existência de edificação no imóvel. Legitimidade mesmo antes da EC 29/00: TRIBUTÁRIO. IPTU. [...] ALEGADA OFENSA AO ART. 156 DA CONSTITUIÇÃO. Simples duplicidade de alíquotas, em razão de encontrar-se, ou não, edificado o imóvel urbano, que não se confunde com a progressividade do tributo, que o STF tem por inconstitucional quando não atendido o disposto no art. 156, § 1º, aplicado com as limitações expressamente constantes dos §§ 2º e 4º do art. 182 da Carta de 1988. Recurso não conhecido. (STF, 1ª Turma, **RE 229.233**, rel. Min. Ilmar Galvão, 3.1999)

Alíquotas diferenciadas entre imóveis residenciais e não residenciais. Legitimidade: Agravo regimental no recurso extraordinário. Imposto predial e territorial urbano. Alíquotas diferenciadas: imóveis residenciais e não residenciais. Precedentes. Agravo regimental ao qual se nega provimento. (STF, 1ª Turma, **RE 457.482 AgR**, rel. Min. Cármen Lúcia, 11.2007)

---

§ 2º O imposto previsto no inciso II:
I – não incide sobre a transmissão de bens ou direitos incorporados ao patrimônio de pessoa jurídica em realização de capital, nem sobre a transmissão de bens ou direitos decorrente de fusão, incorporação, cisão ou extinção de pessoa jurídica, salvo se, nesses casos, a atividade preponderante do adquirente for a compra e venda desses bens ou direitos, locação de bens imóveis ou arrendamento mercantil;
II – compete ao Município da situação do bem.

Art. 156, § 2º: Regulação específica do ITBI

1. Inciso I: imunidade

Discute-se há longa data se o imposto sobre transmissões *inter vivos* de bens imóveis pode incidir nas operações de incorporação ao capital social.

Após vacilos jurisprudenciais do STF, a Constituição de 1946 estabeleceu expressamente que a competência para a cobrança do imposto abrange a "transmissão de propriedade imobiliária *inter vivos* e sua incorporação ao capital de sociedades" (art. 19, III).

Essa competência foi limitada pelas Constituições de 1967 (art. 24, § 3º) e 1969 (art. 23, § 3º), ao consagrarem a imunidade que atualmente consta no art. 156, § 2º, I, da CF/88.

Aludimos à imunidade estabelecida por esse preceito porque, caso o texto constitucional fosse silente a respeito, ditas transmissões estariam abrangidas pela competência outorgada pelo art. 156, II, da CF.[1309]

[1308] STF, 1ª Turma, *RE 457.482 AgR*, rel. Min. Cármen Lúcia, 11.2007.

[1309] Pontes de Miranda criticava não só a imunidade, mas também a corrente interpretativa que, ainda antes de sua previsão pela Constituição de 1967, pretendia negar que tais transferências constituíam transmissões de propriedade sujeitas à tributação: "Na vigência da Constituição de 1891, Rui Barbosa, Duarte de Azevedo e J. X. Carvalho de Mendonça, entre outros, afirmaram que não constituía transferência da propriedade imobiliária *inter vivos* a incorporação ao capital da sociedade. Tão absurda conspurcação dos conceitos jurídicos, que equivalia a dizer-se que a substituição de um sujeito do direito de propriedade por outro sujeito não compunha a figura da transmissão da propriedade, tinha o fito, capitalístico [e o capitalismo nenhuma condescendência tem, quando prejudicial ao seu interêsse, com os princípios jurídicos, muito embora esteja sempre pronto a defendê-los com a maior energia, quando coincidam com os seus interêsses], de imunizar ao impôsto de transmissão da propriedade imobiliária entre vivos as passagens dos bens imóveis ao capital das sociedades. Com isso, grandes fortunas brasileiras conseguiam vender bens sem pagar impôsto: incorporavam os bens a sociedades mais ou menos suas, e vendiam as ações [...]; próximos à morte, os proprietários incorporavam os bens a sociedades de ações ao portador, e, em vida, no recanto de um escritório, ou na sala de jantar, procediam à partilha da fortuna. O que é admirável é que a jurisprudência tivesse dado acolhida a tão aberrantes interpretações, como aconteceu com o Supremo Tribunal Federal, a 13 de julho de 1933, recorrendo-se, então, a conceito extremamente revelador, o de 'transferência excepcional entre os sócios', acrescentando-se que (nôvo absurdo), sendo foreiros os bens, tal transferência *excepcional* não paga laudêmio" (*Comen-*

Pois bem, essa imunidade *proíbe a incidência do ITBI sobre transmissões de imóveis ou dos respectivos direitos*:

a) incorporados ao patrimônio da pessoa jurídica em *realização de capital*; ou

b) verificadas por conta de *transformações societárias* (fusão, incorporação, cisão ou extinção).

A imunidade outorgada às transmissões destinadas à *realização de capital tem por escopo promover a capitalização e o crescimento das empresas*, através da desoneração dessas operações jurídicas.[1310]

Note-se que a imunidade é relativa à transmissão de bens ou direitos incorporados ao patrimônio de pessoa jurídica "em realização de capital", *abrangendo*, pois, *as transferências de imóveis dos sócios para a sociedade*, e não futuras alienações dos imóveis já incorporados ao patrimônio da sociedade.

Roque Carrazza e Rosa Júnior defendem que a imunidade também se estende à transmissão aos sócios decorrente de redução do capital social da empresa, por se tratar de hipótese de extinção parcial da sociedade,[1311] entendimento que esposamos com a ressalva posta no CTN, de que a desincorporação, para ser imune, há de levar ao retorno dos bens ou direitos ao patrimônio daqueles que procederam à incorporação (art. 36, parágrafo único).[1312]

Por outro lado, *a fusão, a incorporação e a cisão* são transformações societárias que implicam a extinção e/ou o nascimento de sociedades.[1313]

A imunidade que lhes foi conferida *visa a que tais alterações*, frequentemente necessárias para um melhor desempenho empresarial, *não sejam obstaculizadas pelo ônus que decorreria da incidência do ITBI*: a incidência do imposto sobre tais operações poderia, em muitos casos, torná-las economicamente inviáveis.

A exemplo do que se verifica com a fusão, a incorporação e a cisão, *a transferência de ações ou cotas* de sociedades possuidoras de imóveis não está sujeita ao ITBI.[1314]

A *extinção* propriamente dita da sociedade também é abrangida pela imunidade, razão pela qual é interditada a incidência do ITBI sobre as correlatas transferências, aos sócios, de bens imóveis e dos respectivos direitos.

---

tários à Constituição de 1967; com a Emenda n. 1 de 1969. p. 510). Ao tecer essas críticas, o renomado jurista alagoano parece olvidar que ditas transferências não são realizadas apenas com vistas à evasão fiscal, mas frequentemente são necessárias à dinâmica corporativa, mormente num contexto como o atual, de globalização econômica, em que o capitalismo é o fundamento das economias em quase todo o mundo, e não uma corrente ideológica desumana. É imprescindível distinguir, pois, as práticas evasivas daquelas necessárias ao regular desenvolvimento da atividade empresarial. Para isso, é de suma importância a ressalva do art. 36, parágrafo único, do CTN.

1310 ROSA JÚNIOR. *Manual de direito financeiro e de direito tributário*. p. 1.115.

1311 CARRAZZA. *Curso de Direito Constitucional Tributário*. 18ª ed. p. 720-723; ROSA JÚNIOR. *Manual de direito financeiro e de direito tributário*. p. 1.116.

1312 Esta é a sua redação: "Parágrafo único. O imposto não incide sobre a transmissão aos mesmos alienantes, dos bens e direitos adquiridos na forma do inciso I deste artigo, em decorrência da sua desincorporação do patrimônio da pessoa jurídica a que foram conferidos".

1313 Na fusão, duas ou mais empresas unem-se para formar uma *nova* sociedade, diversamente do que ocorre na incorporação, em que não há o nascimento de uma nova sociedade, mas a mera absorção de uma ou mais empresas por empresa já existente. Na cisão total, opera-se o fenômeno inverso ao da fusão: uma empresa é dividida e extinta, dando origem a duas ou mais empresas. A transformação propriamente dita não é referida no dispositivo, pois, como assinala Rosa Júnior (*Manual de direito financeiro e de direito tributário*. p. 1.115), trata-se de mera mudança de tipo societário, na qual não se opera transmissão imobiliária.

1314 Súmula 329 do STF: "O imposto de transmissão 'inter vivos' não incide sobre a transferência de ações de sociedade imobiliária".

A parte final do dispositivo constitucional excepciona a imunidade na hipótese de a atividade preponderante da pessoa jurídica adquirente ser "a compra e venda desses bens ou direitos, locação de bens imóveis ou arrendamento mercantil".

A expressão "atividade preponderante" é significativamente vaga, sendo concretizada pelo artigo 37, § 1º, do CTN:

> § 1º Considera-se caracterizada a atividade preponderante referida neste artigo quando mais de 50% (cinqüenta por cento) da receita operacional da pessoa jurídica adquirente, nos 2 (dois) anos anteriores e nos 2 (dois) anos subseqüentes à aquisição, decorrer de transações mencionadas neste artigo.

Vale lembrar que o CTN foi editado sob a égide da EC 18/65, que já previa a imunidade (art. 9º, § 2º).

- **Súmulas**

Súmula 329 do STF: "O imposto de transmissão 'inter vivos' não incide sobre a transferência de ações de sociedade imobiliária"

2. Inciso II: titularidade da competência

A Constituição Federal adota o critério da situação do bem para definir o titular da competência relativa ao ITBI: o imposto *cabe ao Município onde se situa o imóvel.*

Portanto, são irrelevantes, para determinação da competência tributária, os locais da celebração do negócio jurídico, do domicílio dos contratantes, da mutação patrimonial etc.

Apesar de tal critério ser objetivo e de fácil aplicação, pode suscitar questionamentos, pois não é raro que o imóvel se situe em *regiões limítrofes*, dentro da área de dois ou mais Municípios. Nesses casos, afigura-se necessário repartir em abstrato o imóvel, para determinar o *quantum* a ser tributado por cada Município, proporcionalmente à área e às benfeitorias nele situadas.[1315]

---

§ 3º Em relação ao imposto previsto no inciso III do *caput* deste artigo, cabe à lei complementar: (Redação dada pela Emenda Constitucional nº 37, de 12.06.2002)

I - fixar as suas alíquotas máximas e mínimas; (Redação dada pela Emenda Constitucional nº 37, de 12.06.2002)

II - excluir da sua incidência exportações de serviços para o exterior. (Inciso incluído pela Emenda Constitucional nº 3, de 17.03.1993)

III - regular a forma e as condições como isenções, incentivos e benefícios fiscais serão concedidos e revogados. (Inciso incluído pela Emenda Constitucional nº 37, de 12.06.2002)

Redação original: § 3º O imposto previsto no inciso III, não exclui a incidência do imposto estadual previsto no art. 155, I, *b*, sobre a mesma operação.

Redação dada pela Emenda Constitucional nº 3, de 17.03.1993: § 3º Em relação ao imposto previsto no inciso III, cabe à lei complementar: I – fixar as suas alíquotas máximas; II – excluir da sua incidência exportações de serviços para o exterior.

§ 4º Cabe à lei complementar: I – fixar as alíquotas máximas dos impostos previstos nos incisos III e IV; II – excluir da incidência do imposto previsto no inciso IV exportações de serviços para o exterior. (Revogado pela Emenda Constitucional nº 3, de 17.03.1993)

Art. 156, § 3º: Reserva de lei complementar para o ISS

O art. 156, III, da Carta Constitucional reserva expressamente à lei complementar a definição dos serviços tributáveis pelo ISS, reforçando, nesse ponto, a reserva já existen-

[1315] BALEEIRO. *Direito tributário brasileiro*. p. 278; TORRES. *Sistemas constitucionais tributários*. p. 504-505. Na dicção de Rosa Júnior: "se 60% da área e benfeitorias do imóvel estão situadas no Município de Teresópolis e 40% no Município de Magé, no caso de transmissão de sua propriedade, o primeiro terá direito de exigir 60% do valor do imposto e o segundo só poderá cobrar 40% do seu valor" (*Manual de direito financeiro e de direito tributário*. p. 1107).

te no que concerne à regulação dos conflitos de competência em matéria tributária (art. 146, I) e à definição dos fatos geradores e bases de cálculo dos impostos discriminados na Constituição (art. 146, III, *a*).

Já o *art. 156, § 3º, da CF traz uma reserva específica de lei complementar* para a regulação do ISS, *estabelecendo caber a tal espécie normativa*:

a) fixar as suas alíquotas mínimas e máximas (inciso I);

b) excluir da sua incidência exportações de serviços para o exterior (inciso II); e

c) regular a concessão e a revogação de isenções, incentivos e benefícios fiscais (inciso III).

1. Inciso I: estabelecimento de alíquotas mínimas e máximas

Sendo o ISS um tributo municipal, é evidente que *a sua regulação por lei complementar nacional tem o escopo de atribuir-lhe relativa uniformidade* e, além disso, compatibilizá-lo com a carga tributária decorrente das demais exações impostas aos contribuintes.

Em sua redação original, a Constituição de 1988 reservou à lei complementar a tarefa de *fixar as alíquotas máximas do ISS, de modo a evitar excessos na tributação municipal*, harmonizando a competência tributária dos Municípios com os direitos e garantias dos contribuintes, notadamente com os princípios da capacidade contributiva e do não confisco.

No entanto, as alíquotas máximas não podem ser fixadas num patamar tão baixo que esvazie o conteúdo da competência tributária municipal, prejudicando a autonomia financeira do ente político. Nessa hipótese, haveria nítida inconstitucionalidade, por violação à autonomia municipal.[1316]

Sua fixação, de conseguinte, tem de levar em conta tanto os interesses e os direitos dos contribuintes quanto dos Municípios.

Atualmente, a alíquota máxima é de *5%*, nos termos do art. 8º, II, da LC 116/03:

> Art. 8º As alíquotas máximas do Imposto Sobre Serviços de Qualquer Natureza são as seguintes:
> I – (VETADO)[1317]
> II – demais serviços, 5% (cinco por cento).

Como dito, o texto original da Constituição de 1988 reservava à lei complementar a tarefa de estabelecer as alíquotas *máximas* do ISS. *A fixação das alíquotas mínimas por lei complementar nacional somente se tornou possível após o advento da EC 37/02*, que alterou a redação do art. 156, § 3º, I.

Essa emenda constitucional veiculou disposições transitórias atinentes à alíquota mínima do ISS, no bojo do art. 88 no ADCT. Fixou-a em *2%*, com a exclusão de certos

---

[1316] CARRAZZA. *Curso de Direito Constitucional Tributário*. 18ª ed. p. 846-847.

[1317] O inciso I do art. 8º fixava a alíquota máxima de 10% para os "jogos e diversões públicas, exceto cinema". Eis as razões do veto: "Esta medida visa preservar a viabilidade econômico-financeira dos empreendimentos turísticos que poderão ser afetados pela permissividade dada aos entes federados de disporem da alíquota máxima de até 10% sobre o segmento de diversões públicas nos quais se incluem Parques de Diversões, Centros de Lazer e congêneres, bem como Feiras, Exposições, Congressos e congêneres, elencados nos itens 12.05 e 12.08, respectivamente, da Lista de serviços anexa à lei proposta, uma vez que são estas atividades instrumentos vitais para a geração de emprego e renda como pólos de atração e de desenvolvimento do turismo de lazer e de negócios em suas regiões. Ademais, pela sua natureza, não têm capacidade econômica de absorver alíquota elevada, que pode chegar a 10%, sobre seu faturamento. Vale também ressaltar que investimentos intensivos em capital, estratégicos para o desenvolvimento regional através do turismo, têm um prazo de maturação longo e são extremamente sensíveis às oscilações tributárias. Impõe-se o veto, portanto, pela contrariedade ao interesse público.".

serviços, e vedou a concessão de isenções, incentivos e benefícios fiscais que resultem, direta ou indiretamente, na redução dessa alíquota mínima:

> Art. 88. Enquanto lei complementar não disciplinar o disposto nos incisos I e III do § 3º do art. 156 da Constituição Federal, o imposto a que se refere o inciso III do *caput* do mesmo artigo: (Incluído pela Emenda Constitucional nº 37, de 2002)
>
> I – terá alíquota mínima de dois por cento, exceto para os serviços a que se referem os itens 32, 33 e 34 da Lista de Serviços anexa ao Decreto-Lei nº 406, de 31 de dezembro de 1968; (Incluído pela Emenda Constitucional nº 37, de 2002)
>
> II – não será objeto de concessão de isenções, incentivos e benefícios fiscais, que resulte, direta ou indiretamente, na redução da alíquota mínima estabelecida no inciso I. (Incluído pela Emenda Constitucional nº 37, de 2002)

Com isso, a EC 37/02 *objetivou reduzir a guerra fiscal entre os Municípios*.

Descuidou, porém, de garantias básicas do contribuinte, tais como o princípio da anterioridade e o direito adquirido a eventuais isenções condicionadas, como bem lembrou Aires Barreto.[1318]

Aliás, Aires Barreto sustenta que a fixação de alíquotas mínimas é inconstitucional, por ferir a autonomia municipal.[1319] Esta última colocação, no entanto, não nos parece substanciosa, pois o estabelecimento de alíquotas mínimas é admitido pacificamente no que diz respeito ao ICMS, sem que se vislumbre nessa medida violação alguma à autonomia dos Estados e do Distrito Federal.

Por fim, impende repisar um aspecto: o legislador complementar deve atribuir relativa uniformidade ao ISS, prevendo alíquotas mínimas e máximas. *Não lhe compete uniformizar o regime jurídico do ISS, instituindo alíquotas determinadas*, sob pena de malferir o princípio da autonomia municipal. É aos Municípios que cabe estipular as alíquotas do ISS, dentro dos patamares estabelecidos em lei complementar.

2. Inciso II: desoneração da exportação de serviços

O inciso II do art. 156, § 3º, da CF reserva à lei complementar do ISS a tarefa de "excluir da sua incidência exportações de serviços para o exterior".

Tal dispositivo *não confere imunidade* às exportações de serviços para o exterior. Apenas *autoriza que a União*, através de lei complementar, *institua uma isenção heterônoma* frente ao ISS (tributo municipal), com vistas ao desenvolvimento do setor terciário da economia nacional.

É esse relevante fim extrafiscal que legitima a interferência do Congresso Nacional na competência impositiva municipal, levada a cabo pelo art. 2º, I, da LC 116/03:

> Art. 2º O imposto não incide sobre:
>
> I – as exportações de serviços para o exterior do País;

Se não houvesse autorização expressa, a União não poderia isentar as exportações de serviços do ISS, por incidir no óbice do art. 151, III, da CF, que lhe veda "instituir isenções de tributos da competência dos Estados, do Distrito Federal e dos Municípios".

3. Inciso III: concessão e revogação de isenções, incentivos e benefícios fiscais

Como exposto, a EC 37/02 autorizou que fosse editada lei complementar dispondo sobre as alíquotas mínimas do ISS. Além disso, reservou a tal instrumento legislativo o

---

[1318] BARRETO. *ISS na Constituição e na lei*. p. 118.

[1319] Ibidem.

encargo de regular a concessão e a revogação de isenções, incentivos e benefícios fiscais, ao incluir o inciso III no art. 156, § 3º.

À lei complementar cabe um papel meramente formal, de regular o procedimento e os requisitos da concessão e da revogação de isenções, incentivos e benefícios fiscais no que diz respeito ao ISS.

Não lhe cabe instituir isenções heterônomas, o que, aliás, é expressamente vedado pelo art. 151, III.

A possibilidade de a União instituir isenções relativas ao ISS é restrita à hipótese do inciso II (exportação de serviços): os demais serviços somente podem ser desonerados por leis municipais.

Segunda Parte

Dos Preceitos Tributários Situados Fora do Sistema Tributário Nacional

---

Capítulo II

DAS FINANÇAS PÚBLICAS

Seção II

DOS ORÇAMENTOS

Art. 167. São vedados:

[...]

IV – a vinculação de receita de impostos a órgão, fundo ou despesa, ressalvadas a repartição do produto da arrecadação dos impostos a que se referem os arts. 158 e 159, a destinação de recursos para as ações e serviços públicos de saúde, para manutenção e desenvolvimento do ensino e para realização de atividades da administração tributária, como determinado, respectivamente, pelos arts. 198, § 2º, 212 e 37, XXII, e a prestação de garantias às operações de crédito por antecipação de receita, previstas no art. 165, § 8º, bem como o disposto no § 4º deste artigo; (Redação dada pela Emenda Constitucional nº 42, de 19.12.2003)

Redação original: IV – a vinculação de receita de impostos a órgão, fundo ou despesa, ressalvadas a repartição do produto da arrecadação dos impostos a que se referem os arts. 158 e 159, a destinação de recursos para manutenção e desenvolvimento do ensino, como determinado pelo art. 212, e a prestação de garantias às operações de crédito por antecipação de receita, previstas no art. 165, § 8º;

Redação dada pela Emenda Constitucional nº 3, de 17.03.1993: IV – a vinculação de receita de impostos a órgão, fundo ou despesa, ressalvadas a repartição do produto da arrecadação dos impostos a que se referem os arts. 158 e 159, a destinação de recursos para manutenção e desenvolvimento do ensino, como determinado pelo art. 212, e a prestação de garantias às operações de crédito por antecipação de receita, previstas no art. 165, § 8º, bem assim o disposto no § 4º deste artigo;

Redação dada pela Emenda Constitucional nº 29, de 13.09.2000: IV – a vinculação de receita de impostos a órgão, fundo ou despesa, ressalvadas a repartição do produto da arrecadação dos impostos a que se referem os arts. 158 e 159, a destinação de recursos para as ações e serviços públicos de saúde e para manutenção e desenvolvimento do ensino, como determinado, respectivamente, pelos arts. 198, § 2º, e 212, e a prestação de garantias às operações de crédito por antecipação de receita, previstas no art. 165, § 8º, bem como o disposto no § 4º deste artigo;

Art. 167, IV: Vedação da vinculação da receita de impostos

1. Significado

Os impostos são, por definição, tributos cuja hipótese de incidência é composta por "uma situação independente de qualquer atividade estatal específica, relativa ao contribuinte" (art. 16 do CTN), *singularizando-se frente às contribuições especiais em razão de os seus recursos não serem afetados a finalidades específicas.*[1320]

[1320] Sobre o conceito de imposto, ver os comentários ao art. 145.

Os recursos angariados com os impostos devem ser destinados ao *custeio das despesas públicas em geral*, de modo que sejam financiados os serviços prestados *uti universi* e, ainda, haja espaço para os Poderes Públicos alocarem os escassos recursos públicos nas atividades tidas por prioritárias.

No seu art. 167, IV, a Constituição Federal veicula imposição expressa nesse sentido, *proibindo "a vinculação de receita de impostos* a órgão, fundo ou despesa", ressalvadas as específicas vinculações referidas, que foram sendo sucessivamente ampliadas (ECs 3/93, 29/00 e 42/03).

A finalidade financeira dessa regra é conferir ao Legislativo e à Administração uma significativa margem de liberdade para estabelecer políticas públicas, custeando-as com as receitas provenientes dos impostos.

Quanto mais haja predeterminações constitucionais com respeito à destinação das receitas públicas, isto é, quanto mais essas receitas sejam afetadas constitucionalmente, menos liberdade terá o Executivo para elaborar a proposta orçamentária e o legislador para editar as leis orçamentárias, estabelecendo, assim, políticas públicas. Da mesma forma, quanto mais sejam afetadas pelas leis orçamentárias as receitas, tanto menos liberdade terá a Administração para executar tais políticas.[1321]

Em suma, *esse preceito objetiva evitar o engessamento orçamentário* do Legislativo e da Administração Pública, que resulta da afetação dos recursos públicos. Chega-se a falar em um "princípio constitucional da não afetação"[1322] ou da "não vinculação",[1323] que não se baseia apenas no art. 167, IV, da CF, mas também no princípio da separação dos poderes.

2. Alcance

Diversamente da Constituição de 1969, que estendia a interdição a todos os tributos (art. 62, § 2º), a vedação da vinculação de receita a órgão, fundo ou despesa da Constituição de 1988 *aplica-se apenas aos impostos*, e não às taxas,[1324] às contribuições de melhoria, às contribuições especiais e tampouco aos empréstimos compulsórios, que são tributos voltados, direta ou indiretamente, ao custeio ou ao ressarcimento de despesas específicas.

As contribuições especiais, por exemplo, descaracterizar-se-iam como tais se os seus recursos não fossem destinados legalmente à finalidade que embasou a sua instituição ou se deixassem de sê-lo: qualificar-se-iam como impostos e como tais haveriam de ser submetidas ao controle de legitimidade constitucional.

[1321] Essa questão foi bem enfocada pelo STF, ao declarar a inconstitucionalidade de preceitos de Constituição Estadual que impunham a destinação de parcela da receita tributária a fins pré-estabelecidos, haja vista que tais preceitos "elidem a competência do Executivo na elaboração da lei orçamentária, retirando-lhe a iniciativa dessa lei, obrigando-o a destinar dotações orçamentárias a fins pré-estabelecidos e a entidades pré-determinadas" (STF, Pleno, ADI 780 MC, rel. Min. Carlos Velloso, 3.1993, excerto da ementa).

[1322] Vide TORRES. "O princípio constitucional da não-afetação", p. 230, para quem as vinculações constitucionais: "Constituem instrumento pouco democrático porque transformam em regras superiores as escolhas dos partidos políticos, que deveriam ficar ao sabor das manifestações da cidadania nas eleições periódicas" (ob. cit., p. 231). Prossegue, na mesma página: "A constitucionalização das políticas públicas por meio das vinculações, tornando-as contramajoritárias, abre o caminho ao controle jurisdicional não democrático, introduzindo um novo ator no jogo político entre o Legislativo e o Executivo em torno do dinheiro público".

[1323] FERREIRA FILHO. *Comentários à Constituição brasileira de 1988*. v. 2, p. 160.

[1324] STF, Pleno, *ADI 2.059*, rel. Min. Eros Grau, 4.2006.

- **Precedente citado**

Taxas. Inaplicabilidade do art. 167, IV, da CF: [...] EMOLUMENTOS. SERVENTIAS EXTRAJUDICIAIS. DESTINAÇÃO DE RECURSOS A FUNDO ESPECIAL CRIADO PARA PROMOVER REEQUIPAMENTO DO PODER JUDICIÁRIO. VIOLAÇÃO DO DISPOSTO NO ART. 167, INCISO V [*sic*], DA CONSTITUIÇÃO DO BRASIL. NÃO OCORRÊNCIA. 1. Preceito contido em lei paranaense, que destina 0,2% [zero vírgula dois por cento] sobre o valor do título do imóvel ou da obrigação, nos atos praticados pelos cartórios de protestos e títulos, registros de imóveis, títulos e documentos e tabelionatos, ao Fundo de Reequipamento do Poder Judiciário --- FUNREJUS não ofende o art. 167, inciso V [*sic*], da Constituição do Brasil. Precedentes. 2. A norma constitucional veda a vinculação da receita dos impostos, inexistindo, na Constituição, preceito análogo pertinente às taxas. Pedido julgado improcedente. (STF, Pleno, **ADI 2.059**, rel. Min. Eros Grau, 4.2006).

3. Repercussão no Direito Tributário

O art. 167, IV, da CF é um *preceito de Direito Financeiro*, pois diz respeito a momento ulterior à extinção da obrigação jurídico-tributária. *Todavia, repercute no Direito Tributário.*

Sua violação pode afetar a legitimidade do próprio tributo.[1325] Foi o que decidiu o Pretório Excelso, ao declarar a inconstitucionalidade da majoração da alíquota do ICMS paulista, cujos recursos eram destinados ao aumento de capital da Caixa Econômica, para financiamento de programa habitacional.[1326] A inconstitucionalidade da regra de Direito Financeiro implicou a da regra de Direito Tributário, que, analisada isoladamente, não padeceria de mácula alguma.[1327]

Os casos em que o STF declarou a ilegitimidade da cobrança de impostos pela vinculação parcial das suas receitas *concernem à majoração de impostos existentes* e, mais especificamente, do ICMS.

Se porventura fosse instituído um imposto com as suas receitas totalmente vinculadas a uma finalidade ou despesa, tratar-se-ia, na realidade, de uma contribuição especial, e não de um imposto e tampouco de um "imposto com fim",[1328] categoria que não só é estranha ao sistema constitucional pátrio, mas também incompatível com o comando do art. 167, IV. Não seria necessariamente inconstitucional, uma vez que poderia ser reconhecida a sua legitimidade enquanto uma contribuição especial intitulada "imposto", à luz do que preconiza o art. 4º, I, do CTN,[1329] desde que observadas as limitações constitucionais atinentes à instituição daquela espécie tributária.

[1325] Há várias manifestações doutrinárias em sentido contrário. Pontes de Miranda, por exemplo, afirmava que: "A decretação dos tributos pode ser contrária à Constituição; também pode ser contrária à Constituição a destinação dêles. A destinação pode ser contrária à Constituição sem que o tenha sido a decretação. Se isso ocorre, o impôsto decretado é cobrável e perceptível; a destinação especial é que se tem por conteúdo de regra jurídica nula, *por inconstitucionalidade*" (*Comentários à Constituição de 1967; com a Emenda n. 1 de 1969*. p. 366).

[1326] STF, Pleno, *RE 213.739*, rel. Min. Marco Aurélio, 5.1998. Essa jurisprudência do STF é antiga: já em 1983, declarou-se a inconstitucionalidade de acréscimo do ICM paulista destinado à Santa Casa de Misericórdia (STF, Pleno, RE 97.718, rel. Min. Soares Muñoz, 3.1983). Nessa linha, vide, ainda, estes precedentes: STF, Pleno, RE 183.906, rel. Min. Marco Aurélio, 9.1997; ADI 2.848 MC, rel. Min. Ilmar Galvão, 4.2003.

[1327] Como exposto pelo Ministro Octavio Gallotti em precedente relativo à majoração do ICMS paulista, "o imposto em causa nasceu comprometido, em sua constitucionalidade, pela vinculação a uma determinada finalidade" (STF, Pleno, RE 183.906, rel. Min. Marco Aurélio, 9.1997). E segundo esclareceu o Ministro Marco Aurélio, foi o próprio "fenômeno da vinculação" que "fulminou o acréscimo comprometido" (STF, Pleno, RE 183.906 ED, rel. Min. Marco Aurélio, 10.2000, citação do seu voto).

[1328] À luz do direito estrangeiro, Pontes de Miranda, expoente da classificação dicotômica dos tributos, defendia a inclusão dos denominados "impostos com fim" na categoria dos impostos: "Se foi destinado o impôsto – o que é, *a priori*, possível, porque não contradiz a natureza e a estrutura jurídica do impôsto – fica subordinado, jurìdicamente, a determinado serviço público da *entidade pública decretante*. São os impostos com fim, os *Zwecksteuern* do direito público alemão, austríaco e suíço" (*Comentários à Constituição de 1967; com a Emenda n. 1 de 1969*. p. 367).

[1329] Vale recordar o texto desse importante dispositivo do CTN: "Art. 4º A natureza jurídica específica do tributo é determinada pelo fato gerador da respectiva obrigação, sendo irrelevantes para qualificá-la: I – a denominação e demais características formais adotadas pela lei".

Além de produzir tais efeitos com relação às regras impositivas, o preceito analisado *afeta a validade de benefícios tributários* que levem à afetação da receita de impostos a órgão, fundo ou despesas específicas. Afetação que pode ser tanto direta (arrecadação e repasse das receitas) quanto indireta (condicionamento do benefício à destinação, pelos contribuintes, de recursos a órgão, fundo ou despesas públicas específicas).[1330]

Assim como ocorre na afetação parcial das receitas de imposto majorado, os benefícios condicionados de impostos implicam tão somente a declaração de inconstitucionalidade da nova regulação do imposto (no caso, do benefício concedido), mantendo-se íntegra a sistemática anterior, que não é derrogada pela lei inconstitucional.

• Precedentes citados

Vinculação dissimulada de imposto, mediante benefício fiscal a pessoas que financiem atividades determinadas. Inconstitucionalidade: [...] 1. É inconstitucional a lei complementar distrital que cria programa de incentivo às atividades esportivas mediante concessão de benefício fiscal às pessoas jurídicas, contribuintes do IPVA, que patrocinem, façam doações e investimentos em favor de atletas ou pessoas jurídicas. 2. O ato normativo atacado a faculta vinculação de receita de impostos, vedada pelo artigo 167, inciso IV, da CB/88. Irrelevante se a destinação ocorre antes ou depois da entrada da receita nos cofres públicos. 3. Ação Direta de Inconstitucionalidade julgada procedente para declarar a inconstitucionalidade da vinculação do imposto sobre propriedade de veículos automotores --- IPVA, contida na LC 26/97 do Distrito Federal. (STF, Pleno, **ADI 1.750**, rel. Min. Eros Grau, 9.2006)

Vinculação dissimulada de imposto, mediante dedução dos valores destinados a fundo. Inconstitucionalidade: [...]. ART. 167, IV, DA CARTA MAGNA. VINCULAÇÃO DE RECEITA PROVENIENTE DA ARRECADAÇÃO DE IMPOSTO A FUNDO ESPECÍFICO. VEDAÇÃO EXPRESSA. [...] 3. As normas em estudo, ao possibilitarem o direcionamento, pelos contribuintes, do valor devido a título de ICMS para o chamado Fundo Partilhado de Combate às Desigualdades Sociais e Regionais do Estado do Rio Grande do Sul, compensando-se, em contrapartida, o valor despendido sob a forma de crédito fiscal presumido, criaram, na verdade, um mecanismo de redirecionamento da receita de ICMS para a satisfação de finalidades específicas e predeterminadas, procedimento incompatível, salvo as exceções expressamente elencadas no art. 167, IV, da Carta Magna, com a natureza dessa espécie tributária. Precedentes: ADI 1.750-MC, rel. Min. Nelson Jobim, ADI 2.823-MC, rel. Min. Ilmar Galvão e ADI 2.848-MC, rel. Min. Ilmar Galvão. 4. Ação direta cujo pedido se julga procedente. (STF, Pleno, **ADI 3.576**, rel. Min. Ellen Gracie, 11.2006)

Vinculação de acréscimo do ICMS a finalidade determinada. Inconstitucionalidade que afeta a própria majoração da alíquota: IMPOSTO – VINCULAÇÃO A ÓRGÃO, FUNDO OU DESPESA. A teor do disposto no inciso IV do artigo 167 da Constituição Federal, é vedado vincular receita de impostos a órgão, fundo ou despesa. A regra apanha situação concreta em que lei local implicou majoração do ICMS, destinando-se o percentual acrescido a um certo propósito – aumento de capital de caixa econômica, para financiamento de programa habitacional. Inconstitucionalidade dos artigos 3º, 4º, 5º, 6º, 7º, 8º e 9º da Lei nº 6.556, de 30 de novembro de 1989, do Estado de São Paulo. (STF, Pleno, **RE 213.739**, rel. Min. Marco Aurélio, 5.1998)

• Questões específicas

Majoração de alíquota e imposição de divulgação do emprego dos recursos correlatos. Inexistência de vinculação: [...] 1. A Lei paulista 9.903, de 30.12.1997, apenas impôs a divulgação, pelo Chefe do Executivo, do emprego dos recursos provenientes do aumento da alíquota de 17 para 18%, previsto no mesmo diploma. 2. A proibição de vinculação de receita de impostos prevista no art. 167, IV, da Constituição Federal, impede a fixação de uma prévia destinação desses recursos, o que não se verificou no presente caso. 3. Recurso extraordinário conhecido e improvido. (STF, Pleno, **RE 585.535**, rel. Min. Ellen Gracie, 2.2010)

[1330] Nessa linha, o STF pronunciou a inconstitucionalidade de preceito que instituiu um fundo de combate às desigualdades sociais e regionais e possibilitou às empresas compensar, através de crédito fiscal presumido, os valores destinados ao fundo com o ICMS a recolher, já que tal sistemática constituía claramente um redirecionamento das receitas do imposto ao referido fundo (STF, Pleno, *ADI 3.576*, rel. Min. Ellen Gracie, 11.2006). O Tribunal chegou a aplicar o art. 167, IV, da CF a benefícios tributários condicionados, no âmbito do IPVA, ao patrocínio de atletas ou ao investimento em pessoas jurídicas com finalidade desportiva e não lucrativa, ou seja, a benefícios que não eram vinculados diretamente ao custeio de órgão, fundo ou despesa pública (STF, Pleno, *ADI 1.750*, rel. Min. Eros Grau, 9.2006). Situação semelhante se verificou com a declaração de inconstitucionalidade da concessão de incentivos econômicos do ICMS conjugada com a imposição de destinação de porcentagem do seu valor a finalidade específica (apoio aos produtores e à pesquisa de algodão), por violação tanto ao art. 155, § 2º, XII, *g* (pois inexistia o convênio aludido no preceito) quanto ao art. 167, IV, da CF (STF, Pleno, ADI 2.722, rel. Min. Gilmar Mendes, 11.2006). Sem embargo, há precedentes que destoam dessa jurisprudência. É o caso da ADI 2.056, em que se declarou a constitucionalidade de lei que havia condicionado o *diferimento* do ICMS à contribuição para fundo de desenvolvimento de sistema rodoviário (STF, Pleno, ADI 2.056, rel. Min. Gilmar Mendes, 5.2007).

4. Legitimidade das vinculações constitucionais

A Constituição da República pode estabelecer vinculações de receitas angariadas com os impostos. Aliás, ela as estabelece em preceitos expressamente ressalvados pelo art. 167, IV, da CF, que sempre foram considerados legítimos.[1331]

Essas vinculações, contudo, deverão ser parciais, sob pena de descaracterizarem os impostos como tais.

Ademais, devem ser estabelecidas pela *Constituição da República, jamais por Constituições estaduais* ou pelas leis orgânicas do Distrito Federal ou dos Municípios, sob pena de violação ao art. 167, IV, da CF, preceito de observância obrigatória pelos Estados, pelo Distrito Federal e pelos Municípios, nos termos dos arts. 25 e 29 da CF.

Nessa senda, o STF declarou a inconstitucionalidade de preceitos de Constituições estaduais que vinculavam percentuais de receitas resultantes de impostos a sistemas estaduais de saúde[1332] e à produção de alimentos básicos.[1333]

Obviamente, essa jurisprudência também se aplica às leis estaduais, quando estabelecem vinculações que não se enquadram nas hipóteses previstas pela Constituição Federal.[1334]

TÍTULO VII

DA ORDEM ECONÔMICA E FINANCEIRA
Capítulo I

DOS PRINCÍPIOS GERAIS DA ATIVIDADE ECONÔMICA

Art. 177. Constituem monopólio da União:
[...]
§ 4º A lei que instituir contribuição de intervenção no domínio econômico relativa às atividades de importação ou comercialização de petróleo e seus derivados, gás natural e seus derivados e álcool combustível deverá atender aos seguintes requisitos: (Parágrafo incluído pela Emenda Constitucional nº 33, de 11.12.2001)
I – a alíquota da contribuição poderá ser:
a) diferenciada por produto ou uso;
b) reduzida e restabelecida por ato do Poder Executivo, não se lhe aplicando o disposto no art. 150, III, *b*;
II – os recursos arrecadados serão destinados:
a) ao pagamento de subsídios a preços ou transporte de álcool combustível, gás natural e seus derivados e derivados de petróleo;
b) ao financiamento de projetos ambientais relacionados com a indústria do petróleo e do gás;
c) ao financiamento de programas de infra-estrutura de transportes.

[1331] Na Seção IV do "Sistema Tributário Nacional", intitulada "Da Repartição das Receitas Tributárias" (arts. 158 e 159), a Carta Constitucional estabelece relevantes vinculações das receitas de impostos, as quais são excluídas expressamente do alcance do art. 167, IV. Ademais, há imposições constitucionais de que percentuais mínimos das receitas resultantes de impostos sejam aplicados em finalidades específicas, também ressalvadas pelo preceito analisado (arts. 198, § 2º, e 212). O art. 212, *caput*, da CF, por exemplo, obriga a União a aplicar 18% e os Estados, o Distrito Federal e os Municípios a aplicarem 25% da "receita resultante de impostos, compreendida a proveniente de transferências, na manutenção e desenvolvimento do ensino". E os arts. 34, VII, e 35, III, da CF chegam a autorizar, respectivamente, a intervenção federal nos Estados e no Distrito Federal e a intervenção estadual nos Municípios na hipótese em que não haja a aplicação dos mínimos exigidos em ações de ensino e de saúde pública.

[1332] STF, Pleno, ADI 1.848, rel. Min. Ilmar Galvão, 9.2002.

[1333] STF, Pleno, ADI 1.374 MC, rel. Min. Carlos Velloso, 12.1995.

[1334] Vide STF, Pleno, ADI 2.529, rel. Min. Gilmar Mendes, 6.2007, precedente em que se declarou a inconstitucionalidade de dispositivos que criavam programa estadual de incentivo à cultura, financiado com recursos de um fundo específico, constituído por parte do produto da arrecadação do ICMS.

Art. 177, § 4º: CIDE-Combustíveis

A EC 33/01 atribuiu à União uma competência específica para a instituição da denominada CIDE-Combustíveis (contribuição de intervenção no domínio econômico sobre as atividades de importação ou comercialização de petróleo, gás natural, seus derivados e álcool combustível).

Fê-lo mediante a inserção de um parágrafo no art. 177, situado no Título VII ("Da Ordem Econômica e Financeira") da Constituição da República, quando deveria tê-lo inserido no art. 149, que, além de já tratar das CIDEs, está situado dentro do "Sistema Tributário Nacional" (Capítulo I do Título VI).

Tal atecnia, contudo, não tem o condão de afastar a evidente natureza tributária da exação.

1. Inciso I: alíquotas

1.1. Seletividade e extrafiscalidade

A alínea *a* do inciso I faculta a adoção de alíquotas diferenciadas "por produto ou uso", o que *viabiliza a atribuição de caráter seletivo* à CIDE-Combustíveis, *além do caráter extrafiscal* que lhe é inerente.

O objetivo extrafiscal declarado quando do encaminhamento da proposta de emenda constitucional *foi a busca da neutralidade fiscal*, mediante a tutela dos produtos brasileiros, que, com a liberalização total do mercado nacional de petróleo, seus derivados e de gás natural, passaram a expor-se a uma concorrência mais acentuada com os produtos importados.[1335]

Quanto à seletividade, diversamente do que ocorre com a previsão constitucional da seletividade do IPI (art. 153, § 3º, I) e do ICMS (art. 155, § 2º, III), não é disposto que o critério da seletividade seja a essencialidade dos produtos e tampouco é eleito expressamente qualquer outro critério: a Constituição simplesmente se omite quanto a esse tema.

A nosso juízo, *não há qualquer óbice à adoção da seletividade em função da essencialidade dos produtos ou do seu uso; pelo contrário*, tal prática se revela perfeitamente consentânea com o sistema jurídico-constitucional.

1.2. Afastamento da reserva absoluta de lei e da anterioridade

O afastamento da reserva absoluta de lei e da anterioridade de exercício, determinado pela alínea *b* ("a alíquota da contribuição poderá ser [...] reduzida e restabelecida por ato do Poder Executivo, não se lhe aplicando o disposto no art. 150, III, *b*"), *é manifestamente inconstitucional* quanto à possibilidade de restabelecimento por ato do Poder Executivo.[1336]

Afronta o firme entendimento do STF no sentido de que o princípio da anterioridade é uma cláusula pétrea e, portanto, insuscetível de ser revogado ou excepcionado, mesmo

[1335] Mensagem nº 1.093, de 09 de agosto de 2000.

[1336] Conferir os comentários ao art. 155, § 4º, onde se distinguem as hipóteses legítimas de mera redução e de redução com prazo certo seguida do correlato restabelecimento perante a ilegítima hipótese de restabelecimento após redução sem prazo certo.

que por emenda constitucional.[1337] Afronta, outrossim, o indubitável caráter de cláusula pétrea do princípio da estrita legalidade tributária.

2. Inciso II: destinação dos recursos

As contribuições interventivas são tributos finalísticos. É-lhes ínsita a vinculação dos recursos angariados à finalidade que justifica a sua instituição.

Quanto à CIDE-Combustíveis, as receitas auferidas com a sua arrecadação haverão de ser destinadas à intervenção no segmento econômico que suporta a sua incidência.

A Constituição prevê a destinação ao pagamento de subsídios, ao financiamento de projetos ambientais e a programas de infraestrutura de transportes relacionados com o mercado de petróleo, de gás natural, dos seus derivados e de álcool combustível. Há referência expressa nesse sentido nas alíneas *a* e *b*, mas não na alínea *c*.

Este preceito *deve receber interpretação que o harmonize com o regime jurídico-constitucional das contribuições*, de modo a restringir a destinação dos recursos ao financiamento de programas de infraestrutura de transportes que promovam as atividades de produção e comercialização de petróleo, gás natural, seus derivados ou álcool combustível.

O emprego dos recursos angariados com a contribuição interventiva em programas de infraestrutura que não sejam relacionados com tais atividades representaria visível afronta à sua teleologia.

Não basta, outrossim, a mera previsão da lei tributária de que os recursos serão destinados à promoção da finalidade para a qual a contribuição foi criada: *exige-se que a legislação orçamentária respeite e preveja tal destinação*, sob pena de afronta à Carta Maior, como já decidiu o STF ao julgar ADI ajuizada contra a Lei 10.640/03 (lei orçamentária), oportunidade em que lhe conferiu interpretação conforme à Constituição, vedando a "abertura de crédito suplementar em rubrica estranha à destinação do que arrecadado a partir do disposto no § 4º do artigo 177 da Constituição Federal, ante a natureza exaustiva das alíneas *a, b* e *c* do inciso II do citado parágrafo".[1338]

- **Precedente citado**

Risco de desvio orçamentário da Cide-Combustíveis. Interpretação conforme à constituição: PROCESSO OBJETIVO – AÇÃO DIRETA DE INCONSTITUCIONALIDADE – LEI ORÇAMENTÁRIA. Mostra-se adequado o controle concentrado de constitucionalidade quando a lei orçamentária revela contornos abstratos e autônomos, em abandono ao campo da eficácia concreta. LEI ORÇAMENTÁRIA – CONTRIBUIÇÃO DE INTERVENÇÃO NO DOMÍNIO ECONÔMICO – IMPORTAÇÃO E COMERCIALIZAÇÃO DE PETRÓLEO E DERIVADOS, GÁS NATURAL E DERIVADOS E ÁLCOOL COMBUSTÍVEL – CIDE – DESTINAÇÃO – ARTIGO 177, § 4º, DA CONSTITUIÇÃO FEDERAL. É inconstitucional interpretação da Lei Orçamentária nº 10.640, de 14 de janeiro de 2003, que implique abertura de crédito suplementar em rubrica estranha à destinação do que arrecadado a partir do disposto no § 4º do artigo 177 da Constituição Federal, ante a natureza exaustiva das alíneas "a", "b" e "c" do inciso II do citado parágrafo. (STF, Pleno, **ADI 2.925**, rel. p/ ac. Min. Marco Aurélio, 12.2003)

[1337] STF, Pleno, ADI 939, rel. Min. Sydney Sanches, 12.1993. Sobre o precedente, vide os comentários ao art. 150, III, *b*. Em sentido oposto, Ives Gandra sustenta ser a exceção plenamente legítima, com base no caráter regulatório da contribuição, que somente justificaria a sua adoção em casos excepcionais. Afirma, ademais, que o relevante precedente da ADI 939 não passou de uma decisão isolada, não refletindo a inteligência definitiva do STF (MARTINS. "Emenda Constitucional nº 33/2001: inteligência das disposições sobre a CIDE e o ICMS nela incluídos", p. 174).

[1338] STF, Pleno, *ADI 2.925*, rel. p/ ac. Min. Marco Aurélio, 12.2003. Esse precedente é relevante não apenas pela questão de mérito, mas também por ter admitido o controle concentrado de constitucionalidade de lei orçamentária, que, segundo a doutrina predominante, é lei apenas em sentido formal.

Capítulo III
DA POLÍTICA AGRÍCOLA E FUNDIÁRIA E DA REFORMA AGRÁRIA

Art. 184. Compete à União desapropriar por interesse social, para fins de reforma agrária, o imóvel rural que não esteja cumprindo sua função social, mediante prévia e justa indenização em títulos da dívida agrária, com cláusula de preservação do valor real, resgatáveis no prazo de até vinte anos, a partir do segundo ano de sua emissão, e cuja utilização será definida em lei.
[...]
§ 5º São isentas de impostos federais, estaduais e municipais as operações de transferência de imóveis desapropriados para fins de reforma agrária.

Art. 184, § 5º: Imunidade das operações de transferência de imóveis desapropriados para fins de reforma agrária

O art. 184, § 5º, da Constituição Federal confere *imunidade* às operações de transferência dos imóveis desapropriados para fins de reforma agrária,[1339] com o escopo de desonerar as ações voltadas à sua promoção.

O fundamento último da imunidade reside nos princípios da dignidade da pessoa humana, da isonomia tributária e da capacidade contributiva, que impedem a tributação do mínimo existencial.

A desoneração não é outorgada à aquisição decorrente da desapropriação, a qual não envolve sequer uma transferência, por se tratar de forma originária de aquisição da propriedade.[1340]

Abrange as transferências, aos cidadãos favorecidos pela reforma agrária, de imóveis já adquiridos pelo Poder Público por intermédio da desapropriação.

Tutela, pois, os alienatários dos imóveis, que, por não possuírem capacidade contributiva, não podem ser onerados pelos impostos incidentes sobre as transferências de imóveis por ato *inter vivos*, a título oneroso (ITBI) ou gratuito (ITCD), ou sobre o acréscimo patrimonial advindo dessa transferência (IRPF).

Embora a imunidade não alcance as pseudotransferências de imóveis para o Poder Público, há de se concluir – com base na sua teleologia, na garantia de justa indenização (arts. 5º, XXIV, e 184, *caput*) e no caráter de recomposição de que esta se reveste – ser intributável a contraprestação que incumbe ao Poder Público, isto é, o pagamento da prévia e justa indenização.[1341]

Caso o pagamento da indenização ocorra em *Títulos da Dívida Agrária (TDAs)*, nos termos do art. 184, *caput*, da CF, *eles não poderão sofrer a incidência de impostos, até que sejam transferidos a terceiros*.[1342]

Este quadro sintetiza o que foi dito, no que concerne às operações com os imóveis desapropriados:

[1339] O inegável fato de tratar-se de imunidade, e não de mera isenção, restou expresso na ementa deste julgado: STF, 2ª Turma, *RE 169.628*, rel. Min. Maurício Corrêa, 9.1999.

[1340] Em sentido contrário, FERREIRA FILHO. *Comentários à Constituição brasileira de 1988*. v. 2, p. 202.

[1341] A respeito da impossibilidade de cobrar-se o Imposto de Renda sobre o pagamento de desapropriações, pelo seu caráter indenizatório, há súmula emanada do extinto TFR, que vem sendo aplicada pacificamente pelo STJ: "Não está sujeita ao imposto de renda a indenização recebida por pessoa jurídica, em decorrência de desapropriação amigável ou judicial" (Súmula 39 do TFR). Quanto à intributabilidade das verbas indenizatórias, conferir os comentários ao art. 153, III.

[1342] STF, 1ª Turma, RE 168.110, rel. Min. Moreira Alves, 4.2000; 2ª Turma, *RE 169.628*, rel. Min. Maurício Corrêa, 9.1999.

Tributação das operações com imóveis desapropriados para fins de reforma agrária		
Desapropriação: aquisição do imóvel pelo Poder Público	Repasse do imóvel: transferência aos beneficiados pela reforma agrária	Alienação do imóvel: transferência do imóvel a terceiro
Não há tributação da "transmissão" da propriedade Antigo proprietário não está sujeito ao IR, nem mesmo pela atualização/valorização dos TDAs	Aplica-se a imunidade, obstando a incidência de impostos como o ITBI e o ITCD	Não se aplica a imunidade

• Súmulas

Súmula 39 do TFR: "Não está sujeita ao imposto de renda a indenização recebida por pessoa jurídica, em decorrência de desapropriação amigável ou judicial".

• Precedentes citados

Finalidade da imunidade do art. 184, § 5º. Inaplicabilidade aos terceiros adquirentes dos títulos da dívida agrária: [...] DESAPROPRIAÇÃO. TÍTULO DA DÍVIDA AGRÁRIA. IMUNIDADE TRIBUTÁRIA. EXTENSÃO AO TERCEIRO POSSUIDOR. IMPOSSIBILIDADE. 1. A isenção de tributos de que trata o § 5º do artigo 184 da Constituição Federal, deferida às operações relativas às transferências de imóveis desapropriados, há de ser entendida como imunidade e tem por fim não onerar o procedimento expropriatório ou dificultar a realização da reforma agrária, de competência exclusiva da União Federal. 2. Os títulos da dívida agrária constituem moeda de pagamento da justa indenização devida pela desapropriação de imóveis por interesse social e, dado o seu caráter indenizatório, não podem ser tributados. 3. Terceiro adquirente de títulos da dívida agrária. Imunidade. Extensão. Impossibilidade. O benefício alcança tão-somente o expropriado. O terceiro adquirente, que com ele realiza ato mercantil, em negócio estranho à reforma agrária, não é destinatário da norma constitucional. (STF, 2ª Turma, **RE 169.628**, rel. Min. Maurício Corrêa, 9.1999)

Lê-se no voto do relator: "Tratando-se de imunidade mista o benefício alcança tão-somente o proprietário do imóvel desapropriado, não fazendo jus a sua fruição o terceiro possuidor que com ele realizou operação mercantil e, por isso mesmo, situa-se na condição ativa de adquirente dos títulos havidos em decorrência do ato expropriatório. Cuida-se, portanto, de operação de compra de títulos e não de transferência de imóveis desapropriados, como quer o artigo 184, § 5º, da Constituição Federal". Discutia-se, no caso, acerca da possibilidade de incidência do IR e do IOF sobre os TDAs em poder de terceiros, que foi admitida pelo STF, reformando a decisão proferida pela 1ª Seção do STJ no MS 1.397, no sentido de que "A isenção de impostos, previsto no art. 184, parágrafo 2º [*sic*], da Constituição, alcança os títulos da dívida agrária em poder de terceiros" (excerto da ementa).

TÍTULO VIII

DA ORDEM SOCIAL

Capítulo II

DA SEGURIDADE SOCIAL

Art. 195. A seguridade social será financiada por toda a sociedade, de forma direta e indireta, nos termos da lei, mediante recursos provenientes dos orçamentos da União, dos Estados, do Distrito Federal e dos Municípios, e das seguintes contribuições sociais:

Art. 195, *caput*: Aspectos gerais das contribuições de seguridade social

1. Natureza tributária

O art. 195 da Constituição de 1988 está deslocado: deveria integrar o Título VI ("Da Tributação e do Orçamento"), e não o Título VIII ("Da Ordem Social").

Trata-se, no entanto, de mera atecnia do constituinte, que não repercute, de forma alguma, na natureza tributária das contribuições de seguridade social e de previdência que são reguladas por tal dispositivo.

Essas contribuições, assim como as demais contribuições sociais, corporativas e de intervenção no domínio econômico, *são tributos e*, consequentemente, *estão sujeitas às limitações constitucionais ao poder de tributar*.

A natureza tributária das contribuições previdenciárias e de seguridade social decorre da sua adequação ao conceito jurídico-constitucional de tributo[1343] e é reforçada pelas remissões recíprocas entre o art. 195 e os artigos integrantes do Título VI da Constituição da República.

O art. 149 da CF determina a aplicação das normas gerais em matéria tributária às contribuições sociais (das quais as contribuições de seguridade social são espécie), por meio da remissão ao inciso III do art. 146 e aos incisos I e III do art. 150; ademais, ressalva expressamente a aplicação da anterioridade nonagesimal às contribuições de seguridade social.

Por sua vez, o art. 195 da CF condiciona, em seu § 4º, a instituição de novas contribuições de seguridade social à observância dos requisitos exigidos para a instituição de novos impostos e excepciona, em seu § 6º, a aplicação da anterioridade de exercício, prevista no art. 150, III, *b*, da CF, tornando evidente que, caso inexistisse tal ressalva, essa fundamental limitação ao poder de tributar seria aplicável às contribuições de seguridade social.

Enfim, as normas veiculadas pelo art. 195 da CF versam sobre matéria tributária; integram, indubitavelmente, o sistema constitucional tributário.

Consequentemente, devem ser harmonizadas com as demais normas desse sistema e, por óbvio, com todas as outras normas que constituem o sistema jurídico-constitucional. Ademais, aplicam-se não apenas à esfera federal, mas também aos Estados, ao Distrito Federal e aos Municípios, no que for cabível.[1344]

2. Qualificação como espécie tributária autônoma

Antes de versar sobre as contribuições voltadas ao custeio da seguridade social, cumpre esclarecer o sentido da expressão "seguridade social", que, por vezes, é confundida com "previdência social".

A seguridade social é mais ampla do que a previdência social, abrangendo-a.

Conforme dispõe o art. 194, *caput*, da Constituição Federal:

> A seguridade social compreende um conjunto integrado de ações de iniciativa dos Poderes Públicos e da sociedade, destinadas a assegurar os direitos relativos à saúde, à previdência e à assistência social.

Assim, *os recursos das contribuições de seguridade social não devem ser destinados apenas à previdência social* (regulada na Seção III do capítulo dedicado à seguridade social), mas também à saúde (Seção II) e à assistência social (Seção IV), sendo compreendidos, desse modo, no orçamento da seguridade social (art. 165, § 5º, III, da CF).

As contribuições destinadas à seguridade social constituem uma espécie do gênero "contribuição social", referido no art. 149, *caput*, da CF.

Diferenciam-se, por sua destinação, das demais contribuições sociais, tais como as contribuições para o salário-educação (art. 212, § 5º, da CF) e para o PIS/PASEP (art. 239 da CF).[1345]

[1343] Para uma análise detida da natureza tributária das contribuições sociais, com referência à jurisprudência do STF, vide os comentários ao art. 149, *caput*.

[1344] Vide os comentários ao art. 149, § 1º.

[1345] No julgamento do RE 138.284, o Ministro Carlos Velloso denominou estas exações de "contribuições sociais gerais", diferenciando-as das "contribuições sociais de seguridade social", aqui abordadas, e das contribuições de seguridade social

Também se distinguem das contribuições destinadas especificamente à previdência, tais como as contribuições dos servidores públicos federais, estaduais, distritais e municipais (arts. 40 e 149, § 1º, da CF, na redação dada pela EC 41/03) e as contribuições do art. 195, I, *a*, e II, cuja vinculação à previdência foi determinada pelo inciso XI do art. 167 da CF, incluído pela EC 20/98.

A classificação das espécies tributárias, que apresentamos nos comentários ao art. 145, evidencia a posição das contribuições previdenciárias e de seguridade social dentro sistema constitucional tributário:

4. Contribuições especiais
   - 4.1. sociais
     - 4.1.1. gerais (art. 149, *caput* c/c § 2º, III, a e b)
     - 4.1.2. de seguridade social (art. 195)
       - 4.1.2.1. nominadas (art. 195, I, b e c, III e IV e § 8º)
       - 4.1.2.2. residuais (art. 195, § 4º)
     - 4.1.3. previdenciárias
       - 4.1.3.1. do regime geral de previdência (art. 195, I, a, e II, c/c art. 167, XI)
       - 4.1.3.2. do regime estatutário (arts. 40 e 149, § 1º)
     - 4.1.4. constitucionalizadas
       - 4.1.4.1. do salário-educação (art. 212, § 5º)
       - 4.1.4.2. ao PIS/PASEP (art. 239)
       - 4.1.4.3. ao SESC, SENAC, SESI e SENAI (art. 240)

3. Titularidade da competência e sujeito ativo

Compete exclusivamente à União instituir contribuições para a seguridade social (arts. 149 e 195 da CF).

Essa previsão se harmoniza com a competência privativa da União para legislar sobre seguridade social (art. 22, XXIII, da CF).

Por isso, não se admite a regulação, pelos demais entes políticos, da seguridade social e tampouco a cobrança de contribuições estaduais, distritais ou municipais destinadas à seguridade social.

Os Estados, o Distrito Federal e os Municípios somente podem instituir contribuições previdenciárias, destinadas ao custeio do regime previdenciário *dos seus servidores* (art. 149, § 1º, na redação da EC 41/03), no exercício da competência concorrente para legislar sobre Direito Tributário (art. 24, I).

Ao criarem os seus sistemas previdenciários, tais pessoas políticas estarão exercendo a competência concorrente para legislar sobre previdência social (art. 24, XII, da CF).

Lembramos, contudo, que a competência tributária não se confunde com a capacidade tributária ativa[1346] e tampouco os seus titulares são necessariamente os mesmos, tendo em vista que esta pode ser delegada (art. 7º do CTN).[1347]

Por isso, embora a competência para instituir contribuições de seguridade social seja da União, certas contribuições tiveram, no passado, o INSS por sujeito ativo.

---

a serem instituídas com base na competência residual (art. 195, § 4º, da CF), que nominou de "outras de seguridade social". A respeito do precedente e dessa classificação, vide os comentários ao art. 145.

[1346] A respeito, vide os comentários ao art. 145.

[1347] É o que se infere da parte final do art. 7º do CTN: "Art. 7º A competência tributária é indelegável, salvo atribuição das funções de arrecadar ou fiscalizar tributos, ou de executar leis, serviços, atos ou decisões administrativas em matéria tributária, conferida por uma pessoa jurídica de direito público a outra, nos termos do § 3º do artigo 18 da Constituição.".

Em virtude de os recursos obtidos com a arrecadação das contribuições de seguridade social integrarem o orçamento da seguridade social (art. 165, § 5º, III, da CF), seria apropriado que tais contribuições fossem arrecadadas e fiscalizadas pelo Instituto Nacional do Seguro Social (INSS), de modo que a sua destinação fosse, de fato, observada.

Porém, atualmente as contribuições de seguridade social são cobradas pela Receita Federal do Brasil, tendo a União por sujeito ativo.

Não obstante a outorga de capacidade tributária ativa à União tenha sido reputada ilegítima por juristas de escol, foi chancelada pelo STF, que declarou a legitimidade da arrecadação das contribuições securitárias pela Receita Federal.[1348]

4. Instrumento legislativo exigido para sua criação

A exemplo do que ocorre com as contribuições previstas de forma específica no art. 149 da CF, as contribuições de seguridade e de previdência do art. 195 *podem ser instituídas por lei ordinária*, pois o art. 146, III, *a*, não faz referência às contribuições, reservando à lei complementar apenas a definição da hipótese de incidência, da base de cálculo e dos contribuintes dos "impostos discriminados nesta Constituição".[1349]

Apenas as contribuições instituídas com base na competência residual do art. 195, § 4º, têm de ser reguladas por lei complementar.

5. Princípio da universalidade do custeio da seguridade social: importância e limites na interpretação do art. 195

De acordo com a redação inicial do art. 195, *caput*, a "seguridade social será financiada por toda a sociedade".

Com essa previsão, a Constituição de 1988 consagra o denominado *princípio da universalidade do custeio da seguridade social*, que impõe à sociedade como um todo o ônus de financiá-la.

Tal princípio é a contrapartida do princípio da universalidade da cobertura e do atendimento da seguridade social, previsto no art. 194, parágrafo único, I, da CF. Como se pretende que a seguridade social seja usufruída por todos, nada mais razoável que impor a todos o ônus de financiá-la.

O princípio da universalidade do custeio, porém, *não obriga todos os cidadãos a custear diretamente a seguridade social*: há certos segmentos da sociedade que somente devem contribuir de forma indireta.

Para que seja esclarecida essa assertiva, é válido especificar o que se entende por custeio direto e indireto. O custeio direto consiste no pagamento, pelas pessoas físicas ou jurídicas, das contribuições de seguridade social. Diz respeito a obrigações jurídico-tributárias. O custeio indireto, por sua vez, consiste no financiamento mediante recursos

[1348] STF, Pleno, RE 146.733, rel. Min. Moreira Alves, 6.1992. A ementa não alude à questão, mas ela foi enfrentada pelo relator, nestes termos: "Para que fosse inconstitucional essa forma de arrecadação, necessário seria que a Constituição tivesse criado um sistema de seguridade social cuja realização, em todas suas etapas, tivesse que ser da competência exclusiva de um órgão autônomo de seguridade social. E não é isso o que resulta dos textos constitucionais concernentes à seguridade social". Na decisão do Juiz Fleury Pires, transcrita no voto do Ministro Moreira Alves, constou de forma expressa a referência à necessidade de os recursos reverterem à seguridade social, mas que eventual desvio somente teria por efeito a penalização dos agentes responsáveis por tal ato: "não há como vislumbrar na Constituição proibição a que a União institua e arrecade contribuição social expressamente prevista no art. 195, I, incidente sobre o lucro dos empregadores, desde que destine os recursos exclusivamente à Seguridade Social [...] Se os recursos obtidos tiverem destino diverso, haverá desvio de finalidade. Mas tal cogitação situa-se em dimensão futura, sujeitando os responsáveis às conseqüências legalmente previstas".

[1349] Conferir os comentários ao art. 146, III, *a*.

orçamentários da União, dos Estados, do Distrito Federal ou dos Municípios, decorrentes de receitas não vinculadas diretamente à seguridade social. Concerne a obrigações jurídico-financeiras. Dentre as receitas voltadas ao custeio indireto, sobressaem as provenientes da arrecadação de impostos.

Denota-se, assim, que *o custeio indireto deveria complementar o direto, destinando-se parcela dos recursos obtidos com impostos à seguridade social*; mas o que se verifica, por vezes, é justamente o oposto: os recursos das contribuições de seguridade são desviados para financiar outras atividades do Poder Público, mediante os mais variados artifícios jurídico-financeiros. Desses artifícios, o mais relevante é a Desvinculação de Receitas da União – DRU –, estabelecida no art. 76 do ADCT, que propicia o desvio de até 20% dos recursos da seguridade social.[1350]

O princípio da universalidade do custeio da seguridade social é um relevante *vetor interpretativo* para a concretização dos enunciados atributivos de competências tributárias. Impõe que o intérprete, quando da construção das competências tributárias, leve em consideração a diretriz axiológica firmada pela Constituição no sentido de que toda a sociedade deve custear a seguridade social, de forma mediata ou imediata.[1351]

O intérprete, contudo, há de reconhecer que tal princípio não é, de forma alguma, um princípio constitucional absoluto, devendo ser ponderado com outros princípios que, no caso concreto, pesem a favor de solução diversa.

Ademais, *o princípio da universalidade do custeio da seguridade social nunca poderá ser utilizado para embasar a criação de novas competências* por ato exegético, hipótese em que o intérprete, descurando o sentido literal possível das palavras empregadas para a outorga de competências, arrogaria a si o papel de constituinte, modificando a estrutura de competências fixada no bojo da Constituição da República.[1352]

Consciente da necessidade de respeitar-se a configuração das competências tributárias estabelecida pela Carta Política, o Supremo Tribunal Federal posicionou-se nesse sentido quando do julgamento do RE 150.764, no qual se discutia a legitimidade constitucional da "prorrogação do FINSOCIAL".

Embora o princípio da universalidade do custeio da seguridade social tenha sido utilizado como argumento para que essa prorrogação fosse admitida, o STF reconheceu que o seu influxo é limitado, pois *a obrigação de toda a sociedade financiar a seguridade social deve ser observada com respeito aos parâmetros constitucionais*, mais especificamente às bases de incidência que o constituinte selecionou para outorgar competências impositivas. Reconheceu, desse modo, que essas bases de incidência (originalmente: folha de salários, faturamento e lucro) não podem ser deturpadas por meio de uma extremada influência do princípio da universalidade do custeio da seguridade social. Da ementa do precedente, colhe-se o seguinte excerto:

> CONTRIBUIÇÃO SOCIAL – PARÂMETROS – NORMAS DE REGÊNCIA – FINSOCIAL – BALIZAMENTO TEMPORAL. A teor do disposto no artigo 195 da Constituição Federal, incumbe à sociedade, como um todo, financiar, de forma direta e indireta, nos termos da lei, a seguridade social, atribuindo-se aos empregadores a participação mediante bases de incidência próprias – folha de salários, o faturamento e o lucro...[1353]

[1350] Vide os comentários ao art. 76 do ADCT.

[1351] Segundo o STF, o princípio analisado é um corolário do princípio da solidariedade, razão pela qual sustenta a contribuição previdenciária dos trabalhadores aposentados pelo regime geral que retornam à atividade (1ª Turma, *RE 437.640*, rel. Min. Sepúlveda Pertence, 9.2006, referência contida no voto do relator).

[1352] A respeito, vide A. VELLOSO. *Conceitos e competências tributárias*, p. 312-321.

[1353] STF, Pleno, *RE 150.764*, rel. p/ ac. Min. Marco Aurélio, 12.1992.

Justamente pela necessidade de serem respeitadas as "bases de incidência próprias", o STF declarou a inconstitucionalidade do art. 9º da Lei 7.689/88, que pretendia conferir ao FINSOCIAL caráter permanente, com base na competência conferida pelo art. 195, I, da CF. Reputou que o princípio da universalidade do custeio da seguridade social não seria hábil a embasar a perpetuação do FINSOCIAL.[1354]

Não obstante, tal princípio já foi utilizado para o desenvolvimento ilegítimo do Direito, levando à criação judicial de competência não conferida pela Constituição.

Referimo-nos ao julgamento do RE 205.355 AgR, no qual o STF declarou a legitimidade da incidência do FINSOCIAL nas operações envolvendo minerais, a despeito do disposto no art. 155, § 3º, da CF, que consagrava a imunidade das "operações relativas a energia elétrica, serviços de telecomunicações, derivados de petróleo, combustíveis e minerais do País" em relação a todos os "tributos", à exceção de certos impostos referidos especificamente (o ICMS, o I.I. e o I.E.).[1355]

Nesse precedente, empregou-se indevidamente o princípio da universalidade do custeio da seguridade social para restringir o alcance da imunidade:

> O que precisa ser salientado é que o § 3º do art. 155, CF, há de ser interpretado em consonância com princípios constitucionais outros, principalmente com o que está disposto no art. 195, *caput*, da mesma Carta, que estabelece que "a seguridade social será financiada por toda a sociedade, de forma direta e indireta, nos termos da lei". Ora, no raciocínio das recorridas, as empresas de mineração, as distribuidoras de derivados de petróleo (postos de gasolina), distribuidoras de eletricidade e que executam serviços de telecomunicações estariam isentas da obrigação de contribuir para a seguridade social, assim com aplicação de tratos mortais no princípio isonômico – geral e tributário – que a Constituição consagra: C.F., art. 5º; art. 150, II.[1356]

Além de não levar a uma competência ilimitada para a cobrança de contribuições de seguridade social e tampouco viabilizar a mutilação de imunidades tributárias, o princípio constitucional da universalidade do custeio *não legitima a instituição de contribuições sem a necessária interposição legislativa.*

Portanto, não há como divergir da decisão prolatada pelo STF quando, questionado acerca da legitimidade da sujeição, com base no princípio da universalidade do custeio da seguridade social, das empresas urbanas à contribuição ao FUNRURAL, afirmou que a matéria deveria ser apreciada à luz da lei ordinária, haja vista tal princípio não embasar, por si só, tal cobrança.[1357]

O próprio art. 195, *caput*, da CF prevê que o financiamento se dará "nos termos da lei", como não poderia deixar de ser, diante do princípio constitucional da legalidade estrita em matéria tributária.

1354 Esse acórdão se assentou, ainda, na correta premissa de que não há, nem mesmo em se tratando de contribuições para a seguridade social, uma competência total ou competências ordinárias omnidirecionais, que abarcam todas as manifestações de capacidade contributiva.

1355 STF, Pleno, RE 205.355 AgR, rel. Min. Carlos Velloso, 7.1999.

1356 STF, Pleno, RE 205.355 AgR, rel. Min. Carlos Velloso, 7.1999, excerto do voto do relator. Em seguida, o Ministro Carlos Velloso reitera esse entendimento, refutando a interpretação "puramente literal e isolada do § 3º do art. 153 da Constituição", que "levaria ao absurdo, conforme linhas atrás registramos de ficarem excepcionadas do princípio inscrito no art. 195, *caput*, da mesma Carta – "a seguridade social será financiada por toda a sociedade, de forma direta e indireta, nos termos da lei, ..." – empresas de grande porte [...] o que não se coaduna com o sistema da Constituição, e ofensiva, tal modo de interpretar isoladamente o § 3º do art. 153, a princípios constitucionais outros, como o da igualdade (C.F., art. 5º e art. 150, II) e da capacidade contributiva". Também o Ministro Maurício Corrêa foi claro ao expor que: "... a teor do dogma constitucional do *caput* do artigo 195, segundo o qual a seguridade será financiada por toda a sociedade, não posso conceber que fiquem de fora desse esforço as empresas que exploram esses setores – gigantes da economia nacional –, as quais não são excepcionadas pela lei" (trecho com grifos no original). O alcance dessa imunidade foi analisado nos comentários ao art. 155, § 3º, da CF, ao qual remetemos o leitor.

1357 STF, 2ª Turma, *RE 255.360 AgR*, rel. Min. Maurício Corrêa, 6.2000.

• Precedentes citados

Financiamento direto da seguridade social. Necessidade de respeito às balizas constitucionais. Inconstitucionalidade da perpetuação do finsocial: CONTRIBUIÇÃO SOCIAL – PARÂMETROS – NORMAS DE REGÊNCIA – FINSOCIAL – BALIZAMENTO TEMPORAL. A teor do disposto no artigo 195 da Constituição Federal, incumbe à sociedade, como um todo, financiar, de forma direta e indireta, nos termos da lei, a seguridade social, atribuindo-se aos empregadores a participação mediante bases de incidência próprias – folha de salários, o faturamento e o lucro. Em norma de natureza constitucional transitória, emprestou-se ao FINSOCIAL característica de contribuição, jungindo-se a imperatividade das regras insertas no Decreto-Lei nº 1940/82, com as alterações ocorridas até a promulgação da Carta de 1988, ao espaço de tempo relativo a edição da lei prevista no referido artigo. Conflita com as disposições constitucionais – artigos 195 do corpo permanente da Carta e 56 do Ato das Disposições Constitucionais Transitórias – preceito de lei que, a título de viabilizar o texto constitucional, toma de empréstimo, por simples remissão, a disciplina do FINSOCIAL. Incompatibilidade manifesta do art. 9º da Lei nº 7689/88 com o Diploma Fundamental, no que discrepa do contexto constitucional. (STF, Pleno, **RE 150.764**, rel. p/ ac. Min. Marco Aurélio, 12.1992)

Princípio da universalidade do custeio não fundamenta obrigações tributárias específicas. Cobrança do Funrural de empresas urbanas. Inexistência de definição constitucional: AGRAVO REGIMENTAL EM RECURSO EXTRAORDINÁRIO. CONTRIBUIÇÃO SOCIAL DESTINADA A FINANCIAR O FUNRURAL. VIOLAÇÃO DO PRECEITO INSCRITO NO ARTIGO 195 DA CONSTITUIÇÃO FEDERAL. ALEGAÇÃO INSUBSISTENTE. A norma do artigo 195, *caput*, da Constituição Federal, preceitua que a seguridade social será financiada por toda a sociedade, de forma direta e indireta, nos termos da lei, mediante recursos provenientes dos orçamentos da União, dos Estados, do Distrito Federal e dos Municípios, sem expender qualquer consideração acerca da exigibilidade de empresa urbana da contribuição social destinada a financiar o FUNRURAL. Agravo regimental não provido. (STF, 2ª Turma, **RE 255.360 AgR**, rel. Min. Maurício Corrêa, 6.2000)

O agravo regimental fora interposto pelo contribuinte, não tendo sido provido em razão de o recurso extraordinário não versar sobre matéria constitucional: "O artigo 195 da Constituição federal não disciplina a questão referente à exigibilidade de empresa urbana da contribuição social destinada a financiar o FUNRURAL, mas preceitua que a seguridade social será financiada por toda a sociedade, de forma direta e indireta, nos termos da lei, mediante recursos provenientes dos orçamentos da União, dos Estados, do Distrito Federal e dos Municípios. 2. Por isso mesmo, a questão submetida a exame desta Corte há de ser dirimida à luz da legislação ordinária, à qual a norma constitucional remete" (trecho do voto do relator).

Princípio da universalidade como diretriz interpretativa. Contribuição do aposentado que retorna à atividade. Legitimidade: Contribuição previdenciária: aposentado que retorna à atividade: CF, art. 201, § 4º; L. 8.212/91, art. 12: aplicação à espécie, mutatis mutandis, da decisão plenária da ADIn 3.105, red.p/acórdão Peluso, DJ 18.2.05. A contribuição previdenciária do aposentado que retorna à atividade está amparada no princípio da universalidade do custeio da Previdência Social (CF, art. 195); o art. 201, § 4º, da Constituição Federal "remete à lei os casos em que a contribuição repercute nos benefícios". (STF, 1ª Turma, **RE 437.640**, rel. Min. Sepúlveda Pertence, 9.2006)

I – do empregador, da empresa e da entidade a ela equiparada na forma da lei, incidentes sobre: (Redação dada pela Emenda Constitucional nº 20, de 15.12.1998)

Redação original: I – dos empregadores, incidente sobre a folha de salários, o faturamento e o lucro;

a) a folha de salários e demais rendimentos do trabalho pagos ou creditados, a qualquer título, à pessoa física que lhe preste serviço, mesmo sem vínculo empregatício; (Alínea incluída pela Emenda Constitucional nº 20, de 15.12.1998)

b) a receita ou o faturamento; (Alínea incluída pela Emenda Constitucional nº 20, de 15.12.1998)

c) o lucro; (Alínea incluída pela Emenda Constitucional nº 20, de 15.12.1998)

II – do trabalhador e dos demais segurados da previdência social, não incidindo contribuição sobre aposentadoria e pensão concedidas pelo regime geral de previdência social de que trata o art. 201; (Redação dada pela Emenda Constitucional nº 20, de 15.12.1998)

Redação original: II – dos trabalhadores;

III – sobre a receita de concursos de prognósticos.

IV – do importador de bens ou serviços do exterior, ou de quem a lei a ele equiparar. (Inciso incluído pela Emenda Constitucional nº 42, de 19.12.2003)

Art. 195, I a IV: Outorga de competência para a instituição de contribuições de seguridade social

1. Inciso I: contribuições do empregador, da empresa e da entidade a ela equiparada

O inciso I do art. 195 versa sobre as contribuições patronais incidentes sobre as remunerações pagas a pessoas físicas (alínea *a*), sobre o faturamento ou a receita bruta (alínea *b*) e sobre o lucro (alínea *c*).

A primeira é uma contribuição previdenciária; as demais são contribuições securitárias.

Originalmente, a contribuição incidente sobre as remunerações também era uma contribuição de seguridade social, pois os seus recursos não tinham afetação específica dentro do segmento da seguridade. Porém, com o advento da EC 20/98, ela passou a qualificar-se como uma contribuição de previdência social (ao lado da contribuição dos segurados, prevista no art. 195, II), uma vez que os seus recursos foram afetados especificamente ao pagamento de benefícios do regime geral de previdência social do art. 201 da CF (art. 167, XI, da CF, na redação dada pela EC 20/98).

A EC 20/98 também ampliou certas competências impositivas do art. 195. O inciso I, que na redação original da CF/88 somente alcançava os "empregadores", passou a abranger também as "empresas" e as "entidades a elas equiparadas na forma da lei".

1.1. Limitação genérica: a delimitação da materialidade pela indicação dos sujeitos passivos

Ao aludir ao "empregador", à "empresa" e à "entidade a ela equiparada", a Constituição delimita o alcance da competência tributária. Restringe o universo dos fatos que podem sofrer a incidência das contribuições aludidas no art. 195, I.

A União não pode, por exemplo, instituir a contribuição do art. 195, I, *a*, sobre todos os rendimentos do trabalho pagos ou creditados a pessoas físicas. *Somente possui competência para tributar os rendimentos oriundos de empregadores, de empresas ou de entidades a elas equiparadas* na forma da lei.

De conseguinte, falece ao legislador competência para instituir tal contribuição sobre os rendimentos do trabalho pagos por pessoa física não empregadora a autônomos que lhe prestem serviços.

Por meio dessa delimitação do alcance da competência tributária, a Carta Constitucional estrutura a hipótese de incidência que o legislador pode vir a instituir, a qual deve abranger apenas os creditamentos ou pagamentos, a pessoas físicas, de rendimentos do trabalho que sejam provenientes de empregadores, de empresas ou de entidades equiparadas a empresas. Ao fazê-lo, a Constituição delimita o "aspecto pessoal da hipótese de incidência",[1358] restringindo o universo de fatos sujeitos à tributação.

[1358] Como expusemos em nossos *Comentários à Lei do Custeio da Seguridade Social:* "Concebemos que na hipótese de incidência não há apenas três aspectos (o material, o temporal e o espacial), mas também um quarto aspecto: o pessoal. Comungamos, assim, da posição de Sacha Calmon, no sentido de que: "o fato jurígeno (um "ser", "ter", "estar" ou "fazer") está sempre *ligado a uma pessoa*, e, às vezes, os atributos ou qualificações dessa pessoa são importantes para a delimitação da *hipótese de incidência*" (COÊLHO, Sacha Calmon Navarro. *Teoria geral do tributo, da interpretação e da exoneração tributária.* São Paulo: Dialética, 2003. p. 95-96). O aspecto pessoal da hipótese, no entanto, não se confunde com o aspecto pessoal do conseqüente e tampouco com o sujeito passivo, embora em regra se identifique com este" (p. 103-104).

Se porventura fosse desconsiderada essa delimitação da competência e instituída uma contribuição à seguridade social que abrangesse todos os rendimentos do trabalho pagos ou creditados a pessoas físicas, a contribuição abrangeria um leque muito mais amplo de situações do que o art. 195, I, da CF autoriza, o que poderia acarretar a sua inconstitucionalidade.

1.1.1. Conceito de empregador e as empresas sem empregados no regime anterior à EC 20/98

1.1.1.1. Conceito de empregador

O conceito constitucional-tributário de empregador coincide com o conceito jurídico-trabalhista.

O STF já firmou a sua jurisprudência nesse sentido, ao declarar, no julgamento do RE 166.772, que o art. 195, I, da CF/88 incorporou o conceito de empregador da legislação trabalhista.[1359] Poucos meses após, reafirmou esse entendimento, ao julgar o RE 177.296, que também versava a respeito da contribuição sobre as remunerações pagas a autônomos, administradores e avulsos.[1360]

1.1.1.2. Empresas sem empregados

Tendo a Constituição incorporado, no seu art. 195, I, o conceito jurídico-trabalhista de empregador, resta evidente que *as contribuições de que trata esse preceito não podiam ser cobradas de empresas que não fossem empregadoras* à luz do Direito do Trabalho.[1361]

[1359] STF, Pleno, RE 166.772, rel. Min. Marco Aurélio, 5.1994. Lê-se no voto do relator, Ministro Marco Aurélio: "Destarte, já no que o inciso I do artigo 195 revela contribuição devida pelos empregadores, procede a pretensão recursal. A teor do artigo 2º da Consolidação das Leis do Trabalho, considera-se empregador a empresa individual ou coletiva que, assumindo os riscos da atividade econômica, admite, assalaria e dirige a prestação pessoal de serviços. O vínculo empregatício pressupõe, em si, a dependência do prestador dos serviços. Se de um lado a econômica e a técnica não são indispensáveis à configuração do fenômeno, de outro há de se fazer presente a jurídica, a revelar submissão do prestador dos serviços ao tomador, sem a qual não se pode dizer da existência de contrato de trabalho regido pela Consolidação das Leis do Trabalho e, portanto, das figuras de empregado e de empregador". O Ministro Celso de Mello reforçou esse entendimento, ao asseverar que: "As expressões empregador, salários e empregado, Sr. Presidente, refletem noções conceituais largamente consolidadas no plano da nossa experiência jurídica. Desse modo, e não obstante o sentido comum que se lhes possa atribuir, esses conceitos encerram carga semiológica que encontra, no discurso normativo utilizado pelo legislador constituinte, plena correspondência com o seu exato, técnico e jurídico significado, do qual não pode o legislador ordinário divorciar-se ao veicular a disciplina de qualquer espécie tributária..." (texto com grifos no original). O precedente versava acerca da contribuição sobre os valores pagos a administradores e autônomos, que foi declarada inconstitucional com base na premissa de que deveriam ser respeitados os conceitos empregados para a outorga de competências. Colhe-se do voto do Ministro Marco Aurélio: "Realmente, a flexibilidade dos conceitos, o câmbio do sentido destes, conforme os interesses em jogo, implicam insegurança incompatível com o objetivo da própria Carta que, realmente, é um corpo político, mas o é ante os parâmetros que encerra e estes não são imunes ao real sentido dos vocábulos, especialmente os de contornos jurídicos. Logo, não merece agasalho o ato de dizer-se da colocação, em plano secundário, de conceitos consagrados, buscando-se homenagear, sem limites técnicos, o sentido político das normas constitucionais. O artigo 195, não há a menor dúvida, atribui a toda sociedade o financiamento, de forma direta e indireta, da seguridade social, fazendo-o, no entanto, em termos que têm como escopo maior a segurança na vida gregária. Ora, além das contribuições nele enumeradas, outras somente podem vir à balha via lei complementar, consoante previsto no § 4º do citado artigo e já sedimentado por força dos precedentes desta Corte anteriormente referidos".

[1360] STF, Pleno, RE 177.296, rel. Min. Moreira Alves, 9.1994. Os precedentes do RE 177.296 e do RE 166.772 são transcritos e analisados com atenção no tópico atinente à materialidade original da contribuição patronal sobre as remunerações.

[1361] Esposamos, portanto, o posicionamento de José Eduardo Soares de Melo, no sentido de que, da promulgação da CF de 1988 ao início da vigência da EC 20/98, não havia, no art. 195, I, base constitucional para a tributação das empresas que não possuíam empregados, pois "as empresas (de qualquer natureza e objeto social) só revestiriam a qualidade de efetivos e autênticos contribuintes se e quando fossem 'empregadores', ou seja, assalariassem empregados. *A contrario sensu*, inexistindo os empregados, permaneceriam caracterizadas como 'não-empregadores' – e, portanto, estariam excluídas da sujeição passiva das contribuições, ainda que tivessem 'faturamento' ou 'lucro'" (*Contribuições sociais no sistema tributário*. p. 141). Não sendo viável o emprego de analogia para criar competências tributárias, deve-se respeitar, na interpretação e na aplicação do Direito, o sentido possível das palavras (Cfr. A. VELLOSO. *Conceitos e competências tributárias*. p. 175

Contudo, a Lei 8.212/91, discrepando nitidamente da autorização constitucional para a tributação dos "empregadores", instituiu, com base no art. 195, I, contribuições de seguridade social a cargo da "empresa", sem que qualquer restrição fosse feita em relação às empresas que não possuíssem empregados, tal como ocorre com certas *holdings*, firmas individuais e sociedades civis.

A ilegitimidade da Lei 8.212/91, suscitada judicialmente, foi uma das razões para a alteração, pela EC 20/98, do artigo 195, I, da CF, de modo que a competência da União fosse ampliada para abarcar também as empresas não empregadoras.

Se o Supremo Tribunal Federal tivesse sido coerente com os célebres precedentes relativos à contribuição sobre as remunerações pagas a autônomos, administradores e avulsos (REs 166.772 e 177.296), teria declarado a impossibilidade de serem cobradas, no exercício da competência do art. 195, I, em sua redação original, contribuições securitárias das empresas sem empregados.

Sem embargo, em diversas decisões *o Pretório Excelso declarou que o termo "empregadores" alcança até mesmo os potencialmente empregadores, chancelando a tributação das empresas não empregadoras.*[1362]

De qualquer forma, é certo que a incompetência para a tributação de tais empresas cessou com o advento da EC 20/98, embora ainda haja quem sustente ser ilegítima a sujeição das empresas sem empregados ao recolhimento de contribuições previdenciárias.

- **Precedente citado**

Empresas "potencialmente empregadoras". Legitimidade da cobrança da COFINS: CONSTITUCIONAL. TRIBUTÁRIO. PREVIDENCIÁRIO. CONTRIBUIÇÃO: COFINS – PIS – FINSOCIAL. C.F., art. 195, I. I. – Pessoa jurídica habilitada a operar, admitindo trabalhadores. O vocábulo empregador inscrito no art. 195, I, C.F., compreende a pessoa jurídica empregadora em potencial. II. – Agravo não provido. (STF, 2ª Turma, **RE 364.215 AgR**, rel. Min. Carlos Velloso, 8.2004)

Em seu voto, o Ministro Carlos Velloso asseverou: "O que deve ser considerado é que a pessoa jurídica recorrente constitui-se em potencial empregadora. Vale dizer, constitui-se em empregadora. Se não admite empregados é opção sua. Pode, entretanto, admiti-los, está apetrechada para tal".

1.1.2. As empresas e as entidades equiparadas

Além dos empregadores, estão sujeitas às contribuições do art. 195, I, as empresas e as entidades a elas equiparadas.

Empresas são as pessoas jurídicas de direito privado que desempenham atividades econômicas, de natureza urbana ou rural. Enquadram-se como empresas os entes da administração pública indireta que atuam no domínio econômico, mas não os que prestam serviços públicos e tampouco os entes integrantes da administração pública direta. As entidades sem fins lucrativos poderão qualificar-se como empresas apenas na hipótese de desenvolverem atividades econômicas, assumindo os riscos correlatos.

Embora não se qualifiquem como empresas, os entes da administração pública e as entidades sem fins lucrativos que não desempenham atividades econômicas constituem entidades e, de conseguinte, poderão ser equiparados pelo legislador às empresas para fins de incidência das contribuições do art. 195, I, da CF.

---

et seq.) e, assim, concluir pela impossibilidade de o termo "empregadores" abranger empresas que não possuam qualquer empregado, ou seja, que não são empregadoras. Na linha do que defendemos, Pontes de Miranda já afirmava ser sobre os conceitos utilizados nas normas atributivas de competências "que se edifica o direito tributário" e que "uma das primeiras conseqüências disso" é "a de se ter de repelir a interpretação analógica" (*Comentários à Constituição de 1967; com a Emenda n. 1 de 1969*. p. 365).

[1362] STF, 1ª Turma, RE 442.725 AgR, rel. Min. Cezar Peluso, 6.2005; 2ª Turma, *RE 364.215 AgR*, rel. Min. Carlos Velloso, 8.2004; RE 354.017 AgR, rel. Min. Gilmar Mendes, 12.2005. O *leading case* foi o RE 364.215 AgR.

Sem embargo, *há limites à liberdade do legislador para equiparar entidades às empresas* com vistas a tal desiderato.

O principal limite decorre dos lindes semânticos do termo "entidade": somente entidades podem ser equiparadas à empresa, e não quaisquer pessoas.

Dever-se-ia, pelo postulado da unidade do ordenamento jurídico, adotar a acepção jurídica do vocábulo "entidades", que designa as sociedades e as associações juridicamente constituídas para determinado fim. Em tal acepção, revela-se legítima a equiparação de cooperativas e associações às empresas, mas não de contribuintes individuais e tampouco das associações diplomáticas.[1363]

A inviabilidade de equiparação à empresa, no entanto, não implica necessariamente a ilegitimidade da cobrança das contribuições sobre as remunerações, sobre a receita ou sobre o lucro. Essas exações poderão ser exigidas se houver vínculo empregatício, com base na autorização constitucional para a tributação dos "empregadores" (art. 195, I).

1.2. Alínea *a*: contribuição sobre os rendimentos do trabalho pagos ou creditados a pessoas físicas

Em sua redação original, a Constituição de 1988 somente autorizava a cobrança de contribuições incidentes sobre "a folha de salários, o faturamento e o lucro".

A materialidade da contribuição atualmente prevista no art. 195, I, *a*, era, portanto, restrita à "folha de salários", o que rendeu ensejo a questionamentos concernentes à legitimidade da cobrança da contribuição sobre os valores pagos a autônomos, administradores e avulsos.

A EC 20/98 ampliou o alcance dessa competência, a qual passou a alcançar os "demais rendimentos do trabalho pagos ou creditados, a qualquer título, à pessoa física que lhe preste serviço, mesmo sem vínculo empregatício".

1.2.1. Materialidade original e a incidência sobre os valores pagos ou creditados a autônomos, administradores e avulsos

Não obstante o art. 195, I, da CF/88 somente autorizasse, em sua redação original, a incidência da contribuição do empregador sobre a "folha de salários, o faturamento e o lucro", a Lei 8.212/91 *estendeu-a às remunerações pagas aos empresários, avulsos e autônomos, incorrendo em manifesto vício de inconstitucionalidade.*[1364]

Consoante possibilidade indicada pelo próprio STF ao declarar a inconstitucionalidade dessa exigência, *a União instituiu novamente a exação, mas por meio de lei complementar*, no exercício da competência residual outorgada pelo art. 195, § 4º, da Constituição Federal.

Pelo art. 1º, I, da LC 84/96, passou a ser prevista, legitimamente, a exação, à alíquota de 15% sobre o total das remunerações ou retribuições pagas ou creditadas aos segurados empresários, trabalhadores autônomos, avulsos e demais pessoas físicas.

[1363] A respeito dos conceitos de empresa e de entidade equiparada adotados pela Lei 8.212/91, vide os nossos *Comentários à lei do custeio da Seguridade Social*, p. 104-108.

[1364] STF, Pleno, *RE 166.772*, rel. Min. Marco Aurélio, 5.1994; RE 177.296, rel. Min. Moreira Alves, 9.1994. No julgamento do RE 166.772, o STF declarou a inconstitucionalidade dos vocábulos "administradores" e "autônomos" contidos no artigo 3º, I, da Lei 7.787/89. A inconstitucionalidade do termo "avulsos" não foi declarada nessa decisão, pelo fato de não ser objeto do RE 166.772: foi pronunciada quando do julgamento do RE 177.296. Por coerência, o STF declarou, na ADI 1.102, a inconstitucionalidade das expressões "empresários" e "autônomos" contidas no art. 22, I, da Lei 8.212/91, em sua redação original (STF, Pleno, ADI 1.102, rel. Min. Maurício Corrêa, 10.1995).

Em seguida, foi editada a EC 20/98, que alterou o art. 195, I, da CF, facultando à lei ordinária regular a contribuição a cargo da empresa sobre as remunerações pagas ou creditadas a autônomos, administradores e avulsos, por ter base nesse dispositivo constitucional.

Frente a esse quadro, decidiu-se reinserir a contribuição no bojo da Lei 8.212/91, o que se operacionalizou por meio da Lei 9.876/99, a qual revogou a LC 84/96, alterou a redação do inciso I e incluiu o inciso III no art. 22 da LCSS, onde está regulada a matéria no que concerne aos segurados empresários e trabalhadores autônomos.

Embora a LC 84/96 tenha sido alterada por uma lei ordinária, não se verificou vício formal: a matéria, que era reservada à lei complementar, deixou de sê-lo com o advento da EC 20/98 (a qual ampliou o alcance da competência outorgada pelo art. 195, I), razão pela qual a LC 84/96 passou a ter, nesse aspecto, *status* de lei ordinária e, de conseguinte, tornou-se passível de modificação por esta espécie normativa.

De fato, com a LC 84/96 ocorreu fenômeno inverso ao que se verificou com o CTN, que, inserido no ordenamento como lei ordinária, foi recepcionado pela CF/88, no que veicula normas gerais em matéria tributária, com o *status* de lei complementar.[1365]

• Precedente citado

Contribuição sobre valores pagos a autônomos e administradores. Inconstitucionalidade à luz da redação original da CF/88. Lei 7.787/89: INTERPRETAÇÃO – CARGA CONSTRUTIVA – EXTENSÃO. Se é certo que toda interpretação traz em si carga construtiva, não menos correta exsurge a vinculação a ordem jurídico-constitucional. O fenômeno ocorre a partir das normas em vigor, variando de acordo com a formação profissional e humanistica do intérprete. No exercício gratificante da arte de interpretar, descabe "inserir na regra de direito o próprio juízo – por mais sensato que seja – sobre a finalidade que "conviria" fosse por ela perseguida" – Celso Antonio Bandeira de Mello – em parecer inédito. Sendo o Direito uma ciência, o meio justifica o fim, mas não este aquele. CONSTITUIÇÃO – ALCANCE POLÍTICO – SENTIDO DOS VOCÁBULOS – INTERPRETAÇÃO. O conteúdo político de uma Constituição não é conducente ao desprezo do sentido vernacular das palavras, muito menos ao do técnico, considerados institutos consagrados pelo Direito. Toda ciência pressupõe a adoção de escorreita linguagem, possuindo os institutos, as expressões e os vocábulos que a revelam conceito estabelecido com a passagem do tempo, quer por força de estudos acadêmicos quer, no caso do Direito, pela atuação dos Pretórios. SEGURIDADE SOCIAL – DISCIPLINA – ESPÉCIES – CONSTITUIÇÕES FEDERAIS – DISTINÇÃO. Sob a égide das Constituições Federais de 1934, 1946 e 1967, bem como da Emenda Constitucional no 1/69, teve-se a previsão geral do tríplice custeio, ficando aberto campo propício a que, por norma ordinária, ocorresse a regência das contribuições. A Carta da República de 1988 inovou. Em preceitos exaustivos – incisos I, II e III do artigo 195 – impôs contribuições, dispondo que a lei poderia criar novas fontes destinadas a garantir a manutenção ou expansão da seguridade social, obedecida a regra do artigo 154, inciso I, nela inserta (§ 4º do artigo 195 em comento). CONTRIBUIÇÃO SOCIAL – TOMADOR DE SERVIÇOS – PAGAMENTOS A ADMINISTRADORES E AUTÔNOMOS – REGÊNCIA. A relação jurídica mantida com administradores e autônomos não resulta de contrato de trabalho e, portanto, de ajuste formalizado à luz da Consolidação das Leis do Trabalho. Daí a impossibilidade de se dizer que o tomador dos serviços qualifica-se como empregador e que a satisfação do que devido ocorra via folha de salários. Afastado o enquadramento no inciso I do artigo 195 da Constituição Federal, exsurge a desvalia constitucional da norma ordinária disciplinadora da matéria. A referência contida no § 4º do artigo 195 da Constituição Federal ao inciso I do artigo 154 nela insculpido, impõe a observância de veículo próprio – a lei complementar. Inconstitucionalidade do inciso I do artigo 3. da Lei n. 7.787/89, no que abrangido o que pago a administradores e autônomos. Declaração de inconstitucionalidade limitada pela controvérsia dos autos, no que não envolvidos pagamentos a avulsos. (STF, Pleno, **RE 166.772**, rel. Min. Marco Aurélio, 5.1994)

1.2.2. Materialidade atual

A contribuição de que trata o art. 195, I, *a*, da CF pode incidir sobre os "*rendimentos do trabalho*" (expressão correspondente a "remunerações destinadas a retribuir o traba-

[1365] A respeito da hierarquia entre lei complementar e lei ordinária e da possibilidade de esta espécie normativa alterar aquela, vide os comentários ao art. 146.

lho", empregada pelo art. 22, I, da Lei 8.212/91),[1366] mesmo que não haja vínculo empregatício e o trabalho seja meramente posto à disposição.

Portanto, *é indevida a incidência da contribuição sobre as remunerações que não constituem contraprestações pelo trabalho desempenhado*, como ocorre no aviso prévio indenizado e no auxílio-doença pago pelas empresas, nos 15 primeiros dias do afastamento.[1367]

Ademais, *somente podem ser tributadas as remunerações pagas a pessoas físicas* que prestem serviços aos empregadores, às empresas ou às entidades que lhes são equiparadas. As remunerações pagas a pessoas jurídicas, mesmo que decorrentes de prestação de serviços, não estão sujeitas à incidência da contribuição do art. 195, I, *a*.

Sendo a autorização constitucional limitada à tributação das remunerações, é evidente que *as verbas indenizatórias não podem compor a base de cálculo* da contribuição do art. 195, I, *a*.

Remuneração e indenização, como exposto nos comentários ao art. 153, III, são noções diametralmente antagônicas: onde há remuneração, não existe indenização e onde existe indenização, não há remuneração.

A remuneração agrega uma riqueza nova, incrementando o patrimônio do beneficiário; a indenização é vocacionada a recompor, a compensar, a ressarcir, não constituindo acréscimo patrimonial, mas mera reposição de uma perda patrimonial.

A indenização nunca estará sujeita à incidência da contribuição do art. 195, I, *a*, exceto se de indenização tiver apenas o nome, consistindo em remuneração camuflada, dissimulada.[1368]

[1366] Há um importante precedente do STF acerca do significado das expressões "folha de salários" (materialidade possível da contribuição antes da EC 20/98) e "remunerações" pagas aos empregados (materialidade correspondente aos "rendimentos do trabalho", cuja tributação é autorizada pela Constituição, na redação dada pela EC 20/98, com a peculiaridade de que atualmente não se exige a existência de vínculo empregatício). Na tramitação do projeto que resultou na Lei 9.424/96 (diploma que dispôs sobre o salário-educação), o Senado Federal substituiu a base de cálculo aprovada pela Câmara dos Deputados ("folha de salários") por esta: "o total de remunerações pagas ou creditadas, a qualquer título, aos segurados empregados, assim definidos no artigo 12, inciso I, da Lei n. 8.212, de 24 de julho de 1991". O projeto de lei, porém, não retornou à Câmara para que a alteração fosse aprovada por esta, sendo enviado diretamente à sanção presidencial, o que levou à impugnação da constitucionalidade formal da Lei 9.424/96. Essa alegação foi afastada em voto da lavra do Ministro Nelson Jobim, que concluiu não ter havido alteração da proposição jurídica, sendo desnecessário o retorno do projeto à Câmara. Tal conclusão se baseou na premissa da equivalência entre as expressões "folha de salários" e "total das remunerações pagas ou creditadas, a qualquer título, aos segurados empregados". Entendeu-se que, embora remuneração seja gênero do qual salário é espécie (como se decidiu no RE 166.772), a remuneração paga aos empregados equivale ao salário em acepção lata, abrangente dos complementos salariais. Colheu-se, ainda, voto do Ministro Celso de Mello proferido no RE 166.772, no sentido de que: "a expressão "folha de salários" refere-se ao conjunto de valores remuneratórios pagos pela empresa às pessoas jurídicas que lhe prestem serviços com vínculo de subordinação jurídica" (STF, Pleno, ADC 3, rel. Min. Nelson Jobim, 12.1999). Verifica-se, assim, que a real inovação da EC 20/98 foi a de permitir a instituição, por lei ordinária, da contribuição sobre as remunerações pagas ou creditadas a autônomos, administradores e avulsos, de modo a superar a jurisprudência firmada pelo STF à luz da redação original da CF/88.

[1367] STJ, 1ª Turma, *REsp 836.531*, rel. Min. Teori Albino Zavascki, 8.2006.

[1368] A respeito da impossibilidade de a contribuição do art. 195, I, *a*, incidir sobre parcelas indenizatórias, não há como se olvidar o precedente firmado na ADI 1.659 MC, que, apesar de ser relativo à redação constitucional anterior à EC 20/98, é relevante para a determinação do conteúdo do art. 195, I, *a*. A Medida Provisória 1.596-14, de 10 de novembro de 1997, havia alterado a redação do § 2º do art. 22 da Lei 8.212/91, determinando que integrassem a remuneração "os abonos de qualquer espécie ou natureza, bem como as parcelas denominadas indenizatórias pagas ou creditadas a qualquer título, inclusive em razão da rescisão do contrato de trabalho, ressalvado o disposto no § 9º do art. 28". Com base na premissa firmada no RE 166.772, de que apenas o salário em sentido técnico estaria sujeito à incidência da contribuição previdenciária, reconheceu-se a ilegitimidade da sua incidência sobre os abonos e as indenizações, pois há abonos que não se enquadram no conceito técnico de salário e tampouco no de ganhos habituais, além de nenhuma indenização constituir salário. Consequentemente, declarou-se a inconstitucionalidade do § 2º do art. 22 da Lei 8.212/91, na redação dada pela MP 1.596-14 (STF, Pleno, ADI 1.659 MC, rel. Min. Moreira Alves, 11.1997), que, cabe ressaltar, foi vetado quando da conversão dessa medida provisória na Lei 9.528/97.

Por exemplo, as diárias pagas para ressarcir despesas suportadas pelos empregados constituem indenizações e, como tais, não podem compor a base de cálculo da contribuição em foco, a menos que consistam em remuneração dissimulada. Daí decorre a legitimidade, em tese, de dispositivos que sujeitam verbas nominadas indenizatórias à incidência da contribuição previdenciária.[1369]

Outro exemplo de verba indenizatória é a compensação de despesas com o deslocamento do trabalhador entre a sua residência e o local de trabalho, pago na forma de vale-transporte ou em espécie.[1370]

A *gratificação natalina* (13° salário), por sua vez, reveste-se de natureza remuneratória, estando sujeita, de conseguinte, tanto à incidência da contribuição patronal (art. 195, I, *a*) quanto à do segurado (art. 195, II).[1371]

O mesmo ocorre com o *abono incorporado ao salário.*[1372]

• Súmulas

Súmula 241 do STF: "A contribuição previdenciária incide sobre o abono incorporado ao salário"

Súmula 688 do STF: "É legítima a incidência da contribuição previdenciária sobre o 13° salário"

Súmula 458 do STJ: "A contribuição previdenciária incide sobre a comissão paga ao corretor de seguros"

Nos precedentes que deram origem a esta súmula, impugnava-se a cobrança da contribuição pela inexistência de vínculo contratual entre a seguradora e os corretores e pelo caráter cogente da intermediação. Refutou-se a irresignação, em virtude da sujeição dos pagamentos a autônomos, determinada pela LC 84/96. Este julgado esclarece os fundamentos da súmula: "[...] 2. Cabe às empresas de seguro privado o pagamento da Contribuição Previdenciária incidente sobre o valor da comissão que a seguradora repassa aos corretores por prestarem serviços de intermediação no contrato de seguro. 3. É irrelevante a ausência de contrato de trabalho vinculando o corretor à seguradora, tendo em vista que a Lei Complementar 84/96 exige o recolhimento da referida exação sobre a remuneração dos trabalhadores autônomos. 4. A obrigatoriedade da intermediação de corretores de seguros entre as seguradoras e seus segurados não desfigura o caráter de prestação de serviços da atividade que se ajusta à previsão do art. 1°, I, da Lei Complementar 84/96. Precedentes do STJ. 5. Recurso Especial não provido." (STJ, 1ª Seção, **REsp 519.260**, rel. Min. Herman Benjamin, 4.2008)

• Precedentes citados

Supremo Tribunal Federal:

Vale-transporte pago em pecúnia. Natureza indenizatória. Não sujeição à contribuição previdenciária: [...] 1. Pago o benefício de que se cuida neste recurso extraordinário em vale-transporte ou em moeda, isso não afeta o caráter não salarial do benefício. 2. A admitirmos não possa esse benefício ser pago em dinheiro sem que seu caráter seja afetado, estaríamos a relativizar o curso legal da moeda nacional. [...] 6. A cobrança de contribuição previdenciária sobre o valor pago, em dinheiro, a título de vales-transporte, pelo recorrente aos seus empregados afronta a Constituição, sim, em sua totalidade normativa. Recurso Extraordinário a que se dá provimento. (STF, Pleno, **RE 478.410**, rel. Min. Eros Grau, 3.2010)

No mesmo sentido: STJ, 1ª Seção, EREsp 816.829, rel. Min. Castro Meira, 3.2011.

Superior Tribunal de Justiça:

Verba recebida sem contraprestação laboral. Auxílio-doença nos primeiros 15 dias do afastamento. Inexigibilidade da contribuição – Salário-maternidade. Caráter remuneratório. Legitimidade da incidência: [...] 2. É dominante no STJ o entendimento segundo o qual não é devida a contribuição previdenciária sobre a remuneração paga pelo empregador ao empregado, durante os primeiros dias do auxílio-doença, à consideração de que tal verba, por não consubstanciar contraprestação a trabalho, não tem natureza salarial. Precedentes: [...] 6. A Primeira Turma desta Corte consolidou entendimento no sentido de que o salário-maternidade possui natu-

---

[1369] Um desses preceitos é a alínea "a" do art. 28, § 8°, da Lei 8.212/91, que determina a incidência da contribuição previdenciária dos trabalhadores sobre: "o total das diárias pagas, quando excedente a cinqüenta por cento da remuneração mensal". Esse dispositivo veicula uma presunção de fraude ao Fisco, de questionável legitimidade constitucional, sobretudo porque não enseja a prova do contrário e sujeita à incidência da contribuição a integralidade das diárias, e não apenas a parcela excedente a 50% da remuneração.

[1370] A legislação já afasta a incidência da contribuição previdenciária sobre o vale-transporte. E o STF pronunciou a intributabilidade do benefício pago em espécie (Pleno, *RE 478.410*, rel. Min. Eros Grau, 3.2010).

[1371] Súmula 688 do STF: "É legítima a incidência da contribuição previdenciária sobre o 13° salário".

[1372] Súmula 241 do STF: "A contribuição previdenciária incide sobre o abono incorporado ao salário".

reza salarial, integrando a base de cálculo da contribuição previdenciária. Precedentes: [...] (STJ, 1ª Turma, **REsp 836.531**, rel. Min. Teori Albino Zavascki, 8.2006)

No mesmo sentido: STJ, 2ª Turma, REsp 853.730, rel. Min. Eliana Calmon, 6.2008.

• Questões específicas

Verbas que não se incorporam à aposentadoria. Terço constitucional de férias. Inexigibilidade da contribuição: [...] 2. A Primeira Seção do STJ considera legítima a incidência da contribuição previdenciária sobre o terço constitucional de férias. 3. Realinhamento da jurisprudência do STJ à posição sedimentada no Pretório Excelso de que a contribuição previdenciária não incide sobre o terço constitucional de férias, verba que detém natureza indenizatória e que não se incorpora à remuneração do servidor para fins de aposentadoria. [...] (STJ, 1ª Seção, **Pet 7.296**, rel. Min. Eliana Calmon, 10.2009)

Auxílio-creche. Natureza indenizatória. Inexigibilidade da contribuição: [...] 3. A jurisprudência desta Corte Superior firmou entendimento no sentido de que o auxílio-creche funciona como indenização, não integrando, portanto, o salário de contribuição para a Previdência. Inteligência da Súmula 310/STJ. Precedentes: ... (STJ, 1ª Seção, **REsp 1.146.772**, rel. Min. Benedito Gonçalves 2.2010, representativo de controvérsia)

Participação nos lucros. Incidência da contribuição patronal no período entre a promulgação da CF/88 e a edição da MP 794/94. Legitimidade: Participação nos lucros. Art. 7°, XI, da Constituição Federal. Necessidade de lei para o exercício desse direito. 1. O exercício do direito assegurado pelo art. 7°, XI, da Constituição Federal começa com a edição da lei prevista no dispositivo para regulamentá-lo, diante da imperativa necessidade de integração. 2. Com isso, possível a cobrança das contribuições previdenciárias até a data em que entrou em vigor a regulamentação do dispositivo. 3. Recurso extraordinário conhecido e provido. (STF, 1ª Turma, **RE 398.284**, rel. Min. Menezes Direito, 9.2008)

Participação nos lucros. Descumprimento da legislação. Legitimidade da incidência: PROCESSUAL CIVIL E TRIBUTÁRIO. CONTRIBUIÇÃO PREVIDENCIÁRIA. PARTICIPAÇÃO NOS LUCROS OU RESULTADOS. ISENÇÃO. NECESSIDADE DE OBSERVÂNCIA À LEGISLAÇÃO ESPECÍFICA. [...] 2. O gozo da isenção fiscal sobre os valores creditados a título de participação nos lucros ou resultados pressupõe a observância da legislação específica regulamentadora, como dispõe a Lei 8.212/91. 3. Descumpridas as exigências legais, as quantias em comento pagas pela empresa a seus empregados ostentam a natureza de remuneração, passíveis, pois, de serem tributadas. 4. Ambas as Turmas do STF têm decidido que é legítima a incidência da contribuição previdenciária mesmo no período anterior à regulamentação do art. 7°, XI, da Constituição Federal, atribuindo-lhe eficácia dita limitada, fato que não pode ser desconsiderado por esta Corte. 5. Recurso especial não provido. (STJ, 2ª Turma, **REsp 856.160**, rel. Min. Eliana Calmon, 6.2009)

Verba alheia à relação empregatícia. Honorários de sucumbência recebidos por procuradores da CEF. Não incidência da contribuição: [...] 4. Os honorários conferidos aos procuradores da CEF decorrentes de verbas sucumbenciais não integram a base de cálculo da contribuição previdenciária, porquanto não se constitui remuneração paga pela empregadora. Os valores recebidos por esses profissionais em decorrência da representação judicial da CEF são pagos pela parte vencida, embora a Caixa detenha o poder de gerência e repasse do montante da verba [...] (STJ, 2ª Turma, **REsp 802.408**, rel. Min. Castro Meira, 2.2008)

1.2.3. Serviços prestados por intermédio de pessoas jurídicas: desconsideração da personalidade jurídica e obrigação de retenção e recolhimento

A contribuição em apreço, a cargo das empresas, deve incidir sobre "a folha de salários e demais rendimentos do trabalho pagos ou creditados, a qualquer título, à *pessoa física* que lhe preste serviço". Não pode ser cobrada, portanto, sobre os valores pagos, pelas empresas, a outras pessoas jurídicas.

Nesta hipótese, caberá à pessoa jurídica empregadora, e não à tomadora dos serviços, a obrigação de recolher a contribuição previdenciária patronal. Porém, a legislação impôs à empresa tomadora a obrigação de recolhê-la, no que diz com os serviços prestados por intermédio de cooperativas e de empresas cedentes de mão de obra, sendo a contribuição calculada sobre o valor da nota fiscal-fatura.

Foram estabelecidas à empresa contratante duas obrigações específicas, ambas inseridas na Lei de Custeio da Seguridade Social (Lei 8.212/1991):

i) a primeira, pertinente aos serviços prestados por intermédio de cooperativas de trabalho, consistente no pagamento da contribuição de "quinze por cento sobre o valor bruto da nota fiscal ou fatura de prestação de serviços, relativamente a serviços que lhe são prestados por cooperados por intermédio de cooperativas de trabalho" (inciso IV do art. 22, incluído pela Lei nº 9.876, de 1999); e

ii) a segunda, vigente desde o advento da Lei 9.711/1998, relativa aos serviços executados mediante cessão de mão de obra, consistente na retenção de "11% (onze por cento) do valor bruto da nota fiscal ou fatura de prestação de serviços" e no ulterior recolhimento, em nome da empresa cedente da mão de obra, da importância retida (art. 31, *caput*, na redação dada pela Lei 11.933/2009), com a peculiaridade de ser facultado a esta compensar o valor retido com as contribuições previdenciárias sobre a folha de pagamento dos seus segurados.

Em que pese a aparente semelhança dessas obrigações, o Supremo Tribunal Federal declarou a primeira inconstitucional; e a segunda, constitucional.

A contribuição sobre os valores pagos em razão de serviços prestados por intermédio de cooperativas de trabalho foi declarada inconstitucional por três razões fundamentais: i) não encontra assento na regra de competência do art. 195, I, *a*, da CRFB, que somente autoriza a tributação dos rendimentos do trabalho, não do valor de notas fiscais emitidas por pessoas jurídicas (no caso, cooperativas de trabalho); ii) caracteriza indevida desconsideração da personalidade jurídica das cooperativas; e iii) não cumpre os requisitos da regra de competência residual do art. 195, § 4º, da CRFB, na medida em que foi instituída por lei ordinária, e não por lei complementar.[1373]

Já a obrigação de a empresa reter e recolher 11% do valor bruto da nota fiscal de serviços prestados mediante cessão de mão de obra foi declarada constitucional por não se tratar de uma nova contribuição, senão de "mera obrigação acessória",[1374] ou melhor, de mera sistemática de recolhimento voltada a simplificar a arrecadação e facilitar a fiscalização da contribuição, em que tais empresas assumem a posição de agentes de retenção (ou substitutas tributárias, conforme a concepção adotada), efetuando o recolhimento em nome da própria empresa cedente.

- **Precedentes citados**

Contribuição, a cargo da empresa, sobre o valor da nota fiscal, relativa aos serviços prestados por intermédio de cooperativa de trabalho. Inconstitucionalidade: Recurso extraordinário. Tributário. Contribuição Previdenciária. Artigo 22, inciso IV, da Lei nº 8.212/91, com a redação dada pela Lei nº 9.876/99. Sujeição passiva. Empresas tomadoras de serviços. Prestação de serviços de cooperados por meio de cooperativas de Trabalho. Base de cálculo. Valor Bruto da nota fiscal ou fatura. Tributação do faturamento. Bis in idem. Nova fonte de custeio. Artigo 195, § 4º, CF. 1. O fato gerador que origina a obrigação de recolher a contribuição previdenciária, na forma do art. 22, inciso IV da Lei nº 8.212/91, na redação da Lei 9.876/99, não se origina nas remunerações pagas ou creditadas ao cooperado, mas na relação contratual estabelecida entre a pessoa jurídica da cooperativa e a do contratante de seus serviços. 2. A empresa tomadora dos serviços não opera como fonte somente para fins de retenção. A empresa ou entidade a ela equiparada é o próprio sujeito passivo da relação tributária, logo, típico "contribuinte" da contribuição. 3. Os pagamentos efetuados por terceiros às cooperativas de trabalho, em face de serviços prestados por seus cooperados, não se confundem com os valores efetivamente pagos ou creditados aos cooperados. 4. O art. 22, IV da Lei nº 8.212/91, com a redação da Lei nº 9.876/99, ao instituir contribuição previdenciária incidente sobre o valor bruto da nota fiscal ou fatura, extrapolou a norma do art. 195, inciso I, a, da Constituição, descaracterizando a contribuição hipoteticamente incidente sobre os rendimentos do trabalho dos cooperados, tributando o faturamento da cooperativa, com evidente bis in idem. Representa, assim, nova fonte de custeio, a qual somente poderia ser instituída por lei complementar, com base no art. 195, § 4º - com a remissão feita ao art. 154, I, da Constituição. 5. Recurso extraordinário provido para declarar a inconstitucionalidade do inciso IV do art. 22 da Lei nº 8.212/91, com a redação dada pela Lei nº 9.876/99 (STF, Pleno, **RE 595.838**, rel. Min. Dias Toffoli, 4.2014).

Contribuição, a cargo da empresa, sobre o valor da nota fiscal, relativa aos serviços prestados mediante cessão de mão de obra. Constitucionalidade: EMENTA: CONSTITUCIONAL. TRIBUTÁRIO. PREVIDENCIÁRIO. CONTRIBUIÇÃO SOCIAL: SEGURIDADE. RETENÇÃO DE 11% SOBRE O VALOR BRUTO DA

[1373] STF, Pleno, *RE 595.838*, rel. Min. Dias Toffoli, 4.2014.

[1374] STF, Pleno, *RE 393.946*, rel. Min. Carlos Velloso, 11.2004 – trecho do voto do relator.

NOTA FISCAL OU DA FATURA DE PRESTAÇÃO DE SERVIÇO. Lei 8.212/91, art. 31, com a redação da Lei 9.711/98. I. - Empresa contratante de serviços executados mediante cessão de mão-de-obra: obrigação de reter onze por cento do valor bruto da nota fiscal ou fatura de prestação de serviços e recolher a importância retida até o dia 2 do mês subseqüente ao da emissão da respectiva nota fiscal ou fatura, em nome da empresa cedente da mão-de-obra: inocorrência de ofensa ao disposto no art. 150, § 7º, art. 150, IV, art. 195, § 4º, art. 154, I, e art. 148 da CF. II. - R.E. conhecido e improvido. (STF, Pleno, **RE 393.946**, rel. Min. Carlos Velloso, 11.2004).

1.3. Alínea *b*: contribuição sobre a receita ou o faturamento

A Constituição de 1988 não outorgou à União competência para instituir contribuição de seguridade social sobre a receita, mas apenas sobre o faturamento – conceito mais restrito, que, sob um viés econômico, está abrangido integralmente pelo de receita.

Esta era a redação original do art. 195, I, da Constituição da República:

> Art. 195. A seguridade social será financiada por toda a sociedade, de forma direta e indireta, nos termos da lei, mediante recursos provenientes dos orçamentos da União, dos Estados, do Distrito Federal e dos Municípios, e das seguintes contribuições sociais:
>
> I - dos empregadores, incidente sobre a folha de salários, o faturamento e o lucro;

Destarte, frente ao texto original da Carta de 1988, a União somente poderia instituir contribuição de seguridade sobre a integralidade da receita se exercesse a competência residual do art. 195, § 4º, respeitando, obviamente, os requisitos exigidos para tanto, estabelecidos no art. 154, I.

Esse contexto foi modificado pela *EC 20/98*, que, ao dar nova redação ao art. 195, I, *inseriu*, ao lado do termo "faturamento", *o vocábulo "receita", ampliando, desse modo, a competência ordinária da União.*

Recorde-se, a propósito, a redação atual do art. 195, I, *a*, da CF:

> Art. 195. A seguridade social será financiada por toda a sociedade, de forma direta e indireta, nos termos da lei, mediante recursos provenientes dos orçamentos da União, dos Estados, do Distrito Federal e dos Municípios, e das seguintes contribuições sociais:
>
> I - do empregador, da empresa e da entidade a ela equiparada na forma da lei, incidentes sobre: [...]
>
> b) a receita ou o faturamento;

Após essa inovação, tornou-se prescindível que o legislador observasse os requisitos do art. 154, I, da CF para instituir contribuição securitária sobre a receita, vez que, ao instituí-la, ele não estará exercendo a competência residual do art. 195, § 4º, mas a competência ordinária do art. 195, I, *b*.

Na realidade, *o termo "faturamento" passou a ser completamente supérfluo*. O faturamento, como já exposto, representa uma parcela da receita, razão pela qual, ao se conferir competência para tributar a receita, autoriza-se a tributação do faturamento. *O conceito de faturamento está compreendido no de receita*, sendo prescindível a sua manutenção no texto constitucional.

Essa afirmação se tornará mais clara após esmiuçarmos o conteúdo dos conceitos de faturamento e de receita.

1.3.1. Conceitos de receita e de faturamento

1.3.1.1. Ingressos e receita

O conceito de receita é objeto de detidos estudos no âmbito do Direito Financeiro, que se centram na receita pública.

A doutrina predominante distingue entre ingressos e receitas: ingressos são todas as quantias que adentram nos cofres públicos, abrangendo os denominados "movimentos de fundo" e as "entradas de caixa", que não incrementam o patrimônio público; e *as re-*

ceitas constituem uma categoria específica de ingresso,[1375] *singularizando-se por serem elementos novos e positivos para a mutação patrimonial.*[1376]

Nessa linha, é clássica a definição de Aliomar Baleeiro:

> Receita pública é a entrada que, integrando-se no patrimônio público sem quaisquer reservas, condições ou correspondências no passivo, vem acrescer o seu vulto, como elemento novo e positivo.[1377]

É certo que as regras de Direito Financeiro positivo acolhem um conceito mais amplo de receita, abrangente das entradas,[1378] mas, *para o Direito Tributário, a receita pública somente pode ser entendida na sua acepção doutrinária*, tão bem exposta por Aliomar Baleeiro.

Considerar os movimentos de fundos e as entradas de caixa como receita para fins tributários aviltaria o princípio da capacidade contributiva, porquanto não integram o patrimônio enquanto riquezas novas do seu titular.

Por exemplo, se uma empresa, enfrentando graves dificuldades financeiras, toma um empréstimo para saldar as suas dívidas com empregados, agravando, a médio ou longo prazo, a sua situação financeira, é evidente que os ingressos decorrentes desse empréstimo não poderão estar sujeitos à tributação enquanto receitas, vez que não exteriorizam capacidade contributiva, sendo, simplesmente, entradas de caixa.

Corrobora esse entendimento a previsão constitucional de uma contribuição sobre as movimentações financeiras – a extinta CPMF (art. 74 do ADCT) –, a evidenciar que, segundo a terminologia constitucional, movimentações financeiras e receita são materialidades diversas, não sendo viável incluir aquelas no âmbito desta.

A despeito de não se confundir com os ingressos em geral, constituindo um elemento novo e positivo para a oscilação patrimonial, a receita *não acarreta, em toda e qualquer situação, aumento do patrimônio do beneficiário.* A distinção é sutil, porém relevante: a receita consubstancia um elemento positivo para a oscilação patrimonial, e não incremento patrimonial. Em regra, a receita gera oscilações patrimoniais positivas, mas também pode implicar redução patrimonial, como ocorre nas vendas com prejuízo.[1379]

O STF acolheu a distinção entre ingressos e receita e também o conceito de receita delineado por Aliomar Baleeiro, ao analisar a constitucionalidade da incidência da COFINS sobre créditos de ICMS cedidos a terceiros por empresas exportadoras.[1380]

- **Precedentes citados**

Conceito de receita. Distinção perante ingressos: EMENTA RECURSO EXTRAORDINÁRIO. CONSTITUCIONAL. TRIBUTÁRIO. IMUNIDADE. HERMENÊUTICA. CONTRIBUIÇÃO AO PIS E COFINS. NÃO INCIDÊNCIA. TELEOLOGIA DA NORMA. EMPRESA EXPORTADORA. CRÉDITOS DE ICMS TRANSFERIDOS A TERCEIROS. [...] V – O conceito de receita, acolhido pelo art. 195, I, "b", da Constituição Federal, não se confunde com o conceito contábil. Entendimento, aliás, expresso nas Leis 10.637/02 (art. 1º) e Lei 10.833/03 (art. 1º), que determinam a incidência da contribuição ao PIS/PASEP e da COFINS não cumulativas sobre o total das receitas, "independentemente de sua denominação ou classificação contábil". Ainda que a con-

[1375] BALEEIRO. *Uma introdução à ciência das finanças*. p. 126.

[1376] OLIVEIRA. Conceito de receita como hipótese de incidência das contribuições para a seguridade social (para efeitos da COFINS e da contribuição ao PIS). p. 30.

[1377] BALEEIRO. *Uma introdução à ciência das finanças*. p. 126.

[1378] Vide, por exemplo, a definição denotativa do art. 11, § 4º, da Lei 4.320/64.

[1379] Esse fato foi assinalado com argúcia por Ricardo Mariz de Oliveira, que, considerando a hipótese de vendas com prejuízo, observa: "sendo a receita um elemento aumentativo do patrimônio, ou fonte de aumento do patrimônio, ela, isoladamente considerada, produz e efetiva aumento no patrimônio, embora, quando associada a outros elementos ou fatores, no global possa haver redução patrimonial" (OLIVEIRA. Conceito de receita como hipótese de incidência das contribuições para a seguridade social (para efeitos da COFINS e da contribuição ao PIS). p. 30).

[1380] STF, Pleno, *RE 606.107*, rel. Min. Rosa Weber, 05.2013 – Tema nº 283 da Repercussão Geral.

tabilidade elaborada para fins de informação ao mercado, gestão e planejamento das empresas possa ser tomada pela lei como ponto de partida para a determinação das bases de cálculo de diversos tributos, de modo algum subordina a tributação. A contabilidade constitui ferramenta utilizada também para fins tributários, mas moldada nesta seara pelos princípios e regras próprios do Direito Tributário. Sob o específico prisma constitucional, receita bruta pode ser definida como o ingresso financeiro que se integra no patrimônio na condição de elemento novo e positivo, sem reservas ou condições. VI - O aproveitamento dos créditos de ICMS por ocasião da saída imune para o exterior não gera receita tributável. Cuida-se de mera recuperação do ônus econômico advindo do ICMS, assegurada expressamente pelo art. 155, § 2º, X, "a", da Constituição Federal. [....] VIII - Assenta esta Suprema Corte a tese da inconstitucionalidade da incidência da contribuição ao PIS e da COFINS não cumulativas sobre os valores auferidos por empresa exportadora em razão da transferência a terceiros de créditos de ICMS. IX – [...] (STF, Pleno, RE 606.107, rel. Min. Rosa Weber, 05.2013 – Tema nº 283 da Repercussão Geral: "Incidência do PIS e da COFINS não-cumulativos sobre valores recebidos a título de transferência de ICMS").

1.3.1.2. Faturamento e receita

Por sua vez, *faturamento* é, na acepção comum, o ato ou efeito de faturar. Na acepção jurídico-tributária, corresponde, segundo a remansosa jurisprudência do STF, a uma fração específica da receita: a *receita bruta decorrente da alienação de mercadorias e/ou da prestação de serviços*.[1381]

Há, entre faturamento e receita, uma relação de continente e conteúdo (contento): a receita engloba, de forma integral, o faturamento; mas este não a abrange.

Pode-se equiparar, portanto, a relação existente entre faturamento e receita àquela que há entre gênero e espécie, entre conjunto e subconjunto, entre conceito e subconceito.

Dessas sucintas ponderações, resta clara a existência de receitas que não integram o faturamento das empresas, como as receitas não operacionais e até mesmo certas receitas operacionais (receitas financeiras, variações monetárias e cambiais etc.). Ingressos que integrem o faturamento, mas não a receita, por outro lado, não existem: todo o faturamento, cabe repisar, está compreendido na receita.

Por essa razão, *o STF declarou a inconstitucionalidade dos dispositivos da Lei 9.718/98* (editada antes da EC 20/98) *que ampliaram o conceito de faturamento*, ao disporem que o faturamento "corresponde à receita bruta da pessoa jurídica" (art. 3º, *caput*) e que a receita bruta corresponde à "totalidade das receitas auferidas pela pessoa jurídica, sendo irrelevantes o tipo de atividade por ela exercida e a classificação contábil adotada para as receitas" (art. 3º, § 1º). Noutros termos, esse preceitos determinaram que o termo "faturamento", empregado pela Constituição Federal para outorgar competência impositiva à União (art. 195, I, em sua redação original) corresponderia à "totalidade das

[1381] O STF reputa legítima a equiparação entre faturamento e receita, desde que seja compreendido o conceito de "receita" no sentido em que fora empregado no DL 2.397/87, que abrangia apenas a "receita bruta das vendas de mercadorias e de mercadorias e serviços de qualquer natureza". Sua jurisprudência se assentou nesse sentido após o julgamento, pelo Plenário, destes recursos: *RE 150.755*, rel. p/ ac. Min. Sepúlveda Pertence, 11.1992; RE 150.764, rel. p/ ac. Min. Marco Aurélio, 12.1992; e ADC 01, rel. Min. Moreira Alves, 12.1993. Como se consignou na ementa do RE 346.084: "A jurisprudência do Supremo, ante a redação do artigo 195 da Carta Federal anterior à Emenda Constitucional nº 20/98, consolidou-se no sentido de tomar as expressões receita bruta e faturamento como sinônimas, jungindo-as à venda de mercadorias, de serviços ou de mercadorias e serviços" (STF, Pleno, *RE 346.084*, rel. p/ ac. Min. Marco Aurélio, 11.2005). Todavia, denuncia-se, na própria jurisprudência do STF, uma interpretação mais ampla do termo "faturamento", segundo a qual este também abrange "a soma das receitas oriundas do exercício de outras atividades empresariais" (STF, 2ª Turma, *RE 371.258 AgR*, rel. Min. Cezar Peluso, 10.2006, excerto da ementa). O precedente tratava da incidência da COFINS sobre as receitas oriundas da locação de bens móveis, que foi considerada legítima ainda antes da EC 20/98, a despeito da decisão proferida no RE 346.084. No mesmo sentido, STF, 2ª Turma, RE 444.601 ED, rel. Min. Cezar Peluso, 11.2006, relativo às receitas oriundas do cumprimento de contratos de seguro e do exercício das atividades de entidade de previdência privada. Esse entendimento vem sendo aplicado pelo Superior Tribunal de Justiça. Cfr. STJ, 1ª Seção, EDcl no REsp 929.521, rel. Min. Luiz Fux, 4.2010, cuja ementa é transcrita no tópico pertinente à COFINS. A controvérsia deverá ser resolvida quando o STF concluir a análise da Proposta de Súmula Vinculante nº 22, em que se pretende consolidar a orientação firmada no RE 346.084. Vide os comentários a esta decisão, abaixo, nos precedentes citados.

receitas auferidas pela pessoa jurídica". Equiparou-se faturamento à receita, afrontando--se nitidamente a Carta Constitucional.[1382]

O próprio legislador constituinte, consciente da diversidade conceitual entre faturamento e receita, alterou, por meio da EC 20/98, o artigo 195, a fim de ampliar a competência ordinária da União: incluiu o vocábulo "receita" ao lado do termo "faturamento" (art. 195, I, *b*).

A referida alteração constitucional decorreu justamente da diferença que há entre a receita bruta decorrente de operações mercantis e/ou prestações de serviços (que corresponde ao faturamento) e a totalidade das receitas auferidas pela pessoa jurídica, independentemente da sua natureza contábil.

Caso houvesse identidade entre os conceitos de receita e de faturamento, o texto constitucional seria, no mínimo, pleonástico.

Diante da alteração promovida pela EC 20/98, *todas as receitas* dos empregadores, das empresas e das entidades a elas equiparadas *foram incluídas no âmbito de possível incidência da contribuição* instituída com base no art. 195, I, *b*, da CF, a COFINS.

• **Precedentes citados**

Conceito de faturamento. Equivalência à receita bruta decorrente da prestação de serviços e da venda de mercadorias: [...] 8. A contribuição social questionada se insere entre as previstas no art. 195, I, CF e sua instituição, portanto, dispensa lei complementar: no art. 28 da L. 7.738/89, a alusão a "receita bruta', como base de cálculo do tributo, para conformar-se ao art. 195, I, da Constituição, há de ser entendida segundo a definição do DL. 2.397/87, que é equiparável a noção corrente de "faturamento" das empresas de serviço. (STF, Pleno, **RE 150.755**, rel. p/ ac. Min. Sepúlveda Pertence, 11.1992)

O precedente versava sobre a recepção, pela CF/88, do Finsocial exigido das empresas prestadoras de serviço.

Inconstitucionalidade da ampliação da base de cálculo da COFINS, frente ao texto original da CF/88. Distinção entre faturamento e receita: CONSTITUCIONALIDADE SUPERVENIENTE – ARTIGO 3º, § 1º, DA LEI Nº 9.718, DE 27 DE NOVEMBRO DE 1998 – EMENDA CONSTITUCIONAL Nº 20, DE 15 DE DEZEMBRO DE 1998. O sistema jurídico brasileiro não contempla a figura da constitucionalidade superveniente. TRIBUTÁRIO – INSTITUTOS – EXPRESSÕES E VOCÁBULOS – SENTIDO. A norma pedagógica do artigo 110 do Código Tributário Nacional ressalta a impossibilidade de a lei tributária alterar a definição, o conteúdo e o alcance de consagrados institutos, conceitos e formas de direito privado utilizados expressa ou implicitamente. Sobrepõe-se ao aspecto formal o princípio da realidade, considerados os elementos tributários. CONTRIBUIÇÃO SOCIAL – PIS – RECEITA BRUTA – NOÇÃO – INCONSTITUCIONALIDADE DO § 1º DO ARTIGO 3º DA LEI Nº 9.718/98. A jurisprudência do Supremo, ante a redação do artigo 195 da Carta Federal anterior à Emenda Constitucional nº 20/98, consolidou-se no sentido de tomar as expressões receita bruta e faturamento como sinônimas, jungindo-as à venda de mercadorias, de serviços ou de mercadorias e serviços. É inconstitucional o § 1º do artigo 3º da Lei nº 9.718/98, no que ampliou o conceito de receita bruta para envolver a totalidade das receitas auferidas por pessoas jurídicas, independentemente da atividade por elas desenvolvida e da classificação contábil adotada. (STF, Pleno, **RE 346.084**, rel. p/ ac. Min. Marco Aurélio, 11.2005).

Aplicando esse entendimento no regime da repercussão geral: STF, RE 585.235 QO-RG, rel. Min. Cezar Peluso, 9.2008.

Esse *leading case* (RE 346.084) embasou a Proposta de Súmula Vinculante nº 22, cuja análise ainda não foi concluída, dadas as divergências quanto ao real alcance do conceito constitucional de faturamento e, portanto, da decisão proferida no RE 346.084. Questiona-se especificamente se o conceito de faturamento abrange todas as receitas oriundas das atividades empresariais ou apenas aquelas provenientes da prestação de serviços e da venda de mercadorias. A análise da PSV 22 deverá ser concluída somente após a Corte julgar o RE 609.096, que teve a sua repercussão geral reconhecida em março de 2011 e trata da incidência da COFINS e do PIS sobre as receitas financeiras das instituições bancárias, inclusive no período de vigência do art. 3º, § 1º, da Lei 9.718/98.

Receita proveniente da locação de bens imóveis. Legitimidade da incidência da COFINS, mesmo no regime anterior à EC 20/98: Recurso Extraordinário. COFINS. Locação de bens imóveis. Incidência. Agravo regimental improvido. O conceito de receita bruta sujeita à exação tributária envolve, não só aquela decorrente da venda de mercadorias e da prestação de serviços, mas a soma das receitas oriundas do exercício das atividades empresariais (STF, 2ª Turma, **RE 371.258 AgR**, rel. Min. Cezar Peluso, 10.2006)

Lê-se no voto do relator: "Seja qual for a classificação que se dê às receitas oriundas da locação de bens imóveis, o certo é que tal não implica na sua exclusão da base de incidência das contribuições para o PIS e COFINS, mormen-

[1382] STF, Pleno, *RE 346.084*, rel. p/ ac. Min. Marco Aurélio, 11.2005.

te após a declaração de inconstitucionalidade do art. 3º, § 1º, da Lei nº 9.718/98 dada pelo Plenário do STF. É que, conforme expressamente fundamentado na decisão agravada, o conceito de receita bruta sujeito à exação tributária envolve, não só aquela decorrente da venda de mercadorias e da prestação de serviços, mas a soma das receitas oriundas do exercício das atividades empresariais" (Grifos do original. Suprimimos o destaque em negrito).

1.3.1.3. Lucro e receita

Como referido, a receita constitui um elemento novo e positivo para a mutação patrimonial, representando um *plus* frente à noção geral de "ingresso". A despeito de ser um elemento positivo para a variação patrimonial, a receita não implica, necessariamente, acréscimo patrimonial, pois também está presente nas vendas com prejuízo.

É possível concluir pela intributabilidade das receitas que impliquem oscilações patrimoniais negativas, com supedâneo no princípio constitucional da capacidade contributiva, sempre que elas decorram de dificuldades econômicas enfrentadas pela empresa, num período de resultados financeiros negativos. Essa conclusão se arvora, contudo, na ausência momentânea de capacidade contributiva do sujeito passivo, e não propriamente no conceito constitucional de receita, consagrado no art. 195, I, *b*, da Lei Maior. Insistimos: receita é um elemento positivo para a variação patrimonial, que contribui, mas não se confunde, com o incremento patrimonial.

Daí a distinção entre receita, de um lado, e renda ou lucro, de outro. Diversamente do conceito de receita, os de renda e lucro pressupõem acréscimo patrimonial – e, por vezes, são reconduzidos ao próprio conceito de acréscimo patrimonial.[1383] Pressupõem e limitam-se ao acréscimo patrimonial.

Exemplificando, a venda por valor inferior ao de custo gera receita, mas, obviamente, não acarreta renda ou lucro. E a venda por valor superior ao de custo gera receita, mas nem sempre renda ou lucro – pois outras despesas podem afetar os resultados da empresa. Ademais, mesmo que a venda gere renda ou lucro, a receita será inconfundível com estas grandezas, pois abrange a integralidade do valor da operação, e não apenas o valor agregado (ou parcela deste).

1.3.1.4. Síntese

Esta imagem sintetiza tudo o que foi exposto, evidenciando, em linhas gerais, o conteúdo material do conceito de receita, bem como a sua distinção perante os conceitos de ingresso, faturamento, renda e lucro:

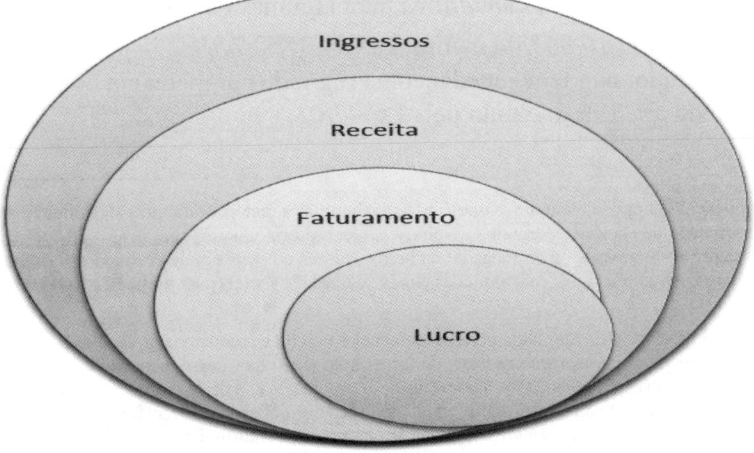

[1383] Vide os comentários ao art. 153, III, da CF, onde tratamos do conceito de renda, usualmente reconduzido à noção de acréscimo patrimonial.

Os ingressos são o continente financeiro das empresas, que abrange, em volume econômico, as receitas, o faturamento e o lucro. A receita é, em princípio, uma modalidade de ingresso; em contrapartida, representa um continente perante o faturamento, englobando-o por completo. Já os lucros constituem uma fração da receita, podendo decorrer do faturamento ou de outras modalidades de receita; daí não estarem abarcados por completo pelo faturamento.

São exemplos de ingressos que não constituem receita: os empréstimos, as indenizações e os valores de efetiva titularidade de terceiros. E de receitas que não constituem faturamento: as receitas não operacionais e as "outras receitas operacionais", que não fazem parte do objeto social da empresa, como os aluguéis de imóveis de propriedade de indústrias, instituições financeiras, etc.

Dizemos tratar-se de ilustração que expressa a relação entre esses conceitos "em linhas gerais", pelo fato de a contabilidade basear-se no regime de competência, e não no de caixa, implicando o reconhecimento das receitas – e do lucro – antes mesmo do efetivo ingresso dos valores no caixa da empresa. Daí a existência de receitas e lucro sem o correlato ingresso contábil no mesmo período de apuração.[1384] Quanto às relações entre receita e faturamento e entre estas grandezas e o lucro, não há ressalvas a serem feitas.

1.3.2. Contribuição instituída: a COFINS

1.3.2.1. Regulação

A contribuição instituída com base no art. 195, I, *b,* da Carta Constitucional é a *COFINS*, que veio substituir a antiga contribuição ao FINSOCIAL.[1385]

Foi criada pela LC 70/91, incidindo originalmente à alíquota de 2% sobre o faturamento mensal, entendido como a "receita bruta das vendas de mercadorias, de mercadorias e serviços e de serviço de qualquer natureza" (art. 2º, *caput*).

Alterações significativas no regime da COFINS foram estabelecidas pela Lei 9.718/98, cujo art. 3º, § 1º, foi declarado inconstitucional por ampliar indevidamente a sua base de cálculo, como referido no tópico precedente.

Novas modificações de vulto ocorreram com a *Lei 10.833/03*, que alterou as alíquotas da COFINS e a tornou *não cumulativa* para algumas empresas.

Em seguida, a *Lei 10.865/04* instituiu a COFINS *sobre a importação* de bens e serviços, a qual, contudo, não tem supedâneo na regra de competência do art. 195, I, *b*, mas na do inciso IV do art. 195, incluído pela EC 42/03.

1384 Essa peculiaridade não impede, contudo, a doutrina de vislumbrar a receita como uma modalidade de ingresso. Nessa linha, é a autorizada lição de Ricardo Mariz de Oliveira: "... receita seria uma espécie dentro de um gênero mais amplo, gênero este consistente em ingressos ou entradas de dinheiro, valores ou bens em determinado patrimônio" (Conceito de receita como hipótese de incidência das contribuições para a seguridade social (para efeitos da COFINS e da contribuição ao PIS), p. 41).

1385 A contribuição ao FINSOCIAL foi criada pelo Decreto-Lei 1.940/82 e recepcionada, de forma transitória, pelo art. 56 do ADCT. O caráter transitório da recepção decorre, de forma hialina, do teor desse dispositivo, que, em sua parte inicial, prevê: "Até que a lei disponha sobre o art. 195, I, a arrecadação decorrente [...] da contribuição de que trata o Decreto-lei nº 1.940 [...] passa a integrar a receita da seguridade social". Não obstante a clareza do preceito constitucional, foi promulgada a Lei 7.689/88, que, pelo enunciado do seu art. 9º, pretendeu perpetuar a contribuição ao FINSOCIAL, com supedâneo no art. 195, I, da Constituição Federal. Essa tentativa foi rechaçada pelo STF, por entender que não poderia ser atribuído caráter permanente a tal contribuição, mesmo que com base na competência outorgada pelo art. 195, I (STF, Pleno, RE 150.764, rel. p/ ac. Min. Marco Aurélio, 12.1992).

1.3.2.2. Incidência sobre o valor relativo ao ICMS

O Superior Tribunal de Justiça firmou a sua jurisprudência no sentido de que o antigo Finsocial poderia incidir sobre o montante relativo ao ICMS,[1386] entendimento que passou a aplicar à contribuição que o sucedeu, ou seja, à COFINS.

No entanto, a posição diametralmente oposta foi acolhida pelo Supremo Tribunal Federal, ao declarar a inconstitucionalidade da incidência da COFINS sobre o ICMS, sob o fundamento de que o valor relativo ao imposto estadual não constitui faturamento ou receita da empresa.[1387]

A despeito da relevância deste precedente, não se pode afirmar que haja jurisprudência consolidada, por duas razões básicas: i) trata-se de decisão com eficácia *inter partes,* pois proferida no julgamento de recurso extraordinário que não se submeteu ao regime da repercussão geral; e ii) ainda pendem de julgamento ação direta de constitucionalidade[1388] e recurso extraordinário, com repercussão geral reconhecida,[1389] versando sobre idêntica questão constitucional.

Parece-nos que o entendimento mais acertado seja aquele perfilhado pelo Superior Tribunal de Justiça, pelas razões a seguir expostas.

Antes de tudo, deve-se indicar o *cerne da controvérsia*, que gravita sobre o *alcance do conceito de receita bruta* e consiste, especificamente, na indagação sobre se a receita bruta (ou o faturamento, no período anterior à EC 20/1998) engloba (i) a totalidade do valor auferido com a venda de mercadorias ou (ii) apenas o valor remanescente, descontado o montante do ICMS destacado na nota fiscal.

Pois bem, parece-nos que *a receita bruta advinda da venda de mercadorias corresponde justamente ao preço de venda*, não ao preço deduzido do ICMS.

Não nos convence a orientação que prevaleceu no STF quando do julgamento do RE 240.785, no sentido de que a receita bruta da empresa não engloba o valor do ICMS destacado na nota fiscal. Como argutamente observou o Ministro Eros Grau, ao abrir a inexitosa divergência: "Seria porventura admissível a suposição de que o faturamento corresponde à percepção de somente uma parcela ou porção do preço da mercadoria? Como se pudéssemos seccionar e dizer que o faturamento é o total de uma parcela do preço auferido pelo agente econômico no exercício de sua atividade".

Cabe recordar, a propósito, o fato de o ICMS ser um imposto não cumulativo que incide sobre a totalidade do valor da operação (art. 13, I, da LC 87/1996), mas não é acrescido ao preço de venda. Essa é a razão pela qual se diz que é "*calculado por dentro*". É calculado "*por dentro*" do valor da operação porque não lhe é acrescido: o valor da operação de venda não é o preço da mercadoria + o ICMS; é simplesmente o preço da mercadoria. Se o ICMS fosse calculado "por fora", tal qual ocorre com o IPI, o valor da nota fiscal não seria composto apenas pelo preço das mercadorias, mas pelo preço das mercadorias + o ICMS; consequentemente, *o creditamento, pelo adquirente, seria inferior*, pois não abrangeria o valor relativo ao imposto devido na operação antecedente.

O destaque na nota fiscal serve apenas para viabilizar o creditamento, pelo comprador, do imposto devido pelo vendedor, instrumentalizando, assim, a sistemática da não

---

[1386] Súmula 94 do STJ: "A parcela relativa ao ICMS inclui-se na base de cálculo do FINSOCIAL".

[1387] STF, Pleno, *RE 240.785*, rel. Min. Marco Aurélio, 10.2014.

[1388] ADC 18, da relatoria do Ministro Celso de Mello, ajuizada em outubro de 2007.

[1389] RE 574.706, da relatoria da Ministra Cármen Lúcia, cuja repercussão geral foi reconhecida em abril de 2008. Corresponde ao Tema nº 69 da Repercussão Geral: "Inclusão do ICMS na base de cálculo do PIS e da COFINS.".

cumulatividade. Daí a Lei Complementar nº 87/1996 prever que o "*montante do próprio imposto*" (ou seja, do ICMS) integra a base de cálculo do ICMS, "*constituindo o respectivo destaque mera indicação para fins de controle*" (art. 13, § 1º, I), sistemática que, vale registrar, já foi declarada constitucional pelo Plenário do Supremo Tribunal Federal (RE 212.209, rel. p/ ac. Min. Nelson Jobim, j. em 23/06/1999).

Na realidade, a noção de cálculo "*por dentro*" mais confunde do que esclarece. Diz-se que o ICMS é calculado "por dentro" simplesmente porque não é calculado "*por fora*", ou seja, acrescido ao preço de venda. A despeito da dicção do art. 13, § 1º, I, da LC 87/1996, seria mais preciso dizer que ele *não integra* o valor da operação de venda, antes incide sobre tal valor, havendo o destaque apenas "*para fins de controle*".

Se não fosse a sistemática não cumulativa, sequer se falaria na incidência "por dentro" do ICMS. Dir-se-ia apenas que o imposto incide sobre as operações de venda de mercadorias – e é um dos custos do vendedor, os quais, sob uma *perspectiva econômica,* são geralmente "embutidos" no preço das mercadorias e, consequentemente, repassados ao comprador. Como asseverou o Ministro Eros Grau: "[o ICMS] é custo, tal como salário ou custo da energia elétrica". É custo, tal como a COFINS. A diferença é apenas o regime da não cumulatividade, que no ICMS considera o imposto devido na operação anterior; e na COFINS, o valor das mercadorias adquiridas para revenda (art. 3º, I, da Lei 10.833/2003), de forma que não há destaque do valor da contribuição na nota fiscal. Se o regime fosse o mesmo do ICMS, haveria o destaque – e falar-se-ia no cálculo "por dentro" da COFINS; e sustentar-se-ia que a COFINS não pode incidir sobre o valor da própria COFINS, destacado na nota fiscal.

Em síntese, a receita bruta engloba a totalidade dos recursos auferidos pela empresa com a operação de venda. Em virtude de a receita não se confundir com o lucro, é indevida a dedução dos custos que devem ser suportados pela empresa em razão da venda, inclusive dos custos tributários, dentre os quais se insere o ICMS – e até a própria COFINS.

• Súmulas

Súmula 94 do STJ: "A parcela relativa ao ICMS inclui-se na base de cálculo do FINSOCIAL"

A súmula também se aplica à COFINS.

Súmula 423 do STJ: "A Contribuição para Financiamento da Seguridade Social – Cofins incide sobre as receitas provenientes das operações de locação de bens móveis"

A súmula foi editada em março de 2010, mas também é aplicada pela Corte ao regime precedente à EC 20/98, quando a contribuição somente podia incidir sobre o faturamento. Cfr. STJ, 1ª Seção, EDcl no REsp 929.521, rel. Min. Luiz Fux, 4.2010. O STF também consolidou o seu entendimento nesse sentido, conforme se denota da ementa deste precedente: "1. O Supremo Tribunal Federal entende que mesmo após a declaração da inconstitucionalidade do art. 3º, § 1º, da Lei 9.718/98, permanece a incidência do PIS e da COFINS sobre a atividade de locação de bens móveis. Precedentes." (STF, 2ª Turma, AI 716.675 AgR-segundo, rel. Min. Ellen Gracie, 2.2011)

• Precedente citado

Inclusão do valor relativo ao ICMS na base de cálculo da COFINS. Inconstitucionalidade: TRIBUTO – BASE DE INCIDÊNCIA – CUMULAÇÃO – IMPROPRIEDADE. Não bastasse a ordem natural das coisas, o arcabouço jurídico constitucional inviabiliza a tomada de valor alusivo a certo tributo como base de incidência de outro. COFINS – BASE DE INCIDÊNCIA – FATURAMENTO – ICMS. O que relativo a título de Imposto sobre a Circulação de Mercadorias e a Prestação de Serviços não compõe a base de incidência da Cofins, porque estranho ao conceito de faturamento. (STF, Pleno, **RE 240.785**, rel. Min. Marco Aurélio, 10.2014)

• Questões específicas

Vendas a prazo inadimplidas. Impossibilidade de exclusão da BC. Adoção do regime de competência para apuração da COFINS: TRIBUTÁRIO. CONSTITUCIONAL. COFINS/PIS. VENDAS INADIMPLIDAS. ASPECTO TEMPORAL DA HIPÓTESE DE INCIDÊNCIA. REGIME DE COMPETÊNCIA. EXCLUSÃO DO CRÉDITO TRIBUTÁRIO. IMPOSSIBILIDADE DE EQUIPARAÇÃO COM AS HIPÓTESES DE CANCELAMENTO DA VENDA. 1. O Sistema Tributário Nacional fixou o regime de competência como regra geral para a apuração dos resultados da empresa, e não o regime de caixa. (art. 177 da Lei nº 6.404/76). 2. Quanto ao aspecto temporal da hipótese de incidência da COFINS e da contribuição para o PIS, portanto, temos que o fato gerador da obrigação ocorre com o aperfeiçoamento do contrato de compra e venda (entrega do produto), e não com o recebimento do preço acordado. O resultado da venda, na esteira da jurisprudência da Corte, apurado segundo o regime legal de competência, constitui o faturamento da pessoa jurídica, compondo o aspecto material da hipótese de incidência da contribuição ao PIS e da COFINS, consistindo situação hábil ao nascimento da obrigação tributária. O inadimplemento é evento posterior que não compõe o critério material da hipótese de incidência das referidas contribuições. 3. No âmbito legislativo, não há disposição permitindo a exclusão das chamadas vendas inadimplidas da base de cálculo das contribuições em questão. As situações posteriores ao nascimento da obrigação tributária, que se constituem como excludentes do crédito tributário, contempladas na legislação do PIS e da COFINS, ocorrem apenas quando fato superveniente venha a anular o fato gerador do tributo, nunca quando o fato gerador subsista perfeito e acabado, como ocorre com as vendas inadimplidas. 4. Nas hipóteses de cancelamento da venda, a própria lei exclui da tributação valores que, por não constituírem efetivos ingressos de novas receitas para a pessoa jurídica, não são dotados de capacidade contributiva. 5. As vendas canceladas não podem ser equiparadas às vendas inadimplidas porque, diferentemente dos casos de cancelamento de vendas, em que o negócio jurídico é desfeito, extinguindo-se, assim, as obrigações do credor e do devedor, as vendas inadimplidas - a despeito de poderem resultar no cancelamento das vendas e na consequente devolução da mercadoria -, enquanto não sejam efetivamente canceladas, importam em crédito para o vendedor oponível ao comprador. 6. Recurso extraordinário a que se nega provimento. (STF, Pleno, **RE 586.482**, rel. Min. Dias Toffoli, 11.2011 – Tema nº 87 da Repercussão Geral)

Vendas a prazo. Inclusão na base de cálculo do valor da correção monetária. Legitimidade: TRIBUTÁRIO. PIS E COFINS. BASE DE CÁLCULO. CORREÇÃO MONETÁRIA DECORRENTE DE VENDAS A PRAZO. INCIDÊNCIA. 1. Hipótese em que a contribuinte não questiona a constitucionalidade dos conceitos legais de "faturamento" ou de "receita bruta operacional", mas, apenas, sustenta que os valores percebidos a título de correção monetária decorrentes de vendas a prazo, por não constituírem acréscimo patrimonial, não podem ser computados na base de cálculo do PIS e da COFINS. 2. Os valores recebidos a título de correção monetária das vendas a prazo ingressam no caixa pelo exercício do objeto social da empresa (comércio de mercadorias e/ou serviços). Compondo o preço da contraprestação ofertada pelo comprador, tais valores integram o preço bruto da mercadoria e, por isso, compõem a base de cálculo do PIS e da COFINS. 3. Recurso Especial não provido. (STJ, 2ª Turma, **REsp 674.445-PR**, rel. Min. Herman Benjamin, julgado em 17/5/2007)

Juros sobre o capital próprio. Impossibilidade de incidência da COFINS e da contribuição ao PIS/PASEP até o advento das Leis 10.637/02 e 10.833/03: [...] 5. Sendo assim, antes da EC 20/98, a definição constitucional do conceito de faturamento envolvia somente a venda de mercadorias, de serviços ou de mercadorias e serviços, não abrangendo a totalidade das receitas auferidas pela pessoa jurídica, tal como o legislador ordinário pretendeu. Somente após a edição da referida emenda constitucional é que se possibilitou a inclusão da totalidade das receitas - incluindo o JCP - como base de cálculo do PIS, circunstância materializada com a edição das Leis 10.637/02 e 10.833/03. 6. Em suma, tem-se que não incide PIS/COFINS sobre o JCP recebido durante a vigência da Lei 9.718/98 até a edição das Leis 10.637/02 (cujo art. 1o. entrou em vigor a partir de 01.12.2002) e 10.833/03, tal como no caso dos autos, que se refere apenas ao período compreendido entre 01.03.1999 e 30.09.2002. [...] (STJ, 1ª Seção, **REsp 1.104.184**, rel. Min. Napoleão Nunes Maia Filho, 2.2012, *representativo de controvérsia*)

Incidência sobre a receita bruta das cooperativas: [...] TRIBUTÁRIO. ATO COOPERATIVO. COOPERATIVA DE TRABALHO. SOCIEDADE COOPERATIVA PRESTADORA DE SERVIÇOS MÉDICOS. [...] CONSTRUÇÃO DO CONCEITO DE "ATO NÃO COOPERATIVO" POR EXCLUSÃO, NO SENTIDO DE QUE SÃO TODOS OS ATOS OU NEGÓCIOS PRATICADOS COM TERCEIROS NÃO ASSOCIADOS (COOPERADOS), EX VI, PESSOAS FÍSICAS OU JURÍDICAS TOMADORAS DE SERVIÇO. [...] 6. Acaso adotado o entendimento de que as cooperativas não possuem lucro ou faturamento quanto ao ato cooperativo praticado com terceiros não associados (não cooperados), inexistindo imunidade tributária, haveria violação a determinação constitucional de que a seguridade social será financiada por toda a sociedade, ex vi, art. 195, I, b, da CF/88, seria violada. 7. Consectariamente, atos cooperativos próprios ou internos são aqueles realizados pela cooperativa com os seus associados (cooperados) na busca dos seus objetivos institucionais. [...] 11. Ex positis, dou provimento ao recurso extraordinário para declarar a incidência da COFINS sobre os atos (negócios jurídicos) praticados pela recorrida com terceiros tomadores de serviço, resguardadas as exclusões e deduções legalmente previstas. [...] (STF, Pleno, **RE 598.085**, rel. Min. Luiz Fux –Tema nº 177 da Repercussão Geral)

Lei 9.430/96. Revogação da isenção concedida pela LC 70/91. Legitimidade: Contribuição social sobre o faturamento – COFINS (CF, art. 195, I). 2. Revogação pelo art. 56 da Lei 9.430/96 da isenção concedida às sociedades civis de profissão regulamentada pelo art. 6º, II, da Lei Complementar 70/91. Legitimidade. 3. Inexistência de relação hierárquica entre lei ordinária e lei complementar. Questão exclusivamente constitucional, relacionada à distribuição material entre as espécies legais. Precedentes. 4. A LC 70/91 é apenas formalmente complementar, mas materialmente ordinária, com relação aos dispositivos concernentes à contribuição social por ela instituída. ADC 1, Rel. Moreira Alves, RTJ 156/721. 5. Recurso extraordinário conhecido mas negado provimento. (STF, Pleno, **RE 377.457**, rel. Min. Gilmar Mendes, 9.2008).

Lei 9.718/98. Majoração da alíquota fixada na LC 70/91. Legitimidade: CONSTITUCIONAL. TRIBUTÁRIO. COFINS. ALÍQUOTA. MAJORAÇÃO. LEI 9.718/98. AGRAVO IMPROVIDO. [...] III – A Lei 9.718/98 e a LC 70/91 dispuseram sobre a alíquota de uma mesma contribuição (COFINS), instituída com base no inciso I do art. 195 da CF ¾ (sic) matéria que é reservada à lei ordinária ¾ (sic) e não de um novo tributo criado nos termos do § 4º deste artigo ¾ (sic) faculdade só exercida por lei complementar. IV – Inaplicabilidade dos princípios do paralelismo das formas e da hierarquia das leis. [...] (STF, 1ª Turma, **RE 487.475 AgR**, rel. Min. Ricardo Lewandowski, 6.2010)

1.3.3. Superposição de contribuições sobre a receita ou o faturamento

Como será exposto a seguir, nos comentários ao art. 195, § 4º, o STF entende ser inviável a criação de novas contribuições à seguridade social que venham a se superpor às contribuições de seguridade social já nominadas na Lei Maior.

Não seria constitucional, portanto, *a criação de novas contribuições de seguridade* social, a cargo do empregador, da empresa ou da entidade a ela equiparada, que incidam *sobre o faturamento ou a receita bruta.*

Entretanto, foram instituídas, no bojo da Lei 8.212/91, contribuições sobre a receita em substituição às contribuições sobre os rendimentos do trabalho, em manifesta violação à Constituição da República.

Tais ilegítimas exações são as seguintes:

a) a contribuição das entidades futebolísticas (art. 22, §§ 6º a 11);

b) a contribuição das agroindústrias (art. 22A);

c) a contribuição do empregador rural pessoa física (art. 25); e

d) a contribuição do consórcio simplificado de produtores rurais (arts. 22B e 25A).

Com base nesse entendimento, *o STF declarou a inconstitucionalidade da contribuição das agroindústrias* instituída pelo art. 25, § 2º, da Lei 8.870/94, que incidia sobre o "valor estimado da produção agrícola própria".[1390]

Recentemente, o STF também pronunciou *a inconstitucionalidade da contribuição do empregador rural pessoa física*, incidente sobre o resultado da comercialização da produção, que foi estabelecida pelo art. 25 da Lei 8.212.91 e costuma ser designada "contribuição ao Funrural" ou simplesmente "Funrural".[1391]

Sendo inconstitucionais essas contribuições criadas em substituição às do art. 22, I e II, da Lei 8.212/91, as entidades futebolísticas, as agroindústrias, os empregadores rurais pessoas físicas e os consórcios simplificados de produtores rurais devem contribuir de acordo com a regra geral válida, ou seja, de acordo com o art. 22, I e II.

Note-se que as leis inconstitucionais não são convalidadas pelo advento de emenda constitucional com a qual sejam compatíveis e tampouco possuem força jurídica para derrogar ou ab-rogar a legislação que as precedeu.

- **Precedentes citados**

Contribuição da agroindústria incidente sobre o "valor estimado da produção agrícola própria" (art. 25, § 2º, da Lei 8.870/94). Inconstitucionalidade: AÇÃO DIRETA DE INCONSTITUCIONALIDADE. CONTRIBUIÇÃO DEVIDA À SEGURIDADE SOCIAL POR EMPREGADOR, PESSOA JURÍDICA, QUE SE DEDICA À PRODUÇÃO AGRO-INDUSTRIAL (§ 2º DO ART. 25 DA LEI Nº 8.870, DE 15.04.94, QUE ALTEROU O ART. 22 DA LEI Nº 8.212, DE 24.07.91): CRIAÇÃO DE CONTRIBUIÇÃO QUANTO À PARTE AGRÍCOLA DA EMPRESA, TENDO POR BASE DE CÁLCULO O VALOR ESTIMADO DA PRODUÇÃO AGRÍCOLA PRÓPRIA, CONSIDERADO O SEU PREÇO DE MERCADO. DUPLA INCONSTITUCIONALIDADE (CF, art. 195, I E SEU § 4º) [...] O art. 195, I, da Constituição prevê a cobrança de contribuição social dos empregadores, incidentes sobre a folha de salários, o faturamento e o lucro; desta forma, quando o § 2º do art. 25

[1390] STF, Pleno, *ADI 1.103*, rel. p/ ac. Min. Maurício Corrêa, 12.1996.

[1391] STF, Pleno, *RE 363.852*, rel. Min. Marco Aurélio, 2.2010.

da Lei nº 8.870/94 cria contribuição social sobre o valor estimado da produção agrícola própria, considerado o seu preço de mercado, é ele inconstitucional porque usa uma base de cálculo não prevista na Lei Maior. 3. O § 4º do art. 195 da Constituição prevê que a lei complementar pode instituir outras fontes de receita para a seguridade social; desta forma, quando a Lei nº 8.870/94 serve-se de outras fontes, criando contribuição nova, além das expressamente previstas, é ela inconstitucional, porque é lei ordinária, insuscetível de veicular tal matéria. 4. Ação direta julgada procedente, por maioria, para declarar a inconstitucionalidade do § 2º da Lei nº 88.870/94. (STF, Pleno, **ADI 1.103**, rel. p/ ac. Min. Maurício Corrêa, 12.1996)

Contribuição do empregador rural pessoa física incidente sobre o resultado da comercialização da produção. Inconstitucionalidade: [...] CONTRIBUIÇÃO SOCIAL – COMERCIALIZAÇÃO DE BOVINOS – PRODUTORES RURAIS PESSOAS NATURAIS – SUB-ROGAÇÃO – LEI Nº 8.212/91 – ARTIGO 195, INCISO I, DA CARTA FEDERAL – PERÍODO ANTERIOR À EMENDA CONSTITUCIONAL Nº 20/98 – UNICIDADE DE INCIDÊNCIA – EXCEÇÕES – COFINS E CONTRIBUIÇÃO SOCIAL – PRECEDENTE – INEXISTÊNCIA DE LEI COMPLEMENTAR. Ante o texto constitucional, não subsiste a obrigação tributária sub-rogada do adquirente, presente a venda de bovinos por produtores rurais, pessoas naturais, prevista nos artigos 12, incisos V e VII, 25, incisos I e II, e 30, inciso IV, da Lei nº 8.212/91, com as redações decorrentes das Leis nº 8.540/92 e nº 9.528/97. Aplicação de leis no tempo – considerações. (STF, Pleno, **RE 363.852**, rel. Min. Marco Aurélio, 2.2010)

Aplicando esse entendimento em sede de repercussão geral: CONSTITUCIONAL. TRIBUTÁRIO. CONTRIBUIÇÃO SOCIAL PREVIDENCIÁRIA. EMPREGADOR RURAL PESSOA FÍSICA. INCIDÊNCIA SOBRE A COMERCIALIZAÇÃO DA PRODUÇÃO. ART. 25 DA LEI 8.212/1991, NA REDAÇÃO DADA PELO ART. 1º DA LEI 8.540/1992. INCONSTITUCIONALIDADE. I – Ofensa ao art. 150, II, da CF em virtude da exigência de dupla contribuição caso o produtor rural seja empregador. II – Necessidade de lei complementar para a instituição de nova fonte de custeio para a seguridade social. III – RE conhecido e provido para reconhecer a inconstitucionalidade do art. 1º da Lei 8.540/1992, aplicando-se aos casos semelhantes o disposto no art. 543-B do CPC. (STF, Pleno, **RE 596.177**, rel. Min. Ricardo Lewandowski, 8.2011)

1.4. Alínea *c*: contribuição sobre o lucro

1.4.1. Conceito constitucional de lucro

A materialidade que o art. 195, I, *c*, da CF sujeita à tributação é o "*lucro*".

Com o emprego desse singelo termo, a Constituição da República indica o aspecto material possível e a base de cálculo possível da contribuição de seguridade social da alínea *c*.

Especificando-se o significado desse termo, determinar-se-á o alcance da competência conferida pelo preceito em foco.

Há de ser analisado, portanto, o conceito jurídico-constitucional de lucro.

O conceito de lucro é ambíguo. Apresenta inúmeros significados, o que ocasionou significativas divergências quanto ao teor do conceito adotado pela Constituição de 1988.

Reputamos que lucro não se confunde com renda, diante da dissociação procedida pela Carta Constitucional: sendo conferida competência para a cobrança de um imposto sobre a "renda" (art. 153, III) e de uma contribuição sobre o "lucro" (art. 195, I, *c*), é evidente que não se trata de materialidades idênticas.

Há de se proceder, pois, à definição contextual por exclusão, técnica que se baseia no pressuposto de que os termos empregados pela Lei Maior têm, em princípio, significados diversos.[1392]

Aplicando-a ao caso, pode-se afirmar que *os termos "lucro" e "renda" possuem, no contexto constitucional, significados específicos, distintos entre si.*

Demais disso, temos presente que o conceito jurídico-constitucional de lucro *deve ser construído a partir dos conceitos jurídicos pré-constitucionais*, diante da regra *prima*

[1392] Sobre o tema, vide A. VELLOSO. *Conceitos e competências tributárias*, p. 38-44.

facie de incorporação, pela Constituição Federal, de tais conceitos jurídicos, que encontra assento no art. 110 do Código Tributário Nacional.[1393]

Ocorre que *no direito infraconstitucional são consagradas diversas espécies de lucro*, como bem expôs Nicolau Konkel, ao analisar a questão à luz do art. 187 da Lei das Sociedades por Ações (Lei 6.404/76):

> Como se vê, o Direito Comercial albergou vários significados para o termo "lucro": *lucro bruto*, o resultante da diferença entre a venda de mercadorias e o custo das mercadorias vendidas; *lucro operacional*, o resultante da atividade normal da empresa, deduzidas do lucro bruto as despesas operacionais (despesas com vendas, despesas financeiras, despesas gerais e administrativas, e outras despesas operacionais); *lucro antes do imposto de renda*, o resultante do cômputo das receitas e despesas não-operacionais; *lucro líquido*, aquele obtido a partir do lucro antes do imposto de renda, subtraído da provisão para esse imposto e da participação de debêntures, empregados, administradores e partes beneficiárias, e as contribuições para instituições ou fundos de assistência ou previdência de empregados; e, por fim, *lucro acumulado*, o valor do lucro remanescente (retido), ou seja, ainda não distribuído para os proprietários e sem destino certo.[1394]

Dessas espécies de lucro, extrai-se a nota comum de que constituem modalidades de resultado positivo, tendo por efeito o aumento do valor do patrimônio líquido.[1395] Concebemos que *a noção de lucro que melhor se ajusta à Constituição de 1988 é a de lucro líquido*, que foi eleita pelo legislador para a instituição da CSL, também denominada CSLL (Contribuição Social sobre o Lucro Líquido).

De fato, o lucro bruto, o lucro operacional e o lucro antes do Imposto de Renda não constituem formas de lucro efetivo das empresas, considerada a sua atividade empresarial como um todo: consistem, apenas, em resultados parciais, que não podem ser tomados como base imponível da CSL.

O lucro acumulado, por sua vez, não está atrelado estritamente ao período de apuração, não devendo, pois, ser considerado para a incidência periódica da contribuição.

Ao legislador, porém, é conferida certa margem de liberdade para conformar essa materialidade, sendo-lhe permitido efetuar sutis modificações na forma de apuração da base de cálculo da CSL, desde que não desborde da noção jurídico-constitucional de lucro líquido.

Nota: Sobre a tributação do *lucro inflacionário* e sobre as *limitações à compensação de prejuízos*, conferir os comentários relativos ao Imposto de Renda (art. 153, III, da CF).

1.4.2. Contribuição instituída: a CSLL

A Contribuição Social sobre o Lucro Líquido (CSLL) foi instituída pela *Lei 7.689/88*, incidindo, originalmente, sobre o "valor do resultado do exercício, antes da provisão para o imposto de renda" (art. 2º, *caput*), à alíquota de 8% (art. 3º, *caput*).

Questionada a sua constitucionalidade em virtude de incidir sobre a mesma materialidade onerada pelo IRPJ e de não ter observado a anterioridade nonagesimal, o STF entendeu ser viável a incidência de imposto e de contribuição social sobre a mesma manifestação de capacidade contributiva, declarando apenas a inconstitucionalidade da aplicação retroativa imposta pelo seu art. 8º.[1396]

A CSLL é exigida, pela União (sujeito ativo), das pessoas jurídicas sediadas no Brasil e das que lhes são equiparadas pela legislação do IRPJ (sujeitos passivos).

[1393] Cfr. A. VELLOSO. *Conceitos e competências tributárias*, p. 263-270.

[1394] KONKEL JÚNIOR. *Contribuições sociais*. p. 493.

[1395] KONKEL JÚNIOR, op. cit., p. 493-497.

[1396] STF, Pleno, *RE 146.733*, rel. Min. Moreira Alves, 6.1992. A respeito da superposição de impostos e contribuições, vide os comentários ao art. 195, § 4º.

Há de se ter em mente, no entanto, que a Constituição somente atribui competência à União para a cobrança da CSLL "do empregador, da empresa e da entidade a ela equiparada na forma da lei" (art. 195, I, na redação dada pela EC 20/98).

Destarte, se o sujeito passivo não se qualificar como empregador, empresa ou como uma entidade no sentido jurídico (sociedade ou associação juridicamente constituídas para determinado fim), tal como ocorre com os fundos de investimento, será inviável a sua sujeição à exação.

• **Precedente citado**

Constitucionalidade da CSL: CONTRIBUIÇÃO SOCIAL SOBRE O LUCRO DAS PESSOAS JURIDICAS. LEI 7689/88. – Não é inconstitucional a instituição da contribuição social sobre o lucro das pessoas jurídicas, cuja natureza é tributária. Constitucionalidade dos artigos 1., 2. e 3. da Lei 7689/88. Refutação dos diferentes argumentos com que se pretende sustentar a inconstitucionalidade desses dispositivos legais. [...] (STF, Pleno, **RE 146.733**, rel. Min. Moreira Alves, 6.1992)

No julgado se reconheceu apenas a violação ao princípio da irretroatividade tributária.

2. Inciso II: contribuição dos segurados do regime geral de previdência social

O art. 195, II, da Constituição Federal estabelece que uma das contribuições voltadas a financiar a seguridade social é aquela a cargo:

> II – do trabalhador e dos demais segurados da previdência social, não incidindo contribuição sobre aposentadoria e pensão concedidas pelo regime geral de previdência social de que trata o art. 201;

Antes do advento da EC 20/98, a contribuição do art. 195, II, era uma contribuição securitária, por não ter afetação específica dentro do segmento da seguridade social.

Ademais, a Constituição somente autorizava a cobrança de contribuição "dos trabalhadores". Não permitia que outros segurados da previdência social fossem sujeitos ao pagamento da exação.

A EC 20/98 modificou a sua natureza tributária específica, ao afetar os seus recursos exclusivamente ao pagamento dos benefícios do regime geral de previdência social (art. 167, XI, da CF, na redação dada pela EC 20/98).

A contribuição do art. 195, II, tornou-se, pois, uma *contribuição previdenciária*, a exemplo do que se verificou com a contribuição do art. 195, I, *a*.

Por outro lado, a EC 20/98, que alargou a competência conferida pelo inciso I do art. 195, também *ampliou o alcance da competência outorgada pelo inciso II, ao incluir como possíveis sujeitos passivos* da contribuição, ao lado do "trabalhador", os "*demais segurados* da previdência social".

Com essa modificação, permitiu-se que o legislador sujeite ao pagamento de contribuições previdenciárias não apenas os trabalhadores, mas também outros segurados obrigatórios.

Portanto, ao eleger novos segurados obrigatórios do regime geral de previdência social, o legislador sujeita-los-á ao pagamento da correspondente contribuição previdenciária.

É óbvio que essa faculdade não pode ser utilizada abusivamente pelo legislador, instituindo novas categorias de segurados obrigatórios apenas para fins tributários, sem que possuam direito ao recebimento dos benefícios previdenciários que são assegurados aos trabalhadores em geral.

A competência do art. 195, II, no entanto, não alcança o produtor, o parceiro, o meeiro e o arrendatário rurais e o pescador artesanal que exerçam suas atividades em regime de economia familiar, vez que estão sujeitos a uma contribuição específica, incidente sobre o resultado da comercialização da produção, como previsto no art. 195, § 8º.

2.1. Imunidade das aposentadorias e das pensões do regime geral

Não obstante *a EC 20/98* tenha alargado o rol dos possíveis sujeitos passivos da contribuição do art. 195, II, também veiculou uma regra de incompetência, ao consagrar a *imunidade dos aposentados e pensionistas* do regime geral de previdência social. Consagrou-a ao prever que não incidirá "contribuição sobre aposentadoria e pensão concedidas pelo regime geral de previdência social de que trata o art. 201".

Os proventos de aposentadoria e as pensões do regime geral de previdência social são, portanto, imunes à incidência de contribuições previdenciárias.

Isso não impede, contudo, *a incidência da contribuição sobre as remunerações dos aposentados que continuem ou voltem a trabalhar.*[1397] A imunidade é restrita às aposentadorias e às pensões, não se estendendo às remunerações oriundas da atividade laboral posterior à aposentação.

Também são imunes à incidência de contribuições os proventos de aposentadoria e as pensões concedidas no âmbito do regime estatutário, mas só até o teto do regime geral, como previsto no art. 40, § 18º, da CF, incluído pela EC 41/03.

2.2. Base de cálculo possível

O inciso II do art. 195 não indica de forma expressa as manifestações de capacidade contributiva que podem sujeitar-se à tributação, limitando-se a indicar os sujeitos passivos: o trabalhador e os demais segurados da previdência social.

Isso, porém, não leva à conclusão de que o legislador é livre para instituir a contribuição sobre qualquer manifestação de capacidade contributiva, pois *a Constituição Federal delimita, de forma tácita, a materialidade possível* da contribuição a cargo dos segurados da previdência social.

De fato, ao levar em consideração as qualidades de trabalhador e de segurado para determinar a sujeição passiva, a Carta Política restringe implicitamente a tributação à manifestação de capacidade contributiva ligada, de forma direta, a tais qualidades: somente poderá ser cobrada contribuição que incida sobre a remuneração decorrente do lavor do trabalhador ou sobre a remuneração decorrente das atividades desempenhadas pelos segurados que não se qualifiquem como trabalhadores.

Caso não haja desempenho de atividade remunerada, não será viável exigir o pagamento de contribuições de natureza tributária. O cidadão contribuirá, se quiser, na qualidade de contribuinte facultativo.

Logo, *a base de cálculo possível é a remuneração* auferida pelo segurado do regime geral em decorrência do desempenho de sua atividade profissional, assertiva que é corroborada pelo preceito do art. 201, § 11, da CF, que impõe a incorporação dos ganhos habituais do empregado ao salário "para efeito de contribuição previdenciária e conseqüente repercussão em benefícios".

Portanto, o legislador pode eleger, como base de cálculo, uma dimensão específica da remuneração, mas nunca manifestações de capacidade contributiva que não se

[1397] Essa cobrança é imposta pelo § 4º do art. 12 da Lei 8.212/91, acrescentado pela Lei 9.032/95: "§ 4º O aposentado pelo Regime Geral de Previdência Social-RGPS que estiver exercendo ou que voltar a exercer atividade abrangida por este Regime é segurado obrigatório em relação a essa atividade, ficando sujeito às contribuições de que trata esta Lei, para fins de custeio da Seguridade Social".

qualifiquem como tal.[1398] Por exemplo, valores auferidos pelo segurado em aplicações financeiras obviamente não podem integrar a base de cálculo da contribuição. Tampouco podem integrá-la as *verbas de cunho indenizatório* recebidas pelo segurado, como o auxílio-creche.[1399]

Existe, porém, outra restrição. Pelo caráter contributivo do sistema previdenciário e pela correlação entre a base de cálculo da contribuição e o valor dos benefícios, estabelecida pelo art. 201, § 11, da Carta Política,[1400] entende-se que a contribuição do segurado *só pode incidir sobre as verbas remuneratórias que são consideradas para o cálculo da aposentadoria.*

Inviável, outrossim, a incidência da contribuição sobre a *participação dos empregados nos lucros das empresas*, desde a regulamentação pela MP 794/1994, porquanto o art. 7º, IX, da Constituição estabelece expressamente a sua desvinculação da remuneração.[1401]

• **Súmulas**

Súmula 310 do STJ: "O Auxílio-creche não integra o salário-de-contribuição".

Lê-se na ementa de precedente que originou essa súmula: "O denominado 'auxílio-creche' constitui, na verdade, indenização pelo fato de a empresa não manter creche em seu estabelecimento. Como ressarcimento, não integra ao salário-contribuição (*sic*), para efeito de incidência da contribuição social" (STJ, 1ª Seção, EREsp 413.322, 03.2003).

2.3. Progressividade

Com base na premissa de a progressividade somente ser cabível nas hipóteses taxativamente indicadas pela Constituição da República, o STF declarou a inconstitucionalidade da progressividade temporária da contribuição de seguridade social, a cargo dos servidores públicos, instituída pelo art. 2º da Lei 9.783/99.[1402] Ao fazê-lo, a Corte afirmou ter sido superado o precedente firmado na ADI 790,[1403] diante da previsão do art. 195, § 9º, da CF, que autorizou a adoção de alíquotas diferenciadas apenas para a contribuição patronal.

Embora o STF tenha revisto a sua posição acerca da taxatividade das hipóteses constitucionais de progressividade tributária,[1404] persiste o fundamento relacionado ao art. 195, § 9º, da Carta Política. Logo, *não se afigura legítima a progressividade das contribuições a cargo dos trabalhadores e dos demais segurados*, seja no regime geral, seja no regime estatutário.

[1398] A respeito das verbas que se reputam remuneratórias, remetemos o leitor aos comentários ao art. 195, I, *a*.

[1399] Segundo a Súmula 310 do STJ: "O Auxílio-creche não integra o salário-de-contribuição".

[1400] Esta é a redação integral do preceito citado: "§ 11. Os ganhos habituais do empregado, a qualquer título, serão incorporados ao salário para efeito de contribuição previdenciária e conseqüente repercussão em benefícios, nos casos e na forma da lei.".

[1401] Cfr. STF, Pleno, RE 569.441, rel. p/ Ac. Min. Teori Zavascki, 10.2014 – Tema nº 344 da Repercussão Geral.

[1402] STF, Pleno, *ADI 2010 MC*, rel. Min. Celso de Mello, 9.1999.

[1403] Na realidade, no julgamento deste precedente (STF, Pleno, ADI 790, rel. Min. Marco Aurélio, 2.1993) não se reconheceu a legitimidade de contribuições progressivas a cargo dos segurados. Pelo contrário, declarou-se a constitucionalidade do art. 231, § 1º, da Lei 8.112/90 justamente por não impor a progressividade, permitindo a variação unicamente em função do conteúdo econômico da base de cálculo, sem a adoção de alíquotas mais gravosas. Como constou no voto do Ministro Relator: "Em um primeiro plano, constata-se que o texto não é explícito relativamente à forma da diferenciação nele contemplada [...] Nada impede que o legislador ordinário venha a fazer a diferenciação preconizada de forma conseqüencial, isto é, tendo-a como resultado único e exclusivo do fato de a alíquota incidir sobre bases variáveis, considerados os níveis dos vencimentos dos servidores". Consignou-se que a previsão seria unicamente "obstaculizadora da fixação em valor absoluto único, em verdadeiro desprezo à remuneração".

[1404] Vide os comentários ao art. 145, § 1º.

• **Precedente citado**

Progressividade de contribuições previdenciárias. Inconstitucionalidade: [...] CONTRIBUIÇÃO DE SEGURIDADE SOCIAL – SERVIDORES EM ATIVIDADE – ESTRUTURA PROGRESSIVA DAS ALÍQUOTAS: A PROGRESSIVIDADE EM MATÉRIA TRIBUTÁRIA SUPÕE EXPRESSA AUTORIZAÇÃO CONSTITUCIONAL. RELEVO JURÍDICO DA TESE. Relevo jurídico da tese segundo a qual o legislador comum, fora das hipóteses taxativamente indicadas no texto da Carta Política, não pode valer-se da progressividade na definição das alíquotas pertinentes à contribuição de seguridade social devida por servidores públicos em atividade. Tratando-se de matéria sujeita a estrita previsão constitucional – CF, art. 153, § 2º, I; art. 153, § 4º; art. 156, § 1º; art. 182, § 4º, II; art. 195, § 9º (contribuição social devida pelo empregador) – inexiste espaço de liberdade decisória para o Congresso Nacional, em tema de progressividade tributária, instituir alíquotas progressivas em situações não autorizadas pelo texto da Constituição. Inaplicabilidade, aos servidores estatais, da norma inscrita no art. 195, § 9º, da Constituição, introduzida pela EC nº 20/98. A inovação do quadro normativo resultante da promulgação da EC nº 20/98 – que introduziu, na Carta Política, a regra consubstanciada no art. 195, § 9º (contribuição patronal) – parece tornar insuscetível de invocação o precedente firmado na ADI nº 790-DF (RTJ 147/921) (STF, Pleno, **ADI 2.010 MC**, rel. Min. Celso de Mello, 9.1999)

2.4. Sujeição dos agentes políticos

À semelhança do que ocorreu com a extrapolação da competência do art. 195, I, ao ser instituída contribuição de seguridade sobre os valores pagos a autônomos, avulsos e administradores, quando a Constituição Federal somente outorgava competência para a tributação dos valores pagos a empregados,[1405] os agentes políticos, que não são trabalhadores na acepção do Direito do Trabalho, foram submetidos ao pagamento de contribuição ao regime geral de seguridade social.

Essa sujeição foi imposta pela Lei 9.506/97, que extinguiu o Instituto de Previdência dos Congressistas (IPC) e acrescentou a alínea *h* ao art. 12, I, da Lei 8.212/91, tornando segurado obrigatório da Previdência Social, na qualidade de empregado, "o exercente de mandato eletivo federal, estadual ou municipal, desde que não vinculado a regime próprio de previdência social". Consequentemente, sujeitou-o ao pagamento da contribuição do segurado empregado, prevista em seu art. 20.

O STF declarou a inconstitucionalidade da cobrança. Firmou o entendimento de que o "trabalhador" aludido pelo inciso II do art. 195 é aquele que presta "serviço a entidade de direito privado ou mesmo entidade de direito público, desde que abrangido pelo regime celetista". Trabalhador, em outras palavras, é o trabalhador celetista, o empregado do Direito do Trabalho. E o exercente de mandato eletivo não é trabalhador celetista, mas agente político. Logo, o legislador "inovou sobremaneira: fez do agente político o trabalhador indicado no inc. II do art. 195 da Constituição". Com isso, incidiu em evidente afronta à Constituição.[1406]

Porém, com a alteração do texto constitucional procedida pela *EC 20/98*, permitiu-se que outros segurados da previdência social além do trabalhador fossem sujeitos à cobrança da contribuição previdenciária do art. 195, II, dentre eles os detentores de mandato eletivo.

Diante dessa ampliação da competência impositiva, foi editada a *Lei 10.887/04*, que instituiu a contribuição a cargo dos detentores de mandato eletivo nos mesmos moldes da Lei 9.506/97, *desta feita com suporte constitucional*. Para tanto, acrescentou ao art. 12, I, da Lei 8.212/91 a alínea *j*, com redação idêntica à da alínea *h*.

Consequentemente, criou-se a esdrúxula situação da convivência no texto da Lei 8.212/91 de dois preceitos com redação idêntica: a inconstitucional alínea *h* e a legítima

[1405] Vide os comentários ao art. 195, I, *a*.

[1406] STF, Pleno, *RE 351.717*, rel. Min. Carlos Velloso, 10.2003, trecho do seu voto.

alínea *j*. Melhor teria sido a Lei 10.887/04 manter o preceito na alínea *h*, tendo em vista que a sua redação anterior carece de validade jurídica.

- **Precedente citado**

Contribuição dos detentores de mandato eletivo. Inconstitucionalidade frente à redação original da CF/88: [...] I. – A Lei 9.506/97, § 1º do art. 13, acrescentou a alínea h ao inc. I do art. 12 da Lei 8.212/91, tornando segurado obrigatório do regime geral de previdência social o exercente de mandato eletivo, desde que não vinculado a regime próprio de previdência social. II. – Todavia, não poderia a lei criar figura nova de segurado obrigatório da previdência social, tendo em vista o disposto no art. 195, II, C.F.. Ademais, a Lei 9.506/97, § 1º do art. 13, ao criar figura nova de segurado obrigatório, instituiu fonte nova de custeio da seguridade social, instituindo contribuição social sobre o subsídio de agente político. A instituição dessa nova contribuição, que não estaria incidindo sobre "a folha de salários, o faturamento e os lucros" (C.F., art. 195, I, sem a EC 20/98), exigiria a técnica da competência residual da União, art. 154, I, ex vi do disposto no art. 195, § 4º, ambos da C.F. É dizer, somente por lei complementar poderia ser instituída citada contribuição. III. – Inconstitucionalidade da alínea h do inc. I do art. 12 da Lei 8.212/91, introduzida pela Lei 9.506/97, § 1º do art. 13. IV. – R.E. conhecido e provido. (STF, Pleno, **RE 351.717**, rel. Min. Carlos Velloso, 10.2003)

Por meio da Resolução nº 26, de 21.06.2005, o Senado Federal suspendeu a execução da alínea *h* do art. 12, I, da Lei 8.212/91, que já não mais vigia, dada a sua revogação tácita pela Lei 10.887/04, que incluiu preceito com redação idêntica na alínea *j*. Mas a resolução não foi destituída de relevância prática, haja vista que, além de conferir eficácia *erga omnes* à decisão do STF, produziu efeitos retroativos, nos termos do art. 1º, § 2º, do Decreto 2.346/97, o que foi regulamentado pela Portaria MPS nº 113, de 2 de maio de 2006 e pela Instrução Normativa MPS/SRP nº 15, de 12 de setembro de 2006. Essa retroação foi impugnada pela Mesa da Assembleia Legislativa do Estado de São Paulo, que ajuizou a ADI 4.170.

3. Inciso III: contribuições sobre a receita de concursos de prognósticos[1407]

3.1. Materialidade

O art. 195, III, da CF faculta que a União institua contribuição "sobre a receita de concursos de prognósticos", para financiar a seguridade social.

O significado do termo "receita" é deveras conhecido, tendo sido objeto de análise nos comentários ao inciso I, *b,* do art. 195.

Prognósticos, por sua vez, são conjeturas, especulações, predições sobre fatos futuros. Geralmente consistem em assertivas baseadas em juízos de mera probabilidade.

E *"concursos de prognósticos" são concursos baseados em conjeturas acerca de fatos prováveis, nunca certos*. Em regra, confundem-se com os *jogos de azar* em sua acepção mais estreita, de "jogo[s] em que o ganho e a perda dependem exclusiva ou principalmente da sorte" (consoante definição do art. 50, *a*, do Decreto-Lei 3.688/41, "Lei das Contravenções Penais"). Todavia, as conjeturas podem estar arvoradas em elementos da experiência, quando o concorrente – ou apostador – não dependerá principalmente da sorte, mas do seu conhecimento, como acontece nas apostas sobre competições esportivas (também abrangidas pela ampla definição de "jogos de azar" dada pelo art. 50 da LCP).

A Lei Básica de Custeio da Seguridade Social (Lei 8.212/91) definiu a expressão "concurso de prognósticos" nestes moldes: "Consideram-se concursos de prognósticos todos e quaisquer concursos de sorteios de números, loterias, apostas, inclusive as realizadas em reuniões hípicas, nos âmbitos federal, estadual, do Distrito Federal e municipal" (art. 26, § 1º).

Essa definição é abrangente e aparenta estar em harmonia com o sentido literal possível da expressão "receita de concursos de prognósticos" empregada pela Constituição,

---

[1407] Sobre o tema, vide este artigo de nossa autoria: "Contribuições sobre a receita de concursos de prognósticos". *Revista Dialética de Direito Tributário*, n. 114, p. 7-22, mar. 2005. O texto que segue corresponde, em grande parte, ao do artigo, no que concerne à regulação constitucional do tema.

evidenciando que o legislador não desbordou, nesse aspecto, da competência que lhe foi conferida.

3.2. Sujeito passivo

A Constituição Federal delimita, de forma tácita, os possíveis sujeitos passivos da contribuição em foco, mediante a indicação da sua materialidade.

Como a contribuição incide sobre a "receita de concursos de prognósticos", *somente pode sujeitar-se à sua incidência aquele que aufere tal receita.*

É certo que o legislador pode eleger como sujeito passivo uma pessoa "vinculada ao fato gerador da respectiva obrigação", nos termos do art. 128 do CTN. Contudo, esse responsável ou substituto tributário não pode ser aquele de quem emana a receita dos concursos de prognósticos. *Não pode ser o apostador.*

Caso fosse eleito o apostador como sujeito passivo, seria inviável tributar o fato econômico indicado pela Constituição, qual seja, o ato de auferir receita. Estar-se-iam tributando os dispêndios incorridos para participar de concursos de prognósticos, o que não é autorizado constitucionalmente.

Desse modo, afigura-se acertado o ensinamento de Hugo de Brito Machado no sentido de que *o sujeito passivo da contribuição sobre a receita de concursos de prognósticos há de ser o seu administrador*,[1408] e não os apostadores.

3.3. Natureza jurídica das prestações pecuniárias exigidas dos administradores de concursos de prognósticos

Para identificar a natureza tributária de uma exação, deve-se partir do conceito de tributo, que enfocamos ao abordar o art. 145 da CF.

Dos elementos integrantes desse conceito, cabe destacar aquele atinente à caracterização do tributo como prestação pecuniária.

Sendo o tributo uma prestação pecuniária compulsória, pressupõe que haja diversidade de sujeitos: deve existir um sujeito ativo e um sujeito passivo, que integram os polos da relação jurídico-tributária.[1409]

Se não houver diversidade de sujeitos, será impossível vislumbrar a existência de tributo, porquanto inexistirá obrigação pecuniária. Ninguém pode ser credor de si mesmo.[1410] E se a identidade de sujeitos ocorrer após a formação do vínculo, verificar-se-á a sua extinção de pleno direito, pela confusão (art. 381 do CC/2002).[1411]

[1408] MACHADO. *Curso de direito tributário.* p. 368. Hugo de Brito Machado define o que se entende por "administrador de concursos de prognósticos" nestes termos: "é todo aquele que administra a realização de qualquer dos jogos mantidos ou permitidos pelo Poder Público, tais como a loteria esportiva, a loto e a sena" (ibidem, p. 369).

[1409] Como preleciona Paulo de Barros Carvalho, é essencial a qualquer relação jurídica a existência de dois sujeitos: "Para a Teoria Geral do Direito, *relação jurídica* é definida como o vínculo abstrato, segundo o qual, por força da imputação normativa, uma pessoa, chamada de sujeito ativo, tem o direito subjetivo de exigir de outra, denominada sujeito passivo, o cumprimento de certa prestação [...] Aspecto que merece considerado, no âmbito do conceito de relação jurídica, é a circunstância de ser um vínculo entre pessoas, reflexão que abriu margem a intermináveis disputas acadêmicas. Prevalece hoje, contudo, a tese da necessidade impostergável de, pelo menos, dois sujeitos para que se possa configurar o liame jurídico" (*Curso de Direito Tributário.* p. 283-284).

[1410] Alfredo Augusto Becker é categórico nesse sentido: "O mesmo Órgão estatal que figurar como sujeito ativo da relação jurídica tributária não poderá ser o sujeito passivo desta relação. Esta impossibilidade não é apenas jurídica (decorrente da regra jurídica que determinar a extinção do débito pela confusão numa única pessoa do credor e devedor) mas, em primeiro lugar, é uma impossibilidade lógica pois é impossível que a mesma pessoa figure em ambos os pólos de uma única e mesma relação jurídica. É absolutamente impossível existir relação jurídica (ou relação de qualquer outra natureza) sem que coexistam *dois* seres *distintos* a fim de tornar-se possível a *bilateralidade*" (*Teoria geral do direito tributário.* p. 281).

[1411] Cfr. AMARO. *Direito tributário brasileiro.* p. 378; BALEEIRO. *Direito tributário brasileiro.* p. 860-861.

No caso, *o sujeito ativo da relação jurídico-tributária é a União*, a quem incumbe arrecadar, fiscalizar, lançar e normatizar o recolhimento da contribuição sobre a receita de concursos de prognósticos.

Embora a capacidade tributária ativa seja delegável, no que segue analisaremos a questão à luz do contexto jurídico atual, em que ela cabe à titular da competência impositiva.

3.3.1. Exploração dos concursos de prognósticos pela União, na qualidade de administradora

Por ser essencial a qualquer relação jurídica a diversidade de sujeitos, *caso os concursos de prognósticos sejam explorados diretamente pela União*, na qualidade de administradora, *não haverá exação tributária*,[1412] *mas mera imposição da destinação dos recursos à seguridade social.*

Nessa hipótese, o ingresso dos recursos nos cofres da União não representará receita pública derivada (gênero do qual as receitas das contribuições tributárias são espécie, segundo a classificação do Direito Financeiro), mas *receita originária.* Mais especificamente, consistirá em ingresso comercial, como Ricardo Lobo Torres assinala no que diz respeito aos recursos obtidos com a exploração das loterias: "O Estado pode também explorar o negócio de loterias ou conceder a sua exploração a terceiros. A arrecadação daí proveniente se classifica entre os ingressos comerciais".[1413]

Em tal hipótese, a regra que determina a destinação da receita dos concursos não será uma regra de Direito Tributário, mas de *Direito Financeiro*, do mesmo modo que a relação jurídica formada em decorrência da sua incidência.

Tratar-se-á de mera imposição da destinação de recursos, como ocorre, v.g., com 18% da receita da União resultante de impostos, que são destinados à manutenção e ao desenvolvimento do ensino (art. 212, *caput*, da Constituição), com os "recursos mínimos" destinados às ações e aos serviços públicos de saúde (art. 198, § 2º, da CF) e com as "repartições das receitas tributárias" (arts. 157 a 162 da CF).[1414]

Destarte, se for instituído o monopólio da União sobre a exploração, na qualidade de administradora, dos concursos de prognósticos, cairá no vazio a competência tributária outorgada pelo art. 195, III, da CF.

[1412] Com essa delimitação, concordamos, em parte, com a posição de Zélia Pierdoná no sentido de que: "Relativamente aos concursos de prognósticos realizados pelos órgãos do Poder Público, entendemos que não se trata de uma contribuição, mas de uma forma indireta de custeio, pois é o Poder Público destinando recursos à seguridade social" (*Contribuições para a seguridade social.* p. 85).

[1413] TORRES. *Curso de Direito Financeiro e Tributário.* 10ª ed., p. 172. Prossegue: "Nos últimos anos desenvolveram-se acentuadamente no Brasil as lotos e os concursos de prognósticos, gerando receita substancial. O produto da arrecadação das loterias é partilhado entre entidades assistenciais, previdenciárias e de seguridade (art. 195, III, CF), depois de pagas as despesas de administração, os prêmios e os impostos incidentes sobre a atividade". Nesse sentido, Aliomar Baleeiro defendia que: "A exploração das loterias pelo Estado, ou por um concessionário deste, constitui negócio puramente comercial [...] Destarte, do ponto de vista financeiro, a loteria deve ser classificada entre as rendas comerciais ou industriais do governo" (BALEEIRO. *Uma introdução à ciência das finanças.* p. 153). Cabe referir que Lobo Torres insere a contribuição sobre a receita de concursos de prognósticos entre as contribuições sociais, de natureza tributária (*Curso de Direito Financeiro e Tributário.* 10ª ed., p. 369-370).

[1414] A exigência de prestações tributárias de uma pessoa política é estremada das prestações impostas pelas regras de repartição das receitas tributárias por um aspecto relevante: a repartição das receitas tributárias é devida *após* a extinção do vínculo jurídico-tributário, e não enquanto seu objeto. Como nota Rosa Júnior: "O sistema de repartição das receitas tributárias é instituto de Direito Financeiro e não de Direito Tributário porque corresponde exclusivamente a relações jurídicas entre pessoas de direito público, que somente ocorrem depois que houve a arrecadação dos impostos, ou seja, após as receitas tributárias ingressarem nos cofres públicos" (*Manual de direito financeiro e de direito tributário.* p. 277).

3.3.2. *Exploração dos concursos de prognósticos por outros administradores*

Nem todas as receitas oriundas dos concursos de prognósticos são receitas originárias. Algumas são receitas derivadas e, mais especificamente, receitas de natureza tributária.

O essencial à caracterização de tais receitas como tributárias é que, como já exposto, *não sejam provenientes de atividade desempenhada pelo próprio titular da capacidade tributária ativa, no caso a União*. Não sendo esta a administradora dos concursos de prognósticos, a contribuição assumirá efetiva natureza tributária.

Quanto a esse ponto, deve-se ter em mente que é viável cobrar tributos de pessoas políticas e de pessoas jurídicas integrantes da Administração Indireta.

Excetuando-se os impostos incidentes sobre o patrimônio, a renda e os serviços, em relação aos quais há a imunidade tributária recíproca das pessoas políticas e das suas autarquias e fundações públicas (art. 150, VI, *a*, e §§ 2º e 3º, da CF), não existe óbice a que o Estado, o Distrito Federal e os Municípios sejam obrigados a pagar tributos instituídos pela União.[1415] Idêntica conclusão se aplica, ainda com maior razão, às suas autarquias, fundações, empresas públicas e sociedades de economia mista.

Partindo desse pressuposto, a Constituição chega até mesmo a vedar a concessão de privilégios fiscais a determinadas entidades da Administração Indireta (a saber: às empresas públicas e sociedades de economia mista que explorem atividades econômicas, art. 173, § 1º, II, e § 2º).

Ademais, não se pode olvidar que, à exceção da hipótese de identidade de sujeitos, "*a posição do sujeito passivo* em relação à hipótese de incidência do tributo" não exerce qualquer influência sobre a sua natureza jurídica.[1416]

Por tal razão, *não comungamos do entendimento segundo o qual apenas a exigência direcionada aos administradores do setor privado possui natureza tributária*, revestindo-se de natureza financeira para todos os administradores de concursos de prognósticos integrantes da Administração Direta e Indireta.[1417]

Por exemplo, caso haja exploração de concursos de prognósticos sob a administração dos Estados, estas pessoas políticas estarão sujeitas à contribuição sobre a receita que decorrer de tal atividade, com a única peculiaridade de que os recursos angariados com a contribuição não integrarão o orçamento federal, mas o orçamento estadual (art. 195, § 1º, da CF),[1418] tal qual ocorre com o produto da arrecadação do IRRF sobre os rendimentos que pagam a seus servidores (art. 157, I, da CF).

Em suma, *a contribuição sobre a receita de concursos de prognósticos possuirá natureza tributária sempre que esteja presente o requisito básico da diversidade de sujeitos*, sem o qual não se pode vislumbrar a existência de relação jurídico-tributária.

[1415] Cfr. BECKER. *Teoria geral do direito tributário*. p. 279-280.

[1416] BECKER, idem, p. 385.

[1417] De acordo com Zélia Pierdoná: "sujeito passivo das contribuições será o "administrador", conforme o conceito acima, mas apenas o administrador dos concursos realizados pelo setor privado, uma vez que excluímos do universo das contribuições a destinação que o Poder Público faz da receita líquida dos concursos por ele promovidos, pois, conforme entendimento já expresso, trata-se de forma indireta de financiamento" (*Contribuições para a seguridade social*. p. 87).

[1418] Foi isso, aliás, que o atual regulamento da Previdência Social previu: "A contribuição de que trata este artigo constitui-se de: I – renda líquida dos concursos de prognósticos realizados pelos órgãos do Poder Público *destinada à seguridade social de sua esfera de governo*" (art. 212, § 2º, do Decreto 3.048/99).

Não obstante, trata-se de uma exação que, além de quase ser olvidada pela doutrina, é tratada pela legislação infraconstitucional como se carecesse de natureza tributária.

4. Inciso IV: contribuições sobre a importação

4.1. Inclusão no texto constitucional

O inciso IV do art. 195, incluído pela EC 42/03, conferiu competência à União para instituir contribuição de seguridade social a cargo "do importador de bens ou serviços do exterior, ou de quem a lei a ele equiparar".

Tal inclusão foi necessária para que pudesse ser instituída, por lei ordinária, contribuição de seguridade social sobre a importação, tendo em vista que as competências outorgadas pelos incisos I, II e III não abrangiam tal atividade econômica. A CSL e a COFINS incidem, respectivamente, sobre o lucro e sobre a receita bruta, que, no caso da importação, são auferidos pelo exportador, situado fora do território brasileiro.

Além da atribuição da referida competência, para instituir contribuição de seguridade social, *a EC 42/03 também possibilitou a criação de contribuições sociais e de intervenção no domínio econômico sobre a importação* de produtos estrangeiros e serviços, ao alterar a redação do inciso II do art. 149, § 2º, da Constituição Federal (que havia sido incluído pela EC 33/01).

Para aclarar a exposição, vale transcrever a redação desses preceitos:

> Art. 149. Compete exclusivamente à União instituir contribuições sociais, de intervenção no domínio econômico e de interesse das categorias profissionais ou econômicas, como instrumento de sua atuação nas respectivas áreas, observado o disposto nos arts. 146, III, e 150, I e III, e sem prejuízo do previsto no art. 195, § 6º, relativamente às contribuições a que alude o dispositivo.
>
> [...]
>
> § 2º As contribuições sociais e de intervenção no domínio econômico de que trata o *caput* deste artigo: [...]
>
> II – incidirão também sobre a importação de produtos estrangeiros ou serviços; (Redação dada pela Emenda Constitucional nº 42, de 19.12.2003)
>
> Art. 195. A seguridade social será financiada por toda a sociedade, de forma direta e indireta, nos termos da lei, mediante recursos provenientes dos orçamentos da União, dos Estados, do Distrito Federal e dos Municípios, e das seguintes contribuições sociais:
>
> [...]
>
> IV – do importador de bens ou serviços do exterior, ou de quem a lei a ele equiparar. (Incluído pela Emenda Constitucional nº 42, de 19.12.2003)

Com base nessas novas competências tributárias, foi editada a *Lei 10.865/04*, que instituiu a COFINS e o PIS/PASEP sobre a importação de bens e serviços.

O legislador nominou tais contribuições "*COFINS-Importação*" e "*PIS/PASEP-Importação*", criando, na realidade, dois novos tributos, ambos incidentes sobre a importação de bens ou serviços: uma contribuição destinada à seguridade social; e outra com destinação idêntica à da contribuição já existente ao PIS/PASEP (art. 239 da CF).

O STF declarou a *constitucionalidade* da Lei 10.865/04, *exceto* no que diz com a sua incidência sobre o valor aduaneiro acrescido do montante relativo ao ICMS e às próprias contribuições.[1419]

• Precedente citado

Instituição da COFINS-Importação e do PIS/PASEP-Importação (Lei 10.865/04). Constitucionalidade, à exceção da inclusão de tributos na sua base de cálculo: EMENTA Tributário. Recurso extraordinário. Repercussão geral. PIS/COFINS – importação. Lei nº 10.865/04. Vedação de bis in idem. Não ocorrência. Suporte direto da contribuição do importador (arts. 149, II, e 195, IV, da CF e art. 149, § 2º, III, da CF, acrescido pela EC 33/01). Alíquota específica ou ad valorem. Valor aduaneiro acrescido do valor do ICMS e das próprias contri-

[1419] STF, Pleno, *RE 559.937*, rel. p/ acórdão Min. Dias Toffoli, 3.2013.

buições. Inconstitucionalidade. Isonomia. Ausência de afronta. 1. Afastada a alegação de violação da vedação ao bis in idem, com invocação do art. 195, § 4º, da CF. Não há que se falar sobre invalidade da instituição originária e simultânea de contribuições idênticas com fundamento no inciso IV do art. 195, com alíquotas apartadas para fins exclusivos de destinação. 2. Contribuições cuja instituição foi previamente prevista e autorizada, de modo expresso, em um dos incisos do art. 195 da Constituição validamente instituídas por lei ordinária. Precedentes. 3. Inaplicável ao caso o art. 195, § 4º, da Constituição. Não há que se dizer que devessem as contribuições em questão ser necessariamente não-cumulativas. O fato de não se admitir o crédito senão para as empresas sujeitas à apuração do PIS e da COFINS pelo regime não-cumulativo não chega a implicar ofensa à isonomia, de modo a fulminar todo o tributo. A sujeição ao regime do lucro presumido, que implica submissão ao regime cumulativo, é opcional, de modo que não se vislumbra, igualmente, violação do art. 150, II, da CF. 4 Ao dizer que a contribuição ao PIS/PASEP- Importação e a COFINS-Importação poderão ter alíquotas ad valorem e base de cálculo o valor aduaneiro, o constituinte derivado circunscreveu a tal base a respectiva competência. 5. A referência ao valor aduaneiro no art. 149, § 2º, III, a , da CF implicou utilização de expressão com sentido técnico inequívoco, porquanto já era utilizada pela legislação tributária para indicar a base de cálculo do Imposto sobre a Importação. 6. A Lei 10.865/04, ao instituir o PIS/PASEP -Importação e a COFINS -Importação, não alargou propriamente o conceito de valor aduaneiro, de modo que passasse a abranger, para fins de apuração de tais contribuições, outras grandezas nele não contidas. O que fez foi desconsiderar a imposição constitucional de que as contribuições sociais sobre a importação que tenham alíquota ad valorem sejam calculadas com base no valor aduaneiro, extrapolando a norma do art. 149, § 2º, III, a, da Constituição Federal. 7. Não há como equiparar, de modo absoluto, a tributação da importação com a tributação das operações internas. O PIS/PASEP -Importação e a COFINS -Importação incidem sobre operação na qual o contribuinte efetuou despesas com a aquisição do produto importado, enquanto a PIS e a COFINS internas incidem sobre o faturamento ou a receita, conforme o regime. São tributos distintos. 8. O gravame das operações de importação se dá não como concretização do princípio da isonomia, mas como medida de política tributária tendente a evitar que a entrada de produtos desonerados tenha efeitos predatórios relativamente às empresas sediadas no País, visando, assim, ao equilíbrio da balança comercial. 9. Inconstitucionalidade da seguinte parte do art. 7º, inciso I, da Lei 10.865/04: "acrescido do valor do Imposto sobre Operações Relativas à Circulação de Mercadorias e sobre Prestação de Serviços de Transporte Interestadual e Intermunicipal e de Comunicação – ICMS incidente no desembaraço aduaneiro e do valor das próprias contribuições , por violação do art. 149, § 2º, III, a, da CF, acrescido pela EC 33/01. 10. Recurso extraordinário a que se nega provimento. (STF, Pleno, **RE 559.937**, rel. p/ acórdão Min. Dias Toffoli, 3.2013)

4.2. Sujeitos passivos, materialidade e base de cálculo

O art. 195, IV, da CF delimita expressamente os possíveis sujeitos passivos da COFINS-Importação (o importador ou o equiparado ao importador).

Implicitamente, também delimita a materialidade da contribuição: o aspecto material consiste na importação de bens ou serviços do exterior,[1420] e a base de cálculo, numa dimensão econômica da importação.

Embora não seja possível extrair maiores precisões acerca da base de cálculo da contribuição em foco pela mera análise do art. 195, IV, há de se ter em mente que a EC 42/03 previu que as contribuições sociais sobre a importação poderiam adotar alíquotas *ad valorem,* a incidir sobre o "valor aduaneiro" (art. 149, § 2º, II, na redação dada pela EC 42/03).

Tal quadro leva a uma indagação de extrema relevância: a vinculação à base de cálculo "valor aduaneiro" somente é aplicável às contribuições sociais e de intervenção no domínio econômico do art. 149 ou também à de seguridade social?

Parece-nos que a indicação da base de cálculo a ser adotada pelo legislador também se aplica à contribuição de seguridade social, por se tratar de espécie do gênero "contribuição social", regulado pelo art. 149.

Destarte, como espécie de contribuição social que é, a contribuição de seguridade social sobre a importação de bens e serviços também *há de incidir sobre o "valor aduaneiro"*.

[1420] Quanto à importação de serviços, reportamo-nos aos comentários ao art. 149, § 2º, II, que são plenamente aplicáveis à contribuição de seguridade social.

Com base nessa premissa, o conceito constitucional de "valor aduaneiro" passa a ter valia para a determinação da base de cálculo da COFINS-Importação, e não apenas do PIS/PASEP-Importação.[1421]

---

§ 1º As receitas dos Estados, do Distrito Federal e dos Municípios destinadas à seguridade social constarão dos respectivos orçamentos, não integrando o orçamento da União.

§ 2º A proposta de orçamento da seguridade social será elaborada de forma integrada pelos órgãos responsáveis pela saúde, previdência social e assistência social, tendo em vista as metas e prioridades estabelecidas na lei de diretrizes orçamentárias, assegurada a cada área a gestão de seus recursos.

Art. 195, §§ 1º a 13: Regulação específica das contribuições de seguridade social

1. Parágrafos 1º e 2º: orçamento da seguridade social e receitas estaduais, distritais e municipais

A Constituição da República estabelece, em seu artigo 165, § 5º, que a lei orçamentária anual (a qual há de ser una, por força do princípio da unidade do orçamento) deve compreender o orçamento fiscal, o orçamento de investimento das empresas estatais e o orçamento da seguridade social:

> § 5º A lei orçamentária anual compreenderá:
>
> I – o orçamento fiscal referente aos Poderes da União, seus fundos, órgãos e entidades da administração direta e indireta, inclusive fundações instituídas e mantidas pelo Poder Público;
>
> II – o orçamento de investimento das empresas em que a União, direta ou indiretamente, detenha a maioria do capital social com direito a voto;
>
> III – o orçamento da seguridade social, abrangendo todas as entidades e órgãos a ela vinculados, da administração direta ou indireta, bem como os fundos e fundações instituídos e mantidos pelo Poder Público.

A inclusão desses três orçamentos na lei orçamentária não se destina a retirar-lhes a sua autonomia: objetiva apenas conferir à lei orçamentária harmonia e unidade teleológica.[1422]

Destarte, *a seguridade social deve possuir um orçamento próprio e autônomo.* A autonomia de tal orçamento, todavia, não impõe que as contribuições destinadas à seguridade social (de competência da União) sejam arrecadadas pela autarquia previdenciária, revelando-se legítima a arrecadação, a fiscalização e a cobrança pela Receita Federal do Brasil, contanto que os recursos sejam efetivamente destinados ao orçamento da seguridade social.[1423]

Assim como a União, *os Estados, o Distrito Federal e os Municípios também devem, em princípio, ter orçamentos próprios da seguridade social*, dos quais constarão as receitas destinadas a tal âmbito de atuação.[1424]

[1421] Sobre o teor do conceito constitucional de valor aduaneiro e a impossibilidade de o valor dos tributos incidentes na operação de importação ser agregado à base de cálculo, conferir os comentários ao art. 149, § 2º, II.

[1422] TORRES. *Curso de Direito Financeiro e Tributário.* 10ª ed., p. 105.

[1423] A conclusão de que os recursos das contribuições de seguridade social devem integrar o orçamento da seguridade social pode parecer óbvia e até simplória, mas não foi acolhida pelo STF. Questionada a constitucionalidade da CSL pelo fato de a receita obtida com a sua cobrança integrar o orçamento fiscal da União (e não o de seguridade social), o Pretório Excelso considerou tal prática legítima, com a única condição de que os recursos sejam destinados à seguridade social, sendo que nem mesmo o desvio dos recursos levaria à inconstitucionalidade da exação (STF, Pleno, RE 138.284, rel. Min. Carlos Velloso, 7.1992). Tal entendimento foi reafirmado neste julgado: STF, Pleno, *ADI 1.417*, rel. Min. Octavio Gallotti, 8.1999.

[1424] O art. 165, § 5º, somente faz referência à União, mas é aplicável, assim como os demais dispositivos do capítulo intitulado "Das Finanças Públicas", aos demais entes federativos. Ives Gandra, contudo, defende não ser necessária a adoção do

O art. 195, § 1º, evidencia que os recursos da seguridade social não são destinados exclusivamente à União: *as receitas das contribuições de seguridade social instituídas pela União* com base no art. 195 da CF *terão de integrar os orçamentos da seguridade social dos Estados, do Distrito Federal e dos Municípios, sempre que sejam originárias desses entes políticos*.

Por exemplo, se for cobrada contribuição sobre a receita de concursos de prognósticos realizados por um determinado Estado, os recursos não irão para a União, mas para o próprio Estado, integrando o seu orçamento da seguridade social.

Os Estados, o Distrito Federal e os Municípios já puderam instituir contribuições a cargo de seus servidores, para o custeio, em seu benefício, de sistemas de previdência e assistência social (art. 149, parágrafo único, da CF/88, em sua redação original). Contudo, a competência desses entes políticos foi limitada pela EC 41/03, restringindo-se à instituição de contribuições previdenciárias, a cargo de seus servidores (art. 149, § 1º, na redação dada pela EC 41/03).

Não obstante possuam uma competência significativamente limitada para instituir contribuições voltadas ao financiamento da seguridade (restrita ao financiamento da previdência de seus servidores), os entes federativos parciais deverão atuar conjuntamente com a União na prestação de serviços nas áreas de saúde e de assistência social: devem financiar o SUS com recursos dos seus orçamentos da seguridade social (art. 198, § 1º, da CF), aplicar obrigatoriamente percentuais das suas receitas nas ações e serviços de saúde (art. 198, § 2º, da CF) e colaborar na promoção da assistência social (art. 23, II, c/c arts. 203 e 204 da CF).

Daí a necessidade de terem orçamentos destinados especificamente à atuação no âmbito da seguridade social – e, obviamente, recursos para desempenhar tal atribuição.

- **Precedente citado**

Recolhimento de contribuições securitárias pela Receita Federal. Legitimidade: Programa de Integração Social e de Formação do Patrimônio do Servidor Público – PIS/PASEP. [...] Não compromete a autonomia do orçamento da seguridade social (CF, art. 165, § 5º, III) a atribuição, à Secretaria da Receita Federal de administração e fiscalização da contribuição em causa. [...] (STF, Pleno, **ADI 1.417**, rel. Min. Octavio Gallotti, 8.1999)

---

§ 3º A pessoa jurídica em débito com o sistema da seguridade social, como estabelecido em lei, não poderá contratar com o Poder Público nem dele receber benefícios ou incentivos fiscais ou creditícios.

---

2. Parágrafo 3º: restrições às empresas em débito com o sistema da seguridade social

A vedação do art. 195, § 3º, da CF embasa a exigência da apresentação de certidões de regularidade fiscal para a contratação com o Poder Público e para o recebimento, deste, de benefícios e incentivos fiscais ou creditícios.

---

modelo federal pelos Estados e pelos Municípios, aduzindo, no que diz respeito a estes, relevante argumento pragmático: "Não é essencial que as entidades federativas tenham, como ocorre com a União, três orçamentos, a saber, um para a seguridade, um fiscal e outro das estatais. Já defendi, no passado, tal hipótese, considerando que a Constituição engessaria as Constituições das outras entidades, dispondo-as a ter também três orçamentos. Como, todavia, os municípios são entidades federativas e, em sua grande maioria, não têm condições de elaborar orçamentos mais sofisticados, à falta de receitas, despesas e população, não seria lógico que estivessem também obrigados a manter três orçamentos para cuidar de cada uma das áreas despenditivas do Governo" (BASTOS. MARTINS. *Comentários à Constituição do Brasil*. 8º vol. p. 72). De fato, nos pequenos Municípios, que têm poucos recursos a serem destinados à seguridade social, revelar-se-ia despropositada a exigência da adoção dos três orçamentos a que faz referência o art. 165, § 5º. Quanto aos demais entes políticos, a exigência afigura-se inafastável.

Sem embargo, não legitima tal imposição para outras finalidades,[1425] como o levantamento de precatórios judiciais.[1426]

Esse preceito foi objeto de ácida crítica por Ives Gandra. Após expor que uma das principais causas das dificuldades da seguridade social é a falta de repasse de recursos pelo Poder Público, assevera:

> O Estado "caloteiro", todavia, na Constituição adotou princípio profilático no que diz respeito às contribuições sociais, punindo a todos os que deixarem de pagá-las, com: a) proibição de contrato com o Poder Público; b) não-recepção de benefícios; c) não-recepção de incentivos fiscais; d) não-recepção de créditos, além de a legislação ordinária determinar que, em raros casos, a perda da liberdade é consequência do não-pagamento.[1427]

Reputamos que o art. 195, § 3º e os dispositivos legais que o regulamentam devem ser aplicados com atenção aos postulados da proporcionalidade e da razoabilidade.

Não é qualquer débito perante a seguridade social que legitima uma grave restrição como a proibição de contratação com o Poder Público, que pode transformar uma situação de débil e momentânea insolvência em definitiva insolvabilidade.

O preceito constitucional deve ser interpretado à luz do seu escopo, que, relativamente à vedação de contratação com o Poder Público, é o de garanti-lo nas suas relações jurídico-negociais. Para tanto, há de ser exigida a demonstração da capacidade econômico-financeira da empresa de cumprir o pactuado, mas é dispensável provar que a empresa não possui débitos perante o Poder Público.

Da mesma forma que a vedação de contratação com o Poder Público, a proibição do recebimento de incentivos creditícios pode condenar à falência uma empresa que enfrenta dificuldades momentâneas, vindo de encontro ao próprio interesse do Fisco de receber o seu crédito e ao interesse público na manutenção do empreendimento empresarial.

Em certos casos, como ocorre com frequência na agricultura e na pecuária, a existência de uma situação de insolvência é justamente a razão que motiva a concessão de incentivos creditícios, não podendo ser a causa de sua proibição. Situação análoga verifica-se relativamente à vedação da concessão de incentivos fiscais.

As restrições às empresas em débito com o sistema da seguridade social *nunca podem ser vocacionadas a atuar como meios de coerção indireta* para o pagamento de tributos, os quais são rechaçados pela firme jurisprudência do STF, cristalizada nas Súmulas 70, 323 e 547:

> É inadmissível a interdição de estabelecimento como meio coercitivo para cobrança de tributo. (Súmula 70)
>
> É inadmissível a apreensão de mercadorias como meio coercitivo para pagamento de tributos. (Súmula 323)
>
> Não é lícito à autoridade proibir que o contribuinte em débito adquira estampilhas, despache mercadorias nas alfândegas e exerça suas atividades profissionais. (Súmula 547).

Tais restrições têm de ser adequadas, necessárias e proporcionais, destinando-se à promoção do interesse público, que não se confunde com o interesse do Fisco.[1428]

[1425] A exigência em foco foi regulamentada pelo art. 47 da Lei 8.212/91. A respeito do tema, vide os nossos *Comentários à lei do custeio da Seguridade Social,* p. 313-318.

[1426] Por essa razão, o STF declarou a inconstitucionalidade do art. 19 da Lei 11.033/04, que condicionava o levantamento de precatórios judiciais à apresentação de certidões de regularidade fiscal (STF, Pleno, *ADI 3.453*, rel. Min. Cármen Lúcia, 11.2006). Esse entendimento restou abalado, contudo, com o advento da EC 62/2009, que incluiu o § 9º no art. 100 da CF, autorizando que créditos da Fazenda Pública devedora sejam abatidos do montante a ser pago por precatório, mediante compensação.

[1427] BASTOS. MARTINS. *Comentários à Constituição do Brasil.* 8º vol. p. 81.

[1428] Acerca do controle de proporcionalidade das medidas de coerção indireta (denominadas "sanções políticas"), vide os comentários iniciais ao art. 150, à p. 217.

• Súmulas

Súmula 70 do STF: "É inadmissível a interdição de estabelecimento como meio coercitivo para cobrança de tributo".

Súmula 323 do STF: "É inadmissível a apreensão de mercadorias como meio coercitivo para pagamento de tributos".

Súmula 547 do STF: "Não é lícito à autoridade proibir que o contribuinte em débito adquira estampilhas, despache mercadorias nas alfândegas e exerça suas atividades profissionais".

• Precedente citado

Restrições ao levantamento de precatórios sem fundamento constitucional. Ilegitimidade na redação constitucional pretérita à EC 62/2009: [...] 1. O art. 19 da Lei n. 11.033/04 impõe condições para o levantamento dos valores do precatório devido pela Fazenda Pública. 2. A norma infraconstitucional estatuiu condição para a satisfação do direito do jurisdicionado – constitucionalmente garantido – que não se contém na norma fundamental da República. 3. A matéria relativa a precatórios não chama a atuação do legislador infraconstitucional, menos ainda para impor restrições que não se coadunam com o direito à efetividade da jurisdição e o respeito à coisa julgada. [...] 8. Ação Direta de Inconstitucionalidade julgada procedente. (STF, Pleno, **ADI 3.453**, rel. Min. Cármen Lúcia, 11.2006)

---

§ 4º A lei poderá instituir outras fontes destinadas a garantir a manutenção ou expansão da seguridade social, obedecido o disposto no art. 154, I.

---

3. Parágrafo 4º: competência residual para a criação de novas contribuições de seguridade social

O art. 195, § 4º, da CF consagra a competência residual da União para criar novas contribuições de seguridade social e sujeita-a aos requisitos exigidos pelo art. 154, I, para a instituição de impostos residuais.

A respeito da origem e do sentido de tais requisitos, Ives Gandra expõe que:

> Por ocasião da minha exposição na Constituinte, levando sugestões para a Subcomissão de Tributos, mostrei a necessidade de outorgar às contribuições sociais o mesmo regime dos demais tributos, especialmente dos impostos, visto que, se a elas não fossem aplicadas as regras restritivas da competência residual da União, à nitidez, seria o veículo escolhido pela União para suprir suas crônicas deficiências de Caixa, sempre que vedadas as demais vias.[1429]

Destarte, *sempre que uma contribuição de seguridade social não encontre fundamento de validade nas competências específicas do art. 195* (a saber, aquelas previstas nos incisos I, II, III, IV e no § 8º*), ela haverá de respeitar os requisitos do art. 195, § 4º c/c o art. 154, I*, por se tratar de exercício da competência residual.

Noutros termos, caso uma contribuição securitária não seja compatível, no todo ou em parte, com as competências outorgadas pelos incisos I, II, III, IV ou pelo § 8º, ela deverá observar os requisitos estabelecidos para a criação de novas contribuições de seguridade, sob pena de flagrante inconstitucionalidade.[1430]

Diante da remissão ao art. 154, I, os requisitos para a instituição de novas contribuições de seguridade social são, em princípio, idênticos àqueles exigidos para a criação de novos impostos:

[1429] MARTINS. *O sistema tributário na Constituição*. 6ª ed. p. 192. Prossegue: "O Deputado Francisco Dornelles, sensível ao problema, inseriu o § 4º no art. 195, com o que o regime jurídico vinculou-se, definitivamente, às regras do art. 154, I" (p. 192-193).

[1430] Essa situação já se verificou com diversas exações, tais como a contribuição sobre as remunerações pagas a autônomos, administradores e avulsos, prevista nas Leis 7.787/89 e 8.212/91, em sua redação original (RREE 166.772 e 177.296). Sobre a questão, vide os comentários ao art. 195, I, *a*, da CF. Elucidativa é a ementa deste precedente: STF, Pleno, *ADI 1.103*, rel. p/ ac. Min. Maurício Corrêa, 12.1996.

Art. 154. A União poderá instituir: I – mediante lei complementar, impostos não previstos no artigo anterior, desde que sejam não-cumulativos e não tenham fato gerador ou base de cálculo próprios dos discriminados nesta Constituição;

Desse modo, *somente poderão ser criadas novas contribuições destinadas à seguridade social se forem respeitados os seguintes pressupostos*:

1) inserção no ordenamento jurídico por *lei complementar*, o que torna inválidas as novas contribuições instituídas por leis ordinárias;[1431]

2) *não cumulatividade*, o que impõe a instituição de contribuições monofásicas (que, obviamente, não violam a vedação da cumulatividade)[1432] ou de contribuições plurifásicas não cumulativas (mediante a adoção das técnicas do crédito do tributo ou da tributação do valor agregado),[1433] razão pela qual é nitidamente inconstitucional a instituição, com base na competência residual, de contribuições que incidam "em cascata" (ou seja, sobre os valores já tributados nas operações anteriores e sem o creditamento do montante do tributo devido em razão delas, para fins de abatimento do *quantum* devido na operação em foco); e

3) *diversidade de hipótese de incidência (fato gerador) e de base de cálculo* relativamente às exações já previstas na Carta Constitucional.[1434]

• Precedentes citados

Criação, por lei ordinária, de nova contribuição à seguridade social. Contribuição das agroindústrias. Inconstitucionalidade: [...] 2. Mérito. O art. 195, I, da Constituição prevê a cobrança de contribuição social dos empregadores, incidentes sobre a folha de salários, o faturamento e o lucro; desta forma, quando o § 2º do art. 25 da Lei nº 8.870/94 cria contribuição social sobre o valor estimado da produção agrícola própria, considerado o seu preço de mercado, é ele inconstitucional porque usa uma base de cálculo não prevista na Lei Maior. 3. O § 4º do art. 195 da Constituição prevê que a lei complementar pode instituir outras fontes de receita para a seguridade social; desta forma, quando a Lei nº 8.870/94 serve-se de outras fontes, criando contribuição nova, além das expressamente previstas, é ela inconstitucional, porque é lei ordinária, insuscetível de veicular tal matéria. 4. Ação direta julgada procedente, por maioria, para declarar a inconstitucionalidade do § 2º da Lei nº 8.870/94. (STF, Pleno, **ADI 1.103**, rel. p/ ac. Min. Maurício Corrêa, 12.1996)

Instituição, por lei complementar, de contribuição à seguridade social originalmente inconstitucional. Inexistência de tributação em cascata. Constitucionalidade: Contribuição social. Constitucionalidade do artigo 1º, I, da Lei Complementar nº 84/96. – O Plenário desta Corte, ao julgar o RE 228.321, deu, por maioria de votos, pela constitucionalidade da contribuição social, a cargo das empresas e pessoas jurídicas, inclusive cooperativas, incidente sobre a remuneração ou retribuição pagas ou creditadas aos segurados empresários, trabalhadores autônomos, avulsos e demais pessoas físicas, objeto do artigo 1º, I, da Lei Complementar nº 84/96, por entender que não se aplica às contribuições sociais novas a segunda parte do inciso I do artigo 154 da Carta Magna, ou seja, que elas não devam ter fato gerador ou base de cálculos próprios dos impostos discriminados na Constituição. – Nessa decisão está ínsita a inexistência de violação, pela contribuição social em causa, da exigência da não-cumulatividade, porquanto essa exigência – e é este, aliás, o sentido constitucional da cumulatividade tributária – só pode dizer respeito à técnica de tributação que afasta a cumulatividade em impostos como o ICMS e o IPI – e cumulatividade que, evidentemente, não ocorre em contribuição dessa natureza cujo ciclo de incidência é monofásico –, uma vez que a não-cumulatividade no sentido de sobreposição de incidências tributárias já está prevista, em caráter exaustivo, na parte final do mesmo dispositivo da Carta Magna, que proíbe nova incidência sobre fato gerador ou base de cálculo próprios dos impostos discriminados nesta Constituição. – Dessa orientação não divergiu o acórdão recorrido. Recurso extraordinário não conhecido. (STF, 1ª Turma, **RE 258.470**, rel. Min. Moreira Alves, 3.2000)

[1431] Essa foi uma das máculas da contribuição do empregador rural pessoa física, instituída pelo art. 25 da Lei 8.212/91, na redação dada pela Lei 8.540/92 (STF, Pleno, *RE 596.177*, rel. Min. Ricardo Lewandowski, 8.2011).

[1432] Foi o que decidiu o STF ao declarar a constitucionalidade da LC 84/96, que instituiu, com base na competência residual do art. 195, § 4º, a contribuição de seguridade sobre os valores pagos ou creditados a autônomos, administradores e avulsos (STF, 1ª Turma, *RE 258.470*, rel. Min. Moreira Alves, 3.2000).

[1433] A respeito, vide os comentários ao art. 153, § 3º, II.

[1434] Excetua-se a possibilidade, admitida pelo STF, da outorga, por emenda à Constituição, de competências para a criação de novas contribuições, quando, de acordo com a sua jurisprudência, não é necessária a observância dos requisitos do art. 154, I, da CF. Foi o que ocorreu, v.g., com a CPMF (criada pela EC 12/96 e sucessivamente prorrogada, até a sua extinção).

Criação, por lei ordinária, de nova fonte de custeio da seguridade social. "Funrural". Inconstitucionalidade: CONSTITUCIONAL. TRIBUTÁRIO. CONTRIBUIÇÃO SOCIAL PREVIDENCIÁRIA. EMPREGADOR RURAL PESSOA FÍSICA. INCIDÊNCIA SOBRE A COMERCIALIZAÇÃO DA PRODUÇÃO. ART. 25 DA LEI 8.212/1991, NA REDAÇÃO DADA PELO ART. 1º DA LEI 8.540/1992. INCONSTITUCIONALIDADE. I – Ofensa ao art. 150, II, da CF em virtude da exigência de dupla contribuição caso o produtor rural seja empregador. II – Necessidade de lei complementar para a instituição de nova fonte de custeio para a seguridade social. III – RE conhecido e provido para reconhecer a inconstitucionalidade do art. 1º da Lei 8.540/1992, aplicando-se aos casos semelhantes o disposto no art. 543-B do CPC. (STF, Pleno, **RE 596.177**, rel. Min. Ricardo Lewandowski, 8.2011)

3.1. Diversidade de hipótese de incidência e base de cálculo: a vedação de superposição das contribuições de seguridade social

O terceiro requisito foi o que mais gerou polêmica, porquanto dá margem a interpretações divergentes.

O art. 195, § 4º, que versa sobre contribuições, remete ao art. 154, I, da CF, o qual impede a criação de novos "impostos" que tenham hipótese de incidência e base de cálculo próprias dos impostos discriminados na Constituição.

Colocou-se, então, este questionamento: o art. 195, § 4º, da CF impede a criação de novas contribuições que tenham hipótese de incidência e base de cálculo próprias dos impostos já existentes ou das contribuições de seguridade social discriminadas na Constituição Federal?

Pretendeu-se fazer prevalecer, no STF, a primeira possibilidade interpretativa, mais apegada à letra da Constituição, segundo a qual seria obstada a criação de novas contribuições de seguridade social com hipótese de incidência e base de cálculo *próprias dos impostos discriminados na Constituição*.

A identidade que existiria seria entre a CSL e o Imposto de Renda, o que, como se sustentou, teria por consequência a inconstitucionalidade da contribuição.

O STF, no entanto, rechaçou tal tese, com base nestas premissas:

a) a CSL não é uma contribuição criada com base na competência residual da União, fundamento que constou nos votos do relator, Ministro Moreira Alves, e do Ministro Sepúlveda Pertence; e

b) o art. 195, § 4º, da CF *somente veda a criação de novas contribuições sobre os fatos econômicos já reservados às contribuições de seguridade discriminadas na Constituição*, tendo em vista que "não há, na Constituição, nenhuma norma que vede a incidência dupla de imposto e contribuição sobre o mesmo fato gerador, nem que proíba tenham os dois tributos a mesma base de cálculo", como exposto no voto do Ministro Ilmar Galvão. Neste voto, tal entendimento foi externado de forma clara:

> O que veda a Carta, no art. 154, I, é a instituição de imposto que tenha fato gerador e base de cálculo próprios dos impostos nela discriminados. E o que veda o art. 195, parágrafo 4º, é que quaisquer outras contribuições, para fim de seguridade social, venham a ser instituídas sobre os fenômenos econômicos descritos nos incs. I, II e III do *caput*, que servem de fato gerador à contribuição sob exame.[1435]

A questão foi levada novamente à apreciação do STF quando se impugnou a constitucionalidade da LC 84/96, diploma que, após a declaração de inconstitucionalidade da contribuição sobre as remunerações pagas aos empresários, autônomos e avulsos criada pelas Leis 7.787/89 e 8.212/91,[1436] instituiu-a por lei complementar, no exercício da competência residual outorgada pelo art. 195, § 4º, da CF.

[1435] STF, Pleno, RE 146.733, rel. Min. Moreira Alves, 6.1992.

[1436] Sobre a questão, vide os comentários ao art. 195, I, *a*.

Alegava-se a identidade de base de cálculo com a do Imposto sobre a Renda das Pessoas Físicas, o que a tornaria inconstitucional, por inobservância dos requisitos exigidos pelo art. 154, I. Tal alegação foi afastada pelo Pretório Excelso, que repisou o posicionamento supraexposto, como se infere do voto do relator, Ministro Carlos Velloso:

> [...] quando o § 4º, do art. 195, da C.F., manda obedecer a regra da competência residual da União – art. 154, I – não estabelece que as contribuições não devam ter fato gerador ou base de cálculo de impostos. As contribuições, criadas na forma do § 4º, do art. 195, da C.F., não devem ter, isto sim, fato gerador e base de cálculo próprios das contribuições já existentes.[1437]

Enfim, de acordo com a jurisprudência do STF, a Constituição Federal não obsta que novas contribuições de seguridade social sejam criadas sobre as manifestações de capacidade contributiva indicadas nos arts. 153, 155 e 156, mas sobre aquelas discriminadas no art. 195, incisos I, II, III, IV e § 8º.

Por tal razão, *é inviável que novas contribuições de seguridade social sejam exigidas*:

a) do empregador, da empresa ou da entidade que lhe for equiparada:

a-1) sobre os rendimentos do trabalho pagos ou creditados a pessoas físicas que lhes prestem serviços (art. 195, I, *a*);

a-2) sobre a receita ou a faturamento (art. 195, I, *b*); e

a-3) sobre o lucro (art. 195, I, *c*);

b) dos segurados da previdência social (art. 195, II);

c) dos administradores de concursos de prognósticos, sobre a receita decorrente de sua exploração (art. 195, III);

d) do importador de bens ou serviços (art. 195, IV); e

e) do segurado especial, sobre o resultado da comercialização da sua produção (art. 195, § 8º).

Quanto à superposição de contribuições sobre a receita ou o faturamento, vide o tópico específico, nos comentários ao art. 195, I, *b*.[1438]

3.2. Vedação de superposição e suas espécies: a vedação do *bis in idem* e o princípio da unicidade da incidência das contribuições de seguridade sobre as materialidades do art. 195

As considerações expendidas há pouco evidenciam que a *Constituição Federal*, à luz da jurisprudência do STF, *consagra a vedação da superposição de contribuições de seguridade social criadas com base no art. 195.*

Essa vedação abarca duas espécies de superposições: a superposição total (*bis in idem*) e a superposição parcial.

A superposição total, com identidade de hipótese de incidência, base de cálculo, sujeitos e finalidade, *caracteriza o bis in idem.*

Sabe-se que o *bis in idem* se configura quando uma pessoa constitucional institui tributo idêntico a outro, que havia instituído anteriormente. E, no caso, é imprescindível que a contribuição de seguridade seja instituída pela União, pois apenas ela detém competência tributária para tanto.

[1437] STF, Pleno, RE 228.321, rel. Min. Carlos Velloso, 10.1998.

[1438] Mais especificamente, p. 596.

Instituída essa segunda exação pela União, haverá uma nova contribuição (para alguns, um mero adicional) que, por incidir na vedação do art. 195, § 4º, será inconstitucional.

Caso haja identidade de hipótese de incidência, base de cálculo e sujeitos passivos, mas as finalidades sejam diversas, não haverá *bis in idem*; ter-se-á, pelo contrário, uma nova contribuição, que, em virtude de se superpor àquela já existente, estará maculada de inconstitucionalidade, por violar o princípio da unicidade das contribuições de seguridade social do art. 195.[1439]

Também haverá violação ao princípio da unicidade caso se verifique apenas a justaposição parcial das suas hipóteses de incidência e bases de cálculo. Por exemplo, haveria inconstitucionalidade na exigência de uma contribuição sobre a folha de salários conjuntamente com uma nova contribuição sobre as remunerações pagas ou creditadas a pessoas físicas.

No entanto, a vedação da superposição de contribuições securitárias *não obsta que se adotem alíquotas distintas*. É possível que as normas de incidência tributária tenham consequentes diversos, em virtude da manipulação das alíquotas, elegendo-se, v.g., alíquotas mais benéficas ou gravosas para determinadas pessoas jurídicas ou físicas, desde que, obviamente, não se viole a isonomia e tampouco se institua progressividade vedada pela Constituição.[1440]

Além disso, *não há óbice à sobreposição de contribuições de seguridade se apenas uma delas tiver fundamento no art. 195*. O que o art. 195, § 4º, veda é a justaposição de contribuições de seguridade instituídas com supedâneo nas competências conferidas pelo art. 195.

É viável, portanto, a sobreposição de contribuições do art. 195 com contribuições que, apesar de estarem previstas em outros preceitos, também sejam destinadas à seguridade social, como é o caso da superposição da COFINS e do PIS/PASEP, que foi chancelada pelo STF, diante do fato de esta contribuição ter fundamento no art. 239 da CF, e não no seu art. 195.[1441]

Tampouco há óbice à justaposição de contribuições de seguridade com contribuições destinadas a outras finalidades, a exemplo do que se verifica relativamente às contribuições dos arts. 195, I, *a*, e 212, § 5º, da CF.[1442]

• Precedentes citados

Superposição de contribuições que incidem sobre a folha, mas têm finalidades distintas. Contribuição do art. 195, I, a, e salário-educação. Legitimidade: [...] SALÁRIO-EDUCAÇÃO. [...] Inconstitucionalidade material: base de cálculo. Vedação do art. 154, I da CF que não atinge esta contribuição, somente impostos. Não se trata de outra fonte para a seguridade social. Imprecisão quanto à hipótese de incidência. A CF quanto ao salário-educação define a finalidade: financiamento do ensino fundamental e o sujeito passivo da contribuição: as em-

---

1439 Vale recordar que o STF declarou a constitucionalidade da contribuição ao SAT, a qual, no regime da Lei 8.212/91, incide sobre o total das remunerações pagas ou creditadas aos segurados empregados e trabalhadores avulsos (art. 22, II), base já onerada pela contribuição previdenciária do art. 22, I, do referido diploma legislativo. O Tribunal considerou não se tratar de contribuição nova, razão pela qual seria dispensável a observância dos requisitos do art. 195, § 4º, sobretudo porque "estabelece a C.F. que o trabalhador tem direito ao seguro contra acidentes de trabalho, a cargo do empregador (C.F., art. 7º, XXVIII)" (STF, Pleno, *RE 343.446,* rel. Min. Carlos Velloso, 3.2003, excerto do seu voto).

1440 No que concerne às contribuições patronais (a cargo do empregador, da empresa e da entidade a ela equiparada), a Constituição já fornece os critérios hábeis a embasar a adoção de tratamento diferenciado: a atividade econômica desempenhada, o grau de utilização de mão-de-obra, o porte da empresa e a condição estrutural do mercado de trabalho (art. 195, § 9º, na redação dada pela EC 47/05).

1441 STF, Pleno, *ADI 1.417*, rel. Min. Octavio Gallotti, 8.1999.

1442 STF, Pleno, *ADC 3*, rel. Min. Nelson Jobim, 12.1999.

presas. Não resta dúvida. Constitucionalidade da lei amplamente demonstrada. Ação Declaratória de Constitucionalidade que se julga procedente, com efeitos *ex-tunc*. (STF, Pleno, **ADC 3**, rel. Min. Nelson Jobim, 12.1999)

Superposição de contribuições de seguridade social incidentes sobre a folha. PIS/PASEP e a contribuição do art. 195, I, a. Inoponibilidade dos requisitos do art. 195, § 4º, às contribuições previstas pela CF: Programa de Integração Social e de Formação do Patrimônio do Servidor Público – PIS/PASEP. [...] Sendo a contribuição expressamente autorizada pelo art. 239 da Constituição, a ela não se opõem as restrições constantes dos artigos 154, I e 195, § 4º, da mesma Carta. [...] (STF, Pleno, **ADI 1.417**, rel. Min. Octavio Gallotti, 8.1999)

Superposição de contribuições de seguridade social, incidentes sobre a folha. SAT e contribuição geral, do art. 22, I, da Lei 8.212/91. Legitimidade. Previsão constitucional do SAT: [...] I. – Contribuição para o custeio do Seguro de Acidente do Trabalho – SAT: Lei 7.787/89, art. 3º, II; Lei 8.212/91, art. 22, II: alegação no sentido de que são ofensivos ao art. 195, § 4º, c/c art. 154, I, da Constituição Federal: improcedência. Desnecessidade de observância da técnica da competência residual da União, C.F., art. 154, I. Desnecessidade de lei complementar para a instituição da contribuição para o SAT. [...] (STF, Pleno, **RE 343.446**, rel. Min. Carlos Velloso, 3.2003)

3.3. Possibilidade de substituição da contribuição incidente sobre os rendimentos do trabalho por aquela incidente sobre a receita

Uma *exceção à vedação da superposição de contribuições securitárias* sobre as materialidades do art. 195 é estabelecida pelos seus §§ 12 e 13, que foram inseridos pela EC 42/03.

Vale recordar a sua redação:

> § 12. A lei definirá os setores de atividade econômica para os quais as contribuições incidentes na forma dos incisos I, b; e IV do *caput*, serão não-cumulativas. (Incluído pela Emenda Constitucional nº 42, de 19.12.2003)
>
> § 13. Aplica-se o disposto no § 12 inclusive na hipótese de substituição gradual, total ou parcial, da contribuição incidente na forma do inciso I, a, pela incidente sobre a receita ou o faturamento. (Incluído pela Emenda Constitucional nº 42, de 19.12.2003)

Faculta-se, portanto, a substituição da contribuição incidente sobre os rendimentos do trabalho por aquela que onera a receita ou o faturamento, desde que se respeite a vedação da cumulatividade.

Porém, antes do advento, em 19 de dezembro de 2003, da EC 42, tal substituição não era possível, revelando-se incompatível com os ditames da Constituição de 1988, que interditava a superposição de contribuições sobre o faturamento e/ou a receita.[1443]

---

§ 5º Nenhum benefício ou serviço da seguridade social poderá ser criado, majorado ou estendido sem a correspondente fonte de custeio total.

---

4. Parágrafo 5º: princípio do equilíbrio atuarial e vedação da cobrança de contribuições sem causa e da desoneração sem contrapartida

O preceito versa sobre *Direito Previdenciário* – ou mais precisamente, sobre Direito da Seguridade Social. Veda a criação e a ampliação de benefícios ou serviços de seguridade sem a correspondente fonte de custeio. Objetiva evitar o déficit do sistema de seguridade social.

Tal vedação, no entanto, não abrange os direitos garantidos pela Constituição de 1988, como o de que os benefícios substitutivos da renda não tenham valor inferior ao do salário mínimo (art. 201, § 2º) e o de que a gratificação natalina dos aposenta-

[1443] A propósito, vide o tópico atinente à superposição de contribuições sobre a receita ou o faturamento, na p. 596.

dos e dos pensionistas seja calculada sobre o valor dos proventos do mês de dezembro (art. 201, § 6º).[1444]

Sem embargo, o preceito *também dispõe sobre Direito Tributário*. De forma indireta, *proíbe a desoneração de contribuições sem contrapartida*, isto é, os benefícios tributários que acarretem a formação de déficit no orçamento da seguridade social.[1445] *E também veda a cobrança de contribuições de seguridade sem causa suficiente para tanto.*

Se não houver necessidade de recursos para o custeio da seguridade social, não poderão ser cobradas ou majoradas contribuições securitárias.

Tal mandamento possui elevada relevância prática, *impedindo que se proceda à cobrança desnecessária de contribuições de seguridade*, com o escopo de gerar superávit e redirecionar os recursos excedentes para outras finalidades.

Note-se que a vedação é compatível com o superávit ocasional da seguridade social e com o superávit destinado a cobrir déficits futuros que sejam previsíveis com relativa segurança: é incompatível, tão somente, com o superávit do orçamento da seguridade social que não seja necessário à própria seguridade, mas a outras finalidades.

Como expôs o Ministro Marco Aurélio, na qualidade de relator da ADI 790:

> A premissa de toda contribuição social é a necessidade de custeio da seguridade social. Isto decorre das regras constantes dos artigos 194 e 195 do Diploma da República [...] A regra segundo a qual nenhum benefício da seguridade social poderá ser criado, majorado ou estendido sem a correspondente fonte de custeio total, corresponde a relativa à exigibilidade de causa suficiente para a majoração, sob pena de esta última discrepar do móvel que lhe é próprio, ligado ao equilíbrio atuarial entre contribuições e benefícios, implicando, aí sim, um adicional sobre a renda do trabalhador.[1446]

Esse entendimento foi reafirmado pelo STF quando do julgamento da ADI 2.010 MC, em cuja ementa restou consignada expressamente a *impossibilidade de se desvirtuarem as contribuições de seguridade social*, tornando-as instrumentos para o pagamento de encargos que devem ser custeados por todos, mediante a arrecadação de impostos.[1447]

- **Precedentes citados**

Desaparecimento da causa que justificava a contribuição. Inconstitucionalidade da sua cobrança: CONTRIBUIÇÃO SOCIAL – MAJORAÇÃO PERCENTUAL – CAUSA SUFICIENTE – DESAPARECIMENTO – CONSEQUÊNCIA – SERVIDORES PÚBLICOS FEDERAIS. O disposto no artigo 195, § 5º, da Constituição Federal, segundo o qual "nenhum benefício ou serviço da seguridade social poderá ser criado, majorado ou estendido sem a correspondente fonte de custeio", homenageia o equilibrio atuarial, revelando princípio indicador da correlação entre, de um lado, contribuições e, de outro, benefícios e serviços. O desaparecimento da causa da majoração do percentual implica o conflito da lei que a impôs com o texto constitucional. Isto ocorre em relação aos servidores públicos federais, considerado o quadro revelador de que o veto do Presidente da República relativo ao preceito da Lei n. 8.112/90, prevendo o custeio integral da aposentadoria pelo Tesouro Nacional, foi derrubado pelo Congresso, ocorrendo, no interregno, a edição de lei – a de n. 8.162/91 – impondo percentuais majorados. [...] (STF, Pleno, **ADI 790**, rel. Min. Marco Aurélio, 2.1993).

Nesse julgado, foi declarada a inconstitucionalidade do art. 9º da Lei 8.162/91, que majorou a contribuição mensal dos servidores públicos para o custeio das suas aposentadorias, quando a responsabilidade integral por tal despesa cabia ao Tesouro Nacional (a manutenção dessa responsabilidade, note-se, decorreu da derrubada de um veto que a excluía). Como expôs o Ministro Marco Aurélio, em seu voto: "A hipótese configura, sem dúvida alguma, o desaparecimento da causa constitucional suficiente à majoração das contribuições [...] Daí a convicção de que os acréscimos passaram a significar a tributação adicional sobre a remuneração dos servidores, contrariando a regra implícita correspondente ao § 5º do artigo 195 da Carta e, também, os preceitos dos artigos 149 e 153, inciso III, do referido Diploma Maior".

[1444] STF, 1ª Turma, AI 151.106 AgR, rel. Min. Celso de Mello, 9.1993. A premissa desse entendimento é a de que a exigência do art. 195, § 5º, é dirigida apenas ao legislador ordinário no que diz respeito à criação, majoração ou extensão de *outros* benefícios ou serviços da seguridade social, e não daqueles já previstos na Constituição.

[1445] STF, Pleno, *ADI 3.205*, rel. Min. Sepúlveda Pertence, 10.2006.

[1446] STF, Pleno, *ADI 790*, rel. Min. Marco Aurélio, 2.1993.

[1447] STF, Pleno, *ADI 2.010 MC*, rel. Min. Celso de Mello, 9.1999.

Majoração desnecessária de alíquotas. Inconstitucionalidade: [...] O REGIME CONTRIBUTIVO É, POR ESSÊNCIA, UM REGIME DE CARÁTER EMINENTEMENTE RETRIBUTIVO. A QUESTÃO DO EQUILÍBRIO ATUARIAL (CF, ART. 195, § 5º). CONTRIBUIÇÃO DE SEGURIDADE SOCIAL SOBRE PENSÕES E PROVENTOS: AUSÊNCIA DE CAUSA SUFICIENTE. – Sem causa suficiente, não se justifica a instituição (ou a majoração) da contribuição de seguridade social, pois, no regime de previdência de caráter contributivo, deve haver, necessariamente, correlação entre custo e benefício. A existência de estrita vinculação causal entre contribuição e benefício põe em evidência a correção da fórmula segundo a qual não pode haver contribuição sem benefício, nem benefício sem contribuição. Doutrina. Precedente do STF. [...] A CONTRIBUIÇÃO DE SEGURIDADE SOCIAL POSSUI DESTINAÇÃO CONSTITUCIONAL ESPECÍFICA. – A contribuição de seguridade social não só se qualifica como modalidade autônoma de tributo (RTJ 143/684), como também representa espécie tributária essencialmente vinculada ao financiamento da seguridade social, em função de específica destinação constitucional. A vigência temporária das alíquotas progressivas (art. 2º da Lei nº 9.783/99), além de não implicar concessão adicional de outras vantagens, benefícios ou serviços – rompendo, em conseqüência, a necessária vinculação causal que deve existir entre contribuições e benefícios (RTJ 147/921) – constitui expressiva evidência de que se buscou, unicamente, com a arrecadação desse *plus*, o aumento da receita da União, em ordem a viabilizar o pagamento de encargos (despesas de pessoal) cuja satisfação deve resultar, ordinariamente, da arrecadação de impostos [...] (STF, Pleno, **ADI 2.010 MC**, rel. Min. Celso de Mello, 9.1999)

Isenção de contribuição a aposentados e pensionistas. Inconstitucionalidade: I. Ação direta de inconstitucionalidade: L. est. 2.207/00, do Estado do Mato Grosso do Sul (redação do art. 1º da L. est. 2.417/02), que isenta os aposentados e pensionistas do antigo sistema estadual de previdência da contribuição destinada ao custeio de plano de saúde dos servidores Estado: inconstitucionalidade declarada. [...] IV. Seguridade social: norma que concede benefício: necessidade de previsão legal de fonte de custeio, inexistente no caso (CF, art. 195, § 5º): precedentes. (STF, Pleno, **ADI 3.205**, rel. Min. Sepúlveda Pertence, 10.2006)

---

§ 6º As contribuições sociais de que trata este artigo só poderão ser exigidas após decorridos noventa dias da data da publicação da lei que as houver instituído ou modificado, não se lhes aplicando o disposto no art. 150, III, "b".

---

5. Parágrafo 6º: princípio da anterioridade nonagesimal

Esse preceito veicula o denominado princípio da anterioridade nonagesimal, que *impõe a observância de um interregno mínimo, de noventa dias, entre a publicação da lei e o início da sua incidência.* Assemelha-se a uma *vacatio legis* obrigatória, imposta pela Constituição da República e destinada a garantir segurança jurídica aos contribuintes.[1448]

Trata-se de *cláusula pétrea*, imune até mesmo à ação do poder constituinte derivado.[1449]

Na redação original da Constituição de 1988, a anterioridade nonagesimal era aplicável apenas às contribuições de seguridade social. Aos demais tributos que houvessem de respeitar a anterioridade, aplicava-se tão somente a anterioridade de exercício de que trata o art. 150, III, *b*.

Segundo pacífica jurisprudência do STF, *a anterioridade de exercício e a nonagesimal não eram aplicáveis cumulativamente.*[1450] *Passaram a sê-lo, como regra geral, após o advento da EC 42/03*, que incluiu a alínea *c* no art. 150, III.

Essa salutar modificação constitucional decorreu da consciência de que, por vezes, a garantia outorgada pela anterioridade de exercício revelava-se mais débil que a conferida pela anterioridade nonagesimal (também nominada anterioridade "mitigada"), pois

[1448] Para uma análise mais detida do princípio da anterioridade, vide os comentários ao art. 150, III, *b* e *c*, nos quais são expostos os seus caracteres gerais e as hipóteses em que a sua observância é necessária.

[1449] STF, Pleno, *RE 587.008*, rel. Min. Dias Toffoli, 2.2011.

[1450] Vide os comentários ao art. 150, III, *b*.

legitimava que leis publicadas nos derradeiros momentos de um ano fossem aplicadas no alvorecer do ano subsequente.[1451]

No entanto, essa cumulação não foi prevista no art. 195, § 6º, da CF, de modo que *as contribuições de seguridade social permaneceram sujeitas unicamente à anterioridade nonagesimal*. Não se lhes aplica a anterioridade de exercício diante da expressa ressalva contida no final do art. 195, § 6º ("não se lhes aplicando o disposto no art. 150, III, *b*").

Quanto ao *início do prazo da anterioridade nonagesimal*, o Pretório Excelso considera que ele *pode ser fixado por medida provisória*: conta-se a partir da edição da *primeira medida provisória*.

Assim, a medida provisória é utilizada como instrumento para antecipar a incidência da lei tributária. Essa possibilidade subsiste mesmo após o advento da EC 32/01, haja vista que a regra do art. 62, § 2º, da CF não é aplicável às contribuições.

- **Precedentes citados**

Medida provisória compatível com a anterioridade de exercício, mas lesiva à nonagesimal: CONSTITUCIONAL. TRIBUTÁRIO. IMPOSTO DE RENDA E CONTRIBUIÇÃO SOCIAL. Med. Prov. 812, de 31.12.94, convertida na Lei nº 8.981/85, arts. 42 e 58. I. – Med. Prov. publicada em 31.12.94, a tempo, pois, de incidir sobre o resultado do exercício financeiro encerrado: não ocorrência, quanto ao imposto de renda, de ofensa aos princípios da anterioridade e da irretroatividade. Precedentes do STF. II. – No tocante à contribuição social há de ser observado a anterioridade nonagesimal: C.F., ART. 195, § 6º, C.F. [...] (STF, 2ª Turma, **PET 2.698 AgR**, rel. Min. Carlos Velloso, 8.2002)

Anterioridade nonagesimal. Caráter de cláusula pétrea. Oponibilidade ao poder constituinte derivado: Recurso extraordinário – Emenda Constitucional nº 10/96 – Art. 72, inciso III, do Ato das Disposições Constitucionais Transitórias (ADCT) – Contribuição Social sobre o Lucro (CSLL) – Alíquota de 30% (trinta por cento) – Pessoas jurídicas referidas no § 1º do art. 22 da Lei nº 8.212/91 – Alegada violação ao art. 195, § 6º, da Constituição Federal. 1. O poder constituinte derivado não é ilimitado, visto que se submete ao processo consignado no art. 60, §§ 2º e 3º, da Constituição Federal, bem assim aos limites materiais, circunstanciais e temporais dos §§ 1º, 4º e 5º do aludido artigo. 2. A anterioridade da norma tributária, quando essa é gravosa, representa uma das garantias fundamentais do contribuinte, traduzindo uma limitação ao poder impositivo do Estado. 3. A emenda Constitucional nº 10/96, especialmente quanto ao inciso III do art. 72 do Ato das Disposições Constitucionais Transitórias – objeto de questionamento – é um novo texto que veicula nova norma, e não mera prorrogação da emenda anterior. 4. Hipótese de majoração da alíquota da CSSL para as pessoas jurídicas referidas no § 1º do art. 22 da Lei nº 8.212/91. 5. Necessidade de observância do princípio da anterioridade nonagesimal contido no art. 195, § 6º, da Constituição Federal. 6. Recurso Extraordinário a que se nega provimento. (STF, Pleno, **RE 587.008**, rel. Min. Dias Toffoli, 2.2011)

---

§ 7º São isentas de contribuição para a seguridade social as entidades beneficentes de assistência social que atendam às exigências estabelecidas em lei.

---

6. Parágrafo 7º: imunidade das entidades beneficentes de assistência social

6.1. Significado

Embora se refira à "isenção", o art. 195, § 7º, da CF *consagra, na realidade, uma imunidade*, rejeitando expressamente à União competência para sujeitar as entidades beneficentes de assistência social ao pagamento de contribuições securitárias.[1452]

[1451] Foi o que ocorreu com a MP 812, de 31.12.1994 (convertida na Lei 8.981/95), que alterou a sistemática do IRPJ e da CSL: o STF reputou legítima a sua aplicação no exercício financeiro de 1994 no que diz respeito ao IRPJ, mas não à CSL, justamente em razão da anterioridade nonagesimal (STF, 2ª Turma, *PET 2.698 AgR*, rel. Min. Carlos Velloso, 8.2002).

[1452] A orientação do STF é clara neste sentido: "A isenção prevista na Constituição Federal (art. 195, § 7º) tem o conteúdo de regra de supressão de competência tributária, encerrando verdadeira imunidade" (STF, Pleno, RE 636.941, rel. Min. Luiz Fux, 2.2014 – Tema nº 432 da Repercussão Geral, trecho da ementa).

Isso porque, como exposto de forma lapidar pelo Ministro Moreira Alves, "isenção prevista na Constituição imunidade é".[1453]

A respeito da distinção entre isenção e imunidade e da vinculação do legislador a esta, é pertinente a lição de Pontes de Miranda:

> Na *isenção*, o débito de impôsto não surge, sòmente porque a lei competente abriu exceção às próprias regras jurídicas de imposição; na *imunidade*, a lei de imposição seria contrária à Constituição se não abrisse tal exceção: abrindo-a, apenas explicita o que se teria de entender, com ela, ou sem ela.[1454]

A imunidade do art. 195, § 7º, corresponde àquela prevista no art. 150, VI, *c*, atinente exclusivamente aos impostos.

As entidades beneficentes de assistência social são, portanto, *imunes tanto aos impostos quanto às contribuições* de seguridade social.

6.2. Reserva de lei complementar e liberdade do legislador: remissão ao art. 150, VI, *c*

Nos comentários ao art. 150, VI, *c*, certos temas comuns já foram analisados, tais como a reserva de lei complementar, a liberdade do legislador na definição dos entes imunes e na criação de requisitos para o gozo da imunidade, a noção de entidades de assistência social e a fruição da imunidade pelas entidades fechadas de previdência privada.

Para não incidir em tautologia, quanto a esses pontos remetemos o leitor aos comentários do art. 150, VI, *c*, passando a analisar aspectos específicos da imunidade do art. 195, § 7º.

6.3. Requisitos exigidos para o reconhecimento da imunidade do art. 195, § 7º

O legislador ordinário tem consagrado requisitos específicos para o reconhecimento da imunidade das entidades de assistência social frente a contribuições de seguridade social (art. 195, § 7º), *mais rigorosos que os exigidos para o gozo da imunidade frente a impostos* (art. 150, VI, *c*).

Dentre tais requisitos, sobressaem aqueles exigidos para a emissão do *Certificado de Entidade Beneficente de Assistência Social (CEBAS)*, que documenta o reconhecimento do direito à imunidade tributária.

Esses requisitos, originalmente consignados no art. 55 da Lei 8.212/91, são elencados na *Lei 12.101/2009*, que regula detidamente a certificação das entidades beneficentes de assistência social e os procedimentos para o reconhecimento da imunidade consagrada no art. 195, § 7º, da CF.

A despeito da controvérsia quanto à existência de reserva de lei complementar para a regulação da imunidade, *tais requisitos têm sido admitidos pela jurisprudência*,[1455] sob a justificativa de envolverem meras "normas sobre a constituição e o financiamento da entidade educacional ou assistencial imune"[1456] ou de atenderem "aos princípios da proporcionalidade e razoabilidade, não implicando significativa restrição do alcance do dispositivo interpretado, ou seja, o conceito de imunidade, e de redução das garantias dos contribuintes".[1457]

[1453] STF, Pleno, ADI 2.028 MC, rel. Min. Moreira Alves, 11.1999. A referência consta em seu voto.

[1454] PONTES DE MIRANDA. *Comentários à Constituição de 1967; com a Emenda n. 1 de 1969*. p. 407.

[1455] STF, Pleno, *RE 636.941*, rel. Min. Luiz Fux, 2.2014 – Tema nº 432 da Repercussão Geral.

[1456] STF, 1ª Turma, *RE 428.815 AgR*, rel. Min. Sepúlveda Pertence, 6.2005.

[1457] STF, Pleno, *RE 636.941*, rel. Min. Luiz Fux, 2.2014 – Tema nº 432 da Repercussão Geral, excerto da ementa.

Até mesmo a exigência de *aplicação de percentuais mínimos em filantropia* (serviços prestados de forma gratuita) é chancelada pelo STF[1458] e pelo STJ.[1459]

Como o certificado tem validade limitada, a entidade beneficente deve comprovar periodicamente o preenchimento dos requisitos exigidos pela legislação vigente, ônus do qual não pode esquivar-se sob a infundada alegação de ter direito adquirido à imunidade tributária.[1460]

- **Súmulas**

Súmula 352 do STJ: "A obtenção ou a renovação do Certificado de Entidade Beneficente de Assistência Social (Cebas) não exime a entidade do cumprimento dos requisitos legais supervenientes"

- **Precedentes citados**

Inexistência de direito adquirido à imunidade. Necessidade de prova do preenchimento dos requisitos para a emissão do CEBAS: CONSTITUCIONAL. TRIBUTÁRIO. IMUNIDADE DE ENTIDADE BENEFICENTE. CERTIFICADO DE ENTIDADE BENEFICENTE – CEBAS EMITIDO E PRETENSAMENTE RECEPCIONADO PELO DECRETO-LEI 1.752/1977. DIREITO ADQUIRIDO. ART. 195, § 7º DA CONSTITUIÇÃO. DISCUSSÃO SOBRE O QUADRO FÁTICO. ATENDIMENTO OU NÃO DOS REQUISITOS LEGAIS. 1. Nenhuma imunidade tributária é absoluta, e o reconhecimento da observância aos requisitos legais que ensejam a proteção constitucional dependem da incidência da norma aplicável no momento em que o controle da regularidade é executado, na periodicidade indicada pelo regime de regência. 2. Não há direito adquirido a regime jurídico relativo à imunidade tributária. A concessão de Certificado de Entidade Beneficente – Cebas não imuniza a instituição contra novas verificações ou exigências, nos termos do regime jurídico aplicável no momento em que o controle é efetuado. Relação jurídica de trato sucessivo. [...] (STF, 2ª Turma, **RMS 26.932**, rel. Min. Joaquim Barbosa, 12.2009)

Filantropia. Exigência estabelecida por atos infralegais. Legitimidade: [...] RENOVAÇÃO DO CERTIFICADO DE ENTIDADE BENEFICENTE DE ASSISTÊNCIA SOCIAL – CEBAS. APLICAÇÃO DE VINTE POR CENTO DA RECEITA BRUTA EM GRATUIDADE. EXIGÊNCIA DOS DECRETOS N. 752/1993 E 2.536/1998 E DA RESOLUÇÃO MPAS/CNAS N. 46/1994. RECURSO ORDINÁRIO EM MANDADO DE SEGURANÇA NÃO PROVIDO. [...] 2. O Decreto n. 2.536/1998 e a Resolução MPAS/CNAS n. 46/1994 são regulamentos autorizados pelas Leis n. 8.742/1993 e 8.909/1994. 3. Não há ofensa ao art. 150, inc. I, da Constituição da República, pois esse dispositivo exige lei para instituição ou aumento de tributos e não cuida do estabelecimento de requisito a ser cumprido por entidade beneficente a fim de obter imunidade ao pagamento de tributos. 4. Em precedentes nos quais se discutia a renovação periódica do Certificado de Entidade Beneficente como exigência imposta às entidades beneficentes para a obtenção de imunidade, o Supremo Tribunal Federal firmou entendimento de que não há imunidade absoluta nem ofensa ao art. 195, § 7º, da Constituição da República. [...] (STF, 1ª Turma, **RMS 28.456**, rel. Min. Cármen Lúcia, 5.2012)

Requisitos exigidos pela Lei 8.212/91 para a certificação da entidade. Exigência de emissão e renovação periódica do certificado. Legitimidade: I. Imunidade tributária: entidade filantrópica: CF, arts. 146, II e 195, § 7º: delimitação dos âmbitos da matéria reservada, no ponto, à intermediação da lei complementar e da lei ordinária (ADI-MC 1802, 27.8.1998, Pertence, DJ 13.2.2004;RE 93.770, 17.3.81, Soares Muñoz, RTJ 102/304). A Constituição reduz a reserva de lei complementar da regra constitucional ao que diga respeito "aos lindes da imunidade", à demarcação do objeto material da vedação constitucional de tributar; mas remete à lei ordinária "as normas sobre a constituição e o funcionamento da entidade educacional ou assistencial imune". II. Imunidade tributária: entidade declarada de fins filantrópicos e de utilidade pública: Certificado de Entidade de Fins Filantrópicos: exigência de renovação periódica (L. 8.212, de 1991, art. 55). Sendo o Certificado de Entidade de Fins Filantrópicos mero reconhecimento, pelo Poder Público, do preenchimento das condições de constituição e funcionamento, que devem ser atendidas para que a entidade receba o benefício constitucional, não ofende os arts. 146, II, e 195, § 7º, da Constituição Federal a exigência de emissão e renovação periódica prevista no art. 55, II, da Lei 8.212/91. (STF, 1ª Turma, **RE 428.815 AgR**, rel. Min. Sepúlveda Pertence, 6.2005)

Necessidade de observância de requisitos estabelecidos por lei ordinária para o gozo da imunidade: [...] A pessoa jurídica para fazer jus à imunidade do § 7º, do art. 195, CF/88, com relação às contribuições sociais, deve atender aos requisitos previstos nos artigos 9º e 14, do CTN, bem como no art. 55, da Lei nº 8.212/91, alterada pelas Lei nº 9.732/98 e Lei nº 12.101/2009, nos pontos onde não tiveram sua vigência suspensa liminarmente pelo STF nos autos da ADI 2.028 MC/DF (STF, Pleno, **RE 636.941**, rel. Min. Luiz Fux, 2.2014)

1458 STF, 1ª Turma, *RMS 28.456*, rel. Min. Cármen Lúcia, 5.2012.

1459 STJ, 1ª Seção, MS 11.348, rel. Min. Eliana Calmon, 9.2007. Tratamos da exigência de filantropia a seguir, no tópico atinente às entidades assistenciais e filantrópicas.

1460 Súmula 352 do STJ: "A obtenção ou a renovação do Certificado de Entidade Beneficente de Assistência Social (Cebas) não exime a entidade do cumprimento dos requisitos legais supervenientes". Nesse sentido, cfr. STF, 2ª Turma, *RMS 26.932*, rel. Min. Joaquim Barbosa, 12.2009.

6.4. Fruição da imunidade pelas entidades de educação

O art. 150, VI, *c*, da CF é expresso ao conferir imunidade às instituições de assistência social *e* de educação. O art. 195, § 7º, todavia, somente faz referência às entidades de assistência social.

A díspar redação desses dispositivos poderia levar à conclusão de que as instituições de educação não são albergadas pela imunidade do art. 195.

Tal ilação, apegada unicamente à letra dos preceitos, pecaria pela generalização, sendo equivocada no que diz respeito às entidades educacionais que são assistenciais.

De fato, a Constituição de 1988 adotou, nos enunciados que preveem imunidades, um conceito amplo de entidades de assistência social, o qual não considera a assistência enquanto segmento contraposto à previdência e à saúde, alcançando até mesmo certas entidades de previdência privada.

Tal conceito *também abrange as entidades de assistência social voltadas à educação*, não obstante haja, no art. 150, VI, *c*, da CF, referência às instituições educacionais ao lado das entidades de assistência social.

As entidades de assistência social não perdem tal condição pelo mero fato de se dedicarem à área educacional; constituem, simplesmente, espécie do gênero "entidades de assistência social", assim como as entidades filantrópicas, de saúde, previdenciárias etc.

Além disso, as entidades assistenciais de educação colaboram para a concretização de um direito social de suma relevância: o direito à educação. Prestam, pois, auxílio ao "pleno desenvolvimento da pessoa, seu preparo para o exercício da cidadania e sua qualificação para o trabalho", ao desempenharem o mister imposto pela Carta Constitucional a toda sociedade (art. 205, *caput*).

Consequentemente, não podem ter a sua atuação prejudicada pela expropriação de recursos advinda da cobrança de impostos ou de contribuições sociais. E, para tanto, a Lei Maior albergou-as com as imunidades dos arts. 150, VI, *c*, e 195, § 7º. *Esse é o entendimento que se firmou no STF*[1461] *e que foi acolhido pelo legislador* ao regular a imunidade do art. 195, § 7º, estendendo-a expressamente às instituições de educação (Lei 12.101/2009).

Enfim, o fato de a entidade beneficente de assistência social dedicar-se, de forma exclusiva ou não, à atuação na área de educação não lhe retira o direito ao gozo da imunidade, haja vista que ela mantém as características próprias das entidades beneficentes de assistência social.

6.5. Entidades assistenciais e filantrópicas

Na legislação ordinária e, inclusive, nos atos normativos infralegais, vem sendo exigido que as entidades de assistência social possuam atuação filantrópica (leia-se: atendimento gratuito) para que possam gozar da imunidade do art. 195, § 7º.

[1461] STF, Pleno, RE 636.941, rel. Min. Luiz Fux, 2.2014 – Tema nº 432 da Repercussão Geral. Este excerto da ementa é elucidativo: "O Sistema Tributário Nacional, encartado em capítulo próprio da Carta Federal, encampa a expressão `instituições de assistência social e educação´ prescrita no art. 150, VI, `c´, cuja conceituação e regime jurídico aplica-se, por analogia, à expressão `entidades beneficentes de assistência social´ contida no art. 195, § 7º, à luz da interpretação histórica dos textos das CF/46, CF/67 e CF/69, e das premissas fixadas no verbete da Súmula nº 730. É que até o advento da CF/88 ainda não havia sido cunhado o conceito de `seguridade social´, nos termos em que definidos pelo art. 203, inexistindo distinção clara entre previdência, assistência social e saúde, a partir dos critérios de generalidade e gratuidade."

Não se admite, contudo, *a restrição da imunidade às instituições exclusivamente filantrópicas – e tampouco a sua aplicação apenas às atividades filantrópicas de entidades assistenciais.*

Num importantíssimo precedente, o STF declarou a inconstitucionalidade de preceitos que restringiam a imunidade:

i) às entidades que promovessem "gratuitamente e em caráter exclusivo, a assistência social beneficente a pessoas carentes" (art. 55, III, da Lei 8.212/91, na redação dada pela Lei 9.732/98); e

ii) à atuação filantrópica de entidades que não praticassem exclusivamente a filantropia (art. 4º da Lei 9.732/98).[1462]

As premissas desse julgado foram expostas com clareza no voto do relator, Ministro Moreira Alves:

> Com efeito, a Constituição, ao conceder imunidade às entidades beneficentes de assistência social, o fez para que fossem a União, os Estados, o Distrito Federal e os Municípios auxiliados nesse terreno de assistência aos carentes por entidades que também dispusessem de recursos para tal atendimento gratuito, estabelecendo que a lei determinaria as exigências necessárias para que as entidades pudessem ser consideradas beneficentes de assistência social. É evidente que tais entidades, para serem beneficentes, teriam de ser filantrópicas (por isso, o inciso II do artigo 55 da Lei 8.212/91, que continua em vigor, exige que a entidade "seja portadora do Certificado ou do Registro de Entidade de Fins Filantrópicos, fornecido pelo Conselho Nacional de Serviço Social, renovado a cada três anos"), mas não exclusivamente filantrópica, até porque as que o são não o são para o gozo de benefícios fiscais, e esse benefício concedido pelo § 7º do artigo 195 não o foi para estimular a criação de entidades exclusivamente filantrópicas, mas, sim, das que, também sendo filantrópicas sem o serem integralmente, atendessem às exigências legais para que se impedisse que qualquer entidades, desde que praticasse atos de assistência filantrópica a carentes, gozasse da imunidade, que é total, de contribuição para a seguridade social, ainda que não fosse reconhecida como de utilidade pública, seus dirigentes tivessem remuneração ou vantagens, ou se destinassem elas a fins lucrativos. Aliás, são essas entidades – que, por não serem exclusivamente filantrópicas, têm melhores condições de atendimento aos carentes que o prestam – que devem ter sua criação estimulada para o auxílio ao Estado nesse setor, máxime em época em que, como a atual, são escassas as doações para a manutenção das que se dedicam exclusivamente à filantropia.
>
> De outra parte, no tocante às entidades sem fins lucrativos educacionais e de prestação de serviços de saúde que não pratiquem de forma exclusiva e gratuita atendimento a pessoas carentes, a própria extensão da imunidade foi restringida, pois só gozarão desta "na proporção do valor das vagas cedidas integral e gratuitamente a carentes, e do valor do atendimento à saúde de caráter assistencial", o que implica dizer que a imunidade para a qual a Constituição não estabelece limitação em sua extensão o é por lei.[1463]

A exigência de atuação filantrópica também é admitida pela jurisprudência do STJ, ao menos no que diz respeito à aplicação de percentuais mínimos da receita bruta em filantropia, para fins de reconhecimento do direito à imunidade.[1464]

Isso não obsta, no entanto, que externamos nossa opinião pessoal a respeito.

[1462] STF, Pleno, *ADI 2.028 MC*, rel. Min. Moreira Alves, 11.1999.

[1463] STF, Pleno, *ADI 2.028 MC*, rel. Min. Moreira Alves, 11.1999. Essa posição já havia sido externada pelo Ministro Marco Aurélio, na decisão monocrática que veio a ser referendada pelo Plenário: "No preceito [refere-se ao art. 195, § 7º, da CF], cuida-se de entidades beneficentes de assistência social, não estando restrito, portanto, às instituições filantrópicas [...] Ora, no caso, chegou-se à mitigação do preceito, olvidando-se que nele não se contém a impossibilidade de reconhecimento do benefício quando a prestadora de serviços atua de forma gratuita em relação aos necessitados, procedendo à cobrança junto àqueles que possuam recursos suficientes [...] As exigências estabelecidas em lei não podem implicar verdadeiro conflito com o sentido, revelado pelos costumes, da expressão "entidades beneficentes de assistência social". Em síntese, a circunstância de a entidade, diante, até mesmo, do princípio isonômico, mesclar a prestação de serviços, fazendo-o gratuitamente aos menos favorecidos e de forma onerosa aos afortunados pela sorte, não a descaracteriza, não lhe retira a condição de beneficente. Antes, em face à escassez de doações nos dias de hoje, viabiliza a continuidade dos serviços, devendo ser levado em conta o somatório das despesas resultantes do funcionamento e que é decorrência do caráter impiedoso da vida econômica. Portanto, também sob o prisma do vício de fundo, tem-se a relevância do pedido inicial, notando-se, mesmo, a preocupação do Excelentíssimo Ministro de Estado da Saúde com os ônus indiretos advindos da normatividade da Lei nº 9.732/98, no que veio a restringir, sobremaneira, a imunidade constitucional, praticamente inviabilizando [...] a assistência social, a par da precária prestada pelo Estado, que o § 7º do artigo 195 da Constituição Federal veio a estimular".

[1464] STJ, 1ª Seção, *MS 11.348*, rel. Min. Eliana Calmon, 9.2007.

É inviável confundir as entidades de assistência social com as entidades filantrópicas, sobretudo porque a expressão "entidades filantrópicas" apresenta um significado muito mais restrito que o da expressão "entidades beneficentes de assistência social", empregada pela Carta Magna.

A Constituição de 1988 distingue-as com nitidez, conferindo-lhes tratamento diferenciado: outorga imunidades às entidades de assistência social, sem referir as entidades filantrópicas (arts. 150, VI, *c*, e 195, § 7º); faculta a destinação de recursos públicos às entidades de educação filantrópicas, e não às de assistência social (art. 213, I); e, quando outorga preferência à participação no SUS (art. 199, § 1º), alude tanto às entidades filantrópicas quanto às entidades sem fins lucrativos. Adota, enfim, uma constância terminológica na qual as expressões "entidades de assistência social" e "entidades filantrópicas" possuem significados distintos; e é justamente a dessemelhança entre tais entidades que subjaz ao tratamento jurídico particular que a Constituição lhes dispensa.

Mas qual o significado dessas expressões?

Entidade de assistência social é gênero, do qual entidade filantrópica é espécie.

Para ser entidade de assistência social é preciso agir em áreas prioritárias para a sociedade (como a educação, a saúde, o amparo à maternidade e à velhice etc.); áreas essas em que o Estado normalmente atua com notória deficiência e sem condições de prestar serviços qualificados.

Não basta, contudo, atuar nestas áreas: *é preciso que a atuação não tenha fins lucrativos, ou seja, que se dê desinteressadamente*, de modo que os sócios e dirigentes dessas entidades não recebam qualquer distribuição, direta ou indireta, de lucros e benesses, sendo tais valores integralmente reinvestidos no seu aprimoramento.

Assim, os sócios e dirigentes das entidades de assistência social empregam o seu trabalho e o seu esforço contínuos à prestação desses serviços sem receberem qualquer contraprestação; mais ainda, frequentemente empregam patrimônios vultosos em prol da realização de atividades socialmente relevantes (que o Estado não teria condições de prestar de forma ótima), quando poderiam destiná-los à sua fruição pessoal e de suas famílias.

Por outro lado, *o conceito de entidade filantrópica é mais restrito e envolve entidades que prestam serviços gratuitos*, na integralidade ou em parte das suas atividades assistenciais.

Ao versar sobre a distinção entre a inexistência de fins lucrativos, que é inerente às entidades de assistência social, e a filantropia, Sacha Calmon assevera que:

> Por "sem fins lucrativos" deve-se entender aquelas que não se apropriam dos resultados operacionais, ou seja, que não distribuem resultados entre sócios ou mantenedores ou associados, *reinvestindo tudo o que ganham e, cada vez mais,* em atividades-meio capazes de sustentar os planos educacionais e assistenciais próprios dessas entidades. Caso contrário, a imunidade em tela ficaria reduzida a caridade e a filantropia, o que não esteve nos cálculos do constituinte que dá à sociedade a possibilidade de cooperar com o governo nas esferas de educação e da assistência e previdência sociais (paraestatalidade) com organismos fortes, auto-suficientes e progressistas, certo que sem *atividade econômica própria* não poderiam tais entes desenvolver as funções educacionais e assistenciais a que se propuseram.[1465]

Em suma, os conceitos de entidades de assistência social e de entidades filantrópicas foram nitidamente diferenciados pelo constituinte, que outorgou, de forma ampla, a imunidade àquelas entidades (gênero), que também abrangem estas (espécie).

Pretender reconhecer, pela legislação ordinária ou por atos infralegais, *a imunidade apenas à espécie* (entidades filantrópicas) *significaria mutilá-la* e, por via reflexa, vislumbrar a existência de competência impositiva onde a Constituição consagra a incompetência tributária.

[1465] COÊLHO. *Comentários à Constituição de 1988*. p. 286.

Sacha Calmon, em notável passagem, expõe os efeitos nocivos da exigência de gratuidade:

> Essa "gratuidade" pela qual tantos lutam é maléfica e contraproducente. Se as instituições particulares atuassem gratuitamente, a fundo perdido, logo se estiolariam em quantidade e qualidade. A filantropia é cara, e a caridade é pouca. A idéia de permitir o lucro e de obrigar sua reinversão no munus educacional ou assistencial enquanto condição para o privilégio da imunidade é o verdadeiro motor do "instituto", tornando-o útil e eficaz [...] Com o decidir assim, o STF tem propiciado o surgimento de centenas de instituições a servir microcomunidades, em verdadeiro somatório de esforços visando a fim público inquestionável: a melhoria incessante dos níveis de educação, cultura e proteção assistencial do sofrido povo brasileiro.[1466]

Do exposto concluimos que, a despeito da jurisprudência em sentido contrário, o reconhecimento da imunidade não pode ser condicionado ao caráter filantrópico das entidades de assistência social, sob pena de se mutilar o alcance de tão relevante garantia dos cidadãos.

- **Precedentes citados**

Supremo Tribunal Federal:

Imunidade alcança as entidades de assistência social *lato sensu*. Ilegitimidade da deturpação do conceito constitucional de entidade beneficente de assistência social: [...] – Preliminar de mérito que se ultrapassa porque o conceito mais lato de assistência social – e que é admitido pela Constituição – é o que parece deva ser adotado para a caracterização da assistência prestada por entidades beneficentes, tendo em vista o cunho nitidamente social da Carta Magna. [...] – É relevante o fundamento da inconstitucionalidade material sustentada nos autos (o de que os dispositivos ora impugnados – o que não poderia ser feito sequer por lei complementar – estabeleceram requisitos que desvirtuam o próprio conceito constitucional de entidade beneficente de assistência social, bem como limitaram a própria extensão da imunidade). Existência, também, do *periculum in mora*. Referendou-se o despacho que concedeu a liminar para suspender a eficácia dos dispositivos impugnados nesta ação direta. (STF, Pleno, **ADI 2.028 MC**, rel. Min. Moreira Alves, 11.1999)

Superior Tribunal de Justiça:

Exigência de filantropia. Legitimidade: [...] 4. O Supremo Tribunal Federal já se posicionou no sentido de que a exigência de emissão e renovação periódica prevista no art. 55, II, da Lei 8.212/91 não ofende os arts. 146, II e 195, §7°, da CF/88 (AgRg no RE 428.815/AM), sendo de absoluta constitucionalidade. 5. A concessão do Certificado de Entidade Beneficente de Assistência Social – CEBAS (art. 18, IV, da Lei 8.742/93 c/c art. 3° do Dec. 2.536/98) dentre outros requisitos exige aplicação do percentual de 20% (vinte por cento) da receita bruta em gratuidade. 6. O mandado de segurança exige prova pré-constituída, verificando-se a impossibilidade de, de plano, comprovar-se as exigências da Lei 8.742/93. 7. Inadequação da via eleita, ressalvando-se as vias ordinárias. 8. Mandado de segurança extinto, sem resolução do mérito. (STJ, 1ª Seção, **MS 11.348**, rel. Min. Eliana Calmon, 9.2007)

---

§ 8º O produtor, o parceiro, o meeiro e o arrendatário rurais e o pescador artesanal, bem como os respectivos cônjuges, que exerçam suas atividades em regime de economia familiar, sem empregados permanentes, contribuirão para a seguridade social mediante a aplicação de uma alíquota sobre o resultado da comercialização da produção e farão jus aos benefícios nos termos da lei. (Redação dada pela Emenda Constitucional nº 20, de 15.12.1998)

Redação original: § 8º O produtor, o parceiro, o meeiro e o arrendatário rurais, o garimpeiro e o pescador artesanal, bem como os respectivos cônjuges, que exerçam suas atividades em regime de economia familiar, sem empregados permanentes, contribuirão para a seguridade social mediante a aplicação de uma alíquota sobre o resultado da comercialização da produção e farão jus aos benefícios nos termos da lei.

---

7. Parágrafo 8º: contribuição do segurado especial

O art. 195, § 8º, da CF trata da contribuição do "segurado especial", que se caracteriza por desenvolver as suas atividades laborais em regime de economia familiar, *sem o auxílio de empregados permanentes*.

[1466] COÊLHO. *Comentários à Constituição de 1988*. p. 283. A referência do autor à jurisprudência do STF, contudo, diz respeito a momento anterior à medida liminar na ADI 2.028, proferida após o fechamento da edição, de 1999.

O art. 12, § 1º, da Lei de Custeio da Seguridade Social (Lei 8.212/91) explicitou o que se entende por *regime de economia familiar*, veiculando definição que se afigura consentânea com o preceito do art. 195, § 8º, da CF, a saber:

> § 1º Entende-se como regime de economia familiar a atividade em que o trabalho dos membros da família é indispensável à própria subsistência e ao desenvolvimento socioeconômico do núcleo familiar e é exercido em condições de mútua dependência e colaboração, sem a utilização de empregados permanentes. (Redação dada pela Lei nº 11.718, de 2008).

Por não serem remunerados pela prestação de serviços, mas pela alienação da sua produção, *os segurados especiais não podem contribuir da mesma forma que os demais segurados* obrigatórios do regime geral de previdência social, mediante o recolhimento de contribuição incidente sobre as remunerações destinadas a retribuir o trabalho.

Consciente desse fato, o constituinte veiculou uma *regra de competência específica*, de modo a possibilitar a tributação das manifestações de capacidade contributiva ligadas aos segurados especiais e, assim, a sua inclusão no sistema previdenciário, na qualidade de segurados obrigatórios.[1467]

7.1. Materialidade

A regra de competência para a tributação dos segurados especiais é a do art. 195, § 8º, não a do art. 195, II.

A relevância dessa distinção reside sobretudo na materialidade sujeita à tributação: o "*resultado da comercialização da produção*".

Enquanto os demais segurados obrigatórios da previdência social hão de contribuir com base nas suas remunerações, os segurados especiais, que não recebem remuneração pelo seu labor, devem contribuir com base no resultado (receita bruta) da alienação de sua produção.

Sendo tributada a receita bruta decorrente da comercialização da produção, *a comercialização deve preceder a incidência da norma impositiva*. O eventual recebimento de valores que anteceda a comercialização, como ocorre no adiantamento de recursos para a produção rural, não é tributável. A imposição tributária deve atingir tão somente a receita bruta auferida após a conclusão da comercialização.

Por "comercialização", deve-se entender a transferência da propriedade por negócio jurídico de cunho mercantil, nos moldes do Direito Privado.

Portanto, a incidência da contribuição dos segurados especiais *pressupõe que haja ato mercantil*, com mudança da titularidade jurídica. A translação física da produção rural somente poderá sujeitar-se à contribuição do art. 195, § 8º, da CF caso acarrete transferência da propriedade. Essa é a razão pela qual o simples envio (ou retorno) de animais para processo de engorda[1468] e a consignação da produção a cooperativa, para venda futura a terceiros,[1469] não ensejam a cobrança da contribuição.

A base de cálculo possível é a receita bruta decorrente da comercialização da produção rural. Valores que não integrem a receita bruta não podem compor a base de cálculo, mesmo que sejam suportados pelo adquirente, tal como ocorre com o valor do frete que não esteja abrangido pelo preço de venda: a base de cálculo da contribuição (receita bruta) diz respeito ao alienante, e não ao adquirente.

[1467] Por tal razão, não podemos esposar a concepção de Ferreira Filho, para quem tal previsão constitui um "favor concedido às categorias mencionadas", favor este que faria do regime especial "uma forma de assistência social e como tal deveria ser tratado" (*Comentários à Constituição brasileira de 1988*. v. 2, p. 223).

[1468] STJ, 1ª Turma, *REsp 489.156*, rel. Min. Luiz Fux, 9.2003.

[1469] STJ, 1ª Turma, *REsp 730.894*, rel. Min. Denise Arruda, 5.2008.

• **Precedentes citados**

Mero deslocamento da produção. Inexigibilidade da contribuição: TRIBUTÁRIO E PREVIDENCIÁRIO. FUNRURAL. PARCERIA. PRODUTOR RURAL. COMERCIALIZAÇÃO DE ANIMAIS. 1. A contribuição previdenciária pelo empregador rural pressupõe comercialização. O simples retorno de crias submetidas a processo de engorda à empresa, por si só não revela comercialização, sendo certo que o direito tributário vale-se dos conceitos privados. Deveras, opera-se a comercialização na oportunidade em que o produtor vende à empresa, por força da parceria, parte dos animais submetidos também à engorda, observadas as características da "parceria avícola" [...] (STJ, 1ª Turma, **REsp 489.156**, rel. Min. Luiz Fux, 9.2003)

Embora o precedente diga respeito à contribuição do empregador rural, as suas premissas são aplicáveis à contribuição do segurado especial.

Consignação de produtos a cooperativa, para venda futura a terceiros. Inexigibilidade da contribuição: RECURSO ESPECIAL. TRIBUTÁRIO. PRORURAL. CONTRIBUIÇÃO INCIDENTE SOBRE A COMERCIALIZAÇÃO DA PRODUÇÃO RURAL. LEI 8.213/91. [...] 4. Por outro lado, relativamente ao momento da ocorrência do fato gerador, o recurso merece ser conhecido pela alínea c do permissivo constitucional. Com efeito, esta Corte Superior firmou orientação no sentido de que "a comercialização do produto consignado ocorre quando pessoa estranha à cooperativa adquire a mercadoria do produtor rural por meio dessa associação, ocorrendo, nessa hipótese, o fato gerador do tributo. A hipótese de incidência da exação não se concretiza com a mera consignação da mercadoria à cooperativa com o fito de comercialização a terceiro" [...] (STJ, 1ª Turma, **REsp 730.894**, rel. Min. Denise Arruda, 5.2008)

7.2. Sujeitos passivos

Os sujeitos passivos dessa contribuição *somente podem ser os segurados especiais*, mais especificamente, o produtor, o parceiro, o meeiro e o arrendatário rurais, bem como o pescador artesanal.[1470]

No entanto, *a Lei 8.212/91* (Lei de Custeio da Seguridade Social) *sujeitou, além dos segurados especiais, o empregador rural pessoa física à contribuição* incidente sobre o resultado da comercialização da sua produção (art. 25, na redação dada pelas Leis 8.540/92, 9.528/97 e 10.256/01), atuando, com isso, fora dos lindes da competência outorgada pelo art. 195, § 8º, da CF, que abrange apenas os segurados especiais.

O STF pronunciou a inconstitucionalidade dessa exigência, ao apreciar recurso interposto pelo adquirente da produção de empregador rural, o qual estava obrigado a reter e recolher a contribuição, por força do estatuído no art. 30, IV, da Lei 8.212/91.[1471]

Nessa sistemática, a contribuição retida pelo adquirente da produção substituía a contribuição patronal devida pelo empregador rural sobre a folha de salários, que é prevista no art. 22, I, da Lei de Custeio da Seguridade Social.

Esta tabela esclarece o regime que o Supremo Tribunal Federal declarou inconstitucional. Na segunda linha, indicamos o ilegítimo regime substitutivo; na última, o regime geral, que deve ser observado:

	Empregador rural pessoa física	**Adquirente da produção**
Contribuição substitutiva (inconstitucional): de 2% sobre a receita bruta proveniente da comercialização da produção (art. 25, I)	Sofre a retenção. Não deve recolher a contribuição substituída	Retém e recolhe a contribuição sobre a receita bruta
Contribuição substituída: de 20% sobre as remunerações pagas a empregados e avulsos (art. 22, I)	É responsável pelo recolhimento da sua contribuição	Não interfere na contribuição do produtor rural

[1470] Na redação original da Constituição de 1988, também era referido o garimpeiro, que não foi mencionado na redação dada pela EC 20/98. Destarte, o garimpeiro passou a ser abrangido pela regra geral do art. 195, II. No plano infraconstitucional, o garimpeiro não é considerado segurado especial, desde o advento da Lei 8.398/92. Atualmente é enquadrado como contribuinte individual, nos termos do art. 12, V, *b*, da Lei 8.212/91, na redação dada pela Lei 9.876/99.

[1471] STF, Pleno, *RE 363.852*, rel. Min. Marco Aurélio, 2.2010. Aplicando esse entendimento em sede de repercussão geral, conferir: STF, Pleno, RE 596.177, rel. Min. Ricardo Lewandowski, 8.2011 Cumpre referir que a decisão considerou a redação pretérita do art. 25, alterada pela Lei 10.256/2001. A Corte ainda enfrentará a questão sob a égide da lei atual, nos autos do RE 718.874, que já superou o exame da repercussão geral.

A decisão do STF gerou muita polêmica, devido a problemas práticos relativos à repetição do indébito e à exigibilidade da contribuição substituída.

- **Precedente citado**

"FUNRURAL". Contribuição do empregador rural pessoa física. Incidência sobre a receita advinda da comercialização da produção. Inconstitucionalidade: [...] CONTRIBUIÇÃO SOCIAL – COMERCIALIZAÇÃO DE BOVINOS – PRODUTORES RURAIS PESSOAS NATURAIS – SUB-ROGAÇÃO – LEI Nº 8.212/91 – ARTIGO 195, INCISO I, DA CARTA FEDERAL – PERÍODO ANTERIOR À EMENDA CONSTITUCIONAL Nº 20/98 – UNICIDADE DE INCIDÊNCIA – EXCEÇÕES – COFINS E CONTRIBUIÇÃO SOCIAL – PRECEDENTE – INEXISTÊNCIA DE LEI COMPLEMENTAR. Ante o texto constitucional, não subsiste a obrigação tributária sub-rogada do adquirente, presente a venda de bovinos por produtores rurais, pessoas naturais, prevista nos artigos 12, incisos V e VII, 25, incisos I e II, e 30, inciso IV, da Lei nº 8.212/91, com as redações decorrentes das Leis nº 8.540/92 e nº 9.528/97. Aplicação de leis no tempo – considerações. (STF, Pleno, **RE 363.852**, rel. Min. Marco Aurélio, 2.2010)

---

§ 9º As contribuições sociais previstas no inciso I do *caput* deste artigo poderão ter alíquotas ou bases de cálculo diferenciadas, em razão da atividade econômica, da utilização intensiva de mão-de-obra, do porte da empresa ou da condição estrutural do mercado de trabalho. (Redação dada pela Emenda Constitucional nº 47, de 2005)

Redação dada pela Emenda Constitucional nº 20, de 1998, que incluiu o parágrafo: § 9° As contribuições sociais previstas no inciso I deste artigo poderão ter alíquotas ou bases de cálculo diferenciadas, em razão da atividade econômica ou da utilização intensiva de mão-de-obra.

---

8. Parágrafo 9º: critérios específicos de graduação das contribuições patronais

Antes de 1998, não havia qualquer previsão constitucional expressa que dissesse respeito aos critérios hábeis a orientar a graduação das contribuições do empregador, da empresa e da entidade a ela equiparada, incidentes sobre as remunerações, a receita e o lucro.

Tal graduação deveria nortear-se fundamentalmente pelos princípios regentes da atividade impositiva (sobretudo pelos princípios da isonomia, da capacidade contributiva e do não confisco) e da ordem econômica (como os princípios da livre iniciativa e da livre concorrência), respeitando, ademais, os postulados da proporcionalidade e da razoabilidade.

Foi o constituinte derivado que estabeleceu critérios específicos.

A EC 20/98 indicou dois critérios que o legislador pode utilizar para graduar as contribuições patronais do art. 195, I: a atividade econômica desenvolvida e o grau de utilização de mão de obra.

E a EC 47/05 acrescentou outros dois, de modo que o art. 195, § 9º, da CF passou a consagrar quatro critérios:

a) a atividade econômica desenvolvida;

b) o grau de utilização de mão de obra;

c) o porte da empresa; e

d) a condição estrutural do mercado de trabalho.

Esses critérios, há de se gizar, *são aplicáveis tão somente às contribuições patronais do art. 195, I.* Em princípio, não poderão ser adotados para a graduação das demais contribuições previdenciárias ou de seguridade social.

E não há como olvidar que *persiste a necessidade de respeito aos postulados e princípios supramencionados*: os critérios previstos pelo art. 195, § 9º, na redação dada pela EC 47/05, têm de ser aplicados como projeções específicas do princípio da isonomia tributária ou como meios para a realização de fins extrafiscais consentâneos com os demais postulados e princípios aludidos, sem nunca visarem a fins que lhes sejam antagônicos.

Pode-se, por exemplo, reduzir ou incrementar a tributação de determinado segmento industrial ou comercial com vistas a aperfeiçoar a condição estrutural do mercado de trabalho, *desde que não se violem os princípios da isonomia, da capacidade contributiva, do não confisco, da livre iniciativa e da livre concorrência ou os postulados da proporcionalidade e da razoabilidade.*[1472]

• Questões específicas

Adicional devido pelas instituições financeiras. Constitucionalidade: PROCESSO CIVIL. MEDIDA CAUTELAR. EFEITO SUSPENSIVO A RECURSO EXTRAORDINÁRIO. INSTITUIÇÃO FINANCEIRA. CONTRIBUIÇÃO PREVIDENCIÁRIA SOBRE A FOLHA DE SALÁRIOS. ADICIONAL. § 1º DO ART. 22 DA LEI Nº 8.212/91. A sobrecarga imposta aos bancos comerciais e às entidades financeiras, no tocante à contribuição previdenciária sobre a folha de salários, não fere, à primeira vista, o princípio da isonomia tributária, ante a expressa previsão constitucional (Emenda de Revisão nº 1/94 e Emenda Constitucional nº 20/98, que inseriu o § 9º no art. 195 do Texto permanente). Liminar a que se nega referendo. Processo extinto. (STF, Pleno, **AC 1.109 MC**, rel. p/ ac. Min. Carlos Britto, 5.2007)

---

§ 10. A lei definirá os critérios de transferência de recursos para o sistema único de saúde e ações de assistência social da União para os Estados, o Distrito Federal e os Municípios, e dos Estados para os Municípios, observada a respectiva contrapartida de recursos. (Incluído pela Emenda Constitucional nº 20, de 1998)
§ 11. É vedada a concessão de remissão ou anistia das contribuições sociais de que tratam os incisos I, *a*, e II deste artigo, para débitos em montante superior ao fixado em lei complementar. (Parágrafo incluído pela Emenda Constitucional nº 20, de 15.12.1998)

---

9. Parágrafo 11: vedação à concessão de remissão e de anistia

O § 11 do art. 195, incluído pela EC 20/98, obsta a concessão de remissão e de anistia a débitos estritamente previdenciários, relativos à contribuição patronal sobre as remunerações pagas ou creditadas a pessoas físicas (art. 195, I, *a*) e à contribuição do segurado (art. 195, II).

A vedação aplica-se somente aos débitos superiores ao montante a ser estipulado em lei complementar, o que evidencia *não ser autoaplicável*, carecendo da interposição legislativa para que gere os efeitos jurídicos almejados.

Ademais, a interpretação *a contrario sensu* do preceito leva à fácil ilação de que *é viável conceder remissão e anistia a tais débitos, desde que os valores não sejam expressivos*.

Seu objetivo precípuo é o de *manter a integridade financeira do regime geral de previdência social*, assegurando a existência de recursos para o pagamento dos benefícios concedidos em seu âmbito.

[1472] Nesse sentido, vide FERREIRA FILHO. *Comentários à Constituição brasileira de 1988*. v. 2, p. 224.

Recorde-se, a propósito, que a própria EC 20/98 impôs a destinação obrigatória dos recursos das contribuições do art. 195, incisos I, *a*, e II, a tal finalidade (art. 167, XI, incluído pela EC 20/98).

---

§ 12. A lei definirá os setores de atividade econômica para os quais as contribuições incidentes na forma dos incisos I, b; e IV do *caput*, serão não cumulativas. (Parágrafo incluído pela Emenda Constitucional nº 42, de 19.12.2003)

---

10. Parágrafo 12: não cumulatividade da COFINS e da COFINS-Importação

As contribuições de seguridade social criadas com base na competência residual do art. 195, § 4º, têm de ser não cumulativas.

Também *devem ser não cumulativas* as contribuições instituídas com fundamento nos incisos I, *b* (*COFINS*) e IV (*COFINS-Importação*) do art. 195 da Constituição Federal, no que diz respeito aos *setores de atividade econômica que sejam significativamente onerados pela tributação "em cascata"*.

O § 12 do art. 195 não confere uma faculdade. Veicula um *mandamento dirigido ao legislador*, obrigando-o a adotar medidas destinadas a evitar a incidência cumulativa da COFINS e da COFINS-Importação para os setores de atividade econômica prejudicados pela tributação em cascata.

O legislador tem a faculdade de adotar a não cumulatividade para outros setores, que não sejam onerados expressivamente pela múltipla incidência dessas contribuições. Tem, outrossim, discricionariedade para escolher o sistema a ser empregado para evitar a incidência em cascata e decidir acerca dos casos dúbios, em que pairam dúvidas sobre a necessidade de adotar-se a não cumulatividade, em interpretação sempre sujeita ao crivo do Poder Judiciário.

Não lhe assiste, no entanto, a liberdade de manter a tributação exclusivamente cumulativa e tampouco de excluir do âmbito de abrangência do regime não cumulativo setores de atividade econômica, empresas ou receitas que nele haveriam de estar incluídos.

O fator de discrímen indicado pela Constituição da República para a estipulação, ou não, do regime não cumulativo da COFINS *é o setor de atividade econômica da empresa (critério setorial)*.

Nenhum outro critério é previsto ou autorizado pela Carta Magna.

Em atenção a tal fator de discrímen, a lei haveria de determinar os setores de atividade econômica que estariam sujeitos à COFINS não cumulativa.

Entretanto, a Lei 10.833/03 – que é anterior à EC 42/03 e estabelece o regime não cumulativo da COFINS – *não adotou o critério setorial: levou em consideração o seu regime de tributação, além de prever outras exclusões casuísticas*. Em seu art. 10, restringiu a aplicação do regime da não cumulatividade a certas pessoas jurídicas tributadas com base no lucro real, diante da expressa exclusão, desse regime, das pessoas jurídicas tributadas com base no lucro presumido ou no lucro arbitrado, imunes a impostos etc.; excluiu, ademais, diversas receitas do regime não cumulativo.

A COFINS-Importação também segue a mesma linha, pois a Lei 10.865/04, que a criou, estabeleceu um regime de não cumulatividade aplicável justamente aos contribuintes da COFINS não cumulativa, como se denota do seu art. 15.

A despeito da dicção constitucional, o *Supremo Tribunal Federal reputa legítima* a restrição do regime não cumulativo às empresas tributadas com base no lucro real, na medida em que a tributação pelo lucro presumido é uma *faculdade* concedida aos contribuintes.[1473]

---

§ 13. Aplica-se o disposto no § 12 inclusive na hipótese de substituição gradual, total ou parcial, da contribuição incidente na forma do inciso I, a, pela incidente sobre a receita ou o faturamento. (Parágrafo incluído pela Emenda Constitucional nº 42, de 19.12.2003)

---

11. Parágrafo 13: desoneração da folha de pagamento – substituição da incidência sobre as remunerações pela incidência sobre a receita

É uma antiga – e justa – reivindicação do empresariado brasileiro a *desoneração da folha de pagamento*, que é a base de incidência de diversas exações tributárias.

Desde a contribuição patronal do art. 195, I, *a*, até as contribuições ao "Sistema S" oneram-na.

Com isso, prejudica-se a contratação de empregados e a majoração dos seus salários, promovendo o desemprego, estimulando a informalidade e, consequentemente, reduzindo o universo de contribuintes adimplentes.

Ao inserir o § 13 no art. 195, *a EC 42/03 buscou implementar essa desoneração*, mediante a autorização para que a contribuição sobre as remunerações (prevista na alínea *a* do art. 195, I), seja substituída pela incidente sobre a receita (prevista na alínea *b* do mesmo dispositivo).

Entretanto, não impôs que essa substituição se operasse imediata e integralmente e tampouco eliminou a competência do art. 195, I, *a*. As competências das alíneas *a* e *b* do art. 195, I, permanecem coexistindo, mesmo após o advento da aludida emenda constitucional.

O art. 195, § 13, reveste-se de elevada importância por três razões básicas.

Em primeiro lugar, autoriza a substituição da incidência sobre as remunerações pela incidência sobre a receita bruta, *excepcionando, assim, a vedação de superposição* que o STF extraiu do art. 195, § 4º.[1474]

Em segundo lugar, veiculou diretriz constitucional no sentido da desoneração da folha de pagamento lato sensu, impondo ao legislador que a respeite e a promova, mediante a redução do ônus tributário sobre essa materialidade ou até mesmo através da

---

[1473] STF, Pleno, RE 559.937, rel. p/ Acórdão Min. Dias Toffoli, 3.2013: "Não há que se dizer que devessem as contribuições em questão ser necessariamente não-cumulativas. O fato de não se admitir o crédito senão para as empresas sujeitas à apuração do PIS e da COFINS pelo regime não-cumulativo não chega a implicar ofensa à isonomia, de modo a fulminar todo o tributo. A sujeição ao regime do lucro presumido, que implica submissão ao regime cumulativo, é opcional, de modo que não se vislumbra, igualmente, violação do art. 150, II, da CF" (excerto da ementa). O precedente versava sobre a constitucionalidade da Lei 10.865/04, no que instituiu a COFINS-Importação e o PIS/PASEP-Importação. Conferir os comentários ao art. 195, IV.

[1474] Vide os comentários a este dispositivo.

desoneração completa, de determinadas empresas e/ou segmentos econômicos e profissionais, da contribuição do art. 195, I, *a*.

Em terceiro lugar, determina a observância do § 12 quando da mencionada substituição. Por força da remissão ao § 12, a contribuição instituída em substituição à do art. 195, I, *a,* haverá de ser não cumulativa, se a contribuição que já onerava o faturamento ou a receita o for.

Capítulo III

DA EDUCAÇÃO, DA CULTURA E DO DESPORTO

Seção I

DA EDUCAÇÃO

Art. 212. A União aplicará, anualmente, nunca menos de dezoito, e os Estados, o Distrito Federal e os Municípios vinte e cinco por cento, no mínimo, da receita resultante de impostos, compreendida a proveniente de transferências, na manutenção e desenvolvimento do ensino.

[...]

§ 5º A educação básica pública terá como fonte adicional de financiamento a contribuição social do salário-educação, recolhida pelas empresas na forma da lei. (Redação dada pela Emenda Constitucional nº 53, de 2006)

Redação original: § 5º O ensino fundamental público terá como fonte adicional de financiamento a contribuição social do salário-educação, recolhida, na forma da lei, pelas empresas, que dela poderão deduzir a aplicação realizada no ensino fundamental de seus empregados e dependentes.

Redação dada pela Emenda Constitucional nº 14, de 13.09.1996: § 5º O ensino fundamental público terá como fonte adicional de financiamento a contribuição social do salário-educação, recolhida pelas empresas, na forma da lei.

§ 6º As cotas estaduais e municipais da arrecadação da contribuição social do salário-educação serão distribuídas proporcionalmente ao número de alunos matriculados na educação básica nas respectivas redes públicas de ensino." (Parágrafo incluído pela Emenda Constitucional nº 53, de 2006)

Art. 212, §§ 5º e 6º: Contribuição social do salário-educação

1. Histórico

No regime da Constituição de 1969, impunha-se às empresas comerciais, industriais e agrícolas a obrigação de fornecer o ensino primário gratuito dos seus empregados e do ensino dos seus filhos entre os 7 e os 14 anos, facultando-se-lhes que, em substituição a tal obrigação, concorressem para a manutenção do ensino de forma mediata, por meio do pagamento da contribuição nominada salário-educação (art. 178, *caput*).

Quando da promulgação da Constituição de 1988, a obrigação precípua das empresas passou a ser o custeio indireto do ensino, através do pagamento dessa exação, da qual poderia ser deduzida "a aplicação realizada no ensino fundamental de seus empregados e dependentes".

Com o advento da EC 14/96, foi suprimida do texto constitucional a referência a tal dedução, legitimando que as empresas fossem sujeitas ao pagamento integral da contribuição do salário-educação.

Impugnou-se, maciçamente, a constitucionalidade da exação, tanto sob a égide da Carta Política decaída (EC 1/69) quanto da atual. Sustentou-se:

a) a ilegitimidade da delegação, ao Executivo, da competência para fixar a alíquota da contribuição, constante no Decreto-Lei 1.422/75;

b) a sua incompatibilidade com a Constituição de 1988, pela ausência de alíquota fixada por lei; e

c) a inconstitucionalidade da Lei 9.424/96, com base em diversas alegações de vícios formais e materiais.

O STF, porém, *declarou a legitimidade da contribuição.*

Considerando que, antes de 1988, a contribuição não tinha natureza tributária e que não era reservada ao Poder Legislativo a fixação das alíquotas de contribuições "extratributárias", o STF asseverou que a contribuição foi recepcionada pela Carta de 1988, ressalvando apenas a delegação de poderes ao Executivo para fixar a alíquota da exação.[1475]

Também declarou a constitucionalidade da Lei 9.424/96,[1476] vindo cristalizar o seu entendimento com a edição da Súmula 732: "É constitucional a cobrança da contribuição do salário-educação, seja sob a carta de 1969, seja sob a Constituição Federal de 1988, e no regime da Lei 9424/96".

- **Súmulas**

Súmula 732 do STF: "É constitucional a cobrança da contribuição do salário-educação, seja sob a carta de 1969, seja sob a Constituição Federal de 1988, e no regime da Lei 9424/96"

- **Precedentes citados**

Constitucionalidade do salário-educação frente à CF/88. Lei 9.424/96: CONSTITUCIONAL. AÇÃO DECLARATÓRIA DE CONSTITUCIONALIDADE DO ART. 15, LEI 9.424/96. SALÁRIO-EDUCAÇÃO. CONTRIBUIÇÕES PARA O FUNDO DE MANUTENÇÃO E DESENVOLVIMENTO DO ENSINO FUNDAMENTAL E DE VALORIZAÇÃO DO MAGISTÉRIO. DECISÕES JUDICIAIS CONTROVERTIDAS. ALEGAÇÕES DE INCONSTITUCIONALIDADE FORMAL E MATERIAL. Formal: lei complementar. Desnecessidade. Natureza da contribuição social. § 5º, do art. 212 da CF que remete só à lei. Processo legislativo. Emenda de redação pelo senado. Emenda que não alterou a proposição jurídica. Folha de salários – remuneração. Conceitos. Precedentes. Questão interna corporis do poder legislativo. Cabimento da análise pelo tribunal em face da natureza constitucional. Inconstitucionalidade material: base de cálculo. Vedação do art. 154, I da CF que não atinge esta contribuição, somente impostos. Não se trata de outra fonte para a seguridade social. Imprecisão quanto à hipótese de incidência. A CF quanto ao salário-educação define a finalidade: financiamento do ensino fundamental e o sujeito passivo da contribuição: as empresas. Não resta dúvida. Constitucionalidade da lei amplamente demonstrada. Ação declaratória de constitucionalidade que se julga procedente, com efeitos *ex-tunc*. (STF, Pleno, **ADC 3**, rel. Min. Nelson Jobim, 12.1999)

Constitucionalidade do salário-educação frente à EC 01/69. Recepção pela CF/88: TRIBUTÁRIO. SALÁRIO-EDUCAÇÃO. PERÍODO ANTERIOR À LEI N.º 9.424/96. ALEGADA INCONSTITUCIONALIDADE, EM FACE DA EC 01/69, VIGENTE QUANDO DA EDIÇÃO DO DECRETO-LEI N.º 1.422/75, POR OFENSA AO PRINCÍPIO DA ESTRITA LEGALIDADE TRIBUTÁRIA, CONSAGRADO NOS ARTS. 153, § 2.º, E 178, E AO PRINCÍPÍO DA VEDAÇÃO DA DELEGAÇÃO DE PODERES, PREVISTO NO ART. 6.º, PARÁGRAFO ÚNICO. ALEGADA CONTRARIEDADE, AINDA, AO ART. 195, I, DA CF/88. CONTRIBUIÇÃO QUE, DE RESTO, FORA REVOGADA PELO ART. 25 DO ADCT/88. Contribuição que, na vigência da EC 01/69, foi considerada pela jurisprudência do STF como de natureza não tributária, circunstância que a subtraiu da incidência do princípio da legalidade estrita, não se encontrando, então, na competência do Poder Legislativo a atribuição de fixar as alíquotas de contribuições extratributárias. O art. 178 da Carta pretérita, por outro lado, nada mais fez do que conferir natureza constitucional à contribuição, tal qual se achava instituída pela Lei n.º 4.440/64, cuja estipulação do respectivo *quantum* debeatur por meio do sistema de compensação do custo atuarial não poderia ser cumprida senão por meio de levantamentos feitos por agentes da Administração, donde a fixação da alíquota haver ficado a cargo do Chefe do Poder Executivo. Critério que, todavia, não se revelava arbitrário, porque sujeito à observância de condições e limites previstos em lei. A CF/88 acolheu o salário-educação, havendo mantido de forma expressa -- e, portanto, constitucionalizado --, a contribuição, então vigente, a exemplo do que fez com o PIS-PASEP (art. 239) e com o FINSOCIAL (art. 56 do ADCT), valendo dizer que a recepcionou nos termos em que a encontrou, em outubro/88. Conferiu-lhe, entretanto, caráter tributário, por sujeitá-la, como as demais contribuições sociais, à norma do seu art. 149, sem prejuízo de havê-la mantido com a mesma estrutura normativa do Decreto-Lei n.º 1.422/75 (mesma hipótese de incidência, base de cálculo e alíquota), só não tendo subsistido à nova Carta a delegação contida no § 2.º do seu art. 1.º, em face de sua incompatibilidade com o princípio da legalidade a que, de pronto, ficou circunscrita. Recurso não conhecido. (STF, Pleno, **RE 290.079**, rel. Min. Ilmar Galvão, 10.2001)

[1475] STF, Pleno, *RE 290.079*, rel. Min. Ilmar Galvão, 10.2001.

[1476] STF, Pleno, *ADC 3*, rel. Min. Nelson Jobim, 12.1999.

2. Competência, materialidade e sujeitos passivos

2.1. Recepção e constitucionalização da estrutura básica do tributo

Aparentemente, a atribuição de competência para a cobrança do salário-educação é realizada de forma ampla pelo art. 212, § 5º, da CF, pois esse preceito não se reporta aos fatos sujeitos à sua incidência e tampouco à sua base de cálculo.

Apenas a finalidade da contribuição (o financiamento complementar da educação básica pública) e os sujeitos passivos (empresas) são mencionados.

Não obstante, uma análise mais detida leva à conclusão de que se adotou, no art. 212, § 5º, da CF, uma forma específica de atribuição de competência tributária.

Outorgou-se competência para a União cobrar a contribuição social do salário-educação de forma elíptica: *pela referência à contribuição pré-constitucional* ("a contribuição social do salário-educação"), *a Constituição Federal conferiu competência para a manutenção da sua cobrança*, jungindo o legislador à conformação jurídica que a contribuição ostentava em outubro de 1988.

O legislador pode alterar as alíquotas, prever isenções e benefícios fiscais, mas *não tem competência para eleger materialidade diversa da folha de salários* e tampouco para ampliar o universo dos sujeitos passivos. Como se consignou na ementa do RE 290.079:

> A CF/88 acolheu o salário-educação, havendo mantido de forma expressa – e, portanto, constitucionalizado –, a contribuição, então vigente, a exemplo do que fez com o PIS-PASEP (art. 239) e com o FINSOCIAL (art. 56 do ADCT), valendo dizer que a recepcionou nos termos em que a encontrou, em outubro/88. Conferiu-lhe, entretanto, caráter tributário, por sujeitá-la, como as demais contribuições sociais, à norma do seu art. 149, sem prejuízo de havê-la mantido com a mesma estrutura normativa do Decreto-Lei nº 1.422/75 (mesma hipótese de incidência, base de cálculo e alíquota), só não tendo subsistido à nova Carta a delegação contida no § 2º do seu art. 1º, em face de sua incompatibilidade com o princípio da legalidade a que, de pronto, ficou circunscrita.[1477]

Essa forma elíptica de atribuição de competência, caracterizada pela referência a um tributo pré-constitucional, também foi adotada pelos arts. 239 e 240 da CF/88, relativos às contribuições ao PIS/PASEP (art. 239), SESC, SENAC, SESI e SENAI (art. 240).

A EC 53/2006 não inovou quanto à competência impositiva da União, restando fundamentalmente inalterada a estrutura normativa da contribuição.

Corrobora essa afirmativa a manutenção da expressão "na forma da lei", que há de ser compreendida como sempre o foi: designando a lei vigente à data da promulgação da Constituição, e não a lei criada sob a sua vigência.

Conclusão diversa permitiria que o legislador ordinário criasse, arbitrariamente, uma contribuição sobre qualquer fato de conteúdo econômico (como o lucro das empresas ou a circulação de mercadorias), contanto que vinculasse os recursos à educação, o que evidentemente não se harmoniza com o sistema constitucional tributário.

2.2. Materialidade: folha de salários

Na ADC 3, discutiu-se o significado da expressão "folha de salários". O STF concluiu ser equivalente à empregada pela Lei 9.424/96: "o total de remunerações pagas ou creditadas, a qualquer título, aos segurados empregados, assim definidos no artigo 12, inciso I, da Lei n. 8.212, de 24 de julho de 1991".[1478]

[1477] STF, Pleno, RE 290.079, rel. Min. Ilmar Galvão, 10.2001.

[1478] Sobre o significado de "folha de salários", vide os comentários ao art. 195, I, *a*, onde abordamos a contribuição instituída sobre as remunerações pagas a autônomos, administradores e avulsos, quando a Constituição somente outorgava competência para a tributação da "folha de salários".

2.3. Sujeitos passivos: empresas

O art. 1º, § 5º, do Decreto-Lei 1.422/75 adotou um conceito amplo de empresa, que abrange os empregadores e as "empresas e demais entidades públicas e privadas, vinculadas à previdência social", ressalvando os órgãos da administração direta.

Logo, não há óbice à cobrança do salário-educação de entidades que não se enquadrem no conceito restrito de empresa, sempre que sejam empregadoras. É o que ocorre com as associações desportivas.[1479]

- **Precedente citado**

Entidades desportivas. Sujeição ao salário-educação: PROCESSO CIVIL E TRIBUTÁRIO. RECURSO ESPECIAL REPRESENTATIVO DE CONTROVÉRSIA. ART. 543-C, DO CPC. CONTRIBUIÇÃO PARA O SALÁRIO-EDUCAÇÃO. RECEPÇÃO, PELA CARTA DE 1988, DA LEGISLAÇÃO REGULADORA DA MATÉRIA (DECRETO 1.422/75). SUJEITO PASSIVO. CONCEITO AMPLO DE EMPRESA.1. A contribuição para o salário-educação tem como sujeito passivo as empresas, assim entendidas as firmas individuais ou sociedades que assumam o risco de atividade econômica, urbana ou rural, com fins lucrativos ou não, em consonância com o art. 15 da Lei 9.424/96, regulamentado pelo Decreto 3.142/99, sucedido pelo Decreto 6.003/2006. [...] 2. O salário-educação, anteriormente à Constituição da República de 1988, era regulado pelo Decreto-Lei 1.422/1975, que, no tocante à sujeição passiva, acenou para um conceito amplo de empresa [...] 6. Destarte, a Lei 9.424/96, que regulamentou o art. 212, § 5º, da Carta Magna, ao aludir às empresas como sujeito passivo da referida contribuição social, o fez de forma ampla, encartando, nesse conceito, a instituição, individual ou coletiva, que, assumindo os riscos da atividade econômica, admite, assalaria e dirige a prestação pessoal de serviço, bem como qualquer entidade, pública ou privada, vinculada à previdência social, com ou sem fins lucrativos, ressalvadas as exceções previstas na legislação específica e excluídos os órgãos da administração direta (art. 1º, § 5º, do Decreto-Lei 1.422/75 c/c art. 2º da CLT). [...] 10. *In casu*, a recorrente é associação desportiva, sem fins lucrativos, vinculada à Previdência Social e com folha de empregados, encartando-se no conceito amplo de empresa, razão pela qual se submete à incidência do salário-educação. [...] 12. Recurso especial desprovido. Acórdão submetido ao regime do art. 543-C do CPC e da Resolução STJ 08/2008. (STJ, 1ª Seção, **REsp 1.162.307**, rel. Min. Luiz Fux, 11.2010, *representativo de controvérsia*)

3. Afetação da contribuição e repartição dos valores

Com a nova redação do preceito, dada pela *EC 53/2006*, substitui-se no § 5º a expressão "ensino fundamental público" por "*educação básica pública*", modificando, sob um prisma mais rigoroso, a destinação da contribuição e, assim, a sua natureza jurídica específica.

É importante sublinhar que a educação básica possui um alcance mais amplo do que o ensino fundamental, pois também abrange a educação infantil (art. 30, VI, da CF) e o ensino médio (art. 208, II, da CF).

O art. 195, § 6º, da CF trouxe outra inovação, relativa à destinação das receitas angariadas com a contribuição. *Foram destinadas constitucionalmente aos Estados e aos Municípios parcelas dos recursos ("cotas") arrecadados*, conforme o critério estabelecido pela EC 53/2006 ("número de alunos matriculados na educação básica" de suas redes públicas de ensino).

Esta alteração é restrita ao âmbito financeiro, não alcançando a esfera tributária. *A União continua com a titularidade exclusiva da competência tributária*, cabendo aos Estados e aos Municípios unicamente a participação na arrecadação federal, sistemática que se assemelha à denominada "repartição das receitas tributárias", regulada nos arts. 157 e seguintes da Constituição Federal.

[1479] STJ, 1ª Seção, *REsp 1.162.307*, rel. Min. Luiz Fux, 11.2010.

TÍTULO IX

DAS DISPOSIÇÕES CONSTITUCIONAIS GERAIS

Art. 239. A arrecadação decorrente das contribuições para o Programa de Integração Social, criado pela Lei Complementar nº 7, de 7 de setembro de 1970, e para o Programa de Formação do Patrimônio do Servidor Público, criado pela Lei Complementar nº 8, de 3 de dezembro de 1970, passa, a partir da promulgação desta Constituição, a financiar, nos termos que a lei dispuser, o programa do seguro-desemprego e o abono de que trata o § 3º deste artigo.

§ 1º Dos recursos mencionados no *caput* deste artigo, pelo menos quarenta por cento serão destinados a financiar programas de desenvolvimento econômico, através do Banco Nacional de Desenvolvimento Econômico e Social, com critérios de remuneração que lhes preservem o valor.

§ 2º Os patrimônios acumulados do Programa de Integração Social e do Programa de Formação do Patrimônio do Servidor Público são preservados, mantendo-se os critérios de saque nas situações previstas nas leis específicas, com exceção da retirada por motivo de casamento, ficando vedada a distribuição da arrecadação de que trata o *caput* deste artigo, para depósito nas contas individuais dos participantes.

§ 3º Aos empregados que percebam de empregadores que contribuem para o Programa de Integração Social ou para o Programa de Formação do Patrimônio do Servidor Público, até dois salários mínimos de remuneração mensal, é assegurado o pagamento de um salário mínimo anual, computado neste valor o rendimento das contas individuais, no caso daqueles que já participavam dos referidos programas, até a data da promulgação desta Constituição.

§ 4º O financiamento do seguro-desemprego receberá uma contribuição adicional da empresa cujo índice de rotatividade da força de trabalho superar o índice médio da rotatividade do setor, na forma estabelecida por lei.

Art. 239: Contribuições ao PIS/PASEP

1. Instituição e unificação dos programas

As contribuições ao Programa de Integração Social (PIS) e ao Programa de Formação do Patrimônio do Servidor Público (PASEP) não eram previstas na Constituição de 1969, que somente consagrava o direito dos trabalhadores à "integração na vida e no desenvolvimento da empresa, com participação nos lucros e, excepcionalmente, na gestão, segundo for estabelecido em lei" (art. 165, V), sem qualquer referência específica à seara tributária.

Essas contribuições foram criadas pelas LCs 7/70 (PIS) e 8/70 (PASEP), com base na competência residual da União, conjuntamente com os programas que são vocacionadas a financiar.

As empresas deveriam contribuir ao PIS, que destinaria os recursos obtidos à integração do empregado na vida e no desenvolvimento das empresas, mediante a efetivação de depósitos em contas individuais dos empregados.

Já as pessoas políticas e os entes da administração indireta haveriam de contribuir para o PASEP, que destinaria os recursos aos servidores públicos, efetivando depósitos em contas específicas.

A LC 19/74 permitiu a aplicação unificada dos recursos do PIS e do PASEP, o que culminou com a *unificação dos programas*, determinada pela LC 26/75. Criou-se, assim, o fundo PIS/PASEP.

2. Recepção e modificação pela CF/88

As contribuições ao PIS e ao PASEP foram recepcionadas pelo art. 239 da CF/88, que *destinou os recursos ao financiamento*:

a) *do seguro-desemprego* (art. 239, *caput*);

b) *do abono anual* de que trata o art. 239, § 3º, da CF (art. 239, *caput*); e

c) *de programas de desenvolvimento econômico*, por intermédio do BNDES (art. 239, § 1º).

Por via reflexa, cessaram, desde então, os depósitos que eram efetivados nas contas dos empregados e dos servidores públicos.

A consequência dessa mudança de finalidade dos programas foi a *transformação da natureza específica das contribuições* para o PIS/PASEP (pela alteração da sua destinação), *com a criação de novos tributos*.[1480]

Não obstante tal mutação, o Supremo Tribunal Federal entendeu ser prescindível a edição de nova lei regulamentadora para a sua cobrança sob a égide da Constituição de 1988. A sua recepção teria ocorrido "sem solução de continuidade", pois se condicionou à disciplina da legislação futura apenas "os termos em que a sua arrecadação seria utilizada no financiamento do programa de seguro-desemprego e do abono instituído por seu § 3º".[1481]

• Precedentes citados

Natureza não tributária do PIS antes da CF/88. Inconstitucionalidade da regulação por Decreto-lei: CONSTITUCIONAL. ART. 55-II DA CARTA ANTERIOR. CONTRIBUIÇÃO PARA O PIS. DECRETOS--LEIS 2.445 E 2.449, DE 1988. INCONSTITUCIONALIDADE. I – Contribuição para o PIS: sua estraneidade ao domínio dos tributos e mesmo aquele, mais largo, das finanças públicas. Entendimento, pelo Supremo Tribunal Federal, da EC nº 8/77 (RTJ 120/1190). II – Trato por meio de decreto-lei: impossibilidade ante a reserva qualificada das matérias que autorizavam a utilização desse instrumento normativo (art. 55 da Constituição de 1969). Inconstitucionalidade dos Decretos-leis 2.445 e 2.449, de 1988, que pretenderam alterar a sistemática da contribuição para o PIS. (STF, Pleno, **RE 148.754**, rel. p/ ac. Min. Francisco Rezek, 6.1993)

Recepção do PIS pela CF/88. Desnecessidade de nova regulamentação: PIS: LC 7/70: RECEPÇÃO, SEM SOLUÇÃO DE CONTINUIDADE, PELO ART. 239 DA CONSTITUIÇÃO. Dispondo o art. 239 CF sobre o destino da arrecadação da contribuição para o PIS, a partir da data mesma da promulgação da lei fundamental em que se insere, é evidente que se trata de norma de eficácia plena e imediata, mediante a recepção de legislação anterior; o que, no mesmo art. 239, se condicionou a disciplina da lei futura não foi a continuidade da cobrança da exação, mas apenas – como explícito na parte final do dispositivo – os termos em que a sua arrecadação seria utilizada no financiamento do programa de seguro-desemprego e do abono instituído por seu § 3º. (STF, Pleno, **RE 169.091**, rel. Min. Sepúlveda Pertence, 6.1995)

3. Alcance da competência tributária na CF/88

No dispositivo que atribui competência para a cobrança das contribuições ao PIS/PASEP (art. 239), é feita referência expressa às LCs 7/70 e 8/70.

Contudo, não há qualquer menção direta aos fatos sujeitos à incidência dessas exações e tampouco aos sujeitos passivos.

Verifica-se, assim, que *a Constituição de 1988 outorgou a competência tributária e delimitou-a de forma elíptica*: ao modificar a destinação das contribuições instituídas pelas LCs 7/70 e 8/70, com expressa referência a esses diplomas legislativos, atribuiu competência para a sua cobrança e, ao mesmo tempo, *delineou o arquétipo das regras-matrizes a serem adotadas pelo legislador*.[1482] Conferiu e delimitou implicitamente

[1480] A respeito do PIS, leciona José Eduardo Soares de Melo: "a Constituição de 1988 dispôs sobre um novo PIS (programa de Seguro-Desemprego e abono salarial), que não tem identidade com o anterior PIS (participação nos lucros da empresa), traduzindo a fisionomia de um novo tributo" (*Contribuições sociais no sistema tributário*. p. 247). Conferir ainda: KONKEL JÚNIOR. *Contribuições sociais*. p. 660-661. Há precedentes do STF qualificando tal contribuição como de seguridade social. Vide, v.g., este acórdão: "a Constituição de 1988, no artigo 239, recepcionou o PIS tal como o encontrou em 5-10-88, dando-lhe, aliás, feição, conforme acentuei, neste Plenário, por ocasião do julgamento do RE n. 138.284-CE, de contribuição de seguridade social, já que lhe deu destinação previdenciária" (STF, Pleno, *RE 148.754*, rel. p/ ac. Min. Francisco Rezek, 6.1993, excerto do voto do Ministro Carlos Velloso).

[1481] STF, Pleno, *RE 169.091*, rel. Min. Sepúlveda Pertence, 6.1995.

[1482] Essa singular forma de atribuição de competência também foi utilizada relativamente à contribuição do salário-educação (art. 212, § 5º) e às contribuições ao SESC, SENAC, SESI e SENAI (art. 240).

a competência impositiva, estabelecendo as hipóteses de incidência, bases de cálculo e contribuintes possíveis de tais contribuições.

Noutros termos, *o art. 239 da CF/88 constitucionalizou as feições que as contribuições ao PIS/PASEP possuíam quando do seu advento,* com ressalva da sua destinação.[1483]

Consequentemente, *o legislador*, cuja competência tributária decorre da Carta Constitucional, *deve respeitar os contornos que as LCs 7/70 e 8/70 conferiram às contribuições ao PIS/PASEP*, mesmo que tais diplomas normativos venham a ser revogados.

4. Limitações constitucionais aplicáveis às contribuições ao PIS/PASEP

Como exposto, o artigo 239 da Constituição Federal atribui competência para a cobrança das contribuições ao PIS e ao PASEP.

Esse é o seu fundamento de validade jurídico-constitucional. Portanto, *não necessitam ser observadas*, para a sua cobrança ou modificação, *as restrições estabelecidas ao exercício das competências residuais* da União para a criação de novos impostos (art. 154, I) e de novas contribuições de seguridade social (art. 195, § 4º).[1484]

Tampouco é necessária a edição de lei complementar para definir a sua hipótese de incidência, base de cálculo e contribuintes, porquanto a exigência do art. 146, III, *a*, da CF somente se aplica aos impostos nominados. Logo, tais contribuições podem ser reguladas por lei ordinária.

A lei ordinária deverá observar a *anterioridade nonagesimal,* consagrada pelo art. 195, § 6º, da Constituição da República, haja vista o Supremo Tribunal Federal qualificar a contribuição ao PIS como uma contribuição destinada ao financiamento da seguridade social.[1485] Inaplicável a anterioridade de exercício.

Por coerência, *aplica-se ao PIS a imunidade do art. 195, § 7º*, da Carta Política, a qual tutela as entidades beneficentes de assistência social que preenchem os requisitos legais.[1486]

• Precedentes citados

Inaplicabilidade dos requisitos dos arts. 154, I, e 195, § 4º, da CF. Inexistência de reserva de lei complementar. Possibilidade de regulação por medida provisória: Programa de Integração Social e de Formação do Patrimônio do Servidor Público – PIS/PASEP. Medida Provisória. Superação, por sua conversão em lei, da contestação do preenchimento dos requisitos de urgência e relevância. Sendo a contribuição expressamente autorizada pelo art. 239 da Constituição, a ela não se opõem as restrições constantes dos artigos 154, I e 195, § 4º, da mesma Carta. Não compromete a autonomia do orçamento da seguridade social (CF, art. 165, § 5º, III) a atribuição, à Secretaria da Receita Federal de administração e fiscalização da contribuição em causa. [...] (STF, Pleno, **ADI 1.417**, rel. Min. Octavio Gallotti, 8.1999)

Aplicação da anterioridade nonagesimal à contribuição ao PIS: TRIBUTÁRIO. CONTRIBUIÇÃO SOCIAL. § 6º DO ART. 195, DA CONSTITUIÇÃO DA REPÚBLICA: APLICAÇÃO À CONTRIBUIÇÃO AO PIS. LEI DE CONVERSÃO DE MEDIDA PROVISÓRIA. DISPOSITIVO SUSCITADO AUSENTE DO TEXTO DA MEDIDA PROVISÓRIA: CONTAGEM DA ANTERIORIDADE NONAGESIMAL A PARTIR DA PUBLICAÇÃO DA LEI. 1. A contribuição ao PIS sujeita-se à regra do § 6º do art. 195 da Constituição da República. 2.

[1483] Consoante expôs o Ministro Carlos Velloso: "a Constituição de 1988, no artigo 239, recepcionou o PIS tal como o encontrou em 5-10-88" (STF, Pleno, RE 148.754, rel. p/ ac. Min. Francisco Rezek, 6.1993).

[1484] STF, Pleno, *ADI 1.417*, rel. Min. Octavio Gallotti, 8.1999.

[1485] STF, Pleno, *RE 568.503*, rel. Min. Carmen Lúcia, 2.2014 – Tema nº 278 da Repercussão Geral.

[1486] STF, Pleno, RE 636.941, rel. Min. Luiz Fux, 2.2014 – Tema nº 432 da Repercussão Geral: "Imunidade tributária das entidades filantrópicas em relação à contribuição para o PIS". O julgado abordou a questão apenas de forma indireta, mediante a qualificação da contribuição ao PIS como uma contribuição de seguridade social: "6. O PIS, espécie tributária singular contemplada no art. 239, CF/88, não se subtrai da concomitante pertinência ao "gênero" (plural) do inciso I, art. 195, CF/88" (trecho da ementa).

Aplicação da anterioridade nonagesimal à majoração de alíquota feita na conversão de medida provisória em lei. 3. Recurso extraordinário ao qual se nega provimento. (STF, Pleno, RE 568.503, rel. Min. Carmen Lúcia, 2.2014 – Tema nº 278 da Repercussão Geral)

5. Modalidades da contribuição ao PIS e sua recepção pela CF/88

Embora a contribuição ao PIS almejasse promover a participação dos empregados nos lucros das empresas, *a sua base de cálculo não era exclusivamente o lucro, mas, para algumas empresas e instituições, o faturamento ou a folha de salários*, o que distanciava a sistemática de incidência e de cálculo da contribuição do seu objetivo.

Consequentemente, a participação dos empregados nos lucros das empresas para as quais trabalhavam, exigida constitucionalmente, transformou-se na participação em variados aspectos dos resultados empresariais.

A LC 7/70 estabeleceu, na realidade, distintas contribuições ao PIS, consistentes:

a) na parcela descontada do Imposto de Renda devido, denominada *PIS-Dedução* (art. 3º, alínea *a*); e

b) na parcela paga com recursos próprios (art. 3º, alínea *b*), que possuía três modalidades distintas:

b-1) *PIS-Repique* (em valor idêntico ao do PIS-Dedução), para as instituições financeiras e para as empresas prestadoras de serviços (art. 3º, § 2º);

b-2) *PIS-Faturamento*, para as empresas dos setores comercial e industrial (art. 3º, alínea *b*); e

b-3) *PIS-Folha de Pagamento*, para as entidades de fins não lucrativos que tivessem empregados (art. 3º, § 4º).[1487]

Os Decretos-Leis 2.445/88 e 2.449/88, editados sob a égide do sistema constitucional decaído, veicularam alterações significativas no regime da contribuição ao PIS. No entanto, tiveram a sua inconstitucionalidade declarada, dada a estraneidade de tal exação "ao domínio dos tributos e mesmo àquele, mais largo, das finanças públicas".[1488] Apesar de a contribuição ao PIS possuir, na sua origem, natureza tributária, o STF vislumbrou que tal natureza foi suprimida com o advento da EC 8/77 e restaurada apenas com a promulgação da Constituição de 1988.[1489] Essa metamorfose jurídica teve por consequência a declaração de inconstitucionalidade dos Decretos-Leis 2.445/88 e 2.449/88.

Pronunciada a invalidade jurídica de tais atos normativos, *permaneceu vigente a LC 7/70*, com as alterações verificadas até a edição dos Decretos-Leis 2.445/88 e 2.449/88.

Isso porque, consoante o entendimento predominante na doutrina e na jurisprudência brasileiras, a declaração de inconstitucionalidade produz, via de regra, efeitos *ex tunc*, diante da invalidade dos atos normativos contrários à Lei Maior. Os atos legislativos

---

[1487] Vide BRITO. "Natureza jurídica da contribuição para o PIS", p. 50. Na realidade, não foi a LC 7/70 que criou o PIS-Folha de Pagamento. Ela limitou-se a estabelecer que as entidades de fins não lucrativos que tenham empregados "contribuirão para o Fundo na forma da lei" (art. 3º, § 4º). Foram a CEF e o CMN que criaram, através da Resolução 174/71 (alterada pela Resolução 409/76), tal forma de incidência, ao estabelecer que referidas entidades "contribuirão para o Fundo com uma quota fixa de 1% incidente sobre a folha de pagamento mensal". Por essa razão, o STJ vislumbrou a existência de violação ao princípio da reserva de lei e, por consequência, declarou a inexigibilidade da mencionada contribuição até o advento da MP 1.212/95 (2ª Turma, *REsp 506.548*, rel. Min. João Otávio de Noronha, 2.2007).

[1488] STF, Pleno, *RE 148.754*, rel. p/ ac. Min. Francisco Rezek, 6.1993.

[1489] Sobre a questão, vide os comentários ao art. 149. Especificamente acerca do PIS: "Quanto à natureza tributária do PIS, tem-se ser ele considerado tributo até o advento da Emenda Constitucional n. 8/77, perdendo tal natureza jurídica a partir de então" (STF, 2ª Turma, RE 103.089, rel. Min. Aldir Passarinho, 12.1987, excerto da ementa).

inconstitucionais carecem de força jurídica para inovar no ordenamento, não possuindo nem mesmo o condão de ab-rogar ou derrogar a legislação que os antecedeu. Logo, os atos normativos que seriam revogados por uma lei inconstitucional remanescem íntegros no ordenamento jurídico, sem sofrer qualquer interferência da norma incompatível com a Constituição criada posteriormente.[1490]

Destarte, *as modalidades do PIS recepcionadas pela Constituição de 1988 foram aquelas consagradas pela LC 7/70*, a saber, o PIS-Dedução, o PIS-Repique, o PIS-Faturamento e o PIS-Folha de Pagamento.

A essa sistemática se circunscreve a competência tributária outorgada pelo art. 239, que não pode ser modificada pelo legislador, cujo poder de inovar no ordenamento jurídico-tributário decorre justamente das competências impositivas conferidas pela Constituição da República.[1491]

Essa não é, contudo, a orientação predominante no *Supremo Tribunal Federal*, que *tem admitido modificações significativas na base de cálculo da contribuição*, como exporemos a seguir, ao tratar das alterações implementadas pela Lei 9.715/98.

- **Precedentes citados**

Supremo Tribunal Federal:

Inconstitucionalidade dos Decretos-Leis 2.445/88 e 2.449/88: CONSTITUCIONAL. ART. 55-II DA CARTA ANTERIOR. CONTRIBUIÇÃO PARA O PIS. DECRETOS-LEIS 2.445 E 2.449, DE 1988. INCONSTITUCIONALIDADE. I – Contribuição para o PIS: sua estraneidade ao domínio dos tributos e mesmo aquele, mais largo, das finanças públicas. Entendimento, pelo Supremo Tribunal Federal, da EC nº 8/77 (RTJ 120/1190). II – Trato por meio de decreto-lei: impossibilidade ante a reserva qualificada das matérias que autorizavam a utilização desse instrumento normativo (art. 55 da Constituição de 1969). Inconstitucionalidade dos Decretos-leis 2.445 e 2.449, de 1988, que pretenderam alterar a sistemática da contribuição para o PIS. (STF, Pleno, **RE 148.754**, rel. p/ ac. Min. Francisco Rezek, 6.1993)

A competência do Presidente da República para editar decretos-leis era restrita às matérias atinentes: a) à segurança nacional; b) às finanças públicas; c) ao Direito Tributário; e d) à criação de cargos públicos e à fixação de vencimentos (art. 55 da CF/69).

Inconstitucionalidade dos Decretos-Leis 2.445/88 e 2.449/88. Subsistência da legislação pretérita: INCONSTITUCIONALIDADE – DECLARAÇÃO – EFEITOS. A declaração de inconstitucionalidade de um certo ato normativo tem efeito *ex-tunc*, não cabendo buscar a preservação visando a interesses momentaneos e isolados. Isto ocorre quanto a prevalência dos parâmetros da Lei Complementar n. 7/70, relativamente a base de incidência e alíquotas concernentes ao Programa de Integração Social. Exsurge a incongruência de se sustentar, a um só tempo, o conflito dos Decretos-Leis n.s 2.445 e 2449, ambos de 1988, com a Carta e, alcançada a vitória, pretender, assim, deles retirar a eficácia no que se apresentaram mais favoráveis, considerada a lei que tinham como escopo alterar – Lei Complementar n. 7/70. A espécie sugere a observância ao princípio do terceiro excluído. (STF, 2ª Turma, **RE 168.554 ED**, rel. Min. Marco Aurélio, 9.1994)

Superior Tribunal de Justiça:

PIS. Exigência das cooperativas por ato infralegal. Violação à reserva de lei: TRIBUTÁRIO. COOPERATIVA. CONTRIBUIÇÃO PARA O PIS. LEI COMPLEMENTAR N. 7/70. RESOLUÇÃO DO CONSELHO MONETÁRIO NACIONAL N. 174/71. ALÍQUOTA DE 1% SOBRE A FOLHA DE SALÁRIOS MENSAL. PRINCÍPIO DA LEGALIDADE. ART. 97 DO CTN. INCOMPATIBILIDADE. 1. Em atenção ao princípio da legalidade, bem como ao disposto no art. 97, I, III e IV, do Código Tributário Nacional, a criação do tributo, a definição do fato gerador da obrigação tributária principal e a fixação da alíquota do tributo e de sua base de cálculo podem ser efetuadas, de regra, por meio da edição de lei ordinária expedida pela entidade titular da competência tributária respectiva. 2. A teor da atual orientação jurisprudencial da Segunda Turma desta Corte, a contribuição exigida das cooperativas para o Fundo de Participação do PIS, na base de 1% (um por cento) sobre a folha de pagamento mensal, consignada na Resolução n. 74/71 do Conselho Monetário Nacional, incompatibiliza-se com o princípio da legalidade, assim como com as disposições contidas no art. 97, I, III e IV, do Código Tributário Nacional. 3. Recurso especial conhecido e não provido. (STJ, 2ª Turma, **REsp 506.548**, rel. Min. João Otávio de Noronha, 2.2007)

[1490] STF, 2ª Turma, *RE 168.554 ED*, rel. Min. Marco Aurélio, 9.1994.

[1491] Há uma particularidade quanto às instituições financeiras: a ECR 1/94 determinou que passassem a contribuir, no período aludido, com base na receita bruta operacional, destinando os valores arrecadados ao Fundo Social de Emergência (arts. 71 a 73 do ADCT). Porém, exaurida a vigência de tal regime, em 31 de dezembro de 1999, cessou a situação transitória que a ECR 1/94 criou.

5.1. Bases de cálculo possíveis

Diversamente do Supremo Tribunal Federal, entendemos que a Constituição vigente recepcionou a contribuição ao PIS tal qual a encontrou em outubro de 1988, delimitando, assim, a sua base de cálculo.

Logo, *as entidades sem fins lucrativos somente podem sujeitar-se ao PIS-Folha de Pagamento*. Caso deixem de possuir empregados, não estarão obrigadas a pagar a contribuição, por ausência de fato gerador e base de cálculo, até readmiti-los.[1492]

Outra das bases de cálculo possíveis é o faturamento (modalidade PIS-Faturamento), sobre o qual há de incidir a contribuição das *empresas mercantis e industriais* (art. 3º, alínea *b*, da LC 7/70).

A Constituição Federal já prevê, no seu art. 195, I, *b*, uma contribuição destinada à seguridade social que incide sobre o faturamento (a COFINS), fazendo com que tal manifestação de capacidade contributiva seja tributada duplamente, pela COFINS e pela contribuição ao PIS.

Não vislumbramos, contudo, qualquer mácula nessa superposição contributiva. É a própria Carta Constitucional que a estabelece, ao autorizar a tributação do faturamento tanto no art. 195, I, *b*, quanto no art. 239. A jurisprudência do STF assentou-se nesse sentido, com base na premissa de que "no tocante ao PIS/PASEP, é a própria Constituição Federal que admite que o faturamento do empregador seja base de cálculo para essa contribuição social e outra, como, no caso, é a COFINS".[1493]

Além disso, *a base de cálculo do PIS-Faturamento abrange o valor relativo ao ICMS*, que, sendo calculado "por dentro", integra o montante da operação e, consequentemente, o faturamento da empresa.[1494]

- **Súmulas**

Súmula 68 do STJ: "A parcela relativa ao ICM inclui-se na base de cálculo do PIS"

- **Precedente citado**

Inexistência de empregados. Impossibilidade de cobrança do PIS: [...] A ocasional falta de empregados constitui ausência de fato gerador, mas não isenta a entidade sem fins lucrativos da contribuição para o PIS. Admitido empregado, implementa-se o fato gerador da contribuição, que passa a ser exigível. [...] (STJ, 1ª Turma, **REsp 639.105**, rel. Min. Teori Albino Zavascki, 2.2006).

5.1.1. "Semestralidade" do PIS-Faturamento

Firmada a premissa de que a contribuição ao PIS foi recepcionada tal como prevista na LC 7/70, torna-se necessário abordar uma questão peculiar, relativa à base de cálculo do PIS-Faturamento: a sua "semestralidade".

O artigo 6º, parágrafo único, da LC 7/70 previa que: "A contribuição de julho será calculada com base no faturamento de janeiro; a de agosto, com base no faturamento de fevereiro; e assim sucessivamente".

Destarte, o PIS-Faturamento de uma determinada competência *deveria ser calculado com base no faturamento verificado seis meses antes*, sistemática que veio a ser denominada "semestralidade", não obstante a incidência e o recolhimento do tributo fossem mensais.

[1492] STJ, 1ª Turma, *REsp 639.105*, rel. Min. Teori Albino Zavascki, 2.2006.

[1493] STF, Pleno, ADC 1, rel. Min. Moreira Alves, 12.1993, excerto do voto do relator.

[1494] Súmula 68 do STJ: "A parcela relativa ao ICM inclui-se na base de cálculo do PIS".

Os Decretos-Leis 2.445/88 e 2.449/88 pretenderam modificar a semestralidade do PIS-Faturamento, sem lograr sucesso, dada a sua inconstitucionalidade, que obstou a produção dos efeitos jurídicos colimados.

Esse regime de apuração do PIS-Faturamento era extremamente lesivo aos interesses fazendários, pois, num contexto de inflação elevada, o *quantum* da contribuição era determinado a partir da base de cálculo desatualizada do sexto mês anterior.

Por tal razão, a Fazenda Nacional sustentava que essa base imponível haveria de ser atualizada monetariamente ou desconsiderada a partir de 1988, diante dos preceitos das Leis 7.681/88, 7.799/89, 8.218/91 e 8.383/91.

Contudo, a tese não recebeu guarida no STJ, que pacificou o seu entendimento no sentido de que, *até a edição da MP 1.212/95, o contribuinte tem direito a recolher o PIS-Faturamento calculado sobre o faturamento desatualizado do sexto mês anterior*, diante da ausência de previsão legal de atualização da base imponível.[1495]

A despeito dessa ressalva do STJ, entendemos que subsiste a base de cálculo semestral instituída pela LC 7/70, que não foi apenas recepcionada pela Carta Política de 1988, mas passou a compor a própria estrutura constitucional do PIS-Faturamento.

- **Súmulas**

Súmula 468 do STJ: "A base de cálculo do PIS, até a edição da MP n. 1.212/1995, era o faturamento ocorrido no sexto mês anterior ao do fato gerador"

- **Precedente citado**

Semestralidade do PIS. Correção monetária no interregno. Inaplicabilidade: TRIBUTÁRIO – PIS – SEMESTRALIDADE – BASE DE CÁLCULO – CORREÇÃO MONETÁRIA. 1. O PIS semestral, estabelecido na LC 07/70, diferentemente do PIS REPIQUE – art. 3º, letra "a" da mesma lei – tem como fato gerador o faturamento mensal. 2. Em benefício do contribuinte, estabeleceu o legislador como base de cálculo, entendendo-se como tal a base numérica sobre a qual incide a alíquota do tributo, o faturamento de seis meses anteriores à ocorrência do fato gerador – art. 6º, parágrafo único da LC 07/70. 3. A incidência da correção monetária, segundo posição jurisprudencial, só pode ser calculada a partir do fato gerador. 4. Corrigir-se a base de cálculo do PIS é prática que não se alinha à previsão da lei e à posição da jurisprudência. Recurso especial improvido. (STJ, 1ª Seção, **REsp 144.708**, rel. Min. Eliana Calmon, 5.2001).

5.1.2. Modificações posteriores à CF/88

5.1.2.1. Lei 9.701/98

Como exposto há pouco, *no regime da LC 7/70 as instituições financeiras deviam pagar o PIS-Repique*, cujo valor era idêntico ao PIS-Dedução. Logo, a sua base de cálculo era o valor devido a título de Imposto de Renda.

Essa base de cálculo foi alterada, no que concerne às instituições financeiras, pela Lei 9.701/98, fruto da conversão da MP 1.674-57 (editada originalmente sob o nº 517 – MP 517/94). Passou a consistir na *receita bruta operacional*, com as exclusões e deduções previstas no art. 1º da Lei 9.701/98.

Porém, não se vislumbra mácula de inconstitucionalidade nessa modificação, pois se baseou em autorização veiculada pela Emenda Constitucional de Revisão 1/94, que criou o Fundo Social de Emergência e aludiu expressamente à incidência da contribuição, exigida das instituições financeiras, sobre a "receita bruta operacional" (art. 72, V, do ADCT).

[1495] STJ, 1ª Seção, *REsp 144.708*, rel. Min. Eliana Calmon, 5.2001. Esse entendimento foi consolidado mediante a edição da Súmula 468 do STJ: "A base de cálculo do PIS, até a edição da MP n. 1.212/1995, era o faturamento ocorrido no sexto mês anterior ao do fato gerador".

Tampouco se vislumbra ofensa à Carta Constitucional pelo fato de a modificação aludida ter sido determinada por medida provisória, quando o art. 73 do ADCT vedou a utilização de tal instrumento legislativo para regular o Fundo Social de Emergência. Para o Supremo Tribunal Federal, o que esse preceito constitucional proíbe é a edição de medida provisória para regular o fundo em si, e não as contribuições que o financiam.[1496]

5.1.2.2. Leis 9.715/98 e 9.718/98

A Lei 9.715/98, fruto da conversão da MP 1.212/95, *veio modificar as regras-matrizes previstas pela LC 7/70*, cujos aspectos essenciais foram alçados ao altiplano constitucional, pelo disposto no art. 239 da CF.

Incidiu, via de consequência, em flagrante inconstitucionalidade. Primeiro, porque violou os princípios da irretroatividade e da anterioridade.[1497] Segundo, porque desbordou dos limites da competência outorgada pelo art. 239 da CF: no que concerne às empresas prestadoras de serviços, a União somente tem competência para cobrar o PIS-Repique, não para cobrar o PIS-Faturamento, como determinou a Lei 9.715/98. Este vício, sem embargo, jamais foi pronunciado pelo Supremo Tribunal Federal, que chancelou a modificação de enquadramento das empresas prestadoras de serviços.[1498]

Logo após a edição da Lei 9.715/98, houve outra modificação atentatória à Lei Maior. *A Lei 9.718/98 ampliou significativamente a incidência tributária, ao equiparar o faturamento à receita bruta* e definir esta como "a totalidade das receitas auferidas pela pessoa jurídica, sendo irrelevantes o tipo de atividade por ela exercida e a classificação contábil adotada para as receitas" (art. 3º, § 1º).

Operou-se, assim, a metamorfose do PIS-Faturamento no PIS-Receita Bruta, que *foi rechaçada pelo STF*.[1499]

Vale destacar, outrossim, que em relação à contribuição ao PIS/PASEP não houve ampliação da competência impositiva para alcançar a receita bruta, diversamente do que ocorreu com a COFINS, cujo fundamento de validade constitucional (art. 195, I, *b*) teve seus limites materiais alargados por meio da EC 20/98.

- **Precedentes citados**

Lei 9.715/98. Inconstitucionalidade da sua aplicação retroativa: Programa de Integração Social e de Formação do Patrimônio do Servidor Público – PIS/PASEP. Medida Provisória. Superação, por sua conversão em lei, da contestação do preenchimento dos requisitos de urgência e relevância. Sendo a contribuição expressamente autorizada pelo art. 239 da Constituição, a ela não se opõem as restrições constantes dos artigos 154, I e 195, § 4º, da mesma Carta. Não compromete a autonomia do orçamento da seguridade social (CF, art. 165, § 5º, III) a atribuição, à Secretaria da Receita Federal de administração e fiscalização da contribuição em causa. Inconstitucionalidade apenas do efeito retroativo imprimido à vigência da contribuição pela parte final do art. 18 da Lei nº 8.715-98 (sic). (STF, Pleno, **ADI 1.417**, rel. Min. Octavio Gallotti, 8.1999)

Lei. 9.715/98. Constitucionalidade da mudança de enquadramento das empresas prestadoras de serviços: Agravo regimental em recurso extraordinário. 2. Base de cálculo para o PIS. Constitucionalidade da Lei n. 9.715, de 1998. 3. Agravo regimental a que se nega provimento. (STF, **RE 475.718 AgR**, rel. Min. Gilmar Mendes, 8.2010)

A questão não havia sido analisada diretamente no julgamento da ADI 1.417. Mas a constitucionalidade dessa modificação foi proclamada no voto do relator do RE 390.840, Min. Marco Aurélio, que chegou a negar a constitucionalização da base de cálculo do PIS: "No mais, a norma do artigo 239 não implicou o engessamento do Programa de Integração Social. O teor do preceito revela, isso sim, a destinação do que arrecadado sem fazer

---

[1496] STF, 2ª Turma, RE 346.983, rel. Min. Cezar Peluso, 3.2010.

[1497] STF, Pleno, *ADI 1.417*, rel. Min. Octavio Gallotti, 8.1999.

[1498] STF, *RE 475.718 AgR*, rel. Min. Gilmar Mendes, 8.2010.

[1499] STF, Pleno, *RE 346.084*, rel. p/ ac. Min. Marco Aurélio, 11.2005.

alusão explícita à base de incidência, que continuou a ser a prevista na Lei Complementar nº 7, de 7 de setembro de 1970. Daí a inviabilidade de se dizer que houve, no caso, o empréstimo de envergadura constitucional aos parâmetros da citada contribuição. Também não procede o que asseverado no tocante à necessidade de lei complementar. É certo que, originariamente, a Lei Complementar nº 7/70 dispôs sobre a incidência da contribuição sobre o valor do imposto de renda ou como se devido fosse. Todavia, a alteração que veio à balha, via Medida Provisória nº 1.676-38/98, convertida na Lei nº 9.715/98, passando a ter-se como base o faturamento, fez-se ao abrigo do artigo 195, inciso I, da Constituição Federal, no que consignava, à época, que a seguridade social seria financiada pelo empregador, considerado o faturamento. Então, forçoso é concluir que não se tem situação concreta a atrair a observância necessária do § 4º do artigo 195 da Carta Política, segundo o qual a lei poderá instituir outras fontes destinadas a garantir a manutenção ou a expansão da seguridade social, obedecido o disposto no artigo 154, inciso I." (STF, Pleno, RE 390.840, rel. Min. Marco Aurélio, 11.2005, cuja ementa não refere a questão)

Lei 9.718/98. Inconstitucionalidade da ampliação da base de cálculo da contribuição ao Pis/Pasep: CONSTITUCIONALIDADE SUPERVENIENTE – ARTIGO 3º, § 1º, DA LEI Nº 9.718, DE 27 DE NOVEMBRO DE 1998 – EMENDA CONSTITUCIONAL Nº 20, DE 15 DE DEZEMBRO DE 1998. [...] CONTRIBUIÇÃO SOCIAL – PIS – RECEITA BRUTA – NOÇÃO – INCONSTITUCIONALIDADE DO § 1º DO ARTIGO 3º DA LEI Nº 9.718/98. A jurisprudência do Supremo, ante a redação do artigo 195 da Carta Federal anterior à Emenda Constitucional nº 20/98, consolidou-se no sentido de tomar as expressões receita bruta e faturamento como sinônimas, jungindo-as à venda de mercadorias, de serviços ou de mercadorias e serviços. É inconstitucional o § 1º do artigo 3º da Lei nº 9.718/98, no que ampliou o conceito de receita bruta para envolver a totalidade das receitas auferidas por pessoas jurídicas, independentemente da atividade por elas desenvolvida e da classificação contábil adotada (STF, Pleno, **RE 346.084**, rel. p/ ac. Min. Marco Aurélio, 11.2005).

A respeito da ampliação da base de cálculo imposta pelo art. 3º, § 1º, da Lei 9.718/98, vide os comentários ao art. 195, I, *b*.

6. Contribuição ao PASEP: alcance da competência e obrigatoriedade

Ao Programa de Formação do Patrimônio do Servidor Público (PASEP) foram destinadas contribuições das pessoas jurídicas integrantes das administrações direta e indireta, nas esferas federal, distrital, estadual e municipal (LC 8/70).

À semelhança do PIS, que era um benefício voltado aos empregados das empresas privadas, *o PASEP destinava-se aos servidores públicos, complementando a sua remuneração*.

No regime da LC 8/70, a contribuição era determinada:

a) para as pessoas políticas, mediante a aplicação de alíquotas variáveis entre 1% e 2%, incidentes sobre as receitas correntes próprias e as transferências recebidas (com abatimento das transferências efetivadas);

b) para a administração indireta, mediante a aplicação de alíquotas variáveis entre 0,4% e 0,8%, incidentes sobre a receita orçamentária (arts. 2º e 3º).

A LC 8/70 sofreu alterações pelas LCs 19/74 e 26/75, mas tais leis não modificaram a sua regra-matriz de incidência (hipótese de incidência e consequente normativo).

O Decreto-Lei 2.052/83 objetivou ampliar o leque dos sujeitos passivos da contribuição, mas ao fazê-lo *incorreu em inconstitucionalidade*, haja vista a sua natureza não tributária, que impossibilitava a regulação por tal instrumento legislativo.[1500]

De fato, no regime que antecedeu a Constituição de 1988, a adesão ao PASEP e, consequentemente, o recolhimento das contribuições eram facultativos aos Estados e aos Municípios, dependendo da edição, por tais entes políticos, de leis específicas (art. 8º da LC 8/70), o que afastava o caráter tributário da contribuição.

[1500] STF, Pleno, *RE 379.154*, rel. Min. Carlos Velloso, 2.2011.

Tal facultatividade, no entanto, *foi extinta com o advento da CF/88*, cujo artigo 239 lhe conferiu "caráter eminentemente nacional", *tornando-a obrigatória e atribuindo-lhe natureza tributária.*[1501]

Além da atribuição de caráter tributário à contribuição ao PASEP, *a Carta Política de 1988 constitucionalizou-a* com os contornos que possuía quando do seu advento *e estabeleceu destinações específicas*, indicadas no art. 239.[1502]

Destarte, tal qual ocorreu com a contribuição ao PIS, a Constituição vigente *criou uma nova "contribuição ao PASEP"*, destinada, na realidade, ao financiamento do seguro-desemprego, do abono do art. 239, § 3º, e de programas de desenvolvimento econômico.[1503]

- **Precedentes citados**

CF/88. Mudança da natureza jurídica da contribuição ao PASEP. Compulsoriedade da sua cobrança: [...] 1. O artigo 239 da Constituição Federal de 1988 constitucionalizou o PASEP, criado pela Lei Complementar nº 8, de 3 de dezembro de 1970, dando-lhe caráter eminentemente nacional, com as alterações nele enunciadas (§§ 1º, 2º, 3º e 4º). O mais foi objeto da Lei, que encomendou, ou seja, a de nº 7.998, de 11/01/1990. 2. Sendo assim, o Estado do Paraná, que, durante a vigência da Lei Complementar nº 8, de 3 de dezembro de 1970, se obrigara, por força da Lei nº 6.278, de 23/05/1972, a contribuir para o PROGRAMA DE FORMAÇÃO DO PATRIMÔNIO DO SERVIDOR PÚBLICO, já não poderia se eximir da contribuição, mediante sua Lei nº 10.533, de 30/11/1993, pois, com o advento da Constituição Federal de 1988, a contribuição deixou de ser facultativa, para ser obrigatória, nos termos do art. 239. 3. Ação julgada improcedente, declarando-se, incidentalmente, a inconstitucionalidade da Lei paranaense nº 10.533, de 30/11/1993, e, em conseqüência, a exigibilidade da contribuição do PASEP, pela União Federal, ao Estado do Paraná. [...] (STF, Pleno, **ACO 471**, rel. Min. Sydney Sanches, 4.2002)

No mesmo sentido: AÇÃO CÍVEL ORIGINÁRIA. VINCULAÇÃO DO ESTADO DE MINAS GERAIS AO PASEP. INCONSTITUCIONALIDADE INCIDENTAL DO ARTIGO 1º DA LEI ESTADUAL 13270, DE 27 DE JULHO DE 1999. 1. A Lei Complementar 8/70, em seu artigo 8º, previa a faculdade de adesão ao Programa de Formação do Patrimônio do Servidor Público – PASEP, de natureza não tributária, instituído com o objetivo de distribuir a receita entre os servidores da União, Estados, Municípios e o Distrito Federal. 2. O advento da nova ordem constitucional transmudou a natureza da contribuição, que passou à categoria de tributo, tornando-se obrigatória. Arrecadação que, na atual destinação, tem por objeto o financiamento do seguro-desemprego e o abono devido aos empregados menos favorecidos (CF, artigo 239, § 3º). Precedente. 3. O PASEP, sendo contribuição instituída pela própria Carta da República, não se confunde com aquelas que a União pode criar na forma dos seus artigos 149 e 195, nem se lhe aplicam quaisquer dos princípios ou restrições constitucionais que regulam as contribuições em geral. Improcedência da ação. Declarada, incidenter tantum, a inconstitucionalidade do artigo 1º da Lei 13270, de 27 de julho de 1999, do Estado de Minas Gerais. (STF, Pleno, **ACO 580**, rel. Min. Maurício Corrêa, 8.2002)

Natureza não tributária da contribuição ao PASEP frente à EC 08/77. Inconstitucionalidade da sua regulação por decreto-lei: TRIBUTÁRIO. PASEP. AMPLIAÇÃO DOS SUJEITOS PASSIVOS POR DECRETO-LEI. INCONSTITUCIONALIDADE. LC 08/1977. ART. 14, VI DO DECRETO-LEI 2.052/1983. ART. 55, II DA CONSTITUIÇÃO DE 1967 (EC 01/1969). 1. Segundo orientação firmada por esta Corte, a Contribuição ao Pasep deixou de ter natureza tributária com a publicação da EC 08/1977. 2. Por não versar sobre matéria tributária, nem sobre direito financeiro, o regramento da contribuição não poderia ser definido ou modificado por decreto-lei. 3. O art. 14 do Decreto-lei 2.052/1983 ampliou os sujeitos passivos da contribuição para incorporar "quaisquer outras entidades controladas, direta ou indiretamente, pelo Poder Público" e, portanto, já era inconstitucional nos termos do art. 55, II da Constituição de 1967, tal como emendada em 1969. Ressalva de entendimento pessoal feita pelo Ministro Carlos Velloso, relator, acerca da natureza tributária da Contribuição ao PIS e ao Pasep, ainda que sob a regência da EC 08/1977 (RTJ 150/888 e AC 63.656/TFR). Recurso extraordinário ao qual se dá provimento. (STF, Pleno, **RE 379.154**, rel. Min. Carlos Velloso, 2.2011)

[1501] STF, Pleno, *ACO 471*, rel. Min. Sydney Sanches, 4.2002.

[1502] A constitucionalização do PASEP é referida expressamente na ementa da ACO 471: "O artigo 239 da Constituição Federal de 1988 constitucionalizou o PASEP, criado pela Lei Complementar nº 8, de 3 de dezembro de 1970, dando-lhe caráter eminentemente nacional, com as alterações nele enunciadas" (STF, Pleno, *ACO 471*, rel. Min. Sydney Sanches, 4.2002).

[1503] Nicolau Konkel esclarece as razões que levaram à modificação de finalidade e ao caráter compulsório que a contribuição atualmente ostenta: "com o fim dos Programas PIS/PASEP, ficou sem sentido a disposição constante do artigo 8º da Lei Complementar nº 8/70. De fato, extinto o PASEP, já não há questionar a disposição dos entes políticos de aderir a ele. Por lógica, só é possível aderir àquilo que existe. Além disso, a Constituição Federal não dispôs que os entes políticos contribuiriam de forma voluntária nem para o atendimento do programa do seguro desemprego, nem para o pagamento do abono anual, nem para o financiamento de programas de desenvolvimento" (*Contribuições sociais.* p. 661).

7. Novas contribuições para o PIS/PASEP

Na vigência da Constituição de 1988, o legislador criou novas contribuições ao PIS/PASEP:

i) *a Lei 10.637/02 instituiu a contribuição não cumulativa* ao PIS/PASEP, que convive com a contribuição preexistente; e

ii) *a Lei 10.865/04 instituiu o "PIS/PASEP-Importação"*, com base na competência outorgada pelo art. 149, § 2º, II.

Essas novas exações não encontram fundamento de validade no art. 239 da Constituição, por não se amoldarem às feições das contribuições pré-constitucionais. Sua legitimidade constitucional pressupõe, pois, que se ajustem ao conteúdo de outras normas atributivas de competências.

8. Contribuição adicional ao financiamento do seguro-desemprego

No art. 239, § 4º, da CF, é previsto que o "financiamento do seguro-desemprego receberá uma contribuição adicional da empresa cujo índice de rotatividade da força de trabalho superar o índice médio da rotatividade do setor, na forma estabelecida por lei".

Alude-se à contribuição "adicional" pelo fato de as contribuições ao PIS/PASEP já serem afetadas, em parte, ao financiamento do programa do seguro-desemprego. A rigor, *a Carta Política não autoriza a criação de uma contribuição autônoma*, a ser destinada ao seguro-desemprego. *Limita-se a impor a adoção de alíquotas majoradas* para as empresas "cujo índice de rotatividade da força de trabalho superar o índice médio da rotatividade do setor".

Noutros termos, a denominada "contribuição adicional" não é uma contribuição autônoma.[1504] E por não ser autônoma, *deverá respeitar as feições das tradicionais contribuições ao PIS/PASEP*. Não pode haver modificação da sua hipótese de incidência ou da sua base de cálculo, mas tão somente da sua alíquota, de modo a agravar a tributação das empresas com elevado índice de rotatividade da força de trabalho.

Art. 240. Ficam ressalvadas do disposto no art. 195 as atuais contribuições compulsórias dos empregadores sobre a folha de salários, destinadas às entidades privadas de serviço social e de formação profissional vinculadas ao sistema sindical.

Art. 240: Contribuições ao SESC, SENAC, SESI e SENAI

1. Significado do art. 240

À semelhança dos artigos 212, § 5º (contribuição do salário-educação) e 239 (contribuições ao PIS/PASEP), *o artigo 240 da Constituição Federal outorga*, de forma implícita, *competência para a cobrança das contribuições ao SESC, SENAC, SESI e SENAI*, que já existiam quando do seu advento, *recepcionando-as*.

[1504] Portanto, divergimos, quanto a esse ponto, da posição de Sacha Calmon: COÊLHO. *Curso de Direito Tributário Brasileiro*. p. 131.

Além disso, afasta expressamente a vinculação destas contribuições ao custeio da seguridade social, o que a rigor não seria necessário, porquanto *lhes é inerente a destinação dos recursos arrecadados aos serviços sociais autônomos que custeiam.*

A ressalva do disposto no art. 195 revelou-se apropriada para afastar infundados questionamentos quanto à subsistência de tais contribuições na vigência da Constituição de 1988, uma vez que a folha de salários (materialidade sobre a qual incidem) é uma manifestação de capacidade contributiva já reservada às contribuições de seguridade social do art. 195. Para legitimar a sobreposição, sobre a folha de salários, das contribuições destinadas à seguridade social e aos serviços sociais autônomos, o constituinte reputou conveniente aludir expressamente a estas e à manutenção de sua destinação.

2. Criação dos serviços sociais autônomos e das correlatas contribuições

O SESC, o SENAC, o SESI e o SENAI *constituem serviços sociais autônomos*, que se caracterizam por serem *pessoas jurídicas de direito privado sem fins lucrativos*, instituídas por lei para promover a assistência ou o ensino a determinadas categorias profissionais ou a grupos sociais e econômicos. São custeados por contribuições sociais ou por dotações orçamentárias e *desempenham atividades privadas de interesse público, sem integrar a administração direta e tampouco a indireta.*[1505]

O Serviço Nacional de Aprendizagem dos Industriários (*SENAI*) foi criado pelo Decreto-Lei 4.048/42, com as atribuições de organizar e administrar escolas de aprendizagem para industriários. Sua organização e direção foram atribuídas à Confederação Nacional da Indústria (CNI). Para custeá-lo foi instituída uma contribuição específica.[1506]

Em moldes análogos ao que havia ocorrido no segmento industrial com a criação do SENAI, à Confederação Nacional do Comércio (CNC) foi atribuído, pelo Decreto-Lei 8.621/46, o encargo de proceder à criação e à organização do Serviço Nacional de Aprendizagem Comercial (*SENAC*), com o objetivo de serem estabelecidas escolas de aprendizagem e aperfeiçoamento comercial.

Em seguida, foi autorizada a criação, pela CNI, do Serviço Social da Indústria (*SESI*), por meio da promulgação do Decreto-Lei 9.403/46. Seus objetivos declarados foram a promoção da "melhoria do padrão geral de vida no país" e do "aperfeiçoamento moral e cívico e o desenvolvimento do espírito de solidariedade entre as classes" (art. 1º, *caput*).

Não demorou muito para que o segmento do comércio também passasse a contar com um serviço social específico, o Serviço Social do Comércio (*SESC*), cuja criação pelo CNC foi autorizada com a edição do Decreto-Lei 9.853/46. Seu objetivo era o de contribuir "para o bem estar social e a melhoria do padrão de vida dos comerciários e de suas famílias, e, bem assim, para o aperfeiçoamento moral e cívico da coletividade" (art. 1º, *caput*).

Em poucos anos, pois, foram criados o SENAI, o SESI, o SENAC e o SESC, bem como as contribuições sociais voltadas ao seu financiamento, a serem suportadas pelos estabelecimentos das respectivas categorias.

[1505] GASPARINI. *Direito Administrativo.* p. 404-405.

[1506] Vale recordar que, ainda em 1942, foi editado o Decreto-Lei 4.936, o qual alterou a sua denominação para "Serviço Nacional de Aprendizagem Industrial" e ampliou o seu âmbito de ação, passando a abranger também os trabalhadores dos transportes, das comunicações e da pesca (art. 2º).

3. Natureza tributária específica

É controvertida a natureza tributária específica de tais contribuições.

O Ministro Carlos Velloso, em célebre voto, já as qualificou como "contribuições sociais gerais", estremando-as das contribuições de seguridade social e das contribuições corporativas.[1507] Certos autores defendem tratar-se de contribuições de assistência ou seguridade social, por serem destinadas à promoção da integração ao mercado de trabalho.[1508] E há decisões no sentido de que se trata de contribuições corporativas.

Consideramos que, dada a diversidade existente entre as contribuições em análise, *não há como afirmar que todas possuam a mesma natureza tributária específica.*

É certo que as contribuições ao SENAI e ao SENAC têm, em certa medida, vocação assistencial, porquanto tais serviços sociais foram criados para promover a preparação, a educação e o aperfeiçoamento de profissionais, buscando, assim, um dos objetivos da assistência social, qual seja, a "promoção da integração ao mercado de trabalho" (art. 203, III, da CF).

Porém, essa débil vocação assistencial não permite que sejam qualificadas como contribuições de assistência social, pois o SENAI e o SENAC, além de serem ligados especificamente às categorias dos industriários e dos comerciários, não promovem os demais objetivos da assistência social, indicados nos outros incisos do art. 203.

Por outro lado, o SESI e o SESC têm objetivos muito amplos e distantes da assistência social, dentre os quais se destaca o aperfeiçoamento moral e cívico da coletividade e a melhoria do padrão de vida dos brasileiros (ou, no caso do SESC, dos comerciários). E, na prática, verifica-se uma atuação inconfundível com a assistência social, com, v.g., a aquisição de luxuosos hotéis para serem utilizados pelos membros mais abastados das correlatas categorias profissionais – ou até mesmo pela população em geral.

Diante da amplitude dos objetivos desses serviços sociais autônomos, resta prejudicado, ainda, o enquadramento das quatro exações na categoria de contribuições corporativas: elas não são destinadas exclusivamente a interesses das respectivas classes profissionais. Tampouco podem ser qualificadas como contribuições de seguridade social, pois, além de terem fraca conotação assistencial, não se destinam ao custeio de sistemas previdenciários.

Dessas sucintas ponderações, podemos extrair a conclusão de que tais contribuições *não podem ser encaixilhadas, conjuntamente, como contribuições de seguridade social, de assistência social ou corporativas. Constituem exações específicas*, que devem ser qualificadas separadamente, levando em consideração a finalidade do serviço social autônomo que custeiam. *Encontram supedâneo no art. 240 da Constituição Federal*, e não nos seus artigos 149 e 195.

4. Materialidade e sujeitos passivos

Já indicamos que a contribuição do salário-educação e o PIS/PASEP foram recepcionados pela Constituição de 1988, que outorgou competência para sua cobrança de forma elíptica: ao legitimar a continuidade da cobrança das exações existentes quando do seu advento, a nova Carta Constitucional estruturou as possíveis regras-matrizes de

---

1507 STF, Pleno, RE 138.284, rel. Min. Carlos Velloso, 7.1992. Nessa linha, cfr. MELO. *Contribuições sociais no sistema tributário*. p. 261.

1508 MARTINS. "Contribuições sociais para o sistema "S" – constitucionalização da imposição por força do artigo 240 da Lei Suprema – recepção pela nova ordem do artigo 577 da CLT", p. 124; PAULSEN. *Direito Tributário*. p. 625-626.

incidência nos moldes da legislação infraconstitucional em vigor. Consequentemente, constitucionalizou os seus aspectos essenciais, tais como a hipótese de incidência, a base de cálculo e os contribuintes.

Idêntico quadro se verificou com as contribuições ao SESC, SENAC, SESI e SENAI. Por meio da referência às "atuais contribuições compulsórias dos empregadores sobre a folha de salários, destinadas às entidades privadas de serviço social e de formação profissional vinculadas ao sistema sindical", *a Constituição Federal recepcionou-as e constitucionalizou os seus traços fundamentais, tal como se apresentavam em outubro de 1988.*

De conseguinte, o legislador infraconstitucional, ao regular as contribuições ao SESC, SENAC, SESI e SENAI, há de respeitar os contornos que possuíam quando da promulgação da Constituição de 1988. Poderá majorar ou minorar as alíquotas ou até mesmo instituir isenções e consagrar benefícios fiscais, mas não lhe é conferido o poder de ampliar a abrangência das hipóteses de incidência, das bases de cálculo ou o universo dos contribuintes. Dessa contenção a que está sujeito o legislador infraconstitucional decorre a relevância do regime jurídico pré-constitucional das contribuições ao SESC, SENAC, SESI e SENAI.

No que concerne à base de cálculo de tais tributos, não há como olvidar que, até 1988, era consubstanciada pela *folha de salários* das empresas, materialidade à qual está jungido o legislador tributário, que não poderá eleger manifestações de capacidade contributiva diversas para custear os serviços sociais autônomos ligados ao comércio e à indústria. A Constituição vigente, ademais, reforça essa assertiva ao fazer expressa referência às "atuais contribuições compulsórias dos empregadores *sobre a folha de salários*".

Além da base de cálculo, a Constituição indica expressamente os contribuintes das contribuições ao SESC, SENAC, SESI e SENAI: *os "empregadores"*. Nesse ponto, há uma nítida harmonia entre a base de cálculo e os sujeitos passivos indicados pela Lei Maior, pois apenas os empregadores (sujeitos passivos) elaboram e pagam "folhas de salário" (base de cálculo), aspecto que foi abordado detidamente pelo STF ao declarar a inconstitucionalidade da contribuição de seguridade social instituída, pelas Leis 7.787/89 e 8.212/91, sobre os valores pagos aos autônomos, administradores e avulsos.[1509]

Apesar de as contribuições ao SESC e ao SENAC serem devidas pelos *estabelecimentos comerciais* referidos no quadro de que trata o art. 577 da CLT, a jurisprudência do STJ se firmou no sentido de que são *devidas até mesmo pelas empresas que se dedicam à prestação de serviços,* sempre que contribuam para um serviço social autônomo específico:

> "As empresas prestadoras de serviços estão sujeitas às contribuições ao Sesc e Senac, salvo se integradas noutro serviço social" (Súmula 499 do STJ).

Essa súmula se arvora no enquadramento das empresas prestadoras de serviços no plano sindical da CNC, nos termos do art. 577 da CLT e de seu anexo, com base nas questionáveis premissas de que: i) as prestadoras de serviços que auferem lucros são estabelecimentos comerciais, à luz do conceito moderno de empresa; e ii) o empregador somente pode exonerar-se de uma determinada contribuição ao "Sistema S" quando passe a contribuir para outra entidade integrante do sistema, sob pena de deixar os seus

[1509] STF, Pleno, RE 166.772, rel. Min. Marco Aurélio, 5.1994; RE 177.296, rel. Min. Moreira Alves, 9.1994. Sobre a questão, vide os comentários ao art. 195, I, *a*.

empregados ao desamparo, sem auferirem os benefícios advindos da atuação dos serviços sociais autônomos.[1510]

5. Contribuições às demais entidades do "Sistema S"

Diversos serviços sociais autônomos foram instituídos após o advento da Constituição de 1988.

Criaram-se serviços sociais autônomos nos setores rural (*SENAR*) e de transportes (*SEST* e *SENAT*), um serviço social voltado às cooperativas (*SESCOOP*) e, ainda, serviços sociais autônomos que não são vinculados diretamente a segmentos econômicos, mas à atuação no domínio econômico (*SEBRAE*, *APEX-Brasil* e *ABDI*).

Para o custeio desses serviços sociais autônomos foram instituídas contribuições específicas, rotuladas, conjuntamente com as antigas contribuições dos setores comercial e industrial, de contribuições ao "Sistema S".

Essas novas exações não encontram fundamento de validade no art. 240 da CF/88, que somente abrange as "*atuais* contribuições...".

Podem encontrar suporte nas competências outorgadas no art. 149 ou, ainda, no art. 195 da CF. Caso contrário, serão visivelmente inconstitucionais.

O Supremo Tribunal Federal, no entanto, tem sido condescendente com a proliferação de contribuições destinadas a serviços sociais autônomos, chegando a reconduzir o seu fundamento de validade ao próprio art. 240 da CF, como ocorreu, à primeira vista, nos precedentes relativos às contribuições ao SESCOOP[1511] e ao SEST/SENAT.[1512]

• Precedentes citados

Contribuição ao SESCOOP. Inexistência de contribuição nova. Mera "transferência de destinatário": [...] 1. Ação Direta de Inconstitucionalidade, com pedido de medida liminar, ajuizada contra os arts. 7º, 8º, 9º e 11 da MP 1.715/1998 e reedições, que autorizam a criação do Serviço Nacional de Aprendizagem do Cooperativismo – SESCOOP, preveem as respectivas fontes de custeio e determina a substituição de contribuições da mesma espécie e destinadas a serviços sociais (SENAI, SESI, SENAC, SESC, SENAT, SEST, SENAR) pela contribuição destinada a custear o SESCOOP. 2. Alegada violação formal, por inobservância da reserva de lei complementar para instituir os tributos previstos no art. 149 da Constituição. Ausência de fumus boni juris, seja porque, a primeira vista, não se trata de tributo novo, seja em razão da distinção entre a reserva de lei complementar para instituição de determinados tributos e a reserva de lei complementar para dispor sobre normas gerais em matéria tributária (art. 146 da Constituição). 3. Alegada violação do art. 240 da Constituição, na medida em que somente as contribuições destinadas ao custeio dos serviços sociais e de formação profissional vinculados ao sistema sindical recebidas pela Constituição de 1988 teriam sido ressalvadas do regime tributário das contribuições destinadas ao custeio da seguridade social. Contrariedade causada, ainda, pela alegada impossibilidade de modificação de tais tributos, por supressão ou substituição. Ausência de fumus boni juris, dado que o tributo, em primeiro exame, não se caracteriza como contribuição nova. Ausência do fumus boni juris quanto à extensão do art. 240 da Constituição como instrumento apto a conferir imutabilidade às contribuições destinadas a custear os serviços sociais. 4. Ausência do fumus boni juris em relação à previsão de destinação específica de recursos públicos somente às escolas públicas, comunitárias, confessionais e filantrópicas (art. 213 da Constituição) porque, em primeiro exame, a norma constitucional se refere à destinação de verba pública auferida por meio da cobrança de impostos. Medida cautelar indeferida. (STF, Pleno, **ADI 1.924 MC**, rel. p/ ac. Min. Joaquim Barbosa, 5.2009).

O Ministro Néri da Silveira, relator original da decisão proferida na medida cautelar, cujo julgamento se iniciou em fevereiro de 1999, entendeu não se tratar de contribuição nova, mas de mera "transferência de destinatário da contribuição de 2,5% sobre a folha de salários de empregados de cooperativas". Essa foi a linha argumentativa que se refletiu na ementa, onde se consignou que: "o tributo, em primeiro exame, não se caracteriza como contribuição nova". No entanto, o Ministro Joaquim Barbosa, que sucedeu o Ministro Néri da Silveira na relatoria, qualificou a contribuição ao SESCOOP como uma CIDE, o que poderia, em tese, levar ao reconhecimento da sua constitucionalidade com base na competência outorgada pelo art. 149 da CF. De qualquer modo, a questão

---

[1510] STJ, 1ª Seção, REsp 431.347, rel. Min. Luiz Fux, 10.2002.

[1511] STF, Pleno, *ADI 1.924 MC*, rel. p/ ac. Min. Joaquim Barbosa, 5.2009.

[1512] STF, 2ª Turma, *RE 412.368 AgR*, rel. Min. Joaquim Barbosa, 3.2011.

ainda pode ser revista no julgamento do mérito, sobretudo por ter sido definida por voto de desempate, proferido pelo Ministro Celso de Mello.

Contribuições ao SEST/SENAT. Fundamentação no art. 240 da CF. Legitimidade da "alteração do sujeito ativo": TRIBUTÁRIO. CONTRIBUIÇÕES AO SEST/SENAT (DESDOBRADAS DO SESI/SENAI). DESTINAÇÃO. CONSTITUCIONALIDADE. DECRETOS-LEIS 6.246/1994 E 9.403/1956. LEI 8.706/1993. ART. 240 DA CONSTITUIÇÃO. 1. O art. 240 da Constituição expressamente recepcionou as contribuições destinadas às entidades privadas de serviço social e de formação profissional vinculadas ao sistema sindical. Como o objetivo da agravante é exonerar-se do pagamento dos tributos nos períodos de apuração que vêm se sucedendo após a promulgação da Constituição de 1988, eventual vício formal relativo aos exercícios anteriores é irrelevante. 2. A alteração do sujeito ativo das Contribuições ao SESI/SENAI para o SEST/SENAT é compatível com o art. 240 da Constituição, pois a destinação do produto arrecadado é adequada ao objetivo da norma de recepção, que é manter a fonte de custeio preexistente do chamado "Sistema "S"". Agravo regimental ao qual se nega provimento. (STF, 2ª Turma, **RE 412.368 AgR**, rel. Min. Joaquim Barbosa, 3.2011).

Lê-se no voto do relator: "O art. 240 da Constituição não implica proibição de qualquer mudança das regras-matrizes dos tributos destinados às entidades privadas de serviço social e de formação profissional vinculadas ao sistema sindical, chamadas coletivamente de `Contribuições do Sistema `S´´. Alterações que não impliquem aumento de carga tributária, mas simples adequação devido ao desdobramento ou à condensação dos serviços sociais, são compatíveis com a norma de recepção, que é a de manter as fontes de custeio então existente para o `Sistema S´. Preservada a destinação (Sistema "S"), fica plenamente atendido um dos aspectos do peculiar critério de controle de constitucionalidade das contribuições, que é a pertinência entre o destino efetivo do produto arrecadado e a finalidade da tributação".

Terceira parte

Dispositivos Tributários do ADCT

TÍTULO X

ATO DAS DISPOSIÇÕES CONSTITUCIONAIS TRANSITÓRIAS

Art. 25. Ficam revogados, a partir de cento e oitenta dias da promulgação da Constituição, sujeito este prazo a prorrogação por lei, todos os dispositivos legais que atribuam ou deleguem a órgão do Poder Executivo competência assinalada pela Constituição ao Congresso Nacional, especialmente no que tange a:
I – ação normativa;
[...]

Art. 25, I: Revogação de delegações legislativas

O art. 25, I, do ADCT *revogou todas as delegações legislativas ao Poder Executivo que vigiam até então*, ressalvadas as previstas expressamente no texto da Constituição da República de 1988.

Dentre essas delegações legislativas, inclui-se *o poder de fixar a alíquota de certas contribuições sociais*.

Frente a esse contexto, indagou-se acerca da repercussão do art. 25, I, do ADCT na validade dos tributos instituídos de forma legítima até o advento da CF/88.

Após acirradas divergências, o Supremo Tribunal Federal decidiu com acerto: *tal preceito revogou apenas a delegação legislativa*, não os atos exercidos com base na competência delegada.

Quanto ao salário-educação, por exemplo, o Pretório Excelso reconheceu a revogação da faculdade que o Poder Executivo tinha de alterar as alíquotas da contribuição, mas não a revogação das alíquotas estabelecidas com base em tal poder.[1513]

A peculiaridade é que, apesar de terem sido fixadas por atos infralegais, ditas alíquotas somente podem ser alteradas por lei em sentido formal – ou por ato com força de lei, como a medida provisória.

• Precedente citado

Recepção de tributo regulado por atos infralegais. Revogação da delegação legislativa. Salário-educação: CONSTITUCIONAL. TRIBUTÁRIO. SALÁRIO-EDUCAÇÃO. CONSTITUCIONALIDADE. RECEPÇÃO. (1) O salário-educação, na vigência da EC 01/69 (art. 178), foi considerado constitucional. (2) A CF/88 recepcionou o referido encargo como contribuição social destinada ao financiamento do ensino fundamental (art. 212, §5º), dando-lhe caráter tributário. Essa recepção manteve toda a disciplina jurídica do novo tributo, legitimamente editada de acordo com a ordem pretérita. (3) O art. 25 do ADCT revogou todas as delegações de competência outor-

---

[1513] STF, Pleno, *RE 272.872*, rel. Min. Ilmar Galvão, 4.2001.

gadas ao Executivo, sobre a matéria reservada ao Congresso Nacional, mas não impediu a recepção dos diplomas legais legitimamente elaborados na vigência da Constituição anterior, desde que materialmente compatíveis com a nova Carta. (4) Até a publicação da Lei nº 9.424/96, o salário-educação continuou regido pelas regras construídas no sistema precedente. (5) Recurso não conhecido. (STF, Pleno, **RE 272.872**, rel. Min. Ilmar Galvão, 4.2001)

Art. 41. Os Poderes Executivos da União, dos Estados, do Distrito Federal e dos Municípios reavaliarão todos os incentivos fiscais de natureza setorial ora em vigor, propondo aos Poderes Legislativos respectivos as medidas cabíveis.

§ 1º Considerar-se-ão revogados após dois anos, a partir da data da promulgação da Constituição, os incentivos que não forem confirmados por lei.

§ 2º A revogação não prejudicará os direitos que já tiverem sido adquiridos, àquela data, em relação a incentivos concedidos sob condição e com prazo certo.

§ 3º Os incentivos concedidos por convênio entre Estados, celebrados nos termos do art. 23, § 6º, da Constituição de 1967, com a redação da Emenda Constitucional nº 1, de 17 de outubro de 1969, também deverão ser reavaliados e reconfirmados nos prazos deste artigo.

Art. 41: Revogação dos benefícios setoriais anteriores à CF/88

Com vistas a promover a redução do desequilíbrio econômico e social entre as distintas regiões do País, *os constituintes pretenderam priorizar os benefícios fiscais de caráter regional*, que foram expressamente autorizados pelo art. 151, I, *in fine* da CF.

Como exposto pelo então Deputado Constituinte José Serra, ao apresentar anteprojeto sobre a matéria:

> É muito importante, no Brasil, fazer-se uma revisão no sistema de incentivos, não para suprimir os de caráter regional, mas para melhorá-los, onde for possível, porque nada é perfeito. Há vários outros. Os que não são de caráter regional deveriam ser suprimidos, mas não os de caráter regional tendentes a combater desigualdades.[1514]

Para tanto, *o art. 41 do ADCT determinou a reavaliação de todos os benefícios fiscais setoriais* pelo Poder Executivo e condicionou a continuidade da sua vigência à confirmação legislativa, estabelecendo o prazo de dois anos para tanto.

Transcorrido *in albis* o prazo fixado, *os benefícios setoriais não confirmados foram revogados de pleno direito* pelo § 1º do artigo supracitado, com efeitos *ex nunc* (isto é, a partir de 5 de outubro de 1990), *salvo aqueles concedidos sob condição e prazo certo*, denominados benefícios onerosos, que foram resguardados pelo § 2º e vigeram até o término do prazo concedido.

O preceito é claro, mas a sua aplicação ensejou discussões acirradas, sobretudo no que concerne ao *crédito-prêmio do IPI.*

Após significativas oscilações da jurisprudência do Superior Tribunal de Justiça, firmou-se a posição de que o crédito-prêmio do IPI se enquadrava como incentivo fiscal setorial e fora revogado em 5 de outubro de 1990, por força do art. 41, § 1º, do ADCT.[1515] Essa tese também foi encampada pelo Supremo Tribunal Federal.[1516]

• Precedente citado

Revogação de pleno direito dos benefícios setoriais não confirmados tempestivamente. Crédito-prêmio de IPI. Vigência até 5 de outubro de 1990: TRIBUTÁRIO. IMPOSTO SOBRE PRODUTOS INDUSTRIA-

---

[1514] Diário da Assembleia Nacional Constituinte (Suplemento), 22/8/1987, *apud* voto do Ministro Ricardo Lewandowski no RE 577.348.

[1515] STJ, 1ª Seção, EREsp 771.219 AgRg, rel. Min. Castro Meira, 3.2008.

[1516] STF, Pleno, *RE 561.485*, rel. Min. Ricardo Lewandowski, 8.2009.

LIZADOS. CRÉDITO-PRÊMIO. DECRETO-LEI 491/1969 (ART. 1º). ADCT, ART. 41, § 1º. INCENTIVO FISCAL DE NATUREZA SETORIAL. NECESSIDADE DE CONFIRMAÇÃO POR LEI SUPERVENIENTE À CONSTITUIÇÃO FEDERAL. PRAZO DE DOIS ANOS. EXTINÇÃO DO BENEFÍCIO. RECURSO EXTRAORDINÁRIO CONHECIDO E DESPROVIDO. I – O crédito-prêmio de IPI constitui um incentivo fiscal de natureza setorial de que trata o do art. 41, *caput*, do Ato das Disposições Transitórias da Constituição. II – Como o crédito-prêmio de IPI não foi confirmado por lei superveniente no prazo de dois anos, após a publicação da Constituição Federal de 1988, segundo dispõe o § 1º do art. 41 do ADCT, deixou ele de existir. III – O incentivo fiscal instituído pelo art. 1º do Decreto-Lei 491, de 5 de março de 1969, deixou de vigorar em 5 de outubro de 1990, por força do disposto no § 1º do art. 41 do Ato de Disposições Constitucionais Transitórias da Constituição Federal de 1988, tendo em vista sua natureza setorial. IV – Recurso conhecido e desprovido. (STF, Pleno, **RE 561.485**, rel. Min. Ricardo Lewandowski, 8.2009).

Art. 74. A União poderá instituir contribuição provisória sobre movimentação ou transmissão de valores e de créditos e direitos de natureza financeira. (Artigo incluído pela Emenda Constitucional nº 12, de 1996)

§ 1º A alíquota da contribuição de que trata este artigo não excederá a vinte e cinco centésimos por cento, facultado ao Poder Executivo reduzi-la ou restabelecê-la, total ou parcialmente, nas condições e limites fixados em lei.

§ 2º A contribuição de que trata este artigo não se aplica o disposto nos arts. 153, § 5º, e 154, I, da Constituição.

§ 3º O produto da arrecadação da contribuição de que trata este artigo será destinado integralmente ao Fundo Nacional de Saúde, para financiamento das ações e serviços de saúde.

§ 4º A contribuição de que trata este artigo terá sua exigibilidade subordinada ao disposto no art. 195, § 6º, da Constituição, e não poderá ser cobrada por prazo superior a dois anos.

Arts. 74 e seguintes: a CPMF

A vigência da CPMF findou em dezembro de 2007.

Nesta edição, suprimimos os comentários pertinentes à CPMF. Para registro histórico desse relevante tributo e dos inúmeros precedentes a ele relativos, conferir as edições precedentes.

Art. 76. São desvinculados de órgão, fundo ou despesa, até 31 de dezembro de 2015, 20% (vinte por cento) da arrecadação da União de impostos, contribuições sociais e de intervenção no domínio econômico, já instituídos ou que vierem a ser criados até a referida data, seus adicionais e respectivos acréscimos legais. (Redação dada pela Emenda Constitucional nº 68, de 2011).

Redação original: "Art. 76. É desvinculado de órgão, fundo ou despesa, no período de 2000 a 2003, vinte por cento da arrecadação de impostos e contribuições sociais da União, já instituídos ou que vierem a ser criados no referido período, seus adicionais e respectivos acréscimos legais". (Incluído pela Emenda Constitucional nº 27, de 2000)

Redação dada pela Emenda Constitucional nº 42, de 2003: "Art. 76. É desvinculado de órgão, fundo ou despesa, no período de 2003 a 2007, vinte por cento da arrecadação da União de impostos, contribuições sociais e de intervenção no domínio econômico, já instituídos ou que vierem a ser criados no referido período, seus adicionais e respectivos acréscimos legais".

Redação dada pela Emenda Constitucional nº 56, de 2007: Art. 76. É desvinculado de órgão, fundo ou despesa, até 31 de dezembro de 2011, 20% (vinte por cento) da arrecadação da União de impostos, contribuições sociais e de intervenção no domínio econômico, já instituídos ou que vierem a ser criados até a referida data, seus adicionais e respectivos acréscimos legais.

§ 1º O disposto no *caput* não reduzirá a base de cálculo das transferências a Estados, Distrito Federal e Municípios, na forma do § 5º do art. 153, do inciso I do art. 157, dos incisos I e II do art. 158 e das alíneas a, b e d do inciso I e do inciso II do art. 159 da Constituição Federal, nem a base de cálculo das destinações a que se refere a alínea c do inciso I do art. 159 da Constituição Federal. (Redação dada pela Emenda Constitucional nº 68, de 2011).

Redação original: "§ 1º O disposto no caput deste artigo não reduzirá a base de cálculo das transferências a Estados, Distrito Federal e Municípios na forma dos arts. 153, § 5º; 157, I; I58, I e II; e 159, I, 'a' e'b', e II, da Constituição, bem como a base de cálculo das aplicações em programas de financiamento ao setor produtivo das regiões Norte, Nordeste e Centro-Oeste a que se refere o art. 159, I, 'c', da Constituição". (Incluído pela Emenda Constitucional nº 27, de 2000)

Redação dada pela Emenda Constitucional nº 42, de 2003: § 1º O disposto no caput deste artigo não reduzirá a base de cálculo das transferências a Estados, Distrito Federal e Municípios na forma dos arts. 153, § 5º; 157, I; 158, I e II; e 159, I, a e b; e II, da Constituição, bem como a base de cálculo das destinações a que se refere o art. 159, I, c, da Constituição.

§ 2° Excetua-se da desvinculação de que trata o *caput* a arrecadação da contribuição social do salário-educação a que se refere o § 5º do art. 212 da Constituição Federal. (Redação dada pela Emenda Constitucional nº 68, de 2011).

Redação original: § 2º Excetua-se da desvinculação de que trata o caput deste artigo a arrecadação da contribuição social do salário-educação a que se refere o art. 212, § 5º, da Constituição. (Incluído pela Emenda Constitucional nº 27, de 2000)

§ 3° Para efeito do cálculo dos recursos para manutenção e desenvolvimento do ensino de que trata o art. 212 da Constituição Federal, o percentual referido no *caput* será nulo. (Redação dada pela Emenda Constitucional nº 68, de 2011).

Redação original: § 3º Para efeito do cálculo dos recursos para manutenção e desenvolvimento do ensino de que trata o art. 212 da Constituição, o percentual referido no caput deste artigo será de 12,5 % (doze inteiros e cinco décimos por cento) no exercício de 2009, 5% (cinco por cento) no exercício de 2010, e nulo no exercício de 2011. (Incluído pela Emenda Constitucional nº 59, de 2009)

Art. 76: Desvinculação de Receitas da União – DRU

1. Introdução

A Desvinculação de Receitas da União – DRU – foi instituída pela *Emenda Constitucional nº 27*, de 2000, abrangendo, originalmente, 20% dos recursos angariados com impostos e contribuições sociais federais. Com a EC 42/03, passou a alcançar até mesmo as contribuições de intervenção no domínio econômico.

Trata-se de um artifício contábil que almeja reduzir o engessamento financeiro da União, cujos recursos são comprometidos, em larga medida, com despesas correntes (gastos com pessoal, material de consumo etc.) e com finalidades específicas e predeterminadas, o que ocorre sobretudo nas contribuições especiais, tributos que se singularizam justamente por serem afetados a finalidades específicas.

2. Constitucionalidade da DRU

O desvio de receitas federais vinculadas **não foi novidade introduzida pela EC 27/00**, que instituiu a DRU.

Antes dela, a Emenda Constitucional de Revisão nº 1, de 1994, já havia afetado ao Fundo Social de Emergência (FSE) vinte por cento dos recursos angariados com todas as contribuições da União, ao incluir o art. 72 no ADCT, que preceitua:

> Art. 72. Integram o Fundo Social de Emergência: (Incluído pela Emenda Constitucional de Revisão nº 1, de 1994)
>
> [...]
>
> IV – vinte por cento do produto da arrecadação de todos os impostos e contribuições da União, excetuado o previsto nos incisos I, II e III; (Inciso incluído pela Emenda Constitucional de Revisão nº 1, de 1994, em sua redação original, que foi alterada pela EC 10/96)

Em razão de tais desvios decorrerem justamente de preceitos constitucionais, revelam-se significativamente débeis alegações corriqueiras, como de ilegitimidade por burla ao sistema de competências tributárias, pela inobservância dos requisitos impostos ao exercício das competências residuais (instituição por lei complementar, não cumulatividade e *non bis in idem*) e pela deturpação das contribuições especiais, sob o argumento de ofensa a garantias individuais dos contribuintes e, consequentemente, a cláusulas pétreas, imunes à ação do poder constituinte derivado (art. 60, § 4º, IV, da CF).[1517]

A fragilidade dessa linha argumentativa decorre do fato de conceber todo o sistema constitucional tributário (ou ao menos expressiva parcela dele) como cláusula pétrea, que jamais poderia ser modificado, somente derruído por completo, mediante revolução que instaurasse nova ordem constitucional.

Mais relevantes são as alegações de ilegitimidade jurídica por ofensa ao princípio republicano e a reconhecidas cláusulas pétreas tributárias, como o princípio da anterioridade (direito fundamental dos contribuintes, tutelado pelo art. 60, § 4º, IV, da CF) e a garantia do federalismo fiscal (art. 60, § 4º, I, da CF), abalada pela criação de tributos *sui generis*, híbridos de contribuições e impostos, cuja receita não é totalmente destinada às suas finalidades próprias e tampouco repartida com os Estados, o Distrito Federal e os Municípios, como determinam os arts. 157 a 159 da Carta da República com respeito à receita de certos impostos federais e, inclusive, dos novos impostos, instituídos com base na competência residual da União.

No entanto, *o Supremo Tribunal Federal nunca se sensibilizou com tais argumentos*, o que torna remota a possibilidade de vir a rechaçar a legitimidade de artifícios financeiros como a DRU.

Aliás, a 2ª Turma do STF já pronunciou a constitucionalidade da DRU, afastando a alegação de ofensa a cláusulas pétreas nestes termos:

> [...] é de se observar que a norma que determina a vinculação da destinação do produto da arrecadação das contribuições sociais não assume caráter de cláusula pétrea, uma vez não contemplada pelo art. 60, § 4º, da Constituição Federal: [...]
>
> Destarte, nada impede que Emenda Constitucional estatua desvinculação de receitas, como fizeram as Emendas Constitucionais nº 27/2000 e 42/2003.[1518]

Admitida a constitucionalidade da DRU, resta investigar eventual repercussão na seara tributária.

- **Precedente citado**

Constitucionalidade da DRU: "Tributo. Contribuição social. Art. 76 do ADCT. Emenda Constitucional nº 27/2000. Desvinculação de 20% do produto da arrecadação. Admissibilidade. Inexistência de ofensa a cláusula pétrea. Negado seguimento ao recurso. Não é inconstitucional a desvinculação de parte da arrecadação de contribuição social, levada a efeito por emenda constitucional". (STF, 2ª Turma, **RE 537.610**, rel. Min. Cezar Peluso, 12.2009)

3. Repercussão tributária da DRU

Como exposto, a DRU desvinculou parte dos recursos angariados com as contribuições sociais e interventivas, para que sejam utilizados em finalidades diversas das que justificam a sua cobrança.

Mister, portanto, indagar acerca da repercussão tributária desse artifício financeiro. A desvinculação parcial das contribuições repercute, parcial ou totalmente, na sua natureza jurídica ou na sua eficácia jurídica?

[1517] Vide, por todos, BARRETO. *Contribuições: regime jurídico, destinação e controle*. p. 175, que identifica a lesão a duas garantias individuais dos contribuintes: (i) a garantia de que os recursos das contribuições sejam efetivamente aplicados nas suas finalidades; e (ii) a garantia de que os novos impostos observem os requisitos da não-cumulatividade e do *non bis in idem*. Parece-nos claro que a segunda garantia pode ser afastada por emenda constitucional, a menos que haja abalo significativo ao federalismo fiscal. Já a primeira é realmente ponderável.

[1518] STF, 2ª Turma, *RE 537.610*, rel. Min. Cezar Peluso, 12.2009, excerto do voto do relator. Cabe registrar que o Plenário ainda não se pronunciou sobre essa questão, limitando-se a negar a legitimidade dos contribuintes para discuti-la (RE 566.007), como exposto *infra*, no tópico atinente ao direito à restituição do indébito.

3.1. Repercussão na natureza jurídica das contribuições

Duas teses fundamentais podem ser defendidas quanto à repercussão da DRU na natureza jurídica das contribuições. Pode-se sustentar que as contribuições remanesceram íntegras ou que elas foram cindidas, dando ensejo ao nascimento de impostos.

À luz da primeira tese, as contribuições parcialmente desafetadas pela DRU tornaram-se figuras híbridas, tributos *sui generis* que se situam entre as contribuições e os impostos – ou mais precisamente, que são tanto contribuições quanto impostos, tais quais os minotauros da mitologia grega, monstros de corpo humano e cabeça de touro.

Segundo essa perspectiva, a desafetação parcial das contribuições implicaria a formação de aberrações jurídicas, semelhantes à figura mitológica referida, ou melhor, à dos centauros: tributos que têm cabeça, tronco e braços de contribuição, mas garupa, pernas, patas e rabo de imposto. Monstruosidades jurídicas que não pertencem a uma categoria e nem à outra. Párias jurídico-tributárias, criadas para propiciar descarada burla aos limites das competências impositivas e às regras constitucionais de repartição das receitas tributárias.

Já a segunda tese preserva a pureza conceitual das contribuições, ao sustentar que a desafetação parcial não levou à formação de tributos híbridos, mas à cisão das contribuições então existentes, que subsistiram como tais na parcela que permaneceu afetada, correspondente a oitenta por cento do seu montante; e na restante, correspondente aos vinte por cento desafetados, transformaram-se em impostos, com estrutura normativa idêntica à das contribuições das quais derivam e das quais somente se diferenciam pelo fato de não serem afetados a quaisquer finalidades específicas.

O Supremo Tribunal Federal aparenta inclinar-se pela primeira tese, haja vista já ter negado que a desafetação parcial de contribuições tenha repercussões na seara tributária. Deveras, a Segunda Turma posicionou-se no sentido de que a desvinculação instituída pela EC 27/00 não é apenas legítima, mas também destituída de efeitos no âmbito tributário. Não teria implicado a criação de impostos inominados e nem mesmo deturpado as contribuições especiais por ela abrangidas.[1519]

Embora se tenha consignado que o elemento essencial para identificar as contribuições é justamente a destinação da sua arrecadação, simplesmente se afirmou que a desvinculação de receitas é constitucional e não implica a formação de impostos, sem se adentrar no âmago da questão.[1520]

Essa tese, que nega qualquer repercussão tributária à desvinculação parcial das contribuições, também se mostra atraente por explicar a afetação parcial de impostos, fenômeno de difícil enquadramento teórico.

Sem embargo, é de se indagar até onde pode ir a desvinculação das receitas de contribuições especiais sem que os seus caracteres jurídicos sejam afetados. Se a desvinculação de 20% não tem repercussão alguma na esfera tributária, o que se dizer de uma desvinculação da ordem de 50%? E de 99%? Ou de uma desvinculação total?

[1519] STF, 2ª Turma, RE 537.610, rel. Min. Cezar Peluso, 12.2009, cuja ementa foi transcrita no tópico anterior. A questão foi enfrentada pelo relator, nestes termos: "O argumento de que a desvinculação de 20% da arrecadação das contribuições sociais referidas na EC nº 27/2000 teria implicado criação de um imposto inominado, não prospera. É certo que conforme salientou o Min. CARLOS VELLOSO, referindo-se às contribuições sociais, em voto proferido no julgamento da ADI nº 2.925 (Rel. Min. ELLEN GRACIE, DJ de 04.03.2005), 'o elemento essencial para a identificação dessas espécies tributárias é a destinação do produto de sua arrecadação'. Não há, todavia, como, a partir dessa premissa, chegar-se à conclusão de que a desvinculação parcial do produto da arrecadação teria importado criação de imposto".

[1520] STF, 2ª Turma, RE 537.610, rel. Min. Cezar Peluso, 12.2009.

A segunda tese, que preconiza a cisão da contribuição parcialmente desafetada, não tem problemas para responder a esses questionamentos, o que a torna deveras atraente. E ela se mostra ainda mais sedutora por preservar a pureza conceitual das contribuições e aplicar à temática da desafetação a solução que naturalmente se dá à modificação parcial de finalidade das contribuições. Ademais, explica com facilidade a situação em que uma única contribuição é parcialmente desafetada de modo permanente.

Tal tese é atraente, mas problemática. Primeiro, por levar a uma esdrúxula duplicidade de todas as contribuições sociais e de intervenção no domínio econômico, que cindidas implicariam a criação de tributos quase gêmeos, impostos que delas diferem somente pela sua alíquota. Segundo, por não lograr explicar os impostos parcialmente afetados.

Entre essas duas teses, inclinamo-nos pela primeira, a qual reconhece que as contribuições parcialmente desafetadas são aberrações jurídicas, mas nega que a mera desafetação parcial de tributos dê ensejo à sua cisão, sobretudo quando ostentar caráter geral, a exemplo do que ocorreu com a Desvinculação de Receitas da União.[1521]

À luz dessa concepção e diante do emaranhado jurídico que o legislador constituinte criou, ao afetar a receita de impostos e desafetar a de contribuições, reputamos plausível sustentar que, quando a contribuição permanece afetada em grande parte à sua finalidade específica, ela subsiste como tal. Foi abalada em sua pureza, teve as suas feições típicas parcialmente desfiguradas, mas não deixou de ser uma contribuição especial. Tornou-se híbrida, imperfeita, uma verdadeira aberração tributária, mas não deixou de ser una. Não deu ensejo ao nascimento de um novo imposto.

No entanto, um tributo predominantemente desafetado jamais pode qualificar-se como contribuição especial, mesmo que a desafetação seja temporária. Pode ser enquadrado como imposto *sui generis*, parcialmente vinculado a finalidade específica, mas nunca como contribuição.

Todas essas ponderações dizem respeito ao enquadramento doutrinário dessas esdrúxulas exações tributárias. Distinta é a questão atinente à repercussão da DRU na eficácia jurídica das contribuições por ela abrangidas.

3.2. Repercussão na eficácia das contribuições desafetadas e direito à restituição do indébito

Embora a DRU não viole a Lei Maior, reputamos que ela, assim como os demais artifícios utilizados para desviar os recursos angariados com as contribuições especiais, *fulmina a eficácia das contribuições*.

Obsta a incidência das contribuições, em parcela equivalente à desafetada, haja vista a efetiva necessidade dos recursos arrecadados ser um requisito de eficácia das contribuições especiais, como defendemos em obra dedicada ao tema.[1522]

O Supremo Tribunal Federal ainda não tem jurisprudência sobre essa questão específica, haja vista ter acolhido a questionável tese de que *os contribuintes não possuem legitimidade para questionar a desvinculação*, porquanto a inconstitucionalidade seria restrita ao âmbito financeiro, não autorizando a repetição do indébito.[1523]

[1521] Nesse sentido, cfr. BARRETO. *Contribuições: regime jurídico, destinação e controle*. p. 176, que nega ter a DRU cindido as contribuições, criando novos impostos, mas advoga a ilegitimidade da desafetação, por ofensa a garantias individuais.

[1522] PAULSEN, L.; VELLOSO, A. P. *Contribuições: Teoria geral, contribuições em espécie*, p. 51-53.

[1523] STF, Pleno, *RE 566.007*, rel. Min. Cármen Lúcia, 11.2014 – Tema nº 277 da Repercussão Geral.

- **Precedente citado**

Inexistência de direito à repetição do indébito em razão da desvinculação: [...] DESVINCULAÇÃO DE RECEITAS DA UNIÃO – DRU. ART. 76 DO ATO DAS DISPOSIÇÕES CONSTITUCIONAIS TRANSITÓRIAS. AUSÊNCIA DE CORRELAÇÃO ENTRE A ALEGADA INCONSTITUCIONALIDADE DA DRU E O DIREITO À DESONERAÇÃO TRIBUTÁRIA PROPORCIONAL À DESVINCULAÇÃO. ILEGITIMIDADE PROCESSUAL. AUSÊNCIA DE DIREITO LÍQUIDO E CERTO. RECURSO EXTRAORDINÁRIO AO QUAL SE NEGA PROVIMENTO. 1. A questão nuclear deste recurso extraordinário não é se o art. 76 do ADCT ofenderia norma permanente da Constituição da República, mas se, eventual inconstitucionalidade, conduziria a ter a Recorrente direito à desoneração proporcional à desvinculação das contribuições sociais recolhidas. 2. Não é possível concluir que, eventual inconstitucionalidade da desvinculação parcial da receita das contribuições sociais, teria como consequência a devolução ao contribuinte do montante correspondente ao percentual desvinculado, pois a tributação não seria inconstitucional ou ilegal, única hipótese autorizadora da repetição do indébito tributário ou o reconhecimento de inexistência de relação jurídico-tributária. 3. Não tem legitimidade para a causa o contribuinte que pleiteia judicialmente a restituição ou o não recolhimento proporcional à desvinculação das receitas de contribuições sociais instituída pelo art. 76 do ADCT, tanto em sua forma originária quanto na forma das alterações promovidas pelas Emendas Constitucionais n. 27/2000, 42/2003, 56/2007, 59/2009 e 68/2011. Ausente direito líquido e certo para a impetração de mandados de segurança. 4. Negado provimento ao recurso extraordinário. (STF, Pleno, **RE 566.007**, rel. Min. Cármen Lúcia, 11.2014 – Tema nº 277 da Repercussão Geral: "Desvinculação do produto de arrecadação de contribuições sociais da União por Emenda Constitucional")

Enunciados da Súmula Vinculante (STF)

Súmula Vinculante 8: "São inconstitucionais o parágrafo único do artigo 5º do Decreto-Lei nº 1.569/1977 e os artigos 45 e 46 da Lei nº 8.212/1991, que tratam de prescrição e decadência de crédito tributário".

Súmula Vinculante 19: "A taxa cobrada exclusivamente em razão dos serviços públicos de coleta, remoção e tratamento ou destinação de lixo ou resíduos provenientes de imóveis, não viola o artigo 145, II, da Constituição Federal".

Súmula Vinculante 28: "É inconstitucional a exigência de depósito prévio como requisito de admissibilidade de ação judicial na qual se pretenda discutir a exigibilidade de crédito tributário".

Súmula Vinculante 29: "É constitucional a adoção, no cálculo do valor de taxa, de um ou mais elementos da base de cálculo própria de determinado imposto, desde que não haja integral identidade entre uma base e outra".

Súmula Vinculante 31: "É inconstitucional a incidência do Imposto sobre Serviços de Qualquer Natureza – ISS sobre operações de locação de bens móveis".

Súmula Vinculante 32: "O ICMS não incide sobre alienação de salvados de sinistro pelas seguradoras".

Súmula Vinculante 40: "A contribuição confederativa de que trata o art. 8º, IV, da Constituição Federal, só é exigível dos filiados ao sindicato respectivo".

Súmula Vinculante 41: "O serviço de iluminação pública não pode ser remunerado mediante taxa".

Súmula Vinculante 48: "Na entrada de mercadoria importada do exterior, é legítima a cobrança do ICMS por ocasião do desembaraço aduaneiro".

Súmula Vinculante 50: "Norma legal que altera o prazo de recolhimento de obrigação tributária não se sujeita ao princípio da anterioridade".

Súmula Vinculante 52: "Ainda quando alugado a terceiros, permanece imune ao IPTU o imóvel pertencente a qualquer das entidades referidas pelo art. 150, VI, "c", da Constituição Federal, desde que o valor dos aluguéis seja aplicado nas atividades para as quais tais entidades foram constituídas".

Enunciados selecionados da Súmula do STF

Súmula 66: "É legítima a cobrança do tributo que houver sido aumentado após o orçamento, mas antes do início do respectivo exercício financeiro".

Súmula 67: "É inconstitucional a cobrança do tributo que houver sido criado ou aumentado no mesmo exercício financeiro".

Súmula 69: "A Constituição Estadual não pode estabelecer limite para o aumento de tributos municipais".

Súmula 70: "É inadmissível a interdição de estabelecimento como meio coercitivo para cobrança de tributo".

Súmula 71: "Embora pago indevidamente, não cabe restituição de tributo indireto".

Súmula 73: "A imunidade das autarquias, implicitamente contida no art. 31, V, 'a', da Constituição Federal, abrange tributos estaduais e municipais".

Súmula 74: "O imóvel transcrito em nome de autarquia, embora objeto de promessa de venda a particulares, continua imune de impostos locais".

Súmula 75: "Sendo vendedora uma autarquia, a sua imunidade fiscal não compreende o imposto de transmissão 'inter vivos', que é encargo do comprador".

Súmula 76: "As sociedades de economia mista não estão protegidas pela imunidade fiscal do art. 31, V, *a*, Constituição Federal".

Súmula 82: "São inconstitucionais o imposto de cessão e a taxa sobre inscrição de promessa de venda de imóvel, substitutivos do imposto de transmissão, por incidirem sobre ato que não transfere o domínio".

Súmula 83: "Os ágios de importação incluem-se no valor dos artigos importados para incidência do imposto de consumo".

Súmula 85: "Não estão sujeitos ao imposto de consumo os bens de uso pessoal e doméstico trazidos, como bagagem, do exterior".

Súmula 86: "Não está sujeito ao imposto de consumo automóvel usado, trazido do exterior pelo proprietário".

Súmula 108: "É legítima a incidência do imposto de transmissão 'inter vivos' sobre o valor do imóvel ao tempo da alienação, e não da promessa, na conformidade da legislação local".

Súmula 110: "O imposto de transmissão "inter vivos" não incide sobre a construção, ou parte dela, realizada pelo adquirente, mas sobre o que tiver sido construído ao tempo da alienação do terreno".

Súmula 111: "É legítima a incidência do imposto de transmissão 'inter vivos' sobre a restituição, ao antigo proprietário, de imóvel que deixou de servir a finalidade da sua desapropriação".

Súmula 112: "O imposto de transmissão 'causa mortis' é devido pela alíquota vigente ao tempo da abertura da sucessão".

Súmula 113: "O imposto de transmissão 'causa mortis' é calculado sobre o valor dos bens na data da avaliação".

Súmula 114: "O imposto de transmissão 'causa mortis' não é exigível antes da homologação do cálculo".

Súmula 115: "Sobre os honorários do advogado contratado pelo inventariante, com a homologação do juiz, não incide o imposto de transmissão 'causa mortis'".

Súmula 117: "A lei estadual pode fazer variar a alíquota do imposto de vendas e consignações em razão da espécie do produto".

Súmula 129: "Na conformidade da legislação local, é legítima a cobrança de taxa de calçamento".

Súmula 239: "Decisão que declara indevida a cobrança do imposto em determinado exercício não faz coisa julgada em relação aos posteriores".

Súmula 241: "A contribuição previdenciária incide sobre o abono incorporado ao salário".

Súmula 323: "É inadmissível a apreensão de mercadorias como meio coercitivo para pagamento de tributos".

Súmula 324: "A imunidade do art. 31, v, da Constituição Federal não compreende as taxas".

Súmula 326: "É legítima a incidência do imposto de transmissão 'inter vivos' sobre a transferência do domínio útil".

Súmula 328: "É legítima a incidência do imposto de transmissão 'inter vivos' sobre a doação de imóvel".

Súmula 329: "O imposto de transmissão 'inter vivos' não incide sobre a transferência de ações de sociedade imobiliária".

Súmula 331: "É legítima a incidência do imposto de transmissão 'causa mortis' no inventário por morte presumida".

Súmula 332: "É legítima a incidência do imposto de vendas e consignações sobre a parcela do preço correspondente aos ágios cambiais".

Súmula 336: "A imunidade da autarquia financiadora, quanto ao contrato de financiamento, não se estende à compra e venda entre particulares, embora constantes os dois atos de um só instrumento".

Súmula 348: "É constitucional a criação de taxa de construção, conservação e melhoramento de estradas".

Súmula 418: "O empréstimo compulsório não é tributo, e sua arrecadação não está sujeita à exigência constitucional da prévia autorização orçamentária" (superada).

Súmula 435: "O imposto de transmissão 'causa mortis' pela transferência de ações é devido ao estado em que tem sede a companhia".

Súmula 439: "Estão sujeitos à fiscalização tributária ou previdenciária quaisquer livros comerciais, limitado o exame aos pontos objeto da investigação".

Súmula 468: "Após a E.C. 5, de 21.11.61, em contrato firmado com a União, Estado, Município ou Autarquia, é devido o imposto federal de selo pelo contratante não protegido pela imunidade, ainda que haja repercussão do ônus tributário sobre o patrimônio daquelas entidades".

Súmula 470: "O imposto de transmissão 'inter vivos' não incide sobre a construção, ou parte dela, realizada, inequivocamente, pelo promitente comprador, mas sobre o valor do que tiver sido construído antes da promessa de venda".

Súmula 539: "É constitucional a lei do município que reduz o imposto predial urbano sobre imóvel ocupado pela residência do proprietário, que não possua outro".

Súmula 540: "No preço da mercadoria sujeita ao imposto de vendas e consignações, não se incluem as despesas de frete e carreto".

Súmula 541: "O imposto sobre vendas e consignações não incide sobre a venda ocasional de veículos e equipamentos usados, que não se insere na atividade profissional do vendedor, e não é realizada com o fim de lucro, sem caráter, pois, de comercialidade".

Súmula 544: "Isenções tributárias concedidas, sob condição onerosa, não podem ser livremente suprimidas".

Súmula 545: "Preços de serviços públicos e taxas não se confundem, porque estas, diferentemente daqueles, são compulsórias e tem sua cobrança condicionada a prévia autorização orçamentária, em relação a lei que as instituiu".

Súmula 546: "Cabe a restituição do tributo pago indevidamente, quando reconhecido por decisão, que o contribuinte 'de jure' não recuperou do contribuinte 'de facto' o 'quantum' respectivo".

Súmula 547: "Não é lícito a autoridade proibir que o contribuinte em débito adquira estampilhas, despache mercadorias nas alfândegas e exerça suas atividades profissionais".

Súmula 551: "É inconstitucional a taxa de urbanização da Lei 2.320, de 20.12.1961, instituída pelo Município de Porto Alegre, porque seu fato gerador é o mesmo da transmissão imobiliária".

Súmula 553: "O Adicional ao Frete Para Renovação da Marinha Mercante (AFRMM) é contribuição parafiscal, não sendo abrangido pela imunidade prevista na letra d, inciso III, do art. 19, da Constituição Federal".

Súmula 569: "É inconstitucional a discriminação de alíquotas do imposto de circulação de mercadorias nas operações interestaduais, em razão de o destinatário ser, ou não, contribuinte" (superada).

Súmula 570: "O Imposto de Circulação de Mercadorias não incide sobre a importação de bens de capital".

Súmula 571: "O comprador de café ao IBC, ainda que sem expedição de nota fiscal, habilita-se, quando da comercialização do produto, ao crédito do ICM que incidiu sobre a operação anterior".

Súmula 572: "No cálculo do imposto de circulação de mercadorias devido na saída de mercadorias para o exterior, não se incluem fretes pagos a terceiros, seguros e despesas de embarque".

Súmula 573: "Não constitui fato gerador do imposto de circulação de mercadorias a saída física de máquinas, utensílios e implementos a título de comodato".

Súmula 574: "Sem lei estadual que a estabeleça, é ilegítima a cobrança do imposto de circulação de mercadorias sobre o fornecimento de alimentação e bebidas em restaurante ou estabelecimento similar".

Súmula 575: "A mercadoria importada de país signatário do GATT, ou membro da ALALC, estende-se a isenção do imposto sobre circulação de mercadorias concedida a similar nacional".

Súmula 576: "É lícita a cobrança do imposto de circulação de mercadorias sobre produtos importados sob o regime da alíquota 'zero'".

Súmula 577: "Na importação de mercadorias do exterior, o fato gerador do imposto de circulação de mercadorias ocorre no momento de sua entrada no estabelecimento do importador".

Súmula 583: "Promitente-comprador de imóvel residencial transcrito em nome de autarquia é contribuinte do imposto predial territorial urbano".

Súmula 584: "Ao imposto de renda calculado sobre os rendimentos do ano-base, aplica-se a lei vigente no exercício financeiro em que deve ser apresentada a declaração".

Súmula 585: "Não incide o imposto de renda sobre a remessa de divisas para pagamento de serviços prestados no exterior, por empresa que não opera no Brasil".

Súmula 586: "Incide imposto de renda sobre os juros remetidos para o exterior, com base em contrato de mútuo".

Súmula 587: "Incide imposto de renda sobre o pagamento de serviços técnicos contratados no exterior e prestados no Brasil".

Súmula 588: "O imposto sobre serviços não incide sobre os depósitos, as comissões e taxas de desconto, cobrados pelos estabelecimentos bancários".

Súmula 589: "É inconstitucional a fixação de adicional progressivo do imposto predial e territorial urbano em função do número de imóveis do contribuinte".

Súmula 590: "Calcula-se o imposto de transmissão 'causa mortis' sobre o saldo credor da promessa de compra e venda de imóvel, no momento da abertura da sucessão do promitente vendedor".

Súmula 591: "A imunidade ou a isenção tributária do comprador não se estende ao produtor, contribuinte do imposto sobre produtos industrializados".

Súmula 595: "É inconstitucional a taxa municipal de conservação de estradas de rodagem cuja base de cálculo seja idêntica a do imposto territorial rural".

Súmula 615: "O princípio constitucional da anualidade (par-29 do art-153 da CF) não se aplica a revogação de isenção do ICM".

Súmula 656: "É inconstitucional a lei que estabelece alíquotas progressivas para o imposto de transmissão *inter vivos* de bens imóveis – ITBI com base no valor venal do imóvel".

Súmula 657: "A imunidade prevista no art. 150, VI, *d*, da CF abrange os filmes e papéis fotográficos necessários à publicação de jornais e periódicos".

Súmula 658: "São constitucionais os arts. 7º da Lei 7.787/89 e 1º da Lei 7.894/89 e da Lei 8.147/90, que majoraram a alíquota do Finsocial, quando devida a contribuição por empresas dedicadas exclusivamente à prestação de serviços".

Súmula 659: "É legítima a cobrança da COFINS, do PIS e do FINSOCIAL sobre as operações relativas a energia elétrica, serviços de telecomunicações, derivados de petróleo, combustíveis e minerais do País".

Súmula 660: "Não incide ICMS na importação de bens por pessoa física ou jurídica que não seja contribuinte do imposto".

Súmula 661: "Na entrada de mercadoria importada do exterior, é legítima a cobrança do ICMS por ocasião do desembaraço aduaneiro".

O conteúdo do verbete tornou-se vinculante: corresponde ao Enunciado 48 da Súmula Vinculante.

Súmula 662: "É legítima a incidência do ICMS na comercialização de exemplares de obras cinematográficas, gravados em fitas de videocassete".

Súmula 663: "Os §§ 1º e 3º do art. 9º do DL 406/68 foram recebidos pela Constituição".

Súmula 664: "É inconstitucional o inciso V do art. 1º da Lei 8.033/90, que instituiu a incidência do imposto nas operações de crédito, câmbio e seguros – IOF sobre saques efetuados em caderneta de poupança".

Súmula 665: "É constitucional a Taxa de Fiscalização dos Mercados de Títulos e Valores Mobiliários instituída pela Lei 7.940/89".

Súmula 666: "A contribuição confederativa de que trata o art. 8º, IV, da Constituição, só é exigível dos filiados ao sindicato respectivo".

O conteúdo do verbete tornou-se vinculante: corresponde ao Enunciado 40 da Súmula Vinculante.

Súmula 667: "Viola a garantia constitucional de acesso à jurisdição a taxa judiciária calculada sem limite sobre o valor da causa".

Súmula 668: "É inconstitucional a lei municipal que tenha estabelecido, antes da Emenda Constitucional 29/2000,alíquotas progressivas para o IPTU, salvo se destinada a assegurar o cumprimento da função social da propriedade urbana".

Súmula 669: "Norma legal que altera o prazo de recolhimento da obrigação tributária não se sujeita ao princípio da anterioridade".

O conteúdo do verbete tornou-se vinculante: corresponde ao Enunciado 50 da Súmula Vinculante.

Súmula 670: "O serviço de iluminação pública não pode ser remunerado mediante taxa".

O conteúdo do verbete tornou-se vinculante: corresponde ao Enunciado 41 da Súmula Vinculante.

Súmula 688: "É legítima a incidência da contribuição previdenciária sobre o 13º salário".

Súmula 724: "Ainda quando alugado a terceiros, permanece imune ao IPTU o imóvel pertencente a qualquer das entidades referidas pelo art. 150, VI, c, da Constituição, desde que o valor dos aluguéis seja aplicado nas atividades essenciais de tais entidades".

O conteúdo do verbete tornou-se vinculante: corresponde ao Enunciado 52 da Súmula Vinculante.

Súmula 730: "A imunidade tributária conferida a instituições de assistência social sem fins lucrativos pelo art. 150, VI, c, da Constituição, somente alcança as entidades fechadas de previdência social privada se não houver contribuição dos beneficiários".

Rejeitou-se proposta de edição de enunciado de súmula vinculante, resultante da conversão da súmula, na medida em que o entendimento relativo à matéria não estaria pacificado a ponto de se tornar vinculante (PSV 109/DF, 9.4.2015).

Súmula 732: "É constitucional a cobrança da contribuição do salário-educação, seja sob a Carta de 1969, seja sob a Constituição Federal de 1988, e no regime da Lei 9.424/96".

Enunciados selecionados da Súmula do STJ

Súmula 68: "A parcela relativa ao ICM inclui-se na base de cálculo do PIS".

Súmula 71: "O bacalhau importado de país signatário do gatt é isento do ICM".

Súmula 94: "A parcela relativa ao ICMS inclui-se na base de cálculo do Finsocial".

Súmula 95: "A redução da alíquota do Imposto sobre Produtos Industrializados ou do Imposto de Importação não implica redução do ICMS".

Súmula 125: "O pagamento de férias não gozadas por necessidade do serviço não está sujeito à incidência do imposto de renda".

Súmula 129: "O exportador adquire o direito de transferência de crédito do ICMS quando realiza a exportação do produto e não ao estocar a matéria-prima".

Súmula 135: "O ICMS não incide na gravação e distribuição de filmes e videoteipes".

Súmula 136: "O pagamento de licença-prêmio não gozada por necessidade do serviço não está sujeito ao Imposto de Renda".

Súmula 138: "O ISS incide na operação de arrendamento mercantil de coisas móveis".

Súmula 155: "O ICMS incide na importação de aeronave, por pessoa física, para uso próprio".

Súmula 156: "A prestação de serviço de composição gráfica, personalizada e sob encomenda, ainda que envolva fornecimento de mercadorias, está sujeita, apenas, ao ISS".

Súmula 157: "É ilegítima a cobrança de taxa, pelo município, na renovação de licença para localização de estabelecimento comercial ou industrial".

Súmula 160: "É defeso, ao Município, atualizar o IPTU, mediante decreto, em percentual superior ao índice oficial de correção monetária".

Súmula 163: "O fornecimento de mercadorias com a simultânea prestação de serviços em bares, restaurantes e estabelecimentos similares constitui fato gerador do ICMS a incidir sobre o valor total da operação".

Súmula 166: "Não constitui fato gerador do ICMS o simples deslocamento de mercadoria de um para outro estabelecimento do mesmo contribuinte".

Súmula 167: "O fornecimento de concreto, por empreitada, para construção civil, preparado no trajeto até a obra em betoneiras acopladas a caminhões, é prestação de serviço, sujeitando-se apenas à incidência do ISS".

Súmula 185: "Nos depósitos judiciais, não incide o Imposto sobre Operações Financeiras".

Súmula 198: "Na importação de veículo por pessoa física, destinado a uso próprio, incide o ICMS".

Súmula 215: "A indenização recebida pela adesão a programa de incentivo à demissão voluntária não está sujeita à incidência do Imposto de Renda".

Súmula 237: "Nas operações com cartão de crédito, os encargos relativos ao financiamento não são considerados no cálculo do ICMS".

Súmula 262: "Incide o Imposto de Renda sobre o resultado das aplicações financeiras realizadas pelas cooperativas".

Súmula 310: "O Auxílio-creche não integra o salário-de-contribuição".

Súmula 334: "O ICMS não incide no serviço dos provedores de acesso à Internet".

Súmula 350: "O ICMS não incide sobre o serviço de habilitação de telefone celular".

Súmula 352: "A obtenção ou a renovação do Certificado de Entidade Beneficente de Assistência Social (Cebas) não exime a entidade do cumprimento dos requisitos legais supervenientes".

Súmula 353: "As disposições do Código Tributário Nacional não se aplicam às contribuições para o FGTS".

Súmula 373: "É ilegítima a exigência de depósito prévio para admissibilidade de recurso administrativo".

Súmula 386: "São isentas de imposto de renda as indenizações de férias proporcionais e o respectivo adicional".

Súmula 391: "O ICMS incide sobre o valor da tarifa de energia elétrica correspondente à demanda de potência efetivamente utilizada".

Súmula 395: "O ICMS incide sobre o valor da venda a prazo constante da nota fiscal".

Súmula 396: "A Confederação Nacional da Agricultura tem legitimidade ativa para a cobrança da contribuição sindical rural".

Súmula 399: "Cabe à legislação municipal estabelecer o sujeito passivo do IPTU".

Súmula 411: "É devida a correção monetária ao creditamento do IPI quando há oposição ao seu aproveitamento decorrente de resistência ilegítima do Fisco".

Súmula 412: "A ação de repetição de indébito de tarifas de água e esgoto sujeita-se ao prazo prescricional estabelecido no Código Civil".

Súmula 423: "A Contribuição para Financiamento da Seguridade Social – COFINS incide sobre as receitas provenientes das operações de locação de bens móveis".

Súmula 424: "É legítima a incidência de ISS sobre os serviços bancários congêneres da lista anexa ao DL n. 406/1968 e à LC n. 56/1987".

Súmula 431: "É ilegal a cobrança de ICMS com base no valor da mercadoria submetido ao regime de pauta fiscal".

Súmula 432: "As empresas de construção civil não estão obrigadas a pagar ICMS sobre mercadorias adquiridas como insumos em operações interestaduais".

Súmula 433: "O produto semi-elaborado, para fins de incidência de ICMS, é aquele que preenche cumulativamente os três requisitos do art. 1º da Lei Complementar n. 65/1991".

Súmula 457: "Os descontos incondicionais nas operações mercantis não se incluem na base de cálculo do ICMS".

Súmula 458: "A contribuição previdenciária incide sobre a comissão paga ao corretor de seguros".

Súmula 463: "Incide imposto de renda sobre os valores percebidos a título de indenização por horas extraordinárias trabalhadas, ainda que decorrentes de acordo coletivo".

Súmula 468: "A base de cálculo do PIS, até a edição da MP n. 1.212/1995, era o faturamento ocorrido no sexto mês anterior ao do fato gerador".

Súmula 494: "O benefício fiscal do ressarcimento do crédito presumido do IPI relativo às exportações incide mesmo quando as matérias-primas ou os insumos sejam adquiridos de pessoa física ou jurídica não contribuinte do PIS/PASEP".

Súmula 495: "A aquisição de bens integrantes do ativo permanente da empresa não gera direito a creditamento de IPI".

[Súmulas STJ]

Súmula 498: "Não incide imposto de renda sobre a indenização por danos morais".

Súmula 499: "As empresas prestadoras de serviços estão sujeitas às contribuições ao Sesc e Senac, salvo se integradas noutro serviço social".

Súmula 508: "A isenção da Cofins concedida pelo art. 6º, II, da LC n. 70/1991 às sociedades civis de prestação de serviços profissionais foi revogada pelo art. 56 da Lei n. 9.430/1996."

Súmula 509: "É lícito ao comerciante de boa-fé aproveitar os créditos de ICMS decorrentes de nota fiscal posteriormente declarada inidônea, quando demonstrada a veracidade da compra e venda".

Súmula 524: "No tocante à base de cálculo, o ISSQN incide apenas sobre a taxa de agenciamento quando o serviço prestado por sociedade empresária de trabalho temporário for de intermediação, devendo, entretanto, englobar também os valores dos salários e encargos sociais dos trabalhadores por ela contratados nas hipóteses de fornecimento de mão de obra".

Texto consolidado da Constituição Tributária

TÍTULO VI

DA TRIBUTAÇÃO E DO ORÇAMENTO

Capítulo I

DO SISTEMA TRIBUTÁRIO NACIONAL

Seção I

DOS PRINCÍPIOS GERAIS

Art. 145. A União, os Estados, o Distrito Federal e os Municípios poderão instituir os seguintes tributos:

I – impostos;

II – taxas, em razão do exercício do poder de polícia ou pela utilização, efetiva ou potencial, de serviços públicos específicos e divisíveis, prestados ao contribuinte ou postos a sua disposição;

III – contribuição de melhoria, decorrente de obras públicas.

§ 1º Sempre que possível, os impostos terão caráter pessoal e serão graduados segundo a capacidade econômica do contribuinte, facultado à administração tributária, especialmente para conferir efetividade a esses objetivos, identificar, respeitados os direitos individuais e nos termos da lei, o patrimônio, os rendimentos e as atividades econômicas do contribuinte.

§ 2º As taxas não poderão ter base de cálculo própria de impostos.

Art. 146. Cabe à lei complementar:

I – dispor sobre conflitos de competência, em matéria tributária, entre a União, os Estados, o Distrito Federal e os Municípios;

II – regular as limitações constitucionais ao poder de tributar;

III – estabelecer normas gerais em matéria de legislação tributária, especialmente sobre:

a) definição de tributos e de suas espécies, bem como, em relação aos impostos discriminados nesta Constituição, a dos respectivos fatos geradores, bases de cálculo e contribuintes;

b) obrigação, lançamento, crédito, prescrição e decadência tributários;

c) adequado tratamento tributário ao ato cooperativo praticado pelas sociedades cooperativas.

d) definição de tratamento diferenciado e favorecido para as microempresas e para as empresas de pequeno porte, inclusive regimes especiais ou simplificados no caso do imposto previsto no art. 155, II, das contribuições previstas no art. 195, I e §§ 12 e 13, e da contribuição a que se refere o art. 239. (Alínea incluída pela Emenda Constitucional nº 42, de 19.12.2003)

Parágrafo único. A lei complementar de que trata o inciso III, d, também poderá instituir um regime único de arrecadação dos impostos e contribuições da União, dos Estados, do Distrito Federal e dos Municípios, observado que: (Parágrafo incluído pela Emenda Constitucional nº 42, de 19.12.2003)

I – será opcional para o contribuinte;

II – poderão ser estabelecidas condições de enquadramento diferenciadas por Estado;

III – o recolhimento será unificado e centralizado e a distribuição da parcela de recursos pertencentes aos respectivos entes federados será imediata, vedada qualquer retenção ou condicionamento;

IV – a arrecadação, a fiscalização e a cobrança poderão ser compartilhadas pelos entes federados, adotado cadastro nacional único de contribuintes.

Art. 146-A. Lei complementar poderá estabelecer critérios especiais de tributação, com o objetivo de prevenir desequilíbrios da concorrência, sem prejuízo da competência de a União, por lei, estabelecer normas de igual objetivo. (Artigo incluído pela Emenda Constitucional nº 42, de 19.12.2003)

Art. 147. Competem à União, em Território Federal, os impostos estaduais e, se o Território não for dividido em Municípios, cumulativamente, os impostos municipais; ao Distrito Federal cabem os impostos municipais.

Art. 148. A União, mediante lei complementar, poderá instituir empréstimos compulsórios:

I – para atender a despesas extraordinárias, decorrentes de calamidade pública, de guerra externa ou sua iminência;

II – no caso de investimento público de caráter urgente e de relevante interesse nacional, observado o disposto no art. 150, III, "b".

Parágrafo único. A aplicação dos recursos provenientes de empréstimo compulsório será vinculada à despesa que fundamentou sua instituição.

Art. 149. Compete exclusivamente à União instituir contribuições sociais, de intervenção no domínio econômico e de interesse das categorias profissionais ou econômicas, como instrumento de sua atuação nas respectivas áreas, observado o disposto nos arts. 146, III, e 150, I e III, e sem prejuízo do previsto no art. 195, § 6º, relativamente às contribuições a que alude o dispositivo.

§ 1º Os Estados, o Distrito Federal e os Municípios instituirão contribuição, cobrada de seus servidores, para o custeio, em benefício destes, do regime previdenciário de que trata o art. 40, cuja alíquota não será inferior à da contribuição dos servidores titulares de cargos efetivos da União. (redação dada pela Emenda Constitucional nº 41, de 19.12.2003; parágrafo renumerado pela Emenda Constitucional nº 33, de 11.12.2001)

Redação original: § 1º Os Estados, o Distrito Federal e os Municípios poderão instituir contribuição, cobrada de seus servidores, para o custeio, em benefício destes, de sistemas de previdência e assistência social.

§ 2º As contribuições sociais e de intervenção no domínio econômico de que trata o *caput* deste artigo: (Parágrafo incluído pela Emenda Constitucional nº 33, de 11.12.2001)

I – não incidirão sobre as receitas decorrentes de exportação;

II – incidirão também sobre a importação de produtos estrangeiros ou serviços; (Redação dada pela Emenda Constitucional nº 42, de 19.12.2003)

Redação original, dada pela Emenda Constitucional nº 33, de 11.12.2001: II – poderão incidir sobre a importação de petróleo e seus derivados, gás natural e seus derivados e álcool combustível;

III – poderão ter alíquotas:

a) *ad valorem*, tendo por base o faturamento, a receita bruta ou o valor da operação e, no caso de importação, o valor aduaneiro;

b) específica, tendo por base a unidade de medida adotada.

§ 3º A pessoa natural destinatária das operações de importação poderá ser equiparada a pessoa jurídica, na forma da lei. (Parágrafo incluído pela Emenda Constitucional nº 33, de 11.12.2001)

§ 4º A lei definirá as hipóteses em que as contribuições incidirão uma única vez. (Parágrafo incluído pela Emenda Constitucional nº 33, de 11.12.2001)

Art. 149-A. Os Municípios e o Distrito Federal poderão instituir contribuição, na forma das respectivas leis, para o custeio do serviço de iluminação pública, observado o disposto no art. 150, I e III. (Artigo incluído pela Emenda Constitucional nº 39, de 19.12.2002)

Parágrafo único. É facultada a cobrança da contribuição a que se refere o *caput*, na fatura de consumo de energia elétrica.

Seção II
DAS LIMITAÇÕES DO PODER DE TRIBUTAR

Art. 150. Sem prejuízo de outras garantias asseguradas ao contribuinte, é vedado à União, aos Estados, ao Distrito Federal e aos Municípios:

I – exigir ou aumentar tributo sem lei que o estabeleça;

II – instituir tratamento desigual entre contribuintes que se encontrem em situação equivalente, proibida qualquer distinção em razão de ocupação profissional ou função por eles exercida, independentemente da denominação jurídica dos rendimentos, títulos ou direitos;

III – cobrar tributos:

a) em relação a fatos geradores ocorridos antes do início da vigência da lei que os houver instituído ou aumentado;

b) no mesmo exercício financeiro em que haja sido publicada a lei que os instituiu ou aumentou;

c) antes de decorridos noventa dias da data em que haja sido publicada a lei que os instituiu ou aumentou, observado o disposto na alínea b; (Alínea incluída pela Emenda Constitucional nº 42, de 19.12.2003)

IV – utilizar tributo com efeito de confisco;

V – estabelecer limitações ao tráfego de pessoas ou bens, por meio de tributos interestaduais ou intermunicipais, ressalvada a cobrança de pedágio pela utilização de vias conservadas pelo Poder Público;

VI – instituir impostos sobre:

a) patrimônio, renda ou serviços, uns dos outros;

b) templos de qualquer culto;

c) patrimônio, renda ou serviços dos partidos políticos, inclusive suas fundações, das entidades sindicais dos trabalhadores, das instituições de educação e de assistência social, sem fins lucrativos, atendidos os requisitos da lei;

d) livros, jornais, periódicos e o papel destinado a sua impressão.

e) fonogramas e videofonogramas musicais produzidos no Brasil contendo obras musicais ou literomusicais de autores brasileiros e/ou obras em geral interpretadas por artistas brasileiros bem como os suportes materiais ou arquivos digitais que os contenham, salvo na etapa de replicação industrial de mídias ópticas de leitura a laser. (Incluída pela Emenda Constitucional nº 75, de 15.10.2013)

§ 1º A vedação do inciso III, *b,* não se aplica aos tributos previstos nos arts. 148, I, 153, I, II, IV e V; e 154, II; e a vedação do inciso III, *c,* não se aplica aos tributos previstos nos arts. 148, I, 153, I, II, III e V; e 154, II, nem à fixação da base de cálculo dos impostos previstos nos arts. 155, III, e 156, I. (Redação dada pela Emenda Constitucional nº 42, de 19.12.2003)

Redação original: § 1º – A vedação do inciso III, "b", não se aplica aos impostos previstos nos arts. 153, I, II, IV e V, e 154, II.

§ 2º A vedação do inciso VI, "a", é extensiva às autarquias e às fundações instituídas e mantidas pelo Poder Público, no que se refere ao patrimônio, à renda e aos serviços, vinculados a suas finalidades essenciais ou às delas decorrentes.

§ 3º As vedações do inciso VI, "a", e do parágrafo anterior não se aplicam ao patrimônio, à renda e aos serviços, relacionados com exploração de atividades econômicas regidas pelas normas aplicáveis a empreendimentos privados, ou em que haja contraprestação ou pagamento de preços ou tarifas pelo usuário, nem exonera o promitente comprador da obrigação de pagar imposto relativamente ao bem imóvel.

§ 4º As vedações expressas no inciso VI, alíneas "b" e "c", compreendem somente o patrimônio, a renda e os serviços, relacionados com as finalidades essenciais das entidades nelas mencionadas.

§ 5º A lei determinará medidas para que os consumidores sejam esclarecidos acerca dos impostos que incidam sobre mercadorias e serviços.

§ 6º Qualquer subsídio ou isenção, redução de base de cálculo, concessão de crédito presumido, anistia ou remissão, relativas a impostos, taxas ou contribuições, só poderá ser concedido mediante lei específica, federal, estadual ou municipal, que regule exclusivamente as matérias acima enumeradas ou o correspondente tributo ou contribuição, sem prejuízo do disposto no artigo 155, § 2º, XII, g. (Redação dada pela Emenda Constitucional nº 3, de 17.03.1993)

Redação original: § 6º Qualquer anistia ou remissão, que envolva matéria tributária ou previdenciária, só poderá ser concedida através de lei específica, federal, estadual ou municipal.

§ 7º A lei poderá atribuir a sujeito passivo de obrigação tributária a condição de responsável pelo pagamento de impostos ou contribuição, cujo fato gerador deva ocorrer posteriormente, assegurada a imediata e preferencial restituição da quantia paga, caso não se realize o fato gerador presumido. (Parágrafo incluído pela Emenda Constitucional nº 3, de 17.03.1993)

Art. 151. É vedado à União:

I – instituir tributo que não seja uniforme em todo o território nacional ou que implique distinção ou preferência em relação a Estado, ao Distrito Federal ou a Município, em detrimento de outro, admitida a concessão de incentivos fiscais destinados a promover o equilíbrio do desenvolvimento socioeconômico entre as diferentes regiões do País;

II – tributar a renda das obrigações da dívida pública dos Estados, do Distrito Federal e dos Municípios, bem como a remuneração e os proventos dos respectivos agentes públicos, em níveis superiores aos que fixar para suas obrigações e para seus agentes;

III – instituir isenções de tributos da competência dos Estados, do Distrito Federal ou dos Municípios.

Art. 152. É vedado aos Estados, ao Distrito Federal e aos Municípios estabelecer diferença tributária entre bens e serviços, de qualquer natureza, em razão de sua procedência ou destino.

Seção III
DOS IMPOSTOS DA UNIÃO

Art. 153. Compete à União instituir impostos sobre:

I – importação de produtos estrangeiros;

II – exportação, para o exterior, de produtos nacionais ou nacionalizados;

III – renda e proventos de qualquer natureza;

IV – produtos industrializados;

V – operações de crédito, câmbio e seguro, ou relativas a títulos ou valores mobiliários;

VI – propriedade territorial rural;

VII – grandes fortunas, nos termos de lei complementar.

§ 1º É facultado ao Poder Executivo, atendidas as condições e os limites estabelecidos em lei, alterar as alíquotas dos impostos enumerados nos incisos I, II, IV e V.

§ 2º O imposto previsto no inciso III:

I – será informado pelos critérios da generalidade, da universalidade e da progressividade, na forma da lei;

II – não incidirá, nos termos e limites fixados em lei, sobre rendimentos provenientes de aposentadoria e pensão, pagos pela previdência social da União, dos Estados, do Distrito Federal e dos Municípios, a pessoa com idade superior a sessenta e cinco anos, cuja renda total seja constituída, exclusivamente, de rendimentos do trabalho. (Revogado pela Emenda Constitucional nº 20, de 15.12.1998).

§ 3º O imposto previsto no inciso IV:

I – será seletivo, em função da essencialidade do produto;

II – será não-cumulativo, compensando-se o que for devido em cada operação com o montante cobrado nas anteriores;

III – não incidirá sobre produtos industrializados destinados ao exterior.

IV – terá reduzido seu impacto sobre a aquisição de bens de capital pelo contribuinte do imposto, na forma da lei. (Incluído pela Emenda Constitucional nº 42, de 19.12.2003)

§ 4º O imposto previsto no inciso VI do *caput*: (Redação dada pela Emenda Constitucional nº 42, de 19.12.2003)

I – será progressivo e terá suas alíquotas fixadas de forma a desestimular a manutenção de propriedades improdutivas; (Inciso incluído pela Emenda Constitucional nº 42, de 19.12.2003)

II – não incidirá sobre pequenas glebas rurais, definidas em lei, quando as explore o proprietário que não possua outro imóvel; (Inciso incluído pela Emenda Constitucional nº 42, de 19.12.2003)

Redação original: § 4º O imposto previsto no inciso VI terá suas alíquotas fixadas de forma a desestimular a manutenção de propriedades improdutivas e não incidirá sobre pequenas glebas rurais, definidas em lei, quando as explore, só ou com sua família, o proprietário que não possua outro imóvel.

III – será fiscalizado e cobrado pelos Municípios que assim optarem, na forma da lei, desde que não implique redução do imposto ou qualquer outra forma de renúncia fiscal. (Incluído pela Emenda Constitucional nº 42, de 19.12.2003)

§ 5º O ouro, quando definido em lei como ativo financeiro ou instrumento cambial, sujeita-se exclusivamente à incidência do imposto de que trata o inciso V do "*caput*" deste artigo, devido na operação de origem; a alíquota mínima será de um por cento, assegurada a transferência do montante da arrecadação nos seguintes termos:

I – trinta por cento para o Estado, o Distrito Federal ou o Território, conforme a origem;

II – setenta por cento para o Município de origem.

Art. 154. A União poderá instituir:

I – mediante lei complementar, impostos não previstos no artigo anterior, desde que sejam não-cumulativos e não tenham fato gerador ou base de cálculo próprios dos discriminados nesta Constituição;

II – na iminência ou no caso de guerra externa, impostos extraordinários, compreendidos ou não em sua competência tributária, os quais serão suprimidos, gradativamente, cessadas as causas de sua criação.

Seção IV

DOS IMPOSTOS DOS ESTADOS E DO DISTRITO FEDERAL

Art. 155. Compete aos Estados e ao Distrito Federal instituir impostos sobre: (Redação dada pela Emenda Constitucional nº 3, de 17.03.1993)

I – transmissão causa mortis e doação, de quaisquer bens ou direitos; (Redação dada pela Emenda Constitucional nº 3, de 17.03.1993)

Redação original: Art. 155. Compete aos Estados e ao Distrito Federal instituir: I – impostos sobre: a) transmissão causa mortis e doação, de quaisquer bens ou direitos; b) operações relativas à circulação de mercadorias e sobre prestações de serviços de transporte interestadual e intermunicipal e de comunicação, ainda que as operações e as prestações se iniciem no exterior; c) propriedade de veículos automotores.

II – operações relativas à circulação de mercadorias e sobre prestações de serviços de transporte interestadual e intermunicipal e de comunicação, ainda que as operações e as prestações se iniciem no exterior; (Redação dada pela Emenda Constitucional nº 3, de 17.03.1993)

Redação original: II – adicional de até cinco por cento do que for pago à União por pessoas físicas ou jurídicas domiciliadas nos respectivos territórios, a título do imposto previsto no art. 153, III, incidente sobre lucros, ganhos e rendimentos de capital.

III – propriedade de veículos automotores. (Redação dada pela Emenda Constitucional nº 3, de 17.03.1993)

§ 1º O imposto previsto no inciso I: (Redação dada pela Emenda Constitucional nº 3, de 17.03.1993)

Redação original: § 1º O imposto previsto no inciso I, a:

I – relativamente a bens imóveis e respectivos direitos, compete ao Estado da situação do bem, ou ao Distrito Federal

II – relativamente a bens móveis, títulos e créditos, compete ao Estado onde se processar o inventário ou arrolamento, ou tiver domicílio o doador, ou ao Distrito Federal;

III – terá competência para sua instituição regulada por lei complementar:

a) se o doador tiver domicilio ou residência no exterior;

b) se o de cujus possuía bens, era residente ou domiciliado ou teve o seu inventário processado no exterior;

IV – terá suas alíquotas máximas fixadas pelo Senado Federal;

§ 2º O imposto previsto no inciso II, atenderá ao seguinte: (Redação dada pela Emenda Constitucional nº 3, de 17.03.1993):

Redação original: § 2º – O imposto previsto no inciso I, b, atenderá ao seguinte:

I – será não-cumulativo, compensando-se o que for devido em cada operação relativa à circulação de mercadorias ou prestação de serviços com o montante cobrado nas anteriores pelo mesmo ou outro Estado ou pelo Distrito Federal;

II – a isenção ou não-incidência, salvo determinação em contrário da legislação:

a) não implicará crédito para compensação com o montante devido nas operações ou prestações seguintes;

b) acarretará a anulação do crédito relativo às operações anteriores;

III – poderá ser seletivo, em função da essencialidade das mercadorias e dos serviços;

IV – resolução do Senado Federal, de iniciativa do Presidente da República ou de um terço dos Senadores, aprovada pela maioria absoluta de seus membros, estabelecerá as alíquotas aplicáveis às operações e prestações, interestaduais e de exportação;

V – é facultado ao Senado Federal:

a) estabelecer alíquotas mínimas nas operações internas, mediante resolução de iniciativa de um terço e aprovada pela maioria absoluta de seus membros;

b) fixar alíquotas máximas nas mesmas operações para resolver conflito específico que envolva interesse de Estados, mediante resolução de iniciativa da maioria absoluta e aprovada por dois terços de seus membros;

VI – salvo deliberação em contrário dos Estados e do Distrito Federal, nos termos do disposto no inciso XII, "g", as alíquotas internas, nas operações relativas à circulação de mercadorias e nas prestações de serviços, não poderão ser inferiores às previstas para as operações interestaduais;

VII – nas operações e prestações que destinem bens e serviços a consumidor final, contribuinte ou não do imposto, localizado em outro Estado, adotar-se-á a alíquota interestadual e caberá ao Estado de localização do destinatário o imposto correspondente à diferença entre a alíquota interna do Estado destinatário e a alíquota interestadual; (Redação dada pela Emenda Constitucional nº 87, de 2015)

a) (revogada); (Redação dada pela Emenda Constitucional nº 87, de 2015)

b) (revogada); (Redação dada pela Emenda Constitucional nº 87, de 2015)

VIII - a responsabilidade pelo recolhimento do imposto correspondente à diferença entre a alíquota interna e a interestadual de que trata o inciso VII será atribuída: (Redação dada pela Emenda Constitucional nº 87, de 2015)

a) ao destinatário, quando este for contribuinte do imposto; (Incluído pela Emenda Constitucional nº 87, de 2015)

b) ao remetente, quando o destinatário não for contribuinte do imposto; (Incluído pela Emenda Constitucional nº 87, de 2015)

Redação original: VII – em relação às operações e prestações que destinem bens e serviços a consumidor final localizado em outro Estado, adotar-se-á:
a) a alíquota interestadual, quando o destinatário for contribuinte do imposto;
b) a alíquota interna, quando o destinatário não for contribuinte dele;
VIII – na hipótese da alínea "a" do inciso anterior, caberá ao Estado da localização do destinatário o imposto correspondente à diferença entre a alíquota interna e a interestadual;

IX – incidirá também:

a) sobre a entrada de bem ou mercadoria importados do exterior por pessoa física ou jurídica, ainda que não seja contribuinte habitual do imposto, qualquer que seja a sua finalidade, assim como sobre o serviço prestado no exterior, cabendo o imposto ao Estado onde estiver situado o domicílio ou o estabelecimento do destinatário da mercadoria, bem ou serviço; (Redação dada pela Emenda Constitucional nº 33, de 11.12.2001):

Redação original: a) sobre a entrada de mercadoria importada do exterior, ainda quando se tratar de bem destinado a consumo ou ativo fixo do estabelecimento, assim como sobre serviço prestado no exterior, cabendo o imposto ao Estado onde estiver situado o estabelecimento destinatário da mercadoria ou do serviço;

b) sobre o valor total da operação, quando mercadorias forem fornecidas com serviços não compreendidos na competência tributária dos Municípios;

X – não incidirá:

a) sobre operações que destinem mercadorias para o exterior, nem sobre serviços prestados a destinatários no exterior, assegurada a manutenção e o aproveitamento do montante do imposto cobrado nas operações e prestações anteriores; (Redação dada pela Emenda Constitucional nº 42, de 19.12.2003)

Redação original: a) sobre operações que destinem ao exterior produtos industrializados, excluídos os semi-elaborados definidos em lei complementar;

b) sobre operações que destinem a outros Estados petróleo, inclusive lubrificantes, combustíveis líquidos e gasosos dele derivados, e energia elétrica;

c) sobre o ouro, nas hipóteses definidas no art. 153, § 5º;

d) nas prestações de serviço de comunicação nas modalidades de radiodifusão sonora e de sons e imagens de recepção livre e gratuita; (Alínea incluída pela Emenda Constitucional nº 42, de 19.12.2003)

XI – não compreenderá, em sua base de cálculo, o montante do imposto sobre produtos industrializados, quando a operação, realizada entre contribuintes e relativa a produto destinado à industrialização ou à comercialização, configure fato gerador dos dois impostos;

XII – cabe à lei complementar:

a) definir seus contribuintes;

b) dispor sobre substituição tributária;

c) disciplinar o regime de compensação do imposto;

d) fixar, para efeito de sua cobrança e definição do estabelecimento responsável, o local das operações relativas à circulação de mercadorias e das prestações de serviços;

e) excluir da incidência do imposto, nas exportações para o exterior, serviços e outros produtos além dos mencionados no inciso X, "a";

f) prever casos de manutenção de crédito, relativamente à remessa para outro Estado e exportação para o exterior, de serviços e de mercadorias;

g) regular a forma como, mediante deliberação dos Estados e do Distrito Federal, isenções, incentivos e benefícios fiscais serão concedidos e revogados;

h) definir os combustíveis e lubrificantes sobre os quais o imposto incidirá uma única vez, qualquer que seja a sua finalidade, hipótese em que não se aplicará o disposto no inciso X, *b*; (Alínea incluída pela Emenda Constitucional nº 33, de 11.12.2001)

i) fixar a base de cálculo, de modo que o montante do imposto a integre, também na importação do exterior de bem, mercadoria ou serviço. (Alínea incluída pela Emenda Constitucional nº 33, de 11.12.2001)

§ 3º À exceção dos impostos de que tratam o inciso II do *caput* deste artigo e o art. 153, I e II, nenhum outro imposto poderá incidir sobre operações relativas a energia elétrica, serviços de telecomunicações, derivados de petróleo, combustíveis e minerais do País. (Redação dada pela Emenda Constitucional nº 33, de 11.12.2001)

Redação original: § 3º À exceção dos impostos de que tratam o inciso I, b, do "caput" deste artigo e o art. 153, I e II, nenhum outro tributo incidirá sobre operações relativas a energia elétrica, combustíveis líquidos e gasosos, lubrificantes e minerais do País.

Redação dada pela Emenda Constitucional nº 3, de 17.03.1993: § 3º À exceção dos impostos de que tratam o inciso II, do "caput" deste artigo e o art. 153, I e II, nenhum outro tributo poderá incidir sobre operações relativas a energia elétrica, serviços de telecomunicações, derivados de petróleo, combustíveis e minerais do País.

§ 4º Na hipótese do inciso XII, *h*, observar-se-á o seguinte: (Parágrafo incluído pela Emenda Constitucional nº 33, de 11.12.2001)

I – nas operações com os lubrificantes e combustíveis derivados de petróleo, o imposto caberá ao Estado onde ocorrer o consumo;

II – nas operações interestaduais, entre contribuintes, com gás natural e seus derivados, e lubrificantes e combustíveis não incluídos no inciso I deste parágrafo, o imposto será repartido entre os Estados de origem e de destino, mantendo-se a mesma proporcionalidade que ocorre nas operações com as demais mercadorias;

III – nas operações interestaduais com gás natural e seus derivados, e lubrificantes e combustíveis não incluídos no inciso I deste parágrafo, destinadas a não contribuinte, o imposto caberá ao Estado de origem;

IV – as alíquotas do imposto serão definidas mediante deliberação dos Estados e Distrito Federal, nos termos do § 2º, XII, *g*, observando-se o seguinte:

a) serão uniformes em todo o território nacional, podendo ser diferenciadas por produto;

b) poderão ser específicas, por unidade de medida adotada, ou *ad valorem*, incidindo sobre o valor da operação ou sobre o preço que o produto ou seu similar alcançaria em uma venda em condições de livre concorrência;

c) poderão ser reduzidas e restabelecidas, não se lhes aplicando o disposto no art. 150, III, *b*.

§ 5º As regras necessárias à aplicação do disposto no § 4º, inclusive as relativas à apuração e à destinação do imposto, serão estabelecidas mediante deliberação dos Estados e do Distrito Federal, nos termos do § 2º, XII, *g*. (Parágrafo incluído pela Emenda Constitucional nº 33, de 11.12.2001)

§ 6º O imposto previsto no inciso III: (Parágrafo incluído pela Emenda Constitucional nº 42, de 19.12.2003)

I – terá alíquotas mínimas fixadas pelo Senado Federal;

II – poderá ter alíquotas diferenciadas em função do tipo e utilização.

Seção V
DOS IMPOSTOS DOS MUNICÍPIOS

Art. 156. Compete aos Municípios instituir impostos sobre:

I – propriedade predial e territorial urbana;

II – transmissão "inter vivos", a qualquer título, por ato oneroso, de bens imóveis, por natureza ou acessão física, e de direitos reais sobre imóveis, exceto os de garantia, bem como cessão de direitos a sua aquisição;

III – serviços de qualquer natureza, não compreendidos no art. 155, II, definidos em lei complementar. (Redação dada pela Emenda Constitucional nº 3, de 17.03.1993)

Redação original: III – vendas a varejo de combustíveis líquidos e gasosos, exceto óleo diesel;

IV – serviços de qualquer natureza, não compreendidos no art. 155, I, *b*, definidos em lei complementar. (Inciso revogado pela Emenda Constitucional nº 3, de 17.03.1993)

§ 1º Sem prejuízo da progressividade no tempo a que se refere o art. 182, § 4º, inciso II, o imposto previsto no inciso I poderá: (Redação dada pela Emenda Constitucional nº 29, de 13.09.2000)

I - ser progressivo em razão do valor do imóvel; (Inciso incluído pela Emenda Constitucional nº 29, de 13.09.2000)

II – ter alíquotas diferentes de acordo com a localização e o uso do imóvel. (Inciso incluído pela Emenda Constitucional nº 29, de 13.09.2000)

Redação original: § 1º – O imposto previsto no inciso I poderá ser progressivo, nos termos de lei municipal, de forma a assegurar o cumprimento da função social da propriedade.

§ 2º O imposto previsto no inciso II:

I – não incide sobre a transmissão de bens ou direitos incorporados ao patrimônio de pessoa jurídica em realização de capital, nem sobre a transmissão de bens ou direitos decorrente de fusão, incorporação, cisão ou extinção de pessoa jurídica, salvo se, nesses casos, a atividade preponderante do adquirente for a compra e venda desses bens ou direitos, locação de bens imóveis ou arrendamento mercantil;

II – compete ao Município da situação do bem.

§ 3º Em relação ao imposto previsto no inciso III do *caput* deste artigo, cabe à lei complementar: (Redação dada pela Emenda Constitucional nº 37, de 12.06.2002)

I – fixar as suas alíquotas máximas e mínimas; (Redação dada pela Emenda Constitucional nº 37, de 12.06.2002)

II – excluir da sua incidência exportações de serviços para o exterior. (Inciso incluído pela Emenda Constitucional nº 3, de 17.03.1993)

III – regular a forma e as condições como isenções, incentivos e benefícios fiscais serão concedidos e revogados. (Inciso incluído pela Emenda Constitucional nº 37, de 12.06.2002)

Redação original: § 3º O imposto previsto no inciso III, não exclui a incidência do imposto estadual previsto no art. 155, I, b, sobre a mesma operação.

Redação dada pela Emenda Constitucional nº 3, de 17.03.1993: § 3º Em relação ao imposto previsto no inciso III, cabe à lei complementar: I – fixar as suas alíquotas máximas; II – excluir da sua incidência exportações de serviços para o exterior.

§ 4º Cabe à lei complementar: I – fixar as alíquotas máximas dos impostos previstos nos incisos III e IV; II – excluir da incidência do imposto previsto no inciso IV exportações de serviços para o exterior. (Revogado pela Emenda ~~Constitucional nº 3, de 17.03.1993~~)

Capítulo II

DAS FINANÇAS PÚBLICAS

Seção II

DOS ORÇAMENTOS

Art. 167. São vedados:

[...]

IV – a vinculação de receita de impostos a órgão, fundo ou despesa, ressalvadas a repartição do produto da arrecadação dos impostos a que se referem os arts. 158 e 159, a destinação de recursos para as ações e serviços públicos de saúde, para manutenção e desenvolvimento do ensino e para realização de atividades da administração tributária, como determinado, respectivamente, pelos arts. 198, § 2º, 212 e 37, XXII, e a prestação de garantias às operações de crédito por antecipação de receita, previstas no art. 165, § 8º, bem como o disposto no § 4º deste artigo; (Redação dada pela Emenda Constitucional nº 42, de 19.12.2003)

Redação original: IV – a vinculação de receita de impostos a órgão, fundo ou despesa, ressalvadas a repartição do produto da arrecadação dos impostos a que se referem os arts. 158 e 159, a destinação de recursos para manutenção e desenvolvimento do ensino, como determinado pelo art. 212, e a prestação de garantias às operações de crédito por antecipação de receita, previstas no art. 165, § 8º;

Redação dada pela Emenda Constitucional nº 3, de 17.03.1993: IV – a vinculação de receita de impostos a órgão, fundo ou despesa, ressalvadas a repartição do produto da arrecadação dos impostos a que se referem os arts. 158 e 159, a destinação de recursos para manutenção e desenvolvimento do ensino, como determinado pelo art. 212, e a prestação de garantias às operações de crédito por antecipação de receita, previstas no art. 165, § 8º, bem assim o disposto no § 4º deste artigo;

Redação dada pela Emenda Constitucional nº 29, de 13.09.2000: IV – a vinculação de receita de impostos a órgão, fundo ou despesa, ressalvadas a repartição do produto da arrecadação dos impostos a que se referem os arts. 158 e 159, a destinação de recursos para as ações e serviços públicos de saúde e para manutenção e desenvolvimento do ensino, como determinado, respectivamente, pelos arts. 198, § 2º, e 212, e a prestação de garantias às operações de crédito por antecipação de receita, previstas no art. 165, § 8º, bem como o disposto no § 4º deste artigo;

TÍTULO VII

DA ORDEM ECONÔMICA E FINANCEIRA

Capítulo I

DOS PRINCÍPIOS GERAIS DA ATIVIDADE ECONÔMICA

Art. 177. Constituem monopólio da União:

[...]

§ 4º A lei que instituir contribuição de intervenção no domínio econômico relativa às atividades de importação ou comercialização de petróleo e seus derivados, gás natural e seus derivados e álcool combustível deverá atender aos seguintes requisitos: (Parágrafo incluído pela Emenda Constitucional nº 33, de 11.12.2001)

I – a alíquota da contribuição poderá ser:

a) diferenciada por produto ou uso;

b)reduzida e restabelecida por ato do Poder Executivo, não se lhe aplicando o disposto no art. 150,III, *b*;

II – os recursos arrecadados serão destinados:

a) ao pagamento de subsídios a preços ou transporte de álcool combustível, gás natural e seus derivados e derivados de petróleo;

b) ao financiamento de projetos ambientais relacionados com a indústria do petróleo e do gás;

c) ao financiamento de programas de infra-estrutura de transportes.

Capítulo III

DA POLÍTICA AGRÍCOLA E FUNDIÁRIA E DA REFORMA AGRÁRIA

Art. 184. Compete à União desapropriar por interesse social, para fins de reforma agrária, o imóvel rural que não esteja cumprindo sua função social, mediante prévia e justa indenização em títulos da dívida agrária, com cláusula de preservação do valor real, resgatáveis no prazo de até vinte anos, a partir do segundo ano de sua emissão, e cuja utilização será definida em lei.

[...]

§ 5º São isentas de impostos federais, estaduais e municipais as operações de transferência de imóveis desapropriados para fins de reforma agrária.

TÍTULO VIII

Da Ordem Social

Capítulo II

DA SEGURIDADE SOCIAL

Art. 195. A seguridade social será financiada por toda a sociedade, de forma direta e indireta, nos termos da lei, mediante recursos provenientes dos orçamentos da União, dos Estados, do Distrito Federal e dos Municípios, e das seguintes contribuições sociais:

I – do empregador, da empresa e da entidade a ela equiparada na forma da lei, incidentes sobre: (Redação dada pela Emenda Constitucional nº 20, de 15.12.1998)

Redação original: I – dos empregadores, incidente sobre a folha de salários, o faturamento e o lucro;

a) a folha de salários e demais rendimentos do trabalho pagos ou creditados, a qualquer título, à pessoa física que lhe preste serviço, mesmo sem vínculo empregatício; (Alínea incluída pela Emenda Constitucional nº 20, de 15.12.1998)

b) a receita ou o faturamento; (Alínea incluída pela Emenda Constitucional nº 20, de 15.12.1998)

c) o lucro; (Alínea incluída pela Emenda Constitucional nº 20, de 15.12.1998)

II – do trabalhador e dos demais segurados da previdência social, não incidindo contribuição sobre aposentadoria e pensão concedidas pelo regime geral de previdência social de que trata o art. 201; (Redação dada pela Emenda Constitucional nº 20, de 15.12.1998)

Redação original: II – dos trabalhadores;

III – sobre a receita de concursos de prognósticos.

IV – do importador de bens ou serviços do exterior, ou de quem a lei a ele equiparar. (Inciso incluído pela Emenda Constitucional nº 42, de 19.12.2003)

§ 1º As receitas dos Estados, do Distrito Federal e dos Municípios destinadas à seguridade social constarão dos respectivos orçamentos, não integrando o orçamento da União.

§ 2º A proposta de orçamento da seguridade social será elaborada de forma integrada pelos órgãos responsáveis pela saúde, previdência social e assistência social, tendo em vista as metas e prioridades estabelecidas na lei de diretrizes orçamentárias, assegurada a cada área a gestão de seus recursos.

§ 3º A pessoa jurídica em débito com o sistema da seguridade social, como estabelecido em lei, não poderá contratar com o Poder Público nem dele receber benefícios ou incentivos fiscais ou creditícios.

§ 4º A lei poderá instituir outras fontes destinadas a garantir a manutenção ou expansão da seguridade social, obedecido o disposto no art. 154, I.

§ 5º Nenhum benefício ou serviço da seguridade social poderá ser criado, majorado ou estendido sem a correspondente fonte de custeio total.

§ 6º As contribuições sociais de que trata este artigo só poderão ser exigidas após decorridos noventa dias da data da publicação da lei que as houver instituído ou modificado, não se lhes aplicando o disposto no art. 150, III, "b".

§ 7º São isentas de contribuição para a seguridade social as entidades beneficentes de assistência social que atendam às exigências estabelecidas em lei.

§ 8º O produtor, o parceiro, o meeiro e o arrendatário rurais e o pescador artesanal, bem como os respectivos cônjuges, que exerçam suas atividades em regime de economia familiar, sem empregados permanentes, contribuirão para a seguridade social mediante a aplicação de uma alíquota sobre o resultado da comercialização da produção e farão jus aos benefícios nos termos da lei. (Redação dada pela Emenda Constitucional nº 20, de 15.12.1998)

Redação original: § 8º – O produtor, o parceiro, o meeiro e o arrendatário rurais, o garimpeiro e o pescador artesanal, bem como os respectivos cônjuges, que exerçam suas atividades em regime de economia familiar, sem empregados permanentes, contribuirão para a seguridade social mediante a aplicação de uma alíquota sobre o resultado da comercialização da produção e farão jus aos benefícios nos termos da lei.

§ 9º As contribuições sociais previstas no inciso I do *caput* deste artigo poderão ter alíquotas ou bases de cálculo diferenciadas, em razão da atividade econômica, da utilização intensiva de mão-de-obra, do porte da empresa ou da condição estrutural do mercado de trabalho. (Redação dada pela Emenda Constitucional nº 47, de 2005)

Redação dada pela Emenda Constitucional nº 20, de 1998, que incluiu o parágrafo: § 9º As contribuições sociais previstas no inciso I deste artigo poderão ter alíquotas ou bases de cálculo diferenciadas, em razão da atividade econômica ou da utilização intensiva de mão-de-obra.

§ 10. A lei definirá os critérios de transferência de recursos para o sistema único de saúde e ações de assistência social da União para os Estados, o Distrito Federal e os Municípios, e dos Estados para os Municípios, observada a respectiva contrapartida de recursos. (Parágrafo incluído pela Emenda Constitucional nº 20, de 15.12.1998)

§ 11. É vedada a concessão de remissão ou anistia das contribuições sociais de que tratam os incisos I, a, e II deste artigo, para débitos em montante superior ao fixado em lei complementar. (Parágrafo incluído pela Emenda Constitucional nº 20, de 15.12.1998)

§ 12. A lei definirá os setores de atividade econômica para os quais as contribuições incidentes na forma dos incisos I, b; e IV do *caput*, serão não-cumulativas. (Parágrafo incluído pela Emenda Constitucional nº 42, de 19.12.2003)

§ 13. Aplica-se o disposto no § 12 inclusive na hipótese de substituição gradual, total ou parcial, da contribuição incidente na forma do inciso I, a, pela incidente sobre a receita ou o faturamento. (Parágrafo incluído pela Emenda Constitucional nº 42, de 19.12.2003)

Capítulo III
DA EDUCAÇÃO, DA CULTURA E DO DESPORTO
Seção I
DA EDUCAÇÃO

Art. 212. A União aplicará, anualmente, nunca menos de dezoito, e os Estados, o Distrito Federal e os Municípios vinte e cinco por cento, no mínimo, da receita resultante de impostos, compreendida a proveniente de transferências, na manutenção e desenvolvimento do ensino.

[...]

§ 5º A educação básica pública terá como fonte adicional de financiamento a contribuição social do salário-educação, recolhida pelas empresas na forma da lei. (Redação dada pela Emenda Constitucional nº 53, de 2006)

Redação original: § 5º – O ensino fundamental público terá como fonte adicional de financiamento a contribuição social do salário-educação, recolhida, na forma da lei, pelas empresas, que dela poderão deduzir a aplicação realizada no ensino fundamental de seus empregados e dependentes.

Redação dada pela Emenda Constitucional nº 14, de 13.09.1996: § 5º O ensino fundamental público terá como fonte adicional de financiamento a contribuição social do salário-educação, recolhida pelas empresas, na forma da lei.

§ 6º As cotas estaduais e municipais da arrecadação da contribuição social do salário-educação serão distribuídas proporcionalmente ao número de alunos matriculados na educação básica nas respectivas redes públicas de ensino." (Parágrafo incluído pela Emenda Constitucional nº 53, de 2006).

TÍTULO IX
DAS DISPOSIÇÕES CONSTITUCIONAIS GERAIS

Art. 239. A arrecadação decorrente das contribuições para o Programa de Integração Social, criado pela Lei Complementar nº 7, de 7 de setembro de 1970, e para o Programa de Formação do Patrimônio do Servidor Público, criado pela Lei Complementar nº 8, de 3 de dezembro de 1970, passa, a partir da promulgação desta Constituição, a financiar, nos termos que a lei dispuser, o programa do seguro-desemprego e o abono de que trata o § 3º deste artigo.

§ 1º Dos recursos mencionados no *caput* deste artigo, pelo menos quarenta por cento serão destinados a financiar programas de desenvolvimento econômico, através do Banco Nacional de Desenvolvimento Econômico e Social, com critérios de remuneração que lhes preservem o valor.

§ 2º Os patrimônios acumulados do Programa de Integração Social e do Programa de Formação do Patrimônio do Servidor Público são preservados, mantendo-se os critérios de saque nas situações previstas nas leis específicas, com exceção da retirada por motivo de casamento, ficando vedada a distribuição da arrecadação de que trata o *caput* deste artigo, para depósito nas contas individuais dos participantes.

§ 3º Aos empregados que percebam de empregadores que contribuem para o Programa de Integração Social ou para o Programa de Formação do Patrimônio do Servidor Público, até dois salários mínimos de remuneração mensal, é assegurado o pagamento de um salário mínimo anual, computado neste valor o rendimento das contas individuais, no caso daqueles que já participavam dos referidos programas, até a data da promulgação desta Constituição.

§ 4º O financiamento do seguro-desemprego receberá uma contribuição adicional da empresa cujo índice de rotatividade da força de trabalho superar o índice médio da rotatividade do setor, na forma estabelecida por lei.

Art. 240. Ficam ressalvadas do disposto no art. 195 as atuais contribuições compulsórias dos empregadores sobre a folha de salários, destinadas às entidades privadas de serviço social e de formação profissional vinculadas ao sistema sindical.

TÍTULO X
ATO DAS DISPOSIÇÕES CONSTITUCIONAIS TRANSITÓRIAS

Art. 25. Ficam revogados, a partir de cento e oitenta dias da promulgação da Constituição, sujeito este prazo a prorrogação por lei, todos os dispositivos legais que atribuam ou deleguem a órgão do Poder Executivo competência assinalada pela Constituição ao Congresso Nacional, especialmente no que tange a:

I – ação normativa;

[...]

Art. 41. Os Poderes Executivos da União, dos Estados, do Distrito Federal e dos Municípios reavaliarão todos os incentivos fiscais de natureza setorial ora em vigor, propondo aos Poderes Legislativos respectivos as medidas cabíveis.

§ 1º Considerar-se-ão revogados após dois anos, a partir da data da promulgação da Constituição, os incentivos que não forem confirmados por lei.

§ 2º A revogação não prejudicará os direitos que já tiverem sido adquiridos, àquela data, em relação a incentivos concedidos sob condição e com prazo certo.

§ 3º Os incentivos concedidos por convênio entre Estados, celebrados nos termos do art. 23, § 6º, da Constituição de 1967, com a redação da Emenda Constitucional nº 1, de 17 de outubro de 1969, também deverão ser reavaliados e reconfirmados nos prazos deste artigo.

Art. 76. São desvinculados de órgão, fundo ou despesa, até 31 de dezembro de 2015, 20% (vinte por cento) da arrecadação da União de impostos, contribuições sociais e de intervenção no domínio econômico, já instituídos ou que vierem a ser criados até a referida data, seus adicionais e respectivos acréscimos legais. (Redação dada pela Emenda Constitucional nº 68, de 2011).

Redação original: "Art. 76. É desvinculado de órgão, fundo ou despesa, no período de 2000 a 2003, vinte por cento da arrecadação de impostos e contribuições sociais da União, já instituídos ou que vierem a ser criados no referido período, seus adicionais e respectivos acréscimos legais". (Incluído pela Emenda Constitucional nº 27, de 2000)

Redação dada pela Emenda Constitucional nº 42, de 2003: "Art. 76. É desvinculado de órgão, fundo ou despesa, no período de 2003 a 2007, vinte por cento da arrecadação da União de impostos, contribuições sociais e de intervenção no domínio econômico, já instituídos ou que vierem a ser criados no referido período, seus adicionais e respectivos acréscimos legais".

Redação dada pela Emenda Constitucional nº 56, de 2007: Art. 76. É desvinculado de órgão, fundo ou despesa, até 31 de dezembro de 2011, 20% (vinte por cento) da arrecadação da União de impostos, contribuições sociais e de intervenção no domínio econômico, já instituídos ou que vierem a ser criados até a referida data, seus adicionais e respectivos acréscimos legais.

§ 1° O disposto no *caput* não reduzirá a base de cálculo das transferências a Estados, Distrito Federal e Municípios, na forma do § 5º do art. 153, do inciso I do art. 157, dos incisos I e II do art. 158 e das alíneas a, b e d do inciso I e do inciso II do art. 159 da Constituição Federal, nem a base de cálculo das destinações a que se refere a alínea c do inciso I do art. 159 da Constituição Federal. (Redação dada pela Emenda Constitucional nº 68, de 2011).

Redação original: "§ 1º O disposto no caput deste artigo não reduzirá a base de cálculo das transferências a Estados, Distrito Federal e Municípios na forma dos arts. 153, § 5o; 157, I; 158, I e II; e 159, I, 'a' e'b', e II, da Constituição, bem como a base de cálculo das aplicações em programas de financiamento ao setor produtivo das regiões Norte, Nordeste e Centro-Oeste a que se refere o art. 159, I, 'c', da Constituição". (Incluído pela Emenda Constitucional nº 27, de 2000)

Redação dada pela Emenda Constitucional nº 42, de 2003: § 1º O disposto no caput deste artigo não reduzirá a base de cálculo das transferências a Estados, Distrito Federal e Municípios na forma dos arts. 153, § 5º; 157, I; 158, I e II; e 159, I, a e b; e II, da Constituição, bem como a base de cálculo das destinações a que se refere o art. 159, I, c, da Constituição.

§ 2° Excetua-se da desvinculação de que trata o *caput* a arrecadação da contribuição social do salário-educação a que se refere o § 5º do art. 212 da Constituição Federal. (Redação dada pela Emenda Constitucional nº 68, de 2011).

Redação original: § 2º Excetua-se da desvinculação de que trata o caput deste artigo a arrecadação da contribuição social do salário-educação a que se refere o art. 212, § 5º, da Constituição. (Incluido pela Emenda Constitucional nº 27, de 2000)

§ 3° Para efeito do cálculo dos recursos para manutenção e desenvolvimento do ensino de que trata o art. 212 da Constituição Federal, o percentual referido no *caput* será nulo. (Redação dada pela Emenda Constitucional nº 68, de 2011).

Redação original: § 3º Para efeito do cálculo dos recursos para manutenção e desenvolvimento do ensino de que trata o art. 212 da Constituição, o percentual referido no caput deste artigo será de 12,5 % (doze inteiros e cinco décimos por cento) no exercício de 2009, 5% (cinco por cento) no exercício de 2010, e nulo no exercício de 2011. (Incluído pela Emenda Constitucional nº 59, de 2009)

Referências bibliográficas

ALEXY, Robert. *Theorie der Grundrechte*. Frankfurt: Suhrkamp, 1994.

AMARO, Luciano. Algumas questões sobre a imunidade tributária. In: MARTINS, Ives Gandra da Silva (coord.). *Imunidades Tributárias*. São Paulo: Revista dos Tribunais: Centro de Extensão Universitária, 1998 (Pesquisas Tributárias. Nova Série; nº 4).

——. O imposto de renda e os princípios da irretroatividade e da anterioridade. *Revista de Direito Tributário*, São Paulo, n. 25-26, p. 140-158, 1983.

——. *Direito tributário brasileiro*. 9ª ed. São Paulo: Saraiva, 2003.

ARISTÓTELES. *Política*. Madrid: Instituto de Estudios Políticos, 1951.

ARNDT, Hans-Wolfgang. *Grundzüge des allgemeinen Steuerrechts*. München: Vahlen, 1988.

ATALIBA, Geraldo. *Sistema constitucional tributário brasileiro*. São Paulo: Revista dos Tribunais, 1968.

——. *Hipótese de incidência tributária*. 5ª ed. São Paulo: Malheiros, 1992.

——. Hermenêutica e sistema constitucional tributário. In: MORAES, Bernardo Ribeiro de, et. al. *Interpretação no Direito Tributário*. São Paulo: Saraiva, EDUC, 1975, p. 13-34.

——. ICMS na Constituição. *Revista de Direito Tributário*, v. 15, n. 57, p. 90-104, jul./set. 1991.

——. BARRETO, Aires. Pedágio Federal. *Revista de Direito Tributário*, São Paulo, n. 46, p. 90-96, out-dez./1988.

——. GIARDINO, Cleber. Segurança do direito, tributação e anterioridade. *Revista de Direito Tributário*, São Paulo, n. 27-28, p. 51-75, 1984.

ÁVILA, Humberto. *Sistema constitucional tributário*. São Paulo: Saraiva, 2004.

——. Substituição tributária e base de cálculo: os limites da padronização fiscal. *Revista da AJURIS*, ano XXXII, n. 100, p. 169-185, dez. 2005.

——. Contribuições na Constituição Federal de 1988. In: MACHADO, Hugo de Brito. *As contribuições no sistema tributário brasileiro*. São Paulo: Dialética, 2003, pp. 308-327.

ÁVILES, Angel Aguallo. La necesidad de un análisis constitucional del Derecho Financiero. Hacia un Derecho Financiero Constitucional. *Revista Española de Derecho Financiero*, Civitas, n. 109/110, p. 45-109, jan.-jun./2001.

BALEEIRO, Aliomar. *Limitações Constitucionais ao Poder de Tributar*. 7ª ed. Atualizada por Misabel Abreu Machado Derzi. Rio de Janeiro: Forense, 1997.

——. *Direito tributário brasileiro*. 11ª ed. Atualizada por Misabel Abreu Machado Derzi. Rio de Janeiro: Forense, 1999.

——. *Uma introdução à ciência das finanças*. 16ª ed. Rio de Janeiro: Forense, 2002.

——. ICM sobre a importação de bens de capital para uso do importador. *Revista Forense*. Rio de Janeiro, ano 71, v. 250, p. 138-150, abr./jun.1975.

BANDEIRA DE MELLO, Celso Antônio. *Conteúdo jurídico do princípio da igualdade*. 3ª ed. São Paulo: Malheiros, 1993.

BARBOSA, Rui. *Oração aos moços*. 8ª ed. Rio de Janeiro: Organização Simões. 1962.

BARRETO, Aires F. *ISS na Constituição e na lei*. São Paulo: Dialética, 2003.

——. ——. 2ª ed. São Paulo: Dialética, 2005.

——. Base de cálculo, alíquota e princípios constitucionais. São Paulo: Max Limonad, 1998.

——. ICMS: intributabilidade dos serviços de transporte internacional. *IOB – Repertório de jurisprudência, constitucional e administrativo*, n. 12, p.306-305, jun. 2000.

——. A reforma tributária e o IPTU. *Revista Tributária e de Finanças Públicas*, ano 14, n. 66, jan./fev. de 2006, p. 18-36.

BARRETO, Paulo Ayres. Contribuições: *regime jurídico, destinação e controle*. São Paulo: Noeses, 2006.

BASTOS, Celso Ribeiro. Imunidade tributária. In: MARTINS, Ives Gandra da Silva (Coord.). *Imunidades Tributárias*. São Paulo: Revista dos Tribunais: Centro de Extensão Universitária, 1998 (Pesquisas Tributárias. Nova Série; n. 4).

——. A inexistência de hierarquia entre a lei complementar e as leis ordinárias. *Cadernos de Direito Tributário e Finanças Públicas*, v. 7, n. 26, p. 11-20, jan./mar. 1999.

——. MARTINS, Ives Gandra. *Comentários à Constituição do Brasil*. São Paulo: Saraiva, 1988.

BECKER, Alfredo Augusto. *Teoria geral do direito tributário*. 3ª ed. São Paulo: Lejus, 2002.
BERLIRI, Antonio. *Corso Istituzionale di Diritto Tributario*. Milano: Giuffrè, 1974.
——. *Principi di Diritto Tributario*. Milano: Giuffrè, 1952. v. I.
BERLIRI, Luigi Vittorio. *La giusta imposta*. Milano: Giuffrè, 1975.
BIRK, Dieter. *Das Leistungsfähigkeitsprinzip als Maßstab der Steuernormen*. Köln: Peter Deubner, 1983.
BÖCKLI, Peter. *Indirekte Steuern und Lenkungssteuern*. Basel: Helbing & Lichtenhahn, 1975.
BORGES, José Souto Maior. *Lei complementar tributária*. São Paulo: Revista dos Tribunais, EDUC, 1975.
——. Sobre as isenções, incentivos e benefícios fiscais relativos ao ICMS. *Revista Dialética de Direito Tributário*, n. 6, p. 69-73, mar. 1996.
BOTTALO, Eduardo Domingos. *Fundamentos do IPI*. São Paulo: Revista dos Tribunais, 2002.
BRITO, Edvaldo. Natureza Jurídica da Contribuição para o PIS. In: ROCHA, Valdir de Oliveira (Coord.). *PIS – Problemas jurídicos relevantes*. São Paulo: Dialética, 1996.
CANOTILHO, José Joaquim Gomes. *Constituição dirigente e vinculação do legislador*. Coimbra: Coimbra, 1994.
CARRAZZA, Roque Antônio. *Curso de Direito Constitucional Tributário*. 18ª ed. São Paulo: Malheiros, 2002.
——. *Curso de Direito Constitucional Tributário*. 23ª ed. São Paulo: Malheiros, 2007.
——. *ICMS*. São Paulo: Malheiros, 2002.
——. Vigência e aplicação das leis tributárias. *Revista de Direito Tributário*, São Paulo, n. 17-18, p. 144-154, 1981.
CARRIÓ, Genaro R. *Notas sobre Derecho y Lenguaje*. 4ª ed. Buenos Aires: Abeledo-Perrot, 1990.
CARVALHO, Paulo de Barros. *Curso de Direito Tributário*. 15ª ed. São Paulo: Saraiva, 2003.
——. *Teoria da norma tributária*. 4ª ed. São Paulo: Max Limonad, 2002.
——. O princípio da anterioridade em matéria tributária. *Revista de Direito Tributário*, São Paulo, n. 63, p. 94-105, 1993.
——. O princípio da segurança jurídica em matéria tributária. *Revista de Direito Tributário*, São Paulo, n. 61, p. 74-90, 1992.
——. Não-Incidência do ISS sobre Atividades de Franquia (*Franchising*). *Revista de Estudos Tributários*, v. 9, n. 49, p. 5-19, maio/jun. 2006.
CASADO OLLERO, Gabriel. Los fines no fiscales de los tributos. In: *Comentarios a la Ley General Tributaria y Lineas para su Reforma. Libro-homenaje al Profesor Dr. D. Fernando Sainz de Bujanda*. Madrid: Instituto de Estudios Fiscales, 1991. v. I., p. 103-152.
——. El principio de capacidad y el control constitucional de la imposición indirecta (II). El contenido constitucional de la capacidad econômica. *Civitas. Revista española de Derecho Financiero,* n. 34, 1982, p. 185-235.
CASANOVA, Gustavo J. Naveira de. *El principio de no confiscatoriedad*. Estudio em España y Argentina. Madrid: McGraw-Hill, 1997.
CHIESA, Clélio. EC 33: dois novos impostos rotulados de ICMS. *Revista Dialética de Direito Tributário*, n. 90, p. 21-48, mar. 2003.
COÊLHO, Sacha Calmon Navarro. *Comentários à Constituição de 1988. Sistema Tributário*. 8ª ed. Rio de Janeiro: Forense, 1999.
——. *Curso de Direito Tributário Brasileiro*. 6ª ed. Rio de Janeiro: Forense, 2002.
——. Princípio da anterioridade tributária no Brasil (seu caráter limitado e retórico). *Revista de Direito Tributário*, São Paulo, n. 23-24, p. 196-210, jan./jun. 1983.
——. O princípio da Anualidade da Lei Fiscal na Jurisprudência da Suprema Corte: a Contribuição de Aliomar Baleeiro, in *Aliomar Baleeiro no Supremo Tribunal Federal*. Rio de Janeiro: Forense, 1987, p. 47-105.
——. Contribuições no Direito Brasileiro – Seus Problemas e Soluções. São Paulo: Quartier Latin, 2007.
CONTI, José Maurício. *Princípios da capacidade contributiva e da progressividade*. São Paulo: Dialética, 1996.
COSCIANI, Cesare. *El impuesto al valor agregado*. Trad. Giuliani Fonrouge. Buenos Aires: Depalma, 1969.
COSTA, Alcides Jorge. *ICM na Constituição e na lei complementar*. São Paulo: Resenha Tributária, 1979.
——. ICMS na Constituição. *Revista de Direito Tributário*, v. 12, n. 46, p. 161-71, out./dez. 1988.
COSTA. Regina Helena. *Princípio da capacidade contributiva*. São Paulo: Malheiros, 1993.
DERZI, Misabel de Abreu Machado. *Notas* ao livro *Limitações Constitucionais ao Poder de Tributar,* de Aliomar Baleeiro (7ª ed. Rio de Janeiro: Forense, 1997). .
——. *Notas* ao livro *Direito Tributário Brasileiro,* de Aliomar Baleeiro (11ª ed. Rio de Janeiro: Forense, 1999).
——. O princípio da irretroatividade do direito na Constituição e no Código Tributário Nacional. *Revista de Direito Tributário*, São Paulo, n. 67, p. 237-251, 1995.
——. Emenda constitucional nº 42 no sistema tributário. *Revista de Estudos Tributários*, v. 7, n. 41, p. 141-59, jan./fev. 2005.
DIAS DE SOUZA, Hamilton. FERRAZ JR., Tercio Sampaio. Contribuições de intervenção no domínio econômico e a federação. In: MARTINS, Ives Gandra da Silva (coord.). *Contribuições de intervenção no domínio econômico*. São Paulo: Revista dos Tribunais, 2002, p. 58-106.
DUVERGER, Maurice. *Finances Publiques*. 6ª ed. Paris: Presses Universitaires de France, 1968.
FALCÃO, Amílcar. *Fato gerador da obrigação tributária*. 6ª ed. Rio de Janeiro: Forense, 2002.

FALSITTA, Gaspare. *Manuale di Diritto Tributario. Parte Generale.* 4ª ed. Padova: Cedam, 2003.

FANUCHI, F. *Curso de direito tributário brasileiro.* 4ª ed. São Paulo: Resenha Tributária, 1976. v. 1.

FERNANDES, Simone dos Santos Lemos. *As contribuições neocorporativas na Constituição e nas leis.* Belo Horizonte: Del Rey, 2004.

FERREIRA FILHO, Manoel Gonçalves. *Comentários à Constituição brasileira de 1988.* São Paulo: Saraiva, 1999, v. 2.

FERREIRO LAPATZA, José Juan. Ensayos sobre metodologia y técnica jurídica en el Derecho Financiero y Tributario. Madrid: Marcial Pons, 1998.

GAFFURI, Franco. *L"attitudine alla contribuzione.* Milano: Giuffrè, 1969.

GAMA, Tácio Lacerda. *Contribuição de intervenção no domínio econômico.* São Paulo: Quartier Latin, 2003.

——. "Contribuições Especiais – Natureza e Regime Jurídico", in: DE SANTI, Eurico Marcos Diniz (Org.). *Curso de especialização em direito tributário: estudos analíticos em homenagem a Paulo de Barros Carvalho.* Rio de Janeiro: Forense, 2005, pp. 1143-1166.

GARCÍA NOVOA, César. *El principio de seguridad jurídica en materia tributaria.* Madrid: Marcial Pons, 2000.

GASPARINI, Diógenes. *Direito Administrativo.* 9ª ed. São Paulo: Saraiva, 2004.

GIARDINA, Emilio. Le basi teoriche del principio della capacità contributiva. Milano: Giuffrè, 1961.

GIANNINI, Achille Donato. *I concetti fondamentali del diritto tributario.* Torino: Torinese, 1956.

GOLDSCHMIDT, Fábio Brun. *O Princípio do Não-Confisco no Direito Tributário.* São Paulo: Revista dos Tribunais, 2003.

GONZÁLEZ GARCÍA, Eusebio. GONZÁLEZ, Teresa. *Derecho Tributario.* Salamanca: Plaza Universitaria, 2004, v. I.

GRAU, Eros Roberto. *A ordem econômica na Constituição de 1988: interpretação e crítica.* 2ª ed. São Paulo: Revista dos Tribunais, 1991.

——. ——. 7ª ed. São Paulo: Revista dos Tribunais, 2002.

——. A publicação da lei e termo inicial de vigência da lei (A Lei n. 8.383/91). *Revista de Direito Tributário*, São Paulo, n. 62, 1992, p. 62-68.

GRECO, Marco Aurelio. *Contribuições: (uma figura "sui generis").* São Paulo: Dialética, 2000.

——. Contribuição de Intervenção no Domínio Econômico – Parâmetros para sua Criação. In: GRECO, Marco Aurélio (coord.). *Contribuições de intervenção no domínio econômico.* São Paulo: Dialética, 2001, p. 9-31.

——. Contribuições de intervenção no domínio econômico – Elementos para um modelo de controle. *Revista Fórum de Direito Tributário*, ano 4, n. 20, p. 27-45, mar./abr. 2006.

——. SOUZA, Hamilton Dias de. Imposto de renda; pessoas jurídicas e irretroatividade das leis. *Revista de Direito Tributário*, São Paulo, v.11, n. 42, p. 92-104, out./dez. 1987.

GUASTINI, Riccardo. *Le fonti del Diritto e l"interpretazione.* Milano: Giuffrè, 1993.

HAMON, Francis. TROPER, Michel. *Droit Constitutionnel.* 29ª ed. Paris: LGDJ, 2005.

HARADA, Kiyoshi. O princípio da anterioridade e a emenda constitucional nº 33/01: possibilidade de redução e restabelecimento de alíquotas do ICMS. *OB-Repertório de Jurisprudência: tributário, constitucional e administrativo*, n. 21, p. 813-810, nov. 2002.

HERRERA MOLINA, Pedro M. *Capacidad económica y sistema fiscal.* Análisis del ordenamiento español a la luz del Derecho Alemán. Madrid: Marcial Pons, 1998.

HESSE, Konrad. *Elementos de Direito Constitucional da República Federal da Alemanha.* Trad. da 20ª ed. alemã por Luís Afonso Heck. Porto Alegre: Sérgio Antônio Fabris, 1998.

HIRSCHBERG, Lothar. *Der Grundsatz der Verhältnismässigkeit.* Göttingen: Otto Schwartz & CO, 1981.

ISENSEE, Josef. Vom Beruf unserer Zeit für Steuervereinfachung, *Steuer und Wirtschaft*, 1/1994, p. 3-14.

JÄCKEL, Harmut. *Grundrechtsgeltung und Grundrechtssicherung.* Berlin: Duncker & Humblot, 1967.

JACOBS, Michael Ch. Der Grundsatz der Verhältnismäβigkeit, *Deutsches Verwaltungsblatt*, 2/1985, p. 97-102.

JARACH, Dino. *Finanzas Públicas y Derecho Tributario.* 3ª ed. Buenos Aires: Abeledo-Perrot. 1996.

KIRCHHOF, Paul. *Besteuerung im Verfassungsstaat.* Tübingen: Mohr Siebeck, 2000.

——. La influencia de la Constitución alemana en su legislación tributaria. In: *Garantías constitucionales del contribuente.* Valencia: Tirant lo blanch, 1998, p. 25-49.

KONKEL JÚNIOR, Nicolau. *Contribuições sociais.* São Paulo: Quartier Latin, 2005.

KRUSE, Heinrich Wilhelm. Über die Gleichmäβigkeit der Besteuerung, *Steuer und Wirtschaft*, 4/1990, p. 322-330.

LAGO MONTERO, José María. *El Poder Tributario de las Comunidades Autónomas.* Navarra: Aranzadi, 2000.

LARENZ, Karl. *Derecho justo. Fundamentos de etica jurídica.* Trad. Luis Díez-Picazo. Madrid: Civitas, 1985.

LIMA GONÇALVES, José Artur. *Imposto sobre a renda. Pressupostos constitucionais.* São Paulo: Malheiros, 2002.

LORENZON, Gianfranco. Ambito oggetivo di applicazione. In: MOSCHETTI, Francesco (org.). *La capacità contributiva.* Milano: CEDAM, 1993, p. 53-68.

MACHADO, Hugo de Brito. *Os princípios jurídicos da tributação na Constituição de 1988.* 4ª ed. São Paulo: Dialética, 2001.

——. *Curso de direito tributário.* 21ª ed. São Paulo: Malheiros, 2002.

——. Os princípios da anterioridade e da irretroatividade das leis tributárias e a publicação da lei. *Cadernos de Direito Tributário e Finanças Públicas*, São Paulo, v. 2, n. 8, p. 107-112, jul./set. 1994.

——. O ICMS e a Emenda 33. *Revista Dialética de Direito Tributário*, n. 80, p. 43-8, maio, 2002.

——. A identidade específica da lei complementar. *Revista Dialética de Direito Tributário*, nº 117, p. 51-69, jun. 2005.

——. Restauração, Conserto e Beneficiamento de Produtos: Impossibilidade de Incidência do IPI e do ISS sobre o mesmo Fato. *Revista Dialética de Direito Tributário*, nº 128, p. 26-38, mai. 2006.

MAFFEZZONI, Federico. *Il principio di capacità contributiva nel diritto finanziario*. Torino: Torinese, 1970.

MAIHOFER, W. *Rechtsstaat und menschliche Würde*. Frankfurt am Main: Vittorio Klostermann, 1968.

MAIOR BORGES, José Souto. Princípio da segurança jurídica na criação e aplicação do tributo. *Revista de Direito Tributário*, São Paulo, n. 63, p. 206-210, 1993.

MALVÁREZ PASCUAL, L. La función tributaria en el marco del Estado Social y democrático de Derecho. *Civitas*, 109-110, p. 377-438, enero-junio/2001.

MANZONI, Ignazio. *Il principio della capacità contributiva nell"ordinamento costituzionale italiano*. Torino: G. Giappichelli, 1965.

MARTINEZ, Wladimir Novaes. *Comentários à lei básica da previdência social*. 4ª ed. São Paulo: LTr, 2003. t. I.

MARTINS, Ives Gandra da Silva. *Sistema tributário nacional na Constituição de 1988*. 4ª ed. São Paulo: Saraiva, 1992.

——; coatualizador Rogério Gandra Martins. *O sistema tributário na Constituição*. 6ª ed. São Paulo: Saraiva, 2007.

——. Contribuições sociais para o sistema "S" – constitucionalização da imposição por força do artigo 240 da Lei Suprema – recepção pela nova ordem do artigo 577 da CLT. *Revista Dialética de Direito Tributário*, n. 57, jun./2000.

——. Emenda Constitucional nº 33/2001: inteligência das disposições sobre a CIDE e o ICMS nela incluídos (parecer). *Revista Dialética de Direito Tributário*, n. 84, p. 167-81, set. 2002.

——. A contribuição para iluminação pública. *Revista Dialética de Direito Tributário*, nº 90, mar. 2003.

——. Contribuição de Iluminação – ainda a E.C. nº 39/02. *Revista Dialética de Direito Tributário*, nº 92, maio.2003.

——. Imunidade de instituições sem fins lucrativos dedicadas à previdência e assistência social. *Revista Dialética de Direito Tributário*, v. 94, p. 64-78, jul. 2003.

——. O Direito Tributário em transição. In: MARTINS, Ives Gandra da Silva. CAMPOS, Diogo Leite de (coord.). *O direito contemporâneo em Portugal e no Brasil*. Coimbra: Almedina, 2003, p. 149-197.

——. O desequilíbrio da concorrência, por distorções tributárias e a Emenda Constitucional nº 42/2003, *Repertório de Jurisprudência IOB, Tributário, Constitucional e Administrativo*, n. 24/2005, p. 974-971.

—— (coord.). *Comentários ao Código Tributário Nacional*. São Paulo: Saraiva, 1998. v. 1.

——. (coord.). *Imunidades Tributárias*. São Paulo: Revista dos Tribunais: Centro de Extensão Universitária, 1998 (Pesquisas Tributárias. Nova Série; nº 4).

——; CÔELHO, Sacha Calmon Navarro. Distinção entre Não-incidência e Isenção em tema de ISS – Atividades Bancárias. *Revista Dialética de Direito Tributário*, n. 126, p. 61-69, mar./2006.

MARTUL-ORTEGA, Yebra. I fini extrafiscali dell"imposta. In: *Trattato di diritto tributario*. AMATUCCI, Andrea (coord.). Padova: CEDAM, 1994. v. I, t. I, p. 655-689.

MATTOS, Aroldo Gomes de. As inconstitucionalidades na instituição do PIS/COFINS-importação. In: ROCHA, Valdir de Oliveira (coord.). *Grandes questões atuais do Direito Tributário*. 8º volume. São Paulo: Dialética, 2004.

MELIS, Giuseppe. *L'interpretazione nel diritto tributario*. Padova: CEDAM, 2003.

MELLO FILHO, José Celso de. *Constituição Federal Anotada*. São Paulo: Saraiva, 1986.

MELO, José Eduardo Soares de. *Curso de Direito Tributário*. São Paulo: Dialética, 2004.

——. *A importação no Direito Tributário*. São Paulo: Revista dos Tribunais, 2003.

——. *Contribuições sociais no sistema tributário*. 4ª ed. São Paulo: Malheiros, 2003.

——. PIS/PASEP e COFINS na Importação: Polêmicas. In: PEIXOTO, Marcelo Magalhães. FISCHER, Octavio Campos (coord.). *PIS-COFINS – Questões atuais e polêmicas*. São Paulo: Quartier Latin, 2005.

——; LIPPO, Luiz Francisco. *A não-cumulatividade tributária*. 2ª ed. São Paulo: Dialética, 2004.

MAXIMILIANO, Carlos. *Comentários à Constituição de 1891*. Brasília: Senado Federal, Conselho Editorial, 2005.

MENDONÇA, Maria. *O princípio constitucional da irretroatividade da lei*: a irretroatividade da lei tributária. Belo Horizonte: Del Rey, 1996.

MIRANDA, Jorge. *Manual de Direito Constitucional*. 3ª ed. Coimbra: Coimbra, 1996. t. II.

MORAES, Bernardo Ribeiro de. *Curso de direito tributário: sistema tributário da Constituição de 1969*. São Paulo: Revista dos Tribunais, 1973.

——. A Transferência do "Pedágio" – uma Injusta e Ilegítima Concessão. *Revista Dialética de Direito Tributário*, São Paulo, n. 12, p. 7-13, set. 1996.

MOSCHETTI, Francesco. *Il principio della capacità contributiva*. Padova: CEDAM, 1973.

——. (org.). *La capacità contributiva*. Milano: CEDAM, 1993.

MOSQUERA, Roberto Quiroga. *Tributação no mercado financeiro e de capitais*. São Paulo: Dialética, 1998.

NEUMARK, Fritz. *Principios de la Imposición*. Trad. por José Zamit Ferrer do original: "*Grundsätze gerechter und ökonomisch rationaler Steuerpolitik*". Madrid: Instituto de Estudios Fiscales, 1974.

——. ——. 2ª ed. espanhola. Trad. por Luis Gutiérrez Andrés. Madrid: Instituto de Estudios Fiscales, 1994.

NOVELLI, F. Anualidade e anterioridade na Constituição de 1988. *Revista de Direito Tributário*, São Paulo, v. 14, n. 51, p. 62-88, jan./mar. 1990.

OLIVEIRA, Ricardo Mariz. Conceito de receita como hipótese de incidência das contribuições para a seguridade social (para efeitos da COFINS e da contribuição ao PIS). *IOB-Repertório de Jurisprudência: tributário, constitucional e administrativo.* São Paulo. n. 1, p. 43-20, jan. 2001.

——. Cofins-importação e PIS-importação. In: ROCHA, Valdir de Oliveira (coord.). *Grandes questões atuais do Direito Tributário. 8º volume.* São Paulo: Dialética, 2004, p. 391-431.

PAPIER, Hans-Jürgen. Der Bestimmtheitsgrundsatz. In: FRIAU, Karl Heinrich. *Steuerrecht und Verfassungsrecht.* Köln: O. Schmidt, 1989, p. 61-78.

PAULSEN, Leandro. *Direito Tributário: Constituição e Código Tributário à luz da doutrina e da jurisprudência.* 7ª ed. Porto Alegre: Livraria do Advogado: ESMAFE, 2005.

——; MELO, José Eduardo Soares de. *Impostos: federais, estaduais e municipais.* Porto Alegre: Livraria do Advogado, 2004.

——; VELLOSO, Andrei Pitten. *Contribuições: Teoria geral, contribuições em espécie.* Porto Alegre: Livraria do Advogado, 2010.

PÉREZ DE AYALA, J., GONZÁLEZ GARCIA, E. *Curso de Derecho Tributario.* Madrid: Editorial de Derecho Financiero, 1986. v. I.

PÉREZ ROYO, F. *Derecho Financiero y Tributario. Parte General.* 15ª ed. Navarra: Thmson Civitas, 2005.

PHILIPPSEN, Eduardo Gomes. A incidência do Imposto de Renda sobre indenizações. *Interesse público*, n. 41, p. 203-228, 2007.

PIERDONÁ, Zélia Luiza. *Contribuições para a seguridade social.* São Paulo: LTr, 2003.

PIMENTA, Paulo Roberto Lyrio. As contribuições de intervenção no domínio econômico em face da Emenda Constitucional nº 33/2001. *Revista Dialética de Direito Tributário*, n. 81, p. 74-9, jun. 2002.

——. Contribuição para o Custeio do Serviço de Iluminação Pública. *Revista Dialética de Direito Tributário*, nº 95, p. 100-108, ago.2003.

RABELLO FILHO, F. *O princípio da anterioridade tributária.* São Paulo: Revista dos Tribunais, 2002.

RODRÍGUEZ BEREIJO, Álvaro. Jurisprudencia constitucional y principios de la imposición. In: *Garantías constitucionales del contribuyente.* Valencia: Tirant lo blanch, 1998, p. 127-155.

ROSA JÚNIOR, Luiz Emygdio F. da. *Manual de direito financeiro e de direito tributário.* 17ª ed. Rio de Janeiro: Renovar, 2003.

ROVIRA I MOLA. Clasificación de los tributos: contribuciones especiales. In: *Comentarios a la Ley General Tributaria y Lineas para su Reforma. Libro-homenaje al Profesor Dr. D. Fernando Sainz de Bujanda.* Madrid: Instituto de Estudios Fiscales, 1991. v. I., p. 409-429.

SAINZ DE BUJANDA, Fernando. *Hacienda y Derecho.* Madrid: Instituto de Estudios Políticos, 1975, v. I.

——. *Hacienda y Derecho.* Madrid: Instituto de Estudios Políticos, 1963, v. III.

——. *Lecciones de Derecho Financiero.* 2ª ed. Madrid: Universidad Complutense, 1982.

SAIZ, Ricardo Calle. *El impuesto sobre el valor añadido y la Comunidad Económica Europea.* Madrid: Instituto de Estudios Fiscales, 1968.

SANTI, Eurico Marcos Diniz de. *Decadência e prescrição no Direito Tributário.* 2ª ed. São Paulo: Max Limonad. 2001.

SCHOUERI, Luís Eduardo. *Direito Tributário.* São Paulo: Saraiva, 2011.

SELIGMAN, Edwin R. A. *El Impuesto Progresivo en la Teoría y en la Práctica.* Trad. L. Victor Paret. Madrid: Victoriano Suárez, 1913.

SERRANO, Luis Sánchez. *Tratado de Derecho Financiero y Tributario Constitucional.* Madrid: Marcial Pons, 1997. t. I.

SESSA, Giuseppe. *L'imposta sul valore aggiunto.* Teoria generale – sistemi comparati. Roma: Bulzoni, 1971, v. 1.

SILVA, Paulo Roberto Coimbra. Perfil constitucional da hipótese de incidência do IPVA. *Revista Fórum de Direito Tributário*, n. 23, p. 139-153, set./out. 2006.

SOUSA, Rubens Gomes de. *Compêndio de legislação tributária.* São Paulo: Resenha Tributária, 1975.

——. A evolução do conceito de rendimento tributável. *Revista de Direito Público,* n. 14, p. 339-346, out./dez. 1970.

STANG, Harald. *Auswirkungen der Rechtsprechung des Bundesverfassungsgerichts auf die Besteuerung.* Bielefeld: Erich Schmidt, 1995.

STERN, Klaus. *Das Staatsrecht der Bundesrepublik Deutschland.* München: C. H. Beck, 1980. v. II.

TAVARES, André Ramos. Intervenção estatal no domínio econômico por meio da tributação. In: MARTIS, Ives Gandra da Silva (coord.). *Contribuições de intervenção no domínio econômico.* São Paulo: Revista dos Tribunais, 2002, p. 206-250.

TIPKE, Klaus. *Die Steuerrechtsordnung.* 2ª ed., Köln: O. Schmidt, 2000, v. 1.

——. *Moral Tributaria del Estado y de los Contribuyentes.* Trad. por Herrera Molina do original "Besteuerungsmoral und Steuermoral". Madrid: Marcial Pons, 2002.

——. Sollten Leistungsfähigkeitsprinzip und Steuergrenzen in die Verfassung aufgenommen werden?, *Steuer und Wirtschaft,* n. 71, 1994, p. 58-62.

——. Sobre a Unidade da Ordem Jurídica Tributária. In: SCHOUERI, Luís Eduardo; ZILVETI, Fernando Aurélio (coord.). *Direito Tributário: estudos em homenagem a Brandão Machado.* São Paulo: Dialética, 1998, p. 60-70.

TIPKE, Klaus. LANG, Joachim. *Steuerrecht. Ein systematischer Grundriß.* 12ª ed. Köln: O. Schmidt, 1989.

——. *Steuerrecht. Ein systematischer Grundriß*, 18ª ed. Köln: O. Schmidt, 2005.

TORRES, Ricardo Lobo. *Curso de Direito Financeiro e Tributário.* 10ª ed. São Paulo: Renovar, 2002.

——. ——. 12ª ed. São Paulo: Renovar, 2005.

——. *Sistemas constitucionais tributários*. Rio de Janeiro: Forense, 1986.

——. *Tratado de Direito Constitucional Financeiro e Tributário – os direitos humanos e a tributação: imunidades e isonomia.* 3ª ed. Rio de Janeiro: Renovar, 2005.

——. O princípio da tipicidade no Direito Tributário. *Revista eletrônica de Direito Administrativo Econômico*, n. 5, fev./abr. 2006. Disponível na internet: <http://www.direitodoestado.com.br>. Acesso em 14 de junho de 2006.

——. O princípio constitucional da não-afetação. *Revista de Direito do Estado*, ano 2, n. 6, p. 229-246, abr./jun. 2007.

VELLOSO, Andrei Pitten. *O Princípio da Isonomia Tributária: da teoria da igualdade ao controle das desigualdades impositivas*. Porto Alegre: Livraria do Advogado, 2010.

——. *Conceitos e competências tributárias*. São Paulo: Dialética, 2005.

——. I principi di sicurezza giuridica, di non retroattività tributaria e di anteriorità nella vigente costituzione del Brasile. *Rivista di Diritto Tributario*, Giuffrè, v. XV, n. 09, p. 983-1007, settembre 2005.

——. Delegações legislativas no Direito Tributário. *Revista Fórum de Direito Tributário – RFDT*, Belo Horizonte, ano 9, nº 49, p. 53-71, jan./fev. 2011.

——. A proibição de tributos com efeitos de confisco na Alemanha. *Revista Jurídica Tributária*, Porto Alegre, ano 2, nº 7, p. 79-93, 2009.

——. Princípio da especificidade conceitual, vagueza da linguagem e tributação. *Revista da AJUFE*, ano 22, n. 77, p. 37-72, 3º trimestre/2004.

——. ROCHA, Daniel Machado da. BALTAZAR JÚNIOR, José Paulo. *Comentários à lei do custeio da Seguridade Social.* Porto Alegre: Livraria do Advogado, 2005.

VELLOSO, Carlos Mário da Silva. O princípio da anterioridade: uma visão da jurisprudência. *Revista de Direito Tributário*, São Paulo, n. 31, p. 111-126, jan./mar. 1985.

——. A irretroatividade da lei tributária, irretroatividade e anterioridade, imposto de renda e empréstimo compulsório. *Revista de Direito Tributário*, São Paulo, v. 12, n. 45, p. 81-96, jul./set. 1988.

——. O princípio da irretroatividade da lei tributária. *Revista Trimestral de Direito Público*, São Paulo, n. 15, p. 13-23, 1996.

——. Lei complementar tributária. *Revista de Direito Administrativo*, n. 235, p. 117-38, 2004.

VOGEL, K. WALDHOFF, C. *Grundlagen des Finanzverfassungsrechts: Sonderausgabe des Bonner Kommentars zum Grundgesetz (Vorbemerkungen zu Art. 104a bis 115 GG).* Heidelberg: Müller, 1999.

VON MÜNCH, Ingo. KUNIG, Philip (coord). *Grundgesetz-Kommentar.* München: C. H. Beck, 2003. v. III.

WERLANG, Arno. "Aspectos constitucionais da contribuição de iluminação pública". *Interesse público*, nº 27, 2004, p. 111-118.

XAVIER, Alberto. Anterioridade e irretroatividade: dupla inconstitucionalidade do art. 18 do Dec.-lei 2323/87. *Revista de Direito Tributário*, São Paulo, v. 11, n. 40, p. 54-76, abr./jun. 1987.

——. *Direito Tributário e Empresarial* – pareceres. Rio de Janeiro: Forense, 1982.

YI, Zoonil. *Das Gebot der Verhältnismäßigkeit in der grundrechtlichen Argumentation.* Frankfurt am Main: Lang, 1998.

Impressão:
Evangraf
Rua Waldomiro Schapke, 77 - POA/RS
Fone: (51) 3336.2466 - (51) 3336.0422
E-mail: evangraf.adm@terra.com.br